EVEREST VÉRTICE

DICCIONARIO

Alemán - Español

WÖRTERBUCH

Spanisch - Deutsch

DICCIONARIOS
EVEREST

EVEREST VÉRTICE

DICCIONARIO **WÖRTERBUCH**

Alemán - Español **Spanisch - Deutsch**

EDITORIAL EVEREST, S. A.

MADRID • LEON • BARCELONA • SEVILLA • GRANADA • VALENCIA
ZARAGOZA • LAS PALMAS DE GRAN CANARIA • LA CORUÑA
PALMA DE MALLORCA • ALICANTE – MEXICO • BUENOS AIRES

OCTAVA EDICIÓN

Carretera León-La Coruña, km 5 - LEÓN
ISBN: 84-241-1444-2
Depósito legal: LE. 603-1994
Printed in Spain - Impreso en España

EDITORIAL EVERGRÁFICAS, S. L.
Carretera León-La Coruña, km 5
LEÓN (España)

PRESENTACIÓN

He aquí un diccionario que sin duda será de una gran utilidad para sus usuarios.

Su concreción y facilidad de manejo le hacen especialmente apto para la consulta rápida de estudiantes de alemán y viajeros. Si la principal dificultad de este tipo de obras reside en lograr una reducción equilibrada de términos, aquí hemos procedido a operar, más que una reducción, sobre la base de la concreción, que haga posible la respuesta más directa y usual a la consulta hecha.

En cada artículo se recogen las acepciones más usuales, entendido esto en el uso más moderno y práctico del idioma. Aquellos artículos de mayor relieve, sobre los que se articula la práctica del idioma, recogen asimismo expresiones, frases hechas, modismos, todos ellos convenientemente explicados.

Todo ello hace, en fin, que este pequeño diccionario sea grande en el aspecto en que lo debe ser: su utilidad práctica.

REGLAS DE PRONUNCIACIÓN

VOCALES

a. Se pronuncia como en castellano, distinguiendo la *a* larga y la *a* breve.

aa, ah. Se pronuncian como *a* larga.

e. Se pronuncia: 1. *breve*, como la *e* castellana, en sílaba cerrada. 2. *larga y cerrada* cuando va delante de una sola consonante o al final de una sílaba abierta. 3. *semimuda* en las sílabas no acentuadas. 4. después de *i* suena muda, sirviendo tan sólo para prolongar el sonido de la *i*.

ee, eh. Larga y cerrada.

i. Se pronuncia como en castellano.

ie, ih. Largas, como la *i* castellana.

o. Se pronuncia: 1. *larga y cerrada* en sílaba abierta y acentuada. 2. *breve y abierta* cuando va seguida de dos consonantes.

oo, oh. Largas.

u. Se pronuncia como en castellano, distinguiendo la *u* larga y la *u* breve.

y. Es vocal en alemán. Se pronuncia en unos casos como *i* castellana y en otros como *u* francesa.

VOCALES MODIFICADAS

ä. Se pronuncia como una *e* abierta.

ö. Se pronuncia cerrada, como el sonido *eu* en francés.

ü. Se pronuncia como la *u* francesa.

DIPTONGOS

ai, ei. Suenan como *ai* en castellano.

ai. En palabras de origen francés, se pronuncia como en esta lengua.

au. Se pronuncia como *au* en castellano.

äu, eu. Se pronuncian *eu*.

Los grupos vocálicos *ia, ie, io, iu* no forman diptongo en alemán y deben pronunciarse como en los idiomas de origen cuando van en palabras extranjeras.

CONSONANTES

b. Se pronuncia: 1. Más fuerte que en castellano, por regla general. 2. Al final de palabra, como *p*.

c. Tiene tres sonidos: 1. Por regla general, suena como en castellano. 2. Delante de *a, o* y *u*, se pronuncia como *k*. Delante de *e, ä, i, y*, se pronuncia como *ts*.

ch. Se pronuncia: 1. Gutural, como la *j* castellana, detrás de *a, o, u*. 2. Palatal sorda, parecido a la *y* castellana, precedida de *ä, e, i, ö, ü, ai, ei, äu, e, r, n*. 3. En palabras extranjeras tiene sonido de *k* cuando precede a las vocales *a, o, u* y a las consonantes *l, t*.

d. Se pronuncia como en castellano.

f. Se pronuncia como en castellano.

g. Se pronuncia: 1. En la combinación *ich*, cuando va al final de sílaba o seguida de una consonante, como *ch*. 2. Como *gue* en castellano. 3. Como *k* relajada en castellano.

h. Se pronuncia: 1. Aspirada fuerte al principio de palabra o de una sílaba acentuada. 2. Muda, cuando va entre dos vocales no acentuadas, delante de consonante o al final de palabra.

j. Similar a la *y* castellana.

k. Se pronuncia como en castellano.

l. Se pronuncia como en castellano.

ll. Se pronuncia como una sola *l* en castellano.

m. Se pronuncia como en castellano.

n. Se pronuncia como en castellano.

p. Se pronuncia como en castellano, pero ligeramente aspirada cuando va al principio de palabra.

ph. Se pronuncia como *f* en castellano.

g. Se pronuncia como *k* en castellano.

r, rr. Tiene un sonido más gutural que la *r, rr,* en castellano.

s. Se pronuncia: 1. Sorda al final de palabra, escribiéndose *ss* o . 2. Como *s* castellana cuando va precedida de las consonantes *l, m, n, r*. 3. Sonora, como la *s* francesa, cuando va entre dos vocales o delante de vocal al principio de la palabra. 4. Como *sch* (v. más abajo), delante de *t* y *p* al principio de palabra.

sch. Se pronuncia como la *ch* francesa.

t. Se pronuncia como en castellano, salvo a principio de palabra, que tiene un sonido ligeramente aspirado.

v. Se pronuncia como la *f* en castellano.

w. Se pronuncia como la *v* en castellano.

x. Se pronuncia *ks*.

z. Se pronuncia como *ts*.

ABKÜRZUNGEN
ABREVIATURAS

adj.	adjetimo	Eigenschaftswort
a/c	alguna cosa	etwas
adv.	adverbio	Umstandswort
agr.	agricultura	Landwirtschaft
alg.	alguien	jemanden, -em
anat.	anatomía	Anatomie
arch.	arquitectura	Baukunst
astr.	astronomía	Astronomie
aut.	automóvil	Automobil
av.	aviación	Flugwesen
bzw.	respectivamente	beziehungsweise
bot.	botánica	Botanik
chem.	química	Chemie
conj.	conjunción	Bindewort
e., ee., **en.,** em., er		ein, -e, -en, -em35ñer
Ecu.	Ecuador	Ekuador
Eis.	ferrocarril	Eisenbahn
elektr.	electricidad	Elektrizität
etc.	etcétera	usw.
etw.	alguna cosa	etwas
f.	(género)femenino	weiblich (es Geschlecht)
f.	por, para	für
fam.	lenguaje familiar	Umgangssprache
fig.	figurativo	bildlich
fpl.	femenino, plural	weiblich, Mehrzahl
geogr.	geografía	Erdkunde
geol.	geología	Geologie
gramm.	gramática	Sprachlehre

intr.	verbo intransitivo	nichtzielendes Zeitwort*)
iron.	irónico	ironisch
jem.	(a) alguien	jemanden, -em
joc.	jocoso	witzig
jur.	jurisprudencia	Rechtswissenschaft
lit.	literatura	Literatur
m.	(género) masculino	männliches (Geschlecht)
m.	con	mit
math.	matemáticas	Mathematik
med.	medicina	Heilkunde
Mex.	Méjico	Mexiko
mil.	militar	militärisch
min.	minería	Bergbauwesen
m pl.	masculino, plural	männlich, Mehrzahl
mus.	música	Musik
myth.	mitología	Mythologie
n.	(género) neutro	sächlich (es Geschlecht)
naut.	náutica	Schiffahrt
n. pl.	neutro, plural	sächlich, Mehrzahl
od.	o	oder
opt.	óptica	Optik
phot.	fotografía	Fotografie
pl.	plural	Mehrzahl
poet.	poesía	Dichtkunst
pol.	política	Politik
prep.	preposición	Verhältniswort
rel.	religión	Religion
s.	se	sich
SAm.	América del Sur	Südamerika
sl.	jerga(profesional)	Slang,(Berufs-)Jargon
Span.	España	Spanien
Taur.	tauromaquia	Stierkampf
techn.	técnico	technisch
theat.	teatro	Theater
tr.	verbo transitivo	zielendes Zeitwort*)
typ.	artes gráficas	Graphik
usw.	etcétera	und so weiter
v.	de	von
vet.	veterinario	tierärztlich
vulg.	lenguaje vulgar	Volkssprache
w.	ser	werden
zool.	zoología	Zoologie

---

* Zeitwort, das nicht den 4. Fall regiert.

---

* Zeitwort, das den 4. Fall regiert.

DICCIONARIO
ALEMÁN-ESPAÑOL

A, a *n.* A, *f:* v. **A bis Z** de cabo a rabo.
Aal *m.* anguila *f.*
aalglatt escurridizo.
Aas *n.* (Tierleiche) carroña *f;* (als Schimpfwort) mal bicho *m,* canalla.
Aaskäfer *m.* escarabajo pelotero *m.*
ab de, desde (zeitlich) a partir de; (örtlich) - **Fabrik** puesto en fábrica, - **Waggon** puesto sobre vagón; **auf u. - gehen** pasearse; - **u. zu** de vez en cuando.
abändern modificar; (richtigstellen) rectificar; (verbessern) enmendar, corregir.
Abänderung *f.* modificación, rectificación, enmienda, corrección *f.*
abarbeiten, sich matarse a trabajar.
Abart *f.* variedad *f.*
abasten podar.
abätzen quitar con ácido.
Abbau *m.* *(min.)* explotación; (Personal) reducción; (Preise) rebaja; (Gehälter) baja *f.*
abbauen explotar, reducir, rebajar, bajar; (Beamte) dejar cesante(s), despedir; (Anlage, Maschine) desmontar.
abbauwürdig *min.* explotable.
abbekommen (Prügel) recibir.
abberufen llamar.
abbestellen dar contraorden; (Auftrag) anular, retirar.
abbezahlen (in Raten) pagar a plazos.
abbiegen torcer (nach a); nach rechts (links) tomar la derecha (izquierda).
Abbildung *f.* grabado *m.;* (Ansicht) vista *f.*
abbinden desatar; (Zement) fraguar.
abblassen perder el color.
abblättern (Putz, Schicht) desconcharse.
abblenden (Auto) bajar; (gänzlich) apagar; (*opt.*) diafragmar.
abblitzen *fig.* llevarse un chasco.
abbrechen romper; (Gebäude) derribar; (Lager, Belagerung) levantar.
abbrennen quemar; *(vi)* quemarse.
abbringen (v. Meinung) disuadir (de).
abbröckeln (Mauer) desmoronarse.
Abbruch *m.* (Gebäude) derribo *m.;* (Beziehungen) ruptura *f.;* (Schaden) perjuicio *m.*
abbürsten cepillar.
abbüßen expiar.
Abdampf *m.* vapor *(m)* de escape; **-apparat** *m.* evaporador *m.*
abdanken abdicar (Herrscher); (Beamter) dimisionar.
abdarben: s. etw. vom Munde -quitárselo de la boca.
abdecken destapar; (Tisch) quitar la mesa.
Abdeckerei *f.* desolladero *m.*
abdrehen (Wasser-, Gashahn) cerrar.
abdrosseln estrangular; (Motor) cortar el gas.
Abdruck *m.* (Exemplar) copia; (Drucken) impresión *f.*
abdrucken imprimir, copiar.
Abend *m.* (nach Dunkelwerden) noche *f.;* (Spätnachmittag) tarde *f.;* **zu - essen** cenar; **gestern** - anoche; **heute** - esta noche; **des -s** por la noche; **guten -!** ¡buenas noches!; **am** - de noche; **heiliger** - Nochebuena *f.*
Abendblatt *n.* diario *(m)* de la tarde.

Abend|brot *n.* cena; **-mahl** *n.* Comunión *f.*
Abenteuer *n* aventura *f.*
Abenteuerer *m.* aventurero *m.*
aber pero, mas, **nun** - ahora bien.
Aberglaube *m.* superstición *f.*
abergläubisch supersticioso.
Aberkennung *f.*: - **der bürgerlichen Ehrenrechte** pérdida (*f*) de los derechos civiles.
abermals *adv.* otra vez; de nuevo.
abfahren (Zug) partir; (Schiff) salir; (Strecke) recorrer.
Abfahrt *f.* salida, partida *f.*
Abfall *m.* (Abfälle) desperdicios, desechos; (Abgeschnittenes) recortes; (Rückstände) residuos *m. pl.;* (der elektr. Spannung) caída *f.;* (Gelände) declive *m.*
Abfallprodukte *n. pl.* desechos *m. pl.*, desperdicios, residuos.
abfallen (Gelände) descender; (Laub) caer; (verlassen) abandonar.
abfällig (Urteil) desfavorable; - **bescheiden** (Gesuch) desestimar.
abfärben perder el color.
abfassen (Schriftstück) redactar; (Protokoll) levantar.
abfertigen despachar.
abfeuern (Waffe) disparar.
abfinden jmd. - indemnizar (a).
abflauen (Wind) calmarse.
abfliegen *allgm.* salir; (Flugzeug) despegar.
abfließen (tropfenweise) escurrirse.
Abflug *m.* *(av)* despegue *m.* partida *f.*
Abflußgraben *m.* alcantarilla *f.*
Abflußrohr *n.* tubo *(m.)* de desagüe.
Abführmittel *n.* purgante *m.*
Abgang *m.* *Eis. naut.* salida *f.*, *theat.* mutis *m.*
Abgas *n.* gas *(m)* de escape.
abgeben entregar; **s. m. etw.** - ocuparse *(de);* **s. m. jmd.** - tratar *(con).*
abgebrannt destruido por el fuego; *fig.* (ohne Geld) sin dinero; *vulg.* sin blanca.
abgehen (Zug, Schiff) salir; (Knopf) caerse; (Straße) arrancar; (v. Meinung) mudar *(de).*
abgeneigt, - **sein** no estar dispuesto; **nicht** - **sein** no tener inconveniente en.
abgenutzt (getragen) usado, gastado; *(techn.)* desgastado.
Abgeordnetensitz *m.* mandato *m.*
Abgeordneter *m.* diputado *m.*
abgesehen von sin tener en cuenta, prescindiendo de.
abgewöhnen, sich etw. - quitarse la costumbre *(de);* **jmd. etw.** - hacer perder la costumbre (de algo a alguien).
Abgott *m.* ídolo *m.*
Abgrund *m.* abismo *m.*
Abguß *m.* (in Gips) vaciado *m.*
abhalten (Fest, Versammlung usw.) celebrar; (v. d. Arbeit) hacer perder el tiempo; (belästigen) molestar.
abhandeln (im Preise) regatear.
Abhandlung *f.* tratado *m.*, ensayo.
Abhang *m.* cuesta, pendiente *f.*
abhängen von depender de.
abholen ir por, ir a buscar; (Hinterlegtes) retirar; - **lassen** mandar buscar.
Abiturient *m.* bachiller *m.;* - **enprüfung** *f.* bachillerato *m.*
abklingeln (Trambahn) tocar el timbre.
abknöpfen desabotonar.
Abkomme, Abkömmling *m.* descendiente *m.*
Abkommen *n.* (Vertrag) convenio *m.* (treffen = hacer).
abkühlen enfriar; (stark) refrigerar; - Lung enfriamiento.
Abkunft *f.* origen *m.*
abkürzen (Weg) acortar; (Zeit, Wort) abreviar.
Abkürzung *f.* abreviación; *Typ* abreviatura *f.*
abladen descargar.
Ablaß *m.* (Kirche) indulgencia f.
ablassen (Wasser, Dampf usw.) dejar salir.

Ablauf *m.* (Frist) expiración *f.* (Abfluß) desagüe *m.*
ablaufen (Zeit) transcurrir; (Frist, Vertrag) expirar, vencer.
ablecken lamer; (die Finger) chupar(se).
ablegen (Kleider) quitarse; (Gewohnheit) perder; (Briefe) archivar; (Eid) prestar.
ablehnen rechazar, negar; (Erbschaft) renunciar a; **- nung** negativa, renuncia.
ablenken (Aufmerksamkeit) distraer; (Stoß) parar.
ableugnen negar.
abliefern entregar; (zurückegeben:) devolver.
Ablieferung *f.* entrega *f.*; (Rückgabe:) devolución.
ablöschen (Geschriebenes) secar; (wegwischen) borrar.
ablösen desprender; (Wache) relevar.
abmachen (losmachen) desprender, quitar; **abgemacht!;** ¡conforme(s)!
Abmachung *f.* arreglo *m.*
abmagern adelgazar.
abmelden (sich) dar(se) de baja (bei Wohnungswechsel) avisar el cambio de domicilio.
Abmeldung *f.* baja *f.* aviso *(m)* de; (Abreise) salida, (Wohnungswechsel) aviso de cambio de domicilio.
Abnahme *f.* (Waren, Anlage) recepción; (Verminderung:) di(s)minución; (Gewicht) merma *f.*
abnehmbar desmontable; de quita y pon.
abnehemen disminuir, mermar; (wegnehmen:) quitar; (Mond) menguar.
Abneigung *f.* aversión; (gegen jmd.) antipatía *f.*
abnutzen (sich) gastar(se).
Abnutzung *f.* desgaste; (Gebrauch:) uso *m.*
Abonnement *n.* *(Thea., Taur.* usw.) abono *m.;* (Zeitung) suscripción *f.*
Abonnent *m.* abonado, suscritor *m.*
abonnieren abonarse, suscribirse.
Abordnung *f.* delegación *f.*
abpassen (Zeit) aprovechar.
abplagen, sich *fam.* sudar la gota gorda.
Abprall *m.* rebote *m.*
abprallen rebotar.
abraten disuadir (v. de).
Abraum *m. min.* escombros *m. pl.*
abräumen (Tisch) quitar.
abrechnen arreglar la cuenta; (Konto) liquidar; **- mit** ajustar cuentas con.
Abrechnung *f.* arreglo *(m)* de la cuenta; (Konto) liquidación; deducción f.
Abrede *f.* **etw. in - stellen** negar.
Abreise *f.* salida *f.*
abreisen salir, marcharse.
abreißen arrancar; (Gebäude) derribar.
Abreißkalender *m.* calendario *(m)* de taco.
abriegeln echar el cerrojo.
abrüsten desarmar.
Absage *f.* negativa *f.*
absagen rehusar, negar; (Veranstaltung) suspender.
Absatz *m.* (Ware) salida *f;* (Schuh) tacón.
abschaffen suprimir; (Gesetze) abolir, derogar.
abschalten (Strom) cortar; (Licht) apagar.
Abscheu *m.* horror; (Ekel:) asco *m.*
abschicken expedir.
Abschied *m.* despedida *f. SAm.* despido *m.*, (v. Posten) dimisión *f.*
abschießen (Flugzeug) derribar.
abschirmen (Radio) blindar.
Abschlagszahlung *f.* pago *(m.)* a cuenta od. a plazos.
abschleppen *aut.* remolcar.
Abschleppwagen *m.* camión *(m.)* de remolque.
abschließen (m. Schlüsel) cerrar; (Konto) saldar; (Vertrag) firmar, celebrar; (beendigen:) terminar.
abschmieren lubri(fi)car, engrasar.

abschneiden cortar; (Weg) echar (por un atajo); **(gut) schlecht -** salir (bien) mal.
Abschnitt *m.* sección *f.;* (Zeit) período.
abschrauben destornillar, desenroscar.
abschrecken intimidar.
abschreiben copiar; (wertmäßig) amortizar; (absagen:) excusarse por escrito.
Abschreibung *f. com.* amortización; (Entwertung:) depreciación *f.*
Abschrift *f.* copia *f,* duplicado *m.*
abschüssig escarpado; (Küste) acantilado.
Abschweifung *f.* digresión *f.*
abseits aparte; **- gelegen** apartado.
absenden expedir, despachar; (Telegramm) cursar.
Absender *m.* remitente *m.*
Absendung *f.* expedición *f.* despacho *m.*
absetzen (Waren) vender, dar salida a.
Absicht *f.* intención *f.* propósito *m.* (Ziel:) fin *m.* **ohne schlechte -** sin querer.
absichtlich intencionado; (mit Vorbedacht) deliberado; *adv.* a propósito.
absitzen (Strafe) cumplir.
absolut *adv.* en absoluto.
absondern apartar, separar; (isolieren:) aislar; *med.* segregar.
abspenstig: jem. die Braut - machen *fam.* birlar a uno la novia.
absperren cerrar, bloquear; (durch Polizei) acordonar.
abspringen saltar, bajar de un salto; (v. Pferd) apearse; (m. Fallschirm) arrojarse; (sich ablösen) desprenderse.
abspülen (Geschirr) fregar.
abstammen descender.
Abstammung *f.* origen *m.*
Abstand *m.* distancia *f.;* (Verzicht) renuncia.
absteigen bajar, descender; (v. Pferd) apearse.
abstellen (Wagen) aparcar; (Maschine) parar; (Mißstand) suprimir; (Hahn, Radio) cerrar; (auf dem Boden) poner; (Gas, Strom) cortar.
abstempeln (Briefmarke) matar.
absterben morir; (Pflanze) marchitarse; (Glied) atrofiarse.
Abstieg *m.* descenso *m.*
abstimmen votar; (Radio) sintonizar.
Abstimmung *f.* votación *f,* escrutinio, plebiscito *m;* (Radio) sintonización *f.*
Abstinenzler *m.* abstemio *m.*
abstoßend repugnante, antipático.
abstützen apoyar; (m. Balken) apuntalar.
Abtei *f.* abadía *f.*
Abteilung *f.* división, sección *f.;* (Behörden) negociado *m.*
Abtreibung *f.* aborto *m.*
abtrennen separar; (Kupons) cortar.
abtreten (vom Amt) dimisionar, retirarse; (Schuhwerk) gastar; (überlassen) ceder; (Geschäft) traspasar.
Abtreter *m.* (vor der Tür) limpiapiés, limpiabarros *m.*
abtrocknen secar.
abtrünnig renegado.
abwälzen: die Verantwortumg v. s - *fam.* lavarse las manos.
abwarten esperar, aguardar.
abwärts hacia abajo.
abwaschen lavar; (putzen) limpiar.
abwechseln cambiar; (im Dienst) turnar; **-d** *adj.* alterno; *adv.* por turno.
Adwechslung *f.* cambio *m.*, variación *f.*
abwehren rechazar; (verscheuchen) ahuyentar.
Abwehrmaßnahmen *f. pl. mi.* medidas *(f. pl)* defensivas.
abweichen desviarse de; (Meinungen) divergir.
abweisen rechazar; (Bitte) no atender.
abwenden (Unglück) conjurar; **sich -** (v. Vorhaben) apartarse (de).
abwerten desvalorizar.
Abwertung *f.* desvalorización *f.*
abwsend ausente.

Adwesenheit *f.* ausencia *f.*
Abwurf *m.* (v. Bomben) lanzamiento *m.*
abzahlen (ratenweise) pagar a plazos.
Abzahlung *f.* pago (*m.*) a plazos.
Abzeichen *n.* distintivo *m.*
Abziehbild *n.* calcomanía *f.*
abziehen tirar; separar, (Tier) despellejar; (Rasiermesser) suavizar; (Rechnen) deducir, restar; (Bett) mudar la ropa de cama.
Abzug *m.* (Rechnung) deducción *f.* descuento *m.*; *phot.* copia, prueba; *typ.* tirada, prueba *f.*
abzweigen *elektr.* derivar; (Weg, Bahnlinie) bifurcarse.
Abzwigung *f.* *Eis.* bifurcación *f.*; *SAm.* entronque *m.*
Achse *f.* eje; *mech.* (welle) árbol *m.*
Achsel *f.* hombro *m.*
acht ocho.
achtbar respetable.
Achtel *n.* octava parte *f.*
achten respetar, estimar.
Achter *m.* (Ruderboot) esquife (*m.*) de ocho remos; **-deck** *n.* cubierta (*f.*) de popa.
achtlos descuidado, distraído.
achtsam cuidadoso.
Achtung *f.* respeto *m.*, atención *f.*
achtzehn diez y ocho, dieciocho.
achtzig ochenta.
Acker *m.* campo; (Maß) acre *m.*
Ackerbau *m.* agricultura *f.*
ackern labrar (la tierra).
addieren sumar.
Adel *m.* nobleza *f.*
adelig noble, aristocrático.
Ader *f.* vena *f;* (Erz) filón *m.*; (Holz) veta *f.*; **- laß** *m.* sangría f.
Adler *m.* águila *f.* (el).
Admiral *m.* almirante *m.*
adoptieren adoptar; (Kind) ahijar.
Adreßbuch *n.* guía *f.*
Adresse *f.* dirección *f*, señas *fpl;* **per -** al cuidado de.
adressieren poner las señas; (richten) dirigir; (Sendungen) consignar.
Affe *m.* mono *m.*; (Rausch) mona, borrachera *f.*
After *m.* ano *m.*
Agave *f.* *bot.* pita *f.*
Agent *m.* agente, comisionista; (Makler) corredor *m.*
Agentur *f.* agencia *f.*
Ägypten *n.* Egipto *m.*
aha! (jetzt verstehe ich!) ¡ya caigo!
Ahle *f.* lesna *f.*
ähneln parecerse.
ahnen figurarse, presentir; (argwöhnisch) sospechar.
ähnlich parecido, semejante, similar.
Ähnlichkeit *f.* parecido *m.*, semejanza *f.*
Ahnung *f.* presentimiento *m.*; (Argwohn) sospecha *f.*
ahnungslos sin sospechar nada.
Ahorn *m.* arce *m.*
Ähre *f.* espiga *f.*
Akazie *f.* acacia *f.*
Akkord *m:* **im - a** destajo.
Akkordarbeit *f.* destajo *m.*
Akkumulator *m.* acumulador *m.*
Akten *f.* *pl* actas *f pl,* documentos *m. pl.*; *jur.* (Prozeß-) autos *m. pl.*
Aktenmappe *f.* cartera *f.*
Aktenstück *n.* acta *f.* (el); *jur.* pieza *f.* (de un auto).
Aktenzeichen *n.* (número [*m.*] de) referencia *f.*
Aktie *f.* acción *f.*
Aktiengesellschaft *f.* sociedad (*f.*) anónima.
aktiv activo.
Akustik *f.* acústica *f.*
akut agudo.
Akzent *m.* acento *m.*
Alarm *m.* alarma *f.*
albern necio, tonto.
Album *n.* álbum *m.*
Alge *f.* alga *f.* (el).
Alkohol *m.* alcohol *m.*
all, aller, alles todo, toda, todo.
alle sein *fam.* haberse terminado, no haber más, acabarse.
Allee *f.* avenida *f.*, paseo, bulevar *m.*

allein solo; **-stehend** (unverheiratet) soltero; (ohne Verwandte) sin familia.
Allein|verkauf *m.* venta (*f.*) exclusiva.
allenfalls *adv.* (vielleicht) acaso.
allerdings realmente, por cierto; (nach Verneinung:) verdad es que; (als bejahende Antwort:) ya lo creo, *SAm;* ¿cómo no?
allerlei toda clase de.
allgemein general, universal.
allmächtig omnipotente.
allmählich sucesivo, poco a poco.
alltäglich diario; *fig.* corriente, trivial.
Almosen *n.* limosna *f.*
Alpen *pl.* Alpes *m. pl.*
als como, de; (nach Komparativ) que; (vor Zahl) de; **-ob** como si; **- daß** para que.
also así; *conj.* pues.
alt viejo; **seher -** anciano; (antik) antiguo; (gebraucht) usado; **wie - bist du?** ¿qué edad tienes?; **ich bin 30 J. -** tengo 30 años.
Alt *m,* Altistin *f. mus.* contralto *m.* (*f.*).
Altar *m.* altar *m.*
Alteisen *n.* chatarra *f.*
Alter *n.* edad *f.;* (Greisenalter) senectud *f.*
älter más viejo; **mein -er Bruder** mi hermano mayor.
Altertum *n.* antigüedad *f.*
altertümlich antiguo.
ältlich de (cierta) edad.
altmodisch pasado de moda.
Aluminium *n.* aluminio *m.*
Amboß *m.* yunque *m.*
Ameise *f.* hormiga *f.*
Amerika *n.* América *f.*
Amme *f.* nodriza, ama (el) de cria, *fam.* niñera *f.*
Ammoniak *n* amoníaco *m.*
Amnestie *f.* amnistía *f.* perdón (*m.*) general.
amnestieren amnistiar.
amortisieren amortizar.
Ampulle *f.* ampolla *f.*
Ampel *f.* lámpara (*f.*) de suspensión; (Verkehrs-) farol *m.*
amputieren amputar.
Amsel *f.* mirlo *m.*
Amt *n.* (Büro) oficina *f.;* (Posten) empleo *m.*
amtlich oficial.
Amtsrichter *m.* juez (*m.*) municipal.
amüsieren, sich divertirse.
an en, a, para.
Analphabet *m.* analfabeto *m.*
Ananas *f.* ananás *m,* piña *f.*
Anbau *m. agr.* cultivo *m.*
anbauen cultivar; (Gebäude) hacer una ampliación.
anbei adjunto, incluso.
anbeten adorar.
Anbetracht, in en vista de, visto (que), considerando (que).
anbieten ofrecer.
anbinden atar.
Anblick *m.* vista *f.;* (Aussehen) aspecto *m.*
anblicken mirar.
anbrennen encender; (Speise) quemarse.
Anbruch *m.* comienzo, principio; (des Tages) amanecer; (der Nacht) anochecer *m.*
Andenken *n.* recuerdo *m.*
ander otro.
ändern cambiar; (Meinung) mudar de; (verbessern) enmendar; (Kleidungsstük) arreglar.
andernfalls de lo contrario.
anders de otro modo, diferente.
anderseits por otra parte.
anderthalb uno y medio.
Änderung *f.* cambio *m;* (Kleidung) arreglo *m.*
andeuten dar a entender; (anspielen) aludir.
Andeutung *f.* alusión *f.*
Andrang *m.* afluencia, concurrencia *f.*
aneignen, sich apropiarse.
aneinander|geraten llegar a las manos; **-stoßen** (Grundstücke) lindar.
anekeln *fam.* dar asco.

Anerbieten *n.* ofrecimiento *m.*
anerkennen reconocer.
Anfall *m.* ataque.
Anfang *m.* comienzo, principio m.
anfangen comenzar, empezar.
Anfänger *m.* principiante *m.*
anfangs al principio.
anfassen agarrar.
anfechten impugnar; (beunruhigen) inquietar.
anfertigen hacer, confeccionar.
Anfertigung *f.* confección *f*, fabricación, hechura.
anfeuchten mojar.
anfordern pedir; (nachdrücllinch) exigir.
Anforderung *f.* exigencia, demanda *f.*
Anfrage *f.* pregunta, consulta *f.*
anfragen preguntar, pedir informes (**bei** a).
Anführer *m* (er. Bande) cabecilla; *pol.* leader *m.*
Angabe *f.* declaración *f.;* (Einzelheiten) detalle; (Protezerei) postín *m.;* - **n** *f. pl.* datos; (nähere) pormenores *m. pl.*
angeben declarar; (denunzieren) delatar; (s. aufspielen als) presumir de.
Angeber *m.* denunciante; *fam.* soplón; (Großsprecher) presumido *m.*
angeblich presunto.
Angebot *n.* ofrecimiento *m;* (Handel) oferta *f.*, (Auktion) postura *f.;* - **u. Nachfrage** ofertas y demandas *f. pl.*
angehören pertenecer a.
Angehöriger *m.* (Familie) pariente; (Klub) socio; (Partei) afiliado *m.*
Angeklagter *m.* acusado *m.*
Angel *f.* (Fischen) caña *(f.)* de pescar; (Tür) gozne *m.*
Angelegenheit *f.* asunto *m.*
angeln pescar (con caña).
angemessen adecuado; (Preis) razonable.
angenehm agradable.
angesehen respetado; (Firma) acreditado.
angesichts en vista de, ante.
Angestellter *m.* (Büro) empleado; (Laden) dependiente *m.*
angliedern añadir; (Verein) asociar; (Partei) afiliar.
angreifen (berühren) tocar; (Gesundhcit) afectar; (ermüden) cansar; (Feind) atacar.
Angreifer *m.* agresor *m.*
angrenzen lindar con.
Angriff *m.* ataque *m.*, **in - nehmen** acometer.
Angst *f.* miedo, temor *m.*
ängstigen (sich) tener miedo; (jmd.) asustar.
ängstlich miedoso.
anhalten (Fahrzeug) parar.
Anhang *m.* apéndice *m.*
anhängen colgar; (Fahrzeug) enganchar; (beifügen) unir.
Anhänger *m. pol.* partidario, afiliado; (Fahrzeug) remolque *m.*
anhänglich afecto.
anhäufen acumular(se), amontonar.
Anhäufung *f.* acumulación *f.*, amontonamiento *m.*
Anhöhe *f.* cerro *m.*
anhören escuchar.
Anis *m.* (Likör) anisado *m.*
Ankauf *m.* adquisición, compra *f.*
Anker *m.* ancla *f. (el); elektr.* inducido, rotor *m.*
Ankerplatz *m.* fondeadero *m.*
ankern anclar, fondear.
Anklage *f.* acusación *f.*
anklagen acusar (wegen de).
Ankläger *m.* acusador; (öffentlicher) fiscal *m.*
Anklang *m.:* - **finden hallar** (gran) aceptación.
ankleben pegar; (Plakate) fijar.
ankleiden (sich) vestir(se).
anklopfen llamar (a la puerta).
anknöpfen abrochar.
anknüpfen anudar; (Gespräch) entablar (conversación con); (Verbindungen) entrar (en relaciones).
ankommen llegar.

Ankömmling recién llegado *m.*
ankreiden (Laden, Wirtshaus) fiar.
ankündigen anunciar, avisar.
Ankunft *f.* llegada *f.*
Anlage *f.* (Geld) colocación, inversión *f.;* (Schriftstück) anexo *m.;* (Fabrik, Maschinen) instalación *f.*, equipo *m.* **in der -** adjunto, incluso; (Neigung) aptitud *f.*, (Begabung) talento *m-* **- n** *f. pl.* jardines; (públicos) *m. pl.*
Anlaß *m.* causa *f.* motivo *m.*
Anlasser *m.* dispositivo de arranque, arrancador *m.*
Anlauf *m.* arranque *m;* **einen - nehmen** tomar una carrera.
anlegen poner; (Geld) colocar; (Straße) trazar; **Feuer -** (im Ofen) encender la lumbre; (verbrecherisch) pegar fuego a.
anlehnen recostarse; (Tür) entornar.
Anleihe *f.* empréstito *m.*
anleiten guiar, instruir.
Anleitung *f.* instrucción *f.* (meist im pl).
anlernen instruir, iniciar en.
anlocken atraer.
anmachen atar, fijar; (Feuer) encender (lumbre).
anmaßen, sich atribuirse, pretender.
anmaßend arrogante.
Anmaßung *f.* arrogancia *f*, pretensiones *f. pl.*
anmelden anunciar, avisar; (Patent) registrar.
Anmeldung *f.* anuncio, aviso *m.*
Anmerkung *f.* nota *f.*
anmessen (Kleidungsstück) tomar medida de.
Annahame *f.* aceptación; (Vermutung) suposición *f.*
annehmbar aceptable.
annehemen aceptar; (vermuten) suponer.
anno dazumal *fam.* en tiempos de Maricastaña.
Annonce *f.* anuncio; *SAm.* aviso *m.*
annoncieren anunciar; poner un anuncio.
annullieren anular.
anonym anónimo.
anordnen disponer.
Anordnung *f.* disposición; (Befehl) orden *f.*
anpacken agarrar.
anpassen ajustar; **sich -** amoldarse.
Anpfiff *m. fig. fam.* bronca *f.*
Anprall *m.* choque *m.*
anprobieren probar(se).
Anrede *f. (du, Sie)* tratamiento; (im Brief) encabezamiento *m.*
anreden dirigir la palabra a; **mit Sie -** tratar de *Vd.;* **mit Du -** tutear.
anregen animar, sugerir.
Anregung *f.* estímulo *m,* sugestión *f.*
Anreiz *m.* aliciente *m.*
Anrichte *f.* trinchero; *SAm.* trinchante *m.*
anrichten preparar, servir; (verursachen) ocasionar.
anrüchig de mala nota.
Anruf *m. tel.* llamada *f. SAm.* llamado *m.*
anrufen *tel.* llamar por teléfono; *fam.* dar un golpe de teléfono.
ansagen anunciar.
Ansager *m.* locutor; *SAm.* anunciante *m.*
ansammeln acumular(se).
Anschauung *f.* intuición *f.;* (Meinung) parecer *m.*
Anschein *m.* apariencia *f.*
anscheinend aparente; *adv.* por lo visto.
Anschlag *m.* tope *m;* (Kkavier Schreibmaschine) pulsación *f.;* (Zettel) cartel *m;* (Berechnung) presupuesto *m.*
anschließen, sich unirse a; *elektr.* conectar a.
Anschluß *m.* unión; *elektr.* acometida; *tel.* comunicación *f;* **-dose** *f.* caja (*f*) de enchufe; **-stück** *n* pieza (*f*) de enchufe; **-stück** *n.* pieza (*f*) de enlace.
anschnallen sujetar con hebillas.
Anschrift *f.* dirección *f.*, señas *f. pl.*

anschwellen hincharse.
Ansehen *n.* (Geltung) autoridad *f.*, prestigio *m.*
ansetzen poner; (Termin) fijar; (zubereiten) preparar.
Ansicht *f.* vista *f.*: (Meinung) parecer *m.*
Ansichtskarte *f.* tarjeta (*f.*) con vista.
ansiedeln, sich establecerse.
Ansiedelung *f.* colonia *f.*
anspannen (Pferde) enganchar; (Ochsen) uncir; (Kräfte) hacer un supremo esfuerzo.
Anspielung *f.* alusión; (Wink) indirecta *f.*
Ansprache *f.* alocución, arenga *f.*
anspringen *aut.* arrancar.
Anspruch *m.* derecho *m.*, reclamación *f.*
anspruchs|los modesto, sin pretensiones; **-voll** exigente.
Anstalt *f.* establecimiento *m.*
Anstand *m.* decencia *f.*, decoro *m.*; (Jagd) aguardo *m.*
Anstandsdame *f.* (Madrid) *fam.* carabina *f.*
anständig decente.
anstatt en lugar de.
anstecken prender; (v. Krankheit) contagiar.
ansteckend contagioso.
Ansteckung *f.* contagio *m.*
Anstellung *f.* empleo, puesto *m*, colocación *f.*
anstiften incitar, instigar.
Anstoß *m.* choque; *fig.* impulso; (Ärgernis) escándalo *m.*
anstoßen tropezar (con), chocar; (angrezen) confinar; (beim Trinken) chocar los vasos.
anstoßend (Land) colindante; (Zimmer) contiguo.
anstößig chocante; (schlüpfrig) *vulg.* sicalíptico.
anstreben aspirar a.
anstreichen (malen) pintar; (markieren) marcar.
Anstreicher *m.* pintor *(m)* de brocha gorda.
anstrengen fatigar; (Prozeß) entablar.
Anstrengung *f.* empeño, esfuerzo *m.*
Anstrich *m.* pintura *f.*; (jeder einzelne) mano (*f.*) de pintura.
Ansturm *m.* asalto *m.*
Anteil *m.* parte, porción; (im Geschäft) participación *f.*
Antenne *f.* antena *f.*
antik antiguo.
antiquarisch de segunda mano, de lance, viejo.
Antrag *m.* propuesta *f;* (an Behörde) instancia; *parl.* moción; (Heirats -) petición (*f.*) de mano.
Antrieb *m.* accionamiento *m.*, impulsión *f.*
Antritt *m.* (Amt) toma (*f*) de posesión.
Antwort *f.* contestación, respuesta *f.*
antworten contestar, responder.
anvertrauen confiar.
Anwalt *m.* abogado *m;* **s.** ais **-niederlassen** abrir bufete.
Anwärter *m.* aspirante; (Thron) pretendiente *m.*
anweisen (Geld) girar; dar orden de; (bezeichnen) indicar.
Anweisung *f.* indicación, orden *f;* (Geld) giro *m.* remesa *f.*
anwenden emplear, usar.
anwesend presente.
Anwesenheit *f.* presencia *f.*; **-s-liste** *f.* lista (*f.*) de asistencia.
Anzahl *f.* número *m.* cantidad *f.*
anzahlen pagar a cuenta.
Anzahlung *f.* pago (*m.*) a cuenta; (kleine) señal *f.*
Anzeichen *n.* señal *f.*, síntoma *m.*
Anzeige *f.* anuncio, *SAm.* aviso *m.*; *jur.* denuncia *f.*
anzeigen *jur.* denunciar; (Zeitung) anunciar.
anziehen (Kleidung) ponerse; (Schraube) apretar; *fig.* atraer.
Anzug *m.* traje *m.*
anzünden encender.
Apfel *m.* manzana *f.*; **-baum** manzano *m.*
Apfelsine *f.* naranja *f.*

Apfelwein *m.* sidra *f.*
Apostel *m.* apóstol *m.*
Apotheke *f.* farmacia, *fam.* botica *f.*
Apparat *m.* aparato *m.*
Appell *m.* llamada *f.*
Appetit *m.* apetito *m,* ganas *f. pl.*
Aprikose *f.* albaricoque *m.*
April *m.* abril *m.*
Aquädukt *m.* acueducto *m.*
Aquator *m.* ecuador *m.*
Arbeit *f.* trabajo *m;* labor *f.*
arbeiten trabajar; (Maschine) marchar.
Arbeiter *m.* trabajador, obrero, productor, operario.
Arbeiterin *f.* trabajadora, obrera.
Arbeitgeber *m.* patrono *m.*
Arbeitnehmer *m.* empleado, obrero *m.*
Arbeitsamt *n.* oficina (*f.*) de trabajo.
arbeitsfähig capaz de trabajar.
Arbeitskittel *m.* (Überziehanzug) mono *m.*
arbeitslos sin trabajo, parado.
Archiv *n.* archivo *m.*
Arena *f.* (Stierkampfplatz) redondel, ruedo *m.*, plaza (*f.*) de toros.
arg malo; (Fehler) grave; **ohne Arg** sin malicia.
Ärger *m.* disgusto *m.*
ärgerlich enfadado.
ärgern (sich) enfadar(se).
arglos cándido, sin malicia.
Argot *n.* jerga *f.*
Argwohn *m.* suspicacia *f.*
argwöhnisch receloso.
Aristokrat *m.* aristócrata *m.*
arm pobre.
Arm *m.* brazo *m.*
Armband *n.* pulsera *f.*
Armbinde *f.* brazalete; *med.* cabestrillo *m.*
Armee *f.* ejército *m.*
Ärmel *m.* manga *f.;* **-kanal** *m.* Canal (*m.*) de la Mancha.
Armenhaus *n.* asilo *m.*, hospicio.
Armut *f.* pobreza *f.*
Aroma *n.* aroma *m.*, perfume.
Art *f.* (~ u. Weise) modo *m.*, manera *f.;* (Sorte) clase *f.;* (Brauch) costumbre *f.*
artig (höflich) atento; (Kind) bueno, formal.
Artikel *m.* artículo *m.*
Arznei *f.* medicina *f.*
Arzt *m.* médico; *fam.* doctor *m.*
Asche *f.* ceniza *f.*
Aschenbecher *m.* cenicero *m.*
Assistent *m.* ayudante *m.*
Ast *m.* rama *f.;* (im Holz) nudo *m.*
Atem *m.* aliento *m.*
atmen respirar.
Atom *n.* átomo *m.;* **-bombe** *f.* bomba (*f.*) atómica; **-zerfall** *m.* desintegración (*f.*) del átomo; **-zertrümmerung** f. destrucción (*f.*) del atómo.
Attest *n.* atestado, certificado *m.*
ätzen morder con ácido, someter a un corrosivo.
auch también.
auf sobre, en, encima de.
aufbauen constuir, edificar.
aufbewahren conservar, guardar.
aufbrechen (öffnen) abrir; (fortgehen) marcharse, salir; (Knospen) abrirse.
Aufbruch *m.* marcha, salida *f.*
aufdringlich importuno; *fam.* pesado.
Aufenthalt *m.* estancia; (Zug) parada *f.;* (Verzögerung) retraso *m.*
Auferstehung *f.* resurrección *f.*
auffallen (ejm.) chocar, extrañar.
Auffangsgebiet *n.* zona (*f.*) de concentración.
Auffassung *f.* concepto, modo (*m.*) de ver.
auffordern invitar; (zur Ubergabe) intimar; (zum Tanz) sacar a (bailar).
Aufforderung *f.* invitación, intimación *f.* (zur Zahlung) requerimiento *m.*
aufführen *theat.* representar.
Aufführung *f.* *theat.* representación *f.*
Aufgabe *f.* (Arbeit) tarea; (Gepäck) facturación *f.;* (Post) envío; (Verzicht) abandono *m.*

Aufgang *m.* subida *f.;* (Gestirne) salida.
aufgeben (verzichten) abandonar, renunciar a; (Gepäck) facturar; (Brief) echar al correo; (Telegramm) poner.
Aufgebot *n.* (Heirat) amonestaciones *f. pl.; mil.* llamamiento *m.*
aufgehen (Gestirne) salir; (Samen) brotar; (Knoten) deshacerse.
aufgeregt nervioso.
aufgeweckt despierto.
aufgießen (Tee) hacer.
Aufguß *m.* infusión *f.*
aufhalten detener; (Hindern) retardar; **sich** - detenerse; (länger) permanecer.
aufhängen colgar.
aufheben levantar; (aufbewahren) guardar; (Gesetze) abolir; (Vertrag) denunciar.
aufheitern (Wetter) despejarse.
aufhören cesar, acabar.
aufklären aclarar; *mil.* reconocer.
aufkochen: - lassen hacer hervir.
aufladen cargar.
Auflage *f.* (Buch) edición; (Zeitung) tirada *f.;* (Steuer) impuesto *m.*
Auflauf *m.* (Menschen) tumulto; (Speise) flan *m.*
auflehnen, sich apoyarse.
auflösen (Gebundenes) deshacer; (in Flüssigkeiten) disolver, diluir.
Auflösung *f.* (di-) solución *f.*
aufmachen abrir; (Knoten) deshacer.
Aufmachung *f.* presentación *f.*
aufmerksam atento.
Aufmerksamkeit *f.* atención *f.*
Aufnahme *f.* recibimiento *m.*, admisión; *phot.* (Belichtung) exposición *f.* (Film) rodaje; (kartographische) levantamiento *m.*
aufnehmen levantar; (Gast) recibir; (zulassen) admitir.
aufpassen prestar atención.
aufpumpen inflar.
aufräumen arreglar.
aufrechnen compensar.
aufrecht derecho; *fig.* recto.
aufregen excitar; **sich** - alterarse.
Aufregung *f.* excitación *f.*
aufreizen provocar (**zu** a).
aufrichtig sincero, franco.
Aufrichtigkeit *f.* sinceridad, franqueza *f.*
Aufruf *m.* llamamiento *m.* proclamación *f.*
Aufruhr *m.* alboroto, tumulto; *pol.* motín *m.*
aufrüsten rearmar.
Aufrüstung *f.* rearme *m.*
Aufsatz *m.* (Tafel) centro de mesa; (schriftlich) artículo *m.;* (Schularbeit) composición *f.*
aufschichten amontonar, apilar.
aufschieben aplazar; (Frist) prorrogar.
Aufschlag *m.* (Geschoß) impacto *m.;* (Ärmel) bocamangas *f. pl.;* (Rock) solapa *f.;* (Preis) recargo *m.*
aufschlagen (öffnen) abrir; (Geschoß) dar en; (Zelt) montar; (Ärmel) arremangar; (Kragen) subir.
aufschneiden cortar; (prahlen) exagerar.
aufschreiben apuntar.
Aufschub *m.* demora; (er. Frist) prórroga *f.*
Aufschwung *m.* incremento *m.*
Aufseher *m.* vigilante; (Vorarbeiter) capataz *m.*
aufsein estar levantado.
aufsetzen (Hut) poner(se); (schriftlich) redactar.
Aufsicht *f.* inspección, vigilancia *f.*, control *m.;* **-srat** *m.* consejo (*m.*) de administración.
aufspeichern almacenar.
aufspringen (Haut) agrietarse; (Holz) rajarse.
Aufstand *m.* sublevación *f.*
aufstehen levantarse.
aufstellen colocar, poner; (Rechnung) extender.
Aufstieg *m.* (Berg, Ballon) ascensión *f.;* (Berförderung) ascenso *m.*

ausfsuchen buscar; (Kunden) visitar.
auftauchen emerger; *fig.* aparecer.
Auftrag *m.* encargo, pedido *m.*, orden *f.*
auftreten pisar; *theat.* salir a escena.
Auftritt *m.* *theat.* salida (*f.*) a escena; (Zank) altercado *m.*
auftrocknen secar(se).
aufwachen despertar(se).
aufwachsen criarse.
aufwärts (hacia) arriba.
aufwenden emplear, gastar.
aufwischen limpiar; (auftrocknen) secar.
aufziehen (öffnen) abrir; (hochziehen) levantar; (Vorhang) descorrer; (Uhr) dar cuerda a; (Fahne) izar.
Aufzug *m.* procesión *f.*; *theat.* acto *m.*; (Fahrstuhl) ascensor; (Lasten-) montacargas *m.*
Augapfel *m.* globo (*m.*) del ojo.
Auge *n.* ojo *m.*; **gute (schlechte) -n haben** tener buena (mala) vista.
Augen|arzt *m.* oculista *m.*; **-blick** *m.* momento, instante *m*; **-braue** *f.* ceja *f.*; **-lid** *n.* párpado m.; **-wimper** *f.* pestaña *f.*; **-zeuge** *m.* testigo (*m.*) ocular.
augenblicklich momentáneo, instantáneo.
augenscheinlich evidente; *adv.* por lo visto.
August *m.* agosto *m.*
Auktion *f.* subasta *f.*
aus de, con, por, en.
ausbessern reparar; (ficken) remendar; (Wäsche) repasar.
ausbeuten explotar.
Ausbildung *f.* instrucción, formación *f.*
ausbleiben no venir, faltar.
Ausblick *m.* vista; *fig.* perspectiva *f.*
ausbrechen arrancar; (Zahn) romper; (aus dem Gefängnis) evadirse; (Krieg) estallar; (Feuer) declararse; **inrä-nen** - romper a llorar.
ausbreiten extender; *fig.* propagar.
Ausbruch *m.* rompimiento *m.*; (Vulkan) erupción *f.*
Ausdauer *f.* perseverencia *f.*
ausdauern perseverar.
Ausdehnung *f.* extensión *f.*
ausdenken idear; (erfinden) inventar.
ausdrehen (Licht) apagar; (Gas) cerrar.
Ausdruck *m.* expresión *f.*; (Fach-) término (*m.*) (técnico).
ausdrücken exprimir; (Zitrone) estrujar; *fig.* expresar.
auseinander *adv.* separadamente.
auseinander|nehmen descomponer; *techn.* desarmar; **--setzen** (erklären) explicar.
auserlesen exquisito, selecto.
ausfliegen *fam.* hacer una excursión; **Flug** *m.* excursión.
ausfließen derramarse.
Ausflügler *m.* excursionista *m.*
Ausfluß *m.* *med.* flujo *m.*
Ausfuhr *f.* exportación *f.*
ausführen ejecutar; (Waren) exportar.
ausführlich detallado; *adv.* con todo detalle.
ausfüllen llenar, rellenar impreso.
Ausgabe *f.* (Kosten) gasto *m.*; (Buch) edición; (Briefmarken, Papiergeld) emisión *f.*; (Fahr-,Theaterkarten) despacho *m.*
Ausgang *m.* (Tür) salida *f.*
ausgeben (Geld) gastar; (Fahr-, Eintrittskarten usw.) expender; (verteilen) repartir.
ausgehen salir; (Feuer, Licht) apagarse; (Haare) caerse.
ausgelassen (Kind) travieso.
aus|genommen excepto; **-gewählt** seleccionado; **-gezeichnet** excelente.
ausgießen echar.
Ausgleich *m.* compensación *f.* equilibrio *m.*
ausgleiten resbalar.
ausgraben desenterrar, excavar.
Ausguß *m.* (Küche) pila *f.*
aushalten aguantar.

Ausklopfer *m.* sacudidor *m.*
Auskunft *f.* informe *m.* **-sbüro** *n.* agencia (*f.*) de informes.
ausladen descargar.
Ausland *n.* extranjero *m.*
auslassen (weglassen) omitir; (versehentlich) olvidar; (Stelle frei lassen) dejar en blanco; (Zorn) descargar; (Fett) derretir.
Ausiaßventil *n.* válvula (*f.*) de escape.
Auslegung *f.* (Erklärung) interpretación *f.*
ausleihen prestar; **sich etw.** - tomar prestado.
Auslese *fig.* selección *f.*
ausliefern (Waren) entregar; (Verbrecher) hacer la extradición de.
Auslieferung extradición *f.*
auslöschen (Feuer) apagar; (wegwischen) borrar; (Tintenschrift) secar.
auslosen sortear.
auslösen (Gefangene) rescatar; (Pfand) desempeñar; (Mechanismus) disparar; (ee. Bewegung) provocar.
Auslöser *m. phot.* disparador *m.*
Ausnahme *f.* excepción *f.*
ausnutzen aprovechar; (Zeit) emplear.
auspacken desembalar.
auspfeifen *theat.* patear.
Ausrede *f.* excusa, disculpa *f.*
ausreichen bastar, ser suficiente.
ausrenken dislocar.
ausrichten (Auftrag) cumplir; (Grüße) dar; *mil.* poner en fila.
ausrotten extirpar; (Volk) exterminar.
Ausruf *m.* exclamación *f.*
ausrufen exclamar, gritar, pregonar.
ausruhen, sich descansar.
ausrüsten equipar, dotar.
Ausrüstung *f.* equipo; (Bewaffnung) armamento *m.*
Aussaat *f.* siembra *f.*
Aussage *f.* manifestación; *jur.* declaración *f.*
aussagen manifestar, declarar.
Aussatz *m.* lepra *f.*
aussätzig leproso.
ausschalten (Licht) apagar; *techn.* desconectar.
ausscheiden separar; (Sport) eliminar.
Ausschlag *m.* (Haut) erupción *f.* (der Waage) caída ((*f.*) del peso; **den - geben** ser decisivo.
ausschließen excluir.
ausschließlich exclusivo.
Ausschuß *m.* (Material) desecho *m.*; (Kommission) comité *m.* comisión *f.*
Aussehen *n.* aspecto *m.* apariencia *f.*
außen afuera, por fuera.
Außenhandel *m.* comercio (*m.*) exterior.
außer (ausgenommen) excepto; (eingeschlossen) además de.
außer|dem además; **-halb** fuera de; *adv.* (por) fuera; **-ordentlich** extraordinario.
äußerlich exterior, externo.
äußern (Meinung) decir; (Gefühle) exteriorizar.
Außerung *f.* manifestación *f.*
aussetzen (Belohnung) ofrecer; **auszusetzen haben** poner reparos a.
Aussicht *f.* vista; *fig.* perspectiva *f.*
ausspannen (Zugtiere) desenganchar; (ruhen) descansar.
ausspielen (Ball) hacer el saque.
Aussprache *f.* pronunciación *f.*; (Meinungsaustausch) cambio (*m.*) de impresiones.
aussprechen pronunciar.
Ausstattung *f.* equipo; (Braut) ajuar *m.*
aussteigen (Wagen, Zug) bajar de.
ausstellen exponer, exhibir; (Quittung) dar; (Wechsel) girar; **etwas - an** reclamar.
Ausstellung *f.* exposición *f.*
aussteuern equipar.
ausstopfen rellenar; (Tiere) disecar.
ausstoßen expulsar; (aus der Gemeinschaft) excluir de.
ausstrahlen irradiar.

ausstrecken extender, estirar; (Zunge) sacar.
ausstreichen rayar, cancelar.
aussuchen escoger.
Austausch *m.* cambio *m.;* (Bücher, Briefmarken) canje *m.*
austauschen cambiar, canjear.
Auster *f.* ostra *f.*
austragen (Briefe) repartir; (Streitigkeiten) dirimir.
ausüben ejercer, practicar.
Ausverkauf *m.* liquidación *f.*
ausverkaufen liquidar.
Auswahl *f.* (s)elección *f.*
auswählen elegir, escoger.
Auswanderer *m.* emigrante *m.*
auswandern emigrar.
auswärtig de fuera.
auswärts (hacia) fuera.
auswechseln cambiar.
Ausweg *m.* (Ausgang) salida *f. fig.* recurso *m.*
ausweichen (Fahrzeuge) ceder paso; apartarse; (Frage) eludir.
Ausweis *m.* legitimación *f.* carnet (*m.*) de identidad; *Span.* cédula (*f.*) personal.
auswendig externo; *adv.* por fuera; (**-lernen**) (aprender) de memoria.
Auswuchs *m. fig.* abuso *m.*
auszahlen pagar.
Auszahlung *f.* pago *m.*
auszeichnen (Waren) marcar; **sich** - distinguirse.
Auszeichnung *f.* distinción; (Orden) condecoración *f.*
ausziehen extraer; (Kleidungsstück) quitarse; (Wohnung) mudarse, cambiar de domicilio.
Auszug *m.* extracción *f.* extracto *m.;* (Wohnung) mudanza *f.*
Autarkie *f.* autarquia *f.*
Auto *n.* auto(móvil) *m.* coche *m.;* **-bahn** *f.* autopista *f.;* **-bus** *m.* autobús, autocar *m.;* **-heber** *m.* gato *m.;* **-reifen** *m.* neumático *m.;* **-rennen** *n.* carrera (*f.*) de automóviles; **-straße** *f.* autovía *f.*
Automat *m.* autómata *m.*
autonom *adj.* autónomo.
Autor *m.* autor *m.*
autorisieren autorizar.
Autorität *f.* autoridad *f.;* (wissenschaftlich) capacidad.
Avancement *n.* ascenso *m.*
Axt *f.* hacha *f.* (el).
Azteke *m.* azteca *m.*
azurblau azul celeste.

b, B *n.* b, B *f.*
Baby *n.* bebé *m.*, nene.
Bach *f.* arroyo *m.*
Bachstelze *f. zool.* nevatilla *f.*
Backe *f.* mejilla *f.*
backen (im Ofen) cocer; (in der Pfanne) freír.
Bäcker *m.* panadero *m.*
Bäckerei *f.* panadería, tahona *f.*
Back|fett *n.* grasa *f.*; **-fisch** *m.* pescado (*m.*) frito; *fig.* pollita *f.*; **-ofen** *m.* horno *m.*; **- -stein** *m.* ladrillo *m.*
Bad *n.* baño; (Ort) balneario *m.*
Bade|anstalt *f.* baños (*m. pl.*) públicos; **-anzug** *m.* traje (*m.*) de baño; **-hose** *f.* calzón (*m.*) de baño; *fam.* taparrabo *m*; **-ort** *m.* balneario *m.*; (See) playa *f.*; **- wanne** *f.* bañera *f.*; **- zimmer** *n* cuarto (*m.*) de baño.
baden bañar(se), tomar un baño.
Bagger *m.* draga; (zum Erdaushub) excavadora *f.*
baggern dragar, excavar.
Bahn *f.* (Zug) ferrocarril, taen *m.*; (Sport) pista *f.*
Bahnhof *f.* estación *f.* (de ferrocarril).
Bahnsteig *m.* andén *m.*
bald pronto, en breve.
Balken *m.* madero *m.* viga *f.*
Balkon *m.* balcón; (verglaster) mirador *m.*
Ball *m.* (Sport, Spielzeug) pelota *f.*; (Fuß -) balón *m.*; (Tanzvergnügen) baile *m.*
Ballon *m.* globo *m.*; (Korbflasche) bombona *f.*
Banane *f.* plátano *m.*; *SAm.* banana *f.*
Band *n.* cinta *f.*
Band *m.* (Buch) tomo *m.*
Bande *f.* (Verbrecher) cuadrilla; (Billard) banda *f.*
Bandit *m.* bandolero *m.*
Bandwurm *m.* solitaria *f.*
Bank *f.* banco *m.*
Bankeisen *n.* grapa *f.*
Bank|(e)rott *m.* bancarrota, quiebra *f.*; **-rott machen** declararse en quiebra.
Bankier *m.* banquero *m.*
Bankkonto *n.* cuenta (corriente) (*f.*) en un banco.
bar al contado; **in -em Geld** en metálico.
Bär *m.* oso *m.*
Baracke *f.* barraca *f.*
Barbar *m.* bárbaro *m.*
Barbier *m.* barbero, peluquero *m.*
barfuß descalzo.
barmherzig caritativo.
Barmherzigkeit *f.* caridad *f.*
Bart *m.* barba *f.* (Schnurr -) bigote *m.*; (Schlüssel) paletón *m.*
Barzahlung *f.* pago (*m.*) al contado.
Basar *m.* bazar *m.*
Basis *f.* base *f.*
Baske *m.* vasco *m.*; **-nmützef** boina *f.* (vasca).
baskisch *adj.* vasco, éuscaro.
Baß *m.* (Stimme) bajo *m.*; (Instrument) (contra)bajo.
Bassin *m.* pilón *m.*; (Schwimmbad) piscina *f.*
Bastard *m.* (Mischling) mestizo *m.*
Bataillon *n.* batallón *m.*
Batterie *f.* batería; (Taschenlampe) pila *f.*
Bau *m.* (Gebäude) edificio *m.*; (Baustelle) obra *f.*; (v. Tieren) guarida *f.*

Bauch *m.* vientre *m.; fam.* barriga, tripa *f.*
bauen construir, edificar.
Bauer *m.* aldeano, campesino, labrador; *fam.* paleto; (Schach) peón *m.*
Bäuerin *f.* aldeana, campesina; *fam.* paleta *f.*
Bauerngut *n.* cortijo *m.* granja, casa (*f.*) de labor.
baufällig ruinoso, amenazando ruina.
Bau|holz *n.* madera (*f.*) de construcción; **-Kosten** *pl.* gastos (*m. pl.*) de construcción.
Baum *m.* árbol *m.*
Baumeister *m.* maestro (*m.*) de obras.
Baumwolle *f.* algodón *m.*
Baumwollindustrie *f.* industria (*f.*) algodonera.
Bau|platz *m.* -stelle *f.* obra *f.*; (unbebaute) solar *m.* **-unternehmer** *m.* contratista *m.* (de obras).
Bayer *m.* bávaro *m.*
Bazillus *m.* bacilo *m.*
beabsichtigen intentar.
beachten fijarse, reparar en.
Beamter *m.* empleado; (Staats -) funcionario *m.*
beanspruchen exigir, pretender.
beanstanden poner reparo a, protestar contra.
beantragen proponer; (in einem Gesuch) solicitar.
beantworten contestar, responder a.
bearbeiten (Material) labrar, trabajar; (Feld) cultivar; (Buch) redactar; (Theaterstück) adaptar.
beaufsichtigen vigilar, inspeccionar.
beauftragen encargar.
beben temblar.
Becher *m.* copa *f.* vaso *m.*
Becken *n.* pila; (Wasch -) palangana; (Fluß -) cuenca; *anat.* pelvis *f.*
bedanken, sich dar las gracias.
Bedarf *m.* necesidades *f. pl.* **nach** - a discreción.
bedauern sentir, lamentar; (jem.) tener lástima de.
bedecken cubrir, tapar.
bedenken considerar, pensar en.
bedeuten significar.
Bedeutung *f.* significado *m;* (Wichtigkeit) importancia *f.*
bedienen servir.
Bedingung *f.* condición *f.*
bedrohen amenazar.
bedürfen necesitar, hacer falta.
Bedürfnis *f.* necesidad *f.*
beeilen, sich darse prisa.
beeinflussen influir.
beendigen acabar, terminar.
beerdigen enterrar.
Beerdigung *f.* entierro *m.*
Beere *f.* baya *f.*
Beet *n.* bancal.
Befähigung *f.* aptitud *f.*
befahrbar transitable; *naut.* navegable.
befassen, sich ocuparse (m. en).
Befehl *m.* orden *f.*
befehlen mandar.
befestigen fijar; *mil.* fortificar.
befeuchten mojar.
befinden, sich encontrarse, hallarse; (s. fühlen) sentirse.
befördern (im Rang) ascender.
befreien libertar; (entbinden) dispensar.
Befreiung *f.* liberación; (v. Lasten) exención; (Porto, Zoll) franquicia *f.*
befriedigen satisfacer.
Befriedigung *f.* satisfacción *f.*
Befugnis *f.* autorización *f.*
befugt autorizado.
Befund *m.* estado, resultado; *med.* diagnóstico *m.*
befürchten temer.
befürworten recomendar.
Begabung *f.* aptitud *f.* talento *m.*
begeben, sich dirigirse; (geschehent) ocurrir, suceder.
begegnen encontrar a.
begehen (Verbrechen) cometer.
begehren apetecer.
begeistern entusiasmar (für por).
begeistert entusiasmado.
Begeisterung *f.* entusiasmo *m.*

Beginn *m.* comienzo *m.*
beginnen comenzar, empezar.
beglaubigen certificar, legalizar.
begleiten acompañar.
beglückwünschen felicitar.
begnadigen indultar.
Begnadigung *f.* indulto *m.*
begnügen, sich contentarse.
begraben= beerdigen.
Begräbnis *n.* = Beerdigung *f.*
begreifen comprender.
begrenzen limitar.
Begrenzung *f.* limitación *f.*; (Grenzen) límites *m. pl.*
Begriff *m.* idea, noción *f.* concepto *m.*; **im - sein** estar a punto de.
bergründen fundar; (Behauptung) motivar.
begrüßen saludar.
begünstigen favorecer.
behalten guardar; (für s.) retener, quedarse con.
Behälter *m.* recipiente *m.*; (größerer) depósito *m.*
behandeln tratar; *med.* atender.
Behandlung *f.* trato, manejo; *med.* tratamiento *m.*
beharrlich persistente, perseverante.
Beharrlichkeit *f.* persistencia, perseverancia *f.*
behaupten sostener, afirmar, pretender.
beheben (Schwierigkeiten) zanjar.
Behelf *m. jur* recurso *m.*
behelfen, sich componérselas.
beheimatet in natural de.
behelfsmäßig improvisado, provisional.
behende ágil.
beherrschen dominar; (Sprache) poseer; (Leidenschaft) ser dueño de.
beherzigen tomar a pecho.
beherzt *adj.* decidido.
behilflich *adj.*: **jem. - sein** serle útil a alguno.
behindern estorbar.
Behörde *f.* autoridad(es) *f.* (*pl.*).
behüten guardar, proteger.
behutsam *adv.* con cuidado.
bei cerca de, junto a; (im Hans v.) en casa de; (Gefahr, Zwifelsfällen usw.) en caso de; **- age** de día.
beibringen (Beweise) aducir.
Beichte *f.* confesión *f.*
beichten confesar(se).
beide ambos, (as).
Beifaharer *m.* asistente *m.*
Beifall *m.* aplauso *m.*
beifügen incluir, agregar.
Beilage *f.* anexo; (Zeitung) suplemento *m.*
beiläufig incidental; *adv.* de paso.
beilegen añadir, adjuntar, agregar, incluir.
Beileid *n.* pésame *m.* **-sbrief** *m.* carta (*f.*) de pésame.
Bein *n.* pierna; (Tier) pata *f.* (Knochen) hueso *m.*
beinahe casi.
Beischluß *m.* anexo *m.*
beiseite aparte.
beisetzen (Leiche) enterrar.
Beispiel *n.* ejemplo *m.*; **zum** - por ejemplo; (*Abkzg.*: p. e. oder v.g.).
beißen morder.
beistehen asistir, ayudar.
beisteuern contribuir.
beistimmen asentir.
Beitrag *m.* contribución; (Verein) cuota; (an Geld) aportación *f.*
beitreten *pol.* (Partei) afiliarse.
Beiwagen *m.* (Motorrad) sidecar; (Straßenbahn) remolque; *SAm.* acoplado *m.*
Beize *f.* mordiente *m.*
beizeiten oportunamente.
beizen morder con ácido; (dekapieren) decapar.
bejahrt *adj.* entrado en años.
bekämpfen luchar contra.
bekannt conocido; **- machen** publicar, dar a conocer.
Bekanntmachung *f.* publicación *f.*; (behördl. bando *m.*
bekehren convertir.
bekennen confesar.

b

Bekenntnis *n.* confesión; (Glaubensñ) profesión *f.*
beklagen lamentar, deplorar; **sich** - quejarse **(über** de).
Beklagter *m. jur.* demandado *m.*
bekleben (m. Papier) pegar; (M. Zettel) fijar.
Beklebezettel *m.* etiqueta *f.* rótulo *m.*
bekleiden vestir; (Amt) desempeñar.
bekommen obtener, recibir.
beköstigen dar de comer a.
Beköstigung *f.* comida *f.*; (Unterhalt) sustento *m.*
beladen cargar (m. de).
belagern sitiar, poner sitio a.
Belagerung *f.* sitio *m.*
belästigen molestar.
Belästigung *f.* molestia *f.*
beleben animar; **wieder** - reanimar.
belebt animado; (Verkehr) concurrido, frecuentado.
Beleg *m.* comprobante *m.*
belegen cubrir; (Plätze) reservar, documentar.
Belegschaft *f.* personal (obrero) *m.*; (Schicht) turno *m.*
belegt (Zunge) sucio; **-es Brötchen** *n.* bocadillo *m.*
belehren instruir.
Belehrung *f.* instrucción *f.*
beleidigen ofender, insultar.
beleuchten alumbrar.
Beleuchtung *f.* alumbrado *m.*; (festliche) iluminación *f.*
Belgien Bélgica.
belgisch belga.
belieben tener a bien.
Belieben *n.* discreción *f.*
beliebt popular, estimado; (Ware) muy solicitado.
Beliebtheit *f.* (Ware) gran aceptación *f.*
beliefern abastecer, proveer.
Belieferung *f.* abastecimiento *m.*
bellen ladrar.
belohnen recompensar, premiar.
Belohnung *f.* recompensa *f.* premio *m.*
belügen decir mentiras.
bemächtigen, sich apoderarse de.
bemerken observar; (sagen) mencionar, hacer notar.
Bemerkung *f.* observación; (am Rande) nota *f.*
bemühen (sich) molestar(se).
benachrichtigen avisar, informar.
Benachrichtigung *f.* aviso *m.* información *f.*
benehmen, sich portarse.
Benehmen *n.* conducta *f.* (Manieren) modales *mpl.*
beneiden envidiar.
Bengel *m.* pilluelo; *m.* (Madrid, Straßenjunge) golfo.
benötigen necesitar.
benutzen usar, aprovechar.
Benutzung *f.* uso *m.*
Benzin *n.* (als Leichtölgattung) bencina; (als Treibstoff) gasolina.
Benzol *n.* benzol *m.*
beobachten observar.
Beobachtung *f.* observación *f.*
bequem cómodo.
Bequemlichkeit *f.* comodidad *f.* confort *m.*
beraten (amtlich) asesorar.
Berater *m.* consejero, asesor *m.*
Beratung *f. med.* consulta *f.* asesoramiento *m.*
berechnen calcular; (schätzen) evaluar.
Berechnung *f.* cálculo *m.*
berechtigen autorizar, facultar **(zu** para).
Berechtigung *f.* autorización *f.*; (Recht) derecho *m.*
beredt elocuente.
Bereich *m.* zona *f.*; *techn.* alcance; (zwschen 2 Endwerten) margen *m.*
bereit dispuesto.
bereits ya.
Bereitschaft *f.* disposición *f.*
bereitwillig gustoso.
bereuen arrepentirse de.
Berg *m.* montaña *f.* monte; *SAm.* cerro *m.*

b

Berg|mann *m.* minero *m.;* **-steiger** *m.* alpinista *m.*
Bergung *f.* salvamento *m.*
Bergwerk *n.* mina *f.*
Bericht *m.* informe *m.;* (Erzählung) relato *m.*
berichten informar, relatar.
Bernstein *m.* ámbar *m.*
bersten (vor Lachen) reventar.
berüchtigt de mala fama, tristemente célebre.
berücksichtigen tener en cuenta.
Berücksichtigung *f.* consideración *f.;* **unter** -en atención a.
Beruf *m.* profesión *f.;* (Handwerk) oficio *m.;* (Laufbahan) carrera *f.*
berufen (ernennen) nombrar; (Versammlung) convocar.
Berufs|ausbildung *f.* formación (*f.*) profesional; **-schule** *f.* escuela (*f.*)de artes y oficios; **-wahl** *f.* orientación (*f.*) profesional.
Berufungsrecht *n.* derecho (*m.*) de apelación.
beruhigen tranquilizar.
berühmt célebre, famoso.
berühren tocar.
besänftigen (Zorn) aplacar.
Besatzung *f.* guarnición; *naut.* tripulación *f.*
Besatzungstruppen *f. pl.* tropas (*f. pl.*) de ocupación.
besaufen, sich *vulg.* emborracharse.
beschädigen deteriorar, estropear.
beschaffen proporcionar.
Beschaffenheit *f.* condición *f.* estado *m.*
beschäftigen ocupar, emplear.
beschämen avergonzar.
Bescheid *m.* (Antwort) respuesta; (Entscheid) decisión *f.*
bescheiden modesto.
Bescheidenheit *f.* modestia *f.*
bescheinigen certificar.
Bescheinigung *f.* certificado.
beschießen tirar sobre, cañonear, bombardear.
Beschießung *f.* cañoneo, bombardeo *m.*
beschimpfen insultar.
beschlafen *fig. fam.* (ee. Sache) consultar con la almohada.
Beschlagnahame *f.* embargo; (Zwangsverwaltung) secuestro *m.*
beschlagnahmen embargar, secuestrar.
beschleunigen apresurar; *SAm.* apurar; *techn.* acelerar.
beschließen (beendigen) concluir, terminar; (Entschlußfassen) decidir, resolver.
Beschluß *m.* decisión, resolución *f.*
beschmutzen ensuciar, manchar.
beschneiden (re-)cortar; (Bäume) podar.
beschranken limitar; **s. - auf** limitarse a.
Beschränkung *f.* limitación, restricción *f.*
beschreiben (schildern) describir.
Beschreibung *f.* descripción *f.*
beschuldigen inculpar.
beschützen proteger.
Beschwerde *f.* queja *f.;* (Krankheit) dolores, achaques *m. pl.*
beschweren, sich quejarse (**über** de).
beseitigen apartar, quitar de en medio.
Besen *m.* escoba *f.*
besetzen *mil.* ocupar.
besichtigen (Gelände) reconocer.
Besinnung *f.* conocimiento *m.* reflexión *f.*
besinnungslos sin conocimiento, sin sentido.
Besitz *m.* posesión *f.* propiedad *f.*
besitzen poseer.
Besitzer *m.* poseedor; (Inhaber) dueño, propietario *m.*
besohlen echar medias suelas a.
besonders especialmente, sobre todo.
besorgen procurar proporcionar.
Besorgnis *f.* aprensión *f.*
besorgt preocupado.
Besorgung *f.* (Einkauf) compra.

b

besprechen discutir; (Schallplatte) impresionar.
Besprechung *f.* entrevista.
bespritzen rociar; (m. Schmutz) salpicar.
besser mejor; **desto** - tanto mejor.
bessern mejorar.
Besserung *f.* mejora; *med.* mejoría *f.* **gute** -!; ¡que V. se alivie!
best mejor.
Bestand *m.* (Vorrat) existencias *f. pl;* **-s-aufnahme** *f.* inventario; (Kasse) arqueo *m.*
beständig constante, continuo.
Bestandteil *m.* (parte) componente *f.;* (einer Mischung) ingrediente *m.*
bestätigen confirmar; (Empfang) acusar.
Bestätigung *f.* confirmación *f.* (Empfangs -) acuse (*m.*) (de recibo).
bestatten enterrar, dar sepultura a.
Bestattung *f.* entierro *m; SAm.* sepelio *m.*
bestechen sobornar.
Besteck *n.* (Essen) cubierto *m.*
bestehen (da sein) existir; (Prüfung) sufrir, someterse a; - **aus** consistir en; - **auf** insitir en.
besteigen subir a; (Fahrrad) montar en.
bestellen (Briefe) repartir; (Waren) encargar, pedir; (Plätze) reservar.
Bestellung *f.* (Waren) encargo, pedido *m.*
Bestie *f.* bestia *f.;* (wildes Tier) fiera.
bestimmen (festsetzen) determinar.
bestimmt *adv.* con seguridad.
Bestimmungshafen *m.* puerto (*m.*) de destino.
bestrafen castigar; (mit Geldstrafe) multar.
bestreben, sich esforzarse por.
bestreiten negar; (Kosten) sufragar.
bestürzt *adj.* desconcertado.
Besuch *m.* visita *f.*
besuchen visitar, ir a ver.
Besucher *m.* visitante *m.* visita *f.; theat.* espectador *m.*
betätigen, sich dedicarse a; *techn.* maniobrar.
Betätigung *f.* actuación *f.;* funciones *f. pl.;* (einer Vorrichtung) mando *m.*
betäuben (durch Lärm) ensordecer; (Sinne) aturdir; *med.* narcotizar.
Betäubung *f.* adormecimiento, aturdimiento; (Erstaunen) estupor *m.; med.* narcosis *f.;* **-smittel** *n. pl.* narcótico *m.*
beteiligen interesar; **sich** - participar (en).
Beteiligung *f.* participación *f.*
beten rogar.
Beton *m.* hormigón *m.*
betonen acentuar; *fig.* insistir en.
Betonung *f.* acentuación *f.*
betrachten contemplar.
beträchtlich considerable.
Betrag *m.* importe *m.* suma, cantidad *f.*
betragen importar.
betrauern deplorar.
betreffen concernir;**was ... betrifft** en cuanto a, por lo que a ... toca.
betreten (eintreten) entrar en; (Boden) pisar.
betreuen atender a.
Betreuung *f.* cuidado *m.*
Betrieb *m.* fábrica, empresa *f.* negocio, comercio *m.; Eis.* explotación *f.; techn.* servicio *m.* **in** - en marcha; **in -setzen** poner en marcha.
betrinken, sich emborracharse; *fam.* coger una mona.
Betrug *m.* fraude *m;* (Hochstapelei) estafa; (beim Spiel) trampa *f.*
betrügen engañar, estafar, hacer trampas.
Betrüger *m.* estafador, tramposo *m.*
betrunken borracho, beodo.
Bett *n.* cama *f.;* (Maschine) bancada *f.*
Bettdecke *f.* (leinene) sábana; (wollene) colcha *f.*
betteln pedir (limosna), mendigar.
Bettler *m.* mendigo *m.*
Bett|stelle *f.* (armadura *f.* de) cama *f.;*

-tuch *n.* sábana *f.;* **-vorleger** *m.* alfombrilla *f.* (de cama); **-wäsche** *f.* ropa (*f.*) de cama.
beugen (Kniee) doblar.
Beule *f.* chichón *m.;* (Verbeulung) abolladura *f.*
beunruhigen inquietar, alarmar.
beurteilen juzgar.
Beute *f. mil.* botín *m.;* (Raubtier) presa *f.*
Beutel *m.* bolsa *f.* (de papel).
bevölkern poblar.
Bevölkerung *f.* población *f;* **-sstatistik** *f.* movimiento (*m.*) demográfico.
bevollmächtigen autorizar.
Bevollmächtigter *m.* apoderado *m.*
bevor antes (de) que.
bevorzugen preferir.
bewachen custodiar, vigilar.
bewaffnen armar.
Bewaffnung *f.* armamento *m.*
bewährt probado.
Bewährungsfrist *f.;* m. - (condena) condicional.
bewegen mover; *fig.* conmover.
Beweis *m.* prueba *f.*
beweisen probar.
bewerben, sich solicitar; (um Mädchen) pedir la mano de.
Bewerber *m.* solicitante.
Bewerbung *f.* solicitud; (um Mädchen) petición de mano *f.*
bewilligen conceder.
Bewilligung *f.* concesión *f.*
bewirken efectuar, hacer.
bewirtschaften (Lebensmittel) racionar; **bewirtschaftete Ware** *f.* artículo (*m.*) de restricción.
bewohnbar habitable.
bewohnen habitar, vivir en.
Bewohner *m.* habitante; (Haus -) inquilino, vecino *m.*
Bewölkung *f.* nubosidad *f.* nubes *f. pl.*
bewundern admirar.
Bewunderung *f.* admiración *f.*
bewußt consciente; -los sin conocimiento, desvanecido.
Bewußtlosigkeit *f.* pérdida (*f.*) del conocimiento, desmayo *m.*
Bewußtsein *n.* conocimiento *m.*
bezahlen pagar.
Bezahlung *f.* pago *m.*
bezeichnen marcar, designar.
Bezeichnung *f.* marca, designación *f.*
bezeugen atestiguar.
beziehen, sich referirse (**auf** a).
Beziehung *f.* relación, referencia *f.*
Bezirk *m.* distrito *m.*
Bezug *m.* (frische Wäsche) muda; (Überzug) tunda; (Waren) compra *f.*
bezügliech referente a.
Bezugnahme *f.* **m.** - **auf** con referencia a.
bezwecken proponerse, tener por objeto.
bezweifeln dudar.
Bibel *f.* biblia *f.*
Biber *m. zool,* castor *m;* **-ratte** *f. SAm.* nutria *f.*
Bibliothek *f.* biblioteca *f;* **-ar** *m.* bibliotecario *m.*
biegen doblar; (rund) curvar.
Biegung *f.* flexión.
Biene *f.* abeja *f.* **-nstock** *m.* colmena *f.*
Bier *n.* cerveza *f.*
Bierbrauerei *f.* fábrica (*f.*) de cerveza.
bieten ofrecer.
Bijuteriewaren *f. pl.* bisutería *f.*
Bilanz *f.* balance *m.*
Bild *n.* imagen *f.;* (Gemälde) cuadro; (Portrait) retrato *m;* (Abbildung in Büchern) estampa *f.; fig.* idea *f.*
bilden formar; (belehren) instruir.
Bildhauer *m.* escultor *m.*
Bildung *f.* formación; (Kultur) educación; (allgemeine) cultura general *f.;* (Wissen) conocimientos *m. pl.*
Billard *n.* billar; **-stock** *m.* taco *m.*
Billet *n.* billete; *SAm.* boleto *m;* (Eintrittskarte) entrada *f.*
billig barato, económico; (recht) equitativo.
billigen aprobar.
Billigkeit *f.* (Recht) equidad; (Preis) baratura *f.*

Bimsstein *m.* piedra (*f.*) pómez.
Binde *f.* (Verband) venda; (Leib -) faja; *med.* ligadura *f.*
Binden atar: (Buch) encuadernar; (Zement) fraguar.
Bindfaden *m.* bramante *m.; SAm.* piola *f.;* (stärkerer) cuerda *f.;* (zum Heften) balduque *m.*
Binnen|handel *m.* comercio (*m.*) interior; **-land** *n.* interior *m.*
Binse *f. bot.* junco *m.*
Birke *f.* abedul *m.*
Birne *f.* pera *f.;* (Glüh -) bombilla *f.*
bis hasta.
Bischof *m.* obispo *m.*
Biß *m.* mordisco *m.*
bißchen, ein un poquito (de).
Bitte *f.* ruego *m.*
bitten rogar; (inständig) suplicar.
bitter amargo.
Bittschrift *f.* petición *f.*
blähen inflar.
blank brillante, pulido; (Waffe) blanco.
Blase *f.* (Haut -) ampolla; (Wasser, Luft) burbuja; (Harn -) vejiga *f.*
Blasebalg *m.* fuelle *m.*
blasen soplar; *mus.* tocar.
blaß pálido.
Blatt *n.* hoja *f.* (Bogen) pliego *m.*
Blattern *f. pl. med.* viruelas *f. pl.*
blättern hojear.
Blätterteig *m.* hojaldre *m.*
blau azul.
Blech *n.* chapa; (Folie) lámina; (Weiß-) hojalata *f.*
Blei *n.* plomo *m.*
bleiben quedar(se).
bleichen blanquear.
Bleistift *m.* lápiz *m;* **-spitzer** *m.* sacapuntas *m.*
Blende *f. opt.* diafragma *m.*
blenden cegar; (durch starkes Licht) ofuscar; *fig.* deslumbrar; **-d** deslumbrante.
Blick *m.* mirada; (Aussicht) vista; (flüchtiger) ojeada *f.*
blicken mirar.
blind ciego.
Blinddarm *m.* apéndice *m.* **-entzündung** *f.* apendicitis *f.*
Blindenhund *m.* perro (*m.*) lazarillo.
Blindgänger *m.* granada (*f.*) no estallada.
Blitz *m.* relámpago, rayo *m.*
blitzen relampaguear; brillar.
Block *m.* (Notiz-) bloque *m.;* (Kalender) taco.
Blockade *f.* bloqueo *m.*
blöde tonto, imbécil.
blond rubio.
bloß (nur) sólo, solamente.
blühen florecer; *fig.* prosperar.
Blume *f.* flor *f.*
Blumen|händler *m.* florista *m;* **-kohl** *m.* coliflor *f;* **-strauß** *m.* ramo (*m.*) de flores; **-topf** *m.* tiesto *m.* maceta *f.*
Bluse *f.* blusa *f.*
Blut *n.* sangre *f.*
blutarm anémico.
Blut|armut *f.* anemia *f;* **-bad** *n.* matanza *f.*
blutdürstig sanguinario.
Blüte *f.* flor; (Wirtschaft) prosperidad *f.*
bluten echar sangre.
Blütenknospe *f.* botón *m.*
Blutgefäß *n.* vaso (*m.*) sanguíneo.
Blut|spender *m.* donador (*m.*) de sangre; **-vergiftung** *f.* intoxicación (*f.*) de la sangre; **-verlust** *m.* pérdida (*f.*) de sangre; **-wurst** *f.* morcilla *f.*
Bock *m.* (Tier) macho (*m.*) cabrío; (Kutsche) pescante *m;* (Gestell) caballete *m.*
Bodega *f.* bodega *f,* almacén (*m.*) de vinos.
Boden *m.* suelo; (Gefäß) fondo; (Acker) terreno; (Haus -) desván *m.*
Bodenpersonal *n.* personal (*m.*) de servicio (en una base aérea).
Bogen *m.* arco; (Papier) pliego *m; arch.* arcada *f.*
Bohne *f.* haba *f.* (el); (Kaffee) grano *m.* (grüne) judías (*f. pl.*) verdes.

Bohnermaschine *f.* enceradora *f.*
bohnern encerar, lustrar.
bohren taladrar; (fündig) alumbrar; (Untergrund untersuchen) sondear.
Bohrer *m.* broca, barrena *f.*
bombardieren bombardear.
Bombe *f.* bomba *f.*
Bombenangriff *m.* ataque (*m.*) aéreo.
bombengeschädigt damnificado por bombardeo aéreo.
Bonbon *n.* caramelo *m.;* (Pralinen) bombones finos *m. pl.*
Boot *n.* bote *m.;* (Fischer -) barca *f.*
Bord *m. n.* (Rand) borde; *naut.* bordo *m.;* **an** - a bordo; **an - gehen** embarcarse.
Bordell *n.* burdel *m.; vulg.* casa (*f.*) de putas.
Bordfunker *m.* radiotelegrafista *m.*
borgen (verleihen) prestar; (entleihen) tomar prestado.
Börse *f.* bolsa *f.;* (Produkten-) lonja *f.*
Börsenmakler *m.* corredor (*m.*) de bolsa.
Borte *f.* ribete; (Tresse) galón *m.*
bösartig malo; *med.* maligno.
Böschung *f.* talud *m.*
böse malo; (ärgerlich) enfadado.
Bosheit *f.* malicia, maldad *f.*
böswillig *adv.* con mala intención.
Bote *m.* mensajero, recadero; (regelmäßiger zwischen Ortschaften) ordinario *m.*
Botschaft *f.* mensaje *m; pol.* embajada *f;* **-er** *m.* embajador *m.*
Böttcher *m.* tonelero *m.*
boxen boxear.
Boxer *m.* boxeador, púgil *m.*
Brachfeld *n.* terreno (*m.*) baldío.
Brand *m.* incendio, fuego *m;* (Keramik) cochura *f.;* **-stifter** *m.* incendiario *m.;* **-stiftung** *f.* incendio (*m.*) intencionado.
Branntwein *m.* aguardiente *m.*
braten asar; (in der Pfanne) freír.
Braten *m.* asado *m.*
Brat|kartoffeln *f. pl.* patatas (*SAm.* papas) (*f. pl.*) fritas; **-pfanne** *f.* sartén *f.;* **-rost** *m.* parrilla *f.*
Brauch *m.* costumbre *f.* uso *m.*
brauchbar útil, aprovechable.
brauchen (gebrauchen) usar; (nötig haben) necesitar, hacer falta.
brauen (Bier) fabricar: (Kaffee) hacer, preparar.
Brauer *m.* cervecero *m;* **-ei** *f.* fábrica (*f.*) de cerveza.
braun pardo; (Haut) moreno; (Haar) castaño; (Stoffe) color café.
Braunkohle *f.* lignito *m.*
Braut *f.* novia *f.*
Bräutigam *m.* novio *m.*
Brautpaar *n.* novios *m. pl.;* (nach der Trauung) los recién casados.
Brautstand *m.* noviazgo *m.*
brav (gut) bueno.
Brecheisen *n.* palanqueta *f.*
brechen romper; (Widerstand) vencer; (erbrechen) vomitar, *fam.* cambiar la peseta.
Brei *m.* pasta, papilla *f.* (Kartoffel, Erbsen) puré *m.*
breit ancho.
Breite *f.* anchura *f.* ancho *m.*
Bremse *f.* freno *m.*
bremsen frenar.
Bremser *m.* guardafrenos *m.*
brennen (sehr heiß sein) quemar; (vom Feuer erfaßt sein) arder; (Keramik) coser; (Haare) rizar.
Brennholz *n.* leña *f.*
Brett *n.* tabla *f.* (Schach) tablero *m.*
Bretterwand *f.* valla *f.*
Brief *m.* carta *f.;* **-kasten** *m.* buzón *m.;* **-marke** *f.* sello *m.; SAm.* estampilla *f.* **-markensammlung** *f.* colección (*f.*) de sellos (de correo); **-ordner** *m.* clasificador, archivador *m;* **-papier** *n.* papel (*m.*)de cartas; **-tasche** *f.* paloma (*f.*) mensajera; **-träger** *m.* cartero *m;* **-umschlag** *m.* sobre *m;* **-wechsel** *m.* correspondencia *f.;* **in -wechsel stehen** *fam.* cartearse.
Brille *f.* gafas *f. pl.*
bringen (hinbringen) llevar; (her-

bringen) traer; (begleiten) acompañar.
britisch británico, inglés.
Brodem *m.* vaho *m.*
Brom *n.* bromo *m.*
Brombeere *f.* zarzamora *f.*
Bromkali *n.* bromuro (*m.*) potásico.
Bronchialkatarrh *m.* bronquitis *f.*
Bronze *f.* bronce *m.*
Bronzezeit *f.* edad (*f.*) de bronce.
Brosche *f.* broche; (Nadel) alfiler *m.*
Broschüre *f.* folleto *m.*
Brot *n.* pan *m.;* **sein - verdienen** *fig.* ganarse la vida.
Brötchen *n.* panecillo *m.*
Brotröster *m.* tostador (*m.*) de pan.
Bruch *m.* (Einzelbruch) rotura, ruptura; (Bruchstelle) fractura; *med.* fractura; (Eingewide -) hernia; (Falte) doblez; *math.* fracción *f.*
Bruchband *n.* braguero *m.*
Brücke *f.* puente *m.*
Bruder *m.* hermano *m.;* (Ordens -) fraile *m.*
Brühe *f.* caldo *m.*
brüllen bramar; (heulen) aullar; (Löwe) rugir; (schreien) dar voces.
brummen gruñir; (summen) zumbar.
Brunft *f.* celo *m.*
Brunnen *m.* pozo *m.;* (Röhren -) fuente *f.;* (Mineralwasser) agua (*f.*) mineral.
Brust *f.* pecho *m.;* (Gedlügel) pechuga *f.;* (Busen) seno *m.;* *vulg.* teta *f.*
Brustfell *n.* pleura; **-entzündung** *f.* pleuresía *f.*
Brüstung *f.* *theat.* antepecho *m.* (Brücke) pretil.
Brut *f.* cría *f.*
brüten empollar.
brutto bruto.
Bube *m.* chico, muchacho; (Schurke) miserable *m.;* (Kartenspiel) sota *f.*
Bubikopf *m.* pelo (*m.*) a lo garçon, melena *f.*
Buch *n.* libro *m.*
Buchbinder *m.* encuadernador *m.*
Buchdrucker *m.* impresor, tipógrafo *m.;* **-ei** *f.* imprenta *f.*
Buche *f.* *bot.* haya *f.* (el).
buchen sentar (en cuenta); (Passage, Platz) reservar.
Bücherei *f.* biblioteca, librería *f.*
Bücher|revisor *m.* interventor *m;* **-schrank** *m.* armario (*m.*) de libros, librería *f.*
Buchhalter *m.* tenedor (*m.*) de libros, contable; *SAm.* contador *m.*
Buchhaltung *f.* contabilidad *f.*
Buchhändler *m.* librero *m.;* (Verlags -) editor *m.*
Buchhandlung *f.* librería *f.* (Verlags -) casa (*f.*) editora.
Büchsenfleisch *n.* carne (*f.*) en conserva.
Buchstabe *m.* letra; (großer) mayúscula; (kleiner) minúscula *f.*
buchstabieren deletrear.
buchstäblich literal; *adv.* al pie de la letra.
Bucht *f.* bahía; (kleine) cala *f.*
bücken, sich inclinarse, agacharse.
Bückling *m.* (Fisch) arenque (*m.*) ahumado; (Verbeugung) reverencia *f.*
Bude *f.* caseta *f;* (Markt) puesto *m.*
Büfett *n.* aparador; (Schanktisch) mostrador *m;* **kaltes -** fiambres *m.* *pl.,* ambigú *m.*
Büffel *m.* *zool.* búfalo *m.*
Bug *m.* proa *f.*
Bügeleisen *n.* plancha *f.*
bügeln planchar.
Bühne *f.* *theat.* escenario *m;* (Plattform) plataforma *f.*
Bühnnarbeiter *m.* tramoyista *m.*
Bulle *m.* *zool.* toro *m.*
bummeln (in den Straßen) callejear; (unsolid sein) correr una juerga; *fam.* echar una canita al aire.
Bund *n.* (Gebundenes, Schlüssel) malianza, liga *f.*
Bs e *n.* (Gebundenes, Schlüssel) manojo *m.;* (Zwiebeln) ristra *f.*
Bündel *n.* lío; (Kleider) hatillo; (Stroh) haz; (Akten) legajo *m.*

Bündnis *n.* alianza *f.*
Bunker *m.* refugio *m.*
bunt de colores; (-scheckig) abigarrado.
Burg *f.* castillo; *Span.* alcázar *m.*
Bürge *m.* fiador *m.*
bürgen (für jem.) salir fiador por; (für etw.) garantizar.
Bürger *m.* ciudadano; (Einwohner) vecino; (Zivilist) paisano.
bürgerlich civil, burgués; (gekleidet) de paisano.
Bürgermeister *m.* alcalde *m. SAm.* intendente *m.*
Bürgersteig *m.* acera.
Bürgschaft *f.* fianza, garantía *f.*
Büro *n.* oficina *f.* despacho *m;* **-klammer** *f.* clip.
Bürokrat *m.* burócrata *m.;* **-ismus** *m.* burocratismo *m.*
Bursche *m.* mozo, *fam.* pollo; *mil,* asistente *m.*
Bürste *f.* cepillo *m.*
bürsten cepillar.
Busch *m.* (Strauch) arbusto *m;* (Gebüsch) mata *f.;* (Gestrüpp) matorral *m.*
Büschel, *m.* (Haar) mechón *m.*
Buschmann *m.* (Neger) bosquimano *m.*
Busen *m.* seno, pecho; (Meer -) golfo *m.*
Buße *f.* penitencia *f;* (Geld -) multa *f.*
büßen hacer penitencia, expirar.
Büste *f.* busto *m;* **-nhalter** *m* sostén *m.*
Butter *f.* mantequilla, manteca *f.;* **-brot** *n.* pan (*m.*) con mantequilla; (belegtes) bocadillo, sandwich *m;* **-dose** *f.* mantequera *f;* **-milch** *f.* suero *m.*
buttern hacer manteca.

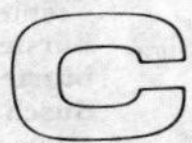

c, C *n.* c, C *f.*
Cake *m.* galleta *f.*
Cellist *m.* chelista *m.*
Celsius *m.:* grado (*m.*) centígrado.
Charakter *m.* carácter *m.*
charakteristisch característico **(für** de).
Chauffeur *m.* chófer *m.*
Chef *m.* jefe; (Arbeitgeber) patrón, amo *m.*
Chemie *f.* química *f.*
Chemikalien *f. pl.* productos (*m. pl.*) químicos.
Chemiker *m.* químico *m.*
chemisch químico.
chilenisch *adj.* chileno.
China *n.* (la) China *f.*
Chinese *m.* chino *m.*
chinesisch chino; (Stil) chinesco.
Chirurg *m.* cirujano *m.*
Chor *m.* coro *m.*
Chorknabe *m.* monaguillo *m.*
Christ *m.* cristiano *m.*
christlich cristiano.
Christoph: - Kolumbus Cristóbal Colón.
Christus *m.* Cristo *m.*
Chrom *n.* cromo *m.*
Chronik *f.* crónica *f.*
chronisch *adj. med.* crónico.
Clearinghaus *n.* cámara (*f.*) de compensación.
Clown *m.* clown *m.*
Code *m.* código *m.* clave *f.* (telegráfica).
Couch *f.* cama (*f.*) turca, diván *m.*
Couplet *n.* cuplé *m.*
contumaciam: in - verurteilen condenar en rebeldía.
Cowboy *m.* vaquero; *SAm.* gaucho *m.*

d, D *n.* d, D *f.*
da ahí, allí, allá; (weil) porque; (zeitlich) cuando.
dabei cerca, junto; (zugegen) presente.
Dach *n.* techo, tejado *m.;* (Bedachung) cubierta *f.;* **-antenne** *f.* antena *(f.)* exterior; **-boden** *m.* desván *m.;* (bewohnter) guardilla *f;* **-decker** *m.* tejador *m;* **-kammer** *f.* buhardilla *f.;* **-pappe** *f.* cartón *(m.)* para techar; **-rinne** *f.* canalón *m.*
Dachs *m. zool.* tejón *m.;* **-bau** *m.* tejonera *f.;* **- hund** *m.* (perro) pachón *m.*
Dach|stube *f.* guardilla, buhardilla *f.;* **-stuhl** *m.* armadura *f.* (del tejado); **-ziegel** *m.* teja *f.*
dadurch así, de este modo.
dafür por esto; (Tausch) en cambio.
dagegen contra; (an Stelle von) en cambio; (Gegensatz) al contrario.
daheim en casa; en mi casa (oder tierra).
daher de allí; *conj.* por eso, por lo tanto.
dahin hacia allí; **bis** - hasta allí.
dahinten allá atrás.
dahinter atrás, detrás.
Dahlie *f. bot.* dalia *f.*
daliegen estar echado.
damals (en aquel) entonces.
Damast *m.* damasco *m.*
Dam|brett *n.* tablero *(m.)* de damas; **-stein** *m.* pieza *f.* peón *m.*
Dame *f.* señora *f. span.* (Karte) caballo *m;* (Tanzpartnerin) pareja *f.* **junge** - señorita.
Dämel|ack *m.* mentecato *m.*
Damespiel *n.* juego *(m.)* de damas.
Dam|hirsch *m.* gamo *m.;* **-wild** *n.* caza *(f.)* mayor.
damit con eso; *conj.* para que, a fin de que.
Damm *m.* terraplén *m;* (Hafen) dique *m.*
dämmern (Morgen) amanecer; (Abend) atardecer; **es dämmert mir** *fig. fam.* ahora caigo.
Dämmerung *f.* (Morgen) alba *f.* (el); (Abend) crepúsculo *m.*
Dampf *m.* vapor *m.*
dampfen echar humo; *naut.* navegar.
dämpfen (Geräusche) amortiguar; (Speisen) estofar.
Dampfer *m* (buque de) vapor *m.*
Dampf|heizung *f.* calefacción *(f.)* de vapor; **-kessel** *m.* caldera *(f.)* de vapor; **-maschine** *f.* máquina *(f.)* de vapor; **-walze** *f.* apisonadora *f.*
danach después, luego.
daneben cerca (de), junto (a), al lado (de); (außerdem) además.
Dank *m.* gracias *f. pl.*
dankbar agradecido.
Dankbarkeit *f.* agradecimiento *m,* gratitud *f.*
danken agradecer, dar las gracias.
Dankgebet *n.* oración *(f.)* de gracias.
dann luego, después; (ferner) además; (in dem Falle) entonces; **- und wann** de vez en cuando.
darauf después; (örtlich) encima; **gleich** -acto seguido.
daraus de ahí; **-folgt, daß** de ello se deduce que...
darein allí dentro.
darin en ello, dentro.

darlegen exponer, (erklären) explicar.
Darlehn *n.* préstamo *m.*
darleihen prestar; *SAm.* emprestar.
Darm *m.* intestino *m.* tripa *f.*
Darmgeschwür *n.* úlcera (f) intestinal.
darstellen presentar; *chem.* obtener.
Darstellung *f.* representación; *chem.* obtención *f.*
darüber (allá) encima; - **hinaus** más allá; *fig.* además.
darum por es(t)o; (herum) alrededor (de.)
dasein (anwesend sein) estar presente; (vorhanden sein) existir, haber.
Dasein *n.* (Anwesenheit) presencia; (Vorhandensein) existencia *f.*
daselbst *adv.* allí mismo.
daß que; **kaum** - apenas.
datieren (herrühren) datar; (Datum angeben) fechar, poner fecha.
Dattel *f.* dátil *m.*
Datum *n.* fecha *f.*
Dauer *f.* duración *f.*
Dauerkarte *f.* abono *m.* pase.
dauerhaft duradero, resistente.
dauern durar; **er dauert mich** me da lástima.
Dauervorstellung *f.* (Kino) sesión (*f.*) continua.
Dauerwellen *f. pl.* (ondulación) permanente *f.*
Daumen *m.* pulgar *m.*
Däumling *m.* (Märchenfigur) Pulgarcito.
Daune *f.* plumón *m.*
davon de ello.
davor delante (de), ante.
dazu para ello.
dazwischen entre ellos (ellas) (in der Mitte) en medio de.
Debatte *f.* debate *m.*, discusión *f.*
debattieren discutir.
debitieren llevar al debe, adeudar, cargar en cuenta.
Debüt *n.* debut *m.* estreno.
dechiffrieren descifrar.
Deck *m. naut.* cubierta *f.*
Decke *f.* cubierta, manta; (Bett) colcha; (Leinen) sábana *f.;* (Zimmer) techo *m.*
Deckel *m.* tapa(dera) *f.*
decken cubrir; **den isch** - poner la mesa.
Deckname *m.* seudónimo *m.*
defekt *adj.* defectuoso.
Defekt *m.* defecto *m.;* desperfecto, falta *f.*
Degen *m.* espada *f.*
dehnbar extensible; (Metalle) dúctil.
dehnen extender, dilatar.
Deich *m.* dique *m.*
Deichsel *f.* (einfache) lanza; (Gabel-) vara *f.*
dein tu, tuyo.
Dekan *m.* decano *m.*
Deklamation *f.* recitación *f.*
Dekret *n.* decreto *m.*
Dementi *n.* mentís *m.*
Demokrat *m.* demócrata *m;* **-ie** *f.* democracia *f.*
demokratisch democrático.
Demut *f.* humildad *f.*
demütig humilde.
demütigen humillar.
Demütigung *f.* humillación *f.*
denkbar *adj.* imaginable.
denken pensar.
Denkmal *n.* monumento *m.*
denn pues.
dennoch sin embargo, a pesar de todo.
Denunziant *m.* denunciante *m.*
denunzieren denunciar, delatar.
Depositenschein *m.* resguardo (*m.*) de depósito.
der, die, das el, la, lo.
derb (fest) fuerte, resistente; (grob) grosero.
der-, die-, dasselbe el mismo, la misma, lo mismo.
Deserteur *m.* desertor *m.*
desertieren desertar; (überlaufen) pasarse al enemigo.
deshalb por es(t)o, por lo tanto.

Desinfektion *f.* desinfección *f.*
desinfizieren desinfectar.
Despot *m.* déspota *m.*
dessen cuyo, del cual.
Dessertwein *m.* vino (*m.*) de postre.
desto tanto; **-besser** tanto (oder mucho) mejor.
Detektivfilm *m.* película (*f.*) policíaca; *fam.* p. de miedo.
deuten señalar (con) (auf sobre); (erklären) explicar.
deutlich claro.
deutsch alemán; (in Zusammensetzungen oft) germano.
Deutschland *n.* Alemania *f.*
Devisen *f. pl.* divisas *f. pl.* moneda (*f.*) extranjera; cambios *(m. pl.)* extranjeros.
Dezember *m.* diciembre *m.*
Dialekt *m.* dialecto *m.*
Diät *f.* dieta *f.* régimen *m.*
dicht denso, espeso; (Gewebe) tupido; (Maschen) apretado; (undurchlässig) impermeable; (undurchdringlich) impenetrable.
dichten componer versos, rimar.
Dichter *m.* poeta *m.; poet.* vate *m.*
dick grueso; (dickflüssig) espeso; (dickleibig) gordo, obeso; (geschwollen) hinchado.
Dieb *m.* ladrón; (Taschen -) ratero *m.*
Diebstahl *m.* robo, hurto *m.*
Diele *f.* (Vorraum) recibimiento, hall *m.*
dienen servir.
Diener *m.* criado, mozo *m.*
Dienst *m.* servicio *m.*; **-mädchen** *n.* criada, muchacha; *SAm.* mucama *f.*; **-mann** *m.* mozo *m.* (de cuerda).
Dienstag *m.* martes *m.*
dieser, diese, dieses este, esta, esto; *pl.* estos, estas, estos.
Dietrich *m.* ganzúa *f.* llave falsa *f.*
Differenz *f.* diferencia *f.*
Diktat *n.* dictado *m.*
diktieren dictar.
Diner *n.* banquete *m.*
Ding *n.* cosa *f.* objeto *m.*; (Angelegenheit) asunto *m.*
Diphtherie *f.* difteria *f.*
Diplom *n.* diploma *m.*; (Universität) título *m.*
Diplomat *m.* diplomático *m.*; **-ie** *f.* diplomacia *f.*
diplomatisch diplomático.
direkt directo.
Direktion *f.* dirección *f.*; (Geschäftsleitung) gerencia *f.*; (Verwaltung) administración *f.*
Direktor *m.* director, gerente; (Chef) jefe; (Schule) (di)rector *m.*
Dirigent *m. mus.* director (*m.*) de orquesta.
Diskont *m.* descuento *m.*
dispensieren dispensar (**von** de).
Distanz *f.* distancia *f.*
Distel *f.* cardo *m.*; **-fink** *m.* jilguero *m.*
Dividende *f.* dividendo *m.*
doch (trotzdem) no obstante, a pesar de ello; (aber) pero.
Docht *m.* mecha *f.*; (Kerze) pábilo *m.*
Doktor *m.* doctor *m.*; médico.
Dolch *m.* puñal *m.*
dolmetschen interpretar, hacer de intérprete.
Dolmetscher *m.* intérprete *m.*
Dom *m.* catedral *f.*; *techn.* domo *m.*
Domherr *m.* canónigo *m.*
Donau *f.* Danubio *m.*
Donner *m.* trueno *m.*
donnern tronar.
Donnerstag *m.* jueves *m.*
Doppelbett *n.* cama (*f.*) de matrimonio.
doppelt doble; *adv.* por duplicado, dos veces.
doppeltkohlensauer: -es Natron bicarbonato (*m.*) de sosa.
Doppelverdiener *m.* enchufista *m.*
Dorf *n.* aldea *f.* pueblo *m.*
Dorn *m.* espina *f.*
dornig espinoso.
dörren secar.
Dörr|gemüse *n.* legumbres (*f. pl.*) secas; **-obst** *n.* frutas (*f. pl.*) secas.
Dorsch *m. zool.* merluza *f.*
dort allí, allá.

Dose *f.* caja; (Blech) lata *f.*
Dosenöffner *m.* abrelatas *m.*
Dosis *f.* dosis *f.*
Dotter *m.* yema *f.* (de huevo); **-blume** *f. bot.* diente (*m.*) de león.
Draht *m.* alambre; (dünner) hilo *m.; fam.* (Geld) pasta, tela *f.*
Drahtfunk *m.* radiotelefonía *f.* **drahtlos** sin hilos; **-e elegraphie** *f.* telegrafía sin hilos, radio *f.*
Drahtseil *nl* cable (*m.*) metálico.
drängeln empujar.
drängen apretar, empujar; (bestürmen) instar; (Schuldner) apremiar.
dränieren drenar.
draußen (a)fuera; (an der frischen Luft) al aire (libre).
drechseln tornear.
Drechsler *m.* tornero *m.*
Drehbank *f.* torno *m.*
Drehbuch *n.* (Film) argumento, guión *m.* **-verfasser** *m.* argumentista, guionista *m.*
drehen (wenden) volver; (im Kreise) hacer girar; (Film) rodar; (Kurbel) dar vueltas a; (Zigarette) liar; (Leierkasten) tocar.
Dreher *m.* tornero *m.*
Dreshstrom *m.* corriente (*f.*) (alterna) trifásica.
dei tres.
Dreimächtekonferenz *f.* conferencia (*f.*) tripartita.
dreißig treinta.
dreist atrevido, fresco.
dreizehn trece.
dreschen trillar.
Dresch|flegel *m.* trillo *m.;* **-maschine** *f.* trilladora *f.*
Drillbohrer *m.* parahuso, berbiquí *m.*
Drillich *m.* dril.
dringen insistir (**auf** en).
dringend urgente.
dritte tercero.
Droge *f.* droga *f.* **-nhandlung** *f.* droguería *f.*
Drogist *m.* droguero *m.*
drohen amenazar.
Drohne *f. zool.* zángano *m.*
Drossel *f. zool.* tordo *m.*
drosseln estrangular.
Druck *m.* presión *f.;* (Buch) impresión; (Bild) estampa *f.*
drucken imprimir.
drücken apretar; (Hand) estrechar; (zusammen -) comprimir; (stoßweise) empujar; **sich** - escaparse *fam.* **sich um etw.** - escurrir el bulto.
Drucker *m.* impresor *m.*
Druckerei *f.* imprenta *f.*, talleres (tipo)gráficos *m. pl.*
Druckfehler *m.* error (*m.*) de imprenta, errata *f.*
Druckknopf *m.* botón (*m.*) automático.
Drucksache *f.* impreso *m.*
Drüse *f.* glándula *f.*
du tú; **auf - sthen** tutearse.
ducken, sich agacharse.
Dudelsack *m.* gaita *f.*
Duft *m.* olor, perfume *m.*
duften oler (**nach** a), despedir un perfume.
dulden sufrir; (ertragen) aguantar; (gestatten) tolerar.
duldasam tolerante.
dumm tonto, bobo; (unwissend) ignorante; (blöde) estúpido; *SAm.* zonzo.
Dummer *m.* **den Dummen machen** *fam.* hacer el primo.
Dummheit *f.* tontería, estupidez, ignorancia; *SAm.* zoncera *f.; fam.* **eine - begehen** (Handlung); *fam.* tirarse una plancha.
Düngemittel *n.* abono *m.*
düngen abonar.
Dünger *m.* abono; (Mist) estiércol *m.*
dunkel o(b)scuro.
Dünkel *m.* presunción *f.*
Dunkelheit *f.* oscuridad *f.*
dünn delgado.
dunstig lleno de vapores.
durch por, a través de.
durchaus absolutamente; - **nicht** de ninguna manera.

durchbohren atravesar; *techn.* perforar.
durchdringen penetrar.
durcheinander revuelto.
Durcheinander *n.* confusión *f. fam.* lío *m.*
Durchfall *m. med.* diarrea *f.*; (in Prüfung) reprobación; *fam.* calabaza *f.*; *theat.* fracaso *m.*
durchfallen (Prüfung) quedar suspenso; *fam.* llevar calabazas; *theat.* fracasar.
durchführen (ausführen) llevar a cabo, realizar; (Auftrag) ejecutar.
Durchgang *m.* paso; (Passage) pasaje *m.*; (Werkstück durch Maschine) pasada *f.*
Durchmesser *m.* diámetro *m.*
Durchschlag *m.* copia *f.* (a máquina); (Küche) colador *m.*
Durchschnitt *m.* término (*m.*) medio; (Mittel) promedio *m.*; (Schnitt durch) corte *m.*
durchschnittlich por término medio; (Preis) medio.
durchsetzen (erreichen) conseguir; **sich** - imponerse, hacerse respetar.
durchichtig tra(n)sparente.
durchstreichen tachar.
durchsuchen registrar.
Durchsuchung *f.* registro *m.*
dürfen poder, tener derecho para; **darf ich eintreten?** ¿me da Vd. su permiso?
dürr árido; (trocken) seco; (Gestalt) flaco.
Dürre *f.* sequía f.
Durst *m.* sed *f.* (**nach** de).
dursten tener sed.
durstig sediento.
Dusche *f.* ducha *f.*
Dusel *m. fam.* **großen -haben** tener una suerte loca.
düster lóbrego; *fig.*; sombrío.
Dutzend *n.* docena *f.*
Dynamo *m.* dinamo *f.*
D-Zug *m.* rápido, (tren) expreso *m.*

e

e, E *n.* e, E *f.*
Ebbe *f.* bajamar *f.*, reflujo *m.*
eben llano, plano; *adv.* precisamente.
Ebene *f.* llanura, planicie *f.; techn.* plano *m.*
ebenfalls igualmente, también.
Ebenholz *n.* ébano *m.*
Ebenemaß *n.* proporción *f.*
ebenso lo mismo, asimismo; **- wie** tan... como.
ebnen aplanar; *fig.* allanar.
Echo *n.* eco *m.*
echt legítimo, original; (Haar) natural; (Erzeugnis) genuino; **ein -er Spanier** un español castizo.
Ecke *f.* (Winkel bildend) ángulo *m.;* (außen) esquina *f.;* (innen) rincón *m.;* (Fußball) córner *m.*
eckig angular.
Eckzahn *m.* colmillo *m.*
edel noble.
Edelmann *m.* hidalgo *m.*
edelmütig generoso.
Edelstein *m.* piedra (*f.*) preciosa, joya *f.*
Efeu *m.* yedra *f.*
Effekten *pl.* efectos *m. pl.;* (Wertpapiere) valores, títulos *m. pl.*
Egge *f.* rastrillo *m.*
Ehe|bruch *m.* adulterio *m.;* **frau** *f.* esposa, mujer; *jur,* consorte *f.*
ehelich conyugal; (Kind) legítimo.
ehemals antiguamente, en tiempos pasados.
Ehe|mann *m.* esposo, marido; *jur.* cónyuge *m.;* **-paar** *n.* matrimonio *m.;* cónyuges, consortes *m. pl.*
eher antes, más temprano; (lieber) más bien.
Ehescheidung *f.* divorcio *m.*
Ehre *f.* honor *m.; poet.* honra *f.*
ehren honrar.
Ehren|amt *n.* cargo (*n.*) honorífico; **-bürger** *m.* hijo (*m.*) predilecto; **-bürgerrecht** *n.;* **das -bürgerrecht verleihen** nombrar hijo predilecto; **-mal** *n.* monumento (*m.*) conmemorativo; **-mann** *m.* hombre (*m.*) de honor, caballero *m.;* **e -voll** honroso; **-wort** *n.* palabra (*f.*) de honor (**auf** bajo).
Ehrfurcht *f.* respeto *m.*, veneración *f.*
ehrfurchtsvoll respetuoso.
Ehrgeiz *m.* ambición *f.*
ehrgeiziq ambicioso.
ehrlich honrado; (aufrichtig) sincero; (Geschäftsmann) fo mal.
ehrwürdig respetable, venerable.
Ei *n.* huevo *m.*
Eibe *f. bot.* tejo *m.*
Eiche *f.* encina *f.*, roble *m.*
Eichel *f.* bellota *f.; anat.* glande *m.;* (Spielkarte) bastos *m. pl.*
Eichenwald *m.* robledo *m.*
Eichhörnchen *n.* ardilla *f.*, esquirol *m.*
Eid *m.* juramento *m.;* (Fahnen -) jura (*f.*) de la bandera; **-an -es Statt** bajo juramento, solemnemente; **einen - leisten** prestar juramento.
Eidechse *f.* lagarto *m.; SAm.* iguana *f.*
eidlich jurado.
Eier|becher *m.* huevera *f.;* **-schale** *f.* cáscara (*f.*) de huevo; (zerbrochene) cascarón *m.;* **-stock** *m. ant.* ovario *m.;* (Vögel) overa *f.*
Eifer *m.* celo *m.;* (Leidenschaft) pasión *f.*
Eifersucht *f.* celos *m. pl.;* (Neid) envidia *f.*

eifrig celoso; (tätig) activo; (leidenschaftlich) apasionado.
eigen propio; (eigenartig) peculiar, típico; (sonderbar) curioso.
Eigenart *f.* particularidad *f.*, rasgo (*m.*) característico.
Eigenname *m.* nombre (*m.*) propio.
Eigenschaft *f.* cualidad *f.*, carácter *m.*
Eigensinn *m.* terquedad *f.*; (Laune) capricho *m.*
eigentlich verdadero, propio; (wirklich) real.
Eigentum *n.* propiedad *f.*
Eigentümer *m.* propietario *m.*; (Besitzer) dueño, amo *m.*
eigentümlich propio; (seltsam) singular.
eignen, sich ser apropiado, servir para.
Eignung *f.* aptitud, calificación *f.*
Eilbrief *m.* carta (*f.*) urgente.
Eile *f.* prisa *f.*; *SAm.* apuro *m.*
eilen (ee. Sache) correr prisa; **sich -** darse prisa; *SAm.* apurarse.
Eilgut *n.*; **als -** en gran velocidad.
eilig urgente; *adv.* de prisa; **es - haben** llevar prisa.
Eilzug *m.* tren (*m.*) correo.
Eimer *m.* cubo *m.*
ein un, una.
einander uno a otro, mutuamente.
einäschern incinerar.
einatmen aspirar; *med.* inhalar.
einäugig *adj.* tuerto.
Einbahnstraße *f.* calle (*f.*) de dirección única.
einbalsamieren embalsamar.
einbegreifen, einbeziehen abarcar, comprender.
einberufen *mil.* llamar a filas.
einbilden, sich imaginarse; (viel dünken) presumir; *fam.* darse pisto.
Einbildung *f.* imaginación *f.*; (Eitelkeit) presunción *f.*; *fam.* pisto *m.*
Einblick *m.* (flüchtiger) *fam.* vistazo *m.*
einbrechen (zusammenstürzen) venirse abajo; (gewaltsam eindringen) penetrar.
Einbrecher *m.* ladrón *m.*
einbringen (Kapital) aportar.
Einbruch *m.* robo (*m.*) con fractura.
Einbuchtung *f.* (Fluß) recodo *m.*
einbürgern naturalizar.
Einbürgerung *f.* naturalización *f.*; **-surkunde** *f.* carta (*f.*) de naturaleza.
eindeutig evidente.
eindringen penetrar; (in e. Land) invadir.
Eindruck *m.* impresión *f.*; **schlechten - machen** *fam.* hacer mal papel.
einfach sencillo; (bescheiden) modesto.
Einfachheit *f.* sencillez *f.*
Einfahrt *f.* entrada *f.*
Einfall *m.* (in e. Land) invasión; (Gedanke) idea; (launiger) ocurrencia.
einfallen (einstürzen) hundirse; (in e. Land) invadir (un país); (Gedanken) ocurrírsele.
Einfalt *f.* candidez *f.*
einfarbig de un solo color; (Stoff) liso.
einfassen (Edelsteine) engastar.
Einfluß *m.* influencia; **- haben auf** influir en.
einflußreich prestigioso.
einförmig monótono.
einfrieren: eingefrorene Konten cuentas (*f. pl.*) bloqueadas.
Einfuhr *f.* importación *f.*; **-zoll** *m.* derechos (*m. pl.*) de entrada.
einführen (Waren) importar; (Brauch) implantar; (neuen Artikel) introducir, lanzar al mercado.
Einführung *f.* introducución *f.*
Eingabe *f.* solicitud *f.*
Eingang *m.* entrada *f.*; **-vorbehalten** salvo buen fin, *Abkzg.* s. b. f.
eingebildet imaginario; (dünkelhaft) presumido.
eingeboren (inländisch) indígena.
Eingeborener *m.* indígena *m.*
eingehen (ankommen) llegar; (zugrunde gehen) (Pflanze) perecer; (Tier) reventar; (Stoff) encogerse; **-d** detallado.

Eingeweide *n. pl.* intestinos *m. pl., fam.* tripas *f. pl.*
eingreifen (sich einmischen) mezclarse, meterse, tomar cartas en.
Einhalt *m.;* **er. Sache - tun** *fig.* poner coto a una cosa.
einheimisch nativo, del país.
Einheit *f.* unidad *f.*
einheizen calentar; *fam.* hacer lumbre.
einholen (kaufen) ir de compra; (erreichen) alcanzar; (Erlaubnis) pedir; (Versäumtes) recuperar (el tiempo perdido).
einig unido; (Meinung) de acuerdo.
einige algunos, algunas.
einigen unir; **sich -** ponerse de acuerdo.
Einigkeit *f.* (Übereinstimmung) conformidad; (Eintracht) concordia *f.*
einimpfen inocular; (einspritzen) inyectar; (einflößen) inculcar.
einkassieren cobrar.
Einkauf *m.* compra *f.*
einkaufen comprar, adquirir.
einkehren entrar, ir a tomar alguna cosa.
einklagen *jur.* reclamar judicialmente.
Einkommen *n.* renta *f.;* (Einnahmen) ingresos *m. pl.*
einladen invitar, convidar; (Waren) cargar en.
Einladung *f.* invitación *f.*, convite *m.*
Einlaß *m.* entrada; (Zulassung) admisión *f.*
Einlauf *m.* (Klistier) lavativa *f.*
einlaufen (ankommen) llegar; (Schiff) entrar; (Stoff) encogerse.
einlegen poner, meter; (in Brief) incluir; (Geld) imponer; (Gelder in e. Unternehmen) invertir; (Hering) poner en escabeche; (z. Mürbemachen) poner en remojo; (Obst) poner en conserva.
Einlegesohle *f.* plantilla *f.*
einleiten (Verhandlung) iniciar; (lit. Werk) prologar; (Schriftstück) encabezar; (jur. Verfahren) instruir.
Einleitung *f.* introducción, iniciación *f.*, prólogo; *mus.* preludio *m.*
einmal una vez; **auf - a la** vez; (plötzlich) de repente; (in em. Zug) *fam.* de un tirón (Schluck trago); **noch -** otra vez, una vez más; (früher) antiguamente; (später) un día.
Einmaleins *n.* tabla (*f.*) de multiplicar.
einmengen (sich) mezclar(se) en; (*fam.* meterse).
einmünden desembocar en.
Einnahme *f.* (Geld) ingresos *m. pl.; mil.* toma *f.;* (Steuern, Geldsammlung) recaudación *f.*
einnehmen recibir, tomar, recaudar; (Platz) ocupar.
einölen lubrificar, engrasar.
einordnen clasificar.
einpacken embalar; (in Papier) envolver; (Koffer) hacer (la maleta).
Einphasenstrom *m. elektr.* corriente (*f.*) monofásica.
einrahmen poner marco a.
einräumen (bewilligen) conceder.
einrichten preparar; (Raum) instalar; (Wohnung) amueblar.
Einrichtung *f.* arreglo *m.*, preparación *f.;* (Möbel) los muebles *m. pl.;* mobiliario *m.* enseres *m. pl.*
einrosten oxidarse.
eins uno.
einsam solitario; (allein) solo.
Einsamkeit *f.* soledad *f.*
Einsatz *m.* (Spiel) puesta *f.;* (Kleid) pechera *f.*, entredós *m.*
einschalten insertar; *elektr.* conectar; (Motor) poner en marcha.
einschlafen dormirse, conciliar el sueño.
Einschlag *m.* (Weberei) trama *f.;* (Geschoß) impacto *m.*
einschließen encerrar; (einbegreifen) comprender, abarcar.
einschränken limitar; (Geltung) restringir; (Ausgaben) reducir.
Einschränkung *f.* limitación, restricción, reducción *f.*

Einschreibebrief *m.* carta (*f.*) certificada.
einschreiben (Brief) certificar.
einschreiten intervenir.
einschüchtern intimidar.
einsehen (begreifen) comprender; (Irrtum) reconocer.
einseifen enjabonar; *fig.* pegársela a uno.
einseitig unilateral; (parteiisch) parcial.
einsenden enviar, remitir.
Einsender *m.* remitente *m.*
einsetzen poner, colocar; (Anzeige) insertar; (ernennen) nombrar.
Einsicht *f.* inspección *f.*; (Kenntnis) conocimiento *m.*; (Vernunft) razón *f.*; **zur -nahme ausliegen** estar de manifiesto.
Einsiedler *m.* ermitaño *m.*
einsparen economizar.
einsperren encerrar.
einspritzen inyectar.
Einspruch *m.* objeción; (Beschwerde) protesta *f.*; *parl.* veto *m.*; **-erheben** protestar contra, poner veto a.
einst (vergangen) antaño.
einstecken meter; *elektr.* enchufar; (etw. Unangenehmes) tragarse.
einsteigen (Zug, Wagen) subir a; (ins Fenster) entrar por; **-!** *Eis.* ¡señores viajeros, al tren!; (in einen Brunnen) bajar a.
einstellbar *adj.* regulable, graduable.
einstellen (aufhören) cesar, suspender; (Personal) tomar, admitir; *SAm.* conchabar; (vertraglich) contratar; *phot.* enfocar; (Maschine) ajustar.
Einstellung *f. techn.* ajuste *m.*, regulación *f.*
einstimmig unánime; *adv.* por unanimidad.
einstürzen hundirse, derrumbarse.
eintauchen (Brot) mojar; (unter Wasser) sumergir.
eintauschen cambiar (**gegen** por); (Briefmarken) canjear.
einteilen dividir, repartir.
Einteilung *f.* división *f.*, reparto *m.*
eintragen (einbringen) rendir; (schriftlich) inscribir; (buchen) asentar; (vormerken) apuntar, registar.
Eintragung *f.* (Notiz) apunte *m.*; (in Listen) inscripción *f.*; (Buchung) asiento *m.*; (Kirchenbuch, Register) partida *f.*; (Steuerrolle) empadronamiento *m.*
eintreffen llegar; (Voraussage) cumplirse.
eintreten entrar; (Ereignis) suceder; (für jem.) interceder por; (in eine Partei) afiliarse; **treten Sie ein!;** ¡pase Vd.!
Eintritt *m.* entrada *f.*; (in Verein, Studienanstalt usw.) ingreso *m.*; **bei - der Dunkelheit** al anochecer; **-skarte** *f.* entrada *f.*; *SAm.* boleto (*m.*) de entrada; (Dauerkarte) pase *m.*
eintrocknen secar(se).
einverieiben incorporar; (Land) anexionar.
einverstanden: -sein mit estar conforme con; **-!** ¡conforme!
Einverständnis *n.* conformidad; (geheimes) inteligencia; (strafbares) complicidad *f.*
Einwand *m.* objeción *f.*; **-erheben** poner peros **a.**
Einwanderer *m.* inmigrante *m.*
einwandern inmigrar.
Einwanderung *f.* inmigración *f.*
einwandfrei irreprochable, impecable; (Werkstoff) sano; **nicht -** defectuoso; (fehlerhaft) incorrecto, deficiente.
einwechseln (Geld) cambiar.
einweisen (in e. Amt) dar posesión a.
einwenden objetar; **einzuwenden haben** oponer reparo a.
Einwendung *f.* objeción *f.*; **-en erheben** poner reparos.
einwerfen (Briefe) echar; (Scheibe) romper (a pedradas); (einwenden) objetar.
einwickeln envolver en.

Einwickelpapier *n.* papel (*m.*) de estraza.
einwilligen consentir en.
Einwilligung *f.* consentimiento; (Erlaubnis) permiso *m.*
einwirken influir; (materiell) actuar.
Einwirkung *f.* influencia, acción *f.*
Einwohner *m.* habitante; (es. Ortes) vecino; (es. Hauses) inquilino *m.*
Einwurf *m.* (Briefkasten) boca; *fig.* objeción *f.*
einwurzeln echar raíces; *fig.* arraigar(se).
einzahlen pagar, imponer, ingresar.
Einzahlung *f.* pago, ingreso *m.*, imposición *f.*
einzeichnen, sich inscribirse.
Einzelfall *m.* caso (*m.*) aislado.
Einzel|haft *f.*; **in -haft** incomunicado; **-heit** *f.* detalle, dato *m.*; pormenores *m. pl.*
einzeln (getrennt) separado; (besonders) particular; (Geld) suelto; **-vorkommend** esporádico; *adv.* uno por uno.
einziehen recoger; (Flagge) arriar; (Amt. Stelle) suprimir; (Geld) cobrar; (Steuern) recaudar; (Auskünfte) pedir; (Güter) confiscar; (polizeilich, verbotene Druckschriften, Zeitungen usw.) recoger; (Münzen) retirar de la circulación; (in ee. Wohnung) mudar(se) a; (Soldaten) llamar a filas; (Schultern) encogerse de; *techn.* replegar.
einzig único; (alleinig) solo.
Eis *n.* hielo *m.*; (Speiseeis) helado; (Vanille -) mantecado *m.*; **-bahn** *f.* pista (*f.*) de patinar.
Eisen *n.* hierro; *SAm.* fierro *m.*; **altes -** chatarra *f.*
Eisenbahn *f.* ferrocarril *m.*, vía férrea *f.*; (Zug) tren *m.*
Eisen|beton *m.* hormigón (*m.*) armado; **-gießerei** *f.* fundición (*f.*) de hierro; **-händler** *m.* comerciante (*m.*) en hierros; (Laden) ferretero; (Alt -händler) chatarrero *m.*; **-waren** *f. pl.* (artículos [*m. pl.*] de ferretería *f.*
eisern de hierro; *fig.* férreo.
eisig de hielo, glacial.
Eisschrank *m.* cámara (*f.*) frigorífica; (kleiner) fresquera, nevera *f.*
eitel vanidoso; **sehr - sein** tener muchos humos.
Eitelkeit *f.* vanidad *f.*
Eiter *m.* pus *m.*
eitern supurar.
eitrig purulento.
Eiweiß *n.* clara (*f.*) de huevo; *chem.* albúmina *f.*
ekelhaft asqueroso, repugnante, nauseabundo.
ekeln repugnar, dar asco; **s. -** tener asco (**vor** a).
Elch *m. zool.* alce *m.*
Elefant *m. zool.* elefante *m.*
elegant elegante; *fam.* chic.
elektrisch eléctrico.
Elektrizität *f.* electricidad *f.*
Elektrotechniker *m.* (Ingenieur) ingeniero electricista; (Techniker) técnico electricista; (Elektromonteur) electricista *m.*
Elementarkenntnisse *f. pl.* nociones (*f. pl.*) elementales.
Elend *n.* miseria *f.*; **es ist e. -** es una calamidad.
elend miserable; (ärmlich) mísero.
elf once.
Elfe *f.* sílfide *f.*
Elfenbein *n.* marfil *m.*
Elle *f.* vara *f.*
Ell(en)bogen *m.* codo *m.*
Elster *f.* urraca *f.*
Eltern *pl.* padres *m. pl.*
elternlos huérfano de padre y madre.
Email *n.* esmalte *m.*
emaillieren esmaltar.
Emballage *f.* embalaje *m.*, envase.
Embryo *m.* embrión *m.*
Empfang *m.* recepción *f.*; (das Empfangen) recibimiento; (Waren) recibo *m.*; (Aufnahme) acogida *f.*; **-sgerät** *n.* (Radio) (aparato) receptor *m.*

empfangen recibir; (Gehalt) percibir; (aufnehmen) acoger.
Empfänger *m.* receptor (auch Radio); (Brief) destinatario *m.*
empfehlen recomendar; **-swert** recomendable.
Empfehlung *f.* recomendación *f.*
empfinden sentir.
empfindlich sensible; (zart) muy delicado; (reizbar) susceptible.
Empfindung *f.* sensación *f.*
empören, sich sublevarse; *fig.* indignarse; **-d** (Zustände) escandaloso.
Emporkömmling *m.* advenedizo; (Neureicher) nuevo rico *m.*
Empörung *f.* sublevación, revuelta; *fig.* indignación *f.*
Ende *n.* fin; (Schluß) final; (Endstück) cabo, extremo; (Endstation) término *m.;* (Abschluß) conclusión *f.;* **schlimmes - ** fatal desenlace *m.;* **Wagen am - des Zuges** vagón (*m.*) de cola; **letzten -s** en fin de cuentas.
enden, endigen terminar, concluir, acabar(se); (Frist) vencer, finalizar.
Endesunterzeichnete(r) *m.* el que suscribe.
endgültig definitivo, terminante.
endlich *adv.* por fin, finalmente.
endlos interminable, incesante, ilimitado.
Endspiel *n.* (Sport): **ins -kommen** llegar a finalista.
Endstation *f.* (estación [*f.*] de) término *m.;* (Seraßenbahn) final (*m.*) de trayecto.
Endung *f.* terminación *f.*
Energie *f.* energía *f.*
energisch enérgico.
eng estrecho; (zusammengedrückt) apretado.
Enge *f.* estrechez *f.;* (Meer) estrecho *m.*
Engel *m.* ángel *m.*
Engerling *m.* larva (*f.*) del abejorro.
engherzig mezquino.
England *n.* Inglaterra *f.*
Engländer *m.* inglés *m.;* (Schraubenschlüssel) llave (*f.*) inglesa.
englisch inglés; (in Zusammensetzung, oft:) anglo; **-e Krankheit** *f.* raquitismo *m.*
en gros al por mayor.
Enkel *m.* nieto *m.;* **-in** *f.* nieta *f.*
Ensemble *n. theat.* compañía *f.*, conjunto *m.*
entarten degenerar.
Entartung *f.* degeneración *f.*
entbehren carecer de, estar privado de.
entbehrlich superfluo, prescindible.
Entbehrung *f.* privación *f.*
entbinden dispensar (**v.** de); (Frau) asistir al parto; **entbunden w** (Frau) dar. a luz.
Entbindung *f.* dispensación *f.;* (Frau) parto *m.;* **-sanstalt** *f.* casa (*f.*) de maternidad.
entdecken descubrir.
Entdeckung *f.* descubrimiento *m.*
Ente *f.* pato *m.;* **-rich** *m.* ánade (*m.*) macho.
enteignen expropiar.
enterben desheredar.
entern *naut.* abordar.
entfalten (Fahne, Kräfte, Segel) desplegar.
entfernen quitar; (fernhalten) alejar; **sich** -alejarse; (weggehen) irse.
entfernt distante; (Verwandte) lejano.
Entfernung (Beseitigung) *f.* separación *f.;* (Abstand) distancia; *med.* extirpación *f.*
entfesseln, sich (Unwetter) desencadenarse.
entfetten desengrasar.
entfliehen fugarse, escaparse; (aus d. Gefängnis) evadirse.
entführen (Menschen) raptar, secuestrar.
Entführer *m.* raptor, seductor *m.*
Entführung *f.* rapto, secuestro *m.*
entgegen al encuentro de; (em. Befehl) contrario a; (dem Winde) contra; **-gehen** ir (od. salir) al encuentro de; **-gesetzt** opuesto; (Richtung) contrario; **-kommen** ir al encuentro de; (gefällig sein) complacer a.

entgegnen responder.
entgehen: s. die Gelegenheit nicht - lassen aprovechar la ocasión.
entgleisen descarrilar.
Entgleisung *f.* descarrilamiento *m.; fig.* disparate *m.*
entgleiten escaparse.
enthalten contener; **sich** - abstenerse de.
enthaltsam abstemio.
Enthaltsamkeit *f.* sobriedad, templanza *f.*
enthaupten cortar la cabeza a, decapitar.
entheben (vom Amt) separar.
entheiligen profanar.
enthüllen descubrir; *fig.* revelar.
enthusiastisch *adj.* entusiasta.
entkleiden desnudar; *SAm.* desvestir.
entkommen escapar(se).
entkorken descorchar.
entladen descargar.
entlassen despedir; *mil.* licenciar; (Gefangene) poner en libertad.
Entlassung *f.* despido, licenciamiento *m.*
entlaufen escaparse; (Gefangene) evadirse.
entlehnen, entleihen pedir prestado; *SAm.* emprestar.
entmutigen desanimar.
Entnahme *f.* (v. Mustern) toma *f.;* (v. Blut) extracción.
entölen extraer el aceite.
entreißen arrebatar.
entrüstet indignado, furioso.
Entrüstung *f.* indignación *f.*, enfado *m.*
entsagen renunciar a; (dem Thron) abdicar.
entschädigen indemnizar.
Enstchädigung *f.* indemnización *f.*
entscheiden decidir.
Entscheidung *f.* decisión *f.*
entschieden *adj.* (entschlossen) resuelto.
entschließen, sich decidirse.
entschlossen resuelto.
Entschluß *m.* resolución, determinación *f.*
entschuldigen perdonar; **sich** - disculparse, presentar sus excusas.
Entschuldigung *f.* disculpa *f.*, perdón *m.*
entsenden (Vertreter) delegar.
entsetzen (es. Amtes) destituir; *mil.* levantar el sitio de; (erschrecken) espantar.
entsetzlich espantoso, horrible.
entsinnen, sich acordarse, recordar; **wenn ich mich recht entsinne** si no me equivoco.
entsprechen corresponder.
entstehen nacer, resultar (**aus** de), producirse.
entstellen desfigurar; (Tatsachen) tergiversar.
enttäuschen desengañar; (Hoffnungen) defraudar.
entthronen destronar.
Entvölkerung *f.* despoblación *f.*
entwaffnen desarmar.
Entwaffnung *f.* desarme *m.*
entwässern (Gelände) drenar.
entweder: -oder o... o, sea... sea.
entweichen evadirse.
entweihen profanar.
Entweihung *f.* profanación *f.; rel.* sacrilegio *m.*
entwerfen proyectar; (Schriftstück) redactar; (Skizze) esbozar; (im Unreinen -) hacer un borrador de.
entwerten desvalorizar; (Briefmarke) inutilizar; (Fahrschein) taladrar; *fam.* picar.
entwickeln desarrollar; *phot.* revelar; (Plan) exponer.
Entwicklung *f. phot.* revelado *m.;* desarrollo *m.; pol.* evolución *f.*
entwirren desenredar.
entwischen escaparse.
entwöhnen desacostumbrar; (Kind) destetar.
entwürdigen degradar.
Entwurf *m.* (Zeichnung) bosquejo, esbozo; (Kladde) borrador; (Projekt) proyecto *m.*

entwurzeln arrancar de raíz, desarraigar.
entziehen retirar; **sich** ~ sustraerse a.
entziffern descifrar.
entzücken encantar.
Entzücken *n.* encanto *m.*
entzückend encantador.
entzündbar inflamable; (explosiv) explosivo.
entzünden (Feuer) encender; inflamar; (Leidenschaften) excitar.
Entzündung *f.* inflamación *f.*
entzweien enemistar; **sich** ~ desunirse.
Enzian *m. bot.* genciana *f.*
Epidemie *f.* epidemia *f.*
epidemisch epidémico.
episch épico.
Epoche *f.* época *f.*
Epos *n.* epopeya *f.; span.* (mittelalterlich) cantar *m.*
er él.
Erb... hereditario.
Erbarmen *n.* compasión, lástima *f.*
erbärmlich lamentable, miserable.
erbarmungslos despiadado; *adv.* sin compasión.
erbauen construir, levantar, edificar; (Denkmal) erigir; *fig.* edificar.
Erbbegräbnis *n.* panteón (*m.*) de familia.
Erbe *m.* heredero *m.;* ~ *n.* herencia *f.;* ~**n** *m. pl.* (in Firmenbezeichnung) Sucesores de...
erben heredar.
erbeuten capturar.
erbeben temblar.
Erbfehler *m.* vicio (*m.*) hereditario.
Erbfeind *m.* enemigo (*m.*) mortal.
Erbfolge *f.* sucesión *f.*
erbieten, sich ofrecerse a.
Erbin *f.* heredera *f.*
erbittert encarnizado.
Erbitterung *f.* encono *m.*, saña *f.*
erblassen palidecer, ponerse pálido.
Erblasser *m.* testador *m.*
erblich hereditario.
erblicken ver; (entdecken) descubrir.
erblinden volverse ciego, quedarse ciego.
Erbonkel *m. fam.* tío (*m.*) rico (en la Habana).
erbrechen (aufbrechen) fracturar; (Siegel) romper; *med.* vomitar; **sich** ~vomitar, devolver; *vulg.* cambiar la peseta.
Erbschaft *f.* herencia *f.*
Erbse *f.* guisante *m.; SAm.* arveja *f.;* (Kicher ~) garbanzo *m.*
Erbsenbrei *m.* puré (*m.*) de guisantes.
Erbteil *n.* (Pflichtteil) legítima *f.*
Erdball *m.* globo (*m.*) terráqueo.
Erdbeben *n.* terremoto *m.*, ~**warte** *f.* estación (*f.*) sísmica.
Erdbeere *f.* fresa *f.*
Erdboden *m.* (Fußboden) suelo *m.;* (Untergrund) subsuelo.
Erde *f.* tierra *f.;* (Welt) mundo; (Boden) suelo *m.*
Erdgeschoß *n.* piso (*m.*) bajo, planta (*f.*) baja.
Erd|kugel *f.* globo (*m.*) terrestre; ~**kunde** *f.* geografía *f.;* ~**öl** *n.* aceite (*m.*) mineral, petróleo; *SAm.* kerosén *m.*
erdreisten, sich atreverse **a.**
erdrosseln estrangular.
erdrücken aplastar; (Sorge) abrumar.
Erdstoß *m.* temblor (*m.*) de tierra.
Erdteil *m.* continente *m.*
erdulden sufrir.
ereignen, sich suceder, ocurrir.
Ereignis *n.* suceso, acontecimiento *m.*
erfahren llegar a saber; *adj.* experto, entendido.
Erfahrung *f.* experiencia *f.*
erfassen coger; *SAm.* agarrar; (verstehen) comprender.
erfinden inventar.
Erfinder *m.* inventor *m.*
Erfindung *f.* invento *m.*
Erfolg *m.* éxito *m.*
erfolgen (geschehen) ocurrir; resultar.
erforderlich necesario.
erfordern requerir.

erforschen explorar; (wissenschaftlich) investigar.
erfrauen alegrar; **sich** - alegrarse.
erfreulich agradable, favorable; **-erweise** *adv.* afortunadamente.
erfrieren helarse.
erfrischen refrescar(se).
Erfrischung *f.* (Getränk) refresco *m.*; (als Handlung) refrigeración *f.*
erfüllen cumplir; (Wunsch) satisfacer.
Erfüllung *f.* realización *f.*; **in - gehen** realizarse.
ergänzen completar.
ergeben (Resultat) arrojar; **sich - aus** resultar de; *mil.* rendirse.
Ergebnis *n.* resultado *m.*
ergreifen coger; *SAm.* agarrar; (Gelegenheit) aprovechar; (Dieb) prender; (Breuf) seguir; (Maßnahmen) tomar; (rühren) conmover.
erhaben elevado; *fig.* sublime.
erhalten (erlangen) obtener; (empfangen) recibir; (bewahren) conservar.
erhältlich: - **bei** de venta en; **nicht** - imposible de conseguir.
Erhaltung *f.* conservación *f.*
erhängen ahorcar.
erheben (aufheben) levantar; (Geld) cobrar; (Steuern) recaudar; *fig.* elevar; **sich** - levantarse; (sich empören) sublevarse.
erheblich considerable.
erhöhen levantar; (Preise) aumentar, subir.
Erhöhung *f.* elevación *f.*, aumento *m.*, subida *f.*
erholen, sich descansar; (genesen) reponerse.
Erholung *f.* descanso, restablecimiento (*m.*) de la salud.
Erholungsheim *n.* colonia (*f.*) de recuperación.
erhören (Bitte) atender.
Erika *f. bot.* brezo *m.*
erimerlich *adj.*: **es ist mir nicht -, daß** no recuerdo que.
erinnern recordar; **sich** - acordarse de.
Erinnerung *f.* memoria *f.*, recuerdo *m.*; **-sfeier** *f.* acto (*m.*) conmemorativo.
erkälten, sich constiparse, coger un resfriado.
Erkältung *f.* enfriamiento; (Schnupfen) resfriado, constipado; *SAm.* resfrío *m.*
erkennbar perceptible, fácil de reconocer.
erkennen (re)conocer (**an** por).
erkenntlich fácil de reconocer; (dankbar) agradecido.
Erkenntlichkeit *f.* agradecimiento *m.*, gratitud *f.*
Erkennungsmarke *f.* chapa (*f.*) de identificación.
erklären (äußern) declarar; (erlätern) explicar.
Erklärung *f.* declaración, explicación *f.*
erkranken enfermar(se), ponerse enfermo.
erkundigen, sich informarse, pedir informes.
Erkundigung *f.* información *f.*, informe *m.*; (Nachforschung) averiguación *f.*
Erlaß *m.* (von Strafen) indulto *m.*; (von Schulden) remisión *f.*; (Verordnung) decreto *m.*
erlassen (Stafen) indultar; (Geldstrafe, Schulden) condenar; (Verordnung) dictar, publicar.
erlauben permitir; (geschehen lassen) tolerar.
Erlaubnis *f.* permiso *m.*
erläutern explicar, aclarar.
Erläuterung *f.* explicación, aclaración *f.*
Erle *f.* aliso; (Schwarz -) chopo *m.*
erleben ver; (erfahren) experimentar; (beiwohnen) presenciar.
erledigen terminar, despachar; (Auftrag) cumplir.
Erledigung *f.* (Instanzenweg) tramitación *f.*

erleichtern aligerar; (Aufgaben) facilitar; (Herz) desahogarse.
erleiden sufrir; (Verluste) experimentar.
erlernen aprender, estudiar.
erleuchten alumbrar; (festlich) iluminar; (aufklären) aclarar.
Erlös *m.* producto; (Gewinn) beneficio *m.*
erlöschen apagarse; (Frist) vencer.
erlösen salvar; *rel.* redimir.
Erlöser *m.* redentor; (Heiland) Salvador *m.*
ermahnen exhortar, amonestar.
Ermahnung *f.* exhortación, amonestación *f.*
ermäßigen reducir; (Preise) rebajar.
Ermessen *n.*: **nach freiem** ~ a su albedrío.
ermitteln averiguar; (finden) hallar.
Ermittlung *f.*; **-en anstellen** (Polizei) hacer pesquisas.
ermöglichen facilitar, posibilitar.
ermorden asesinar.
ermüden cansar.
Ermüdung *f.* cansancio *m.*
ermutigen alentar.
ernähren alimentar.
Ernährung *f.* alimentación *f.*; (Nahrung) alimento *m.*
ernennen nombrar.
Ernennung *f.* nombramiento *m.*
erneuern renovar.
erniedrigen, sich *fig.* humillarse.
Ernst *m*, seriedad; (Situation) gravedad *f.*
ernst serio.
Ernte *f.* cosecha, recolección; (Wein -) vendimia *f.*
ernten cosechar, hacer la recolección.
Eroberer *m.* conquistador *m.*
erobern conquistar; (Stadt, Festung) tomar.
Eroberung *f.* conquista, toma *f.*
eröffnen abrir; (erklären) declarar.
Eröffnung *f.* apertura, inauguración *f.*
erörtern discutir, ventilar.
erpressen arrancar (con amenazas).
erproben ensayar, probar.
erraten adivinar.
erregen excitar.
erreichen alcanzar, conseguir, obtener.
errichten levantar, edificar.
erröten ruborizarse; *fam.* ponerse colorado.
Errungenschaften *f. pl.* adelantos *m. pl.*
Ersatz *m.* (Mittel) su(b)stituto *m.*; (Stoff) sucedáneo; (Entschädigung) indemnización *f.*; (Maschinenteile) repuesto *m.*, **-teil** *m.* pieza (*f.*) de repuesto.
erschaffen crear.
Erschaffung *f.* creación *f.*
erschallen (re)sonar.
erscheinen aparecer; (kommen) venir; (vor Gericht) comparecer (ante); (in Rechnung usw. ersichtlich sein) figurar; (bei er. Veranstaltung) asistir a.
erschießen matar a tiros; (standrechtlich) fusilar.
erschlagen matar a palos.
erschließen (Baugelände) urbanizar.
erschöpfen agotar; (Geduld) hacer perder.
erschöpft (Vorrat) agotado; (körperlich) rendido.
erschrecken asustarse, sobresaltarse; (jem.) asustar; (Tiere) espantar.
erschüttern *fig.* conmover.
erschweren dificultar; (schlimmer machen) agravar.
erschwinglich (Preis) razonable; **nicht** ~ demasiado caro.
ersehnen ansiar, desear con vehemencia.
ersetzbar reemplazable.
ersetzen (Person) sustituir; (Schaden) reparar, indemnizar.
ersichtlich (offenbar) evidente; (sichtbar) visible.
ersparen ahorrar, economizar.
Ersparnis *f.* ahorro *m.*, economía *f.*

erst *adv.* primero; (vorher) antes; **~jetzt** sólo (*SAm.* recién) ahora.
erstarren (fest w.) solidificarse; (gerinnen) cuajar; *fig.* (Blut) helarse.
erstatten: Bericht ~über dar cuenta de.
Erstaufführung *f. theat.* estreno *m.*
Erstaunen *n.* asombro *m.*
erstaunen asombrar(se).
erstechen matar a puñaladas.
ersteigen (Berg) subir a; (m. Leiter) escalar; (erklettern) trepar a.
ersticken (durch Gas) asfixiar(se); (erdrosseln) estrangular.
erstklassig *adj.* de primera calidad.
erstreben aspirar a, ambicionar.
erstrecken, sich extenderse.
Ertrag *m.* producto; (Nutzen) beneficio *m.*
ertragen soportar; (aushalten) aguantar.
ertrinken ahogarse.
erwachen despertar(se).
Erwachsener *m.* adulto *m.*, persona (*f.*) mayor.
erwägen considerar; (reiflich) pensarlo bien.
erwähnen mencionar.
erwärmen calentar.
erwarten esperar; (abwarten) aguardar.
Erwartung *f.* espera, expectación, expectativa *f.*
erwecken despertar; (Hoffnungen) excitar.
erweichen ablandar; *fig.* conmover.
erweisen (beweisen) probar; (en. Dienst) prestar.
erweitern ensanchar; (ausdehnen) extender.
Erweiterung *f.* ampliación *f.*
erwerben adquirir.
Erwerbung *f.* adquisición *f.*
erwidern contestar, replicar; (Grüße, Gefälligkeit) devolver.
erwirken conseguir.
erwischen coger; *fam.* pescar.
erwünscht *adv.*: **es kommt uns sehr ~** *fam.* nos viene a pedir de boca.
erwürgen estrangular; (*Span.* Hinrichtung) dar garrote a.
Erz *n.* mineral *m.*
erzählen contar; (berichten) referir.
Erzählung *f.* cuento; (Bericht) relato *m.*; (Beschreibung) descripción *f.*
Erz|bischof *m.* arzobispo *m.*; **~engel** *m.* arcángel *m.*
erzeugen (Waren, Rohstoffe) producir; (fabrizieren) fabricar; (Waren aus Rohstoffen) confeccionar.
Erzeuger *m.* productor *m.*
Erzeugnis *n.* producto *m.*
Erzeugung *f.* produccioón *f.*, fabricación; **~skosten** *pl.* costes *m. pl.*
Erz|gießer *m.* fundidor *m.*; **~grube** *f.* mina *f.*
Erzherzog *m.* archiduque *m.*
erziehen educar.
Erzieher *m.* pedagogo; (Hauslehrer) preceptor, *fam.* ayo *m.*; **~in** *f.* institutriz; (*Span.* deutsche) froilein *f.*; (*Span.* Begleiterin, spöttisch) carabina *f.*
Erziehung *f.* educación *f.*
erzielen obtener, conseguir; (Sport, Tor) marcar.
erzittern temblar.
erzürnen enojar, ponerse furioso.
erzwingen forzar; (Geständnis) arrancar.
es ello, lo.
Esche *f.* fresno *m.*
Esel *m.* asno, burro, borrico; *fig.* bruto *m.*; **~chen** *n.* borriquillo *m.*; **~ei** *f.* tontería *f.*
Eskimo *m.* esquimal *m.*
Espe *f.* álamo *m.*
eßbar comestible.
essen comer; (zu Abend) cenar; (zum Frühstück) almorzar.
Essenszeit *f.* hora (*f.*) de comer.
Esser *m.* comedor; (starker) comilón *m.*
Essig *m.* vinagre *m.*
Essigsäure *f.* ácido (*m.*) acético.
Eßkastanie *f.*: **geröstete ~n** *f. pl.* castañas (*f. pl.*) asadas.

Eßlöffel *m.* cuchara (*f.*) (grande).
Eßtisch *m.* mesa (*f.*) de comedor.
Etage *f.* piso *m.*
Etat *m.* presupuesto *m.*
Ethik *f.* ética *f.*
Etui *n.* estuche *m.*
etwa (ungefähr) cerca de; aproximadamente; (vielleicht) tal vez.
etwas algo; (ein bißchen) un poco.
euch a vosotros (vosotras).
euer vuestro, vuestra.
Eule *f.* mochuelo *m.*, lechuza *f.*; (Uhu) búho *m.*
Europäer *m.* europeo *m.*; **-in** *f.* europea *f.*
Euter *n.* ubre, teta *f.*
Evangelium *n.* evangelio *m.*
ewig eterno.
Ewigkeit *f.* eternidad *f.*; **er braucht ee.** *- fam.* tarda una barbaridad.
Examen *n.* examen *m.*
Exempel *n.* ejemplo *m.*
Exemplar *n.* ejemplar *m.*
existieren existir.
explodieren hacer explosión, estallar.
Explosion *f.* explosión *f.*
Export *m.* exportación *f.*
exportieren exportar.

f, F *n.* f, F *f.*
Fabel *f.* fábula *f.;* (Märchen) cuento *m.*
Fabrik *f.* fábrica, manufactura; *SAm.* usina *f.;* **-anlage** *f.* (instalación de una) fábrica *f.*
Fabrikant *m.* fabricante *m.*
Fabrikat *m.* producto *m.* (industrial).
Fabrikmarke *f.* marca (*f.*) de fábrica, marca registrada.
fabrizieren fabricar, manufacturar, producir.
Fach *n.* (Regal) casilla *f.;* (Schreibtisch) cajón; (Beruf) ramo, oficio *m.;* (wissenschaftliches) disciplina; (Lehr -) asignatura *f.*
Facharbeiter *m.* obrero especializado, especialista *m.*
fächeln abanicar.
Fächer abanico *m.*
Fach|mann *f.* perito, práctico, especialista *m.;* **f -simpeln** hablar sólo de asuntos profesionales; **-verband** *m.* asociación (*f.*) profesional.
Fackel *f.* antorcha; **-zung** *m.* desfile (*m.*) de antorchas.
fade soso, insípido.
Faden *m.* hilo; (Bind -) bramante; (Glühbirne) filamento *m.;* **-nudeln** *f. pl.* fideos *m. pl.*
fähig capaz (**zu** de); *jur.* hábil.
Fähigkeit *f.* capacidad, habilidad *f.*
fahnden buscar.
Fahne *f.* bandera *f.;* **-neid** *m.* jura (*f.*) de la bandera; **-nträger** *m.* abanderado *m.*
Fähnrich *m.* alférez *m.*
fahrbar portátil; (Weg) transitable; *naut.* navegable.
Fahrdienstleiter *m. Eis.* jefe (*m.*) de estación.
fahren andar, ir, viajar en; (Wagen) conducir, guiar; (Fahrrad) montar en; **auf der richtigen Seite** - llevar la mano; **m. der Bahn** - tomar el tren; **-nach** marcharse a; **um die Ecke** - doblar la esquina; **aus der Haut** - *fig. fam.* salirse de sus casillas.
Fahrer *m.* (Chauffeur) chófer *m.*
Fahrgast *m.* pasajero, viajero *m.*
Fahrgeld *n.* precio *m.* (del billete, od. pasaje, od. recorrido).
Fahrkarte *f.* billete; *SAm.* boleto *m.;* **-nausgabe** *f.* taquilla *f.; SAm.* boletería *f.*
fahrlässig descuidado.
Fährmann *m.* barquero *m.*
Fahr|plan *m.* horario *m.* (de trenes); (Kursbuch) guía (*f.*) de ferrocarriles; **-preis** precio *m.* (del billete, del viaje); **-rad** *n.* bicicleta *f.;* **-stuhl** *m.* (Sessel) silla (*f.*) de ruedas; (Aufzug) ascensor *m.*
Fahrt *f.* (Wagen) viaje *m.;* (Droschke) carrera; (Ausflug) excursión; (See) travesía; (Geschwindigkeit) marcha *f.;* **-richtungsanzeiger** *m.* indicador (*m.*) de dirección.
Fährte *f.* rastro *m.*, pista *f.*
Fahrzeug *n.* vehículo *m.;* (Schiff) embarcación *f.*, barco *m.*
Faktur *f.* factura, cuenta *f.*
fakturieren extender la factura.
Fakultät *f.* facultad *f.*
Falbel *f.* volante *m.*
Falke *m.* halcón *m.*

Fall *m.* (Fallen) caída *f.;* (Ereignis)caso; (Angelegenheit) asunto *m.;* **auf jeden** - en todo caso, de todos modos; **auf keinen** - de ningún modo, en ningún caso.
Falle *f.* trampa; *fig.* red. *f.*
fallen caer(se); (Preise, Barometer) bajar.
fällen (Bäume) talar; *chem.* precipitar; **ein Urteil** - dictar una sentencia.
fällig (zahlbar) pagadero; (Wechsel) vencido; (Saldo) debido.
Fallreep *n.* portalón *m.*
falls caso (de) que, caso de.
Fallschirm *m.* paracaídas *m.;* **-springer** *m.* paracaidista *m.*
falsch falso; (unrichtig) inexacto, incorrecto; (unecht) imitado; (Haare, Zähne) postizo.
fälschen falsificar; (Wahrheit) falsear; (Waren) adulterar.
Fälscher *m.* falsificador *m.*
Falschmünzer *m.* monedero (*m.*).
Fälschung *f.* falsificación, adulteración, imitación *f.*
Faltboot *n.* bote (*m.*) plegable.
Falte *f.* pliegue *m.;* (Gesicht) arruga *f.*
falten plegar; (Hände) juntar, (Stirn) arrugar, fruncir las cejas.
falzen plegar.
Familie *f.* familia *f.;* **-nbeihilfe** *f.* subsidio (*m.*) familiar; **kinderreiche** - familia numerosa; **-nname** *m.* apellido *m.*
Fanatiker *m.* fanático *m.*
fanatisch fanático, exaltado.
Fang *m.* (Fische) pesca *f.;* (Gefangenes) presa; (Klaue) garra *f.;* (Hauer) colmillo *m.;* **-eisen** *n.* cepo *m.*
fangen coger; *SAm.* agarrar.
Farbband *n.* cinta *f.* (para máquina de escribir).
Farbe *f.* color *m.;* (zum Malen) pintura *f.;* (span. Kartenspiel) palo *m.;* *typ.* tinta *f.*
färben teñir; (Malerei) colorear; (Farbspuren hinterlassen) tiznar.
Färber *m.* tintorero *m.;* **-ei** *f.* tintorería *f.*
Farbfilm *m.* película (*f.*) (od. cine *m.*) en tecnicolor (od.) en colores.
farbig en colores, de color.
Farbkissen *n.* (Stempelkissen) tampón *m.*
farblos sin color, incoloro.
Färbung *f.* teñido; (Farbe) color(ido).
Farm *f.* granja *f.;* *SAm.* estancia.
Farn *m.*, **Farnkraut** *n.* helecho *m.*
Färse *f.* novilla; (unter 1 Jahr).
Fasan *m.* faisán *m.*
Fasching *m.* carnaval *m.*
faschistisch *adj.* fascista.
Faser *f.* fibra, *f.* filamento *m.*
faserig *adj.* fibroso.
fasern (Stoff) deshilacharse.
Faß *n.* barril; (Tonne) tonel *m.;* (Wein) pipa, cuba *f.;* (eisernes) bidón *m.*
Fassade *f.* fachada *f.*
fassen coger; (*SAm.* dafür nur) agarrar; (enthalten) contener, tener cabida para; (begreifen) comprender.
Faß|boden *m.* fondo *m.*
faßlich comprensible, inteligible.
Fassung *f.* (Edelstein) engaste *m.;* (schriftl.) redacción *f.;* (Geistesgegenwart) serenidad, sangre fría *f.;* (Lampen -) portalámparas *m.;* (Brille) montura *f.;* (Film) **fremdsprachige** - doblaje *n.*
fast casi.
fasten ayunar; *med.* guardar dieta.
Fasten *n.* ayunas *f. pl.;* *rel.* ayuno *m.;* *med.* dieta *f.;* **-zeit** *f.* cuaresma *f.*
Fastnacht *f.* martes (*m.*) de carnaval.
fauchen (Tier) bufar.
faul (verfault) podrido; (träge) perezoso; (Witz) malo; (Zahler) moroso.
faulen pudrirse; (zerfallen) descomponerse; (überreif w.) pasarse.
faulenzen holgazanear.
Faulheit *f.* pereza *f.*
Fäulnis *f.* pudrición *f.*
Faulpelz *m.* *fig.* holgazán *m.*, gandul.
Faust puño *m.;* **-schlag** puñetazo *m.*

Februar *m.* febrero *m.*
Fechter *m.* esgrimidor *m.*
Fechtkunst *f.* esgrima *f.*
Feder *f.* pluma *f.;* (Maschinenelement) muelle.
Feder|bett *n.* plumón *m.;* **-halter** *m.* portaplumas *m.;* **-messer** *n.* cortaplumas *m.*
federn (rupfen) desplumar; (Vögel) mudar; (elastisch sein) ser elástico, hacer muelle.
Fee *f.* hada *f.* (el).
Fegefeuer *n.* purgatorio *m.*
fegen barrer.
Feh *n.* (Pelz) marta *f.*
Fehl|betrag *m.* déficit *m.*
fehlen faltar, hacer falta; (Ziel) errar el blanco.
Fehler *m.* falta *f.*, error *m.*, equivocación **f.;** (Material) defecto; (moralischer) vicio *m.*
fehlerhalft defectuoso.
Fehl|geburt *f.* aborto *m.;* **-schlag** *m.* golpe (*m.*) en falso; *fig.* fracaso; **f -schlagen** errar el golpe, *fig.* fracasar; **-tritt** *m.* resbalón; *fig.* desliz *m.*, falta *f.*
Feier *f.* (Fest) fiesta; (Feiern) celebración; (Festlichkeit) festividad *f.*
feierlich solemne.
feiern celebrar; (ausruhen) descansar; (nicht arbeiten) holgar, hacer fiesta; (streiken) estar en huelga.
feige cobarde.
Feige *f.* higo *m.;* **-nbaum** *m.* higuera *f.;* **-nkaktus** *m.* chumbera *f.;* (Frucht) higo (*m.*) chumbo.
Feigheit *f.* cobardía *f.*
Feigling *m.* cobarde *m.*
Feile *f.* lima *f.*
feilen limar.
feilschen regatear.
fein fino; (geschmackvoll) elegante; (vornehm) distinguido; (Staub, Regen, Körner) menudo.
Feind *m.* enemigo *m.*
feindlich hostil, enemigo.
Feindschaft *f.* enemistad, hostilidad *f.*
Feindseligkeiten *f. pl.* hostilidades *f. pl.*
Feineinstellung *f. techn.* ajuste *od.* enfoque (*m.*) de precisión.
Feinschmecker *m.* gastrónomo *m.*
Feld *n.* campo; (in Formular) casilla *f.;* **-bahn** *f.* ferrocarril (*m.*) portátil; **-bett** *n.* catre *m.;* **-geistlicher** *m.* cura (*m.*) castrense; **-herr** *m.* jefe (*m.*) del ejército, general; **-messer** *m.* agrimensor *m.;* **-webel** *m.* primer sargento; (Oberfeldwebel) sargento (*m.*) mayor; **-weg** *m.* camino (*m.*) vecinal; (Pfad) senda *f.;* **-zug** *m.* campaña *f.*
Felge *f.* llanta *f.*
Fell *n.* (m. Haar) piel *f.;* (ohne Haar) cuero *m.; fig.* pellejo *m.*
Felsen *m.* roca; (einzelner) peña *f.;* **der - v. Gibraltar** el Peñón de G.
felsig rocoso.
Fenster *n.* ventana; (Wagen) ventanilla *f.;* **-brett** *n.* antepecho *m.;* **-kreuz** *n.* crucero *m.;* **-Kuvert** *n.* sobre (*m.*) de ventana; **-laden** contraventana *f.* **-scheibe** *f.* cristal *m.;* (Laden) luna *f.*
fensterln *fam.* pelar la pava.
Ferien *pl.* vacaciones *f. pl.;* (Urlaub) permiso *m.;* (Sommerfrische) veraneo *m.;* **-kolonie** *f.* colonia (*f.*) escolar.
Ferkel *n.* cochinillo *m.*, lechón; *fig.* guarro *m.*
Ferment *n.* fermento *m.*
fern distante; (vergangen) remoto; **das sei - v. mir!** ¡ni pensarlo!
Fernamt *n.* central (*f.*) interurbana.
Ferne *f.* distancia, lejanía *f.;* **aus der -** de lejos; **in der -** a lo lejos.
ferner (außerdem) además.
Fern|drucker *m.;* **-gespräch** *f.* conferencia (*f.*) interurbana; **-glas** *n.* gemelos *m. pl.;* **-sehen** *n.* televisión *f.;* **-sprechamt** *n.* central (*f.*) de teléfonos; **-sprecher** *m.* teléfono *m.;* **-unterricht** *m.* curso (*m.*) por correspondencia; **-verkehr** *m.* tráfico (*m.*) a grandes distancias.

Ferse *f.* talón *m.*
fertig listo; (beendet) terminado; (Kleider) hecho.
Fertigkeit *f.* destreza, habilidad, rutina *f.*
Fertigware *f.* producto (*m.*) terminado *od.* confeccionado.
fesch guapo, chic; *span. fam.* chulo.
Fessel *f.* (Handschellen) esposas *f. pl.*; (am Fuß) *anat.* empeine *m.*
fesseln atar; (anketten) encadenar; (an Händen) esposar; fig. (interessieren) interesar, cautivar; (Aufmerksamkeit) captar.
fest (als physikal. Zustand) sólido; (Land, Kurse) firme; (festsehend) fijo.
Fest *n.* fiesta *f.*; **frohes -!** ¡Felices pascuas!
festigen (Beziehungen) estrechar; (Währung) estabilizar.
Festigung *f.* estrechamiento *m.*; estabilización *f.*
festhalten sujetar.
Festland *n.* continente *m.*, tierra (*f.*) firme.
festlegen (Frist) fijar.
festlich de fiesta; (feierlich) solemne.
Festmahl *n.* banquete *m.*
festnehmen detener.
Festspiel *n.* festival *m.*
festsetzen (Preise, Bedingungen) fijar, estipular.
feststehen: es steht fest, daß lo cierto es que.
feststellen hacer constar, comprobar.
Festung *f.* fortaleza *f.*
Festzug *m.* desfile *m.*
fett graso; (dick) gordo.
Fett *n.* grasa *f.*; (Schweine -) manteca (*f.*) de cerdo.
Fett|fleck *m.* mancha (*f.*) de grasa.
fettig grasiento.
feucht húmedo.
Feuchtigkeit *f.* humedad *f.*
Feuer *n.* fuego *m.*; lumbre *f.*
feuer|fest resistente al fuego; (Keramik) refractario; **-gefährlich** inflamable.
Feuer|leiter *f.* escala (*f.*) de incendios; **-löscher** *m.* extintor (*m.*) de incendios; **-melder** *m.* avisador (*m.*) de incendios; **-versicherung** *f.* seguro (*m.*) contra incendios; **-wehr** *f.* cuerpo (*m.*) de bomberos, servicio (*m.*) de incendios; **-wehrmann** *m.* bombero *m.*; **-werk** *n.* fuegos (*m. pl.*) artificiales; **-zeug** *n.* encendedor; *vulg.* mechero *m.*
Fiasko *n.* fracaso *m.*
Fibel *f.* cartilla *f.*, catón *m.*
Fiber *f.* fibra *f.*
Fichte *f.* abeto *m.*; **-nnadel** *f.* pinocha *f.*; **-nwald** *m.* pinar *m.*
Fieber *n.* fiebre *f.*
Filet *n.* filete *m*
Filiale *f.* sucursal *f.*
Film *m.* película *f.*; *phot.* film *m.*; (Kino) *vulg.* cinta *f.*; **-atelier** *n.* estudio *m.*; **-aufnahme** *f.* rodaje *m.*; **-berichterstatter** *m.* reportero *m.*
filmen (aufnehmend) filmar, rodar; (darstellend) echar una película.
Film|schauspieler *m.* actor (*m.*) de cine; (verächtlich) peliculero *m.*; **-schauspielerin** *f.* actriz (*f.*) de cine; **-star** *m.* estrella *f.*; as (*m.*) de la pantalla, cineasta; **-stoff** *m.* asunto (*m.*) peliculable; **-vorstellung** función (*f.*) de cine.
Filter *m.* filtro *m.*
filtrieren filtrar.
Filz *m.* fieltro *m.*
Fimmel *m.* mania *f.*
Finanzamt *n.* hacienda *f.*
Findel|haus *n.* inclusa *f.*; **-kind** *n.* expósito.
finden encontrar, hallar.
Finder *m.*: **der ehrliche - wird gebeten...** se ruega al que lo encuentre...
Finger *m.* dedo; (der kleine -) meñique *m.*; **-abdruck** *m.* huella (*f.*) dactilar; **-hut** *m.* dedal *m.*; *bot.* digital *f.*; **-nagel** *m.* uña *f.*; **-ring** *m.* sortija *f.*
Fink *m.* *zool.* pinzón *m.*
Finne *f.* (im Gesicht) grano *m.*;

(Flosse) aleta *f.;* (Schweine -) tiña (*f.*) cisticerco *m.;* -*m. geogr.* finlandés *m.*
finster oscuro; (Gesicht) hosco.
Finsternis *f.* oscuridad *f.; astr.* eclipse *m.*
Firma *f.* casa (de comercio) razón social.
Firnis *m.* barniz *m.*
firnissen barnizar.
Fisch *m.* pez *m.;* (Speise) pescado *m.;* **-bein** *n.* ballena *f.*
fischen pescar.
Fischer *m.* pescador *m.;* **-ei** *f.* (Gewerbe) pesquería; **-eikreuzer** *m.* guardapesca *m.*
Fisch|fang *m.* pesca *f.;* **-geschäft** *n.* pescadería *f.;* **-gräte** *f.* espina *f.;* **-netz** *n.* red *f.;* **-schuppe** *f.* escama *f.*
Fiskus *m.* fisco, tesoro *m.*
Fistel *f. med.* fístula; (Stimme) falsete *m.*
fix (flink) rápido; **-e Idee** (*f.*) idea (*f.*) fija.
flach plano; (Gelände) llano; (Teller) liso.
Fläche *f. math.* plano *m.;* (Ober -) superficie *f.;* **-nmaß** *n.* medida (*f.*) de superficie.
Flachs *m. bot.* lino *m.*
Flagge *f.* bandera *f.,* pabellón *m.*
flaggen sacar banderas; *naut.* empavesar.
Flak *f.* cañón (*m.*) antiaéreo.
flämisch *adj.* flamenco.
Flamme *f.* llama *f.*
Flammeri *m.* pudín *m.*
Flanell *m.* franela *f.*
Flanke *f.* flanco; (Seite) costado *m.*
Flasche *f.* (langhalsige) botella *f.;* (kurzhalsige) frasco; (Säugling) biberón *m.*
Flaschen|bier *n.* cerveza (*f.*) embotellada; **-kürbis** *m. bot.* calabaza (*f.*) vinatera; **-stöpsel** *m.* corcho *m.*, tapón.
flattern (Vögel) aletear; (Fahne) ondear.
flau flojo.
Flaum *m* (Haar) vello; (der Vögel) plumón *m.;* (auf Stoff) pelusa *f.*
Flause *f.* pamplina *f.*
Flechse *f.* (Sehne) tendón *m.*
Flechte *f.* (Haar) madeja *f.; med. herpe; bot.* liquen *m.*
flechten trenzar; (Kabel, Taue) acolchar.
Flechtweide *f.* mimbre *m.*
Fleck *m.* (Stelle) lugar, sitio *m.;* (Schmutz) mancha *f.;* **-fieber** *n.* tifus (*m.*) exantemático.
flecken manchar.
fleckig manchado.
Fledermaus *f. zool.* murciélago *m.*
Fleisch *n.* carne; (der Früchte) pulpa *f.;* **-brühe** *f.* caldo *m.;* **-er** *m.* carnicero *m.;* **-erladen** *m.* carnicería *f.;* **-extrakt** *m.* extracto (*m.*) de carne; **-klößchen** *n.* albóndiga *f.* **-pastete** *f.* (längliche) croqueta *f.*
Fleiß *m.* (schule) aplicación *f.;* (Eifer) actividad *f.*
fleißig aplicado.
flicken remendar.
Flieder *m.* lila *f.*
Fliege *f.* mosca *f.;* (am Kinn) perilla *f.;* (Schlips) lazo *m.*
fliegen volar.
Flieger *m.* aviador; **-abwehr** *f.* defensa (*f.*) antiaérea; **-alarm** alarma (*f.*) aérea.
fliehen huir; *fam.* tomar las de Villadiego.
Fliese *f.* (Boden) baldosa *f.;* (kleinere) baldosín; (Wand -) azulejo *m.*
Fließarbeit *f.* fabricación (*f.*) continua en cadena.
fließen correr; — **durch** pasar por; *techn.* fluir.
flimmera vibrar; (funkeln) centellear.
flink ágil.
Flinte *f.* escopeta *f.*
Flitter *m.* (Blättchen) lentejuelas *f. pl.;* **-wochen** luna (*f.*) de miel.
Flocke *f.* copo *m.*
Floh *m.* pulga *f.;* **-biß** *m.* picadura (*f.*) de pulga.

florieren (Geschäft) prosperar.

Floß *n.* balsa *f.*

flößen (über Fluß) pasar el río en balsa.

Flöte *f.* flauta *f.*

flott *naut.* **-sein** quedar a flote.

Flotte *f.* flota; *mil.* armada *f.*

Flöz *n.* filón *m.*, capa; (Erzader) veta *f.*

Fluch *m.* maldición *f.*

fluchen echar maldiciones.

Flucht *f.* fuga, huida.

flüchten huir, fugarse.

flüchtig fugitivo; *chem.* volátil.

Flüchtling *m.* fugitivo; *pol.* refugiado *m.*; **-slager** *n.* campamento (*m.*) de refugiados.

Flug *m.* vuelo *m.*; **-blatt** *n.* hoja (*f.*) extraordinaria; **-hafen** *m.* aeropuerto *m.*; **-platz** *m.* campo (*m.*) de aviación, aeródromo *m.*; **-post** *f.* correo (*m.*) aéreo; **-weite** *f.* (Flugzeug) (Reichweite) autonomía (*f.*) de vuelo.

Flügel *m.* ala *f.* (el); (Klavier) piano (*m.*) de cola; (Fenster, Tür) hoja; (Gebäude) nave *f.*

Flugzeug *n.* avión; (Wasser -) hidroavión *m.*; **-halle** *f.* cobertizo *m.*, hangar; **-unglück** *n.* accidente (*m.*) de aviación.

Flunder *f.* *zool.* platija *f.*

Flur *f.* campo *m.*, vega *f.*; - *m.* pasillo; (Hausflur) portal *m.*

Fluß *m.* río; (Kraft -) flujo *m.*; **-bett** *n.* cauce *m.*

flüssig líquido; (dick -) denso; (zäh -) viscoso.

Flüssigkeit *f.* líquido *m.*

flüstern (leise sprechen) hablar en voz baja; (heimlich) cuchichear.

Flut *f.* *naut.* marea *f.*; (Überschwemmung) inundación *f.*

Fohlen *n.* potro *m.*

Folge *f.* (Folgeerscheinung) consecuencia; (Reihe) serie; (Fortsetzung) continuación *f.*; **-n nach sich ziehen** *fam.* traer cola.

folgen seguir; (nachfolgen) suceder; (gehorchen) obedecer.

folgern deducir.

folglich por consiguiente, por lo tanto.

Folter *f.* tormento *m.*; *fig.* tortura *f.*; **-bank** *f.* potro *m.*; **-kammer** *f.* cámara (*f.*) de tormento; **-knecht** *m.* verdugo *m.*

foltern dar tormento; *fig.* atormentar.

Fontäne *f.* fuente *f.*

foppen burlarse de.

fordern exigir; (heraus -) desafiar.

fördern (begünstigen) favorecer; *min.* extraer.

Forderung *f.* exigencia; (Schuld) crédito *m.*; (Heraus -) desafío *m.*

Forelle *f.* trucha *f.*

Form *f.* (Körper -) forma *f.*; (Körperumriß) perfil; (Guß -) molde *m.*; (Art. u. Weise) manera *f.*, modo *m.*; (Zustand) condición.

Format *n.* tamaño, formato *m.*

Formel *f.* fórmula *f.*

formen (Form geben) formar, dar forma; (modellieren) modelar; (durch Gußform) moldear.

förmlich formal; (steif) ceremonioso.

Formular *n.* formulario *m.*

forschen investigar.

Forscher *m.* investigador; (Forschunsteisender) explorador *m.*

Forschung *f.* investigación, exploración *f.*

Forst *m.* bosque *m.*; **-amt** *n.* inspección (*f.*) de montes.

Förster *m.* guarda forestal, guardabosque; (Ober -) ingeniero (*m.*) de montes.

fort (abwesend) ausente.

fort|bewegen *mover;* **-bilden, sich** perfeccionarse; **-bringen** llevar; **-fahren** continuar; (m. Fahrzeug weg -) marcharse en; **-gehen** irse; **-lassen** (weglassen) suprimir; (freilassen) dejar en blanco; **-laufend** *adj.* consecutivo; **-pflanzen, sich** (biologisch) reproducirse; (Schall,

Nachrichten) propagarse; **-schaffen** llevar; **-scheren: scheren Sie sich fort!** ¡lárguese V. de aquí!; **schleifen** arrastrar; **-schreiten** *fig.* progresar, adelantar.
Fortschritt *m.* progreso, adelanto *m.*
fortschrittlich *adj.* progresista.
fortsetzen continuar.
Fortsetzung *f.* continuación *f.*
fort|während continuamente; **-werfen** arrojar, tirar.
Fracht *f.* (Ladung) carga *f.;* (Frachtbetrag) porte (de ferrocarril); (See -) flete *m.;* **-brief** *m.* talón *m.* (de ferrocarril, *Abkzg.* de f. c.); (Schiff) conocimiento (*m.*) de embarque; **-gut** *n.* envío (*m.*) en pequeña velocidad (*Abkzg.* en p. v.); **-schiff** *n.* barco (*m.*) mercante.
Frack *m.* frac *m.*
Frage *f.* pregunta *f.;* **ohne** - sin duda; **-bogen** *m.* cuestionario *m.*
fragen preguntar; (den Arzt) consultar a.
Fragezeichen *n.* (signo [*m.*] de) interrogación *f.*
fraglich (zweifelhaft) dudoso; (in Frage stehend) en cuestión.
fragwürdig *adj.* (Person) sospechoso.
Frakturschrift *f.* letra (*f.*) gótica.
frankieren (Brief) poner (*od.* pegar) el sello.
franko franco de porte; (Gebühr entrichtet) porte pagado.
Frankreich *n.* Francia *f.*
Franse *f.* fleco *m.*
Franz Francisco; *fam.* Paco.
Franzmann *m. iron. Span.* gabacho *m.,* franchute.
Franzose *m.* francés *m.*
franzosenfreundlich *adj.* francófilo.
Französin *f.* francesa *f.*
französisch francés; (in Zusammensetzungen häufig) franco; (verächtlich) franchute.
fräsen fresar.
Fratze *f.* mueca; (häßliches Gesicht) facha *f.*
Frau *f.* mujer; (Ehefrau) esposa; (Hausfrau) ama (el) de casa; (vor Familiennamen) la señora (*Abkzg.* Sra.) de... *f.*
Frauen|arzt *m.* (Geburtshelfer) ginecólogo *m.;* **-gefängnis** *n.* cárcel (*f.*) de mujeres; **-krankheiten** enfermedades (*f. pl.*) de la mujer; **-mode** *f.* moda (*f.*) femenina; **-zimmer** *n.* (albernes) pava *f.;* (verächtliches) pendón *m.*
Fräulein *n.* señorita; (Erzieherin) institutriz; (deutsche Erzieherin *Span.*) froilein *f.*
frech descarado; *fam.* fresco, sinvergüenza.
Frechheit *f.* descaro *m.; fam.* frescura *f.*
frei libre; (Stelle) vacante; (freimütig) franco; (kostenlos) gratuito; (Post) franco de porte; (Droschkenschild: -) se alquila; **im Freien** al aire libre.
freibleibend sin compromiso; (Zwischenverkauf vorbehalten) salvo venta.
Freier *m.* pretendiente; *fam.* novio *m.*
freigebig generoso; *fam.* espléndido.
Freihafen *m.* puerto (*m.*) franco.
Freihandel *m.* comercio (*m.*) libre.
Freiheit *f.* libertad; (Offenheit) franqueza; (Porto, Abgaben) franquicia *f.*
Freikarte *f.* entrada (*f.*) de favor; (Dauer -) pase *m.*
Freilauf *m.* (Fahrrad) rueda (*f.*) *od.* piñón (*m.*) libre.
freilich (als Antwort) claro (que sí); *SAm. fam.* ¿cómo no?; *adv.* por cierto.
Freilos *n. Span.* (m. dem Einsatz heraus) reintegro *m.*
Freimarke *f.* sello (*m.*) de correo; *SAm.* estampilla *f.*
Freischärler *m.* guerrillero *m.*
freisprechen absolver.
Freispruch *m.* sentencia (*f.*) absolutoria.
Freitag *m.* viernes *m.*
Freitreppe *f.* escalinata *f.*

freiwillig voluntario.
Freiwilliger *m.* voluntario *m.*
fremd (seltsam) extraño; (orts ~) forastero; (ausländisch) extranjero; (unbekannt) desconocido; (anderen gehörig) ajeno.
Fremder *m.* (Ausländer) extranjero; (Orts ~) forastero *m.*
Fremden|buch *n.* registro (*m.*) de viajeros; (Besucherverzeichnis) álbum (*m.*) de visitas; **~führer** *m.* guía (*m.*) de forasteros, cicerone *m.*; **~zimmer** *n.* cuarto (*m.*) de huéspedes.
Frequenz *f. elektr.* frecuencia *f.*
fressen comer.
Freude *f.* alegría *f.*
freudig feliz; (bereitwillig) de buen grado.
freuen, sich alegrarse; **es freut mich sehr, Sie kennen zu lernen** tanto gusto en conocerle.
Freund *m.* amigo *m.*; **~in** *f.* amiga *f.*
freundlich amable; (Gesicht) alegre.
Freundlichkeit *f.* amabilidad *f.*
Freundschaft *f.* amistad *f.*
freundschaftlich *adj.* amistoso.
Frieden *m.* paz *f.*
Friedens|schluß *m.* conclusión (*f.*) de la paz; **~störer** *m.* (Störenfried) aguafiestas *m.*; **~vertrag** *m.* tratado (*m.*) de paz.
Friedhof *m.* cementerio *m.*
friedlich pacífico; (Landschaft) idílico.
frieren helar; (Kälte spüren) tener frío.
frisch fresco; (neu) nuevo; **auf ~er Tat** en flagrante delito.
Friseur *m.* peluquero *m.*; **~laden** *m.* peluquería *f.*
Frist *f.* plazo *m.*; (Aufschub) prórroga *f.*
fristen: sein Leben ~ ganarse la vida; *fam.* ir tirando.
froh, fröhlich (zufrieden) contento; (gut aufgelegt) alegre; (glücklich) feliz.
Fröhlichkeit *f.* alegría *f.*, contento *m.*
fromm devoto; (Tier) manso.
Frömmigkeit *f.* devoción *f.*
Fronleichnamsfest *n.* (fiesta [*f.*] del Corpus).
Front *f.* frente *m.*; (Haus) fachada *f.*
Frosch *m.* rana *f.*; (Kröte) sapo; **~schenkel** *m. pl.* ancas (*f. pl.*) de rana.
Frost *m.* helada *f.*; **-beule** *f.* sabañón *m.*
frösteln tener frío; (vor Fieber) tener escalofríos.
frostig friolero.
frottieren frotar.
Frottiertuch *n.* toalla (*f.*).
Frucht *f.* fruto *m.*; (Obst) fruta *f.*
fruchtbar fertil.
Fruchtbarkeit *f.* fertilidad *f.*
fruchtlos (nutzlos) inútil; *adv.* en vano.
Fruchtlosigkeit *f.* inutilidad *f.*
Fruchtsaft *m.* zumo.
früh temprano; **sehr** ~ muy de mañana; **heute** ~ esta mañana; ~ **aufstehen** madrugar.
Frühaufsteher *m.* madrugador *m.*
früher (vorher) antes; (ehemalig) antiguamente; **~oder später** tarde o temprano.
Frühgeburt *f.* parto (*m.*) prematuro; (Fehlgeburt) aborto *m.*
frühestens lo más pronto.
Frühling *m.* primavera *f.*
frühreif prematuro; (geistig) precoz.
Frühstück *n.* desayuno; (zweites, mittags) almuerzo *m.*
frühstücken desayunar.
frühzeitig temprano.
Frühzündug *f.* inflamación (*f.*) extemporánea.
Fuchs *m.* zorro *m.*; (Pferd) alazán *m.*
Fuge *f.* juntura; *mus.* fuga *f.*
fügen, sich ~in resignarse a.
Fügung *f.* (göttliche) la Providencia.
fühlbar palpable; (empfindlich) sensible.
fühlen sentir; (berühren) tocar; **sich** ~ sentirse.

Fühler *m. zool.* antena *f.;* **se. - ausstrecken** *fig.* tantear el terreno.
Fuhre *f.* (Wagen) carro *m.;* (Ladung) carretada *m.*
führen llevar; (als Führer) guiar; (Auto) conducir; (Flugzeug) pilotar; (Geschäft) dirigir.
Führer *m.* conductor; (Auto) chófer; mecánico; (Flugzeug) piloto; (Fremden -) guía; *pol.* jefe, leader, caudillo *m.;* (Buch) guía *f.;* (Lokomotive) maquinista *m.*
Führerschein *m.* permiso de conducir, carnet *m.*
Fuhr|mann *m.* carretero *m.*
Führung *f.* (Tätigkeit) conducción; (es. Betriebes) gerencia; (Führungsstück) guía; (Besichtigung) visita (*f.*) colectiva; **-szeugnis** *n.* certificado (*m.*) de buena conducta.
Fülle *f.* abundancia; (reichliche Anzahl) profusión *f.;* (Überfluß) exceso; (*theat.* Kino) lleno *m.*
füllen llenar; (in Flaschen) embotellar; (in Gefäße) envasar.
Füllen *n. zool.* potro *m.*
Füll|blistift *m.* portaminas *m.;* **-federhalter** *m.* estilo(gráfica) *f.*
Füllung *f.* relleno; (Zahn) empaste *m.*
Fund *m.* hallazgo; (Fundsache) objeto (*m.*) hallado; **-büro** *n.* oficina (*f.*) de objetos hallados (en la vía pública); **-grube** *f. fig.* mina, cantera *f.;* **-ort** *m.* lugar (*m.*) del hallazgo; *min.* yacimiento.
Fundament *n.* fundación *f.*, cimiento *m.*
Fundus *m. theat.* vestuario *m.*
fünf cinco; **- Jahre** lustro *m.;* **- gerade sein lassen** *fig.* hacer la vista gorda; **-zehn** quince; **-zig** cincuenta.
Funke *m.* chispa *f.*
funkeln (glänzen) brillar.
funkelnagelneu *fam.* flamante.
funken (Radio) radiar, comunicar por TSH.
Funker *m.* radiotelegrafista *m.*
Funk|haus *n.* estación (*f.*) emisora; **-spruch** *m.* radio(grama) *m.;* **-turm** *m.* torre (*f.*) emisora.
für (Bestimmung, Ziel, Zweck) para; (Gunst, Interesse, Preisangabe, Tausch) por.
Fürbitte *f.* intercesión *f.;* **-einlegen für** interceder en favor de.
Furche *f.* surco *m.*
furchen abrir surcos; (Stirn) arrugar.
Furcht *f.* miedo *m.;* **-hase** *m. fam.* gallina *m. f.*
furchtbar (schrecklich) horrible; (zu fürchten) temible.
fürchten temer; **sich -** tener miedo (**vor** de).
fürchterlich s. **furchtbar.**
furchtlos intrépido.
Furchtlosigkeit *f.* intrepidez *f.*
furchtsam miedoso; (zaghaft) tímido.
Furchtsamkeit *f.* miedo *m.*, (Feigheit) cobardía *f.*
fürderhin *adv.* (de aquí) en adelante.
Furie *f.:* **wie ee. -** hecha una furia.
Furnier *n.* chapa *f.;* **-holz** *n.* madera (*f.*) para chapar.
Fürsorge *f.* (soziale) previsión; (eifrige) solicitud *f.*
fürsorglich *adj.* (vorsorgend) previsor.
Fürsprache *f.* (Empfehlung) recomendación *f.*
Fürst *m.* príncipe *m.;* **-in** *f.* princesa *f.;* **-engeschlecht** *n.* dinastía *f.*
fürstlich de príncipe; **- bewirten** tratar a cuerpo de rey.
Furt *f.* vado *m.*
Furunkel *n.* forúnculo, divieso *m.*
Fuß *m.* pie *m.;* (Tier, Möbel) pata *f.;* **m. bloßen Füßen** descalzo; **-ball** *m.* (Ball) pelota *f.*, balón *m.;* (Spiel) fútbol *m.;* **-ballplatz** *m.* campo (*m.*) (*SAm.* cancha *f.*) de fútbol; **-ballspiel** *n.* (einzelne) partido *m.* (de fútbol); **-bank** *f.* banquet *f.;* **-boden** *m.* suelo, piso *m.* **-bremse** *f.* freno (*m.*) de pedal; **-gänger** *m.* peatón; (Vorübergehender) transeúnte *m.;*

-matte *f.* (Abstreicher) limpiabarro *m.;* -**spur** *f.* huella *f.;* -**tritt** *m.* puntapié *m.;* -**weg** *m.* senda; (Bürgersteig) acera *f.*

Futter *n.* (Nahrung) alimento; (Grün -) pasto; (Kleidung) forro *m.*

Futterkrippe *f.* pesebre *m.*

füttern alimentar, dar de comer; (Kleid) forrar.

Futternapf *m.* (Vögel) comedero *m.*

Futterpflanze *f.* planta (*f.*) forrajera.

futuristisch futurista.

g, G *n.* g, G *f.*
Gabel *f.* tenedor *m.; techn.* horquilla *f.*
gabeln (Weg) bifurcarse.
Gabelung *f.* bifurcación *f.*
Gaffer *m.* (Neugieriger) curioso *m.;* (beim Kartenspiel) mirón.
gähnen bostezar.
Gala|anzug *m.* traje (*m.*) de etiqueta; **-vorstellung** *f.* función (*f.*) de gala *bzw. (theat., Kino)* de moda.
Galeere *f.* galera *f.*
Galerie *f.* galería *f.; fam.* gallinero *m.*
Galgen *m.* horca *f.*
Galicier *m. Span.* gallego *m.*
Gallapfel *m.* agalla *f.*
Galle *f. anat.* hiel; *med.* bilis *f.;* **-nblase** *f.* vejiga (*f.*) biliar; **-nstein** *m.* cálculo (*m.*) biliar.
Gallerte *f.* gelatina *f.*
Galopp *m.* galope *m.*
galoppieren galop(e)ar.
Galosche *f.* (Gummi) chanclo; (Holz) zueco *m.*
galvanisch galvánico.
Gamasche *f.* polaina *f.*
Gang *m.* marcha; (Lauf er. Maschine) marcha *f.*, funcionamiento; (Durchgang) paso; (Gangart es. Menschen) (modo de) andar *m.;* (Fechten) asalto *m.*
gangbar (Weg) transitable; (Münzen) corriente; (Ware) de fácil venta.
Gangerz *n. min.* ganga *f.*
Gangschaltung *f.* (Auto) cambio (*m.*) de velocidades.
Gans *f.* ganso *m.; fig.* tonta; *SAm.* pava *f.*
Gänse|braten *m.* asado (*m.*) de ganso; **-füßchen** *n. pl.* comillas *f. pl.;* **-klein** *n.* menudillos (*m. pl.*) de ganso; **-marsch: im -marsch** en fila india; **-rich** ganso (*m.*) macho.
ganz entero; (unbeschädigt) intacto; (vollständig) completo; *adv.* del todo; (ziemlich) bastante; **die -e Welt** todo el mundo; **- recht!** ¡perfectamente!; **- u. gar nicht** de ningún modo.
Ganze *n.* conjunto; (Summe) total *m.*
gänzlich total(mente).
garnicht de ningún modo.
Garage *f.* garaje *m.*
Garant *m.* fiador *m.;* **-ie** *f.* garantía, fianza *f.*
garantieren garantizar; **- für** responder de.
Garbe *f.* gavilla *f.*
Garderobe *f.* (Kleider) ropa; (Kleiderablage) guardarropa *f.;* **-nmarke** *f.* contraseña *f.;* **-nständer** percha *f.*
Gardine *f.* cortina *f.*
Gardinenpredigt *f.* sermón *m.*
gären fermentar.
Gärung *f.* fermentación *f.*
Garnele *f. zoo.* langosta *f.*, langostino *m.;* (gemeine) quisquilla *f.*
garnieren guarnecer.
Garnison *f.* guarnición *f.*
Garnitur *f.* (Satz) juego *m.*
Garnrolle *f.* carrete *nt.*
Garten *m.* jardín *m.;* (Obst -, Gemüse -) huerto *m.;* (-gelände) huerta *f.;* **-bau** *m.* horticultura *f.;* **-haus** *f.* pabellón; (m. Verglasung) mirador; (Laube) cenador *m.;* **-lokal** *n.* merendero *m.;* **-schere** *f.* podadera; **-schlauch** *m.* manga (*f.*) de riego;

-stadt ciudad (*f.*) jardín; **-walze** *f.* rodillo *m.*; **-zaun** *m.* verja *f.*
Gärtner *m.* jardinero; (Gemüse -) hortelano *m.*; **-ei** *f.* jardinería, horticultura *f.*
Gas *n.* gas *m.*; **-anstalt** *f.* fábrica (*f.*) de gas; **-anzünder** *m.* (Laternenanzünder) farolero *m.*; **-behälter** *m.* gasómetro *m.*; **-flamme** *f.* llama (*f.*) de gas; **-glühlicht** *n.* luz (*f.*) incandescente; **-hebel** *m.* *aut.* acelerador *m.*; **-laterne** farol *m.* (de gas); **-leitung** *f.* tubería (*f.*) de gas; **-maske** *m.* máscara (*od.* careta) (*f.*) antigás; **-messer** *m.* contador (*m.*) de gas; **-ofen** *m.* cocina (*f.*) de gas.
Gas geben (Auto) dar gas; acelerar (la marcha).
Gas wegnehmen (Auto) quitar el gas.
Gäßchen *n.* callejón *m.*
Gasse *f.* calleja *f.*; **-njunge** *m.* (Madrid) golfo *m.*
Gast *m.* huésped, invitado, convidado; (Hotel -) viajero; (Kaffee, Reastaurant) parroquiano; **-freund** *m.* huésped *m.*; **g -freundlich** *adj.* hospitalario; **-freundschaft** *f.* hospitalidad *f.*; **-geber** *m.* (Haushers) dueño *m.* (de casa); (Hausfrau) señora (*f.*) de casa; **-haus** *n.* fonda; (Gästehaus) hospedería *f.*; **-hof** *m.* hotel *m.*
gastlich hospitalario.
Gast|mahl *n.* banquete *m.*; **-wirt** *m.* (es. Hotels) hotelero; (es. Gasthofes) fondista; *SAm.* fondero *m.*; **-wirtschaft** *f.* fonda *f.*, restorán *m.*; (Weinausschank) taberna *f.*
Gatte *m.* marido, esposo *m.*
Gattin *f.* mujer, esposa *f.*
Gattung *f.* (Art) clase *f.*; (Geschlecht) género *m.*; (Rasse) raza *f.*
Gaukler *m.* (Seiltänzer) saltimbanqui; *Span.* titiritero *m.*
Gaul *m.* rocinante *m.*
Gaumen *m.* paladar *m.*
Gauner *m.* estafador; *fam.* tramposo *m.*; **-ei** *f.* estafa, trampa *f.*

Gaze *f.* gasa *f.*
Gazelle *f.* *zool.* gacela *f.*
Geäst *n.* (Baum) ramaje *m.*
Gebäck *n.* pasta; (Kuchen) bollo *m.*
gebären parir; (Frau) dar a luz.
Gebärmutter *f.* matriz *f.*
Gebäude *n.* edificio *m.*
geben dar; *theat.* echar; **es gibt** hay.
Gebet *n.* oración *f.*; **-buch** *n.* libro (*m.*) de misa.
Gebiet *n.* territorio *m.*, región; (Strom, Bergbau) cuenca *f.*
gebildet culto.
Gebildeter *m.* intelectual *m.*
Gebirge *n.* sierra; *SAm.* cordillera *f.*; montañas *f. pl.*
Gebirgspaß *m.* *Sapn.* puerto *m.*
Gebiß *n.* dentadura *f.*; (Pferd) bocado *m.*
gebogen *adj.* curvado; (Nase) aguileño.
geboren in natural de.
Gebot *n.* mandamiento *m.*
Gebrauch *m.* uso *m.*; (Sitte) costumbre *f.*; (Anwendung) empleo *m.*
gebrauchen usar, emplear; (zum erstenmal -) estrenar.
gebräuchlich usual, acostumbrado.
Gebrauchsanweisung *f.* instrucciones (*f. pl.*) de empleo, modo (*m.*) de usar.
Gebrauchsartikel *m.* artículo (*m.*) de primera necesidad.
gebrauchsfertig *adj.* listo para el uso.
gebrechlich (kränklich) enfermizo, quebrantado de salud.
Gebrüder *m. pl.* (Firmenbezeichnung)... Hermanos.
Gebühr *f.* (Abgabe) derecho; (Post) porte *m.*
Geburt *f.* nacimiento; (Gebäten) parto *m.*; **-erückgang** *m.* descenso (*m.*) de la natalidad; **-enziffer** *f.* natalidad *f.*
gebürtig natural (aus de).
Geburts|schein *m.* fe (*f.*) de nacimiento; **-tag** *m.* cumpleaños *m.*
Gebüsch *n.* mata *f.*

Geck *m.* (alberner) fatuo; (modischer) (Madrid) *fam.* pollo pera *m.*
Gedächtnis *n.* memoria *f.*
Gedanke *m.* pensamiento *m.*, idea *f.*; **ich kam auf den -n** se me ocurrió.
gedankenlos (zerstreut) distraído; (unachtsam) descuidado.
Gedanken|losigkeit *f.* distracción descuido *f.*, *m.*
Gedärme *n. pl.* intestinos *m. pl.*; *fam.* tripas *f. pl.*
Gedeck *n.* cubierto *m.*
gedeihen prosperar.
gedenken pensar en; (s. erinnern) acordarse de.
Gedenktag *m.* aniversario *m.*
Gedicht *n.* poesía *f.*
Gedränge *n.* (Drängen) apretura; (Menschen -) aglomeración *f.* (de gente).
Geduld *f.* paciencia *f.*
gedulden, sich tener paciencia.
geduldig paciente, sufrido.
geeignet apropiado, indicado.
Gefahr *f.* peligro *m.*
gefährden exponer a un peligro; (aufs Spiel setzen) arriesgar.
gefährlich peligroso.
gefahrlos seguro, sin peligro.
Gefahrlosigkeit *f.* seguridad *f.*
Gefährte *m.* compañero *m.*
Gefälle *n.* (Gelände) desnivel *m.*; (Fluß) corriente *f.*
gefallen gustar; **nicht - lassen** no tolerar.
Gefallen *m.* favor *m.*
gefällig complaciente, atento.
Gefälligkeit *f.* favor *m.*, amabilidad *f.*
gefangen preso; *mil.* prisionero; **-nehmen** coger prisionero.
Gefangener *m.* preso; *mil.* prisionero *m.*
Gefangen|nahme *f.* detención; *mil.* captura *f.*; **-schaft** *f.* cautiverio *m.*; (Haft) prisión *f.*
Gefängnis *n.* cárcel, prisión *f.*; (Polizei, Haftlokal) calabozo *m.*; **-wärter** *m.* carcelero *m.*
Gefäß *n.* vasija *f.*; (Behälter) recipiente *m.*
Gefecht *n.* encuentro; (größeres) combate *m.*; (Geplänkel) escaramuza *f.*
Gefieder *n.* plumaje *m.*
Geflecht *n.* (Draht) enrejado; (Kort) mimbre; *anat.* tejido *m.*
geflecht (marmoriert) jaspeado; (gesprenkelt) salpicado.
Geflügel *n.* aves (*f. pl.*) de corral; **-besteck** *n.* trinchante (*m.*) para pollo; **-farm** *f.* granja (*f.*) avícola; **-handlung** *f.* pollería *f.*
geflügelt alado.
Geflüster *n.* cuchicheo *m.*
Gefolge *n.* séquito *m.*
gefräßig voraz; *fam.* comilón.
gefrieren helar(se), congelar(se).
Gefrier|fleisch *n.* carne (*f.*) congelada; **-punkt** *m.* punto (*m.*) de congelación; (Thermometer) cero *m.*
Gefühl *n.* sentimiento *m.*; (Empfindung) sensación; (Eindruck) impresión *f.*
gefühllos insensible.
Gefühllosigkeit *f.* insensibilidad, crueldad *f.*
gegen (Ort, Zeit) hacia; (feindlich) contra; (Tausch) contra, por.
Gegen|besuch *m.*, **en. -besuch machen** devolver la vista; **-beweis** *m.* prueba (*f.*) en contra; **-buchung** *f.* contrapartida *f.*; **-d** *f.* región *f.*; (Ort) paraje *m.*; **-d** *f.*: **in der - v.** cerca de; **-dienst** *m.*; **-gift** *n.* contraveneno *m.*; **-offensive** *f.* contraofensiva *f.*; **-partei** *f. jur.* parte (*f.*) contraria; **-satz** *m.* contraste *m.*; **im -satz zu** contrario a.
gegenseitig mutuo, recíproco; **im -en Einvernehmen** de común acuerdo.
Gegen|seitigkeit *f.* reciprocidad *f.*; **-stand** *m.* objeto *m.*, cosa *f.*; (Angelegenheit) asunto *m.*; **-teil** *n.* lo contrario; **im -teil** al contrario.
gegen|teilig contrario; **-über** enfrente de; **-überliegend** opuesto.

Gegenwart *f.* (Zeit) presente *m.*, actualidad.
gegenwärtig actual, presente; (heutzutage) hoy día.
Gegenwert *m.* contravalor *m.*, equivalencia *f.*
Gegner *m.* adversario.
gegnerisch *adj.* contrario.
Gehacktes *n.* (Fleisch) carne (*f.*) picada.
Gehalt *m.* contenido; **-n** sueldo *m.*
geheim secreto; (heimlich) clandestino.
Geheimnis *n.* secreto *m.*; **e. - lüften** *fam.* tirar de la manta.
geheimnisvoll misterioso.
Geheim|polizei *f.* policía (*f.*) secreta; **-polizist** *m.* policía (*m.*) secreta.
gehen ir, andar; (Maschine) marchar; **fort -** irse, marcharse.
Gehilfe *m.* ayudante; (Handlungs -) dependiente *m.*
Gehirn *n.* cerebro *m.*; **-erschütterung** *f.* conmoción (*f.*) cerebral; **-schlag** *m.* derrame (*m.*) cerebral.
Gehöft *n.* cortijo *m.*
Gehölz *n.* bosque, monte *m.*
Gehör *n.* oído *m.*
gehorchen obedecer.
gehören pertenecer a; **- zu** formar parte de; **das gehört sich nicht** esto no se hace; (Stärker) es un escándalo!
gehorsam obediente.
Gehorsam *m.* obediencia *f.*
Gehwerk *n.* mecanismo *m.*
Geier *m.* buitre *m.*
Geifer *m.* (Tier) espuma; (Speichel) saliva; (Kind) baba *f.*
Geige *f.* violín *m.*; **-nsteg** *m.* puente (*m.*) de violín.
geigen tocar el violín.
Geiger *m.* violinista *m.*
geil (wollüstig) lascivo; *vulg.* cachondo.
Geisel *m.* rehén *m.*
Geißblatt *n.* *bot.* madreselva *f.*
geißeln azotar.
Geißelung *f.* flagelación; *fig.* crítica *f.*
Geist *m.* espíritu; (Gespenst) fantasma; (Genie) genio *m.*; (Verstand) inteligencia *f.*; **der Heilige -** el Espíritu Santo.
Geister|erscheinung *f.* aparición (*f.*) de un espectro; **-seher** *m.* visionario *m.*
Geistesgegenwart *f.* presencia (*f.*) de ánimo; (Kaltblütigkeit) sangre fría *f.*
geisteskrank demente, loco.
Geisteskrankheit *f.* demencia, locura *f.*
geistig espiritual; intelectual; **-e Getränke** *n. pl.* bebidas (*f. pl.*) alcohólicas.
Geistlicher *m.* sacerdote, clérigo; (katholischer) cura; (protestantischer) cura (*m.*) protestante, pastor *m.*
Geistlichkeit *f.* clero *m.*
geist|los trivial; (dumm) tonto; **-reich** ingenioso.
Geiz *m.* avaricia *f.*
geinzen: m. Worten - ser parco de palabras.
geizig avaro; *fam.* agarrado.
Gelächter *n.* risa, carcajada *f.*; **zum - w.** *fam.* hacer el ridículo.
Gelage *n.* banquete *m.*; (Freß -) comilona *f.*
gelähmt paralítico.
Gelände *n.* terreno; (Bauplatz) solar *m.*
Geländer *n.* barandilla *f.*; (Treppe) pasamano; (Brücke) pretil *m.*; baranda *f.*
gelangen llegar.
gelassen impasible; *adv.* con calma.
Gelassenheit *f.* serenidad, calma, sangre fría *f.*
geläufig (fließend) corriente.
Geläute *n.* toque (*m.*) de campanas.
gelb amarillo; **-lic** amarillento.
Gelb|scheibe *f.* *phot.* filtro (*m.*) amarillo **-sucht** *f.* ictericia *f.*
Geld *n.* dinero *m.*; *SAm.* plata *f.*; *fam.* cuartos *m. pl.*; **en. Haufen - kosten**

fig. fam. costar un ojo de la cara; **-regiert die Welt** poderoso caballero es Don Dinero; **v. sm. -e leben** vivir de sus rentas; **- oder Leben!** ¡La bolsa o la vida!; **bares -** dinero en metálico *od.* en. efectivo; **kleines -** (dinero) suelto *m.;* **-beutel** *m.* bolsa *f.;* **-briefträger** *m.* cartero (*m.*) de giros postales; **-entwertung** *f.* depreciación (*f.*) monetaria; **-knappheit** *f.* escasez (*f.*) de dinero; **-mittel** *n. pl.* fondos *m. pl.;* **-sammlung** *f.* colecta; (Straße) cuestación *f.;* **-schrank** *m.* caja (*f.*) de caudales; **-sendung** *f.* remesa *f.* (de fondos); **-spende** *f.* donativo *m.;* **-strafe** *f.* multa *f.;* **-stück** *n.* moneda, pieza *f.* (de dinero); **-täschchen** *n.* portamonedas, bolsillo *m.;* **-umlauf** *m.* circulación (*f.*) monetaria; **-verlegenheit** *f.* apuro *m.;* (Staat) crisis (*f.*) financiera; **-verleiher** *m.* prestamista *m.;* (Wucherer) usurero; **-wechsler** *m.* cambista *m.*

gelegen situado; *SAm.* ubicado.

Gelegenheit *f.* ocasión, oportunidad *f.;* **bei jeder -** a cada momento; **-skauf** *m. fam. Span.* ganga.

gelegentlich ocasional; (zufällig) casual.

Gelehrsamkeit *f.* erudición *f.*

gelehrt sabio, erudito; (gebildet) culto; **e. -es Haus** *fig.* un pozo de sabiduría; (wissenschaftlich) científico.

Gelehrter *m.* sabio, erudito *m.*

geleiten (führen) conducir; *mil.* escoltar.

Geleitzug *m.* convoy *m.*

Gelenk *n.* articulación; (Hand -) muñeca *f.*

gelenkig articulado.

Gelekrheumatismus *m.* artritismo *m.*

Geliebte *f.* querida; (Braut) novia *f.;* (Verhältnis) *fam.* lío *m.*

Gellebter *m.* querido; (Bräutigam) novio; (Verhältnis) amante *m.*

gelinde suave.

gelingen salir bien; **es ist mir gelungen** he conseguido.

gellen resonar; **-d** estridente.

geloben prometer solemnemente; hacer voto de.

Gelöbnis *n.* promesa *f.* (solemne), voto *m.*

gelten valer; (in Kraft sein) (Gesetze) estar en vigor; (Preise) regir; **-d** vigente; **-d machen** hacer valer, reclamar.

Geltung *f.* (Gültigkeit) validez *f.;* (Ansehen) prestigio *m.*

gemächlich (behaglich) cómodo, sosegado; (ruhig) tranquilo; (langsam) pausado.

Gemahl *m.* esposo *m.;* **-in** *f.* esposa *f.*

Gemälde *n.* cuadro *m.;* lienzo; (Porträt) retrato *m.;* **-ausstellung** *f.* exposición (*f.*) de pinturas; **-galerie** *f.* museo (*m.*) de pinturas, pinacoteca *f.*

gemäß conforme a, con arreglo a.

gemäßigt moderado.

Gemäuer *n.* muros *m. pl.*, paredones.

gemein común; (gewöhnlich) ordinario, vulgar.

Gemeinde *f.* (Stadt, Land) ayuntamiento, municipio *m.;* *SAm.* comuna *f.;* (Einwohnerschaft) vecindario *m.;* (Kirche) parroquía *f.;* **-abgaben** *f. pl.* impuestos (*m. pl.*) municipales; **-beamter** *m.* empleado (*m.*) municipal; **-berizk** *m.* término (*m.*) municipal; **-rat** *m.* (Gesamtheit) concejo (*m.*) municipal; (Mitglied) concejal *m.;* **-ratswahlen** *f. pl.* elecciones (*f. pl.*) municipales; **-vorstand** *m.* alcalde; *SAm.* juez de paz *m.*

Gemeinheit *f.* infamia, canallada *f.*

Gemeinnützig de utilidad pública; **-er Verein** *m.* sociedad (*f.*) filantrópica.

gemeinsam común.

Gemeinschaft *f.* comunidad, colectividad; solidaridad *f.*

gemeinschaftlich común; (gegenseitig) mutuo.

gemeinverständlich popular, al alcance de todos.
Gemetzel *n.* matanza *f.*
Gemisch *n.* mezcla *f.*
Gemse *f.* gamuza *f.*
Gemüse *n.* (grünes) verduras *f. pl.;* (Hülsenfrüchte) legumbres *f. pl.;* **-garten** *m.* huerta *f.;* **-händler** *m.* verdulero *m.;* **-markt** *m.* mercado *m.* (de verduras).
gemütlich (bequem) cómodo; (intim) íntimo; *fam.* campechano.
Gemütlichkeit *f.* comodidad, intimidad *f.;* trato (*m.*) campechano.
Gemütsruhe *f.:* **in aller** - con toda tranquilidad.
Gemütsverfassung *f.* disposición (*f.*) de ánimo.
genau exacto; (ausführlich) detallado; - **3 Uhr** las tres en punto.
Genauigkeit *f.* exactitud, precisión *f.*
Gendarm *m.* guardia (*m.*) municipal; *SAm.* vigilante; (Land-) *Span.* guardia civil; *SAm.* comisario.
genehm grato; **-igen** permitir, aprobar.
Genehmigung *f.* permiso *m.*, aprobación *f.*
geneigt inclinado; (bereit zu) dispuesto a.
General *m.;* **-direktion** *f.* dirección *od.* administración (*f.*) general; **-stab** *m.* Estado (*m.*) mayor; **-streik** *m.* huelga (*f.*) general; **-versammlung** *f.* asamblea (*f.*) general; junta (*f.*) general de accionistas.
Generation *f.* generación *f.*
genesen restablecerse de.
Genesung *f.* restablecimiento *m.*
Genitalien *f. pl.* partes (*f. pl.*) genitales.
Genf *n.* Ginebra *f.;* **-er See** Lago (*m.*) Lemán.
genial ingenioso.
Genik *n.* nuca *f.*
Genie *n.* ingenio; (Person) hombre (*m.*) genial.
genieren, sich tener vergüenza.
genießbar (Pflanzen) comestible; (Wasser) potable.
genießen (Speise) comer; (Getränk) tomar; *fig.* disfrutar.
Genosse *m.* compañero, camarada *m.*
Genossenschaft *f.* (sociedad) cooperativa *f.*
Genua *n.* Génova *f.*
genug bastante; **-!** ¡basta!
genügen bastar, ser suficiente; (Ansprüchen) satisfacer.
Genugtuung *f.* satisfacción *f.*
Genuß *m.* goce; (Nutznießung) disfrute *m.;* **-mittel** *n.* (Nahrungsmittel) géneros (*m. pl.*) alimenticios.
genußsüchtig *adj.* dado a los placeres.
Geograph *m.* geógrafo *m.;* **-ie** *f.* geografía *f.*
Geologe *m.* geólogo *m.*
Gepäck *n.* equipaje *m.;* (Handkoffer) maletas *f. pl.; SAm.* valijas *f. pl.;* **-annahme** *f.* despacho (*m.*) de equipajes; **-aufbewahrung** *f.* consigna *f.;* **-netz** *n.* red *f.;* **-schein** *m.* talón *m.; SAm.* boletín (*m.*) de equipajes; **-träger** *m.* mozo; *SAm.* changador *m.;* **-wagen** *m.* furgón *m.*
gepanzert blindado.
Geplauder *n.* charla *f.; fam.* palique *m.*
Gepräge *n.:* **besonderes** - *fig.* nota (*f.*) peculiar.
gerade recto; (Zahl) par; (ehrlich) leal; (aufrecht) derecho.
Gerät *n.* (allgem.) utensilio; (Werkzeug) herramienta *f.;* (landwirtschaftliche) aperos de labranza; (Haus -e) enseres de casa; (Kriegs -) pertrechos (*m. pl.*) de guerra; (Radio) (aparato) receptor.
geraten (gelingen) salir bien; **in Wut** - montar en cólera; **in Streit** - venir a las manos.
geräumig espacioso.
Geräusch *n.* ruido *m.*
geräuschlos silencioso.
gerben curtir.
Gerber *m.* curtidor *m.*

gerecht justo, recto.
Gerechtigkeit *f.* justicia *f.*
gereizt irritado.
Gericht *n.* (Behörde) tribunal, juzgado; (Speise, Gang) plato *m.*
gerichtlich judicial, jurídico.
Gerischts|arzt *m.* médico (*m.*) forense; **-barkeit** *f.* jurisdicción *f.*; **-bezirk** *m.* juzgado, partido judicial *m.*; **-diener** *m.* alguacil *m.*; **-hof** *m.* tribunal *m.*; *SAm.* corte *f.*; **-kosten** *pl.* costas *f. pl.*; **-saal** *m.* sala (*f.*) de audiencia; **-verhandlung** *f.* vista *f.*
gering (klein) pequeño; (Preis) módico; (Wert) poco; **-fügig** insignificante; **-schätzen** menospreciar; **-schätzig** despreciativo.
gerinnen (Milch) cuajar; (Blut) coagularse.
Gerippe *n.* esqueleto *m.*; *techn.* estructura *f.*
gern de buen grado, de buena gana; **das glaube ich** -! ¡ya lo creo!; **du kannst mich - haben!** iron. *fam.* ¡vete a paseo!; *sehr vulg.* ¡vete a la mierda!
Gerste *f.* cebada *f.*; **-nkorn** *n.* (Auge) orzuelo *m.*
Gerte *f.* vara *f.*
Geruch *m.* olor; (Sinn) olfato *m.*
Gerücht *n.* rumor *m.*
Gerümpel *n.* trastos viejos, cachivaches *m. pl.*
Gerüst *n.* (Bau) andamio; *techn.* armazón *m.*, armadura *f.*
Gerüttel *n.* (Bahnfahrt) traqueteo *m.*
gesamt todo; (völlig) total.
Gesamtheit *f.* totalidad *f.*
Gesandtschaft *f.* legación; (päpstliche) nunciatura *f.*
Gesang *m.* canto *m.*; **-sstunde** *f.* clase (*f.*) de solfeo; **-sverein** *m.* orfeón *m.*
Gesäß *n.* trasero; *fam.* culo *m.*
Geschäft *n.* negocio; (abgeschlossenes) transacción; (Börse) operación *f.*; **-sführer** *m.* gerente *m.*; **-slage** *f.* marcha (*f.*) de los negocios; **in guter -slage** en sitio céntrico; **-slokal** *n.* local *m.*; (Büro) oficina; **-sschluß** *m.* cierre (*m.*) de los comercios; hora (*f.*) de cierre; **-sstelle** *f.* oficina *f.*, despacho *m.*; **-szeit** *f.* horas (*f. pl.*) de oficina *od.* (bei Behörden, Laden) de despacho; **-szimmer** *n.* secretaría *f.*; **-szweig** *m.* ramo *m.*
geschehen ocurrir, suceder; **das geschieht ihm recht** le está bien empleado; **was ist -?** ¿qué pasa?
gescheit listo, inteligente.
Geschenk *n.* regalo.
Geschihte *f.* historia *f.*; (Erzählung) cuento *m.*; **die alte** - lo de siempre.
Geschick *n.* (Geschicklichkeit) habilidad, maña *f.*
geschickt hábil, mañoso.
geschieden (ehelich) divorciado.
Geschirr *n.* (Küche) batería (*f.*) de cocina, platos *m. pl.*; (Eß -) vajilla *f.*; (Pferd) arreos *m. pl.*
Geschlecht *n.* sexo *m.*; generación *f.*; *gramm.* género *m.*; **-sakt** *m.* coito *m.*
geschlechtskrank atacado de un mal venéreo
Geschlechts|krankheit *f.* enfermedad (*f.*) venérea; **-teile** *m. pl.* partes (*f. pl.*) genitales.
Geschmack *m.* gusto *m.*
geschmacklos soso; *fig. fam.* cursi.
geschmeidig (biegsam) flexible; (Metalle) dúctil.
Geschmiere *n.* (Gekritzel) garabatos *m. pl.*
geschmort *adj.* estofado.
Geschoß *n.* proyectil; (Stokwerk) piso *m.*
Geschrei *n.* gritería *f.*, voces *f. pl.*
Geschütz *n.* pieza (*f.*) de artillería, cañón *m.*
Geschwatzg *n.* habladurías *f. pl.*
geschwätzig charlatán, parlanchín.
Geschwätzigkeit *f.* locuacidad *f.*
Geschwindigkeit *f.* velocidad, rapidez *f.*
Geschwister *pl.* hermanos *m. pl.*
geschwisterlich *adj.* fraternal.
Geschworener *m.* jurado *m.*
Geschwulst *f.* hinchazón *m.*

Geschwür *n.* úlcera *f.*
gesellig sociable.
Gesellschaft *f.* sociedad; (Begleitung) compañía; (Vereinigung) asociación; (Fest) reunión *f.*; **ee. schöne -!** *iron.* ¡vaya gentuza!; **-er** *m.* socio *m.*; **-erin** *f.* señora (*f.*) de compañía; *Span.* (ironisch) carabina *f.*; **-sanzug** *m.* traje (*m.*) de etiqueta; **-sreise** *f.* viaje (*m.*) colectivo.
Gesetz *n.* ley *f.*; **-buch** *n.* código *m.*; **-eskraft** *f.* fuerza (*f.*) legal.
gesetzlich legal.
gesetzwidrig *adj.* ilegal.
Gesicht *n.* cara; (Kinder) **e. weinerliches - machen** hacer pucheros; **-sausdruck** *m.* fisonomía *f.*; **-sfarbe** *f.* color (*m.*) del rostro; **-skreis** *m.* horizonte *m.*; **-spunkt** *m.* punto (*m.*) de vista.
Gesims *n.* cornisa *f.*
Gesindel *n.* chusma, gentuza *f.*
gesinnt: gut - de buenos sentimientos (hacia); **feindlich -** hostil a.
Gesinnung *f.* sentimientos *m. pl.*; **die - wechseln** *pol. fam.* cambiar la chaqueta.
Gespann *n.* (Pferde) tiro *m.*; (Ochsen, Maultiere) yunta *f.*
gespannt (Lage) tirante; (Aufmerksamkeit) vivo; **-auf** *fig.* curioso por; **auf -em Fuße mit** en relaciones tirantes con.
Gespenst *n.* fantasma, duende *m.*
Gespött *n.* ironía *f.*; **zum - dienen** ser objeto de burla.
Gespräch *n.* conversación; (Geplauder) *fam.* charla; (Telefon) conferencia *f.*
gesprächig hablador, *fam.* parlanchín; (mitteilsam) expansivo.
Gestalt *f.* forma, figura *f.*; **-ung** *f.* formación; *techn.* traza *f.*
gestalten formar.
Geständnis *n.* declaración, confesión *f.*
gestatten permitir; (ermächtigen) autorizar.
Geste *f.* ademán, gesto *m.*
gestehen confesar; (einsehen) reconocer.
Gestein *n.* roca *f.*
Gestellungsbefehl *m.* llamamiento (*m.*) a filas.
gestern ayer; **-abend** anoche.
Gestirn *n.* astro *m.*
Gesträuch *n.* (Büsche) arbustos *m. pl.*; (Dickicht) maleza *f.*
gestreift rayado, listado.
gestrig de ayer.
Gestrüpp *n.* maleza *f.*
Gestühl *n.* (Kirche) sillería *f.* **Gestüt** *n.* yeguada *f.*
gesund sano; (heilsam) saludable; (wohl) bueno; (Klima) salutífero; **s. - machen** (auf see. Rechnung kommen) *fam.* curarse en salud.
Gesundheit *f.* salud *f.*
gesundheitlich sanitario.
Gesundheits|behörde *f.* Dirección (*f.*) de Sanidad; **-paß** *m.* certificado (*m.*) de sanidad; **-rücksichten** *f. pl.*: **aus -rücksichten** por razones de salud.
gesundheitsschädlich nocivo a la salud.
Gesundheits|wesen *n.* sanidad *f.*; **-zustand** *m.* estado (*m.*) de salud.
Gesundung *f.* curación *f.*, restablecimiento *m.*
Getränk *n.* bebida *f.*
getrauen, sich atreverse a.
Getreide *n.* cereales *m. pl.*, grano *m.*; **-speicher** *m.* granero, silo *m.*
getreu fiel.
Getriebe *n.* engranaje, mecanismo *m.*
Getümmel *n.* barullo, tumulto *m.*
Gevatter *m.* (Pate) padrino; *fam.* compadre *m.*; **-in** *f.* madrina; *fam.* comadre *f.*
gewagt arriesgado.
Gewähr *f.* garantía *f.*; (Sicherheit) seguridad *f.*; **ohne -** sin compromiso.
gewahren, gewahr werden (bemerken) notar.
gewähren conceder; (Bitte) acceder a; (geben) dar.
Gewahrsan *m.* depósito *m.*

Gewährsmann *m.* fiador; (Korrespondent) corresponsal *m.*
Gewalt *f.* fuerza *f.*; (Macht) poder *m.*; (Zwang) violencia *f.*
gewalt|ig (mächtig) poderoso; (riesig) enorme, colosal, violento; **-tätig** violento; (roh) brutal.
gewandt hábil; (flink) ágil.
Gewässer *n.* (Bach) arroyo; (Fluß) río *m.*; - *n. pl.* aguas *f. pl.*
Gewebe *n.* tejido *m.*; (Stoff) tela *f.*
Gewehr *n.* fusil *m.*; (Jagd -) escopeta *f.*; - **bei Fuß!** ¡descansen armas!
Geweih *n.* cornamenta *f.*; cuernos *m. pl.*
Gewerbe *n.* industria *f.*; (Handwerk) oficio *m.*; **-erlaubnis** *f.* licencia *f.*; **-freiheit** *f.* libertad (*f.*) industrial; **-museum** *n.* Museo (*m.*) de Artes y Oficios; **-schule** *f.* escuela (*f.*) de artes y oficios; **-steuer** *f.* contribución (*f.*) industrial.
Gewerkschaft *f.* sindicato; **-ler** *m.* obrero (*m.*) sindicado; **-sbewegung** *f.* movimiento (*m.*) sindicalista; **-sführer** *m.* líder (*m.*) sindicalista; **-shaus** *n.* casa (*f.*) de pueblo sindical.
Gewicht *n.* peso *m.*; (Gewichtsstück) pesa *f.*; **nach** - a peso.
gewillt dispuesto.
Gewimmel *n.* (Ameisen) hormigueo *m.*; (Menschen) hervidero *m.*
Gewinde *n. techn.* rosca *f.*; (Blumen) guirnalda *f.*
Gewinn *m.* beneficio *m.*, ganancia; (Nutzen) utilidad *f.*; (Lotterie) premio *m.*; **-anteil** *m.* participación (*f.*) en los beneficios; **-liste** *f.* (Span. Lott) lista (*f.*) grande.
gewinnbringend ventajoso, lucrativo, remunerador.
gewinnen ganar; (Lotterie) salir agraciado; *min.* extraer; (Produkte) obtener.
Gewinner *m.* (Preis) ganador.
Gewinsel *n.* gimoteo, gemidos *m.* (*pl.*).
gewiß cierto; **e. -es Vorgefühl** un vago presentimiento; **e. -er Herr X.** un tal Sr. X; (als Antwort) eso es; *SAm.* ¿cómo no?
Gewissen *n.* conciencia *f.*; **-sbisse** *m. pl.* remordimientos *m. pl.*
gewissen|haft concienzudo; *adv.* como es debido; **-los** sin escrúpulo.
gewissermaßen hasta cierto punto, en cierto modo.
Gewißheit *f.* certeza.
Gewitter *n.* tormenta *f.*, tempestad; **-schwüle** *f.* bochorno *m.*
gewöhnen (**sich**) acostumbrar(se); (ans Klima) aclimatarse.
Gewohnheit *f.* costumbre *f.*; **-srecht** *n.* derecho (*m.*) consuetudinario.
gewohnheitsmäßig habitual.
gewöhnlich corriente.
gewohnt habitual; acostumbrado.
Gewölbe *n.* bóveda; (Lager) bodega *f.*
gewölbt bombeado, abombado.
Gewühl *n* (Menschen) muchedumbre; (Durcheinander) confusión *f.*
Gewürz *n.* especias *f. pl.*; **-nelke** *f.* clavo *m.*
Gezeiten *f. pl. naut.* marea *f.*
geziemend conveniente.
geziert afectado.
Geziertheit *f.* (Stil) amaneramiento *m.*
Gezwitscher *n.* trinos *m. pl.*
gichtig gotoso, artrítico.
Giebel *m.* (Vorderfront) fachada *f.*; (Fassaden -) frontispicio *m.*
Gier *f.* avidez *f.*
gierig ávido; (Raubtiere) voraz.
Geißbach *m.* torrente *m.*
gießen echar; (Blumen) regar; (Metalle) colar; (Metalle in Form) fundir; (stark regnen) llover a chaparrones.
Gießer *m.* fundidor *m.*; **-el** *f.* fundición *f.*
Gießkanne *f.* regadera *f.*
Gift *n.* veneno *m.*; **-gas** *n.* gas (*m.*) tóxico.
giftig venenoso, tóxico.
Gift|mischer *m.* envenenador *m.*; **-stoff** *m.* materia (*f.*) tóxica, virus *m.*
Gimpel *m. zool.* pinzón (*m.*) real; *fig.* mentecato *m.*

Ginster *m. bot.* retama *f.*
Gipfel *m.* cumbre, cima *f.*; (der Frechheit) colmo *m.*
Gisp *m.* yeso *m.*; (Feingips) escayola *f.*
gipsen enyesar.
Giraffe *f. zool.* girafa *f.*
girieren endosar.
Girl *n.* (Revuetänzerin) señorita (*f.*) del conjunto.
Girlande *f.* guirnalda *f.*
Giro *n.* endoso *m.*
girren (Taube) arrullar.
Gitarre *f.* guitarra *f.*; **-nspieler** *m.* guitarrista *m.*
Gitter *n.* verja; (Fenster) reja.
Glanz *m.* brillo; *fig.* esplendor *m.*
glänzen brillar, lucir; *fig.* lucirse.
Glanz|leder *n.* (cuero de) charol *m.*; **-papier** papel (*m.*) satinado.
Glas *n.* (Werkstoff) vidrio; (Scheibe) cristal *m.*; (Spiegel) luna *f.*; (Gefäß) vaso *m.*, copa *f.*; **-bläser** *m.* soplador (*m.*) de vidrio; **-butte** *f.* vidriería *f.*
Glaser *m.* vidriero *m.*
glasieren vidriar.
Glasur *f.* (Zucker) garapiña *f.*; (Töpfer) vidriado, barniz.
glatt liso, (eben) llano; (schlüpfrig) resbaladizo.
Glätte *f.* lisura; (Weichheit) suavidad *f.*; (glatte Seite) liso *m.*
Glatteis *n.* helada *f.*
glätten (fein) alisar; (ebnen) aplanar.
Glatze *f.* calva *f.*
Glaube(n) *m.* fe; (Fürwahrhalten) creencia *f.*
glauben crer; **es ist kaum zu** - parece mentira.
Glaubensbekenntnis *n.* credo *m.*
Glaubensfreiheit *f.* libertad (*f.*) de culto.
gläubig creyente.
Gläubiger *m. comm.* acreedor *m.*
glaub|lich creíble; **-würdig** fidedigno.
gleich igual; (völlig -) idéntico; **das ist mir** - me da lo mismo; **das ist mir ganz** - me tiene sin cuidado; **-artig** de la misma clase; **-bedeutend** sinónimo; **-berechtigt** con los mismos derechos.
gleichen parecerse, semejar a.
gleich|falls igualmente, asimismo; **-förmig** (cinförmig) uniforme.
Gleichgewicht *n.* equilibrio *m.*
gleichgültig indiferente.
Gleichheit *f.* igualdad *f.*
gleichmäßig uniforme, proporcionado, simétrico.
Gleichmut *m.* serenidad, ecuanimidad *f.*
gleichmütig impasible, sereno, estoico.
Gelichnis *n.* comparación; *rel.* parábola *f.*
Gleichrichter *m.* rectificador (*m.*) de corriente; **-röhre** *f.* válvula (*f.*) rectificadora.
gleichschalten sincronizar.
Gleichstrom *m.* corriente (*f.*) continua.
Gleichung *f.* ecuación *f.*
gleichwertig *adj.* equivalente.
gleich|wohl sin embargo, no obstante; **-zeitig** simultáneo.
Gleis *n.* vía *f.*
gleiten deslizarse.
Gleit|flug *m.* vuelo (*m.*) planeado; **-schutz** *m.* antideslizante *m.*
Glied *n.* miembro; **-maßen** *pl.* miembros *m. pl.*; extremidades *f. pl.*
Gliederung *f.* división *f.*
glimmen arde sin llama.
Glimmer *m. min.* mica *f.*
glimpflich *adv.*: **-davonkommen** *fam.* salir bien librado.
giltzern brillar.
Globetrotter *m.* trotamundos *m.*
Globus *m.* gl^bo *m.*
Glocke *f.* campana *f.*; (Kuh -) cencerro *m.*; (kleine) campanilla *f.*; **-nspiel** *n.* carillón *m.*
Glöckner *m.* campanero *m.*
glotzen mirar embobado.
Glück *n.* fortuna; (Glücksfall) suerte *f.*

Glucke *f.* (Hunh) gallina (*f.*) clueca.
glücken salir bien.
glücklich feliz; (v. Glück begünstigt) afortunado; **-erweise** afortunadamente, por ventura.
Glücksspiel *n.* juego (*m.*) de azar.
Glückwunsch *m.* felicitación, enhorabuena *f.*
Glüh|birne *f.* bombilla *f.*
glühen (**-d** machen) poner al rojo.
Glut *f.* (glühende Kohle) lumbre; (glühende Asche) brasa *f.*
Gnade *f.* gracia *f.*
gnädig (milde) clemente; **-e Frau!** ¡señora!
Gold *n.* oro *m.*
golden de oro; (vergoldet) dorado.
goldgelb (Heraldik) gualdo.
Gold|gräber *m.* buscador (*m.*) de oro; **-grube** *f.* mina (*f.*) de oro; *fig. fam.* un Potosí; **-lack** *m. bot.* alhelí (*m.*) amarillo; **-schmied** *m.* platero, orfebre *m.*; **-stück** *n.* moneda (*f.*) de oro; **-währung** *f.* patrón (*m.*) oro.
Golf *m.* golfo; (Spiel) golf *m.*; **-strom** *m.* corriente (*f.*) del golfo.
Gondel *f.* góndola.
gönnen no tener envidia; **ich gönne es ihm** me alegro por él; (ironisch) le está bien empleado.
Gönner *m.* protector.
Göpel *m.* (Schöpfrad) noria *f.*
Gör *n. iron.* pava *f.*
Gosse *f.* (Straßenrinnstein) arroyo *m.*; (Küche) pila *f.*
Gott *m.* dios *m.*; **-esdienst** *m.* culto, servicio (*m.*) divino.
gottesfürchtig piadoso.
Gottes|lästerer *m.* blasfemo *m.*; **-lästerung** *f.* blasfemia *f.*; **-urteil** *n.* juicio (*m.*) de Dios.
Gottheit *f.* divinidad *f.*
Göttin *f.* diosa *f.*
göttlich divino.
gottlos limpío; (Gott leugnend) ateo.
Götze *m.* ídolo *m.*; **-ndienst** *m.* idolatría *f.*
Grab *n.* tumba *f.*, sepulcro *m.*
Graben *m.* foso *m.*, zanja; (Straßen -) cuneta; *mil.* trinchera; (Bewässerungs -) acequia *f.*
graben cavar.
Grabesstille *f.* silencio (*m.*) sepulcral.
Gra|hügel *m.* túmulo *m.*; **-mal** *n.* monumento (*m.*) fúnebre; **-schrift** *f.* epitafio *m.*; **-stein** *m.* losa, lápida *f.* (sepulcral).
Grad *m.* grado *m.*; **-abzeichen** *n.* insignia *f.*
Graf *m.* conde *m.*
Gräfin *f.* condesa *f.*
Grafschaft *f.* condado *m.*
grämen, sich afligirse de.
Gramm *n.* gramo *m.*
Grammatik *f.* gramática *f.*
Grammophon *n.* gramófono *m.*; **-platte** *f.* disco *m.* (de gramófono).
Granate *f.* granada *f.*
Granit *m.* granito *m.*; (grauschwarzer) piedra (*f.*) berroqueña.
grantig (schlecht gelaunt) *fam.* de malas pulgas.
graphisch gráfico; **-e Darstellung** *f.* gráfico *m.*
Graphit *m.* grafito *m.*, plombagina *f.*
Gras *n.* hierba; *SAm.* yerba *f.*; (Rasen) césped *m.*; **ins - beißen** *fig. fam.* morder el polvo; **-mücke** *f.* (Vogel) curruca *f.*
gräßlich horrible, horroroso; (entsetzlich) espantoso; (ekelhaft) asqueroso; **wie -!** ¡qué atrocidad!
Grat *m.* (Bergkamm) cresta.
Gräte *f.* espina *f.*
Gratifikation *f.* (Weihnachten) aguinaldo *m.*
gratis gratis, gratuitamente; *fam.* de balde; (spesenfrei) libre de gastos.
Gratulation *f.* felicitación *f.*
gratulieren felicitar, dar la enhorabuena.
grau gris; (Haar) encanecido.
graumeliert *adj.* (Haar) entrecano.
Graupe *f.* cebada (*f.*) perlada.
graupeln granizar.
grausam cruel.

Grausamkeit *f.* crueldad *f.*
grausen tener horror.
grausig horripilante.
gravieren grabar.
Grazie *f.* gracia *f.*, garbo *m.*
greifen coger; (nie *SAm.*!); *SAm.* tomar; (packen) agarrar; (am Griff) asir; (nach em. Mittel) apelar a.
Greifer *m.* (Kran, Bagger) cuchara.
Greis *m.* anciano, viejo *m.*; **-in** *f.* anciana, vieja *f.*
grell (Stimme) chillón; (Farbe) llamativo.
Grenz|bahnhof *m.* estación (*f.*) fronteriza; **-bewohner** *m.* habitante (*m.*) de la frontera; **-e** *f.* (Land) frontera *f.*; *fig.* límite *m.*
grenzen confinar, lindar con; *fig.* rayar en; **-los** sin límites.
Grenzwächter *m.* (Zollbeamter) *Span.* carabinero *m.*
Greuel *m.* horror *m.*; (Tat) atrocidad *f.*
greulich horrible, atroz.
Grieben *f. pl.* (Speck) chicharrones *m. pl.*
Grieche *m.* griego *m.*
griechisch-römisch *adj.* grecorromano.
Grieß *m.* (Weizen -) sémola *f.*; *med.* arenilla *f.*
Griff *m.* (Stiel) mango *m.*; (Henkel) asa *f.* (el); (zum Ziehen) tirador *m.*
Grimasse *f.* mueca *f.*; **-n schnelden** torcer el gesto.
Grimm *m.* rabia, saña *f.*
grimmig rabioso, furioso.
Grind *m.* costra; (Kopf) tiña *f.*
Grinsen *n.* risa (*f.*) sardónica.
grinsen reírse sarcásticamente.
Grippe *f.* gripe *f.*
grob grueso; (unbearbeitet) en bruto; (Benehmen) brutal; (Fehler) grave; *fam.* garrafal; de bulto; (Lüge) solemne.
Grobheit *f.* grosería, brutalidad *f.*
Grobian *m.* grosero *m.*
Grobschmied *m.* herrero *m.*
Groll *m.* rencor, resentimiento *m.*
grollen guardar rencor a.
Grönland *n.* Groenlandia *f.*
gros: en - al por mayor.
groß grande; (Person) alto; (erwachsen) adulto; (Ausgedehnt) vasto; (hervorragend) eminente; **-artig** grandioso; **-ziehen** educar; (Tiere) criar.
Größe *f.* grandeza *f.*; (Umfang) tamaño *m.*; (Person) talla *f.*; *elektr.* (absoluter Wert) magnitud *f.*
Groß|eltern *p.* abuelos *m. pl.*; **-händler** *m.* mayorista *m.*; **-industrie** *f.* gran industria *f.*
großjährig mayor de edad.
Groß|jährigkeit *f.* mayor edad *f.*; **-kraftwerk** *n.* gran central (*f.*) eléctrica; **-macht** *f.* gran potencia *f.*; **-mut** *m.* generosidad *f.*
großmütig generoso.
Groß|mutter *f.* abuela *f.*; **-stadt** *f.* capital *f.*; **-vater** *m.* abuelo *m.*; **-vieh** *n.* ganado (*m.*) mayor.
größtenteils por la mayor parte.
grotesk (lächerlich) ridículo.
Grotte *f.* gruta *f.*
Grübehen *n.* hoyuelo *m.*
Grube *f.* foso *m.*; (Bergwerk) mina *f.*; (Schacht) pozo *m.*
grübeln cavilar.
grün verde.
Grün *n.* (color) verde *m.*; (Kartenspiel) *Span.* espadas *f. pl.*; **bel Mutter - seblafen** dormir a la luna; **-donnerstag** *m.* jueves (*m.*) santo.
Grund *m.* fondo; **-begriffe** *m. pl.* nociones (*f. pl.*) elementales, **-besitz** *m.* finca *f.*, terreno *m.*; **-buch** *n.* catastro *m.*
gründen fundar; *arch.* echar los cimientos.
Gründer *m.* fundador *m.*
Grundlage *f.* base *f.*, fundamento *m.*
gründlich sólido, profundo; **-hineinfallen** llevarse un chasco.
grundlos sin fondo; (Weg) intransitable; *fig.* infundado.

Grund|mauer *f.* cimientos *m. pl.;* (Buch) manual *m.;* **-satz** *m.* principio *m.;* **-stein** *m.;* **den -stein legen** colocar la primera piedra; **-steuer** *f.* contribución (*f.*) territorial; **-stück** *n.* inmueble *m.*, finca *f.;* (unbebautes) terreno, solar *m.;* **-wasser** *n.* agua *f.* (el) subterránea.
Gründung *f.* fundación.
grünen enverdecer.
Grünkohl *m.* berza *f.*
grünlich verdoso.
Grünschnable *m. fig. fam.* mocoso *m.*
Grünspan *m.* moho, cardenillo *m.*
grunzen gruñir.
Gruppe *f.* grupo *m.*
gruppieren agrupar(se).
Gruß *m.* saludo *m.;* **viele Grüße!** ¡muchos recuerdos!
grüßen saludar; **- lassen** mandar recuerdos.
Grußformel *f.* fórmula (*f.*) de cortesía.
Grütze *f.* sémola *f.*
gucken mirar, echar una mirada.
Guckloch *n.* mirilla *f.*
Gulden *m.* florín *m.*
gültig valedero, válido; (Gesetz) vigente; (Geld) corriente.
Gültigkeit *f.* validez, vigencia *f.*
Gummi *m.* (natürlicher) caucho *m.;* (Kleb -, Radier -) goma; **-ball** *m.* pelota *f.* (de goma); **-knüppel** *m.* (Polizei) porra *f.;* **-mantel** *m.* impermeable *m.;* **-schuh** *m.* chanclo; *SAm.* zapatón *m.*
gummieren engomar.
Gunst *f.* favor *m.;* **zu -en v.** a beneficio de.
günstig favorable.
Günstling *m.* protegido.
Gurgel *f.* garganta *f.*
gurgeln hacer gárgaras.
Gurke *f.* pepino *m.*
Gurt *m. techn.* correa *f.;* (Sattel) cincha.
Gürtel *m.* cinturón *m.;* (Leder -) correa *f.*
Guß *m.* (Werkstoff) función *f.;* (Regen) chaparrón *m.*
gußeisern de fundición.
Guß|form *f.* molde *m.;* **-stahl** *m.* acero (*m.*) fundido.
Gut *n.* bien *m.;* (Ware) mercancía *f.*
gut buen(o); *adv.* bien; **als -er** (echter) **Spanier** a fuer de español.
Gutachten *n.* dictamen, informe *m.*
gutartig *med.* benigno.
Gutdünken *n.* criterio, arbitrio *m.;* **nach Ihrem -** como mejor le parezca.
Gute *n.* **alles -!** (Glückwunsch) ¡que sea enhorabuena!
Güte *f.* bondad; (Wert) calidad *f.*
Güter|wagen *m.* vagón (*m.*) de mercancías (*SAm.* de carga); **-zung** *m.* tren (*m.*) de mercancías.
Guthaben *n.* haber, crédito *m.*
gutheißen (billigen) aprobar.
gütig bondadoso.
gütlich amigable; **s. - tun** *fig.* regalarse (**an** con); *fam.* (an Speisen) hincharse de.
gutmütig bondadoso; *fam.* bonachón.
Gutmütigkeit *f.* bondad *f.*
Gutsbesitzer *m.* propietario.
Gut|schein *m.* vale *m.;* **-schrift** *f.* abono *m.*
Gymnasium *n.* Instituto; *SAm.* Colegio, Liceo *m.*
Gymnastik *f.* gimnasia *f.*

h, H *n.* h, H *f.*
Haag (Holland): **der** ~ la Haya.
Haar *n.* pelo, cabello *m.*; **weiße** ~**e** *n. pl.* canas *f. pl.*; ~**ausfall** *m.* caída (*f.*) del pelo; ~**bürste** *f.* cepillo *m.* (para el pelo); ~**knoten** *m.* moño *m.*; ~**locke** *f.* bucle, rizo *m.*; ~**nadel** *f.* horquilla *f.*; ~**netz** *n.* redecilla *f.*; ~**schneiden** *n.* corte *m.* (de pelo); ~**sieb** *n.* cedazo *m.* (de crin); ~**wasser** *n.* loción (*f.*) capilar; ~**wuchs** *m.* crecimiento (*m.*) del pelo.
Habe *f.* fortuna *f.*, bienes *m. pl.*
haben haber; (besitzen) tener.
Habgier *f* codicia *f.*
Habicht *m.* azor *m.*
Hacke *f.* azada *f.*; (geschärfte) azadón; (Spitz ~) pico *m.*
Hacken *m.* talón; (Schuh ~) tacón *m.*
hacken (Holz) partir; (Fleisch) picar; (Boden) cavar; (Vögel) picotear.
Hack/fleisch *n.* carne (*f.*) picada.
Häcksel *m.* paja (*f.*) corta.
Hader *m.* (Streit) riña, disputa.
Hafen *m.* puerto *m.*; ~**anlagen** muelles *m. pl.*; ~**becken** *n.* dársena *f.*; ~**behörde** *f.* autoridades (*f. pl.*) marítimas.
Hafer *m.* avena *f.*; ~**brei** *m.* papilla *f.* (de avena); ~**schleim** *m.* (Suppe) sopa (*f.*) de avena.
Haft *f.* arresto *m.*, prisión *f.*
Haftbefehl *m.* orden (*f.*) de detención.
Häftling *m.* preso *m.*
Haftpflicht *f.* responsabilidad *f.*
Hagel *m.* granizo *m.*
hageln granizar.
hager enjuto; (mager) flaco.
Häher *m.* (Vogel) arrendajo *m.*
Hahn *m.* gallo; *techn.* grifo, robinete *m.*; ~**enkampf** *m.* riña (*f.*) de gallos; ~**rel** *m.* cornudo *m.*
Haifisch *m.* tiburón *m.*
häkeln hacer (labor de) ganchillo.
Haken *m.* gancho *m.*; (Kleider-) percha *f.*; (Bilder-) escarpia *f.*; ~**kreuz** *n.* cruz (*f.*) gamada, svástica.
halb medio; zum ~**en Preis** a mitad de precio.
Halb/blut mestizo *m.*; ~gott *m.* semidiós *m.*; ~**insel** *f.* península *f.*; ~**jahr** *n.* semestre *m.*
halbjährig semestral.
halbjährlich *adv.* cada seis meses.
halblaut en voz baja.
Halb/mond *m.* media luna *f.*; ~**voll** *adj.* a medio llenar; (einigermaßen regular; ~**zeit** *f.* (Sport) (erste ~) primer tiempo *m.*; (zweite) segundo tiempo *m.*
Halde *f.* escombrera *f.*
Hälfte *f.* mitad *f.*; **meine bessere** ~ *fam.* mi media naranja.
Halfter *n.* cabestro *m.*
Halle *f.* (Diele) vestíbulo, hall; (Ausstellung) pabellón *m.*
Halm *m.* tallo *m.*; (Stroh) paja *f.*
Hals *m.* cuello; (Genick) pescuezo *m.*; ~**band** *n.* (Hund) collar *m.*; ~**entzündung** inflamación (*f.*) de la garganta; ~**kette** *f.* cadena *f.*, collar *m.*; ~**tuch** *n.* bufanda *f.*; ~**weh** *n.* dolor (*m.*) de garganta.
Halt *m.* (Stütze) apoyo *m.*
haltbar duradero.
halten tener(se); (Versprechen) cumplir; (haltmachen) parar.
Haltestelle *f.* (Straßenbahn) parada *f.*;

(Eisenbahn) apeadero *m.*, estación *f.*

Haltung *f.* (Körper) posición; (Verhalten) actitud; (Betragen) conducta *f.*

Halunke *m.* pillo *m.*

hämisch malicioso.

Hammel *m.* carnero *m.*; **-braten** asado (*m.*) de carnero; **-fleisch** *n.* carne (*f.*) de carnero; **-keule** *f.* pierna (*f.*) de carnero.

Hammer *m.* martillo *m.*

hämmern martillar, batir.

Hämorrhoiden *f. pl.* almorranas *f. pl.*

Hamster *m. zool.* marmota *f.*; *fig.* acaparador *m.*

hamstern acaparar.

Hand *f.* mano *f.*; **ee. - voll** un puñado de; **weder - noch Fuß haben** *fig.* no tener pies ni cabeza; **die letzte -arbeit** *f.* trabajo (*m.*) manual **-arbeiten** *f. pl.* (weibliche) labores *f. pl.* **-arbeiter** *m.* trabajador (*m.*) manual; **-ball** *m* pelota (*f.*) de mano (als Spiel) balón (*m.*) a mano; **-bremse** *f.* freno (*m.*) de mano; **-buch** *n.* manual *m.*

Händedruck *m.* apretón (*m.*) de manos.

Handel *m.* comercio; (Handelsverkehr tráfico *m.*; (Mädchen - trata (*f.*) de blancas.

handeln (vorgehen) obrar; (feilschen) regatear.

Handels|adreßbuch *n.* anuario (*m.*) del comercio; **-beziehungen** *f. pl.* relaciones (*f. pl.*) comerciales; **-flotte** *f.* marina (*f.*) mercante; **-freiheit** *f.* (Freihandel) librecambio *m.*; **-gesellschaft** *f.* sociedad (*f.*) mercantil; **-kammer** *f.* cámara (*f.*) de comercio; **-schiff** *n.* buque (*m.*) mercante; **-schule** *f.* escuela (*f.*) de comercio; **-vertrag** *m.* tratado (*m.*) de comercio; **-vertreter** *m.* agente (*m.*) comercial; **-zweig** *m.* ramo (*m.*) de comercio.

Handfertigkeit *f.* habilidad (*f.*) manual.

handfest fuerte, robusto, sólido.

Hand|fläche *f.* palma *f.* (de la mano); **-gelenk** *n.* muñeca *f.*; **-gemenge** *n.* riña *f.*; **-gepäck** *n.* equipaje (*m.*) de mano; **-griff** *m.* manipulación *f.*

handhaben manejar, manipular.

Hand|karre *f.* carretilla *f.* (de mano); **-koffer** *m.* maleta *f.*; (kleiner) maletín *m.*; *SAm.* valija *f.*; **-kuß: en. -kuß geben** besar la mano; **-langer** *m.* peón *m.*; **-pflege** *f.* manicura *f.*

Händler *m.* tratante, traficante; (Straßen -) vendedor *m.* (ambulante).

handlich manejable.

Handlung *f.* (Tat) acción *f.*, hecho *m.*; **-sbevolimächtigter** *m.* apoderado *m.*; **-svollmacht** *f.* poder(es) *m.* (*pl.*); **-sreisender** *m.* viajante; **-sweise** *f.* proceder *m.*

Hand|schelle *f.* esposas *f. pl.*; **-schrift** *f.* letra *f.*; manuscrito *m.*

handschriftlich (por) escrito.

Hand|schuh *m.* guante *m.*; **-streich** *m.* golpe (*m.*) de mano; **-tasche** *f.* (Reise -) maletín *m.*; *SAm.* valija; (Damen-) bolsa *f.*; *SAm.* cartera; **-tuch** *n.* toalla *f.*; **-undrehen** *n.*; **in em. -umdrehen** *fam.* en un santiamén; **-wagen** *m.* carretilla *f.* (de mano).

Handwerk *n.* oficio *m.*; artes *f. pl.*; **-er** *m.* artesano; (Geselle) oficial *m.*; **-szeug** *n.* herramientas *f. pl.*

Hand|wörterbuch *n.* diccionario (*m.*) manual; **-zeichnung** *f.* dibujo (*m.*) a mano.

Hanf *m.* cáñamo *m.*; (Manila -) abacá *m.*; (Sisal -) pita *f.*

Hänfling *m.* (Vogel) pardillo *m.*

Hang *m.* pendiente, cuesta, falda.

Hänge|brücke *f.* puente (*m.*) colgante; **-matte** *f.* hamaca *f.*

hängen colgar, suspender; **-an** (Personen zugetan sein) tener cariño a; (bei Sachen) ser muy amigo de.

Hänge/schloß *n.* candado *m.*; **-tasche** *f.* bandolera *f.*

Hantel *f.* pesa *f.*
Harem *m.* harén *m.*
Harfe *f.* arpa *f.* (el).
Harke *f.* rastrillo *m.*
harken rastrillar.
Harm *m.* aflicción *f.*
härmen, sich afligirse, preocuparse (**über** por).
harmlos inofensivo; (Wunde) leve.
Harmonie *f.* armonía *f.*
harmonieren armonizar; (Pendant bilden zu) hacer juego con.
Harmonika *f.* (Zieh -) acordeón *m.;* (Mund -) armónica (*f.*) de boca.
harmonisch armonioso; *adv.* en perfecta armonía.
Harn *m.* orina *f.;* **-blase** *f.* vejiga *f.;* **-röhre** *f.* uretra *f.;* **-säure** *f.* ácido (*m.*) úrico.
harnen orinar; *fam.* hacer aguas; *vulg.* mear; (Kindersprache) hacer pipí.
Harnisch *m.* arnés *m.*
Harpune *f.* arpón *m.*
hart duro; (streng) riguroso.
Härte *f.* dureza *f.*
härten endurecer; (Stahl) templar.
hart|leibig estreñido; **-näckig** terco; (Krankheit) pertinaz.
Hartnäckigkeit *f.* obstinación *f.*
Harz *n.* resina *f.*
harzig resinoso.
Häscher *m.* esbirro *m.*
Hase *m. zool.* liebre *f.*
Hasel|maus *f.* lirón *m.;* **-nuß** *f.* avellana *f.;* **-nußstrauch** *m.* avellano *m.*
Hasen/braten *m.* asado (*m.*) de liebre; **-jagd** *f.* **caza** (*f.*) de liebres; **-panier** *n.;* **das -panier ergreifen** *fam.* tomar las de Villadiego.
Haspel *f.* devanadera *f.;* (Schiffswinde) cabrestante *m.*
Haß *m.* odio *m.* (gegen a).
hassen odiar.
häßlich feo.
Häßlichkeit *f.* fealdad *f.*
hasten correr, apresurarse; *SAm.* apurarse.
hastig presuroso, precipitado; *adv.* corriendo.
hätscheln mimar.
Haube *f.* cofia; (Nonne) toca.
Haubitze *f. mil* obús *m.*
Hauch *m.* (Atem) aliento; (Wind) soplo *m.*
Haue *f.;* azada *f.;* **-bekommen** *fam.* cobrar.
hauen (schlagen) golpear; (Holz) cortar; (Steine, Feilen) picar; **sich** - pelearse.
Hauer *m.* (Zahn) colmillo *m.*
Haufen *m.* montón.
häufen amontonar; (Schätze) acumular.
häufig frecuente.
Häufigkeit *f.* frecuencia *f.*
Häufung *f.* acumulación, aglomeración *f.*
Haupt *n.* **-bahnhof** *m.* estación (*f.*) central; **-buch** *n.* libro (*m.*) mayor; **-eingang** *m.* entrada (*f.*) principal; **-geschäft** *n.* casa (*f.*) central; **-gewinn** *m.* premio mayor, (premio) (*m.*) gordo; **-hahn** *m.* (Leitung) llave (*f.*) principal; **-mann** *m.* capitán *m.;* **-quartier** *n.* cuartel (*m.*) general; **-rechnungsarten** *f. pl.:* **die 4 - rechungarten** las cuatro reglas; **-sache** *f.* lo principal; **- schlüssel** *m.* llave (*f.*) maestra; **-stadt** *f.* capital; (Madrid) la Corte; **-straße** *f.* calle (*f*) principal; (Land) carretera (*f.*) (*SAm.* camino *m.*) principal; **-wort** *n.* (nombre) sustantivo *m.*
Häuptling *m.* (Eingeborener) jefe (de tribu); (Räuber) cabecilla; (Indianer) cacique *m.*
hauptsächlich principal; *adv.* sobre todo.
Haus *n.* casa *f.;* (Wohnsitz) domicilio *m.;* (Fürsten -) dinastía; (Parlament) cámara *f.;* **nach -e** a casa; **von -e** de casa; zu **-e** en casa; **-apotheke** *f.* botiquín *m.;* **-arbeit** *f.* (der Frau) labores (*f. pl.*) de casa; **-arzt** *m.* médico (*m.*) de cabecera; **-bewoh-**

ner *m.* vecino *m.*, inquilino; **-dame** *f.* dama (*f.*) de compañía; **-drache** *m. fig. fam.* mari-mandona *f.;* **-flur** *m.* portal (*m.*) de casa **-frau** *f.* señora *od.* ama (el) (*f.*) de casa; *SAm.* patrona *f.;* **-halt** *m.* casa, familia *f.;* (Staat) presupuesto *m.;* **-hälterin** *f.* ama (el) (*f.*) de llaves; **-haltung** *f.* gobierno (*m.*) de casa; **-herr** *m.* (Besitzer) dueño de la casa; señor; (*Span.* seitens der Dienstboten) señorito *m.;* **-hofmeister** *m.* mayordomo *m.*

Hausen *m.* (Stör) esturión *m.;* **-blase** *f.* (Fischleim) cola (*f.*) de pescado.

hausieren vender por las calles *od.* por las casas.

Haus -knecht *m.* criado, mozo *m.;* **-lehrer** *m.* profesor (*m.*) particular; **-mädchen** *n.* criada, chica, doncella; *SAm.* mucama *f.;* **-meister** *m.* portero *m.;* **-miete** *f.* alquiler *m.*, renta *f.;* **-mittel** *n.* remedio (*m.*) casero; **-schlüssel** *m.* llave (*f.*) de (la) casa; **-schuhe** *m. pl.* zapatillas *f. pl.* **-stand** *m.;* **en. eignen -stand einrichten** poner casa; **-suchung** *f.* registro (*m.*) domiciliario; **-telephon** *n.* teléfono (*m.*) interior; **-tier** *n.* animal (*m.*) doméstico; **-tür** *f.* puerta (*f.*) de (la) casa; **-verwalter** *m.* administrador (*m.*) de casa **-wirt** *m.* siehe **-besitzer.**

häuslich casero, doméstico.

Haut *f.* piel *f.; (Fell)* cuero, pellejo *m.;* **-arzt** *m.* dermatólogo *m.;* **-ausschlag** *m.* erupción (*f.*) cutánea; **-creme** *f.* crema (*f.*) para el cutis; **-farbe** *f.* tez *f.;* **-krankheit** *f.* enfermedad (*f.*) de la piel; **-pflege** *f.* cosmética *f.*

Haxe *f. fig. fam.* pata *f.*

he ¡oiga Vd.!, ¡oye!; ¡escuche!; ¡escucha!

Hebamme *f.* comadrona *f.*

Hebel *m.* palanca *f.;* **alle - in Bewegung setzen** *fig. fam.* tocar todos los resortes.

heben (anheben), levantar; (empor) subir, alzar, elevar.

Hebräer *m.* hebreo *m.*

hebräisch hebreo.

Hecht *m.* (Fisch) lucio *m.*

Heck *n. naut.* popa *f.*

Hecke *f.* seto *m.*

hecken (s. paaren) aparearse.

Heer *n.* ejército *m.;* **-straße** *f.* camino (*m.*) real.

Hefe *f.* levadura *f.*

Heft *n.* cuaderno; (Zeitschrift) número *m.; fig. fam.* **das - in den Händen haben** llevar el timón.

heften (Bücher) encuadernar.

Heft|faden *m.* hilo, bramante *m.;* **-klammer** *f.* clip, alfiler *m.;* **zwecke** *f.* chinche.

heftig violento; (Wind) fuerte.

Hel *n.* disimulo; **kein - machen aus** no tener reparo en.

Hehler *m.* encubridor *m.*

Heide *m.* pagano *m.;* **-** *f.* landa *f.;* **-kraut** *n.bot.* brezo *m.;* **-ngeld** *n.:* **e. -ngeld** un dineral, un disparate; *fam.* un ojo de la cara.

Heidelbeere *f.* (Pfianze) arándano *m.;* (Beere) baya (*f.*) del arándano.

heidnisch pagano.

heikel delicado; (kitzlich) quisquilloso; (Lage) precario.

Heil *n.* (Seele) salvación *f.*

heil sano, intacto; (unverwundet) ileso.

Heilanstalt *f.* sanatorio *m.*

heilbar curable.

Heilbutt *m.* (Fisch) mero *m.*

heilen curar, sanar.

heilig santo; -er Abend Nochebuena *f.*

heiligen santificar.

Heiliger *m.* santo *m.*

Heilig|keit *f.* santidad *f.;* **-tum** *n.* santuario *m.*

Heilmittel *n.* remedio, medicamento *m.*, medicina *f.*

heilsam saludable.

Heilsarmee *f.* Ejército (*m.*) de Salvación.

Heilung *f.* cura(ción) *f.*
Heim *n.* hogar *m.*, casa *f.*; (Anstalt) asilo; (Klub) casino *m.*; **-arbeit** *f.* trabajo (*m.*) a domicilio.
Heimat *f.* patria *f.*, país natal *m.*
heimatlos sin patria.
Heimchen *n. zool.* grillo *m.*
heimführen acompañar a casa.
heimisch nativo, local; **sich - fühlen** estar como en su casa.
Heimkehr *f.* vuelta *f.*, regreso *m.*
heimlich secreto.
Heim|reise *f.* viaje (*m.*) de regreso.
Heim|suchung *f.* (Leid) aflicción *f.*; **-tücke** *f.* alevosía, traición *f.*
heimtückisch alevoso, insidioso.
Heim|weg *m.* regreso *m.*; vuelta *f.*; **-weh** *n.* nostalgia *f.*
Heinzelmännchen *n.* duende *m.*
Heirat *f.* casamiento; (Ehe) matrimonio *m.*; (Feier) boda *f.*; **-santrag** *m.* petición (*f.*) de mano.
heiraten casarse.
heiser ronco.
Heiserkeit *f.* ronquera *f.*
heiß caliente; (Klima) cálido; (Wetter) caluroso; **-laufen** calentarse.
heißen (nennen) llamar(se); (bedeuten) significar; es heißt, daß dicen que, se dice que.
Heißhunger *m.* hambre (*f.*) (el) canina.
heißhungrig hambriento.
heiter alegre; (Wetter) sereno; (Himmel) despejado.
Heiterkeit *f.* (Gelächter) hilaridad *f.*
heizen calentar.
Heizer *m.* fogonero *m.*
Heiz|kissen *n.* almohadilla (*f.*) eléctrica; **-körper** *m.* aparato de calefacción; radiador *m.*
Heizung *f.* calefacción *f.*
Hektar *m.* hectárea *f.*
Hektographentinte *f.* tinta (*f.*) multicopista.
Held *m.* héroe *m.*
heldenmütig heroico.
Heldentat *f.* acto (*m.*) heroico, hazaña *f.*
helfen ayudar; (unterstützen socorrer; (zugreifen) *fam.* echar una mano.
Helfer *m.* ayudante, asistente *m.*; **-s-shelfer** *m.* cómplie; *fam.* compinche *m.*
hell claro; (Himmel) despejado; **-blau** azul celeste; **-braun** *adj.* castaño claro.
Helligkeit *f.* claridad *f.*
Hellsehen *n.* telepatía *f.*
Hellseher *m.* clarividente *m.*
hellwerden (Tag w.) manecer.
Helm *m.* casco *m.*
Hemd *n.* camisa *f.*; **-enknopf** *m.* (am Kragen) botón *m.*; (an der Manschette) gemelo; **-särmel: in -särmeln** en mangas de camisa.
hemmen detener.
Hemmung *f.* detención, traba *f.*
hemmungslos desenfrenado.
Hengst *m.* caballo padre *m.*
henken ahorcar.
Henker *m.* verdugo *m.*; **zum -** ¡qué diablos!
Henne *f.* gallina *f.*
her aquí, acá; **hin und -** de acá para allá; **-ab** hacia abajo; **-ablassen** bajar; **sich -ablassen** *fig.* condescender en.
Herablassung *f.* desprecio *m.*
herabsetzen reducir; (Preis) rebajar.
Herabsetzung *f.* rebaja, reducción *f.*; *fig.* descrédito *m.*
herabsteigen bajar, descender.
herauf (hacia) arriba; **-beschwören** (Zwischenfall provocar; **-bringen** subir; **-kommen** subir; (an die Oberfläche) volver a la superficie; **ziehen** alzar, subir; (Gewitter) amenazar.
heraus|bringen sacar; (neuen Artikel) lanzar (al mercado); (Briefmarken) emitir; (Münzen) poner en circulación; (Buchn editar; **-fallen** caer(se) (**aus** de); **sich -finden** en-

contrar la salida; **-fordern** (Zweikampf) desafiar; (feindlich) provocar; **-geben** (Geld) dar la vuelta (*SAm.* el vuelto); (zurückgeben) devolver; **-gehen** salir; (Fenster nach Garten) dar a.
Herausgeber *m.* editor *m.*
heraus|holen sacar; **-kommen** salir; (Ergebnis) resultar; (Buch) publicarse; **-nehmen** retirar, sacar (**aus** de; **sich -nehmen** (zuviel) propasarse; **-reißen** (Blatt arrancar; (Zahn) sacar.
herb acerbo; (Geschmack) áspero; (Wein) seco.
Herberge *f.* albergue *m.;* (Ausspann) posada *f.*
herbringen traer.
Herbst *m.* otoño *m.*
herbstlich *adj.* otoñal.
Herd *m.* fogón, horno *m.; med.* foco.
Herde *f.* (Rinder) manada *f.* hato; (Schafe) rebaño *m.*
herein (hacia) adentro; -! ¡adelante!, ¡pase Vd.!, *fam.* rein; **-fallen** llevarse un chasco.
hergebracht tradicional, acostumbrado.
Hering *m.* arenque *m.;* **wie die -e gepreßt** *fig. fam.* apretados como sardinas en lata; **-sbändiger** *m.* (verächtlich) (Madrid) hortera *m.*
herkommen venir; **komm her!** ¡acércate.
herkömmlich usual.
Herkunft *f.* origen *m.*, procedencia *f.*
Hermelin *n. zool.* armiño *m.;* **-pelz** *m.* (Mantel) abrigo (*m.*) de armiño.
Herold *m.* heraldo *m.*
Herr *m.* caballero; (Titel) señor; **- u. Frau X** los señores de X; **-in** *f.* señora *f.*
herrisch despótico.
herrlich magnífico; (Wetter) estupendo.
Herrlichkeit *f.* (Luxus) lujo *m.*, pomposidad *f.*
Herrschaft *f.* (Gebiet) dominio *m.;* (Hausherren) amos, señoritos *m. pl.;* **meine -en!** (Vortragender) ¡señoras y señores!
herrschen (regieren) gobernar; (Fürst) reinar; (Mode) estar de moda; (Meinung) prevalecer; (Panik) cundir.
Herrscher *m.* soberano *m.*
her -stammen descender de; (örtlich) ser natural de; *gramm.* derivarse de; **-stellen** colocar; (erzeugen) producir, hacer.
Hersteller *m.* fabricante, productor *m.*
Herstellung *f.* fabricación, producción; **-spreis** *m.* precio (*m.*) de coste.
herüber (hacia) aquí bzw. acá; **-kommen** (über die Straße) cruzar (la calle).
herum alrededor (**um** de); **-blättern** hojear; **-reichen** (Speisen) pasar; **-schnüffeln** fisgonear; **-treiben, sich nachts** trasnochar.
herunter s. herab; **-hauen** (Ohrfeige) pegar; **-machen** *fig.* poner como un trapo; **-schlucken** tragar(se).
hervor hacia adelante; (Worte) proferir; **-gehen** (sich ergeben) resultar (**aus** de); **-heben** destacar; **-ragen** sobresalir; **-ragend** sobresaliente; *fig.* eminente.
Herz *n.* corazón *m.;* **-beklemmung** *f.* opresión (*f.*) del corazón; **-erweiterung** *f.* dilatación (*f.*) del corazón; **-kammer** *f.* ventrículo (*m.*) del corazón; **-klopfen** *n.* palpitaciones (*f. pl.*) cardíacas; **-krankheit** *f.* afección (*f.*) cardíaca; **-schlag** *m.* (Schlag) latido *m.* (del corazón); (Schlaganfall) ataque (*m.*) al corazón.
herz|haft resuelto; **-lich** cordial, cariñoso; **-los** sin corazón.
Herzog *m.* duque *m.;* **-in** *f.* duquesa *f.;* **-tum** *n.* ducado *m.*
herzzerreißend (Schrei) lastimero; (Szene) desgarrador.
Hetze *f.* (Jagd) caza; (Stiergefecht) co-

rrida; *fig.* corrida; *fig.* campaña (*f.*) difamatoria.
hetzen (Jagdtiere acosar; (Hund) azuzar; *fig.* (Leiden-schaften excitar.
Heu *n.* heno *m.;* **-boden** *m.* pajar *m.*
Heuchelei *f.* hipocresía *f.*
heucheln ser un hipócrita, fingir.
Heuchler *m.* hipócrita; *fam.* farsante *m.*
Heu|ernte *f.* siega (*f.*) del heno; **-gabel** *f.* horquilla *f.*
heulen (Wolf, Hund) aullar; (weinen) llorar; (Wind) bramar.
Heupferd *n.* saltamontes *m.*
Heuschrecke *f.* langosta *f.*
heute hoy; **- abend** esta noche; **- über 8 Tage** de hoy en ocho días; bis - (Kaufmannsstil) hasta la fecha; **- früh** esta mañana; **- vor 3 Tagen** hace tres días.
heutig *adj.* de hoy; (derzeitig) actual, moderno.
heutzutage hoy (en) día.
Hexe *f.* bruja *f.;* **-nschuß** *m.* lumbago *m.*
Hieb *m.* golpe; (Säbel) sablazo *m.; fig. fam.* **der - geht auf mich** esto iba con flecha.
hier aquí; **-!** (Namensaufruf) ¡presente!; **-durch** por esto; (auf diese Weise) de tal modo; (kaufm. Briefanfang) por la presente..; **-her** *adv.* acá; **-mit** *siehe* hierdurch.
Hiersein *n.* estancia *f.*
Hilfe *f.* ayuda, asistencia *f.*, socorro *m.*
hilfreich caritativo.
Hilfs/arbeiter *m.* peón *m.;* **-mittel** *n.* remedio *m.;* **-quelle** *f.* recurso *m.*
Himbeer/e *f.* frambuesa *f.;* **-saft** *m.* jarabe (*m.*) de frambuesa.
Himmel *m.* cielo; firmamento *m.;* **um -s willen!** ¡por Dios!, ¡Dios mío!; **-bett** *n.* cama (*f.*) con dosel; **-fahrt** *f.* (Christi) la Ascensión de Nuestro Señor; (Mariä) la Asunción de la Virgen; **-reich** *n.* reino (*m.*) de los cielos; **-sgegend** *f.* (Süd, Nord usw.) punto (*m.*) cardinal; **-skörper** *m.* astro *m.*
himmlisch celeste, celestial.
hin (örtlich) (hacia) allá; (verflossen) pasado; **-ab** s. herab; **-an** s. hinauf; **-aus** (hacia) fuera; **-ausgehen** salir (afuera); **-auswerfen** echar (a la calle); *fam.* mandar a la porra; (Mieter) desahuciar.
Hinblick *m.;* **im - auf** en atención a.
hinbringen llevar.
hindenken: wo denkst du hin! ¡qué idea!; *SAm.* ¡qué esperanza!
hinder|lich molesto; **-lich sein** servir de estorbo; **-n** estorbar.
Hindernis *n.* obstáculo *m.;* (Sport) valla; **-rennen** *n.* carrera (*f.*) de obstáculos.
Hindin *f. zool.* cierva *f.*
Hindu *m.* indio, hindú *m.*
hin|durch a través de, por; **-ein** adentro; **-einschmuggeln, sich** *fam.* colarse; **-fallen** caer(se) (al suelo).
hingeben (reichen) alcanzar.
hinken cojear; **-d** *adj.* cojo.
hinknien arrodillarse.
hinlänglich *adv.* bastante.
hin|legen poner (en su sitio); **sich -** echarse; (ins Bett) acostarse; **-reichend** suficiente.
Hinreise *f.* (viaje [*m.*] de ida *f.*
hin|reißend irresistible; **-richten** ajusticiar, ejecutar.
Hinrichtung *f.* ejecución *f.*
Hinsicht *f.:* **in - auf** con respecto a; **in dieser -** a este respecto; **in jeder -** bajo todos conceptos.
hintansetzen (zurückstellen postergar.
hinten (por) atrás, detrás.
hinter detrás de; (zeitlich, *fig.*) tras.
Hinterbliebener *m.* (Angehörige deudos *m. pl.*
Hinterer *m.* trasero, *vulg.* culo *m.*
hintereinander uno tras otro; (der Reihe nach) por turno.
Hinter|gebäude *n.* (casa *f.*) interior *m.;*

-gedanke *m.* segunda intención; (boshafter) malicia *f.*
hintergehen engañar.
Hinter|grund *m.* fondo *m.*; **-halt** *m.* emboscada *f.*
hinterher más tarde, después.
Hinter|hof patio (*m.*) interior; **-kopf** *m.* occipucio *m.*
hinterlassen dejar; (testamentarisch) legar.
hinterlegen depositar.
hinterlistig astuto.
Hinterrad *n.* rueda (*f.*) trasera.
hinterrücks (von hinten) por detrás; (arglistig) de mala fe.
Hinter|teil *m.*, *n.* parte (*f.*) trasera; *naut.* popa *f.*; (für Lieferanten) escalera (*f.*) de servicio; **-tür** *f.* puerta (*f.*) trasera, puerta (*f.*) falsa.
hinterziehen (Steuern usw.) defraudar.
hinüber hacia el otro lado.
Hin- und Rückfahrt *f.* ida y vuelta *f.*
hinunter (hacia) abajo.
hinweg: darüber - por encima de.
Hinweg *m.* ida *f.*
hinwegsehen: darüber - *fam.* hacer la vista gorda.
Hinweis *m.* indicación, nota *f.*
hin|weis señalar; **-werfen** arrojar a, echar a; **-ziehen** tirar hacia; (verzögern demorar, dar largas a.
hinzu a eso, además; **-fügen** añadir, agregar; **-kommen** venirse a sumar.
Hirn *n.* cerebro *m.*; **-hautentzündung** *f.* meningitis *f.*
Hirsch *m.* ciervo *m.*; **-gewelh** *n.* cornamenta *f.*; **-kalb** *n.* cervato *m.*; **-kuh** *f.* cierva *f.*; **-leder** *n.* piel (*f.*) de ante.
Hirse *f.* *bot.* mijo *m.*
Hirte *m.* (Schaf) pastor; (Kühe) vaquero; (Ziegen) cabrero; (Schweine) porquero *m.*; **-nbrief** *m.* carta (*f.*) pastoral.
Hirtin *f.* pastora *f.*
Hispanist *m.* hispanista *m.*
hissen (Flagge) izar.
historisch histórico.
Hitze *f.* calor *m.*; *fig.* ardor *m.*
hitzig caliente; *fig.* apasionado.
Hobel *m.* cepillo *m.*; **-bank** *f.* banco (*m.*) de carpintero; **-späne** *m. pl.* virutas *f. pl.* (de madera).
hobeln (a)cepillar.
Hoboe *f.* *mus.* oboe *m.*
hoch alto, elevado; **wie - ist der Preis?** ¿qué precio tiene?
hochachten estimar, apreciar.
Hochachtung *f.* estima *f.*, aprecio *m.*
hochachtungsvoll (unter Brief) atentamente.
Hoch|antenne *f.* antena (*f.*) exterior; **-bahn** *f.* ferrocarril (*m.*) elevado; **-druck** *m.* alta presión *f.*; **-ebene** *f.* meseta, altiplanicie *f.*; **-gebirge** *n.* sierra; *SAm.* cordillera *f.*; **-genuß** *m.* delicia *f.*; **-glanz** *m.* brillo (*m.*) subido; **-haus** *n.* (Wolkenkratzer) rascacielos *m.*
Hochmut *m.* arrogancia *f.*
hochmütig arrogante, orgulloso.
Hoch/ofen *m.* alto horno *m.*; **-relief** *n.* alto relieve *m.*; **-rufe** *m. pl.* vivas *f. pl.*; **-schule** *f.* escuela superior, universidad *f.*, instituto *m.*; **-seefischerei** *f.* pesca (*f.*) de altura; **-spannung** *f.* alta tensión *f.*; **-sprung** *m.* salto (*m.*) de altura.
höchst más alto, supremo; **-ens** a lo sumo; **-persönlich** en persona.
Hochstapler *m.* estafador; *Span.* estraperlista *m.*
Höchst|geschwindigkeit *f.* velocidad (*f.*) máxima; **-grenze** *f.* límite (*m.*) máximo; **-preis** *m.* precio (*m.*) máximo.
Hoch|verrat *m.* alta traición *f.*; **-verräter** *m.* reo (*m.*) de alta traición; **-wasser** *n.* inundación, crecida *f.* (de un río).
Hochzeit *f.* boda *f.*, casamiento, enlace *m.*; **-sreise** *f.* viaje (*m.*) de novios.

hocken (kauern) acurrucarse; (auf den Fersen) estar en cuclillas.
Höcker *m.* (Kamel) joroba, giba; (Buckel) chepa *f.*
höckerig (Weg) accidentado.
Hoden *m. anat.* testículo *m.; vulg. Span.* cojones *m. pl.; SAm.* pelotas *f. pl.* **-sack** *m.* bolsa (*f.*) testicular.
Hof *m.* (am Haus) patio; (Bauerngut) cortijo *m.*, granja *f.*, (Weiler) caserío *m.*; (Geflügel) corral *m.*; (Fürsten -) corte; **-clique** *f.* camarilla *f.*; **-dame** *f.* dama (*f.*) de honor.
hoffen esperar.
Hoffnung *f.* esperanza; **guter - sein** (Frau) estar encinta.
hoffnungs|los sin esperanza; **-voll** lleno de esperanza, optimista.
Hoffnungslosigkeit *f.* desesperación *f.*
höflich atento, cortés, amable.
Höflichkeit *f.* cortesía, amabilidad, atención *f.*; **-sbesuch** *m.* visita (*f.*) de cumplido.
Höfling *m.* cortesano *m.*
Höhe *f.* altura; (Anhöhe) loma, *geogr.* altitud *f.*; **das ist die -!** *fam.* ¡es el colmo!; **-nsonne** *f. med.* sol (*m.*) artificial, rayos (*m. pl.*) ultravioladós; **-nunterschied** *m.* desnivel *m.*
Hoheit *f.*: **königliche** - Su Alteza Real.
Höhepunkt *m.* (Gipfel) cumbre *f.*; *fig.* colmo.
hohl hueco; (leer) vacío.
Höhle *f.* (Hohlraum) cavidad *f.*; (natürliche cueva, caverna; (Tier, Dieb) guarida *f.*; **-nmensch** *m.* troglodita *m.*; **-nmalerei** *f.* pinturas (*f. pl.*) rupestres.
Hohl|maß *n.* medida (*f.*) de capacidad; **-raum** *m.* cavidad *f.*, hueco *m.*; **-saum** *m.* vainica *f.*; **-spiegel** *m.* espejo (*m.*) cóncavo; **-weg** *m.* (Schlucht) garganta; *SA m.* cañada *f.*
Hohn *m.* escarnio *m.*
höhnisch irónico, malicioso, burlón.
Hökerin *f.* (Marktfrau *m.* Grünwaren) verdulera *f.*
hold favorable.
holen ir a buscar, ir por; **- lassen** mandar buscar, mandar por; **sich** - (ee. Krankheit) *fam.* pescar.
Holland *n.* Holanda *f.*, los Países Bajos.
Holländer *m.* holandés *m.*; *techn.* calandria *f.*; **der fliegende** - El holandés errante, el Buque Fantasma.
holländisch holandés.
Hölle *f.* infierno *m.*; **-nlärm** *m.* ruido (*m.*) de mil diablos; **-nstein** *m. chem.* nitrato (*m.*) de plata.
höllisch infernal.
Holz *n.* (Werkstoff madera; (Brennholz) leña *f.*; **-fäller** *m.* leñador; *SAm.* leñatero *m.*; **-handel** *m.* comercio (*m.*) de madera.
holzig leñoso.
Holz|kohle *f.* carbón (*m.*) de leña, carbón vegetal; **-löffel** *m.* cuchara (*f.*) de palo; **-schnitt** *m.* grabado (*m.*) en madera; **-schraube** *f.* tirafondo *m.*; **-schuh** *m.* zueco *m.*, almadreña *f.*; (abgesplittert astilla; **-wolle** *f.* (zum Verpacken) virutas *f. pl.*; **-wurm** *m.* carcoma *f.*
Homöopath *m.* homeópata *m.*
homöopathisch homeopático.
Homosexueller *m.* homosexual; *vulg.* maricón *m.*
Honig *m.* miel *f.*
honorar *n.* honorarios *m. pl.*
Hopfen *m.* lúpulo *m.*
horchen escuchar.
Horde *f.* horda; (Soldaten -) soldadesca; (v. Kindern) bandilla *f.*
hören oír; (zuhören) escuchar.
Hörensagen *n.*; **vom** - de oídas.
Hörer *m.* (Univertät) oyente; (Radio) radioyente, radioescucha; (Telefongerät) auricular *m.*
Horizont *m.* horizonte *m.*; **v. beschränktem** - *fig. fam.* de cortos alcances.
horizontal horizontal.

Horn *n.* cuerno; *mus.* corneta *f.*, clarín *m.*; **-brille** *f.* gafas (*f. pl.*) de concha.
Hörnchen *n.* (Gebäck) croissant *m.*; *SAm.* media luna *f.*
Horn|haut *f.* callo *m.*; **-isse** *f.* avispón *m.*; **-ist** *n. mil.* corneta *m.*; **-ochse** *m. fig.* adoquín *m.*; **-vieh** *n.* ganado (*m.*) vacuno.
Hör|rohr *n.* (Schwerhörige) trompetilla (*f.*) acústica; (Arzt) estetoscopio *m.*; **-saal** *m.* aula *f.* (el); (Universität) paraninfo *m.*; **-spiel** *n.* pieza (*f.*) de teatro radiado, adaptación radiofónica.
Hort *m.* (Zufluchtsort) refugio; (Kinder -) hogar (*m.*) infantil.
horten atesorar; (hamstern) acaparar.
Hose *f.* pantalón *m.*; **-nbandorden** *m.* orden (*f.*) de la Jarretera; **-nboden** *m.* fondo *m.*; *vulg.* culo; **-tasche** *f.* bolsillo *m.*; **-träger** tirantes; *SAm.* tiradores *m. pl.*
Hostie *f.* hostia, sagrada forma *f.*
Hotel *n.* hotel *m.*; **-besitzer** *m.* hotelero; **-gast** *m.* huésped *m.*; **-page** *m.* botones *m.*
hübsch bonito, lindo; *fam.* majo, guapo, mono.
Hubschrauber *m. av.* autogiro *m.* Helicóptero.
Huf *m.* casco *m.*; **-eisen** *n.* herradura *f.*; **-nagel** *m.* clavo *m.* (de herradura); **-schmied** *m.* herrador *m.*
Hüfte *f.* cadera *f.*; (Tier) anca *f.* (el).
Hügel *m.* colina *f.*; (einzelner) cerro *m.*
hügelig (Gelände) accidentado.
Huhn *n.* gallina *f.*; (Speise) pollo *m.*
Hühner|auge *n.* callo *m.*; **-brühe** *f.* caldo (*m.*) de gallina; **-farm** *f.* granja (*f.*) avícola; **-hof** *m.* corral *m.*; **-stall** *m.* gallinero *m.*; **-zucht** *f.* avicultura *f.*
huldigen rendir homenaje.
Huldigung *f.* homenaje *m.*
Hülle *f.* envoltura; (Schutz -) funda *f.*; **in - und Fülle** en abundancia.
Hülse *f.* vaina *f.*; **-nfrüchte** *f.* legumbres *f. pl.*
human humano.
Humanität *f.* humanidad *f.*
Hummel *f.* abejorro *m.*
Hummer *m.* langosta *f.*
Humor *m.* humor *m.*
humoristisch humorístico.
humpeln cojear.
Humus *m.* mantillo *m.*
Hund *m.* perro; *lit* can; *fam.* chucho *m.*; **e. -eleben führen** *fig.* llevar una vida perra; **-eabteil** *n. Eis.* perrera *f.*; **-efänger** *m.* lacero *m.*; **-halsband** *n.* collar *m.*; **-ehütte** *f.* perrera *f.*; **-ekälte** *f.* **es ist ee. -ekälte** hace un frío que pela; **-eleine** *f.* correa *f.*
hundemüde *fam.* medio muerto; hecho polvo.
Hunderennen *n.* carrera (*f.*) de galgos.
hundert ciento; (vor Hauptwort) cien; **-fach** céntuplo; **-jährig** centenario.
Hündin *f.* perra *f.*
Hundstage *m. pl.* canícula *f.*
Hüne *f.* gigante *m.*; **-ngrab** *n.* dolmen *m.*
hünenhaft gigantesco, atlético.
Hunger *m.* hambre *f.* (el); (Appetit) gana(s) *f.* (*pl.*); **- ist der beste Koch** a buen hambre no hay pan duro; **-kur** *f.* dieta (*f.*) absoluta; **-lohn** *m.*: **für en. -lohn** por una miseria.
hungern (Hunger haben) tener hambre; (Hunger leiden) pasar hambre; (fasten) ayunar; (Diät einhalten) guardar régimen.
Hunger/snot *f.* hambre *f.* (el); **-streik** *m.* huelga (*f.*) del hambre; **-tuch** *n.*: **am -tuch nagen** *fam.* no tener dónde caer muerto.
hungrig hambriento; *fig.* famélico; **sehr -** muerto de hambre; **- sein** tener ganas de comer.
Hupe *f.* bocina *f.*
hupen tocar la bocina.
hüpfen saltar, brincar; (Herz) palpitar.

Hürde *f.* (Schafe) aprisco *m.;* (Sport) valla *f.;* **-nrennen** *n.* carrera (*f.*) de obstáculos.
Hure *f.* ramera; *vulg.* puta *f.;* **-nhaus** *n.* casa (*f.*) de putas, casa de compromiso; **-nsohn** *m.* (Schimpfwort) hijo (*m.*) de puta.
huren fornicar; (von Frauen) prostituirse; *vulg.* joder.
hurtig ligero.
husten toser.
Husen *m.* tos *f.;* **-bonbons** *n. pl.* pastillas (*f. pl.*) contra la tos.
Hut *m.* sombrero; (weicher) sombrero flexible *m.;* (steifer; Melone) hongo *m.;* **den - abhnehmen** descubrirse; *- f.* (Obhut) custodia; (Vorsicht) precaución *f.;* **auf der -sein** andar prevenido, estar sobre aviso; **-band** *n.* cinta *f.*
hüten guardar; s. - andar con cuidado.
Hut|geschäft *n.* sombrerería; **-krempe** *f.* ala *f.* (el); **-macher** *m.* sombrerero; **-schnur** *f.;* **das geht über die -!** *fig. fam.* ¡eso pasa ya de castaño oscuro.
Hütte *f.* cabaña, choza *f.; SAm.* rancho *m.* (Baracke) barraca; (Berghütte refugio *m.;* **-namt** *n.* inspección (*f.*) de minas; **-nwesen** *n.* (Eisen) siderurgia; (Metalle) metalurgia; (Eisenu. Metalle) siderometalurgia *f.*
Hyäne *f. zool.* hiena *f.*
Hyazinthe *f. bot.* jacinto *m.*
Hydrant *m.* boca (*f.*) de riego e incendios.
hydraulisch hidráulico.
Hymne *f.* himno *m.*
Hypnose *f.* hipnosis *f.*
hypnotisieren hipnotizar; *fig.* fascinar.
Hypothek *f.* hipoteca *f.*
hypothekarisch hipotecario.
Hypotheken/brief *m.* cédula (*f.*) hipotecaria; **-forderung** *f.* crédito (*m.*) hipotecario; **-schuldner** *m.* deudor (*m.*) hipotecario.
hypothekenfrei *adj.* libre de hipotecas.
Hysterie *f.* histerismo *m.*
hysterisch histérico.

I

i, I *n.* i. I *f.*
Iberer *m.* ibero *m.*
Iberien *n.* Iberia.
iberisch ibero, ibérico.
ich yo.
ideal ideal.
Ideal *n.* ideal, modelo *m.;* **-ist** *m.* idealista; (Träumer) iluso; *fam.* quijote *m.*
Idee *f.* idea; **fixe** - obsesión, manía; **keine** - ¡ni pensarlo!; **s. m. der - tragen** tener el propósito.
identifizieren identificar.
identisch idéntico.
Identität *f.* identidad *f.*
Idiot *m.* idiota, imbécil *m.*
idiotisch idiótico, imbécil.
Idyll *n.* idilio *m.*
idyllisch *adj.* idílico, encantador.
Igel *m. zool* erizo *m.*
ihm a él; (tonios) le; (vor lo, la, los, las) se.
ihn a él; (tonlos) le, lo.
ihnen a ellos -as; (tonlos) les; **I** - a usted(es); (tonlos) le(s); (vor lo, la, los, las) se.
ihr a ella; (tonlos) le, la; (vor lo, la, los, las se) *pl.* (v. du) vosotros, as; (be-sitzanzeigendes *pron.*) su, sus, de ella, de ellos, de ellas, de usted(es).
illegal ilegal; (nicht erlaubt) ilícito.
illegitim ilegítimo; (Kind) natural.
illoyal desleal.
illuminieren iluminar.
Illusion *f.* ilusión *f.*
Illustration *f.* (Buch, Zeitschrift) grabado *m.*, estampa *f.*
illustrieren ilustrar.
illustriert: -e Zeitung *f.* gráfico *m.*
Iltis *m. zool.* turón *m.; SAm.* coatí *m.*
Imbiß *m.* merienda *f.;* (Erfrischung) refrigerio; *fam.* piscolabis *m.;* **-halle** *f.* quiosco *m.* (de refrescos).
Imker *m.* colmenero, apicultor *m.;* **-ei** *f.* apicultura *f.*
immens inmenso; **-es Glück** suerte (*f.*) loca.
immer siempre; **-fort** sin cesar, constantemente; **-hin** de todos modos; **noch** - todavía; - **weniger** cada vez menos.
Immobilien *pl.* inmuebles *m. pl.*
immun inmune, inmunizado; *parl.* inviolable.
Immunität *f.* inmunidad *f.*
impfen *med.* vacunar; *bot* injertar.
Impf|schein *m.* certificado (*m.*) de vacuna; **-stoff** *m.* vacuna *f.;* (Serum) suero *m.;* **-ung** *f.* vacuna(ción); *bot* inoculación *f.*
Imponieren infundir respeto, impresionar.
Import *m.* importación *f.;* **-eur** *m.* importador *m.;* **-haus** *n.* casa (*f.*) importadora.
importieren importar, introducir.
imprägnieren impregnar.
imstande sein ser capaz de, estar en condiciones de.
in en, a, dentro de; - **der Nacht** durante la noche; - **Trauer** de luto.
Imbegriff *m.* (Höhe) colmo *m.*
inbegriffen *adj.* comprendido; (kaufm.) incluso.
Imbetriebnahme *f.* inaguración *f.;* (er. Anlage) puesta (*f.*) en marcha.
indem *conj.* mientras; *adv.* en este

momento; (unterdessen) entretanto.

Inder *m.* indio, hindú *m.*

indessen (dennoch) sin embargo, no obstante; (währenddem) entretanto, en el interín; (inmerhin) de todos modos.

Indianer *m.* indio; (Rothaut) piel roja; **-häuptling** *m.* jefe de tribu; *SAm.* cacique *m.*

Indien *n.* la India.

Indigo *m.* añil *m.*

indisch indio, índico, hindú.

individuell *adj.* individual.

Individium *n.* individuo, sujeto *m.*

Indizienbeweis *m.* prueba (*f.*) indiciaria.

indossieren endosar.

Industrie *f.* industria *f.*; **-gebiet** *n.* centro (*m.*) industrial.

industriell industrial.

Industrieschau *f.* feria (*f.*) industrial.

ineinander uno dentro de otro; **-greifen** *mech.* engranar.

infam infame.

Infanterist *m.* soldado (*m.*) de infantería.

Infektion *f.* infección *f.*; (Ansteckung) contagio *m.*

infizieren infectar, infestar.

infolge von a consecuencia de.

infolgedessen por consiguiente, por (lo) tanto.

Information *f.* (Auskunft) informaciones *f. pl.*

Ingenieur *m.* ingeniero; **Ober -** ingeniero jefe *m.*; **-wissenschaft** *f.* ingeniería *f.*

Inhaber *m.* propietario, dueño *SAm.* patrón; (Überbringer) dador; (Wertpapier) tenedor *m.*; **-aktie** *f.* acción (*f.*) al portador.

Inhalt *m.* contenido; **-sangabe** *f.* resumen; **-sverzeichnis** *n.* índice *m.*

inklusive *adv.* incluso.

inkognito *adv.* de incógnito.

Inkrafttreten *n.* entrada (*f.*) en vigor.

Inland *n.* interior *m.* (del país).

Inländer *m.* natural (*m.*) del país.

inliegend adjunto, incluso.

innehaben tener (a su cargo), ocupar.

innehalten observar.

innen (a)dentro, en el interior.

Innere *n.* interior *m.*

innerhalb dentro de; *adv.* por dentro.

innerlich por dentro.

innig íntimo.

Insasse *m.* (es. Wagens) ocupante, viajero, pasajero *m.*; (es. Hauses) inquilino *m.*

insbesondere especialmente, ante todo.

Inschrift *f.* inscripción; (Münzen, Zeichnung) leyenda *f.*

Insekt *n.* insecto *m.*; **-enpulver** *n.* insecticida *m.*; **-enstich** *m.* picadura (*f.*) de insecto.

Insel *f.* isla *f.*; **-bewohner** *m.* isleño *m.*

Inserat *n.* anuncio; *SAm.* aviso *m.*; **-enteil** *m.* sección (*f.*) de anuncios; **-enwesen** *n.* publicidad *f.*

inserieren anunciar, poner un anuncio.

insgesamt en total.

insofern als en cuanto que, con tal que.

insolvent insolvente; **-werden** suspender pagos.

Insolvenz *f.* insolvencia, suspensión (*f.*) de pagos.

Installateur *m.* instalador; (Elektro -) electricista *m.*; (*Gas* -, Wasser -) fontanero *m.*

instand|halten conservar en buen estado.

Instand|haltung *f.* conservación *f.*

inständig fervoroso; *adv.* encarecidamente.

Instanz *f.* instancia *f.*

Instinkt *m.* instinto *m.*

Instrument *n.* instrumento *m.*

Intendant *m.* intendente *m.*

interessant interesante.

Interesse *n.* interés *m.*

Interessent *m.* interesado *m.*

interessieren (sich) interesar(se) (**für** por).
Internat *n.* colegio (*m.*) de internos.
internieren internar.
Interpunktion *f.* puntuación *f.*
Interview *n.* entrevista *f.*
intim *adj.* íntimo.
Intrige *f.* intriga *f.*
Invalide *m.* inválido; (Kriegs -) mutilado (*m.*) de la guerra; **-nversicherung** *f.* seguro (*m.*) contra la invalidez.
Inventar *n.* inventario.
Inventur *f.* inventario *m.*; **-machen** hacer el inventario; **-verkauf** *m.* liquidación (*f.*) de saldos.
Inzucht *f.* (Tiere) sistema (*m.*) de aparear animales de la misma especie; (Menschen) casamiento (*m.*) de consanguinidad.
inzwischen entretanto; (bis dahin) mientras tanto.
Ion *n. elektr.* ion *m.*
irden de barro; (Steingut) de loza.
irdisch terrestre; *rel.* terrenal.
Ire *m.* irlandés *m.*
irgend/ein algún; **-etwas** algo; **-wie** de cualquier manera; **-wo** en alguna parte.
irisch irlandés.
Irland *n.* Irlanda *f.*
Ironie *f.* ironía *f.*
ironisch irónico.
Irre *m.* loco *m.*
irre|führen despistar; **-gehen** extraviarse; *fig.* andar descaminado; **-machen** desconcertar; **-n (sich)** equivocarse, incurrir en un error.
Irren|anstalt *f.* manicomio.
irrig equivocado, erróneo.
irrsinnig loco, demente.
Irrtum *m.* error, *m.* equivocación.
irrtümlich equivocado, erróneo, por error.
Ischias *f.* ciática *f.*
Island *n.* Islandia *f.*
Isolator *m.* aislador *m.*
isolieren aislar.
Isolier|band *n.* cinta (*f.*) aislante; **-ung** *f.* aislamiento *m.*
Isthmus *m.* istmo *m.*
Italien *n.* Italia *f.*; **-er** *m.* italiano *m.*
italienisch italiano.

j, J *n.* j, J *f.*
ja sí; **-freilich** ¡cómo no!, ¡claro que sí!
Jacht *f.* yate *m.*
Jacke *f.* chaqueta, americana *f.*
Jagd *f.* caza *f.;* **-ausflug** *m.* cacería *f.;* **-hund** *m.* perro (*m.*) de caza; **-messer** *n.* cuchillo (*m.*) de monte; **-revier** *n.* coto, vedado (*m.*) de caza; **-schein** *m.* licencia (*f.*) de caza; **-staffel** *f.* av. escuadrilla (*f.*) de caza; **--verbot** *n.* veda *f.*
jagen cazar; (aus dem Hause) echar (de).
Jäger *m.* cazador *m.*
Jaguar *m. zool. SAm.* onza *f.*
jäh (plötzlich) súbito.
Jahr *m.* año *m.;* (Geschäfts -) ejercicio *m.;* (Schul-) curso *m.;* **-buch** *n.* anuario *m.;* **-bücher** *n. pl.,* anales *m. pl.*
jahrelang *adv.* durante muchos años.
Jahres/abschluß *m.* balance, cierre *m.;* **-bericht** *m.* memoria *f.;* **-durchschnitt** *m.* promedio (*m.*) del año; **-tag** *m.* aniversario *m.;* **-wechsel** *m.* fin (*m.*) de año; **-zahl** *f.* año *m.,* fecha *f.;* **-zeit** *f.* estación *f.* (del año).
Jahr/gang *m.* año *m.; mil.* quinta *f.;* **-hundert** *n.* siglo *m.;* **-hundertfeier** *f.* centenario *m.*
jährlich anual.
Jahr/markt *m.* feria *f.;* **-tausend** *n.* milenario *m.;* **-zehnt** *n.* decenio *m.,* década *f.*
Jähzorn *m.* mal genio *m.*
jähzornig irascible; **-sein** tener mal genio.
Jakob *m.* Santiago, Jaime, Diego, Jacobo.
Jalousie *f.* persiana *f.*
Jammer *m.* lamento *m.;* **es ist e.** - es una lástima (*od.*calamidad).
jämmerlich lastimoso; (Geschrei) lastimero.
jammern lamentarse, quejarse; **er jammert mich** me da pena (*od.* lástima).
Januar *m.* enero *m.;* **der endlose** - *Span. fig. fam.* la cuesta de enero.
Japan *n.* el Japón; **-er** *m.* japonés *m.*
japanisch japonés, nipón.
Jargon *m.* jerga *f.; Span.* caló *m.*
Jasmin *m. bot.* jazmín *m.*
jäten escardar.
Jauche *f.* orines *m. pl.*
jauchzen lanzar gritos de alegría.
je (jemals) jamás; **v. -her** *fam.* desde tiempos inmemoriales; (pro Stück) cada; **-nachdem** según que; (als Antwort) según y como; **-denfalls** de todos modos.
jeder (**-e, -es**) cada; (beliebige) todo; (alle) todos los; (v. zweien) cada uno; **-mann** cada uno. todo el mundo.
jederzeit siempre, a cualquier hora.
jedesmal cada vez.
jedoch sin embargo; (aber) pero.
jemals jamás.
jemand alguien; (nach Verneinung) nadie.
jene, (**-er, -es**) ese, esa, eso, aquel, aquella, aquello.
jenseits al otro lado (de).
Jesuit *m.* jesuíta *m.;* **-enorden** *m.* la Compañía de Jesús.

jetzig actual, presente.
jetzt ahora; (gegenwärtig) actualmente; **bis** - hasta hoy, hasta la fecha.
jeweilig *adj.* respectivo.
Joch *n.* yugo *m.;* **das Kaudinische** - las horcas caudinas; **-bein** *n.* pómulo *m.*
Jockei *m.* jockey *m.*
Jod *n.* yodo *m.*
jodeln cantar a la tirolesa.
Johannisbeere *f.* grosella *f.*
johlen dar voces, hacer jaleo.
Jongleur *m.* malabarista *m.*
Joppe *f.* chaqueta *f.*
Journalist *m.* periodista *m.*
Jubel *m.* júbilo *m.*
jubeln dar gritos de júbilo.
Jubilar *m.* jubilado *m.*
Jubiläum *n.* fiesta (*f.*) conmemorativa.
jucken picar, escocer; **sich** - rascarse.
Jude *m.* judío *m.*
Jüdin *f.* judía *f.*
jüdisch judío.
Juden/feind *m.* antisemita *m.;* **-hetze** *f.* antisemitismo *m.*
Jugend juventud *f.;* (Kindheit) infancia *f.;* **-gericht** *n.* tribunal (*m.*) para menores.
jugendfrei (Film) apta (*od.* tolerada) menores.
jugendlich juvenil.
Jugendlicher *m.* joven, menor.
Juli *m.* julio *m.*
jung joven; **-es Volk** *n.* gente (*f.*) moza.
Junge *m.* muchacho; (kleiner) niño; (Bursche) mozo *m.;* (Spielkartenblatt) sota *f.;* **dummer** - *fam.* mocoso.
Jungfer *f.* doncella; (unverheiratete Frau) soltera; **alte -bleiben** *fam.* quedarse para vestir imágenes.
Jungfrau *f.* virgen; (unverheiratete Frau) soltera; - **María** Nuestra Señora.
Junggeselle *m.* soltero *m.;* **-nsteuer** *f.* impuesto (*m.*) de soltería.
Jüngling *m.* joven, mozo; (über 15 Jahre) adolescente *m.*
Jungstier *m.* novillo *m.*
jungvermärhlt *adj.* recién casado.
Juni *m.* junio *m.*
Junker *m.* (Adliger) señor feudal; (adliger Grundbesitzer) latifundista *m.*
Jura: - **studieren** estudiar derecho.
Jurist *m.* jurisconsulto letrado; (Anwalt) abogado; (Student der Rechte) estudiante (*m.*) de derecho.
juristisch: -e Person *f.* personalidad (*f.*) jurídica.
Jury *f.* jurado *m.*
justieren ajustar.
Justierschraube *f.* tornillo (*m.*) de ajuste.
Justiz *f.* justicia *f.;* **-beamter** *m.* magistrado *m.;* **-behörde** *f.* autoridad (*f.*) judicial; **-minister** *m.* Ministro (*m.*) de Gracia y Justicia.
Jute *f.* yute *m.*
Juwel *n.* alhaja, joya *f.* (auch *fig.*); **-ier** *m.* joyero *m.;* **-iergeschäft** *n.* joyería *f.*
Jux *m.* broma *f.;* **s. en.** - **machen** gastar una broma.

k, K *n.* k, K *f.*
Kabarett *n.* café (*m.*) cantante.
Kabel *n.* cable *m.;* (Telegramm).
Kabeljau *m.* (Fisch) bacalao *m.*
kabeln cablegrafiar.
Kabine *f.* cabina *f.; naut.* camarote *m.;* (Bade -) caseta *f.*
Kachel *f.* (Boden -) baldosa *f.;* (Wand -) azulejo *m.*
Kadaver *m.* cadáver *m.*
Käfer *m.* escarabajo *m.*
Kaff *n.* (elender Ort) *fig. fam.* corral (*m.*) de vacas.
Kaffee *m.* café *m.;* **-anbau** *m.* cultivo (*m.*) del café; **-bohne** *f.* grano (*m.*) de café; **-ersatz** *m.* sucedáneo (*m.*) de café; **-geschirr** *n.* juego (*m.*) de café; **-kanne** *f.* cafetera *f.;* **-löffel** *m.* cucharilla *f.* (de café); **en. - löffel voll** una cucharada de (las de) café; **-mühle** *f.* molinillo *m.* (de café); **-pflanzung** *f.* cafetal *m.;* **-rösterei** *f.* tostadero (*m.*) de café; **-satz** *m.* posos *m. pl.;* **-strauch** *m.* cafeto *m.;* **-tasse** *f.* taza (*f.*) de café.
Käfig *m.* jaula *f.*
kahl calvo; (Tier) pelado; (ohne Blätter) sin hojas.
Kahlkopf *m.* (Glatze) calva *f.;* (Person) calvo *m.*
Kahn *m.* barca *f.;* **-fahrt** *f.* paseo (*m.*) en lancha.
Kai *n.* muelle *m.;* **-arbeiter** *m.* cargador (*m.*) de muelle; **-gebühren** *f. pl.* muellaje *m.*
Kaiman *m. zool.* caimán; *SAm.* yacaré; (Mittelamerika) lagarto *m.*
Kaiser *m.* emperador, kaiser *m.;* **-in** *f.* emperatriz *f.*
kaiserlich imperial.
Kaiser/reich *n.* imperio *m.;* **-schnitt** *m. med.* cesárea *f.*
Kajüte *f.* camarote *m.*
Kakadu *m. zool.* cacatúa *f.*
Kakao *m.* cacao *m.;* **-bohne** *f.* almendra (*f.*) de cacao.
Kakerlak *m. zool.* cucaracha *f.*
Kaktus *m.* cacto *m.*
Kalb *n.* ternera *f.;* (unter 1 Jahr) becerro.
kalben (Kühe) parir.
Kalb/fleisch *n.* (carne de) ternera *f.;* **-sbraten** *m.* ternera (*f.*) asada; **-skeule** *f.* pieran (*f.*) de ternera; **-skotelett** *n.* chuleta (*f.*) de ternera; **-siende** *f.* solomillo *m.;* **-sschnitzel** *n.* escalope (*m.*) vienés.
Kaldaunen *f. pl.* (Gericht) callos *m. pl.*
Kalender *m.* calendario, almanaque *m.;* **-block** *m.* taco (*m.*) de calendario.
Kali *n.* potasa *f.;* **-salpeter** *m.* nitrato (*m.*) de potasa.
Kaliber *n.* calibre *m.*
Kaliumpermanganat *n.* permanganato (*m.*) de potasa.
Kalk *m.* cal *f.*
kalken (tünchen) blanquear.
Kalk/milch *f.* lechada (*f.*) de cal; **-stein** *m.* piedra (*f.*) caliza.
Kalorie *f.* caloría *f.*
kalt frío; **-blütig** (unerschrokken) impávido; *adv.* con sangre fría.
Kälte *f.* frío *m.; fig.* frialdad *f.*
Kamel *n. zool.* camello; (einhöckeriges dromedario; (Schimpfwort) animal *m.;* **-haar** *n.* pelo (*m.*) de camello.

k

Kamera *f.* máquina (*f.*) fotográfica; **-mann** *m.* (Film) operador *m.*
Kamerad *m.* camarada, compañero *m.*; **-schaft** *f.* camaradería, amistad *f.*
kameradschaftlich *adv.* como buenos amigos.
Kamille *f. bot.* manzanilla *f.*
Kamin *m.* chimenea *f.*; **-feger** *m.* deshollinador, limpiachimeneas *m.*
Kamm *m.* peine *m.*; (Zier -) peineta *f.*; (Hahn, Gebirge) cresta *f.*
kämmen peinar.
Kammer *f. parl.* cámara; (Zimmer) habitación; (Schlaf -) alcoba *f.*; **-diener** *m.* ayuda (*m.*) de cámara; **-musik** *f.* música (*f.*) de cámara.
Kammagarn *n.* estambre *m.*
Kampf *m.* combate *m.*; (Sport) lucha; (*Stier* -) lidia *f.*
kämpfen combatir, luchar.
Kämpfer *m.* combatiente, luchador *m.*
Kampfer *m.* alcanfor *m.*; **-öl** *n.* aceite (*m.*) alcanforado; **-spiritus** *m.* alcohol (*m.*) alcanforado.
Kampfrichter *m.* árbitro, referee *m.*
kampfunfähig: -machen poner fuera de combate.
Kanal *m.* canal *m.*
kanalisieren canalizar.
Kanarienvogel *m.* canario *m.*
Kanarischen Inseln, die las Islas Canarias.
Kandare *f.* freno *m.*
Kandidat *m.* candidato *m.*; (Bewerber) aspirante *m.*; (Thron) pretendiente *m.*
Kandiszucker *m.* azúcar (*m.*) cande.
Kaneel *m.* canela *f.*
Känguruh *n. zool.* canguro *m.*
Kaninchen *n.* conejo; (junges) gazapo *m.*; **-stall, -bau** *m.* madriguera, conejera *f.*
Kanister *m.* bidón *m.*
Kanne *f.* jarra; (Blech -) lata; (Schmier -) alcuza; (Öl -) aceitera *f.*
Kanone *mil.* cañón; **-nfutter** *n. fig.* carne (*f.*) de cañón.
Kante *f.* (Rand) borde; (scharfe) canto; **-l** *n.* tiralíneas *m.*
kantig (eckig) anguloso.
Kantine *f.* cantina *f.*
Kanu *n.* piragua *f.*
Kanüle *f. med.* cánula *f.*
Kanzel *f.* púlpito *m.*
Kanzlei *f.* cancillería, secretaría *f.*; (Rechtsanwalt) bufete; *SAm.* estudio *m.*; **-papier** *n.* papel (*m.*) de oficio; (gestempeltes) papel (*m.*) sellado.
Kanzler *m.* canciller *m.*
Kap *n.* cabo *m.*; **- Horn** Cabo de Hornos.
Kapaun *m.* capón *m.*
Kapazität *f.* capacidad *f.*
Kapell/e *f. rel.* capilla; *mus.* banda, orquesta *f.*; **-meister** *m.* director *m.* (de orquesta *od.* de banda de música.
kapieren: jetzt kapiere ich! ¡ahora caigo!
Kapital *n.* capital(es) *m.* (*pl.*); (Mittel) fondos *m. pl.*; **-anlage** *f.* colocación (*f.*) de capitales; **-flucht** *f.* fuga (*f.*) de capitales; **-steuer** *f.* impuesto (*m.*) sobre el capital.
Kapitän *m.* capitán; *naut.* (auf kleinerem Schiff) patrón *m.*
Kapitel *n.* capítulo; *rel.* cabildo *m.*
Kapitulation *f.* capitulación; (Übergabe) rendición *f.*
kapitulieren capitular, rendirse.
Kaplan *m.* capellán *m.*; **-pfründe** *f.* capellanía *f.*
Kappe *f.* gorra *f.*; *techn.* casquete *m.*; (Priester -) bonete *m.*; (Baskenmütze) boina *f.*
kappen (Bäume) desmochar; *naut.* cortar; (Hähne) capar.
Kapsel *f.* cápsula *f.*
kaputt roto; (in Stücken) hecho pedazos; (müde) rendido; *fam.* hecho polvo.
Kapuze *f.* capucha *f.*
Kapuziner *m.* (Mönch) capuchino *m.*
Karaffe *f.* garrafa *f.*
Karat *n.* quilate *m.*

Karavelle *f. naut.* carabela *f.*
Karawane *f.* caravana *f.*
Karbid *n.* carburo *m.*
Karbol *n.* fenol *m.*
Karbunkel *m. med.* carbunco *m.*
Kardinal *m.* cardenal *m.;* **-zahl** *f.* número (*m.*) cardinal.
Karfreitag *m.* Viernes (*m.*) Santo.
kariert (Stoff) de cuadros; (Papier) cuadriculado.
Karikatur *f.* caricatura *f.*
Karmeliter *m.* carmelita *m.;* **-orden** *m.* orden (*f.*) del Carmen.
karmesinrot carmesí.
Karmin *n.* carmín *m.*
Karneval *n.* carnaval *m.*
Karo *n.* (Kartenspiel) *Span.* oros *m. pl.*
Karosserie *f.* carrocería *f.*
Karotte *f.* zanahoria *f.*
Karpfen *m.* (Fisch) carpa *f.*
karren acarrear.
Karsamstag *m.* Sábado (*m.*) de Gloria.
Kartäuser *m.* (Mönch) cartujo *m.*
Karte *f.* tarjeta *f.;* (Fahr -) billete; *SAm.* boleto *m.;* (Land -) mapa *m.;* (Speise -) lista; (Post -) (tarjeta) postal *f.;* (Ansichts -) (tarjeta) postal con vista; (Spiel -) (einzelne) naipe *m.;* **-n schlagen** echar las cartas.
Kartei *f.* cartoteca *f.*, fichero *m.;* **-karte** *f.* ficha *f.*
Kartell *n.* sindicato, trust *m.*
Karten/haus *n. fig.* castillo (*m.*) de naipes; **-spiel** *n.* baraja *f.;* juego (*m.*) de naipes.
Kartoffel *f.* patata; *SAm.* papa *f.;* **-feld** *n.* patatar *m.;* **-brei** *m.* puré (*m.*) de patatas; **-käfer** *m.* escarabajo (*m.*) de la patata; **-salat** *m.* ensaladilla (*f.*) de patatas; **-schalen** *f. pl.* mondas (*f. pl.*) de patatas.
Karton *m.* cartón *m.;* (feiner) cartulina *f.*
Karussell *n.* tío (*m.*) vivo; caballitos *m. pl.; SAm.* calesitas *f. pl.;* (russisch. Schaukel) montaña (*f.*) rusa.
Karwoche *f.* Semana (*f.*) Santa.
Kaschemme *f.* tasca *f.*
Käse *m.* queso *m.;* **Schweizer** - gruyere.
Kaserne *f.* cuartel *m.*
Kasino *m.* casino, círculo, *m.;* (Madrid) peña *f.*
Kasperletheater *n.* guiñol *m.*
Kasse *f.* caja; (Schalter) taquilla *f.;* (Bahn, Theater) despacho (*m.*) de billetes; *SAm.* (Bahn) boletería *f.;* (Vorverkauf) contaduría *f.;* (m. Bestandsaufnahme) arqueo *m.;* **-narzt** *m.* médico (*m.*) de una mutualidad; **-bestand** *m.* existencia(s) *f.* (*pl.*) (en caja); **-bote** *m.* cobrador; **-buch** *n.* libro (*m.*) de caja; **-nerfolg** *m. theat.* éxito (*m.*) de taquilla.
Kasserolle *f.* cazuela *f.*
Kassette *f.* cofre; *phot.* chasis *m.*
kassieren (Geld) cobrar.
Kassierer *m.* cajero *m.*
Kassierung *f.* cobro *m.;* (Steuern) recaudación *f.*
Kastanie *f.* castaña *f.*
Kaste *f.* casta *f.*
Kasten *m.* caja *f.*, cajón.
Kastilien *n.* Castilla *f.*
kastrieren castrar; (Tiere) capar.
Kastrierung *f.* castración, capadura *f.*
Katalane *m.* catalán *m.*
Katalog *m.* catálogo *m.*
katalogisieren catalogar.
Katalonien *n.* Cataluña *f.*
Katarrh *m.*, catarro; (Schnupfen) constipado *m.*
Katastrophe *f.* catástrofe *f.;* (Unglück) accidente *m.;* **es ist ee. -!** ¡es una calamidad!
Katechismus *m.* (Buch) catecismo *m.;* (Lehre) doctrina *f.*
Kategorie *f.* categoría clase *f.*
Kater *m.* gato *m.; fig.* modorra (*f.*) de la borrachera.
Katheder *n.* cátedra *f.*
katholisch católico.
Kattun *m.* tela (*f.*) estampada.
Katze *f.* gato *m.*, gata *f.;* **die - im Sack kaufen** comprar gato por liebre; **-nauge** *n.* (Fahrrad) reflector (*m.*)

rojo; **-njammer** *m.:* **seinen -njammer ausschlafen** *fam.* dormir la mona; **-nsprung** *m.: fig. fam.* **en. -nsprung v. hier** a dos pasos de aquí; muy cerquita.
Kauderwelsch *n.* jerga *f.; SAm.* lunfardo *m.;* (Madrid) caló *m.*
kauderwelschen hablar en germanía, hablar en caló.
kauen mascar, masticar.
kauern, sich ponerse en cuclillas.
Kauf *m.* compra; (Erwerb) adquisición *f.;* **en. guten -machen** *fam.* hacer una ganga *bzw. SAm.* pichincha.
kaufen comprar.
Käufer *m.* comprador; (Kunde) cliente *m.*
Kauf/haus *n.* almacén,; **-kraft** *f.* capacidad (*f.*) adquisitiva.
käuflich de venta.
Kaufmann *m.* comerciante, negociante; (Kolonialwarenhändler) tendero *m.*
kaufmännisch comercial, mercantil.
Kauf -vertrag *m.* contrato (*m.*) de compraventa.
Kaugummi *m.* goma (*f.*) de mascar, chicle *m.*
Kaulquappe *f. zool.* renacuajo *m.*
kaum apenas, difícilmente, a duras penas; (selten) raro; (knapp) escaso.
Kautabak *m.* tabaco (*m.*) de mascar.
Kaution *f.* fianza, garantía *f.*
Kauz *m.* mochuelo *m.;* **komischer -** *fig. fam.* tipo (*m.*) raro.
Kavalier *m.* caballero *m.*
Kazike *m.* cacique *m.*
Kegel *m.* cono *m.;* (Spiel) bolo.
kegelförmig cónico.
Kegelspiel juego (*m.*) de bolos.
kegeln jugar a los bolos.
Kehle *f.* garganta *f.*
Kehlkopf *m.* laringe *f.*
Kehllaut *m.* sonido (*m.*) gutural.
kehren barrer; (wenden) volver.
Kehricht *m.* basura *f.;* **-schaufel** *f.* cogedor *m.*
Kehrseite *f.* reverso.
kehrtmachen *mil.* dar media vuelta.
keifen refunfuñar.
Keil *m.* cuña *f.*
keilen, sich (prügeln) pegarse.
Keil/erei *f.* pelea *f.;* **-schrift** *f.* escritura (*f.*) cuneiforme.
Keim *m.* germen; (Knospe) brote *m.*
keimen germinar; (hervor -) brotar.
keimfrei estéril.
kein ningún; **- Geld haben** no tener dinero.
Keks *pl.* galletas *f. pl.*
Kelch *n.* cáliz *m.*, copa *f.*
Kelle *f.* (Maurer -) paleta; (Maurerglätt -) llana *f.*
Keller *m.* cueva *f.*, sótano *m.;* (Wein -) bodega *f.*
Kellner *m.* camarero; *SAm.* mozo *m.;* **-in** *f.* camarera *f.*
Kelter *f.* lagar *m.*
keltern pisar la uva.
Keltiberer *m.* celtíbero *m.*
kennen conocer; **-lernen** llegar a conocer, hacer el conocimiento de.
Kenner *m.* conocedor; (Fachmann) perrito *m.*
kenntlich fácil de reconocer; **-machen** marcar.
Kenntnis *f.* conocimiento *m.*, noción *f.;* (Wissen) saber *m.*
Kennzeichen *n.* marca, señal *f.*
kennzeichnen marcar, señalar.
Kennziffer *f.* índice *m.*
kentern *naut.* zozobrar.
Keramik *f.* cerámica *f.*
Kerbe *f.* muesca *f.*
Kerker *m.* (Gefängnis) cárcel *f.*
Kerl *m.* hombre, tipo *m.;* **armer -** pobre diablo *m.*
Kern *m.* núcleo; (Steinobst) hueso; (Apfel usw.) pepita.
kerngesund rebosando salud.
Kerze *f.* bujía, vela *f.;* **-nstummel** *m.* cabo (*m.*) de vela.
Kessel *m.* (kleiner) caldero *m.;* (Dampf -) caldera *f.;* **-haus** *n.* sala (*f.*) de calderas; **-schmied** *m.* calde-

rero *m.;* **-stein** *m.* incrustación *f.;* **-wagen** *m.* aljibe *m.*
Kette *f.* cadena *f.;* **-nglied** *n.* eslabón *m.*
Ketzer *m.* hereje *m.;* **-ei** *f.* herejía *f.;* **-gericht** *n. Span.* Santo Oficio *m.*
keuchen jadear.
Keuchhusten *m.* tos (*f.*) ferina.
Keule *f.* maza; (Knüppel) porra *f.*
keusch casto.
Keuschheit *f.* castidad *f.*
Kichererbse *f.* garbanzo *m.*
kichern reírse a socapa.
Kiebitz *m.* (Vogel) frailecillo, (Kartenspiel) mirón *m.*
Kiefer *m.* mandíbula; *- f. bot.* pino *m.;* **-nnadel** *f. bot.* pinocha *f.*
Kiel *m.* (Feder) cañón *m.: naut.* quilla *f.*
Kieme *f.* (Fisch -) agalla *f.*
Kien *m.* tea *f.*
Kies *m.* grava *f.;* **-el** *m. min.* sílice; (Stein) guijarro *m.;* **-grube** *f.* gravera *f.*
Kilometerzähler *m.* cuentakilómetros *m.*
Kind *n.* niño, hijo; *fam.* nene *m.*
Kinder/garten *m.* guardería (*f.*) infantil; **-ei** *f.* (Kinderstreich) chiquillada; **-fahrkarte** *f.* medio billete *m.;* **-frau** *f.* niñera, ama; **-krankheit** *f.* enfermedad (*f.*) de los niños.
kinderlos: -e Ehe *f.* matrimonio (*m.*) sin hijos.
Kinder/mädchen *n.* niñera *f.;* **-mord** *m.* infanticidio *m.*
kinderreich: -e Familie *f.* familia (*f.*) numerosa.
Kinder/spielzeug *n.* juguete *m.;* **-vorstellung** *f.* (Kino) sesión (*f.*) infantil; **-wagen** *m.* cochecito *m.* (de niños).
Kindheit *f.* infancia, niñez *f.*
kindisch (im Alter) chocho; **s. -benehmen** portarse como un niño.
kindlich infantil; (naiv) cándido; (Liebe) filial.
Kinn *n.* barb(-ill-)a *f.,* **-backen** *m.* mandíbula; (Tier) quijada *f.*
Kino *n.* cinema; *fam.* cine *m.*
kippen volcar.
Kirche *f.* iglesia *f.;* **-nbehörde** *f.* autoridades (*f. pl.*) eclesiásticas; **-ndiener** *m.* sacristán *m.;* **-nmaus** *f.:* **arm wie ee. -nmaus** más pobrecito que las arañas; **-nräuber** *m.* sacrílego *m.;* **-nrecht** *n.* derecho (*m.*) canónigo; **-nstaat** *m.* la Ciudad del Vaticano.
kirchlich eclesiástico; (kirchenrechtlich) canónico.
Kirchweih *f.* romería *f.;* (Dorf; *fam.*) función; (Volksfest) verbena.
Kirmes *f.* kermesse *f.,* feria.
Kirsch/baum *m.* cerezo *m.;* **-e** *f.* cereza *f.;* **-kern** *m.* hueso *m.*
Kissen *n.* almohada *f.;* (Sofa -) cojín *m.*
Kiste *f.* caja *f.; SAm.* cajón *m.*
Kitsch *m.* cursilería *f.*
kitschig cursi, de mal gusto.
Kittchen: *fam* **ins - stecken** meter en chirona.
Kittel *m.* blusa *f.;* (Monteur - aus em. Stück) mono *m.*
kitten aplicar mástico (*od.* masilla).
kitzeln hacer cosquillas.
Kitzeln *n.* cosquilleo *m.*
kitzlich (Angelegenheit) quisquilloso.
klagbar reclamable.
Klage *f.* queja; *jur.* demanda (*f.*) judicial.
klagen quejarse; *jur.* demandar en justicia, entablar un pleito.
Kläger *m. jur.* demandante *m.*
kläglich (weinerlich) lastimero; (beklagenswert) lamentable; (Rolle) *fig.* ridículo.
Klammer *f.* (Klemme) pinza *f.; typ.* paréntesis (**in** entre); (eckige) corchete; (Büro -) clip *m.*
Klamotten *f. pl. fam.* trastos *m. pl.*
Klang *m.* sonido *m.;* (der Stimme) timbre.
Klappe *f.* (Boden -) trampilla; *techn.*

válvula, compuerta; (Deckel) tapa *f.*; **die - halten** *fig. fam.* callarse la boca.

klappen (zusammen) cerrar; (gut gehen) marchar bien.

Klapper *f.* (Kinder -) sonajero *m.*; **-schlange** *f. zool.* serpiente cascabel.

klappern (m. den Zähnen) castañetear; (Storch) crotorar; (m. Geld) hacer sonar.

Klapp -sitz *m.* asiento (*m.*) rebatible; **-stuhl** *m.* (Feldstuhl) silla (*f.*) de tijera.

klar claro; (Himmel) despejado; (rein) limpio; (durchsichtig transparente; *phot.* nítido; *fig.* evidente; **jetzt ist mir alles -** ahora me lo explico.

klären *fig.* aclarar; (Flüssigkeit) clarificar; **s. -** (Wetter) mejorar.

Klarheit *f.* claridad *f.*

Klarinette *f.* clarinete *m.*

Klarschiff *n. naut.* zafarrancho (*m.*) de combate.

Klärung *f.* clarificación *f.*; *fig.* aclaración.

Klasse *f.* clase *f.*

Klassiker *m.* (autor) clásico *m.*

klassisch clásico.

klatschen (schwatzen) chismear; (hinterbringen) denunciar, *fam.* venir con soplos; **Beifall -** aplaudir.

Klatscherei *f.* chismes *m. pl.*

Klaue *f.* uña; (Raubvogel) garra *f.*

Klausel *f.* cláusula *f.*

Klaviatur *f.* teclado *m.*

Klavier *n.* piano *m.*; (Flügel) piano (*m.*) de cola.

kleben pegar; (Plakate) fijar.

Klebestreifen *m.* cinta *f.* (de papel) engomada.

klebrig pegajoso.

Klebstoff *m.* goma *f.*

Klecks *m.* borrón *m.*

Klee *m.* trébol *m.*

Kleid *n.* vestido.

kleiden vestir; (gut stehen) ir bien; **sich -** vestirse.

Kleider/bügel *m.* percha *f.*; **-bürste** *f.* cepillo (*m.*) para ropa; **-schrank** *m.* armario (*m.*) de ropa.

Kleidung *f.* vestuario *m.*, ropa *f.*, vestidos *m. pl.*; **-sstück** *n.* prenda (*f.*) de vestir.

Kleie *f.* salvado *m.*

klein pequeño, chico; (Gestalt) bajo; **ganz -** diminuto; **der -e Finger** el meñique.

Klein/asien *n.* Asia Menor *f.*; **-bahn** *f.* ferrocarril (*m.*) secundario, ferrocarril de vía estrecha; **-geld** *n.* (dinero) suelto *m.*; **-handel** *m.* comercio (*m.*) al por menor; **-händler** *m.* detallista *m.*; **-igkeit** *f.* insignificancia, pequeñez, bagatela *f.*

kleinlaut pusilánime.

kleinlich (geizig) mezquino.

Klein/od *n.* alhaja, joya *f.*; **-rentner** *m.* pequeño rentista *m.*; **-staat** *m.* Estado (*m.*) pequeño; **-stadt** *f.* pueblo *m.*, pequeña ciudad *f.*; **-städter** *m.* provinciano *m.*

kleinstädtisch provinciano de provincia.

Klein/verteiler *m.* detallista *m.*; **-vieh** *n.* ganado (*m.*) menor.

Kleister *m.* engrudo *m.*

Klemme *f.* pinza *f.*

klemmen apretar.

Klempner *n.* hojalatero, fontanero *m.*

Klette *f. bot.* bardana *f.*

klettern trepar, subir; (er -) escalar.

Klima *n.* clima *m.*; **-wechsel** *m.* cambio (*m.*) de aire.

Klinge *f.* hoja, cuchilla *f.*

Klingel *f.* campanilla *f.*; timbre *m.*

klingeln tocar la campanilla, tocar el timbre; **es klingelt** llaman.

klingen sonar.

Klinik *f.* clínica *f.*, dispensario *m.*

Klinke *f.* (Tür) picaporte *m.*; *techn.* uña *f.*, gatillo *m.*

klipp und klar sin rodeos.

Klippe *f.* arrecife *m.*

Klippfisch *m.* bacalao (*m.*) salado.

klirren sonar; (Fenster) temblar.

Klischee *n.* clisé *m.*

Klistier *n.* lavativa *f.;* **-spritze** *f.* irrigador *m.*, (Gummibirne) pera *f.*
klönen echar un parrafito.
klopfen golpear; (Teppich) sacudir; (Herz) palpitar; **es klopft** llaman a la puerta.
klöppeln hacer encaje de bolillos.
Klops *m.* albóndiga *f.*
Kloß *m.* (Erd -) terrón *m.*
Klößchen *n. pl.* albondiguillas *f. pl.*
Kloster *n.* convento; (Mönchs -) monasterio *m.;* **-bruder** *m.* fraile *m.;* **-leben** *n.* vida (*f.*) monástica; **-schwester** *f.* monja *f.;* **-zelle** *f.* celda *f.*
Klotz *m.* tarugo *m.*
Klub *m.* club, casino *m.;* (Herren -, Madrid) peña *f.;* **-mitglied** *n.* socio *m.* (de un club).
Kluft *f.* abismo *m.*
klug inteligente; *fam.* listo.
Klugheit *f.* inteligencia *f.; fam.* tino *m.*
Klump: alles in - hauen *fam.* no dejar títere con cabeza.
klumpig *adj.* grumoso.
Klüver *m. naut.* foque *m.*
knabbern mordiscar.
Knabe *m.* muchacho, chico; (Kind, männl. Geschlechts) varón *m.*
knacken (Nüsse) cascar; (v. Holz) crujir.
Knall *m.* (Schuß) detonación *f.;* (Peitsche) chasquido *m.;* (Korken) taponazo; **- und Fall** de golpe y porrazo; **-gas** *n.* gas (*m.*) fulminante.
knallen detonar, estallar.
knapp (wenig) escaso; **m. -er Not** a duras penas; **vor - 20 Jahren** hará escasamente unos 20 años.
Knappheit, *f.* escasez, estrechez, concisión *f.*
knarren crujir; (Wagen) chillar.
knattern crepitar, tabletear.
Knäuel *m.* ovillo *m.*
Knauf *m.* (Degen) pomo *m.*
Knauser *m.* tacaño *m.;* **-ei** *f.* tacañería *f.*
knauser/ig roñoso, tacaño; **-n** ser roñoso.
Knebel *m.* (Mund -) mordaza *f.*
Knecht *m.* criado, gañán *m.;* **-schaft** *f.* servidumbre *f.*, esclavitud.
knechten tiranizar.
knechtisch *adj.* servil.
kneifen pellizcar; *fam.* (s. um etw. drücken) escurrir el bulto.
Kneifzange *f.* tenaza(s) *f.* (*pl.*).
Kneipe *f.* taberna; *fam.* tasca *f.*
kneipen *fam.* frecuentar las tabernas.
Kneipwirt *m.* tabernero *m.*
Knettrog *m.* artesa *f.*
Knick *m.* codo *m.*
knicken (brechen) romper.
Knickerbockers *pl.* pantalón (*m.*) bombacho.
Knicks *m.* reverencia *f.*
knicksen hacer una reverencia.
Knie *n.* rodilla *f.; techn.* codo *m.*
knien arrodillarse.
Knie/hosen *f. pl.* pantalón (*m.*) corto; (Knickerbocker) pantalón bombacho; **-kehle** *f.* corva *f.;* **-scheibe** *f.* rótula *f.;* **-strumpf** *m.* media (*f.*) de sport.
knipsen (Fahrkarte) picar.
Knirps *m.* pequeño; *fam.* peque *m.*
knirschen (Sand) crujir; (Wagen) chillar; (m. den Zähnen) rechinar (los dientes).
knistern (Flamme) crepitar; (Seide) crujir.
knitter/frei inarrugable; **-n** arrugar(se).
knobeln (würfeln) jugar a los dados; (m. er. Münze) jugar a cara y cruz.
Knoblauch *m.* ajo *m.*
Knöchel *m.* (Fuß) tobillo; (Finger) nudillo *m.*
Knochen *m.* hueso *m.;* **-bruch** *m.* fractura *f.;* **-mark** *n.* tuétano *m.;* **-splitter** *m.* esquirla *f.*
Knödel *m.* albondiguilla *f.*
Knolle *f.* (Zwiebel) bulbo; (Wurzel -) tubérculo *m.*
Knopf *m.* botón; (Druck -) *elektr.* pulsador; (Druck - am Kleidungsstück) automático *m.;* **-loch** *n.* ojal *m.*

knöpfen abotonar; (zu -) abrochar.
knorke *vulg.* cojonudo; *SAm.* macanudo.
Knorpel *m. anat.* cartílago *m.;* ternilla *f.*
knorpelig ternilloso, cartilaginoso.
knorrig nudoso.
Knospe *f.* (Blüte) botón; (Schößling) brote *m.*
knospen brotar.
Knoten *m.* nudo *m.*
knüllen arrugar.
knüpfen anudar.
Knüppel *m.* palo *m.*, porra *f.*
Knute *f.* látigo *m.*
Kobold *m* duende *m.*
Koch *m.* cocinero *m.;* **-buch** *n.* libro (*m.*) de cocina.
kochen (Nahrungsmittel zubereiten) guisar; (Speisen -) cocer.
Kocher *m.* (*elektr*) calentador *m.* (eléctrico); (Gerät) hornillo *m.*
Koch/geschirr *n.* batería (*f.*) de cocina; **-herd** *m.* horno, fogón *m.*, cocina *f.*
Köchin *f.* cocinera *f.*
Koch/kunst *f.* arte (*m.*) culinario; **-topf** *m.* olla *f.*, puchero *m.*
Köder *m.* (Fisch -) cebo.
Koffer *m.* baúl *m.;* (Hand -) maleta; *SAm.* valija *f.*
Kohl *m.* berza *f.*, repollo *m.*
Kohle *f.* carbón *m.;* (Stein-) hulla *f.;* (Braun-) lignito *m.*
kohlen *naut.* hacer carbón.
Kohlen/becken *n.* brasero *m.;* **-bergwerk** *n.* mina (*f.*) de carbón, hullera; **-dioxyd** *n.* anhídrido (*m.*) carbónico; **-förderung** *f.* extracción (*f.*) del carbón; **-gebiet** *n.* cuenca (*f.*) carbonífera; **-händler** *m.* carbonero *m.;* **-handlung** *f.* carbonería *f.;* **-revier** *n.* cuenca (*f.*) hullera; **-säure** *f.* ácido (*m.*) carbónico; **-staub** *m.* polvo (*m.*) de carbón; **-stoff** *m.* carbono; **-wasserstoff** *m.* hidrocarburo *m.*
Kohlepapier *n.* papel-carbón *m.*, papel (*m.*) de calcar.
Kohl/kopf *m.* repollo *m.;* **-rabi** *m.* colinabo *m.;* **-rübe** *f.* nabo *m.*
Kokarde *f.* escarapela *f.*
kokett coqueta.
Kokosnuß *f.* (nuez [*f.*] de) coco *m.*
Koks *m.* coque, cok *m.*
Kolben *m.* (Gewehr) culata *f.;* (Maschine) émbolo, pistón; (Retorte) alambique *m.;* **-spiel** *n. techn.* embolada *f.;* **-stange** *f.* vástago *m.*
Kolibri *m.* (Vogel) colibrí.
Kolik *f.* cólico *m.*
Kollege *m.* colega, compañero *m.*
kollegial entre colegas.
Köln *n.* Colonia *f.;* **-isch Wasser** *n.* *agua* [*f.*] [*el*] de Colonia, colonia *f.*
Kolonie *f.* colonia *f.*
Kolonne *f.* columna *f.*
kolossal colosal, enorme; *Span. vulg.* cojonudo; *SAm. vulg.* macanudo.
Kolportageroman *m.* novela (*f.*) por entregas.
Kolumbien *n.* Colombia *f.;* **aus** - colombiano.
Kolumbus *m.* Colón.
Komet *m.* cometa *m.*
komisch cómico.
Komma *n.* coma *f.*
Kommandant *m.* comandante *m.*
kommen venir, llegar; **- lassen** hacer venir, mandar buscar; **- Sie herein!** ¡pase Vd.!
Kommode *f.* cómoda *f.*
Kommunismus *n.* comunismo *m.*
Kommunist *m.* comunista *m.*
Komödie *f.* comedia *f.*
Kompagnon *m.* socio *m.*
Kompaß *m.* brújula *f.*
Kompliment *n.* cumplido *m.;* (Artigkeit jungen Mädchen gegenüber) piropo *m.*
kompliziert complicado.
Komplott *n.* conspiración *f.*, complot *m.*
komponieren componer.
Komponist *m.* compositor *m.*
Kompott *n.* compota *f.*, dulce *m.*

Kompromiß *m.* compromiso, acuerdo *m.*
Kondensator *m.* condensador *m.*
Konditor *m.* pastelero *m.*; **-ei** *f.* pastelería *f.*, repostería.
Kondolenzbesuch *m.* visita (*f.*) de pésame.
Konfekt *n.* bombones (*m. pl.*) finos.
Konferenz *f.* conferencia *f.*
Konfession *f.* confesión *f.*, culto *m.*
konfessionslos (Schule) laico.
Konfirmand *m.* confirma(n)do, catecúmeno *m.*
Konfirmation *f.* confirmación, primera comunión *f.*
konfirmieren confirmar, ir a la primera comunión.
konfiszieren confiscar.
Konfiszierung *f.* confiscación *f.*, decomiso *m.*
Konfitüren *f. pl.* dulces *m. pl.*
Konflikt *m.* conflicto *m.*
Kongreß *m.* congreso *m.*; **-teilnehmer** *m.* congresista *m.*
König *m.* rey *m.*; **die Heiligen Drei -e** los Reyes Magos; **-in** *f.* reina *f.*
königlich real; (vornehm) regio; (s. amüsieren) *adv.* divinamente.
Königreich *n.* reino *m.*
Königs/adler *m.* águila *f.* (el) real; **-kerze** *f. bot.* candelaria *f.*; **-mord** *m.* regicidio *m.*; **-paar** *n.* los reyes; **-sohn** *m. Span.* infante *m.*; **-tochter** *f. Span.* infanta *f.*
Konjugation *f.* conjugación *f.*
Konjunktiv *m.* subjuntivo *m.*
Konjunktur *f.* coyuntura; situación (*f.*) del mercado.
konkav cóncavo.
Konkurrent *m.* competidor *m.*; rival.
Konkurrenz *f.* competencia *f.*
konkurrieren competir.
Konkurs *m.* quiebra, suspensión (*f.*) de pagos.
können poder; (dürfen) tener permiso de; (möglich sein) ser posible; (wissen) saber.
konsequent consecuente.
Konserven *f. pl.* conservas *f. pl.*; **-büchse** *f.* lata (*f.*) (de conservas).
konservieren conservar.
konstatieren hacer constar, comprobar.
Konstruk/teur *m.* constructor *m.*; **-tion** *f.* construcción *f.*
Konsul *m.* cónsul *m.*; **-at** *n.* consulado *m.*
Konsum *m.* consumo *m.*; **-verein** *m.* cooperativa *f.*, economato *m.*
Kontakt *m.* contacto *m.*
Konterbande *f.* contrabando *m.*
Kontinent *m.* continente *m.*
Kontingent *n.* contingente *m.*; **-ierung** *f.* fijación (*f.*) de contingentes.
Konto *m.* cuenta *f.* (corriente); **-auszug** *m.* extracto (*m.*) de cuenta; **-eröffnung** abertura (*f.*) de (una) cuenta; **-inhaber** *m.* titular (*m.*) de la cuenta.
Kontrakt *m.* contrato *m.*; **-bruch** *m.* infracción (*f.*) de contrato.
Kontrapunkt *m. mus.* contrapunto *m.*
Kontrast *m.* contraste *m.*
Kontroll/kasse *f.* caja (*f.*) registradora; **-marke** *f.* contraseña *f.*
Kontrolle *f.* control *m.*, revisión *f.*
Kontrolleur *m.* revisor *m.*
kontrollieren revisar; (Gepäck) registrar.
Konturen *f. pl.* contornos *m. pl.*
Konus *m.* cono *m.*
Konversationslexikon *n.* diccionario (*m.*) enciclopédico.
Konzentrationslager *n.* campo (*m.*) de concentración.
konzentrieren concentrar.
Konzern *m.* asociación *f.*, trust *m.*
Konzert *n.* concierto *m.*
Konzession *f.* concesión *f.*
Kopf *m.* cabeza *f.*; (Brief -) encabezamiento *m.*; (gedruckter Brief -) membrete *m.*; **aus dem** - de memoria; **es will mir nicht in den** - no se me alcanza; **den - voll haben** tener la cabeza hecha un bombo; **-ende** *n.* (Bett) cabecera *f.*; **-hörer** *m.* auri-

K

cular *m.;* **-kissen** *n.* almohada *f.;* **-salat** *m.* (ensalada de) lechuga *f.* **-schmerz** *m.* dolor (*m.*) de cabeza; (einseitiger) jaqueca *f.;* **- waschen** *n.* lavado (*m.*) de cabeza. fricción *f.*

kopfhängerisch *adj.* cabizbajo.

Kopie *f.* copia *f.*, (Zweitschrift) duplicado *m.; phot.* prueba *f.;* **-papier** *n.* (f. Maschinendurchschlag) papel (*m.*) de copia *bzw.* (sehr feines:) papel cebolla.

Kopier/buch *n.* (libro) copiador *m.;* **-rahmen** *m. phot.* prensa *f.;* **-stift** *m.* lápiz (*m.*) tinta; **-tinte** *f.* tinta (*f.*) de copiar.

kopieren copiar, sacar una copia.

Koppel *f.* (Weide) dehesa *f.;* **-n** cinturón *m.*

koppeln acoplar.

Koppelung *f.* acoplamiento *m.*

Koralle *f.* coral *m.*

Korb *m.* cesto *m.;* (runder) cesta (Luftballon -) barquilla *f.*

Kork *m.* corcho *m.;* **-einlage** *f.* (Sohle) plantilla (*f.*) de corcho **-industrie** *f.* industria (*f.*) corchera; **-mehl** *n.* serrín (*m.*) de corcho; **-mundstück** *n.* boquilla (*f.*) de corcho; **-pfropfen** *m.* tapón (*m.*) de corcho; **-ser** *m. fam.* chapucero *m.;* **-weste** *f.* chaleco (*m.*) salvavidas; **-zieher** *m.* sacacorchos *m.*

Korn *n.* grano *m.;* (Getreide) granos *m. pl.;* (Roggen) centeno; (Visier) mira *f.;* **-ähre** *f.* espiga *f.;* **-blume** *f.* aciano *m.*

körnig *adj.* granular.

Körper *m.* cuerpo *m.;* **-bau** *m.* constitución, estatura *f.;* **-erziehung** *f.* educación (*f.*) física; **-kraft** *f.* fuerza (*f.*) física; **-kultur** *f.* cultura (*f.*) física.

körperlich corporal, físico.

Körperschaft *f.* corporación *f.*

korrekt correcto.

Korreckt/or *m. typ.* corrector *m.;* **-ur** *f.* corrección *f.;* (es. Fehlers) enmienda *f.; typ.* prueba; **erste -ur** *typ.* galeradas *f. pl.*

Korrespondenz *f.* correspondencia *f.*

korrespondieren estar en correspondencia; (privat) cartearse; **spanisch -** llevar la correspondencia en español.

Korridor *m.* pasillo *m.*

korrigieren corregir; (en. Fehler verbessern) enmendar.

Korsar *m.* corsario *m.*, pirata.

Korsett *n.* corsé *m.;* **-stange** *f.* ballena *f.*

Kosmos *m.* universo *m.*

Kost *f.* alimento *m.;* (Ernährung) alimentación; **in - sein** estar de pupilo.

kostbar precioso, valioso.

kosten (wertmäßig) costar valer; (schmecken) gustar, probar; (Wein) catar.

Kosten *pl.* gastos *m. pl.*, coste *m.; jur.* costas *f. pl.;* **auf - anderer** *fam.* de gorra; **-anschlag** *m.* presupuesto *m.* (de gastos); **-preis** *m.* precio (*m.*) de coste.

köstlich delicioso, exquisito; *adv.*

kostspielig costoso; (teuer) caro.

Kostüm *n.* (Damen -) traje (*m.*) de sastre; (Masken -) disfraz *m.;* (Trachten -) traje (*m.*) regional; **-bild** *n.* figurín *m.;* **-zeichner** *m.* figurinista *m.*

Kot *m.* (Straßen -) barro, lodo *m.;* (Mensch) *med.* excremento *m.; vulg.* mierda *f.*, cacas *f. pl.* (Pferd, Rind) bosta *f.;* (Fliege) cagada *f.*

Kotelett *n.* chuleta.

Kotflügel *m.* (Auto) guardabarros *m.*

Krabbe *f. zool.* camarón *m.;* (Garnele) quisquilla *f.*

Krach *m.* (Lärm) ruido; (Streit) escándalo *m.;* (Bank -) quiebra *f.*

krachen hacer ruido.

krächzen graznar.

Kraft *f.* (Ursache er. Bewegung) fuerza *f.;* (Einzelkraft) esfuerzo *m.;* (Arbeit leistende -) energía *f.;* **in -**

treten entrar en vigor (*SAm.* en vigencia); **in - befindlich** (Gesetze) vigente; *SAm.* en vigencia; **-omnibus** *m.* autobús, autocar *m.;* **-strom** *m.* corriente (*f.*) industrial; **-wagen** *m.* auto(-móvil), coche *m.;* **-werk** *n.* *elektr.* central (*f.*) eléctrica; (Wasser -) central (*f.*) hidroeléctrica; *SAm.* usina *f.*
kraft en virtud de.
kräftig fuerte, robusto.
kräftigen fortalecer.
kraftlos sin fuerzas.
Kragen *m.* cuello *m.;* **steifer -** cuello planchado.
Krähe *f.* corneja *f.*
krähen cantar.
Kralle *f.* uña, garra *f.*
Krammetsvogel *m.* zorzal *m.*
Krampe *f.* grampillón *m.*
Krampf *m.* convulsión *f.;* (lokal) calambre *m.;* **-ader** *f.* várice *f.*
Kran *m.* grúa *f.*
Kranich *m.* (Vogel) grulla *f.*
krank enfermo, malo, indispuesto.
kränkeln estar enfermizo.
kranken padecer de.
kränken mortificar.
Kranken/bahre *f.* camilla *f.;* **-geld** *n.* socorro *m.;* **-haus** *n.* hospital; **-kasse** *f.* caja (*f.*) de socorro; **-pfleger** *m.* enfermero *m.;* **-pflegerin** *f.* enfermera *f.;* hermana (de la caridad); **-schein** *m.* volante *m.* (para el médico); **-schwester** *f.* enfermera *f.;* **-wagen** *m.* ambulancia *f.;* **-wärter** *m.* enfermero *m.;* **-zimmer** *n.* cuarto (*m.*) del enfermo; (Kaserne, Stierkampfplatz, Kloster) enfermería *f.*
krankhaft mórbido, enfermizo.
Krankheit *f.* enfermedad, dolencia *f.*, mal *m.;* **-serreger** *m.* microbio *m.*, bacilo.
kränklich enfermizo, delicado de salud; (anfällig) achacoso.
Kränkung *f.* insulto *m.*, ofensa *f.*
Kranz *m.* corona *f.*
Krapfen *m.* (Berliner -) bollo (*m.*) de Berlín; (Madrid) pelota (*f.*) de fraile; (Spritzkuchen) buñuelo; (*Span.* Ölkringel) churro *m.*
Krater *m.* cráter *m.*
Krätze *f.* sarna, roña; (Kopfgrind) tiña *f.*
kratzen rascar; (ritzen) arañar.
Kratzer *m.* arañazo *m.*
kraus crespo, rizado.
Krause *f.* gola *f.*
kräuseln (Haare) rizar; (Wellen) encrespar; **sich -** (Blätter bei Insektenbefall) abarquillarse.
Kraut *n.* hierba *f.;* *SAm.* yerba *f.;* (Kohl) repollo *m.;* (Sauer -) choucrouta od. chucruta *m.*
Kräuterhandlung *f.* herboristería *f.*
Kräutertee *m.* infusión (*f.*) de hierbas medicinales.
Krawall *m.* (Lärm) barullo, tumulto; *SAm.* bochinche *m.*
Krawatte *f.* corbata *f.;* (Schlips) lazo *m.*
Kreatur *f.* criatura *f.*
Krebs *m.* cangrejo; *med.* cáncer *m.*
Kredenz *f.* trinchero *m.*
Kredit *m.* crédito; (Haben) haber *m.*
kreditieren acreditar, abonar en cuenta, pasar al haber; (Kredit geben) fiar.
kreditunfähig insolvente.
Kreide *f.* creta; (Schul -) tiza *f.*
Kreis *m.* círculo *m.;* *fig.* esfera *f.;* (Bezirk) distrito, partido *m.;* (Strom -) circuito *m.;* **-lauf** *m.* circulación *f.;* **-säge** *f.* sierra (*f.*) circular; **-stadt** *f.* cabeza (*f.*) de partido.
kreisen girar; (Blut) circular.
Krematorium *n.* crematorio *m.*
Kreml *m.* el Kremlín.
Krempe *f.* ala *f.* (el).
krepieren (Geschoß) estallar; (Tier) reventar.
Kreppflor *m.* crespón *m.*
Kresse *f.* *bot.* berro *m.*
Krethi und Plethi fulano y zutano.
Kreuz *n.* cruz *f.;* (Kartenspiel) bastos

m. pl.; e. - **schlagen** *rel.* santiguarse; **-band** *n.;* **-fahrer** *m.* cruzado *m.;* **-fahrt** *f. naut.* crucero *m.;* **-otter** *f.* víbora *f.;* **-schnabel** *m.* (Vogel) piquituerto *m.;* **-spinne** *f.* araña (*f.*) crucera; **-verhör** *n.* interrogatorio *m.;* **-weg** *m.* encrucijada *f.*, cruce (*m.*) de camino.

kreuzen cruzar.

Kreuzer *m. naut.* crucero *m.*

kreuzigen crucificar.

Kreuzigung *f.* crucifixión *f.*

Kreuzung *f.* cruzamiento, cruce *m.;* (Straße) cruce *m.;* (Bahnübergang) paso (*m.*) a nivel.

kreuzweise en cruz.

Kreuz/worträtsel *n.* palabras (*f. pl.*) cruzadas; **-zug** *m.* cruzada *f.*

kriechen arrastrarse; (aus dem Ei) salir.

Krieg *m.* guerra *f.*

kriegführend beligerante.

Kriegs/beschädigter *m.* mutilado (*m.*) de la guerra; **-erklärung** *f.* declaración (*f.*) de guerra; **-gefangener** *m.* prisionero (*m.*) de guerra; **-kosten** *pl.* gastos (*m. pl.*) de la guerra; **-recht** *n.* ley (*f.*) marcial; **-schauplatz** *m.* teatro (*m.*) de la guerra; **-schäden** *m. pl.* daños (*m. pl.*) de la guerra; **-schiff** *n.* buque (*m.*) de guerra; **-teilnehmer** *m.* combatiente; (ehemaliger) excombatiente *m.;* **-zustand** *m.* estado (*m.*) de guerra.

Kriminal/polizei *f.* policía (*f.*) secreta; **-polizist** (*m.*) agente (*m.*) de policía secreta; **-roman** *m.* novela (*f.*) policíaca.

Krimskrams *m.* cachivaches *m. pl.*

Krippe *f.* (Vieh) pesebre; (Weihnachts -) nacimiento *m.*

Krise *f.* crisis *f.*

Kristall *m., n.* cristal *m.;* **-detektor** *m.* detector (*m.*) de galena.

Kritik *f.* crítica *f.;* comentario *m.;* (scharfe) censura *f.;* **-er** *m.* crítico *m.*

kritisch crítiuco; (heikel) delicado; (Lage) precario.

kritisieren criticar, comentar, censurar.

kritzeln garrapatear.

Krokodil *n.* cocodrilo *m.*

Krone *f.* corona; (Baum -) copa *f.;* **was ist ihm in** die **- gefahren?** ¿qué mosca le ha picado.

krönen coronar.

Kron/leuchter *m.* araña *f.;* **-zeuge** *m.* testigo (*m.*) principal; **-prinz** *m.* *Span.* príncipe (*m.*) de Asturias.

Krönung *f.* coronación *f.*

Kropf *m.* (Vögel) buche; (Mensch) bocio *m.*

Kröte *f.* sapo *m.*

Krücke *f.* muleta *f.*

Krug *m.* jarro *m.*, jarra *f.*

Krume *f.* (Brot) miga *f.*

krümeln desmigar(se).

krumm curvo; (verbogen) torcido.

krümmen, (sich) curvar; (combarse); (vor Schmerzen) retorcerse de.

Krümmung *f.* curva *f.;* (Weg) vuelta *f.*, recodo *m.*

Krupp *m. med.* garrotillo *m.;* **-e** *f.* (Pferd) grupa *f.*

Krüppel *m.* inválido; (Krieg) mutilado; (einarmiger) manco *m.*

Kruste *f.* costra; (Brot) corteza *f.*

Kruzifix *n.* crucifijo *m.*

Küche *f.* cocina *f.;* **kalte** - fiambres *m. pl.*

Kuchen *m.* bollo *m.;* (Törtchen) pasteles *m. pl.; SAm.* masitas *f. pl.;* **-form** *f.* molde *m.*

Küchen/geschirr *n.* batería (*f.*) de cocina; **-herd** *m.* horno, fogón *m.;* **-junge** *m.* pinche *m.;* **-schrank** *m.* aparador *m.*

Kuckuck *m.* (cuc(lill)o *m.*

Kufe *f.* (Schlitten) patín *m.*

Küfer *m.* (Böttcher) tonelero.

Kugel *f.* bola; (Gewehr) bala; *math.* esfera *f.;* **-lager** *n.* rodamiento (*m.*) de bolas.

Kuh *f.* vaca *f.; SAm.* gaucho.

kühl fresco; **es ist - ** (Wetter) hace fresco.
Kühle *f.* fresco *m.*
kühlen enfriar, refrescar.
Kühler *m.* refrigerador; (Auto) radiador *m.*
Kühl-mittel *n.* refrigerante *m.; -***raum** *m.* cámara (*f.*) frigorífica; **-schrank** *m.* nevera *f.* frigorífico *m.*
kühn atrevido.
Kühnheit *f.* atrevimiento *m.*, osadía *f.*
Kulisse *f. theat.* bastidor *m.*; **hinter den -n** entre bastidores.
kultivieren cultivar.
kultiviert (Person) culto.
Kultur *f.* cultura, civilización *f.*; **-film** *m.* película (*f.*) cultural *od.* documental; **-stufe** *f.* grado (*m.*) de civilización; **-volk** *n.* pueblo (*m.*) civilizado.
Kultus *m.* culto *m.*
Kümmel *m.* comino *m.*
Kummer *m.* pesar *m.*, pena *f.*
kümmerlich pobre.
kümmern, sich - um preocuparse de; (verächtlich) meter las narices en todo.
Kummet *n.* collera *f.*
Kumpel *m.* compañero.
kündbar revocable.
Kunde *m.* cliente *m.*; **-ndienst** *m.* servicio (*m.*) de la clientela.
Kundgebung *f.* manifestación *f.*; (Straßen -) demostración *f.*
kündigen (Vertrag) denunciar; (Angestellten) despedir; (der Angestellte) despedirse.
Kündigung *f.* denuncia *f.*; (Angestellten) despido *m.*
Kundschaft *f.* clientela.
künftig futuro, venidero.
Kunst *f.* arte *m.* (*pl. f.*); **-ausstellung** *f.* exposición (*f.*) de artes, salón *m.*; **-dünger** *m.* abonos (*m. pl.*) químicos; **gegenstand** *m.* objeto de (*m.*) arte; **-geschichte** *f.* historia del arte; **-gewerbe** *n.* artes (*f. pl.*) industriales; **-griff** *m. fam.* artimaña *f.*; **-harz** *n.* resina (*f.*) sintética; **-kenner** *m.* experto *m.*; **-verein** *m.* círculo (*m.*) de bellas artes; **-sammlung** *f.* colección (*f.*) de objetos de arte; **-werk** *n.* obra (*f.*) de arte.
Künstler *m.* artista *m.*; **-in** *f.* artista *f.*
künstlerisch artístico.
künstlich artificial, sintético.
Kupfer *n.* cobre *m.*; **-blech** *n.* chapa *od.* lámina (*f.*) de cobre; **-geld** *n.* calderilla *f.*; **-münzen** *f. pl.* monedas (*f. pl.*) de cobre; *fam.* calderilla *f.*; **-schmied** *m.* calderero *m.*; **-stecher** *m.* grabador *m.*; **-stich** *m.* grabado, cobre *m.*; **-vitriol** *n.* sulfato (*m.*) de cobre.
Kuppe *f.* (Berg) cima; (Nagel) cabeza *f.*
Kuppel *f.* cúpula *f.*
Kuppelei *f.* alcahuetería *f.*
kuppeln (Wagen) enganchar, acoplar; (Auto) embragar; *fig.* servir de alcahuete.
Kuppelung *f.* acoplamiento, embrague *m.*
Kuppler *m.* alcahuete; (Zuhälter) chulo *m.*; **-in** *f.* alcahueta; *lit* celestina *f.*
Kur *f.* cura *f.*, tratamiento *m.*; **ee. - gebrauchen** (Trinkkur) tomar las aguas; (Badekur) ir a (*od.* tomar) los baños.
Kurbel *f.* manivela *f.*; **-welle** *f.* cigüeñal *m.*
Kürbis *m.* calabaza *f.*
Kurfürst *m.* elector *m.*
Kurier *m.* correo *m.*
kurieren curar; (heilen) sanar.
kurios *adj.* curioso, raro.
Kurort *m.* estación (*f.*) termal *od.* balnearia, balneario *m.*, baños *m. pl.*
Kurpfuscher *m.* curandero *m.*
Kurs *m.* (Währung) cambio *m.*; (Wertpapiere) cotización *f.*; *naut.* rumbo *m.*, derrota *f.*; **außer - setzen** (Münzen, Marken usw.) retirar de la circulación; **-blatt** *n.* boletín *m.* (de cambios) *bzw* cotizaciones;

-buch *n.* guía (*f.*) de ferrocarriles.
Kursaison *f.* temporada *f.*
Kürschner *m.* peletero *m.*
kursieren circular; (Gerüchte) correr.
Kursus *m.* curso, cursillo *m.*; **-teilnehmer** *m.* cursillista *m.*
Kurve *f.* curva *f.*; (Auto) viraje *m.*
kurz corto; (zeitlich) breve.
Kurz/arbeit *f.* jornada (*f.*) reducida; **-schluß** *m.* cortocircuito *m.*; **schrift** *f.* taquigrafía *f.*
Kürze *f.* (räumlich) corta extensión *od.* distancia; (zeitlich) brevedad; *fig.* concisión *f.*
kürzen acortar; (Worter) abreviar; (herabsetzen) reducir.
kürzlich recientemente, últimamente.
kurzsichtig miope, corto de vista.
Kurz/sichtigkeit *f.* miopía, vista corta; *fig.* estrechez (*f.*) de miras; **-waren** *f. pl.* (Posamenten) mercería; (Eisen) ferretería *f.*; **-wellensender** *m.* emisora (*f.*) de onda corta.
Kuß *m.* beso *m.*
küssen besar.
Küste *f.* costa *f.*; **-ndampfer** *m.* vapor (*m.*) de cabotaje; **-nstrich** *m.* litoral *m.*
Küster *m.* sacristán *m.*
Kutsche *f.* coche *m.*; **- r** *m.* cochero *m.*
Kutte *f.* (Mönch) hábito *m.*
Kutteln *f. pl.* callos *m. pl.*
Kutter *m.* *naut.* balandra *f.*

k

L

l, L *n.* l, L *f.*
Lab *n.* cuajo *m.*
Labmagen *m.* cuajar *m.*
Laborant *m.* asistente (*m.*) de laboratorio.
Laboratorium *n.* laboratorio *m.*
Lache *f.* (Pfütze) charco *m.;* (Lachen) risa *f.*
lächeln sonreír(se).
lachen reír(se); **aus vollem Halse** - *fam.* reírse a carcajada limpia.
Lachen *n.* risa *f.;* **s. vor - nicht halten können** *fam.* morirse de risa; *vulg.* mearse de risa.
lächerlich ridículo; **- machen** poner en ridículo; **s. - machen** quedar en ridículo.
Lachs *m.* salmón *m.*
Lack *m.* barniz *m.;* (Harz -) laca *f.;* (Siegel -) lacre *m.;* (Spritz -) pintura (*f.*) al duco.
lackieren barnizar.
Lackschuhe *m. pl.* (Halbschuhe) zapatos (*m. pl.*) de charol; (Stiefel) botas (*f. pl.*) de charol.
Lackmus *n.* tornasol *m.*
Ladebaum *m.* puntal (*m.*) de carga.
Ladeluke *f. naut.* escotilla *f.*
laden cargar; (einladen) convidar.
Laden *m.* tienda *f.*, comercio *m.;* (Fenster -) contraventana *f.;* **den -schließen** (bei Ladenschluß) echar el cierre; **-hüter** *m. Span.* maula *f.;* *SAm.* clavo *m.;* **-schluß** *m.* cierre (*m.*) de los comercios; **-schwengel** *m.* hortera *m.;* **-tisch** *m.* mostrador *m.*
Lad/raum *m.* (Schiff) bodeba *f.;* **-schein** *m.* (Konnossement) conocimiento (*m.*) de embarque; (Frachtbrief) talón (*m.*) de f.c. (ferrocarril); **-station** *f.* (für Akkus) estación (*f.*) de recarga; **-streifen** *m.* (Schußwaffe) peine *m.*
Ladung *f.* carga *f.;* *naut.* cargamento *m.;* *jur.* citación *f.*
Lage *f.* situación, posición *f.;* (Gebäude) emplazamiento *m.;* *SAm.* ubicación; (Umstand) circunstncia; (Schicht) capa *f.;* **in der - sein** estar en condiciones; **in seiner -** en su lugar.
Lager *n. mil.* campamento; (Waren) almacén *m.*
lagern almacenar, estar almacenado; (Truppe) acampar.
lahm (teilweise) impedido; (ganz) paralítico; (hinkend) cojo; *SAm.* rengo.
lahmen cojear.
lähmen paralizar.
Lähmung *f.* paralización; *med.* parálisis *f.*
Laich *m.* hueva *f.*
laichen desovar.
Laie *m.* profano; *rel.* lego *m.;* **-nschule** *f.* escuela (*f.*) laica.
Lake *f.* salmuera *f.*
Lakritze *f.* regaliz *m.*
lallen balbucear.
Lama *n. zool.* llama *f.*
Lamelle *f.* lámina *f.*
Lamm *n.* cordero *m.;* (1–2jähriges) borrego *m.*
lammfromm (Pferd) muy manso.
Lampe *f.* lámpara *f.;* (Radio) válvula *f.;* (Öl -) quinqué *m.;* (Laterne) farol *m.;* *elektr.* bombilla *f.;* **-nschirm** *m.* pantalla *f.*

Land *n.* tierra *f.;* (Gegensatz v. Stadt) campo; *pol.* país; (Grundstück) terreno; (Gebiet) territorio; **-arbeiter** *m.* gañán; *SAm.* peón *m.;* **-arzt** médico (*m.*) de pueblo *m.;* **-bevölkerung** *f.* población (*f.*) rural; (verächtlich) *Span.* paletos *m. pl.*

landen desembarcar; *av.* aterrizar; (auf dem Wasser) amarar.

Landenge *f.* istmo *m.*

Landeplatz *m. naut.* desembarcadero; *av.* campo (*m.*) de aterrizaje.

Landes/erzeugnis *n.* producto (*m.*) nacional; **-erzeugnisse** *n. pl.* productos (*m. pl.*) agrícolas; **-sitte** *f.* costumbre (*f.*) del país; **-sprache** *f.* idioma (*m.*) nacional; **-tracht** *f.* traje (*m.*) nacional *od.* regional; **-verrat** *m.* crimen (*m.*) de lesa patria; **-verweisung** *f.* destierro *m.*

Landflucht *f.* desbandada (*f.*) de la gente del campo hacia las grandes poblaciones; éxodo (*m.*) en masa del campo a la urbe.

Land/gericht *n.* Audiencia (*f.*) Provincial; **-gut** *n.* finca (*f.*) (rústica, *SAm.* rural); **-haus** *n.* casa (*f.*) de campo; **-heim** *n.* colonia (*f.*) escolar; **-karte** *f.* mapa *m.*

Land/mann *m.* labrador; (Bauer) aldeano *m.;* **-messer** *m.* agrimensor *m.;* **-recht** *n.* derecho (*m.*) común; **-schaft** *f.* comarca *f.,* paisaje *m.;* **-straße** *f.* carretera *f.,* camino (*m.*) vecinal; **-streicher** *m.* vagabundo *m.*

Landung *f.* (Waren) desembarque; (Passagiere) desembarco *m.; av.* aterrizaje *m.;* (Wasserflugzeuge) amaraje *m.;* **-sbrücke** *f.* desembarcadero *m.;* **-splatz** *m.* desembarcadero *m.; av.* pista (*f.*) de aterrizaje.

Landwirt *m.* agricultor, labrador *m.;* **-schaft** *f.* agricultura *f.*

lang largo; (hoch) alto; (zeitlich) **jahre -** durante años.

Länge *f.* largo *m.; math astr. geogr.* longitud *f.;* (Ausdehnung) extensión *f.;* (Dauer) duración *f.;* **in die -ziehen** dar largas a.

langen (ausreichen) bastar.

Längenmß *n.* medida (*f.*) de longitud.

Langeweile *f.* aburrimiento, ocio *m.*

langjährig (Erfahrung) largo; (Freundschft) viejo.

länglich oblongo; (Buchformat) apaisado.

Langmut *m.* paciencia *f.*

langmütig paciente.

längs a lo largo de.

langsam lento; *adv.* despacio.

Langsamkeit *f.* lentitud *f.*

längstens a lo sumo.

langweilen aburrirse.

langweilig aburrido; (zudringlich) *fam.* latoso.

langwierig de larga duración.

Lanze *f.* lanza *f.*

Lappen *m.* trapo *m.*

Lärche *f. bot.* alerce *m.*

Lärm *m.* ruido; (Skandal) escándalo *m.;* **viel - um nichts** mucho ruido, pocas nueces.

lärmen hacer ruido.

Larve *f.* (Insekten -) larva *f.*

lasch flojo.

Lasche *f.* (Schienen -) eclisa *f.*

lassen dejar.

lässig (gleichgültig) indolente.

Last *f.* carga *f.*

lastenfrei libre de gravámenes.

Lastenheft *n.* (Ausschreibung) pliego (*m.*) de condiciones.

Laster *n.* vicio *m.,* mala costumbre *f.*

lasterhaft vicioso.

Lästermaul *n. fam.* lengua (*f.*) de víbora.

lästern hablar mal; (Gott) blasfemar contra.

lästig molesto; (Ausländer indeseable; **-er Mensch** chinche *f.*

Last/kraftwagen *m.* camión *m.;* **-schrift** *f.* (Buchhaltung) cargo *m.,* asiento al debe; **-träger** *m.* cargador *m.;* (Dienstmann) mozo (*m.*) de cuerda.

Latein *n.* latín *m.*
lateinisch latín.
Laterne *f.* farol *m.;* **-nanzünder** *m.* farolero *m.*
latschen arrastrar los pies; **jem. eine -** (ohrfeigen) descargar un bofetón sobre la cara de alguien.
Latte *f.* listón *m.;* **-nzana** *m.* estacada *f.*
Latz *m.* (Kinder -) babero *m.;* (Hosen -) bragueta *f.*
lau tibio, templado.
Laub *n.* follaje *m.;* **dürres -** hojas (*f. pl.*) secas.
Laube *f.* cenador *m.*
Laubfrosch *m.* rana (*f.*) verde.
Laubhüttenfest *n.* fiesta (*f.*) de los tabernáculos.
Laub/säge *f.* sierra (*f.*) de marquetería; **-wald** *m.* bosque (*m.*) de fronda.
Lauch *m. bot.* puerro *m.*
Lauer *f.:* **auf der - liegen** estar al (*od.* en) acecho.
lauern estar en acecho; (warten) esperar.
Lauf *m.* carrera; (er. Maschine) marcha; (Gewehr) cañón *m.;* (Pfote) pata *f.*
laufen correr; (Maschinen) marchar; (Fahrzeug) rodar, circular.
laufend (Monat) corriente; **auf dem - en sein** estar al corriente; (zeitlich) estar al día; **-es Band** *n.* cinta (*f.*) sin fin; **am -en Band** en serie.
Läufer *m.* corredor; (Schach) alfil *m.*
Lauf/masche *f.* (Strumpf) *Span.* carrera; **-schritt** *m.* paso (*m.*) ligero.
Lauge *f.* lejía *f.*
Laune *f.* (Stimmung) humor; **schlechte - haben** *Span. fam.* tener malas pulgas.
launenhaft *adj.* caprichoso.
launig *adj.* divertido.
launisch caprichoso.
Laus *f.* piojo *m.;* (Blatt -) pulgón *m.*
Lausejunge *m. vulg.* mocoso *m.*
lausig *adj.* (voller Läuse) piojoso; *fam.* **- schwer** muy difícil.
laut sonoro; (Stimme) alto.
Laut *m.* sonido *m.*
Laute *f. mus* laúd *m.*
lauten sonar; (Text) decir; *fam.* rezar.
läuten (Glocke) tocar.
lauter puro.
Lauterkeit *f.* pureza, sinceridad *f.*
läutern (Flüssigkeit) aclarar.
Läuterung *f.* clarificación *f.*
lautlos silencioso.
Laut/schrift *f.* pronunciación (*f.*) figurada; **-sprecher** *m.* (Radio) altavoz *m.;* **-stärke** *f.* (Radio) potencia *f.* (amplificadora); **-verschiebung** *f.* leyes (*f. pl.*) de mutación consonántica; **-verstärker** *m.* (Radio) amplificador *m.*
lauwarm tibio, templado.
Lava *f.* lava *f.*
Lavendel *m.* espliego *m.*
lavieren *naut.* bordear.
Lawine *f.* alud *m.; fig.* avalancha *f.*
Lazarett *n.* hospital *m.*
leben vivir, dar señales de vida; **gut -** darse buena vida; **kümmerlich -** ir tirando.
Leben *n.* vida; **am -** con vida.
lebendig viviente, vivo.
Lebens/alter *n.* edad *f.;* **-beschreibung** *f.* biografía *f.;* **-frage** *f.* cuestión (*f.*) vital; **-gefahr** *f.* peligro (*m.*) de muerte; **mit -gefahr** con riesgo de la vida; **-gefährte** *m.* consorte *m.;* **-haltung** *f.* coste (*m.*) de vida; **-kraft** *f.* vitalidad *f.*
lebenslänglich perpetuo; (Rente) vitalicio.
Lebens/lauf *m.* (Laufbahn) carrera *f.;* (bei Bewerbung) curriculum (*m.*) vitae; **-mittel** *n. pl.* víveres, comestibles *m. pl.;* **-mittelversorgung** *f.* abastecimiento *m.;* **-mut** *m.* energía (*f.*) vital.
lebensmüde *adj.* harto de la vida.
lebensnotwendig (Artikel) de primera necesidad.
Lebens/raum *m.* espacio (*m.*) vital; **-standard** *m.* índice (*m.*) de vida;

-**stellung** *f.:* **ee. gesicherte -stellung** un porvenir asegurado; -**unterhalt** *m.* subsistencia *f.;* **s.** den -**unterhalt verdienen** ganarse la vida; -**versicherung** *f.* seguro (*m.*) de vida; -**weise** *f.* modo (*m.*) de vivir; -**zeichen** *n.:* **kein -zeichen geben** no dar señales de vida; -**zeit** *f.:* **auf -zeit** a perpetuidad.

Leber *f.* hígado *m.;* -**fleck** *m.* mancha (*f.*) hepática; (kleiner) lunar *m.;* -**leiden** *n.* enfermedad (*f.*) del hígado; -**tran** *m.* aceite (*m.*) de hígado de bacalao; -**wurst** *f.* salchicha (*f.*) de hígado.

Lebewesen *n.* ser (*m.*) viviente; (kleinstes) microorganismo *m.*

Lebewohl *n.* adiós *m.*

lebhaft vivo; (belebt) animado.

Lebkuchen *m.* alfajor *m.*

leblos (wie tot) exánime; (tot) sin vida.

Lebzeiten *pl.:* **zu -v.** viviendo..., cuando vivía ...; **zu seinen** - durante su vida.

leck: -**sein** (Schiff) hacer agua.

Leck *n.* (Schiff) vía (*f.*) de agua.

lecken lamer; (tropfen) gotear.

lecker rico, delicado, apetitoso.

Leckerbissen *m.* bocado (*m.*) exquisito.

Leder *n.* cuero *m.* piel *f.;* -**gürtel** *m.* correa *f.;* -**handschuh** *m.* guante (*f.*) de piel.

ledig soltero, libre; -**lich** sólo, solamente.

leer vacío.

Leere *f.* vacío *m.*

leeren vaciar; (Briefkasten) recoger el correo.

Leer -lauftaste *f.* (Schreibmaschine) espaciador *m.;* -**ung** *f.* (Briefkasten) recogida *f.* (del correo).

Leeseite *f. naut.* sotavento *m.*

Lefze *f.* (Pferd) belfo *m.*

legalisieren legalizar.

Legat *m.* nuncio (*m.*) apostólico; - *n.* legado *m.*

Legehenne *f.* (gallina) ponedora *f.*

legen poner, colocar; (Leitungen) instalar; **sich** - echarse; (ins Bett) acostarse; **s. aus dem Fenster** - asomarse a la ventana.

Legende *f.* leyenda *f.*

legieren (Metalle) alear.

Legierung *f.* aleación *f.*

Legion *f. Span.* (Marokko) tercio *m.*

Legitimation *f.* identificación *f.;* (Ausweis) carnet (*m.*) de identidad.

legitimieren, sich identificar su personalidad.

Lehen *n.* feudo *m.*

Lehm *m.* barro *m.*

Lehne *n.* (Stuhl) respaldo *m.;* (Berg) falda *f.*

lehnen, sich apoyarse, recostarse (**an** en), arrimarse (**gegen** contra).

Lehnstuhl *m.* butaca *f.* sillón *m.*

Lehr/anstalt *f.* establecimiento (*m.*) de enseñanza; -**buch** *n.* manual, tratado *m.*

Lehre *f.* doctrina; lección *f.;* (Lehrzeit) aprendizaje *m.*

lehren enseñar.

Lehr/brief *m.* certificado (*m.*) de aprendizaje; -**fach** *n.* asignatura *f.;* -**geld zahlen** *fig.* escarmentar.

Lehrer *m.* maestro, profesor *m.;* -**in** *f.* maestra, profesora *f.*

Lehr/ling *m.* aprendiz *m.;* -**lingswerkstatt** *f.* taller (*m.*) escuela -**mädchen** *n.* aprendiza *f.;* -**mittel** *n. pl.* material (*m.*) de enseñanza; -**plan** *m.* plan (*od.* cuadro) (*m.*) de estudios.

lehrreich instructivo.

Lehr/satz *m.* dogma *m.; math.* proposición *f.*, teorema *m.;* -**stuhl** *m.* cátedra *f.;* -**zeit** *f.* (tiempo de) aprendizaje *m.*

Leib *m.* cuerpo; (Unter -) vientre *m.; fam.* tripa *f.;* -**binde** *f.* faja *f.;* -**chen** *n.* camiseta *f.;* -**eigenschaft** *f.* servidumbre *f.;* -**schmerzen** *m. pl.* dolores (*m. pl.*) de vientre; *fam.* dolor (*m.*) de tripa; -**wäsche** *f.* ropa (*f.*) interior.

Leibesübung *f.* ejercicio (*m.*) físico.
leib/haftig en persona, personificado; **-lich** corporal.
Leiche *f.* cadáver; (Toter) muerto; (Verstorbener) difunto *m.*
Leichen/bittermiene *f.*: **-halle** *f.* depósito *m.*; **-rede** *f.* oración (*f.*) fúnebre; **-schau** *f.* autopsia *f.*; **-tuch** *n.* sudario *m.*; **-wagen** *m.* coche (*m.*) fúnebre; **-zug** *m.* cortejo (*m.*) fúnebre.
leicht (Gewicht) ligero; *SAm.* liviano; (leicht zu tun) fácil; **-fertig** (flüchtig) ligero; (moralisch) frívolo; **-gläubig** crédulo.
Leicht/gläubigkeit *f.* credulidad *f.*; **-igkeit** *f.* ligereza, facilidad *f.*; **-metall** *n.* metal (*m.*) ligero; *f.*; **-sinn** *m.* despreocupación *f.*, descuido *m.*, frivolidad *f.*
leichtsinig despreocupado.
leid, es tut mir -, daß lamento que, me da pena que, siento que.
Leid *n.* mal; **geteiltes - ist halbes Leid!** ¡mal de muchos consuelo de tontos.
leiden sufrir; (Hunger) pasar; (mögen) **jem. nicht - mögen** *fam.* no poder tragar a uno; no poder verle a uno ni en pintura.
Leidenschaft *f.* pasión; (Sport) afición *f.*
leidenschaftlich apasionado.
leider ¡desgraciadamente!
leidlich regular.
Leier *f.* *mus.* lira *f.*; **-kasten** *m.* organillo *m.*; **-kastenmann** *m.* organillero *m.*
Leihbibliothek *f.* biblioteca (*f.*) circulante.
leihen (verleihen) prestar.
Leih/gebühr *f.* cuota *f.*; **-haus** *n.* (privates) casa (*f.*) de préstamos; (offizielles) monte (*m.*) de piedad.
leihweise a título de préstamo.
Leim *m.* cola *f.*; **-topf** *m.* cazo *m.*
leimen (en)colar.
Lein *m.* lino *m.*
Leine *f.* cuerda *f.*; (Pferde-) ronzal *m.*; (Hunde-) correa *f.*
leinen de lino; (Wäsche) de hilo.
Leinen *n.* (Stoff) tela (*f.*) blanca de hilo; **-papier** *n.* papel (*m.*) de tela.
Lein/öl *n.* aceite (*m.*) de linaza; **-samen** *m.* linaza *f.*; **-tuch** *n.* (Bettuch) sábana *f.*; **-wand** tela (*f.*) blanca de hilo; (Kino) pantalla *f.*
leise (Schlaf) ligero; (Stimme) bajo; sin hacer ruido.
Leiste *f.* listón *m.*; *anat.* ingle *f.*
leisten rendir; (Widerstand) ofrecer; **Gesellschaft** - hacer compañía.
Leisten *m.* horma *f.*; **-bruch** *m.* *med.* hernia (*f.*) inguinal.
Leistung *f.* (energetische) potencia *f.*; (abgegebene) rendimiento *m.*
leistungsfähig capaz.
Leistungs/fähigkeit *f.* capacidad *f.*; **-prämie** *f.* premio (*m.*) a la producción.
Leitartikal *m.* artículo (*m.*) de fondo, editorial *m.*
leiten conducir; (Geschäft) dirigir; **-d** conductor, director.
Leiter *m.* director, jefe, gerente *m.*, *elektr.* conductor *m.*; **-in** *f.* directora, jefa *f.*; *-f.* escalera *f.* (de mano).
Leit/faden *n.* manual *m.*; **-gedanke** *m.* idea (*f.*) directriz; **-motiv** *n.* leitmotiv *m.*
Leitung *f.* (Geschäft) dirección, gerencia; (Rohr-) tubería, cañería *f.*; *elektr.* línea *f.*; **-sdraht** *m.* hilo (*m.*) conductor; **-smast** *m.* poste *m.*; **-svermögen** *n.* conductibilidad *f.*
Lektion *f.* lección *f.*
Lektüre *f.* lectura *f.*
Lende *f.* *anat.* región (*f.*) lumbar; (Hüfte) cadera *f.*; **-nbraten** *m.* solomillo *m.*; **-nschurz** *m.* (der Eingeborenen) taparrabo *m.*
lenkbar dirigible.
lenken conducir, guiar; (die Aufmerksamkeit auf) llamar.
Lenk/rad *n.* volante *m.*; **-stange** *f.* guía *f.*

lenzen *naut.* achicar.
Leopard *m.* leopardo *m.*
Lepra *f.* lepra *f.;* **-spital** *n.* leprosería *f.*
Lerche *f.* (Vogel) alondra *f.*
lernen aprender; **etw. als Kind gelernt haben** haber mamado alguna cosa con la leche.
Lesart *f.* versión *f.*
Lesebuch *n.* libro (*m.*) de lectura.
Lesefibel *f.* cartilla *f.*
lesen leer; (auf -) recoger; (Ähren) espigar; **v. vorn bis hinten** - leer de punta a cabo; **-swert** digno de leerse.
Leser *m.* lector *m.;* **-kreis** *m.* lectores *m. pl.*, público (*m.*) lector.
leserlich legible.
Lese/stoff *m.* lectura *f.*
Letter *f. typ.* letra (*f.*) de imprenta; **-n** *f. pl.* caracteres *m. pl.*
letzt último; **-er Wagen** (Eisenbahn) vagón (*m.*) de cola.
Letzt: zu guter - a la postre.
Leuchte *f. fig.* lumbrera *f.*
leuchten lucir; (selbstleuchtender Körper) fosforecer, irradiar; (glänzen) brillar.
Leuchter *m.* candelero, candil.
Leucht/gas *n.* gas (*m.*) de alumbrado; **-käfer** *m.* luciérnaga *f.;* **-kraft** *f.* intensidad (*f.*) lumínica; **-turm** *m.* faro *m.;* **-turmwärter** *m.* torrero *m.*
leugnen negar.
Leumund *m.* fama, reputación *f.;* **-szeugnis** *n.* certificado (*m.*) de buena conducta.
Leute *pl.* gente(s) *f.* (*pl.*).
Leutnant *m.* teniente, alférez *m.*
leutselig campechano.
Leviten *m. pl.:* **jem. die - lesen** *fig. fam.* poner a uno como un trapo.
Levkoje *f. bot.* alhelí *m.*
Lexikon *n.* diccionario *m.*
Libelle *f. zool.* libélula *f.*
Licht *f.* luz *f.;* **-anlage** *f.* instalación (*f.*) de luz (eléctrica); **-bild** *n.* foto(grafía) *f.;* **-druck** *m.* fotograbado *m.;* **-stärke** *f.* intensidad (*f.*) lumínica; **-strahl** *m.* rayo (*m.*) de luz.
Lichtung *f.* (Wald) claro *m.*
Lid *n.* párpado *m.;* **-erung** *f. techn.* guarnición *f.*
lieb (teuer) caro; (geliebt) amado, querido; (liebenswürdig) amable; **den ganzen -en Tag** todo el santo día.
Liebchen *n.* querida; (Braut) novia *f.*
Liebe *f.* amor *m.;* **-lei** *f.* flirteo *m.*, amoríos *m. pl.*
lieben amar, querer; **ich liebe es nicht** (sehe es nicht gern), **daß** no me gusta que; **-swürdig** amable.
Liebenswürdigkeit *f.* amabilidad *f.*
lieber (vielmehr) más bien, mejor.
Liebes/abenteuer *n.* aventura (*f.*) galante; **-brief** *m.* carta (*f.*) amorosa; **-gabenpaket** *n.* paquete (*m.*) de ayuda; **-paar** *n.* pareja (*f.*) de enamorados, amantes, novios *m. pl.;* **-verhältnis** *n.* amoríos *m. pl.*, *fam.* lío *m.*
liebevoll cariñoso.
liebhaben querer, sentir simpatía por.
Liebhaber *m.* amante, enamorado; (Kunst) aficionado *m.*
liebkosen acariciar; (Tiere) hacer fiestas a.
lieblich (Gegend) idílico.
Liebling *m.* favorito *m.;* (verwöhntes Kind) niño (*m.*) mimado.
lieb/los insensible, duro; **-reich** cariñoso.
Lied *n.* canción *f.;* **-erbuch** *n.* cancionero *m.*
Liederjan *m.* calavera *m.*
liederlich descuidado, desordenado; (Arbeit) chapucero; (ausschweifend) licencioso.
Liedderlichkeit *f.* descuido *m.*, desorden.
Liedertafel *f.* orfeón *m.*, masa (*f.*) coral.
Lieferant *m.* proveedor *m.*
Lieferauto *n.* camioneta *f.* (de reparto).

lieferbar listo para la entrega.
liefern suministrar, entregar.
Lieferschein *m.* talón *m.*, vale.
Lieferung *f.* suministro *m.*, entrega *f.*
liegen (Personen) estar echado; (Städte usw.) estar situado; (Schwierigkeit) estribar (**in** en) (Schuld) ser (**an** de); **am Wege -** (im Vorbeigehen zu erledigen) *fam.* pillar de paso.
Lift *m.* ascensor *m.*
Liga *f.* liga *f.*
Likör *m.* licor *m.*; **-glas** *n.* copita *f.* (para licor).
lila lila.
Lilie *f.* (Wasser -) lirio *m.*; (Garten -) azucena *f.*
Limonade limonada *f.*, refresco (*m.*) de limón.
Linde *f.* tilo *m.*; **-nblütentee** *m.* tila *f.*
lindern aliviar; (Schmerz) calmar.
Linderung *f.* alivio *m.*; **-smittel** *n.* *med.* calmante *m.*
Lineal *n.* regla *f.*; (Vierkant -) cuadradillo *m.*
Linie *f.* línea *f.*; **-nblatt** *n.* falsilla f,
linlieren rayar.
link izquierdo.
linkisch torpe.
links a la izquierda.
Linoleum *n.* linóleo *m.*
Linse *f.* *bot* lenteja *f.*; *opt.* lente *f.*
Lippe *f.* labio *m.*; **-nstift** *m.* barra (*f.*) *od.* lápiz (*m.*) para los labios.
liquidieren liquidar.
lispeln (flüstern) cuchichear; (Sprachfehler) cecear.
Lissabon *n.* Lisboa *f.*
List *f.* ardid *m.*, maña *f.*
Liste *f.* lista; (Verzeichnis) relación; (namentliche) nómina *f.*
listig astuto.
Liter *n.* litro *m.*
literarisch literario.
Literatur *f.* literatura *f.*; **-angabe** *f.* nota (*f.*) bibliográfica; (Fußnote) cita.
Lithograph *m.* litógrafo *m.*; **-ie** *f.* litografía *f.*
Litze *f.* cordón; *elektr.* flexible *m.*
Lizenz *f.* concesión *f.*, licencia, permiso *m.*
Lob *n.* elogio *m.*; (übertriebenes) bombo *m.*
loben elogiar, alabar; **-swert** digno de elogio.
löblich *adj.* (Absicht) loable.
Loch *n.* agujero; hoyo *m.*; bache.
lochen perforar; (Fahrkarten) picar.
Locher *m.* taladrador *m.*
Locke *f.* rizo *m.*
locken atraer; (Tiere) llamar.
locker flojo.
lockern aflojar.
Löffel *m.* cuchara; (Tee -) cucharilla *f.*
Loge *f.* *theat.* palco *m.*
logisch lógico.
Lohn *m.* jornal; (Monats -) sueldo *m.*; paga; (Belohnung) recompensa *f.*; **-empfänger** *m.* asalariado *m.*
lohnen recompensar; **es lohnt sich nicht** no vale la pena.
Lohn/erhöhung *f.* aumento (*m.*) de jornal; **-liste** *f.* nómina *f.*; **-steuer** *f.* impuesto (*m.*) sobre los salarios.
Löhnung *f.* pago (*m.*) de jornales; *mil.* paga *f.*; **-stag** *m.* día (*m.*) de paga.
Lokal *n.* local *m.*, localidad *f.*
Lokomotiv/e *f.* locomotora *f.*; **-führer** *m.* maquinista *m.* (de tren).
Lorbeer *m.* laurel *m.*
Lore *f.* vagoneta *f.*; *SAm.* zorra *f.*
Lorgnette *f.* impertinentes *m.* *pl.*
Los *n.* (Anteil) lote; (Lotterie) billete; **das große Los** (Span.) gordo *m.*; (Schicksal) suerte *f.*; **-scheibe** *f.* *techn.* polea (*f.*) loca.
los suelto; **was ist -?** ¿qué pasa?
Löschblatt *n.* papel (*m.*) secante.
löschen (Feuer, Licht Kalk) apagar; (Brand) extinguir.
losen echar suertes.
lösen (Bremse) soltar; (Schraube) aflojar; (Fahrkarte) sacar; (auflösen) diluir; (Aufgabe, Rätsel, *math.*) resolver, solucionar.
los -lassen soltar.

Lösegeld *n.* (precio de) rescate *m.*
löslich soluble.
Losung *f.* solución *f.*
Lot *n.* (Senklot) plomada; (Tiefenmessung) sonda; (zum Löten) soldadura; (Gewicht) mdia onza *f.*
loten sondear.
löten soldar.
Löt/kolben *m.* soldador *m.*; **-lampe** *f.* lámpara (*f.*) *od.* soplete (*m.*) de soldar; **-wasser** *n.* ácido (*m.*) para soldar.
lotrecht perpendicular; a plomo.
Lotse *m.* *naut.* práctico *m.*
Lotterie *f.* lotería; (private) rifa *f.*; (Ziehung) sorteo *m.*; **-geschäft** *n.* administración (*f.*) de lotería; **-gewinn** *m.* premio *m.*
Lötung *f.* soldadura *f.*
Löwe *m.* león *m.*; **-nanteil** *m.* *fig.* parte (*f.*) del león.
Löwin *f.* leona *f.*
loyal *adj.* leal.
Luchs *m.* lince *m.*
Lücke *f.* vacío; (Hohlraum)- hueco *m.*; (in Text, Wissen) laguna; (Mangel) falta *f.*
Luder *n.* *fam.* picaro *m.*
Luft *f.* aire *m.*, atmósfera *f.*; *fig.* ambiente *m.*; **es ist dicke** - *fig.* *Span* hay moros en la costa; **an die - setzen** (hinauswerfen) echar a la calle; **-angriff** *m.* ataque (*m.*) aéreo; **-ballon** *m.* globo *m.*; **-blase** *f.* burbuja (*f.*) de aire.
luftdicht hermético.
Luft/druck *m.* presión (*f.*) atmosférica; **-druckbremse** *f.* freno (*m.*) de aire comprimido.
lüften ventilar; (aus -) airear; (Geheimnis) revelar.
Luft/fahrtministerium *n.* Ministerio (*m.*) del Aire; **-hafen** *m.* aeropuerto *m.*; **-ikus** *m.* *fam.* vivalavirgen *m.*; **-kissen** *n.* almohadilla (*f.*) de aire; **-klappe** *f.* válvula (*f.*) de aire.
luft/krank mareado; **-leer** vacío de aire.
Luft/linie *f.* línea (*f.*) aérea; **-post** *f.* correo (*m.*) aéreo; **mit -post** por avión; **-pumpe** *f.* bomba (*f.*) de aire; **-reifen** *m.* neumático *m.*; **-röhre** *f.* *anat.* tráquea; **-röhrenkatarrh** *med.* bronquitis *f.*; **-schiff** *n.* dirigible *m.*; **-schiffhalle** *f.*, cobertizo *m.*; **-schraube** *f.* hélice *f.*; **-schutz** *m.* defensa (*f.*) antiaérea; **-schutzkeller** *m.* abrigo refugio *m.* (antiaéreo); **-stützpunkt** *m.* base (*f.*) aérea.
Lüftung *f.* ventilación.
Luft/veränderung *f.* *med.* cambio (*m.*) de aire; **-verbesserung** *f.* (in Lokalen) acondicionamiento (*m.*) del aire; **-verdünnung** *f.* enrarecimiento (*m.*) de aire; **-verkehr** *m.* servicio (*m.*) aéreo; **-waffe** *f.* aviación (*f.*) militar; **-weg** *m.* vía (*f.*) aérea.
Lüge *f.* mentira *f.*
lügen mentir; no decir la verdad.
Lügenhaftigkoit *f.* costumbre (*f.*) de mentir; (Nachrichten) falsedad *f.*
Lügner *m.* mentiroso, embustero *m.*
Luke *f.* (Dach) tragaluz *m.*; *naut.* escotilla *f.*
Lümmel *m.* grosero, sinvergüenza, mal educado *m.*; **-ei** *f.* grosería *f.*, majadería.
Lump *m.* canalla, sinvergüenza; *SAm.* cachafaz *m.*
Lumpen *m.* trapo *m.*; (Fetzen) harapos *m.* *pl.*; **-bande** *f.* gentuza *f.*; **-gesindel** *n.* *fam.* chusma *f.*; **-sammler** *m.* trapero *m.*
Lunge *f.* pilmón *m.*; **-nentzündung** *f.* pulmonía *f.*, **-uheilanstalt** *f.* sanatorio (*m.*) antituberculoso.
lungenkrank tísico.
Lungen/krankheit *f.* afección (*f.*) pulmonar; **-schwindsucht** *f.* tisis *f.*
Lunte *f.* mecha *f.*
Lupe *f.* lente *f.* (de aumento).
Lupine *f.* *bot.* altramuz *m.*

Lust *f.* (Verlangen) ganas *f. pl.;* (Interesse) interés *m.;* **-greis** *m.* viejo (*m.*) verde.

Lustbarkeitssteuer *f.* impuesto (*m.*) sobre espectáculos públicos.

lüstern (sinnlich) lascivo; (wollüstig) voluptuoso; (geil) *vulg.* cachondo.

Lüsternheit *f.* lascivia *f.;* (Geilheit) *vulg.* cachondez *f.*

lustig alegre; **s. -machen über** *fam.* chungarse de.

lustlos sin ganas; (Börse) sin animación.

Lust/mord *m* asesinato (*m.*) con violación; **-spiel** *n.* comedia *f.;* sainete *m.*

lutschen chupar.

Luvseite *f. naut.* barlovento *m.*

Luxux *m.* lujo *m.*

Luzerne *f. bot.* alfalfa *f.*

lynchen linchar.

Lynchjustiz *f.* linchamiento *m.*

Lyrik *f.* poesía (*f.*) lírica; **-er** *m.* poeta (*m.*) lírico.

lyrisch lírico.

m, M, *n.* m. M *f.*

Maat *m. naut.* cabo (*m.*) de mar.

Machart *f.* hechura *f.*

machen hacer; (fabrizieren) producir; **schnell** - darse prisa; **lächerlich** - poner en ridículo; (Appetit) abrir; (verursachen) ocasionar, causar; (en Schrittl Spaziergang) dar; **etw.** - **lassen** encargar; **gesund** - curar; **eifersüchtig** - dar celos a.

Machenschaften *f. pl.* intrigas *f. pl.*

Macher *m.* autor *m.*

Macht *f.* (Gewalt) poder *m.* **-haber** *m.* gobernante *m.* **-übernahame** *f.* advenimiento *m.*, toma (*f.*) de poder.

mächtig poderoso, fuerte; *techn.* potente.

machtlos impotente.

Mädchen *n.* (kleines) niña (größeres) chica, muchacha; (Dienst -) criada; *SAm.* mucama; (Kind weibl. Geschlechts) hembra *f.*; **-handel** *m.* trata (*f.*) de blancas; **-name** *m.* nombre (*m.*) de muchacha; (der Frau) nombre de soltera; **-schule** *f.* escuela (*f.*) de niñas; (höhere) colegio (*m.*) de señoritas.

madig (Käse) lleno de gusanos.

Magazin *n.* (Zeitschrift) revista *f.* (ilustrada).

Magd *f.* criada, muchacha *f.*

Magellanstraße *f.* Estrecho (*m.*) de Magallanes.

Magen *m.* estómago *m.* **-beschwerden** *f. pl.* indigestión *f.*; **-geschwür** *n.* úlcera (*f.*) del estómago; **-leiden** *n.* enfermedad (*f.*) del estómago; **-saft** *m.* jugo (*m.*) gástrico; **-säure** *f.* ácido (*m.*) gástrico; **-schmerzen** *m. pl.* dolores (*m. pl.*) del estómago.

magenstärkend tónico.

mager flaco; (Fleisch) magro; (dünn) delgado; (Boden) estéril; (Mahlzeit) frugal.

Magermilch *f.* leche (*f.*) desnatada.

Magistrat *m.* ayuntamiento, concejo municipal *m.*

Magnet *m.* imán; (Motor) magneto *m.*; **-nadel** *f.* aguja (*f.*) imantada.

magnetisieren magnetizar; (Eisen) imantar.

Mahagoni *nl* caoba *f.*

mähen (m. Sichel) segar; (m. Sense) guadañar.

Mäher *m.* segador *m.*

Mahl *n.* comida *f.* (Fest -) banquete *m.*

mahlen moler; (zu Pulver) pulverizar.

Mahlezeit *f.* comida *f.*; **gesegnete** -! ¡buen provecho!

Mähmaschine *f.* segadora *f.*

Mähne *f.* (Pferd) crines *f. pl.*; (Löwe, Mensch *fig.*) melena *f.*

mahnen advertir, recordar; (Kaufmansstil) reclamar.

Mahnung *f.* advertencia *f. jur.* apremio *m.*; reclamación *f.*

Mähre *f.* (Pferd) *fam.* jamelgo *m.*

Mai *m.* mayo *m.*; **-feier** *f.* fiesta (*f.*) del Primero de Mayo; **-glöckchen** *n. bot* muguete *m.*; **-käfer** *m.* abejorro *m.*

Mais *m.* maiz *m.*; **-brot** *n. SAm.* pan (*m.*) criollo; **-kolben** *m.* mazorca *f.*

Maische *f.* malta (*f.*) remojada.

Majestät *f.* majestad *f.*

majestätisch majestuoso.

Major *m.* comandante *m.*
Majoran *m.* mejorana *f.*
Majorat *n.* mayorazgo *m.*
Majorität *f.* mayoría *f.*
Makel *m.* mancha, tacha f.
makellos intachable, sin tacha.
mäkeln (bein Essen) ser muy delicado.
Makkaroni *m.* macarrones *m. pl.*
Makler *m.* corredor *m.* **-gebühr** *f.* corretaje *m.*
Makrele *f.* (Fisch) caballa *f.*
Mal *n.* (Mutter -)lunar *m.* (zeitlich) vez.
mal: einmal una vez; **noch ein mal** otra vez, una vez más; **zweimal** dos veces.
malen pintar.
Maler *m.* pintor *m.* (Anstreicher) pintor de brocha gorda; **-ei** *f.* pintura *f.* **-in** *f.* pintora *f.* **-meister** *m.* maestro pintor *m.*
malerisch pintoresco.
Malve *f. bot.* malva *f.*
Malz *n.* malta *f.*
Mammut *n. zool.* mamut *m.*
man: -sagt se dice, dicen, la gente dice; - **muß** hay que.
Manager *m.* empresario *m.*
manch, -er, -e, -es algún(o), alguna, algunos, -as; **-mal** a veces.
Mancha *f. Span.* **aus der** od. **auf die** - *bzgl.* manhego.
Manchester *m.* (Stoff) pana *f.*
Mandat *n.* cliente *m.*
Mandat *n.* mandato *m.; parl.* acta *f.* (el); **-ar** *m.* mandatario *m.*
Mandel *f. bot.* almendra *f. anat.* amígdala *f.*; **-entzündugn** *f. med.* angina, amigdalitis *f.*
Mandoline *f. mus* mandolina *f.*
Mandschurei *f.* Manchuria *f.*
Mangel *m.* (Fehler) defecto *m.;* (Fehlen) falta *f.*
mangelhaft defectuoso, deficiente.
Mangelhaftigkeit *f.* insuficiencia *f.* deficiencia.
mangeln (fehlen) faltar, hacer falta; (Wäsche) alisar.
mangels por falta de.
Mangold *m. bot.* acelga *f.*
Manie *f.* manía *f.*
Manier *f.* manera *f.* estilo *m.*
Manifest *n.* manifiesto *m.*
Maniküre *f.* manicura *f.*
Mann *m.* hombre; (Gatte) marido, esposo *m.;* (Person) persona *f.* **wie ein** - como un solo hombre.
Männchen *n. zool.* macho *m.*
Mannequin *m.* maniquí *m.*
Mannesalter *n.* edad (*f.*) adulta.
mannhaft viril; (mutig) valiente.
mannigfaltig variado, diverso.
männlich masculino; **Kind -en Geschlechts** varón *m.;* (Glied *anat*) viril; **-es Tier** macho *m.*
Mannschft *f. mil.* tropa *f.; naut.* tripulación *f.* (Sport) equipo *m.*
Mantille *f.* mantilla *f.*
Mannweib *n.* marimacho *m.*
Manometer *m.* manómetro *m.*
Mansarde *f.* guardilla *f.*
manschen *fam.* mezclar.
Manschette *f.* puño *m.*
Mantel *m.* (leichter) gabán; (schwerer) abrigo *m.* (imprägnierter) gabardina *f.* (Trenchcoat) trinchera *f.* (Staub -) guardapolvo *m.*
Manufakturwaren *f. pl.* artículos *(m. pl.)* manufacturados.
Manuskript *n.* manuscrito *m.*
Mappe *f.* (Akten -) cartera *f.* (Schul -) cartapacio *m.* mochila *f.;* (Briefordner) carpeta *f.*
Märchen *n.* cuento; *fig.* embuste *m.*
Marder *m. zool.* marta *f.*
Margarine *f.* margarina *f.*
Marienkäfer *m. zool.* mariquita *f.*
Marine *f.* marina *f.;* **-station** *f.* base (*f.*) naval; **-ingenieur** *m.* ingeniero (*m.*) naval.
marineblau *adj.* azul marino.
marinieren escabechar.

Mar *n.* médula *f.;* (Knochen -) tuétano *m.;* *-f.* (Münze) marco *m.;* (Grenzmark) marca *f.*
Marke *f.* marca *f.;* (Brief -) sello *m.* (de correo), *SAm.* estampilla *f.;* (Stempel -) timbre *m.;* (Waren -) marca de fábrica; (Spiel -) ficha *f.;* **-nsammler** *m.* filatelista *m.*
Markt *m.* mercado *m.;* (Jahr -) feria *f.;* **-bude** *f.* puesto *m.;* **-frau** *f.* (Gemüselfrau) verdulera *f.;* **-halle** *f.* mercado *m.* (central); **-helfer** *m.* mozo *m.; SAm.* peón *m.;* **-platz** *m.* plaza *f.* (del mercado); **-preis** *m.* precio *(m.)* de mercado *od.* corriente; **-schreier** *m.* charlatán *m.;* **-schreierei** *f. vulg.* bombo *m.*
marktschreierisch con mucho bombo.
Marmelade *f.* mermelada *f.* dulce *m.*
Marmor *m.* mármol *m.*
Marokkaner *m.* marroquí, moro *m.*
marokkanisch marroquí, moro.
Marokko *n.* Marruecos *m.;* **-leder** *n.* tafilete *m.*
Marone *f.* castaña *f.*
Marsch *m.* marcha *f.;* -f·: **-ordnung** *f.* orden *(m.)* de marcha.
Marschal *m.* mariscal *m.*
marschieren marchar.
Marstall *m.* caballerizas *f. pl.*
Marter *f.* tormento *m.; rel.* martirio *m.*
marten martirizar, dar tormento a.
Märtyrer *m.* mártir *m.*
März *m.* marzo *m.*
Marzipan *n.* mazapán *m.*
Masche *f.* malla *f.*
Maschine *f.* máquina *f.;* **-nbau** *m.* (Wissenschaft) mecánicas *fpl;* (Tätigkeitsgebiet) construcción *(f.)* de máquinas; **-ngewehr** *n.* ametralladora *f.;* **-raum** *m.* sala *(f.)* de máquinas; **-rie** *f.* maquinaria *f.* (Getriebe) mecanismo *m.*
Maschinist *m.* maquinista *m.*
Maser *f.* (Holz) veta *f.*
Masern *pl. med.* sarampión *m.*
Maske *f.* máscara, careta *f.;* (Atemschutz-) respirador *m.;* (Gasschutz-) máscara antigás; (Staubschutz-) careta contra el polvo; **-nball** *m.* baile *(m.)* de máscaras; **-nkostüm** *n.* disfraz *m.*
Maß *n.* medida *f.;* (Mäßgung) moderación *f.;* (Abmessung) dimensión *f.;* **-eintragung** *f.* acotación *f.;* **-nach** - a medida; **über alle -en** sobremanera.
Massage *f.* masaje *m.*
Masse *f.* masa *f.;* (Volksmenge) multitud *f.,* las masas populares.
Massen|mord *m.* matanza *f.;* **-versammlung** *f.* mitin *(m.)* popular.
Masseur *m.* **Masseuse** *f.* masajista *m.* - *f.*
maßgebend competente.
massieren dar masaje.
mäßig moderado; (Preise) módico.
Mäßigung *f.* moderación *f.*
massiv macizo.
maßlos inmenso, desmesurado.
Maß|nahme *f.* medida *f.;* **-schneider** *m.* sastre *m.* (a medida); **-stab** *m.* (auf Landkarten) escala *f.*
maßvoll moderado.
Mast *m. naut.* palo *m.;* (Leitungs-) poste *m.;* (Fahnen -) mástil *m.* *-f.* engorde *m.;* **-darm** *m. anat.* recto *m.*
mästen engordar.
Mater *f. typ.* matriz *f.*
Material *n.* material *m.*
Materie *f.* materia *f.*
materiell material.
Mathematik *f.* matemáticas *f. pl.*
Matjeshering *m.* arenque *(m.)* fresco.
Matratze *f.* colchón *m.*
Mätresse *f.* favorita *f.*
Matrize *f.* matriz *f.*
Matrone *f.* matrona *f.*
Matrose *m.* marinero *m.*
matt (müde) cansado; (Glas, undurchsichtig) opaco: (Farbe, Schach) mate.
Mattscheibe *f.* cristal *(m.)* mate.
Mätzchen: *fam.* **machen Sie keine -** déjese Vd. de pamplinas.

Mauer *f.* muro *m;* (Wand) pared; (Umfassungs -) tapia; (Stadt -) muralla *f.*
mauern trabajar de albañil, levantar un muro (una pared).
Mauer|stein *m.* ladrillo *m.;* **-werk** *n.* obra (*f.*) de fábrica.
Mauke *f.* (Pferdekrankheit) grapa f.
Maul *n.* boca *f.;* **-affen feilhalten** *fig. fam.* papar moscas; **-beere** *f.* mora *f.;* **-esel** *m.* mulo *m.*, mula *f.;* **held** *m.* fanfarrón *m.;* **-korb** bozal *m.;* **–u. Klauenseuche** *f.* fiebre (*f.*) aftosa; **-wurf** *m.* topo *m.;* **-wurfshaufen** *m.* topera *f.*
Maure *m.* moro *m.*
Maurer *m.* albañil *m.;* **-geselle** *m.* oficial (*m.*) de albañil; **-meister** *m.* maestro (*m.*) de obras; **- polier** *m.* capataz (*m.*) de obras.
maurisch *adj.* moro, morisco, moruno.
Maus *f.* ratón *m.;* **-efalle** *f.* ratonera *f.*
Mauser *f.* muda *f.*
Maximun *n.* máximo *m.* máximum.
Mechanik *f.* mecánica *f.*
meckern (Ziege) balar.
Medaille *f.* medalla *f.*
Medizin *f.* *medicina f.;* (Arznei) medicamento *m;* **-er** *m.* (Student) estudiante de medicina; (Arzt) médico *m.*
Meer *n.* mar *m.; (fig. f.)* **-busen** *m.* golfo *m;* **-esgrund** *m.* fondo *(m)* del mar; **-esspiegel** *m.* nivel (*m.*) del mar; **-esufer** *n.* playa *f.;* **-rettich** *m.* rábano (*m.*) picante; **-schaum** *m.* espuma (*f.*) de mar; **-schweinchen** *n.* conejo (*m.*) de Indias.
Mehl *n.* harina *f.;* **-brei** *m.* papilla *f.;* **-speise** *f.* plato (*m.*) de dulce; pudín *m.*
mehlig harinoso.
mehr más; (zeitlich) **nicht** - ya no; (genug) nicht -! ¡basta!; **-ere** varios; **-fach** múltiple, repetido.
Mehrgewicht *n.* (Bahn, Post) exceso (*m.*) de peso.
Mehrheit *f.* mayoría *f.*
mehr|malig reiterado; **-mals** varias veces; (häufig) a menudo.
Mehrpreis *m.* recargo *m.*
Mehrzahl *f.* mayoría *f.; gramm.* plural *m.*
meiden evitar; (fliehen) huir.
Meile *f.* milla; *Span.* legua *f.*
Meiler *m.* carbonera *f.*
mein mil; (betont) mío.
Meineid *m.* juramento (*m.*) en falso.
meineidig perjuro.
meinen opinar; (gauben) creer; (denken) pensar.
meinerseits por mi parte.
meinetwegen por mí.
Meinung *f.* opinión *f.* parecer *m.;* **meiner - nach** en mi opinión.
Meise *f.* (Vogel) paro *m.*
Meißel *m.* escoplo, cincel *m.*
meißeln cincelar, escoplear.
meist; in den -en Fällen en la mayoría de los casos; **die -en Leute** *las más* de las gentes; **-bietend: -bietend versteigern** subastar *(SAm.* rematar) al mejor postor; **-ens** *las más* de las veces; por regla general; la mayor parte.
Meister *m.* maestro; (Sport) campeón *m.*
meisterhaft magistral.
meistern (Sprache) dominar.
Meister|schaft *f.* campeonato *m.;* **-werk** *n.* obra (*f.*) maestra.
Meistangebot *n.* (Auktion) mejor postura *f.;* (Handel) mejor oferta *f.*
Melancholie *f.* melancolía *f.*
melancholicsh melancólico.
Melasse *f.* melaza *f.*
Meldeamt *n.* oficina (*f.*) del censo.
melden anunciar, comunicar; **s.** -presentarse; **nichts zu - haben** *fig.* no pintar nada.
Melder *m.* avisador *m.* (Feuer-) (de incendios).
Meldestelle *f.* (Einwohner-) registro *m.*
Meldung *f.* aviso; (dienstliche) parte *m.;* (Zeitungs -) noticia *f.*

melken ordeñar.
Melone *f.* melón *m;* (Wasser -) sandía *f;* (steifer Hut) hongo *m.*
Menge *f.* cantidad; (Menschen) multitud *f.*
mengen mezclar.
Mennige *f.* minio *m.*
Mensch *m.* hombre *m;* **e- anständiger** - una persona decente; **die -en** *m. pl.* la gente; **-enaffe** *m.* antropoide *m.;* **-enalter** *n.* generación *f.;* **-enfeind** *m.* misántropo *m;* **-enfresser** antropófago *m;* **-enfreund** *m.* filántropo *m;* **-engedenken, seit** - desde tiempos inmemoriales; **-enhaß** *m.* misantropía *f.;* **-enkenner** *m.* psicólogo *m.;* **-enliebe** filantropía *f.;* (Nächstenliebe) caridad *f.*
menschenmöglich; das M -e tun hacer lo humanamente posible.
Menschenverstand *m.* inteligencia, razón *f.;* **der gesunde** - el sentido común.
Menschheit *f.* humanidad *f.*
menschlich humano.
Menschlichkeit *f.* humanidad *f.;* (Mitleid) compasión *f.*
Menstruation *f.* menstruación *f.*
Mergel *m.* marga *f.*
merken notar; **s.** - retener en la memoria; **s. nichts - lassen** disimular; hacerse el desentendido.
merklich sensible.
Merkmal *n.* señal, característica.
merkwürdig memorable.
Merkwürdigkeit *f.* cosa (*f.*) notable, curiosidad *f.*
Mensner *m.* sacristán *m.*
Messe *f. rel.* misa *f.;* (Markt) feria; *naut.* cámara (f.) de oficiales.
messelesend *rel.* celebrante.
messen medir; (Temperatur) *med.* tomar; **s. - m.** *fig.* competir con.
Messer *n.* cuchillo *m.;* (Taschen — navaja *f.;* **-rücken** *m.* lomo (*m.*) del cuchillo; **-schneide** *f.* filo *m.;* **-stich** *m.* puñalada *f.*
Messias *m.* Mesías *m.*
Messing *n.* latón *m.*
Messung *f.* medición *f.*
Met *m.* aguamiel *m.*
Metall *n.* metal *m.;* **-arbeiter** *m.* metalúrgico *m.;* **-geld** *n.* metálico *m.;* **-industrie** *f.* industria (*f.*) metalúrgica; **-kunde** *f.* metalografía *f.*
metallisch de metal, metálico.
Meteor *m.* aerolito; (leuchtender) bólido *m.*
Meter *m.* metro *m;* **-maß** *n.* metro *m.* cinta (*f.*) métrica.
Metzelei *f.* carnicería *f.*
Metzger *m.* carnicero *m;* (Schlachthof) matarife *m.*
Meuchel|mord *m.* crimen (*m*) alevoso; **-mörder** *m.* asesino *m.*
meuchlerisch *adj.* alevoso, traidor.
Meute *f.* (Hunde -) jauría *f.*
Meuterei *f.* sublevación *f.;* (Militärputsch, *Span.*) pronunciamiento *m.*
meutern sublevarse.
miauen maullar.
mich me; (betont) a mí.
Michaelisfest *n.* fiesta (*f.*) de San Miguel.
Mieder *n.* corsé *m.*
Miene *f.* cara *f.* aire; (Gebärde) ademán *m.*
Miesmacher derrotista, pesimista *m.*
Miesmuschel *f.* almeja *f.*
Miete *f.* alquiler *m.* renta *f.;* *agr.* (Heuschober) almiar *m.*
mieten alquilar; (pachten) arrendar.
Mieter *m.* inquilino *m.*
Miet|vertrag *m.* contrato (*m.*) de alquiler; **-wohnung** *f.* piso *m.*
Mikroskop *n.* microscopio *m.*
mikroskopisch microscópico.
Milch *f.* lech *f.* (Fisch -) lecha *f.* **-brötchen** *n.* bollo *m.;* **-flasche** *f.* biberón *m.* **-geschäft** *n.* lechería; (m. eigenen Kühen) vaquería *f.* **-glas** *n.* (Glasart) vidrio (*m.*) opalino; **-mann** *m.* lechero *m.;* **-pulver** *m.* leche (*f.*) en polvo; **-reis** *m.* arroz (*m.*) con leche; **-säure** *f.* ácido (*m.*)láctico; **-straße** *f. astr.* vía (*f.*)

láctea; **-zahn** *m.* diente (*m.*) de leche; **die -zähne** la primera dentición.
mild suave; (Klima) benigno; (Strafe) ligero.
Milde *f.* suavidad, indulgencia *f.*
mildern (lindern) aliviar; **-de Umstände** *m. pl.* atenuantes *f. pl.*
Milderungsgrund *m. jur.* (circunstancia) atenuante *f.*
mildtätig caritativo.
Mildtätigkeit *f.* caridad *f.*
Milieu *n.* ambiente *m.*
Militär *n.* tropa *f.* solados *m. pl.*; **-attaché** *m.* agregado (*m.*) militar; **-dienst** *m.* servicio (*m.*) militar, *fam.* mili *f.*; **-gefängnis** *n.* prisiones (*f. pl.*) militares.
militärpflichtig sujeto al servicio militar.
Milizsoldat *m.* miliciano *m.*
Milliarde *f.* mil millones *m. pl.*
Million *f.* millón *m.*
Milz *f. anat.* bazo *m.*;
Mimose *f. bot.* sensitiva *f.*
Minderheit *f.* minoría *f.*
minderjährig menor de edad.
Minderzahl *f.* minoría *f.*
mindeste, der, die el *bzw.* la menor; **des -** lo menos; **-ns** por lo menos.
Mindestlohn *m.* jornal (*m.*) mínimo.
Mine *f.* mina *f.*; **-nleger** *m. naut.* minador *m.*; **-nwerfer** *m. f.* lanzaminas *m.*
Mineralquelle *f.* manantial (*m.*) de aguas minerales, termas *f. pl.*
Mineralwasser *n.* agua (*f.*) (el) mineral.
Minister *m.* ministro *m.*; **-ium** *n.* ministerio *m.*
Minute *f.* minuto *m.*
Minze *f. bot.* hierbabuena *f.*
mir me; (betont) a mí.
Mischehe *f.* matrimonio (*m.*) mixto.
mischem mezclar; (Karten) barajar.
Mischling *m.* mestizo *m*; *zool. bot.* bastardo *m.*
Mischmasch *m.* mescolanza *f.*
Mischung *f.* mezcla *f.*
Mispel *f.* níspero *m.*
Mißachten despreciar.
Miß|achtung *f.* desprecio *m*; **-bildung** *f.* (körperliche) defecto *m.*; *anat. bot.* deformidad *f.*
mißbilligen desaprobar.
Miß|billigung *f.* desaprobación *f.*; **-brauch** *m.* abuso *m.*
miß|brauchen abusar de; **- bräuchlich** abusivo.
Miß|erfolg *m.* fracaso *m.*; **-ernte** *f.* mala cosecha *f.*
Missetat *f.* fechoría *f.*
Missetäter *m.* malhechor, delincuente, criminal *m.*
mißfallen disgustar.
Miß|geburt *f.* criatura (*f.*) deforme; *fig.* monstruo *m*; **-geschick** *n.* desgracia *f.*
miß| -glücken fracasar, salir mal.
Mißgriff *m.* desacierto *m.*
miß|günstig envidioso; **-handeln** maltratar.
Miß|handlung *f.* mal trato *m.*; **-klang** *m. mus.* disonancia; *gramm.* cacofonía *f.*
miß|lich crítico, delicado; (Lage) precario; (schwierig) difícil; **-lingen** frustrarse; **-mutig** malhumorado.
Mißstimmugn *f.* mal humor, descontento *m.*
mißtrauen desconfiar.
Mißtrauen *n.* desconfianza *f.*
mißvergnügt descontento.
Miß|verhältnis *n.* desproporción *f.*; **-verständnis** *n.* (Irrtum) error *m.*; mala inteligencia *f.*
mißverstehen entender mal.
Mißwirtschaft *f.* mala administracion *f.* desgobierno *m.*
Missionar *m.* misionero *m.*
Mist *m.* estiércol *m.*; **-gabel** *f.* horquilla *f.*; **-grube** *f.* estercolero *m.*; **-käfer** *m.* escarabajo (*m.*) pelotero.
Mistel *f. bot.* almuérdago *m.*
mit con.
Mitarbeiter *m.* colaborador *m.*

mitarbeiten colaborar (**an** en).
Mit|besitzer *m.* copropietario *m.;* **-bewerber** *m.* competidor; rival *m.*
mitbringen traer(se), llevar (consigo).
Mit|burger *m.* conciudadano; (Landsmann) compatriota *m.;* **-eigentümer** *m.* condueño *m.*
miteinander juntos.
miterleben presenciar.
mitfühlend compasivo.
mitführen llevar consigo.
Mit|gefühl *n.* compasión, simpatía *f.;* **-gift** *n.* dote *m;* **-glied** *n.* miembro, socio *m;* **-gliedskart** *f.* carnet (*m.*) de socio; **-hilfe** *f.* asistencia, ayuda *f.;* **-spieler** *m.* (Spiel) compañero (*m.*) de juego; *theat.* actor.
mitkommen acompañar a, venir con.
Mit|leid *n.* compasión, piedad *f.;* **-erregen** dar pena; **-mensch** *m.* prójimo *m;* **-schuld** *f.* complicidad *f.;* **-schuldiger** *m.* cómplice; *fam.* compinche *m.;* **-schüler** *m.* condiscípulo, compañero *(m.)* de clase.
mitnehmen llvarse, llevar consigo.
Mittag *m.* mediodía *m.;* **des** -s la hora de comer; **-sbrot** *n.* almuerzo *m.* comida *f.;* **-sruhe** *f.* siesta *f.* **(halten** echar); **-szeit** *f.* (hora del) mediodía *m.;* hora (*f.*) de comer.
mittags al mediodía, a la hora de comer.
Mitte *f.* medio; (Mittelpunkt) centro *m.*
mitteilen comunicar, participar.
Mitteilung *f.* comunicación *f.*
Mittel *n.* (Durchschnitt) término medio, promedio; (Heilmittel) remedio; (Hilfsmittel) medio *m;* (Geld -) fondos, recursos *m. pl.* **-alter** *n.* edad (*f.*) media; **-amerika** *n.* Centroamérica *f.;* **-europa** *n.* Europa (*f.*) Central; **-finger** *m.* dedo (*m.*) corazón.
mittel|groß de tamaño mediano; **-mäßig** mediano, regular.
Mittel|meer *n.* (Mar) Mediterráneo *m.;* **-punkt** *m.* centro *m;* **-stand** *m.* clase (*f.*) media, las gentes medias.
mittels por medio de.
Mittelsperson *f.* mediador *m.* intermediario.
mitten, - in, auf, unter en medio de; **- durch** a través de.
Mitternacht *f.* medianoche *f.* **-smesse** *f. rel.* misa (*f.*) del gallo.
mittlerweile entretanto, en el ínterin.
Mittwoch *m.* miércoles *m.*
Mitwelt *f.* el mundo contemporáneo.
mitwirken cooperar; *theat.* actuar.
Mitwirkung *f.* cooperación *f.* concurso *m.*
Mit|wissen *n:* **ohne mein** - sin saberlo yo; **-wisser** *m.* confidente; *jur.* cómplice *m.*
Mob *m.* populacho *m.*
Möbel *n.* mueble *m.;* *-n pl.* mobiliario; (unhand iches Stück) armatoste *m;* **-handlung** *f.* tienda (*f.*) de muebles; **-lager-haus** *n.* guardamuebles *m.;* **-tischler** *m.* ebanista, mueblista *m.;* **-wagen** *m.* carro (*m.*) de mudanza.
Mobilar *n.* mobiliario *m.*
Mobilmachung *f.* movilización *f.*
möblieren amueblar.
Mode *f.* moda; (Brauch) costumbre *f.;* **es ist nicht mehr** *fig. fam.* ya no se estila; **-bild** *n.* figurín *m.;* **-narr** *m.* (früher) pisaverde; (heute) elegante, *SAm.* compadrito.
Modell *f.* modelo *m.;* (Nachbildung in kleinem Maßstab) maqueta; (Muster) muestra, prueba *f.;* (Anprobefräulein) modelo *f.*
modellieren modelar.
Moder *m.* moho *m.*
moderig mohoso; (faulig) podrido.
modern (neu) moderno, de moda.
Modewaren *f. pl.* artículos *(m. pl.)* de moda *od.* de fantasía.
Modistin *f.* modista *f.*
mogeln hacer trampa(s).
mögen (wollen) querer; (dürfen) poder; (Geschmack finden an) gustar.
möglich posible.

Möglichkeit *f.* posibilidad *f.*
möglichst a ser posible; **-bald** cuanto antes.
Mohn *m.* amapola, adormidera *f.*
Möhre *f.* zanahoria *f.*
Molch *m. zool.* salamandra *f.*
Mole *f.* muelle; (Hafen -) malecón *m.*
Molekül *n.* molécula *f.*
Molke *f.* suero *m.*
Molkerei *f.* lechería, vaquería *f.*
Moll *n. mus.* modo (*m.*) menor.
mollig (Person) regordete.
Moment *m.* momento *m.*; **-aufnahme** *f.* instantánea *f.*; **-verschluß** *m.* obturador (*m.*) para instantáneas.
Monarch *m.* monarca *m.*; **-ie** *f.* monarquía *f.* **-ist** *m.* monárquico *m.*
Monat *m.* mes *m.*
monatlich mensual; *adv.* al mes por mes.
Monats|abschluß *m.* cierre (*m.*) de mes; **-binde** *f.* paño (*m.*) higiénico; **-gehalt** *n.* sueldo (*m.*) mensual, mensualidad *f.*; **-karte** *f.* abono (*m.*) mensual; **-rate** *f.* mensualidad *f.*
Mönch *m.* monje, fraile *m.*; **-sorden** *m.* orden (*f.*) monástica.
Mond *m.* luna *f.*; **der -nimmt zu (ab)** hay luna creciente (menguante); **-finsternis** *f.* eclipse (*m.*) lunar, **-schein** *m.* luz (*f.*) de la luna; **wir haben -schein** hace luna.
mondsüchtig sonámbulo.
Mondwechsel *m.* fases (*f. pl.*) de la luna, lunación *f.*
Moneten *pl. fam.* cuartos *m. pl.*; *SAm.* plata *f.*
Monopol *n.* monopolio *m.*
monoton monótono.
Monotonie *f.* monotonía *f.*
Montag *m.* lunes *m.*
Montage *f.* montaje *m.*
Monteur *m.* montador *m.*
montieren montar; (Maschine) instalar.
Moos *n.* musgo *m.*
mopsen, sich *fam.* aburrirse como una ostra.
Moral *f.* moral; **-predigt** *f.* sermón *m.*
Moratorium *n.* moratoria *f.*
Mord *m.* asesinato *m.*
morden asesinar, matar.
Mörder *m.* asesino *m.*
mörderisch sangriento.
Morgen *m.* mañana *f.*; (Feldmaß] fanega *f.*; **-ausgabe** *f.* edición (*f.*) de la mañana; **-dämmerung** *f.* crepúsculo (*m.*) matutino, alba *f.* (el); **-land** *n.* Oriente, Levante *m.*; **-rock** *m.* bata *f.*; **-rot** *n.* aurora *f.*; (im Gebirge) arrebol (*m.*) matutino; **-stern** *m.* estrella (*f.*) matutina; *lit.* lucero (*m.*) del alba.
morgen *adv.* mañana; **-dlich** *adj.* matutino.
morgens por la mañana.
Morphium *n.* morfina *f.*
morsch podrido.
Mörser *m.* mortero, almirez *m.*; **-stößel** *m.* mano (*f.*) de almirez.
Mörtel *m.* mortero *m.* argamasa *f.*
Mosaik *n.* mosaico *m.*
Moschee *f.* mezquita *f.*
Most *m.* mosto *m.*; (Apfel -) sidra *f.*
Mostrich *m.* mostaza *f.*
Motiv *n.* motivo *m.*
Motor *m.* motor *m.*; **-haube** *f.* capot (*m.*) del motor; **-schiff** *n.* motonave *f.*
Motte *f.* polilla *f.*; **-npulver** *n.* polvos (*m. pl.*) insecticidas.
Möwe *f.* gaviota *f.*
Mücke *f.* mosquito *m.*; **-nstich** *m.* picadura (*f.*) de mosquito.
Mucker *m.* hipócrita.
müde cansado; **-sein zu** (überdrüssig sein) estar harto de.
Müdigkeit *f.* cansancio *m.*
Muff *m.* (Kleidungsstück) manguito *m.*
Muffe *f. techn.* manguito *m.*
muffig (Luft) enrarecido; **-riechen** oler a moho; (mürrisch) gruñón.
Mühe *f.* molestia *f.*; (Arbeit) trabajo *m.*; **m. großer** - a duras penas; **es lohnt s. nicht der** - no vale la pena.

mühen, sich afanarse (um por).
mühevoll penoso, molesto.
Mühle *f.* molino; (Großgetreide -) fábrica (*f.*) de harinas.
Mühl|rad *n.* rueda (*f.*) de molino; **-stein** *m.* piedra de molino, muela *f.*
Mühsal *f.* fatiga, pena *f.*
mühsam penoso, difícil, molesto.
Mulde *f.* artesa; (Boden -) hondonada *f.*
Mull *m.* muselina; (Verband -) gasa *f.*
Müll *m.* basura *f.*; **-abfuhr** *f.* recogida (*f.*) de basuras; **städtische -abfuhr** limpieza (*f.*) pública; **-eimer** *m.* cubo (*m.*) de basuras; **-kutscher** *m.* basurero *m.*; **-wagen** *m.* carro (*m.*) de basuras.
Müller *m.* molinero *m.*
multiplizieren multiplicar.
Mumie *f.* momia *f.*
Mumpitz *m.* *fam.* disparate *m.*
Mumps *m.* *med.* paperas *f. pl.*
Münchener Bier *n.* cerveza (*f.*) de Munich.
Mund *m.* boca *f.*; **den - halten** callarse (la boca); **-art** *f.* dialecto *m.*
Mündel *n.* pupilo *m.*
munden: s. etw. - lassen saborear a/c.
münden desembocar.
mündig mayor de edad.
Mündigkeit *f.* mayor edad *f.*
mündlich verbal; *adv.* de palabra.
Mundstück *n.* boquilla *f.*
Mündung *f.* (Fluß -) desembocadura; (Geschütz -) boca *f.*
Mund|voll *m.* (Bissen) bocado *m.*; (Flüssigkeit) bocanada *f.*; **- wasser** *n.* agua (*f.*) (el) dentífrica.
Munition *f.* municiones *f. pl.*
Münster *n.* catedral *f.*
munter vivo; (wach) despierto.
Munterkeit *f.* viveza *f.* despabilamiento *m.*
Münzamt *n.* casa (*f.*) de la moneda.
Münze *f.* moneda *f.*; (Anstalt) casa (*f.*) de la moneda.
Münzeinheit *f.* unidad (fi:f.) monetaria.
münzen acuñar moneda.
Münzfernsprencher *m.* teléfono (*m.*) público automático.
Münzkabinett *n.* museo (*m.*) numismático.
Murmel *f.* (Kinderspielkugel) bolita *f.*; *SAm.* canica *f.*
murmeln murmurar.
Murmeltier *n.* marmota *f.*
murren quejarse.
mürrisch gruñon.
Mus *n.* (Kartoffel -) puré *m.*; (Apfel -) compota·
Muschel *f.* *zool.* concha; (Schalenhälfte) valva *f.* (Tier) molusco *m.*; (Speise) (Mies -) almeja *f.*
Muse *f.* musa *f.*
Museum *n.* museo *m.*
Musik *f.* música *f.*
musikalisch musical.
Musiker *m.* músico *m.*
musizieren hacer música.
Muskat|eller *m.* (Wein) vino (*m.*) moscatel; **-nuß** *f.* nuez (*f.*) moscada.
Muskel *f.* músculo *m.*; **-kraft** *f.* **fuerza** (*f.*) muscular; **-zerrung** *f.* distorsión (*f.*) de un músculo.
Musketier *m.* soldado (*m.*) de infantería, mosquetero.
muskulös musculoso.
Muße *f.* ocio *m.*; **m. -** con toda tranquilidad.
müssen (äußerer Zwang) tener que; (moralischer Zwang) deber; (innerer Zwang) haber de.
müßig ocioso.
Muster *n.* muestra *f.* modelo *m.*; **-beutel** *m.* bolsa (*f.*) para muestras; **-buch** *n.* muestrario *m.*
mustergültig ejemplar.
Muster|koffer *m.* muestrario *m.*; **-kollektion** *f.* muestrario *m.*; **-messe** *f.* feria (*f.*) de muestras.
mustern examinar; *mil.* revistar.
Musterung *f.* examen *m.*; *SAm.* enrolamiento *m.*

Mut *m.* ánimo, valor *m.*
mut|ig valiente; **-los** desalentado.
Mutlosigkeit *f.* desaliento *m.*
mut|maßen suponer, sospechar; **-maßlich** presunto; (wahrscheinlich) probable.
Mutmaßung *f.* suposición, sospecha *f.*
Mutter *f.* madre *f.;* (Schauben -) tuerca *f.;* **korn** *n. bot.* cornezuelo *m.;* **-kuchen** *m.* (Nachgeburt) placenta *f.;* **-leib** *m.* seno *m.* (de la madre); **-liebe** *f.* amor (*m.*) maternal; **-schaft** *f.* maternidad *f.;* **-söhnchen** *n.* niño (*m.*) mimado; **-sprache** *f.* lengua (*f.*) materna; **-witz** *m.* gracia (*f.*) natural, salero *m.;* **-witz haben** *fam.* conocer bien la gramática parda.
mutwillig travieso.
Mütze *f.* (schirmlose) gorro *m;* (m. Schirm) gorra *f.;* **-nschirm** *m.* visera *f.*
Myrte *f. bot* mirto, arrayán *m.;* **-nzweig** *m.* ramo (*m.*) de azahar.
mystisch místico.
Mythus *m.* mito *m.*

n

n

n, N *n.* n, N *f.*
na! (sehen Sie!) ¡ya ve Vd.! **- nu?** ¿qué pasa?
Nabe *f.* (Rad) cubo *m.* (de rueda).
Nabel *m.* ombligo *m.;* **-bruch** hernia (*f.*) umbilical; **-schnur** *f.* cordón (*m.*) umbical.
nach (Richtung) hacia, para; (zeitlich u. Reihenfolge) después, de, tras; (Vorbild) según.
nachahmen imitar.
Nachahmung *f.* imitación.
nacharbeiten repasar.
Nachbar *m.* vecino *m.;* **-haus** *n.* casa (*f.*) contigua; **-schaft** *f.* vecindad *f.;* (die Leute) vecindario *m.*
nachdem después (de) que; **je -** según.
nachdenken reflexionar.
Nachdruck *m.* energía; (Eindringlichkeit) insistencia *f.; typ.* reimpresión *f.;* (unberechtigter) edición (*f.*) clandestina.
nachdrucken reimprimir.
nachdrücklich enérgico, insistente.
nacheifern imitar el ejemplo de.
nacheinander uno tras otro.
Nachfolge *f.* sucesión *f.*
nachfolgen suceder; (jem.) seuir a.
Nachfolger *m.* sucesor *m.;* (Firma) **X -** *pl.* Sucesores de **X.**
nachforschen investigar, hacer pesquisas.
Nachforschung *f.* pesquisa, investigación *f.*
Nachfrage *f.* demanda *f.*
nachgeben ceder.
nachgeboren *adj.* póstumo.
Nachgeburt *f.* placeta *f.*
nachgehen (jem., er. Sache) ir tras; (Geschäften) dedicarse a; (Uhr) atrasar.
Nachgeschmack *m.* gustillo.
nachgiebig condescendiente.
Nachgiebigkeit *f.* condescendencia *f.*
nachgrübeln cavilar.
nachhaltig duradero, persistente.
nachher después, luego, más tarde.
Nachhilfe *f.* ayuda *f.*
nachholen (verlorene Zeit) recuperar.
Nachkomme *m.* descendiente *m.;* **-nschaft** *f.* (Kinder) hijos *m. pl.;* (spätere Geschlechter) la posteridad.
Nachkriegszeit *f.* postguerra *f.*
Nachlaß *m.* sucesión.
nachlassen (Seil) aflojar; (Schuld, Strafe) perdonar; (Preis) rebajar; (Fieber) declinar; (Sturm) calmarse; (Wind) amainar.
nachlässig negligente, dejado.
Nachlässigkeit *f.* negligencia *f.* descuido *m.*
Nachlese *f.* (Ähren) espigueo *m.*
nachlösen *Eis.* pagar suplemento.
nachmachen copiar.
nachmessen (Maß prüfen) comprobar la medida *od.* las dimensiones.
Nachmittag *m.* tarde *f.* **-svorstellung** *f.* (Kino, *theat.*) función ((*f.*) de tarde.
Nach|nahme *f.* reembolso *m.* (**gegen** contra); **-porto** *n* sobretasa *f.;* **-spesen** *pl.* gastos (*m. pl.*) de reembolso.
nachprüfen comprobar, examinar, verificar.
Nachrede *f.:* **üble -** calumnia, difamación *f.*

Nachricht *f.* noticia; **-enbüro** *n.* agencia *f.;* **-endienst** *m.* servicio (*m.*) de informaciones; **-enfunk** *m.* (Rundfunk) diario (*m.*) hablado.
Nachruf *m.* (Artikel) artículo (*m.*) necrológico.
Nachruhm *m.* fama (*f.*) póstuma.
nachsagen (wiederholen) repetir; Übles - hablar mal de.
Nachsatz *m.* posdata *f.*
nachschicken (Brief) hacer seguir.
nachschlagen (e. Buch) consultar; (Stelle in Buch) buscar (un pasaje).
Nach|schlagewerk *n.* libro (*m.*) de consulta; **-schlüssel** *m.* llave (*f.*) falsa.
nachsehen (nachblicken) seguir con la vista; mirar detrás; (prüfen) revisar; (in em. Buch) consultar (un libro).
Nachsilbe *f. gramm.* sufijo *m.*
Nachsicht *f.* indulgencia.
nachsichtig indulgente, tolerante (**gegen** para con).
nachsinnen meditar (**über** sobre).
Nachsommer *m.* veranillo (*m.*) de San Martín.
nächst (zeitlich) próximo; (örtlich) más cercano *od.* próximo; **bei -er Gelegenheit** en la primera ocasión; **-en Sonntag** el domingo que viene; **am -en Tag** el día siguiente.
Nächste *m.* prójimo *m.*
mächstens dentro de poco, próximamente.
nachstreben (jem.) seguir el ejemplo de.
nachsuchen buscar.
Nacht *f.* noche *f.;* **-dienst** *m.* (Apotheke) turno (*m.*) de urgencia.
Nachteil *m.* desventaja *f.*
nachteilig desventajoso, perjudicial.
Nachthemd *n.* camisa (*f.*) de noche; camisón *m.*
Nachtigall *f. zool.* ruiseñor *m.*
Nachtisch *m.* postre *m.*
nächtlich nocturno, de noche.
Nachtquartier *n.* alojamiento (*m.*) para la noche.
Nachtrag *m.* suplemento.
nachtragen llevar trás.
nachträglich adicional, suplementario; (zeitlich) posterior.
Nacht|schicht *f.* turno (*m.*) de noche; **-tisch** *m.* mesilla (*f.*) de noche; **-topf** *m.* orinal *m.;* **-wache** *f.* guardia (*f.*) de noche; **-wächter** *m.* sereno *m.*
Nachwehen *f. pl. med.* (Geburt) dolores (*m. pl.*) de sobreparto.
Nachweis *m.* prueba *f.*
nachweis|bar comprobable; **-en** comprobar, justificar.
Nachwelt *f.* posteridad *f.*
nachwerfen arrojar detrás de.
nachwiegen comprobar el peso.
nachwirken producir efecto ulterior.
Nachwirkung *f.* efecto (*m.*) ulterior.
Nach|wort *n.* epílogo *m.;* **-wuchs** *m. fig.* nueva generación *f.;* **-zahlung** *f.* pago (*m.*) suplementario.
nachzählen *Eis.* pagar suplemento.
nachzählen (re)contar.
Nacken *m.* nuca *f.; fam.* cogote *m.;* **sn. - nicht beugen** *fig.* no dar su brazo a torcer; **-schläge** *m. pl. fig.* reveses (*m. pl.*) de la fortuna.
nackt desnudo; *fam.* en cueros.
Nacktheit *f.* desnudez *f.*
Nadel *f.* aguja *f.;* (Steck -) alfiler *m.;* (Sicherheits) - imperdible *m.;* (Nadelbaum) pinocha *f.;* **-hölzer** *n. pl. bot.* coníferas *f. pl.;* **-kissen** *n.* acerico *m.;* **-öhr** *n.* ojo *m.;* **-stich** *m.* pinchazo; **-wald** *f.* pinar *m.*
Nagel *m.* (Finger) uña *f.;* (zum Einschlagen) clavo *m.;* **-bürste** *f.* cepillo (*m.*) de uñas; **-feile** *f.* lima (*f.*) para pulir uñas; **-lack** *m.* barniz (*m.*) para las uñas.
nageln clavar.
nagelneu flamante.
Nagelschere *f.* tijeras (*f. pl.*) para cortar uñas.
nagen roer.

Nagetier *n. zool.* roedor *m.*
nahe cerca, cercano; **ganz ~an** *fam.* pegado a; **~bei** junto a; a poca distancia de; **~ daran sein zu** estar a punto de.
Nähe *f.* proximidad, vecindad, cercanía *f.;* (nächste) inmediaciones *f. pl.;* **hier in der ~**aquí cerca.
nähen coser.
Näherin *f.* costurera *f.*
nahen (sich nähern) aproximar(se), acercar(se).
Näh|garn *n.* hilo (*m.*) de coser; **~mädchen** *n.* (Madrid) modistilla *f.;* **~maschine** *f.* máquina (*f.*) de coser **~zeug** *n.* (Etui) neceser *m.*
nähren (sich) alimentar(se), nutrir; (Kind) criar.
nahrhaft nutritivo.
Nährmittel *m. pl.* alimento *m.*
Nahrung *f.* nutrición *f.;* **~smittel** *n. pl.* víveres *m. pl.* comestibles *m. pl.*
Nährwert *m.* valor (*m.*) nutritivo.
Nähseide *f.* seda (*f.*) de coser.
Naht *f.* costura; *med.* sutura *f.*
Nähtisch *m.* costurero *m.*
naiv ingenuo, cándido.
Name *m.* nombre; (Familien~) apellido *m.;* (Ruf) fama *f.;* **Ihr ~, bitte!** (sehr höflich) ¿su gracia?
namen|los sin nombre; (ungenannt) anónimo.
Namens|tag *m.* (día del) santo *m.;* **~vetter** *m.* tocayo *m.;* (Initialen) iniciales *f. pl*
namentlich nominal;
namhaft famoso, eminente.
nämlich mismo, idéntico; *adv.* a saber.
nanu! (überrascht) ¡hombre!
Napf *m.* escudilla *f.;* **~kuchen** *m.* bollo *m.*
Narbe *f.* cicatriz *f.*
narbig (Leder) granulado.
Narkose *f.* narcosis *f.*
narkotisieren cloroformizar.
Narr *m.* loco, tonto *m.;* **~heit** *f.* locura, tontería *f.*
närrisch loco, chiflado.
Narzisse *f. bot.* narciso *m.*
nasch|en golosinar; **~haft** goloso.
Nase *f.* nariz *f.;* (Geruchssinn) olfato *m.;* **~nbluten** *n.* hemorragia (*f.*) nasal; **er hat ~bluten** echar sangre por la nariz; **~nflügel** *m.* aleta *f.;* **~nloch** *n.* ventana (*f.*) nasal; **~nspitze** *f.* punta *f.* (de la nariz).
naseweis impertinente.
Nashorn *n. zool.* rinoceronte *m.*
naß mojado; **durch u. durch ~** empapado.
nassauern *fam. vulg.* vivir de gorra.
Nässe *f.* humedad *f.*
Nation *f.* nación *f.;* **~alität** *f.* nacionalidad *f.*
Natrium *n.* sodio *m.;* **~bikarbonat** *n.* bicarbonato (*m.*) de sosa; **~sulfat** *n.* sulfato (*m.*) de sodio.
Natron *n.* sosa *f.;* **doppelkohlensaures** ~bicarbonato (*m.*) de sosa.
Natter *f. zool.* culebra.
Natur *f.* naturaleza *f.*
naturalisieren naturalizar.
Naturalisierung *f.* naturalización *f.;* **~surkunde** *f.* carta (*f.*) de naturaleza.
Natur|forscher *m.* naturalista *m.;* **~geschichte** *f.* historia (*f.*) natural; **~gesetz** *n.* ley (*f.*) física *od.* natural; **~schutzpark** *m.* parque (*m.*) nacional; **~wissenschaften** *f. pl.* ciencias (*f. pl.*) naturales *bzw.* físicas.
natürlich natural; (als Antwort) naturalmente, claro que sí; *SAm.* ¿cómo no?
Neapel *n.* Nápoles.
Nebel *m.* niebla; *naut.* bruma *f;* **~horn** *n. naut.* sirena *f.*
nebelig nebuloso, brumoso.
neben al lado de, junto a; (nebst) además de; **~an** al lado.
nebenbei (beiläufig) de paso.
Neben|beschäftigung *f.* trabajo (*m.*) particular; **~eingang** *m.* (für Dienstboten u. Lieferanten) puerta (*f.*) de servicio; **~fluß** *m.* afluente *m.;* **~gebäude** *n.* anexo; **~geräusch**

n. (Radio) ruidos (*m. pl.*) parásitos; **-haus** *n.* casa (*f.*) vecina; la casa de al lado; **-kosten** *pl.* (kleine) gastos (*m. pl.*) menudos; **-raum** *m.* cuarto *od.* local (*m.*) contiguo; **-sache** *f.* cosa de poca importancia, **bagatela** *f.*; **-verdienst** *m.* ingresos (*m. pl*) extraordinarios.
necken (jem.) gastar bromas con.
neckisch bromista, guasón.
Neffe *m.* sobrino *m.*
Negativ *n. phot.* (prueba) negativa *f.* clisé *m.*
Neger *m.* negro *m.*; **-in** *f.* negra *f.*
nehmen tomar; (Fahrkarte) sacar.
Neid *m.* envidia *f.*
neidisch envidioso; **-sein auf** envidiar.
Neige *f.* (im Glas) *Span.* cortina *f.*; **zur - gehen** agotarse; *fig.* tocar a su fin.
neigen (sich) incinar(se) **- zu** ser propenso a.
Neigung *f.* inclinación; (Zuneigung) simpatía (**für** por).
nein no; - sagen decir que no; **ach -!** (Überraschung) ¡qué me dice Vd.!
Nelke *f.* clavel; (Gewürz) clavo *m.*
nennen nombrar; (anführen) citar; (angeben) indicar; **(sich)** -llamar(se); **-swert** digno de mención.
Nenner *m. math.* denominador *m.*
Nennwert *m.* valor (*m.*) nominal.
Nerv *m.* nervio *m.*; **jem. auf die -en fallen** *fig. fam.* dar a uno la lata; **-enarzt** *m.* neurólogo *m.*; **-enkrankheit** *f.* enfermedad (*f.*) de los nervios, neurosis *f.*; **-enschwache** *f.* nerviosidad.
nerv|ig (muskulös) musculoso; (sehnig) nervudo; **-ös** nervioso.
Nervosität nerviosidad *f.* neurastenia.
Nerz *m. zool.* visón *m.*
Nessel *f. bot.* ortiga *f.*; **-fieber** *n. med.* urticaria *f.*
Nest *n.* nido *m.*; **elendes -** (Ort) pueblo de mala muerte *m.*
nett bonito; *fam.* mono, guapo, (liebenswürdig) amable; **e. -er Mensch** un hombre simpático; *fig. fam.* **ee. -e Geschichte!** ¡vaya una cosa! **netto** neto; **- Kasse** al contado sin descuento.
Netz *n.* red (feines, Haar -) redecilla *f.*; **-haut** *f.* retina *f.*; **-hemd** *n.* camiseta (*f.*) de malla.
neu nuevo; **ganz -** (Kleid) flamante; (ungebraucht) sin estrenar; **die -este Mode** la última moda; **die -esten Nachrichten** las noticias de última hora; **dar ist mir -** no lo sabía.
Neu|auflage *f.* reimpresión *f.*; edición revisada; **-bau** *m.* casa (*f.*) en construcción; **-erung** *f.* innovación, reforma *f.*
Neue *n.*: **was gibt es -s?** ¿qué hay de nuevo?
neuerdings *adv.* (wieder) nuevamente; (kürzlich) últimamente.
neugeboren recién nacido.
Neu|gestaltung *f.* reorganización *f.*; **-gier** *f.* curiosidad, indiscreción *f.*
neugierig curioso, indiscreto.
Neu|heit *f.* novedad *f*; **-igkeit** *f.* noticia, novedad *f.*; **-jahr** *n.* año (*m.*) nuevo.
Neukastilien *n.* Castilla la Nueva.
neulich (*adv.*) reciente(mente), (últimamente).
Neuling *m.* principiante.
Neumond *m.* luna (*f.*) nueva.
neun nueve.
neun|hundert novecientos; **-zehn** diez y nueve, diecinueve; **-zig** noventa.
Neuralgie *f.* neuralgia *f.*
Neureicher *m.* nuevo rico *m.*
Neusilber *n.* plata (*f.*) meneses, alpaca *f.*
neutral *gramm. chem. zool.* neutro; *pol.* neutral.
Neutralität *f.* neutralidad *f.*
neuvermählt *adj.* recién casado.
Neuzeit *f.* edad (*f.*) moderna, tiempos (*m. pl.*)
nicht no; **auch -** tampoco; **- mehr** ya

no; - **weniger als** nada menos que; - **einmal** ni siquiera; -(**wahr)?** ¿verdad? -**rauchen!** ¡se prohíbe fumar!; - **auf den Boden spucken!** ¡se prohíbe escupir en el suelo!
Nichte *f.* sobrina *f.*
Nichteinmischungsausschuß *m.* comité (*m.*) de no intervención.
nichtig nulo *fig.* vano.
Nichtraucher *m.* no fumador *m.*; -**abteil** *n.* departamento *m.* (*SAm.* compartimento) para no fumadores.
nichts nada; **mir** -, **dir** - sin más ni menos; **Neues** nada de nuevo; - **zu danken!** (keine Ursache)!) ¡de nada! -**nutzig** que no sirve para nada; -**würdig** indigno, infame.
Nickel *n* níquel *m.*
nicken inclinar la cabeza; (im Schlafe) dar cabezadas.
nie jamás, nunca.
Nieder|frequenz *f.* baja frecuencia *f.*; -**gang** *m.* (Verfall) decadencia *f.*
nieder -**geschlagen** abatido; -**halten** reprimir; -**kauern, sich** ponerse en cuclillas; -**knien** arrodillarse.
Nieder|kunft *f.* parto *m.*; -**lage** *f. mil.* derrota *f.* - **lande** *pl.* los Países Bajos.
Niederlassung *f.* (Kolonie) colonia; (Handels -) factoría; (Agentur) agencia; (Filiale) sucursal *f.*
nieder|legen colocar; (Gebäude) derribar; **die Arbeit** -**legen** (streiken) declararse en huelga; (die Waffen) rendir, **sich** -**legen** (schlafen) acostarse; -**reißen** derribar; -**schießen** matar a tiros.
Niederschlag *m.* (Bodensatz) poso *m.*; *chem.* precipitación *f.*; (Regen) lluvias *f. pl.*; (Boxkampf) knock-out *m.*
nieder|schlagen *chem.* precipitar; (Augen) bajar; (Kampf) derribar; -**trächtig** infame.
Niederung *f.* bajo; (Ebene) llano *m.*
Niederwasser *n. naut.* bajamar *f.*
niederwerfen derribar; (Aufstand) sofocar (Feind) derrotar; **s.** - arrojarse al suelo.
niedlich bonito, *fam.* mono.
Niednagel *m. med.* padastro *m.*
niedrig bajo, inferior.
niemals nunca, jamás.
niemand nadie, ninguno.
Niere *f.* riñón *m.*; (Speise) riñones *m. pl.* -**nbraten** *m.* (v. Kalb) lomo (*m.*) de ternera; -**nentzündung** *f.* nefritis *f.*; -**nleiden** *n.* afección (*f.*) renal.
nieseln lloviznar.
niesen estornudar.
Nießbrauch *m.* usufructo *m.*
Niete *f. techn.* remache, roblón *m.*
nieten remachar, roblonar.
Nikaragua: aus - nicaragüense.
Nikotin *n.* nicotina *f.*; -**vergiftung** *f.* intoxicación (*f.*) por la nicotina.
Nil *m.* (Strom) el Nilo; -**pferd** *n. zool.* hipopótamo *m.*
Nimbus *m.* aureola *f. fig.* prestigio *m.*
nimmermehr (nunca) jamás.
nippen beber a sorbitos.
Nippsachen *f. pl.* bibelots *m. pl.*
nirgend|s en ninguna parte, -**wo** por ninguna parte.
Nische *f.* nicho; (Ecke) rincón *m.*
Nistplatz *m.* nidal *m.*
nisten anidar.
Niveau *n.* nivel *m*; **auf em. äußerst geringen** - **stehen** *fig. fam.* estar a la altura del betún.
Nixe *f.* ondina *f.*
Nobelpreis *m.* premio (*m.*) Nobel; -**träger** *m.* titular (*m.*) de un premio Nobel.
noch todavía, aun, (aún); -**einer** otro; -**einmal** otra vez; - **etwas** otra cosa; - **heute** (gleich) hoy mismo; -**malig** repetido, reiterado.
Nomade *m.* nómada *m.*
Nonne *f.* monja, religiosa *f.*; *zool.* (Fichtenspanner) oruga (*f.*) de pino; -**nkloster** *n.* convento (*m.*) de monjas.
Norden *m.* norte *m.*; **im** - al norte.
Nordländer *m.* norteño *m.*
nördlich del norte, septentrional; - **v.** al norte de.

Nord|licht *n.* aurora (*f.*) boreal; **-pol** *m.* polo (*m.*) norte; **-stern** *m.* estrella (*f.*) polar; **-wind** *m.* viento (*m.*) norte.
Norm *f.* norma *f.*
normal normal.
normen normar, normalizar.
Norwegen *n.* Noruega *f.*
norwegisch noruego.
Not *f.* necesidad.
Notabene *n.* *Albkzg.* **NB.** posdata *f.* *Abkzg.* **PD.**
Notar *m.* notario *m.*
Not|ausgang *m.* salida (*f.*) de urgencia; **-bremse** *f.* señal (*f.*) de alarma; **-durft** *f.*: **seine - verrichten** hacer sus necesidades.
notdürftig (provisorisch) provisional; **-leben** *fam.* ir tirando.
Note *f.* nota; (Schule) calificación *f.*; (Geldschein) billete *m*; **-n** *f. pl* música *f*; **-nbank** *f.* banco (*m.*) de emisión; **-nbank** *f.* banco (*m.*) de emisión; **-nmappe** *f.* cartera (*f.*) de música; **-npapier** *n.* papel (*m.*) pautado *od.* de música; **-npult** *n.* atril *m.*
Not|fall *m.* caso (*m.*) de emergencia *od.* de urgencia; **im -fall** en caso de necesidad.
notieren (aufschreiben) apuntar; (Kurse) cotizarse.
nötig necesario; **-haben** necesitar, precisar; **-en** obligar; **-enfalls** en caso necesario.
Nötigung *f.* obligación, *jur.* coacción *f.*
Notiz *f.* noticia *f.*; (schriftliche) apunte *m.*; (Börse) cotización *f.*; (Kenntnis) conocimiento *m*; **-buch** *n.* cuaderno (*m.*) de notas; (m. Kalender) agenda *f.*
Not|lage *f.* situación (*f.*) difícil; **-landung** *f.* aterrizaje (*m.*) forzoso.
notleidend necesitado.
Not|lüge *f.* mentirilla *f.*; **-pfennig** *m.* ahorrillos *m. pl.*; **-schrei** *m.* grito (*m.*) de socorro; **-stand** *m.* situación (*f.*) precaria; **-verband** *m.* primera cura *f.* **-wehr** *f.* **aus -wehr** en legítima defensa.
notorisch (offenkundig) manifiesto; (berüchtigt) notorio.
nottun hacer (buena) falta.
notwendig necesario.
Notwendigkeit *f.* necesidad *f.*
Notzucht *f.* violación *f.*
notzüchtigen violentar.
Novelle *f.* *lt.* novela (*f.*) corta; (zu em. Gessetz) ley (*f.*) derogatoria.
Novellist *m.* novelista *m.*
November *m.* noviembre *m.*
Novize *m.* novicio *m.*
Nuance *f.* matiz *m.*
Nudel *f.* fideo *m.*; **-suppe** *f.* sopa (*f.*) de fideos.
nudeln (Federvieh) cebar.
Null *f.* cero *m*; **-punkt** *m.* cero *m.*
numerieren numerar.
Nummer *f.* número *m.*; (Größe) tamaño *m.*; **-nschild** *n.* (Auto) matrícula *f.*
nun ahora; (einleitend) pues.
Nuntius *m.* nuncio *m.*
nur sólo, solamente; **-noch** nada más que.
Nuß *f.* nuez *f.*; **-baum** *m.* nogal *m*; **-knacker** *m.* cascanueces *m.*; **-schale** *f.* cáscara (*f.*) *bzw.* (grüne) drupa de nuez.
Nüster *f.* ollar *m.*
Nutzanwendung *f.* *fig.* moraleja *f.*
nutzbar aprovechable.
nutzen, nützen servir, ser útil.
Nutzen *m.* (Gewinn) ganancia *f.* beneficio *m.* provecho, utilidad *f.* (Vorteil) ventaja *f.* conveniencia.
Nutz|holz *n.* madera (*f.*) de construcción).
nützlich útil, provechoso, ventajoso.
Nützlichkeit *f.* utilidad, ventaja *f.* provecho *m.*
nutzlos inútil.
Nutzlosigkeit *f.* inutilidad *f.*
Nutznieß|er *m.* usufructuario *m.*; **-ung** *f.* usufructo, disfrute *m.*; **-ungsrecht** *n.* derecho (*m.*) de usufructo.
Nutzwald *m.* monte (*m.*) de tala.
Nymphe *f.* ninfa *f.*

o, O *n.* o, O *f.*
Oase *f.* oasis *m.*
ob si; **und** -! ¡ya lo creo!; **tun als** - aparentar.
Obacht *f.*: -! ¡Cuidado!, ¡Atención! - **geben auf** poner cuidado en, fijarse en.
Obdach *n.* albergue *m.*
obdachlos sin domicilio.
oben arriba, en (lo) alto; **-an** en primer lugar; **-auf** encima; **-drein** aparte de ello, por añadidura.
ober superior.
Ober *m.* (Kellner) camarero; *SAm.* mozo; (Kartenspiel) caballo *m.*
Ober|arm *m.* brazo *m.*; **-bau** *m.* superestructura *f.*; **-fläche** *f.* superficie *f.*
ober|flächlich superficial; **-halb** más arriba de.
Ober|hemd *n.* camisa *f.* (de día); **-in** *f.* superiora *f.*; **-kellner** *m.* jefe de comedor; **-kiefer** *m.* mandíbula (*f.*) superior; **-komando** *m.* mando (*m.*) supremo; **-körper** *m.* tronco *m.*; **-lauf** *m.* (Fluß) curso (*m.*) superior; **-leder** *n.* pala *f.*; **-leutnant** *m.* primer teniente *m.*; **-licht** *n.* (Lichtöffnung) claraboya *f.* **-lippe** *f.* labio (*m.*) superior; **-postdirektion** *f.* dirección (*f.*) general de correos; **-rechnungskammer** *f.* Tribunal (*m.*) de Cuentas; **-schenkel** *m.* *muslo m.*
Ober|st *m.* coronel; **-steiger** *m.* *min.* capataz (*m.*) de mina; **-stleutnant** *m.* teniente coronel *m.*
obgleich aunque, a pesar de que.
Obhut *f.* custodia *f.*
obig susodicho.
Objekt *n.* objeto *m*; **-iv** *n.* *phot.* objetivo *m.*
Oblate *f.* hostia *f.*
obliegen (er. Sache) dedicarse a; (zuständig sein) ser de la incumbencia de alg.
obligat de rigor.
Oboe *f.* oboe *m.*
Obrigkeeit *f.* autoridad(es) *f.* (pl.).
Obst fruta(s) *f.* (*pl.*); **-bau** *m.* cultivo (*m.*) de árboles frutales; **-baum** *m.* árbol (*m.*) frutal; **-garten** *m.* huerto *m.*; **—lung** *f.* frutería *f.* **-wein** *m.* (Apfelwein) sidra *f.*
Ochse *m.* buey *m.*; *fig.* imbécil *m.*; **-nfleisch** *n.* carne (*f.*) de vaca; **-ngespann** *n.* yunta (*f.*) de bueyes.
ochsen (Schule) *fam.* romperse los codos.
öde desierto; (unbewohnt) despoblado; (langweilig) aburrido.
oder o; (vor o u. ho) u; (zwischen Ziffern) ó.
Ofen *m.* (Zimmer-) estufa *f.*; (Back-) horno *m.*; (Dauerbrand-) salamandra *f.*; **-kachel** *f.* azulejo *m.*; **-röhre** *f.* tubo *m.* (de la estufa); (Backröhre) hornilla *f.*
offen abierto; (aufrichtig) **franco;** (Stelle) vacante; (See) alto; **-es Geheimnis** *n.* secreto (*m.*) a voces; **-bar** evidente, manifiesto.
Öffenbarung *f.* revelación *f.*
offenkundig notorio.
öffentlich público.
Offentlichkeit *f.* publicidad *f.* público *m.*
offiziell oficial.
Offizier *m.* oficial *m.*

öffnen abrir.
Öffner *m.* (f. Kronenkorke) llave *f.* Abridor m.
Öffnung *f.* abertura *f.; med.* orificio *m.*
oft a menudo, muchas veces; **wie oft?** ¿cuántas veces?
öfters *adv.* muy a menudo.
ohne sin; **~hin** (sowieso) de todos modos; **~gleichen** sin par, sin igual.
Ohnmacht *f.* impotencia *f.; med.* desmayo *m.*
ohnmächtig impotente, *med.* desmayado.
Ohr *n.* oreja *f.;* (Gehör) oído *m.*
Ohren|arzt *m.* especialista (*m.*) en enfermedades del oído; **~sausen** *n.* zumbido (*m.*) de oídos; **~schmalz** *n.* cerilla *f.; med.* cerumen *m.*
Ohr|feige *f.* bofetada *f.;* **~läppchen** *n.* lóbulo *m.* (de la oreja); **~ring** *m.* pendiente *m.*
Oktober *m.* octubre *m.*
okulieren injertar.
Öl *n.* aceite *m.;* (Roh ~) petróleo (*m.*) bruto; (Schmier ~) lubrificante *m.; rel.* óleo *m.;* **~ins Feuer gießen** *fig. fam.* echar leña al fuego; **~baum** *m.* olivo *m.*
ölen echar aceite; (schmieren) engrasar, lubrificar.
Öl|farbe *f.* pintura (*f.*) de aceite, pintura al óleo; **~gemälde** *n.* cuadro (*m.*) al óleo.
öl|haltig oleaginoso; **~ig** aceitoso, grasoso.
Olive *f.* (Frucht) aceituna *f.;* **~nöl** *n.* aceite (*m.*) de olivas; **~nhain** *m.* olivar *m.*
Öl|kanne *f.* aceitera *f.;* **~kuchen** *m.* orujo *m.;* **~mühle** *f.* molino (*m.*) aceitero **~sardine** *f.* sardina (*f.*) en aceite; **~tanker** *naut.* petrolero *m.*
Ölung *f.* **letzte** *~ rel.* Extremaunción *f.*
Olympiade *f.* Olimpíada *f.*
Omnibus *m.* autobús, autocar *m.*
ondulieren ondular.
Onkel *m.* tío *m.*
Oper *f.* ópera *f.;* **~nglas** *n.* gemelos *m. pl;* **~nhaus** *n.* (teatro [m] de la) ópera *f.;* **~nsänger** *m.* cantante *m.;* **~nsängerin** cantante *f.;* **~ntext** *m.* libreto *m.*
Operation *f.* operación *f.; med.* intervención (*f.*) quirúrgica.
Operette *f.* zarzuela *f.*
operieren operar.
Opfer *n.* sacrificio *m.;* (Geopferter *fig.*) víctima *f.*
opfern sacrificar.
Opium *n.* opio *m.*
optieren optar (**für** por).
Optiker *m.* óptico *m.*
optimistisch optimista.
Orakel *n.* oráculo *m.*
Orange *f.* naranja *f.;* **~ade.** *f.* naranjada *f.;* **~nbaum** *m.* naranjo *m.*
Orchester *n.* orquesta *f.*
Orchidee *f. bot.* orquidea *f.*
Orden *m. rel.* orden f.; (Auszeichnung) condecoración, cruz *f.*
ordentlich (Person) amante del orden.
Order *f.* orden *f.;* (Bestellung) pedido *m.*
ordinär ordinario; (gewöhnlich) vulgar.
ordnen arreglar, poner en orden; (einordnen) clasificar.
Ordner *m.* (Brief ~) clasificador *m.* carpeta *f.*
Ordnung *f.* orden *m.* disciplina *f.;* (Ordnen) arreglo *m.;* (Geschäfts-, Satzung) reglamento *m.;* **es geht in** ~ ¡está bien!, ¡conforme!; **~szahl** *f.* número (*m.*) ordinal.
ordnungsmäßig *adj.* como debido; (vorgeschrieben) reglamentario.
Ordonnanz *f. mil.* ordenanza; (Bursche) asistente *m.*
Organ *n.* órgano *m;* (Sprachrohr, *fig.*) portavoz *m.*
Organisation *f.* organización *f.;* **~stalent** *n.* dotes (*f. pl.*) de organización.
organisieren organizar.
organisiert *adj.* (Arbeiter) sindicado.

organisch *adj.* orgánico.
Organist *m. mus.* organista *m.*
Orgel *f.* órgano; (Dreh -) organillo *m;* **-balg** *m.* fuelle *m.* (de órgano); **-pfeife** *f.* cañón *od.* tubo (*m.*) de órgano; **--spiel** *n.* música (*f.*) de órgano; **-spielen** tocar el órgano.
Orgie *f.* orgía *f.*
Orient *m.* Oriente, Levante *m;* **-ale** *m.* oriental *m.*
orientieren, sich orientarse, informarse.
Orientierung *f.* orientación *f.*
Original *n.* original; (Urschrift) borrador, (Komischer Mensch) tipo (*m.*) raro.
originell original; (kurios) curioso.
Orkan *m.* huracán *m.*
orkanartig *adj.* huracanado.
Ornat *m. rel.* ornamentos (*m. pl.*) sacerdotales.
Ort *m.* (Ortschaft) pueblo *m.* localidad, población *f.;* (Dorf) aldea f.; (Stelle) lugar, sitio; (Gegend) paraje; (Bergbau) tajo *m.*
örtlich local.
Ort|schaft *f.* s. Ort (Stelle); **-sempfang** (Radio) recpción (*f.*) local; **-skenntnisse** *f. pl.* conocimientos (*m. pl.*) locales; **-snamenkunde** *f.* toponimia *f.;* **-ssender** *m.* (Radio) emisora (*f.*) local; **-szeit** *f.* hora (*f.*) local.
ortsüblich *adj.* según costumbre de la plaza.
Öse *f.* (für Haken) corchete *m.*
Osten *m.* este, Este, Oriente *m.*
Oster|ei *n.* huevo (*m.*) de Pascuas; **-lamm** *n.* cordero (*m.*) pascual; **-n** *n.* Pascua *f.* (de Resurrección); **fröhliche -n!** ¡Felices Pascuas!; **-woche** *f.* Semana (*f.*) Santa.
Österreich *n.* Austria *f.;* **-er** *m.* austríaco *m.*
östlich oriental; **- v.** al este de.
Ost|see *f.* (Mar) Báltico *m.;* **-wind** *m.* viento (*m.*) Este.
Otter *f.* (Fisch -) nutria; (Schlange) víbora *f.*
Ouvertüre *f.* obertura *f.*
oval ovalado.
Oval *n.* óvalo *m.*
Oxyd *n.* óxido *m.*
oxydieren oxidar.
Ozean *m.* océano *m.;* **der Stille** - el Océano Pacífico; **-dampfer** *m.* transatlántico *m.*
Ozon *n.* ozono *m.*

p, P *n.* p, P *f.*
Paar *n.* par *m;* (Personen) pareja *f;* (Brautpaar) novios *m. pl.*
paar: ein - un par de, algunos (-as); unos cuantos, (unas cuantas); **in ein - Monaten** dentro de pocos meses; **-en** *fig.* juntar; **s. -en** (Tiere) acoplar; (Menschen) cohabitar.
Pacht *f.* arriendo *m.*
pachten arrendar.
Pächter *m.* arrendatario *m.*
Pacht|geld *n.* arriendo *m.;* **-zins** *m.* renta *f.;* **-vertrag** *m.* contrato (*m.*) de arrendamiento.
Päckchen *n.* paquetito *m.*
packen embalar; (Koffer) hacer.
Packer *m.* embalador *m.*
Pack|papier *n.* papel (*m.*) de embalar, papel de estraza; **-raum** *m.* sala (*f.*) de embalaje; **-ung** (Verpackung) envase *m;* (Zigaretten) cajetilla; (Bonbons) caja *f.;*
Paddelboot *n.* piragua *f.*
Page *m.* paje; (Hotel -) botones *m.*
pah! ¡quia!
Paket *n.* paquete; (Post -) *Span.* paquete postal, *SAm.* encomienda (*f.*) postal; **-annahme** *f.* ventanilla (*f.*) de paquetes; **-karte** *f.* talón *m.*
Pakt *m.* pacto *m.*
Palast *m.* palacio *m.;* **-wache** *f.* (früher, *Span.)* alabarderos *m. pl.*
Palette *f.* paleta *f.*
Palisade *f.* empalizada *f.*
Palme *f.* palmera *f.*
Palmsonntag *m.* Domingo de Ramos (*m.*).
panieren empanar.
Paniermehl *n.* pan (*m.*) rallado.
Panik *f.* pánico *m.*
Panne *f.* avería *f.;* (geplatzter Reifen) reventón *m.*
panschen (Wein) *fam.* bautizar.
Pansen *m.* panza *f.*
Panther *m. zool.* pantera *f.*
Pantoffel *m.* zapatilla; (maurische) babucha; (Holz -) almadreña; (kleine Damen -) chinela *f.;* **-held** *m.;* **er ist e. -held** no pinta nada en su casa.
Panzer *m.* coraza *f.; mil.* (Tank) tanque, carro de combate *od.* de asalto *m;* **-kreuzer** *m naut.* acorazodo *m.;* **-platte** *f.* plancha (*f.*) de blindaje; **-wagen** *m.* s. Panzer; **-zug** *m.* tren (*m.*) blindado.
panzern blindar.
Papagei *m. zool.* papagayo, loro *m.*
Papier *n.* papel *m;* **-e** *n. pl.* (Schiffs-, Wagen-) documetación *f.;* **-fabrik** *f.* papelera *f.;* **-geld** *n.* papel (*m.*) moneda; billetes (*m. pl.*) de banco; **-geschäft** *n.* papelería *f.;* **-korb** *m.* cesto (*m.*) de papeles. **-tüte** *f.* bolsa (*f.*) de papel.
Pappdeckel *m.* cubierta (*f.*) de cartón.
Pappe *f.* cartón *m.;* (Karton) cartulina *f.*
Pappel *f. bot.* álamo, chopo *m.*
Pappschachtel *f.* caa (*f.*) de cartón.
Paprika *m.* pimentón *m.*
Papst *m.* Papa *m.*
päpstlich papal; **-er Gesandter** nuncio (*m.*) apostólico; **der -e Stuhl** la Sante Sede.
Parade *f. mil.* revista *f.* desfile *m.* (militar); (Fechten) quite *m.*
Paradies *n.* paraíso *m.*

Paragraph *m.* párrafo *m.* artículo.
parallel paralelo.
Paralyse *f. med.* parálisis *f.*
Parasit *m.* parásito *m.*
Parfüm *n.* perfume *m.* **-erien** *f. pl.* perfumería *f.*
parfümieren perfumar.
Pariser *m.* parisiense *m. vulg.* (Kondom) condón *m.* goma (*f.*) higiénica.
Parität *f.* paridad *f.*
paritätisch paritario.
Park *m.* parque *m.* (öffentlicher) jardines (*m. pl.*) públicos.
parken (Auto) estacionar, aparcar.
Parkett *n.* (Boden) entarimado *m. theat.* (patio [*m*] de) butacas *f. pl.*; **-platz** *m.* butaca (*f.*) de patio *od.* de platea.
Parkplatz *m.* (Autos) zona (*f.*) de aparcamiento; (Taxihaltestelle) punto *m.* (de taxis).
Parlament *n.* parlamento *m; (Span.* früher:) Cortes *f. pl.* **-ärm.** **-arier** *m.* parlamentario *m.*
Parodie *f.* parodía *f.*
parodieren parodiar.
Parole *f. mil.* santo y seña *m.*; *fig.* consigna *f.*
Partei *f.* partido *m.*; *jur.* parte *f.*; **-duch** *n.* carnet (*m.*) de socio; **-zugehörigkeit** *f.* filiación (*f.*) política.
partei|isch parcial; **-los** imparcial, independiente, neutral.
Parterre *n.* piso (*m.*) bajo, planta (*f.*) baja; *theat.* patio (*m.*) de butacas.
Partie *f.* (Teil) parte *f.*; (Waren) lote *m.* partida *f.*; (Spiel) partida *f.*; (Sport) partido *m.*; (Heirat) partido *m.*
Partitur *f. mus.* partitura *f.*
partizipieren tener parte (an en).
Partner *m.* (Geschäft) socio; (Sport) compañero *m.* pareja; (Tanz) pareja *f.*
Parzelle *f.* parcela *f.* lote (*m.*) de terreno.
Paß *m.* (Reise-) pasaporte; (Gebirgs-) paso; *Span.* puerto *m.*
paspeln ribetear.
Passage *f.* (Schiffskarte) pasaje *m.*
Passagier *m.* pasajero, viajero *m.*; **-dampfer** *m.* transatlántico *m.*
Passant *m.* transeúnte *m.*
passen (Kleidungsstück) sentar bien; (zusagen) convenir; (ineinander) encajar; (**an, zu** con) ajustar; (Gegenstand) zu em. anderen) hacer juego con; **-d** justo, conveniente.
passieren pasar; (s. ereignen) ocurrir, suceder.
Passion *f.* (Leidenschaft) pasión *f.*; *rel.* Pasión *f.*; (Liebhaberei) afición *f.*; (schwache Seite) flaco *m.*
Paste *f.* pasta *f.*
Pastell *n.* (pintura [*f.*]al) pastel *m.*
Pastete *f.* empanada *f.*; (Blätterteig) hojaldre *m.*
Pastille *f.* tableta *f.*
Pastor *m.* pastor; cura (*m.*) protestante.
Pate *m.* padrino *m*; **-nkind** *n.* ahijado *m.*
Patent *n.* patente (*f.*) [de invención]; **-amt** *n.* oficina (*f.*) de patentes *od.* registro (*m.*) de la propiedad industrial.
patentieren patentar, conceder una patente; **- lassen** sacar la patente.
Patient *m.* enfermo *m.*
Patin *f.* madrina *f.*
Patriot *m.* patriota *m.*
Patrone *f. mil.* cartucho; (Schablone) patrón *m.*
Patrouille *f.* patrulla *f.*
Pauke *f.* bombo *m.*
pausbäckig mofletudo.
Pauschal|preis *m.* precio (*m.*) global.
Pause *f. mus.* pausa *f.*; *theat.* entreacto, descanso; (Schule) recreo.
pausen (durchzeichnen) calcar.
pausieren hacer una pausa; (ausruhen) descansar.
Pauspapier *n.* papel (*m.*) de calcar.
Pavillon *m.* pabellón.
Pech *n.* pez *f.*; (Unglück) desgracia *fam.* mala pata *f.*; **-fackel** *f.* antorcha *f.*; **-vogel** *m. fig.* **e.**

Pedal *n.* pedal *m.*
Pedant *m.* hombre (*m.*) meticuloso.
pedantisch meticuloso.
Pedell *m.* (Schule) conserje *m.*
Pegel *m.* fluviómetro *m.*
peilen sondear; *av.* orientarse.
Peil|gerät -ung *f.* sondeo *m.* orientación; (durch Winkelmessung) marcación *f.*
peinigen atormentar, torturar.
peinlich (schmerzlich) penoso; (Frage) delicado.
Peitsche *f.* látigo *m;* (lange) fusta *f.*
peitschen fustigar; (bestrafend) azotar.
Pelerine *f.* esclavina *f.*
Pelikan *m.* pelícano *m.*
Pellkartoffeln *f. pl.* patatas *(f. pl.)* cocidas con la piel; *(Span.* Galicia) cachelos *m. pl.*
Pelz *m.* piel *f.;* (am Tier) pellejo; **-jacke** *f.* pelliza *f.* chaquetón (*m.*) de piel; **-mantel** abrigo (*m.*) de pieles; *SAm.* tapado *m;* **-waren** *f. pl.* peletería *f.*
Pendel *n.* péndulo *m.*
pendeln oscilar.
Pension *f.* pensión; *Span.* casa (*f.*) de huéspedes; (Ruhegeld) retiro *m,* renta *f;* **-är** *m.* pensionista; (Stipendiat) pensionado; (Kostgänger, Untermieter) huésped *m.* **-at** *n.* colegio de internos, internado *m.*
pensionieren jubilar; (Stipendiat) conceder una beca.
perfect perfecto; **- sprechen** (Sprache) dominar.
Pergament *n.* pergamino *m.;* **-papier** *n.* papel (*m.*) pergamino.
Periode *f.* período *m.*
periodisch periódico.
Peripherie *f.* circunferencia *f.;* (er. Stadt) extrarradio *m.*
Perle *f.* perla; (am Rosenkranz) cuenta.
Perl|huhn *n.* pintada *f.;* **-zwiebel** *f. bot.* puerro *m.*
Perser *m.* persa *m.;* **-teppich** *m.* alfombra (*f.*) persa.
Person *f.* persona *f.;* **-al** *n.* personal *m.; SAm.* elenco *m.;* **-alausweis** *m.* carnet (*m.*) de identidad; *Span. früher* cédula(*f.*) personal; **-albeschreibung** *f.* señas *f. pl.* (personales); filiación *f.* **-alliste** *f.* nómina *f.*
Personen|auzfzug *m.* ascensor *m.;* **-stand** *m.* estado (*m.*) civil; **-zug** *m.* tren de viajeros *(SAm.* de pasajeros); *Span.* (Vorortszug) tren ómnibus; (Postzug) (tren) correo; (m. Güterwagen) (tren) mixto.
persönlich personal: (privat) particular; *adv.* en persona.
Persönlichkeit *f.* personaje *m.;* personalidad *f.*
Perücke *f.* peluca *f.;* **-nmacher** *m.* peluquero *m.*
Pest *f.* peste *f.;* **-beule** *f. med.* bubón *m.*
Petersilie *f.* perejil *m.*
Petroleum *n.* petróleo *m.;* **--kocher** *m.* infernillo (*m.*) de petróleo; **-tanker** *m. naut.* (buque) petrolero *m.*
Pfad *m.* senda, vereda *f.;* **-finder** *m.* explorador *m.*
Pfahl *m.* palo, poste *m.;* **-zaun** *m.* empalizada *f.*
Pfalz f. el Palatinado.
Pfand *n.* prenda *f.;* (Verpfändetes) objeto (*m.*) empeñado; (Sicherheit) fianza, garantía *f.*
pfänd|bar embargable; **-en** embargar.
Pfand|brief *m.* título (*m.*) hipotecario; **-haus** *n.* monte (*m.*) de piedad; casa (*f.*) de préstamos; **-leiher** *m.* prestamista *m.;* **-schein** *m.* papeleta (*f.*) de empeño.
Pfänderspiel *n.* juego (*m.*) de prendas.
Pfändung *f.* embargo *m.;* (durch Gerichtsvollzieher) ejecución *f.*
Pfanne *f.* (Brat -) sartén *f.*
Pfannkuchen *m.* tortilla *f.;* **Berliner -** bollo (*m.*) berlinés.
Pfau *m.* pavo (*m.*) real.

P

Pfeffer *m.* pimienta *f.;* (roter) pimiento *m.; SAm.* ají *m;* **-minze** *f. bot.* hierbabuena *f.*

pfeffern echar pimienta; **gepfffert** (Preis) carísimo.

Pfeife *f.* silbato, pito *m.;* (Tabaks- -) pipa, cachimba *f.*

pfifen silbar; **ich pfeife darauf, daß** *fig. fam.* me importa tres pitos que; **auf dem letzten Loch** - *fig. fam.* estar a las últimas.

Pfeil *m.* flecha *f.*

Pfeiler *m.* pilar *m;* (Maschinen-) montante *m.;* (Strebe-) contrafuerte.

Pfennig *m.* pfennig *m;* **keinen - wert sein** *fig. fam.* no valer un comino.

Pferch *m.* (Hürde) aprisco *m.;* (für die Nacht) majada *f.*

Pferd *n.* caballo; (Turngerät) potro *m.* **-fleisch** *n* carne (*f.*) de caballo; **-ehaar** *n.* crin *f.;* **-ehändler** *m.* chalán *m.;* **-ehuf** *m.* casco *m.;* **-eknecht** *m.* mozo (*m.*) de cuadra; **-ekraft** *f. techn.* caballo (*m.*) vapor; **-erenen** *n.* carrera (*f.*) de caballos; **-esport** *m.* deporte (*m.*) hípico; **-stall** *m.* cuadra; caballeriza *f.;* **-ezucht** *f.* cría (*f.*) de caballos.

Pfiff *m.* silbido *m.*

Pfifferling *m.* (Pilz) cantarela *f.;* **keinen - wert sein** *fig. fam.* no valer un comino.

Pfingsten *n. n. pl.* (Pascua [*f.*]de) Pentecostés *m.*

Pfirsich *m.* melocotón.

Pflanze *f.* planta *f.;* **pf - n** plantar; **-nfett** *n.* grasa (*f.*) vegetal.

Pflanz|er *m.* propietario (*m.*) de una plantación; (Ansiedler) colono *m.;* **-ung** *f.* plantación *f.*

Pflaster *n.* (Straße) empedrado; (Stein-) adoquinado; (Fußboden) pavimento, solado *m;* (Heft -) tafetán (*m.*) inglés.

pflastern empedrar.

Pflasterstein *m.* adoquín *m.*

Pflaume *f.* ciruela *f.;* **-nbaum** *m.* ciruelo *m.;* **-nmus** *n.* mermelada (*f.*) adoptivo.

Pflege *f.* cuidado; cultivo *m.* **-eltern** *pl.* padres (*m. pl.*) adoptivos; **-kind** *n.* hijo (*m.*) adoptivo.

pflegen cuidar; (Kranke) asistir a.

Pfleger *m. med.* enfermero; (Bormund) tutor *m.*

Pflicht *f.* deber *m.;* (Verpflichtung) obligación *f.;* **-gefühl** *n.* sentimiento (*m.*) del deber.

Pflock *m.* estaca *f.*

Pflug *m.* arado *m;* **-schar** *f.* reja (*f.*) del arado.

pflügen arar.

Pforte *f.* puerta *f.*

Pförtner *m.* portero, conserje *m.*

Pfosten *m.* poste *m.*

Pfote *f.* pata *f.*

Pfriem *m.* lesna *f.*

pfropfen taponar; (Bäume) injertar.

Pfropf|enzieher *m.* sacacorchos *m.;* **-reis** *n.* injerto *m.*

pfui! (Ekel) ¡qué asco!

Pfuhl *m.* charco *m.*

Pfühl *n.* edredón *m.*

Pfund *n.* libra *f.;* **- Sterling** libra esterlina *f.*

pfundweise por libras.

pfuschen chapucear.

Pfuscher *m.* chapucero *m.; SAm.* chambón *m.;* **-ei** *f.* chapuza *f.*

Pfütze *f.* charco.

Phänomen *n.* fenómeno; *fam.* (Person) hacha *f.* (*el*).

Phantasie *f.* fantasía, imaginación. *f.*

phantasieren (träumen) soñar, dejar correr la imaginación; *med.* delirar; *mus.* improvisar.

phantastisch fantástico; (ausgezeichnet) *fam.* estupendo.

Philosoph *m.* filósofo *m.;* **-ie** *f.* filosofía *f.*

phlegmatisch flemático; *fam.* cachazudo.

Phonetik *f.* fonética *f.*

Phonograph *m.* fonógrafo *m.*

P

Phosphat *n* fosfato *m*.
Phosphor *m*. fósforo *m*.
Photo *n*. *fam*. foto *f*.; **-graphie** *f*. fotografía *f*.
Photograph *m*. fotógrafo *m*.
photographieren fotografiar; (Personen) retratar.
Photoständer *m*. porta-retratos *m*.
Phrase *f*. frase *f*.; **-ndrescher** *m*. charlatán *m*.
Physik *f*. física *f*. **-er** físico *m*.
Piano *n*. piano.
pichen embrear; *naut*. calafatear.
Picke *f*. pico *m*.; **-l** *m*. zapapico *m*.
picken (m. Schnabel) picotear.
Pietät *f*. piedad *f*.
Pik *n*. (Kartenspiel) *Span*. espadas *f*. *pl*.
pikant picante; (schlüpfrig) *fig*. verde, sicalíptico.
Pilger *m*. peregrino *m*.; **-fahrt** *f*. peregrinación.
pilgern ir en peregrinación; ir en romería.
Pille *f*. píldora *f*.; tableta *f*.
Pilot *m*. piloto; (Lotse) práctico *m*.
Pilz *m*. hongo *m*. seta *f*.
Pinguin *m*. *zool*. pingüino, pájaro (*m*.) bobo.
Pinie *f*. pino (*m*.) negro.
Pinsel *m*. (feiner) pincel *m*.; (grober) brocha *f*.
pinseln pincelar; (malen) pintar; *med*. dar pinceladas a; (schmieren) pintorrear.
Pionier *m*. *mil* zapador, ingeniero militar; *fig*. propulsor *m*.
Pirol *m*. (Vogel) oriol *m*.
pissen orinar, hacer aguas; *vulg*. mear; (Kindersprache) hacer pipí.
Pistole *f*. pistola *f*.
pistschnaß *fam*. hecho una sopa.
plädieren *jur*. defender una causa.
Plage *f*. calamidad; (Beschwerde) molestia *f*.
plagen s. - matarse a trabajar.
Plagiat *n*. plagio *m*.
plagiieren plagiar.
Plakat *n*. anuncio, cartel *m*.
Plan *m*. plan, proyecto *m*.; (Absicht) intención *f*.; (Stadt-Ebene) plano *m*.
Plane *f*. toldo *m*. lona *f*.
planen proyectar.
Planet *m*. planeta *m*.
Planke *f*. plancha, tabla.
planlos *adj*. sin método.
planmäßig sistemático, metódico.
Plantage *f*. plantación *f*.
plantschen chapotear.
Planung *f*. planificación *f*.
Plan|wagen *m*. vagón (*m*.) entoldado; (zweirädriger leichter Pferdewagen) tartana *f*.; **- wirtschaft** *f*. economía dirigida, planificación *f*.
plappern parlotear.
Plastik *f*. artes (*f*. *pl*.) plásticas.
plastisch plástico.
Platane *f*. *bot*. (Baum) plátano *m*.
Platin *n*. platino *m*.
platt llano; (glatt) liso; (Nase) chato.
Plättanstalt *f*. obrador (*m*.) de plancha.
Plättbrett *n*. tabla (*f*.) de planchar.
Plattdeutsch bajo alemán.
Platte *f*. plancha; (Stein -) losa *f*.; (Grammophon) disco *m*.; *phot*. placa *f*.; *typ*. cliché *m*.
Plätteisen *n*. plancha *f*.
plätten planchar.
Plätterin *f*. planchadora *f*.
Plattform *f*. plataforma *f*.
Plattfuß *m*. pie (*m*.) plano.
Platz *m*. plaza *f*.; (Sport -) campo *m*.; *SAm*. cancha *f*.; (Arbeits -) puesto *m*; (Schiffs-) pasaje *m*; *theat*. *Kino* localidad *f*.
platzen (Granate) estallar. (bersten) reventar; (Leitung usw.) romperse.
Platz -patrone *f*. cartucho (*m*.) de fogueo; **-regen** *m*. chaparrón *m*.; **-vertreter** *m*. agente (*m*.) local; (Stadrtreisender) corredor de plaza.
plaudern charlar; *fam*. echar un párrafo.
Pleite *f*. quiebra *f*.
Pleuelstange *f*. biela *f*.
Plisee *n*. plisado *m*.

Plombe *f.* (Zahn)empaste; (Blei -) precinto *m.*
plombieren precintar; (Zähne) empastar.
plötzlich súbito; *adv.* de repente.
plumps! ¡cataplún!
Plunder *m.* trastos (*m. pl.*) viejos, *fam.* cachivaches *m. pl.*
Plünderer *m.* saqueador *m.*
plündern saquear; (Reisende) desvalijar.
Plünderung *f.* saqueo *m.*
Plüsch *m.* felpa *f.*
pochen golpear; (an die Tür) llamar; **- auf** insistir en.
Pocken *f. pl.* viruelas *f. pl;* **-impfung** *f.* vacunación *f.;* **-narbe** *f.* señal (*f.*) de viruela.
Podagra *n. med.* gota *f.* (de la pierna).
Podium *n.* estrado *m.*
Poesie *f.* poesía *f.*
Poet *m.* poeta *m.*
Pokal *m.* copa *f.*
Pökelfleisch *n.* salazones *m. pl.* (gedörrtes) cecina *f.*
pökeln salar.
Pol *m.* polo *m.*
Polar|bär *zool m.* oso (*m.*) blanco; **-kreis** *m.* círculo (*m.*) polar; **-stern** *m.* estrella (*f.*) polar.
Pole *m.* polaco *m.;* - *n.* Polonia *f.*
Police *f.* póliza *f.*
polieren pulir, pulimentar.
Poiklinik *f.* dispensario *m.*
Politik *f.* política *f.;* **-er** *m.* político (Staatsmann) estadista *m.*
politisch político.
Politur *f.* (Glanz) brillo; (Firnis) barniz *m.*
Polizei *f.* policía; (städt.) guardia (*f.*) municipal; **-revier** *n.* distrito *m.* (de policía); **-streife** *f.* ronda *f.;* **-stunde** *f.* hora *f.* de cierre (para locales y espectáculos; **-verordnung** *f.* ordenanzas (*f. pl.*) municipales; (Anschlag) bando *m.;* **-wache** *f.* comisaría *f.*
Polizist *m.* policía, guardia *m.*
Polster *n* (Kissen) almohada *f.*
polstern acolchar, tapizar.
Polterabend *m.* víspera (*f.*) de boda.
Pomade *f.* pomada *f.*
Pommes frites *pl.* patatas (*f. pl.*) fritas.
Pomp *m.* pompa *f.*
Popanz *m.* coco *m.*
populär popular.
Popularität *f.* popularidad *f.*
Pore *f.* poro *m.*
porös poroso.
Portal *n.* portal *m.*
Porte|feuille *n.* cartera *f.* **-monnaie** *n.* portamonedas *m.*
Portier *m.* portero, conserje *m;* **-loge** *f.* portería *f.*
Portion *f.* porción.
Porto *n.* porte, franqueo *m.*
porto|frei libre de franqueo; (Porto bezhlt) porte pagado; **-pflichtig** sujeto a franqueo.
Porträt *n.* retrato *m.*
porträtieren retratar.
portugiesisch *adj.* portugués; (in Zusammensetzung) luso.
Portwein *m.* vino (*m.*) de Oporto.
Porzellan *n.* porcelana *f.* **-erde** *f.* caolín *m.* **Meißner** - porcelana de Sajonia; (Steingut) loza *f.*
porzellanen de porcelana, de china.
Posaune *f.* sacabuche *m.*
Pose *f.* (Haltung) actitud *f.*
Posse *f.* bufanada; *theat.* sainete *m;* **m. jem. -n treiben** jugar una mala pasada a u.; **-nreißer** *m.* bufón *m.*
Post *f.* correo *m.* (Brief -) correspondencia *f.;* **-agentur** *f.* estafeta *f.*
postalisch postal.
Post|amt *n.* oficina (*f.*) de correos; (Hauptamt) Central (*f.*) de correos; **-anweisung** *f.* giro (*m.*) postal; **-beamter** *m.* empleado (*m.*) de correos, oficial de correos; **-bote** *m.* cartero *m.;* **-direktion** *f.* administración (*f.*) de correos; **-einlieferungsschein** *m.* recibo *m.*
Posten *m.* puesto; (Stellung) empleo *m.;* (freie) vacante *f.*

Post|fach *n.* apartado (*m.*) de correos; *SAm.* casilla (*f.*) de correo; **-gebühr** *f.* tarifa (*f.*) postal **-karte** *f.* tarjeta (*f.*) postal; **-kutsche** *f.* diligencia *f.*
Post|paket *n.* paquete (*m.*) postal; *SAm.* encomienda (*f.*) postal; **-sack** *m.* saca *f.*; **-schalter** *m.* ventanilla (*f.*) de correos; **-scheck** *m.* cheque (*m.*) postal; **-skriptum** *n.* posdata *f.* (*Abkzg.* P. D.); **-sparkasse** *f.* caja (*f.*) postal de ahorros; **-stempel** *m.* (Entwertungsstempel) matasellos *m.*; **-verkehr** *m.* servicio (*m.*) postal; **-wagen** *m.* coche- correo *m.*
postwendend a vuelta de correo.
Post|wertzeichen *n.* sello (*m.*) de correos; *SAm.* estampilla *f.*; **-zug** *m.* tren (*m.*) correo.
Potenz *f.* potencia *f.*
Potpourri *n. mus.* popurrí *m.*
Pottasche *f.* potasa *f.*
Pracht *f.* pompa *f.*
prächtig magnífico, lujoso; (prachtvoll) soberbio; (großartig) grandioso.
prägen (Münzen) acuñar.
prahlen vanagloriarse, jactarse **(mit de).**
Prahler *m.* fanfarrón; (Angeber) presumido *m.*; **-ei** *f.* fanfarronería, jactancia *f.*
prahlerisch fanfarrón, presumido.
praktisch práctico.
praktizieren practicar.
Pralinen *f. pl.* bombones (*m. pl.*) finos.
prall (engsitzend) justo; **in der -en Sonne** a pleno sol; **-en** dar **(gegen** contra) chocar, tropezar **(gegen** con).
Prämie *f.* (Preis) premio *m*; (Versicherung) prima *f.*
Pranger *m.* picota *f.*
Pranke *f.* garra *f.*
Präparat *n.* preparado *m.* producto *m.*
Prärie *f.* llano *m.*; (Argentinien) pampa *f.*
Präsident *m.* presidente *m.*; **-enwahlen** *f. pl.* elecciones (*f. pl.*) presidenciales.
prasseln (Feuer) crepitar; (Regen) azotar.
prassen vivir una vida de lujo excesivo.
Praxis *f.* práctica; *med.* consulta *f.*; *jur.* bufete *m.*
predigen predicar; *fig.* echar un sermón.
Prediger *m.* predicador *m.*
Predigt *f.* sermón *m.*
Preis *m.* precio; (Wettbeórb) premio *m.*; **-abbau** *m.* reducción (*f.*) de precios; **-angabe** *f.* fijación (*f.*) del precio; **-aufgabe** *f.* tema (*m.*) del concurso; **-bildung** *f.* cálculo (*m.*) del precio; **-erhöhung** *f.* aumento (*m.*) de precio; **-liste** *f.* lista (*f.*) de precios; tarifa *f.*; catálogo *m.*; **-richter** *m.* miembro (*m.*) del jurado; **-träger** *m.* premiado, agraciado (en el concurso) *m.*
Preiselbeere *f. bot.* arándano (*m.*) encarnado.
preiswert *adj.* barato.
Prellstein *m.* guardacantón *m.*
Presse *f.* prensa *f.*; **-feldzug** *m.* campaña (*f.*) periodística; **--zensur** *f.* censura (*f.*) previa.
pressen apretar; *techn.* prensar; (Zitrone) exprimir, estrujar; (Tabletten) comprimir.
Preßkohle *f.* briqueta *f.*
Preßluft *f.* aire (*m.*) cojprimido.
Preuße *m.* prusiano *m.*; **-n** *n* Prusia *f.*
prickeln picar.
Priem *m.* tabaco (*m.*) para mascar.
priemen mascar tabaco.
Priester *m.* sacerdote, cura *m.* **-weihe** *f.* ordenación *f.*
prima *adj. fam.* estupendo.
Prima *f.* (Schule) último curso *m.*; **-wechsel** *m.* primera (*f.*) de cambio.
Prinz *m.* príncipe *m.*; **-essin** princesa *f.*
Prinzip *n.* principio *m.*
Priorität *f.* prioridad *f.*; acciones.

Prise *f.* (Tabak) toma (*f.*) de rapé; *naut.* presa *f.*
Pritsche *f.* (Liegestätte) camastro *m.*; *naut.* litera *f.*
privat particular.
Privat|adresse *f.* señas (*f. pl*) particulares; **-brief** *m.* carta (*f.*) particular.
Privat|kläger *m.* acusador (*m.*) privado; **-leben** *n.* vida (*f.*) privada; **-lehrer** *m.* profesor (*m.*) particular; **-person** *f.* particular *m.*; **-recht** *n.* derecho (*m.*) privado; **-sache** *f.* asunto (*m.*) particular; **-stunde** *f.* clase (*f.*) particular; **-wohnung** *f.* domicilio (*m.*) particular.
Privileg *n.* privilegio *m.*
Probe *f.* prueba *f.* *theat.* ensayo *m.*; (Muster) muestra *f.*; **-abzug** *m.* prueba, copia **-auftrag** *m.* pedido (*m.*) de prueba; **-flug** *m.* vuelo (*m.*) de ensayo; **-nummer** ((Zeitschrift *f.* número de propaganda, ejemplar (*m.*) gratuito.
proben probar; *theat.* ensayar.
probeweise a título de ensayo, a título de muestra.
Probezeit *f.* tiempo (*m.*) de prueba.
Probierdame *f.* maniquí *f.*
probieren probar; (Wein) catar.
Problem *n.* problema *m.*
Produkt *n.* producto; (Ergebnis) resultado *m.*; **-ion** *f.* producción *f.*; fabricación *f.*
produktiv productivo.
Produzent *m.* productor *m.*
produzieren producir.
profan profano.
Profession *f.* profesión *f.*
Professor *m.* profesor; (Universität) catedrático *m.*
Profil *n.* perfil *m.*
Profit *m.* beneficio *m.* ganancia *f.*
profitieren aprovechar, sacar provecho de.
Prognose *f.* pronóstico *m.*
Programm *n.* programa *m.*
Projekt *n.* proyecto, plan *m.*
projektieren proyectar.
Proklamation *f.* proclamación, proclama *f.*
proklamieren proclamar.
Prokura *f.* poder(es) *m.* (*pl*); **per** - por poder.
Prokurist *m.* apoderado *m.*
Proletarier *m.* proletario *m.*
Prolog *m.* prólogo *m.*
prolongieren prolongar; conceder una prórroga.
Promenade *f.* paseo *m.*
promovieren graduarse (de), doctorarse.
prompt pronto; (pünktlich) puntual; **gegen -e Kasse** pago al contado.
Propaganda *f.* propaganda, publicidad *f.*
propagieren propagar.
Propeller *m.* hélice *f.*
Prophet *m.* profeta *m.*
prophezeien profetizar; (Wetter) pronosticar.
Prophezeiung *f.* profecía *f.*; (Wetter) pronóstico *m.*
Propst *m.* prior *m.*
Prosa *f.* prosa *f.*
prosit! ¡salud! **P - Neujahr!** ¡Feliz año nuevo!
Prospekt *m.* prospecto, folleto *m.*
Protektion *f.* protección *f.*; **- haben** *fam.* tener buenos padrinos; *SAm.* tener cuñas.
Protest *m.* protesta *f.*; **-ant** *m.* protestante *m.*
protestieren protestar.
Prothese *f.* *med.* prótesis *f.*
Protokoll *n.* acta *f.* (el), protocolo *m.*; (Prozeß) autos *m. pl.*; **-führer** *m.* secretario *m.*; **-verhör** *n* juicio (*m.*) oral.
protokollieren levantar acta sobre.
Protz *m.* *fam.* postinero, ricachón *m.*
protzen hacer alarde (**mit** de); *fam.* darse pisto.
Proviant *m.* provisiones *f. pl.*
Provision *f.* comisión *f.*; **-sreisender** *m.* comisionista *m.*
provisorisch provisional.

Provokation f. provocación *f.*
provozieren provocar; **-d** *adj.* provocador.
Prozedur *f.* procedimiento *m.*
Prozent *m.* tanto (*m.*) por ciento; **-satz** *m.* porcentaje *m.*
Prozeß *m.* proceso, pleito *m.* causa *f.*; (Verfahren) procedimiento *m.*
prozessieren seguir una causa, entablar un pleito.
Prozession *f.* procesión *f.*
Prozeßkosten *pl.* costas *f. pl.* gastos (*m. pl.*) judiciales.
prüde mojigato.
prüfen examinar, probar; *techn.* revisar, ensayar.
Prüfer *m.* revisor *m.*
Prüfling examinado *m.*
Prüfung *f.* examen *m.* prueba *f.* ensayo *m.*
Prügel *f.* (Stock) palo *m*; *- pl*; (Hiebe) palos *m. pl.* **-knabe** *m. fig.* cabeza (*f.*) de turco.
prügeln (schlagen) pegar; (stärker) apalear **s. -andar** a palos.
prunken: *-m.* hacer alarde de, ostentar.
Psalm *m.* salmo *m.*
Pubertät *f.* pubertad *f.*
Publikum *n.* público *m.*
publizieren publicar.
Pudding *m.* pudín *m.*
Pudel *m.* (Hunderasse) perro (*m.*) de lanas.
Puder *m.* polvos *m. pl.*
pudern, sich darse polvos.
Puffer *m.* tope *m.*
Pullover *m.* jersey *m.*
Puls *m.* pulso *m.*; **-ader** *f.* arteria *f.*; **-schlag** *m.* pulsación *f.*; **wärmer** *m.* muñequera *f.* (de lana).
pulsieren pulsar, palpitar.
Pult *n.* pupitre; (Noten -) atril *m.*
Pulver *n.* polvo *m.*; (Schieß -) pólvora *f.*
pulverisieren pulverizar.
Pump *m. fam.* sablazo *m.*
Pumpe *f.* bomba *f.*
pumpen sacar con la bomba; *naut.* achicar.
Pumpernickel *m.* pan (*m.*) negro de Westfalia.
Pumphosen *f. pl.* pantalones (*m. pl.*) bombachos.
Punkt *m.* punto; (Spiel, Sport) tanto; (Schwer -) centro (*m.*) de gravedad; - **1 Uhr** a la una en punto.
punktieren *med.* hacer una punción.
pünktlich puntual; *adv.* con puntualidad.
Pünktlichkeit *f.* puntualidad *f.*
Punktsieg *m.* victoria (*f.*) por puntos.
Punsch *m.* ponche *m.*
Pupille *f.* pupila, niña (*f.*) del ojo.
Puppe *f.* (Spielzeug) muñeca *f.*; *theat.* muñeco; (Schneider -) manequí *m.* (Insekten -) crisálida; (Garben) fajina *f.*; **-ntheater** *n.* (Kasperle) guiñol; (Fadenpuppen) teatro (*m.*) de títeres.
Purpur *m.* púrpura *f.*
Purzelbaum *m.* voltereta *f.*
purzeln dar volteretas.
pusten soplar.
Pute *f.* pava *f*; **-r** *m.* pavo *m.*
Putsch *m.* intentona *f.*; golpe de estado; alzamiento; *Span.* pronunciamiento *m.*
Putz *m.* (Mörtel -) enfoscado; (Ober -) enlucido; (Unter -) revoque.
putzen limpiar; (Staub wischen) quitar el polvo; (Geschirr) fregar; (Glanz geben) pulir; **s. die Nase** -sonarse.
putzig *adj.* gracioso, raro.
Pyjama *m.* pijama *m.*
Pyramide *f.* prámide *f.*
Pyrenäen *pl.* Pirineos *m. pl.*; **-halbinsel** *f.* Península (*f.*) Ibérica.
Pyrit *m. min* pirita *f.*

q

q, Q *n* q, Q *f.*
Quacksalber *m.* curandero; (Wunderdoktor) charlatán *m.*
Quadrat *n.* cuadrado; (Rechteck) cuadrángulo *m.*
quaken croar.
Quäker *m.* cuáquero *m.*
Qual *f.* pena *f.*
quälen atormentar, martirizar; *fam.* dar la lata.
Quälerei *f.* tormento, martirio *m. fam.* lata *f.*
Qualifikation *f.* calificación *f.*; (Fähigkeit) capacidad.
Qualität *f.* calidad; (Eigenschaft) cualidad *f.*; (Sorte) clase.
Qualle *f.* medusa *f.*
qualmen echar humo; (starkrauchen) fumar mucho.
qualvoll *adj.* penoso; (schmerzlich) doloroso.
Quantität *f.* cantidad *f.*
Quantum *n.* cantidad *f.*
Quappe *f.* (Kaul -) renacuajo *m.*
Quarantäne *f.* cuarentena *f.*
Quark *m.* (Käse) requesón *m.*; (dicke Milch) cuajo *m.*
Quartal *n.* trimestre *m.*
Quartier *n.* alojamiento; *mil.* cuartel *m.*
Quarz *m.* cuarzo *m.*
quasi *aev.* casi; por decirlo así.
Quaste *f.* borla *f.*
Quatsch *m.* tonterías, pamplinas.
quatschen decir necedades, charlar por los codos.
Quecksilber *n.* mercurio, azogue *m.*
Quelle *f.* fuente *f.* manantial; (Ursprung) origen *m.* procedencia *f.*
quellen manar; **-lassen (Küche)** poner en remojo.
Quellwasser *n.* agua *f.* (el) de fuente.
quer transversal; *adv.* a través de; **-feldein** a campo traviesa.
Quer|format *n.* tamaño (*m.*) apaisado; **-pfeife** *f.* pífano *m.*; **-schnitt** *m.* sección (*f.*) transversal; **-straße** *f.* travesía, bocacalle *f.*; **-strich** *m.* (Bindestrich) guión *m.*
Quetsche *f.* (kleines Lokal) tasca *f.*
quetschen aplastar; (ausdrükken) exprimir; **s.** - magullarse.
Quetschung *f.* magullamiento *m.*
Queue *n.* (Billard) taco *m.* (de billar).
quieken chillar.
Quirl *m.* molinillo *m.*
quitt libre, igual.
Quitte *f.* membrillo *m.*; **-nfleisch** *n.* carne (*f.*) de membrillo.
quittieren dar recibo de; (Quittung unterschreiben) poner el recibí.
Quittung *f.* recibo; (Depotschein) resguardo *m.*; **-sbuch** *n.* talonario (*m.*) de recibos.
Quote *f.* cuota *f.*; (Anteil) cupo *m.*

r, R *n* r, R *f.*
Rabatt *m.* rebaja *f.* descuento *m.*
Rabbiner *m.* rabino *m.*
Rabe *m.* (Vogel) cuervo *m;* weißer - *fig. fam.* mirlo (*m.*) blanco; **-nmutter** *f.* madre (*f.*) desnaturalizada.
Rabitzwand *f.* tabique *m.*
Rache *f.* venganza *f.*
rächen vengar.
Rachen *m.* boca, garganta; *med.* faringe *f.* **-katarrh** *m.* laringitis *f.*
rachgierig vengativo.
Rachitis *f. med.* raquitismo *m.*
Rad *n.* rueda; (Hand -) volante; *techn.* (Pumpen -, Turbinen -) rodete *m.*
radebrechen chapurrear.
Rädelsführer *m.* cabecilla *m.*
rädern imponer el suplicio de la rueda a; **ich bin wie gerädert** *fam.* estoy hecho polvo; estoy molido.
radfahren ir (*od.* montar) en bici(cleta); **R** - *n.* ciclismo *m.*
Radfahrer *m.* ciclista *m.*
Radfelge *f.* llanta *f.*
radieren (m. Gummi) borrar; (*m.* Federmesser) raspar; (Kunst) grabar al agua fuerte.
Radier|gummi *m.* goma (*f.*) de borrar; **-messer** *n.* raspador *m.;* **-ung** *f.* (grabado [*m.*] al) agua fuerte *f* (el).
Radieschen *n.* rabanito *m.*
Radio *n.* radio *f.;* **-apparat** *m.* aparato (*m.*) de radio; **-hörer** *m.* radioyente *m.;* **-industrie** *f.* industria (*f.*) radioeléctrica; **-röhre** *f.* válvula *f.;* **-sender** *m.* emisora *f;* **-techniker** *m.* radio-técnico *m;* **-telefraphie** *f.* telegrafía (*f.*) sin hilos; **übertragung** *f.* radiodifusión *f.* **-wellen** *f. pl.* ondas (*f. pl.*)
Radium *n. chem.* radio *m.*
Radius *m.* radio *m.*
Rad|rennbahn *n.* velódromo *m.;* **-rennen** *n.* carreras (*f. pl.*) ciclistas *bzw.* de moto(cicleta)s; **-speiche** *f.* rayo *m.* (de rueda); **-spur** *f.* rodada *f.*
Raffinade *f.* azúcar (*m.*) refinado.
raffinieren refinar.
Raffke *m. fam.* nuevo rico *m.*
Rahe *f. naut.* verga *f.*
Rahm *m.* nata, crema *f.* de leche; **-käse** *m.* requesón *m.*
Rahmen *m.* (Tür, Fenster, Bild) marco; *techn. allgem.* bastidor (Auto) chasis *m.*
rahmen (Bild) poner marco.
Rakete *f.* cohete *m.*
Ramme *f.* pisón *m.*
rammen (Pfosten usw.) hincar; *naut.* embestir.
Rampe *f.* rampa *f.*
Rand *m.* borde *m,* orilla *f.* (Wald) lindero; (Buchseite) margen *m.;* **Ränder** *m. pl.* (Auge) ojeras *f. pl.* **-bemerkung** *f.* nota (*f.*) marginal **-leiste** *f.* reborde *m.;* **-staaten** *m. pl.* países (*m. pl.*) limítrofes; **- verzierung** *f. typ.* viñeta *f.*
Rang *m.* rango; *mil.* grado; *theat.* (erster) principal; (zweiter) anfiteatro segundo *m;* **-loge** *f.* palco (*m.*) de principal.
Range *f.* pillo *m.*
rangieren (einordnen) colocar en orden; *Eis.* maniobrar; (Zug zusammenstellen) formar.

r

Rang|liste *f.* (Sport) clasificación *f. mil.* escalafón *m.*; **-ordnung** *f.* orden (*m.*) jerárquico; *f. mil.* grado *m.*
Ranke *f. bot* zarcillo.
Ränke *pl.* enredos *m. pl.* intrigas *f. pl.*; **- schmieden** intrigar; **-spiel** *n. pol.* las encrucijadas políticas.
ranken, sich (empor) trepar; (Weinstock) echar pámpanos.
Rankengewächs *n. bot.* planta (*f.*) trepadora.
Ränkeschmied *m.* intrigante *m.*
Ranzen *m.* (Schul -) morral *m.*; *mil.* mochila *f.*
ranzig rancio.
Rappe *m.* caballo (*m.*) negro.
Raps *m. bot.* colza *f.*
rar raro, escaso.
Rarität *f.* rareza, curiosidad *f.*
rasch rápido, veloz, pronto; **- machen** darse prisa; *SAm.* apurarse.
rascheln crujir.
Rasen *m.* césped *m.*
rasen rabiar; (Sturm) bramar; (s. schnell bewegen) marchar a toda velocidad; **-d** enfurecido, rabioso.
Rasier|apparat *m.* máquina (*f.*) de afeitar; **-becken** *n.* bacía *f.*
rasieren (sich) afeitar(se).
Rasier|klinge *f.* hoja *f.* (de afeitar); **-messer** *n.* navaja *f.* (de afeitar); **-pinsel** *m.* brocha *f.* (de afeitar); **-seife** *f.* jabón (*m.*) de afeitar; **-zeug** *n.* estuche (*m.*) de afeitar.
Rasse *f.* raza *f.*
Rassel *f.* carraca *f.*
rasseln hacer sonar.
rasserein *adj.* puro; (Pferd) de sangre pura.
Rast *f.* descanso; *mil.* alto *m.* **-haus** *n.* parador *m.*
rasten descansar.
Raster *m.* retícula *f.*
rastlos *adj.* incansable.
Rat *m.* consejo; (Person) consejero; (Körperschaft) concejo *m*; **um - fragen** consultar (con); pedir consejo a.
Rate *f.* cuota; (monatliche) mensualidad *f.* **in -n** a plazos; **-nzahlung** *f.* pago (*m.*) a plazos.
raten aconsejar; (erraten) adivinar; (Rätsel) solucionar.
Ratgeber *m.* consejero *m.*; (Buch) guía f.
Rathaus ayuntamiento *m.* casa (*f.*) consistorial, alcaldía.
ratifizieren ratificar.
Ration *f.* ración *f.*
rationieren racionar, fijar un contingente.
Rationierung *f.* racionamiento *m.*
rat|los perplejo; **-sam** aconsejable, conveniente; **f. -sam halten** creer útil *od.* prudente.
Ratschlag *m.* consejo *m.*
Ratsdiener *m.* alguacil *m.*
Rätsel *n.* acertijo *m. fig.* enigma *m.*; (**Kreuzwort -**) palabras cruzadas *f. pl.*
rätselhaft enigmático, problemático.
Ratte *f.* rata *f.*; **-nfalle** *f.* ratonera *f.*; **-nfänger** *m.* cazador (*m.*) de ratas; **-ngift** *n.* veneno (*m.*) contra las ratas.
Raub *m.* robo *m.*; *mil.* botín *m.*
rauben robar.
Räuber *m.* ladrón, bandido, bandolero *m*; (See -) pirata *m*; **-bande** *f.* cuadrilla (*f.*) de ladrones; **-unwesen** *n.* bandidaje *m.*
Raubfisch *m.* pez (*m.*) voraz.
Raubgier *f.* rapacidad *f.*
raubgierig rapaz.
Raub|mord *m.* asesinato (*m.*) por robo; **-mörder** *m.* asesino (*m.*) por robo; **-tier** *n.* fiera *f.* animal (*m.*) feroz; **-vogel** *m.* ave (*f.*) (el) de rapiña; **-zug** *m.* correría *f.*
Rauch *m.* humo *m.*
rauchen echar humo; (Tabak) fumar; **R -verboten!** ¡Se prohibe fumar!; **Pfeife -** fumar en pipa.
Raucher *m.* fumador *m.*; **-abteil** *n.* departamento (*m.*) de fumadores.
räuchern ahumar.
Räucherwerk *n.* (kath. Kirche) incienso *m.*

Rauch|fahne *f.* penacho (*m.*) de humo; **-faß** *n.* (Kirche) incensario *m.*; **-fleisch** *n.* carne (*f.*) ahumada; **-säule** *f.* columna (*f.*) de humo; **-tabak** *m.* tabaco (*m.*) de pipa; **-zimmer** *n.* salón (*m.*) de fumar.

rauchig humeante; (voller Rauch) lleno de humo.

Räude *f.* sarna; (Schafe) roña *f.*

räudig sarnoso, roñoso.

Raufbold *m.* matón *m.*

raufen (s. balgen) reñir; **s. die Haare -** mesarse los cabellos.

Rauferei *f.* riña, pelea *f.*

rauh (s. anfühlend) áspero; -aussehend) rugoso.

Rauh|eit *f.* aspereza, rugosidad, rudeza, dureza; (Hals) ronquera *f.*; **-reif** *m.* escarcha *f.*

Raum *m.* espacio; (Platz) sitio; (begrenzter) recinto; (Zimmer) cuarto, local *m.*

räumen (säubern) limpiar; (Wohnung, Zimmer) desocupar, desalojar; (Gebiet) evacuar; (Straße nach Auflauf) despejar; (weg -) qüitar.

Raum|inhalt *m.* volumen *m*; **-lehre** *f.* geometría *f.*; **- mangel** *m.* falta (*f.*) de sitio, **-meter** *n.* metro (*m.*) cúbico.

Räumung *f. mil.* evacuación; (Wohnung. Zimmer) desocupación *f.*; (zwangsweise) desahucio *m*; **-sausverkauf** *m.* liquidación (*f.*) total; **-sklage** *f.* (demanda [*f.*] de) desahucio *m.*

Raupe *f.* oruga; *f.* **-nschlepper** *m.* tractor (*m.*) de oruga.

rauschen murmurar.

Rauschgift *n.* estupefaciente *m.*

räuspern, sich toser ligeramente.

Raute *f.* (Heraldik) huso; *math.* rombo *m.*

Razzia *f.* batida *f.*

Reagenzglas *n.* probeta *f.*

reagieren reaccionar; *chem.* producir una reacción; **ohne zu** - *fam.* sin hacer caso.

Reaktion *f.* reacción *f.*; **-är** *m.* reaccionario *m.*

real real, positivo; **-isieren** realizar.

Rebe *f.* (Stock) vid *f.*

Rebell *m.* rebelde *m.* insurrecto.

rebellieren rebelarse; *mil.* sublevarse.

Rebellion *f.* rebelión *f.* insurrección, sublevación.

Reb|huhn *n. zool.* perdiz, *f.*; **-laus** *f. zool.* filoxera *f.*; **-stock** *m.* cepa *f.* vid; (Hochstämmig) parra.

Rebus *m.* jeroglifico *m.*

Rechen *m.* rastrillo *m.*

rechen rastrillar.

Rechen|aufgabe *f.* problema *m.* (de aritmética); **-buch** *n.* libro (*m.*) de aritmética; **-fehler** *m.* error (*m.*) de cálculo; **-maschine** *f.* máquina (*f.*) de calcular; **-schaft** f. cuenta *f.* **zur -schaft ziehen** pedir cuentas a; **-schaft ablegen** dar cuenta; **-schaftsbericht** *m.* informe *m.*; **-schieber** *m.* regla (*f.*) de cálculo; **-unterircht** *m.* clase (*f.*) de aritmética.

Recherchen *f. pl.* pesquisas *f. pl.* indagaciones.

recherchieren hacer pesquisas, averiguar.

rechnen calcular; (auf jem.) contar con.

Rechnen *n.* cálculo *m.*

Rechnung *f.* cálculo *m.*; (Faktur) factura, cuenta, nota *f.*; **– sauszug** *m.* extracto (*m.*) de cuentas; **-sbeleg** *m.* comprobante *m.*; **-sjahr** *n.* año (*m.*) económico, ejercicio *m.*

recht (rechts) derecho; (gerecht) justo; **-haben** tener razón; **es ist mir** - (paßt mir) me conviene; **ganz recht!** (das stimmt) ¡en efecto!

Recht *n.* derecho *m*; (Gerechtigkeit) justicia; (Gessetz) ley; (vernünftige Begründung) razón *f.*; **-e** *f.* (Hand) (mano) derecha *f.* **-eck** *n.* rectángulo *m.*

rech|eckig rectangular; **-fertigen** justificar.

Rechtfertigung *f.* justificación *f.*

recht|haberisch porfiado; **-lich** legal, de derecho; **-los** sin derecho(s); **-mä,ig** legítimo.
rechts a la derecha, a mano derecha; **-fahren** (gehen)!; ¡llevar la derecha!
Rechtsanwalt *m.* abogado *m.*
Rechtsbruch *m.* violación (*f.*) de la ley.
recht|schaffen honrado.
Rechtschaffenheit *f.* honradez *f.*
Recht|schreibung *f.* ortografía *f.*; **-sprechung** *f.* administración (*f.*) de la justicia.
Rechtsfall *m.* litigio, pleito *m.*
rechtsgültig legal.
Rechtsgültigkeit *f.* validez *f.*
rechtskräftig válido.
Rechtsmittel *n.* medio (*m.*) legal.
Rechtsstreit *m.* pleito, litigio *m.*
rechtswidrig ilegal.
Rechtswissenschaft *f.* jurisprudencia *f.* derecho *m.*
recht|winklig rectangular; **-zeitig** oportuno, con tiempo, a su debido tiempo.
Reck *n.* barra (*f.*) fija.
recken, (sich) estirarse; **den Hals -** alargar el pescuezo.
Redakt|eur *m.* redactor *m.*; **-ion** *f.* redacción *f.*
Rede *f.* palabras *f. pl.* (Vortrag) discurso *m.*; (Unterhaltung) conversación *f.*; **ee. - halten** pronunciar (*fam.* echar) un discurso **-freiheit** *f.* libertad (*f.*) de palabra.
reden hablar; **Unsinn -** decir disparates.
Redensart *f.* locución *f.* giro *m.*
redlich honrado, leal.
Redlichkeit *f.* honradez, lealtad *f.*
Redner *m.* orador *m.*; **-talent** *n.* talento (*m.*) oratorio.
redselig hablador, parlanchín.
Reede *f.* rada *f.*; **-r** *m.* armador *m.*; **-rei** *f.* compañía (*f.*) de navigación.
Referat *n. pol.* ponencia *f.*
Referent *m.* ponente *m.*
Referenz *f.* referencia *f.*
Reform *f.* reforma *f.*
reformieren reformar.
Refrain *m.* estribillo *m.*
Regal *n.* estante *m.*
Regel *f.* regla; (Norm) norma *f.*; (monatliche) período *m.*
regel|los sin regla; **-mäßig** regular; **-n** regular, (einregeln) graduar; (Angelegenheit) arreglar; **-recht** según la regla.
Regelung *f.* regulación, graduación *f.* arreglo *m.*
regen, sich moverse.
Regen *m.* lluvia *f.*; **-bogen** *m.* arco (*m.*) iris; **-mantel** *m.* impermeable *m.* gabardina, trinchera *f.*; **-schauer** *m.* chaparrón *m.* **-schirm** *m.* paraguas *m.*; **-tag** *m.* día (*m.*) lluvioso; **-wasser** *n.* agua (*f.*) de lluvia; **-wurm** *m.* lombriz (*f.*) de tierra; **-zeit** *f.* estación (*f.*) de las lluvias.
Regent *m.* regente *m.*; **-schaft** *f.* regencia *f.*
Regie *f. theat.* dirección artística.
regieren gobernar; (Fürst) reinar; *gramm.* regir.
Regierung *f.* gobierno; (Zeit) reinado *m.* **-santritt** *m.* toma (*f.*) de poder; **-skrisis** *f.* crisis (*f.*) ministerial; **-smaßnahme** *f.* medida (*f.*) gubernamental; **-ssystem** *n.* régimen (*m.*) político.
Regiment *n.* regimiento *m.*; **-smusik** *f.* banda (*f.*) del regimiento; **-sstab** *m.* plana (*f.*) mayor.
Regisseur *m.* director (*m.*) artístico.
Register *n.* registro *m.*; (Verzeichnis) lista *f.*; *fig. fam.* **alle - ziehen** tocar todos los resortes.
registrieren registrar.
Registrierkasse *f.* caja (*f.*) registradora.
regnen llover.
regnerisch lluvioso.
regulieren regular.
Regung *f.* emoción *f.*; (plötzliche) arranque *m.*

regungslos sin movimiento, sin moverse, inmóvil.
Reh *n.* corza *f.;* **-bock** *m.* corzo *m.* **-braten** *m.* asado (*m.*) de corzo; **-keule** *f.* pierna (*f.*) de corzo.
Reibeisen *n.* (Küche) rallador *m.*
reiben frotar; (Küche) rallar.
Reibung *f.* frote, frotamiento, rozamiento *m.*
reich rico; (wohlhabend) acomodado; (vermögend) adinerado; **-w.** llegar a rico.
Reich *n.* imperio *m.;* **das - Gottes** el reino de Dios.
reichen (s. erstrecken) alcanzar; (Hand) tender; (geben) dar, alcanzar; (bei Tisch) pasar; (anbieten) ofrecer.
reich|haltig abundante; (Lager) bien surtido; **-lich** copioso.
Reich|tum *m.* riqueza *f.*
reif maduro.
Reife *f.* madurez; (Ausreife) maduración *f.*
reifen madurar.
Reifen *m.* arco; (eiserner Faß -) fleje *m.;* (Luft -) neumático *m.;* (Rad -) llanta *f.;* **-aufziehr***m.* (Auto) calzador (*m.*) de neumáticos; **-decke** *f.* (Auto) cubierta *f.* (de neumático); **-defekt** *m.* avería (*f.*) de neumático; (Loch) pinchazo *m.;* **-schlauch** *m.* (Auto) cámara *f.* (de neumático).
Reife|prüfung *f.* bachillerato *m.;* **-zeugnis** *n.* título (*m.*) de bachiller.
reiflich maduro **s. - überlegen** (beschlafen) *fam.* consultar con la almohada.
Reigen *m.* corro *m.*
Reihe *f.* fila; (Knöpfe usw.) hilera; (Serie) serie; (Schlange v. Personen) *fam.* cola *f.;* **ich bin an der -** me toca a mí; es mi turno; (beim Warten) *vulg.* tengo la vez; **nach der -** por orden.
reihen poner en fila; **s. -** colocarse en fila.
Reihen|folge *f.* orden, turno *m.;* **-schaltung** *f.* conexión (*f.*) en serie.
Reiher *m. zool.* garza *f.*
Reim *m.* rima *f.*
reimen rimar.
rein (sauber) limpio; (unverfälsacht) puro; (Wasser) claro; (keusch) casto; **ins -e bringen** (schreiben) poner en limpio; (regeln) arreglar.
Reinemachefrau *f.* asistenta *f.*
Rein|erlös *m.* beneficio (*m.*) líquido; **-fall** *m. fam.* chasco *m.;* **-gewinn** *m.* beneficio (*m.*) neto; **-heit** *f.* limpieza, pureza.
reinigen limpiar.
Reinigung *f.* limpieza, purificación; (Abwässer) depuración *f.;* **-sanstalt** *f.* empresa (*f.*) de limpieza; *fam.* quitamanchas *m.; (chem.)* tinte *m.*
reinlich limpio; aseado.
Reinlichkeit *f.* limpieza *f.;* (Körper) aseo *m.*
Reinschrift *f.* copia (*f.*) en limpio.
Reis *m.* arroz *m.;* **-** *n. bot.* vástago *m.*
Reise *f.* viaje *m.;* **-büro** *n.* agencia (*f.*) de viajes, oficina de turismo; **-führer** *m.* guía (person) *m.;* (Buch) *f.* **-gepäck** *n.* equipaje *m.;* **-koffer** *m.* baúl *m;* **-route** *f.* itinerario *m.;* **-schreibmaschine** *f.* máquina (*f.*) de escribir portátil.
reisen viajar.
Reisender *m.* viajero; (Schiff, Flugzeug) pasajero.
Reisig *n.* (trockenes) ramas (*f. pl.*) secas; (Brennholz) leña *f.*
Reiß|brett *n.* tablero (*m.*) de dibujo.
reißen (zerreißen) romper; (aufreißen) rajarse; (an etwas) tirar de; (vorzeichnen) trazar; **s. e. Loch -** (in Kleidungsstük) *- fam.* hacer un siete.
Reiß|feder *f.* tiralíneas *m.;* **-nagel** *m.* chinche *f.;* **-schiene** *f.* regla (*f.*) de dibujo; **-verschluß** *m.* cierre (*m.*) de cremallera; **-zeug** *n.* caja (*f.*) de compases; **-zwecke** *f.* chinche *f.*
reiten cabalgar, montar (a caballo); **Trab -** ir al trote.

Reiter *m.* jinete *m.;* **-in** *f.* amazona *f.*
Reit|hose *f.* calzones (*m. pl.*) de montar; **-peitsche** *f.* látigo *m.* fusta *f.* **-pferd** *n.* caballo (*m.*) de silla; **-schule** *f.* escuela (*f.*) de equitación; **-stiefel** *m.* bota (*f.*) de montar.
Reiz *m.* encanto *m;* (Reizung) excitación *f.;* (Anreiz) estímulo *m.*
reiz|bar sensible, irritable; **-en** excitar, irritar; (die Neugierde) despertar; (den Appetit) abrir; **-end** encantador, irritante; **-los** sin atractivos.
Reiz|mittel *n.* estimulante *m;* **-ung** *f.* excitación, irritación *f.*
reizvoll encantador, interesante.
rekeln, sich desperezarse.
Reklame *f.* propaganda *f.; SAm.* reclame; (Anzeigen) publicidad *f.;* **-plakat** *n.* cartel, anuncio *m.;* **-tafel** *f.* cartelera (*f.*) de anuncios.
reklamieren reclamar.
Rekord *m.* marca *f.* record *m.*
Rekrut *m.* recluta, quinto; *SAm.* conscripto *m.;* **-enjahrgang** *m.* quinta *f.;* **-envereidigung** *f.* jura (*f.*) de la bandera.
rekrutieren reclutar, alistar; *SAm.* enrolar.
Rektor *m.* rector; (Schule) director *m.*
Rekurs *m. jur.* apelación *f.*
Relais *n. elektr.* relé *m.*
relativ relativo.
Religion *f.* religión *f.;* **-sfreiheit** *f.* libertad (*f.*) de culto; **-geschichte** *f.* historia (*f.*) sagrada.
religiös religioso.
Reling *f. naut.* costado *m.*
Reliquie *f.* reliquia *f.*
Renegat *m.* renegado *m.*
Rennbahn *f.* (für Pferde) hipódromo *m.; SAm.* cancha; (Fahrbahn) pista *f.*
rennen correr.
Rennen *n.* carrera *f.*
Renn|fahrer *m.* corredor *m.;* **-pferd** *n.* caballo (*m.*) de carreras; **-tier** *n. zool.* reno *m.*
renommieren presumir.
renovieren renovar, restaurar.
rentabel lucrativo.
Rente *f.* renta, pensión *f.*
rentiren, sich rendir beneficio; *fig.* valer la pena.
Rentner *m.* rentista *m.*
Reparatur *f.* reparación; (Uhren, Schuhe) compostura *f.;* **-werkstatt** *f.* taller (*m.*) de reparaciones.
reparar reparar, arreglar, componer.
Reporter *m.* periodista *m.*
Repräsentat *m.* representante, agente *m.*
repräsentieren representar.
Repressalien *f. pl.* represalias *f. pl.*
Reptil *n.* reptil *m.*
Republik *f.* república *f.;* **-aner** *m.* republicano *m.*
republikanisch republicano.
requirieren requisar.
Reserve *f.* reserva; (Vorbehalt) salvedad *f.;* **-offizier** *m.* oficial (*m.*) de complemento; **-rad** *n.* rueda (*f.*) de repuesto: **-teile** *m. pl.* piezas (*f.pl.*) de repuesto *od.* de recambio.
reservieren reservar.
Residenz *f.* residencia.
residieren residir.
resigniern resignarse, renunciar (auf a).
Resonanz *f.* resonancia *f.;* **-boden** *m.* caja (*f.*) de resonancia *f.*
Respekt *m.* respeto *m.* (**vor** a); s. **-verschaffen** hacerse respetar.
respektieren respetar.
respektive *adv.* respectivamente.
respektlos *adj.* irrespetuoso.
respektvoll respetuoso.
respektwidrig *adj.* irreverente.
Ressort *n.* negociado *m.* sección *f.*
Rest *m.* resto; (Stoff -) retal *m.;* (Rückstände) residuos *m. pl.*
Restaurant *n.* restaurante, restorán *m.;* (Bierlokal) cervecería.
restaurieren renovar.
Rest|betrag *m.* remanente, saldo *m.;* **-zahlung** *f.* pago restante, saldo *m.*
restlos *adj.* total.
Resultat *n.* resultado *m.*

resultatlos *adj.* (zwecklos) inútil.
Retorte *f. chem.* alambique *m.*
retten salvar, poner en salvo.
Retter *m.* salvador *m; fig. fam.* tabla (*f.*) de salvación.
Rettich *m. bot.* rábano *m.*
Rettung *f.* salvación *f.; naut.* salvamento *m.;* **-sboje** *f.* boya (*f.*) de salvamento; **-sboot** *n.* canoa (*m.*) de salvamento; **-sgürtel** *m.* (chaleco) salvavidas *m.;* **-sleiter** *f.* escalera (*f.*) de fuego; **-smedaille** *f.* medalla (*f.*) de salvamento; **-sring** *m.* salvavidas *m.;* **-sstation** *f.* casa (*f.*) de socorro, puesto (*m.*) de socorro.
retuschieren retocar.
reuen: es reut mich me arrepiento de ello.
reumütig arrepentido.
Revanchekrieg *m.* guerra (*f.*) de desquite.
Revers *m.* (Rockaufschlag) solapa *f.*
revidieren revisar, inspeccionar.
Revier *n.* distrito *m.* zona; *min.* cuenca; (Polizei) comisaría; *mil.* enfermería *f.;* (Jagd) coto *m.*
Revision *f.* revisión inspección *f.;* (Zoll) registro *m.*
Revolte *f.* revuelta *f.* motín *m.*
revoltieren amotinarse.
Revolution *f.* revolución *f.;* **-är** *m.* revolucionario *m.*
Revolver *m.* revólver *m.*
Revue *f.* revista *f.*
rezensieren criticar; (Bücher) reseñar.
Rezension *f.* crítica, reseña *f.*
Rezept *n.* receta, fórmula *f.*
rezitieren recitar; (Gedichte) declamar.
Rhabarber *m. bot.* ruibarbo *m.*
Rhein *m.* el Rin; **-wein** *m.* vino (*m.*) del Rin.
rheinisch renano.
rheumatisch reumático.
Rheumatismus *m.* reuma (tismo) *m.*
Rhinozeros *m. zool.* rinoceronte *m.*
Rhythmus *m.* ritmo *m.*
richten (gerade biegen) enderezar (gerade aus -) alinear; (jem.) juzgar; (Blick) dirigir;(in Ordnung bringen) arreglar; (Waffe auf) apuntar (sobre); **s. - nach** amoldarse a.
Richter *m.* juez *m.*
richtig exacto, correcto, justo.
Richtigkeit *f.* exactitud, corrección.
Rich|maß *n.* padrón (*m.*) de medida; (Maurer) maestra *f.;* **-schnur** *f.* tendel *m.; fig.* pauta *f.;* **-ung** *f.* dirección *f.* sentido *m.; fig.* orientación *f.* (Kunst) escuela *f.;* **-ungsanzeiger** *m.* (Auto) indicador (*m.*) de dirección.
riechen oler (**nach** a).
Riegel *m.* cerrojo *m.;* (Kleider. -) percha *f.*
Riemen *m.* correa *f.; naut.* remo *m.;* **-scheibe** *f.* polea *f.*
Ries *n.* (Papier -) resma (*f.*) de papel.
Riese *m.* gigante *m.*
Rieselfeld *n.* campo (*m.*) de regadío.
rieseln correr, manar.
Riesenschlange *f.* boa *f.* pitón *m.*
riesig colosal, gigantesco; fabuloso.
Riff *n.* arrecife *m.*
Riffelblech *n.* chapa (*f.*) estriada.
Rille *f.* ranura, garganta *f.*
Rind *n.* (Kuh) vaca *f.;* (Ochse) buey; (Jungtier) novillo; (unter 1 Jahr) becerro *m.*
Rinde *f.* corteza *f.*
Rind|fleisch *n.* carne (*f.*) de vaca; **-sbraten** *m.* asado (*m.*) de vaca; **-sleder** *n.* cuero (*m.*) de vaca; becerro *m.;* **-vieh** *n.* ganado (*m.*) vacuno; *fig.* animal *m.*
Ring *m.* anillo *m.;* (Schmuck) sortija *f.;* (Reif) aro *m.;* (um die Augen) ojera *f.;* (Kreis) círculo.
ringeln. sich (Haar) ensortijarse; (Bach) serpentear; (Blätter bei Insektenbefall) abarquillarse.
Ringelnatter *f. zool.* culebra (*f.*) de agua, *SAm.* coralillo *m.*
ringen torcer; (Hände) retorcer.

Ring|finger *m.* dedo (*m.*) anular **-kampf** *m.* lucha *f.* (grecorromana) **-kämpfer** *m.* luchador *m.*; **-richter** *m.* árbitro *m.*; **-straße** *f.* ronda *f.* bulevar *m.*
ringsum alrededor(de); (überall) por todas partes.
Rinne *f.* canal *f.* canalón *m.* (Dach -) gotera *f.*
rinnen correr lentamente.
Rinnstein *m.* (Straße) arroyo; (Küche) sumidero *m.*
Rippe *f.* costilla; (Kochkunst) chuleta; (Heiz -) aleta *f.*; **-nfell** *n.* *med.* pleura *f.*; **-enfellentzündung** *f.* *med.* pleuresía *f.* **-nstoß** *m.* empujón *m.*
Risiko *n.* riesgo *m.*; (Verantwortung) responsabilidad *f.*
risk|ant arriesgado; **-ieren** arriesgar.
Rispe *f.* *bot* panícula *f.*
Riß *m.* (Spaltung) raja; (Sprung) grieta, (Kleidungsstück) rasgón *fam.* siete *m.*
rissig: **- w.** agrietarse, rajarse.
Rißwunde *f.* desgarradura *f.*
Rist *m.* (Fuß) empeine; (Hand) dorso *m.*
Ritt *m.* paseo (*m.*) a caballo; carrera (*f.*) a caballo.
Ritter *m.* caballero *m.*; **-gut** *n.* señorío, latifundio *m*; **-sporn** *m.* *bot.* espuela (*f.*) de caballero.
ritterlich caballeresco; (Gesinnung) caballeroso.
Ritterlichkeit *f.* caballerosidad *f.*
Ritterroman *m.* libro (*m.*) de caballerías.
Ritterschlag: den - empfangen ser armado caballero.
rittlings a horcajadas.
Rittmeister *m.* *mil.* capitán (*m.*) de caballería.
Ritus *m.* rito *m.*
Ritz *m.* *med.* incisión *f.*
Ritze *f.* hendidura, fisura, rendija *f.*
Ritzel *n.* *techn.* piñón *m.*
ritzen rajar; (Haut) agrietar; **s. -** rasguñarse.
Rivale *m.* rival.
rivalisieren rivalizar, competir.
Rivalität *f.* rivalidad, competencia *f.*
Rizinusöl *n.* aceite (*m.*) de ricino
Robe *f.* (Talar) toga *f.*
Robbe *f.* *zool.* foca *f.*
robust robusto.
röcheln (im Schlaf) roncar; (schwer atmen) respirar con dificultad.
Rochen *m.* (Fisch) raya *f.*
Rock *m.* (Männer -) chaqueta, americana *f.*; *SAm.* saco; (langer) chaqué *m*; (Geh -) levita (Frauen -) falda; *SAm* pollera *f.*; (geistlicher) hábito *m.*;
Rodelbahn *n.* pista (*f.*) de trineos.
rodein ir en trineo (de deporte).
Rodelschlitten *m.* trineo *m.* (de deporte).
roden (urbar machen) roturar.
Rogen *m.* (Fich -) huevas *f.* *pl.* (de pez).
Roggen *m.* centeno *m.*; **-brot** *n.* (pan (*m.*) de centeno, pan negro.
roh (ungekocht) crudo; (imgrünen Zustand) verde; (roh bearbeitet) tosco; (roh unbearbeitet) (en) bruto.
Roh|bau *m.* obra (*f.*) de fábrica (sin revoque); **-eisen** *n.* hierro (*m.*) bruto; **-eit** *f.* estado (*m.*) bruto *bzw.* tosco; *fig.* grosería, brutalidad *f.*; **-öl** *n.* aceite (*m.*) crudo; **-stoff** *m.* materia (*f.*) prima, primeras materias *f.* *pl.*
Rohr *n.* *bot.* caña *f.* junco *m.*; *techn.* tubo; (Geschütz) cañón *m*; **-bruch** *m.* rotura (*f.*) de cañería.
Röhrchen *n.* (Mate) bombilla *f.*
Röhre *f.* tubo, caño *m.*; (Radio) válvula; (dünne *med.*) cánula *f.*
Röhricht *n.* cañaveral *m.*
Rohr|leger *m.* fontanero; (für Gasrohr) gasista *m.*; **-leitung** *f.* tubería, cañería *f.*; **-möbel** *n.* *pl.* muebles (*m.* *pl.*) de mimbre; **-stock** *m.* junco *m.* caña *f.* (Schule) palmatoria *f.*; **-zucker** *m.* azúcar (*m.*) de caña.
Roh|seide *f.* seda (*f.*) cruda; **-stoff** *m.*

primera materia; materia (*f.*) prima, producto (*m.*) básico; **-tabak** *m.* tabaco (*m.*) en rama.

Rolladen *m.* persiana *f.* (eiserne) cierre *m.*

Rollbahn *f. av.* pista *f.* (de despegue).

Rolle *f.* rollo, rodillo, cilindro *m.;* (Wäsche -) calandria *f.; theat.* papel *m.; techn.* (Riemen -) polea *f.;* (Film, Garn -) carrete *m.*

rollen rodar; (Wäsche) alisar.

Roller *m.* (Spielzeug) patinete *m.*

Roll|feld *n.* pista (*f.*) de aterrizaje; **-geld** *n.* camionaje *m.;* **-mops** *m.* arenque (*m.*) arrollado; **-schuh** *m.* patín *m.* (de ruedas); **-treppe** *f.* escalera (*f.*) rodante.

Roman *m.* novela *f.* (Zeitungs -) folletín *m.* **-literatur** *f.* literatura (*f.*) novelesca; **-schriftsteller** *m.* novelista, autor (*m.*) de novelas.

romanisch romano, románico *m.*

Romantik *f.* romanticismo *m;* **-er** *m.* romántico *m.*

romantisch romántico.

Römer *m.* romano *m.;* (Weinglas) copa *f.;* **-straße** *f.* calzada (*f.*) romana.

röntgen radiografiar,' sacar una radiografía; **geröngt w.** ser visto por los rayos X.

Röntgen|aufnahme *f.* radiografía *f.;* **-behandlung** *f.* radioterapia *f.;* **-bild** *n.* radiografía *f.;* **-ologe** *m.* radiólogo *m.;* **-strahlen** *m. pl.* rayos (*m. pl.*) X.

rosa (de color) rosa.

Rose *f. bot.* rosa *f.;* (Strauch) rosal *m. med.* erisipela *f.*

Rosen|garten *m.* rosaleda *f.;* **-holz** *n.* palo (*m.*) de rosa; **-knospe** *f.* botón (*m.*) de rosa; **-kohl** *m.* col (*f.*) de Bruselas; **-montag** *m.* lunes (*m.*) de Carnaval; **-stock** *m.* rosal *m.;* **-strauß** *m.* ramo (*m.*) de rosas.

Rosette *f.* roseta *f.;* (Decken-) rosetón *m.*

rosig de rosa, (color de) rosa; (hellr) rosáceo.

Rosine *f.* pasa *f.;* (große) pasa de Málaga; (kleine) pasa de Corinto.

Rosmarin *m. bot.* romero *m.*

Roß *n.* caballo; *poet.* corcel *m.;* **-apfel** *m.* bosta (*f.*) de caballo; **-haar** *n.* crin *f.;* **-kastanie** *f.* castaña *f.*

Rost *m.* herrunbre *f.* orín *m.* (Kessel, Ofen, Küche) parrilla *f.; techn.* emparrillado *m.; m.;* **-braten** rosbif, *SAm.* bife *m.;* **-fleck** *m.* mancha (*f.*) de orín.

rosten oxidarse, criar moho.

rösten tostar.

rostig oxidado, tomado de orín, mohoso.

Rostschutzfarbe *f.* pintura (*f.*) antiherrumbre.

Rostschutzmittel *n.* antioxidante *m.*

Röstung *f.* tostción *f.*

rot rojo, encarnado; (Wein) tinto; **- w.** ponerse colorado; **- färben** (Lippen) darse colorete; **bis über die Ohren - w.** *fam.* ponerse colorado como un tomate.

Rotationsmaschine *f.* prensa (*f.*) rotativa.

Röte *f.* (Scham -) rubor *m.*

Röteln *f. pl. med.* alfombrilla *f.*

röten enrojecer; **s. -** ponerse rojo (*od.* colorado); (vor Scham) sonrojarse; (Früchte) rojear.

rotglühend rojo candente.

Rotglut *f.* **in -** al rojo.

rothaarig pelirrojo.

Rot|kehlchen *n.* (Vogel) petirrojo *m.;* **-kohl** *m.* lombarda *f.;* **-lauf** *m. med.* erisipela *f.;* **-stift** *m.* lápiz (*m.*) rojo; (Lippenstift) barrita (*f.*) para los labios **-wild** *n.* venados *m. pl.*

rötlich rojizo.

Rötung *f.* enrojecimiento *m.*

Rotwelsch *n.* (Gaunersprache) jerga *f.* germanía.

Rotz *m.* (Nase) *fam.* mocos *m. pl.* (der Pferde) muermo *m;* **-junge** *m.* mocoso *m.*

Rotzunge *f.* (Fisch) gallo *m.*

Rouleau *n.* persiana *f.*

Route *f.* ruta *f.;* (Reise-) itinerario *m.*
Routine *f.* experiencia *f.* práctica.
Rübe *f.* (weiße) nabo *m.;* (gelbe) zanahoria; (rote) remolacha *f.*
Rubel *m.* rubio *m.*
Rübenzucker *m.* azúcar (*m.*) de remolacha.
Rubin *m.* rubí *m.*
Rubrik *f.* rúbrica *f.* título *m;* (Spalte) columna, casilla *f.*
Rübsamen *m.* nabina.
ruch|bar público **-bar w.** divulgarse.
Ruchlosigkeit *f.* atrocidad, infamia *f.*
Ruck *m.* tirón *m.;* **auf en.** - de un golpe.
Rückblick *m.* ojeada (*f.*) retrospectiva.
rücken mover; **näher** - arrimar.
Rücken *m.* espalda *f.* (Buch -) lomo *m.;* (Berg -) loma *f.;* (Hand -) dorso *m.* **auf dem - tragen** llevar a cuestas; **-mark** *n. anat.* médula (*f.*) dorsal; **-schmerz** *m.* dolor (*m.*) de espaldas; **-wind** *m. naut.* viento (*m.*) en popa.
Rückerstattung *f.* devolución *f.*
Rück|fahrkarte billete (*m.*) (*SAm.* boleto) de ida y vuelta; **-fahrt** *f.* vuelta *f.* viaje (*m.*) de regreso; **-fall** *m.* recaída *f.*
rückfällig reincidente.
Rück|frage *f. parl.* interpelación *f.;* **-gabe** *f.* devolución *f.;* **-gang** *m.* (Fall) baja; (Verfall) decadencia; (Verringerung) disminución *f.*
rückgängig machen (Auftrag) anular; (Vertrag) rescindir.
Rück|grat *n.* espina (*f.*) dorsal; **-kauf** *m.* readquisición *f.;* **-kehr** *f.* regreso *m.* vuelta *f.;* **-lauf** *m. techn.* retroceso *m.;* **-marsch** *m.* marcha (*f.*) de vuelta; *mil.* (Rückzug) retirada *f.;* **-prall** *m.* rebote *m.;* **-reise** *f.* viaje (*m.*) de regreso.
Rucksack *m.* morral *m.*
Rück|schlag *m. fig.* revés; **-seite** *f.* dorso *m.* vuelta f. (Münze) reverso; (Stoff) revés *m;* **--sendung** *f.* devolución *f;* **--sicht** *f.* consideración *f.*
rücksichtslos desconsiderado, sin miramientos.
Rücksichtslosigkeit *f.* falta de consideración, brutalidad *f.*
rücksichtsvoll atento, deferente.
Rück|sitz *m.* asiento (*m.*) trasero: **-spiel** *n.* (Sport) partido (*m.*) de desquite; **laut -sprache** según convenido; **-stand** *m.* atraso; *chem.* residuo; (Rest) resto *m.*
rückständig (in Verzug) en retraso; moroso; *pol.* reaccionario.
Rück|stoß *m.* retroceso *m;* **-- strahler** *m.* luz (*f.*) piloto; **-tritt** *m.* (Regierung) dimisión; (Fürst) abdicación *f.* **-trittbremse** *f.* freno (*m.*) de contrapedal.
rückversichern reasegurar.
Rück -wanderung *f.* repatriación *f.*
rückwärts hacia *od.* para atrás: **von -** por detrás.
Rückwärtsfahrt *f.* marcha (*f.*) atrás.
Rückweg *f.* **auf dem -** a la vuelta, al regreso.
rückwirkend retroactivo.
Rück|wirkung *f.* retroactividad *f.;* **-zahlung** *f.* reintegro, reembolso *m;* **-zug** *m.* retirada *f.*
Rüde *m.* mastín *m.*
Rudel *n.* manada *f.*
Ruder *n.* remo; (Steuer -) timón *m.;* **-boot** *n.* barco (*m.*) de remo; **-er** *m.* remero *m.;* **-klub** *m.* club (*m.*) de regatas.
rudern remar.
Ruderverein *m.* club (*m.*) náutico.
Ruf *m.* grito *m;* (Ansehen) prestigio *m.* reputación *f.*
rufen llamar, gritar; **wie gerufen** a propósito, *fam.* como anillo al dedo; de perlas.
Ruf|name *m.* nombre (*m.*) (de pila); **-weite** *f.* alcance (*m.*) de la voz; **-zeichen** *n.* (Telefon) señal (*f.*) de llamada.
rügen reprender, censurar, criticar.
Ruhe *f.* (Schweigen) silencio; (Ausruhen) descanso *m.* (phlegmatische

r

Gemütsisart) cachaza *f.;* **jem. in - lassen** dejar a uno en paz; **-gehalt** *n.* pensión *f.* retiro *m.*
ruhelos (unruhig) inquieto: (ohne Unterbrechung) sin descansar, sin tregua.
Ruhelosigkeit *f.* inquietud *f.*
ruhen (aus -) descansar(se); (Verkehr) estar paralizado; (Angelegenheit) quedar en suspenso.
Ruhe|pause *f.* descanso *m.;* **-platz** *m.* retiro *m.;* **-stand** *m.* retiro *m.;* **im -stand** retirado, jubilado; **-störung** *f.* (Lärm) barullo *m.;* (öffentliche) perturbación *f.* (del orden público) **-zeit** *f.* (mittags) siesta *f.*
ruhig tranquilo, quieto.
Ruhm *m.* gloria *f.*
rühmen elogiar; **s.** - ufanarse; *fam.* darse pisto.
Ruhmestat *f.* hazaña *f.*
Ruhr *f. med.* disentería *f.;* **- gebiet** *n.* cuenca (*f.*) del Ruhr.
Rührei *n.* huevos (*m. pl.*) revueltos.
rühren remover; (zu Tränen) conmover (a).
rührig activo.
Rührmichnichtan *n. bot.* sensitiva *f.*
rührselig sentimental.
Rührung *f.* emoción *f.*
Ruin *m.* ruina *f.* **-e** *f.* ruina *f.*
ruinieren arruinar; (beschädigen) estropear.
rülpsen eructar.
Rum *m.* ron *m.*
Rummel *m. fam.* jaleo *m.*
Rumpelkammer *f.* trastera; *fam.* leonera *f.*
Rumpf *m.* (Körper) tronco; (Schiff) casco; (Flugzeug) fuselaje *m.*
rümpfen; die Nase - *fig.* torcer el gesto, poner mala cara.
rund redondo; circular; (zylindrisch) cilíndrico; **-heraus** *fig.* sin rodeos; **-herum** alrededor de.
Rundblick *m.* panorama *m.*
Runde *f.* vuelta *f.* (Sport) asalto *m; mil.* ronda *f.*
Rund|fahrt *f.* paseo *m.* (en coche); **-frage** *f.* encuesta *f.;* **-funk** *m.* radiodifusión; *fam.* radio *f.* **-funkgerät** *n.* (aparato [*m.*] de) radio *f.;* **-funkhörer** *m.* radio-escucha, radioyente *m.;* **-funk-nachrichten** *f. pl.* diario (*m.*) hablado- **-funksender** *m.* (estación) emisora *f.;* **-funkübertragung** *f.* emisión *f.* (por radio); **-funkwerbung** *f.* publicidad (*f.*) radiada.
rundlich redondeado; (Körper, untersetzt) regordete.
Rund|reise *f.* viaje circular; *naut.* crucero *m.;* **-reiseheft** *n.* (Spanien) billete (*m.*) kilométrico; **-schau** *f.* revista *f.;* **-schreiben** *n.* carta (*f.*) circular; **-schrift** *f.* redondilla *f.*
Rundung. *f.* redondez *f.* redondeado *m.*
rundweg *adv.* rotundamente.
Runzel *f.* arruga *f.*
runzeln arrugar(se); **die Stirn** - fruncir el ceño.
Rüpel *m.* (Flegel) mal educado, grosero *m.*
rupfen (Geflügel) pelar; (aus -) arrancar; (an den Haaren ziehen) tirar (del pelo).
Rupfen *m.* (Textil) arpillera *f.*
Ruß *m.* hollín *m.* (Kien -) negro (*m.*) de humo.
Rüssel *m.* (Elefant) trompa *f.* (Schwein) hocico *m.*
rußen dejar hollín.
Rußland *n.* Rusia *f.*
rüsten preparar; *mil.* armar.
Rüster *f.* olmo *m.*
rüstig robusto, fornido.
Rüstung *f* (Harnisch) armadura *f.; mil.* armamento *m.*
Rute *f.* vara *f.;* (Maβ) pértica *f.*
Rutengänger *m.* veedor (*m.*) de agua; *fam.* zahorí *m.*
Rutschbahn *f.* tobogán *m.;* montaña (*f.*) rusa.
rutschen deslizar(se), resbalar(se).
rütteln sacudir; *techn.* vibrar.
Rütteln *n.* sacudidas *f. pl.*

r

s, S *n.* s, S *f.*
Saal *m.* sala *f.*, salón *m.*
Saat *f.* semillas *f. pl.;* (Säen) siembra *f.;* (Saatfeld) sembrado *m.;* **-gut** *n.* simiente *f.*
sabbern salivar.
Säbel *m.* sable *m.;* **-hieb** *m.* sablazo *m.*
Sabotage *f.* sabotaje *m.*
sabotieren sabotear.
Sacharin *n.* sacarina *f.*
Sache *f.* cosa *f.;* alte Sachen trastos (*m. pl.*) viejos.
sachgemäß apropiado.
Sach|kenntnis *f.* conocimientos (*m. pl.*) de causa, competencia *f.;* **-lage** *f.* situación *f.;* **-leistung** *f.* prestación (*f.*) material; **-lich** *f.* objetivo; **-lichkeit** imparcialidad; **-schaden** *m.* daños (*m. pl.*) materiales; **-verhalt** *m.* estado (*m.*) de cosas; **-verständige(r)** *m.* experto, perito, técnico *m.;* **-verständigengutachten** *n.* informe (*m.*) pericial; **-wert** *m.* valor (*m.*) real.
sächlich *gramm.* neutro.
Sachse *m.* sajón *m.;* **-n** *n.* Sajonia *f.*
Sack *m.* saco *m.;* (Mehl -) costal *m.;* **-bahnhof** *m.* estación (*f.*) terminal; **-gasse** *f.* callejón (*m.*) sin salida; **-leinwand** *f.* arpillera *f.;* **-pfeife** *f.* gaita *f.*
Säe|mann *m.* sembrador *m.;* **-maschine** *f.* sembradora *f.*
säen sembrar.
Saffianleder *n.* tafilete *m.*
Safran *m.* azafrán *m.*
Saft *m.* (Pflanze) savia *f.;* (Frucht) jugo; (ausgepreßter) zumo; (eingedickt.) jarabe; (Fleisch -) jugo *m.*
saftig jugoso; *fig.* (Witz) verde.
Sage *f.* leyenda; (Überlieferung) tradición *f.*
Säge *f.* sierra (Fuchsschwanz) serrucho *m.;* **-blatt** *n.* hoja (*f.*) de sierra; **-bock** *m.* borriquete *m.;* **-mehl** *n.* serrín *m.;* **-späne** *m. pl.* virutas *f. pl.*
sägen (a) serrar.
sägen decir; **ja (nein)** - decir que sí (no); **nichts zu -haben** *fam.* no pintar nada.
Sago *m.* tapioca *f.*
Sahne *f.* nata *f.*
Saison *f.* temporada; (Jahreszeit) estación *f.;* **-ausverkauf** *m.* liquidación (*f.*) por fin de temporada.
Sakkoanzug *m.* trage (*m.*) completo, terno *m.*
Sakrament *n.* sacramento *m.*
Sakristei *f.* sacristía *f.*
Salamander *m.* salamandra *f.*.
Salat *m.* ensalad(ill)a; (grüner) lechuga *f.*
Salbe *f.* ungüento *m.*
Salbei *f.* *bot.* salvia *f.*
salben untar
salbungsvoll con unción.
Saldo *m.;* saldo *m.;* **-vortrag** *m.* saldo (*m.*) a cuenta nueva.
Saline *f.* salina *f.*
Salizyl *n.* salicilo *m.*
Salm *m.* (Fisch) salmón *m.*
Salmiak *m.* sal (*f.*) de amoníaco.
Salon *m.* sala *f.*, gabinete *m.*
Salpeter *m.* salitre, nitro; (Chile -) caliche *m.;* **-grube** *f.* salitrera *f.;* **-hafen** *m.* puerto (*m.*) salitrero; **-säure** *f.* ácido (*m.*) nítrico.
Salve *f.* salva *f.*

S

Salweide *f. bot.* sauce *m.*
Salz *n.* sal *f.;* **-berk** *n.* mina *(f.)* de sal; **-fäßehen** *n.* salero *m.;* **-geschmack** *m.* sabor *(m.)* a sal; **-gurke** *f.* pepinillo *(m.)* en salmuera; **-herling** *m.* arenque *(m.)* salado; **-kartoffeln** *f. pl.* patatas *(f. pl.)* cocidas; **-lake** *f.* salmuera *f.;* **-mandeln** *f. pl.* almendras *(f. pl.)* saladillas; **-säure** *f.* ácido *(m.)* clorhídrico; **-wasser** *n.* agua *f.* (el) salada, agua de mar.
salzen salar; (m. Lake) echar en salmuera.
salzig salado.
Same *m.* semilla; (menschl., tierisch) esperma *f.;* **-nkorn** *n.* grano *m.;* **-nzwiebel** *f.* bulbo *m.*, cebolla *f.*
Sämischleder *n.* gamuza *f.*
Sammelbüchse *f.* bote *(m.)* de cuestación.
sammeln recoger; (Briefmarken usw.) coleccionar; (Geld) hacer una cuestación; s. - reunirse.
Sammelstelle *f.* depósito *m.*
Sammler *m.* coleccionista *f.;* (Ein -) recolector, recaudador *m.*
Sammlung *f.* colección; (Geld) recaudación; (geistige) concentración *f.;* (v. Gesetzen) recopilación *f.;* (Gedicht-) antología *f.*
Samstag *m.* sábado *m.*
Samt *m.* terciopelo *m.*
sämtlich todos, completo.
samtweich *adj.* aterciopelado.
Sanatorium *n.* sanatorio *m.*
Sand *m.* arena *f.*
Sandale *f.* sandalia; (Hanfschuh) alpargata *f.*
Sandbank *f.* banco *(m.)* de arena; **-boden** *m.* terreno *(m.)* arenoso; **-grube** *f.* cantera *(f.)* de arena; **-haufen** *m.* montón *(m.)* de arena.
Sandelholz *n.* sándalo *m.*
sandig arenoso.
Sand|korn *n.* grano *(m.)* de arena; **-papier** *n.* papel *(m.)* de lija; **-stein** *m.* arenisca *f.;* **-tüte** *f.* (Luftschutz) saquete *(m.)* de arena.
Sandwich *m.* sandwich *m.*, bocadillo.
sanft suave; (zahm) manso.
Sänfte *f.* litera *f.*
Sanftmut *f.* dulzura *f.*
sanftmütig afable, amable.
Sang *m.* canto *m.*
Sänger *m. theat.* cantante; (Volks -) cantor *m.;* **-in** cantante *f.*
sanieren sanear.
Sanierung *f.* saneamiento *m.*
Sanitätsraum *m.* enfermería *f.;* **-wagen** *m.* [coche *(m.)*] ambulancia *f.;* **-zeugnis** *n.* patente *(f.)* de sanidad.
Sankt San(to) (vor Namen mit Do... und To...).
Sanktion *f.* sanción *f.*
Saphir *m.* zafiro *m.*
Sappe *f. mil.* zapa *f.*
Sardelle *f.* anchoa *f.;* **-nbutter** *f.* pasta *(f.)* de anchoas.
Sardine *f.* sardina *f.*
Sarg *m.* ataúd *m.*
Sarkastisch irónico.
Satan *m.* Satanás *m.*, el Demonio.
satanisch satánico, diabólico.
Satin *m.* satín *m.*
satinieren satinar.
Satire *f.* sátira *f.*
satirisch satírico.
satt satisfecho; (überdrüssig) harto.
Sattel *m.* silla *f.;* (Fahrrad) sillín *m.*
satteln ensillar.
Satteltasche *f.* alforjas *f. pl.*
Sattheit *f.* saciedad *f.*, hartazgo *m.*
sättigen saciar, satisfacer (übermäßig) hartar; *chem.* saturar.
Sättigung *f.* saciedad, satisfacción, hartada; *chem.* saturación *f.*
Sattler *m.* guarnicionero *m.*
sattsam bastante, harto.
Satz *m.* (Sprung) salto *m.; gramm.* frase *f.;* (Boden -) sedimento *m.; typ.* composición; (Spiel) puesta *f.*
Satzung *f.* estatuto *m.*
Sau *f.* cerda *f.; fam. fig.* puerco *m.*
sauber limpio; (Körper) aseado; (Handschrift) curioso.
säubern limpiar.

Säuberung *f.* limpieza.
Saubohne *f. bot.* haba *f.* (el).
Sauce *f.* salsa *f.*
Sauciere *f.* salsera *f.*
sauer agrio; *chem.* ácido.
Sauer|ampfer *m. bot.* acedera *f.*; **-braten** *m.* asado (*m.*) a la vinagreta; **-stoff** *m.* oxígeno *m.*; **-stoffgerät** *n.* aparato (*m.*) de oxígeno; **-teig** *m.* levadura *f.*
säuerlich ácido, acídulo.
saufen beber; (Mensch) abusar de las bebidas alcohólicas.
Säufer *m.* borracho *m.*
saugen chupar; (Kind) mamar.
säugen amamantar, dar el pecho.
Sauger (Pumpe -) émbolo; (Staub -) aspirador; (Kinder) chupete *m.*
Säugetier *n.* mamífero *m.*
Saug|heber *m.* sifón *m.*; **-pumpe** *f.* bomba (*f.*) aspirante.
Säugling *m.* niño (*m.*) de pecho; **-sheim** *n.* casa (*f.*) cuna.
Säule *f.* columna *f.*; (Pfeiler) pilar *m.*
Saum *m.* (Naht) costura *f.*; (Rand) borde *m.*
säumen hacer un dobladillo; (zögern) tardar.
säumig lento.
Saumtier *n.* acémila *f.*
Säure *f.* acidez *f.*; *chem.* ácido *m.*
Saurier *m.* saurio *m.*
säuseln susurrar.
sausen (Wind) silbar; (Ohren) zumbar.
Schabe *f. zool.* cucaracha *f.*
Schabernack *m.* travesuras *f. pl.*; **-treiben m. jem.** gastar bromas con alg., tomar el pelo a alg.
schäbig raído; (geizig) roñoso.
Schablone *f.* plantilla *f.*; (Meß-) galga *f.*; (Schreib-) rotulador *m.*
Schach *n.* ajedrez *m.*; **-bieten** dar jaque; **-brett** *n.* tablero (*m.*) de ajedrez; **-figur** *f.* pieza (*f.*) de ajedrez.
schachmatt jaque mate.
Schach|partie *f.* partida (*f.*) de ajedrez; **-spieler** *m.* jugador (*m.*) de ajedrez; **-zug** *m.* jugada *f.*
Schacht *m.* pozo *m. min.* pozo de mina; **-eingang** *m. min.* bocamina *f.*
Schachtel *f.* caj(it)a *f.*, cartón *m.*; **alte** - *fig.* solterona *f.*
schade; es ist - es una lástima; **wie -!** ¡qué lástima!
Schädel *m.* cráneo *m.*; (Toten- kopf) calavera *f.*; **-bruch** *m.* fractura (*f.*) de cráneo.
schaden, schädigen dañar, hacer daño; (schädigen) perjudicar; **es schadet nichts!** (ist unwichtig) ¡no importa!
Schaden *m.* daño, perjuicio *m.*; **-ersatz** *m.* (als Forderung) indemnización (*f.*) por daños y perjuicios; (als Auszahlung) abono (*m.*) por daños y perjuicios; **-freude** *f.* alegría (*f.*) del mal ajeno.
schadhaft deteriorado; (Maschine) averiado; (mangelhaft) defectuoso; (Zähne) cariado.
schädlich dañino, nocivo, perjudicial; (Klima) malsano.
Schädling (Tier) animal (*m.*) dañino; (Pflanze) planta (*f.*) parásita.
schadios: -halten indemnizar; **(für** de); **s. - halten** resarcirse.
Schaf *n.* oveja *f.*; **-bock** *m.* carnero *m.*; **-herde** *f.* rebaño (*m.*) de ovejas; **-hürde** *f.* aprisco *m.*; **-kamel** *zool.* guanaco *m.*, vicuña *f.*; (als Haustier) llama *f.*; **-leder** *n.* (braun, gegerbt) badana *f.*; **-mist** *m.* sirle *m.*; **-pelz** *m.* (Kleidungsstück span. Bauern) zamarra *f.*; **-stall** *m.* corral, redil *m.*;]**wolle** *f.* lana (*f.*) de oveja; **-zucht** *f.* cría (*f.*) de ganado lanar.
Schäfchen *n.* cordero *m.*; **s. - ins Trockene bringen** *fig. fam.* hacer su agosto.
Schäfer *m.* pastor *m.*; **-hund** *m.* perro (*m.*) de ganado.
schaffen (arbeiten) trabajar; (er -) crear; (herbei -) procurar; **Ordnung** - poner orden en.
Schaffner *m.* (Straßenbahn) cobrador; (Eisenbahn) revisor *m.*

Schafott *n.* patíbulo *m.*
Schaft *m.* (Lanze) asta (el); (Stiefel) caña *f.;* (Säule) fuste *m.*
Schakal *m. zool.* chacal *m.*
Schäker *m.* bromista *m.*
schäkern bromear; (m. Frauen) coquetear.
Schal *m.* chal *m.*, bufanda; (Spitzen -) mantilla *f.;* (großer, farbiger, bestickter) mantón *m.*
Schale *f.* (Gefäß) cubeta *f.;* (Frucht -) frutero *m.;* (Waag -) platillo (v. Früchten, Ei, Nuß) cáscara; (Kartoffel) piel *f.*, pellejo *m.;* **-n** *f. pl.;* (bei Messer-, Pistolengriff) cacha *f.;* (die abgeschälten) mondas *f. pl.*
schälen pelar; (Kartoffeln) mondar; (harte Schalen entfernen) descascarillar.
Schalk *m.* pícaro *m.;* (Kind) diablillo *m.*
schalkhaft pícaro.
Schall *m.* sonido *m.;* **-dämpfer** *m.* (Auto) silencio *m.;* **-platte** *f.* (Grammophon) disco *m.;* **-welle** *f.* onda (*f.*) sonora.
Schalmei *f.* dulzaina.
Schaltbrett *n.* cuadro (*m.*) de distribución *od.* de maniobra.
schalten *elektr.* conectar; (Getriebe) cambiar; (Auto; den 1. Gang) meter; **Kupplung** - embragar; **-u. walten** mandar (a capricho).
Schalter *m.* (Billet) taquilla; (Post, Bank) ventanilla *f.; elektr.* interruptor *m.;* (Licht -) llave (de la luz); (Druckknopf -) pulsador; (Um -) conmutador *m.*
Schalthebel *m.* palanca (*f.*) de maniobra (*od.* de cambio, de interruptor).
Schaltjahr *n.* año (*m.*) bisiesto.
Schaltung *f. elektr.* conexión *f.;* (Getriebe) cambio *m.*
Schälung *f.* (des Korkes) pela *f.*
Schaluppe *f. naut.* lancha *f.*
Scham *f.* vergüenza *f.;* (Schamgefühl) pudor *m.;* **-teile** *m. pl. anat.* órganos (*m. pl.*) genitales.
schämen, sich tener vergüenza; **ich schäme mich** me da vergüenza.
Schamgefühl *n.* pudor *m.*
scham|haft púdico; (verschämt) vergonzoso; **-los** sin vergüenza; (frech) descarado.
Schamleiste *f. anat.* periné *m.*
Schamlosigkeit *f.* falta (*f.*) de vergüenza.
schamrot sonrojado.
Schamröte *f.* sonrojo *m.*
Schande *f.* vergüenza *f.*, escándalo; (Schimpf) oprobio *m.*
schänden deshonrar; (Mädchen) violar; (Kirche, Grabmal) profanar.
schändlich vergonzoso; **es ist - teuer** *fam.* cuesta una barbaridad.
Schändlichkeit *f.* cinismo *m.*, descaro *m.*
Schändung *f.* deshonra; (Entheiligung) profanación *f.*
Schanker *m. med.* úlcera *f.*
Schanze *f.* trinchera *f.; fig.* **in die - schlagen** arriesgar.
Schar *f.* grupo *m.;* (Vögel) bandada *f.*
scharenweise *adv.:* **- kommen** acudir en masa.
scharf agudo; (schneidend) cortante; (herb) agrio.
Scharfblick *m.* perspicacia *f.*
Schärfe *f.* (Schneide) filo *m.;* des Verstandes) agudeza *f.*
schärfen (Messer) afilar; (Schneide) vaciar; (Spitze an -) aguzar.
Scharfrichter *m.* verdugo *m.*
Scharlach *m.* (Farbe) escarlata *f.; med.* escarlatina *f.*
scharlachrot *adj.* bermejo.
Scharlatan *m.* charlatán *m.*
Scharmützel *n. mil.* escaramuza *f.*
Scharnier *n.* bisagra *f.*
Schärpe *f.* faja *f.; mil.* fajín *m.*
scharren escarbar; (m. den Füßen auf d. Boden) patalear.
Scharte *f.* (an Schneide) mella *f.*
schartig mellado; **- w.** mellarse.
scharwenzeln (verliebt) requebrar.
Schatten *m.* sombra *f. fig.* (Spur)

asomo m.; **-dach** n. (Segeltuch) toldo *m.;* **-riß** *m.* silueta *f.;* **-seite** *f.* (Stierkampfplatz) sombra *f.*

schattig con sombra; (schattenspendend) (Baum) umbroso.

Schatulle *f.* cofrecillo *m.*

Schatz *m.* tesoro *m.;* (Geliebte) novia *f.;* (Bodenschätze) riquezas (*f. pl.*) del subsuelo; **-anweisung** *f.* bono (*m.*) del Tesoro; **-bräber** *m.* buscador (*m.*) de tesoros; **-meister** *m.* tesorero *m.*

schätzen *fig.* estimar; (berechnen) calcular.

Schätzung *f.* estimación *f.* cálculo *m.*, tasación; (Hoch -) estima *f.*

Schau *f.* exhibición; (Ausstellung) exposición; (Muster -) feria (de muestras); **zur -stellen** exhibir exponer; **-bude** *f.* (Jahrmarkt) barraca.

schaudern estremecerse; (vor kälte) tiritar; (vor Fieber) tener escalofríos; (vor etwas) dar horror.

schauen mirar; (aus d. Fenster) asomarse a.

Schaufel *f.* pala; (Rad -) paleta; **-rad** *n.* rueda (*f.*) de paletas; **-wurf** *m.* palada *f.*

Schau|fenster *n.* escaparate *m.;* **-fensterscheibe** *f.* luna *f.*

Schaukel *f.* columpio *m.;* **-pferd** *n.* caballo (*m.*) de columpio; **-stuhl** *m.* mecedora; *SAm.* silla (*f.*) de hamaca.

schaukeln (auf er. Schaukel) columpiarse; (s. wigen) mecerse; *naut.* balancear.

Schaum *m.* espuma *f.*

schäumen espumar; **vor Wut** - estar furibundo; **-d** espumante.

Schaum|gebäck *n.* merengue *m.;* **-löffel** *m.* espumadera *f.;* **-wein** *m.* (Sekt) champán *m.*

Schau|platz *m. fig.* teatro *m.;* **-spiel** *n.* espectáculo, *theat.* drama, comedia *f.;* **-spieler** *m.* actor, comediante *m.;* **-spielerin** *f.* actriz *f.;* **-spielhaus** *n.* teatro *m.*, comedia *f.;* **-stollung** *f.* exposición, exhibición *f.*

Scheck *m.* cheque *m.;* **-buch** *n.* talonario *m.* (de cheques).

Scheffel *m.* fanega *f.*

Scheibe *f.* disco *m.;* (Brot) rebanada *f.;* (Fenster) cristal; (Schaufenster) luna *f.*, (Schieß-) blanco *m.;* **-nschießen** *n.* tiro (*m.*) al blanco; **-nwischer** *m.* limpia-cristales *m.*

Scheide *f.* vaina; *anat.* vagina *f.;* **-wand** *f.* (Mauer) pared (*f.*) medianera; (innere Trennwand) tabique *m.;* **-wasser** *n.* agua *f.* (el) fuerte.

scheiden separar; (fortgehen) despedirse; (die Ehe) divorciar; **s. - lassen** divorciarse.

Scheidung *f.* separación *f.;* (Ehe -) divorcio *m.;* **-sklage** *f.* demanda (*f.*) de divorcio.

Schein *m.* (Glanz) brillo *m.;* (Licht) claridad: (Anschein) apariencia *f.;* (Geld -) billete.

scheinbar aparente.

scheinen (glänzen) brillar; (Anschein haben) parecer; **die Sonne scheint** hace sol; **wie es scheint** por lo visto.

scheinheilig hipócrita.

Scheinheiligkeit *f.* hipocresía *f.*

scheintot muerto en apariencia.

Scheinwerfer *m.* proyector; (Auto) faro *m.*

Scheitel *m.* (Haar -) raya; *anat.* coronilla *f.;* *math.* vértice *m.*

scheiteln hacerse la raya.

scheitern *fig.* fracasar; (Schiff) naufragar; (Hoffnungen) frustrarse.

Schellack *m.* goma (*f.*) laca.

Schelle *f.* **-n** *pl.* (Spielkarten) *Span.* oros *m. pl.;* **-nbube** *m.* (Kartenspiel) sota (*f.*) de oros.

Schellfisch *m.* besugo *m.; Span.* merluza *f.*

schelmisch pícaro.

schelten reprender, echar una bronca; *SAm.* retar.

Schema *n.* esquema *m.*

Schemel *m.* taburete *m.*
Schenkel *m.* muslo *m.; techn.* patilla; (Unter -) pierna *f.;* (des Winkels) lado *m.*
schenken regalar; (er. Sache se. Aufmerksamkeit) dedicar.
Scherbe *f.* fragmento, pedazo *m.*
Schere *f.* tijera(s) (*f. pl.*).
scheren (Haar) cortar; (Tiere) esquilar.
Scherenschleifer *m.* afilador *m.*
Scherflein *n.* óbolo *m.*
Scherge *m.* alguacil, esbirro.
Scherz *m.* broma; (Neckerei) burla *f.*
scherzen hacer bromas.
scherzhaft chistoso, festivo; *adv.* en broma.
Scherzname *m.* apodo *m.*
scherzweise *adv.* en tono de broma.
scheu tímido; (Pferd) espantadizo.
Scheu *f.* miedo *m.*
scheuchen espantar.
scheuen temer; **s. - vor** tener miedo de; **s. nicht - zu** no vacilar en.
Scheuer|bürste *f.* cepillo (*m.*) de fregar.
scheuern (reinigen) fregar; (durch -) rozar.
Scheune *f.* granero *m.*
Scheusal *n.* monstruo.
scheußlich horrible, monstruoso.
Schicht *f.* (Lage) capa *f.; min.* estrato *m.;* (Haut) película *f.;* (Arbeits -) turno.
schichten apilar.
schick chic.
Schick *m.* chic *m.*
schicken enviar; (jem. holen lassen) mandar buscar.
schicklich conveniente; (anständig) decente.
Schicksal *n.* destino *m.;* **-sfügung** *f.* fatalidad *f.*
schieben empujar; *fig.* hacer chanchullos; (verschieben) correr; **die Schuld auf jem.** - echar la culpa a alguien.
Schieber *m.* corredera.
Schiebung *f. fig. fam.* trampa *f.*, chanchullo *m.*
Schieds|gericht *n.* tribunal (*m.*) de arbitraje, comisión (*f.*) mixta; (Wettbewerb) jurado *m.;* **-richter** *m.* árbitro *m.;* **-spruch** *m.* arbitraje, laudo (*m.*) arbitral.
schief oblicuo; (krumm) torcido; (geneigt) inclinado; **jem. - ansehen** mirar a alg. de reojo; **- gehen** (Sache) salir mal.
Schiefer *m.* pizarra; (Splitter) astilla *f.;* **-stift** *m.* pizarrín *m.;* **-tafel** *f.* pizarra *f.*
Schielaugen *n. pl.* ojos (*m. pl.*) bizcos.
schielen ser bizco; **- nach etw.** mirar algo de reojo.
Schienbein *n.* espinilla; *anat.* tibia *f.*
Schiene *f.* (*Eis.*) carril *m.; med.* tablilla *f.;* **-nreiniger** *m.* limpiavías *m.;* **-nweg** *m.* vía (*f.*) férrea.
schienen *med.* entablillar.
Schierling *m. bot.* cicuta *f.*
schießen tirar; (Bußball, Tor) chutar; **s. ee. Kugel durch den Kopf** - pegarse un tiro.
Schieß|bude *f.* barraca (*f.*) de tiro al blanco; **-scharte** *f.* aspillera; (Geschütz) tronera *f.;* **-stand** *m.* campo (*m.*) de tiro.
Schiff *n.* barco, buque; (Segler) velero; (Kriegs -) navío; (Dampfer) vapor; (Handels -) mercante *m.; allgem.* embarcación *f.;* (Kirche) nave *f.;* **-ahrt** *f.* navegación *f.;* **-ahrtsgesellschaft** *f.* compañía (*f.*) de navegación.
schiffbar navegable.
Schiffbruch *m.* naufragio *m.*
schiffbrüchig náufrago.
Schiff|brücke *f.* puente (*m.*) de barcas; **-chen** vaporcito *m.;* (Weber -) lanzadera *f.;* **-er** *m.* navegante; (Kahnführer) barquero; (Reeder) naviero *m.*
Schiffs|agentur *f.* agencia (*f.*) marítima; **-junge** *m.* grumete *m.;* **-ladung** *f.* cargamento *m.;*

-mannschaft *f.* tripulación *f.;* **-papiere** *n. pl.* documentación *f.;* (Verladepapiere) documentos (*m. pl.*) de embarque; **-raum** *m.* bodega *f.;* **-schraube** *f.* hélice *f.;* **-werft** *f.* astilleros *m. pl.;* **-zwieback** *m.* galleta *f.*

Schikane *f.* traba; *SAm.* chicana *f.; vulg.* ganas (*f. pl.*) de joder.

schikanieren poner trabas a; *vulg.* joder; *SAm.* chicanear.

Schild *m.* escudo *m.;* (Auto) (Nummern-) matrícula *f.*

Schild|drüse *f. anat.* glándula (*f.*) tiroides; **-erhaus** *n.* garita *f.*

schildern describir.

Schilderung *f.* descripción *f.*

Schild|kröte *f.* tortuga *f.;* (Süßwasser -) galápago *m.;* **-patt** *n.* (Material) carey *m.;* (Panzer) concha *f.*

Schilf *n.* caña *f.*

Schilling *m.* chelín *m.*

Schimmel *m.* (Pilz) moho; (Pferd) caballo (*m.*) blanco.

schimm|lig enmohecido, mohoso; **-eln** criar moho.

Schimmer *m.* (Glanz) brillo; (Widerschein) reflejo *m.*

schimmern brillar, lucir; (funkeln) centellar.

Schimpanse *m. zool.* chimpancé *m.*

Schimpf *m.* afrenta; (Schande) vergüenza *f.*

schimpf|en insultar, regañar, echar pestes (**auf** contra); **-lich** vergonzoso.

Schindel *f.* (Dachziegel) teja; (Holz -) ripia *f.*

schinden (quälen) maltratar; **s.** - (plagen) *fam.* trabajar como un negro; (schwitzen) sudar tinta.

Schinken *m.* jamón *m.;* (Land-) *Span.* jamón serrano.

Schippe *f.* pala *f.*

schippen trabajar con pala.

Schirm *m.* (Licht -, Ofen -) pantalla *f.;* (Regen -) paraguas *m.;* (Sonnen -) sombrilla *f.*

Schlacht *f.* batalla *f.;* **-feld** *n.* campo (*m.*) de batalla; **-hof** *m.* matadero *m.;* **-schiff** *n.* acorazado *m.*

schlachten matar, sacrificar.

Schlächter *m.* carnicero; (im Schlachthof) matarife *m.*

Schlacke *f.* escoria *f.*

Schlaf *m.* sueño *m.;* **-abteil** *n.* departamento (*m.*) de coche-cama; **-anzug** *m.* pijama *m.;* **-losigkeit** *f.* insomnio *m.;* **-mittel** *n.* narcótico *m.;* **-rock** *m.* bata *f.;* **-wagen** *m.* coche-cama *m.;* **-zimmer** *n.* dormitorio *m.* alcoba *f.*

Schläfe *f. anat.* sien *f.;* **-ngegend** *f. anat.* región (*f.*) temporal.

schlafen dormir.

Schläfer *m.* (Lang -) dormilón *m.*

schlaff flojo; (abgespannt) cansado.

schläfrig medio dormido, soñoliento.

Schlag *m.* golpe *m.;* (m. Hammer) martillazo; *elektr.* sacudida (*f.*) eléctrica; (Herz) latido *m.;* (-anfall) ataque (*m*) de apoplejía; (Puls -) pulsación; (Stock -) paliza *f.;* (Uhr, Glocke) toque; (Vögel) trino *m.;* (Art) clase *f.;* **-ader** *f.* arteria *f.;* **-anfall** *m.* ataque (*m.*) de apoplejía; **-baum** *m.* barrera *f.;* **-sahne** *f.* nata (*f.*) batida; **-wort** *n.* frase (*f.*) hecha, tópico *m.;* **-zeile** *f.* (Zeitung) título *m.*

schlagen pegar; (Uhr) dar la hora; (v. Vögeln) cantar; **e. Kreuz** - *rel.* santiguarse; (Eier) batir; **alles kurz u. klein** - *fig.* no dejar títere con cabeza; **s.** - (hauen) pelearse; **-d** (Beweis) evidente.

Schlager *m.* (Lied) canción (*f.*) de moda; *theat.* (Kassenerfolg) éxito (*m.*) de taquilla.

Schläger *m.* (Tennis) raqueta; (Golf) pala; (Hokey) maza; (Waffe) espada *f.;* **-ei** *f.* riña, pelea *f.*

schlagfertig pronto a replicar; (vorlaut) respondón.

Schlagfertigkeit *f.* presencia (*f.*) de espíritu.

Schlamm *m.* barro *m.;* lodo *med.* fango; (Setz-) cieno.
Schlämmkreide *f.* blanco (*m.*) de España.
Schlange *f. zool.* culebra, serpiente, víbora *f.;* - **stehen** (anstehen) hacer cola.
schlängeln, sich serpentear.
schlank (Wunchs) esbelto.
Schlappe *f.* descalabro *m.*
Schlapphut *m.* sombrero (*m.*) flexible.
schlau listo; (Fuchs) astuto.
Schlauch *m.* manga, manguera *f.* tubo *m.*
schlecht malo; *adv.* mal; (Luft) viciado; - **werden** (Waren) echarse a perder; (Personen) ponerse malo.
Schlechtigkeit *f.* maldad *f.*
schlechterdings absolutamente.
Schlegel *m.* mazo.
schleichen (auf Zehenspitzen) andar de puntillas; (auf dem Bauche) arrastrarse.
Schleicher *m. fam.* mosca (*f.*) muerta; tiralevitas *m.*
Schleich|handel *m.* comercio (*m.*) clandestino, contrabando *m.;* **-händler** *m.* contrabandista *m.*
Schleie *f.* (Fisch) tenca *f.*
Schleier *m.* velo *m.;* **-eule** *f. zool.* lechuza *f.*
Schleife *m.* lazo *m.*
schleifen afilar; (Klinge) vaciar; (Klinge nachschleifen) suavizar; (Glaslinsen) pulir; (m. der Schleifscheibe) amolar; (Präzisionsschleifen) rectificar; (ziehen) arrastrar.
Schleifer *m.* (Scheren -) afilador; (Edelstein -) pulidor *m.*
Schleifscheibe *f.* muela *f.*
Schleifstein *m.* piedra (*f.*) de amolar.
Schleim *m.* mucosidad *f.;* (Nasen -) mocos *m. pl.;* (ausgeworfener) flema; **-haut** *f.* mucosa *f.*
schleimig mucoso, baboso.
Schlemmer *m.* glotón *m.;* **-el** *f.* glotonería *f.*
Schlepp|dampfer *m.* remolcador *m.;* **-er** tractor *m.; fig.* gancho *m.;* **-seil** *n.* cable (*m.*) de remolque.
Schleppe *f.* (Kleid) cola *f.*
schleppen arrastrar; (m. Schlepper) remolcar.
Schlepptau *n.* cable (*m.*) de remolque; **ins - nehmen** llevar a remolque.
Schlesien Silesia *f.*
Schleuder *f.* honda *f.; techn.* (Zentrifuge) centrífuga *f.*
schleudern (werfen) arrojar, lanzar; (Räder) patinar.
Schleuder|preis *m.* precio (*m.*) ruinoso.
schleunig pronto, apresurado; **-st** *adv.* cuanto antes, corriendo.
Schleuse *f.* esclusa *f.*
Schliche *m. pl.* manejos *m. pl.*
schlichten (Streit) arreglar; (bei Metall) acabar; (bei Holz) suavizar.
Schlichter *m.* amigable componedor, árbitro *m.*
Schlichtheit *f.* sencillez *f.*
Schlichtung *f.* (es. Streites) solución *f.;* **-sausschuß** *m.* comité (*m.*) paritario *od.* de arbitraje.
Schlick *m.* cieno, lodo *m.*
schließen cerrar; (Sitzung) levantar; (Vertrag) hacer, firmar; (Ehe) contraer.
Schließfach *n.* apartado (*m.*) [*SAm.* casilla (*f.*)] de correos.
schließlich *adv.* finalmente, por fin, al fin y al cabo.
Schließung *f.* cierre *m.;* (Sitzung, Semester) clausura *f.*
Schliff *m.* pulimento; (Schärfe) filo *m.*
schlimm malo; **um so -er!** ¡tanto peor!; **-sten falls** *adv.* en el peor caso.
Schlinge *f.* lazo *m.;* **-l** *m.* bribón, pillo *m.*
schlingen (Speisen) tragar; (knoten) anudar.
schlingern *naut.* balancear(se).
Schlingspflanze *f.* enredadera *d.*
Schlips *m.* (Krawatte) corbata *f.;* (Querbinder) lazo *m.*

Schlitten *m.* trineo *m.;* **-fahren** ir en trineo; **-fahrt** *f.* paseo (*m.*) en trineo.
schlittern resbalar, patinar.
Schlittschuh *m.* patín *m.;* **- laufen** patinar; **-läufer** *m.* patinador *m.*
Schlitz *m.* hendidura; *techn.* (Auspuff -) lumbrera *f.*
schlitzen hender, rajar.
Schloß *n.* (Bau) castillo *m.;* (Palast) palacio (Tür) cerradura *f.;* (Vorhänge -) candado *m.*
Schloße *f.* piedra (*f.*) de granizo.
Schlosser *m.* cerrajero; (Maschinen -) mecánico, ajustador *m.;* **-ei** *f.* cerrajería *f.;* **-werkstatt** *f.* taller (*m.*) de cerrajería; (im Werk) taller mecánico *od.* de ajuste.
Schlot *m.* chimenea *f.*
schlottern (Knie) temblar; (vor Kälte) tiritar.
Schlucht *f.* garganta, cañada *f.*, barranco *m.*
schluchzen sollozar.
Schluck *m.* trago *m.*
schlucken tragar.
Schlucken *m.* hipo *m.*
Schlucker *m.;* **armer** - podre diablo *m.*
schlummern dormir, dormitar.
Schlund *m.* (Schlucht) garganta *f.;* (Kehle) gaznate *m.*
schlüpfen deslizarse, escurrirse; (aus dem Ei) salir.
schlüpfrig resbaladizo; *fig.* obsceno, picante.
Schlupfwinkel *m.* abrigo *m.*, guarida; (wilder Tiere) madriguera *f.*
schlürfen beber a sorbos; (beim Gehen) arrastrar los pies.
Schluß *m.* fin, término *m.;* (-folgerung) conclusión *f.;* (Schließung) cierre *m.*, clausura *f.;* **am** - al final; (er. Seite) al pie; **-licht** *n.* (Auto) luz (*f.*) piloto; **-stein** *m. fig.* clave (*f.*) de bóveda.
Schlüssel *m.* llave *f.;* **-bart** *m.* paletón *m.;* **-bein** *n. anat.* clavícula *f.;* **-bund** *m.* manojo (*m.*) de llaves; **-industrien** *f. pl.* industrias (*f. pl.*) claves; **-loch** *n.* agujero (*m.*) de la cerradura; **-ring** *m.* (f. Schlüssel) llavero *m.*
Schmach *f.* ignominia. *f.*
schmachten: **-nach** morirse por.
schmächtig delgado.
schmachvoll ignominioso.
schmackhaft sabroso.
schmähen insultar.
Schmähung *f.* insulto *m.*
schmal estrecho; (mager) delgado.
schmälern estrechar; (Verdienste) menoscabar.
Schmalspurbahn *f.* ferrocarril (*m.*) de vía estrecha.
Schmalz *n.* (Schweine -) manteca (*f.*) de cerdo; (Ohr) cerumen *m.*
schmarotzen vivir a costa ajena; *fam.* vivir de gorra.
Schmarotzer *m.* parásito; *fam.* gorrón *m.*
schmatzen (küssen) besucar; (beim Essen) chasquear con la lengua.
schmauchen *fam.* fumar con gusto.
Schmaus *m.* festín *m.; fam.* comilona *f.*
schmausen comer bien; *fam.* darse un festín.
schmecken saborear; (Kosten) gustar; - **nach** saber a; **es schmeckt mir** me gusta; **lassen Sie es sich** -; ¡que aproveche!
Schmeichelei *f.* lisonja; (Liebkosung) caricia *f.;* (galante) piropo *m.*
schmeichel|haft lisonjero; **-n** (jem.) lisonjear; (höflich) gastar cumplidos; (Bild) favorecer.
Schmeichler *m.* adulador *m.*
schmeichlerrich adulador, cariñoso.
schmeißen *fam.* arrojar; (jem. auf die Straße) echar.
Schmelz *m.* esmalte *m.;* **-dauer** *f.* período (*m.*) de fusión; **-e** *f.* (Ofeninhalt bei Metallen) colada *f.;* (bei sonstigen Stoffen) caldo *m.;* **-ofen** *m.* horno (*m.*) de fusión; **-tiegel** *m.* crisol *m.*

schmelz|bar fusible; **-en** (bei höherer Temperatur) fundir; (bei niedrigerer) derretir.

Schmer *m.* grasa *f.;* **-beuc** *m.* panza *f.;* **en. - bauch bekommen** *fam.* echar tripa.

Schmerz *m.* dolor *m.;* (Kummer) pena *f.*

schmerzen doler; **es schmerzt mich** *fig.* me pesa.

Schmerzens|geld *n.* indemnización *f.* (por accidente); **-kind** *n.* **dieser Junge ist mein -kind** este chico es mi pesadilla.

schmerz|lich doloroso; **- stillend** calmante; **-los** sin dolores; *med.* anestésico.

Schmetterling *m.* mariposa *f.*

schmettern (Vogel) trinar.

Schmied *m.* herrero; (Kessel -) calderero *m.;* **-e** *f.* forja, fragua; (Huf -) herrería *f.;* **-eeisen** *n.* hierro (*m.*) maleable; **-feuer** *n.* fragua *f.;* **-ehammer** *m.* mandarria *f.*

schmieden forjar; *fig.* (anzatteln) fraguar.

schmiegen, sich amoldarse (**an** a).

schmiegsam flexible, plegable.

Schmiere *f.* (Fett) grasa *f.;* (Stiefel -) betún *m.; theat.* farándula *f.*

Schmier|mittel *n.* lubri(fi)cante *m.;* **-ung** *f.* lubri(fi)cación *f.*

schmier|en lubri(fi)car, engrasar (bestechen) *fam.* dar vaselina; **ee. -en** (ohrfeigen) dar un cachete; **-ig** pringoso.

Schminke *f.* colorete *m.;* **-n** *n.* maquillaje *m.*

schminken, sich pintarse, darse colorete.

Schminkstift *m.* barrita *f.*, lápiz (*m.*) para dar colorete.

Schmirgel *m.* esmeril *m.;* **-papier** *n.* papel (*m.*) de esmeril *od.* de lija.

Schmöker *m.* libro (*m.*) viejo.

schmökern *fam.* tragarse las páginas de un libro.

schmollen estar enfadado, poner hocico.

schmoren estofar.

Schmorbraten *m.* estofado *m.*

Schmu *m. fam.;* **- machen** hacer trampas.

Schmuck *m.* adorno *m.;* (Juwelen) alhajas, joyas *f. pl.;* **-kästchen** *n.* joyero *m.;* **-waren** *f. pl.* bisutería *f.*

schmuck bonito; (Person) guapo.

schmücken adornar.

Schmuggel *m.* contrabando.

schmuggeln hacer contrabando.

Schmuggler *m.* contrabandista *m.*

schmunzeln sonreírse satisfecho.

schmusen *fam.* dar coba (**m.** a).

Schmutz *m.* suciedad; (Straßen -) barro *m.;* (zusammengekehrter) basuras *f. pl.;* (Fleck) mancha *f.;* (Unreinheit) impureza *f.*

schmutz|en ensuciar(se); **-ig** sucio, puerco; (ekelhaft) asqueroso; (geizig) tacaño.

Schmutzfleck *m.* mancha *f.;* (auf Kleidungsstück) *fam.* lamparilla *f.*

Schnabel *m.* pico *m.; fam.* (Mund) boca *f.;* **halte demen -!** ¡cállate la boca!; **-tier** *n. zool.* ornitorrinco *m.*

Schnalle *f.* hebilla *f.;* (Klammer) broche *m.*

schnallen prender con hebilla.

schnalzen chasquear.

schnappen, nach etw. querer atrapar a. c.

Schnaps *m.* aguardiente; (Likör) licor; **-glas** *n.* copita *f.*

schnapsen *fam.* tomar unas copitas.

schnarchen roncar.

Schnarchen *n.* ronquido *m.*

Schnarre *f.* carraca *f.*

schnarren rechinar.

schnattern graznar.

schnauben (Pferd) resoplar; (Nase) **s. -** sonarse.

Schnauze *f.* (Tier) hocico *m.;* **halt' die -!** cállate la boca!; **frei nach -** a ojo de buen cubero.

Schnecke *f.* caracol *m.;* (nackte) limaza; *techn.* hélice *f.*, tornillo *m.;* **-nhaus** *n.* concha (*f.*) de caracol.

Schnee *m.* nieve *f.;* (v. Eiern) clara (*f.*) batida; **-ball** *m.* bola (*f.*) de nieve; **-fall** *m.* nevada *f.;* **-flocke** *f.* copo *m.* (de nieve); **-gebirge** *n.* sierra (*f.*) nevada; **-glöckchen** *n.* campanilla (*f.*) blanca; **-kette** *f.* (Auto) cadena (*f.*) antideslizante; **-mann** *m.* hombre (*m.*) de nieve; **-pflug** *m.* quitanieves *m.;* **-schläger** *m.* (Küche) batehuevos *m.;* **-schmelze** *f.* deshielo *m.;* **-schuh** *m.;* esquí *m.;* **-sturm** *m.* temporal (*m.*) de nieve; **-wittchen** *n.* (Märchen) Blancanieve(s) *f.*

Schneide *f.* filo *m.;* **-mühle** *f.* aserradero *m.*

schneiden cortar; (ab-, aus-) recortar; (zerteilen) partir; (Bäume) podar.

Schneider *m.* sastre *m.;* (Damen-) modisto *m.;* **-in** *f.* modista *f.;* **-kreide** *f.* jaboncillo (*m.*) de sastre; **-mädchen** *n.* modistilla *f.;* **-werkstatt** *f.* sastrería *f.*

schneidern hacer vestidos, coser.

Schneidezahn *m.* diente (*m.*) incisivo.

scheneidig arrojado, gallardo.

schneien nevar; **es schneit** está nevado

schnell rápido, veloz; (beschleunigt) acelerado; *adv.* de prisa; **nicht so -!** ¡más despacio!

schnellen lanzar.

Schnelligkeit *f.* velocidad, rapidez *f.*

Schnell|äufer *m.* corredor, sprinter *m.;* **-zug** *m.* expreso, rápido *m.*

Schnepfe *f.* (Vogel) chocha *f.*

Schneppe (an Gefäß) pico *m.*

schneuzen, sich sonarse.

schnippich impertinente.

Schnitt *m.* (m. Werkzeug) corte *m.*, pasada; (Kleid, Machart) hechura, (Wunde) cortadura *f.;* (geometrischer) sección *f.;* **-lauch** *m.* cebolleta *f.;* **-muster** *n.* patrón *m.;* molde; **-wunde** *f.* cortadura *f.*

Schnitte *f.* (Brot) rebanada; (Fleisch) lonja; (Käse) raja *f.*

Schnitter *m.* segador *m.*

schnittig *adj.* de líneas esbeltas; (Auto) de líneas aerodinámicas.

Schnitzel *n.* (Fleisch) chuleta *f.;* (Papier-) recortes *m. pl.;* **Wiener -** escalope (*m.*) vienés.

schnitzen tallar.

Schnitzer *m.* tallista, escultor en madera.

schnöde vil; (behandeln) con desdén.

Schnörkel *m.* arabesco *m.;* (beim Namenszug) rúbrica *f.;* **-stil** *m.* (*Span.* Renaissance) estilo (*m.*); plateresco *bzw.* (Spätbarock) churrigueresco.

schnorren *fam.* vivir de gorra.

schnüffeln *fig.* fisgar, husmear; (Hund) ventear; (spionieren) espiar.

Schnüffler *m.* fisgón *m.*

Schnuller *m.* chupete *m.*

Schnupfen *m.* constipado; **den - bekommen** constiparse; **den - haben** estar constipado.

schnupfen tomar rapé.

Schnur *f.* cordón *m.;* (Bindfaden) bramante *m.*, cuerda *f.;* *SAm* piola *f.;* (Knoblauch, Zwiebeln) ristra *f.*

Schnür|band *n.* cinta *f.;* **-boden** *m.* *theat.* telar *m.* **-chen** *n.;* **es geht wie am -chen** marcha como una seda; **wie am -chen hersagen** saber u. c. al dedillo *od.* de carrerilla; **-loch** *n.* ojete *m.;* **-senkel** *m.* cordón *m.;* **-stiefel** *m.* bota (*f.*) con (de) cordones.

schnüren (binden) atar.

Schnurrbart *m.* bigote *m.*

schnurren (Katze) ronronear.

Schober *m.* (Stroh) pajar *m.*

schofel *adj.* (geizig) agarrado.

Schokolade *f.* chocolate *m.;* **-ntafel** *f.* pastilla (*f.*) de chocolate.

Scholle *f.* (Eis-) témpano; (Erd-) terrón *m.;* (Fisch) lenguado *m.*

schon ya; **jetzt -** ahora mismo; **- wieder** otra vez; **- lange** desde hace tiempo.

schön hermoso; *lit.* bello; *fam.* guapo; **e. -er Reinfall!** *fam.* ¡menuda plancha!
schonen tratar con cuidado; (Personen) tratar con miramientos.
Schönheit *f.* hermosura, belleza *f.*
Schonung *f.* (gute Behandlung) buen trato *m.;* (Fort) plantel; (Wild -) vedado (*m.*) de caza.
schonungslos sin piedad.
Schopf *m.* copete; (Vögel) moño *m.*
schöpfen sacar; (Hoffnung, Verdacht) concebir.
Schöpfer *m.* creador *m.*
schöpferisch creador.
Schöpf|löffel *m.* cucharón *m.;* **-ung** *f.* creación; (Werk) obra *f.*
Schöps *m.* carnero *m.*
Schorf *m. med.* costra *f.*
Schoß *m.* (Mutter -) regazo *m.*
Schoßhündchen *m.* perrillo (*m.*) faldero.
Schößling *m. bot.* vástago *m.*
Schote *f. bot.* vaina *f.*
Schott *m. naut.* mamparo.
Schotte *m.* escocés *m.*
schottisch escocés.
Schottland *n.* Escocia *f.*
schräg inclinado, oblicuo.
Schramme *f.* rasguño *m.*
schrammen arañar, rasguñar.
Schrank *m.* armario; (Kleider -) ropero *m.*
Schranke *f.* barrera *f.;* **-n errichten** (Einhalt gebieten) poner coto.
schränken (Säge) triscar.
schrankenlos (zügellos) desenfrenado.
Schrankenlosigkeit *f.* exceso *m.*
Schraube *f.* tornillo *m.; naut., av.* hélice *f.;* (Holz-) tirafondo; (Stift-) espárrago *m.*
schrauben (an -, zu -) atornillar; (aus -) destornillar; (ein -) enroscar; (fest -) apretar el tornillo.
Schrauben|mutter *f.* tuerca *f.;* **-schlüssel** *m.* llave (*f.*) inglesa; **-zieher** *m.* destornillador *m.*
Schraubstock *m.* tornillo de banco; (Folterwerkzeug) torno *m.*
Schrecken *m.* susto *m.*
schreck|en asustar; **-haft** asustadizo; **-lich** horrible, terrible; (riesig), tremendo, colosal.
Schrei *m.* grito; (Hahn) canto *m.*
schreiben escribir; **die Adresse -** poner las señas; **m. der Hand (Maschine) -** escribir a mano (máquina).
Schreiben *n.* escrito *m.;* (Brief) carta *f.*
Schreiber *m.* (Amts -) escribano; (Büro) oficinista, escribiente; (Schriftsteller) escritor *m.*
Schreib|feder *f.* pluma *f.;* **-fehler** *m.* falta (*f.*) de escritura *bzw.* de ortografía; **-krampf** *m.* calambre (*m.*) en los dedos; **-lehrer** *m.* profesor (*m.*) de caligrafía; **-mappe** *f.* carpeta *f.;* **-maschine** *f.* máquina (*f.*) de escribir; **-maschinenband** *n.* cinta (*f.*) para máquinas (de escribir); **-papier** *n.* papel (*m.*) de escribir; **-tisch** *m.* mesa (*f.*) de despacho; **-waren** *f. pl.* artículos (*m. pl.*) de escritorio; **-warenhandlung** *f.* papelería *f.*
schreien gritar, dar voces.
Schrein *m. rel.* relicario *m.*
Schreiner *m.* ebanista *m.*
Schrift *f.* escritura; (Hand -) letra *f.; typ.* caracteres *m. pl.;* (-stück) escrito, documento *m.;* **die Heilige -** la Sagrada Escritura; **-führer** *m.* secretario *m.;* **-leitung** *f.* redactor *m.;* **-leitung** *f.* redacción *f.;* **-satz** *m. typ.* composición *f., jur.* escrito, alegato *m.;* **-setzer** *m. typ.* cajista *m.;* **-steller** *m.* escritor *m.;* **-stück** *n.* escrito, documento *m.;* **-tum** *m.* literatura *f.*
schriftlich (*adv.*) (por) escrito.
schrill agudo, estridente.
Schritt *m.* paso *m.; fig.* gestión *f.;* **-fahren!** ¡ir al paso!
schrittweise paso a paso.
schroff (steil) escarpado.

schröpfen *med.* aplicar ventosas; *fig.* hacer una sangría.
Schröpf|en *n.* sangría *f.*; **-glas** *n.* ventosa *f.*
Schrot *n.* (Munition) perdigones *m. pl.*; (Getreide) grano (*m.*) molido; **-brot** *n.* pan (*m.*) integral; **-säge** *f.* sierra (*f.*) sin bastidor.
Schrott *m. techn.* chatarra *f.*; hierro (*m.*) viejo.
schrumpfen encogerse.
Schrumpfung *f.* encogimiento *m.*
Schub|karren *n.* carretilla *f.*; **-lade** *f.* cajón *m.* (de mesa).
schüchtern tímido.
Schüchternheit *f.* timidez *f.*
schuft|en trabajar como un negro; **-ig** infame.
Schuh *m.* (Halb-) zapato *m.*; (Stiefel) bota; (Haus-) zapatilla *f.*; *techn.* zapata *f.*; **-anzieher** *m.* calzador *m.*; **-bürste** *f.* cepillo (*m.*) para calzado; **-creme** *f.* crema (*f.*) para el calzado; **-geschäft** *n.* tienda (*f.*) de calzado; **-größe** *f.*: **welche -größe haben Sie?** ¿qué número calza Vd.?; **-leisten** *m.* horma *f.* (de zapatero); **-macher** *m.* zapatero *m.*; **-plattler** *m.* zapateado *m.*; **-putzer** *m.* limpiabotas *m.*; **-sohle** *f.* suela *f.*; **-waren** *f. pl.* calzado *m.*; **-wichse** *f.* betún *m.*
Schul|arbeiten *f. pl.* deberes *pl.*; **-bank** *f.* banco *m.* (de escuela); **-beginn** *m.* abertura (*f.*) de clases; **-besuch** *m.* asistencia (*f.*) a clase; **-buch** *n.* libro (*m.*) de texto.
Schuld *f.* (Geld-) deuda; (Fehler) culpa *f.*; **-en machen** *fam.* entramparse.
schulden deber.
schuld|ig culpable; (Geld) deudor; **-los** inocente.
Schuldlosigkeit *f.* inocencia *f.*
Schuldner *m.* deudor *m.*
Schule *f.* escuela *f.*, colegio *m.*; **-machen** *fig.* cundir el ejemplo.
schulen formar, instruir.
Schüler *m.* alumno, discípulo *m.*
Schul|ferien *pl.* vacaciones *f. pl.*; **-geld** *n.* matrícula *f.*; **-hof** *m.* patio *m.*; **-jahr** *n.* año escolar, curso grado *m.*; **-kenntnisse** *f. pl.* nociones (*f. pl.*) escolares; **-klasse** *f.* clase *f.*; **-lahrer** *m.* maestro (*m.*) de escuela, profesor; **-mädchen** *n.* colegiala *f.*; **-mappe** *f.* (unterm Arm) cartera *f.*; **-pflicht** *f.* enseñanza (*f.*) obligatoria.
schulfrei: - **haben** no tener clase.
schulpflichtig sujeto a enseñanza obligatoria.
Schul|ranzen *m.* mochila *f.*; **-schiff** *n.* buque escuela *m.*; **-schluß** *m.* clausura (*f.*) de clases; **-schwänzer** *m.* novillero *m.*; **-stunde** *f.* clase, lección *f.*; **-unterricht** *m.* enseñanza (*f.*) escolar; **-vorsteher** *m.* rector *m.*; **-wesen** *n.* instrucción (*f.*) pública; **-zeit** *f.* años (*m. pl.*) escolares (tägliche) horas (*f. pl.*) de clase; **-zeugnis** *n.* notas *f. pl.*; calificación; *SAm.* clasificación *f.*; (Abgangszeugnis) diploma *m.*; **-zimmer** *n.* clase *f.*
Schulter *f.* hombro *m.*; **-blatt** *n.* omóplato *m.*
schultern echar al hombro.
Schund *m.* (Ausschuß) desecho *m.*; (schlechte Arbeit) chapuza *f.*; **-literatur** *f.* literatura (*f.*) mala.
Schuppe *f.* (Fisch) escama; (Kopf) caspa *f.*
Schuppen *m.* (offener) cobertizo, tinglado.
schuppen escamar(se).
schupping escamado.
Schur *f.* (Tiere) esquileo *m.*
Schüreisen *n.* hurgón *m.*
schüren atizar.
schurigeln vejar; *sehr vulg.* joder.
Schurke *m.* canalla *m.*; **-nstreich** *m.* canallada *f.*
Schürze *f.* delantal; (Arbeiter-) mandil *m.*; *techn.* (Schutzblech, Blendblech) faldón *m.*; **-njäger** *m. fam.* tenorio *m.*

schürzen arremangar; (Knoten) atar.
Schuß *m.* disparo, tiro *m.;* (Kanonen -) cañonazo *m.;* **-waffe** *f.* arma *f.* (el) de fuego; **-weite** *f.* alcance *m.;* **-wunde** *f.* herida *f.* (por arma de fuego).
Schüssel *f.* fuente; (Suppen -) sopera; (Wasch -) palangana *f.*
Schutt *m.* escombros *m. pl.;* (Bau-) cascote *m.*
Schüttelfrost *m.* escalofríos *m. pl.*
schütteln sacudir, agitar.
schütten echar, verter.
Schutz *m.* protección *f.;* refugio *m.;* **-blech** *n.* (Auto) guardabarros *m.;* **-brille** *f.* gafas (*f. pl.*) protectoras; **-dach** *n.* (leichtes) cubierta; (auskragendes) marquesina *f.;* (aus Leinwand) toldo *m.;* **-engel** *m.* ángel (*m.*) guardián; **-haft** *f.* prisión (*f.*) preventiva; **-heiliger** *m.* patrono *m.;* **-hütte** *f.* refugio *m.* burladero *m.*
schutzlos indefenso.
Schutz|mann *m.* guardia (agente de) policia *m.;* (Madrid, Ortspolizei, espöttisch) guindilla *m.;* **-mittel** *n.* medio (*m.*) protector, preservativo *m.*
Schütze *m.* tirador; *mil.* cazador *m.;* **-ngraben** *m.* trinchera *f.*
schützen proteger, preservar; **gegen Wind** - poner al abrigo del viento.
Schützling *m.* protegido *m.*
schwach débil.
Schwäche *f.* debilidad *f.;* (menschliche) flaqueza *f.;* (schwache Seite) flaco *m.;* (der Kurse) flojedad *f.*
schwächen debilitar.
Schwachheit *f.* debilidad *f.*
schwächlich delicado, enclenque; *SAm.* cañinque.
Schwächling *m.* persona (*f.*) débil.
Schwachsinn *m.* imbecilidad *f.*
schwachsinnig imbécil, tonto.
Schwachstrom *m.* corriente (*f.*) débil.
Schwächung *f.* debilitación *f.*
Schwaden *m. pl.* vapores *m. pl.*
Schwager *m.* cuñado, hermano (*m.*) político.
Schwägerin *f.* cuñada, hermana (*f.*) política.
Schwalbe *f.* golondrina *f.;* **-nschwanz** *m. techn.* cola (*f.*) de milano.
Schwamm *m.* esponja *f.*
schwammig esponjoso.
Schwan *m.* (Vogel) cisne *m.*
Schwang *m.:* **im -e sein** estar en boga.
schwanger embarazada.
Schwangerschaft *f.* embarazo *m.*
Schwängerung *f.* embarazo *m.; chem.* saturación *f.*
Schwank *m. theat.* sainete *m.*
schwanken oscilar; (zögern) vacilar; (Preise) fluctuar; (taumeln) tambalear(se).
Schwankung *f.* oscilación, vacilación, fluctuación *f.*, tambaleo *m.; techn.* (regelmäßig auf- und abklingende) pulsación *f.*
Schwanz *m.* cola *f.* rabo *m.;* (männl. Glied) *sehr vulg.* picha *f.*
schwänzeln (Hund) menear la cola.
Schwänzelpfennig *m.* (beim Einkauf) sisa *f.*
schwänzen: die Schule - hacer novillos.
schwären (eitern) supurar.
Schwarm *m.* (Bienen) enjambre *m.;* (Vögel) bandada *f.;* (Fische) banco; (Schar) tropel *m.; fig.* pasión *f.*
schwärmen (Bienen) enjambrar; (Vögel) revoltear; *mil.* desplegarse; - **(für)** entusiasmarse; *fam.* estar loco, morirse (por).
Schwärmer *m.* (Feuerwerk) buscapiés; (Phantast) entusiasta, fanático *m.;* **-ei** *f.* entusiasmo, fanatismo *m.*, ilusión, pasión *f.*
Schwarte *f.* (Speck) corteza *f.*
schwarz negro.
Schwarz|arbeit *f.* trabajo (*m.*) clandestino; **-brot** *n.* pan (*m.*) negro; **-fahrer** *m. naut. av.* polizón *m.;* **-fahrt** *f.* paseo (*od.* viaje) *m.* en auto sin per-

S

miso de su dueño; **-handel** *m.* mercado (*m.*) negro; **-seher** *m.* pesimista *m.*

schwärzen ennegrecer; (Schuhe) dar betún a; (m. Ruß) tiznar.

schwärzlich *adj.* negruzco.

schwatzen charlotear.

Schwätzer *m.* charlatán. *m.;* (indiskrete Person) indiscreto *m.;* (Frau) cotorra *f.*

Schwebe *f.;* **inder** - en suspenso; **-bahn** *f.* ferrocarril aéreo; (Bergbahn) teleférico *m.*

schweben estar suspendido; (in der Luft) flotar; (Prozeß) estar pendiente; (in Illusionen) vivir de.

Schweden *n.* Suecia *f.*

schwedisch sueco.

Schwefel *m.* azufre; (in chem. Verbindungen) sulfuro *m.;* **-kies** pirita *f.;* **-querellen** *f. pl.* aguas (*f. pl.*) sulfurosas; **-säure** *f.* ácido (*m.*) sulfúrico; **-wasserstoff** *m.* ácido (*m.*) sulfhídrico.

schwefeln azufrar.

Schweif *m.* cola; (Kometen -) cabellera *f.*

schweifen (umher -) andar vagando; **-lassen** (Blick) pasear.

schweifwedeln menear la cola *fig.* adular.

Schweige|geld *n.* pago (*m.*) de soborno; (Schmiergeld) *fam.* vaselina *f.;* **-n** *n.* silencio *m.;* **zum - bringen** acallar; **-pflicht** *f.* secreto (*m.*) profesional.

schweigen callar(se); guardar silencio.

schweigsam callado, taciturno.

Schwein *n.* cerdo; *fig.* puerco; *SAm.* chancho *m.;* (Glück) suerte *f.* (loca); **-ebraten** *m.* asado (*m.*) de cerdo; **-efleisch** *n.* carne (*f.*) de cerdo; **-ehirt** *m.* porquero *m.;* **-ehund** *m. fig.* canalla *m.;* **-erei** *f.* porquería *f.;* **-eschmalz** *m.* manteca (*f.*) de cerdo; **-eschnitzel** *n.* chuleta (*f.*) de cerdo; **-estall** *n.* pocilga *f.;* **-sborste** *f.* cerda *f.;* **-sleder** *n.* (Bucheinband) pergamino *m.*

Schweiß *m.* sudor *m.;* **-blatt** *n.* sobaquera *f.;* **-brenner** *m.* soplete (*m.*) para soldar.

schweißen soldar; (Wild) sangrar.

Schwiß|fuß *m.;* **-füße haben** sudar a uno los pies; **-geruch** *m.* sudor (*m.*) maloliente; **-hund** *m.* sabueso *m.*

schweiß|ig sudoso; **-treibend** sudorífico.

Schweiß|leder *n.* (Hut) badana *f.;* **-sohle** *f.* plantilla *f.*

schweißtriefend bañado en sudor; *fam.* hecho una sopa.

Schweiß|tropfen *m.* gota (*f.*) de sudor; **-ung** *f. techn.* soldadura *f.;* **-verbindung** *f. techn.* unión (*f.*) soldada.

Schweißer *m.* soldador *m.*

Schweiz *f.* Suiza *f.;* **-er** *m.* suizo *m.;* **-erkäse** *m.* queso (*m.*) gruyère.

schwelen (langsam brennen) arder a fuego lento; (destillieren) destilar.

schwelgen regalarse.

Schwelle *f.* (Tür) umbral, tranco *m.;* (Bahn -) traviesa *f.* (de carril); *SAm.* durmiente; *fig.* umbral *m.*

schwellen hinchar(se).

Schwellung *f.* hinchazón *m.*

Schwemme *f.* abrevadero *m.*

schwemmen (Pferde) bañar.

Schwengel *m.* (Glocken -) badajo; (Pumpen -) cigoñal *m.*

schwenken (hin u. her) menear; (Fahne, Hut) agitar.

Schwenkung agitación *f.*, viraje *m.; mil.* evolución *f.;* (Gesinnung) cambio *m.*

schwer pesado; (schwierig) difícil; (Zigarre) fuerte; (mühsam) penoso; (Geschütz, See, Havarie) gruesa; **es fällt mir** - me cuesta; (jem. das Leben) **- machen** amargar; **wie - sind Sie?** ¿qué peso tiene Vd.?

Schwerarbeiter *m.* obrero (*m.*) para trabajo duro.

schwerbewaffnett *adj.* armado hasta los dientes.
Schwere *f.* pesadez *f.;* (Anziehung durch Schwerkraft) gravitación *f.*
schwererkrankt *adj.* enfermo de gravedad.
schwerfällig pesado; *fig.* torpe.
Schwergewicht *n.* (Boser) peso (*m.*) fuerte.
schwerhörig tardo de oído, sordo.
Schwerhörigkeit *f.* sordera *f.*
Schwer|industrie *f.* industria (*f.*) pesada; **-kraft** *f.* gravedad *f.;* **-mut** *m.* melancolía *f.*
schwerlich *adv.;* **er wird ihn - erkennen** dudo que le reconozca.
schwermütig melancólico.
Schwerpunkt *m.* centro (*m.*) de gravedad.
Schwert *n.* espada *f.;* **-fisch** *m.* pez (*m.*) espada; **-lilie** *f. bot.* lirio *m.*
schwerverdaulich *adj.* indigesto.
Schwester *f.* hermana; (Kranken -) enfermera *f.*
Schwieger|eltern *pl.* suegros *m. pl.;* **-mutter** *f.* suegra *f.;* **-sohn** *m.* yerno, hijo político *m.;* **-tochter** *f.* nuera, hija política *f.;* **-vater** *m.* suegro *m.*
schwielig calloso.
schwierig difícil.
Schwierigkeit *f.* dificultad *f.*
Schwimm|anstalt *f.* baños *m. pl.;* **-dock** n. dique (*m.*) flotante; (Rettungsring) salvavidas *m.;* **-vogel** *m.* ave *f.* (el) acuática.
schwimmen nadar; (Sache) flotar; **-d** flotante; *adv.* a. nado.
Schwimmen *n.* natación *f.; techn.* flotación.
Schwimmer *m.* (Person) nadador *techn.* flotador *m.*
Schwindel *m.* (-anfall) mareo, vértigo *m.;* (Bertrug) estafa; (Spiel) trampa *f.*
schwindeln marearse; (betrügen) engañar; (Spiel) hacer trampa; (lügen) decir mentiras.
schwindelig mareado.
Schwindler *m.* embustero; (Spiel) tramposo *m.*
Schwindsucht *f.* tisis, tuberculosis *f.*
schwindsüchtig tísico, tuberculoso.
Schwin|achse *f.* (Auto) eje (*m.*) de oscilación libre; **-ef** (Flügel) ala *f.* (el).
Schwingung *f.* agitación, oscilación, vibración *f.*
schwirren (Insekt) zumbar.
Schwitzbad *n.* baño (*m.*) de vapor.
schwitzen sudar; (aus -) *bot.* destilar; **-d** sudoriento.
schwören jurar; *fig. fam.* **Stein u. Bein** - jurar por todos los Santos; **den Fahneneid** - jurar la bandera.
schwül sofocante, bochornoso.
Schwüle *f.* bochorno *m.*
Schwulst *m.* (Stil) estilo hinchado; *Lit.* gongorismo *m.*
schwülstig (Stil) ampuloso.
Schwund *m.* merma; *techn.* contracción *f.; Radio* fading *m.*
Schwung *m.* (Antrieb) impulso; (Elan) brío; (Begeisterung) entusiasmo *m.;* **-feder** *f.* (Vögel) remera *f.;* **-kraft** *f.* fuerza (*f.*) centrífuga.
schwung|haft enérgico; (Handel) próspero, floreciente; **-voll** (Rede) enfático.
Schwur *m.* juramento *m.;* **-gericht** *n.* jurado *m.*
sech|s seis; **-zehn** diez y seis, dieciséis; **-zig** sesenta.
See *m.* lago *m.;* - *f.* mar *m.;* **ruhige** - calma (*f.*) chicha; **die hohe** - la (el) alta mar; (Bad in der See) baño (*m.*) de mar; **-bär** *m. fig.* lobo (*m.*) de mar; **-fahrer** *m.* navegante *m.;* **-flisch** *m.* (Speise) pescado (*m.*) de mar; **-gang** *m.* oleaje *m.;* **-gras** *n.* algas (*f. pl.*) marinas; **-herrschaft** *f.* dominio (*m.*) del mar; **-hund** *m. zool.* foca *f.;* **-kadett** *m.* guardia (*m.*) marina.
seekrank mareado; - **w.** marearse.
See|krankheit *f.* mareo *m.;* **-krieg** *m.* guerra (*f.*) naval; **-mann** *m.* marin(er)o *m.*

Seele *f.* alma *f.* (el; **-nheil** *n.* salvación *f.;* **-umesse** *f.* misa (*f.*) de difuntos.
seelisch del alma, psíquico.
Seelsorge *f.* cura (*f.*) de almas; **-r** *m.* cura, padre (*m.*) espiritual.
See|meile *f.* milla (*f.*) marítima; **-offizier** *m.* oficial (*m.*) de marina; **-räubes** *m.* pirata *m.;* **-räuberschiff** *n.* corsario *m.;* **-salz** *n.* sal (*f.*) marina; **-sand** *m.* arena (*f.*) de mar; **-schlacht** *f.* batalla (*f.*) naval; **-stadt** *f.* puerto (*m.*) de mar; **-stern** *m. zool.* estrellamar *f.*
seetüchtig en condiciones de navegar.
See|verkehr *m.* tráfico (*m.*) marítimo; **-weg** *m.* ruta (*f.*) marítima; **-zeichen** *n.* baliza *f.;* **-zunge** *f.* (Fisch) lenguado *m.*
Segel *n.* vela *f.;* **-boot** *n.* barco (*m.*) de vela; **-flug** *m. av.* vuelo (*m.*) sin motor; **-flugzeug** *n.* planeador *m.;* **-klub** *m.* club (*m.*) náutico; **-schiff** *n.* velero, buque (*m.*) de vela; **-tuch** *n.* lona *f.*
segeln navegar (a la vela).
Segen *m.* bendición.
segensreich bienhechor.
Segler *m. naut.* velero *m.*
segnen bendecir.
sehen ver; (schauen) mirar; **gut (schlecht) -können** tener buena (mala) vista; **- lassen** (zeigen) enseñar; **genau auf etw. -** fijarse en; **aus dem Fenster -** asomarse a la ventana; **-swert** digno de ver(se).
Sehenswürdigkeit *f.* cosa (*f.*) digna de verse; **-en** *f. pl.* curiosidades *f. pl.;* monumentos (*m. pl.*) más notables.
Sehfeld *n.* campo (*m.*) visual.
Seher *m.* profeta; (Hell -) vidente *m.*
Seh|kraft *f.* vista *f.;* **-nerv** *m.* nervio (*m.*) óptico.
Sehne *f.* tendón *m.; math.* cuerda *f.*
sehnen, sich ansiar.
sehnig nervudo; (Kochkunst) entreverado.
sehnlich *adv.* (Wunsch) ardiente; *adv.* vehemente.
Sehnsucht *f.* anhelo *m.* ansia (el); (Heimweh) nostalgia *f.*
sehnsüchtig ansioso.
sehr muy, mucho; **so -** tanto; **zu -** demasiado.
Sehrohr *n.* (U-boot) periscopio *m.*
Sehweite *f.* alcance (*m.*) de la vista.
Seide *f.* seda *f.*, (Kunst-) rayón *m.;* **-nindustrie** *f.* industria (*f.*) de la seda; **-npapier** n. papel (*m.*) de seda; (dünnes für Masch.-Durchschläge) papel (*m.*) de cebolla; **-nraupe** *f.* gusano (*m.*) de seda; **-nwaren** *f. pl.* sedería *f.*
Seife *f.* jabón *m.;* (Geologie) aluvión *m.;* **-nblase** *f.* pompa (*f.*) de jabón; **-nflocken** *f. pl.* jabón (*m.*) en escamas; **-npulver** *n.* jabón (*m.*) en polvo; **-nschaum** *m.* espuma (*f.*) de jabón; **-nsieder** *m.* jabonero *m.*
seihen colar, pasar.
Seil *n.* cable *m.;* soga *f.;* **-er** *m.* cordelero *m.;* **-tänzer** *m.* equilibrista *m.*
sein ser; (sich befinden) estar; (vorhanden sein) existir; **es ist kalt (warm)** hace frío (calor).
Sein *n.* existencia *f.*
sein (Fürwort) su; (betont) suyo; **-erseits** de su parte; **-etwegen** por causa suya.
seit desde, a partir de; **-dem** desde entonces.
Seite *f.* lado *m.;* (Buch) página *f.*
Seiten|gang *m. Eis.* pasillo *m.;* **-gasse** *f.* bocacalle *f.;* **-sprung** *m.* (Ehe) calaverada *f.;* (Frau) desliz *m.;* **-stechen** *n.* dolores (*m. pl.*) de costado; **-steuer** *n. av.* estabilizador *m.;* **-stück** *n.* pareja *f.*, compañero *m.;* **-tür** *f.* puerta (*f.*) lateral.
seitwärts de lado.
Sekretär *m.* secretario *m.*
Sekt *m.* champán *m.*
Sekte *f.* secta *f.*
Sekundant *m.* (Duell) padrino *m.*
Sekunde *f.* segundo *m.*

selbst mismo.
selbständig independiente.
Selbständigkeit *f.* independencia; *techn.* autonomía *f.*
Selbst|anlasser *m.* puesta (*f.*) en marcha automática; **-anschluß** *m.* teléfono (*m.*) automático; **-auslöser** *m. phot.* disparador (*m.*) automático; **-beherrschung** *f.* dominio (*m.*) de sí mismo; **-bestimmungsrecht** *n.* derecho (*m.*) de disponer de sus destinos; **-bidnis** *n.* autorretrato *m.*; **-erhaltungstrieb** *m.* instinto (*m.*) de conservación; **-gebrauch** *m.* uso (*m.*) personal; **-gefühl** *n.* dignidad (*f.*) personal; **-gespräch** *n.* soliloquio *m.*; **-hilfe** *f.* defensa (*f.*) personal.
selbstbwegend *adj. techn.* automotor.
selbstlos desinteresado.
Selbst|mord *m.* suicidio *m.*; **-mörder** *m.* suicida *m.*; **-sucht** *f.* egoísmo *m.*
selbst|süchtig egoísta.
Selbst|verleugnung *f.* abnegación *f.*; **-versoger** *m.*; **-versorger sein** abastecerse a sí mismo.
selbstverständlich natural, evidente; *adv.* desde luego; *SAm.* ¿cómo no? **- nicht!** ¡claro que no!
Selbst|vertrauen *n.* confianza (*f.*) en sí mismo; **-verwaltung** *f.* autonomía (*f.*) administrativa.
selig (glücklich) feliz; (verstorben) difunto; **-sprechen** *rel.* beatificar.
Seligkeit *f.* felicidad; *rel.* bienaventuranza *f.*
Seligsprechung *f.* beatificación *f.*
Sellerie *m.* apio *m.*
selten raro; *adv.* rara(s) vez (veces); **in sehr -en Fällen** en contadísimos casos.
Seltenheit *f.* rareza; curiosidad *f.*
Selterwasser *n.* gaseosa *f.*
seltsam extraño, raro, curioso.
Semester *n.* semestre *m.*; **Winter-** *bzw.* **Sommer-** curso (*m.*) de invierno *bzw.* de verano; **-schluß** *m.* clausura (*f.*) de clases.
Semikolon *n. gramm.* punto (*m.*) y coma.
Seminar *n.* seminario *m.*; (Lehrer-) escuela (*f.*) normal.
Semmel *f.* panecillo *m.*; (Schrippe) pan (*m.*) francés; *SAm.* pancito.
Senat *m.* senado *m.*; **-or** *m.* senador *m.*
senden enviar, remitir, mandar; (Radio) emitir, radiar.
Sender *m.* (Radio) emisor *m.*, (Station) emisora *f.*
Sendung *f.* envío *m.*, remesa *f.*; (Radio) emisión *f.*
Senf *m.* mostaza *f.*, **-pflaster** *n.* cataplasma *f.*
Senge *pl. vulg.*; **- bekommen** recibir una paliza; *fam.* cobrar.
senken bajar; (Preise) rebajar.
Senker *m. bot.* acodo, esqueje *m.*
Senkgrube *f.* sumidor *m.*
Senklot *n. techn.* plomada *f.*
Senkung *f.* (des Bodens) hundimiento *m.*; (der Preise) reducción *f.*; (v. Fundamenten) corrimiento *m.*
Sense *f.* guadaña *f.*
Sentenz *f.* (Weisheitsspruch) máxima *f.*
separat *adj.* separado; (privat) particular; *adv.* por separado.
September *m.* septiembre *m.*
Serie *f.* serie *f.*
Serum *n.* suero *m.*
Serviette *f.* servilleta *f.*
Sessel *m.* sillón *m.*, butaca *f.*
Setz|ei *n.* huevos (*m. pl.*) al plato.
setzen sentar, poner, colocar; *typ.* componer; (Wette) apostar; (Denkmal) erigir; (Frist) fijar; **sich -** sentarse; (Flüssigkeiten) posarse.
Setzer *m. typ.* cajista *m.*
Setzling *m.*, **Setzreis** *n.* estaca *f.*, esqueje *m.*
seufzen suspirar.
Seufzer *m.* suspiro *m.*
sezieren hacer la autopsia, disecar.
Sherry *m.* (vino de) Jerez *m.*
Siberien *n.* Siberia *f.*
sich sí; **an -** en sí, de por sí; (unbetont) se.

Sichel *f.* hoz *f.*
sicher seguro; **- vor** a cubierto de; **für - halten, daß** tener por descontado que.
Sicherheit *f.* seguridad; (Garantie) garantía *f.;* (Treff -) certeza *f.;* **s. in - bringen** ponerse a salvo; **-snadel** *f.* imperdible *m.;* **-sschloß** *n.* cerradura (*f.*) de seguridad.
siher|lich seguramene, por cierto; **-n** asegurar; **s. -n** asegurarse.
Sicherung *f. elektr.* fusible; (Gewehr) seguro *m.*
Sicht *f.* vista *f.;* **in -** a la vista; **auf kurze (lange) -** a plazo corto (largo).
sichtbar visible.
Sichtbarkeit *f.* visibilidad *f.*
sichten (ordnen) arreglar; (einteilen) clasificar; *naut.* avistar.
Sichtvermerk *m.* visto (*m.*) bueno; (Paß) visado; **den - erteilen** visar.
sickern filtrarse; (tropfenweise) gotear.
sie ella; *acc.* la *pl.* ellos; *acc.* los, les; *f.* ellas; *acc.* las.
Sie (Anrede) usted (Abkzg. Vd.); *pl.* ustedes (*Abkzg.* Vds.); (unbetont) le, lo; *pl.* les, los.
sieben (Flüssigkeiten) colar, pasar; (feste Körper) tamizar, cribar.
sieben (Zahl) siete; **-hundert** setecientos.
sieb|zehn diecisiete; **-zig** setenta.
Siede|hitze *f.* temperatura (*f.*) de ebullición; **-punkt** *m.* punto (*m.*) de ebullición; **-rohr** *n.* tubo (*m.*) hervidor.
siedeln colonizar.
Sieden *n.* ebullición *f.*
Sied|ler *m.* colono *m.;* **-lung** *f.* colonización; (Kolonie) colonia *f.*
Sieg *m.* victoria *f.*
Siegel *n.* sello *m.;* (Plombe) precinto, plomo *m.;* **-lack** *m.;* lacre *m.;* **-ring** *m.* anillo (*m.*) de sellar.
siegeln sellar; (m. Siegellack) lacrar.
siegen vencer; (gewinnen) ganar.
Sieger *m.* vencedor; ganador *m.*
siegreich victorioso.
Siesta *f.* siesta *f.* (**halten** echar).
siezen tratar de «usted».
Signal *n.* señal *f.*
signalisieren hacer señales.
Silbe *f.* sílaba *f.*
Silber *n.* plata *f.;* **-fuchs** *m.* zorro (*m.*) argentado; **-löwe** *m. SAm.* puma *f.*
Silo *m.* silo *m.*, almacén elevado.
Silvester(abend) *m.* víspera (*f.*) de Año Nuevo.
simpel simple.
Sims *m.* cornisa *f.*
Simulant *m.* simulador *m.*
simulieren simular.
singen cantar; **die Engel - hören** *fig. fam.* ver las estrellas.
Singvogel *m.* ave (*f.*) (el) cantora.
sinken (Preise) bajar; (Sonne) ponerse; (Schiff, untergehen) irse a pique; **den Mut - lassen** perder el ánimo.
Sinn *m.* sentido *m.*
sinnbildlich simbólico.
sinnen meditar, reflexionar.
Sinnes|änderung *f.* cambio (*m.*) de opinión; **-organ** *n.* órgano (*m.*) de sentido; **-täuschung** *f.* alucinación *f.*
Sinngedicht *n.* epigrama *m.*
sinn|lich sensual; **-los** sin razón.
Sinnlosigkeit *f.* falta de sentido, insensatez *f.*
sinnreich ingenioso.
Sintflut *f.* diluvio *m.*
Sippe *f.* estirpe, parentela *f.*
Sisal *m. bot.* pinta *f.*
Sirene *f.* sirena *f.;* **-ngeheul** *n.* aullido (*m.*) de la(s) sirena(s).
Sirup *m.* jarabe *m.*
Sitte *f.* costumbre *f.;* (Brauch) uso *m.;* **gegen die guten -n verstoßen** faltar a la moral.
Sittich *m.* (Vogel) loro *m.*
sittlich moral, ético, decente.
Sittlichkeit *f.* moral(idad) *f.;* **-sverbrechen** *n.* atentado (*m.*) contra la moral.

sittsam honesto, decente; (bescheiden) modesto.
Sitz *m.* asiento; (Wohn -) domicilio *m.;* residencia; (Firmen-) sede *f.; techn.* ajuste. (Kleidung) talle *m.*
sitzen estar sentado; (Kleid) sentar bien; (im Gefängnis) estar preso.
Sitzung *f.* sesión *f.*
Skala *f.* escala *f.*
Skandal *m.* escándalo *m.*
Skelett *n.* esqueleto *m.*
Skeptiker *m.* escéptico *m.*
skeptisch escéptico.
Ski *m.* esquí *m.;* **-laufen** esquiar; **-läufer** *m.* esquiador *m.*
Skizze *f.* diseño, croquis, esbozo, boceto *m.*
skizzieren diseñar, esbozar, hacer un croquis de.
Sklave *m.* esclavo *m.;* **-rei** *f.* esclavitud *f.*
sklavisch esclavo, servil.
Skonto *n.* descuento *m.*
Skorbut *m.* escorbuto *m.*
Skorpion *m.* escorpión *m.*
Skrupel *m.* escrúpulo *m.*
skrupellos sin escrúpulo.
Skulptur *f.* escultura *f.*
Slawe *m.* eslavo *m.*
Smaragd *m.* esmeralda *f.*
Smoking *m.* smoking *m.*
so así; (solch einer) tal; *adv.* tan; **- ein...!** ¡qué ...!; **-bald** tan pronto; **-bald wie möglich** cuanto antes.
Socke *f.* calcetín *m.;* **-nhalter** *m.* liga *f.*
Sockel *m.* zócalo *m. techn.* bancada *f.*
Soda *n.* soda, sosa *f.*
so daß de modo que, de manera que.
Sodbrennen *n.* ardor (*m.*) de estómago.
soeben ahora mismo; **etw. - getan haben** acabar de hacer una cosa.
Sofa *n.* sofá *m.;* (ohne Rücklehne) cama (*f.*) turca; **-kissen** *n.* cojín *m.*
sofern con tal que; **- nicht** a no ser que.
sofort en seguida, en el acto, instante, inmediatamente.
sogar (selbst) hasta.
sogenannt llamado.
sogleich ahora mismo.
Sohle (Fuß -) plantilla; (Schuh -) suela *f.*
Sohn *m.* hijo *m.*
solange mientras, en tanto.
solch tal, semejante.
Sold *m. mil.* paga *f.;* **-buch** *n.* libreta *f.;* **-at** *m.* soldado, militar *m.;* **-atenkost** *f.* rancho *m.*
Söldner *m.* mercenario *m.*
solide sólido; (Charakter) serio, formal.
Solist *m. mus.* solista *m.*
Soll *n.* debe, débito *m.;* **-saldo** *m.* saldo (*m.*) deudor.
sollen deber, haber de, tener que.
solvent solvente.
somit así, por consiguiente, pues.
Sommer *m.* verano *m.;* **-frische** *f.* veraneo *m.;* **-frischler** *m.* veraneante *m.;* (Badegast) bañista; **-laube** *f.* cenador *m.;* **-saison** *f.* temporada (*f.*) de verano; **-sprossen** *f. pl.* pecas *f. pl.;* **-zeit** hora (*f.*) de verano.
sommerlich *adj.* veraniego.
Sonate *f. mus.* sonata *f.*
Sonde *f. med.* sonda *f.*
Sonder ... especial ...; **-abdruck** *m.* tirada (*f.*) especial; **-ausgabe** *f.* número (*m.*) extraordinario.
sonderbar extraño, raro.
sonderlich: nicht - regular.
Sonderling *m.* original, (tipo) raro; *fam.* tío (*m.*) raro.
sondern *adv.* aparte; **nicht nur ... - auch;** no sólo ... sino también; (beiseitelegen) apartar.
Sonderzug *m.* tren (*m.*) especial.
sondieren sondear.
Sonnabend *m.* sábado *m.;* (Büros) **freier -nachmittag** sábado inglés; **jeden** - todos los sábados.
Sonne *f.* sol *m.*
sonnen, sich tomar el sol.
Sonnen|aufgang *m.* salida (*f.*) del sol; (Himmelsrichtung) levante *m.;* **-bad**

n. baño (*m.*) de sol; **-blume** *f. bot.* girasol *m.;* **-brand** *m.* quemadura (*f.*) del sol; **-brille** *f.* gafas (*f. pl.*) ahumadas; **-dach** *n.* toldo *m.;* **-deck** *n.* toldilla *f.;* **-finsternis** *f.* eclipse (*m.*) solar; **-fleck** *m.* mancha (*f.*) solar; **-schein** *m.* (luz *f.* del) sol *m.;* **wir haben -schein** hace sol; **-schirm** *m.* sombrilla *f.;* (für Garten) quitasol *m.;* **-seite** *f.* (Stierkampfplatz) sol *m.;* **-stich** *m.* insolación *f.;* **-strahl** *m.* rayo (*m.*) del sol; **-uhr** *f.* reloj (*m.*) solar; **-untergang** *m.* puesta (*f.*) del sol; **-wende** *f.* solsticio *m.*

sonnig soleado; *fig.* alegre.

Sonntag domingo *m.;* **-skind** *n. fig. fam.* niño (*m.*) de la suerte; **- ruhe** *f.* descanso (*m.*) dominical.

sonntäglich *adj.* dominguero.

sonst (andernfalls) de lo contrario; (ehemals) antiguamente, antes; (im übrigen) por lo demás; **- noch etwas** alguna cosa más; **- nichts** nada más; **-niemand** nadie más; **-ig** otro; **-wie; oder -wie** o cosa por el estilo.

sooft tantas veces.

Sopran *m.* tiple, soprano *m.*

Sorge *f.* cuidado *m.*, preocupación.

sorgen (für) tener cuidado de, velar por; **s. -** estar muy preocupado; inquietarse; **-frei** sin preocupaciones.

Sorgfalt *f.* cuidado; (peinliche) esmero *m.*

sorg|fältig cuidadoso; **-los** despreocupado; **-sam** cuidado.

Sorte *f.* clase *f.*

sortieren clasificar.

Sortiment *n.* surtido *m.*

Soße *f.* salsa *f.*

Souffleur *m.* apuntador *m.*

soweit hasta donde; (insofern) en cuanto.

Sowjet *m.* soviet *m.*

sowjestisch soviético.

sowohl ... als auch no sólo... sino también.

Sozial|demokrat *m.* socialista, social-demócrata *m.;* **-demokratie** *f.* social-democracia *f.;* **-ismus** *m.* socialismo *m.;* **-versicherung** *f.* seguro (*m.*) social.

Sozius *m.* socio *m.*

sozusagen *adv.* por decirlo así.

spachteln emplastecer.

Spalierobst *n.* frutas (*f. pl.*) enanas.

Spalte *f.* grieta, rendija; *typ.* columna; (Tabelle) casilla.

sapIten partir; **in 2 Teile -** partir en dos; (Physik) disgregar; *chem.* disociar; (durch -) rajar.

Spaltung *f.* (Teilung) separación; (Physik) disgregación; *chem.* disociación; (innerhalb Parteien) escisión; (Atom -) desintegración *f.;* *rel.* cisma *m.*

Span *m.* (**Späne** *m. pl.*) viruta *f.;* (Hobelspäne) viruta (*f. pl.*) de madera; (Sägespäne) (a)serrín *m.*

Spanferkel *n.* lechón *m.*

Spange *f.* broche *m.*, hebilla *f.*

spanienfreundlich hispanófilo.

Spanier *m.* español *m.;* **-in** *f.* española *f.*

spanisch español, hispano; (Sprache, auch) castellano.

spanlos *adj.* (Metallbearbeitung) sin arranque de virutas.

Spann *m.* empeine *m.*

Spanne *f.* palmo.

spannen tender; (en. Federmechanismus) armar; (e. Kabel dichtholen) templar; (ee. Meßschnur) tirar; (ee. Feder) cargar; (Pfede an -) enganchar; **-d** *fig.* muy interesante.

Spanner *m. techn.* tensor *m.*

Spannung *f.* tensión; (Aufmerksamkeit) viva atención *f.* mucho interés *m.;* (Volt -) voltaje *m.;* **-sabfall** *m.* caída (*f.*) de tensión.

Spannweite *f.* envergadura *f.;* (Werkzeuge) alcance (*m.*) de boca.

Spar|büchse *f.* hucha *f.;* **-kasse** *f.* caja (*f.*) de ahorros.
sparen ahorrar; (Zeit, Material usw.) economizar.
Sparer *m.* ahorrador *m.*
Spargel *m.* espárrago *m.*
spärlich escaso; (ärmlich) pobre; (Mahl) frugal.
Sparren *m.* cabrío *m.*
sparsam económico, ahorrativo; (mäßig) moderado.
Sparsamkeit *f.* economía *f.*
Spaß *m.* guasa, broma; (Vergnügen) diversión *f.;* **-macher, -vogel** *m.* bromista, guasón *m.;* **-verderber** *m.* aguafiestas *m.*
spaß|en gastar bromas; **-haft** burlón, gracioso; **-eshalber** en broma.
Spat *m. vet.* esparaván *m.; min.* espato *m.*
spät tarde; **zu - gehen** (Uhr) andar atrasado; **-er** posterior *adv.* más tarde; **-estens** lo más tarde; **s -zündung** *f.* (Auto) encendido (*m.*) retardado.
Spatel *f.* espátula *f.*
Spaten *m.* pala *f.*
Spatz *m. zool.* gorrión *m.*
spazieren pasear(se); **- gehen** pasearse, dar una vuelta, ir a paseo.
Spazier|gang *m.* paseo *m.;* (kurzer) vuelta *f.;* **-stock** *m.* bastón *m.*
Specht *m.* pico, pájaro (*m.*) carpintero.
Speck *m.* tocino *m.;* **-schwarte** *f.* corteza (*f.*) de tocino.
Spediteur *m.* agente (*m.*) de transportes.
Speer *m.* lanza; (Sport) jabalina *f.;* (Jagd-) venablo *m.*
Speiche *f.* rayo; *anat.* radio *m.*
Speichel *m.* saliva *f.;* **-drüse** *f.* glándula (*f.*) salivar.
Speicher *m.* (Getreide -) granero; (Waren -) depósito, almacén; *naut.* tinglado; (Bodenraum) desván *m.;* (Energie-) acumulador *m.*
speien (spucken) escupir.
Speise *f.* comida *f.;* (Gericht) plato; **-kalte -n** fiambres *m. pl.;* **-kammer** *f.* despensa *f.;* **-karte** *f.* lista (*f.*) de platos, menú *m.; SAm.* minuta *f.* **-öl** *m.* aceite (*m.*) fino; **-röhre** *f. anat.* esófago *m.;* **-wagen** *m.* coche-restorán *m.; SAm.* vagón-restaurant *m.;* **-wärmer** *m.* calientaplatos *m.;* **-zimmer** *n.* comedor *m.*
speisen comer; (zu Mittag) almorzar; (zu Abend) cenar; (ernäh ren) alimentar.
Speisung *f.* alimentación *f.*, *auch techn.*
Spektakel *m.* ruido *m.*
Spekulant *m.* especulador.
Spekulation *f.* especulación *f.*
spekulieren especular; jugar a la bolsa.
Spende *f.* donativo, óbolo; (Geschenk) regalo *m.*
spenden donar, regalar; (Lob) dispensar.
Spender *m.* donante; (Bluttransfusion) donador *m.*
Spengler *m.* hojalatero *m.*
Sperber *m.* (Vogel) gavilán; *SAm.* carancho *m.*
Sperling *m.* gorrión *m.;* **der - in der Hand ist besser als die Taube auf dan dache** más vale pájaro en mano que ciento volando.
Sperre *f.* (Bahnhofs -, Straßen -) barrera *f.;* (Grenz -) cierre *m.;* (Verbot) prohibición *f.*
sperren cerrar; (Scheck) cruzar; (Konto) bloquear; (Strom, Gas, Wasser) cortar; *typ.* espaciar; *techn.* (verriegeln) enclavar; (ins Gefängnis) meter.
Sperr|holz *n.* madera (*f.*) contrachapada; **-klinke** *f. techn.* uña (*f.*) de trinquete; **-konto** *n.* cuenta (*f.*) bloqueada; **-kreis** *m.* circuito (*m.*) eliminador; **-sitz** *m. theat.* butaca (*f.*) de preferencia; **-ung** *f.* cierre, bloqueo *m.*

S

Spesen *pl.* gastos *m. pl.;* **-satz** *m.* tarifa (*f.*) de gastos.
spesenfrei *adj. adv.* libre de gastos.
Spezial|arzt *m.* (médico) especialista *m.;* **-fash** *n.* especialidad *f.;* **-ität** *f.* especialidad *f.*
spezialisieren especializar.
spieziell (*adv.*) especial(mente); *adv.* en particular.
Sphäre *f.* esfera *f.*
spicken (m. Speck) mechar; (bestechen) *fam.* dar vaselina.
Spiegel *m.* espejo *m.;* (Schrank -) luna *f.;* (Wasser -) nivel *m.;* **-bild** *n.* imagen (*f.*) reflejada; **-ei** *n.* huevo (*m.*) frito *od.* al plato.
spiegeln reflejar; **s.** - reflejarse; (s. im Spiegel sehen) mirarse en el espejo.
Spiegelung *f.* reflejo; (Luft -) espejismo *m.*
Spiel *n.* juego *m.;* (Partie) partido *m.;* (- Karten) baraja *f.; theat.* interpretación *f.; techn.* (Zwischenraum) holgura, juego *m.;* (Kolben -) embolada *f.*; **auf dem -e stehen** *fig.* jugarse; **-ball in** *fig.* ser juguete de; **-brett** *n.* (Schach usw.) tablero *m.*
spielen jugar; (Instrument) tocar; *theat.* interpretar; (Rolle) hacer; (Farbe, ins ... -) tirar a.
Spiel|art *f. bot.* (Abart) variedad *f.;* **-dose** *f.* caja (*f.*) de música; **-karte** *f.* naipe *m.;* (Spiel Karten) baraja *f.;* **-marke** *f.* ficha *f.;* **-platz** *m.* campo (*m.*) de juego *bzw.* (Sport) de deportes; **-raum** *m.* juego, espacio libre *m.;* **-zeug** *n.* juguete *m.*
Spieler *m.* jugador *m.*
Spieß *m.* pica *f.*
Spinat *m.* espinaca *f.*
Spindel *f.* hus(ill)o *m.; techn.* (in Wellenform) árbol *m.*
spindeldürr *fam.* hecho un fideo.
Spinne *f.* araña *f.*
spinnefeind: s. - sein estar como perro y gato.
spinnen hilar; (Katze) hacer ronrón; *fig.* (Unsinn reden) decir disparates.
Spinner *m.* hilandero *m.;* **-el** *f.* fábrica (*f.*) de hilados.
Spinn|gewebe *n.* telaraña *f.;* **-maschine** *f.* hiladora *f.;* **-rad** *n.* torno (*m.*) de hilar; **-rocken** *m.* rueca *f.*
Spion *m.* espía *m.*
spionieren espiar.
Spirale *f.* espiral, espira *f.*
Spiritimus *m.* espiritismo *m.*
Spirituosen *f.* bebidas (*f. pl.*) alcohólicas, licores *m. pl.*
Spiritus *m.* alcohol; (Weingeist) espíritu (*m.*) de vino; **-kocher** *m.* inf(i)ernillo (*m.*) de alcohol.
spitz (punti) agudo; (angespitz) aguzado; *fig.* (beißend) mordaz.
Spitze *f.* punta *f.;* (Berg -) pico *m.*, cumbre *f.;* (Wäsche -) encaje *m.;* (Turm -) aguja *f.;* (Zigaretten -, Zigarren -) boquilla *f.;* **an der** - *fig.* a la cabeza.
Spitzel *m.* soplón *m.*
spitzen (achärfen) afilar; (Bleistift) sacar punta; (die Ohren) aguzar (el oído).
Spitzenkönner *m.* as *m.*
Spitzenleistung *f.* record *m.;* (Sport) marca *f.*
Spitz|hacke *f.* pico *m.;* **-maus** *f. zool.* musaraña *f.;* **-name** *m.* apodo.
Splitter *m.* (Holz) astilla; (Knochen) esquirla *f.*
Splittern hacer astillas, hacer saltar en pedazos.
splitternackt en cueros; *vulg.* en pelota.
spontan espontáneo.
Sporn *m.* espuela *f.;* (Hahn) espolón *m.*
spornen espolear.
Sport *m.* deporte *m.;* **-bericht** información (*f.*) deportiva; **-platz** *m.* campo *m.*, pista *f.; SAm.* cancha *f.* (de deportes); (Stadium) estadio *m.;* **-smann** *m.* deportista *m.;* **-verein** *m.* club (*m.*) deportivo; **-zeitung** *f.* revista (*f.*) deportiva.
sportlich deportivo.

Spott *m.* burla, mofa *f.;* **-name** *m.* mote *m.;* **-preis** *m.* precio (*m.*) ridículo.
spottbillig *f. pl.* regalado, tirado.
spotten (höhnisch) hacer escarnio; (spöttisch) reírse (**über** de).
Spötter *m.* burlón *m.*
spöttisch burlón, irónico.
Sprache *f.* idioma *m.*, lengua *f.;* (Ausdrucksweise) manera (*f.*) de hablar; (Berufs -, Standes -) lenguaje *m.;* **die - verlieren** (vor Schreck) perder el habla.
Sprach|begabung *f.* facilidad (*f.*) para aprender lenguas; **-eigentümlichkeit** *f.* modismo *m.;* **-fehler** *m.* defecto (*m.*) de articulación; *gram.* falta (*f.*) gramatical; **-führer** *m.* manual (*m.*) de conversación; **-lehrer** *m.* profesor (*m.*) de idiomas.
sprachlich lingüístico; idiomático; (wissenschaftlich) filológico.
Sprachschule *f.* academia (*f.*) de lenguas.
sprechen hablar.
Sprecher *m.* (Redner) orador; (Radio) locutor; *pol.* portavoz *m.*
Sprech|stunde *f.* hora (*f.*) de recibo; (Arzt) hora de consulta; **-zimmer** *n.* consulta *f.*
sprengen volar, hacer saltar; (Tür) forzar; (begießen) regar.
Sprengladung *f.* carga (*f.*) explosiva.
Sprengstoff *m.* explosivo *m.*, materia (*f.*) explosiva.
Sprengung *f.* (m. Wasser) riego *m.;* (m. Explosivstoffen) voladura *f.*
Spreu *f.* granzas *f. pl.*
Sprichwort *n.* proverbio, adagio *m.*
sprichwörtlich proverbial.
springen saltar; (ins Wasser) arrojarse a.
Springer *m.* saltarín; (Schach) caballo *m.*
Spring|flut *f.* marea (*f.*) viva.
Sprit *m.* alcohol, espíritu (*m.*) de vino.
Spritze *f.* jeringa; (Feuer -) bomba *f.* (de incendios); (Garten -) manga (*f.*) (de riego); (Einspritzung) inyección *f.*
spritzen (besprengen) regar; *med.* dar una. inyección; (herum -) salpicar; (Feuerwehr) echar (agua).
Spritzer *m.* salpicadura *f.*
Spritz|flasche *f.* sifón *m.;* **-lack** *m.* pintura (*f.*) al duco; **-pistole** *f.* pistolete (*m.*) pulverizador.
spröde frágil, quebradizo; (Metalle) agrio; (Person) melindroso.
Sproß, Sprößling *m.* brote *m.; fig.* retoño *m.*
sprossen brotar.
Sprotte *f.* (geräucherte) sardina (*f.*) ahumada.
Spruch *m.* sentencia *f.;* (Schieds -) laudo arbitral; *jur.* fallo *m.*
Sprudel *m.* (Getränk) gaseosa *f.*
sprudeln surtir; (beim Reden) hablar atropelladamente.
aprühen (Regen) chispear; (Funken) chisporrotear; (fein regen) lloviznar.
Sprühregen *m.* llovizna *f.*
Sprung *m.* salto, brinco *m.;* (Riß) raja, grieta *f.;* **-brett** *n.* trampolín *m.;* **-feder** *f.* muelle, resorte *m.;* **-federmatratze** *f.* colchón (*m.*) de muelles; **-schanze** *f.* pista (*f.*) de saltos.
Spucke *f.* saliva *f.; med.* esputo *m.*
spucken escupir; *med.* expectorar; **Nicht auf den Boden -!** ¡Se prohíbe escupir en el suelo!
Spucknapf *m.* escupidera *f.*
Spuk *m.* fantasma.
spuken andar fantasmas; **in diesem Hause spuktes** andan duendes por la casa.
Spule *f.* carrete *m.* bobina *f.*
spulen devanar.
spülen (Wallen) bañar; (Geschirr) fregar; (Wäsche) aclarar; (Mund) enjuagar; (Klosett) tirar de la cadena.
Spül|stein *m.* fregadero *m.;* **-ung** *f.* (m. Wasser) enjuague *m.; med.* irri-

gación *f.; techn.* (Motorzylinder) barrido *m.;* **-wasser** *n.* aguas (*f. pl.*) sucias.

Spur *f.* (nachgelassene) huella; (eingedrückte) mella, marca *f.;* (Jagd) rastro *m.;* (Rad) rodada *f.;* (Fährte) pista *f.;* (Anzaichen) vestigio, asomo *m.*

spüren (fühlen) sentir; (Hund) ventear.

Spürhund *m.* sabueso *m.*

spurlos sin dejar rastro.

Spurweite *f.* ancho (*m.*) de vía; *SAm.* trocha *f.*

Staat *m.* Estado *m.;* (Fiskus) fisco *m.*

staatenlos sin nacionalidad.

staatlich (öffentlich) público; (fiskalisch) fiscal.

Staats|angehörigkeit *f.* nacionalidad *f.;* **-anwalt** *m.* fiscal *m.;* **-anzelger** *m.* Gaceta *f.*, Diario *od.* Boletín (*m.*) oficial; **-beamter** *m.* empleado (*m.*) del Estado; **-bürger** *m.* súbdito *m.;* **-haushalt** *m.* presupuesto *m.;* **-kasse** *f.* fisco *m.*, tesoro; **-mann** *m.* estadista *m.;* **-recht** derecho (*m.*) político; **-schlud** *f.* deuda (*f.*) pública; **-straße** *f.* carretera (*f.*) nacional; **-streich** *m.* golpe (*m.*) de estado; **-wissenschaft** *f.* economía (*f.*) política; **-wohl** *n.* bien (*m.*) público.

Stab *m.* bastón *m.; mil.* est. (*m.*) mayor.

stabilisieren estabilizar.

Stachel *m.* pincho *m.;* (Dorn) espina *f.;* (Biene) aguijón *m.;* (Igel, Draht) púa *f.;* **-beere** *f.* uva (*f.*) espina; **-draht** *m.* alambre (*m.*) de púas; **-schwein** *n.* puerco (*m.*) espín.

stach(e)lig espinoso; armado de púas.

stacheln pinchar.

Stadion *n.* estadio *m.*

Stadium *n.* estado *m.* fase *f.*

Stadt *f.* ciudad, población *f.;* (Madrid) villa *f.;* **-bahn** *f.* metropolitano *m.;* **-geblet** *n.* radio *m.;* **-rat** *m.* concejo (*m.*) municipal; (Person) concejal *m.;* **-teil** *m.* barrio *m.;* **-verordneter** *m.* concejal, edil *m.;* **-viertel** *n.* distrito *m.*

Städtchen *n.* pueblo *m.*

Städter *m.* ciudadano, burgués *m.*

städtisch municipal.

Staffel *f.* escalón; (Sport) relevo *m.;* (Flieger -) escuadrilla *f.;* **-lauf** *m.* carrera (*f.*) de relevo; **-el** *f.* caballete *m.*

staffeln escalonar.

Stahl *m.* acero *m.;* **-feder** *f.* pluma (*f.*) de acero; **-helm** *m.* casco (*m.*) de acero; **-kammer** *f.* cámara (*f.*) acorazada; **-stich** *m.* grabado *m.* (en acero); **-werk** *n.* fábrica (*f.*) de aceros.

stählern de acero; *fig.* fuerte.

staken *naut.* empujar con el bichero.

Staket *n.* estacada *f.*

Stall *m.* (offener) corral, establo *m.;* (Pferde -) cuadra *f.;* (Schweine -) pocilga *f.;* **-meister** caballerizo *m.*

Stamm *m.* tronco *m.;* (Geschlecht) linaje *m.;* (Volks) tribu *f.; mil.* cuadros *m. pl.;* **-baum** *m.* árbol (*m.*) genealógico; **-gast** *m.* parroquiano, asiduo *m.;* **-gericht** *n.* (Restaurant) plato (*m.*) del día; **-halter** *m.* primogénito *m.;* **-haus** *n.* casa (*f.*) matriz *od.* central; **-kapital** *n.* capital (*m.*) nominal; **-tisch** *m.* tertulia *f.* peña.

stammeln balbucear.

stammen, von descender de; (Ware) proceder de; (ableiten) derivar de; (gebürtig sein von) ser natural de.

stämmig robusto.

Stampfer *m. techn.* pisón *m.*

Stand *m.* (Bude) puesto; (Droschken, Taxi) punto *m.*, parada *f.;* (Schiffs -) posición *f.;* (Lage) situación *f.;* **imstande sein** ser capaz (**zu** de); esatar en condiciones de.

Standarte *f.* estandarte *m.*

Standbild *n.* estatua *f.*

Ständchen *n.* serenata; (Morgen -) alborada *f.*

Ständer *m.* estante, soporte; *techn.* montante *m.*

Standesamt *n.* registro (*m.*) civil.

stand|fest estable, fijo; **-haft** constante; (unerschütterlich) imperturbable.
ständig permanente; *adv.* constantemente.
Stand|punkt *m.* punto (*m.*) de vista; tesis *f.*; **-recht** *n.* ley (*f.*) marcial.
Stange *f.* vara; (Eisen -) barra *f.*; (Kolben -, Ventil -, Schieber) vástago *m.*; (dünne, biegsame) pértiga *f.*
Stanniol *n.* papel (*m.*) de estaño.
stanzen estampar; (loch -) punzonar; (aus -) troquelar.
Stapel *m.* pila *f.*; **vom - (laufen) lassen** *naut.* botar; (Rede) *fam.* echar (un discurso); **-lauf** *m.* botadura *f.*
stapeln amontonar, apilar; *naut.* estibar.
Star (*m.* Vogel) estornino *m.*; *med.* catarata *f.*; *theat.* (Künstler) divo (*m.*; (Künstlerin) diva, estrella *f.*
stark fuerte, robusto.
Stärke *f.* fuerza *f.*; (Dicke) espesor *m.*; (Wirkungs -) intensidad *f.*; (Wäsche-) almidón *m.*; **-mehl** *n.* fécula *f.*
stärken fortalecer; (Wäsche) almidonar.
Starkstrom *m.* corriente (*f.*) de alta tensión.
Stärkung *f.* fortalecimiento *m.*; **-smittel** *n.* tónico *m.*
starr rígido; **-en** mirar fijamente.
Starr|krampf *m.* tétano *m.*; **-sinn** *m.* terquedad *f.*
Start *m.* salida, partida *f.*; *av.* despegue *m.*
starten tomar la salida, arrancar; *av.* despegar.
Station *f.* estación; (Haltestelle) parada *f.*
Statist *m.* comparsa *m.*
Statistik *f.* estadística *f.*
Stativ *n.* trípode *m.*
statt en lugar de.
Stätte *f.* lugar sitio *m.*
statt|finden tener lugar, celebrarse; **-haft** admisible, lícito, permisible.
stattlich importante, imponente; (zahlreich) numeroso.
Statue *f.* estatua *f.*
Statur *f.* estatura *f.*
Status *m.* estado *m.*
Statut *n.* estatuto(s) *m.* (*pl.*), reglamento *m.*
Staub *m.* polv(ill)o; **-faden** *m. bot.* estambre *m.*; **-sauger** *m.* aspirador (*m.*) de polvo; **-wedel** *m.* plumero *m.*; **-wolke** *f.* nube (*f.*) de polvo.
Stau|becken *n.* embalse *m.*, presa *f.*; **-damm** *m.* muro (*m.*) de contención; **-see** *m.* pantano *m.*
stauben levantar polvo; **esstaubt** hace polvo.
stäuben (ent -) sacudir el polvo.
staubig cubierto de polvo, polvoriento.
stauchen *techn.* recalcar.
Staude *f.* (Busch) arbusto *m.*
stauen (Wasser) represar.
staunen asombrarse.
Staupe *f.* (Hunde -) moquillo *m.*
Stech|fliege *f.* moscardón *m.*; **-heber** *m.* sifón *m.*
stechen pinchar, picar; (Kartenspiel) cortar.
Steck|briel *m.* orden (*f.*) de prisión; **-dose** *f.* caja (*f.*) de enchufe; **-er** *m.* *elektr.* clavija (*f.*) de enchufe; **-nadel** *f.* alfiler *m.*; **-rübe** *f. bot.* nabo *m.*
stecken meter, estar fijado en; **voll v. etw.** - estar lleno de; **den Schlüssel - lassen** dejar puesta la llave; **- bleiben** quedar detenido; (Rede) perder el hilo.
Steckenpferd *n.* (Kinderspielzeug) caballito *m.* (de palo) *fig.* manía *f.*; fuerte *m.*
Steg *m.* (Weg) vereda; (Geigen -) puente; (Landungs -) desembarcadero *m.*; (Brücken-) pasarela *f.*; (Kettenglied) mallete *m.*; *typ.* regleta *f.*
stehen estar en pie; (gut kleiden) sentar; (Uhr) estar parado; (Sache) **gut (schlecht)** - marchar bien (mal); **- bleiben** (Maschine) pararse; **teuer zu - kommen** resultar caro; **-d** *adj.* de pie, derecho; (senkrecht) vertical.

Steh|kragen *m.* cuello (*m.*) planchado; (m. Ecken) cuello de pajarito; **-lampe** *f.* lámpara (*f.*) de pie; **-platz** *m.* localidad (*f.*) sin asiento.

stehlen robar.

steif tieso, rígido.

Steig|bügel *m.* estribo *m.*; **-eisen** *n.* garfios; (Bergsport) trepadores *m. pl.*

steigen subir; (zi Pferde) montar a; (Wasser) crecer; (durchs Fenster) entrar (por); (auf den Baum) trepar (a); **-d** *adj.*; **-de Tendenz** *f.* tendencia (*f.*) al alza.

Steiger *m. min.* capataz (*m.*) de minas.

steigern aumentar; **s. -** ir en aumento; (erhöhen) elevar.

Steigerung *f.* aumento *m.*, elevación; *gram.* comparación *f.*

Steigung *f.* (aufsteigend) rampa; (fallend) pendiente *f.*

steil escarpado; (Küste) acantilado.

Stein *m.* piedra; (Fels) roca *f.*; (Mauer -) ladrillo *m.*; (Pflaster -) adoquín; (Nieren -, Blasen -) *med.* cálculo; *techn.* (im Schmelzofen) mata *f.*; **-bock** *m.* cabra (*f.*) montés; **-bruch** *m.* cantera *f.*; **-butt** *m.* (Fisch) rodaballo *m.*; **-druck** *m.* litografía *f.*; **-eiche** *f.* roble *m.*; **-gut** *n.* loza *f.*; **-kohle** *f.* hulla *f.*; **-metz** *m.* picapedrero *m.*; **-salz** *n.* sal (*f.*) gema; **-setzer** *m.* empedrador *m.*; **-wurf** *m.* pedrada *f.*

steinig pedregoso; **-en** apedrear.

Steinigung *f.* lapidación *f.*

Steiß *m. med.* región (*f.*) anal; nalgas *f. pl. vulg.* culo *m.*; (des Vogels) rabadilla *f.*; **-bein** *n. anat.* cóccix *m.*

Stelle *f.* sitio, lugar, puesto *m*; (Dezimal -) decimal *f.* (Amt) cargo *m.*; **freire -** vacante *f.*; (Buch -) pasaje *m.*; **die amtlichen -n** las autoridades; los centros oficiales; **auf der -** (sofort) en el acto; **ohne -** (arbeitslos) **sein** estar parado; **an - v.** en sustitución de; **überhaupt nicht v. der - kommen** (bei der Arbeit) no adelantar nada; **zur -!** (bei Aufruf) ¡presente!

stellen poner, colocar; (hineintun) meter (**in** en); (die Uhr) poner en hora; (Frist) fijar; (einstellen) ajustar; **an die Wand - arrimar a la pared.**

Stellen|angebot *n.* oferta de empleo, vacante *f.*; **-gesuch** *n.* demanda (*f.*) de empleo; **-vermittlung** *f.* agencia (*f.*) de colocaciones.

stellenweise en parte, esporádico.

Stell -vertreter *m.* representante, suplente *m.*

Stellung *f.* posición, situación; (Anstellung) colocación *f.* empleo *m.*; (Haltung) postura *f.*; **-skrieg** *m.* guerra (*f.*) de trincheras.

Stelze *f.* zanco *m.*; (v. Vögeln) zanca *f.*

Stelz|fuß *m.* pierna (*f.*) de palo; **-vogel** *m. pl.* zancudos *m. pl.*

Stemmeisen *n.* palanqueta *f.*; (Meßel) escoplo *m.*

Stempel *m.* sello; (auf Briefmarken) matasellos *m.*; (Münzpräge-) cuño *m.*; *techn.* (Schnitt-) troquel *m.*; (Preß -) vástago, macho; *min.* (Stülzholz) puntal; *bot.* pistilo *m.*

stempeln sellar, poner un sello en; **-gehnn** (als Arbeitsloser) cobrar el socorro (de parados).

Stengel *m.* tallo *m.*

Steno/gramm *n.* taquígrame *m*; **-graph** taquígrafo; **-graphie** *f.* taquigrafía *f.*

stenograph|ieren taquigrafía **-isch** taquigráfico.

Stenotypistin *f.* taquimecanógrafa; *fam.* taquimeca *f.*

Steppdecke *f.* colcha *f.*

Steppe *f.* estepa *f.*

steppen pespuntear. **erbekasse** *f.* seguro (*m.*) de entierro.

sterb|en morir(se), fallecer; **-end** moribundo; **-lich** mortal.

Sterbe|urkunde *f.* partida (*f.*) de defunción; **-ziffer** *f.* mortalidad *f.*

sterilisieren esterilizar.

Sterilisierung *f.* esterilización *f.*

Stern *m.* estrella *f.;* **-bild** *n.* constelación *f.;* **-motor** *m.* motor (*m.*) radial; **-warte** *f.* observatorio *m.*

Sterz *m.* (Schwanz) cola *f.*, rabo *m.;* (Pflug -) mancera *f.*

Steuer *n. naut.* timón *m.;* (Auto) volante *m.;* contribución *f.;* derechos *m. pl.;* **-behörde** *f.* Delegación (*f.*) de Hacienda.

steuerfrei libre de impuestos, exento de derechos.

Steuer|gesetz *n.* ley (*f.*) tributaria; **-hinterziehung** *f.* fraude *m.;* **-knüppel** *m. av.* palanca (*f.*) de mando; **-mann** *m. naut.* timonero; piloto; (Rudern) timonel *m.*

steuerpflichtig sujeto a impuestos, tributable.

Steuer|rad *n. naut.* rueda (*f.*) del timón; (Auto) volante *m.;* **-reform** *f.* reforma (*f.*) tributaria; **-satz** *m.* tipo (*m.*) de gravamen; **-ung** *f.* gobierno, mando *m.; techn.* distribución *f.;* (Auto) conducción *f.;* **-zahler** *m.* contribuyente *m.;* **-zuschlag** *m.* recargo *m.*

Steward *m.* camarero *m.*, puntada *f.;* (Dolch -) puñalada *f.;* (Messer -) cuchillada *f.;* (Insekten -) picadura *f.;* (Nadel -) pinchazo *m.;* (Stahl -, Kupfer -) grabado *m.* (en acero *bzw.* en cobre); (Kartenspiel) baza *f.;* (beim Walzen) pasada *f.*

Stich|flamme *f.* dardo (*m.*) de llama; **-loch** *n. techn.* (Ofen) piquera *f.;* (Schlackenloch) bigotera *f.;* **-probe** *f.* prueba (*f.*) al azar; **-wahl** *f.* (2. Wahlgang) segunda vuelta *f.;* **-wort** *n. theat.* entrada *f.; mil.* (Losung) santo (*m.*) y seña.

Stichelei *f.* indirecta *f.*

sticheln *fig.* echar indirectas.

Stichling *m.* (Fisch) espinoso *m.*

sticken bordar.

Sticker|ei *f.* bordado *m.;* **-in** *f.* bordadora *f.*

Stick|garn *m.* hilo (*m.*) de bordar; **-muster** *n.* patrón (*m.*) de bordado; **-nadel** *f.* aguja (*f.*) de bordar; **-rahmen** *m.* bastidor (*m.*) de bordar; **-stoff** *m.* nitrógeno *m.*

Stief|bruder *m.* hermanastro *m.;* **-mutter** *f.* madrastra *f.;* **-mütterchen** *n.* pensamiento *m.;* **-schwester** *f.* hermanastra *f.;* **-sohn** *m.* hijastro *m.;* **-tochter** *f.* hijastra *f.;* **-vater** padrastro *m.*

Stiefel *m.* bota *f.;* **-bürste** *f.* cepillo (*m.*) sacabotas *m.;* **-putzer** *m.* limpiabotas *m.; SAm.* lustrabotines *m.;* **-wichse** *f.;* crema (*f.*) para calzado, betún *m.*

Stiege *f.* (Treppe) escalera *f.*

Stieglitz *m.* (Vogel) jilguero *m.*

Stiel *m.* mango; (Axt) astil *m.;* **m. -versehen** enastar; **-augen** *n. pl.* ojos (*m. pl.*) saltones; *fam.* ojos de besugo.

Stier *m.* toro; (unter 1 Jahr) novillo *m.;* **-fechter** *m.* torero; espada, matador *m.;* **-kampf** *m.* corrida (*f.*) de toros; (m. Jungstieren) novillada; (m. Jungstieren unter 1 Jahr) becerrada; (humoristischer) charlotada; **-kampfplatz** *m.* plaza (*f.*) de toros; **-züchter** *m.* ganadero *m.;* **-züchterei** *f.* ganadería *f.*

Stift *m.* clavija, espiga *f.;* (Nagel) clavo *m.;* (Nagel ohne Kopf) punta *f.;* (zum Versplinten) pasador *m.;* (Blei -) lápiz.

stiften (gründen) fundar; (schenken) donar.

Stifter *m.* fundador *m.*

Stiftung *f.* fundación.

Stil *m.* estilo *m.*

stilisieren estilizar.

still tranquilo; (wenig belebt) poco animado; (Straße) poco frecuentado; **der S -e Ozean** el (Océano) Pacífico; **-er Teilhaber** *m.* (socio) comanditario *m.;* **-(l)egen** (Betrieb) paralizar.

Stille *f.* tranquilidad, calma *f.*

Stillegung *f.* paralización *f.*, cierre *m.*

stillen (Blut) restañar; (Durst) apagar; (Kind) dar el pecho; (Hunger) matar; (Neugierde) satisfacer.

still|iegen estar paralizado; (geschlossen) cerrado; **-schweigend** tácito; *adv.* en silencio; con la callada.

Still|halteabkommen *n.* convenio (*m.*) de moratoria; **-stand** *m.* (Maschine) parada *f.;* (Arbeit) paro *m.;* (Geschafte) paralización *f.*

Stimmbänder *n. pl.* cuerdas (*f. pl.*) vocales.

stimmberechtigt con derecho a votar.

Stimme *f.* voz *f.;* (Wahl) voto *m.*

stimmen (Klavier) afinar; (Wahl) votar; (überein -) estar conforme; (wahr sein) ser verdad; **hier stimmt etw. nicht** *fig. fam.* aquí hay gato encerrado; **das stimmt** es verdad; *SAm.* ¿cómo no?

Stimmen|gleichheit *f.* empate *m.;* **-mehrheit** *f.* mayoría *f.* (de votos); **-zählung** *f.* escrutinio *m.*

Stimmer *m. mus.* afinador *m.*

Stimm|gabel *f. mus.* diapasón *m.;* **-recht** *n.* (derecho de voto *m.;* **-ritze** *f. anat.* glotis *f.;* **-wechsel** *m.* muda *f.;* **-zettel** papeleta *f.* (de votación).

Stimmung *f.* (Gemüts -) disposición; *mus.* afinación *f.;* (Moral) moral *f.;* (öffentliche Meinung) ambiente *m.;* **in guter (schlechter -)** - de buen (mal) humor; *fam.* (de malas pulgas).

Stinkdachs *m. zool.* tejón (*m.*).

stinken oler mal.

Stipendium *n.* (staatliche) pensión; (Schul -) beca *f.*

Stirn *f.* frente *f.;* **die - bieten** *fig.* arrostrar; **-runzeln** *n.* ceño *m.*

stochern hurgar; (in der Nase) hurgarse (las narices); (in den Zähnen) escarbarse (los dientes); *techn.* atizar, escarbar.

Stock *m.* (Spazier -) bastón; (Pfahl) palo; (Stockwerk) piso *m.; techn.* (Drehbank cabezal *m.;* **-fisch** *m.* bacalao *m.;* **-fleck** *m.* mancha (*f.*) de humedad; **-werk** *n.* piso *m.*

Stockung *f.* (Verkehr) paralización *f.;* (Hemmung) estancamiento *m.*

Stoff *m.* materia *f.;* (Substanz) sustancia *f.;* (wirksamer) agente *m.;* (Werkstoff) material; (Tuch) paño *m.*, tela *f.;* (Roman -) tema, asunto *m.;* **-wechsel** *m.* metabolismo *m.*

stöhnen gemir.

Stollen *m.* (Bergwerk) galería *f.;* (am Hufeusen) callo; (Kuchen) bollo (*m.*) de Navidad.

stolpern tropezar.

stolz orgulloso.

Stolz *m.* orgullo *m.*

stopfen meter; (Loch) tapar; (Pfeife) llenar; (Geflügel) cebar; (Strümpfe) zurcir; *med.* cortar la diarrea.

Stopfen *m.* tapón *m.*

Stopf|garn *n.* hilo (*m.*) de zurcir; **-ei** *n.* huevo (*m.*) de zurcir.

stopp! ¡alto!

Stoppelfeld *n.* rastrojo *m.*

stoppeln espigar.

stoppen parar.

Stopp|licht *n.* luz (*f.*) de parada; **-uhr** *f.* (reloj) cronometrador *m.*

Stöpsel *m.* tapón; (aus Kork) corcho *m.; elektr.* clavija *f.*

Stör *m.* (Fisch) esturión *m.*

Storch *m.* cigüeña *f.;* **-schnabel** *m. techn.* pantógrafo; *bot.* geranio *m.*

stören estorbar, molestar.

Störung *f.* estorbo *m.*, perturbación *f.;* (Betriebs -) interrupción (del servicio); **-sgeräusche** *n. pl. Radio* ruidos (*m. pl.*) parásitos.

Stoß *m.* empujón, golpe; (Haufen) montón *m.;* (Zusammen -) choque; **-dämpfer** *m.* amortiguador (*m.*) de choques; *av.* amortiguador de baches; **-kraft** *f. fig.* pujanza *f.;* **-seufzer** *m.* suspiro (*m.*) hondo.

Stöbel *m.* (Mörser) mano *f.*

Stößen empujar; (im Mörser) machacar; tropezar, chocar (**an** contra);

(in die Erde) clavar; **m. den Füßen** - dar patadas.

stoßweise *adj. adv. techn.* intermitente; por impulsos.

Stotterer *m.* tartamudo *m.*

stottern tartamudear; (stammeln) balbucir.

stracks (sofort) inmediatamente, (direkt) derecho.

Straf|anstalt *f.* penal *m.;* **-arbeit** *f.* (Schule) ejercicio (*m.*) de castigo; **-aufschub** *m.* aplazamiento (*m.*) de la condena.

strafbar punible; **s. - machen** (Haftstrafe) incurrir en pena; (Geldstrafe) incurrir en multa.

Strafe *f.* pena *f.*, castigo *m.;* (Geld -) multa *f.*

strafen castigar, penar; (m. Geldstrafe) multar.

straff tieso; (gespannt) tirante; **- anliegen** (Kleidungsstück) venir justo.

Straf|freiheit *f.* impunidad *f.;* **-gefangener** *m.* preso *m.;* **-gesetz** *n.* ley (*f.*) penal; **-gesetzbuch** *n.* código (*m.*) penal; **-kammer** *f.* tribunal (*m.*) de lo criminal.

Sträfling *m.* penado, presidiario.

straflos; - ausgehen quedar impune.

Straflosigkeit *f.* impunidad *f.*

straf|mildernd *adj.* atenuante; **-verschärfend** *adj.* agravante.

Strafporto *m.* recargo *m.*

Strahl *m.* rayo; (Wasser -) chorro *m.*

strahlen radiar; (glänzen) brillar; **vor Freude** - estar radiante de alegría.

Strähne *f.* (Haar -) mechón *m.;* (Garn -) madeja *f.*

stramm; - stehen *mil.* cuadrarse.

strampeln patalear.

Strand *m.* playa *f.*

stranden encallar.

Strang *m.* soga.

Strapaze *f.* fatiga *f.*

strapazieren fatigar; (Kleidungsstück) gastar.

Straße *f.* calle; (Land -) carretera *f.;* (m. Baumreihen) alameda *f.;* **jem. auf die - setzen** (hinauswerfen) poner a uno en el arroyo; **- v. Gibraltar** Estrecho de Gibraltar.

Straßen|anzug *m.* traje (*m.*) de calle; **-bahn** *f.* tranvía *m.;* **-bahnhaltestelle** *f.* parada (*f.*) de tranvía; **-bau** *m.* afirmado (*m.*) y pavimentación; **-befestigung** *f.* firme *m.;* **-beleuchtung** *f.* alumbrado (*m.*) público; **-decke** *f.* calzada *f.*, pavimento *m.;* **-ecke** *f.* esquina *f.* (de calle; (Winkel) rincón *m.;* **-graben** *m.* cuneta *f.;* **-händler** *m.* vendedor (*m.*) ambulante; **-kehrer** *m.* barrendero *m.;* **-laterne** *f.* farol *m.;* **-pflaster** *n.* empedrado, adoquinado *m.;* **-räuber** *m.* salteador (*m.*) de caminos; **-reinigung** *f.* servicio (*m.*) de limpieza; **-teermaschine** *f.* alquitranadora *f.;* **-verkehr** *m.* tránsito (*m.*) en las calles; circulación *f.* (por la vía pública); **-walze** *f.* apisonadora *f.*, rodillo *m.*

sträuben (Haare) erizar(se); **s.** - *fig.* oponerse (**gegen** a).

Strauch *m.* arbusto *m.*

Strauß *m.* (Blumen -) ramo *m.;* (Vogel) avestruz *m.*

Strebe *f.* puntal.

streben aspirar (**nach** a).

Streber *m.* ambicioso; *fam. iron.* tiralevitas *m.*

strebsam aplicado.

Strecke *f.* trecho, trayecto *m.; min.* galería; *Eis.* línea *f.;* (zurückgelegte) recorrido *m.*

strecken (recken) estirar; (Waffen) deponer; **s.** - (beim Aufstehen) desperezarse.

Streckung *f. techn.* alargamiento *m.*

Streich *m.* golpe *m.;* **e. - spielen** hacer una mala jugada; **-holz** *n.* cerilla *f.;* **-instrument** *n.* instrumento (*m.*) de cuerda; **-riemen** *m.* suavizador *m.*

streicheln acariciar.

streichen pasar (**über** por); (aus -) tachar, borrar; (malen) pintar.

Streifband *n.* faja *f.*
Streife *f.* patrulla *f.*
Streifen *m.* tira; (Farb -) franja *f.;* (im Gewebe) lista *f.*
streifen (m. Streifen versehen) rayar; pasar (**über** por).
Streif|schuß *m.* rozadura *f.* (causada por balazo); **-zug** *m.* correría; (feindlicher) incursión *f.*
Streik *m.* huelga *f.*, paro *m.;* **-brecher** *m.* esquirol *m.*
streiken declararse en huelga, estar en huelga.
Streikender *m.* huelguista *m.*
Streikposten *m.* centinela (*m.*) de los huelguistas.
Streit *m.* querella *f.;* conflicto *m.;* **-fall** *m.* diferencia *f.*
streiten reñir, disputar.
Streit|frage *f.* cuestión *f.;* **-kräfte** *f. pl.* (armadas).
streitig disputable.
streng severo, riguroso.
Strenge *f.* severidad *f.*, rigor *m.*
Streu *f.* cama (*f.*) de paja.
streuen espaciar, dispersar.
Streuung *f. techn.* dispersión *f.*
Streuzucker *m.* azúcar (*f.*) (el) molida.
Strich *m.* raya, línea *f.;* (der Vögel) paso *m.;* **-ätzung** *f.* grabado (*m.*) de línea.
Strick *m.* cuerda, soga *f.*
stricken hacer labor de punto.
Strick|garn *n.* hilo (*m.*) de hacer media; **-jacke** *f.* jersey (*m.*) de punto; **-leiter** *f.* escala (*f.*) de cuerdas; **-nadel** *f.* aguja (*f.*) para labores de punto; **-waren** *f. pl.* géneros (*m. pl.*) de punto.
Strieme *f.* cardenal *m.*
strittig discutible.
Stroh *n.* paja *f.;* **-feuer** *n. fig.* humo (*m.*) de paja; **-halm** *m.* (caña de) paja *f. fig.* (der rettende) tabla (*f.*) de salvación; **-hut** *m.* (sombrero de) paja *m.;* **-mann** *m. fig.* testaferro *m.;* **-sack** *m.* jergón *m.;* **-schober** *m.* pajar *m.*
Strolch *m.* vagabundo *m.*
Strom *m.* (Fluß) río *m.; elektr.* corriente *f.;* (Licht -, Optik) flujo; (Tränen) torrente *m.;* **-abnehmer** *m.* (Straßenbahn) trole *m.*
strom|abwärts aguas abajo; **-aufwärts** aguas arriba.
Strom|einschränkungen *f. pl.* restricciones (*f. pl.*) de fluido eléctrico; **-kreis** *m.* circuito *m.;* **-linie** *f.* forma (*f.*) aerodinámica.
stromlinienförmig aerodinámico.
Stromsperre *f.* corte *m.* (de corriente).
Stromstärke *f.* intensidad (*f.*) de la corriente.
strömen correr,; (der Regen) llover a cántaros; (Menschen) acudir en masa.
Strömung *f.* corriente; *techn.* circulación *f.*
Strophe *f.* estrofa *f.*
Strudel *m.* remolino *m.; fig.* voragine *f.*
Strumpf *m.* (Damen -) media *f.;* (Herren -) calcetín; *SAm.* media (*f.*) corta; **-band** *n.* liga *f.*
Strunk *m.* troncho *m.*
struppig desgreñado.
Strychnin *n. chem.* estricnina *f.*
Stube *f.* cuarto (*m.*) (de estar); **-nhocker** *m.* persona (*f.*) muy casera; **-nmädchen** *n.* doncella; *SAm.* mucama *f.;* **-nmaler** *m.* pintor (*m.*) de brocha gorda.
Stück *n.* (in sich ganzes -) pieza *f.;* (vom Ganzen abgetrenntes) trozo; (abgebrochenes) pedazo *m.; theat.* pieza, obra; (Vieh) cabeza *f.;* (Zucker) pedazo, terrón *m.;* (Seife) pastilla *f.*
Stück|gut *n.;* **als -gut** *Eis.* en pequeñas velocidades (en p. v.); **-liste** *f. tech.* despiece *m.;* **-lohn** *m.* destajo *m.;* **-zahl** *f.* (bei Gütern) número (*m.*) de bultos.
Student *m.* estudiante *m.;* **-enheim** *n.* residencia (*f.*) de estudiantes.

studieren estudiar; (Medizin, Jura usw. -) seguir la carrera de ...; *fam.* estudiar para (médico, abogado usw.).
Studium *n.* estudio *m.;* (Berufs -) carrera *f.*
Stufe *f.* escalón; (Treppen -) peldaño; *fig.* grado *m.;* (Gehalts -) categoría *f.*
Stuhl *m.* silla; **-gang** *m.;* **-gang haben** hacer de vientre; *SAm.* obrar; **keinen -gang haben** estar estreñido; **-lehne** *f.* respaldo *m.*
Stulpe *f.* (Manschette) puño (*m.*) postizo; **-nstiefel** *m. pl.* botas (*f. pl.*) altas (de montar).
Stülpnase *f.* nariz (*f.*) respingona.
stumm mudo.
Stummel *m.* (Zigarren -, Zigaretten -) colilla *f.;* **-sucher** *m.* (auf der Straße) colillero *m.*
Stümper *m.* chapucero *m.;* **-ei** *f.* chapucería, chapuza *f.*
stümpern chapucear.
stumpf (- abgerundet) romo; (Feilen, Schleifscheiben) embotado; (Schneide) desgastado; (ohne Spitze) sin punta; (Winkel) obtuso; (Kegel) truncado; (Nase) chato.
Stumpf *m.* (Baum -) tronco *m.;* (Bein -, Arm -) muñón *m.;* **m. -und Stiel ausrotten** *fig.* arrancar de cuajo; **-sinn** *m.* estupidez *f.;* (Langeweile) aburrimiento *m.*
stumpf|sinnig estúpido, aburrido; **-winklig** obtusángulo.
Stunde *f.* hora; (Unterrichts -) lección, clase *f.*
Stundenlohn *m.* jornal (*m.*) por hora.
Stundenlutscher *m.* (Zuckerzeug) (Madrid) pirulí *m.*
Stundenplan *m.* horario (*m.*) de clases.
stundenweise por horas.
Stundenzeiger *m.* (Uhr) horario *m.*
stündlich (a) cada hora; **2mal** - 2 veces por hora.
Sturm *m.* tempestad *f.;* (Orkan) huracán; *mil.* asalto; (See -) temporal.
stürmen *mil.* asaltar; **es stürmt** hay tempestad (*bzw.* temporal).
Stürmer *m.* (Fußball) delantero *m.*
stürmisch impetuoso; (Szene) tumultuoso; (See) agitado; (Beifall) atronador; (Wetter) borrascoso.
Sturz *m.* caída *f.;* **-bach** *m.* torrente *m.;* **-flug** *m.* vuelo (*m.*) de picado; **-welle** *f.* golpe (*m.*) de mar.
stürzen caer(se); (zu Boden) tumbar(se); (ab -) precipitarse; **sich** - (aus dem Fenster) arrojarse (**aus** por); (auf jem.) abalanzarse (**auf** sobre); (in Schulden) *fam.* entramparse.
Stute *f.* yegua *f.*
Stütze *f. fig.* apoyo; *techn.* soporte *m.*
stützen apoyar; (m. Balken ab -) apuntalar.
Stutzen *m.* carabina *f.;* (m. trichterförmiger Mündung) trabuco *m.; techn.* tubuladura, toma *f.*
stutzig perplejo.
Stützpunkt *m.* punto (*m.*) de apoyo; *mil. naut.* base *f.*
Subjekt *n.* sujeto *m.*
subskribieren suscribir; abonar.
Subskription *f.* suscripción *f.*, abono *m.*
Substanz *f.* su(b)stancia *f.*
subtrahieren restar.
Subtraktion *f.* substracción *f.*
Suche *f.* busca, búsqueda *f.;* **auf der - nach** en busca (*od.* en pos) de.
suchen buscar.
Sucher *m. phot.* visor *m.*
Sucht *f.* manía, pasión *f.*
süchtig maniático.
Südamerika *n.* América (*f.*) del Sur.
südamerikanisch *adj.* sudamericano; (einheimisch) criollo.
Sudelei *f. pop.* porquería *f.*
sudeln (Malerei) *fam.* pintorrear.
Süden *m.* Sur, mediodía *m.*
Südezpreß *m. Eis.* sudexpreso *m.*
südlich del Sur, meridional.
Südpol *m.* polo (*m.*) Sur.
suggerieren sugerir.

Sühne *f. rel.* penitencia *f.;* **-maßnahmen** *f. pl.* sanciones *f. pl.;* **-termin** *m. jur.* juicio (*m.*) de conciliación.
sühnen expiar.
Sultan *m.* sultán *m.*
Sülze *f.* gelatina *f.*
Summe *f.* suma, (Betrag) cantidad *f.*, importe *m.*
summen (Biene) zumbar; (Lied) tararear.
Summer *m. elektr.* Radio zumbador *m.*
summieren sumar, adicionar.
Sumpf *m.* pantano *m.*
sumpflg pantanoso, cenagoso.
Sünde *f.* pecado *m.;* **-r** *m.* pecador *m.*
sünd|ig pecador; **-igen** pecar.
Suppe *f.* sopa *f.;* (Fleischbrühe) caldo *m.;* **-nteller** *m.* plato (*m.*) sopero.
Surrogat *n.* sucedáneo *m.*
süß dulce; **-es Kind** *n. fam.* monada *f.;* **-en** echar azúcar; endulzar.
Süß|holz *n.* regaliz *m.;* **-holz raspeln** *fig. fam.* echar piropos; **-igkeit** *f.* dulzura *f.;* (Süßwaren) dulces *m. pl.*
süß|lich dulce; (widerlich -) empalagoso; **-sauer** agridulce.
Süß|stoff *m.* sacarina *f.;* **-wasser** *n.* agua *f.* (el) dulce.
Sweater *m.* jersey, chaleco de punto *m.*
Sym|bol *n.* símbolo *m.;* **-metrie** *f.* simetría *f.;* **-pathie** simpatía *f.;* **-pathiekundgebung** *f.* acto (*m.*) de adhesión; **-pathiestreik** *m.* huelga (*f.*) por solidaridad.
sympath|isch simpático; **-isieren** simpatizar; (s. m. jem. vertragen) congeniar con.
Synagoge *f.* sinagoga *f.*
synchron sincrónico; **-isieren** sincronizar.
Syndikus *m.* síndico, economista (*m.*) asesor.
System *n.* sistema *m.;* (Methode) método *m.*
systematisch *adj.* sistemático, metódico; *adv.* con método.
Szene *f.* escena *f.;* (Bühne) escenario *m.;* **-nwechsel** *m.* mutación *f.;* **-rie** *f.* escenario, decorado; (Landschaft) paisaje *m.; fig.* **ee. - machen** armar un escándalo.

S

t, T *n.* t, T *f.*
Tabak *m.* tabaco *m.;* **-anbau** *m.* cultivo (*m.*) del tabaco; **-händler** *m.* estanquero *m.;* **-industrie** *f.* industria (*f.*) tabacalera; **-laden** estanco *m.;* **-monopol** *n.* monopolio (*m.*) del tabaco; **-sbeutel** *m.* petaca; **-sdose** *f.* tabaquera *f.;* **-spfeife** *f.* pipa *f.*
Tabelle *f.* tabla *f.,* cuadro *m.*
Tablett *n.* bandeja *f.;* **-e** *f.* (Arznei) pastilla *f.*
Tachometer *n.* tacómetro *m.*
Tadel *m.* reproche *m.,* censura *f.*
tadel|los perfecto, sin defecto; (moralisch) intachable, correcto; **-n** reprochar, censurar, criticar.
Tafel *f.* tabla, plancha; (Bild) lámina *f.;* (Schalt-) cuadro *m.;* (Warnungs-) señal (*f.*) de advertencia; (Tisch) mesa; (Wand-, Schiefer-) pizarra *f.;* (Schild) letrero *m.;* (Schokolade) pastilla *f.;* **-obst** *n.* frutas (*f. pl.*) escogidas; **-öl** *n.* aceite (*m.*) fino; **-runde** *f.* comensales *m. pl.,* mesa (*f.*) redonda; **-service** *n.* vajilla *f.*
Täfelung *f.* (Decken-) artesonado *m.*
Taft *m.* tafetán *m.*
Tag *m.* día *m.;* (Datum) fecha *f.;* (Tagewerk) jornada *f.;* **guten -!** ¡buenos días!; (nachmittags) ¡buenas tardes!; **s. en. guten - machen** *fam.* echar una canita al aire; **den lieben, langen -** todo el santo día; **es. schönen -es** (Vergangenheit) cierto día; (Zukunft) el día menos pensado; **am -e** de día; **am -e vor ...** la víspera de ...; **- für -** todos los días; **-eblatt** *n.* (Zeitung) diario, periódico *m.;* **-ebuch** *n.* diario *m.;* **-edieb** *m.* gandul *m.;* **-elohn** *m.* jornal *m.;* **-elöhner** *m.* jornalero *m.*
tagen (Sitzung abhalten) celebrar sesión.
Tages|anbruch *m.* amanecer; *lit.* alba *f.* (el); **-einnahme** *f.* recaudación (*f.*) del día **-fragen** *f. pl.* problemas (*m. pl.*) de actualidad; **-kasse** *f. theat.* contaduría *f.;* **-licht** *n.* luz (*f.*) del día; **-nachrichten** *f. pl.* (Rundfunk) diario (*m.*) hablado; **-ordnung** *f.* orden (*m.*) del día; **-preis** *m.* precio (*m.*) del día; **-zeit** *f.* hora *f.;* **-zeitung** *f.* diario *m.*
täglich diario, cotidiano; *adv.* todos los días; **1mal -** una vez al día.
tagsüber durante el día.
Tag|undnachtgleiche *f.* equinoccio *m.;* **-ung** *f.* asamblea *f.* congreso *m.;* (Sitzung) sesión *f.;* **-ungsteilnehmer** *m.* congresista *m.*
Taifun *m.* tifón *m.*
Takt *m. mus.* compás *m.; fig.* tacto *m.; techn.* tiempo; **-gefühl** *n.* delicadeza.
taktlos (unhöflich) descortés; (unerzogen) mal educado.
Taktstock *m.* batuta *f.*
Tal *n.* valle *m.*
Talar *m.* (Priesterrock) sotana *f.*
Talent *n.* talento, don *m.;* **- haben für** tener facilidad para.
Talg *m.* sebo *m.;* **-licht** *n.* bujía (*f.*) de sebo.
Tal|kessel *m.* fondo (*m.*) del valle.
Talkum *n.* talco *m.*
Tal|mulde *f.* cañada *f.;* **-sperre** *f.* pantano; *SAm.* dique *m.*

t

Tand *m.* baratija *f.*

tändeln (spielerisch) juguetear; (liebeln) coquetear.

Tang *m. bot.* alga *f.* (el) marina.

Tank *m.* (Behälter) tanque, depósito *m.; mil.* carro (*m.*) de combate; **-apparat** *m.* surtidor (*m.*) de gasolina; **-schiff** *n.* petrolero, buque aljibe *m.;* **-stelle** *f.* puesto (*m.*) de aprovisionamiento (de gasolina) (*bzw. SAm.* de esencia); **-wagen** *m.* vagón (*m.*) cisterna; **-wart** *m.* encargado *m.* (del puesto de gasolina).

Tanne *f.* abeto, pino *m.;* **-nbaum** *m.* (Weihnachten) árbol (*m.*) de Navidad; **-nwald** *m.* pinar *m.*

Tante *f.* tía *f.*

Tanz *m.;* baile *m.;* **zum - auffordern** sacar a bailar; **-bar** *f.* dancing *m.;* **-bär** *m.* oso (*m.*) bailador.

tanzen bailar.

Tänzer *m.* bailador; (Berufs -) bailarín *m.;* (Tanzpartner) pareja *f.;* **-in** *f.* bailadora; (Berufs -) bailarina *f.*

Tanz|fläche *f.* pista *f.* (de baile); **-kunst** *f.* arte (*m.*) corográfico; **-lehrer** *m.* professor (*m.*) de baile; **-musik** *f.* música (*f.*) de baile; (Rundfunk) bailables *m. pl.;* **-partner** *m.* pareja *f.;* **-schule** academia (*f.*) de baile; **-tee** *m.* té-baile *m.;* **-tournier** *n.* concurso (*m.*) de baile.

Tapete *f.* papel (*m.*) pintado.

tapezieren (m. Tapete) empapelar; (m. Stoffen) tapizar.

Tapezierer *m.* (Möbel -) tapicero; (Zimmer -) empapelador *m.*

tapfer valiente.

Tarif *m.* tarifa *f.;* (Preisliste) lista (*f.*) *od.* listín (*m.*) de precios; (Zoll -) arancel *m.*

tarnen camuflar.

Tarnung *f.* camuflaje *m.*

Tasche *f.* bolsillo; (Hand -) bolso *m.;* (Akten -) cartera *f.;* (Hänge -) bandolera *f.;* **-apotheke** *f.* botiquín *m.;* **-nbuch** *n.* (Handbuch) manual *m.;* **-ndieb** *m.* carterista *m.;* **-nfeuerzeug** *n.;* mechero (*m.*) de bolsillo; **-nkalender** *m.* almanaque (*m.*) de bolsillo; **-nlampe** *f.* lámpara (*f.*) de bolsillo; **-nmesser** *n.* navaja *f.;* **-ntuch** *n.* pañuelo *m.;* **-nuhr** *f.* reloj (*m.*) de bolsillo.

Tasse *f.* taza *f.*

Tast|atur *f.* teclado *m.;* **-e** *f.* tecla *f.;* **t -en** tentar, palpar; **-er** *m.* (Morse -) manipulador *m.*

Tat *f.* acto, hecho *m.*, acción; (Helden -) hazaña *f.;* **auf frischer** - en flagrante delito; **-bestand** *m.* hechos *m. pl.*

Täter *m.* autor *m.*

tätig activo; **-en** (Geschäfte) hacer; (Kauf, Verkauf) realizar; (Vertrag) firmar.

Tätigkeit *f.* actividad, labor *f.*

Tatkraft *f.* energía *f.*

tatkräftig enérgico.

tätlich de hecho; **-w.** (handgemein w.) venir a las manos.

Tätlichkeit *f.* violencia *f.*

Tatort *m.* lugar *m.* (del suceso *bzw.* del crimen).

tätowieren tatuar(se).

Tätowierung *f.* tatuaje *m.*

Tatsache *f.* hecho *m.;* **-ist, daß** lo cierto es que.

tatsächlich efectivo; *adv.* de hecho, en realidad.

tätscheln hacer caricias *od.* fiestas *a.*

Tatze *f.* garra *f.*

Tau *n.* cuerda, maroma *f.;* rocío *m.;* **-werk** *n.* cordelería *f.*

taub sordo; **s. - stellen** *fam.* hacerse el sueco.

Taube *f.* paloma *f.;* (junge) pichón *m.;* **-nschlag** *m.* palomar *m.;* **-nschießen** *n.* tiro (*m.*) de pichón; **-r** *m.* palomo *m.*

Taubheit *f.* sordera *f.*

taubstumm sordomudo.

tauchen sumergir; (hein -) bañar (Taucher) bucear.

Taucher *m.* buzo *m.;* **-anzug** *m.* escafandra *f.*

tauen (See, Fluß) deshelarse; (Schnee) derretirse; (Taufallen) caer rocío.
Taufbecken *n.* pila (*f.*) bautismal.
Taufe *f.* bautizo *m.*
taufen bautizar.
Tauf|name *m.* nombre (*m.*) de pila; **-pate** *m.* padrino *m.;* **-patin** *f.* madrina *f.* **-schein** *m.* fe (*f.*) de bautismo; **-zeugen** *m. pl.* padrinos *m. pl.*
taugen valer, servir; **nichts** - no valer nada.
tauglich bueno, útil, apto.
Tausch *m.* cambio, canje *m.*
tauschen cambiar, canjear.
täuschen engañar.
Tauschhandel *m.* intercambio *m.*
Täuschung *f.* engaño *m.;* (Sinnes -) ilusión *f.*
tausend mil; (Märchen) **-undeine Nacht** las Mil y una Noches.
Tausend *n.* mil; (1000 Stück) millar *m.*
Tau|wetter *n.* deshielo *m.;* **-ziehen** *n.* (Sport) prueba (*f.*) de la cuerda.
Taxa|meter *m.* (Autodroschke) taxi *m.;* **-tor** *m.* tasador *m.*
Taxe *f.* (Schätzung) tasa(ción) *f.;* (Tarif) tarifa, cuota *f.*
Taxus *m. bot.* tejo *m.*
Technik *f.* (Wissenschaft) tecnología; **-er** *m.* técnico; (als Titel) perito industrial; **-um** *n.* Escuela (*f.*) de Ingenieros, Escuela técnica.
technisch técnico, tecnológico; (sachverständig) facultativo.
Teckel *m.* (perro) pachón *m.*
Tee *m.* té *m.;* (Aufguß v. Pflanzen) infusión *f.;* **-gebäck** *n.* pastas *f. pl.;* **-geschirr** *n.* servicio (*m.*) de té; **-kanne** *f.* tetera *f.;* **-löffel** *m.* cucharilla *f.;* **-rose** *f. bot.* rosa (*f.*) de té; **-sieb** *n.* colador *m.* (de té).
Teer *m.* (Holz -) brea *f.;* (flüssiger) alquitrán *m.;* **-pappe** *f.* cartón (*m.*) alquitranado.
teeren embrear, alquitranar.
Teich *m.* estanque *m.*
Teig *m.* masa, pasta. *f.*
teigig *adj.* pastoso.
Teil *m.* parte *f.;* (An -) porción *f.;* (er. Unterteilung es. Ganzen) sección) *f.;* (bei der Zerlegung) fracción; (kleiner, abgebrochener) fragmento *m.;* (Bestand -) elemento constitutivo, componente; **zum** - parcialmente, en parte.
teilbar divisible.
Teilbarkeit *f.* divisibilidad *f.*
Teilchen *n.* partícula *f.*
teilen dividir.
Teil|haber *m.* socio *m.;* (m. Geldeinlage) socio capitalista *m.;* **-nahme** *f.* participación *f.;* (An -) simpatía; (an Vergehen) complicidad *f.;*
teilnahmslos indiferente, sin interés.
teilnehmen participar, tomar parte en; (an Vergnügen) asistir a.
Teil|nehmer *m.* participante, asistente; (Kongreß-) congresista; (Fernsprech-nehmer) abonado *m.;* **-strecke** *f.* sección *f.;* **-ung** *f.* división, separación; (der Erbschaft) partición *f.*
teilweise parcial; *adv.* en parte.
Teilzahlung *f.* pago (*m.*) parcial, pago a plazos; **auf** -a plazos; **-en gestattet** se conceden facilidades de pago.
Tele|gramm *n.* telegrama *m.;* **-grammadresse** *f.* dirección (*f.*) telegráfica; **-grammbote** *m.* repartidor (*m.*) de telegramas; **-formular** *n.* formulario (*m.*) para telegrama; **-graph** *m.* telégrafo *m.;* **-graphenamt** *n.* oficina (*f.*) (*od.* central *f.*) de telégrafos; **-graphenbeamter** *m.* telegrafista *m.;* **-graphenstange** *f.* poste (*m.*) de telégrafos; **-graphie** *f.* telegrafía *f.;* (drahtlose) sin hilos.
telegraphieren telegrafiar, cursar *od.* poner un telegrama.
telegraphisch telegráfico; *adv.* por telégrafo.
Telephon *n.* teléfono *m.;* **-buch** *n.* guía (*f.*) de teléfonos; **-fräulein** *n.* telefonista *f.;* **-gespräch** *n.* conferencia (*f.*) telefónica; **-hörer** *m.* auricular *m.;* **-zelle** *f.* cabina (*f.*) de teléfono.

telephonieren telefonear, llamar por teléfono.
telephonisch telefónico, por teléfono.
Teller *m.* plato *m.*
Tempel *m.* templo *m.*
Temperament *n.* temperamento, genio *m.*
temperamentvoll enérgico, impulsivo.
Temperatur *f.* temperatura; (Fieber) fiebre, calentura *f.*
Tempo *n.* tiempo, ritmo *m.*, marcha *f.*
Tendenz *f.* tendencia *f.*
tendenziös tendencioso.
Tenne *f.* era *f.*
Tennis *n.* tenis *m.*; **-ball** *m.* pelota *f.*; **-meister** *m.* campeón (*m.*) de tenis; *lit.* as de la raqueta; **-platz** *m.* campo *m.* (*SAm.* cancha *f.*) de tenis; **-schläger** *m.* raqueta *f.*; **-spiel** *n.* (das einzelne) partida (*f.*) de tenis; **-tournier** *n.* campeonato (*m.*) de tenis.
Tenor *m. mus.* tenor; Tenor (Inhalt) contenido *m.*
Teppich *m.* alfombra *f.*; **-klopfer** *m.* sacudidor *m.*
Termin *m.* (Frist) plazo *m.*; (Zeitpunkt) fecha; *jur.* (Verhandlung) vista *f.*; **-kalender** *m.* agenda *f.*
Termite *f. zool.* hormiga (*f.*) blanca.
Terpentin *m.* trementina *f.*; **-öl** *n.* aguarrás *m.*
Terrain *n.* terreno; (Bauplatz) solar *m.*
Terrasse *f.* terraza; (Dach -) azotea *f.*
Terrine *f.* sopera *f.*
Terz *f. mus.* tercera *f.*; (Fechtkunst) tercio *m.*; **-ett** *n. mus.* trío *m.*
Testament *n.* testamento *m.*; (letzter Wille) última (*f.*) voluntad; **-svollstrecker** *m.* albacea *m.*
testamentarisch *adj.* testamentario; *adv.* por testamento.
teuer caro, costoso; (lieb) querido; **wie - ist es?** ¿cuánto vale?
Teuerung *f.* carestía *f.*
Teufel *m.* diablo *m.*; *fig. fam.* **zum - schicken** mandar a paseo *od. vulg.* a la porra.
teuflisch diabólico.
Text *m.* texto *m.*; **-buch** *n.* (Oper) libreto *m.*; **-dichter** *m.* argumentista *m.*
Textil|len *pl.* tejidos *m. pl.*; **-industrie** *f.* industria (*f.*). textil.
Theater *n.* teatro *m.*; **-besucher** *m.* espectador *m.*; **-billet** *n.* entrada *f.*, localidad; **-kasse** *f.* taquilla *f.*; **-stück** *n.* pieza, obra *f.*; **-unternehmer** *m.* empresario *m.*; **-vorstellung** *f.* función *f.* (de teatro); **-zettel** *m.* programa *m.*; (Anschlag) cartel *m.*
Thema *n.* tema, asunto *m.*, (Lielingsgesprächs -) comidilla *f.*
Themse *f.* Támesis *m.*
Theolog|e *m.* teólogo *m.*; **-ie** *f.* teología *f.*
theoretisch teórico.
Theorie *f.* teoría *f.*
Therapie *f.* terapéutica *f.*
Thermometer *n.* termómetro *m.*
Thermosflasche *f.* (botella *f.*) termos *m.*
These *f.* tesis *f.*
Thron *m.* trono *m.*; **-folger** *m.* heredero *m.* (de la corona); príncipe heredero; (Spanien) Principe de Asturias; **-rede** *f.* discurso (*m.*) de la Corona.
Thunfisch *m.* atún *m.*
Thüringen *n.* Turingia *f.*
Thymian *m. bot.* tomillo *m.*
tief hondo, profundo; **im -sten Frieden** en plena paz.
Tiefdruck *m.* huecograbado *m.*
Tiefe *f.* profundidad *f.*
Tief|ebene *f.* llanura, pampa *f.*; **-gang** *m. naut.* calado *m.*; **-land** *n.* tierras (*f. pl.*) bajas.
tiefsinnig profundo, triste, melancólico.
Tier *n.* animal; *fam.* bicho *m.*; **-arzt** *m.* veterinario; **-bändiger** *m.* domador (*m.*) de fieras; **-garten** *m.* (Zoo) parque (*m.*) zoológico, casa (*f.*) de

fieras; **-kreis** *m. astr.* zodíaco *m.;* **-kunde** *f.* zoología *f.;* **-quäler** *m.* (Rohling) bruto *m.;* **-reich** *n.* reino (*m.*) de los animales; **-schutzverein** *m.* Sociedad (*f.*) Protectora de los Animales; **-welt** *f.* fauna *f.*

tierisch animal; (*fig.* roh) brutal.

Tiger *m.* tigre *m.*

tilg|bar amortizable; **-en** cancelar, amortizar; (Schulden) pagar, saldar.

Tilgung *f.* anulación, cancelación amortización *f.*

Tinktur *f.* tintura *f.*

Tinte *f.* tinta *f.;* **-nfaß** *n.* tintero *m.;* **-nfisch** *m. zool.* calamar *m.;* **-nklecks** *m.* borrón *m.;* **-nkuli** *m.* bolígrafo *m.;* **-nstift** *m.* lápiz (*m.*) tinta; **-nwischer** limpiaplumas *m.*

Tip *m.* (Sport) pronóstico *m.;* **-pfehler** *m.* error (*m.*) de máquina.

Tisch *m.* mesa *f.; techn. auch.* tabla, tablero *m.*, plato; **reinen - machen** *fig.* hacer tabla rasa; **-bein** *n.* pata (*f.*) de la mesa; **-besteck** *n.* cubierto *m.;* **-decke** *f.* tapete *m.;* **-gast** *m.;* convidado *m.*

Tischler *m.* carpintero; (Kunst -) ebanista *m.;* (Modell -) modelista *m.;* **-ei** *f.* carpintería, ebanistería *f.;* (Modell -) taller (*m.*) de modelaje; **-geselle** *m.* oficial (*m.*) de carpintero *bzw.* de ebanista; **-lelm** *m.* cola (*f.*) de carpintero; **-werkstatt** *f.* carpintería *f.*, ebanistería.

Tischtuch *n.* mantel *m.*

Tischzeug *n.* mantelería *f.*

Titel *m.* título *m.;* (Anrede) tratamiento *m.;* **-blatt** *n.* portada *f.*

toben rabiar; ponerse furioso.

Tobsucht *f.* furia *f.; med.* delirio *m.*

tobsüchtig furioso; *med.* loco.

Tochter *f.* hija *f.*

Tod *m.* muerte *f.;* (Ableben) fallecimiento *m.;* **-esanzeige** *f.* esquela (*f.*) de defunción; (in Zeitung) anuncio (*m.*) de defunción *f.;* **-eskampf** *m.* agonía *f.;* **-esstoß** *m. fig.* golpe (*m.*) de muerte; **-esstrafe** *f.* pena (*f.*) de muerte: **-esurteil** *n.* sentencia (*f.*) de muerte.

Todfeind *m.* enemigo (*m.*) mortal.

todkrank enfermo de muerte.

tödlich mortal.

todmüde muerto de sueño, cansadísimo.

Todsünde *f.* pecado (*m.*) mortal.

Toilette *f.* (Körperpflege) aseo; (Abort) retrete *m.;* **-nartikel** *m. pl.* artículos (*m. pl.*) de tocador; **-npapier** *n.* papel (*m.*) higiénico.

toll loco; (geisteskrank) demente; (Hund) rabioso; (Idee) descabellado; (Lärm) infernal.

Toll|heit *f.* locura; (Geisteskrankheit) demencia *f.;* **-kirsche** *f. bot.* belladona *f.;* **-kühnheit** *f.* temeridad *f.*

Tolpatsch *m.* torpe *m.*

Tomate *f.* tomate *m.*

Tombola *f.* rita *f.*

Ton *m. mus.* sonido, tono *m.;* (-erde) arcilla *f.;* (grobe) barro *m.;* **in em. scharfen** - *fig.* en términos duros; **-art** *f.* modo *m.;* **-erde** *f.* (chem. Verbindung) alúmina *f.;* **-film** *m.* película (*f.*) sonora; **-leiter** *f. mus.* escala *f.;* **-sand** *m.* (feiner, weißer) greda *f.;* **-waren** *f. pl.* cerámica *f.;* (grobe) cacharros *m. pl.*

tönen sonar; (laut) resonar; (färben) matizar.

tönern de barro.

Tonne *f.* tonel; (Faß) barril *m.;* (Gewicht) tonelada *f.;* **-ngehalt** *m. naut.* tonelaje *m.*

Tönung *f.* matiz *m.*

Topas *m.* topacio *m.*

Topf *m.* (Koch -) olla *f.*, puchero *m.;* (Blech -) lata *f.;* (Marmeladen -) tarro; (Blumen -) tiesto *m.;* **-deckel** *m.* tapa(dera) *f.;* **-en** *m.*

Töpfer *m.* alfarero *m.;* **-ei** *f.* alfarería, fábrica (*f.*) de cerámica; **-scheibe** *f.* torno (*m.*) de alfarero; **-ware** *f.* objeto (*m.*) de barro, loza común, cerámica *f.*

Tor *n.* puerta *f.*, portal *m.*; (Fußball) meta *f.*; (erzieltes) gol, tanto *m.*; **e. - erzielen** (Fußball) marcar un tanto.
Torero *m.* torero, diestro, espada *m.*
Torf *m.* turba *f.*
Tor|heit *f.* tontería *f.*; **-hüter** *m.* portero *m.*; **-schluß** a última hora; **-schuß** tiro a la meta; **-wart** *m.* (Sport) portero, guardameta *m.*; **-zahl** *f.* tanteo; **-zolleinnahme** *f.* fielato *m.*
torkeln tambalearse; (Betrunkener) *fam.* andar haciendo eses.
torpedieren torpedear; (Schiff versenken) echar a pique.
Torpedo *n.* torpedo *m.*
Torte *f.* tarta *f.*; (Törtchen) pastel *m.*
Tortur *f.* tormento *m.*
tot muerto; *techn.* **-er Gang** *m.* holgura *f.*; **den -en Mann machen** (Schwimmen) hacer la plancha.
total *adj.* total.
töten matar.
Toten|bett *n.* lecho (*m.*) mortuorio; **-gräber** *m.* sepulturero *m.*; **-hemd** *n.* mortaja *f.*; **-maske** *f.* mascarilla *f.*; **-schein** *m.* partida (*f.*) [(*bzw. med.* certificado (*m.*)] de defunción; **-sonntag** *m.* día (*m.*) de difuntos; **-stile** *f.* silencio (*m.*) sepulcral; **-tanz** danza (*m.*) macabra; **-wache** *f.* vela *f.* (de difunto).
Toter *m.* muerto *m.*
totgeboren nacido muerto.
totlachen, sich morirse de risa.
Totschlag *m.* homicidio *m.*
totschlagen matar; (ermorden) asesinar.
Totschläger *m.* homicida.
Tötung *f.* (Vieh) matanza *f.*
Tour *f.* (Umdrehung) vuelta; **-enzahl** *f.* *techn.* número (*m.*) de revoluciones; **-ist** *m.* excursionista *m.*; **-istenverkehr** *m.* turismo *m.*
Trab *m.* trote *m.*; **-rennen** *n.* carrera (*f.*) al trote.
traben ir al trote.
Tracht *f.* (Kleid) traje *m.*
trachten nach aspirar a; **jem. nach dem Leben** - atentar contra la vida de alg.
trächtig preñada.
Trächtigkeit *f.* preñez *f.*
Tragbahre *f.* *med.* camilla *f.*; (Traggestell bei Prozessionen) andas, angarillas *f. pl.*
tragbar portátil.
tragen llevar; (Bart, Brille) gastar; (Kosten) correr con; **die Schuld an** - tener la culpa de; (trächtig sein) estar preñada.
Träger *m.* (Bauteil) viga *f.*; (Gepäck -) mozo; *fig.* depositario *m.*
Trägheit *f.* pereza, apatía *f.*
tragisch trágico.
Tragkorb *m.* (flacher) espuerta *f.*; (hoher) cesto *m.*
Tragödie *f.* tragedia *f.*
Tragtier *n.* bestia (*f.*) de carga.
trainieren entrenar.
Traktor *m.* tractor *m.*
trällern canturrear.
trampeln patalear.
Trampschiffahrt *f.* cabotaje *m.*
Tran *m.* aceite (*m.*) de pescado.
tranchieren trinchar.
Träne *f.* lágrima *f.*; **in -n zerfließen** *fig.* deshacerse en llanto.
tränen lagrimear.
Tränengas *n.* gas (*m.*) lacrimógeno.
Trank *m.* bebida; *med.* poción *f.*
Tränken (Vieh) abrevar; (imprägnieren) impregnar.
Tränkung *f.* *techn.* impregnación *f.*; (zur Wasser- oder Gasdichtigkeit) impermeabilización.
Transfer *m.* transferencia *f.*
Transit *m.* tránsito *m.*; **-gut** *n.* mercancías (*f. pl.*) de tránsito; **-handel** *m.* comercio (*m.*) de tránsito.
Transport *m.* transporte *m.*; **-unternehmen** *n.* agencia (*f.*) de transportes.
transportieren transportar.
Trapez *n.* trapecio *m.*
Trappe *f.* *zool.* avutarda *f.*

Trassant *m.* librador *m.*
Trassat *m.* librado *m.*
Traube *f.* racimo *m.;* (Wein -) uva *f.;* **-nlese** *f.* vendimia *f.;* **-nsaft** *m.* zumo (*m.*) de uva; **-nzucker** *m.* glucosa *f.*
trauen confiar, tener confianza en; **s. - lassen** casarse.
Trauer *f.* tristeza *f.;* (Toten -) duelo *m.;* **-feier** *f.* funerales *m. pl.;* **-kleidung** *f.* luto *m.;* **-marsch** *m.* marcha (*f.*) fúnebre; **-rand** *m.;* **Papier m. -rand** papel (*m.*) de luto; **-spiel** *n.* tragedia *f.;* **-weide** *f. bot.* sauce (*m.*) llorón.
trauern llevar luto (**um** por).
Traufe *f.* gotera *f.*
träfeln echar gota a gota.
traulich íntimo, familiar.
Traum *m.* sueño *m.;* (Träumerei) ilusión *f.* **-bild** *n.* visión *f.;* **-deuter** *m.* adivino *m.*
träumen soñar.
Träumer *m.* iluso *m.;* **-ei** *f.* sueños *m. pl.*
Traurede *f.* plática *f.* (a los recién casados).
traurig triste; **- w.** ponerse triste; **-en Angedenkens** tristemente célebre.
Trau|rigkeit *f.* tristeza *f.;* **-ring** *m.* anillo (*m.*) de boda; **-schein** *m.* fe (*f.*) de matrimonio; **-ung** *f.* matrimonio *m.*, boda *f.;* **-zeuge** *m.* padrino *m.* (de boda).
Treber *pl.* orujo *m.*
Trecker *m.* tractor *m.*
Treff *m.* (Kartenspiel) bastos *m. pl.*
treffen acertar; (Geschoß) dar en, hacer blanco; **-d** acertado.
Treffen *n.* (Versammlung) asamblea *f.*, reunión, congreso *m.*
Treffer *m.* (Schießen) blanco; (Lotterie) premio *m.*
trefflich acertado; *adv.* muy bien.
Treffpunkt *m.* punto (*m.*) de cita.
Treffsicherheit *f.* (Schießen) buena puntería *f.*
Treib|eis *n.* témpanos (*m.*) flotantes; **-er** *m.* arriero; (Jagd) batidor *m.;* **-haus** *n.* estufa *f.;* **-jagd** *f.* batida *f.*, **-riemen** *m.* correa *f.* (de transmisión); **-stoff** *m.* combustible, carburante *m.*
treiben (an-) mover; (bestätigen) accionar; Handel - comerciar, negociar; (Bleche m. Hammer) abollonar; (ziselieren) repujar; **Spaß** - gastar bromas; **e. Sport** - practicar un deporte.
Treiber *m.* arriero; (Jagd) batidor *m.*
trenn|bar separable; (nach Größe od. Klasse) clasificar; **-en (sich)** separar(se).
Trennung *f.* separación *f.;* **-sgeld** *n.* subsidio (*m.*) por separación de la familia.
Treppe *f.* escalera *f.;* (tragbare) gradilla; (Stockwerk) piso *m.;* **-nabsatz** *m.* descanso. *m.;* **-nabschnitt** *m.* tramo *m.* (de escalera); **-ngeländer** *n.* barandilla *f.;* **-nhaus** *n.* caja (*f.*) de la escalera; **-nstufe** *f.* peldaño *m.*
Tresor *m.* (Geldschrank) caja (*f.*) de caudales; (Bank -) cámara (*f.*) acorazada.
Tresse *f.* galón *m.*
treten ir, andar; (schreiten) caminar.
Tretmühle *f. fig.* trajín *m.*
treu fiel.
Treu|bruch *m.* traición *f.;* **-e** *f.* lealtad *f.*
treu|herzig leal, franco; **-los** infiel.
Tribüne *f.* tribuna *f.*
Tribut *m.* tributo *m.*
Trichine *f. zool.* triquina *f.*
Trichter *m.* embudo *m.;* (Schall -) bocina; *techn.* tolva *f.*
trichterförmig *adj.* de forma embudada.
Trick *m.* truco *m.;* **-film** *m.* dibujos (*m. pl.*) animados.
Trieb *m. bot.* brote *m.;* (An -) impulsión; **-feder** *f.* resorte; *fig.* móvil *m.;* **-kraft** *f.* fuerza (*f.*) motriz; **-rad** *n.* rueda (*f.*) motriz; **-werk** *n.* mecanismo; (Getriebe) engranaje *m.*

triefen chorrear; **-dnaß** *adj.* calado hasta los huesos; hecho una sopa.
Trier *n.* (Stadt) Tréveris *m.*
triezen *fig. fam.* fastidiar; *sehr vulg.* joder.
triftig concluyente.
Trikot *m.* tela (*f.*) de punto *od.* de malla; elástico *m.*
Triller *m. mus.* trino *m.;* **-pfeife** *f.* pito *m.*
trillern trinar.
trinkbar potable.
Trinkbecher *m.* vaso *m.*
trinken beber; **Kaffee -** tomar café.
Trinker *m.* bebedor; (Säufer) borracho *m.*
Trink|geld *n.* propina *f.;* **-spruch** *m.* brindis *m.;* **-wasser** *n.* agua (*f.*) (el) potable.
Tripper *m. med.* gonorrea *f.; vulg.* purgaciones *f. pl.*
Tritt *m.* paso *m.;* (Fuß -) puntapié *m.;* **-brett** *n.;* estribo *m.;* **-leiter** *f.* escalera (*f.*) de tijera.
Triumph *m.* triunfo *m.;* **-bogen** *m.* arco (*m.*) triunfal.
triumphieren triunfar.
trocken seco; (Brot) duro.
Trocken|anlage *f.* secadero *m.;* **-boden** *m.* (Wäsche) tendedero (*m.*) de ropa; **-element** *n. elektr.* pila (*f.*) seca; **-heit** *f.* sequía *f.*
trocknen secar; (aus -) desecar; (stark aus -) resecar.
Troddel *f.* borla *f.*
Trödelmarkt *m.* (Madrid) el Rastro.
Trog *m.* pila, tina *f.;* (rinnenförmiger) canalón *m.* (Back -) artesa *f.;* (Futter -) comedero *m.*
Trolleybus *m.* trolebús *m.*
Trommel *f.* tambor; (Pauke) bombo *m.; techn.* trómel, cilindro *m.;* **-fell** *n.* (Trommel) parche; (Ohr) tímpano *m.*
trommeln tocar el tambor.
Trommler *m.* tambor; (Dorfmusik) tamborilero *m.*
Trompete *f.* trompeta; *mil.* corneta *f.;* (Kavallerie) clarín *m.;* **-nsignal** *n.* toque (*m.*) de clarín; **-r** *m.* trompeta, corneta *m.*
trompeten tocar la trompeta (*bzw.* corneta).
Tropen *pl.* trópicos *m. pl.;* **-klima** *n.* clima (*m.*) tropical.
tröpfeln gotear.
tropfen gotear, caer gotas; **-sicher** a prueba de goteo.
Tropfen *m.* gota *f.;* **-zähler** *m.* tapón (*m.*) destilagotas.
Trophäe *f.* trofeo *m.*
tropisch tropical.
Trost *m.* consuelo *m.;* **nicht recht bei -e sein** *fig.* no estar en sus cabales; **-preis** *m.* accésit *m.*
trösten consolar.
trostlos desconsolado; (Sachen) desconsolador; (verzweifelt) desesperado.
Tröstung *f.* consolación *f.*
Trottel *m.* idiota; (gutmütiger Kerl) pobre infeliz *m.*
trotten trotar.
Trotz *m.* terquedad *f.;* **ihm zum -** a pesar suyo.
trotz a pesar de, no obstante; **-dem** no obstante, sin embargo; **-en** (schmollen) poner hocico; (jem.) porfiar con; **-ig** terco.
trübe (Flüssigkeit) turbio; (Auge) empañado.
Trubel *m.* barullo, jaleo *m.*
trüben enturbiar; *fig.* turbar; **Freude -** aguar la fiesta; **s. -** (Himmel) nublarse.
trübsal *f.* aflicción *f.;* **- blasen** *fig. fam.* andar de capa caída.
trübselig triste.
Trübsinn *m.* melancolía *f.*
trübsinnig melancólico.
Trübung *f.* enturbiamiento *m.*
trudeln rodar *av.* entrar en barrena.
Trüffel *f.* trufa *f.*
Trugbild *n.* ilusión *f.*
trügen engañar.
trügerisch engañoso, falso, ilusorio.

Trugschluß *m.* razonamiento (*m.*) falso.
Truhe *f.* arca *f.* (el).
Trum *n. techn.* ramal *m.*
Trümmer *pl.* escombros *m. pl.*, ruinas *f. pl.*
Trumpf *m.* triunfo *m.;* (Kartenspiel) palo *m.*
trumpfen (Kartenspiel) matar.
Trunk *m.* (Schluck) trago *m.;* (Getränk) bebida *f.;* **-enheit** *f.* borrachera *f.;* **-sucht** *f. embriaguez f.;* alcoholismo *m.*
trunken *adj.* ebrio, embriagado.
trunksüchtig dado a la bebida.
Trupp *m.*, (Arbeiter) grupo *m.* cuadrilla *f.;* (Vieh) manada *f.; SAm.* tropa *f.*
Truppe *f. mil.* tropa; *theat.* compañía *f.; SAm.* elenco *m.;* **-nübungsplatz** *m.* campo (*m.*) de maniobras.
Trut|hahn *m.* pavo *m.;* **-henne** *f.* pava *f.*
Tschechoslowakel *f.* Checoslovaquia *f.*
Tube tub(it)o (*m.*) de envase.
Tuberkel *m.* tubérculo *m.*
tuberkulös tuberculoso; *fam.* tísico.
Tuberkulose *f.* tuberculosis; *fam.* tisis *f.*
Tuch *n.* (Stoff) paño *m.*, tela *f.;* (Wisch -, Staub -) trapo *m.;* **-händler** *m.* comerciante (*m.*) en paños; **-handlung** *f.* almacen (*m.*) de paños; **-rest** *m.* retal *m.*
tüchtig hábil, capaz.
Tüchtigkeit *f.* habilidad, aptitud *f.*
Tücke *f.* mala intención *f.*
tückisch alevoso.
tüfteln sutilizar.
Tugend *f.* virtud *f.*
tugendhaft virtuoso.
Tüll *m.* tul *m.*
Tülle *f.* pico *m.;* boquilla *f.*
Tulpe *f.* tulipán *m.*
tummeln, sich moverse.
Tümpel *m.* charco *m.*
Tumult *m.* tumulto *m.*
tun hacer; **-als ob** fingir; **groß -** jactarse de, darse bombo; **-, als merke man nichts** hacer la vista gorda; **zu - haben** no tener tiempo; **nichts m. jem. zu - haben** no tener que ver nada con algo.
tunlich factible.
Tunnel *m.* túnel *m.*
Tüpfelchen *n.* manchita, pinta *f.;* (Punkt) punto *m.*
tüpfeln mosquear, motear.
tupfen dar unos toques con.
Tür *f.* puerta *f.;* (Wagen -) portezuela *f.;* (Fall -) trampilla; **-angel** *f.* gozne *m.;* **-flügel** *n.* hoja *f.* (de puerta); **-füllung** *f.* entrepaño *m.*
Turban *m.* turbante *m.*
Turbine *f.* turbina *f.*
Tür|klinke *f.* picaporte *m.;* **-klopfer** *m.* aldaba *f.*, llamador *m.*
Turm *m.* torre *f.;* (Kirch -) campanario; (Wart -) atalaya *f.*
türmen (anhäufen) apilar; (ausreißen) *fam.* tomar las de Villadiego, largarse.
Türmer *m.* torrero *m.*
turnen hacer gimnasia.
Turnen *n.* gimnasia *f.*
Turner gimnasta *m.*
Turn|halle *f.* sala (*f.*) de gimnasia; **-lehrer** *m.* profesor (*m.*) de gimnasia; **-platz** *m.* gimnasio *m.;* **-übungen** *f. pl.* ejercicios (*m. pl.*) gimnásticos; **-verein** *m.* sociedad (*f.*) gimnástica.
Turnier *n.* torneo *m.*
Türsteher *m.* ujier *m.*
Turteltaube *f.* (Vogel) tórtola *f.*
Tusch *m.* toque (*m.*) de honor.
Tusche *f.* tinta (*f.*) china.
Tuschkasten *m.* caja (*f.*) de pinturas.
Tüte *f.* bolsa *f.;* (Spitze) cucurucho *m.*
tuten tocar la bocina.
Typ *m.*, Type *f.*, **Typus** *m.* tipo *m.*
Typhus *m.* tifus *m.*
typisch típico; (sprachlich) castizo.
Typisierung *f.* estandartización *f.*
Tyrann *m.* tirano *m.*
tyrannisieren tiranizar.

u, U *n.* u, U *f.*
U-Bahn *f.* metro *m.*
übel malo; *adv.* mal; **mir ist** ~ no me siento bien.
Übel *n.* mal *m.;* **~keit** *f.* malestar; (Schwindel) mareo *m.*
Übel|stand *m.* inconveniente *m.;* **~täter** *m.* malhechor *m.*
üben ejercitar, hacer práctica.
über encima de, sobre; ~ **die Hälfte** más de la mitad; **den ganzen Tag** ~ todo el día; **heute** ~ **vierzehn Tage** hoy en quince días; ~ **die Straße gehen** pasar la calle; **s. beklagen** ~ quejarse de.
überall por todas partes; por doquier.
überanstrengen cansarse mucho *techn.* forzar.
Überanstrengung *f.* fatiga (*f.*) excesiva; *techn.* sobrecarga *f.*
überaus sumamente.
Überbein *n.* ganglio, sobrehueso *m.*
überbieten superar a; (Auktion) sobrepujar.
Überblick *m. fig.* idea *f.*
überblicken abarcar con la vista; *fig.* darse cuenta de.
Überbringer *m.* portador *m.*
über|brücken (Fluß) echar un puente sobre; *fig.* (Entfernung) salvar; (Schwierigkeiten) allanar; **~dauern** durar más tiempo que; (überleben) sobrevivir a; **~dies** además, fuera de eso.
Überdruß *m.* hastío *m.,* saciedad *f.*
über|drüssig harto; **~eifrig** *pol.* exaltado; *rel.* fanático; **~eignen** (Geschäft) traspasar; **~eilen** precipitar; **~eilt** precipitado, (verfrüht) prematuro.
Übereilung *f.* precipitación *f.;* **nur keine ~!** ¡vamos por partes!
überein|ander uno sobre otro; **Beine ~anderschlagen** cabalgar una pierna sobre la otra; **~kommen** convenir.
Übereinkommen *n.* acuerdo, convenio *m.*
überein|stimmen coincidir; **~stimmend** *adv.* de acuerdo con, conforme a.
Übereinstimmung *f.* coincidencia *f.;* **in ~ m.** de conformidad con.
überfahren atropellar; (Signal) pasar; (Fluß) cruzar.
Über|fahrt *f.* travesía *f.;* **~fall** *m.* (Straßen ~) atraco *m.;* (tätl. Angriff) agresión *f.;* **~fallkommando** *n.* guardias (*m. pl.*) de asalto.
über|fallen asaltar, atracar, agredir; **~fliegen** *av.* volar sobre; (m. em. Blick) echar una ojeada sobre; **~flügeln** llevar la ventaja a.
überfällig *adj.* (Rechnungen) vencido.
Überfluß *m.* abundancia; (Fülle) profusión *f.*
über|flüssig superfluo; (unnötig) inútil.
Überführung *f.* traslado *m.;* (Leiche) conducción *f.; Eis.* viaducto *m.;* **~sbeweis** *m. jur.* prueba (*f.*) convincente.
überfüllt repleto; (Straßenbahn) completo; (Lokal) **~sein** *fam.* estar lleno de bote en bote.

Über|gabe *f.* entrega; *mil.* rendición *f.;* (es. Geschäfts) traspaso *m.;* **-gang** *m.* paso *m.; fig.* transición *f.;* **-gangsbestimmungen** *f. pl.* disposiciones (*f. pl.*) transitorias; **-gangstück** *n.* (Rohrleitung) reducción *f.*

über|geben entregar; *mil.* rendir **s. -geben** (erbrechen) vomitar; *fam.* cambiar la peseta; **-gehen** pasar; (auslassen) pasar por alto, hacer caso omiso de.

Über|gewicht *n.* exceso (*m.*) de peso; *fig.* preponderancia *f.;* **das -gewicht bekommen** perder el equilibrio; **-griff** *m.* abuso *m.*

über|gießen (Pflanzen) regar con; **-glücklich** *adj.* radiante de felicidad; **-handnehmen** ir en aumento; **-hängend** *techn.* voladizo; **-häufen** colmar (**mit** de); **m. Arbeit -häuft sein** estar abrumado de trabajo; **-haupt** en general; **-heben, sich** (stolz w.) envanecerse; **-hitzen** recalentar; **-holen** adelantarse a; **-holt w.** (durch Neues) caer en desuso; **-irdisch** sobrenatural; **-kochen** (Milch) salirse; **-laden** sobrecargar.

über|lassen (abtreten) ceder a; **-lasten** (Maschine, Apparat) forzar; **-laufen** rebosar; (Fluß) desbordarse; *mil.* pasarse al enemigo; (stark besucht) muy frecuentado.

Überlauf *m.* (Teich, Stausee) aliviadero *m.;* (es. Behälters) rebosadero.

Überläufer *m.* desertor *m.*

überleben sobrevivir; **s. -** caer en desuso.

Überlebender *m.* superviviente *m.*

über|lebt en desuso, fuera de moda; **-legen** meditar, pensar; **reiflich -legen** *fig. fam.* consultar con la almohada; **an Zahl -legen** superior en número.

Über|legenheit *f.* superioridad *f.;* **-legung** *f.* reflexión *f.;* **-lieferung** tradición *f.*

überlisten engañar.

Über|macht *f.* preponderancia, superioridad numérica *f.;* **-maß** *n.* exceso *m.* (de medida); *techn.* (als Zugabe) crece *m.*

übermäßig excesivo *adv.* demasiado.

Übermensch *m.* superhombre *m.*

über|menschlich sobrehumano; **-mitteln** transmitir; (ausrichten) hacer presente; **-modern** ultramoderno; **-morgen** pasado mañana; **-müdet** rendido; *fam.* hecho polvo.

Übermut *m.* (Überhebung) presunción; (Ausgelassenheit) loca alegría *f.*

über|mütig loco de alegría; (eingebildet) presumido; **-nachten** pasar la noche, pernoctar, hacer noche en.

Übernahme *f.* (Geschäfts -) toma en traspaso; (Ants -) toma (*f.*) de poder.

über|natürlich sobrenatural; *rel.* milagroso; **-nehmen** tomar; (Posten) hacerse cargo de; (Verantwortung) asumir; (Verpflichtung) contraer; (in Empfang nehmen) recibir; **s. -nehmen** excederse en.

Überproduktion *f.* exceso (*m.*) de producción.

über|queren (Straße Platz) cruzar; **-raschen** sorprender.

Überquerung *f.* (es. Meeres) travesía *f.*

Überraschung *f.* sorpresa *f.*

überreden persuadir; (Überzeugen) convencer.

Überredung *f.* persuasión *f.*, convencimiento *m.;* **-sgabe** *f.* don (*m.*) de persuasión.

über|reichen entregar, presentar; **-reif** demasiado maduro; (Obst) pasado; (Kind, frühreif) precoz; **-reizen** sobreexcitar.

Überreichung *f.* presentación *f.*

Überrest *m.* resto; (Rückstand) residuo *m.;* (v. Mahlzeit) sobras *f. pl.*

über|rumpeln coger de sorpresa a.; **-sättigen** hartar (**mit** de); *chem.* sobresaturar; **-schätzen** *fig.* dar demasiada importancia a.

U

über|schlagen (berechnen) hacer un cálculo aproximado; (Seite) pasar por alto; **s. -schlagen** rodar por el suelo; (Wagen) volcar; (Auto) dar la vuelta de campana; **-schreiten** (Straße) cruzar; (größer sein als nötig) exceder; (en. Grenzwert) rebasar.

Über|schrift *f.* título *m.;* (es. Abschnittes) encabezamiento *m.;* **-schuhe** *f.* chanclos *m. pl.;* **-schuß** *m.* exceso, remanente, sobrante; (Staatshaushalt) superávit *m.*

überschütten (m. Liebenswürdigkeiten) *fig.* colmar de.

überschwemmen inundar.

Überschwemmung *f.* inundación *f.*

über|schwenglich exagerado; **-seeisch** de ultramar, ultramarino; **-sehen** abarcar con la vista; (darüber hinwegsehen) no ver; (absichtlich nicht sehen) pasar por alto; *fam.* (e. Auge zudrücken); hacer la vista gorda; **-senden** enviar, remitir.

Übersee *f.* ultramar *m.;* **-dampfer** *m.* transatlántico *m.*

übersehbar *adj.* **nicht** - inmenso.

Übersender *m.* remitente *m.*

Übersendung *f.* envío *m.*, remesa *f.*

übersetzen (Fluß) pasar el río; (sprachlich) traducir; (verdolmetschen) verter a, interpretar.

Über|setzer *m.* traductor; (Dolmetscher) intérprete *m.;* **-setzung** *f.* traducción *f.; techn.* (ins Schnelle) multiplicación; (ins Langsame) reducción *f.;* **-sicht** (Auszug) resumen; (Inhaltsangabe) sumario *m.;* (Blick) vista (*f.*) general; **e. -sicht bekommen über** orientarse sobre.

über|sichtlich claro; **-siedeln** trasladarse; **-sinnlich** sobrenatural, metafísico; **-spannt** (überreizt) exaltado; **-springen** saltar; **-stehen** (aushalten) aguantar; (überhängen) sobresalir; **-steigen** (Mauer) escalar; *fig.* exceder; **-stimmen** vencer por mayoría de votos; **-streichen** (m. Farbe) pintar; (m. etw.) cubrir de; **-strömen** desbordarse.

Überstunden *f. pl.* horas (*f. pl.*) extraordinarias *od.* suplementarias.

über|stürzen precipitar; **-teuern** recargar, encarecer.

Überstürzung *f.* precipitación *f.*

Übertrag *m.* (zu übertragen) suma y sigue; (übertragener) suma (*f.*) anterior; (auf neue Rechnung) saldo (*m.*) a cuenta nueva.

über|tragbar transferible; *med.* contagioso; **-tragen** (Besitz) transferir; (Geschäft) traspasar; (abtreten) ceder; (Amt) conferir; (Buchhaltung) trasladar; (übersetzen) traducir, verter; (Stenographie in die Maschine) copiar a máquina; (Kraft, Krankheit) transmitir; (Radio) retransmitir; (Krankheit auf jem.) contagiar a.

Übertragung *f.* transferencia *f.*, traslado *m.; jur.* cesión *techn.* transmisión; (Übersetzung) traducción, versión *f.;* (v. Schall, Wärme u. dgl.) propagación *f.*

über|treffen superar (**an** en); llevar ventaja a, ganar a; **-treiben** exagerar.

Übertreibung *f.* exageración *f.*

übertreten (Fluß) desbordarse; *rel.* convertirse a; (Grenze) pasar; *jur.* violar, contravenir; **zum Feinde** - pasarse al enemigo.

Übertretung *f.* infracción, contravención; (es. Abkommens) transgresión *f.*

übertrieben exagerado, exorbitante.

Übertritt *m. rel.* conversión *f.*

über|trumpfen *fig.* exceder; **-völkert** con exceso de población.

Übervölkerung *f.* exceso (*m.*) de población.

über|vorteilen engañar; **-wachen** vigilar, controlar; **-wältigen** vencer; **-wältigend** (Mehrheit) aplastante; **-weisen** transferir, girar.

Überweisung *f.* transferencia *f.*, giro *m.*, remesa (*f.*) de fondos.

über|wiegen predominar; (Brief) tener exceso de peso; **-wiegend** *adv.* en su mayoría; **-winden** (Schwierigkeit) vencer; (Hindernis) salvar.

Überwindung *f. fig.* esfuerzo, gran sacrificio *m.*

überwintern invernar, pasar el invierno.

Überzahl *f.* (Stimmen -) mayoría *f.*; **in der** - superiores en número.

über|zählig sobrante; (Beamte) supernumerario; **-zeugen** convencer.

Überzeugung *f.* convicción *f.*

überziehen (Kleidungsstück) ponerse; (tapezieren) tapizar; (neue Bettwäsche) mudar la cama; (Kredit) rebasar; **-m.** (nicht abnehmbar) recubrir; (abnehmbar) revestir; (m. Metallen) chapear.

Über|ziehanzug *m.* mono *m.*; (Winter -zieher) abrigo *m.*; **-zug** *m.* (nicht abnehmbar) recubrimiento; (abnehmbar) revestimiento; (Metall - zug) chapeado *m.*; (Schicht) capa; (Kissen -) funda *f.*; (Bett -) cobertor *m.*

üblich acostumbrado, corriente, usual; **die -en Formalitäten** las formalidades de costumbre.

übrig sobrante; **die -en** los demás; **-bleiben** sobrar, quedar; **-ens** por lo demás; (bei läufig) dicho sea de paso.

Übung *f.* ejercicio *m.*; (Manöver) maniobras *f. pl.*; (Sport) entrenamiento *m.*; **aus der - kommen** perder la costumbre.

Ufer *n.* orilla; (Fluß) ribera; (Meeresstrand) playa *f.*; **am - des ...** a orillas de; **über die - treten** (Fluß) desbordarse.

Uhr reloj *m.*; (Zeit) hora *f.*; (Tasch; en -) reloj de bolsillo; (Armband -) reloj de pulsera; (Turm -) reloj de torre; (Stopp -) cronometrador; **wieviel -ist es?** ¿Qué hora es? **Punkt zwei** - las dos en punto; **-feder** *f.* muelle *m.*; **-glas** *n.* cristal *m.* (del reloj); **-macher** *m.* relojero *m.*; **-macherladen** *m.* relojero *m.* **-macherladen** *m.* relojería *f.*; **-zeiger** *m.* aguja, manecilla *f.*; **-zeit** *f.* hora *f.*

Uhu *m.* (Vogel) búho *m.*

ulkig gracioso; (seltsam) raro, curioso.

Ulme *f.* olmo *m.*

um alrededor de; (wegen) por; tanto más; **-so besser** tanto mejor.

um|adressieren reexpedir; **-ändern** cambiar, transformar; (Kleidung) arreglar; **-arbeiten** rehacer, retocar; **-armen** abrazar.

Umarmug *f.* abrazo *m.*

um|bauen reformar; **-biegen** doblar; **-blättern** volver la(s) hoja(s); **-brechen** romper; *typ.* ajustar las páginas; **-drehen** hacer girar, dar vuelta a; **s. -drehen** volverse; **s. nicht -drehen können** no poder moverse.

Um|drehung *f.* vuelta, revolución, rotación *f.*; **-fang** *m.* (Kreis) circunferencia; (Ausdehnung) extensión *f.*

um|fallen caerse; (Fahrzeug) volcar; **-fangreich** extenso, voluminoso; **-fassen** (m. Arm) abrazar; (in s. schließen) abarcar, comprender; *mil.* (Freind) cercar; **-fassend** amplio, extenso; **-formen** transformar.

Um|frage *f.* encuesta *f.*; **-gang** *m.* (Verkehr) trato *m.*; *rel.* procesión; *arch.* galeria (*f.*) redonda; **m. jem. -gang haben** tener relaciones con; **schlechter -gang** malas compañías *f. pl.*; **-gangssprache** *f.* lenguaje (*m.*) corriente.

umgänglich tratable.

Umgangsformen *f. pl.* modales *m. pl.*

umgeben rodear, cercar.

Umgebung *f.* alrededores *m. pl.*, cercanías *f. pl.*

Umgegend *f.* alrededores *m. pl.*, cercanías *f. pl.*

U

umgehen (en. Umweg machen) hacer un rodeo; (in Umlauf sein) correr; (Geister) andar; (mit etw.) tratar; **-d** sin pérdida de tiempo, a vuelta de correo.
Umgehungsstraße *f.* carretera (*f.*) de circunvalación.
um|gekehrt *adv.* al revés; **-graben** cavar; **-haben** llevar puesto.
Umhang *m.* (Männer) capa *f.*; (Frauen) mantón *m.*
um|her alrededor, en torno; **-hin; ich kann nicht -hin zu** no puedo menos de ...; **-hüllen** envolver.
Umhüllung *f.* envoltura *f.*
um|kehren regresar, volver; (s. umdrehen) volver atrás; *SAm.* darse vuelta; (en. Gegenstand) dar vuelta a; (Richtung) dar vuelta a; (Richtung) invertir; **-kippen** (Fahrzeug) volcar; **-klappen** rebatir; **-kleiden sich** mudar de ropa; **-kommen** perecer.
Umkehrung *f.* (der Bewegung) retroceso *m.*; (des Drehsinns) inversión *f.*
Umkreis *m.* círculo; (Raum) recinto *m.*
umkrempeln (Ärmel) arremangarse.
umladen trasbordar.
Um|lage *f.* reparto *m.*; **-lauf** *m.*; (Geld) circulación; *astr. techn.* revolución *f.*; **in -lauf sein** (Gerüchte) correr.
umlaufen circular.
Um|laut *m. gramm.* modificación (*f.*) de la vocal radical; **-legekragen** *m.* cuello (*m.*) blando.
um|legen (anders legen) colocar de otra manera; (Schal, Mantel usw.) ponerse; (Weiche) cambiar; **-leiten** (Verkehr) desviar; **-lernen** volver a aprender, cambiar de método; (Körperbehinderte) reeducarse **-liegend** vecino, próximo.
Umnachtung, geistige *f.* enajenación (*f.*) mental.
um|pflanzen trasplantar; **-pflügen** arar; **-quartieren** mudar de cuarto; **-rahmen** encuadrar; **-räumen** cambiar los muebles de sitio; **-rechnen** convertir; **-ringen** rodear.
Umrechnungskurs *m.* cambio (*m.*) de conversión.
Umriß *m.* perfil, contorno *m.*
um|rühren remover, agitar; **-satteln** *fig. fam.* cortarse la coleta.
Umsatz *m.* cifra (*f.*) de transacciones, volumen (*m.*) de venta.
umschalten cambiar; *elektr.* conmutar; (Auto) (Gang) pasar de la . . . a la . . ..
Umschalter *m.* conmutador *m.*
um|schauen, sich mirar alrededor; **s. nach Arbeit -schauen** buscar trabajo; **-schichtig** *adv.* alternativamente; **-schiffen** (Kap) doblar.
Umschlag *m.* (Brief) sobre *m.*; (Wetter) cambio *m.*; (Hosen -) vuelta; *med.* compresa; (Buch) cubierta, tapa *f.*
um|schlagen (Wetter) cambiar; **-schließen** rodear, cercar; **-schmelzen** refundir; **-schreiben** copiar; *fig.* parafrasear.
Um|schreibung *f.* perífrasis *f.*; **-schrift** *f.* inscripción; (Abschrift) copia *f.*; **-schweif** *m.*: **ohne -schweife** sin rodeos; *fam.* a secas; **-schwung** *m.* cambio (*m.*) completo, revolución *f.*
um|sehen, sich mirar alrededor, volver la cabeza; **-setzen** (Ware) vender; (Pflanzen) trasplantar.
Umsicht *f.* circunspección *f.*
um|sichtig perspicaz; **-sonst** (gratis), de balde.
Umstand *m.* circunstancia *f.*; *jur.* **mildernder -** atenuante *f.*; **ohne Umstände** sin ceremonias; **unter allen Umständen** a toda costa; **unter keinen Umständen** de ninguna manera.
um|ständlich complicado; **-steigen** *Eis.* cambiar de tren.
um|stellen colocar de otro modo (*od.* en otro sitio); (en. Betrieb) reorganizar; **s. -stellen** adaptarse (**auf** a);

-**steuerbar** reversible; -**steuern** invertir *od.* cambiar el sentido de marcha.; -**steuerungsvorrichtung** *f.* mecanismo (*m.*) de inversión de marcha; -**stimmen** (jem.) hacer cambiar de opinión; -**stoßen** volcar, derribar; *fig.* anular; (Vertrag) rescindir.

Umsturz *m.* revolución *f.; pol.* cambio de régimen; (Staatsstreich) golpe (*m.*) de Estado.

umstürzen volcar *fig.* echar por tierra.

Umtausch *m.* cambio; (Aktien) canje *m.*

umtauschen cambiar, canjear.

Umtriebe *m. pl.* intrigas *f. pl.*

Umwälzung *f.* trastorno *m.*, revolución *f.*

umwandeln transformar; (Strafe) conmutar.

Umwandlung *f.* transformación, conmutación, conversión *f.*, cambio *m.*

umwechseln cambiar.

Um|weg *m.* rodeo *m.;* -**welt** *f.* ambiente *m.*

um|wenden volver; **s.** -**wenden** volverse; -**werben** (Frau) requebrar, hacer el amor; -**werfen** volcar.

Umwertung *f.* revalorización *f.*

um|wickeln envolver; -**wohnend** *adj.* vecino; -**zäunen** cercar; -**ziehen** cambiar de domicilio; *fam.* mudarse; **s.** -**ziehen** mudarse de ropa; (Himmel) nublarse.

Umzäunung *f.* cercado *m.*

Umzug *m.* (Wohnungs -) mudanza *rel.* procesión *f.;* (Vorbeimarsch) desfile *m.*

unab|änderlich invariable; -**hängig** independiente; -**kömmlich** muy ocupado; *mil.* reclamado; -**lässig** incesante; -**sehbar** ilimitado, incalculable; -**setzbar** inamovible; -**sichtlich** involuntario; *adv.* sin querer.

un|achtsam descuidado; -**ähnlich** nada parecido; -**anfechtbar** (Urteil) inapelable; -**angemessen** impropio; -**angemeldet** (ohne Vorbescheid) sin anunciar(se); (ohne Erlaubnis) sin permiso; -**angenehm** desagradable, molesto; -**annehmbar** inaceptable.

Unachtsamkeit *f.* descuido *m.*

Unannehmlichkeit *f.* inconveniente *m.* molestia *f.*

un|ansehnlich poco vistoso; (klein) pequeño; -**anständig** indecente; -**antastbar** *jur.* inviolable; -**anwendbar** inaplicable; -**appetitlich** poco apetitoso.

Unart *f.* (schlechte Angewohnheit) mala costumbre *f.;* (Fehler) vicio *m.*

un|artig (Kind) mal educado, malo; -**aufgefordert** *adv.* espontáneamente; -**aufhörlich** incesante, constante; -**aufmerksam** poco atento; (zerstreut) distraído; -**aufrichtig** falso; -**aufschiebbar** (dringend) urgente; -**ausbleiblich** inevitable; -**ausführbar** irrealizable, imposible; -**ausgefüllt lassen** dejar en blanco; no llenar; -**aussprechlich** *fig.* indecible; -**ausstehlich** insoportable; -**bändig** (Freude) loco; -**barmherzig** despiadado; -**beabsichtigt** involuntario; *adv.* sin querer; -**beachtet** inadvertido; -**beantwortet** sin contestación; -**bearbeitet** en bruto; -**bebaut** (Felder) baldío; (Stadtteil) sin urbanizar; -**bedacht** inadvertido; -**bedenklich** *adv.* sin vacilar; -**bedeutend** insignificante, sin importancia; -**bedingt** absoluto, incondicional; -**befähigt** incapaz; -**befahrbar** intransitable; -**befangen** despreocupado; -**befleckt** sin mancha; *rel.* inmaculado; -**befriedigt** poco satisfecho; desilusionado; -**befruchtet** (Ei) huero; -**befugt** no autorizado; *adv.* sin permiso; -**begabt** sin talento; -**beglichen** (Rechnung) sin pagar; -**begreiflich** increíble; **das ist mir** -**begreiflich** no me lo explico; -**begrenzt** ilimitado; -**begründet** infundado; (Behauptung) *gratuito;* -**geugsam** inflexible.

unbe|haglich desagradable; molesto; **-helligt** libre; *adv.* sin ser molestado; **-holfen** torpe; **-kannt** desconocido; **-kleidet** sin vestir; (nackt) desnudo; **-kümmert** despreocupado; **-liebt** impopular **-merkt** inadvertido; **-mittelt** sin recursos; **-nutzt** desaprovechado, sin usar; **-quem** incómodo; **-rechenbar** incalculable; **-rührt** intacto; **-schadet** sin perjuicio de; **-schädigt** (Sache) intacto; (unverletzt) ileso; **-schäftigt** sin trabajo; (arbeit los) parado; **-scheiden** inmodesto; (Frage) indiscreto; **-scholten** (makellos) sin tacha; irreprochable; **-schränkt** ilimitado; **-schreiblich** indescriptible; **-schrieben** en blanco; **-siegbar** invencible; **-soldet** sin sueldo; **-sonnen** descuidado, atolondrado; **-sorgt: seien Sie -!** ¡descuide Vd.!; **-ständig** (Wetter) variable; **-stechlich** incorruptible; **-stellbar** (Brief) devuelto; *SAm.* detenido; **-stimmt** indeterminado, inseguro; **-straft** sin antecedentes penales; **-streitbar** incontestable; **-stritten** *adv.* indiscutiblemente; **-tont** no acentuado; sin acento; **-trächtlich** insignificante; **-waffnet** desarmado; **-weglich** inmóvil; **-wohnbar** inhabitable; **-wohnt** deshabilitado, desocupado; (Gegend) despoblado; **-wußt** inconsciente; sin querer; sin darse cuenta; **-zahlbar** *fig.* inapreciable; **-zahlt** sin pagar.

un|billig inicuo; **-botmäßig** rebelde; **-brauchbar** inservible.

und y; (vor [h] i) e; 3 - 3 = 6; 3 más 3 = 6; **- so weiter** etcétera (*Abkzg.* etc); **- zwar** a saber; **nach - nach** poco a poco.

Undank *m.* ingratitud *f.*

undankbar desagradecido, ingrato.

Un|dankbarkeit *f.* ingratitud *f.*; **etwas -definierbares** *n.* un no sé qué.

un|denkbar increíble; **-deutlich** poco preciso; (Schrift) ilegible.

Undichtheit *f.* fuga *f.*

un|duldsam intolerante; **-durchlässig** impermeable; **-durchsichtig** opaco; **-eben** desigual (Gelände) accidentado; (rauh) áspero; **-echt** (nachgemacht) imitado, falsificado; (künstlich) postizo; **-ehelich** ilegítimo, natural; **-ehrlich** infiel, desleal; **-eingennützig** desinteresado; **-einig** desavenido; **-einig sein** no estar de acuerdo.

Unebenheit *f.* (Gelände) accidentes (*m. pl.*) del terreno; (Schlagloch) bache *m.*

Uneinigkeit *f.* desacuerdo *m.*; discordia *f.*

un|empfindlich insensible; **-endlich** infinito.

Unendlichkeit *f.* infinidad *f.*, lo infinito.

un|entbehrlich indispensable; **-entgeltlich** gratuito; *adv.* de balde; **-entschieden** indeciso; (Wettspiel, Schach) empatado; **-entschlossen** irresuelto; **-entschuldbar: -entschuldbar sein** no tener perdón; **-entwegt** imperturbable; **-entwickelt** poco desarrollado: *phot.* sin revelar; **-entzündlich** ininflamable; **-erbittlich** sin compasión; **-erfahren** inexperto; **-erforschlich** impenetrable; **-erforscht** inexplorado; **-erfreulich** desagradable; **-erfülbar** irrealizable; **-ergründlich** insondable; **-erheblich** insignificante; **-erhört** inaudito; **-erklärlich** inexplicable; **-erläßlich** imprescindible; **-erlaubt** ilícito; **-erledigt** sin hacer; (schwebend) pendiente; **-ermeßlich** inmenso; **-ermüdlich** incansable; **-erquicklich** poco edificante; **-rereichbar** inasequible, fuera del alcance de; (unzugänglich) inaccesible; **-ersättlich** insaciable; **-erschöpflich** inagotable **-erschrocken** intrépido; **-erschütterlich** impávido; (Willen) inquebrantable; **-erschwinglich** (Preis) exorbitante;

-erschwinglich sein estar por las nubes; **-ersetzlich** irreparable; **-erträglich** inaguantable; intolerable; **-erwähnt lassen** no mencionar, no aludir a; **-erwartet** inesperado; **-erwünscht** no deseado; (Ausländer) indeseable; **-erzogen** mal educado; (unfein) grosero; **-fähig** incapaz.

Un|fähigkeit *f.* incapacidad *f.;* **-fall** *m.* accidente *m.;* **-fallstation** *f.* casa (*f.*) de socorro; **-fallversicherung** *f.* seguro (*m.*) de accidentes.

unfaßbar *adj.* inconcebible.

unfehlbar infalible.

Unfehlbarkeit *f.* infalibilidad *f.*

unfertig *adj.* sin acabar.

unflätig *adj.* (schamlos) descarado.

un|frankiert sin franqueo; en porte debido; **-freiwillig** involuntario; (gezwungen) forzoso; **-freundlich** descortés.

Unfrieden *m.* discordia *f.;* **-stiften** sembrar cizaña.

unfruchtbar estéril; (Boden) árido.

Unfruchtbarkeit *f.* esterilidad, aridez *f.*

Unfug *m.* (Kind) travesura *f. pl.*

ungangbar (Weg) intransitable.

Ungar *m.* húngaro *m.;* **-n** *n.* Hungría *f.*

un|gastlich inhospitalario; **-geachtet** poco respetado; **-geachtet dessen** a pesar de ello; **-geahnt** jamás sospechado; (Gast) *fig.* intruso, **-gebildet** inculto; mal educado; **-geboren** aún no nacido; **-gebräuchlich** desusado; (ungewöhnlich) inusitado; **-gebraucht** no usado; (neu) nuevo; (noch nicht benutz *od.* getragen) *fam.* sin estrenar; **-gebührlich** irrespetuoso, indebido.

Ungeduld *f.* impaciencia *f.*

un|geduldig impaciente; **-geeignet** inadecuado; **-gefähr** aproximado; **-gefährdet** sin peligro; **-gefährlich** inofensivo, nada peligroso; **-gefragt** sin ser preguntado *od.* consultado; **-gefällig** poco atento; **-gehalten** disgustado; (**über** con); **-geheizt** (ohne Heizung) sin calefacción; (kalt) frío; **-geheuer** enorme; **-gehindert** libre; *adv.* con toda tranquilidad; **-gehörig** indebido; **-gehorsam** desobediente.

Unheheuer *n.* monstruo *m.*

Ungehorsam *m.* desobediencia *f.*

un|gekünstelt nada afectado; **-gelegen** inoportuno; **zu -gelegener Stunde** a deshora; **-gelehrt** falto de instrucción; **-gelenk** torpe; **-gelernter Arbeiter** *m.* bracero, peón *m.;* **-gelöscht** (Kalk) viva.

un|gemischt sin mezcla; (rein) puro; (Raum) sin comodidades; **-genannt** anónimo, sin nombre; **-genau** inexacto; **-genießar** incomestible; *fig.* (Person) insoportable; **-genießbar sein** (Person) *fig. fam.* tener malas pulgas; **-genügend** insuficiente; **-geordnet** desarreglado; sin clasificar; **-gepflegt** poco aseado; **-gerade** impar; **-gerecht** injusto; **-gegerechtfertigt** injustificado.

Ungerechtigkeit *f.* injusticia *f.*

un|gereimt no rimado; *fig.* incongruente; **-gern** *adv.* de mala gana; **-geschehen** por hacer; **etw. -geschehen machen** deshacer lo hecho.

Ungeschicklichkeit *f.* (Wesen) torpeza.

un|geschickt torpe, incapaz; **-geschlacht** descomunal; **-geschoren lassen** *fig.* dejar en paz; **-gesehen** inadvertido; *adv.* sin ser visto; **-gesellig** insociable; **-gesetzlich** ilegal; **-gesittet** incivilizado, grosero; **-gestempelt** (Briefmarken) no usado; **-gestört** sin ser molestado; **-gestraft** impune; *adv.* sin castigo; **-gestüm** impetuoso; **-gesund** (Person) enfermizo; (Speise) nocivo (a la salud); (Klima) malsano; **-geteilt** no separado, entero.

un|geübt sin práctica; **-gewiß** inseguro, incierto; **-gewaschen** sin lavar; (schmutzig) sucio.

un|gewöhnlich extraordinario, desacostumbrado; **-gezählt** innumerable; **-e** (Male, Dinge usw.) un sinnúmero de.
Ungezlefer *n.* bichos *m. pl.*
un|gezogen mal educado.
Unglaube *m.* incredulidad *f.*
un|gläubig incrédulo; (heidnisch) infiel; (gottlos) ateo; **-glaublich!** ¡parece mentira!; (es ist die Höhe!) ¡es el colmo! **-gleich** desigual; **-gleichförmig** asimétrico.
Un|gleichheit *f.* desigualdad *f.*; **-glück** *n.* desgracia *f.*; **-glücksfall** *m.* accidente *m.*; catástrofe *f.*; **-glücksmensch** *m.* infeliz *m.*
unglücklich desgraciado, infeliz **-erweise** desgraciadamente.
Ungnade *f.* desgracia *f.*
un|gnädig de mal humor; **-gültig** sin valor, nulo; *jur.* inválido; (Scheck) cancelado; **Gestrichenes -gültig!** ¡lo tachado no vale!; **-günstig** desfavorable; **-gut: nichts für -gut!** ¡no lo tome(s) a mal!; **-haltbar** insostenible, intolerable.
Unheil *n.* desgracia *f.*, daño *m.*
un|heilbar incurable; **-heilvoll** funesto; **-heimlich** inquietante; **-höflich** descortés, mal educado, grosero.
Uni|form *f.* uniforme *m.*; **-kum** *n.* ejemplar (*m.*) único; *fam.* tío raro; **-versität** *f.* universidad *f.*; **-versitätsprofessor** *m.* catedrático *m.*; **-versitätsstudium** *n.* estudios (*m. pl.*) universitarios.
unkenntlich desfigurado.
Unkenntnis *f.* ignorancia *f.*
un|keusch deshonesto, inmoral; **-klug** imprudente.
Un|kosten *pl.* gastos *m. pl.*; **-kraut** *n.* mala yerba *f.*
un|kündbar irrevocable; **-längst** hace poco, recientemente, últimamente; **- lauterer Wettbewerb** *m.* competencia (*f.*) desleal; **-leserlich** ilegible; **-leugbar** innegable; **-liniiert** sin rayas; **-lösbar** insoluble.
Unlogik *f.* falta (*f.*) de lógica.
Unlust *f.* poca gana.
unmännlich indigno de un hombre.
un|maßgeblich incompetente; **nach meiner -maßgeblichen Meinung** *fam.* a mi pobre parecer.
Un|mäßigkeit *f.* inmoderación, intemperancia *f.*; **-mensch** *m.* monstruo *m.*
un|menschilch inhumano, bárbaro; *fig.* enorme; **-merklich** imperceptible; *adv.* sin ser notado; **-mittelbar** inmediato; **-modern** pasado de moda; **-möglich** imposible; **-moralisch** contra la moral; **-nachahmlich** inimitable; **-nachgiebig** inflexible, intransigente **-nachsichtig** *adv.* con. toda severidad; **-nahbar** inaccesible; **-natürlich** nada natural; (entartet) desnaturalizado; **-nötig** innecesario; **-nütz** inútil; **-ordentlich** desordenado; (Sachen durcheinander) en desorden.
Unmöglich|e *n.*; **nichts -es tun können** no poder hacer milagros; **-keit** *f.* imposibilidad *f.*
Unordnung *f.* desorden *m.*; (Durcheinander) confusión *f.* **so ee. -!** (Durcheinander) *fam.* ¡qué lío!
un|parteiisch imparcial; **-päßlich** indispuesto; **-praktisch** poco práctico; **-persönlich** impersonal.
Un|recht *n.* injusticia *f.*
un|recht injusto; **-rechtmäßig** ilegal, ilegítimo; **-redlich** desleal; **-reell** (Geschäftsmann) informal; **-regelmäßig** irregular, anormal; (Leben) desordenado; **-reif** (Obst) verde; (frühreif) (Kind) precoz **-rein** impuro; (schmutzig) sucio.
Unrecht *n.* injusticia *f.*; **im - sein** no tener razón.
Unreinheit *f.* impureza, suciedad *f.*
un|reinlich sucio; **-reichtig** inexacto, incorrecto, falso.
Unruhe *f.* (innere) inquietud; (öffentliche) disturbios *m. pl.*
unruhig inquieto, perturbado.

uns nos, a nosotros(-as); **es gehört uns** es nuestro.
un|säglich indecible; **-sanft** duro, rudo; **-sauber** sucio; **-schädlich** inofensivo; **-schätzbar** incalculable.
Unschlitt *n.* sebo *m.*
Unschuld *f.* inocencia *f.*
un|schuldig inocente.
unser nuestros(s), nuestra(s).
un|sicher inseguro; (schwankend) vacilante; **-sichtbar** invisible.
Unsinn *m.* disparate *m.*
unsinnig insensato; (Preis) irrisorio; (Preis) **-teuer sein** estar por las nubes.
Unsitte *f.* mala costumbre *f.*
Unsittlichkeit *f.* inmoralidad *f.*
un|solide poco sólido; (Arbeit) chapucero; (Lebenswandel) juerguista; *SAm.* farrista; **-statthaft** inadmísible; *jur.* improcedente; **-sterblich** inmortal.
Unstern *m.* mala estrella *f.*
un|stet inestable; (wandernd) errante; **-streitig** indiscutible; **-sympathisch** antipático; **-tadelig** irreprochable; (Qualität) inmejorable.
Unstimmigkeit *f.* (in der Meinung) discrepancia *f.*
Unsumme *f.*: **ee. - Geld** un dineral.
Untat *f.* crimen, delito *m.*
un|tätig inactivo; **-tauglich** (Person) incapaz; (Sache) inservible; **-teilbar** indivisible.
Untauglichkeit *f.* incapacidad *f.*, inutilidad.
unten abajo; (am Fuße v.) al pie de; (auf dem Grund) en el fondo.
unter debajo de; *fig.* bajo.
Unter|arm *m.* antebrazo *m.*; **-bau** *m.* *Eis.* infraestructura *f.*; **-beamter** *m.* empleado (*m.*) subalterno; **-bewußtsein** *n.* subconsciencia *f.*; **-bilanz** *f.* déficit *m.*
unter|bleiben no llevarse a cabo; **-brechen** interrumpir; (Strom) cortar.
Unterbrechung *f.* interrupción; (Verkehr, Bewegung) intercepción *f.*
unter|bringen (in Wohnung) alojar; **-dessen** entretanto, mientras tanto; **-drücken** suprimir; (Volk) someter.
Unterdruck *m.* depresión *f.*
Unterdrückung *f.* supresión, represión *f.*
untereinander entre sí; (gegenseitig) mutuamente.
Unter|ernährung *f.* alimentación (*f.*) insuficiente; **-führung** *f.* paso (*m.*) inferior, túnel *m.*; **-gang** *m.* (Sonne) puesta *f.*; *naut.* naufragio *m.*; (Verfall) decadencia *f.*; **-gebener** *m.* subordinado *m.*
unter|gehen (versinken) sumergirse; (Schiff) hundirse; (Sonne) ponerse; (umkommen) perecer; **-geordnet** subordinado, subalterno.
Untergewicht *n.* falta (*f.*) de peso.
untergraben socavar; *fig.* minar.
Untergrund *m.* subsuelo *m.*
unterhalb debajo de.
Unterhalt *m.* sustento *m.*, manutención *f.*
unterhalten (ernähren) mantener; (Briefwechsel) sostener; (im Gespräch) entretener; charlar; (belustigen) divertir; (Maschinen-Anlagen) conservar; **sich -** conversar; *fam.* charlar.
Unterhaltung *f.* (Gespräch) conversación, charla.
unterhandeln negociar.
Unter|haus *n.* *pol.* cámara (*f.*) de los Comunes; **-hosen** *f. pl.* calzoncillos *m. pl.*
unterirdisch subterráneo.
Unterjacke *f.* camiseta *f.*
Unter|kiefer *m.* mandíbula (*f.*) inferior; **-kleid** *n.* (Unterrock) enagua(s) *f.* (*pl.*); **in -kleidern** (Männer) en paños menores; **Unterkleidung** *f.* ropa (*f.*) interior.

Unter|kommen *n.* (Wohnung) alojamiento; **-kunft** *f.* (Zuflucht) refugio; (auf Reisen) hospedaje *m.*; **-lage** *f.* (Grundlage) base (Screib-) carpeta *f.*; (Beleg) comprobante *m.*; **-laß** *m.*: **ohne -laß** sin cesar.

unterlassen omitir; **etw.** - dejar de hacer a/c.

Unter|lassung *f.* omisión *f.*; **-lauf** *m.* (Fluß) curso (*m.*) inferior.

unterlaufen (e. Fehler) introducirse.

unterlegen poner debajo.

Unterleg|scheibe *f.* arandela *f.*; **-keil** *m.* calce *m.*

Unterleib *m.* bajo vientre; *med.* abdomen *m.*

unterliegen sucumbir a.

Unter|lippe *f.* labio (*m.*) inferior; **-mieter** *m.* huésped *m.*

unternehmen emprender; **Schritte** - *fig.* dar pasos, hacer gestiones; **-d** emprendedor.

Unter|nehmen *n.* empresa *f.*; **-nehmer** *m.* empresario; **-offizier** *m.* suboficial, cabo *m.*

unterordnen subordinar(se).

Unter|ordnung *f.* subordinación *f.*; **-pfand** *n.* prenda, garantía *f.*; **-redung** *f.* entrevista, conferencia *f.*; **-richt** *m.* enseñanza, instrucción; (Stunde) lección, clase *f.*; **-richtsminister** *m.* ministro (*m.*) de Instrucción Pública.

unterrichten enseñar, dar clase, instruir; **s.** - informarse.

Unterrock *m.* enagua(s) *f.* (*pl.*).

untersagen prohibir.

Untersatz *m.* soporte *m.*

unter|schätzen *fig.* no dar la debida importancia a; **-scheiden** distinguir; **s.** - diferenciarse; **-scheidend** (Merkmal) característico.

Unter|scheidung *f.* distinción, diferenciación *f.*; **-schenkel** *m.* pierna *f.*

unterschieben poner *od.* meter debajo; (an Stelle v.) sustituir; (jem. etw.) imputar.

Unterschied *m.* diferencia *f.*

unterschlagen (Geld) sustraer; (Brief) interceptar.

Unter|schlagung *f.* desfalco *m.*; estafa, defraudación, sustracción *f.*; **-schleif** *m.* fraude *m.*

unterschreiben suscribir, firmar *fig.* (gutheßen) aprobar.

Unter|schrift *f.* firma *f.*; **-seeboot** *n.* submarino *m.*; **-setzer** *m.* platillo, salvamantel *m.*

unter|sehen, sich atreverse a; **-stellen** poner *od.* colocar debajo; **-streichen** subrayar; **-stützen** apoyar; (helfend) socorrer.

Unterstützung *f.* apoyo *m.*, ayuda *f.*, socorro *m.*

unter|suchen examinar; (zollamtlich, Polizei) registrar; *med.* reconocer; *chem.* analizar; **-st** más bajo, último.

Untersuchung *f.* examen, registro, reconocimiento, análisis, estudio; (auf. Waffen, am Körper) cacheo *m.*

Unter|tan *m.* súbdito *m.*; **-tasse** *f.* platillo *m.*

unter|tauchen sumergirse; (Schwimmer) zambullirse; (in der Menge) desaparecer entre; **-teilen** (ee. Skala) subdividir; **-wegs** en (el) camino; (Reise) durante el viaje.

Unterteilung *f.* subdivisión *f.*, sección.

Unter|weisung *f.* instrucción, enseñanza *f.*; **-welt** *f.* infierno *m.*; (sozial) bajos fondos *m. pl.*

unter|werfen (sich) someter(se) **-zeichnen** firmar.

Unter|zeichneter *m.* firmante, el abajo firmado, infrascrito *m.*; **-zeichnung** *f.* firma *f.*; **-zeug** *n.* ropa (*f.*) interior.

un|tragbar insoportable, intolerable; **-treu** desleal. infiel.

Untreue *f.* deslealtad, infidelidad *f.*

un|tröstlich inconsolable; (die Hinterbliebenen) desconsolado; **-tüchtig** incapaz.

Untugend *f.* vicio, defecto *m.*

unüber|legt irreflexivo; **-sehbar** inmenso, incalculable; **-setzbar** irreducible; **-tragbar** intransferible; **-trefflich** insuperable; **-windlich** invencible.

unüblich: ~ **sein** no ser costumbre.

unum|gänglich indispensable; **-wunden** franco.

ununterbrochen ininterrumpido; continuo.

unver|änderlich inalterable; (Wetter) invariable; **-ändert** inalterado; *adv.* sin cambiar; **-antwortlich** irresponsable; **-äußerlich** inajenable; (Rechte) inalienable; **-besserlich** incorregible; **-bindlich** sin compromiso; **-blümt** sin rodeos; *fam.* a secas; **-brennbar** incombustible; **-dünnt** sin diluir; **-einbar** incompatible; **-fälscht** (echt) legítimo; (Speisen) no adulterado; **-gänglich** imperecedero; (ewig) eterno; **-geßlich** inolvidable, imborrable, sin rival; **-hältnismäßig** desproporcionado; **-hofft** inesperado; **-hohlen** franco; **-käuflich** imposible de vender; (auf Schild) no se vende; **-kürzt** completo; (Summe) íntegro; **-letzt** ileso; **-meidlich** inevitable; **-mittelt** (unerwartet) inesperado; **-mutet** inesperado.

Unvernunft *f.* insesnsatez *f.*

unver|nünftig insensato; **-öffentlicht** (Werk) inédito; **-schämt** impertinente.

Unverschämtheit *f.* impertinencia; *fam.* frescura *f.*

unver|schuldet libre de deudas, inmerecido; **-söhnlich** irreconciliable; **-ständlich** incomprensible; **-sucht: nichts -sucht lassen** no omitir esfuerzo; **-wüstlich** indestructible; **-zollt** sin pagar derechos (de entrada); **-züglich** inmediato; *adv.* (sofort) en el acto; sin pérdida de tiempo.

un|vollendet sin acabar, incompleto; **-vollkommen** incompleto, imperfecto; **-vollständig** incompleto.

unvor|bereitet sin preparación. **-denklich** (Zeiten) tiempos inmemorables; **-teilhaft** desventajoso.

unwahr falso, mentiroso; **-scheinlich** poco probable.

Unwahrheit *f.* (Lüge) mentira *f.*

Unwahrscheinlichkeit *f.* inverosimilidad *f.*

un|wegsam intransitable, impracticable; **-weiblich** impropio de mujer; **-weigerlich** *adv.* sin falta; **-weit** no lejos de; *fam.* a dos pasos de.

Unwesen *n.* abuso, desorden *m.*

unwesentlich insignificante.

Unwetter *n.* tempestad *f.*; *naut.* temporal *m.*

un|wichtig insignificante; **-widerlegbar** irrefutable; **-widerruflich** irrevocable; (Urteil) inapelable; **-widerstehlich** irresistible; **-wiederbringlich** irreparable.

Unwille *m.* indignación *f.*

un|willig indignado, enfadado; *adv.* de mala gana; *adv.* en mala hora; **-willkürlich** involuntario; **-wirksam** ineficaz; *med.* inactivo; **-wirtlich** inhospitalario; **-wirtschaftlich** antieconómico; **-wissend** ignorante; **-wissentlich** inconsciente; *adv.* sin saberlo.

Unwissenheit *f.* ignorancia *f.*

unwohl indispuesto.

Unwohlsein *n.* indisposición *f.*

un|würdig indigno; **-zähiig** innumerable; **-e** (Dinge) un sinnúmero de.

Unzahl *f.* infinidad *f.* sinnúmero *m.*

Unze *f.* (Gewicht) onza *f.*; *zool.* jaguar *m.*; *SAm.* onza *f.*

un|zeitgemäß inoportuno; **-zeitig** intempestivo; **-zerbrechlich** irrompible; **-zerreißbar** irrompible; **-zerstörbar** indestructible; **-zertrennlich** inseparable.

Unzucht *f.* deshonestidad; (öffentliche) prostitución *f.*

un|züchtig deshonesto; *vulg.* sicalíptico; **-zufrieden** descontento; **-zugänglich** inaccesible; **-zulänglich**

U

insuficiente; **-zulässig** inadmisible, ilícito; **-zurechnungsfähig** irresponsable; **-zureichend** insuficiente; **-zusammenhängend** (Worte) incoherente; **zuständig** incompetente; **-zutreffend** inexacto; **-zuverlässig** inseguro; (Person) informal; **-zweckmäßig** inadecuado; **-zweideutig** inequívoco; **-zweifelhaft** indudable.

üppig abundante; (Aufwand) suntuoso; (Vegetation) exuberante; (Busen) muy desarrollado.

Üppigkeit *f.* abundancia, suntuosidad, exuberancia *f.*

Ur *m. zool.* bisonte *m.*

Urahn *m.* bisabuelo *m.*

ur|alt muy anciano; **in -alten Zeiten** en tiempos remotos; **-bar** cultivable; **-bar machen** roturar.

Uran *n. chem.* uranio *m.*

Ur|aufführung *f.* estreno *m.;* **-bevölkerung** *f.* aborígenes *m. pl.;* **-bild** *n.* prototipo *m.;* **-enkel** *m.* bisnieto *m.;* **-großvater** *m.* bisabuelo *m.;* **-heberrecht** derechos (*m. pl.*) de autor; propiedad (*f.*) del autor; **-heberschutz** *m.* propiedad (*f.*) literaria; **-in** *m.* orina *f.*

urinieren orinar; hacer aguas; *vulg.* mear; (Kindersprache) hacer pipí.

Ur|kunde *f.* documento; (Zeugnis) certificado; (notarielle) escritura *f.;* (bei Heirats -, Geburts -) fe *f.*, **die diplomatischen -kunden** los instrumentos diplomáticos; **-kundenfälschung** *f.* falsificación (*f.*) de documentos; **-laub** *m.* permiso *m.; mil.* licencia *f.;* (Ferien) vacaciones *f. pl.;* **-mensch** *m.* hombre (*m.*) primitivo; **-ne** *f.* urna *f.;* **-sache** *f.* causa, razón *f.*, motivo *m.;* **keine -sache** (beim Danksagen) no hay de qué; *fam.* de nada.

ursächlich causal.

Ur|schrift *f.* original *m.;* **-sprung** *m.* origen *m.*, procedencia *f.;* **-sprungsangabe** *f.* indicación (*f.*) de procedencia; **-sprungszeugnis** *n.* certificado (*m.*) de origen.

ursprünglich original, primitivo.

Urteil *n.* juicio *m.;* sentencia *f.;* (richterliches) fallo *m.*

urteilen juzgar; (Richter) fallar; **-über** formarse un juicio acerca de.

Urwald *m.* selva (*f.*) virgen.

Urzeit *f.* tiempos (*m. pl.*) primitivos.

Utensilien *pl.* utensilios *m. pl.*

Utopie *f.* utopia *f.*

uzen *fam.* tomar el pelo.

u

v, V *n.* v, V *f.*
Vagabund *m.* vagabundo *m.*
vakant vacante.
Vakanz *f.* vacante *f.;* (Ferien) vacaciones *f. pl.*
Vampir *m.* vampiro *m.*
Vanille *f.* vainilla *f.*
Varieté *n.* teatro (*m.*) de variedades.
Vasall *m.* vasallo *m.;* **-enstaat** *m.* estado (*m.*) tributario.
Vase *f.* (Blummen -) florero; *arch.* jarrón *m.*
Vaseline *f.* vaselina *f.*
Vater *m.* padre *m.;* **-haus** *n.* casa (*f.*) paterna; **-land** *n.* patria *f.;* **-landsliebe** *f.* patriotismo *m.* **-mord** *m.* parricidio *m.;* **-mörder** *m.* parricida *m.;* **-schaft** *f.* paternidad *f.;* **-sname** *m.* apellido *m.;* **-unser** *n.* Padrenuestro *m.*
väterlich paternal; **-e Gewalt** *jur.* patria potestad *f.;* **-erseits** paterno; de parte del padre.
Vatikan *m.* Vaticano *m.*
Vegetarier *m.* vegetariano *m.*
vegetarisch vegetariano.
Vegetation *f.* vegetación *f.*
vegetieren vegetar.
Veilchen *n.* violeta *f.*
Veitstanz *m.* baile (*m.*) de San Vto.
Vene *f. anat.* vena *f.;* **-nerweiterung** *f. med.* várice *f.*
Venedig *n.* Venecia *f.*
venerisch *adj.* venéreo.
Ventil *n.* válvula *f.;* **-ation** *f.* ventilación *f.;* **-ator** *m.* ventilador *m.*
ventilieren ventilar.
verabreden (sich) convenir; (apalabrarse; darse cita).
Verabredung *f.* convenio *m.*, cita *f.*
verab/scheuen aborrecer; **-schieden (sich)** despedir(se).
ver/achten despreciar; **-ächtlich** despreciable.
Verachtung *f.* desprecio *m.*
ver/allgemeinern generalizar; **-altet** anticuado; **-änderlich** variable, inconstante; **-ändern** cambiar, variar; (wenig) mdificar.
Ver/änderung *f.* cambio *m.*, variación *f.;* **-ankerung** *f.* anclaje *m.;* (es. Trägers in der Wand) empotramiento.
veranlassen motivar, dar lugar a.
Veranlassung *f.* motivo *m.*
ver/anschlagen valuar; (Kosten) presupuestar; **-anstalten** organizar.
Veranstaltung *f.* organización *f.;* (feierliche) acto *m.;* (Konzert, Theater) actuación *f.;* (Sport) concurso *m.*
verantwort/en (sich) responder de, (justificarse); **-lich** responsable.
Verantwortung *f.* responsabilidad *f.;* **zur - ziehen** pedir cuenta a.
ver/arbeiten elaborar, fabricar; **-argen** tomar a mal; **-armen** quedar en la miseria.
Verarmung *f.* empobrecimiento *m.;* (Armut) miseria *f.*
ver/äußern enajenar.
Verband *m. med.* venda; *techn.* (Bau) estructura; (Vereinigung) unión; (Wirtschaft) asociación *f.*, sindicato, trust *m.;* **-kasten** *m.* botiquín *m.;* **-zeug** *n.* vendajes *m. pl.*
verbannen desterrar.

Verbann/ter *m.* desterrado; (freiwillig) emigrado *m.;* **-ung** *f.* destierro *m.*, emigración *f.*

ver/beißen (Wut) reprimir; **-bergen** esconder; (verhehlen) disimular; **sich** - ocultarse; **-bessern** mejorar; (korrigieren) corregir, enmendar; (richtig stellen) rectificar; (bessser machen) perfeccionar.

Verbesserung *f.* mejora, enmienda, corrección, rectificación *f.*, perfeccionamiento *m.*

verbeugen, sich inclinarse.

Verbeugung *f.* inclinación, reverencia *f.*

ver/beulen abollar; **-biegen** torcer; **-bieten** prohibir; (Zeitung) recoger; **-bindeu** (Wunde, Augen) vendar; **-binden** (durch Ineinanderstecken) enchufar; (durch Kupplung) acoplar; *techn.* (allgem.) unir; *elektr.* conectar; *chem.* ligar; (verbehrstechnisch) enlazar; **-bindlich** obligatorio.

Verbilligung *f.* abaratamiento *m.;* rebaja (*f.*) de precios.

Verbindung (durch Ineinanderstecken) enchufe *m.*

Ver/bindlichkeit *f.* obligación; (Liebenswürdigkeit) amabilidad *f.;* **ohne** - (Preise usw.) sin comromiso; **-bindung** *f.* (allgem.) unión; *elektr.* conexión *f.;* (Bahnlinien) empalme *m.; chem.* composición; (Telefon) comunicación *f.;* **-bindungsgang** *m.* pasadizo *m.;* **-bindungslinie** *f. Eis.* ramal *m.*

ver/bitten no consentir; **-bittern** *fig.* amargar.

Verbitterung *f.* amargura *f.*

ver/blassen (Stoff) perder el color; **-blaßt** *adj.* desteñido; **-bleiben** quedar; **-blenden** cegar.

Verbleib *m.* paradero *m.*, permanencia *f.*

Verblendung *f. fig.* obcecación *f.; arch.* revestimiento *m.*

ver/blichen desteñido; (verstorben) difunto; **-bluffen** dejar perplejo; **-blühen** (welken) marchitarse; **-bluten** desangrar(se); **-bohrt** obstinado; *fam.* chiflado.

Verbot *n.* prohibición *f.*

verbrannt *adj.* (v. der Sonne) tostado.

Verbrauch *n.* consumo, gasto; **-er** *m.* consumidor *m.*

ver/brauchen consumir, gastar.

Verbrech/en *n.* delito, crimen *m.;* **-er** *m.* criminal, delincuente *m.*

ver/brecherisch criminal; **-breiten (sich)** (Nachrichten) divulgar, (extenderse); (Gerch) despedir; (Krankheit, Gerüchte) propagar; **-breitern** ensanchar.

Verbreitung *f.* divulgación, extensión, propagación *f.;* (Ansteckung) contagio *m.*

verbreitet (veraligemeinert) generalizado.

verbrennen quemar; (veraschen) incinerar.

Verbrennung *f.* combustión, incineración; (Wunde) quemadura *f.;* (als Zustand) ignición; **-smotor** *m.* motor (*m.*) de combustión.

ver/briefen confirmar por escrito; **-bringen** pasar; **-brüdern, sich** fraternizar; **-brühen** escaldar(se); **-buchensentar; -bummeln** (Zeit) perder (lastimosamente); **-bünden** aliar(se).

Verbündeter *m.* aliado *m.*

ver/bürgen garantizar; **sich -bürgen für** responder de; **-bürgt** auténtico; **-büßen** (Strafe) cumplir.

Verdacht *m.* sospecha *f.;* **im - stehen** hacerse sospechoso de.

verdächtig sospechoso; **-en** hacer sospechoso.

Verdächtigung *f.* sospecha *f.*

Verdampfung *f.* evaporación *f.*, vaporización.

ver/dampfen (in Dampf verwandeln) evaporar; (in Dampf überführen) vaporizar; **-danken** agradecer, deber; **-dauen** digerir; **-daulich** digestivo; **schwer -daulich** indigesto.

Verdauung *f.* digesión *f.*; **-sstörung** *f.* indigestión *f.*

Verdeck *n. naut.* cubierta; (Ware) echarse a perder; (sittlich) corromper; (Gesundheit) arruinar; **es m. jem. -derben** ponerse a malas con.

Verdeb *m.* (moralisch) perdición *f.*; **-en** *n.*: **dem -en ausgesetzt sein** (Produkte) echarse a perder fácilmente.

Verderben *n.* ruina *f.*; (moralisch) perdición *f.*

verderb/lich pernicioso; (Ware) que se echa a perder; **-t** corrupto.

Verderb/nis *n.* corrupción *f.*; **-theit** *f.* perversidad *f.*

ver/deutlichen aclarar; **-deutschen** traducir (verter) al alemán; **-dichten** comprimir; **-dienen** merecer; (Geld) ganar.

Verdienst *n.* mérito *m.*; **-** *m.* beneficio *m.*, ganancia *f.*

verdient, sich - machen um merecer bien de; (Person) benemérito.

ver/doppeln duplicar; fig. redoblar; **-dorren** secarse; **-drängen** desalojar; *naut.* (Wasser) desplazar.

Verdrängung *f. naut.* desplazamiento *m.*

ver/drehen torcer; (Tatsachen) falsear; *fig.* **jem. den Kopf -drehen** volver a uno loco; **-dreht** (verrückt) loco; *fam.* chiflado; **-drossen** *adv.* de mala gana.

Verdruß *m.* disgusto *m.*

ver/duften evaporarse; **-dunkeln** oscurecer; (Sonne) eclipsar; **sich -dunkeln** (Himmel) nublarse.

Verdunklung *f.* oscurecimiento *m.*

ver/dünnen rebajar; (dünner machen) reducir el espesor *od.* diámetro; (ee. Lösung) diluir; (die Luft) enrarecer; **-dunsten** evaporarse; **-dursten** morir(se) de sed; **-dutz** perplejo; **-edeln** (Metalle) afinar; (Pflanzen) injertar.

Veredelung *f.* (Metalle) afino; *bot.* injerto *m.*

verehren admirar, venerar.

Verehr/er *m.* admirador; (es, Mädchens) fam. novio *m.*; **-ung** *f.* admiración, veneración *f.*

vereidigen tomar juramento a.

Vereidigung *f. mil.* jura (*f.*) de la bandera.

Verein *m.* asociación, sociedad *f.*, club *m.*; **-slokal** *n.* local (*m.*) social.

vereinbar compatible; **-en** convenir, acordar.

Vereinbarung *f.* convenio, acuerdo *m.*

verein/fachen simplificar; **-heitlichen** unificar, centralizar; **-igen (sich)** unir(se).

ver/eisen cubrirse de hielo; **-eiteln** frustrar; **-eitern** supurar; **-euge(r)n** estrechar; **sich -erben** transmitirse por herencia.

Vererbung *f.* transmisión (*f.*) hereditaria.

ver/ewigen perpetuar; *fam.* **sich -ewigen** (langebrauchen) tardar mucho (*od.* una enormidad); **-fahren** proceder; **sich -fahren** errar el camino; *fig.* atascarse.

Verfahren *n.* procedimiento, método *m.*; **e. -einleiten** *jur.* proceder judicialmente.

Verfall *m.* decadencia.

verfallen immer in den gleichen Fehler - tropezar siempre en el mismo error.

ver/fälschen falsificar (Wahrheit) falsear; **-fänglich** insidioso; **-färben, sich** desteñirse, cambiar de color; **-fassen** (Buch) escribir; (en. Artikel usw.) redactar.

Verfasser *m.* autor *m.*

Verfassung *f.* (Staats -) constitución *f.*

ver/faulen pudrirse; (Obst) pasarse; **-fechten** defender.

Verfechter *m.* defensor *m.*

V

ver/fehlen (Weg) equivocarse de; (Zug) perder; **-feinern** refinar; **-filmen** filmar; **-fluchen** maldecir; **-folgen** perseguir.
Verfilmung *f.* filmación *f.*
Verfolgung *f.* persecución *f.*; **-swahn** *m.* manía (*f.*) persecutoria.
verfrachten (Schiff) fletar; (Waren) embarcar; *Eis* facturar.
Verfrach/er *m.* fletador, cargador *m.*; **-ung** f. fletamiento *m.*; expedición *f.*
ver/früht prematuro; **-fügbar** disponible; **-fügen** disponer; (amtlich) decretar.
Verfügung *f.* (Erlaß) decreto *m.*; (über etwas) disposición *f.*
verführen seducir.
Verführer *m.* seductor *m.*
verführerisch seductor, tentador.
Verführung *f.* seducción.
ver -gangen pasado.
Vergangenheit *f.* pasado *m.*
vergänglich pasajero, transitorio.
Vergänglichkeit *f.* carácter (*m.*) transitorio.
vergasen gasificar; (Motor) carburar; *mil.* atacar con gases asfixiantes.
Vergaser *m.* carburador *m.*; **-düse** *f.* surtidor *m.*, gicleur.
ver/geben adjudicar; (Auftrag) dar; **noch nicht -geben** (Stelle) vacante; **-gebens** *adv.* en vano; *fam.* en balde; **-geblich** inútil; *adv.* en vano en balde; **-gehen** (Zeit) pasar; (die Lust) perder (las ganas); **vor** (Hunger, Kälte, Lachen) **-gehen** morirse de (hambre frío, risa).
Vergehen *n.* falta *f.*; *jur.* delito *m.*
vergelten corresponder a, pagar en.
Vegeltung -smaßnahme *f.* represalia *f.*
vergessen olvidar; (se. Pflicht) fltar a; **s. -** propasarse.
Vergessenheit *f.*: **in -geraten** caer en olvido.
ver/geßlich olvidadizo; **-geuden** derrochar; (Geld) despilfarrar; (Zeit) desperdiciar; **-gewaltigen** (Frau. *fig.*) abusar de.
Vergeudung *f.* despilfarro *m.*; (Geld) derroche.
Vergewaltigung *f.* (Notzucht) violación *f.*
vr/gewissern, sich cerciorarse; **-gießen** derramar; (Tränen) verter; **-giften** envenenar; intoxicar.
Vergiftung *f.* envenenamiento *m.*, intoxicación *f.*; **-serscheinungen** *f. pl.* síntomas (*m. pl.*) de intoxicación.
vergilbt amarillento.
ver/gittern enrejar; **-glasen** (Fenster) poner cristales a.
Verglasung *f.* (Konstruktion) vidriera *f.*
Vergleich *m.* comparación *f.*
ver/gleichbar comparable (**mit** a); **-gleichen** comparar; (Dokumente) cotejar; s. **-gleichen** llegar a sun acuerdo; **-gnügen sich** divertirse.
Vergnügen *n.* placer *m.*; **das - haben zu** tener el gusto de; **viel -** ¡que se divierta Vd.!
vernügt alegre, divertido; **s. en. -en Tag machen** *fig. fam.* echar una canita al aire.
Vergnügungsausschuß *m.* comité (*m.*) de fiestas.
vergolden dorar.
Vergoldung *f.* dorado *m.*
ver/göttern *fig.* adorar; **-graben** enterrar; **-größern** agrandar; (Lupe) ampliar.
Ver/größerung *f.* aumento *m.*, ampliación, agravación *f.*; **-sglas** *n.* lente *f.*, cristal (*m.*) de aumento; **-günstigung** *f.* ventaja *f.*, privilegio *m.*
vergüten (Ausgaben) reembolsar; (Schaden) resarcir de; (Zinsen) abonar.
Vergütung *f.* reembolso, resarcimiento, abono *m.*, recompensa *f.*; *techn.* temple, revenido *m.*
verhaften detener.
Verhaftung *f.* detención *f.*
verhalten, sich portarse; **s. ruhig -** quedarse quieto; wie **verhält es sich mit...**? ¿qué pasa con ...?

Verhalten *n.* (Benehmen) conducta *f.* (**gegen** frente a); (des Atems, Harns) retención *f.; techn.* comportamiento *m.*

Verhältnis *n.* proporción; (Beziehung) relación; (Lage) condición *f.;* (Liebschaft) relaciones (*f. pl.*) amorosas; *fam.* lío *m.;* (Person) querida *f.;* **-se** *n. pl.* circunstancias *f. pl.*

verhältnismäßig proporcional; *adv.* relativamente.

verhandeln negociar, tratar de; **ee. Sache** - *jur.* verse una causa.

Verhandlung *f.* negociación *f.*, gestiones *f. pl.; jur.* vista *f.*

Verhängnis *n.* fatalidad *f.*

ver/hängnisvoll fatal; **-härmt** amargado; **-härten** endurecer; **-haßt** odioso; **-hätscheln** mimar; **-hauen** *fam.* propinar una paliza; **-heeren** asolar, devastar; **-hehlen, -heimlichen** disimular; **-heiraten, sich** casarse, contraer matrimonio; **s. in zweiter Ehe -heiraten** contraer segundas nupcias.

ver/helfen proporcionar, ayudar a; **-herrlichen** ensalzar, rendir homenaje a.

ver/hexen hechizar; **-hindern** impedir; (im voraus) prevenir; **-höhnen** reírse de; (lächerlich machen) poner en ridículo.

Verhör *n.* interrogatorio *m.*

ver/hören, (sich) interrogar; (no entender bien); **-hüllen** cubrir; (zudecken) tapar.

Verhüllung *f.* disimulo *m.*

ver/hungern morir(se) de hambre; **-hüten** prevenir.

Verhütung *f.* prevención *f.*

ver/irren, sich extraviarse; **-jagen** ahuyentar; **-jähren** caducar; *jur.* prescribir.

Verjährung *f.* prescripción *f.* caducidad.

ver/jüngen, sich rejuvenecerse; **-kalken** *med.* calcificar; **-kalkt** *fig. fam.* chocho.

Verjüngung *f.* rejuvenecimiento *m.;* **-sverhältnis** *n. techn.* conicidad *f.*

Verkalkung *f.* calcinación, calcificación *f.*

ver/kappt disfrazado; **-kapseln, sich** *med.* enquistarse.

Verkapselung *f. med.* enquistamiento *m.*

Verkauf *m.* venta *f.;* **-spreis** *m.* precio (*m.*) de venta.

verkaufen vender.

Verkäufer *m.* vendedor *m.*

verkäuflich de venta; (bestechlich) venal.

Verkehr *m.* circulación *f.*, tráfico, tránsito *m.;* (Post, *Eis.*) servicio *m.;* (Umgang) trato; (geschlechtlicher) *med.* coito *m.;* **-sachse** *f.* vía-eje *m.;* **-sader** *f.* arteria *f.;* **-sampel** *f.* farol (*m.*) de señales; **-sflugzeug** *n.* avión (*m.*) de transporte *od.* de pasajeros; **-smittel** *n.* medio (*m.*) de trasnporte *od.* de comunicación; **-spolizist** *m.* guardia (*m.*) del tráfico; **-sstörung.** *f.* interrupción (*f.*) del tráfico *od.* del servicio; **-sverein** *m.* accidente *m.;* **-sverein** *m.* oficina (*f.*) de turismo; **-szeichen** *n.* señal (*f.*) de tráfico.

ver/kehren (Züge) circular; (in em. Lokal) frecuentar; (m. jem.) tener trato con; **freundschaftlich -kehren m.** intimar con; **-kehrt** (umgekehrt) invertido; *adv.* al revés; *fam* patas arriba; (falsch) equivocado; **-kennen** desconocer.

Verkettung *f.* encadenamiento *m.; fig.* concatenación *f.*

ver/kitten tomar con mástico *od.* masilla; **-klagen** entablar demanda contra, denunciar; **-klären** glorificar.

Verklärung *f.* glorificación *f.*

verkleiden (sich) disfrazar(se) (**als** de); (Wand) revestir.

Verkleidung *f.* disfraz *m.; techn.* revestimiento, forro.

verkleinern disminuir; *fig.* empequeñecer; **sich** - reducirse.

Verkleinerung *f.* disminución, reducción *f.*
Verknappung *f.* (Lebensmittel) escasez.
ver/knüpfen enlazar; *fig.* combinar; **-kohlen** carbonizar; (Eisen) carburar; *fig.* (jem. zum Narren halten) *fam.* tomar el pelo; **-kommen** (Person) degenerar; (Sachen) echarse a perder; **-korken** (schließen) cerrar *od.* (verstöpseln) tapar con corcho; **-körpern** representar, personificar.
Verkörperung *f.* personificación *f.*
ver/kriechen, sich esconderse; **-krüppelt** (Glied) estropeado, atrofiado; (Mensch) contrahecho; (verstümmelt) mutilado; **-kümmern** (Organ) atrofiarse; **-kündigen** publicar, proclamar; (Urteil) pronunciar.
Verkündigung *f.* publicación, proclamación *f.;* **Mariä** -Anunciación (*f.*) de Nuestra Señora.
ver|kuppeln *techn.* acoplar; (Person) alcahuetear; **-kürzen** acortar, reducir.
Verkürzung *f.* acortamiento *m.*, reducción *f.*
ver|lachen reírse de; **-laden** cargar; *naut.* embarcar.
Ver|ladeanlage *f.* cargadero *m.;* **-ladung** *f. naut.* embarque; (Truppen) embarco *m.; Eis.* carga *f.;* **-lag** *m.*,
Verlagsbuchhandlung *f.* casa (*f.*) editora, editorial *m.;* **-lagsrecht** *n.* derechos (*m. pl.*) de editor, propiedad (*f.*) literaria.
ver|langen pedir; (fordern) exigir; (reklamieren) reclamar; (nach) anhelar; **-längern,** alargar; (zeitlich) prolongar.
Verlängerung *f.* alargamiento *m.*, prolongación *f.*
verlassen dejar, abandonar; **s. - auf** fiarse de.
Verlauf *m.* (trans)curso *m.;* (Ausgang) desenlace *m.*
ver|laufen (Vorgang) tomar un curso; (Zeit) pasar; **s. -laufen** extraviarse, perder el camino; **-laust** piojoso; **-lauten: es -lautet, daß** dicen que; corre la voz que; **-legen** (an anderen Ort) trasladar; (Schienen) tender; (Rohrleitungen im Innern) instalar.
Verlegenheit in - bringen meter en un apuro.
Verleger *m.* editor *m.*
ver|leihen prestar; **-lernen** olvidar; **-lesen** dar lectura **a**; (Namen) pasar revista; **sich -lesen** equivocarse al leer; **-letzen** herir, lesionar; *jur.* infringir; (Pflicht) faltar a; **s. -letzen** herirse; (Schaden tun) hacerse daño.
Verletzung *f.* herida, lesión; *jur.* violación; infracción *f.*
ver|leugnen negar; (den Glauben) renegar de; **-leumden** calumniar.
Verleumd|er *m.* calumniador *m.;* **-ung** *f.* calumnia, difamación *f.*
ver|lieben, sich enamorarse de; **-liebt** enamorado; **sterblich -liebt in** locamente perdido por; **-lieren** perder; **-loben, sich** pedir la mano de; **-lobt** prometido.
Verlobter *m.* prometido, novio *m.;* **verlobtes Paar** los novios.
Verlobung *f.* petición (*f.*) de mano; **-sring** *m.* anillo (*m.*) de pedida.
verlocken seducir; **-d** seductor.
Verlockung *f.* seducción *f.*
ver|logen *adj.* mentiroso; **-lohen, sich** merecer *od.* valer la pena; **es verlohnt sich der Mühe** vale la pena; **-verloren** perdido; (verlegt) extraviado; **-losen** sortear; (Gegenstände) rifar.
Verlosung *f.* sorteo *m.*, rifa *f.*
verlöten soldar.
Verlust *m.* pérdida *f.; mil.* bajas *f. pl.;* (an Substanz) merma *f.;* **-liste** *f.* lista (*f.*) de bajas.
vermahlen moler.

vermählen, sich casarse, contraer matrimonio.
Vermahlung *f.* molienda *f.*
Vermählung *f.* casamiento *m.*, boda *f.*
vermehren aumentar, multiplicar; (fortpflanzen) reproducirse.
Vermehrung *f.* aumento *m.; bot. zool.* reproducción *f.*
ver|meiden evitar, huir de; mezclar; **-messen** medir; (Land) levantar un plano de.
Vermessung *f.* medición *f.* (es. Schiffes) arquero; (Land) levantamiento topográfico.
vermieten alquilar; (verpachten) arrendar.
Vermiet|er *m.* alquilador; (Hauswirt) casero *m.*; **-unge** *f.* alquiler *m.*
vermindern disminuir, reducir.
Verminderung *f.* disminuición, reducción *f.*
ver|mischen (sich) mezclar(se); **-mischt** mezclador; *fig.* mixto; **-missen** echar de menos; *SAm.* extrañar a.
Vermißter *m.* desaparecido *m.*
ver|mitteln intervenir, mediar; (Zwist) conciliar; (Stellung) proporcionar; (Arbeit) procurar; **-mittels** por medio de; (bei Personen, Behörden usw.) por mediación de.
Vermitt|elung *f.* intervención mediación *f.*; **-ler** *m.* mediador; (Handel) intermediario.
ver|modern pudrirse; **-moge** mediante, en virtud de; **-mögen** estar en condiciones de; (jem. zu etw.) inducir a hacer.
Vermögen *n.* fortuna *f.*, bienes *m. pl.*; **-ssteuer** *f.* impuesto (*m.*) sobre la renta; *SAm.* contribuciones (*f. pl.*) directas; **-sverhältnisse** *f. pl.* situación (*f.*) financiera.
ver|mögend (reich) acaudalado, rico; **-mummen, sich** disfrazarse; (untere Gesichtshälfte) embozar; **-muten** suponer, **-mutlich** probable, presunto.
Vermutung *f.* suposición, sospecha; *jur.* presunción *f.*
ver|nachlässigen descuidar; **-nageln** clavar; **-narben** cicatrizar; **-nehmen** oír, escuchar; *jur.* interrogar; **-nehmlich** claro, perceptible.
Vernachlässigung *f.* descuido *m.*, abandono.
Vernehmung *f.* interrogatorio.
ver|neigen, sich inclinarse; **-neinen** negar.
Verneinung *f.* negación; (Verweigerung) negativa *f.*
vernichten destruir.
Vernichtung *f.* destrucción *f.*; **-skrieg** *m.* guerra (*f.*) de exterminio.
ver|nickeln niquelar; **-nieten** remachar.
Vernickelung *f.* niquelado *m.*
Vernunft *f.* razón *f.*; (gesunder Menschenverstand) sentido (*m.*) común; **-heirat** *f.* matrimonio (*m.*) de conveniencia *od.* por interés.
ver|nünftig razonable; **-nünftig w.** *fam.* sentar la cabeza; **-öffentlichen** publicar.
Veröffentlichung *f.* publicación *f.*
verordnen mandar, decretar; *med.* recetar.
Verordnung *f.* decreto *m.*, *med.* receta *f.*
ver|pachten arrendar; **-packen** (als Paket) empaquetar; (in Kiste) embalar.
Verpackung *f.* embalaje, envase *m.*
ver|passen (Zug) perder; (Gelegenheit) dejar escapar; **-pesten** apestar, infestar; **-pfänden** empeñar.
Verpfändung *f.* empeño *m.*
ver|pflanzen trasplantar.
Verpflegung *f.* abastecimiento *m.*; *mil.* aprovisionamiento *m.*; **volle** - *f.* pensión (*f.*) completa.
verpflichten obligar; **sich** - comprometerse.
Verpflichtung *f.* obligación *f.*, compromiso *m.*

ver|pfuschen estropear; **-prügeln** dar una paliza; **-puppen, sich** transformarse en crisálida; **-putzen** (m. Mörtel) enfoscar; (Unterputz anbringen) revocar.
Verrat *m.* traición *f.*
verraten traicionar.
Verräter *m.* traidor *m.*
verräterisch traidor; (heimtückisch) alevoso.
ver|rauchen gastar en tabaco; **-räuchern** llenar de humo.
ver|rechnen poner en cuenta; (gegeneinander aufrechnen) liquidar; **s. -rechnen** equivocarse en el cálculo.
Verrachnung *f.* ajuste *m.*, compensación *f.*, clearing *m.;* **-sscheck** *m.* cheque (*m.*) cruzado; **-sstelle** *f.* cámara (*f.*) de compensación.
ver|recken (Tiere) reventar; (Mensch) *vulg.* estirar la pata; **-regnen** *fig.* (Fest) aguarse; **-reisen** ir *od.* salir de viaje; **-reist** de viaje; **-renken** (**sich**) dislocar(se).
Verrenkung *f.* dislocación, luxación *f.*
Verrichtung *f.* funciones *f. pl.*, quehaceres *m. pl.;* (Ausführung) ejecución *f.*, operación.
ver|riegeln echar el cerrojo; **-ringern** disminuir, reducir.
Verringerung *f.* disminución, reducción *f.*
ver|rinnen transcurrir; pasar; **-rosten** oxidarse; **-rucht** malvado.
ver|rücken correr, mover de su sitio; **-rückt** loco *fam.* chiflado; **-rückt machen** traer como loco; **-rufen** de mala fama.

Vers *m.* verso *m.;* **-fuß** *m.* pie (*m.*) de verso.
ver|sagen (ablehnen) negar; (Mechanismus) fallar; (Gedächtnis) faltar; **-salzen** echar demasiada sal en; **-sammeln** (sich) reunir(se).
Versammlung *f.* asamblea, reunión *f.*
Versand *m.* envío *m.*, despacho *m.*
ver|sanden obstruirse con arena; (Fluß, austrocknen) secarse; (Brunnen) cegarse; **-säumen** (Zeit, Zug) perder; (Schule) faltar a; *fam.* hacer novillos; **nicht -säumen etw. zu tun** no dejar de hacer a/c.
Versäumnis *n.* negligencia, omisión *f.*
ver|schaffen procurar, facilitar.
ver|schämt avergonzado; **-schärfen** (Lage) agravar.
Verschärfung *f.* agravación *f.*
Verschickung *f.* (Sträflinge) deportación *f.*
ver|schiebbar corredizo; **-schieben** mover, cambiar de sitio; (Gewicht d. Waage) correr; *Eis.* hacer maniobras; (Waren) vender bajo mano; (aufschieben) aplazar; **-schieden** diferente (v. de); diverso, vario; (ungleich) desigual; **-schiedenartig** distinto.
Verschiedenheit *f.* diferencia, diversidad, variedad *f.*
ver/schimmeln enmohecerse; **-schlafen** *fam.* pegársele a uno las sábanas; *adj.* dormilón.
Verschiffung *f.* embarque *m.;* **-sanlage** *f.* embarcadero *m.;* **-spapiere** *n. pl.* documentos (*m. pl.*) de embarque.
ver/schlechtern sich empeorarse; **-schleiern** cubrir con un velo; *fig.* encubrir; **-schleißfest** resistente al desgaste; **-schleppen** (verzögern) retrasar; (Menschen) secuestrar; **-schleudern** desperdiciar; (Waren) *fam.* tirar; (Vermögen) disipar; **-schließbar** (m. Deckel) con tapa; (m. Schloß) con cerradura; **-schließen** cerrar con llave; (m. Deckel) tapar; (m. Pfropfen) taponar; **-schlimmern (sich)** agravar(se).
Verschleiß *m.* desgaste *m.*
Verschlimmerung *f.* agravación *f.*
ver/schlingen (hastig essen) devorar; **-schlossen** cerrado; *fig.* reservado; **-schlucken** tragar; **sich -schlucken** atragantarse.
Verschluß *m.* cierre.

ver/schmachten (vor Durst) morirse de; **-schmähen** rechazar; (verachten) desdeñar; **-schmelzen** fundir; (Firmen) fusionar; **-schmerzen** soportar; **nicht -schmerzen können** no olvidar nunca; **-schnaufen, sich** tomar aliento.

Verschnitt *m.* mezcla *f.*

verschnitten (Kleidungsstück) mal cortado.

ver/schnupft sein estar constipado; **-schönern** embellecer.

Verschönerung *f.* embellecimiento *m.*

ver/schränken cruzar; **-schreiben** (Arznei) recetar; **sich -schreiben** equivocarse al escribir; **-schulden** endeudarse; *fam.* entramparse.

Verschulden *n.* culpa, falta *f.*

verschuldet empeñado, entrampado.

Verschuldung *f.* deudas *f. pl.*

ver/schütten (Flüssigkeit) derramar; (zuschütten) llenar (m. Erde) con tierra; (Brunnen) cegar; **-schüttet w.** ser enterrado; **-schwägert** emparentado con; **-schweigen** callar; **-schwenden** gastar, derrochar; (Zeit) perder.

Verschwender *m.* derrochador; *fam.* manirroto *m.*

verschwenderisch derrochador, pródigo.

Verschwendung *f.* derroche, gasto (*m.*) excesivo; *fig.* profusión (*f.*) de.

verschwiegen callado, discreto.

Verschwiegenheit *f.* discreción, reserva *f.*

ver/schwimmen *fig.* desvanecerse; **-schwinden** desaparecer; *fam.* (s. drücken) eclipsarse; **-schwistert sein** ser hermanos; **-schwitzen** *fig. fam.* olvidarse por completo; **-schwören, sich** conspirar (**gegen** contra).

Verschwö/er *m.* conspirador *m.;* **-ung** *f.* conspiración *f.*, complot *m.*

Versehen *n.* equivocación *f.*, error *m.*

Versendung *f.* envío *m.*, remesa, expedición *f.*

ver/sengen chamuscar; **-senken** hundir; *naut.* echar a pique; *techn.* avellanar; s. (in e. Buch) **-senken** enfrascarse en.

Versenkung *f.* hundimiento.

ver/setzen trasladar; (verpfianzen) trasplantar; (Beamte) trasladar; (Schlag) asestar, pegar; (Tritt) dar; (in Aufregung) causar; **-setzen Sie s. in meine Lage!** ¡póngase Vd. en mi lugar!; **-setzt w.** ser trasladado.

Versetzung *f.* cambio (*m.*) de lugar, (Beamte) traslado; (Pfianze) trasplantación *f.;* (Schüler) paso (*m.*) al curso superior.

ver/seuchen infectar; **-sichern** (Eigentum) asegurar.

Versicherung *f.* seguro *m.;* **-sanstalt** (sozial) *f.* Instituto (*m.*) de Previsión; **-sgesellschaft** *f.* compañía (*f.*) de seguros; **-snehmer** *m.* asegurado *m.;* **-spolice** *f.* póliza (*f.*) de seguro; **-sprämie** *f.* prima (*f.*) de seguro; **-swert** *m.* valor (*m.*) asegurado *bzw.* (der zu versichernde) asegurable.

ver/siegeln sellar; **-silbern** platear; *fig.* (zu Geld machen) hacer dinero; **-sinken** hundirse.

versöhnen reconciliar.

Versöhnung *f.* reconciliación *f.*

versorgen abastecer, proveer de; (pflegen) atender.

Versorgung *f.* abastecimiento *m.*, provisión *f.;* (es. Kranken) cuidado *m.*

ver/späten, sich atrasarse, llegar tarde.

Verspätung *f. Eis.* retraso *m.;* **der Zug hat 20 Min.** - el tren trae *od.* lleva 20 minutos de retraso.

ver/sperren obstruir; (Tür) atrancar; **-spotten** burlarse de; **-sprechen** prometer; **sich -sprechen** equivocarse.

Versprechen *n.* promesa *f.*

Versprechung *f.* **große -en machen** *fam.* prometer montes de oro.

ver/spüren sentir, experimentar, notar; **-staatlichen** nacionalizar.

V

Verstaatlichung *f.* nacionalización *f.*
Verstand *m.* inteligencia; **nicht recht** bei **-e sein** no estar en sus cabales.
verständig inteligente *f.;* **-en** informar; **sich -en m.** entenderse con; **s. durch Zeichen -en** comunicarse por señas.
Verständigung *f.* inteligencia *f.*
verständlich claro, comprensible.
Verständnis *n.* comprensión *f.;* **-haben für** comprender.
verstärken reforzar; (Radio) amplificar.
Verstärk/er *m.* (Radio) amplificador *m.;* **-ung** *f. mil.* refuerzos *m. pl.*
verstauchen dislocarse.
Verstauchunf *f.* dislocación *f.*
Versteck *n.* escondite *m.*
ver/stecken, (sich) esconder(se); **-stehen** entender, comprender; (können) saber; **-steigern** subastar; **-steinern** petrificar.
Versteigerung *f.* subasta *f.*
Versteinerung *f.* fósil *m.*
verstell/bar graduable; **-en** graduar; **s. -en** simular.
Verstellung *f.* graduación, regulación *f.; fig.* disimulo *m.*
ver/steuern pagar impuestos (*od.* contribución) sobre *od.* por; **-stopfen** obstruir; (Loch) tapar; (etw. unfreiwillig) atrancar; (m. Pfropfen) taponar.
Verstopfung *f.* obstrucción; *med.* obturación *f.*
ver/storben muerto, fallecido; **-stört** (per)turbado, asustado.
Verstoß *m.* (gegen Gesetze usw.) contravención, infracción.
verstoßen (gegen) contravenir, faltar (a); (Person) repudiar, expulsar.
Verstrebung *f. arch.* riostra *f.*, puntal; (die Ausführung) apuntalamiento *m.*
ver/streuen dispersar; **-stricken** (verwickeln) envolver; **-stümmeln** mutilar; **-stummen** callar(se); (Geräusch) cesar.
Versuch *m.* ensayo *m.*, prueba *f.*, experimento *m.;* **-sballon** *m. fig.* globo-sonda *m.;* **-sraum** *m.* laboratorio *m.;* **-sstand** *m.* (f. Maschinen) banco (*m.*) de pruebas.
ver/suchen ensayar, probar; **-suchen** zu tratar de; (jem.) tentar; **-süßen** endulzar; *fig.* (die Pille) dorar; **-tagen** aplazar.
versuchsweise: - überlassen entregar a título de prueba.
Versuchung *f.* tentación *f.*
Vertagung *f.* aplazamiento *m.*
ver/tauschen cambiar; **-teidigen** defender.
Verteidig/er *m.* defensor *m.;* (Sport) defensa *m.;* **-gung** *f.* defensa *f.*
verteilen distribuir, repartir.
Verteil/er *m.* distribuidor, repartidor *m.;* **-ung** *f.* distribución *f.* reparto *m.*
ver/teuern encarecer; **-tiefen** ahondar, profundizar; **s. -tiefen in** *fig.* enfrascarse en.
Vertiefung *f.* profundidad.
ver/tiert embrutecido; **-tilgen** exterminar.
Vertilgung *f.* exterminio *m.*, extirpación *f.*
Vertrag *m.* contrato *m.; theat.* contrata *f.;* (*pol.*, Handel) tratado *m.;* **-spartner** *m.* parte (*f.*) contratante.
ver/tragen (ertragen) aguantar, resistir; **ich kann Rotwein nicht -tragen** el vino tinto no meprueba; **-stragen** entenderse con, llevarse bien con; **-traglich** contractual *adv.* según contrato, como convenido; **-träglich** conciliante; **-trauen** confiar (**auf** en); (s. verlassen auf) fiarse (**auf de**).
Vertrauen *n.* confianza *f.;* **blindes -** fe (*f.*) ciega; **-smann** *m.* delegado *m.*
vertrauenswürdig *adj.* digno de confianza.
ver/traulich confidencial; **-traut** familiarizado; **-treiben** (hinauswerfen) arrojar, expulsar; (Zeit) matar.
Vertreibung *f.* expulsión *f.*

V

vertreten (jem.) representar, hacer las veces de; (ee. Sache) defender.
Vertreter *m.* representante, agente; (im Amt) suplente, sustituto *m.*
Vertrefung *f.* representación, agencia *f.*; **in** - (des...) por.
Vertrieb *m.* venta *f.*; **-ene(r)** *m.* expulsado *m.*; *pol.* desterrado.
ver/trocknen secar(se); **-trösten** entretener con promesas; **-tuschen** disimular, callar; **-übeln** tomar a mal; **-üben** cometer; **-uneinigen, sich** enemistarse; **-unglimpfen** calumniar; **-unglücken** sufrir un accidente; (Unternehmen) fracasar; **-unreinigen** ensuciar; **-unstalten** desfigurar; **-untreuen** (Gelder) malversar; **-ursachen** causar; **-urteilen** condenar; (**zu er. Geldstrafe**) imponer (una multa).
Verurteilung *f.* condena *f.*
vervielfältigen reproducir.
Vervielfält gung *f.* reprodución *f.*; **-sapparat** *m.* multicopista *m.*
ver/vollkommen perfeccionar; **-vollständigen** completar; **-wachsen** *adj.* (Person) deforme; **-wahren** guardar; **-walten** administrar.
Vervollkommnung *f.* perfeccionamiento *m.*
Verwahrung *f.*: **in - nehmen** tomar en depósito.
Verwalt/er *m.* administrador; (Gutshof) mayordomo *m.*; **-ung** *f.* administración *f.*; **-ungsbehörde** *f.* autoridad (*f.*) administrativa; **-ungsdienst** *m.* carrera (*f.*) administrativa; **-ungsgericht** *n.* tribunal (*m.*) contencioso.
verwandeln transformar, cambiar; (Strafe) conmutar; *math.* convertir.
Verwandlung *f.* transformación *f.*, cambio *m.*, conmutación, conversión; *theat.* mutación *f.*
verwandt emparentado.
Verwandt/er *m.* pariente *m.*; **-schaft** *f.* parentesco *m.*
verwarnen amonestar.
Verwarnung *f.* amonestación *f.*
ver/wässern aguar; **-wechseln** confundir.
Verwechslung *f.* confusión.
verwegen atrevido.
Verwegenheit *f.* audacia *f.*, atrevimiento *m.*
ver/weigern negar, rehusar.
ver/weisen (tadeln) reprender; (verbannen) desterrar; (v. der Schule) expulsar; (-weisen auf) remitir (a); **-welken** marchitarse; **-weltlichen** (Kirchenbesitz) secularizar; **-wendbar** utilizable, útil; **-wenden** aprovechar, emplear, usar.
Verwendung *f.* empleo, uso, aprovechamiento *m.*
Verwefung *f.* rechazo *m.*, recusación; *geol.* dislocación *f.*
verwerten aprovechar, utilizar.
Verwertung *f.* aprovechamiento *m.*, utilización *f.*
verwesen descomponerse; (Amt) administrar.
Verwesung *f.* descomposición *f.*
verwickeln enredar, complicar.
Verwicklung *f.* enredo *m.*, complicación *f.*
ver/wildern (Person) volverse salvaje; (Feld, Garten) cubrirse de maleza; **-wildert** (Kind) abandonado; **-wirken** perder (ee. Strafe) incurrir en; **-wirklichen** realizar.
Verwirklichung *f.* realización *f.*
ver/wirren (verwickeln) enmarañar; (in Unordnung bringen) poner en desorden; **-wirrt** confuso.
Verwirrung *f.* desorden *m.*, confusión *f.*; (heillose) caos *m.*
ver/wischen borrar; *fig.* hacer desaparecer; **-wittert** (Mauern) desmoronado; **-witwet** viudo; **-wöhnen** mimar; **-worfen** depravado.
Verwitterung *f.* *geol.* erosión *f.*
Verworfenheit *f.* depravación, infamia *f.*

ver/worren embrollado; (Lage) confuso, poco claro; **-wundbar** vulnerable; **-wunden** herir; *fig.* vulnerar; **-wundern, sich** asombrarse.
Verwund/erung *f.* asombro *m.*
ver/wünschen maldecir; **-wüsten** devastar.
Verwünschung *f.* maldición *f.*
verwurzelt *adj.* **- sein m.** *fig.* tener raigambre en.
Verwüsung *f.* devastación *f.*
ver/zagen desesperar(se); **-zaft** pusilánime; **-zählen, sich** contar mal.
Verzahnung *f.* dentado, engranaje *m.*
ver/zärteln mimar; **-zaubern** encantar.
Verzärtelung *f.* mimos *m. pl.*
Verzauberung *f.* encantamiento *m.*
ver/zehren gastar, consumir; (essen) comer(se) ; **-zeichnen** anotar; **-zeichnet sein in** figurar en.
Verzehrung *f.* gasto *m.*
Verzeichnis *n.* lista, relación.
verzeihen perdonar; **- Sie, daß...** dispense Vd. que...
Verzeihung *f.* perdón *m.*
verzerren desfigurar.
Verzerrung *f.* desfiguración *f.*
Verzicht *m.* renuncia *f.*
ver/zichten renunciar (**auf** a); **-ziehen** torcer; (Kind) mimar *techn.* deformar; **keine Miene -ziehen** no pestañear; **sich -ziehen** (Holz) abarquillarse; (fortgehen) *fam.* ahuecar el ala; **-zieren** adornar.
Verzierung *f.* adorno *m.*
ver/zinken galvanizar, zincar; **-zinnen** estañar; **-zinsen** pagar interés(es); **sich -zinsen** dar intereses; **-zinslich** a interés; **-zögern** retardar, atrasar.

Verzögerung *f.* retraso, atraso *m.*
verzoll/bar sujeto a derechos de aduana; **haben Sie etw. V -zollbares?** ¿tiene Vd. algo que declarar?
Verzollung *f.* despacho en od. de aduana, aforo *m.*
verzückt extático.
Verzückung *f.* éxtasis (*m.*), arrobamiento *m.*
Verzug *m.* demora *f.*
verzweifeln desesperar; **es ist zum V** *- fam.* es para volverse loco.
Verzweiflung *f.* desesperación *f.*
ver/zweigen, sich ramificarse; **-zwickt** embrollado.
Veteran *m.* veterano *m.*
Veterinär *m.* veterinario *m.*
Veto *n.* veto *m.*
Vetter *m.* primo *m.*
Viadukt *m.* viaducto *m.*
vibrieren vibrar.
Vieh *n.* ganado *m.;* (Stück -) res *f.;* **-händler** *m.* tratante (*m.*) en ganado; **-züchter** *m.* ganadero *m.;* **-züchterei** *f.* ganadería *f.*
viehisch bestial, brutal.
Viehzucht *f.* cría (*f.*) de ganado.
viel mucho; **sehr** - muchísimo; **-erlei** toda clase de; **-fach** múltiple; **-farbig** multicolor.
Vielfraß *m.* glotón *m.*
viel/leicht quizá(s), tal vez; **-mals** muchas veces; **-mehr** más bien, más que nada; **-seitig** *math.* poligonal; **-seitiges Wissen** de vasta cultura; **auf -seitigen Wunsch** a petición general; **-sprachig** polígloto.
Vielweiberei *f.* poligamia *f.*
vier cuatro; **-eckig** cuadrangular, cuadrado; **-füßig** *zool.* cuadrúpedo.
Vierfüßler *m.* cuadrúpedo *m.*
vier/hundert cuatrocientos; **-mal** cuatro veces; **-mal soviel** el cuádruplo.
vierte(r) cuarto; **am -n Oktober** el cuatro de octubre.
vierteilen descuartizar.
Viertel *n.* cuarto *m.;* **-jahr** *n.* trimestre *m.*
vierteljährlich trimestral; *adv.* por trimestres.
Viertel/stunde *f.* cuarto (*m.*) de hora.
Viervierteltakt *n. mus.* compás (*m.*) de cuatro tiempos.

vier/zehn catorce; **-zehn Tage** quince días; **-zehnte** décimocuarto; **-zig** cuarenta.
Vikar *m.* vicario *m.*
Villa *f.* hotel(ito) *m.;* (Barcelona) torre *f.;* chalet *m.*
violett color violeta.
Violin/e violín *m.;* **-schlüssel** *m.* llave (*f.*) de sol.
Violoncello *n.* violoncelo *m.*
Viper *f.* víbora *f.*
Virtuose *m.* maestro, virtuoso *m.*
Visage *vulg.* facha *f.*
vis-à-vis *adv.* enfrente de.
Visier *n.* (Helm) visera; (Gewehr) mira *f.*
Vision *f.* aparición *f.*
Visitenkarte *f.* tarjeta (*f.*) de visita.
Visum *n.* visado *m.:* (Chile) visación *f.*
Vitalität *f.* vitalidad *f.*
Vitamin *n.* vitamina *f.*
Vitrine *f.* vitrina *f.*
Vitriol *n.* vitriolo *m.*
Vlies *n.:* **das Goldene** - el Toisón de Oro.
Vogel *m.* ave *f.* (el); (kleiner) pájaro *m.;* **-bauer** *m.* jaula *f.;* **-futter** *n.* alpiste *m.;* **-kunde** *f.* ornitología *f.;* **-nest** *n.* nido; *m.;* **-scheuche** *f.* espantapájaros *m.;* *fig.* mamarracho *m.;* **-steller** *m.* pajarero *m.;* **-straußpolitik** *f.* política (*f.*) del avestruz; **-zucht** *f.* cría (*f.*) de pájaros.
Vogt *m.* (Burg -) alcaide *m.*
Vokabel *f.* vocablo *m.*, voz *f.;* **-schatz** caudal de voces, vocabulario *m.*
Vokal *m.* vocal *f.*
Volk *n.* pueblo *m.*, nación *f.;* (Leute) gente *f.;* (gemeine) vulgo, populacho *m.*
Völker/bund *m.* Sociedad (*f.*) de las Naciones; **-kunde** *f.* etnología *f.;* **-recht** *n.* derecho (*m.*) internacional; **-wanderung** *f.* invasión (*f.*) de los bárbaros.
völkisch nacional, racista.
Volks/abstimmung *f.* plebiscito *m.;* **-bibliothek** *f.* biblioteca (*f.*) popular; **-entscheid** *m.* referéndum *m.;* **-fest** *n.* (Kirmes) romería; (Rummelplatz) verbena *f.* **-front** *f.* frente (*m.*) popular; **-hochschule** *f.* universidad (*f.*) popular; **-küche** *f.* cocina (*f.*) económica; **-lied** *n.* canción (*f.*) popular, copla *f.;* **-republik** *f.* república (*f.*) popular **-schicht** *f.:* **die bedürftigen -schichten** las clases necesitadas de la población; **-schule** *f.* escuela (*f.*) primaria *od.* elemental; **-schullehrer** *m.* maestro (*m.*) de escuela primaria); **-stamm** *m.* tribu *f.*
volkstümlich popular; *SAm.* criollo.
Volks/versammlung *f.* (öffentliche) mitin *m.;* (Parlament) asamblea (*f.*) nacional; **-vertreter** *m. parl.* diputado *m.;* **-wirtschaft** *f.* economía (*f.*) política; **-wohl** *n.* bien (*m.*) de la nación. **-zählung** *f.* censo *m.*
voll lleno; *fig.* pleno; (übervoll) colmado; **-er Fehler** cuajado de faltas; (betrunken) borracho; **den Kopf - haben** tener la cabeza hecha un bombo; **nicht f. -ansehen** (Person) no tomar en serio.
Voll/bart *m.* barba *f.* (cerrada); **-blut** *n.* de pura sangre.
vollblütig *med.* pletórico.
voll/bringen realizar, llevar a cabo; (Tagewerk) acabar; **-enden** acabar, perfeccionar; **-ends** completamente, por completo.
Volldampf *m.:* **m.** - a toda máquina.
Vollendung *f.* perfección *f.*
Völlerei *f.* intemperancia *f.*
Voll/gas *n.:* **-gas geben** marchar a todo gas; **-gummireifen** *m.* neumático (*m.*) macizo.
völlig completo, entero.
voll/jährig *adj.* mayor de edad; **-kommen** *adv.* completamente.
Voll/jährigkeit *f.* mayor edad *f.;* **-kommenheit** *f.* perfección *f.;* **-macht** *f.* poder *m.;* **-milch** *f.* leche (*f.*) sin desnatar; **-mond** *m.* luna (*f.*) llena.

V

vollschmieren emborronar.
voll/ständig completo, entero; **-ständig durchnäßt** calado hasta los huesos; **-streckbar** (Urteil) ejecutorio; **-strecken** ejecutar.
Vollstreck/er *m.* ejecutor; (Testaments -) albacea *m.;* **-ung** *f.* ejecución *f.;* **-ungsweg** *m.* vía (*f.*) ejecutiva.
Vollwaise *f.* huérfano (*m.*) de padre y madre.
voll/zählig completo; **-siehen** (Vertrag) ratificar; **-ziehend** ejecutivo.
Vollzug *m.* ejecución, ratificación *f.*
Volontär *m.* meritorio *m.*
Volt *n. elektr.* voltio *m.;* **-messer** *m.* voltímetro *m.;* **-spannung** *f.* voltaje *m.*
Volumen *n.* volumen *m.;* (errechnetes) cubicación *f.*
von de; (beim Passiv) por; **-jetzt ab** desde ahora; **-...bis** desde... hasta.
vor (zeitlich) antes de; **-8 Tagen** hace 8 días; (örtlich) delante de *fig.* (angesichts) ante; **-allem** sobre todo.
Vor/abend *m.* víspera *f.;* **-ahnung** *f.* presentimiento *m.*
voran delante; **-gehen** ir delante de.
Vor/arbeiter *m.* capataz *m.*
voraus: im - de antemano, por anticipado; **-bestellen** encargar; **-bezahlen** pagar por adelantado.
Vorausbezahlung *f.* pago (*m.*) anticipado.
Voraussage *f.* pronóstico *m.*
voraus/sagen pronosticar; **-sehen** prever; **-setzen** suponer; **-gesetzt, daß** siempre que.
Voraussetzung *f.* suposición *f.;* **in der -, daß** en el supuesto de que.
voraussichtlich probable.
Vorbedacht : mit - deliberadamente.
Vorbe/deutung *f.* presagio *m.;* **-halt** *m.* reserva.
vorbehalt/en, sich reservarse; **-lich** salvo, con la condición de que.
vorbei (örtlich) delante de; (zeitlich) pasado; **-gehen** pasar (delante, cerca).
Vorbeimarsch *m.* desfile *m.*
vorbelastet *adj. jur.* con antecedentes.
vorbereiten preparar.
Vorbereitung preparación *f.*
vor/bestraft con antecedentes penales; **nicht -sein** no tener antecedentes penales; **-beugen** prevenir; **sich -beugen** inclinarse hacia adelante.
Vorbild *n.* ejemplo, modelo *m.*
Vorbörse *f.* bolsín *m.*
Vorder/fuß *m.* (Tier) pata (*f.*) delantera; (Mensch) parte (*f.*) anterior del pie; **-grund** *m.* primer plano *m.;* **-haus** *n.* casa (*f.*) exterior; **-seite** *f.* parte anterior; (Haus) fachada *f.;* **-sitz** *m.* asiento (*m.*) delantero; **-teil** *n.* (Schiff) proa *f.;* **-zahn** *m.* diente (*m.*) incisivo; **-zimmer** *n.* cuarto (*m.*) que da a la calle.
vor/dringen avanzar; **-dringlich** primordial.
vor/eilig precipitado; **-enthalten** retener; **-erst** ante todo, primero.
Vorfahr *m.* antepasado *m.*
vorfahren (Wagen) adelantarse.
Vorfahrtsrecht *n.* preferencia (*f.*) de paso.
Vorfall *m.* suceso, acontecimiento.
vor/fallen ocurrir, suceder; **-führen** *jur.* hacer comparecer ante.
Vor/führung *f.* exhibición; *theat.* función *f.;* **-gabe** *f.* (Sport) ventaja *f.;* **-gang** *m.* suceso; **-gänger** *m.* antecesor *m.;* **-garten** *m.* (es. Cafés) terraza *f.*
Vorgebirge *n.* cabo *m.*
vorgeblich presunto.
Vorgefühl *n.* presentimiento *m.*
vor/gehen avanzar; (Uhr) ir adelantado; (gerichtlich) proceder; (Vorrang haben) tener la preferencia; **-gehen lassen** ceder el paso; **langsam -gehen** *fig. fam.* andar con pies de plomo.
Vor/geschichte *f.* prehistoria *f.;* **-gesetzter** *m.* superior, jefe *m.*

V

vor/gestern anteayer; **-greifen** anticiparse, adelantarse; **-haben** (beabsichtigen) proponerse.
Vorhaben *n.* intención *f.*, intento, proyecto, plan *m.*
Vorhalle vestíbulo *m.*
vor/halten (jem. etw.) reprochar; **-handen sein** estar disponible, existir.
Vor/hang *m.* cortina *f.*; (Scheibengardine) visillo *m.*; *theat.* telón *m.*; **-hängeschloß** *n.* candado *m.*; **-hangstange** *f.* barra *f.* (para cortinas); **-haut** *f.* *anat.* prepucio *m.*; **-hemd** *n.* pechera *f.*
vor/her antes, previo; **am Tage -her** el día anterior; **-herig** anterior, precedente, previo; **-herrschen** predominar; *fig.* prevalecer.
Vorhersage *f.* pronóstico *m.*
vor/hersagen pronosticar; **-hersehen** prever; **-hin** hace un rato.
Vor/hof *m.* patio (*m.*) anterior; **-hut** *f.* *mil.* avanzada *f.*
vor/ig anterior, precedente; **-jährig** del año pasado.
Vor/jahr *n.* año (*m.*) pasado; **-kaufsrecht** *n.* derecho (*m.*) de preferencia; **-kehrung** *f.* medidas *f. pl.*; preparativos *m. pl.*; **-en treffen** tomar medidas; **-kenntnisse** *f. pl.* nociones (*f. pl.*) elementales.
vorkommen (geschehen) ocurrir, pasar; (nach vorn) adelantarse; (s. finden) hallarse; **es kommt mir vor** me parece.
vorladen *jur.* citar.
Vor/ladung *f.* *jur.* citación *f.*
vor/läufig provisional; **-laut** indiscreto, impertinente; *fam.* fresco.
Vorleben *n.* antecedentes *m. pl.*
vor/legen colocar delante; (bei Tisch) servir; (zeigen) mostrar; (Dokumente) presentar; **-lesen** leer.
Vorlesung *f.* clase *f.*, curso *m.*
vorletzt penúltimo.
Vorliebe *f.* predilección, afición *f.*
vor/liegen (vorhanden sein) existir; **-liegend** presente; **-machen** enseñar a; **-merken** anotar, apuntar; **-mittags** por la mañana.
Vor/mittag *m.* mañana *f.*; **-mund** *m.* tutor *m.*; **-mundschaft** *f.* tutela *f.*
vorn delante, al frente; **v.** - (zeitlich) desde el principio; **v. -herein** desde un principio.
Vorname *m.* nombre *m.* (de pila).
vornehm distinguido; **-en sich etw.** proponerse a/c.
Vor/nehmheit *f.* nobleza, elegancia *f.*; **-ort** *m.* arrabal, barrio *m.*, afueras *f. pl.*; **-rang** *m.* prioridad, preferencia *f.*; **-rangstellung** *f.* puesto (*m.*) de preeminencia; **-rat** *m.* provisión *f.*, existencias *f. pl.*, stock *m.*
vorrätig disponible, en almacén, en existencias; **nicht** - agotado.
Vor/recht *n.* privilegio *m.*; **-rede** *f.* prefacio *m.*; **-redner** *m.* orador (*m.*) anterior; **-richtung** *f.* disposición *m.*; **-runde** *f.* (Sport) eliminatoria *f.*
Vorschlag *m.* proposición, propuesta *f.*
vor/schlagen proponer; **-schreiben** prescribir.
Vorschriff *f.* prescripción *f.*, reglamento *m.*
vor/schriftsmäßig conforme a las instrucciones, en debida forma, como debido.
Vor/schub *m.*: **jem. -leisten** favorecer a; *techn.* avance *m.*; **-schuß** *m.* anticipo *m.*
Vorsehung *f.* providencia *f.*
vorsetzen poner delante.
Vorsicht *f.* cuidado *m.*, precaución *f.*; **-!** ¡ojo!; ¡atención!; (auf Kisten) **-Glas!** ¡frágil!; **-smaßregeln** *f. pl.* medidas (*f. pl.*) de precaución *od.* de previsión.
vor/sichtig cuidadoso; con precaución; **-singen** entonar; **-sintflutlich** antediluviano.
Vorsitz *m.* presidencia *f.*; **-führen** presidir; - **übernehmen** ocupar la presidencia; **-ender** *m.* presidente *m.*

Vorsorge *f.*: **-treffen** cuidar de, velar por.
vorsorglich previsor; *adv.* por precaución.
Vor/spiegelung *f.* simulación *f.*; **-spiegelung falscher Tatsachen** *jur.* impostura *f.*; **-spiel** *n. mus.* preludio *m.*
vorspielen *mus.* preludiar; tocar una pieza.
Vor/sprung *m.* (an er. Fläche) resalte; (am Rande) saliente *m.*; (Vorteil) ventaja, delantera *f.*; **-stand** *m.* junta (*f.*) directiva; (Direktion) dirección *f.*, conejo (*m.*) de administración; (Person) director, presidente.
Vorsteher *m.* jefe, administrador (Bank -) gerente *m.*
vorstellen (jem.) presentar; (Uhr) adelantar; (darstellen, representar).
Vorstellung *f.* (er. Person) presentación; *theat.* representación, función; **-svermögen** *n.* imaginación *f.*
vorstrecken (Geld) adelantar.
Vortänzer *m.*, **-in** *f. theat.* primer bailerín *m.*; primera bailerina *f.*
Vorteil *m.* ventaja *f.*; **-ziehen aus** sacar partido de.
vorteilhaft ventajoso, provechoso.
Vortrag *m.* (Gediche usw.) recitación; (Vorlesung) lectura *f.*; **-sreihe** *f.* ciclo (*m.*) de conferencias.
vortragen (Gedicht) recitar; (Vortrag halten) dar una conferencia.
vortrefflich excelente; *fam.* estupendo.
vortreten adelantarse.
Vortrit *m.* **jem. den - lassen** ceder el paso a alg.; **Sie haben den - !** ¡Pase Vd. primero!
vorüber pasado; **-gehend** pasajero; (provisorisch) provisional; *adv.* interinamente; **s. -gehend aufhalten** estar de paso en.
Vor/urteil *n.* prejuicio *m.*; **-verhandlungen** *f. pl.* preliminares *m. pl.*; **-verkauf** *m. theat.* despacho (*m.*) en contaduría.
vorwalten prevalecer.
Vorwand *m.* pretexto *m.*
vorwärts adelante; **-gehen** adelantar, avanzar; **-kommen** (beruflich, geschäftlich) prosperar.
vor/weg anticipadaente; **-werfen** reprochar; **-wiegen** predominar; **-wiegend** predominante.
Vorwissen *n.* conocimiento (*m.*) previo; **ohne mein -** sin saberlo yo.
Vor/wort *n.* prefacio, prólogo *m.*; **-wurf** *m.* reproche *m.*; (Thema) asunto *m.*; **-zeichen** *n.* señal *f.*, presagio *m.*; *med.* síntoma *m.*
vorzeigen presentar, enseñar, exhibir.
Vorzeit *f.* tiempo (*m.*) pasado; **in grauer -** en tiempos muy remotos.
vor/zeitig prematuro; **-ziehen** (bevorzugen) preferir.
Vor/zimmer *n.* antesala; (Arzt) sala (*f.*) de espera; (gute Eigenschaft) mérito *m.*; **-zugsaktie** *f.* acción (*f.*) preferente; **-zugspeis** precio (*m.*) especial; **-zugsrecht** *n.* prioridad *f.*
vorzüglich excelente.
Vorzüglichkeit *f.* excelencia *f.*
vorzugsweise con preferencia.
Votum *n.* voto *m.*
Vulkan *m.* volcán *m.*
vulkanisieren vulcanizar.

V

w, W *n.* w, W *f.* (doble ve).
Waage *f.* (feine) balanza; (gröbere) báscula; (römische Laufgewichts -) romana *f.*; **sich die - halten** *fig.* correr parejas con; **-balen** *m.* (Balken -) astil *m.*; **-uschale** *f.* platillo *m.*; **-nzunge** *f.* fiel *m.*
Wabe *f.* panal *m.*
wach despierto.
Wache *f.* guardia *f.*; (Postem) centinela *m.*; (Polizei -) comisaría *f.*; (Wachtlokal) cuerpo (*m.*) de guardia; (Kranken -) vela *f.*
wachen estar despierto; (beim Kramken) velar; **-über** velar por.
Walcholder *m. bot.* enebro *m.*; **-schnaps** *m.* ginebra *f.*
Wachs *n.* cera *f.*; **-abdruck** *m.* impresión (*f.*) hecha en cera; **-figur** *f.* imagen (*f.*) de cera; **-tuch** *n.* hule *m.*
wachsam alerta.
Wachsamkeit *f.* vigilancia *f.*
wachsen cercer; *fig.* aumentar.
Wachstum *n.* crecimiento, desarrollo *m.*
Wachtel *f. zool.* codorniz *f.*
Wächter *m.* guarda, vigilante *m.*
wack/eln tambalear(se); (Zahn) moverse; **-elig** tambaleante; (Möbel) cojo; *fig.* inseguro.
Wade *f.* pantorrilla *f.*
Waffe *f.* arma *f.* (el); **zu den** - rufen (einberufen) llamar a filas.
Waffel *f.* barquillo *m.*
Waffen -gattung *f.* arma *f.* (el), cuerpo *m.*; **-ruhe** *f.* tregua *f.*; **-schein** *m.* licencia (*f.*) de armas; **-stillstand** *m.* armisticio *m.*
Wagemut *m.* osadía, temeridad *f.*
wagen (sich getrauen) atreverse a; (aufs Spiel setzen) arriesgar.
Wagen *m.* (Fuhrwerk) carruaje; (Kutsche, Auto) coche; (Fahrzeug) vehículo; *Eis.* vagón (Personen -) coche *m.*; **-achse** *f.* eje *m.*; **-fenster** *n.* ventanilla *f.*; **-heber** *m.* gato *m.*; **-kasten** *m.* (Karrosserie) carrocería *f.*
wägen pesar; *fig.* poderar.
Wagnis *n.* empresa arriesgada, hazaña *f.*
Wahl *f.* elección; **-berechtigung** *f.* derecho (*m.*) de votar; **-bezirk** *m.* distrito (*m.*) electoral.
wahlfrei facultativo.
Wahl/kampf *m.* campaña (*f.*) electoral; **-lokal** *n.* colegio (*m.*) elecoral; **-propaganda** *f.* propaganda (*f.*) electoral; **-recht** sufragio; **-spruch** *m.* lema *m.*; **-versammlung** *f.* mitín (*m.*) electoral; **-zettel** *m.* papeleta (*f.*) de votación.
wählbar elegible.
Wählbarkeit *f.* elegibilidad *f.*
wählen elegir; (aus -) escoger; (Telephon) marcar; (Abstimmung) votar.
Wähler *m.* elector, votante *m.*; *techn* selector; **-scheibe** *f.* (Telephon) disco (*m.*) de números.
Wahn *m.* ilusión *f.*; **-sinn** *m. med.* demencia, locura *f.*; **-sinniger** *m.* demente, loco *m.*
wahr verdadero; (echt) real; **nicht -?** ¿verdad?; **das ist nicht** - es (una) mentira; **-en** defender; (den Schein) salvar (las apariencias).
währen durar; **-d** durante; *conj.* mientras que; **-ddessen** entretanto.
Wahrheit *f.* verdad *f.*

W

wahr/lich *adv.* de veras, en efecto; **-nehmar** perceptible, visible; **-nehmen** percibir, notar; (sehen) ver.
Wahr/nehmung *f.* percepción *f.;* observación *f.;* **-sager** *m.* adivino *m.;* **-sagerin** pitonisa *f.*
wahrscheinlich probable.
Wahrscheinlichkeit *f.* probabilidad *f.*
Wahrspruch *m. jur.* veredicto *m.*
Wahrung *f.* (der Interessen) salvaguardia *f.*
Währung *f.* sistema (*m.*) monetario; moneda *f.;* (Gold -) patrón (oro) *m.*
Wahrzeicen *n.* símbolo *m.*
Waise *f.* huérfano *m.;* **-nhaus** *n.* asilo (*m.*) de huérfanos.
Wald *m.* bosque, monte; *m.* (Ur -) selva *f.;* **-horn** *n.* trompa (*f.*) de caza.
Wal/fisch *m. zool.* ballena *f.;* **-fischfänger** *m.* (Schiff) buque (*m.*) ballenero.
walken batanar.
Walküre *f.* valkiria *f.*
Wall *m.* terraplén *m.;* (Burgmauer) muralla *f.*
Wallach *m.* caballo (*m.*) capón.
wallen (sieden) hervir.
wallfahrten peregrinar, ir en romería.
Wall/fahrer *m.* peregrino, romero *m.;* **-fahrt** *f.* peregrinación, romería *f.*
Wal/nuß *f.* nuez *f.;* **-nußbaum** *m.* nogal *m.;* **-roß** *n.* morsa *f.*
Walze *f.* cilindro; (Straßen-) rodillo *m.*
walzen laminar; (Straßen) apisonar.
wälzen, sich revolcarse; (etw.) hacer rodar.
Walzer *m.* vals *m.*
Walzwerk *n.* (Werkstatt) taller de laminado; (Anlage) laminador, tren (*m.*) de laminación.
Wamme *f.* papo *m.*
Wams *n.* jubón *m.*
Wand *f.* pared *f.;* (Scheide -) tabique *m.;* (Mauer) muro *m.;* (spanische -) biombo *m.;* (Schirmwand) pantalla *f.;* **-bekleidung** *f.* revestimiento *m.* (de la pared).
Wandel *m.* cambio *m.*, transformación *f.;* **-schaffen** introducir reformas; **-halle** *f.* galería *f.*, pasillo *m.*
wandeln andar, caminar.
Wanderer *m.* caminante, excursionista, turista; *fig.* peregrino *m.*
Wanderleben *n.* vida (*f.*) nómada.
wandern caminar, hacer excursiones.
Wader/niere *f.* **-ung** *f.* excursión; (Völker -) migración *f.;* (Landflucht zurStad) éxodo (*m.*) del campo; **-vogel** *m. zool.* ave (*f.*) (el) migradora *bzw.* (Zugvogel) de paso; *fig.* explorador *m.;* **-zirkus** *m.* circo (*m.*) ambulante; *Span.* titiriteros *m. pl.*
Wand/fliese *f.* azulejo *m.;* **-gemälde** *n.* pintura (*f.*) mural; **-kalender** *m.* calendario (*m.*) de pared; **-leuchter** *m.* lámpara (*f.*) de pared; **-lung** *f.* cambio *m.;* transformación *f.;* **-schirm** *m.* biombo *m.;* (f. Projektion) pantalla *f.;* **-schrank** *m.* armario (*m.*) de pared; **-spiegel** *m.* espejo (*m.*) de pared; **-tafel** *f.* pizarra *f.*, encerado *m.;* **-teppich** *m.* tapiz *m.;* **-uhr** *f.* reloj (*m.*) de pared.
Wange *f.* mejilla *f.*
wank/elmütig inconstante, veleidoso; **-en** flaquear, tambalearse; (schwanken) vacilar.
wann cuando; **dann u.** - de vez en cuando; -? ¿cuándo?
Wanne *f.* cubeta, pila; (Bade -) bañera.
Wanze *f.* chinche *f.*
Wappen *n.* armas *f. pl.*, blasón *m.;* **-schild** *n.* escudo *m.* (de armas); **-kunde** *f.* heráldica *f.*
wappnen (sich) armar(se).
Ware mercancía; *SAm* mercadería *f.;* género *m.;* **-naufzug** *m.* montacargas *m.;* **-nbestände** *m. pl.* existencias *f. pl.*, stock *m.;* **-nhaus** *n.* almacén *m.* (meist) *pl.*); bazar *m.;* **-nlager** *n.* depósito *m.;* (Bestand) existencias *f. pl.;* **-nprobe** *f.* muestra *f.;*

W

-numsatz *m.* cifra (*f.*) de ventas; -nvorräte *m. pl.* existencias *f. pl.;* -nzeichen *n.* marca (*f.*) de fábrica.
warm caliente; (Klima) cálido; (Kleidungsstück) de abrigo.
Wärme *f.* calor *m.*
wärmen calentar.
Wärmflasche *f.* (f. Bett) calientacamas *m.;* (f. Füße) calientapiés *m.*
Warmwasser/heizung *f.* calefacción (*f.*) por agua caliente.
warnen (vor) prevenir (contra); (benachrichtigen) avisar; **vor Taschendieben wird gewarnt!** ¡Cuidado con los rateros!
Warnung *f.* aviso, toque (*m.*) de atención.
warten (auf) esperar (a); (jem.) cuidar de; **auf s. - lassen** tardar mucho.
Wärter *m.* guardián, guarda; **-häuschen** *n.* garita *f.*
Warte/saal *m.* sala (*f.*) de espera; **-zeit** *f.* plazo (*m.*) de espera; **-zimmer** *n.* sala (*f.*) de espera.
Wartung *f.* (Bedienung) asistencia *f.;* (überwachung) vigilancia; (Unterhaltung) conservación.
warum? ¿por qué? ¿para qué?
Warze *f.* verruga; (weibliche Brust -) teta *f.;* (männliche Brust -) tetilla *f.*
was ¿qué?; (Relativpronomen) lo que; **ach, -!** ¡bah! ¡quiá!
waschbar lavable.
Wasch/bär *m. zool.* racuna *f.;* **-becken** *n.* palangana *f.;* **-blau** *n.* añil *m.*
waschecht lavable; (Farbe) inalterable; *fig.* castizo.
Wasch/frau *f.* lavandera *f.;* **-kessel** *m.* coladora *f.;* **-korb** *m.* cesto (*m.*) de ropa; **-küche** *f.* lavadero *m.;* **-lappen** *m.* trapo para lavarse; (handschuhförmig) guante (*m.*) afelpado *fig.* Juan Lanas *m.;* **-maschine** *f.* máquina (*f.*) de lavar; **-pulver** *n.* jabón (*m.*) en polvo; **-seide** *f.* seda (*f.*) lavable; **-tisch** *m.* lavabo.
Wäsche *f.* ropa *f.* (blanca); (Waschen) lavado *m.;* **-klammer** *f.* pinza *f.,* alfiler *m.;* **-schrank** *m.* armario (*m.*) de ropa blanca, ropero *m.*
waschen lavar; (Geschirr) fregar.
Waschung *f.* lavado; *rel.* lavatorio *m.;* *med.* ablución *f.*
Wasser *n.* agua *f.* (el); **unter -** (befindlich) submarino; **voll -** (Raum) anegado; (vollgesogen) empapado; **-lassen** (urinieren) hacer aguas; **-entziehen** (Chemie) deshidratar; **-abfluß** *m.* desagüe *m.;* **-bad** *n.* baño (*m.*) María; **-blase** *f.* burbuja; (unter d. Haut) ampolla *f.;* **w -abweisend** hidrófugo; **w. -aufnehmend** hidrófilo; **w -dicht** impermeable.
Wasser/fall *m.* cascada *f.;* (großer) catarata *f.;* **-flugzeug** *n.* hidro(avión) *m.;* **-glas** *n.* vaso (*m.*) para agua; *chem.* silicato (*m.*) de potasa; **-hahn** *m.* grifo (*m.*) de agua; **-heilkunde** *f.* hidroterapia *r.;* **-hose** *f.* tromba (*f.*) de agua; **-kessel** *m.* caldera *f.;* **-kraft** *f.* fuerza (*f.*) hidráulica; **-lauf** *m.* corriente (*f.*) de agua; **-leitung** *f.* canalización; (im Haus) cañería (*f.*) de agua; **-mangel** *m.* escasez (*f.*) de agua; **-melone** *f.* sandía *f.;* **-messer** *m.* (Zähler) contador (*m.*) de agua; **-mühle** *f.* molino (*m.*) de agua; **-pflanze** *f.* planta (*f.*) acuática; **-rohr** *n.* tubo *od.* caño (*m.*) de agua; **-sack** *m.* (Rohrleiung) sifón *m.;* **-schaden** *m.* daño (*m.*) causado por el agua; *naut.* avería *f.;* **-scheu** *f.* hidrofobia *f.;* **-spiegel** *m.* nivel (*m.*) de agua; **-stand** *m.* altura (*f.*) de las aguas; *techn.* nivel (*m.*) del agua; **-standsmesser** *m.* nivel *m.;* **-stiefel** *m.* bota (*f.*) de agua; **-stoff** *m.* hidrógeno *m.;* **-straße** *f.* vía (*f.*) de navegación; **-turbine** *f.* turbina (*f.*) hidráulica; **-verdrängung** *f. naut.* desplazamiento *m.;* **-versorgung** *f.* servicio (*m.*) de aguas; **-werk** *n.* central (*f.*) de abasto de aguas.
wässern aguar.

W

waten (durchn einen Fluß) vadear (un río).
watscheln andar contoneándose.
Watt *n. elektr.* vatio *m.; naut.* marisma *f.*
Watte *f.* algodón (*m.*) en rama.
wattieren forrar con algodón.
weben tejer.
Web/er *m.* tejedor *m.;* **-erei** *f.* fábrica (*f.*) de tejidos; **-erschiffchen** *n.* lanzadera *f.;* **-stuhl** *m.* telar *m.*
Wechsel *m.* cambio *m.;* (Handels -) letra (*f.*) de cambio; (Änderung es. Zustandes) variación *f.;* (Auswechselung) intercambio *m.;* **-geld** *n.* (herausgegebenes) vuelta *f.; SAm.* vuelto *m.;* **-jahre** *f. pl.* (Frauen) época (*f.*) crítica.
wechseln cambiar; (Kleidung) mudar; **Briefe** - cartearse; **Stimme** - mudar; **-d** (abwechselnd) alternando; (absatzweise) intermitente.
wechselseitig recíproco.
Wechsel/strom *m.* corriente (*f.*) alterna.
Wechsler *m.* cambista *m.*
wecken despertar; (Erinnerungen) evocar; **W** - *n.* (*mil*) diana *f.*
Wecker *m.* (Uhr) despertador *m.*
Wedel *m.* (Staub -) plumero *m.; bot.* palma *f.*
wedeln: m. dem Fächer - abanicar(se); (Hund) menear la cola.
weder... noch ni... ni.
Weg *m.* camino *m.;* (Reise -) ruta *f.;* (Promenade) paseo; (Mittel) manera *f.;* (Strecke) recorrido *m.;* (Pfad) senda *f.;* **auf gesetzlichem -e** por vía legal; **auf gütlichem -e** por las buenas; **auf schriftlichem -e** por escrito; **auf dem üblichen -e** como de costumbre; **aus dem -egehen** (Schwierigkeiten) eludir; **im -e stehen** estorbar; **jem. nicht über den - trauen** desconfiar de alg.; **den - abschneiden** echar por el atajo.
weg (fort) ausente.
Wege/bau *m.* construcción (*f.*) de caminos; **-baumeister** *m.* ingeniero (*m.*) de caminos; **-geld** *n.* impuesto (*m.*) de tránsito; **-lagerer** *m.* salteador (*m.*) de caminos.
wegen por, a causa de; (Anlaß) con motivo de.
weg/fahren marcharse, salir; **-fallen** suprimirse; **-gehen** irse; **-lassen** suprimir; **-legen** poner aparte.
Wegnahme *f.* toma; *jur.* confiscación *f.*
weg/nehmen quitar, retirar; **-räumen** quitar (de en medio); **-reisen** marcharse de viaje; **-schaffen** llevar (a otro sitio); **-schicken** (Waren) expedir; (jem.) mandar salir; **-sein** estar ausente; **-werfen** tirar; **sich -werfen** rebajarse.
Weh *n.* mal *m.;* (seelisch) pena *f.;* **-en** *f. pl.* (Geburt) dolores (*m. pl.*) del parto.
weh mal(o); **-tun** doler; (jem.) hacer daño a; s. - **tun** hacerse daño; **es tut mir in der Seele** - lo siento en el alma.
Wehklage *f.* lamento, grito (*m.*) de dolor.
wehklagen lamentarse.
wehleidig quejumbroso.
wehmütig melancólico.
Wehr *n.* presa *f.*
wehrdiensttauglich *adj.* útil para el servicio (militar).
wehren sich defenderse.
wehrlos indefenso.
Wehr/losigkeit *f.* estado (*m.*) indefenso; **-pflicht, allgemeine** *f.* servicio (*m.*) militar obligatorio.
Weib *n.* mujer; (Gattin) esposa *f.;* **-chen** *n.* (Tier) hembra *f.;* **geschichten haben** tener lío de faldas.
weibisch afeminado.
weiblich femenino, mujeril.
Weiblichkeit *f. fam.* **die holde** - el bello sexo.
weich blando; (Metall) dulce; **-lich** flojo; (zimperlich) melindroso.
Weichensteller *m.* guardagujas *m.*
weichen retroceder; (v. jem.) abandonar a.

Weichheit *f.* blandura, ductilidad *f.*
Weichling *m.* melindroso.
Weichsel *f. geogr.* el Vístula; **-kirsche** *f.* guinda (*f.*) agria.
Weide *f.* (Vieh -) pastos *m. pl.*, dehesa *f.*; (Baum) sauce *m.*
weiden (Vieh) apacentar; (intr.) pacer; **sich - an** deleitarse con.
Weiden *n.* pastoreo *m.*
Weidmesser *n.* cuchillo (*m.*) de monte.
weigrn, sich negarse a.
Weigerung *f.* negativa *f.*
Weih/becken *n.* pila (*f.*) de agua bendita; **-bischof** *m.* obispo (*m.*) auxiliar; **-e** *f.* consagración *f.*; (Vogel) milano *m.*
weihen consagrar; (Priester) ordenar.
Weiher *m.* estanque *m.*
weihevoll solemne.
Weihnacht/en *n.* (día [*m.*] de) Navidad *f.*; **-sabend** *m.* Nochebuena *f.*; **-sbaum** *m.* árbol (*m.*) de Navidad; **-sgeschenk** *n.* regalo (*m.*) de Navidad; (an Angestellte, Bediente) aguinaldo *m.*; **-skrippe** *f.* el Nacimiento; **-slied** *n.* villancico (*m.*) de Navidad; **-smann** el padre Noel.
Welh/rauch *m.* incienso *m.*; **-wasser** *n.* agua *f.* (el) bendita; **-wedel** *m.* hisopo *m.*
weil *conj.* porque, como; (da ja) ya que.
Weilchen *n. fam.* ratito *m.*
Weile *f.* rato *m.*; espacio (*m.*) de tiempo; (Augenblick) momento; **ee. gute** - un buen rato.
weilen (anhalten) detenerse, quedar; (säumen) tardar.
Weiler *m.* caserío *m.*
Wein *m.* vino *m.*; (-stock) vid *f.*; (Traube) uva *f.*; **-bau** viticultura *f.*; **-berg** *m.* viña *f.*; **-blatt** *n.* hoja (*f.*) de parra; **-ernte** *f.* vendimia *f.*; **-essig** *m.* vinagre (*m.*) de vino; **-faß** *n.* pipa *f.*, tonel *m.*; **-feld** *n.* viñedo *m.*; **-flasche** *f.* botella (*f.*) para vino; **-gegend** *f.* región (*f.*) vinícola; **-geist** *m.* espiritu de vino, alcohol *m.*; **-glas** *n.* vaso *m. bzw.* (m. Fuß) copa *f.* para vino; **-händler** *m.* viñatero *m.*; **-handlung** *f.* almacén (*m.*) de vinos; **-karte** *f.* lista (*f.*) de vinos; **-keller** *m.* bodega *f.*; **-kelter** *m.* lagar *m.*; **-kühler** *m.* enfriadera *f.*; **-laube** *f.* emparrado *m.*; **-lese** *f.* vendimia *f.*; **-ranke** *f.* pámpano *m.*; **-rebe** *f.* vid *f.*
weinrot color uva; color del vino.
Wein/säure *f.* acidez (*f.*) del vino; **-schlauch** *m.* (großer) pellejo *m.*; (kleiner) bota *f.*; **-sorte** *f.* marca *f.*, clase; **-stein** *m. chem.* tártaro *m.*; **-stock** *m.* (Rebe) vid; cepa; (hochstämmig) parra *f.*; **-stube** *f.* taberna *f.*; (Andalusien) colmado *m.*; **-traube** *f.* (racimo [*m.*] de) uva(s) *f.*; **-trester** *m. pl.* orujo *m.*; **-starker -trinker** (*m.*) **sein** ser aficionado al vino.
weinen llorar.
weise sabio.
Weise *f.* manera *f.*, modo *m.*; (Melodie) aire *m.*, canción *f.*; - *m.* sabio *m.*
weisen enseñar, señalar; **von s.** - rechazar; **jem. die Tür** - plantar a uno en la calle.
Weisheit *f.* sabiduría *f.*; (Wissen) saber *m.*; (Wissenschaft) ciencia *f.*; **-szahn** *m.* muela (*f.*) del juicio.
weismachen: (ejem. etw.) hacer creer.
weissagen predecir, pronosticar, profetizar.
Weissagung *f.* presagio, ponósico *m.*, profecía *f.*
weiß blanco; **-e Haare** *n. pl.* canas *f. pl.*; - **lassen** (auslassen) dejar en blanco **-gekleidet** vestido de blanco.
Weiß/blech *n.* hojalata, hoja de lata *f.*; **-brot** *n.* pan (*m.*) blanco *od.* de Viena; **-kohl** *m.* repollo (*m.*) blanco; **-waren** *f. pl.* lencería *f.*; **-wein** *m.* vino (*m.*) blanco.
weißen blanquear.

weit (entfernt) lejano; - **entfernt** muy lejos; **v. hier** a poca distancia de aquí; **-blickend** perspicaz.
Weite *f.* (Breite) anchura; (Ferne) lejanía *f.*
weiten ensanchar.
weiter (örtlich) más lejano; *fig.* además; **und so** - etcétera; (*Abkzg.* etc); **nichts** - nada más; **-gehen** (nicht stehenbleiben) ¡circulen!
Weiterungen *f. pl.* complicaciones *f. pl.*
weitläufig espacioso, amplio; **-er Verwandter** pariente lejano *m.*
weit/schweifig prolijo.
Weizen *m.* trigo *m.;* **-feld** *n.* trigal *m.;* **-mehl** *n.* harina (*f.*) de trigo.
welch/er, -e. -es es el *bzw.* la *bzw.* lo cual; **derjenige, -er** el que; **v. -em** de quién; **-er?** (v. beiden) ¿cuál?; **-es Kind**? ¿qué niño? ¿cuál de los niños?
welk marchito; **-en** marchitarse.
Well/blech *n.* chapa (*f.*) ondulada; **-e** onda; (Meeres -) ola.
Wellenbrecher *m.* rompeolas *m.*
wellenförmig ondulado.
Wellen/frequenz *f.* frecuencia (*f.*) de onda; **-länge** *f.* (Radio) longitud (*f.*) de onda; **-linie** *f.* línea (*f.*) ondulada; **-sittich** *m.* (Vogel) cotorra *f.*
wellig ondulado.
Wellpappe *f.* cartón (*m.*) ondulado.
Wellung *f.* ondulación *f.*
Welpe *m.* cachorro *m.*
Welt *f.* mundo *m.;* **-all** *n.* universo *m.;* **-anschauung** *f.* filosofía, ideología *f.*, ideario *m.;* **-ausstellung** *f.* exposición (*f.*) internacional.
weltberühmt famoso, renombrado.

Welt/bürger cosmopolita *m.;* **-firma** *f.* casa (*f.*) mundial; **-frieden** *m.* paz (*f.*) universal; **-geschichte** *f.* historia (*f.*) universal; **-handel** *m.* comercio (*m.*) internacional; **-herrschaft** *f.* dominio (*m.*) del mundo; **-karte** *f.* mapa mundial, mapamundi *m.;* **-körper** *m.* cuerpo (*m.*) celeste; **-krieg** *m.* guerra (*f.*) mundial; **-literatur** *f.* literatura (*f.*) mundial; **-macht** *f. pol.* gran potencia *f.;* **-mann** *m.* hombre (*m.*) mundano; **-meister** *m.* campeón (*m.*) del mundo; **-meister schaft** *f.* campeonato (*m.*) mundial; **-ruf** *m.* fama (*f.*) mundial; **-sprache** *f.* lengua (*f.*) universal; **-stadt** *f.* metrópoli *f.;* **-teil** *m.* continente *m.;* **-wunder** *n.* maravilla *f.*
weiterschütternd: nicht - *fam.* no es cosa del otro jueves.
weltlich mundano; *rel.* seglar.
Wende *f.* vuelta *f.;* (Fluß, Weg) recodo *m.;* **um die - des Jahrhunderts** a fines del siglo; **-kreis** *m.* trópico *m.;* **-ltreppe** *f.* escalera (*f.*) de caracol.
wenden volver, dar la uelta a; (Fahrzeuge, Schiffe) virar; **sich - an** dirigirse a.
Wendepunkt *m. fig.* crisis *f.*, momento (*m.*) crítico.
wendig de fácil manejo; dócil al mando.
Wendung *f.* (Umwendng) volteo *m.;* (Umlegung) vuelta *f.;* (Fahrzeuge) viraje *m.;* (Schiffe) virada *f.; fig.* giro *m.;* rumbo.
wenig poco; **ein** - *fam.* un poquito; **-e Male** raras veces; **in -en Tagen** dentro de un par de días; **-er** menos; **die -sten Menschen** muy poca gente..; **-stens** por lo menos.
Wenigkeit *f.*: **meine** - *fam.* un servidor.
wenn (bedingend) si; (seitlich) cuando; - **er doch...!** ¡ojalá...!**sogleich,** - tan pronto como; - **nur** siempre que; - **nicht** de no ser así.
wer ¿quién?; (v. beiden) ¿cuál?; (relativ) el que, quien.
Werbe/abteilung *f.* sección (*f.*) de propaganda; **-berater** *m.* jefe (*m.*) de propaganda; **-blatt** *n.* prospecto, folleto *m.;* **-büro** *n. mil.* oficina (*f.*)

de enganche *od.* de reclutamiento; **-fachmann** *m.* experto (*m.*) en propaganda; **-feldzug** *m.* campaña (*f.*) de publicidad; **-film** *m.* película (*f.*) de propaganda; **-graphik** *f.* artes (*f. pl.*) gráficas comerciales; **-graphiker** *m.* gráfico (*m.*) de publicidad; **-kosten** *pl.* gastos (*m.*) de la publicidad; **-mittel** *n.* medio (*m.*) de propaganda; **-plan** *m.* plan (*m.*) de publicidad; **-schreiben** *n.* carta (*f.*) de propaganda, circular *f.*

werben, (um e. Mädchen) solicitar la mano de; *mil.* reclutar; *comm.* hacer propaganda; (durch Anzeigen) anunciar; (Stimmen, Anhänger) ganar.

Werber *m. mil.* reclutador; (Freier) pretendiente *m.*

Werbung *f. mil.* reclutamiento *m.*; *comm.* propaganda *f.*

werden hacerse, (allmählich) llegar a ser, volverse; **ich werde gehen** iré; **geliebt** - ser amado; **gesund** - recobrar la salud; **was wird aus ihm** -? ¿qué será de él? **-de Mütter** *f. pl.* madres (*f. pl.*) gestantes.

werfen echar, arrojar; (weg-) tirar; **sich** - (Holz) alabearse.

Werft *f.* astillero *m.*

Werg *n.* estopa *f.*

Werk *n.* (Arbeit) obra *f.*, trabajo *m.*; labor *f.*; (Werkstatt) talleres *m. pl.*, fábrica; **-meister** *m.* capataz, jefe (*m.*) de taller; **-statt** *f.* taller(es) *m.* (*pl.*); **-stück** *n.* pieza *f.* (de labor) **-tag** *m.* día (*m.*) de trabajo. *SAm.* día laborable.

wertätig trabajador.

Werk/zeug *n.* herramientas *f. pl.*; útil, instrumento.

Wermut *m. bot.* ajenjo; (Wein) vermut *m.*

Wert *m.* valor; (Preis) precio *m.*; **-igkeit** *f.* (Chemie) valencia *f.*

wert (geehrt) estimado; (teuer) caro; (würdig) digno; **nicht der Mühe** - no vale la pena; **-beständig** de valor fijo.

Wert/beständigkeit *f.* estabilidad *f.*; **-brief** *m.* carta (*f.*) con valor declarado; valores (*m. pl.*) declarados; **-papiere** *n. pl.* valores, títulos *m. pl.*; **-sachen** *f. pl.* objetos (*m. pl.*) de valor; **-schätzung** *f.* aprecio *m.*, estima *f.*; **-zuwachs** *m.* plusvalía *f.*

werten (Sport) clasificar.

wertlos sin valor.

Wertung *f.* valoración; (Sport) clasificación *f.*

wertvoll valioso; **sehr** - de mucho valor; **wenig** - de poco mérito.

Wesen *n.* (Geschöpf) ser; (der Dinge) (Aussehen) aspecto *m.*, esencia *f.*

wesentlich esencial.

weshalb? ¿por qué? (relativ) por lo cual, por cuyo motivo.

Wespe *f. zool.* avispa *f.*; **-nnest** *n.* avispero *m.*; **-nstich** *m.* picadura (*f.*) de avispa.

wessen? ¿de quién?, ¿de qué?; (relativ) cuyo.

Weste *f.* chaleco *m.*

Westen *m.* oeste, occidente; *poet.* poniente *m.*

Westküste *f. SAm.* costa (*f.*) del Pacífico.

westlich del oeste, occidental.

Westwärts hacia (el) oeste, al oeste.

Westwind *m. naut.* poniente *m.*

Wett/bewerb *m.* competencia *f.*; **-bewerber** *m.* competidor; *m.* **-büro** *n.* agencia (*f.*) de apuestas; **-e** *f.* apuesta *f.*; **um die -e** a cual mejor; **was gilt die -e?** ¿apostamos? **-eifer** *m.* rivalidad *f.*

wett/eifern rivalizar; **-en** apostar; **-en daß er nicht kommt?** ¿a que no viene?

Wetter *n.* tiempo *m.* **bei günstigen Wetter** *Taur.* si el tiempo lo permite; **Wind und** - ausgesetzt a la intemperie; **-aussichten** *f. pl.* tiempo (*m.*) probable; **-bericht** *m.* boletín (*m.*) meteorológico; **-karte** *f.* mapa (*m.*) meteorológico.

W

wetterbeständig resistente a los agentes atmosféricos.
Wetterfahne *f.* veleta *f.*
wettergeschützt al abrigo de la intemperie.
Wetter/hahn *m.* veleta (*f.*) forma gallo; **-leuchten** *n.* relampagueo *m.*; **-voraussage** *f.* informe meteorológico, tiempo (*m.*) probable.
wetter/n: es -t hay tormenta; (fluchen) echar pestes contra; **-wendisch** (launsch) caprichoso.
Wett/fahrt *f.* carrera *f.*; **-kampf** *m.* (Sport) concurso, campeonato; (Fußball) encuentro, match *m.*; **-lauf** *m.* carrera *f.*; **-läufer** *m.* corredor *m.*; **-rudern** *n.* regata *f.*; **-rüsten** *n.* carrera (*f.*) de armamentos; **-schwimmen** *n.* concurso (*m.*) de natación; **-segeln** *n.* regata (*f.*) de balandros; **-spiel** *n.* encuentro, match, campeonato *m.*
wetzen afilar.
Wetzstein *m.* piedra (*f.*) de afilar *od.* de amolar.
Wichse *f.* betún *m.*, crema (*f.*) para el calzado.
wichsen (Schube) dar brillo a; (Fußboden) encerar.
wichtig importante; (Miene) grave; **s. - machen** *fam.* darse pisto.
Wichtigkeit *f.* importancia *f.*
Wicke *f. bot* algarroba *f.*
Wickel *m.* rollo; (Garn -) ovillo *m.*; **-gamasche** *f.* venda *f.*
wickeln (zur Rolle) arrollar; (zur Spule) bobinar; (ein -) envolver; (Kind) fajar; (Zigarette) liar.
Wicklung *f.* arrollamiento *m.*, devanado.
Widder *m. zool.* carnero.

wider contra; **-fahren** suceder.
Wider/haken *m.* garfio *m.*
widerhallen resonar, repercutir.
Widerlager *n.* contrafuerte; (Brücke) estribo *m.*
widerlegen refutar, desmentir.
Widerlegung *f.* refutación *f.*
wider/lich repugnante, asqueroso; **-natürlich** contrario a la naturaleza, perverso.
Wider/rede *f.* contradicción *f.*; **-rist** *m.* cruz *f.*; **-ruf** *m.* revocación *f.*; **bis auf -** hasta nuevo aviso.
wider/rufen revocar; (Nachrichten) desmentir; (Auftrag) dar contraorden; **-ruflich** revocable.
wider/sinnig paradójico; **-spenstig** reacio; (Kind) díscolo; (Haar) rebelde; **-spiegeln** reflejar; **-sprechen** contradecir, oponerse a; **-sprechend** contradictorio.
Wider/spruch contradicción *f.*; protesta; **im -spruch stehen** hallarse en pugna; **-stand** *m.* resistencia, oposición *f.*; *elektr.* (Apparat) reostato *m.*
widerstandslos *adj.* sin oponer resistencia.
wider/stehen (zuwider sein) repugnar; **-streben** resistir; **-strebend** obstinado; **-wärtig** (abstoßend) repugnante; (Geschick) adverso; (zuwider) antipático.
Widerwille *m.* repugnancia *f.*
widerwillig de mala gana.
widmen dedicar.
Widmung *f.* dedicatoria *f.*
widrig adverso, conrario; **-enfalls** de lo contrario.
wie (Frage) ¿cómo? (Vergleich) **- schön!** ¡qué bonito!
Wiedehopf *m.* (Vogel) abulilla *f.*
wieder otra vez; (v. neuem) de nuevo; *adv.* nuevamente.
Wieder/abdruck *m.* reimpresión *f.*; **-aufbau** *m.* reconstrucción *f.*; **-aufführung** *f. theat.* reestreno *m.*; **-aufnahmeverfahren** *n. jur.* revisión *f.*; **-aufrüstung** *f.* rearme *m.*; **-beginn** *m.* (Unterricht) reapertura *f.*
wiederbelben reanimar.
Wiederbelebungsversuche *m. pl.* intentos (*m. pl.*) de reanimar.
wieder/bringen devolver; **-einlösen** (Pfand) desempeñar; **-einsetzen**

restablecer; **-erkennen** reconocer; **-erlangen** recobrar; **-eröffnen** volver a abrir.
Wiedereröffnung *f.* reapertura *f.*
wieder/erscheinen reaparecer; **-ersetzen, -erstatten** restituir; **-finden** (Verlorenes) hallar; **-flottmachen** (Schiff) poner a flote.
Wiedererstattung *f.* reembolso *m.*, devolución *f.*
Wiedergabe *f.* reproducción.
wiedergeben (zurückgeben) devolver; (nachbilden) reproducir; *techn.* transmitir.
Wieder/geburt *f.* renacimiento *m.;* **-genesung** *f.* convalecencia *f.*
wiedergewinnen *techn.* recuperar.
Wiedergewinnung *f. techn.* recuperación *f.*
wiedergutmachen reparar.
Wiedergutmachung *f.* reparación *f.*
wiederherstellen restablecer.
Wiederhersteilung *f.* restablecimiento *m.*, restauración *f.*
wieder/holen repetir; (Lektion) repasar (zurückholen) volver a buscar; **-holt** repetido, reiterado.
Wieder/holung *f.* repetición *f.;* (Lektion) repaso; **im -holugsfalle** *jur.* en caso de reincidencia; **-ingangsetzung** *f.* reanudación (*f.*) del trabajo *od.* del servicio; **-instandsetzung** *f.* restauración, reparación *f.*
wiederkäuen rumiar.
Wieder/käuer *m. zool.* rumiante *m.;* **-kehr** *f.* vuelta *f.;* (Rückkehr) regreso; (es. Gedenktages) aniversario *m.*
wieder/kehren, -kommen volver, regresar; (Jahrestag) cumplirse; **-sehen** volver a ver.
Wieder/schein *m.* resplandor *m.;* **-sehen** *n.* (próximo) encuentro; **auf -sehen!** ¡hasta la vista!; (bald) hasta luego, hasta ahora; **-täufer** *m.* anabaptista *m.*
wieder/um otra vez, de nuevo; (andrerseits) por otra parte; **-vereinigen** reunir; *pol.* reincorporar.
Wiedervereinigung *f.* reunión, reincorporación *f.*
wiedervergelen (Wohltat) devolver; (im schlechten Sinne) pagar.
Wieder/vergeltung *f.* recompensa *f.;* (im schlechten Sinne) represalias *f. pl.;* **-verkauf** *m.* reventa *f.;* **-verkäufer** *m.* revendedor *m.*
wiederversöhnen reconciliar.
Wiederwahl *f.* reelección *f.*
wiederwählen reelegir.
Wiege *f.* cuna *f.;* **-messer** *n.* cuchilla (*f.*) de picar carne.
wiegen (Kind) mecer; (Gewicht) pesar; (zerkleinern) picar.
Wiegen/druck *m. typ.* incunable *m.;* **-lied** *n.* canción (*f.*) de cuna.
wiehern relinchar.
Wien *n.* Viena *f.;* **-er** *m.* vienés *m.;* **-erin** *f.* vienesa *f.*
Wiese *f.* prado *m.*, pradera *f.;* **-l** *n. zool.* comadreja *f.*
wie/so? ¿cómo?; **-viel**? ¿cuánto?; **-wohl** aunque.
wild (Tier, Volk) salvaje; (Pflanze) silvestre; (Kind) revoltoso.
Wild *n.* caza *f.;* **-braten** *m.* caza *f.;* **-dieb** *m.* cazador (*m.*) furtivo; **-er** *m.* salvaje *m.;* **-erer= -dieb.**
wildern cazar en vedado.
wildfremd *adj.* completamente desconocido.
Wild/heit *f.* ferocidad *f.*, salvajismo *m.;* **-leder** *n.* (Gamsleder) (piel de) gamuza *f.;* **-nis** *f.* desierto *m.*, selvas *f. pl.;* **-schwein** *n.* jabalí *m.*
Wilhelm *m.* Guillermo *m.*
Wille *m.* voluntad; (Absicht) intención; **letzer** - *jur.* última voluntad *f.*, testamento *m.;* **aus freiem -n** por propia voluntad; **gege meinen** - a pesar mío; *adv.* espontáneamente; **m. -n a** propósito; **wider -n** sin querer; (widerstrebend) de mala gana; **-nskraft** *f.* energía *f.*

willenlos *adj.* sin energía.
Willenlosigkeit *f.* falta (*f.*) de voluntad.
wil/fahren (jem.) complacer a; **-fährig** complaciente.
willig (gehorsam) obediente; (dienstfertig) servicial; (gern) con gusto; de buena gana.
Will/kommen *n.* bienvenida *f.*; **-kür** *f.* arbitrariedad *f.*; (Laune) capricho *m.*
willkommen *adj.*: **-heißen** dar la bienvenida; **sehr - sein** venir a propósito.
willkürlich arbitrario; (launisch) caprichoso.
wimm/eln von estar cuajado de; **-ern** gemir.
Wimp/el *f.* gallardete *m.*; **-er** *f.* pestaña *f.*; **ohne mit der -er zu zucken** sin pestañear.
Wind *m.* viento; (Furz) *vulg.* pedo *m.*; **in den -schlagen** (Mahnungen) no hacer caso a; **-beutel** *m.* (Gebäck) buñuelo (*m.*) de viento; *fig.* calavera *m.*; **-e** *f.* torno; (Hebebock) gato; *bot* enredadera *f.*; **-el** *f.* pañal *m.*; **-eln** *f. pl.* mantillas *f. pl.*
windelweich *adj.*: **-schlagen** moler a palos.
winden, (sich) torcer; (retorcerse).
windgeschützt *adj.* al abrigo del viento.
Wind/hauch *m.* soplo (*m.*) de viento; **-hose** *f.* tromba *f.*; **-hund** *m.* galgo *m.*
windig ventoso; *fig.* fanfarrón.
Wind/jacke *f.* trinchera (*f.*) corta; **-mühle** *f.* molino (*m.*) de viento; **-pocken** *f. pl.* viruelas (*f. pl.*) locas; **-schutzscheibe** *f.* (Auto) parabrisas *m.*; **-spiel** *n. zool.* galgo *m.*
windstill tranquilo.
Wind/stille *f.* calma *f.*; **-stoß** *m.* ráfaga (*f.*) de viento; **-ung** *f.* vuelta *f.*; (Weg) recodo *m.*
Wink *m.* seña *f.*; *fig.* aviso *m.*; **-el** *m.* -ángulo; (Ecke) rincón *m.*
winken hacer señas (con la mano); **m. dem Taschenuch -** agitar el pañuelo.
Winker *m. aut.* indicador (*m.*) de dirección.
winklig (Gasse) tortuoso.
Winseln *n.* gemidos; (Hund) aullidos *m. pl.*
Winter *m.* invierno *m.*; **-anzug** *m.* traje (*m.*) de abrigo; **-fahrplan** *m. Eis.* horario (*m.*) de invierno; **-garten** *m.* invernadero *m.*
winterlich invernal.
Winter/schlaf *m.* sueño (*m.*) hibernal; **-sport** *m.* deporte(s) *m.* (*pl.*) de nieve; **-wäsche** *f.* ropa (*f.*) de abrigo; **-zeit** *f.* estación (*f.*) de invierno (Uhr) hora (*f.*) de invierno.
Winzer *m.* viñador *m.*
winzig diminuto, minúsculo.
Wipfel *m.* copa *f.*
wippen bascular.
wir nosotros; **-Deutsche sind...** los alemanes somos...
Wirbel *m.* torbellino *m.*; (Kopf) coronilla *f.*; (Trommel) redoble *m.*; (Geige) clavija *f.*; **-knochen** *m. anat.* vértebra *f.*; **-säule** *f.* columna (*f.*) vertebral; **-sturm** *m.* ciclón, tornado *m.*; **-tier** *n.* vertebrado *m.*; **-wind** *m.* torbellino *m.*
wirbeln remolinar.
wirk/en obrar, actuar; **-lich** real, efectivo; **-lich**? ¿de veras?, ¿verdad?
Wirklichkeit *f.* realidad *f.*
wirksam eficaz.
Wirkung *f.* efecto *m.*, consecuencia; (Ein -) acción *f.*; (von Säuren, Beizen) ataque *m.* (**von** por).
wirkungslos ineficaz, sin efecto.
Wirkwaren *f. pl.* géneros (*m. pl.*) de punto.
wirr confuso; (Haar) desordenado.
Wirren *pl.* desórdenes *m. pl.*
Wirrwarr *m.* desorden, caos (*m.*); *fam.* lío *m.*
Wirsingkohl *m.* col (*f.*) rizada.

Wirt *m.* fondista; *SAm.* fondero; (Schank -) tabernero; **-in** *f.* fondista, tabernera, ama, dueña; (Zimmervermieterin) patrona *f.;* **-schaft** *f.* (es Landes) economía; (Haus -) gobierno (*m.*) de la casa; (Hausarbeiten) quehaceres domésticos; (Land -) agricultura; (Witrshaus) restorán *m.,* fonda; (am Wege) venta *f.;* **-schafterin** *f.* ama *f.* (el) de llaves.

wirtschaft/en llevar la casa; **-lich** económico.

Wirt/schaftler *m.* economista *m.;* **-schaftsjahr** *n.* ejercicio (*m.*) económico; **-schaftskrise** *f.* crisis (*f.*) económica; **-schaftslage** *f.* situación (*f.*) económica; **-schaftlichkeit** *f.* rentabilidad *f.*

Wisch *m.* (Lappen) trapo; (Stroh -) estropajo.

wischen (ab -) limpiar; (scheuern) fregar; (den Staub) quitar (die Nase) sonarse.

Wischtuch *n.* trapo *m.;* (für Boden) bayeta *f.*

Wisent *m. zool.* bisonte *m.*

Wißbegierde *f.* deseo (*m.*) de saber, curiosidad *f.*

wißbegierig deseoso de aprender; curioso por saber.

wissen saber; (kennen) conocer **nicht** - ignorar; **Bescheid** - estar enterado *od. fam.* al tanto; - **lassen** dar a conocer, enterar.

Wissen *n.* saber *m.;* (Kenntnisse) conocimientos *m. pl.;* **m.** - a sabiendas.

Wissenschaft *f.* ciencia *f.;* **-ler** *m.* hombre (*m.*) de ciencia, sabio.

wissen/schaftlich científico; **-swert** digno de saberse; **-tlich** *adv.* a sabiendas; (absichtlich) a propósito.

wittern olfatear; *fig.* (argwöhnen) sospechar.

Witterung *f.* tiempo; (Geruch) olfato *m.*

Witwe *f.* viuda; **-npension** *f.* viudedad *f.;* **-nstand** *m.* viudez *f.;* **-r** *m.* viudo *m.*

Witz *m.* chiste *m.;* (Spaß) broma, *fam.* guasa *f.;* (Mutter -) salero; (Zote) chiste (*m.*) verde; *fig.* **der - ist der, daß el** quid está en que; **-blatt** *n.* periódico (*m.*) humorístico.

witz/eln gastar bromas; **-ig** chistoso gracioso; **-ig sein** tener gracia.

wo donde; **-?** ¿dónde?; ach -! ¡quiá!, ¡ca!; **-bei** con lo cual.

Woche *f.* semana *f.;* **-nbett** *n. med.* puerperio *m.;* **im -nbett liegen** estar de parto; **-nende** *n.* fin (*m.*) de semana; **-nlohn** *m.* paga (*f.*) semanal; **-nmarkt** *m.* mercado (*m.*) semanal; **-nschau** *f.* (Kino) actualidades *f. pl.;* **-nschrift** *f.* semanario *m.;* **-ntag** *m.* día de (la) semana.

wöchentlich semanal; *adv.* por semana.

Wöchnerin *f.* parturienta *f.;* **-ne heim** *n.* casa (*f.*) de maternidad.

wo/durch por donde; *adv.* **-?** ¿cómo?; **-fern** siempre que; **-fern nicht** a no ser que; **-fur?** ¿para qué?; (*rel.*) para que.

Woge *f.* ola, onda *f.*

wo/gegen ¿contra qué?; (*rel.*) contra lo cual; **-her?** ¿de dónde?; **-hin?** ¿adónde?

wohl *adv.* bien; (wahrscheinlich) tal vez; **sich - fühlen** *fam.* estar a sus anchas; **sich nicht - fühlen** estar indispuesto; **leben Sie -!** ¡vaya Vd. con Dios!; ¡adiós!; - **dem, der** dichoso aquel que.

Wohl *n.* bien *m.;* **zum -** ¡(a su) salud!

wohl/bekannt muy conocido; **-auf** bien de salud.

Wojl/befinden *n.* bienestar *m.;* buena salud *f.;* **-behagen** *n.* comodiad *f.*

wohl/behalten sano y salvo; **-beleibt** corpulento; **-erworben** (Rechte) legítimo.

Wohlfahrt *f.* caridad (*f.*) pública; (amtliche) asistencia social; **-samt** *n.*

oficina (*f.*) de asistencia social; **-seinrichtungen** *f. pl.* instituciones (*f. pl.*) benéficas.
Wohlgefallen *n.* agrado, gusto *m.*
wohl/gemeint *adj.* (Rat) bien intencionado; **-gemut** alegre; **-genäht** de buenas carnes.
Wohl/geruch *m.* buen olor, aroma, perfume *m.*; **-geschmack** *m.* gusto *od.* sabor (*m.*) agradable.
wohl/gesinnt bien intencionado; **-habend** acomodado; (reich) acaudalado, adinerado.
Wohl/habenkeit *f.* bienestar *m.*, riqueza *f.*; **-klang** *m.* armonía *f.*; **-leben** *n.* vida (*f.*) regalada.
wohlklingend *adj.* melodioso.
wohl/meinend *adv.* con la mejor intención; **-riechend** aromático, perfumado; **-schmeckend** sabroso.
Wohl/stand *m.* bienestar *m.*, prosperidad *f.*; **-tat** *f.* obra (*f.*) de caridad, buen servicio *m.*; **-täter** *m.* bienhechor *m.*
wohltätig benéfico; (mildtätig) caritativo.
Wohltätigkeit *f.* beneficencia, caridad *f.*; **-sverein** *m.* sociedad (*f.*) benéfica.
wohl/tuend (angenehm) agradable; **-tum** hacer bien, agradar.
wohl/verdient bien merecido; benemérito (**um** de); **-weislich** prudentemente.
Wohlwollen *n.* benevolencia *f.*
wohlwollend benévolo.
wohn/en vivir; (be -) habitar; (im Hotel) parar; **-haft** domiciliado en, residente en; **-lich** cómodo, confortable.
Wohn/haus *n.* casa; (Mietshaus) casa de alquiler, casa (*f.*) de vecindad; **-ort** *m.* residencia *f.*; **-sitz** *m.* domicilio *m.*; **-stube** *f.* cuarto (*m.*) de estar, sala *f.*; **-viertel** *n.* barrio (*m.*) de viviendas; **-wagen** *m.* carro (*bzw. aut.* coche) (*m.*) vivienda; **-zimmer** *n.* sala *f.*, cuarto de estar, gabiente *m.*

Wohnung *f.* habitación, vivienda *f.*; (Etagen -) piso, *SAm.* departamento; (amtlich) domicilio *m.*; **die - wechseln** mudar (de casa); **-samt** *n.* oficina (*f.*) de alojamientos; **-sfrage** *f.* problema (*m.*) de la vivienda; **-snachweis** *m.* oficina (*f.*) de contratación de pisos y cuartos; **-snot** *f.* escasez (*f.*) de viviendas; **-smiete** *f.* alquiler *m.*; **-swechsel** *m.* cambio (*m.*) de domicilio; (Umzug) mudanza *f.*
wölben abovedar.
Wölbung *f.* bóveda *f.*, arco *m.*; (Holz) alabeo *m.*
Wolf *m. zool.* lobo *m.*; **-shund** *m.* perro (*m.*) lobo.
Wolke *f.* nube *f.*; **-nbruch** *m.* lluvia (*f.*) torrencial; **-nkratzer** *m.* rascacielos *m.*
volkenlos *adj.* (Heiter) claro, despejado.
wolkig nublado.
Wolle *f.* lana *f.*
wollen querer; **gerne** - tener ganas de; **lieber** - preferir; (beabsichtigen) pensar; **etw. gleich tun** - ir a; (verlangen) pedir; **zu wem - Sie?** ¿con quién desea hablar?; **das will nichts sagen** esto no significa nada.
wollig de lana; *zool.* lanudo.
Woll/kleid *n.* vestido (*m.*) de lana **-markt** *m.* mercado (*m.*) de lanas; **-schur** *f.* esquileo *m.*; **-stoff** *m.* género (*m.*) de lana; **-vieh** *n.* ganado (*m.*) lanar; **-waren** *f. pl.* géneros (*m. pl.*) de lana.
wollüstig voluptuoso.
vo/mit? ¿con qué?; (*rel.*) con que, con lo cual; **-nach** *adv.* ¿con qué?; (*rel.*) por lo que, según lo cual; (zeitlich) después de lo cual.
Wonne *f.* delicia *f.*
wonnig delicioso.
wo/ran? *adv.* ¿en qué?; (örtlich) ¿dónde?; **nicht wissen, -ran man ist,** no saber a qué atenerse; **-rauf?** ¿dónde?; (*rel.*) sobre el (lo) que *bzw.*

el (lo) cual; **-raus**? ¿de dónde?, ¿de qué?; (*rel.*) de lo cual, del cual, de donde; **-rin**? ¿(en) dónde?; (*rel.*) en que, en el cual.

worfeln aventar.

Wort *n.* palabra *f.;* (Ausdruck) término *m.;* (Vokabel) voz *f.;* **geflügeltes** - dicho *m.;* **e. paar -e** *fam.* dos palabras; **das - führen** *fam.* llevar la voz cantante; **das - ergreifen** *parl.* hacer uso de la palabra; **sein - (nicht) halten** cumplir (faltar a) su palabra; **jem. beim -e nehmen** coger (tomar) a uno la palabra; **aufs -glauben** creer a pies juntillas.

wortbrüchig que falta a su palabra; (unzuverlässig) informal; **-w.** faltar a la palabra dada.

Wörterbuch *n.* diccionario *m.*

Wort/führer *m.* portavoz *m.;* **-gefecht** *n.* disputa *f.*

wort/getreu textual; **-karg** parco en palabras, taciturno.

Wort/klauber *m.* criticón *m.;* **-laut** *m.* texto *m.* (original); **im -laut** textualmente; **nach dem -laut des Abkommens** según los términos del convenio.

wörtlich literal, textual.

wortlos mudo; *adv.* sin decir nada.

Wort/rechtum *m.* (Sprache) riqueza (*f.*) de léxico; **-schatz** *m.* léxico, caudal (*m.*) de voces; **-schwall** *m.* *fam.* locuacidad *f.;* **-sinn** *m.* sentido (*m.*) literal; **-spiel** *n.* juego de palabras.

wo/rüber? ¿de *od.* sobre qué?; (*rel.*) sobre el que (*od.* lo cual), de (lo) que; **-runter?** ¿debajo de qué?; (*rel.*) entre los que; **-von?** ¿de qué?; (*rel.*) de (lo) que; **-vor**? ¿ante quién? ¿qué?; (*rel.*) ante el cual; (zeitlich) antes de lo cual; **-zu?** ¿a qué?, ¿para qué? (*rel.*) a que, a lo cual.

Wrack *n.* *naut.* buque naufragado, barco (*m.*) hundido; (Person) *fig.* calamidad *f.*

wringen torcer.

Wucher *m.* usura *f.;* **-treiben** prestar dinero a usura; **-er** *m.* usurero *m.;* **-zins** *m.* interés (*m.*) usurario.

wucher/isch usurario; **-n** usurar; *bot.* multiplicarse rápidamente.

Wucherung *f. med.* vegetación *f.;* (Nasen -) pólipo *m.*

Wuchs *m.* crecimiento *m.;* (Körper -) estatura, talla *f.*

wuchtig *adj.* (Schlag) violento.

Wühlarbeit *f. fig.* trabajos (*m. pl.*) de zapa.

wühlen *pol.* agitar; **- in** revolver en; (in der Erde) excavar; (Schwein) hozar.

Wulst *m. techn.* nervio *m.;* (Auswuchs) protuberancia *f.*

wulstig (Lippen) grueso.

wund herido; **-er Punkt** *fig.* flaco *m.;* **den -en Pnkt berühren** *fig.* tocar en lo vivo; **-ärztlich** quirúrgico.

Wunde *f.* herida, lesión; (Brand -) quemadura; *fig.* llaga *f.*

Wunder *n.* milagro, prodigio *m.;* (-werk) maravilla *f.;* **das ist kein -** no es de extrañar; **-tun** *fig.* hacer lo imposile.

wunderbar milagroso, maravilloso; (staunenswert) asombroso; *fam.* estupendo.

Wunderdoktor *m.* charlatán *m.*

Wunderkind *n.* niño (*m.*) prodigioso, prodigio *m.*

wunder/lich raro, extraño, curioso, extravagante, caprichoso; **-n über, sich** asombrarse de, extrañarse de; **es wundert mich absolut nicht** *fam.* no me choca; **-schön** hermosísimo, magnífico; **-voll** admirable, magnífico.

Wundertäter *m. rel.* santo (*m.*) .

wundertätig milagroso.

Wund/fieber *n.* fiebre (*f.*) traumática; **-rose** *f. med.* erisipela *f.;* **-salbe** *f.* ungüento (*m.*) para heridas; **-starrkrampf** *m.* tétanos *m.;* **-verband** *m. med.* apósito *m.*

Wunsch *m.* deseo *m.;* (Glück -) felicitación *f.;* (inniger) anhelo *m.;* **auf allgemeinen** - a petición general; **je nach - des Käufers** a voluntad del comprador; **alles geht nach -** *fam.* todo va a pedir de boca.
Wünschelrute *f.* vara (*f.*) mágica.
wünschen desear; (sehnsüchtig) anhelar; **Glück** - felicitar; **guten Tag** - dar los buenos días; **ganz wie Sie** - ¡Vd. manda!
Würde *f.* dignidad *f.;* akademische) título *m.*
würde/los indigno; **-voll** digno; (feierlich) solemne.
Würdenträger *m.* dignatario *m.*
würdig digno; **-en** apreciar.
Würdigung *f.* apreciación *f.*
Wurf *m.* tiro *m.; techn* lanzamiento *m.*, proyección *f.;* (Würfelspiel) jugada *f.;* (Tiere) camada *f.*
Wurfspeer *m.* (Sport) jabalina *f.;* **-spieß** *m.* venablo *m.*
Würfel *m.* dado; *math.* cubo; (Stoffmuster) cuadrado *m.;* **-becher** *m.* cubilete *m.*
würfeln jugar a los dados.
Würfelzucker *m.* azúcar (*m.*) cuadradillo.
Wurftaube *f.* (Sport) pichón *m.*
würgen ahogar; (er -) estrangular; (hinunter -) tragar.
Würger *m. zool.* alcaudón *m.*
Würgschraube *f.* (Hinrichtung, Span) garrote *m.*
Wurm *m.* gusano *m.;* (Eingeweide - Regen -) lombriz; (Holz -) carcoma *f.*
wurmförmig vermiforme.
Wurm/fortsatz *m. med.* apéndice *m.;* **-fraß** *m.* carcoma *f.;* **-mittel,** *n. med.* vermífugo *m.*
wurmen: es wurmt mich *fam.* me da (una) rabia.
wurmstichig (Holz) carcomido; (Buch) apolillado; (Obst) picado.
Wurst *f.* embutido *m.*, salchicha *f.;* (Hart -) salchichón *m.;* (Blut -) morcilla *f.;* (Brat -) chorizo *m.;* **mir ist alles** - *fig. fam.* me importa un bledo, me da lo mismo.
Würstchen *n.* salchicha *f.*
wursteln *fam.* chapucear.
Wurstgeschäft *n.* salchichería *f.*
wurstig indiferente, cachazudo.
Wurstigkeit *f. fam.* cachaza *f.*
Wurstwaren *f. pl.* embutidos *m. pl.*, fiambres.
Würze *f.* (Speise-) condimento *m.;* (Gewürze) especias *f. pl.;* (Geschmack) sabor; (Duft) aroma; (Bier-) mosto *m.*
Wurzel *f.* raíz *f.;* **-stock** *m. bot.* rizoma *m.*
wurzeln echar raíces; *fig.* radicar.
wurzen condimentar; **nicht genügend gewürzt** soso.
würzig aromático, sabroso.
wüst desierto (wirr) en desorden; (Szene) tumultuoso.
Wüste *f.* desierto *m.*
wüsten: m. dem Gelde -despilfarrar *od.* (tirar) el dinero.
Wüstling *m.* calavera *m.*
Wut *f.* rabia *f.;* **in - geraten** ponerse furioso; **-ausbruch** *m.* (es. Kindes) *fam.* rabieta *f.*
wüten rabiar; **-d** furioso.

x, X *n.* x, X *f.* equis *f.;* **Herr X** Don Fulano.
Xaver (Name) Javier.
X-Beine *n. pl.* piernas (*f. pl.*) de patizambo.
x-veinig patizambo; **-beliebig** cualquier.
Xeres-Wein *m.* vino (*m.*) de Jerez.
X-Haken *m.* escarpia (*f.*) en X.
x-mal *fam.* mil veces; la mar de veces.
X-Strahlen *m. pl.* rayos (*m. pl.*) X.
Xylophon *n. mus* xilófono *m.*

y, Y *n.* y, Y *f.,* i griega.
Yacht *f.* yate *m.*
Yamswurzel *f. bot.* ñame *m.*
Yankee *m.* yanqui *m.*
Yard *n.* yarda *f.*
Yerba *f.* yerba *f.;* yerba-mate; **-händler** *m.* yerbatero *m.*

Z

z, Z *n.* z. Z *f.*, zeta *f.*
Zacke *f.*, **-n** *m.* diente *m.;* (Spitze) punta *f.;* (Fels, Gabel) pico *m.;* (kleinere) púa *f.*
zack|en dentar, **-ig** dentado, con púas.
zähe tenaz; (Fleisch) duro; (Flüssigkeiten) viscoso; (klebrig) pegajoso; **e. -s Leben haben** *fig. fam.* tener siete vidas como los gatos.
Zähigkeit *f.* tenacidad, dureza, viscosidad *f.*
Zahl *f.* número *m.;* (-zeichen) cifra *f.;* (Kennzahl) índice *m.;* ohne - innumerable.
zahl|bar pagadero; **-en** pagar; Herr Ober, zahlen! ¡Camarero, la cuenta!
zählen contar; **die Stimmzettel** - proceder al escrutinio.
Zähler *m. techn.* contador; *math.* numerador *m.;* Summen - totalizador.
zahl|los sin número, sin tasa, sin cuento; **-reich** numeroso.
Zahl|meister *m. mil.* habilitado, pagador *m.;* **-tag** *m.* día (*m.*) de pago; **-ung** *f. pago m.;* **-ungsanweisung** *f.* libramiento *m.;* **-ungseinstellung** *f.* suspensión (*f.*) de pagos; **-ungserleichterungen** *f. pl.* facilidades (*f. pl.*) de pago; **-ungsfähigkeit** *f.* solvencia *f.;* **-ungstermin** *m.* fecha (*f.*) de pago; (Verfall) vencimiento *m.;* **-ungsunfähigkeit** *f.* insolvencia *f.*
Zählung *f.* numeración *f.;* (Volks-) censo; (Stimmen-) recuento *m.*
zahm manso.
zähm|bar domesticable; **-en** domesticar.
Zahmheit *f.* domesticidad; *fig.* mansedumbre *f.*
Zähmung *f.* doma(dura) *f.*
Zahn *m.* diente *m.;* (Backen-) muela *f.;* (Eck-) colmillo; (Schneide-) incisivo *m.;* **-arzt** (médico) dentista; odontólogo *m.;* **-bien** *n.* marfil *m.* (de los dientes); **-belag** *m.* sarro *m.;* **-bürste** *f.* cepillo (*m.*) para los dientes; **-ersatz** *m.* dentadura (*f.*) postiza; **-fistel** *f.* fístula (*f.*) dental; **-fleisch** *n.* encía(s) *f.* (*pl.*); **-füllung** *f.* empaste *m.;* **-geschwür** *n.* flemón *m.* (de la encía); **-höhle** *f.* cavidad (*f.*) dental; **-klinlk** *f.* clínica (*f.*) dental; **-nerv** *m.* nervio (*m.*) alveolar; **-paste** *f.* pasta (*f.*) dentífrica; **-plombe** *f.* empaste *m.;* **-rad** *n.* rueda (*f.*) dentada; **-schmelz** *m.* esmalte *m.;* **-schmerz** *m.* dolor (*m.*) de muelas; **-stange** *f.* cremallera; *f.;* **-stein** *m.* sarro (*m.*) de los dientes; **-stocher** *m.* palillo *m.;* **-wechsel** *m.* segunda (*f.*) dentición; **-weh** *n.:* **ich habe -weh** me duelen las muelas; **-wurzel** *f.* raigón *m.*, raíz *f.;* **-zichen** *n.* extracción (*f.*) de dientes.
Zähne|klappern *n.* castañeteo (*m.*) de los dientes; **-knirschen** *n.* crujido (*m.*) de los dientes.
zahnen echar dientes.
Zange *f.* (Beiß-, Kneif-) tenaza(s) *f.* (*pl.*); (Elektriker-, Gasrohr-, Isolier-) alicates *m. pl.; med.* fórceps *m.*
Zank *m.* altercado *m.*, riña; (Wortwechsel) disputa *f.; fam.* bronca.
zanken reñir, pelearse; **s.** - **m.** *fam.* tener una bronca con.

zänkisch pendenciero.
Zäpfchen *n. anat.* campanilla *f.;* (After -) supositorio *m.*
Zapfen *m. techn.* (Achs -) muñón (senkrecht stehend) pivote; (Sonstige) bullón, gorrón, pasador *m.;* (Faß) espita; (Tannen -) piña *f.*
zapfen abrir la espita.
zappeln agitarse.
zärtlich cariñoso.
Zärtlichkeit *f.* ternura *f.*, cariño *m.;* **-en** *f. pl.* caricias *f. pl.*, mimos *m. pl.*
Zauber *m.* encanto, hechizo; **fauler -** *fig.* embuste *m.;* **-ei** *f.* magia; (Hexerei) brujería *f.;* **-er** *m.* hechicero, mago; (Hexenmeister) brujo *m.;* **-erin** *f.* hechicera, bruja *f.;* **-künstler** *m.* prestidigitador *m.*
zaubern hacer juegos de mano, hacer brujerías.
Zauber|spruch *m.* fórmula (*f.*) mágica; **-stab** *m.* varita (*f.*) mágica.
Zaum *m.* freno *m.*, brida *f.;* **im -e halten** *fig.* reprimir.
Zaun *m.* cerca; (Gartengitter) verja; (Bretter -) alambrada *f.;* **-gast** *m.* mirón, espectador (*m.*) de gorra; **-könig** *m.* (Vogel) reyezuelo *m.;* **-pfahl** *m.* estaca *f.*
zausen (jem.) tirar del pelo.
Zebra *n. zool.* cebra *f.*
Zeche *f.* **die - bezahlen** *fig. fam.* pagar el pato.
zechen *fam.* empinar el codo.
Zech|er *m.* (gran) bebedor; **-gelage** *n.* francachela *f.;* **-preller** *m.* cliente que hace gasto y se larga sin pagar.
Zecke *f. zool.* garrapata *f.*
Zeder *f.* cedro *m.*
Zehe *f.* dedo (*m.*) del pie; **die große -** el dedo gordo (del pie); **auf den -nspitzen** de puntillas.
zehn diez; **halb -** (Uhr) las nueve y media; **die oberen -tausend** la flor y nata de la sociedad.
Zehn|kampf *m.* (Sport) decatlón *m.;* **-te** *m.* (Abgabe) diezmo *m.;* **-tel** *n.* décimo *m.*, décima parte *f.*
Zeichen *n.* signo *m.;* (Signal) señal; (Wink) seña; (Merk -) marca *f.;* (Formel -, Kurz -) símbolo (para fórmulas; - abreviado); **e. -zum Halten geben** (Straßendabn) mandar parar; (An -) indicio, síntoma *m.;* **-brett** *n.* tablero (*m.*) de dibujo; **-heft** *n.* cuaderno (*m.*) de dibujo; **-lehrer** *m.* profesor (*m.*) de dibujo; **-papier** *n.* papel (*m.*) para dibujar; **-sprache** *f.* lenguaje (*m.*) por señas; **-stift** *m.* lápiz (*m.*) de dibujo; **-stunde** *f.*, **-unterricht** *m.* clase (*f.*) de dibujo.
zeichnen dibujar; (unter -) firmar; (Beitrag) suscribirse con; (an -) marcar.
Zeichn|er *m.* dibujante; (v. Plänen) delineante; (Unter -er) firmante; **-ung** *f.* dibujo; (Skizze) croquis *m.*
Zeigefinger *m.* (dedo) índice *m.*
zeigen enseñar, mostrar.
Zeiger *m.* (Uhr) manecilla, aguja (*f.*) indicadora.
Zeile *f.* línea *f.*, renglón *m.*
Zeit *f.* tiempo *m.;* Orts - hora (*f.*) local; **welche - ist es?** ¿qué hora es?; **die -en sind schlecht für ...** corren malos vientos para...; **die -en von anno Tobak** los tiempos de Maricastaña; **-abschnitt** *m.;* temporada *f.*, período *m.;* **-alter** *n.* edad, época *f.;* **-angalbe** *f.* (Stunde) hora; (Datum) fecha *f.;* **-aufnahme** *f. phot.* exposición *f.;* **-dauer** *f.* duración *f.*
zeitgemäß de moda; **nicht -** fuera de moda.
Zeitgenosse *m.* contemporáneo *m.*
zeitig temprano; *adv.* a tiempo.
zeit|lebens por toda la vida.
Zeit|lupe *f.* retardador *m.;* **-nehmer** *m.* cronometrador *m.;* **-punkt** *m.* momento *m.*, fecha *f.;* (Gelegenheit) ocasión *f.;* **-raffer** *m.* acelerador *m.*
zeitraubend largo, que exige mucho tiempo; perdiendo un tiempo precioso.

Zeit|raum espacio (*m.*) de tiempo; **-schrift** *f.* revista *f.*, gráfico *m.*

Zeitung *f.* periódico, diario *m.;* **-sanzeige** *f.* anuncio *m.;* **-sausschnitt** *m.* recorte (*m.*) de periódico; **-sente** *f.* (Lüge) bola *f.;* **-sfrau** *f.* repartidora (*f.*) de periódicos; **-skiosk** *m.* puesto (*m.*) de periódicos; **-snachricht** *f.* noticia (*f.*) de la prensa; **-spapier** *n.* papel (*m.*) para periódicos; **-sredaktion** *f.* redacción (*f.*) del periódico; **-sreklame** *f.* propaganda (*f.*) en la prensa; **-sroman** *m.* folletín *m.;* **-sschreiber** *m.* (*f.* Lokalnachrichten) reportero *m.;* **-swesen** *n.* periodismo *m.*

Zeit|verlust *m.* pérdida (*f.*) de tiempo; **ohne -verlust** sin demora; **-vertreib** *m.* pasatiempo *m.*

zeit|weilig temporal; **-weise** de cuando en cuando.

Zelle *f.* célula; (Gefängnis, Kloster) celda *f.;* (Telephon -) cabina *f.;* **-mgefängnis** *n.* prisión (*f.*) celular.

Zell|gewebe *n.* tejido (*m.*) celular; **-stoff** *m.* celulosa *f.;* **-uloid** *n.* celuloide *m.;* **-ulose** *f.* celulosa *f.;* **-wolle** *f.* viscosilla *f.*

Zelt *n.* tienda, *SAm.* carpa *f.;* **-bahn** *f.* lona (*f.*) de tienda de campaña.

Zement *m.* cemento *m.*

Zenit *m.* cenit *m.*

zensieren censurar; (Schularbeiten) calificar.

Zensor *m.* censor *m.*

Zensur *f.* (Zeitungs -) censura; (Zeugnis) calificación; (Schul -) nota *f.*

Zentimeter *n.* centímetro *m.*

Zentner *m.* quintal *m.*

Zentralheizung *f.* calefacción (*f.*) central.

Zentrifuge *f.* centrífuga *f.*

zentrisch *adj.* céntrico.

Zentrum *n.* centro *m.;* **-bohrer** broca (*f.*) de centrar.

Zepter *n.* cetro *m.*

zer|brechen romper(se); *fam.* hacer pedazos; **-brechlich** rompible; frágil; (in Stücke) quebradizo; **-bröckeln** desmenuzar; (Brot) desmigar(se); **-drücken** aplastar; (auspressen) estrujar.

Zeremonie *f.* ceremonia *f.;* (allmählicher) desmoronamiento *m.*

zer|fallen (in Stücke) descomponerse; (in Bestandteile) disgregarse; (langsam) desmoronarse; (s. auflösen) deshacerse; (geteit w.) subdividirse en; **-fetzen** hacer trizas; **-fleischen** desgarrar; **-fressen** *chem.* corroer; (Nagetier) roer; (Würmer) carcomer; **-gliedern** (zerlegen) descomponer; (logisch) analizar; *anat.* disecar; **-hacken** (zerstückeln) despedazar; (Fleisch usw.) picar; (Holz kleinhacken) partir; **-kauen** masticar bien; **-kleinern** desmenuzar, triturar; (pulverförmig) pulverizar; (Holz) partir; **-knirscht** contrito, compungido.

Zerknirschung *f.* contrición.

zer|knittern, -knüllen arrugar; **-kratzen** arañar, rayar; **-legen** (Braten) trinchar; (in Einzelteile) fraccionar; (en. Teil abtrennen) disgregar; (in selbständige Teile) descomponer; (Maschine Mechanismus) desarmar, desmontar; *chem. fig.* analizar; **-lumpt** harapiento; *fam.* roto; **-malmen** aplastar; (zu Staub) pulverizar; **-mürben** *fig.* cansar; *fam.* hacer polvo.

Zermürbung *f.* cansancio *m.*, desmoralización.

zer|platzen reventar, estallar.

Zerr|bild *n.* caricatura *f.*

zer|ren tirar de; **-reiben** pulverizar; (durch Reibung) gastarse con el roce; **-reißen** romper, hacer pedazos; **-rütten** desorganizar; (Geist) trastornar; (Gesundheit) arruinar.

Zerrüttung *f.* desorden *m.*, perturbación *f.*, trastorno *m.*, desorganización *f.*

zer|sägen cortar (con la sierra); **-schellen** estrellar(se); **-schlagen** romper, hacer pedazos; *fig.* desbaratarse; **-schmettern** destrozar, estrellar; **-schneiden** cortar (en pedazos); **-schroten** machacar; **-schrotten** desguazar; **-setzen, sich** descomponerse.

Zerschrottung *f.* desguace *m.*

Zersetzung *f.* descomposición *f.*

zer|splittern hacer astillas, astillar.

Zerstäuber *m.* atomizador, pulverizador *m.*

zerstören destruir.

Zer|störer *m. naut.* destructor *m.*; **-störung** *d.* destrucción *f.*

zer|stoßen machacar, triturar; **-streuren** dispersar; (umherstreuen) esparcir; (Bedenken) apartar; **sich -streuen** (s. vergnügen) divertirse; (Zeit verbringen) pasar el tiempo con.

Zer|streutheit *f.* distracción *f.* **-streuung** *f.* dispersión.

zertümmern destrozar.

Zerwüfnis *n.* desavenencia *f.*

zerzausen (Haar) desgreñar.

Zession *f. jur.* cesión *f.*

Zettel *m.* (pedazo [*m.*] de) *od.* (hoja [*f.*] de) papel; (Klebe -) etiqueta; (Kartei) ficha *f.*; (Plakat) cartel *m.*; (Bestell -) nota; (Wahl -) papeleta *f.*; (Theater -) programa *m.*; (Vortrag, Rede: Manuskript cuartilla *f.*; **-ankleben verboten!** ¡Se prohíbe fijar carteles!

Zeug *n.* material *m.*; *fam.* cachivaches *m. pl.*; **-e** *m.* testigo *m.*

zeugen *jur.* declarar; (Kind) procrear.

Zeugen|aussage *f. jur.* declaración (*f.*) del testigo; **-beweis** *m.* prueba (*f.*) testimonial.

Zeughaus *n.* arsenal *m.*

Zeugnis *n.* certificado; (amtliches) diploma *m.*; **- ausstellen** certificar.

Zeugung *f.* procreación *f.*

Zichorie *f.* (a)chicoria *f.*

Ziege *f.* cabra *f.*

Ziegel ladrillo *m.*; (Dach -) teja; (Verblend -) rasilla *f.*; **-ei** *f.* fábrica (*f.*) de ladrillos.

Ziegen|bock *m.* macho cabrío, chivo *m.*; **-hirt** *m.* cabrero *m.*; **-käse** *m.* queso (*m.*) de cabra; **-milch** *f.* leche (*f.*) de cabras; **-peter** *m. med.* paperas *f. pl.*

ziehen tirar; (Zahn) extraer, sacar; **den Hut -** descubrirse; (strekken) estirar; (Lose) sortear; **es zieht** hay corriente.

Ziehung *f.* (Lotterie) sorteo *m.*

Ziel *n.* (Ende) fin; (Reise -) destino *m.*; (Sport) meta *f.*

ziel|bewußt consecuente; **-bewußt vorgehen** *fam.* proceder con tino; **-en** apuntar.

Zielscheibe *f.* blanco *m.*

ziem|en, sich convenir; **-lich** bastante; **so -lich** casi.

Zier, Zierde *f.*, **Zierat** *m.* adorno, ornamento *m.*; **-affe** *m. fam.* pollo (*m.*) pera.

zieren adornar; **sich** -(Umstände machen) gastar cumplidos.

zierlich gracioso; *fam.* mono.

Ziffer *f.* cifra *f.*; (Zahl) número *m.*; **-blatt** *n.* esfera *f.*

Zigar|ette *f.* cigarrillo, *Span fam.* pit(ill)o; **-illo** *m.*, cigarrillo *m.*; **-re** *f.* cigarro, puro *m.*; **-rengeschäft** *n.* *Span.* estanco *m.*; *SAm.* cigarrería *f.*; **-renspitze** *f.* boquilla; **-rentasche** *f.* petaca *f.*

Zigeuner *m.* gitano *m.*; **-mädchen** *n.* gitanilla *f.*; **-weisen** *f. pl.* (Andalusien) cante (*m.*) flamenco.

Zimbel *f. mus.* (Schellen) címbalos *m. pl.*

Zimmer *n.* cuarto *m.*, habitación, pieza *f.*; **-mädchen** *n.* doncella *f.*

zimperlich mimado.

Zimt *m.* canela *f.*

Zink *n.* cinc *m.*; **-salbe** *f.* ungüento (*m.*) de cinc.

Zinke *f.* diente *m.*, púa *f.*

Zinn *n.* estaño *m.*; **-gießer** *m.* estañero

Zinne *f.* (Mauer) almena *f.*
Zinnober *m. min.* cinabrio *m.*
Zins *m.* (Zinsertrag) interés *m.;* **-eszins** *m.* interés (*m.*) compuesto; **-fuß** *m.* tipo (*m.*) de interés; **-rechnung** *f.* cálculo (*m.*) de intereses; **-senkung** *f.* reducción (*f.*) de interés.
Zionismus *m.* sionismo *m.*
Zionist *m.* sionista *m.*
Zipfel *m.* (Ende) cabo *m.;* punta *f.;* **-mütze** *f.* gorro (*m.*) de dormir.
Zipperlein *n. med. fam.* gota *f.*
Zirkel *m. math.* círculo; (Instrument) compás *m.*
zirkulieren circular.
Zirkus *m.* circo *m.*
zirpen (Grillen) cantar.
zischen (Schlange) silbar; *theat.* sisear.
Zisterne *f.* cisterna *f.*
Zitat *n.* cita *f.*
Zither *f.* cítara *f.*
zitieren citar.
Zitrone *f.* limón *m.;* **-nbaum** *m.* limonero *m.;* **-nlimonade** *f.* refresco (*m.*) de limón; **-npresse** *f.* exprime-limones *m.;* **-nsaft** *m.* zumo (*m.*) de limón; **-nsäure** *f. chem.* ácido (*m.*) cítrico; **-nschale** *f.* cáscara (*f.*) de limón.
zittern temblar; (vor Kälte) tiritar.
Zitterpappel *f.* álamo (*m.*).
Zitze *f.* teta *f.*
zivil civil; (nicht in Uniform) de paisano.
Zivi|lisation f. civilización *f.;* **-ist** *m.* paisano *m.;* **-kammer** *f. jur.* sala (*f.*) de lo civil; **-kleidung** *f.* traje (*m.*) de paisano; **-verwaltung** *f.* gobierno (*m.*) civil.
zivilisieren civilizar.
Zobel *m. zool.* (*f.*) marta.
zögern titubear, vacilar.
Zölibat *n.* celibato *m.*
Zoll *m.* aduana *f.;* **Zölle** *m. pl.* aranceles *m. pl.;* **-abfertigung** *f.* despacho (*m.*) en aduanas; **-amt** *n.* aduana *f.;* **-beamter** *m.* aduanero.
zoll|frei libre de derechos; **-pflichtig** sujeto a derechos.
Zoll|einnehmer *m.* (Stadtzoll) empleado (*m.*) de consumos; **-erkalärung** *f.* declaración (*f.*) de aduana; **-ordnung** *f.* régimen (*m.*) arancelario; **-schranke** *f.* barreras (*f. pl.*) aduaneras; **-tarif** *m.* (tarifa [*f.*] de) arancel *m.;* **-verschluß** *m.* precinto (*m.*) de aduana.
Zone *f.* zona *f.;* **-negrenze** *f.* límite (*m.*) de zona.
Zoo *m. fam.* parque (*m.*) zoológico.
Zoologie *f.* zoología *f.*
Zopf *m.* trenza.
Zorn *m.* ira, cólera *f.*
zornig furioso, rabioso.
Zote *f.* indecencia; *fam.* cochinada *f.*
zottig velludo.
zu (wo?) en; (Richtung) a; **-r Nacht** de noche; **-Fuß gehen** ir andando; (geschlossen) cerrado; **-sehr** demasiado.
Zubehör *n.* accesorio *m.*
Zuber *m.* tina *f.*
zu|bereiten preparar.
Zucht *f.* (Tiere) cría *f.; bot.* (Bakterien) cultivo *m.;* **(Mannes -)** disciplina *f.;* **-haus** *n.* cárcel (*f.*) correccional, presidio *m.;* **-hengst** *m.* caballo *m.* semental.
züchten (Tiere) criar *bot.* (Bakterien) cultivar.
züchtig casto, virtuoso.
Züchtigen castigar.
zuchtlos sin disciplina.
zucken (m. den Achseln) encogerse de; (Flamme) oscilar; **ohne m. der Wimper zu** - sin pestañear.
zücken (Schwert) desenvainar.
Zucker *m.* azúcar *m.;* **-dose** *f.* azucarera *f.;* **-fabrik** *f.* fábrica (*f.*) de azúcar; **-krankheit** *f.* diabetes *f.;* **-rohr** *n.* caña (*f.*) de azúcar; **-rübe** *f.* remolacha (*f.*) azucarera.
zuckersüß dulce como (el) azúcar.
Zuckung *f.* contracción, convulsión *f.*
zu|decken cubrir, trapar; **-dem** *adv.*

además; **-drehen** cerrar (la llave); (den Rücken) volver **-dringlich** molesto, pesado.

Zudringlichkeit *f.* pesadez *f.*

zu|drücken cerrar (apretando); **e. Auge -drücken** *fig. fam.* hacer la vista gorda.

zu|erkennen adjudicar; **-erst** primero, en primer lugar.

Zufall *m.* casualidad *f.*

zufällig accidental, casual.

Zufälligkeit *f.* contingencia *f.*

Zuflucht *f.* refugio; (Ausweg) recurso; **-sort** *m.* asilo *m.*

zufolge en virtud de, según.

zufrieden contento, satisfecho; **-stellen** complacer, dejar contento, satisfacer.

Zufriedenheit *f.* satisfacción *f.*

zu|frieren helarse; **-fügen** (hinzutun) añadir.

Zug *m.* (Ziehen) tiro *m.;* (mechanischer) tracción (Luft -) corriente (*f.*) de aire; (Fest -) comitiva *f.*, desfile *m.; rel.* procesión; *f.;* (an Zigarre) chupada *f.;* (Eisenbahn -) tren *m.;* (Spiel) jugada *f.;* (Gesichts -, Charakter -, Feder -) rasgo *m.;* (der Vögel) paso; (Kraftwage) convoy; *mil.* sección *f.*, pelotón *m.*

Zugabe *f.* suplemento; (Gewichts -) añadidura *f.*

Zugang *m.* acceso *m.*

zugänglich accesible, de fácil acceso; (bequem zur Hand) al alcance de la mano.

Zug|brücke *f.* puente (*m.*) levadizo; **-entgleisung** *f.* descarrilamiento *m.* (de tren; **-führer** *m.* jefe (*m.*) de tren: **-kraft** *f.* (esfuerzo [*m.*] de) tracción *f.;* **-maschine** *f.* tractor *m. Eis.* locomotora *f.;* **-schluß** *m. Eis.* cola (*f.*) de tren; **-schlußsignal** *n. Eis.* señal (*f.*) de cola (de tren); **-stück** *n. theat.* éxito (*m.*) de taquilla; **-tier** *n.* animal (*m.*) de tiro; **-verkehr** *m.* servicio (*m.*) de trenes; **-vogel** *m.* ave *f.* (el) de paso.

zugeben añadir; (Kartenspiel) servir; (anerkennen) admitir; (eingrestehen) confesar.

zugehörig correspondiente, accesorio; *jur.* pertinente.

Zugehörigkeit *f.* pertinencia *f.* (**zu** a); (Partei -) afiliación *f.*

Zügel *m.* rienda *f.*

zügellos *adj.* (Leben) relajado; (Pferd) desbocado.

Zugeständnis *n.* concesión *f.*

zugestehen (bewilligen) conceder; (eingestehen) confesar.

zugetan adicto, afecto.

zugleich al mismo tiempo; *adv.* simultáneamente.

zu|greifen asir; (bei Tische) servirse; (Gelegenheit wahrnehmen) aprovechar la ocasión; *fam.* echar una mano; **-grundegehen** *fig.* perecer; **-grunderichten** arruinar.

zugunsten a favor (**von** de) en beneficio de, en interés de.

zugutekommen favorecer a.

Zuhälter *m. fam.* chulo: *lit.* rufián *m.*

zuhören escuchar; (Aufmerksamkeit schenken) prestar atención.

Zuhörer *m.* oyente *m.;* **-schaft** *f.* auditorio *m.*

zu|kleben pegar; **-knöpfen** abrochar(se); **-korken** cerrar con corcho.

zukommen *fig.* corresponder; **- auf** acercarse a.

Zukunft *f.* porvenir, futuro; **in -** en el *od.* lo porvenir.

zukünftig futuro, venidero.

Zulage *f.* (Gehalts -) aumento.

zulänglich suficiente; *adv.* bastante.

zu|lassen (erlauben) permitir, tolerar; (geschlossen lassen) dejar cerrado (*od.* tapado); **wieder -lassen** readmitir; **-lässig** admisible.

Zulassung *f.* admisión *f.;* (KraftWagen) permiso (*m.*) de circulación.

Zuleitung *f.* conducción *f.*, transporte *m.;* (Rohr -) tubería (*f.*) de alimentación.

zuletzt por último.
zuliebe, mir por mí; **der Wahrheit** - en honor de la verdad.
zu|maehen cerrar; (m. Deckel) tapar; **-mal da** cuanto más que; **-meist** las más veces; **-muten** exigir, creer capaz.
Zumutung *f.* exigencia.
zu|nächst (zuerst) en primer lugar, de momento, **-nageln** clavar; **-nähen** coser.
Zu|nehme *f.* aumento *m.; **-name** m.* apellido.
zünden prender, inflamar, encenderse.
Zunder *m.* yesca *f.*
Zünder *m.* (Sprengpatrone) detonador *m.; mil.* espoleta *f.*
Zünd|holz *n.* cerilla *f.*, fósforo *m.;* **-hütchen** *n.* pistón *m.;* **-kerze** *f.* bujía (*f.*) de encendido; **-schnur** *f.* mecha *f.;* **-ung** *f.* inflamación *f.*, **die -ung verstellen** correr la chispa.
zunehmen aumentar, crecer; (Mond) estar en creciente.
Zuneigung *f.* afecto *m.*
Zunge *f.* lengua *f.;* **-nspitze** *f.* punta (*f.*) de la lengua.
zunichte machen aniquilar; (Hoffnungen) frustrar.
zurech|nen añadir a la cuenta; **-nungsfähig** responsable; *jur.* en pleno goce de sus facultades mentales; **-tmachen** preparar; **s. -tmachen** arreglarse.
Zurechtweisung *f.* (Tadel) reprimenda *f.;* indicación del camino.
zu|reden persuadir; **-reiten** amaestrar; **-richten** preparar; **übel -richten** dejar maltrecho.
Zurichtung *f.* preparación *f.*
zuriegeln echar el cerrojo.
zurück *adv.* atrás; - **v.** de vuelta de; **hin u.** - ida y vuelta; **-bleiben** quedar(se) atrás; **-bringen** (-geben) devolver; **-datieren** atrasar la fecha; **-denken an** recordar; **-drängen** (Tränen) contener; (v. Schrecken) retroceder asustado; **-geben** devolver; **-gehen** volver (atrás); *mil.* retirarse; (Preise fallen) bajar; **-gehen auf** (historisch) remontarse a; **-gezogen** retirado; **-halten** retener; (aufhalten) detener; (etw. reservieren) reservar; **s. -halten** contenerse; **-haltend** reservado.
Zurückhaltung *f.* reserva.
zurück|kehren volver, regresar; **-nehmen** (Ware) admitir la devolución; **-prallen** rebotar; **-rollen** rodar atrás; **-schrekken** retroceder asustado; **-setzen** (für später) diferir, reservar para más tarde; (geringschätzech) menospreciar; **-stechen** quedar atrás; *fig.* ser inferior a; **-strahlen** reflejar; **-treten** dar un paso atrás; (v. Amt) dimitir; **-weisen** rechazar; **-zahlen** pagar; **-ziehen** retirar (einziehen); reembolsar; recoger.
Zuruf *m.* aclamación *f.;* (**auf** por).
zurufen llamar.
zur Zeit actualmente.
Zusage *f.* (Versprechen) promesa *f.*
zusagen (versprechen) prometer.
zusammen juntos, juntamente; (im ganzen) en suma, en total; - **m.** (begleitet) en compañía de.
Zusammenarbeit *f.* cooperación; (geistige) colaboración *f.*
zusammen|arbeiten cooperar, colaborar **-brechen** desplomarse; (Gebäude) derrumbarse; (ohnmächtig) desmayarse.
Zusammenbruch *m.* derrumbamiento; *fig.* fracaso *m.*, ruina *f.*
zusammen|fahren asustarse; (-stoßen) chocar; derrumbarse; **-falten** doblar; **-fassen** resumir; **-gehören** (2 Gegenstände) hacer juego; Schuhe usw.) ser compañeros; **-gesetzt aus** compuesto de.
Zusammenhalt *m.* cohesión.
zusammenhalten tener coherencia; *fig.* ser solidarios *fam.* llevarse bien.
Zusammenhang *m.* conexión; (Beziehung) relación *f.*

zusammen|hängen estar unido a, guardar relación con; **-hängend** coherente, continuo; **-klappbar** plegable; **-klappen** doblar; (Taschenmesser) cerrar; **-kleben** pegar; **-kneifen** (Augen) guiñar.
Zusammenkunft *f.* reunión; (v. Personen) entrevista.
zusammen|legbar plegable; **-legen** poner junto; (Geld) reunir; (Aktien) consolidar; **-packen** embalar; **-passen** ajustar (Personen) congeniar; **-prallen** chocar; **-raffen** recoger apresuradamente; **-rechnen** sumar; **-rücken** correrse; **-rufen** (Parlament usw.) convocar; **-s-chließen, sich** unirse.
Zusammenprall *m.* choque *m.*, encontronazo.
Zusammenschluß *m.* unión, fusión *f.*
zusammen|schrumpfen encogerse; (Vermögen) disminuor; **-setzen** componer; (Mechanismus) armar.
Zusammen|setzung composición *f.*; *techn.* montaje *m.*; **-stoß** *m.* choque *m.*, colisión *f.*
zusammen|stoßen chocar; **-stürzen** derrumbarse, venir abajo; **-treffen** encontrarse; (Ereignisse) coincidir; **-treten** reunirse, celebrar sesión.
Zusatz *m.* adición; (Beimischung) mezcla *f.*; (Bestandteil er. Mischung) ingrediente *m.*; (v. Metallen) aleación *f.*
zusätzlich adicional, suplementario.
suschauen mirar, asistir (**bei a**).
Zuschauer *m.* espectador.
zu|schicken enviar.
Zuschlag *m.* (Preis -) aumento (de precio), recargo; (zum Fahrpreis) suplemento *m.*
zu|schließen cerrar con llave; **-schneiden** (Kleid) cortar.
zu|schüren atar con cuerda; **-schrauben** apretar los tornillos.
Zu|schrift *f.* carta *f.*, escrito *m.*; (Mitteilung) comunicación *f.*; **-schuß** *m.* subvención *f.*, subsidio *m.*
zu|schütten llenar por completo; **-sehen** mirar; **-sechends** visiblemente; **-senden** enviar; **s. -setzen** incrustarse, obstruirse por; **-sichern** asegurar.
Zusicherung *f.* seguridad.
zuspitzen (Stift) sacar punta a; *fig.* **sich.** - agravarse, complicarse.
Zustand *m.* estado *m.*, condición *f.*
zustande|bringen llevar a cabo, realizar; **-kommen** realizarse; **nicht -kommen** fracasar.
zuständig competente.
Zuständigkeit *f.* competencia, incumbencia *f.*
zustatten kommen venir a propósito.
zu|stehen corresponder, competer a; **-stellen** (Post) repartir.
Zustellung *f.* entrega *f.*; (Post) reparto *m.*; (bei Werkzeugmaschine) ajuste (*m.*) de la herramienta.
zustimmen consentir en, estar de acuerdo con.
Zustimmung *f.* consentimiento *m.*, adhesión *f.*
zu|stoßen (Tür) empujar; (geschehen) suceder, pasar.
Zutaten *f. pl.* ingredientes.
zutellen repartir entre.
Zuteilung *f.* cupo, reparto.
zu|träglich provechoso, saludable; **-trauen** (jem.) tener confianza en; **s. zuviel -trauen** excederse.
Zutrauen *n.* confianza *f.*; **-haben** fiar de.
zu|traulich confiado; (Kind) cariñoso; (Tier) manso; **-treffen** ser exacto, ser verdad, ser auténtico.
Zutritt *m.* entrada *f.*; (freier) acceso *m.*
zuverlässig seguro, formal.
Zuver|lässigkeit *f.* seguridad, formalidad.
zu|versichtlich confiado, optimista; **-viel** demasiado; **-vor** antes; **-vorkommen** adelantarse, anticiparse; **-vorkommend** atento, complaciente.
Zuvorkommenheit *f.* cortesía *f.*

Zu|wachs *m.* aumento *m.*
zuwandern inmigrar.
zuweilen a veces, de cuando en cuando.
zu|weisen asignar, recomendar; **-wider** contrario a; **-widerhandeln** contravenir; **-widerhandelnder** *m.* infractor *m.*; **-wider sein** repugnar.
zuzeiten a veces, de vez en cuando.
zuziehen (Vorhang) correr.
Zuzug *m.* (Zustrom) afluencia; (lästiger) invasión *f.*; (Wohnungserlaubnis) permiso (*m.*) de residencia.
Zwang *m.* (moralischer) obligación; **s. -antun** contenerse.
zwanglos libre, en familia, sin ceremonia.
Zwangs|anleihe *f.* empréstito (*m.*) forzoso; **-arbeit** *f.* trabajos (*m. pl.*) forzados.
zwangsbewirtschaftet controlado, de restricción.
Zwangs|enteignung *f.* expropiación (*f.*) forzosa; **-erziehungsanstalt** *f.* casa (*f.*) de corrección; **-innung** *f.* sindicato (*m.*) obligatorio; **-jacke** *f.* camisa (*f.*) de fuerza; **-lage** *f.* situación violenta, necesidad *f.*, dilema *m.*; **-maßregein** *f. pl.* medidas (*f. pl.*) rigurosas; **-vergleich** *jur.* arreglo (*m.*) judicial; **-versicherung** *f.* seguro (*m.*) obligatorio; **-versteigerung** *f.* subasta *f.*; *SAm.* remate (*m.*) judicial; **-verwaltung** *f.* administración (*f.*) judicial, intervención *f.*; **-vollstreckung** *f.* exacción *f.*; **-wirtschaft** *f.* control del Estado, racionamiento *m.*, restricción *f.*
zwangsweise a la fuerza.
zwanzig veinte; **-ste** vigésimo.
zwar por cierto; **und -** (das heißt) es decir, o sea.
Zweck *m.* fin *m.*, finalidad *f.*, propósito, objeto *m.*
zweckdienlich oportuno.
Zwecke *f.* (Reiß-) chinche *f.*
zweck|los inútil; **-mäßig** conveniente, oportuno.
Zwecklosigkeit *f.* inutilidad *f.*
Zweckmäßigkeit *f.* conveniencia *f.*
zwel dos; **-deutig** ambiguo; (Witz) verde; **-erlei** distinto; **-fach** doble; *adv.* por duplicado.
Zweifel *m.* duda *f.*
zweifel|haft dudoso; **-los** sin duda; **-n** dudar.
Zweig *m.* (Baum) rama *f.*; **-geschäft** *n.* sucursal *f.*
zwei|gleisig de vía doble; **-händig** *mus.* a dos manos.
Zweikampf *m.* duelo *m.*
zwei|mal dos veces; (Zeitung); **-malwöchentlich** bisemanal; **-motorig** bimotor.
zweireihig (Jacket) cruzado.
zwei|schneidig de dos filos; **-seitig** de dos caras; *math.* bilateral.
Zweisitzer *m.* coche (*m.*) de dos asientos.
zweit|beste segundo (en la clasificación); **-e** segundo; **der -e April** el dos de abril; **-ens** en segundo lugar.
Zwerchfell *n.* diafragma *m.*
Zwerg *m.* enano; (Angehöriger es. -volkes) pigmeo; (Liliputaner) liliputiense; (Kobold) duende *m.*
Zwetschge *f.* ciruela *f.*
zwicken pellizcar.
Zwickmühle *f.* tenaza *f.*; *fig.* dilema *m.*
Zwieback *m.* bizcocho *m.*; (Schiffs-) galleta *f.*
Zwiebel *f.* cebolla *f.*; (Blumen-) bulbo *m.*
Zwilling *m.* gemelo, mellizo *m.*; **-sbruder** *m.* hermano (*m.*) gemelo.
Zwinge *f.* (Stock-) virola; *techn.* prensa *f.*
zwingen obligar, forzar; **-d** obligatorio, forzoso.
Zwinger *m.* (Käfig) jaula; (Hunde-) perrera.
zwinkern pestañear; (m. den Augen) guiñar (los ojos).
Zwirn *m.* hilo *m.*; **-seide** *f.* hilo (*m.*) de seda.

zwischen entre; **-schalten** *techn.* intercalar.

Zwischen|akt *m. theat.* entreacto *m.;* **-deck** *n. naut.* entrepuente *m.;* **-fall** *m.* incidente *m.;* **ohne -fall** sin novedad; **-gerichte** *n. pl.* entradas *f. pl.,* entremeses *m. pl.;* **-glied** *n.* (Kette) eslabón *m.;* **-handel** *m.* comercio (*m.*) intermediario **-händler** *m.* comisionista *m.;* **-landung** *f.* escala *f.;* (Notlandung) aterrizaje (*m.*) forzoso; **-mauer** *f.* medianería *f.;* **-spiel** *n. mus.* intermedio *m.;* **-stecker** *m. elektr.* clavija (*f.*) intermedia; **-stock** *n.* entresuelo *m.;* **-wand** *f.* tabique *m.;* **-zeit** *f.* intervalo *m.;* in **der -zeit** entretanto, ínterin *m.*

Zwist *m.* discordia *f.*

zwitschern gorjear.

Zwitter *m.* hermafrodita *m.*

zwölf doce; **- Stück** una docena; **um - Uhr mittags (nachts)** al mediodía (a medianoche); **-te** duodécimo; (Datum) doce.

Zwölffingerdarm *m. anat.* duodeno *m.*

Zyan *n.* cianino *m.;* **-kali** *n.* prusiato (*m.*) de potasa; cianuro (*m.*) potásico; **-salz** *n.* cianuro *m.;* **-verbindung** *f.* prusiato *m.*

Zyklus *m.* ciclo *m.; theat.* serie *f.*

Zylinder *m.* cilindro; (Lampe) tubo; (Hut) sombrero (*m.*) de copa; *fam.* chistera *f.;* **-deckel** *m.* (Verbrennungsmotor) culata *f.* (de cilindro); **-hubraum** *m.* cilindrada *f.*

zylindrisch cilíndrico.

zynisch cínico.

Zynismus *m.* cinismo *m.*

Zypresse *f. bot.* ciprés *m.*

Zyste *f. med.* quiste *m.*

DICCIONARIO ESPAÑOL-ALEMÁN

A, a [a] *f.* A a *n.*
a [a] an, auf, bei, für, in, mit, nach, zu; **a la mesa** am (bei) Tisch; **a plazos** auf Raten; **paso a paso** Schritt für Schritt; **a vuelta de correo** m. wendender Post; **a Madrid** nach Madrid; **a pie** zu Fuß.
abad *m.* [aβa'ð Abt *m.*
abadesa *f.* [aβaðe'sa] Äbtissin *f.*
abadía *f.* [aβaði'a] Abtei *f.*
abajo [aβa'xo] (nach) unten, her-, hinunter, hinab.
abalanzarse [aβalanθa'rse] s. stürzen (**sobre** auf, **a** in).
abanderado *m.* [aβandera'ðo] Fahnenträger, Fähnrich *m.*
abanderar. [aβandera'r] (Soldaten) ausheben, *naut.* m. Flaggenpapieren versehen.
abandonado [aβandona'ðo] verlassen, verwahrlost.
abandonar [aβandona'r] verlassen, im Stich lassen, (Plan) aufgeben.
abandono *m.* [aβando'no] Verwahrlosung *f.* Verzicht *m.*
abanicar [aβanika'r] fächeln.
abanico *m.* [aβani'ko] Fächer *m.*
abaratar [aβarata'r] verbilligen.
abarcar [àβarka'r] umfassen, -schließen.
abarquillado [aβarkiʎa'ðo] (kahnförmig gebogen.
abarquillarse [aβarkiʎa'rse] (Holz) s. werfen.
abarrancar [aβarraŋka'r] *naut* auf den Sand geraten.
abarrotado *adj.* [aβarrota'ðo] voll gestopft (m. Waren, Menschen).
abarrotar [aβarrota'r] vozlstopfen.
abastecer [aβasteθe'r] versorgen, beliefern.
abastecimiento *m.* [aβasteθimjénto] Versorgung *f.*
abasto *m.* [aβas'sto] **no dar - a** alle Händevoll zu tun haben.
abdicar [aβdika'r] abdanken.
abdomen *m.* [aβdo'men] Unterleib *m.*
abecé *m.* [aβeθe'] Abc *n*, Alphabet.
abedul *m.* [aβedu'l] Birke *f.*
abeja *f.* [aβe'xa] Biene *f.*
abejorro *m.* [aβexo'rro] Hummel *f.*
aberración *f.* [aβerraθjɔ'n] *opt.* Abweichung *f.*
abertura *f.* [aβertu'ra] Öffnung *f.* Eröffnung.
abeto *m.* [aβe'to] Tanne *f.*
abierto *adj.* [aβ[j]e'rto] offen, frei.
abismo *m.* [aβi'zmo] Abgrund *m.*
ablandar [aβlanda'r] erweichen.
abnegadamente *adv.* [aβnegaðame'nte] aufopfernd.
abnegar [aβnega'r] verzichten.
abobado *adj.* [aβoβa'ðo] dumm, einfältig. *f.*
abogado *m.* [aβoga'ðo] (Rechts-) Anwalt *m*, Fürsprecher.
abolengo *m.* [aβole'ngo] Herkunft *f*, Abstammung.
abolición *f.* [aβoliθ[j]ə'n] Abschaffung *f*, Aufhebung.
abolir [aβoli'r] abschaffen, aufheben.
abollarse [aβoʎa'rse] s. verbeulen
abombado *adj.* [aβomba'ðo] bauchig; *SAm.* faulig geworden.
abominable *adj.* [aβomina'βle] abscheulich.
abominar [aβomina'r] verfluchen, verwünschen.

abonado *m.* [aβona'ðo] Abonnent *m.* Teilnehmer.
abonar [aβona'r] verbürgen, gutheißen, (Annahme) rechtfertigen, (Betrag) gutschreiben; **-se a** abonnieren auf.
abono *m.* [aβo'no] Gutschrift *f.* Abonnement *m.* Dünger *m.*
abordar [aβorda'ɪ] *naut.* rammen. (jem.) anreden, (Frage) anschneiden.
aborígenes *m. pl.* [aβori'xenes] Ureinwohner *mpl.*
aborrecer [aβərreθe'r] verabscheuen, langweilen.
aborrecido [aβərreθi'ðo] gelangweilt.
abortar [aβɔrta'r] mißlingen, vor der Zeit gebären.
aborto *m.* [aβɔ'rto] Früh-, Fehlgeburt *f.*
abovedar [aβoβeða'r] *arch.* (über) wölben.
abra *f.* (el) [a'βra] (kleine) Bucht *f.*
abrasar [aβrasa'r] (Sonne) brennen; **-se** (de sed) bzw. (vivo) vor (Durst) *bzw.* (Hitze) vergehen.
abrazadera *f.* *techn.* [aβraθaðe'ra] Rohrschelle *f.* (runde) Zwinge.
abrazar [aβraθa'r] umarmen; (Beruf) ergreifen; **- de una ojeada** *fig.* m. ein. Blick übersehen.
abrazo *m.* [aβra'θo] Umarmung *f.* **dar un - a** umarmen.
abrelatas *m.* [aβrela'tas] Dosenöffner *m.*
abrevadero *m.* [aβreβaðe'ro] Viehtränke *f.*
abrevar [aβreβa'r] (Vieh) tränken.
abreviar [aβreβ^{j}a'r] abkürzen.
abreviatura *f.* [aβreβ^{j}atu'ra] Abkürzung *f.*
abrigar [aβriga'r] schützen, warm halten; (Plan, Gefühle hegen.
abrigo *m.* [aβri'go] Schutzort *m.* (Winter-) Mantel, Luftschutzkeller; **ser de** - *fam.* (Person) m. Vorsicht zu genießen.
abril *m.* [aβri'l] April *m.* Lenz.
abrillantar [aβriʎanta'r] glänzend machen.
abrir [aβri'r] (er)öffnen, (Wettbewerb) ausschreiben; (Eßlust) erwecken, (Buch) auf-schlagen
abrochar [aβroĉa'r] zuknöpfen.
abrumador [aβrumaðɔ'r] (Arbeit) drückend.
abrumar [aβruma'r] bedrücken.
abrupto [aβru'pto] steil.
absceso *m.* [apsθe'so] Geschwür *n.*
absolución *f.* [apsoluθ^{j}ɔ'n] Lossprechung *f.*
absolutamente *adv.* [apsolutame'nte] absolut, durchaus.
absoluto *adj.* [apsolu'to] unumschänkt, **en** - rundweg.
absolver [apsɔlβe'r] freisprechen, *rel.* lossprehen.
absorber [apsorβ'er] aufsaugen; (Zeit) in Anspruch nehmen.
absorción *f.* [apsorθ^{j}ɔ'n] Aufsaugung *f.* Absorption.
abstención *f.* [apstenθ^{j}ɔ'n] Entsagung *f.* Verzichtleistung.
abstenerse (de) apstene'rse] s. enthalten, verzichten (auf), absehen (v.).
abstinencia *f.* [apstine'nθ^{j}a] Enthaltsamkeit *f.* *rel.* Fasten n.
abstracción *f.* [apstrakθ^{j}ɔ'n]; **- hecha de** abgesehen v.
absurdo *adj.* [apsu'rdo] albern, abgeschmackt.
abuela *f.* [aβ^{w}e'la] Großmutter *f.*
abuelo *m.* [aβ^{w}e'lo] Großvater *m.*
abuelos *mpl.* [aβ^{w}e'loz] Großeltern *pl.*
abultado *adj.* [aβulta'ðo] dick, aufgebauscht.
abultar [aβulta'r] viel Raum einnehmen, übertreiben.
abundancia *f.* [aβunda'nθ^{j}a] Überfluß *m.* Fülle *f.*
abundante [aβunda'nte] reichlich.
abundar [aβunda'r] reichlich vorhanden sein, häufig vorkommen; **- en la opinión** gleicher Meinung sein.
aburrido *adj.* [aβurri'ðo] langweilig, gelangweilt.

aburrimiento *m.* [aβurrimʲe'nto] Langeweile *f.* Überdruß *m.*
aburrir(se) [aβurri'rse] (s.) langweilen.
abusar [aβusa'r] mißbrauchen.
abuso *m.* [aβu'so] Mißbrauch *m*, Unfug.
acá *adv.* [aka'] hier(her); **de - por allá** hin u. her.
acabar [akaβa'r] beendigen, (voll)enden, ausgehen; - de soeben etw. getan haben; - con (Geduld) erschöpfen; **¡se acabó!** Schluß damit!
academia *f.* [akaðe'm a] Akademie.
acaecer [akaeθe'r] s. ereignen.
acaecimiento *m.* [akaeθimʲe'nto] Ereignis *n.*
acalorado [akalora'ðo] heftig, hitzig.
acampar [akampa'r] *mil.* lagern.
acanalado [akanala'ðo] ausgekehlt, gerieft.
acantilado [akantila'ðo] (Gelände) steil.
acaparador *m.* [akaparaðɔ'r] Aufkäufer *m*, *fam.* Hamsterer, Schieber.
acaparamiento *m.* [akaparamʲe'nto] Hamstern, Schieben *n.*
acaparar [akapara'r] aufkaufen, hamstern (in gewinnsüchtiger Absicht), schieben, raffen.
acariciar [akariθʲa'r] liebkosen, streicheln.
acarrear [akarrea'r] anfahren, befördern.
acarreo *m.* [akarre'o] Anfuhr *f*, **gastos de** - Rollgeld *n.*
acaso *adv.* [akaso] vielleicht, etwa; **por si** - für alle Fälle, vorsichtshalber.
acatar [akata'r] (Befehle) befolgen.
acatarrado *adj.* [akatarra'ðo] erkältet.
acatarrarse [akatarra'rse] s. ee. Erkältung (en. Schnupfen) holen.
acaudalado *adj.* [akauðala'ðo] reich, wohlhabend.
acaudillar [akauðiʎa'r] *mil.* pol. anführen.
acceder a [akθeðe'r] (Wunsch, Bitte) entsprechen, erfüllen.
accesible [akθesi'βle] zugänglich.
accésit *m.* [akθe'sit] Trostpreis *m.*
acceso *m.* [akθe'so] Zugang *m*, Zutritt.
accesorios *mpl.* [akθeso'rios] Zubehörteile *mpl.*
accidentado [akθiðenta'θo] (Gelände) hügelig.
accidente *m.* [akθiðe'nte] Unfall *m*, Zwischenfall.
accionista *m.* [akθʲoni'sta] Aktionär *m.*
acechar [aθeča'r] (auf-), (be)-lauern; (Gelegenheit) ausspähen.
acecho *m.* [aθe'čo]: **al** - auf der Lauer.
aceite *m.* [aθeʲ'te] Öl *n.*
aceitera *f.* [aθeʲte'ra] Ölkanne *f.*
aceituna *f.* [aθeʲtu'na] Olivenfrucht *f.*
aceituno *m.* aθeʲtu'no] Olivenbaum *m.*
aceleración *f.* [aθeleraθʲɔ'n] Beschleunigung *f.*
acelerado *adj.* [aθelera'ðo] schnell.
acelerador *m.* [aθeleraðɔ'r] *aut.* Gaspedal *n.*
acelerar [aθelera'r] beschleunigen.
acelga *f.* [aθe'lga] *bot.* Mangold *m.*
acento *m.* [aθe'nto] Betonung *f.* Akzent *m.*
acentuar [aθentʷa'r] betonen.
acepción *f.* [aθepeʲɔ'n] (Wort) Bedeutung *f.*
aceptable [aθepta'βle] annehmbar.
aceptación *f.* [aθeptaθʲɔ'n] Annahme *f.* Beifall *m.* Akzept *n.*
aceptar [aθepta'r annehmen, akzeptieren.
acequia *f.* [aθe'kʲa] Bewässerungsgraben *m.*
acera *f.* [aθe'ra] Bürgersteig *m.*
acerbo *adj.* [aθe'rβo] herb.
acerca de [aθe'rka de] in bezug auf.
acercar(se) [aθerka'rse] (s.) nähern, näherbringen.
acerico *m.* [aθeri'ko] Nadelkissen *n.*
acero *m.* [aθe'ro] Stahl *m.*
acertado *adj.* [aθerta'ðo] (Bemerkung) treffend.
acertar [aθerta'r] (Ziel) treffen; - **a** zufällig etw. tun.
acetato *m.* [aθeta'to]: essigsaures Salz*n*, Saversalz*n*.

acético *adj.* [aθe'tiko] essigsauer.
acetileno *m.* [aθetile'no] Azetylen n.
acetona *f. chem.* [aθeto'na] Azeton *n.*
aciago *adj.* [aθʲa'go] unheilvoll.
acicalado *adj.* [aθikala'ðo] *fam.* geschniegelt.
acicate *m.* [aθika'te] *fig.* Ansporn *m.*
acidez *f.* [aθideθ'] Säuregrad *m.*
ácido *adj.* [a'θido] sauer; - *m.* Säure *f.*
acierto *m.* [aθʲe'rto] Erfolg *m.*
aclamación *f.* [aklamaθʲɔ'] Beifall *m.* Zuruf.
aclamar [aklama'r] Beifall spenden.
aclaración *f.* [aklaraθʲɔ'n] Aufklärung *f.* Erläuterung.
aclarar [aklara'r] (auf) klären; (Wäsche) spülen; (Wetter) s. aufhellen.
aclimatación *f.* [aklimataθʲɔ'n] Eingewöhnung *f.*
aclimatar(se) [aklimata'rse] (s.) eingewöhnen, akklimatisieren.
acobardarse [akoβarda'rse] den Mut verlieren.
acoger [akoxe'r] aufnehmen, empfangen.
acogida *f* [akoxi'ða] Aufnahme *f* Empfang *m.*
acolchar [akolča'r] polstern; *techn.* spleißen.
acometer [akomete'r] angreifen, unternehmen.
acometida *f.* [akometi'ðda] Angriff *m*, *techn.* Anschluß (an e. Versorgungsnetz.
acomodador *m.* [akomoðaðɔ'r] *theat.* Platzanweiser *m.*
acomodar [akomoða'r] anpassen, unterbringen.
acompañamiento *m.* [akɔmpaɲamʲe'n] to] Begleitung *f.*
acompañar [akɔmpaɲa'r] begleiten; Gesellschaft leisten; (etw. em. Brief) beilegen.
acompasado [akɔmpasa'ðo] im Takt; (Schritt) gemessen.
acondicionado *adj.* [akɔndiθʲona'θo] (gut, schlecht beschaffen, (ein-) hergerichtet.
acondicionamiento *m.* [akɔndiθʲo namʲe'nto]:
acondicionar [akɔndiθʲona'r] gestalten, (ein-) herrichten.
acongojarse [akɔngoxa'rse] s. ängstigen.
aconsejable *adj.* [akɔnsexa'βle] ratsam.
aconsejado *adj.* [akɔnsexa'θo] schlecht, gut) beraten.
aconsejar [akɔnsexař] Rat crteilen, (be-), (an) raten.
acontecer [akɔnteθe'r] s. ereignen, vorkommen.
acontecimiento *m.* [akɔnteθimʲe'nto] Begebenheit *f.* Ereignis n.
acopiar [akopʲa'r] anhäufen, (auf-), ankaufen.
acoplamiento *m.* [akoplamʲe'nto] *techn.* Kupplung *f.*
acoplar [akopla'r] kuppeln, an (einander) passen.
acorazado *adj.* [akoraθa'ðo] gepanzert; - *m.* Panzerschiff n.
acorazar [akoraθa'r] panzern.
acordado *adj.* [akɔrdaðo] vereinbart.
acordar [akɔrda'r] beschließen, übereinkommen, **-se sich** erinnern, denken (de an); **si mal no me acuerdo** wen ich mich recht entsinne.
acordeón *m.* [akɔrdeɔ'n] *mus.* Ziehharmonika.
acordonar [akɔrdona'r] (Polizeikette abriegeln.
acorralar [akɔrrala'r] (Vieh) einpferchen.
acortar [akɔrta'r] (ver-), (ab)-kürzen; **- el paso** langsam gehen. (Tage) kürzer werden.
acosar [akosa'r] (Tiere) hetzen; (m Fragen) bestürmen (**a** m.).
acostar [akɔsta'r] zu Bett bringen; **-se zu** Bett gehen.
acostumbrado *adj.* [akɔstumbra'ðo] gewohnt, üblich; **mal** verwöhnt.
acostumbrar [akɔstumbra'r] (an) ge-

wöhnen. pflegen zu; **-se** s. gewöhnen.

acotación *f.* [akotaθʲɔ'n] Randbemerkung *f.*

acotado *adj.* [akota'ðo] eingefriedet; (Zeichnung) m. Maβen versehen.

acotar [akota'r] m. Randbemerkungen *bzw. techn.* m. Maβangaben versehen.

acrecentar [akreθenta'r] vermehren, steigern.

acreditado *adj.* [akreðita'ðo] angesehen, bewährt.

acreditar [akreðita'r] in guten Ruf bringen, bekräftigen; **-se** s. bewähren.

acreedor *m.* [akreeðɔ'r] Glaubiger *m.*; **-a** *adj.* würdig.

acribillar [akriβiʎa'r] (m. Schüssen, Stichen) durch-löchern.

acrisolarse [akrisola'rse] *fig.* s bewähren.

acróbata *m.* [akro'βata] Akrobat *m.*

acrobático *adj.* [akroβa'tiko] akrobatisch.

acta *f.* (el) a'kta] jur. Akt *m.* **levantar -** Protokoll aufnehmen; **-s** *f. pl.* Akten *fpl.*

actitud *f.* [aktitu'ð] (Körper-) Haltung *f.* Benehmen *n.*

activar [aktiβa'r] (Angelegenheit) beschleunigen.

actividad *f.* [aktiβiða'ð] Tätigkeit *f.* Rührigkeit.

activo *adj.* [akti'βo] tätig, aktiv.

acto *m.* [a'kto] Handlung *f.* Tat; *theat.* Aufzug *m,* Akt; öffentl. Feier *f;* **en el** - auf der Stelle, unverzüglich; - **seguido** sogleich.

actor *m.* [aktɔ'r] Schauspieler *m; jur.* Kläger; **-a** *f.* Klägerin *f.*

actriz *f.* [aktriθ] Schauspielerin *f.*

actuación *f.* [aktʷaθʲɔ'n] Tätigkeit *f.* Prozeβführung.

actual [aktʷa'l] gegenwärtig, jetzt, derzeitig.

actualmente *adv.* [aktʷalme'nte] gegenwärtig.

actuar [aktʷa'r] - **de s.** betätigen als.

acuarela [akʷare'la] Aquarell *n.*

acuarelista *m.* [akʷareli'sta] Aquarellmaler *m.*

acuario *m.* [akʷa'rʲo] Aquarium *n.*

acuartelar [akʷartela'r] kasernieren.

acuciar [akuθʲa'r] anspornen, austacheln.

acuchillar [akučiʎa'r] nieder-, erstechen.

acudir [akuǐ'r] herbeieilen, *s.* einstellen.

acueducto *m.* [akʷeðu'kto] Wasserleitung *f.*

acuerdo *m.* [akʷer'do] Übereinkunft Entschluβ,Vergleich *m,* Verständigung *f.;* **estar de** - einig sein; **ponerse de** - s. einigen; **de común** - einmütig.

acumulación *f.* [akumulaθʲɔ'n] An-, Aufhäufung *f.*

acumulado *adj.* [akumula'ðo]: **intereses -s** aufgelaufene Zinsen.

acumulador *m.* [akumulaðɔ'r] Akkumulator.

acumular [akumula'r] an-, aufhäufen; *techn.* aufspeichern.

acuñar [akuna'r] prägen; *techn.* verkeilen.

acurrucado *adj.* [akurruka'ðo] zusammengekauert.

acurrucarse [akurruka'rse] s. hinhokken, zusammenkauern.

acusación *f.* [akusaθʲɔ'n] *jur.* Anklage *f,* Klageschrift.

acusado *m.* [akusa'ðo] *jur.* Angeklagter *m.*

acusar [akusa'r] (an-), verklagen, beschuldigen.

acústica *f.* [aku'stika] Schallehere *f,* Akustik.

achacar [ačaka'r] (Schuld) zuschieben.

achacoso [ačako'so] anfällig, kränklich. siech.

achantarse [ačanta'rse] *fam.* s. dünn machen, s. fügen.

achaque *m.* [ača'ke] Kränklichkeit *f.* Unpäßlichkeit.
achicar [ačika'r] verkleinern; *naut. min.* auspumpen; **-se** s. einschüchtern lassen.
achicoria *f.* [ačiko'r^ja] Zichorie *f.*
achicharrar [ačičarra'r] anbrennen.
achispado *adj.* [ačispa'ðo] *fam.* beschwipst.
adagio *m.* [aða'x^jo] Sprichwort *n.*
Adán *m.* [aða'n] Adam *m.*
adaptación *f.* [aðaptaθ^jɔ'n] Anpassung *f.*, Bearbeitung, Umarbeiten *n.*
adaptar [aðapta'r] anpassen, umarbeiten; **-se** as. fügen in.
adecuado *adj.* [aðek^wa'ðo] geeignet, passend.
adelantado *adj.* [aðelanta'ðo] vorgerückt; (Schüler) vorgeschritten.
adelatar [aðelanta'r] vorrücken, Fortschritte machen; (Geld) vorstrecken; **-se** (em. Wunsch) zuvorkommen.
adelante *adv.* [aðelan'te] vor-(wärts), voran; **(de hoy) en - v.** jetzt ab, künftig.
adelanto *m.* [aðela'nto] Fortschritt *m.*
adelgazar [aðelgaθa'r] mager w.; *techn.* schmäler w.
ademán *m.* [aðema'n] Gebärde *f.*; **hacer - de s.** anschicken zu.
además *adv.* [aðema's] außerdem, ferner, überdies; **- de** außer.
adentrar [aðentra'r] (in ee. Sprache) eindringen.
adentro *adv.* [aðe'ntro] darin, hinein.
adepto *m.* [aðe'pto] (Theorie usw.) Anhänger *m*, Schüler.
aderezar [aðereθa'r] (Speisen) würzen.
aderezo *m.* [aðere'θo] (Speisen) Zubereitung *f*, Schmuckzubehör *m.*
adeudado *adj.* [aðeuða'ðo] verschuldet.
adeudar [aðeuða'r] schulden; (auf Konto) belasten.
adherente *adj.* [aðere'nte] anhaftend, anhängend.
adherir [aðeri'r] anhaften, anhangen; **-se** zustimmen.
adhesión *f.* [aðesiɔ'n] *fig.* Zustimmung *f.*
adhesivo *adj.* [aðesi'βo] klebend; *- m.* Klebemittel *n.*
adición *f.* [aðiθ^jɔ'n] Addieren *n.*
adicional *adj.* [aðiθ^jona'l] zusätzlich.
adicionar [aðiθ^jona'r] hinzufügen.
adicto *adj.* [aði'kto] ergeben, zugetan; *- m.* Anhänger *m*, Parteigänger.
adiestrar [að^jestra'r] (Tiere) abrichten, dressieren.
¡adiós! að^jɔ's] lebe(n) (Sie) wohl!; Grüß Gott!; *fam.* da haben wi's!
adivinar [aðiβina'r] (er)raten, wahrsagen.
adjetivo *m.* [aðxeti'βo] Eigenschaftswort *n.*
adjudicación *f.* [aðxuðikaθ^jɔ'n] (Ausschreibung Zuschlagerteilung *f.*
adjudicar [aðxuðika'r] den Zuschlag erteilen.
adjuntar [aðxunta'r] beifügen, beifügen.
adjunto [aðxu'nto] (im Brief) beigeschlossen.
administración *f.* [aðministraθ^jɔ'n] Verwaltung *f*, Geschäftsführung; *rel.* Spendung; **- de lotería** Lotterieeinnahme *f.*
administrador *m.* [aðministraðɔ'r] Verwalter *m.*, Geschäftsführer.
administrar [aðministra'r] verwalten; (Amt) bekleiden; (Sakramente) spenden.
admirable [aðmira'βle] ausgezeichnet, vorzüglich.
admiración *f.* [aðmiraθ^jɔ'n] Bewunderung.
admirador *m.* [aðmiraðɔ'r] Bewunderer *m*, Verehrer.
admirar [aðmira'r] bewundern; **-se** erstaunt sein.
admisible [aðmisi'βle] zulässig.
admisión *f.* [aðmis^jɔ'n] Zulassung *f*, Annahme.

admitir [aðmiti'r] zulassen, an-, aufnehmen, gestatten, zugeben.
adobar [aðoβa'r] pökeln.
adobe *m.* [aðo'βe] Luftziegel *m.*
adolecer [aðoleθe'r] leiden (de an).
adolescencia *f.* [aðolesθe'nθʲa] Jünglingsalter *n.*
adolescente *m.* [aðolesθe'nte] Jüngling *m.*
adonde *adv.* [aðo'nde] wohin.
adopción *f.* [aðoɔpθʲɔ'n] Adoption *f.*, Annahme an Kindes Statt.
adoptar [aðopta'r] an Kindes Statt annehmen.
adoptivo *adj.* [aðopti'βo]: **hijo (padre)** - Pflegekind *n.*, (-vater *m.*), Ehrenbürger.
adoquín *m.* [aðoki'n] Pflasterstein *m.*; *fam.* Dummkopf.
adoquinar [aðokina'r] pflastern.
adorable [aðora'βle] anbetungswürdig.
adoración *f.* [aðoraθʲɔ'n] Anbetung.
adorar [aðora'r] anbeten; (Person) abgöttisch lieben.
adormecer [aðormeθe'r] einschläfern.
adornar [aðɔrna'r] (aus)- schmücken.
adorno *m.* [aðɔ'rno] Schmuck *m.*, Zier *f.*
adosar [aðosa'r] anlehnen.
adquirir [aðkiri'r] erwerben, kaufen; (Gewohnheit) annehmen.
adquisición *f.* [aðkisiθʲɔ'n] Ankauf *m.*, Erwerb, Anschaffung *f.*
adrede *adv* [aðre'de] absichtlich.
aduana *f.* [aðʷa'na] Zoll *m.*, -amt *n.*, -gebühr *f.*, - verwaltung, -wesen *n.*
aduanero *m.* [aðʷane'ro] Zollbeamter *m.*; **visita** **-a** *f.* Zollrevision *f.*
aducir [aðuθi'r] (Beweise) beibringen.
adueñarse [aðʷeɲa'rse] s. bemächtigen.
adulación *f.* [aðulaθʲɔ'n] Schmeichelei *f.*, Kriecherei.
adulador *adj.* [aðuladɔ'r] schmeichlerisch; *m.* Schmeichler.
adular [aðula'r] schmeicheln, lobhudeln.
adulteración *f.* [aðulteraθʲɔ'n] (Nahrungsmittel) (Ver-) Fälschung *f.*
adulterar [aðultera'r] (ver) fälschen, ehebrechen.
adulterio *m.* [aðulte'ro] Ehebruch *m.*
adúltero *adj.* [aðu'ltero] ehebrecherisch, verfälscht; - *m.* Ehebrecher *m.*
adulto *adj.* [aðu'lto] erwachsen; - *m.* Groβjähriger *m.*
advenedizo *adj.* [aðβeneði'zo] hergelaufen.
adverbio *m.* [aðβe'rβʲo] Umstandswort *n.*
adversario *m.* [aðβersa'rio] Gegner *m.*
adversidad *f.* [aðβersida'ð] Miβgeschick *n.*
adverso *adj.* [aðβe'rso] widrig.
advertencia *f.* [aðβerte'nθʲa] Bemerkung *f.*, Ermahnung, Warnung.
advertir [aðβerti'r] aufmerksam machen, bemerken.
Adviento *m.* [aðβʲe'nto] Advent *m.*
adyacente *adj.* [äðʲaθe'nte] angrenzend, anliegend.
aéreo *adj.* [ae'reo] luftförmig; (in Zusammensetzungen Luft-.
aerodinámico *adj.* [aeroðina'miko] stromlinienförmig.
aeródromo *m.* [aero'dromo] Flugplatz *m.*, - hafen.
aerolito *m.* [aeroli'to] Meteorstein *m.*
aeronáutica *f.* [aerona'utika] Luftschiffkunst *f.*, Aeronautik.
aeronave *f.* [aerona'βe] Luftschiff *n.*
aeroplano *m.* [aeropla'no] Flugzeug *n.*
aeropuerto *m.* [aeropʷe'rto] Flughafen *m.*
afabilidad *f.* [afaβiliðað] Freundlichkeit.
afable *adj.* [afa'βle] leutselig, zuvorkommend.
afamado *adj.* [afama'ðo] berühmt.
afán *m.* [afa'n] Eifer *m.*, Drang, Trachten *n.*
afanarse [afana'rse] s. abmühen **(en, por** um, für, wegen).
afección *f.* [afekθʲɔ'n] (Gemüts-Stimmung *f.*, chronisches Leiden *n.*

afectado *adj.* [afekta'ðo] gekünstelt, geziert.

afectar [afekta'r] vorgeben, heucheln; *med.* befallen.

afectísimo *adj.* [afekti'simo] sehr ergeben (im Briefschluβ).

afecto *adj.* [afe'kto] ergeben, geneigt.

afeitar(se) [afeita'rse] (s.) rasieren.

afelpado *adj.* [afelpa'ðo] plüschartig.

afeminado *adj.* [afemina'ðo] weibisch, weiblich.

aferrado *adj.* [aferra'ðo] verrannt (in **a**).

aferrarse [aferra'rse] *fig.* s. anklammern **(en an)**.

afianzar [afianθa'r] stützen, befestigen; verbürgen.

afición *f.* [afiθ^{j}ɔ'n] Zuneigung *f.*, Liebhaberei, Vorliebe; *besonders:* Vorliebe u. Verständnis für Stiergefechte.

aficionado *adj.* [afiθ^{j}ona'ðo] zugetan, geneigt.

aficionarse [afiθ^{j}ona'rse] s. (m. besonderer Vorliebe) werfen **(a auf)**.

afilado *adj.* [afila'ðo] geschliffen, scharf; ~ *m.* Schleifen *n.*

afilador *m.* [afilaðɔ'r] Scheren u. Messerschleifer *m.*

afilar [afila'r] schärfen, schleifen, wetzen.

afilado *m.* [afilia'ðo] Mitglied *n.*, (er. Gesellschaft, Partei usw.).

afiliarse a [afilia'rse] beitreten (er. Gesellschaft, Partei usw.).

afín *adj.* [afi'n] ähnlich; (Begriff) verwandt.

afinador *m.* [afinaðɔ'r] *mus.* Stimmer *m.*

afinar [afina'r] verfeinern, vervollkommen; (Metalle) vergüten, feinbearbeiten; (Eisen) frischen; *mus.* stimmen.

afinidad *f.* [afiniða'ð] Ähnlichkeit *f.*, Verwandtschaft.

afirmación *f.* [afirmaθ^{j}ɔ'n] Behauptung *f.*, Bejahung.

afirmado *m.* [afirma'ðo] Straβenbefestigung *f.*

afirmar [afirma'r] befestigen, festmachen, behaupten, versichern.

afirmativa *f.* [afirmati'βa] Bejahung *f.*, Zusage.

afirmativamente *adv.* [afirmatiβa] me'nte] bejahend(enfalls).

afirmativo *adj.* [afirmati'βo] bejahend.

aflicción *f.* [aflikθ^{j}ɔ'n] Leid *n.*, Kummer *m.*

afligido *adj.* [aflixi'ðo] traurig, trauernd.

afligir [aflixi'r] bekümmern, betrüben; **-se** s. grämen.

aflojar [afloxa'r] lockern, nachlassen; *intr.* erschlaffen; *fam.* ~ **la mosca** berappen.

aflorar [aflora'r] *min.* zutage treten.

afluencia *f.* [afl^{w}e'nθ^{j}a] Zufluβ *m.*, -strom.

afluente *m.* [afl^{w}e'nte] Nebenfluβ *m.*

afluir [afl^{w}i'r] (Fluβ) einmünden.

afonía *f.* [afoni'a] Stimmolosigkeit *f.*, *fam.* Heiserkeit.

afónico *adj.* [afo'niko] stimmlos, heiser.

aforar [afɔra'r] den Zolltarif (er. Ware) bestimmen.

aforismo *m.* [afori'zmo] Gedankensplitter *m.*, Lehrspruch.

aforo *m.* [afo'ro] Bestimmung *f.* (des Zolltarifes, er. Flüssigkeits- od. Gasmenge), Eichung.

afortunadamente *adv.* [afɔrtunaða] me'nte] glücklicherweise, zum Glück.

afortunado *adj.* [afɔrtuna'ðo] glücklich, vom Glück begünstigt.

afrancesado *adj.* [afranθesa'ðo] französisch gesinnt.

afrancesamiento *m.* [afranθesa] m^{j}e'nto] Nachahmung *(f)* franz. Manieren.

afrancesar [afranθesa'r] franz. Manieren annehmen.

afrenta *f.* [afre'nta] Schimpf *m.*, Beschimpfung *f.*

Africa *f.* (el) [a'frika] Afrika *n.*
africano *adj.* [afrika'no] afrikanisch; - *m.* Afrikaner *m.*
afrodisíaco *m.* [afrodisi'ako] den Geschlechtstrieb reizendes Mittel.
afrontar [afronta'r] (Gefahren trotzen.
aftoso *adj.* [afto'so]: **fiebre -a** *med.* Aphtefieber *n.*
afuera *adv.* [af^{w}e'ra] (dr)außen, hinaus, äußerlich; **-s** *f. pl.* (Stadt) Umgebung *f.*
agacharse [agača'rse] s. ducken, s. bücken.
agalla [aga'ʎa] Gallnuß *f.*; **-s** *f. pl.* Kiemen *f. pl.*; *fam.* **tener muchas -s** Schneid haben.
ágape *m.* [a'gape] Festgelage *n.*
agarrado *adj.* [agarra'ðo] festhaftend; *fam.* geizig. knickerig.
agarrador *m.* [agarraðɔ'r] (Bügeleisen Griff *m.*
agarrar [agarra'r] greifen, packen, erwischen, festhalten; **se** haften (bleiben), s. anklammern, s. festhalten: (Krankheit) bekommen; **-se a un clavo ardiendo** *fig. fam.* s. an en. Strohhalm klammern.
agarrotar [agarrota'r] festknebeln, erdrosseln; **-se** (Glieder) steif w.
agasajar [agasaxa'r] (sehr gut) bewirten; (gut) aufnehmen.
agasajo *m.* [agaxa'xo] Bewirtung *f.*, (gute) Aufnahme.
ágata *f.* (el [a'gata] Achat *m.*
agavillar [agaβiʎa'r] Garben binden.
agazaparse [agaθapa'rse] s. ducken.
agencia *f.* [axe'n$θ^{j}$a] Agentur *f.*, Vertretung; - **de anuncios** Anzeigenannahmestelle *f.*; - **de colocaciones** Stellenvermittlung *f.*; - **de informaciones** Auskunftei *f.*; - **de transportes** Speditionsgeschäft *n.*
agenda *f.* [axe'nda] Notizbuch *n.*, Terminkalender *m.*
agente *m.* [axe'nte] Agent *m.*, Vertreter, Agens *n.*; *naut.* Makler *m.*; (Krankheit) Erreger; - **de policía** Polizist *m.*
agigantado *adj.* [axiganta'ðo] riesenhaft.
agigantar(se) [axiganta'rse] ungeheuer vergrößern, (- groß werden).
ágil *adj.* [a'xil] behend, flink.
agilidad *f.* [axiliða'ð] Behendigkeit *f.*, Beweglichkeit, Gewandtheit.
agitación *f.* [axita$θ^{j}$ɔ'n] Aufregung *f.*; *pol.* Gärung. Aufwiegelung.
agitador *m.* [axitaðɔ'r] *pol.* Agitator *m.*, Hetzer, Wühler; *techn.* Rührvorrichtung *f.*
agitanado *adj.* [axitana'ðo] zigeunerhaft.
agitar [axita'r] (hin- u. her) bewegen, schütteln: *pol.* agitieren, werben; *techn.* umrühren.
aglomeración *f.* [aglomera$θ^{j}$ɔ'n] Anhäufung *f.*, Menschenansammlung.
aglomerado *adj.* [aglomera'ðo] zusammengepreßt; - *m. techn.* Preßförmling *m.*
aglomerar(se) [aglomera'rse] zusammenhäufen (s. anhäufen); *techn.* brikettieren.
aglutinación *f.* [aglutina$θ^{j}$ɔ'n] *techn.* Bindung *f.*; *gramm.* Anfügen *n.* (v. Wörtern).
aglutinante *adj.* [aglutina'nte] anheftend; (Sprache) agglutinierend.
aglutinar(se) [aglutina'rse] ankleben; (Worte) ansetzen; (zusammenwachsen).
agoblado *adj.* [agoβia'ðo] : - **por los años** altersschwach.
agobiar [agoβia'r] *fig.* drücken; (m. Arbeit) überhäufen.
agobio m. [ago'βio] *fig* Überhäufung *f.* (m. Arbeit).
agolparse [agolpa'rse] s. zusammenrotten, zusammenlaufen.
agonía *f.* [agoni'a] Todesstunde *f.*
agonizante *adj.* [agoniθa'nte] m. dem Tode ringend.

a

agonizar [agoniθa'r] im Sterben liegen.
agosto *m.* [agɔ'sto] August *m.*; *fig.* **hacer su** - gute Geschäfte machen.
agotado *adj.* [agota'ðo] (Bücher) vergriffen, ausverkauft.
agotador *adj.* [agotaðɔ'r] (Arbeit) erschöpfend.
agotamiento *m.* [agotam^je'nto] Erschöpfung *f.*
agotar [agota'r] (aus-) erschöpfen; (Waren) ausverkaufen; *min.* auspumpen; **-se** leer w., versiegen.
agraciado *adj.* [agraθ^ja'do] (Aussehen) anmutig, nett; **salir** - (Lotterie) herauskommen.
agraciar [agraθ^ja'r] (m. Orden usw.) auszeichnen.
agradable [agrada'βle] angenehm, gemütlich.
agradar [agraða'r] gefallen, angenehm sein.
agradecer [agraðeθe'r] danken für; *intr.* s. dankbar erweisen.
agradecido *adj.* [agraðeθi'ðo] dankbar, erkenntlich.
agradecimiento *m.* [agraðeθim^je'nto] Dank *m.*, - barkeit *f.*
agrado *m.* [agra'ðo] Vergnügen *n.* Wohlgefallen *m.*; **ser del** - **de** gefallen.
agrandar [agranda'r] erweitern, vergrößern.
agrario *adj.* [agra'rio] agrarisch; - *m. pol.* Agrarier *m.*
agravación *f.* [agraβaθ^jɔ'n] Verschärfung *f.*, Verschlimmerung.
agravante *adj.* [agraβa'nte] *jur.* erschwerend, strafverschärfend.
agravar [agraβa'r] erschweren, verschärfen, verschlimmern.
agravio *m.* [agra'β^jo] Beleidigung *f.*, Unrecht *n.*
agraz *m.* [agra'θ]: **en** - *fig.* zur Unzeit.
agredir [agreði'r] angreifen.
agregación *f.* [agregaθ^jɔ'n] Hinzufügung *f.*
agregado *aj.* [agrega'ðo] (Beamte) zugeteilt.
agregar [agrega'r] hinzufügen; (Beamte) zuteilen.
agresión *f.* [agres^jɔ'n] Angriff *m.*, Überfall.
agresividad *f.* [agresiβiða'ð] herausforderndes Wesen *n.*
agresor *m.* [agreɔ'r] Angreifer *m.*
agriar(se) [agria'rse] säuern, (sauer w.).
agrícola *adj.* [agri'kola] landwirtschaftlich.
agricultor *m.* [agrikultɔ'r] Landwirt *m.*
agricultura *f.* [agrikultu'ra] Ackerbau *m.*, Landwirtschaft *f.*
agridulce *adj.* [agriðu'lθe] sauersüß.
agrietarse [agrieta'rse] einreißen, springen, Risse bekommen.
agrio *adj.* [a'grio] sauer, bitter; (Metalle) brüchig, spröde.
agrónomo *adj.* [agro'nomo] **ingeniero** - (Titel) Vermessungsingenieur *m.*
agrupación *f.* [agrupaθ^jɔ'n] Gruppierung *f.*, Gruppe, Vereinigung.
agrupar [agrupa'r] gruppieren; **-se** Gruppen bilden.
agua *f.* (el) [a'g^wa] Wasser *n.*; - **de Colonia** Kölnisches Wasser; - **corriente** fließendes Wasser; - **destilada** destilliertes Wasser; - **dulce** Süßwasser; - **de mar** Seewasser *n.*; - **oxigenada** Wasserstoffsuperoxyd; - **potable** Trinkwasser; - **de río** Flußwasser; - **termal** Sprudel *m.*
aguacero *m.* [ag^waθe'ro] Regenguß, Platzregen *m.*
aguado *adj.* [ag^wa'ðo] (Wein) gewässert.
aguador *m.* [ag^waðɔ'r] Wasserträger *m.*, - verkäufer.
aguafuerte *m.* [ag^waf^we'rte] Ätzung *f.*, Radierung.
aguamarina *f.* [ag^wamari'na] Aquamarin *m.*
aguantar [ag^wanta'r] ab-, aushalten, ertragen, erdulden, s. gefallen lassen;

-se *fig.* s. beherrschen, s. abfinden m.
aguardar [agʷarda'r] warten.
aguardiente *m.* [agʷagʷardʲe'nte] Branntwein *m.*, Schnaps.
aguardo *m.* [agʷa'rdo] (Jagd) Anstand *m.*
aguarrás *m.* [agʷarra's] Terpentinöl *n.*
agudeza *f.* [aguðe'θa] *fig.* (Gesichts-) Schärfe *f.*, Scharfsinn *m.*, Witz.
agudo *adj.* [agu'ðo] spitz(ig), scharf, schneidend; (Gehör) fein.
agüero *m.* [agʷe'ro]: **mal** ~ schlechte Vorbedeutung *f.*; **de mal** ~ unheilverkündend.
aguijón *m.* [agixo'n] Stachel *m.*
aguijonear [agixonea'r] (an)- stacheln; *fig.* anspornen.
águila *f.* (el) [a'gila] Adler *m.*
aguilera *f.* [agile'ra] Adlerhorst *m.*
aguilucho *m.* [agilu'čo] junger Adler *m.*
aguinaldo *m.* [agina'ldo] Weihnachts-, Neujahrsgeschenk *n.*
aguja *f.* [agu'xa] (Näh-) Nadel *f.*; (Uhr) Zeiger *m.*; (Turm) Spitze *f.*; Eis Weiche; *naut.* Kompaβ *m.*; **~ de hacer media** Stricknadel *f.*; **~ de zurcir** Stopfnadel.
agujerear [aguxerea'r] durchlöchern, Löcher stechen.
agujero *m.* [aguxe'ro] Loch *n.*, Bohrung *f.*, Nadelmacher *m.*
agusanado *adj.* [agusana'ðo] wurmstichig.
agustino *m.* [agusti'no] Augustinermönch *m.*
¡ah! [a] ach!, ah!, oh!.
ahijado *m.* [aixa'ðo] Patenkind *n.*
ahínco *m.* [ai'ŋko] Eifer *m.*, Nachdruck; **con** ~ eifrig.
ahogado *adj.* [aoga'ðo] ertrunken; (Schrei) dumpf.
ahogar [aoga'r] ertränken, erwürgen; (Feuer) löschen; **-se** ertrinken, ersticken.
ahondar [aɔnda'r] vertiefen.
ahora *adv.* [ao'ra]] jetzt, nun; **~ mismo** auf der Stelle, sofort; **~ bien** also, **por** ~ einstweilen, vorläufig.
ahorcar [aɔrka'r] (er) hängen; **-se** s. erhängen.
ahorrar [aɔrra'r] (er)sparen, *fig.* schonen.
ahorro *m.* [aɔ'rro] Ersparnis *f.*; **caja de -s** *f.* Sparkasse *f.*
ahuecar [aʷeka'r] (auf)lockern, aushöhlen; **~ el ala** *fam.* s. aus dem Staube machen.
ahumado *adj.* [auma'ðo] (ge-), verräuchert, rauchig.
ahumar [auma'r] (be)räuchern.
ahuyentar [aujenta'r] verjagen, -scheuchen.
airado *adj.* [aira'ðo] aufbrausend, zornig.
aire *m.* [a'ire] Luft *f.*, Miene, Wind *m.*, Anschein, (Volks-) Lied *n.*; **~ comprimido** Druckluft *f.*; **~ enrarecido** verdünnte Luft; **~ viciado** unreine Luft; **al ~ libre** im Freien.
aireación *f.* [aireaθʲɔ'n] Auslüftung *f.*
airear [airea'r] lüften.
airoso *adj.* [airo'so] luftig; **salir ~ de** (bei er. Sache) gut abschneiden.
aislado *adj.* [aizla'ðo] vereinzelt, freistehend, isoliert.
aislamiento *m.* [aizlamʲe'nto] Isolierung *f.*; *fig.* Abgeschlossenheit *f.*; **~ térmico** Wärmeschutz.
aislante *adj.* [aizla'nte]; **cinta** ~ *f.* Isolierband *n.*; **material** ~ *m.* Isoliermaterial *n.*; ~ *m.* Isolierstoff *m.*
aislar [aizla'r] absondern, isolieren.
ajedrez *m.* [axedre'θ] Schachspiel *n.*; **tablero** (m) **de** ~ Schachbrett *n.*
ajeno *adj.* [axe'no] andern gehörend, fremd; **estar ~ de a**|c v. etw. nichts wissen.
ajetreo *m.* [axetre'o] Plackerei *f.*, Lauferei.
ajo *m.* [a'xo] Knoblauch *m.*; **andar en el** ~ in ee. Sache verwickelt sein; se. Hände im Spiele haben.

ajuar *m.* [axua'r] Hausrat *m.;* (Braut) Aussteuer *f.*

ajustable *adj. techn.* [axusta'βle] einstellbar.

ajustado *adj.* [axusta'ðo] passend; (Preis) vereinbart.

ajustador *m.* [axustaðɔ'r] Maschinenschlosser *m.*, Monteur.

ajustar [axusta'r] (an-) einpassen. *techn.* justieren; (Preis) vereinbaren.

ajuste *m.* [axu'ste] (An-) Passung *f.*, *techn.* Einstellung.

ajusticiado *m.* [axustiθ^{j}a'ðo] Hingerichteter *m.*

ajusticiar [axustiθ^{j}a'r] hinrichten.

ala *f.* **(el)** [a'la] Flügel *m.;* (Hut) Krempe *f.;* (Kirche) Schiff *n.; techn.* (Träger) Flansch *m.*

alabanza *f.* [alaβa'nθa] Lob. *n.*

alabar [alaβ'ar] loben, preisen.

alabastro *m.* [alaβa'stro] Alabaster *m.*

alabearse [alaβea'rse] s. verwerfen, s. krümmen.

alacrán *m.* [alakra'n] *zool.* Skorpion *m.*

alada *f.* [ala'ða] Flügelschlag *m.*

alado *adj.* [ala'ðo] geflügelt.

alambicado *adj.* [alambika'ðo] knapp; (Preise) scharf kalkuliert.

alambicar [alambika'r] abziehen, destillieren. *fig.* (Preise) scharf kalkulieren.

alambique *m.* [alambi'ke] Destillierblase *f.*

alambrada *f.* [alambra'ða] Drahtverhau *m.*

alambrado *m.* [alambra'ðo] Drahtumzäunung *f.*

alambrar [alambra'r] m. Draht umziehen.

alambre *m.* [ala'mbre] Draht *m.;* - **galvanizado** verzinkter Draht.

alameda *f.* [alame'ða] (Baum-) Allee *f.*

álamo *m.* [a'lamo] Pappel *f.*

alano *adj.* [ala'no]: **perro** (m) - Hatzhund *m.*

alarde *m.* [ala'rde]: **hacer - de** glänzen wollen m., groβtun m.

alardear [alardea'r] prahlen, glänzen wollen (m. de).

alargado *adj.* [alarga'ðo] (Gesicht) lang.

alargamiento *m.* [alargam^{j}e'nto] *techn.* Dehnung *f.*, Streckung.

alargar [alarga'r] verlängern. ausdehnen, strecken; (Frist) aufschieben; **-se** (Tage, Nächte zunehmen; s. in die Länge ziehen.

alarido *m.* [alari'ðd*] (Kriegs-) Geschrei *n.*

alarma *f.* [ala'rma] Alarm *m.*, Bestürzung *f.;* **- falsa** blinder Lärm *m.*

alarmante *adj.* [alarma'nte] bestürzend.

alarmar [alarma'r] alarmieren; **-se s.** beunruhigen.

alazo *m.* [ala'θo] Schlag *(m)* m. Flügel.

alba *f.* **(el)** [a'lβa] Tagesanbruch *m.;* **al rayar el** - bei Morgengrauen.

albacea *m.* [alβaθe'a] Testamentsvollstrecker *m.*

albañil *m.* [alβaɲi'l] Maurer *m.*

albañilería *f.* [alβaɲileri'a] Mauerwerk *n.*

albarda *f.* [alβa'rda] Packsattel *m.*

albaricoque *m.* [albariko'ke] Aprikose *f.*

albaricoquero *m.* [alβarikoke'ro] Aprikosenbaum *m.*

albedrío *m.* [alβedri'o] (freier) Wille *m.;* **a su (libre)** - nach seinem Belieben.

alberca *f.* [alβe'rka] (gemauertes) Wasserbecken *n.*

albergar [alβerga'r] beherbergen.

albergue *m.* [alβe'rge] Herberge *f.*, Obdach *n.*, Rasthaus (im Gebirge, an Autostraβe), Schutzhütte *f.*

albillo *adj.* [alβi'ʎo]: **uva - a** Span. ee. Edeltraubensorte.

albino *m.* [alβi'no] Albino *m.*, Mischling.

albo *adj.* [a'lβo] *poet.* weiβ.

albóndiga *f.* [alβo'ndiga] Fleischklößchen *n.*

alborada *f.* [alβora'ða] Tagesanbruch *m.; mil.* Reveille *f.*
alborear [alβorea'r] dämmern, Tag w.
albornoz *m.* [albərnə'θ] Bademantel *m.*
alborotado *adj.* [alβorota'ðo] aufgeregt, (Haar) zerzaust.
alborotador *m.* [alβorotaðɔ'r] Aufwiegler *m.*, Ruhestörer.
alborotar [alβorota'r] *tr.* beunruhigen, aufwiegeln; *intr.* lärmen; **-se** erschrecken.
alboroto *m.* [alβoro'to] Lärm *m.*, Radau, Trubel.
alborozo *m.* [alβoro'θo] Fröhlichkeit *f.*, Jubel *m.*
albufera *f.* [alβufe'ra] Salzwassersee *m.*, Lagune *f.*
álbum *m.* [a'lβun] Album *n.*
albúmina *adj.* [alβumina'ðo] eiweißhaltig.
alcachofa *f.* [alkačo'fa] Artischoke (nflanze) *f.;* (Pumpe) Fußsieb *n.*
alcahuete *m.* [alka^{w}ete] Kuppler *m.* Angeber. Klatschbase *f.*
alcahuetear [alka^{w}etea'r] verkuppeln-
alcahuetería *f.* [alka^{w}eteri'a] Kuppelei *f.*
alcaide *m.* [alkai'de] Burgvog *m.*
alcaldada *f.* [alkalda'ða] Willkürakt (m) es. Alkalden.
alcalde *m.* [alkal'de] Bürgermeister *m.* Dorfschulze, Ortsvorsteher.
alcaldesa *f.* [alkalde'sa] Frau (*f*) des Alkalden.
alcaldía *f.* [alkaldi'a] Bürgermeisterei *f.*
alcalino *adj.* [alkali'no] *chem.* alkalisch, basisch.
alcaloide *m.* [alkalɔ'iðe] *chem.* Alkaloid *n.*
alcance *m.* [alk'anðe] Bereich *m.* Trag-, Seh-, Reichweite *f.*, Nachsetzen *n.;* letzte Briefkastenleerung (*f*) für Bahnpost.
alcanfor *m.* [alkamfo'r] Kampfer *m.*
alcanforado *adj.* [alkamfora'ðo] **aceite** - *m.* Kampferöl *m.*
alcántara *f.* [alka'ntara] kleine, schmale Brücke *f.*
alcantarilla *f.* [alkantari'ʎa] (überdeckter) Abwasserkanal *m.*
alcantarillado *m.* [alkantariʎa'ðo] Abwassernetz *n.*, Kanalisation *f.*
alcanzar [alkanθa'r] *tr.* einholen, erreichen; (her-), hinreichen. *fig.* verstehen; *intr.* (aus-) reichen.
alcaparra *f.* [alkapa'rra] Kaper-(staude *f.*
alcazaba *f.* [alkaθa'βa] Burgfeste *f.*
alcázar *m.* [alka'θar] (maurisches Schloβ *n.*
alcista *m.* [alθi'sta] Haussespekulant *m.;* **movimiento** - Ansteigen (*n.*) der Kurse.
alcoba *f.* [alko'βa] Alkoven *m.*, Schlafzimmer *n.* (ohne Fenster).
alcohol *m.* [alkoɔ'l] Alkohol Alkohol *m.*, Spiritus.
alcoholar [alkoola'r] rektifizieren, m. Alkohol versetzen.
alcoholera *f.* [alkoole'ra] Alkoholfabrik *f.*
alcoholero *m.* [alkoole'ro] Alkoholerzeuger *m.*, Brenner.
alcohólico *adj.* [alkoo'liko] alkoholisch; - *m.* Alkoholiker *m.* Trinker.
alcoholismo *m.* [alkooli'zmo] Alkoholismus *m.*, Trunksucht *f.*
alcoholizar [alkooliθa'r] (Wein) spriten.
alcornoque *m.* [alkɔrno'ke] Korkeiche *f.; fam.* Dämlack *m.*
alcurnia *f.* [alku'rn^{j}a] Abstammung *f.*, Geschlecht *n.*
alcuza *f.* [alku'θa] *techn.* Abölkanne *f.*, Schmierkanne.
aldaba *f.* [alda'βa] Türklopfer *m.*
aldabada *f.* [aldaβa'ða] Anklopfen (*n.*) m. dem Türklopfer.
aldabazo *m.* [aldaβa'θo] starker Schlag (*m*) m. dem Türklopfer.
aldea *f.* [alde'a] Dorf *n.*
aldeana *f.* [aldea'na] Bäuerin *f.*
aldeano *m.* [aldea'no] Dörflich, bäuerlich.

aleación *f.* [aleaθ'ɔ'n] Legierung *f.*
alear [alea'r] flattern; *techn.* legieren.
aleccionamiento *m.* [alekθ'ɔnam'e'nto] Unterweisung *f.*, Anlernen *n.*
aleccionar [alekθ'ɔna'r] lehren, unterweisen.
alegación *f.* [alegaɔ'ɔ'n] *jur.* Beweisschrift *f.*
alegar [alega'r] vorgeben; (Buchstelle; als Beweis) anführen.
alegato *m.* [alega'to] *jur.* Verteidigungsschrift *f.*
alegoría *f.* [alegori'a] Allegorie *f.*, Sinnbild *n.*
alegórico *adj.* [aleg'riko] sinnbildlich.
alegrar [alegra'r] aufheitern, erfreuen; **-se** s. freuen.
alegre [ale'gre] fröhlich, lustig, heiter; (Lebenswandel) flott, locker; (Nachricht) froh.
alegría *f.* [alegri'a] Freude *f.* Fröhlichkeit.
alejamiento *m.* [alexam'e'nto] Entfernung *f.*, Zurückgezogenheit.
Alejandro *m.* [alexa'ndro] Alexander; - **Magno A.** der Groβe.
alejar(se) [alexa'rse] (s.) entfernen.
aleluya *f.* [alelu'a] Halleluja *n.*, Bilderbogen *m.* (m. Serienbildern).
alemán *adj.* [alema'n] deutsch; - *m.* Deutsch *n.*, Deutscher *m.*
Alemania *f.* [alema'n'a] Deutschland *n.*
alentado *adj.* [alenta'ðo] mutig, tapfer.
alentar [alenta'r] aufmuntern, ermutigen; **-se** Mut fassen.
alero *m.* [ale'ro] Traufe *f.*, Schirmdach *n.*
alerta *adv.* [ale'rta] wachsam; **estar ojo** - e. -wachsames Auge haben.
alerto *adj.* [ale'rto] aufmerksam, wachsam.
aleta *f.* [ale'ta] (Fisch) Flosse *f.*; *arch.* Flügel *m.*; *techn.* (Kühler) Rippe *f.*
aletear [aletea'r] (Vogel) flattern; (Fisch) Flossen bewegen.
alevosía *f.* [aleβosi'a] Hinterlist *f.*, Tücke.
alevoso *adj.* [aleβo'so] hinterarglistig.
alfabético *adj.* [alfaβe'tiko] alphabetisch; **por orden** - alphabetisch geordnet.
alfabeto *m.* [alfaβe'to] Alphabet *n.*, Abc.
alfalfa *f.* [alfa'lfa] *Span.* Klee *m.*, Luzerne *f.*
alfarería *f.* [alfareri'a] Töpferarbeit *f.*, - werkstatt, - laden *m.*
alfarero *m.* [alfare'ro] Topfer *m.*
alfeñique *m.* [alfeɲi'ke] gezuckerter Mandelteig *m.*
alférez *m.* [alfe'reθ] Fähnrich *m.*, **- de navío** Leutnant zur See.
alfil *m.* [alfi'l] (Schach) Läufer *m.*
alfiler *m.* [alfile'r] Stecknadel *f.*, Schmuck -, *techn.* Stift *m.*, **-de corbata** Schlipsnadel *f.*, **no cabe(r) un** - (Lokal) es ist gestopft voll.
alfombra *f.* [alfɔ'mbra] (Fuβ-) Teppich *m.*
alfombrar [alfɔmbra'r] m. Teppichen auslegen.
alfombrilla *f.* [alfɔmbriʎa] Bettvorleger *m.*, *med.* Röteln *f. pl.*
alforja(s) *f.* (pl) [alfo'rxas] Quersack *m.*
alga *f.* **(el)** [a'lga] Alge *f.*, Seegras *n.*, - **marina** Seetang *m.*
algarabía [algaraβi'a] *fig. fam.* Kauderwelsch *n.*, Durcheinander; Spektakel *m.*
algarada *f.* [algara'ða] Auflauf *m.*
algarroba *f.* [algarro'βa] Johannisbrot *n.*
algarrobo *m.* [algarro'βo] Johannisbrotbaum *m.*
álgebra *f.* **(el)** [a'lxeβra] Algebra.
álgido *adj.* [a'lxido] eisig; **punto** - *m.* Gefrierpunkt *m.*
algo *adv.* [a'lgo] etwas; **por** - nicht umsonst, m. gutem Grund.
algodón *m.* [algoðɔ'n] Baumwolle *f.*; - **en rama** Watte; - **hidrófilo** Verbandwatte.

algodonero *m.* [algoðɔne'ro] Baumwollpflanzer *m.*, -strauch.
alguacil *m.* [alg^w aθi'l] Gerichtsdiener *m.*, Büttel; *Taur.* reitender Ratsdiener.
alguien [a'lgien] jemand.
alguno [algu'no] jemand; (**algún** vor männl. Hauptwort), mancher, (irgend) einer, ein gewisser; **- día** einst.
alhaja *f.* [ala'xa] Kleinod *n.*, Juwel, Schmuck *m.*
alhelí *m.* [aleli'] *bot.* Levkoie *f.*
alhóndiga *f.* [alɔ'ndiga] öffentl. Kornlager *n.*
aliado *adj.* [alia'ðo] verbündet; **-** *m.* Verbündeter *m.*, Bundesgenosse.
alianza *f.* [al^ja'nθa] Bund *m.*, Bündnis *n.*
aliarse [aliz'rse] s verbuchen.
alias *adv.* [a'l^jas] sonst auch, genannt (bei Spitznamen).
alicates *m. pl.* [alika'tes] (kleine) (Greif-) Zange *f.*
aliciente *m.* [aliθ^je'nte] Lock-, Reizmittiel *n.*, Anreiz *m.*
alícuota *adj.* [ali'k^wota] : **parte** **-** *f.* aliquoter Teil *m.*
alienación *f.* [al^jenaθ^jɔ'n] Entäußerung *f.*, Geisteskrankheit.
alienado *adj.* [al^jena'ðo] irrsinnig.
alienar [al^jena'r] veräußern.
aliento *m.* [a,^je'nto] Atem *m.*, Hauch; *fig.* Kraft *f.*
aligerado *adj.* [alixera'ðo] **construcción** **-a** *f. techm.* Leichtbau *m.*
aligerar [alixera'r] erleichtern, lindern; (Schritt) beschleunigen.
alijar [alixa'r] *naut.* löschen.
alijo *m.* [ali'xo] Schmuggelware *f.*
alimentación *f.* [alimentaθ^jɔ'n] Ernährung *f.*
alimentar [alimenta'r] ernähren; *techn.* beschicken, speisen.
alimenticio *adj.* [alimenti'θ^jo]: **sustancias** **- as** Nahrungsmittel *n. pl.*
alimento *m.* [alime'nto] Kost *f.*, Nahrung, Speise; **-s** *m. pl. jur.* Alimente *n. pl.*
alineación *f.* [alineaθ^jɔ'n] Richten *n.* (in gerader Reihe).
alinear [alinea'r] in gerader Reihe aufstellen.
aliñar [aliɲa'r] (Speisen) zubereiten, zurechtmachen.
aliño *m.* [ali'ɲo] Putz *m.*, Schmuck; (Speisen) Würze *f.*, Zutat.
alisado *adj.* [alisa'ðo] glatt, geglättet; (Holz) geschliffen.
alisador *m.* [alisaðɔ'r] Glättholz *n.*; (Gießerei) Putzeisen.
alisar [alisa'r] (gut) glätten, glattstreichen, polieren; (Holz) schleifen.
alistamiento *m.* [alistam^je'nto] *mil.* Anwerbung *f.*
alistar [alista'r] anwerben; **-se** s. anwerben lassen.
aliteración *f.* [aliteraθ^jɔ'n] Stabreim (Anlautgleichklang) *m.*
aliviar [aliβ^ja'r] entlasten, erleichtern, lindern; **-se** (Schmerz) nachlassen, s. erholen.
alivio *m.* [ali'β^jo] Erholung *f.*, Erleichterung, Linderung.
aljama *f.* [alxa'ma] Moschee *f.*
aljibe *m.* [alxi'βe] Zisterne *f.*; *naut.* Petroleumtanker *m.*
alma *f.* (el) [a'lma] Seele *f.*, Geist *m.*, Gemüt *n.*; *fig.* Person *f.*; *techn.* (Träger, Schiene) Steg *m.*; **-de Dios** *fam.* Prachtkerl, **hijo de mi** **-** Liebling (als Koseausdruck); **con el** **-** *fig.* herzlich; **entregar el** **-** *fig.* sterben.
almacén *m.* [almaθe'n] Lager-(haus) *n.*, (-schuppen *m.*), Niederlage *f.*, Laden *m.*, Handlung *f.*, Magazin *n.*; **almacenes** *m. pl.* Kauf-, Warenhaus *n.*, Bazar *m.*
almacenaje *m.* [almaθena'xe] Lagerung *f.*, Lagergeld *n.*
almacenar [almaθena'r] (ein)-lagern, (auf) speichern.
almacenista *m.* [almaθeni'sta] (Groß-) Händler *m.*

almáciga *m.* [alma'θiga] Pflanzbeet *n.*, Baumschule *f.*
almadraba *f.* [almadra'βa] Thunfischerei *f.*
almadreña *f.* [almadre'ɲa] Holzschuh *m.*
almanaque *m.* [almana'ke] Almanach *m.*, Kalender.
almeja *f.* [alme'xa] eβbare (Mies-) Muschel *f.*
almena *f.* [alme'na] Mauerzinne *f.*
almendra *f.* [alme'ndra] Mandel *f.*
almendral *m.* [almendra'l] Mandelpflanzung *f.*
almendro *m.* [alme'ndro] Mandelbaum *m.*
almíbar *m.* [almi'βar] (Honig-) Seim *m.*, Sirup, süβer Fruchtsaft.
almidón *m.* [almiðɔ'n] Stärke *f.*, -mehl *n.*
almidonado *adj.* [almiðona'ðo] (Wäsche) gestärkt.
alminar [almina'r] Minarett *n.*
almirantazgo *m.* [almiranta'θgo] Admiralität *f.*
almirante *m.* [almira'nte] Admiral *m.*; **buque** (m) - Flaggschiff *n.*
almirez *m.* [almire'θ] (metallener) Mörser *m.*
almohada *f.* [almoa'ða] (Kopf-) Kissen *n.*, Polster; **consultar con la** - *fig. fam.* (etw.) überschlafen.
almohadilla *f.* [almoaði'ʎa] kleines Kissen *n.*; *techn.* Klotz *m.*
almoneda *f.* [almone'ða] Auktion *f.*, Versteigeung; (gerichtlicher) Verkauf *m.*
almorranas *f. pl.* [almɔrra'nas] Hämorrhoiden *pl.*
almorzar [almorθa'r] *tr.* zum Früstück einnehmen; *intr.* früshstücken.
almuerzo *m.* [alm^{w}e'rθo] (2.) Frühstück *n.* Mittagessen; **tomar el** - zu Mittag essen.
alocado *adj.* [aloka'ðo] toll.
alocución *f.* [alokuθ^{j}ɔ'n] (kurze) Ansprache *f.*
alojamiento *m.* [aloxam^{j}e'nto] Wohnung *f.*, Unterkunft, Quartier *n.*
alojar [aloxa'r] *tr.* beherbergen, unterbringer; **-se** *intr.* wohnen, (im Hotel) absteigen.
alondra *f.* [alɔ'ndra] *zool.* Lerche *f.*
alpaca *f.* [alpa'ka] Alpaka *f.*, Kamelziege, Alpakasilber *n.*
alpargata *f.* [alparga'ta] Stoffschuh *(m)* m. Hanfsohle.
alpargatería *f.* [alpargateri'a] Hanfschuhfabrik *f.*, -laden *m.*
Alpes *m. pl.* [a'lpes] Alpen *pl.*
alpinismo *m.* [alpini'zmo] Alpensport *m.*
alpinista *m.* [alpini'sta] Alpinist *m.*, Bergsteiger, Hochtourist.
alpino *adj.* [alpi'no]: **club** *m.* - Alpenverein *m.*, Touristenklub.
alpiste *m.* [alpi'ste] Kanarienfutter *n.*
alquería *f.* [alkeri'a] Bauernhof *m.*, Mejerei *f.*
alquila *f.* [alki'la] Schild (*n.*) ..Frei" der Mietswagen.
alquilar [alkila'r] (ver)-mieten; (Schild) **se alquila** zu vermieten.
alquiler *m.* [alkile'r] Miete *f.*
alquimia *f.* [alki'm^{j}a] Alchimie *f.*
alquimista *m.* [alkimi'sta] Alchimist *m.*
alquitrán *m.* [alkitra'n] Teer *m.*
alquitranado *adj.* [alkitrana'ðo] teerhaltig.
alquitranadora *f.* [alkitranaðɔ'ra] Straβenteermaschine *f.*
alquitranar [alkitrana'r] teeren.
alrededor *adv.* [alrreðeðɔ'r] ringsherum, -umher; **-de** etwa, ungefähr.
Alsacia *f.* [alsa'θ^{j}a] Elsaβ *n.*
alta *f.* (el) Entlassungsschein *m.*; **dar de** - (in Verein) aufnehmen; (aus der Krankenbehandlung entlassen; gesundschreiben.
altamente *adv.* [altame'nte] äuβerst.
altanería *f.* [altaneri'a] Arroganz *f.*, Falkenjagd.
altanero *adj.* [altane'ro] arrogant.
altar *m.* [alta'r] Altar *m.*
altavoz *m.* [altaβo'θ] Lautsprecher *m.*
alteración *f.* [alteraθ^{j}ɔ'n] (Ver) Änderung *f.*; (Eigenschaft) Wechsel *m.*; *fig.* Aufregung *f.*, Störung.

alterado *adj.* [altera'ðo] aufgebracht, aufgeregt.
alterar [altera'r] (ver) ändern; (Eigenschaft) wechseln; (ver)- fälschen; (öffentl. Ordnung) stören; **-se s.** aufregen.
altercado *m.* [alterka'θo] Wortwechsel *m.*
alternado *adj.* [alterna'ðo] *bot.* wechselständig.
alternador *m.* [alternaðɔ'r] Wechselstromerzeuger *m.*; -dynamo *f.*
alternancia *f.* [alterna'nθ[j]a] *techn.* Wechsel des Wechselstroms zwischen zwei entgegengesetzten Werten.
alternando [alterna'ndo] *techn.* versetzt.
alternar [alterna'r] abwechseln, verkehren; (im Dienst) s. ablösen (m. jem.).
alternativa *f.* [alternati'βa] Alternative *f.*; Entweder-Oder *n.*; Taur. **tomar la** - das erstemal als Stierkämpfer auftreten.
alternativo *adj.* [alternati'βo] abwechselnd.
alterno *adj.* [alte'rno]: **corriente -a** *f. elektr.* Wechselsrom *m.*
alteza *f.* [alte'θa] Hoheit *f.*, Durchlaucht.
altibajos *m. pl.* [altiβa'xos] Auf und Ab *n.* (des Lebens).
altiplanicie *f.* [altiplani'θie] Hochebene *f.*
altisonante *adj.* [altisona'nte] hochtrabend.
altitud *f.* [altitu'ð] Höhe(nlage) *f.*
altivo *adj.* [alti'βo] hochmütig. stolz.
alto *adj.* hoch; (Person groß; (Stimme) laut; (Preis) teuer; (Meer) offen; (Stunden) vorgerückt; *adv.* oben, hoch; **en** - nach oben; (sprechen) laut; - *m.* (An-) Höhe *f.*; *mus.* Alt-(stimme) *f.*; *Halt m.*; machen *n.*; **hacer** - anhalten, rasten ¡-! Halt!.
altruísmo *m.* [altrui'zno] Selbstlosigkeit *f.*, Nächstenliebe.
altruista *m.* [altrui'sta] Altruist *m.*; *adj.* uneigennützig.
altura *f.* [altu'ra] Höhe *f.*, (Boden-) Erhebung. Gipfel *m.*; *fig. fam.* **estar a la -del betún** (m. sn. Kenntnissen) auf em. äuβerst geringen Niveau stehen, s. blamieren.
alubia *f.* [alu'βia] Bohne *f.*
alucinación *f.* [aluθinaθ[j]ɔ'n] Wahngebilde *n.*, Trugbild.
alucinar [aluθina'r] blenden; **-se** s. täuschen.
alud *m.* [alu'ð] Lawine *f.*
aludido *adj.* [aluði'ðo]: **darse por** - s. getroffen fühlen, auf s. beziehen.
aludir [aluði'r] anspielen (a auf), andeuten.
alumbrado *m.* [alumβra'ðo] Beleuchtung *f.*
alumbramiento *m.* [alumbram[j]e'nto] Beleuchtung *f.*, Entbindung.
alumbrar [alumβra'r] *tr.* (be)- leuchten; *intr.* niederkommen; (nach Wasser) fündig bohren.
aluminio *m.* [alumi'nio] Aluminium *n.*
alumnado *m.* [alumna'ðo] Internat *n.*
alumno *m.* [alu'mno] Schüler *m.*; *SAm.* Student.
alusión *f.* [alus[j]ɔ'n] Andeutung *f.*, Anspielung.
alusivo *adj.* [alusi'βo] anspielend (**a** auf).
aluvial *adj.* [aluβ[j]a'l] alluvial; (Boden) angeschwemmt.
aluvión *m.* [aluβiɔ'n] Alluvium *n.*, Schwemmland; *geol.* Seife *f.*
alvéolo *m.* [alβe'olo] (Bienen) Zelle *f.*; *med.* (Zahn-) Kieferhöhle.
alza *f.* (el) [a'lθa] (Preis) Steigerung *f.*, Hausse; *mil* Visier *n.*
alzamiento *m.* [alθam[j]e'nto] Aufstand *m.*, Erhebung *f.*
alzar [alθa'r] auf-, emporheben, hochhalten; (Blick) nach oben richten; *techn.* bissen, heiβen.
allá *adv.* [aʎa'] da, dort (hin); **más** - weiter weg; **por** -dortherum; **¡ - V.!** das ist Ihre Angelegenheit!.

allanamiento *m.* [aʎanam^je'nto] (Ein-) Ebnen *n.*, (Schwierigkeiten Beseitigung *f.*; - **de morada** Hausfriedensbruch *m.*

allanar [aʎana'r] (ein)ebnen; (Schwierigkeiten) beheben; **-se** s. bequemen (**a** zu).

allegado *adj.* [aʎega'ðo] verwandt; - *m.* Verwandter *m.*

allí *adv.* [aʎi'] da (hin), dort (hin); **desde** - v. **da** aus. v. dieser Stelle aus.

ama *f.* (el) [a'ma] (Haus -) Herrin *f.*, Hausfrau, Amme.

amabilidad *f.* [amaβiliða'ð] Entgegenkommen *n.*, Liebenswürdigkeit *f.* **¡tenga Vd. la - de** ... haben Sie die Güte zu...

amable *adj.* [ama'βle] entgegenkommend, liebenswürdig; (**para con alg.** zu jem..

amaestrar [amaestra'r] (Tiere) abrichten, dressieren.

amago *m.* [ama'go]: - **de incendio** Brandherd *m.*

amainar [amaina'r] (Wind) nachlassen; (Segel) einziehen.

amalgama *f.* [amalga'ma] Amalgam *n.*

amamantar [amamanta'r] säugen.

amancebarse [amanθeβa'rse] in wilder Ehe leben.

amanecer [amaneðe'r] Tag w.; - *m.* Morgengrauen *n.*; **al** - m. Tagesanbruch.

amansamiento *m.* [amansam^je'nto] Zähmung *f.*

amansar [amansa'r] bändigen, zähmen; - **se** zahm w.

amante *m.* [ama'nte] Geliebter *m.* Liebhaber; **-s** *m. pl.* Liebespaar *n.*; *adj.* liebevoll; **ser - de** Liebhaber od. Freund sein v.

amanuense *m.* [aman^we'nse] Schreiber *m.*

amañarse [amaɲa'rse] s. (in etw.) leicht hineinfinden.

amapola *f.* [amapo'la] (Feld) Mohn *m.*; *fig. fam.* **ponerse rojo como una** - knallrot w.

amar [ama'r] lieben, liebhaben, gern haben.

amarar [amara'r] *av.* wassern.

amargar [amarga'r] *tr.* verbittern; (das Leben) schwer machen.

amargo *adj.* [ama'rgo] bitter, schmerzlich.

amarillento *adj.* [amariʎe'nto] gelblich.

amarillo *adj.* [amariʎo] gelb.

amarrar [amarra'r] (m. Tauen) befestigen, festbinden.

amarre *m.* [ama'rre] Ankern *n.*

amasar [amasa'r] kneten, anrühren.

amatista *f.* [amati'sta] Amethyst *m.*

amazona *f.* [amaθo'na] Amazone *f.*, Reiterin; (Damen) Reitkleid *n.*

Amazonas *m.* [amaθo'nas] Amazonestrom *m.*; Staat in Brasilien.

amazónico *adj.* [amaθo'niko) auf Amazonen *bzw.* Staat *od.* Strom Amazonas bezüglich.

ámbar *m.* Bernstein *m.*; **-negro** Jett *m.*

Amberes *f.* [ambe'res] Antwerpen *n.*

ambición *f.* [ambiθ^jɔ'n] Ehrgeiz *m.*, Streben n.; **sin - ones** ohne (große) Ansprüche.

ambicionar [ambiθ^jɔna'r] eifrig erstreben, beanspruchen.

ambicioso *adj.* [ambiθ^jo'so] ehrgeizig, anspruchsvoll.

ambiente *adj.* [ambie'nte] umgebend; - *m.*, Milieu *n.*, Umgebung *f.*

ambigú *m.* [ambigu'] kaltes Büfett *n.*

anbigüedad *f.* [ambig^weðda'ð] Doppelsinn *m.*, Zweideutigkeit *f.*

ambiguo *adj.* [ambi'g^wo] doppelsinnig, zweideutig.

ámbito *m.* [a'mbito] Umkreis *m*

ambos *adj.* [a'mbɔs] beide.

ambulancia *f.* [ambula'nθ^ja] Ambulanz *f.*, Krankenwagen *m.*, Sanitätswache *f.*

ambulante *adj.* [ambula'nte] wandernd, umherziehend; **vendedor** - Straβenverkäufer *m.*, Hausierer.

amén *m.* [ame'n] Amen *n.;* **en un decir** - *fig.* im. Nu; *adv.* ausgenommen.
amenaza *f.* [amena'θa] (Be-) Drohung *f.*
amenazador *adj.* [amenaθaðɔ'r] drohend.
amenazar [amenaθa'r] (an-), (be) drohen.
amenguar [ameng^{w}a'r] schmälern.
amenidad *f.* [ameniθa'ð] Anmut *f.*, Lieblichkeit.
amenizar [ameniθa'r] schöner gestalten, verschönern.
ameno *adj.* [ame'no] anmutig, lieblich; (Gespräch) unterhaltend.
América *f.* [ame'rika] Amerika *n.;* - **Central** Mittelamerika; - **Latina** Lateinamerika; - **del Norte** Nordamerika; - **del Sur (Sud)** Südamerika.
americana *f.* [amerika'na] Amerikanerin *f.;* (Herren-) Sakko *m.*
americano *adj.* [amerika'no] amerikanisch; - *m.* Amerikaner *m.*
ametralladora *f.* [ametraʎaðo'ra] *mil.* Maschinengewehr *n.*
amianto *m.* [amia'nto] Asbest *m.*
amiga *f.* [ami'ga] Freundin *f.*, Geliebte.
amigable *adj.* [amiga'βle] freundschaftlich; (Vergleich) gütlich.
amigazo *m.* [amiga'θo] (aufrichtiger Freund *m.*
amígdala *f.* [ami'gdala] *med.* Mandel *f.;* (Hals) Drüse.
amigdalitis *f.* [amigdali'tis] *med.* Mandelentzündung *f.*
amigo *m.* [ami'go] (Geschäfts-) Freund *m.*, Liebhaber; - **íntimo** Busenfreund; **ser - de a**|c etw. sehr lieben *bzw.* gern tun; **hacerse -s** Freundschaft schließen; **tener la cara de pocos -s** *fig.* sehr unfreundlich aussehen; **¡tan -s como antes** das tut unserer Freundschaft keinen Abbruch ; **entre -s** unter Freunden.
aminorar [aminora'r] vermindern; (Geschwindigkeit) herabsetzen.
amistad *f.* [amista'ð] Freundschaft *f.*, Zuneigung; **-es** *f. pl.* Freundeskreis *m.*
amistoso [amisto'so] freundschaftlich, gütlich.
amnistía *f.* [amnisti'a] Amnestie *f.*, Begnadigung, Straferlaβ *m.*
amnistiar [amnistia'r] begnadigen.
amo *m.* [a'mo] (Haus-) Herr *m.*, Besitzer.
amolador *m.* [amolaðɔ'r] Schleifer *m.*
amolar [amola'r] (m. Schleifscheibe schleifen.
amoldar [amɔlda'r] abformen; **-se** (den Verhältnissen anpassen.
amonestación *f.* [amonestaθ^{l}ɔ'n] Verwarnung *f.*, (Heirats-) Aufgebot *n.*
amonestar [amonesta'r] ermahnen; (Brautleute) aufbieten; **-se** (Brautleute) aufgeboten w.
amoníaco *m.* [amoni'ako] Ammoniak *n.*
amontillado *m.* [amontiʎa'ðo] (bekannter) Jerezwein *m.*
amontonamiento *m.* [amontona] m^{j}e'nto] Anhäufung *f.*
amontonar [amontona'r] (an)- häufen; (auf-) schichten, ansammeln.
amor *m.* [amo'r] Liebe *f.*, Vorliebe, Liebschaft. Geliebte(r) (*m.*); *fam.* Schatz *m.;* - **propio** Selbstbewuβtsein *n.*, Ehrgeiz *m.;* **¡por - de Dios!** um Gotteswillen!.
amoratado *adj.* [amorata'ðo] (dunkel) blau (angelaufen) (vor Kälte).
amorfo *adj.* [amo'rfo] formlos.
amorío *m.* [amori'o] Liebelei *f.*
amoroso *adj.* [amoro'so] verliebt, zärtlich.
amortajar [amortaxa'r] ins Leichentuch hüllen.
amortiguador *m.* [amortig^{w}aðo'r] Dämpfer *m.*
amortiguar [amortig^{w}a'r] (Geräusche, Erschütterungen dämpfen, abschwächen.

amortizable *adj.* [amortiθa'βle] (Anleihe) tilgbar.
amortizar [amortiθa'r] amortisieren, tilgen; (Werte) abschreiben.
amotinado *m.* [amotina'ðo] Aufständischer *m.*
amotinarse [amotina'rse] s. empören, en. Aufstand machen.
amovible *adj.* [amoβi'βle] abschaffbar; *techn.* (v. er. Stelle zur anderen beweglich, abnehmbar.
amparar(se) [ampara'rse] schutzen; (s. verteidigen).
amparo *m.* [ampa'ro] Schutz *m.*; A~ *Span.* häufiger Frauenname.
amperímetro *m.* [amperi'metro] *elektr.* Amperemeter *n.*
amperio *m.* [ampe'rio] *elektr.* Ampere *n.*
ampliación *f.* [ampliaθʲɔ'n] Ausdehnung *f.*, Erweiterung; *phot.* Vergrößerung.
ampliamente *adv.* [ampliame'nte] weitgehend, ~ läufig, ausführlich.
ampliar [amplia'r] erweitern, ausdehnen, vergrößern.
amplificador *m.* [amplifikaðɔ'r] (Radio) Verstärker *m.*
amplificar [amplifika'r] (Radio verstärken.
amplio *adj.* [a'mplio] ausgedehnt, reichlich, geräumig.
amplitud *f.* [amplitu'ð] Weite *f.*, Ausdehnung.
ampolla *f.* [ampo'ʎa] (Haut-, Wasser-) Blase *f.*, Ampulle, (Glas-) Kolben *m.*
amputación *f.* [amputaθʲɔ'n] *med.* Amputation *f.*
amputar [amputa'r] *med.* (Glied) abnehmen, amputieren.
amueblar [amʷeβla'r] möblieren.
amuleto *m.* [amule'to] Amulett *n.*
amurallar [amuraʎa'r] m. Mauern umgeben.
anacarado *adj.* [amakarað'o] perlmutterfarbig.
anacoreta *m.* [anakore'ta] Einsiedler *m.*
anacronismo *m.* [anakroniz'mo] Zeitverwechselung *f.*
ánade *m|f* (el) [a'nade] *poet.* Ente(rich) *f.* (*m*); **~silvestre** m. Wildente *f.*
anales *m. pl.* [ana'les] Jahrbücher *n. pl.* Annalen *pl.*
analfabetismo *m.* [analfaβeti'zmo] Analphabetentum *n.*
analfabeto *adj.* [analfaβe'to] des Schreibens u. Lesens unkundig; ~ *m.* Analphabet *m.*
análisis *m|f* [ana'lisis] Analyse *f.*
analista *m.* [anali'sta] Chronist *m.*
analítico *adj.* [anali'tiko] analytisch.
analizar [analiθa'r] analysieren, zerlegen.
analogía *f.* [analoxi'a] Analogie *f.*, Ähnlichkeit.
análogo *adj.* [ana'logo] ähnlich, entsprechend.
anaranjado *adj.* [anaraɲxa'ðo] orangefarben.
anarquía *f.* [anarki'a] Anarchie *f. fam.* Durcheinander *n.*
anárquico *adj.* [ana'rkiko] anarchisch, gesetzlos.
anarquismo *m.* [anarki'zmo] Anarchismus *m.*, *fig.* Unordnung *f.*
anarquista *m.* [anarkis'ta] Anarchist *m.*, Umstürzler.
anatema *m|f* [anate'ma] Kirchenbann *m.*
anatomía *f.* [anatomi'a] Anatomie *f.*
anatómico *adj.* [anato'miko] anatomisch.
anatomista *m.* [anatomi'sta] Anatom *m.*
anca *f.* (el) [a'nka] (Tier-) Hinterteil *m.*; **~se de rana** *f. pl.* Froschschenkel *m. pl.*
anciana *f.* [anθʲa'na] alte Frau *f.*, Greisin.
ancianidad *f.* [anθʲaniða'ð] hohes Alter *n.*; **por** ~ nach dem Dienstalter.
anciano *adj.* [anθʲa'no] alt, hochbetagt; ~ *m.* alter Mann *m.* Greis.
ancla *f.* (el) [a'nkla] (Schiffs-) Anker *m.*
anclado *adj.* [ankla'ðo] *naut.* vor Anker liegend.
anclar [ankla'r] ankern.
áncora *f.* (el) [a'nkora] (Uhr) Anker *m.*

ancho *adj.* [a'nčo] breit, weit; **ponerse muy** ~ *fig.* vor Glück geschwellt sein; **venir** ~ (Kleidungsstück) zu weit sein.
anchoa *f.* [ančo'a] Anchovis *f.*, Sardelle.
anchura *f.* [anču'ra] Breite *f.*
anchuroso *adj.* [ančuro'so] sehr geräumig.
andadas *f. pl.* [anda'ðas]: **volver a las** ~ *fig.* in ee. schlechte Gewohnheit zurückfallen.
andador *m.* [andaðɔ'r] guter Fußgänger *m.*
Andalucía *f.* [andaluθi'a] Andalusien *n.*
andaluz *adj.* [andalu'θ] andalusisch; ~ *m.* Andalusier *m.*
andamiage *m.* [andamia'xe] Bau-, Montagegerüst *n.*
andamio *m.* [anda'mʲo] *arch.* Baugerüst *n.*
andante *adj.* [anda'nte]: **caballero** (m) ~ fahrender Ritter *m.*
andar [anda'r] (zu Fuß) gehen, schreiten; (Gerüchte umlaufen; (Straßenbahn, Rad) fahren; (Uhr, Maschine) im Gang sein; ~ **bien (mal)** s. wohl (schlecht) fühlen; ~ **atareado** in Anspruch genommen sein; ~ **mal de dinero** *fig.* schlecht bei Kasse sein; ~ **preocupado** voll Sorge sein; ~ **en pleitos** prozessieren; **¡anda!** vorwärts!, ach was, ee. schöne Bescherung!, nanu!; ~ **de cabeza** *fig.* nicht ein u. aus wissen, den Kopf voll haben; ~ *m.* Gang *m.*, art *f.*; *naut.* Fahrt.
andariego *m.* [andarie'go] guter Fußgänger *m.*; *adj.* schnellfüßig.
andarín *m.* [andari'n] Läufer *m.*
andas *f. pl.* [a'ndas] Bahre *f.*, Sänfte (bei Prozession) Traggestell *n.*
andén *m.* [ande'n] Bahnsteig *m.*; (Brücke) Fußsteig.
Andes *m. pl.* [a'ndes] Anden *pl.*
andrajo *m.* [andra'xo] Lumpen *m.*
anécdota *f.* [anek'dota] Anekdote *f.*
anejo *adj.* [ane'xo] angefügt, anliegend, zugehörig; ~ *m.* Anlage *f.* (zu Brief); Nebengebäude *n.*
anemia *f.* [ane'mʲa] *med.* Anämie *f.*, Blutarmut.
anémico *adj.* [ane'miko] blutarm.
anestesia *f.* [aneste'sʲa]: *med.* ~ **local** örtliche Betäubung *f.*
anestesiar [anestesʲa'r] *med.* anästhesieren, unempfindlich machen.
anestésico *m.* [aneste'siko] *med.* anästhesisches Mittel *n.*
anexión *f.* [aneksʲo'n] (Gebiets-) Einverleibung *f.*
anexionar [aneksʲona'r] einverleiben, angliedern.
anexo *adj.* [ane'kso] beiliegend, eingeschlossen; ~ *m.* (Brief) Beilage *f.*
anfibio *adj.* [amfi'bio] amphibisch, doppellebig; ~ *m.* Amphibium *n.*
anfiteatro *m.* [anfitea'tro] Amphitheater *n.*
anfitrión *m.* [anfitriɔ'n] Gastgeber *m.*
ángel *m.* [a'ɲxel] Engel *m.*; ~ **de la guarda** Schutzengel; *fig. fam.* **como los propios** ~ **es** himmlisch schön, wunderschön (z. B. Instrument spielen.
angina *f.* [aɲxi'na] *med.* Angina *f.*; ~ **de pecho** *med.* Brustbräume *f.*, Angina pectoris.
anglicano *adj.* [anglika'no] anglikanisch; ~ *m.* Anglikaner *m.*
anglosajón *adj.* [aɲglosaxɔ'n] angelsächsisch.
Angora [ango'ra] : **gato (m) de** ~ Angorakatze *f.*
angosto *adj.* [aɲgo'sto] eng, schmal.
anguila *f.* [aɲgi'la] *zool.* Aal *m.*
angula *f.* [aɲgu'la] *zool.* junger Aal *m.*; ~**s** (Gericht) junge Aale *m. pl.*
angular *adj.* [aɲgula'r] eckig.
ángulo *m.* [a'ɲgulo] Winkel *m.*, Ecke *f.*; ~ **agudo (obtuso) (recto)** spitzer (stumpfer) (rechter) Winkel.
anguloso *adj.* [aɲgulo'so] (viel) winklig.
angustia *f.* [aɲgu'stia] Angst *f.*, Beklemmung.

angustiar [aɲgustia'r] ängstigen.
anhelante *adj.* [anela'nte] s. sehnend nach.
anhelar [anela'r] sehnlichst wünschen, ersehnen.
anhelo *m.* [ane'lo] Sehnsucht *f.*, Trachten *n.*, Wunsch *m.*
anidar [aniða'r] nisten.
anilla *f.* [ani'ʎa] (metallener) Ring *m.*
anillar [aniʎa'r] (Vögel) beringen.
anillo *m.* [ani'ʎo] (Finger) Ring *m.*, Reif; **- de boda** Trauring; **venir como - al dedo** *fig.* glänzend passen, wie gerufen kommen.
ánima *f.* (el) [a'nima] Seele *f.*; **-s.** *rel.* Abendläuten *n.*
animación *f.* [animaθʲɔ'n] Belebung *f.*, lebhafter Verkehr *m.*
animadversión *f.* [animaðβersʲɔ'n] Abneigung *f.*
animal *adj.* [anima'l] tierisch; *fig.* viehisch, roh; **-** *m.* Tier *n.*, *fig.* Rohling, Dummkopf *m.*; **- de tiro** Zugtier *n.*
animalada *f.* [animala'ða] dumme (*od.* rohe) Handlung *f.*, Eselei.
animar(se) [anima'rse] beseelen, leben, *fig.* aufmuntern; (s. beleben, s. ermuntern, Mut fassen).
ánimo *m.* [a'nimo] Geist *m.*, Seele *f.*, Gemüt *n.*
animoso *adj.* [animo'so] mutig, tatkräftig.
aniquilar [anikila'r] vernichten, auftreiben.
anís *m.* [ani's] Anis *m.*; -korn *n.*, -likör *m.*
Anita *f.* [ani'ta] (kleine Anna) *Span.* häufiger Frauenvorname.
aniversario *adj.* [aniβersa'rio] alljährlich **-** *m.* Jahres- (gedächtnis) tag *m.*
ano *m.* [a'no] After *m.*
anoche *adv.* [ano'če] gestern abend, gestern nacht.
anochecer [anočeθe'r] Nacht *bzw.* Abend w.; zur Nachtzeit (an em. Ort) ankommen, nächtigen.
ánodo *m.* [a'nodo] Anode *f.*
anomalía *f.* [anomali'a] Regelwidrigkeit *f.*
anónimo *adj.* [ano'nimo] namenlos, anonym; **sociedad** *f.*; **-a** Aktiengesellschaft *f.*; **-** *m.* Ungenannter, Anonymus, anonymer Brief.
anormal *adj.* [anorma'l] regelwidrig, krankhaft, abnorm.
anormalidad *f.* [anormaliða'ð] Abnormität *f.*
anotación *f.* [anotaθʲɔ'n] Anmerkung *f.*
anotar [anota'r] anmerken, eintragen.
ansia *f.* [a'nsia] Sehnsucht *f.*, Begierde, Angst.
ansiar [ansʲa'r] ersehnen.
ansiedad *f.* [ansieθa'ð] innere Unruhe *f.*
ansioso *adj.* [ansʲo'so] begierig, beklommen.
antagónico [antago'niko] Gegensatz bildend.
antagonismo *m.* [antagoni'zmo] Gegnerschaft *f.*
antagonista *m.* [antagoni'sta] Gegner *m.*, Widersacher.
antaño *adv.* [anta'ɲo] ehemals.
antártico *adj.* [anta'rtiko] auf den Südpol bezüglich.
ante *m.* [a'nte] Wildleder *n.*
ante [a'nte] vor, eher als, im Beisein, angesichts.
anteanoche *adv.* [anteano'če] vorgestern abend.
anteayer *adv.* [anteaje'r] vorgestern.
antebrazo *m.* [antebra'θo] Unterarm *m.*
antecámara *f.* [anteka'mara] Vorzimmer *n.*
antecedente *m.* [anteθeðe'nte] Präzedenzfall *m.*; **- s** *m. pl.* Vorgänge *m. pl.* (er. Sache), Unterlagen *f. pl.*; **- s personales** Personalien *pl.*; **sin -** beispiellos, unerhört.
antecesor *m.* [anteθesɔ'r] Vorgänger *m.*; **- es** *m. pl.* Vorfahren *m. pl.*
antedicho *adj.* [anteði'čo] vorebengenannt.

antefirma *f.* [antefi'rma] Firmenstempel *m.* (vor der Unterschrift).
antelación *f.* [antelaθ^{j}ɔ'n]: **con** - im voraus, vorher.
antemano [antema'no]: **de** - im voraus.
antena *f.* [ante'na] (Insekten) Fühler *m.*, (Radio) Antenne *f.*
anteojo *m.* [anteo'xo] Fernrohr *n.*; - **s** *m. pl.* Brille *f.*, Fernglas *n.*
antepasado *m.* [antepasa'ðo] Vorfahr *m.*; - *m. pl.* Ahnen *m. pl.*
antepecho *m.* [antepe'čo] Brüstung *f.*
anteponer [antepone'r] voranstellen.
anteproyecto *m.* [anteproje'kto] Vorentwurf *m.*
anterior *adj.* [anter^{j}ɔ'r] früher, vorhergehend, vor (her) ig.
antes *adv.* [a'ntes] früher, vorher, -hinmals, ehemals; **cuanto** - baldmöglichst.
antesala *f.* [antesa'la] Vorzimmer *n.*, Sprechzimmer; **hacer** - im Vorzimmer warten.
anticipación *f.* [antiθipaθ^{j}ɔ'n]: **con** - im voraus.
anticipadamente *adv.* [antiθipaða]me'nte] im voraus, vorher.
anticipado *adj.* [antiθipaðo] vorhergehend, verfrüht; **pago** - *m.* Vorauszahlung *f.*
anticipar [antiθipa'r] vorausschicken, vorgreifen; (Geld) vorkommen; - **las gracias** s. im voraus bedanken.
anticipo *m.* [antiθi'po] Vorauszahlung *f.*, Vorschuβ *m.*
anticonstitucional *adj.* [antikon]stituθ^{j}ɔna'l] verfassungswidrig.
anticuado *adj.* [antik^{w}a'ðo] veraltet.
anticuario *m.* [antik^{w}a'rio] Antiquitätensammler, -händler *m.*
antideslizante *adj.* [antiðezliθa'nte] griffig, nicht rutschend; - *m. aut.* Gleitschutz *m.*
antifaz *m.* [antifa'θ] (Gesichts-) Maske *f.*
antiguamente *adv.* [antig^{w}ame'nte] ehemals, früher, zu alten Zeiten.
antigüedad *f.* [antig^{w}eða'ð] Altertum *n.*
antiguo *adj.* [anti'g^{w}o] alt, antik, langjährig; **de** - v. alters her.
antihigiénico *adj.* [antiix^{j}e'niko] unhygienisch.
antílope *m.* [anti'lope] *zoo.* Antilope *f.*
Antillas *f. pl.* [antiʎas] Antillen *f. pl.* **Mar** (*m.*) **de las** - Karibisches Meer *n.*
antimilitarismo *m.* [antimilitari'zmo] Einstellung (*f.*) gegen den Militarismus.
antimonio *m.* [antimo'n^{j}o] Antimon *n.*
antineurálgico *adj.* [antineura'lxiko] gegen Neuralgie.
antioxidante *adj.* [antioksiða'nte] vor Rost schützend; - *m.* Rostschutzmittel *n.*
antipatía *f.* [antipati'a] Abneigung *f.*, Widerwille *m.*
antipático *adj.* [antipa'tiko] (Person) abstoβend, unausstehlich, unsympathisch.
antipatriótico *adj.* [antipatrio'tiko] gegen die Interessen seines Landes.
antípoda *m.* [anti'poda] Antipode *m.*; Gegenfüβler (Bewohner des entgegengesetzten Teils der Erdkugel).
antirrábico *adj.* [antirra'βiko] gegen die Tollwut.
antisemita *adj.* [antisemi'ta] antisemitisch, judenfeindlich; - *m.* Antisemit *m.* Judenfeind.
antisepsia *f.* [antise'ps^{j}a] *med.* Antiseptik *f.*
antiséptico *adj.* [antise'ptiko] keimtilgend; - *m.* keimtilgendes Mittel *n.*
antisocial *adj.* [antisoθ^{j}a'l] asozial, die Volksgemeinschaft schädigend, gemeinschaftsfremd.
antítesis *f.* [anti'tesis] Antithese *f.*, Gegensatz *m.*
antojarse [antoxa'rse]: **se me antoja** es fällt mir ein es gelüstet mich, es schwant mir.
antojo *m.* [anto'xo] Laune *f.*; (schwangere Frauen) Gelüst *n.*; Belieben, Muttermal.

antología *f.* [antoloxi'a] Gedichtsammlung *f.*
antorcha *f.* [anto'rča] Fackel *f.*
antro *m.* [a'ntro] Höhle *f.*
antropófago *m.* [antropo'fago] Menschenfresser *m.*
antropología *f.* [antropoloxi'a] Menschen (rassen) kunde *f.*
antropólogo *m.* [antropo'logo] Anthropolog *m.*
anual *adj.* [an^{w}a'l] jährlich, -ig.
anualidad *f.* [an^{w}aliða'ð] Jahreseinkommen *n.*, -betrag *m.*
anualmente *adv.* [an^{w}alme'nte] (all) jährlich.
anuario [an^{w}a'r^{j}o] Jahrbuch *n.*; - **guía** (Branchen-) Adreβbuch *n.*
anudar [anuda'r] (ver-) knoten, (an-) knüpfen, - **se** (Bäume) im Wachstum zurückbleiben.
anulación *f.* [anulaθ^{j}ɔ'n] Aufhebung *f.*, Nichtigkeitserklärung; (Auftrag) Rückgängigmachung.
anular [anula'r] für ungültig erklären, (Urteil) aufheben; (Auftrag) rückgängig machen.
anular *adj.* ringförmig; **dedo** (m) - Ringfinger *m.*
anunciación *f.* [anunθ^{j}aθ^{j}ɔ'n] Ankündigung *f.*; *rel.* Verkündigung; *Span* **A** - Frauenname.
anunciante *m.* [anunθ^{j}a'nte] Inserent *m.* Aufgeber er. (Zeitungs-) Anzeige.
anunciar [anunθja'r] anzeigen, bekanntmachen, (an-), verkünden, inserieren.
anuncio *m.* [anu'nθ^{j}o] (Zeitungs- Anzeige *f.*, Bekanntmachung; - **luminoso** Lichtreklame *f.*
anverso *m.* [ambe'rso] (Münze, Bild) Vorderseite *f.*
anzuelo *m.* [anθ^{w}e'lo] Angel *f.*, haken *m.*; *fig.* Lockmittel *n.*; *fig.* **tragar el** - auf den Leim gehen.
añadidura *f.* [aɲaðiðu'ra] : **por** - auβerdem, noch obendrein.
añadir [aɲaði'r] hinzufügen, erweitern.
añejo *adj.* [aɲe'xo] (Wein) überjährig.
añicos *m. pl.* [aɲi'kos]: **hacer** - (etw. in Stücke) zerbrechen, zerreiβen.
año *m.* [a'ɲo] Jahr *n.*; - **bisiesto** Schaltjahr, - **corriente** das laufende Jahr; - **económico** Rechnungsjahr; - **nuevo** Neujahr; **hace -s** vor Jahren.
añoranza *f.* [aɲora'nθa] Heimweh *n.*, Sehnsucht *f.*
añorar [aɲora'r] sehnlichst wüschen.
aorta *f.* [aɔ'rta] Aorta *f.*, große Pulsader.
aovar [aoβa'r] Eier legen.
apacentar [apaθenta'r] weiden, *fig.* schüren.
apacible *adj.* [apaθi'βle] anmutig; (Klima milde; (Wetter) ruhig.
apaciguar [apaθig^{w}a'r] (Gemüter) beruhigen; **-se** s. beruhigen.
apadrinar [apadrina'r] Patenstelle annehmen bei, als Sekundant dienen.
apagar [apaga'r] (aus) löschen; (Licht) ausmachen; (Durst) stillen.
apagón *m.* [apago'n] plötzliches Wegbleiben (n) des elektr. Lichtes.
apaisado *adj.* [apaisa'ðo] (Buch, Bild) in Querformat.
apalabrar(se) [apalaβra'rse] (s.) verabreden, absprechen.
apalancar [apalaɲka'r] en. Hebel ansetzen.
apantanarse [apantana'rse] sumpfig w.
apañarse [apaɲa'rse] es geschickt anstellen.
aparador *m.* [aparaðɔ'r] Anrichte *f.*
aparato *m.* [apara'to] Apparat *m.*, Vorrichtung *f.*, Aufwand *m.*, Pomp; **¡al** -! Antwort am Telefon auf die Frage: Ist dort Herr X?.
aparatoso *adj.* [aparato'so] prunkvoll; *Taur.* **cogida** (f) **-a** sehr schwere Verletzung des Stierkämpfers.
aparcamiento *m.* [aparkam^{j}e'nto]: **zona** (f) **de** - *aut.* Parkplatz *m.*

aparcar [aparka'r] *aut.* parken.
aparecer [apareðe'r] (plötzlich erscheinen, auftauchen, zum Vorschein kommen; (Pflanzen) hervorsprießen.
aparejador *m.* [aparezaðɔ'r] (Mauer) Polier *m.*, - **de obras** Bauunternehmer *m.; naut.* Takelmeister.
aparejar [aparexa'r] zu-, vorbereiten; (Pferd) anschirren.
aparejo *m.* [apare'xo] Flaschenzug *m.*, Saumzeug *n.*, *naut* Takelwerk.
aparentar [aparenta'r] vorspiegeln.
aparición *f.* [apariðʲɔ'n] Erscheinung *f.*, Vision; (Buch) Erscheinen *n.*
apariencia *f.* [aparie'nðʲa] (äußerer) (An -) Schein *m.; **por las -s.*** allem Anschein nach.
apartado *adj.* [aparta'ðo] abgelegen, entfernt; - *m.* Post (-schließ-) fach *n.*, (im Text) Absatz *m.*
apartar [aparta'r] absondern, -stellen, beiseitestellen; (Blick) abwenden.
aparte *adv.* [apar'te] beiseite; (beim Diktat) **punto y** - Punkt u. neuer Absatz.
apasionado *adj.* [apasʲona'ðo] leidenschaftlich.
apasionarse [apasʲona'rse] eingenommen ein, Partei nehmen (**por** für).
apatía *f.* [apati'a] Teilnahmlosigkeit *f.*, Gleichgültigkcit.
apeadero *m.* [apeaðe'ro] *Eis.* Haltestelle *f.*
apear(se) [apea'rse] (ab-, aussteigen; (Bauwerke vorläufig) stützen.
apegado *adj.* [apega'ðo] anhänglich, zugetan.
apegarse [apegar'se] Zuneigung fassen (**a** zu).
apego *m.* [ape'go] Anhänglichkeit *f.*, Zuneigung.
apelación *f.* [apelaθʲɔ'n] *jur.* Berufung *f.*
apelar [apela'r] *jur.* Berufung einlegen; - **a la fuga** Reißaus nehmen.
apelativo *adj.* [apelatiβo]: **nombre (m)** - Gattungsname *m.*
apelmazado *adj.* [apelmaθa'ðo] (Material) nicht locker, dicht aufgeschüttet, klumpig.
apelotonar [apelotona'r] zusammenknäueln.
apellido *m.* [apeʎi'do] Familienname *m.*
apenar [apena'r] m. Kummer erfüllen.
apenas *adv.* [ape'nas] beinahe nicht, kaum, m. Mühe.
apéndice *m.* [ape'ndiθe] Anhang *m.*, Zusatz, Blinddarm.
apendicitis *f.* [apendiθi'tis] *med.* Blinddarmentzündung *f.*
aperitivo *m.* [aperiti'βo] Appetit anregende (s) Speise (*f.*) Getränk [*n.*].
apero *m.* [ape'ro] (Arbeits-) Gerät *n;* **-s de labranza** *mpl.* landwirtschaftliche Geräte *npl.*
apertura *f.* [apertu'ra] (Er-) Öffnung *f.*
apesadumbrado *adj.* [apesaðumbra'ðo] sehr bekümert, tief betrübt.
apestar [apesta'r] verpesten, *intr.* stinken.
apetecer [apeteθe'r] begehren wünschen, s. sehnnen.
apetecido *adj.* [apeteθi'ðo] begehrt, erwünscht, ersehnt.
apetito *m.* [apeti'to] Eβlust *f.*, Appetit *m.*, Trieb, Gelüst *n.*, **falta (f.) de** - Appetitlosigkeit *f.*
apetitoso *adj.* [apetito'so] schmackhaft, appetitlich.
apiadar [apʲaða'r] bemitleiden; **-se** Mitleid haben (de m.).
ápice *m.* [a'piθe] Gipfel *m.*, Spitze *d.*, *fig.* Geringfügigkeit; **ni un** - *fig. fam.* keine Spur, keine Bohne.
apicultura *f.* [apikultu'ra] Bienenzucht *f.*
apilar [apila'r] (auf) stapeln, (auf) schichten. (auf) häufen.
apiñarse [apiɲa'rse] (Menschen) s. (zusammen) drängen.

apio *m.* [a'p^jo] *bot.* Sellerie *m.*
apisonadora *f.* [apisonaðo'ra] Straβen- (Dampf-) walze *f.*
apisonar [apisona'r] feststampfen.
aplacar [aplaka'r] beruhigen, besänftigen.
aplanado *adj.* [aplana'ðo] platt, flach.
aplanamiento *m.* [aplnam^j'ento] (Ein-) Ebnung *f.*
aplanar [aplana'r] (ein) ebnen, planieren, glätten.
aplastar [aplasta'r] plattdrücken, zerquetschen.
aplaudido [aplauði'ðo] (Künstler) gefeiert.
aplaudir [aplauði'r] Beifall spenden, klatschen; (Maβnahmen) gutheiβen, (Entschluβ) begrüβen.
aplauso *m.* [aplau'xo] Beifall *m.*
aplazamiento *m.* [aplaθam^je'nto] Stundung *f.*, Zahlungsfrist; *jur.* Vorladung.
aplazar [aplaθa'r] stunden, aufschieben; *jur.* vorladen.
aplicable *adj.* [aplika'βle] anwendbar (**a** auf).
aplicado *adj.* [aplika'ðo] fleiβig.
aplicar [aplika'r] an-, verwenden, an-, auflegen; (Farbe, Lack usw.) auftragen; (Bremse) betätigen.
aplomar [aploma'r] verbleien; *arch.* loten.
aplomo *m.* [aplo'mo] Sicherheit (*f.*) im Auftreten, Nachdruck *m.*
apocado *adj.* [apoka'ðo] kleinlaut.
apocamiento *m.* [apokam^je'nto] Kleinmut *m.*, Verzagtheit *f.*
apocar [apoka'r] verkleinern; **-se** *fig.* s. einschüehtern lassen.
apócope *f.* [apo'kope] *gramm.* Endverkürzung (*f.*) es. Wortes.
apócrito *adj.* [apo'krifo] unecht, falsch.
apoderado *m.* [apoðera'ðo] Prokurist *m.*, Bevollmächtigter.
apoderar [apoðera'r] bevollmächtigen; **- se de** s. bemächtigen.
apodo *m.* [apo'ðo] Spitz-, Spottname *m.*
apogeo *m.* [apoxe'o] *fig.* Höhepunkt *m.*
apolillado *adj.* [apoliʎa'ðo] v. Motten zerfressen.
apología *f.* [apoloxi'a] Verteidigungsrede *f.*
apoplejía *f.* [apoplexi'a] *med.* Schlag (fuβ) *m.*
aporrear [aporrea'r] (ver-) prügeln.
aportación *f.* [aportaθ^jɔ'n] (Geschäfts-) Einlage *f.*
aportar [aporta'r] (Kapital) beisteuern.
aposento *m.* [apose'nto] Zimmer *n.*, Gemach, Raum *m.*, Wohnung *f.*
apostar [aposta'r] (Posten) aufstellen; *fig.* wetten.
apóstata *m.* [apo'stata] Abtrünniger *m.*
apostilla *f.* [apostiʎa] Glosse *f.*, Randbemerkung.
apostillar [apostiʎa'r] glossieren.
apóstol *m.* [apɔ'stɔl] Apostel *m.*
apóstrofe *m.* [apɔ'strofe] Anrede *f.*
apóstrofo *m.* [apɔ'strofo] *gramm.* Apostroph *m.*
apoteosis *f.* [apeteo'sis] Vergötterung *f.*, Apotheose.
apoyar [apoja'r] ab-, auf-, unter- stützen; (Meinung) begründen; **-se** s. stützen **-se contra** s. lehnen an.
apoyo *m.* [apo'jo] Stütze *f.*, Lehne; *techn.* Unterlage; *mil* Deckung.
apreciable *adj.* [apreð^ja'βle] schätzbar; (Briefstil) geschätzt, verehrt.
apreciación *f.* [apreθ^jaθ^jɔ'n] (Wert-) Schätzung *f.*
apreciado *adj.* [apreθ^ja'ðo] (Briefstil) sehr verehrt.
apreciar [apreθ^ja'r] (ab-), (hochschätzen.
aprecio *m.* [apre'θ^jo] (Wert-) Schätzung *f.*
apremiar [aprem^ja'r] drängen, mahnen; *intr.* dringend sein.
aprender [aprende'r] (er-) lernen, erfahren; **- de memoria** auswendig lernen.

aprendiz *m.* [aprendi'θ] Lehrling *m.*
aprensión *f.* [apren'ɔ'n] Angst- Vorstellung *f.*, Einbildung.
aprensivo *adj.* [aprensi'βo] furchtsam, *fam.* heikel.
apresar [apresa'r] (ge-) fangen (-nehmen); *naut.* kapern.
aprestar [apresta'r] zubereiten, appretieren.
apresudaradamente *adv.* [apresura] ðame'nte] eillig, in Eile.
apresurar(se) [apresura'rse] drängen, beschleunigen; (s. beeilen).
apretado *adj.* [apreta'ðo] dicht, gedrängt.
apretar [apreta'r] (an-), (zusammen-) drücken; (Schraube, Bremse) anziehen, anpressen.
apretón *m.* [apreto'n]: - **de mano** (fester) Händedruck *m.*
aprieto *m.* [apr'e'to] Bedrängnis *f.*, *fam.* Klemme.
aprisa *adv.* [apri'sa] schnell.
aprisionar [apris'ona'r] verhaften, einkerkern; *techn.* klemmend festhalten.
aprobado *adj.* [aproβaðo] zugelassen; (Prüfung) bestanden.
aprobar [aproβa'r] billigen, gutheiβen; (Prüfung) besbehen.
apropiación *f.* [aprop'aθ'ɔ'n] Aneignung *f.*
apropiado *adj.* [aprop'a'ðo] geeignet, passend.
apropiar(se) [apropja'rse] anpassen; (s. aneignen).
aprovechable *adj.* [aproβeča'βle] brauchbar, verwertbar.
aprovechado *adj.* [aproβeča'ð*] (Schüler) fleiβig, aufgeweckt.
aprovechamiento *m.* [aproβeča] m'e'nto] Aus-, Benutzung *f.*, Erfolg *m.* Verwertung *f.*
aprovechar [aproβeča'r] ausbenutzen, gebrauchen, verwerten; **¡que aproveche!** wohl bekomm's !
aprovisionamiento *m.* [aproβis'ona] m'e'nto] Versorgung *f.*; -s. *m. pl.* Betriebsvorräte *m. pl.*
aproximación *f.* [aproksimaθ'ɔ'n] (An) Näherung *f.*; *(Span.* Lotterie) Trostprämie *f.*
aproximadamente *adv.* [aproksi] maθðame'nte] etwa, ungefähr.
aproximado *adj.* [aprɔksima'ðo] annähernd, ungefähr, nächstgelegen.
aproximar(se) [aprɔksimarse] (an) nähern.
aptitud *f.* [aptitu'ð] Befähigung *f.*, Fähigkeit.
apto *adj.* [a'pto] (be) fähig (t), *mil.* tauglich.
apuesta *f.* [ap^{w}es'ta] Wette *f.*
apuntado *adj* [apunta'ðo] spitz.
apuntador *m.* [apuntaðɔ'r] *theat.* Souffleur *m.*; *mil.* Richtkanonier.
apuntalamiento *m.* [apuntalam'e'nto] *arch.* Abstützen (*n*) m. Balken.
apuntalar [apuntala'r] (m. Balken) abstützen.
apuntar [apunta'r] notieren, zielen; (Schuβwaffe) richten; anspitzen; (m. dem Finger) deuten auf; *theat.* soufflieren.
apunte *m.* [apu'nte] Notiz *f.*, Anmerkung; (Malerei) Skizze.
apuntillar [apuntiʎa'r] *Taur.* dem Stier den Genickstoβ geben.
apuñalar [apuɲala'r] erdolchen.
apurado *adj.* [apura'ðo] in Verlegenheit.
apurar [apura'r] aufbrauchen, erschöpfen; (Zigarre) fertigrauchen; **-se** *SAm.* s. beeilen.
apuro *m.* [apu'rɔ] unangenehme Lage *f.*, (Geld) Verlegenheit; *SAm.* Eile; **sacar a uno de un** - *fig. fam.* jem. aus der Klemme ziehen.
aquel, -la, -lo [ake'l, ake'ʎa, ake'ʎo] jener, jene, jenes; der die, das dort, der-, die-, das- jenige; **¡ya salió aquello!** *fam.* da haben wir's schon wieder!; die alte Leier!.
aquí *adv.* [aki]' hier(her); **de** - daher; **de - a quince días** heute in 15 Ta-

gen; **desde** - y, hier aus; **por** - hierher, hier herum; **¡he** -! siehe da!.

aquietar(se) [akʲet'arse] beruhigen; (s. zufriedengeben

aquilatar [akilata'r] (Gold) prüfen; *fig.* richtig einschätzen.

Aquiles *m.* [aki'les]: **tendón** (m) **de** - *anat.* Achillesferse *f.*

ara *f.* (el) [a'ra] Altar *m.*; **en - s de la patria** dem Vaterland zum Opfer; - *m. SAm.* Papageienart gleichen Namens.

árabe *adj.* [a'raβe] arabisch; - *m.* Araber *m.*, arab. Sprache *f.*

arabescos *m. pl.* [araβeskos] Arabesken *f. pl.* Schnörkel *m. pl.*

arábigo *adj.* [ara'βigo] arabisch.

arabista *m.* [araβis'ta] Arabist *m.*, Kenner des Arabischen.

arácnidos *m. pl.* [ara'gnidos] *zool.* spinnenartige Tiere *n. pl.*

arada *f.* [ara'ða] Joch (*n.*) Landes.

arado *m.* [araðo] Pflug *m.*

Aragón *m.* [aragɔ'n] *Span.* (Provinz) Aragonien *n.*

arancel *m.* [aranθe'l] (Zoll) Tarif *m.*

arancelario *adj.* [aranθela'rʲo]: **derechos -s** *m. pl.* Zollgebühren *f. pl.*

arándano *m.* [ara'ndano] Heidelbeere *f.*, Heidelbeerstrauch *m.*; - **encarnado** *m.* Preiselbeere *f.*

arandela *f.* [arande'la] Leuchtertülle *f.*; *techn.* Unterlegscheibe.

araña *f.* [ara'ɲa] Spinne *f.*, Kronleuchter *m.*

arañar [araɲa'r] (zer) kratzen; (auf) ritzen, schrammen.

arañazo *m.* [araɲa'θo] Kratzwunde *f.*, Schramme.

arar [ara'r] (be) ackern, pflügen.

arbitraje *m.* [arβitra'xe] Schiedsspruch *m.*, Arbitrage *f.*

arbitrar [arβitra'r] (Schiedsspruch *m.*, Arbitrage *f.*

arbitrar [arβitra'r] (Schiedsspruch) fällen; *intr.* den Schiedsrichter machen.

arbitrariedad *f.* [arβitrarʲeða'ð] Willkür *f.*

arbitrio *m.* [arβi'trio] freier Wille *m.*, Gutdünken *n.*, Abgasbe *f.*

árbitro *m.* [a'rβtro] Schiedsrichter *m.*; unumschränkter Herr, Autorität *f.* (in besonderen Fragen).

árbol *m* [a'rβɔl] Baum *m.*; *techn.* Welle *f.*, Achse; (Drehbank) Spindel; *naut.* Mastbaum *m.*; - **frutal** Obstbaum *m.*; - **genealógico** Stammbaum *m.*; - **de Navidad** Weihnachtsbaum *m.*

arboleda *f.* [arβole'ða] Baum gang *m.*

arboricultura *f.* [arβorikultu'ra] Baumzucht *f.*

arbusto *m.* [arβu'sto] Strauch *m.*, Staude *f.*

arca *f.* (**el**) [a'rka] Arche *f.*, Truhe, Kasten *m.*

arcada *f.* [arka'ða] Bogen-, Säulengang *m.*, Brückenbogen; - **s.** *f. pl. med.* (vor Erbrechen) Aufstoβen *n.*

arcaico *adj.* [arkai'ko] altertümlich, veraltet.

arcaísmo *m.* [arkai'zmo] veralteter Ausdruck *m.*

arcángel *m.* [arka'ŋxel] Erzengel *m.*

arcediano *m.* [asrθeðia'no] Erzdechant *m.*

arcilla *f.* [arθi'ʎa] Ton. *m.* Lehm.

arcilloso *adj.* [arθiʎo'so] lehmig, tonig.

arcipreste *m.* [arθipre'ste] Erzpriester *m.*

arco *m.* [a'rko] **Bogen** *m.*; (Faβ) Reif; - **de herradura** *arch.* arab. Hufeisenbogen; **-iris** Regenbogen; - **ojival** Spitzbogen, gotischer Bogen.

archipiélago *m.* [arčipʲe'lago] Archipel *n.*, Inselgruppe *f.*

archivar [arčiβa'r] (geordnet) ablegen, im Archiv niederlegen, in Briefordner einreihen; *fam.* ad acta legen.

archivero *m.* [arčiβe'ro] Archivar *m.*

archivo *m.* [arči'βo] Archiv *n.*

arder [arde'r] (ver)brennen; *intr.* brennen, angezündet sein.
ardiente *adj.* [ardʲe'nte] glühend, heiβ; *fig.* feurig, inbrünstig, begeistert.
ardilla *f.* [ardiʎ'a] Eichhörnchen *n.*
ardoroso *adj.* [ardoro'so] brennend, heiβ; *fig.* eifrig.
arduo *adj.* [a'rdʷo] (Problem) sehr schwierig.
área *f.* **(el)** [a'rea] abgegrenzte Fläche *f.*, (Ober-) Fläche, Ar *n.*; *SAm.* Betätigungsfeld *n.*
arena *f.* [are'na] Sand *m.*; *fig.* Arena *f.*, (Stier) Kampfplatz *m.*; **- de mar** Seesand.
arenal *m.* [arena'] Sandgrube *f.*
arenga *f.* [are'ga] Ansprache *f.*
arengar *f.* [areŋga'r] ee. Ansprache halten.
arenisco *adj.* [areni'sko]: **piedra** *(f)* **-a** Sandstein *m.*
arenoso *adj.* [areno'so] sandig.
arenque *m.* [are'ŋke] Hering *m.*; **- ahumado** Bückling; **- en escabeche** marinierter Hering.
arete *m.* [are'te] *SAm.* Ohrring *m.*
argamasa *f.* [argama'sa] (angesetzter) Mörtel *m.*
Argentina *f.* [arxenti'na] Argentinien *n.*
argentino *adj.* [arxenti'no] argentinisch; (Stimme) silberhell; **-** *m.* Argentinier *m.*
argolla *f.* [argo'ʎa] Halseisen *n.*, (metallener) Festmachering *m.*, *SAm.* Tauring.
argot *m.* [argo'] Argot *n.*, Rotwelsch.
argumentación *f.* [argumentaθʲɔ'n] Beweisgrund *m.*, Beweismittel *n.*
argumentar [argumenta'r] Schlüsse ziehen, folgern.
argumento *m.* [argume'nto] Beweis (-grund) *m.*, (Film) Drehbuch *n.*
aridez *f.* [ariðe'θ] Dürre *f.*
árido *adj.* [a'riðo] dürr, ausgetrocknet; **medida** *(f)* **para -s** Trockenmaβ *n.*
ario *adj.* [a'rʲo] arisch; **-** *m.* Arier *m.*
arisco *adj.* [aris'ko] (Tier) unbändig; (Mensch) barsch,borstig.
arista *f.* [ari'sta] Kante *f.*, Schneide; *bot.* Granne *f.*; Bergkamm *m.*
aristócrata *m.* [aristo'krata] Aristokrat *m.*, Adliger.
aritmética *f.* [aritme'tika] Rechenkunst *f.*, Arithmetik.
arlequín *m.* [arleki'n] Hanswurst *m.*, Harlekin.
arma *f.* **(el)** [a'rma] Waffe (-ngattung *f.*; **- blanca** Stoβwaffe *f.*; **- de fuego** Feuerwaffe, **pasar por las - s** (standrechtlich) erschieβen.
armada *f.* [arma'ða] (Kriegsgs-) Flotte *f.*
armado *adj.* [arma'ðo] bewaffnet; **hormigón** *(m)* - Eisenbeton *m.*
armadura *f.* [armaðu'ra] Waffenrüstung *f.*; *techn.* Armierung, Bewehrung, Gerüst *n.*, Gerippe.
armamento *m.* [armame'nto] Rüsten *n.* Ausrüstung *f.*, Bewaffnung; *naut.* Schiffsgerät *n.*
armar [arma'r] bewaffnen; (aus) rüsten; *techn.* bewehren, zusammensetzen, (Mechanismus) spannen.
armario *m.* [arma'rʲo] Schrank *m.*
armatoste *m.* [armato'ste] *fam.* ungefüges Möbel *n.*
armazón *m.* [armaθɔ'n] Gerüst *n.*, Gerippe.
armería *f.* [armeri'a] Rüstkammer *f.*, Waffenhandlung, Zeughaus *n.*
armero *m.* [arme'ro] Waffenschmied *m.*, händler.
armiño *m.* [armi'ɲo] Hermelin *n.* pelz *m.*
armisticio *m.* [armisti'θio] Waffenstillstand *m.*
armón *m.* [armo'n] *mil.* Protze *f.*
armonía *f.* [armoni'a] Harmonie *f.*, Übereinstimmung.
armónica *f.* [armo'nika]: **- de boca** Mundharmonika *f.*
armónico *adj.* [armo'niko] harmonisch, zusammenklingend, ebenmäβig.

armonioso *adj.* [armon'oso] harmonisch, ebenmäßig, einträchtig.
armonizar [armoniθa'r] in Einklang bringen.
árnica *f.* **(el)** [a'rnika]: **tintura** *(f)* **de** ~ Arnikatinktur *f.*
aro *m.* [a'ro] Ring *m.*, Reif (en); *SAm.* Ohrring **entrar por el** ~ *fig.* s. fügen.
aroma *m.* [aro'ma] (Würz-) Duft *m.*, (Wohl-) Geruch, Duftstoff; (Wein) Blume *f.*
aromático *adj.* [aroma'tiko] aromatisch, wohlriechend, duftend.
arpa *f.* **(el)** [a'rpa] Harfe *f.*
arpía *f.* [arpi'a] *myth.* Harpyie *f.*; *fig.* habsüchtiger Mensch *m.*
arpillera *f.* [arpiʎe'ra] Sackleinen *n.*, Rupfen *m.*
arpón *m.* [arpɔ'n] Harpune *f.*, Wurfspieß *m.*
arponero *m.* [arpone'ro] Harpunenfischer *m.*
arquear [arkea'r] wölben; eichen.
arqueo *m.* [arke'o] Wölbung *f.*; *naut.* Schiffsvermessung; Kassenbestandsaufnahme; *fig. fam.* **hacer** ~ sein Bargeld nachzählen.
arqueología *f.* [arkeoloxi'a] Altertumskunde *f.*, -forschung Archäologie.
arqueológico *adj.* [arkeolo'xiko] archäologisch.
arqueólogo *m.* [arkeo'logo] Altertumsforscher *m.*, Archäologe.
arquero *m.* [arke'ro] Bogenschütze *m.*
arqueta *f.* [arke'ta] Kästchen *n.*, kleine Truhe *f.*
arquetipo *m.* [arketi'po] Urbild *n.*, -form *f.*
arquitecto *m.* [arkite'kto] Architekt *m.*, Baumeister.
arrabal *m.* [arraβa'l] Vorstadt *f.*; **los** ~ **es** Außenviertel *n. pl.* nähere Umgebung er. Stadt.
arraigado *adj.* [arraiga'ðo] eingewurzelt.
arraigar [arraiga'r] wurzeln.
arraigo *m.* [arra'igo] Wurzelschlagen *n.*; Grundstück *n.*
arrancar [arraŋka'r] aus-, abreißen; (Zähne) ziehen; abbeißen, entreißen; (Geständnis) erwingen; *intr.* anfahren, anlaufen, starten; (Tier) anziehen; (Straße, Weg usw. v. ein. Punkte) ausgehen.
arranque *m.* [arra'ŋke] (Aus-) Losreißen *n.*, Entwurzein; *arch.* Ansatz *m.* *fig.* Anwandlung *f.* (z. B. v. Wut); *techn.* Anfahren *n.*, Anlassen, Ingangsetzung *f.*
arras *f. pl.* [a'rras] Brautgabe *f. rel.* (in Form v. 13 Silbermünzen).
arrasar [arrasa'r] (Festungsanlagen) schleifen, dem Boden gleichmachen; (Land) verwüsten.
arrastrado *adj.* [arrastra'ðo] armselig, kümmerlich; *fig.* liederlich.
arrastrar [arrastra'r] schleifen, schleppen, ziehen; ~ **se** kriechen.
arrastre *m.* [arra'stre] Fortschleppen *n.*, Holzabfuhr *f.*
arrayán *m.* [arra'a'n] *bot.* Myrte *f.*
¡arre! [a'rre] hott!, hü!.
arrear [arrea'r] (Tiere) antreiben.
arrebatado *adj.* [arreβataðo] *fig.* jähzornig.
arrebatar [arreβata'r] (m. Gewalt) entreißen; ~ **se** s. ereifern.
arrebato *m.* [arreβa'to] Erregung *f.*, Anwandlung.
arrecife *m.* [arreθi'fe] Felsenriff *n.*
arreglado *adj.* [arregla'ðo] geregelt.
arreglar [arregla'r] ordnen, reglen; (Rechnung) begleichen; (Kleidung usw.) überholen; ausbessern.
arreglo *m.* [arre'glo] Regel (-ung) *f.*, Vergleich m. kleine Reparatur *f.*
arremangado *adj.* [arremaŋga'ðo].
arremangar(se) [arremaŋga'rse] aufstreifen, aufschürzen; (s. die Ärmel ausfstreifen).
arremeter [arremete'r] angreifen, -fallen; ~ **con** herfallen über.
arrendador *m.* [arrendaðɔ'r] Pächter *m.*, Verpachter.

arrendamiento *m.* [arrendamʲe'nto] (Ver-) Pachtung *f.*; **contrato** *(m)* **de** ~ Mietvertrag *m.*
arrendar [arrenda'r] (ver)pachten, (ver)mieten.
arrendatario [arrendata'rʲo] Pächter *m.*
arreo *m.* [arre'o] Schmuck *m.*; ~ **s** *m. pl.* (Pferde-) Geschirr *n.*
arrepentido *adj.* [arrepenti'ðo] reuig; **estar** ~ **de a**|c etw. bereuen.
arrepentirse [arrepenti'rse] bereuen (**de a**|c etw.).
arrestar [arresta'r] festnehmen, verhaften.
arresto *m.* [arres'to] Arrest *m.*, Haft *f.*
arriar [arrʲa'r] *naut.* (Flagge) streichen; (Segel) einziehen.
arriba *adv.* [arri'βa] oben (-an), darüber, darauf, **de** ~ v. oben herab; **por** ~ oberhalb; **¡**~**!** auf! hoch!.
arribar [arriβa'r] *naut.* einlaufen, abfallen.
arriendo *m.* [arrʲe'ndo] Pacht *f.*, Pachtzins *m.*
arriero *m.* [arrʲe'ro] Maultiertreiber *m.*
arriesgado *adj.* [arrʲezga'ðo] gefährlich, riskant.
arriesgar [arrʲezga'r] wagen, aufs Spiel setzen; ~ **se** s. einlassen.
arrimar [arrima'r] anlehnen, (an-) nähern; ~ **el hombro** *fig.* m. Hand anlegen.
arrimo *m.* [arri'mo] *fig.* Stütze *f.*
arrinconado *adj.* [arriŋkona'ðo] verlassen, vergessen.
arrinconar [arriŋkona'r] in en. Winkel stellen; zum alten Eisen werfen, *fig.* beiseitedrängen.
arroba *f.* [arrɔ'βa] (Gewicht) Arroba *f.* (= 11,5 kg).
arrocero *m.* [arrɔθe'ro] Reisbauer *m.*; **molino** ~ Reismühle *f.*
arrodillarse [arroðiʎa'rse] niederknieen.
arrogancia *f.* [arrɔga'nθʲa] Stolz *m.*, Dünkel, Anmaβung *f.*
arrogante *adj.* [arroga'nte] dünkelhaft, eingebildet, anmaβend.
arrogarse [arrɔga'rse] s. anmaβen.
arrojado *adj.* [arrɔxa'ðo] mutig, unternehmend.
arrojar [arrɔxa'r] (weg-) werfen, (fort-) schleudern; (Gewinn) abwerfen. *fam.* s. erbrechen, s. übergeben; ~ **se** s. stürzen (**por** aus); (Fallschirm) abspringen.
arrojo *m.* [arrɔ'xo] Schneid *m.*, Unerschrockenheit *f.*
arrollar [arrɔʎa'r] (auf-), (zusammen-) rollen, überfahren, aufwickeln.
arroparse [arrɔpa'rse] s. (warm) anziehen, s. zudecken.
arroyo *m.* [arrɔ'ʲo] Bach *m.*, Straβenrinne *f.*, Fahrdamm *m.*
arroz *m.* [arrɔ'θ] Reis *m.*, ~ **con leche** Milchreis.
arruga *f.* [arru'ga] Falte *f.*, Runzel.
arrugado *adj.* [arruga'ðo] runzelig, faltig, zerknüllt.
arrugarse [arruga'rse] Falten bekommen.
arruinado *adj.* [arruina'ðo] *fam.* ruiniert; (Gebäude) verfallen.
arruinar [arruina'r] ruinieren, zerstören; ~ **se** bettelarm w.
arrullo *m.* [arru'ʎo] Wiegenlied *n.*; (Taube) Girren.
arsenal *m.* [arsena'l] Arsenal *n.*, Zeughaus.
arsénico *m.* [arse'niko] Arsenik *n.*
arte *m*|*f* **(el)** Kunst (-fertigkeit) *n.*, Handwerk; ~ **mágica** Zauberei, **obra** *(f.)* **de** ~ Kunstwerk *n.*
artefacto *m.* [artafa'kto] Apparat *m.*
arteria *f.* [arte'rʲa] Schlagader *f.*
arteriosclerosis *f.* [arterʲosklero'sis] *med.* Arterienverkalkung *f.*
artesa *f.* [arte'sa] (Back-) Trog *m.*
artesano *m.* [artesa'no] Handwerker *m.*
artesiano *adj.* [artesʲa'no] **pozo** *(m)* ~ artesischer Brunnen *m.*
artesonado *m.* [artesona'ðo] Täfelwerk *n.*
ártico *adj.* [a'rtiko] arktisch, nördlich.
articulación *f.* [artikulaθʲɔ'n] *anat.*

techn. Gelenk *n.*; deutliche Aussprache *f.*

articulado *adj.* [artikula'ðo] gegliedert; - *m.* (Vertrag alle seine Artikel *m. pl.*

articular [artikula'r] gliedern, deutlich aussprechen.

articulista *m.* (*f*) [artikuli'sta] Artikelschreiber (-in) *m.* (*f*).

artículo *m.* [arti'kulo] Artikel *m.*, Abschnit, Paragraph, Ware *f.*; Fabrikat *n.*

artificial [artifiθ^ja'l] künstlich; **seda** (*f*) - Kunstseide *f.*

artificio *m.* [artifi'θ^jo] Kunst *f.*, fertigkeit, -griff *m.*

artillería *f.* [artiʎeri'a] Artillerie *f.*, Geschütz *n.*; - **antiaérea** Flak (-artillerie) *f.*

artillero *m.* [artiʎe'ro] Kanonier *m.*, Artillerist.

artimaña *f.* [artima'ɲa] *fig.* Kunstgriff *m.*

artista *m.* (*f*) [arti'sta] Künstler (-in) *m.* (*f*).

artístico *adj.* [arti'stiko] künstlerisch.

artritis *f.* [artri'tis] *med.* Gicht *f.*, Gelenkentzündung; - **mo** *m.* [artriti'zmo] *med.* Gelenkrheumatismus *m.*

arzobispado *m.* [arθoβispa'ðo] Erzbistum *n.*

arzobispo *m.* [arθoβi'spo] Erzbischof *m.*

as *m.* [as] (Kartenspiel As, Daus *n.*; (Sport, Film, *av.*) Champion *m.*, Meister, *fig. fam.* Kanone *f.*, Größe.

asa *f.* (**el**) [asa] (Hand-) Griff *m.*, Henkel.

asado *m.* [asa'ðo] Braten *m.*; *adj.* gebraten; - **r** *m.* Bratspieß *m.*

asadura *f.* [asaðu'ra] Gekröse *f.*, Geschlinge.

asaetear [asaetea'r] m. Pfeilen beschießen.

asalariado *adj.* [asalar^ja'ðo] gegen Lohn od. Gehalt arbeitend; - *m.* Lohn-, Gehaltsempfänger *m.*

asalariar [asalar^ja'r] besolden.

asaltar [asalta'r] angreifen, überfallen; (Zweifel) befallen.

asalto *m.* [asa'lto] Angriff *m.*, Sturm; (Fechten) Gang; **guardia** (*m.*) **de** - *Span.* Polizist (Überfallkommando).

asamblea *f.* [asamble'a] Versammlung *f.*

asar [asa'r] braten; *fig.* -**se vivo** vor Hitze vergehen.

ascendencia *f.* [asθende'nθ^ja]: Verwandschaftslinie *f.*, Vorfahren *m. pl.* Abkunft *f.*

ascendente *adj.* [asθende'nte]: **tren** - *m.* Richtung Madrid fahrender Zug *m.*

ascender [asθende'r] *tr.* besteigen, *fig.* befördern; *intr.* (im Amt) befördert w.; (Rechnun) s. belaufen (a auf).

ascendiente *adj.* [asθend^je'nte] aufsteigend; - *m.* Ansehen *n.*

ascensión *f.* [asθens^jɔ'n] Aufstieg *m.*; (Luftballon) Aufsteigen *n.*; (Thron) Besteigung *f.*; **Ascensión** (Christi) Himmelfahrt *f.*

ascensor *m.* [asθensɔ'r] (Personen-) Fahrstuhl *m.*, (Lasten-) Aufzug.

asceta *m.* [asθe'ta] Asket *m.*

asco [a'sko] Ekel *m.*; *fig.* Widerwille; **me da** - es ekelt mich an; **¡qué -!** pfui Teufel!.

ascua *f.* [a'sk^wa] Kohlenglut *f.*; *fig.* **ser un - de oro** blitzsauber sein.

asear(se) [asea'rse] putzen; (s. sauber machen).

asechanza *f.* [aseča'nθa] Falle *f.*

asechar [aseča'r] (jem.) nachstellen.

asediar [aseð^ja'r] *mil.* belagern; - **a pregutas** m. Fragen bestürmen.

asedio *m.* [ase'ðio] *mil.* Belagerung *f.*

asegurado *adj.* [asegura'ðo] versichert, (**contra** *bezw.* **de** gegen); - *m.* Versicherter *m.*

asegurador *m.* [aseguraðɔ'r] Versicherer *m.*

asegurar [asegura'r] (ver-) sichern (**contra** gegen), behaupten.

asemejarse [asemexa'rse] ähneln, ähnlich sein.

asentar [asenta'r] setzen, stellen, legen.

asentimiento *m.* [asentim^je'nto] Zustimmung *f.*, Einwilligung.
asentir [asenti'r] beipflichten.
aseo [ase'o] Sauberkeit *f.*; **- personal** Körperpflege *f.*, Toilette.
aséptico *adj.* [ase'ptiko] aseptisch, frei v. Krankheitskeimen.
asequible *adj.* [aseki'βle] erreichbar; **precios - s** *m. pl.* mäßige Preise *m. pl.*
aserción *f.* [aserθ^jɔ'n] Behauptung *f.*
aserrar [aserra'r] (durch-), (zer-) sägen.
aserrín *m.* [aserri'n] Sägemehl *n.*
aserto *m.* [ase'rto] Behauptung *f.*
asesinar [asesina'r] ermorden.
asesinato *m.* [asesina'to] Mord *m.*
asesino *m.* [asesi'no] Mörder *m.*
asesor *m.* [asesɔ'r] Ratgeber; **- ía** *f.* **(jurídica)** (Rechts-) Beratungsbüro *n.*
asesorar [asesora'r] m. Rat beistehen, beraten.
asestar [asesta'r] (Schlag) versetzen.
aseverar [aseβera'r] behaupten, versichern.
asfaltar [asfalta'r] asphaltieren.
asfalto *m.* [asfa'lto] Asphalt *m.*
asfixia *f.* [asfi'ks^ja] Erstickung *f.*
asfixiado *adj.* [asfiks^ja'ðo] erstickt.
asfixiante *adj.* [asfiks^ja'nte]: **gases - s** *m. pl.* Giftgase *n. pl.*
así [asi'] *adv.* so, auf diese Weise, also daher; **- ...como...** sowohl ...als auch; **- como** sowie.
Asia *f.* **(el)** [a's^ja] Asien *n.*; **- Menor** Kleinasien *n.*
asiático *adj.* [as^ja'tiko] asiatisch; **lujo - m.** *fam.* pompöse Einrichtung *f.*
asiduo *adj.* [asi'd^wo] eifrig, regelmäßig besuchend (beiwohnend); (Kunde) treuer, **-** *m.* Stammgast *m.*
asiento *m.* [as^je'nto] Sitz (-platz), Posten *m.*; (Gefäß-) Boden; Buchung *f.*; *techn.* Sitz *m.*
asignatura *f.* [asignatu'ra] (Lehr-) Fach *n.*
asilado *m.* [asila'ðo] Armenhäusler *m.*
asilo *m.* [asi'lo] Asyl *n.*, Zufluchtsort *m.*, Waisen-, Armenhaus *n.*
asimétrico *adj.* [asime'triko] asymmetrisch, ungleichförmig.
asimilable *adj.* [asimila'βle] angleichbar.
asimilación *f.* [asimilaθ^jɔ'n] Assimilierung *f.*, Angleichung.
asimilar [asimila'r] assimilieren, angleichen; **- se** (Nährstoffe verarbeiten.
asimismo *adv.* [asimi'zmo] auch, ebenfalls, ebenso.
asistencia *f.* [asisten'θ^ja] Anwesenheit *f.*, Hilfe *f.*, Bedienung, Beisein *n.*
asistenta *f.* [asiste'nta] Aufwartefrau *f.*
asistente *m.* [asiste'nte] Gehilfe *m.*, (Kranken- Wärter, *mil.* Bursche.
asistir [asisti'r] behilflich, sein, beistehen, helfen, ärztlich behandeln, warten, pflegen, anwesend sein; (Unterricht) besuchen.
asma *f.* (el) [a'zma] Asthma *n.*, Atemnot *f.*
asno *m.* [a'zno] Esel *m.*, *fig.* Dummkopf.
asociación *f.* [asoθ^jaθ^jɔ'n] Vereinigung *f.*, -bindung, Verein *m.*
asociarse [asoθ^ja'rse] s. zusammentun (**a** m.), ee. (er.) Firma bilden, (beitreten).
asolación *f.* [asolaθ^jɔ'n] Verheerung *f.*, Verwüstung.
asolar [asola'r] verheeren, verwüsten.
asomar [asoma'r] zum Vorschein kommen, heraussehen; **-se** s. zeigen, s. hinauslehnen.
asombrar [asɔmbra'r] beschatten; *fig.* in Erstaunen setzen; **- se** staunen.
asombro *m.* [asɔ'mbro] (Er-) Staunen *n.*
asombroso *adj.* [asɔmbro'so] erstaunlich.
asomo *m.* [aso'mo] Anschein *m.*, Anzeichen *n.*; **ni por -** nicht im entferntesten.
aspa *f.* **(el)** [a'spa] (Windmühle, Propeller) Flügel *m.*

aspaviento *m.* [aspaβ^je'nto]: **hacer muchos -s.** *fam.* großes Getue machen (de v.).
aspecto *m.* [aspe'kto] Anblick *m.*, Aussehen *n.*
aspereza *f.* [aspere'θa] Rauhigkeit *f.*, Unebenheit, mürrisches Wesen *n.*
áspero *adj.* [a'spero] rauh, uneben; (Geschmack) herb; *fig.* schroff.
aspillera *f.* [aspiʎe'ra] *mil.* Schieβscharte *f.*
aspiración *f.* [aspiraθ^jɔ'n] Atemholen *n.*; *fig.* Trachten, *techn.* (Ein-), (An-) Saugen.
aspirador *m.* [aspiraðɔ'r] (Staub, Luft) Sauger *m.*
aspirante *m.* [aspira'nte] Anwärter *m.*, Bewerber; *adj.* einsaugend.
aspirar [aspira'r] einatmen, an-, auf-, einsaugen, trachten (**a** nach).
aspirina *f.* [aspiri'na] *med.* Aspirin *n.*
asquear [askea'r] anekeln; *intr.* Ekel empfinden.
asquerosidad *f.* [askerosiða'ð] Ekelhaftigkeit *f.*, Schweinerei.
asqueroso *adj.* [askero'so] ekelhaft, widerlich; *vulg.* **eres un** - du bistc. Ekel (e. Schwein).
asta *f.* **(el)** [a'sta] Lanze *f.*, Speer *m.*; (Fahne) Mast, Stange *f.*; (Stier) Horn *n.*; **a media** - halbmast.
asterisco *m.* [asteri'sko] *typ.* Sternchen *n.*
astil *m.* [asti'l] (Beil, Hacke) Stiel *m.*
astilla *f.* [astiʎa] (Holz) Splitter *m.*, Span. Holzscheit *n.*, **de tal palo, tal** - der Apfel fällt nicht weit vom Stamm.
astillero *m.* [astiʎe'ro] *naut.* Werft *f.*
astringente *adj.* [astriŋxe'nte] *med.* zusammenziehend.
astringir [astriŋxi'r] zusammenziehen.
astro *m.* [a'stro] Gestirn *n.*; *fig.* - **cinematográfico** Filmstar *m.*
astrología *f.* [astroloxi'a] Astrologie *f.*, Sterndeuterei.
astrológico *adj.* [astrolo'xiko] astrologisch.
astrólogo *m.* [astro'lgo] Astrolog *m.*, Sterndeuter.
astronomía *f.* [astronomi'a] Astronomie *f.*, Skernkunde.
astronómico *adj.* [astrono'miko] astronomisch.
astrónomo *m.* [astro'nomo] Astronom *m.*, Sterkundiger.
astucia *f.* [astu'θ^ja] Schlauheit *f.*, Tücke.
asturiano *adj.* [asturia'no] asturisch; - Asturier *m.*
Asturias *f. pl.* [astu'r^jas] *Span.* Asturien *n.*
astuto *adj.* [astu'to] gerieben, schlau.
asumir [asumi'r] (die Verantwortung) übernehmen.
Asunción *f.* [asunθ^jɔ'n] Himmelfahrt *(f)* Mariä; *Span.* Frauenname.
asunto *m.* [asu'nto] Angelegenheit *f.*, Gegenstand *m.*; - **peliculable** Filmstoff *m.*; (Malerei) Motiv *n.*; **y ¡ - concluido** *fam.* und Schluβ damit!.
asustadizo *adj.* [asustaði'θo] schreckhaft.
asustar [asusta'r] erschrecken; **-se** s. fürchten.
atacar [ataka'r] *mil* angreifen; (Krankheit, Schaf) anwandeln; *techn.* stampfen.
atado *m.* [ata'ðo] Bündel *n.*
atajar [ataxa'r] (Weg) abschneiden; *fig.* (beim Redem) unterbrechen.
atajo *m.* [ata'xo] Neben-, (Wegstrecke abkürzender Seitenweg *m.*; **no hay - sin trabajo** ohne Fleiβ kein Preis.
atalanta *f.* [atala'nta] *zool.* (Schmetterling) Admiral *m.*
atalaya *f.* [atala'ja] Wart-, Aussichtsturm *m.*
atañer [ataɲe'r]: *(nur 3. Person)*: **en lo que atañe a** hinsichtlich.
ataque *m.* [ata'ke] Angriff *m.*; (Krankheit) Anfall; *techn.* Angriff durch Kräfte, chemische Agentien, Anschnitt durch Schneidewerkzeug.
atar [ata'r] (an-,) (zu-) binden.

atardecer [atardeθe'r] Nachmittag (Abend) w.; **al** - gegen Abend.
atareado *adj.* [atarea'ðo] sehr beschäftigt, stark in Anspruch genommen.
atarearse [atarea'rse] *fam.* schuften.
atarjea *f.* [atarxe'a] Abzugsrinne *f.*
atascar [ataska'r] verstopfen; - **se** s. verstopfen, s. festfahren.
ataúd *m.* [atau'ð] Sarg *m.*
ataviarse [ataβ^j^a'rse] s. aufputzen.
atavío *m.* [ataβi'o] Putz *m.*, Schmuck.
atemorizar [atemoriθa'r] einschüchtern.
Atenas *f.* [ate'nas] Athen *n.*
atención *f.* [atenθ^j^ɔ'n] Aufmerksamkeit *f.*, Gefälligkeit; **llamar la - de alg.** jem. aufmerksam machen; **guardar -ones con alg.** jem. gefällig sein; ¡ -! Achtung!.
atender [atende'r] (Person) betreuen, s. widmen; - **a** a|c er. Sache gerecht w.; warten; (Wünschen entgegenkommen; (Kunden) bedienen.
atenerse [atene'rse] s. halten (**a** an); **saber a qué** - wissen, was man zu denken hat.
atentado *m.* [atenta'ðo] Attentat *n.*, Anschlag *m.*
atentar [atenta'r] e. Attentat verüben (**contra** auf).
atento *adj.* [ate'nto] aufmerksam, höflich, liebenswürdig.
atenuación *f.* [aten^w^aθ^j^ɔ'n] Abschwächung *f.*, Milderung.
atenuante *m.* [aten^w^a'nte] *jur.* mildernder Umstand *m.*
atenuar [aten^w^a'r] schwächen, mildern.
aterrar [aterra'r] erschrecken. *fig.* niederschmettern; *intr. av.* landen.
aterrizaje *m.* [aterriθa'xe] *av.* Landen *n.*, Landung *f.*
atesorar [atesora'r] Schätze anhäufen.
atestación *f.* [atestaθ^j^ɔ'n] *jur.* Zeugenaussage *f.*
atestiguar [atestig^w^a'r] bezeugen.
atiborrar [atiβorra'r] *fig.* vollstopfen.
ático *adj.* [a'tiko] attisch, athenisch; - *m.* Dachgeschoβ *n.*
atildar [atilda'r] putzen; tadeln.
atinado *adj.* [atina'ðo] treffend.
atinar [atina'r] (richtig) treffen, erraten.
atisbar [atizβa'r] (aus-) forschen, (be-) lauern.
atizador *m.* [atiθaðɔ'r] Feuerhaken *m.*
atizar [atiθa'r] (Feuer) schüren, stochern; *fig.* aufhetzen; **¡atiza!** Donnerwetter!.
atlántico *adj.* [atla'ntiko] atlantisch; **Océano** *(m.)* - Atlantische Ozean *m.*
atlas *m.* [a'tlas] Atlas *m.*, Landkartensammlung *f.*
atleta *m.* [atle'ta] Athlet *m.*
atlético *adj.* [atle'tiko] athletisch.
atletismo *m.* [atleti'zmo]: - **pesado** Schwerathletik *f.*
atmósfera *f.* [atmɔ'sfera] Atmosphäre *f.*, Dunstkreis *m.*; *fig.* Milieu *n.*
atmosférico *adj.* [atmosfe'riko] atmosphärisch.
atolondrado *adj.* [atolɔndra'ðo] verwirrt, durcheinader.
atolladero *m.* [atoʎaðe'ro] *fig.* Patsche *f.*
atómico *adj.* [ato'miko]: **peso** *(m.)* - Atomgewicht *n.*
atomismo *m.* [atomi'zmo] Atomlehre *f.*
atomización *f.* [atomiθaθ^j^ɔ'n] Zersprengung *f.*, Zerlegung, Zerstückelung (in kleinste Teile).
atomizar [atomiθa'r] zersprengen, zerlegen, zerstückeln (in kleinste Teile); ganz fein zerstäuben, zersprühen.
átomo *m.* [a'tomo] Atom *n.*
atónito *adj.* [ato'nito] bestürzt, verblüfft.
atontado *adj.* [atonta'ðo] dumm, *fam.* vernagelt, verdreht.
atontar [atɔnta'r] *fam.* verdreht machen.
atormentar [atɔrmenta'r] foltern, peinigen, *fig.* quälen.
atornillar [atɔrniʎa'r] (an-), (ver-) schrauben.

atracadero *m.* [atrakaðe'ro] *naut.* Anlegeplatz *m.*
atracador *m.* [atrakaðɔ'r] Straβenräuber *m.*
atracar [atraka'r] *naut.* anlegen; überfallen.
atracción *f.* [atrakθʲɔ'n] Anziehung (skraft) *f.*; Glanznummer; **parque** *(m.)* **de -ones** Vergnügungspark *m.*
atraco *m.* [atrako] (Raub-) Überfall *m.*
atracón *m.* [atrakɔ'n] überladung *f.* (des Magens); **darse un** - s. den Magen vollstopfen (**de** m.).
atractivo *adj.* [atrakti'βo] anziehend; - *m.* (Lieb-) Reiz *m.*
atraer [atrae'r] anziehen, an s. ziehen; (Aufmerksamkeit) auf s. lenken.
atragantarse [atraganta'rse] s. verschlucken, stekenbleiben.
atrampado *adj.* [atrampa'ðo] *fam.* stark verschuldet.
atrancar [atraŋka'r] verrammeln, verriegeln; (Leitung) verstopfen.
atrapar [atrapa'r] *fam.* erwischen, packen.
atrás *adv.* [atra's] hinten, zurück; **volverse** - *fam.* en. Rückzieher machen.
atrasado *adj.* [atrasa'ðo] rückständig; (Uhr) **estar** - nachgehen.
atrasar [atrasa'r] hinausschieben, verzögern; (Uhr) zurückstellen, nachgehen.
atraso *m.* [atra'so] Verspätung *f.*, Rückschritt *m.*; (Zahlungs-) Rückstand.
atravesado *adj.* [atraβesa'ðo] quer, schräg.
atravesar [atraβesa'r] durchfahren, fliegen, -kreuzen, -schiffen, -queren, -stechen; (über FRiβ) übersetzen.
atrayente *adj.* [atraʲe'nte] anziehend.
atreverse [atreβe'rse] s. wagen, s. erdreisten.
atrevido *adj.* [atreβi'ðo] dreist; (Theaterstück) ziemlich frei.
atrevimiento *m.* [atreβimʲe'nto] Dreistigkeit *f.*, Verwegenheit.
atribución *f.* [atriβuθʲɔ'n] Befugnis *f.*, Kompetenz.
atribuir [atriβui'r] beimessen, zuschreiben.
atribulado *adj.* [atriβula'ðo] (Hinterbliebene) trauernd.
atributo *m.* [atriβu'to] Attribut *n.*, Eigenschaft *f.*
atril *m.* [atri'l] (Noten-) Pult *n.*
atrincherarse [atrinčera'rse] s. verschanzen (**en** hinter), *mil.* s. eingraben.
atrio *m.* [a'trʲo] Vorhalle *f.*, Vorhof *m.*
atrocidad *f.* [atroθiða'ð] Scheuβlichkeit *f.*, Greuel *m.*; *fam.* Unmenge *f.*; **¡qué -!** unglaublich!.
atrofiarse [atrofʲa'rse] *med.* verkümmern.
atronador *adj.* [atronaðɔ'r] donnernd; (Beifall) stürmisch.
atropelladamente *adv.* [atropeʎaða] mente] übereilt, überstüzt.
atropellado *adj.* [atropeʎa'ðo] hastig.
atropellar [atropeʎa'r] umrennen, über-, anfahren, vergewaltigen.
atroz *adj.* [atrɔ'θ] abscheulich, greulich; *fam.* riesig.
atún *m.* [atu'n] Thunfisch *m.*
atunero *m.* [atune'ro] Thunfischer *m.*
aturdido *adj.* [aturdi'ðo] betäubt, kopflos, aus der Fassung gebracht.
aturdirse [aturdi'rse] s. sehr wundern.
audacia *f.* [auða'θʲa] Kühnheit *f.*, Verwegenheit.
audaz *adj.* [auða'θ] kühn, verwegen.
audición *f.* [auðiθʲɔ'n] (Radio) Empfang *m.*
audiencia *f.* [auðʲe'nθʲa] Audienz *f.*, Gerichtshof *m.*
auditor *m.* [auðitɔ'r] Beisitzer *m.*
auditorio *m.* [auðito'rʲo] Hörsaal *m.*, Zuhörerschaft *f.*
auge *m.* [a'uxe] *fig.* höchster Gipfel.
augurar [augura'r] voraussagen, prophezeien.
augurio *m.* [augu'rʲo] Vorbedeutung; **de mal** - unheilvoll.

aula *f.* (**el**) [a'ula] Hörsaal *m.;* Klassenraum.
aullar [auʎa'r] (Tiere) brüllen, heulen.
aumentar [aumenta'r] erhöhen, vermehren, -gröβern, steigern; (Radio) verstärken; *intr.* wachsen.
aumento *m.* [aume'nto] Erhöhung *f.*, Vermehrung, Vergröβerung, Steigerung, (Gehalts-) Zulage; (Radio) Verstärkung.
aun, aún [au'n] *adv.* noch (immer), auch, ~ **así** trotzden, ~ **cuando** selbst wenn, wenn auch.
aunar [auna'r] *fig.* verbinden, anknüpfen.
aunque [a'uŋke] obgleich, obschon, wenn auch.
¡aupa! [a'upa] *fam.* auf!
áureo *adj.* [a'ureo] gold (-farben).
aureola *f.* [aureo'la] Heiligenschein *m.*, Nimbus.
auricular *m.* [aurikula'r] (Fernsprecher) Hörer *m.; (Radio)* Kopfhörer; **descolgar el** ~ (Telefon) abhängen.
aurífero *adj.* [auri'fero] goldhaltig.
aurora *f.* [auro'ra] Morgenröte *f.;* ~ **boreal** Nordlicht *n.*
auscultar [auskulta'r] *med.* auskultieren, abhören.
ausencia *f.* [ause'nθʲa] Abwesenheit *f.*, Ausbleiben *n.*, Fehlen.
ausentarse [ausenta'rse] s. entfernen, verreisen.
ausente *adj.* [ause'nte] abwesend.
auspicio *m.* [auspi'θʲo] **bajo los ~ s de** unter dem Protektorat v.
austeridad *f.* [austeriða'ð] Genügsamkeit *f.*, (Sitten-) Strenge.
austero *adj.* [auste'ro] genügsam, (Sitten-) streng, nüchtern.
Austria *f.* [a'ustrʲa] Österreich *n.*
austríaco *adj.* [austri'ako] österreichisch.
autenticidad *f.* [autenticiða'ð] Echtheit *f.*, Glaubwürdigkeit.
auténtico *adj.* [aute'ntiko] echt, glaubwürdig.
auto *m.* [a'uto] *jur.* richterlicher Ausspruch *m.;* dramat. Stück d. ät. span. Lit; häufig gebrauchte Kurzform für **automóvil** Kraftwagen.
autobiografía *f.* [autobʲografi'a] Selbstbiographie *f.*
autobús *m.* [autobu's] Kraftomnibus *m., fam.* Bus.
autocar *m.* [autoka'r] Rundfahrtauto *n.*
autoclave *m.* [autokla'βle] Autoklav *m.*, Dampfkochtopf.
autocrítica *f.* [autokri'tika] Selbstkritik *f.*
autóctono *adj.* [auto'ktono] (Bevölkerung eingesessen.
autodidacto *m.* [autoðiða'kto] Autodidakt *m.*
autógeno *adj.* [auto'xeno]: **soldadura** *(f)* **-a** autogene Schweiβung *f.*
autógrafo *m.* [auto'grafo] Autograph *n.*, Original, Urschrift *f.;* ~ *adj.* eigenhändig geschrieben.
autómata *m.* [auto'mata] Automat *m.*
automático [automa'tiko] automatisch, selbsttätig, mechanisch.
automatización *f.* [automatiθaθʲɔ'n] Mechanisierung *f.*
automotor *adj.* [automoto'r] selbstbewegend; ~ *m. Eis.* Triebwagen *m.*
automóvil *m.* [automo'βil] Auto (-mobil) *n.*, Kraftwagen *m.*
automovilismo *m.* [automoβili'zmo] Automobilsport *m.*, Kraftfahrwesen *n.*
automovilista *m.* [automoβili'sta] Kraftfaherer.
autonomía *f.* [autonomi'a] Selbständigkeit *f.*, Unabhängigkeit.
autónomo *adj.* [auto'nomo] autonom, selbständig.
autopista *f.* [autopi'sta] Autobahn *f.*
autopsia *f.* [autɔ'psʲa] *med.* Obduktion *f.*, Leichenschau.
autor *m.* [autɔ'r] Urheber *m.*, Verfasser, Schriftsteller; Verfasserin *f.*, Schriftstellerin.
autoridad *f.* [autoriða'ð] Autorität *f.*, Obrigkeit, Behörde, Ansehen *n.*

autoritario *adj.* [autorita'rʲo] despotisch, selbstherrlich, diktatorisch.
autorización *f.* [autoriθaθʲɔ'n] Ermächtigung *f.*, Beglaubigung.
autorizar [autoriθa'r] bevoll-, ermächtigen.
autorretrato *m.* [autorretra'to] Selbstbildnis *n.*
autosugestión *f.* [autosuxestʲɔ'n] Selbstbeeinflussung *f.*
autovía *f.* [autoβi'a] Autostraβe *f.*; *Eis.* Leichttriebwagen *m.*
auxiliar *adj.* [auksilʲa'r] als Hilfe, *bzw.* als Reserve dienned; - *m.* Hilfslehrer *m.*, -arbeiter; a. o. Professor; - helfen, beistehen.
auxilio *m.* [auksi'lʲo] Beistand *m.*, Hilfe *f.*
aval *m.* [aβa'l] (Wechsel) Bürgschaft *f.*, Garantie.
avalar [aβala'r] bürgen, garantieren.
avance *m.* [aβan'θe] Vorrücken *n.*, marsch *m.*; Vorschuβzahlinf *f.*; (Kosten) Voranschlag *m.*
avanzada *f.* [aβanθa'ða] *mil.* Vorhut *f.*
avanzado *adj.* [aβanθa'ðo] (Alter) vorgerückt; (Ideen) fortschrittlich.
avanzar [aβanθa'r] vorrücken, vorwärtsgehen.
avaricia *f.* [aβari'θʲa] Geiz *m.*, Habsucht *f.*
avaro *adj.* [aβa'ro] geizig; - *m.* Geizhals *m.*
avasallar [aβasaʎa'r] unterwerfen, jochen.
ave *f.* (**el**) Vogel *m.*, Geflügel *n.*; - **cantora** Singvogel *m.*; - **de rapiña** Raubvogel; - **s.** *(f. pl.)* de **corral** Hausgeflügel *n.*
avecindar [aβeθinda'r] das Bürgerrecht erteilen; **-se** sn. Wohnsitz nehmen.
avellana *f.* [aβeʎa'na] Haselnuβ *f.*
avellano *m.* [aβeλa'no] Haselstrauch *m.*
avena *f.* [aβe'na] Hafer *m.*; **-l** *m.* [aβena'l] Haferfeld *n.*
avenida *f.* [aβeni'ða] breite Straβe *f.*, Allee; Überschwemmung.
avenido *adj.* [aβeni'ðo]: **bien** - einig; **mal** - uneinig, unharmonisch.
avenir [aβeni'r] einigen; **-se** s. vergleichen, s. vertragen, s. schicken (**a** in).
aventajado *adj.* [aβentaxa'ðo] (Schüler) begabt; (Wuchs) stattlich.
aventajar [aβentaxa'r] übertreffen.
aventura *f.* [aβentu'ra] Abenteuer *n.*
aventurarse [aβentura'rse] s. er. Gefahr aussetzen; (s.) wagen.
aventurero *adj.* [aβenture'ro] abenteuerlich; - *m.* Abenteurer *m.*
avergonzado *adj.* [aβergonθa'ðo] schamhaft, verschämt.
avergonzar [aβergonθa'r] beschämen; **-se** s. schämen, erröten.
avería *f.* [aβeri'a] *naut.* Havarie *f.*, Seeschaden *m.*
averiado *adj.* aβerʲa'ðo] beschädigt.
averiar [aβerʲa'r] beschädigen; **-se** *naut* Havarie erleiden.
averiguar [aβerigʷa'r] untersuchen, ermitteln.
aversión *f.* [aβersʲɔ'n] Abneigung *f.*
avestruz *m.* [aβestru'θ] *zool.* Strauβ *m.*
aviación *f.* [aβʲaθʲɔ'n] Flugwesen *n.*, Luftschiffahrt *f.*
aviador *m.* [aβʲaðɔ'r] Flieger *m.*
avícola *adj.* [aβi'kola]: **granja** *(f)* - Geflügel-, Hühnerfarm *f.*
avicultor *m.* [aβikultɔ'r] Geflügelzüchter *m.*
avidez *f.* [aβide'θ] (Be-) Gier (de) *f.*, Gefräβigkeit.
ávido *adj.* [a'βiðo] gierig.
avinagrado *adj.* [aβinagra'ðo] essigsauer.
avío *m.* [aβi'o]: **-s** *mpl.* Gerätschaften *f. pl.*
avión *m.* [aβʲɔ'n] Flugzeug *n.*
avioneta *f.* [aβʲone'ta] kleines (Sport-) Flugzeug *n.*
avisar [aβisa'r] benachrichtigen, melden.
aviso *m.* [aβi'so] Nachricht, *f.*, Warnung, Kündigung, Verweis *m.*; **estar sobre** - auf der Hut sein.

avisp|a [aβi'spa] Wespe *f.*; **-ado** *adj.* [aβispa'ðo] *fam.* aufgeweckt; **-ero** *m.* [aβispe'ro] Wespennest *n.*
avivar [aβiβa'r] (Feuer) anfachen.
avizor *adj.* [aβiθɔ'r]: **ojo** - m. Vorbedacht; **estar ojo** - auf der Hut sein.
avutarda *f.* [aβuta'rda] *zool.* Trappe *f.*
axila *f.* [aksi'la] *anat.* Achselhöhle *f.*
axioma *m.* [aks^Jo'ma] Axiom *n.*, Grundsatz *m.*
¡ay! **(ái)** ach!, oh!.
aya *f.* **(el)** [a'ja] Kinderfrau *f.*, Erzieherin.
ayer *adv.* [a^Je'r] gestern.
ayuda *f.* [aju'ða] Hilfe *f.*, Beistand *m.*, Stütze *f.*
ayudante*m.* [a^Juða'nte] Adjutant *m.*, Assistent, Gehilfe.
ayudar [a^Juða'r] helfen, beistehen, untertützen.
ayunar [a^Juna'r] fasten.
ayunas [a^Ju'nas]: **en** - nüchtern, auf nüchternem Magen.
ayuno *m.* [a^Ju'no] Fasten *n.*
ayuntamiento *m.* [a^Juntam^Je'nto] Rathaus *n.*, Gemeinderat *m.*
azabache *m.* [aθaβa'če] Gagat *m.*; Pechkohle *f.*
azada *f.* [aθa'ða] Hacke *f.*
azafrán *m.* [aθafra'n] Safran *m.*
azahar *m.* [aθaa'r] Orangenblüte *f.*
azar *m.* [aθa'r] Zufall *m.*; **al** - blindlings, aufs Geratewohl.
azaroso *adj.* [aθaro'so] unheilvoll.
azogue *m.* [aθo'ge] Quecksilber *n.*; *fam.* unruhige Person *f.*
azor *m.* [aθɔ'r]) (Hühner- Habicht *m.*
azotar [aθota'r] peitschen, strafen.
azote *m.* [aθo'te] Peitsche *f.*, Geiβel.
azotea *f.* [aθote'a] flaches Dach *n.*; Wohnung *(f)* im flachen Dach.
azteca *adj.* [aθte'ca] aztektisch; **-s** *m. pl.* Azteken *m pl.*
azúcar *m.* [aθu'kar] Zucker *m.*; **-en terrones** Würfelzucker.
azucarado *adj.* [aθukara'ðo] gezukkert, zuckersüβ.
azucarero *m.* [aθukare'ro] Zukkerdose *f.*
azucarillo *m.* [aθukari'ʎo] Schaumzuckerstange *f.*
azucena *f.* [aθuθe'na] (weiβe) Lilie *f.*
azufre *m.* [aθu'fre] Schwefel *m.*
azul *adj.* [aθu'l] blau; **- celeste** himmelblau; **- marino** marineblau.
azulado *adj.* [aθula'ðo] bläulich.
azular [aθula'r] blau färben.
azulejo *m.* [aθule'xo] Wandfliese *f.*; (Ofen-) Kachel.
azucar [aθuθa'r] (Hunde) hetzen.

b, B [be] *f.* b. B. *n.; fam.* be alta *f.*
baba *f.* [ba'βa] Geifer *m.;* **caérsele a uno la** - vernarrt sein (**con** in).
babear [baβea'r] geifern.
babero *m.* [baβe'ro] Geiferlätzchen *n.*
bable *m.* [ba'βle] asturische Mundart *f.*
babor *m.* [baβɔ'r] *naut.* Backbord *n.*
baboso *adj.* [baβo'so] geifernd, *fig.* sinnlos verliebt, *SAm.* dumm.
babucha *f.* [baβu'ča] (mauricher) Haus-, Morgenschuh *m.*
baca *f.* [ba'ka] Dach (*n*) es. Postwagen od. Omnibus m. Sitzplätzen.
bacalao *m.* [bakala'o] Stockfisch *m.*
bacante *f.* [baka'nte] Bacchantin *f.*
bacía *f.* [baθi'a] Barbierbecken *n.*
bacilo *m.* [baθi'lo] Bazillus *m.*, Stabtierchen *n.*
bacteria *f.* [bakte'rʲa] Bakterie *f.*, Spaltpilz *m.*, Krankheitserreger.
báculo *m.* [ba'kulo]: - **pastoral** Bischofsstab *m.*
bache *m.* [ba'če] (Straβe- Schiagloch *n.*
bachiller *m.* [bačiʎe'r] Bakkalaureus *m.*, Abiturient.
bachillerato *m.* [bačiʎera'to] Reifeprüfung *f.*
badajo *m.* [baða'xo] Glockenschwengel *m.*
badana *f.* [baða'na] gegerbtes Schafleder *n.*
bagaje *m.* [baga'xe] Gepäck *n.; mil.* Train *m.*
¡bah! [ba] ach was!
bahía *f.* [bai'a] *naut.* Bai *f.*, Bucht.
bailable *m.* [baila'βle] Tanzstück *n.;* (Radio) Tanzmusik *f.*
bailador *m.* [bailaðɔ'r] Tänzer *m.;* **-a** *f.* Tänzerin *f.*
bailar [baila'r] tanzen; **sacar a** - zum Tanz auffordern, engagieren.
bailarín *m.* [bailari'n] (Ballett-) Tänzer *m.;* **-ina** *f.* (Ballett-) Tänzerin *f.*
baile *m.* [ba'ile] Tanz *m.*, Ball, Tanzvergnügen *n.*, Landvogt *m.*
baja *f.* [ba'xa] Fallen *n.*, Sinken, Preisrückgang *m.;* Entlassung *f.;* (Mitglieder) Abgang *m.;* - **s** *fpl. mil.* Verluste *mpl.;* **dar de** - (aus Mitgliederliste usw.) streichen.
bajada *f.* [baxa'ða] Abstieg *m.*, Hinabsteigen *n.;* (Regenrinne) Abfluβ *m.*
bajamar *f.* [baxama'r] *naut.* Niedrigwasser *n.*, Ebbe *f.*
bajar [baxa'r] herab-, herunternehmen, herunterbringen, -lassen (Kragen) herunterschlagen; (Preise) herabsetzen; (Kopf) senken; (Augen) niederschlagen; *intr.* hinuntergehen, hinabgehen, ab-, aussteigen, (**de** aus) (Preise) fallen; - **a tierra** *naut.* an Land gehen; -**se** s. bücken.
bajo *adj.* [ba'xo] niedrig; (Gestalt) klein; (Land) tief (liegend); *fig.* gemein **piso** (m) - Erdgeschoβ *n.;* **en voz -a** leise; - *m.* Niederung *f.; naut.* Untiefe; *mus.* Baβ m., -stimme *f.*, *-geige; adv.* (nach) unten darunter; - **palabra** auf Ehrenwort.
bajón *m.* [baxo'n]: **dar un** - (Preise) stark fallen.
bajorrelieve *m.* [baxɔrreʎe'βe] Basrelief *n.*
bala *f.* [ba'la] (Flinten-, Kanonen-) Kugel *f.;* Ballen *m.*

balance *m.* [bala'nθe] Bilanz *f.*, (Bücher-) Abschluβ *m.;* **hacer** - Bilanz ziehen.
balancear [balanθea'r] *naut* schlingern.
balancín *m.* [balanθi'n] (Wagen) Ortscheit *n.;* Stange *f.* (der Seiltänzer; *techn.* Wipphebel *m.*, Schwinge *f.*
baladro *m.* [bala'ndro] *naut.* Yacht *f.*
balanza *f.* [bala'nθa] Tellerwaage *f.*, feine Waage.
balar [bala'r] blöken.
balaustrada *f.* [balaustra'ða] Balustrade *f.*, Brustlehne, Geländer *n.*
balazo *m.* [bala'θo] (Kanonen-, Flinten-) Schuβ *m.*, Schuβwunde *f.*
balbucear [balβuθea'r] stammeln.
balcón *m.* [balko'n] Balkon *m.*
baldado *adj.* [balda'ðo] gliederlahm.
baldaquín *m.* [baldaki'n] Baldachin *m.*, Thronhimmel.
balde *m.* Eimer *m.; adv.* **de** - umsonst, unentgeltlich, gratis; **en** - vergeblich.
baldío *adj.* [baldi'o] (Land) öde; - *m.* Ödland *n.*
baldosa *f.* [baldo'sa] (Boden-) Fliese *f.*
baldosín *m.* [baldosi'n] (kleine) Bodenfliese *f.*
balido *m.* [bali'ðo] Blöken *n.*
balística *f.* [bali'stika] Ballistik *f.*, Wurfgeschützlehre.
balneario *m.* [balnea'r^jo] Bade-, Kurort *m.*, Kuranstalt *f.*, -haus *n.*
balón *m.* [balɔ'n] (Fuβ-) Ball *m.;* **- a mano** Handball *m.*
balsa *f.* [ba'lsa] Floβ *n.*, Fähre *f.;* **estar como una - de aceite** *fig.* (an em. Ort) ganz ruhig sein, nicht die geringsten Unruhen (Störungen) geben.
bálsamo *m.* [ba'lsmo] Balsam *m.*, Heilöl *n.*, *fig.* Linderung *f.*, Trost *m.*
báltico *adj.* [ba'ltiko] baltisch; **Mar B** - *m.* Ostsee *f.*
baluarte *m.* [bal^wa'rte] Bollwerk *n.; fig.* Schutzwehr *f.*
ballena *f.* [baʎe'na] Wal (-fisch) *m.*, Fischbein *n.*, Korsettstange *f.*
ballenero *m.* [baʎene'ro] Wal (-fisch-) fänger *m.*, -fahrer.
ballesta *f.* [baʎe'sta] Armbrust *f.; mil.* antike Wurfmaschine.
bambalear(se) [bambalea'rse] wakkeln; (s. hin u. her bewegen).
bambú *m.* [bambu'] Bambus *m.*, -rohr *n.*
banal *adj.* [bana'l] alltäglich, abgeschmackt.
banalidad *f.* [banaliða'ð] Alltäglichkeit *f.*
banana *f.* [bana'na] *bot. SAm.* Banane *f.*
banca *f.* [ba'ŋka] (Spiel-) Bank *f.*, -geschäft *n.*, -wesen.
bancal *m.* [baŋka'l] Gartenbeet *n.*
bancario *adj.* [baŋka'r^jo]: **transacciones - ias** Bankgeschäfte *npl.;* **crédito** *(m)* - Bankkredit *m.*
bancarrota *f.* [baŋkarro'ta] Bankrott *m.*, *fam.* Pleite *f.*
banco *m.* [ba'ŋko] Bank *f.*, *pol.* Sitz *m.*, Arbeitsbank *f.; geol.* Lager *n.*, Schicht *f.; naut.* Untiefe *f.*
banda *f.* [ba'nda] Feldbinde *f.*, Schärpe; *naut.* (Schiffs- Seite; Schar, Musikkapelle.
bandeja *f.* [bande'xa] Tablett *n.*, Servierbrett; *techn.* Horde *f.*
bandera *f.* [bande'ra] Fahne *f.*, Flagge; *Span.* (Legion) Truppenabteilung; **jura de la** - Fahneneid *m.*
banderilla *f.* [banderi'ʎa] *Taur.* Banderilla *f.*, kurzer Stoβstab *(m)* m. Widerhaken.
banderillear [banderiʎea'r] *Taur.* den Stier m. den „banderillas" reizen, „banderillas" stecken.
banderillero *m.* [banderiʎe'ro] *Taur.* Banderillero *m.*, Stierfechter, welcher die „banderillas" handhabt.
bandido *m.* [bandi'ðo] Bandit *m.*, Räuber.
bando *m.* [ba'ndo] öffentliche Bekanntmachung *f.;* Partei.
bandolera *f.* [bandole'ra] Schulter-

b

riemen *m.*, (Damen-) Hängetasche *f.*
bandolero *m.* [bandole'ro] (Straβen-) Räuber *m.*
bandurria *f.* [bandu'rrʲa] (12 saitige Gitarre *f.*
banquero *m.* [baŋke'ro] Bankier *m.*, (Spiel) Bankhalter.
banqueta *f.* [baŋke'ta] Schemel *m.*
banquete *m.* [baŋke'te] Bankett *n.*, Gastmahl.
banquillo *m.* [baŋki'ʎo] Fuβschemel *m.*, Angeklagtenbank *f.*
bañador *m.* [baɲaðɔ'r] Badeanzung *m.*, -hose *f.*
bañar [baɲa'r] baden.
bañera *f.* [baɲe'ra] Badefrau *f.*, -wanne.
bañista *m.* [baɲi'sta] Bade-, Kurgast *m.*
baño *m.* [ba'ɲo] Bad *n.*, Badewanne *f.*, Badeort *m.*, Glasur *f.*, Überzug *m.*
bar *m.* [bar] Bar *f.*, Schankraum *m.*
baraja *f.* [bara'xa] (Spiel-) Karten *n.*
barajar [baraxa'r] (Karten) mischen.
baranda *f.* [bara'nda] Geländer *n.*; (Billard) Bande *f.*
barandilla *f.* [barandi'ʎa] Treppen-, Brückengeländer *n.*
baratijas *f. pl.* [barati'xas] Plunder *m.*
barato *adj.* [bara'to] billig, wohlfeil.
barba *f.* [ba'rβa] Bart *m.*, Kinn *n.*, (Ähren-) Spelze *f.*
barbado *adj* [barβa'ðo] bärtig.
barbaridad *f.* [barβariða'ð] Barbarei *f.*, Ungeheuerlichkeit, Unmenge; **¡qué -!** unglaublich , solch e. Unsinn!
barbarismo *m.* [barβari'zmo] *gramm.* Sprachwidrigkeit *f.*
bárbaro *adj.* [ba'rβaro] barbarisch, grausam; *fig.* ungebildet, roh; **¡qué -!** solch ein Rohling!; (staunend:) solch e. Mordskerl!
barbecho *m.* [barβe'čo] Brachland *n.*
barbería *f.* [barβeri'a] Barbierladen *m.*
barbero *m.* [barβe'ro] Barbier *m.*
barbilampiño *adj.* [barβilampi'ɲʲo] milchbärtig.
barbilla *f.* [barβi'ʎa] Kinn *n.*
barbudo *adj.* [barβu'ðo] bärtig, behaart.
barca *f.* [ba'rka] Barke *f.*, Kahn *m.*
barcaza *f.* [barka'θa] *naut.* Leichter *m.*
barco *m.* [ba'rko] Schiff *n.*, Boot; **- de vela** Segler *m.*; **ir en** - (Schiff. Boot) fahren.
bargueño *m.* [barge'ɲo] (altertümlicher Schreibtischschrank *m.*
barítono *m.* [bari'tono] *mus.* Bariton *m.*
barniz *m.* [barni'θ] Firnis m. Lack, Glasur *f.*
barnizar [barniθa'r] firnissen, lackieren, glasieren.
barómetro *m.* [baro'metro] Barometer *n.*
barón *m.* [barɔ'n] Baron *m.*, Freiherr.
barquero *m.* [barke'ro] Fährmann *m.*
barquilla *f.* [barki'ʎa] *av.* Gondel *f.*, Ballonkorb *m.*
barquillo *m.* [barki'ʎo] (Art) Waffel *f.* (in Spitztütenform.
barra *f.* [ba'rra] Barren *m.*, Stab, Stange *f.*; *naut.* Sandbank; **- fija** (Turn-) Reck *n.*; **- para los labios** Lippenstift *m.*
barraca *f.* [barra'ka] Baracke *f.*; (Valencia) (typisches) Bauernhaus *n.*
barranco *m.* [barra'ɲko] Schlucht *f.*
barrena *f.* [barre'na] Bohrer *m.*; **entrar en** - *av.* abtrudeln.
barrenar [barrena'r] (an-) bohren.
barrendero *m.* [barrende'ro] Straβenkehrer *m.*
barreno *m.* [barre'no] Sprengloch *n.*
barrer [barre'r] (aus-) (weg-) kehren, ausfegen.
barriada *f.* [barrʲa'ða] Stadtviertel *n.*
barrica *f.* [barri'ka] (ganz lkeines) Faβ *n.*
barrido *m.* [barri'ðo] Kehren *n.*; *techn.* (Verbrennungsmotor Spülung *f.*
barriga *f.* [barri'ga] Bauch *m.* Wanst; **echar** - *fam.* fett w.
barrigudo *adj.* [barrigu'ðo] dickbäuchig.
barril *m.* [barri'l] Faβ *n.*

barrio *m.* [ba'rr^jo] Vorstadt *f.*, Stadtviertel *n.*
barrita *f.* [barri'ta] - **(para los labios)** Lippenstift *m.*
barrizal *m.* [barriθa'l] Kotlache *f.*
barro *m.* [ba'rrɔ] Lehm *m.*, Ton. Schlamm; (Straβen-) Kot, Töpfererde *f.*
barroco *adj.* [barro'ko] *arch.* barock.
barrote *m.* [barrɔ'te] dicke Eisenstange *f.*; Rohstab *m.*
barruntar [barrunta'r] ahnen, mutmaβen.
bártulos *m. pl.* [ba'rtulos]: **coger sus -** *fig. fam.* se. Siebensachen packen.
barullo *m.* [baru'ʎo] Durcheinander *n.*, Wirrwarr *m.*, Lärm.
basamento *m.* [basame'nto] *arch.* Unterlage *f.*, Sockel *m.*
basar [basa'r] (be-) gründen; **-se** fuβen **(en** auf).
báscula *f.* [ba'skula] (gröbere) Waage *f.*, Hebelwaage.
base *f.* [ba'se] Basis *f.*, Grundlage; **a - de** auf Grund v.
básico *adj.* [ba'siko] basisch, grundlegend.
basílica *f.* [basi'lika] Basilika *f.*, Hauptkirche.
bastante *adj.* [basta'nte] hinlänglich genügend; *adv.* genug ziemlich.
bastar [basta'r] genügen, genug sein; **¡basta!** das genügt!, genug damit!, Schluβ!, **-se** s. selbst genügen.
bastardo *adj.* [basta'rdo] entartet, unecht; *- m.* Bastard *m.*
bastidor *m.* [bastiðɔ'r] Stick-, Fensterrahmen *m.*, Gestell *n.*; **- es** *m. pl.* Kulissen *f. pl.* **entre - es** hinter den Kulissen, im Geheimen.
basto *adj.* [ba'sto] grob, ungeschliffen; *- m.* (Kartenspiel Treff *n.*
bastón *m.* [bastɔ'n] Stab *m.*, Stock, Stecken.
basura *f.* [basu'ra] Kehricht *m.*, Müll, Mist.
basurero *m.* [basure'ro] Müllkutscher *m.*
bata *f.* [ba'ta] Morgenrock *m.*, Schürzenkleid *n.*
batalla *f.* [bata'ʎa] Schlacht *f.*; **- de flores** Blumenkorso *m.*
batallar [bataʎa'r] kämpfen.
batallón *m.* [bataʎɔ'n] Bataillon *n.*
batata *f.* [bata'ta] Batate (-nkartoffel) *f.*
batea *f.* [bate'a] Tablett *n.*, flacher Trog *m.*; Schotterwagen.
batería *f.* [bateri'a] Batterie *f.*; **- de cocina** Küchengeschirr *n.*
batida *f.* [bati'ða] Treibjagd *f.*; *mil.* Streife, Razzia.
batido [bati'ðo] (Weg) ausgetreten, ausgefahren.
batidor *m.* [batiðɔ'r] (Jagd) Treiber *m.*; Schneeschläger.
batidora *f.* [batiðo'ra] Rührmaschine *f.*
batir [bati'r] schlagen, hämmern, umrühren; (Eier) schlagen; *mil.* unter Feuer nehmen.
batista *f.* [bati'sta] Batist *m.*
baturro *adj.* [batu'rro] bäurisch; *- m.* aragonesischer Bauer *m.*
batuta *f.* [batu'ta] Taktstock *m.*; **llevar la -** *fam. fig.* (Frau) die Hosen anhaben.
baúl *m.* [bau'l] Koffer *m.*, **- mundo** groβer Reisekoffer; **- camarote** Schiffskoffer.
bautismal *adj.* [bautizma'l]: **aguas -es** *f. pl.* Taufwasser *n.*; **pila -** *f.* Taufstein *m.*
bautismo *m.* [bauti'zmo] Taufe *f.*; *mil.* **- de fuego** Feuertaufe; **fe** *(f)* **de -** Taufschein *m.*
bautizar [bautiθa'r] taufen.
bávaro *adj.* [ba'βaro] bayrisch; *- m.* Bayer *m.*
Baviera *f.* [baβ^je'ra] Bayern *n.*
baya *f.* [ba'ja] Beere *f.*
bayeta *f.* [ba^je'ta] grober Flanell *m.*; Hader, Aufwischlappen.
bayoneta *f.* [bajone'ta] Bajonett *n.*
baza *f.* [ba'θa] (Kartenspiel Stich *m.*; **meter -** *fam.* sn. Senf dazugeben.
bazar *m.* baθa'r] Basar *m.*
bazo *m.* [ba'θo] *anat.* Milz *f.*

b

beatificar [beatika'r] heiligsprechen.
bebé *m.* [beβe'] Baby *m.*
bebedor *m.* [beβeðɔ'r] Trinker *m.*, Säufer.
beber [beβe'r] trinken; *fam.* saufen; -**se** austrinken.
bebida *f.* [beβi'ða] Getränk *n.*
becario *m.* [beka'r^jo] Stipendiat *m.*
becerra *f.* [beθe'rra] Färse *f.*, junge Kuh.
becerrada *f.* [beθerra'ða] *Taur.* Stiergefecht *(n)* m. Jungstieren.
becerro *m.* [beθe'rro] Jungstier *m.*
bedel *m.* [beðe'l] Schul-, Universitätsdiener *m.*
beduino *m.* [beð^wi'no] Beduine *m.*
Belén *m.* [bele'n] Bethlehem *n.*; Weihnachtskrippe *f.*
belfo *m.* [be'lfo] Hängelippe *f.*
belga *adj.* [be'lga] belgisch; - *m.* Belgier *m.*
Bélgica *f.* [be'lxika] Belgien *n.*
bélico *adj.* [be'liko] kriegerisch.
belicoso *adj.* [beliko'so] kriegerisch.
beligerancia *f.* [belixera'nθ^ja] Kriegsführung *f.*
beligerante *adj.* [belixera'nte] kriegführend.
bellaco *adj.* [beʎa'ko] schurkig.
bellaquería *f.* [beʎakeri'a] Schurkenstreich *m.*
belleza *f.* [beʎe'θa] Schönheit *f.*
bello *adj.* [be'ʎo] schön; **es una -a persona** *fam.* er ist ee. hochanständige Person.
bellota *f.* [beʎo'ta] Eichel *f.*
bencina *f.* [benθi'na] Benzin *n.* (als Leichtölgattung).
bendecir [bendeθi'r] segnen, weihen.
beneficencia *f.* [benefiθe'nθ^ja] Wohltätigkeit *f.*
beneficiar [benefiθ^ja'r] *min.* (Erze) anreichern; *intr.* Nutzen ziehen.
beneficiario *m.* [benefiθ^ja'r^jo] Zahlungsempfänger *m.*; *fig.* Nutznießer.
beneficio *m.* [benefi'θ^jo] Gewinn *m.*, Nutzen; *min.* (Erze) Anreicherung *f.*; *theat.* Benefizvorstellung.
beneficioso *adj.* [benefiθ^jo'so] einträglich, vorteilhaft.
Benemérita *f.* [beneme'rita] *Span.* Gendarmerie *f.*; *siehe:* guardia civil.
benemérito *adj.* [beneme'rito] verdienstvoll.
beneplácito *m.* [benepla'θito] Einwilligung *f.*
benevolencia *f.* [beneβole'nθ^ja] Wohlwollen *n.*
benévolo *adj.* [bene'βolo] wohlwollend.
bengala *f.* [beɲga'la]: **luz** *(f)* **de -** bengalisches Licht *n.*
benigno *adj.* [beni'gno] gütig; (Klima) mild.
berberisco *adj.* [berβeri'sko] berberisch.
berbiquí *m.* [berβiki'] (Tischler) Brustleier *f.*
berenjena *f.* [bereɲxe'na] *bot.* Eierpflanze *f.*
bergantín *m.* [berganti'n] *naut.* Brigg *f.*
berilo *m.* [beri'lo] Beryll *m.*
berlinés *adj.* [berline's] berlinisch; - *m.* Berliner *m.*
bermejo *adj.* [berme'xo] (hoch-) rot.
Berna *f.* [be'rna] Bern *n.*
berrear [berrea'r] blöken.
berrido *m.* [berri'ðo] Blöken *n.*
berrinche *m.* [berri'nče] (Kinder) Jähzorn *m.*
berro *m.* [be'rrɔ] *bot.* Brunnenkresse *f.*
berroqueño *adj.* [berroke'ɲo]: **piedra** *(f)* **-a** Granit *m.*
berza *f.* [be'rθa] *bot.* Kohl *m.*
besar [besa'r] küssen; **-se s.** küssen.
beso *m.* [be'so] Kuß *m.*
bestia *f.* [be'st^ja] Tier *n.*, Vieh; *fig.* dummer Mensch *m.*; **- de tiro** Zugtier *n.*
bestial *adj.* [best^ja'l] viehisch; *fig. fam.* riesig.
bestialidad *f.* [best^jaliða'ð] Bestialität *f.*, viehisches Betragen *n.*

besugo *m.* [besu'go] *zool.* Brasse *f.; fam.* Dummkopf *m.*

besuquear [besubea'r] abküssen.

bético *adj.* [be'tiko] auf das alte Baetica (Andalusien) bezüglich, andalusisch.

betún *m.* [betu'n] Erdpech *n.*, Schuhkrem *f.*; **quedar a la altura del** - *fig. fam.* s. ordentlich blamieren.

biberón *m.* [biβerɔ'n] (Kinder) Milchflasche *f.*

Biblia *f.* [bi'βlʲa] Bibel *f.; fig. fam.* dickes Buch *n.*

bíblico *adj.* [bi'βliko] biblisch.

bibliófilo *m.* [biβlʲo'filo] Bücherfreund *m.*

bibliografía *f.* [biβlʲografi'a] Bücherkunde *f.*, Bibliographie, Literaturangabe.

bibliográfico *adj.* [biβliogra'fiko] bibliographisch.

biblioteca *f.* [biβlʲote'ka] Bibliothek *f.*, Bücherei.

bibliotecario *m.* [biβlʲoteka'rʲo] Bibliothekar *m.*, Bücherwart.

bicarbonato *m.* [bikarβona'to]: - **de sosa** doppelkohlensaures Natron *n.*

biceps *m.* [bi'θeps] Bizeps *m.*, Oberarmmuskel.

bicicleta *f.* [biθikle'ta] *fam.* bici; Fahrrad *n.*; **ir en** - radfahren.

bicharraco *m.* [bičarra'ko] häßliches Tier *n.*; *fig. fam.* Biest.

bicho *m.* [bi'čo] Tier *n.*, Vieh, Gewürm, Ungeziefer-; *fig. fam.* - **raro** komischer Kerl *m.*

bidé *m.* [bide'] (Frauen-) Sitzwanne *f.*

bidón *m.* [bido'n] Kanister *m.*, eisernes Faß *n.*

biela *f.* [bʲe'la] Treib-, Pleuelstange *f.*

bien *m.* [bʲe'n] Gut(e) *n.*, Wohl, Habe *f.*; - **es** *m. pl.* Besitz *m.* Güter *n. pl.*; *adv.* gut, recht, wohl, gern, ordentlich; **más** - vielmehr, eher.

bienal *adj.* [bʲena'l] zweijährig.

bienaventurado *adj.* [bʲenaβentura'ðo] selig.

bienestar *m.* [bʲenest'ar] Wohlbefinden *n.*

bienhecho *adj.* [bʲene'čo] wohlgestaltet.

bienhechor *m.* [bʲeneč̌ɔ'r] Wohltäter *m.*

bienintencionado *adj.* [bʲenintenθʲona'ðo] wohlmeinend.

bienio *m.* [bʲe'nʲo] Zeitraum *(m)* v. 2 Jahren.

bienquerer [bʲeɲkere'r] jem. geneigt sein.

bienvenida *f.* [bʲemβeni'ða]: **dar la** - willkommen heißen.

bifurcación *f.* [bifurkaθʲɔ'n] Gabelung *f.*

bifurcado adj. [bifurka'ðo] gegabelt.

bifurcarse [bifurka'rse] s. gabeln; *Eis.* abzweigen.

bigamia *f.* [biga'mʲa] Bigamie *f.*, Doppelehe.

bígamo *adj.* [bi'gamo] in Doppelehe lebend; - *m.* Bigamist *m.*

bigote *m.* [bigo'te] Schnurrbart *m.*

bigotera *f.* [bigote'ra] Bartbinde *f.*

bigotudo *adj.* [bigotu'ðo] schnurrbärtig.

bilateral *adj.* [bilatera'l] zweiseitig; *jur.* wechselseitig verpflichtend.

biliar *adj.* [bilʲa'r]: **cálculo** *(m)* - Gallenstein *m.*

bilingüe *adj.* [bili'ɲgʷe] zweisprachig.

bilioso *adj.* [bilʲo'so] *med.* gallsüchtig.

bilis *f.* [bi'lis] Galle *f.*

billar *m.* [biʎa'r] Billard *n.*

billete *m.* [biʎe'te] Eintritts-, Fahrkarte *f.*; Banknote; - **de lotería** Lotterielos *n.*; - **de ida (sola)** *Eis.* einfache Fahrkarte *f.*; - **de ida y vuelta** Rückfahrkarte.

billetera *f.* [biʎete'ra] Geldscheintasche *f.*; *SAm.* Brieftasche *f.*

bimensual *adj.* [bimensua'l] zweimonatlich.

bimotor *adj.* [bimotɔ'r] zweimotorig; - *m.* zweimotoriges Flugzeug *n.*

binario *adj.* [bina'rʲo] binär, zweiteilig.

biografía *f.* [bʲografi'a] Lebensbeschreibung *f.*
biográfico *adj.* [bʲogra'fico] biographisch.
biología *f.* [bʲoloxi'a] Biologie *f.*
biólogo *m.* [bʲo'logo] Biologe *m.*
biombo *m.* [bʲɔ'mbo] spanische Wand *f.*
bioquímica *f.* [bʲoki'mika] Biochemie *f.*
bípedo *adj.* [bi'peðo] zweifüßig.
biplano *m.* [bipla'no] *av.* Doppeldekker *m.*
birlar [birla'r] *fig. fam.* (jem. die Braut) wegschnappen.
birlibirloque *adv.* [birliβirlo'ke]: **por arte de** - *fam.* wie mit Hexerei.
bis *adj.* [bis] *mus.* da capo; (bei doppelt vorkommender Hausnummer) das a hinter Zahl.
bisabuela *f.* [bisaβʷue'la] Urgroßmutter *f.*
bisabuelo *m.* [bisaβʷue'lo] Urgroßvater *m.*
bisagra *f.* [bisa'gra] Scharnier *n.*, Türangel *f.*
bisar [bisa'r] *mus.* wiederholen.
bisección *f.* [bisekθʲɔ'n] *math.* Halbierung *f.*
bisel *m.* [bise'l] abgeschrägte Kante *f.*, Fase.
biselar [bisela'r] abfasen, Kanten abschrägen; (Glas) schleifen.
bisemanal *adj.* [bisemana'l] (Zeitschrift) 14 tägig erscheinend.
bisiesto *adj.* [bisʲe'sto]: **año** *(m.)* -Schaltjahr *n.*
bisílabo *adj.* [bisi'laβo] *gramm.* (Wort) zweisilbig.
bismuto *m.* [bizmu'to] *min.* Wismut *n.*
bisnieto *m.* [biznʲe'to] Urenkel *m.*
bisonte *m.* [bisɔ'nte] *zool.* Bison *m.*, Ur.
bisoñé *m.* [bisɔɲe'] (Scheitel-) Perükke *f.*
bisté *m.* [biste'] Beefsteak *n.*
bisturí *m.* [bisturi'] *med.* Seziermesser *n.*
bisutería *f.* [bisuteri'a] Bijouteriewaren *f. pl.*
bitácora *f.* [bita'kora] *naut.* Kompaßhäuschen *n.*
bituminoso *adj.* [bitumino'so] erdpechhaltig.
bivalente *adj.* [biβale'nte] *chem.* zweiwertig.
bizantino *adj.* [boθanti'no] byzantinisch; *fig.* unnütz unzeitgemäß.
bizcar [biθka'r] schielen.
bizco *adj.* [bi'θko] schielend.
bizcocho *n.* [biθko'čo] Zwieback *m.;* Biskuit *n.* (unglasiertes Porzellan).
blanco *adj.* [bla'ɲko] weiß; **dejar en** - (im Text etw.) offen lassen, nicht ausfüllen; - *m.* Weiß *n.*, Weißer *m.*, Ziel *n.;* (leerer) Zwischenraum *m.*, offene Stelle *f.* (im Text); **el** - **del ojo** das Weiße im Auge.
blancura *f.* [blaɲku'ra] Wiße *f.*, weißes Aussehen *n.*
blando *adj.* [bla'ndo] weich, nachgiebig; *fig.* feige.
blanducho *adj.* [blandu'čo] *fam* s. etwas weich anfühlend.
blandura *f.* [blandu'ra] Weichheit *f.;* *fig.* Weichlichkeit.
blanquear [blaɲkea'r] bleichen, weiß färben, weißen; *intr.* weiß aussehen; - **se** weiß w.
blanqueo *m.* [blaɲke'o] Bleiche *f.*, weißer Anstrich *m.*
blasfemar [blasfema'r] (Gott) lästern; *fig.* fluchen.
blasfemia *f.* [blasfe'mʲa] (Gottes-) Lästerung *f.;* Schimpfwort *n.*
blasfemo *adj.* [blasfe'mo] gotteslästerlich; - *m.* (Gottes-) Lästerer *m.*
blasón *m.* [blasɔ'n] Wappen (-Schild) *n.; fig.* Ruhm *m.*
blasonar [blasona'r] s. brüsten, prahlen m., gelten wollen für **(de** m., für).
bledo *m.* [ble'ðo]: **una cosa no vale un** - ee. Sache ist keinen Schuß Pulver bzw. keinen Pfifferling wert.

b

blindado *adj.* [blinda'ðo] gepanzert, gekapselt.

blindaje *m.* [blinda'xe] Panzerung *f.*, Kapselung.

blindar [blinda'r] panzern, kapseln.

bloque *m.* [blo'ke] Block *m.*

bloquear [blokea'r] blockieren, (ab-) sperren; (Konto, Guthaben) einfrieren lassen.

bloqueo *m.* [bloke'o] *naut mil.* Blokkade *f.*; (Konten, Guthaben) Sperre *f.*, Einfrieren *n.*

blusa *f.* [blu'sa] Kittel *m.*, Bluse *f.*

boa *f.* [bo'a] *zool.* Boa *f.*

bobada *f.* [boβa'ða] Dummheit *f*, Albernheit.

bobina *f.* [boβi'na] Spule *f.*, Rolle.

bobo *adj.* [bo'βo] dumm, albern; - *m.* Dummkopf *m.*, Narr.

boca *f.* [bo'ka] Mund *m.*, Maul *n.*, Schnauze *f.*, Öffnung, Mündung; (Schacht) Eingang *m.*; - **de riego** Hydrant *m.*; *mus.* Mundstück *n.*; - **abajo** auf dem Bauch (liegend); - **arriba** auf dem Rücken (liegend).

bocacalle *f.* [bokaka'ʎe] Straßeneingang *m.*, Seiten-, Querstraße *f.*

bocadillo *m.* [bokaði'ʎo] belegtes Brötchen *n.*

bocado *m.* [boka'ðo] Bissen *m.*, Biß, (Zaum) Gebiß *n.*

bocajarro [bokaxa'rro]: a -aus nächster Nähe (Schß abgeben).

bocamanga *f.* [bokama'ŋga] Ärmelaufschlag *m.*

bocanada *f.* [bokana'ða] Schluck *m.*; Rauchstoß.

bocarte *m.* [boka'rte] *techn.* Poch-, Stampfwerk *n.*

boceto *m.* [boθe'to] Entwurf *m.*, Skizze *f.*

bocina *f.* [boθi'na] Hupe *f.*, Schalltrichter *m.*; *techn.* trichterförmiges Gebilde *n.*

bocio *m.* [bo'θʲo] *med.* Kropf *m.*

bochorno *m.* [bočɔ'rno] Schwüle *f.*; *fig.* Schande.

boda *f.* [bo'ða] Heirat *f.*, Hochzeit; **noche** *(f)* **de** - Brautnacht *f.*; **regalo** *(m.)* **de** - Hochzeitsgeschenk *n.*; **traje** *(m.)* **de** - Brautkleid *n.*; - **s** *(f. pl.)* **de oro (plata)** goldene (silberne) Hochzeit *f.*

bodega *f.* [boðe'ga] (Lager-, Wein-) Keller *m.*; (Schiff) Laderaum; Kellerei *f.*

bodegón *m.* [boðegɔ'n] (Wein-) Schenke *f.*; (Malerei) Stillleben *n.*

bodeguero *m.* [boðege'ro] Kellermeister *m.*

bofetada *f.* [bofeta'ða] Ohrfeige *f.*

bofetón *m.* [bogetɔ'n] feste Ohrfeige *f.*

boga *f.* [bo'ga] rudern *n.*; **estar en** - gesucht w., Mode sein.

bogar [boga'r] rudern.

Bohemia *f.* [boe'mʲa] Böhmen *n.*; **cristal** *(m)* **de** - böhmisches Glas *n.*

boicot *m.* [bɔiko't] Boykott *m.*

boicotear [bɔikotea'r] boykottieren.

boina *f.* [bɔ'ina] Baskenmütze *f.*

boj *m.* [box] *bot.* Buchsbaum *m.*, holz *n.*

bola *f.* [bo'la] Kugel *f.*; *fam.* Aufschneiderei *f.*

boleada *f.* [bolea'ða] *SAm.* Jagd *(f.)* m. Fangleine.

bolear [bolea'r] *SAm* m. der Fangleine fangen.

boleo *m.* [bole'o] Kegelbahn *f.*

bolero *m.* [bole'ro] *Span* Tanz; kurzes Frauenjäckchen *n.*; *fam.* Aufschneider *m.*; (Cuba, Mexiko) Schuhputzer *m.*

boleta *f.* [bole'ta] *SAm.* Wahlzettel *m.*

boletín *m.* [boleti'n] Zettel *m.*, Schein; (amtl.) Bericht, Amtsblatt *n.*

boleto *m.* [bole'to] *SAm.* Fahr-, Eintrittskarte *f.*

boliche *m.* [boli'če] Kegel-, Kugelspiel *f.*; *SAm.* Kneipe *f.*, Trödelladen *m.*

bólido *m.* [bo'lido] Meteorstein *m.*

bolígrafo *m.* [boli'grafo] Kugelschreiber *m.*

bolillo *m.* [boli'ʎo] Spitzenklöppel *m.*

bolívar *m.* [boli'βar] (Venezuela) Silbermünze *f.*

b

bolo *m.* [bo'lo] Kegel *m.; fig.* Dummkopf; **-s** *m. pl.* Kegelspiel *n.*
bolsa *f.* [bɔ'lsa] Börse *f.*, Beutel *m.*, (Papier-) Tüte *f.*; (Damen-) Tasche; *mil.* Sack *m.* (er. Front); **jugar a la -** an der Börse spekulieren.
bolsillo *m.* [bolsi'ʎo] (Kleidungsstück Tasche *f.*, Geldbeutel *m.*, Handtäschchen *n.*
bolso *m.* [bɔ'lso] Beutel *m.*, (Hand-) Tasche *f.*
bollo *m.* [bo'ʎo] Milchbrötchen *n.*, Kuchen *m.*
bomba *f.* [bɔ'mba] Pumpe *f.*, Bombe; **- de aire** Luftpumpe; **- de incendios** Feuerspritze, **- de mano** Handpumpe, Handgranate.
bombardear [bɔmbardea'r] bombardieren.
bombardeo *m.* [bɔmbarde'o] Bombardement *n.*, Bombenabwurf *m.*
bombeado *adj.* [bɔmbea'ðo] gewölbt, *techn.* ballig.
bombear [bɔmbea'r] m. Bomben belegen.
bombero *m.* [bɔmbe'ro] Feuerwehrmann *m.*
bombilla *f.* [bɔmbi'ʎa] Glühlampe *f.*; *SAm.* (Mate) Saugröhrchen *n.*
bombo *m.* [bɔ'mbo] große Trommel *f.*; (Lotterie) Losurne *f.*; *fig.* Übertreibung *f.*
bombón *m.* [bɔmbɔ'n] Bonbon *n.*; **-ones finos** Pralinen *f. pl.*
bombona *f.* [bɔmbo'na] große Ballonflasche *f.*
bombonera *f.* [bɔmbone'ra] Bonbonschachtel *f.*
bonachón *adj.* [bonačɔ'n] gutmütig; - *m.* guter Kerl *m.*
bonaerense *adj.* [bonaere'nse] aus Buenos Aires.
bonancible *adj.* [bonanθi'βle] (Wetter) heiter.
bonanza *f.* [bona'nθa] *naut.* günstige Witterung *(f.)* auf See.
bondad *f.* [bonda'ð] Güte *f.*, Liebenswürdigkeit.
bondadoso *adj.* [bɔndaðo'so] gütig.
bonificar [bonifika'r] vergüten.
bonito *adj.* [boni'to] hübsch; *- m. zool.* Bonit *m.* (kleine Thunfischart).
bono *m.* [bo'no] Bon *m.*, Gutschein; **- s. del Tesoro** *m. pl.* Staatsschuldscheine *m. pl.*
boqueada *f.* [bokea'ða]: **dar las - s.** *fig.* in den letzten Zügen liegen.
boquerón *m.* [bokerɔ'n] *zool.* Anschove *f.*
boquete *m.* [boke'te] Mauerdurchbruch *m.*
boquilla *f.* [boki'ʎa] Mundstück *n.*; Zigarren-, Zigarettenspitze *f.*; *techn.* Düse.
bordado *m.* [bɔrda'ðo] Stickerei *f.*, Sticken *n.*
bordadora *f.* [bɔrdaðo'ra] Stickerin *f.*
bordar [bɔrda'r] Stickerin *f.*
bordar [bɔrda'r] sticken.
borde *m.* [bɔ'rde] Rand *m.*, -kante *f.*, Saum *m.*, Ufer *n.*
bordear [bɔrdea'r] *naut.* lavieren, am Ufer entlang gehen.
bordo *m.* [bɔ'rdo] *naut.* Bord *m.*; **a -** an Bord; **ir a** - s. einschiffen.
boreal *adj.* [borea'l]: **aurora** *(f)* - Nordlicht *n.*
boricado *adj.* [borika'ðo] : **agua -a** *med.* Borwasser *n.*
bórico *adj.* [bo'riko]: **ácido** *(m.) - med.* Borsäure *f.*
borinqueño *adj.* [boriɲke'ɲo] aus Puerto Rico.
borla *f.* [bɔ'rla] Quaste *f.*, Troddel; **tomar la** *- fig.* zum Doktor promoviert w.
boro *m.* [bo'ro] *chem.* Bor *n.*
borra *f.* [bɔ'rra] Füllhaar *n.*, Flockwolle *f.*
borrachera *f.* [bɔrrače'ra] Rausch *f.*
borracho *adj.* [bɔrra'čo] betrunken; - *m.* Betrunkener *m.*; m. Wein zubereitetes Backwerk *n.*
borrador *m.* [bɔrraðɔ'r] Konzept *n.*; (schriftlicher Entwurf *m.*, Kladde *f.*
borraja *f.* [bɔrra'xa] *bot.* Borretsch *m.*

b

borrar [bɔrra'r] durchstreichen, wegwischen, auslöschen, -radieren; **goma** *(f.)* **de borrar** Radiergummi *m.*; **-se** (ver-) schwinden.
borrasca *f.* [bɔrra'ska] Sturm *m.* Bö *f.*
borrascoso *adj.* [bɔrrasko'so] stürmisch.
borrego *m.* [bɔrre'go] Lamm *n.*; *fig.* Schafskopf *m.*
borreguillos *m. pl.* [bɔrregi'ʎos] Schäfchenwolken *f. pl.*
borrica *f.* [bɔrri'ka] Eselin *f.*
borrico *m.* [bɔrri'ko] Esel *m.*, *fig.* Dummkopf.
borrón *m.* [bɔrrɔ'n] Klecks *m.*; (Malerei) Entwurf *m.*; **- y cuenta nueva** *fig. fam.* der Fall ist erledigt.
borroso *adj.* [bɔrrɔ'so] unklar, verschwommen, undeutlich.
bosque *m.* [bɔ'ske] Wald *m.*, Gehölz *n.*
bosquejo *m.* [bɔske'xo] Entwurf *m.*, Skizze *f.*
bostezar [bɔsteθa'r] gähnen.
bostezo *m.* [bɔste'θo] Gähnen *n.*
boston *m.* [bɔ'stɔn]: **vals** *(m.)* - Bostonwalzer *m.*
bota *f.* [bo'ta] Schuh, Stiefel *m.*; (Wein-) Schlauch.
botador *m.* [botaðɔ'r] Nagelzieher *m.*; *techn.* Durchschlager.
botadura *f.* [botaðu'ra] *naut.* Stapellauf *m.*
botafumeiro *m.* [botafume'iro] (Kathedrale Santiago) Weihrauchkessel *m.*
botalón *m.* [botalɔ'n]: **- de carga** *naut.* Ladebaum *m.*
botánica *f.* [bota'nika] Botanik *f.* Pflanzenkunde.
botánico *adj.* [bota'niko]: **jardín** *(m.)* - botanischer Garten *m.*; - *m.* Botaniker *m.*
botar [bota'r] *naut.* vom Stapel lassen; *intr.* zurückprallen, (auf-) springen.
bote *m.* [bo'te] (Blech-) Büchse *f.*, Boot *n.*, Sprung *m.*
botella *f.* [bote'ʎa] Flasche *f.*
botero *m.* [bote'ro] *naut.* Bootführer *m.*
botica *f.* [boti'ka] Apotheke *f.*
boticario *m.* [botika'rʼo] Apotheker *m.*
botija *f.* [boti'xa] Krug *(m)* m. kurzem Hals.
botijero *m.* [botixe'ro] Krughändler *m.*
botijo *m.* [boti'xo] Wasserkrug *(m.)* m. Henkel u. Tülle; **tren** *(m.)* - Span. fam. Bummelzug *m.*
botín *m.* [boti'n] Gamasche *f.*; *mil.* (Kriegs-) Beute *f.*
botiquín *m.* [botiki'n] Haus-, Reiseapotheke *f.*; Verbandskasten *m.*
botón *m.* [botɔ'n] Knopf *m.*, (Blüten-) Knospe *f.*; *techn.* Zapfen *m.*
botones *m.* [boto'nes] Laufbursche *m.* Boy.
bóveda *f.* [bo'βeða] Gewölbe *n.*, Wölbung *f.*
bovino *adj.* [boβi'no] Rinder...
boxeador *m.* [bɔkseaðɔ'r] Boxer *m.*
boxear [bɔksea'r] boxen.
boxeo *m.* [bɔkse'o] Box-, Faustkampf *m.*
boya *f.* [bo'ja] *naut.* Boje *f.*
boyero *m.* [boje'ro] Ochsenhirt *m.*
bozal *m.* [boθa'l] Maulkorb *m.*
bracero *m.* [braθe'ro] Feldarbeiter *m.*, Tagelöhner.
braga *f.* [bra'ga] (Damen-) Schüpfer *m.*
braguero *m.* [brage'ro] Bruchband *n.*
bragueta *f.* [brage'ta] Hosenschlitz *m.*
bramante *m.* [brama'nte] Bindfaden *m.*
bramar [brama'r] brüllen: (Wind) heulen; (Hirsch) schreien.
bramido *m.* [brami'ðo] Gebrüll *n.*; (Hirsch) Schreien.
branquias *f. pl.* [bra'ɲkʲas] (Fisch-) Kiemen *f. pl.*
brasa *f.* [bra'sa] Kohlenglut *f.*, glühende Kohlen *f. pl.*
brasero *m.* [brase'ro] Kohlenbecken *n.*
bravear [braβea'r] prahlen.
bravío *adj.* [braβi'o] (Tier) wild; - *m.* Wildheit *f.*
bravo *adj.* [bra'βo] mutig; (Tier) wild; (Küste) steil; ¡-! bravo!; - *m.* Raufbold *m.*
bravuconada *f.* [braβukɔna'ða] Großtuerei *f.*

b

bravura *f.* [braβu'ra] Mut *m.*, Tapferkeit *f.;* (Tiere) Wildheit.
braza *f.* [bra'θa] *naut.* Klafter *f.*
brazada *f.* [braθa'ða] Armbewegung *f.*, ein Armvoll *m.*
brazado *m.* [braθa'ðo] ein Armvoll *m.*
brazal *m.* [braθ'l] Armbinde *f.*
brazalete *m.* [braθale'te] Armband *n.*
brazo *m.* [bra'θo] Arm *m.*, Waagebalken, Arbeiter, Armlehne *f.;* **no dar su - a torcer** *fig.* nicht nachgeben; **ir del** - Arm in Arm gehen.
brea *f.* [bre'a] Teer *m.*
brear [brea'r] teeren.
brebaje *m.* [breβa'xe] Arzneigetränk *n. fam.* Gesöff.
brecha *f.* [bre'ča] *mil.* Bresche *f.*
breña *f.* [bre'ɲa] Gestrüpp *n.*
breva *f.* [bre'βa] (Früh-) Feige *f.;* Sorte Havannazigarren; **caerle a uno una** - *fig. fam.* zu er fetten Pfründe kommen, ee. feine Sache bekommen; **de higos a - s. nur hie u. da. nur alle Jubeljahre.**
breve *adj.* [bre'βe] kurz; **en** - bald. demnächst; **ser - s. kurz fassen.**
brevedad *f.* [breβeða'ð] Kürze *f.;* **a la mayor** - sobald wie möglich.
bribón *adj.* [briβɔ'n] spitzbübisch; - *m.* Spitzbube *m.*, Frechdachs, Schurke.
bribona *f.* [briβɔ'ða] Spitzbübin *f.*, Schurkin.
bribonada *f.* [briβɔna'da] Spitzbubenstreich *m.*, Gaunerei *f.*, Schurkenstreich *m.*
brida *f.* [bri'ða] Zaum *m.*, Zügel; *techn.* Flansch *m.*, Lasche *f.*
brigada *f.* [briga'ða] *mil.* Brigade *f.;* **- de obreros** Arbeiterkolonne *f.*
brillante *adj.* [briʎa'nte] glänzend.
brillantina *f.* [briʎanti'na] Haarpomade *f.*
brillar [briʎa'r] glänzen; *fig.* s. auszeichnen.
brillo *m.* [bri'ʎo] Glanz *m.*, Schein.
brincar [briɲka'r] springen, hüpfen.
brinco *m.* [bri'ɲko] Sprung *m.*, *fam.* Hopser; **dar - s. Sprünge machen.**
brindar [brinda'r] zutrinken, en. Toast ausbringen; *Taur.* den Stier zu Ehren er. Person töten; - **por la salud de alg.** auf jem. Gesundheit anstoßen; **-se** (Gelegenheit s. bieten.
brindis *m.* [bri'ndis] Trinkspruch *m.* (ausbringen **echar**).
brío *m.* [bri'o] Mut *m.*, Schneid.
brisa *f.* [bri'sa] naut. Brise *f.*
broca *f.* [bro'ka] Bohrer *m.*
brocal *m.* [broka'l] Brunnenrand *m.*
brocha *f.* [brɔ'ča] (Maler-) Pinsel *m.*, Rasierpinsel; **pintor** *(m.)* **de - gorda** Anstreicher *m.*
brochazo *m.* [broča'θo] Pinselstrich *m.*
broche *m.* [bro'če] Haarspange *f.*
broma *f.* [bro'ma] Spaß *m.*, Witz; **en** - im Scherz; **gastar - s. de mal gusto** üble Scherze machen; - **pesada** böser Streich *m.*
bromista *m.* [bromi'sta] Spaßvogel *m.*
bromo *m.* [bro'mo] *chem.* Brom *n.*
bromuro [bromu'ro]: **papel** *(m.)* **- (de plata)** *phot.* Bromsilberpapier *n.*
bronca *f.* [brɔ'ɲka] Zank *m.*, Schlägerei *f.*, Anpfiff *m.*, *Taur.* heftiger Protest **der** Zuschauer; **armar una** - (Publikum protestieren.
bronce *m.* [brɔ'nθe] Bronze *f.;* **edad** *(f.)* **de** - Bronzezeit *f.*
bronceado *adj.* [bronθea'ðo] bronzefarben.
broncear [bronθea'r] bronziere.
bronco *adj.* [bro'ɲko] (Wesen) barsch.
bronquitis *f.* [brɔɲki'tis] *med.* Bronchialkatarrh *m.*
brotar [brota'r] keimen, treiben; *fig.* hervorkommen.
brote *m.* [bro'te] *bot.* Knospe *f.*, Sproß *m.; fig.* - **s.** *m. pl.* Anfänge *m. pl.*
bruces [bru'θes]: **a** - bäuchlings; **caer de** - aufs Gesicht fallen.
bruja *f.* [bru'xa] Hexe *f.*
brujería *f.* [bruxeri'a] Hexerei *f.*
brujo *m.* [bru'xo] Hexenmeister *m.*
brújula *f.* [bru'xula] Kompaß *m.;* (Radio) Richtungsfinder.

bruma *f.* [bru'ma] *naut.* Nebel *m.*, Dunst.
bruñido *m.* [bruɲi'ðo] Glätten *n.*, Politur *f.*; *adj.* hochglanz poliert.
brusco *adj.* [bru'sko] plötzlich, barsch.
brusquedad *f.* [bruskeða'ð] barsches Wesen *n.*
brutal [bruta'l] brutal, roh, grob.
brutalidad *f.* [brutaliða'ð] Roheit *f.*, Brutalität.
bruto *adj.* [bru'to] tierisch; *fig.* dumm, unwissend; *techn.* roh, im rohen Zustand.
bruza *f.* [bru'θa] Pferdebürste *f.*
bucal *adj.* [buka'l]: **cavidad** *(f.)* - Mundhöhle *f.*
bucear [buθea'r] tauchen.
bucle *m.* [bu'kle] Haarlocke *f.*
buche *m.* [bu'če] (Vögel) Kropf *m.*
budismo *m.* [buði'zmo] Buddhismus *m.*
buen *adj.* [b^{w}e'n] (Kurzform v. **bueno** vor Hauptwort od. Inf. Präs.) gut; (Bursche) stattlich; (Wetter) schön.
buenaventura *f.* [b^{w}enaβentu'ra] Glück *n.*; **decir la** - (aus der Hand) wahrsagen.
bueno *adj.* [b^{w}e'no] gut, gesund; **por las buenas** *fig.* im guten; **de buenas a primeras** auf den ersten Blick ganz unverhofft; ¡-! na gut!
buey *m.* [b^{w}e'i] Ochs *m.*
búfalo *m.* [bu'falo] Büffel *m.*
bufanda *f.* [bufa'nda] Halstuch *n.*, Kragenschoner *m.*
bufar [bufa'r] schnauben.
bufete *m.* [bufe'te] Rechtsanwaltsbüro *n.*, -praxis *f.*
bufido *m.* [bufi'ðo] Schnauben *n.*
bufón *m.* [bufo'n] Hofnarr *m.*, Hanswurst.
bufonada *f.* [bufona'ða] Posse *f.*
buhardilla *f.* [buardi'ʎa] Dachstube *f.*
buhardo *m.* [bua'rdo] *zool.* Bussard *m.*
búho *m.* [bu'o] Uhu *m.*
buhonero *m.* [buone'ro] Hausierer *m.*
buitre *m.* [b^{w}i'tre] (Lämmer-) Geier *m.*
bujía *f.* [buxi'a] (Wachs-) Kerze *f.*; *aut.* Zündkerze.
bula *f.* [bu'la] päpstliche Bulle *f.*
bulevar *m.* [buleβa'r] Boulevard *m.*, breite Straße m. Baumreihen.
búlgaro *adj.* [bu'lgaro] bulgarisch; - *m.* Bulgare *m.*, bulgarische Sprache *f.*
bulto *m.* [bu'lto] Umfang *m.*, Gestalt *f.*, Umriß *m.*; Gepäckstück *n.*; *fig.* Bedeutung *f.*
bulla *f.* [bu'ʎa] Lärm *m.*, Krach.
bullanguero *adj.* [buʎaɲge'ro] streitsüchtig.
bullicio *m.* [buʎi'θ^{j}o] Lärm *m.*, Unruhe *f.*
bullir [buʎi'r] *intr.* sieden, kochen.
buñuelo *m.* [buɲ^{w}e'lo] Spritzkuchen *m.*
buque *m.* [bu'ke] Schiff *n.*; - **insignia** Flaggschiff; - **de vela** Segler *m.*
burbuja *f.* [burbu'xa] Wasserblase *f.*
burbujear [burbuxea'r] Blasen werfen.
burdel *m.* [burde'l] Bordell *n.*, Freudenhaus.
burgués *adj.* [burge's] bürgerlich; - *m.* Bürger *m.*
burguesía *f.* [burgesi'a] Bürgertum *n.*, Mittelstand *m.*
buril *m.* [buri'l] Gravierstichel *m.*; Meißel.
burla *f.* [bu'rla] Spott *m.*, Possen, Neckerei *f.*; **no entender de -s.** *fig.* keinen Spaß verstehen.
burladero *m.* [burlaðe'ro] *Taur.* Schutzwand *f.* (in der Arena).
burlador *m.* [burlaðɔ'r] Spötter *m.*; Frauenverführer.
burlar [burla'r] verspotten, foppen.
burlesco *adj. fam.* drollig.
burlón *adj.* [burlɔ'n] spöttisch.
burocracia *f.* [burokra'θ^{j}a] Bürokratie *f.*
burocrático *adj.* [burokra'tiko] bürokratisch.
burócrata *m.* [buro'krata] Bürokrat *m.*, Formenmensch.
burra *f.* [bu'rra] Eselin *f.*
burrada *f.* [burra'ða] Eselherde *f.*; *fig.* Eselei *f.*

burro *m.* [bu'rro] Esel *m.; fig.* Dummkopf.

bursátil *adj.* [bursa'til]: **negocios** *(m. pl.)* **-es** Börsengeschäfte *n. pl.*

busca *f.* [bu'ska] Suche *f.*; **en - de** auf der Suche nach.

buscador *m.* [buskaðɔ'r] Sucher *m.*

buscapiés *m.* [buskap^je's] (Feuerwerk) Schwärmer *m.*

buscar [buska'r] (auf-) (nach-) suchen, holen; **- descanso** *fig.* ausspannen.

búsqueda *f.* [bu'skeða] Suchen *n.*

busto *m.* [bu'sto] Büste *f.*, Brustbild *n.*

butaca *f.* [buta'ka] Lehnstuhl *m.; theat.* Parkettplatz *m.*

butifarra *f.* [butifa'rra] (Art) Preßwurst *f.*

buzo *m.* [bu'θo] Taucher *m.*

buzón *m.* [buθɔ'n] Briefkasten *m.*

c, C *f.* [θe] c, C *n.*
¡ca! (ka) bewahre!, **kein** Gedanke!, keine Rede!
cabal *adj.* [kaba'l] richtig, völlig, ganz, vollkommen; **no estar en sus -es** *fig.* nicht ganz bei Troste sein.
cábala [ka'βala]: **hacer -s (acerca)** *fig.* Vermutungen anstellen (über).
cabalgar [kaβalga'r] reiten; (Tiere) decken.
cabalgata *f.* [kaβalga'ta] Kavalkade *f.*, (feierl.) Reiterzug *m.*
cabalmente *adv.* eben, gerade, vollkommen.
caballar *adj.* [kaβaʎa'r]: **ganado** *(m.)* **-** Pferde *n. pl.*
caballeresco *adj.* [kaβaʎere'sko] ritterlich.
caballería *f.* [kaβaʎeri'a] Reittier *n.*, Reiterei *f*, Rittertum *n.*
caballeriza *f.* [kaβaʎeri'θa] Pferdestall *m.*, **-s** *f. pl.* Marstall *m.*
caballero *m.* [kaβaʎe'ro] Reiter *m.*, Ritter, Kavalier, Ordensritter, (gebildeter) Herr; (Anrede:) mein Herr (ohne nachgesetzten Familiennamen!);
caballerosidad *f.* [kaβaʎerosiða'ð] Ritterlichkeit *f.*
caballeroso *adj.* [kaβʎero'so] ritterlich, höflich.
caballete *m.* [kaβaʎe'te] Bock *m.*, -gerüst *n.*
caballitos *m. pl.* [kaβaʎi'tos] Karussell *n.*
caballo *m.* [kaβa'ʎo] Pferd *n.*; (Schach) Springer *m.*; (Karte) Königin *f.*
cabaña *f* [kaβa'ɲa] Hütte.
cabaret *m.* [kaβare't] Kabarett *n.*
cabás *m.* [kaβa's] Einkaufskorb *m.* (kleine) (Hand-) Schultasche *f.*
cabecear [kaβeθea'r] *m.* dem Kopf nicken; *naut.* (Schiff) stampfen.
cabecera *f.* [kaβeθe'ra] (Tisch, Bett) Kopfende *n.*, Hauptstadt *f.*; **médico** *(m.)* **de -** Hausarzt *m.*
cabecero *m.* [kaβeθe'ro] *arch.* Kopfbalken *m.*
cabecilla *m.* [kaβeθi'ʎa] (Banden-) Anführer *m.* Räuberhauptmann.
cabellera *f.* [kaβeʎe'ra] Haupthaar *n.*; (Löwe) Mähne *f.*
cabello *m.* [kaβe'ʎo] Haar *n.*; **- de ángel** Konfitüre *f.* (v. Fasermelone); **se le pone a uno los -s de punta** *fig.* jem. stehen die Haare zu Berge.
caber [kaβe'r] hineinpassen, -gehen, Platz haben, enthalten sein; möglich sein; **no - la menor duda a alg.** nicht den geringsten Zweifel hegen; **no - en la cabeza** vollkommen unfaßlich sein; **no cabe duda** zweifellos.
cabeza *f.* [kaβe'θa] Kopf *m.* Haup *n.*; *fig.* Verstand *m.*; **-** *(m.)* **de familia** Familienoberhaupt *n;* **- de partido** Kreisstadt *f.*; **doler la -** Kopfschmerzen haben: **andar de -** *fig.* nicht ein u. aus wissen.
cabezada *f.* [kaβeθ'ða] Kopfnicken *n.*; **dar -s** (Schiff) stampfen.
cabezón *adj.* [kaβeθo'n] *fig.* dickköpfig.
cabezota *f. m.* [kaβeθo'ta] *fig.* Dickkopf *m.*
cabida *f.* [kaβi'ða] Fassung vermögen

n. Inhalt *m.; naut.* Ladefähigkeit *f.*
cabila *f.* [kaβi'la] Kabylenstamm *m.*
cabildo *m.* kaβi'ldo] Domkapitel *n.* Stadt-, Gemeinderat *m.*
cabina *f.* [kaβi'na] Kabine *f.*
cabizbajo *adj.* [kaβiθba'xo] *fig.* kopfhängerisch, niedergeschlagen.
cable *m.* [ka'βle] Kabel *n.* Seil.
cablegrama *m.* [kaβlegra'ma] Kabeldepesche *f.*
cabo *m.* [ka'βo] Ende *n.*, Stumpf *m. naut.* Seil *n*, Tau; *mil.* Gefreiter *m;* Kap *n.*, Vorgebirge; **al fin y al** - letzten Endes; **llevar a** - (Absicht, Plan) aus-, durchführen.
cabra *f.* [ka'βra] Ziege *f.;* - **montés** Steinbock *m.*
cabrero *m.* [kaβre'ro] Ziegenhirt *m.*
cabría *f.* [ka'βr'a] Hebezeug *n.*
cabrío *m.* [kaβr''o] Dachlatte *f; adj.* **macho** *(m.)* - Ziegenbock *m.*
cabriola *f.* [kaβrla] Luftsprung *m.*
cabritilla *f.* [kaβriti'ʎa] feines (Schaf-, Ziegen-) Leder *n.*
cabrito *m.* [kaβri'to) Ziecklein *n.*
cabrón *m.* [kaβro'n] *vulg.* Hahnrei *m.;* (beleidigendes Schimpfwort).
caca *f.* [ka'ka] *vulg.* (Menschen-) Kot *m; vulg.* Kacke *f.*
cacahuete *m.* [kaka^{w}e'te] Erdnuβ *f.*
cacao *m.* [kaka'o] Kakao *m.*
cacarear [kakarea'r] *intr.* gackern; *tr.* ausposaunen.
cacatúa *f.* [kakatu'a] Kakadu *m.*
cacería *f.* [kaθeri'a] Jagd *f.*
cacerola *f.* [kaθero'la] (Küchen-) Pfanne *f.* Tiegel *m.*
cacique *m.* [kaθi'ke] Kazike *m.* einfluβreiche Person *(f.)* am Ort. Ortstyrann, *vulg.* Bonze.
caciquismo *m.* [kaθiki'zmo] *pol.* Bonzentum *n.*
cacofonía *f.* [kakofoni'a] *gramm.* Miβklang *m.*
cactus *m.* [ka'ktus] *bot.* Kaktus *m.*
cacha *f.* [ka'ča] Schale *(f.)* v. Messern, Griffen, Pistolen.
cachalote *m.* [kačalo'te] *zool.* Pottwal *m.*
cacharrería *f.* [kačarreri'a] Töpferladen *m.*
cacharro *m.* [kača'rro] (Ton-) Topf *m.;* **-s** m. pl. fam. Küchengeschirr *n.*
cachaza *f.* [kača'θa] Trägheit *f.* Gleichgültigkeit.
cachear [kačea'r] (Personen nach Waffen) untersuchen.
cacheo *m.* [cače'o] Durchsuchung *f.* (Taschen nach Waffen).
cachete *m.* [cače'te] Backpfeife *f.*
cachimba *f.* [kaču'nba] Tabakspeife *f.*
cachiporra *f.* [kačipo'rra] Knüttel *m.*
cachivaches *m. pl.* [kačiβa'čes] Krimskrams *m.* Kram; *vulg.* Klamotten *f. pl.*
cacho *m.* [ka'čo] kleines Stück *n.* Brocken *m.* Schnitte *f.* Scheibe.
cachondo *adj.* [kaǯon'do] (Tier) läufig; geil.
cachorra *f.* [kačo'rra] (Hund, Löwe usw.) weibl. Junges *n.*
cachorro *m.* [kačo'rro] (Hund, Löwe usw.) männl. Junges *n.*
cachupín *m.* [kačupi'n] (Spottname) (in USA ansässiger) Spanier *m.*
cada *adj.* [ka'ða] jed-er, -e, -es; - **uno,** - **cual** e. jeder, - **día** täglich.
cadalso *m.* [kaða'lso] Blutgerüst *n.*
cadáver *m.* [kaða'βer] Leiche *f.* Leichnam *m.*
cadavérico *adj.* [kaðaβe'riko] leichenblaß.
cadena *f.* [kaðe'na] Kette *f.;* - **antideslizante** *aut.* Gleitschutzkette; - **perpetua** lebenslängliche Festungshaft.
cadencia *f.* [kaðe'nθ^{j}a] (Rede) Rhythmus *m.*
cadera *f.* [kaðe'ra] Hüfte *f.*
cadete *m.* [kaðe'te] Kadett *m.*; *SAm.* Lehrling.
caducar [kaðuka'r] verfallen, verjähren.
caduco *adj.* [kaðu'ko] (Bauten) bau-, hinfällig; *jur.* verjährt.
caer [kae'r] (ein-), (hin-), (um-), (ab-), (aus-) fallen; (ein-) stürze; - **en-**

fermo krank w.; - **en la trampa** in die Falle gehen; **ya caigo** jetzt habe ich's, ich bin jetzt im Bilde; **no caigo** *fam.* ich kapiere es nicht; **eso se cae de su peso** darüber braucht man doch kein Wort zu verlieren; **-se de sueño** vor Schlaf nicht aus den Augen schauen können.

café *m.* [kafe'] Kaffee *m.* Cafe *n;* - **helado** Eiskaffee *m.;* - **solo** schwarzer Kaffee.

cafetera *f.* [kafete'ra] Kaffeekanne *f.*

cafre *m.* [ka'fre] Kaffer *m.; fig.* gemeiner Mensch *m.*

cagada *f.* [kaga'ða] *vulg.* Schiß *m.*

cagadero *m.* [kagaðe'ro] *vulg.* Scheißhaus *n.*

cagalera *f.* [kagale'ra] *vulg.* Durchfall *m.*

cagar [kaga'r] *vulg.* kacken; - **se** *vulg.* scheißen;

cagón *m.* [kago'n] *vulg.* Scheißkerl *m.*

caída *f.* [kai'ða] Fall *m.* Sturz, Abfall; **andar de capa** - *fig.* niedergeschlagen sein.

caimán *m.* [kaima'n] Alligator *m.*

caja *f.* [ka'xa] Schachtel *f.* Kiste, Kasten *m.* Gehäuse *n.* Dose *f.* Kasse, - **de caudales.** - **fuerte** Geldschrank *m.* - **de compases** Reißzeug *n.* - **de escalera** Treppenhaus *n.*, - **de ahorros** Sparkasse *f.* - **de colores** Malkasten *m.*

cajera *f.* -kaxeéra- Kassiererin *f.*

cajero *m.* [kaxe'ro] Kassierer *m.*

cajetilla *f.* [kaxeti'ʎa] Päckchen *(n.) bzw.* Schachtel (f.) (Zigaretten, Streichhölzer).

cajita *f.* [kaxi'ta] Kistchen *n.* Kästchen, Döschen.

cajón *m.* [kaxo'n] (große) Kiste *f.* (Schub-) Fach *n.*

cal *f.* [kal] Kalk *m.;* - **apagada (viva)** gelöschter (ungelöschter) Kalk.

cala *f.* [ka'la] kleine Bucht *f.;* Anschnitt *m.* (er. Frucht).

calabacín *m.* [kalaβaθi'n] kleiner grüner Kürbis *m.*

calabaza *f.* [kalaβa'θz] Kürbis *m.* planze *f.; fig.* Dummkopf *m.*; **dar (llevarse)** -**s** *fig.* en Korb geben, (bekommen); (bei Prüfung) durchfallen lassen.

calabozo *m.* [kalaβo'θo] Kerker *m.* Zelle *f.* (in Polizeiwache).

calado *m.* [kala'ðo] *naut.* Tiefgang *m*; (Handarbeiten) durchbrochene Arbeit *f.; adj.* (vom Regen) durchnäßt.

calamar *m.* [kalama'r] *zool.* Tintenfisch *m.*

calambre *m.* [kala'mbre] (Muskel-, Waden-) Krampf *m.*

calamidad *f.* [kalamiða'ð] Mißgeschick *n.* Katastrophe *f.* Landplage; *fig.* unbrauchbarer Mensch *m.;* **estar hecho una** - vollkommen unfähig (zu nichts zu gebrauchen) sein.

calamitoso *adj.* [kalamito'so] unheilvoll.

calandria *f.* [kala'ndrʲa] Kalander *m.*, Mangel *f.*

calaña *f.* [kala'ɲa] Beschaffenheit *f.* Art, Sorte.

calar [kala'r] *naut.* (Schiffe) en. Tiefgang haben; (Werkstoffbearbeitung) aussägen, ausschneiden; (Frucht) anschneiden; (Regen) durchnässen; (beim Pressen), aufpressen, -schrumpfen: (Bajonett) fällen; **-se** naß w. (Hut) tief ins Gesicht setzen; - *m.* Kalksteinbruch *m.*

calavera *f.* [kalaβe'ra] Totenkopf *m*; Nachtbummler, Lebemann.

calcar [kalka'r] (durch-) pausen; **papel** *(m.)* **de** - Pauspapier *n.*

calcáreo *adj.* [kalka'reo] kalkig.

calcetín *m.* [kalθeti'n] Socke *f.*

calcinar [kalθina'r] (zu Kalk) brennen; (Gase durch Hitze) austreiben.

calcio *m.* [kalθʲo] *chem.* Kalzium *n.*

calco *m.* [ka'lko] Pause *f.* Pauszeichnung.

calculadora *adj.* [kalkulaðɔ'ra]: **máquina** *(f.)* - Rechenmaschine *f.*

calcular [kalkula'r] (aus-), (be-) rechnen, bedenken.
cálculo *m.* [ka'lkulo] (Aus-) (Be-) Rechnung *f.; med.* Gallenstein *m.;* **error** *(m.)* **de** - Rechenfehler *m.*
caldear [kaldea'r] stark erhitzen.
caldeo *m.* [kalde'o] (starke) Erhitzung *f.*
caldera *f.* [kalde'ra] (gaschlossener-) Kessel *m.* Dampfkessel.
calderería *f.* [kaldereri'a] Kesselschmiede *f.*
calderom *m.* [kaldere'ro] Kesselschmied *m.*
calderilla *f.* [kalderi'ʎa] Kupfer-, Kleingeld *n.*
caldero *m.* [kalde'ro] (offener) (Koch-) Kessel *m.* Kübel.
caldo *m.* [ka'ldo] (Fleisch-) Brühe *f.;* (Hühner-) Suppe; *techn.* Schmeize *f.*
calefacción *f.* [kalefakθʲɔ'n] (Be-) Heizung *f.*
calendario *m.* [kalenda'rʲo] Kalender *m.*
calentador *m.* [kalentaðɔ'r] (Bett-) Wärmer, Erhitzer *m.*
calentamiento *m.* [kalentamʲe'nto] Erhitzen *n.* Erhitzung *f.*
calentar [kalenta'r] erhitzen, (er-) wärmen; (Räume) heizen;.
calentura *f.* [kalentu'ra] Fieber *n.*
calesa *f.* [kale'sa] Kalesche *f.*
calibrador *m.* [kaliβraðɔ'r] Kaliber *n.*, Lehre *f.*
calibre *m.* [kali'βre] Kaliber *n.*
caliche *m.* [kali'če] (Chile-) Salpeter *m.*
calidad *f.* [kalða'ð] Qualität *f.* Eigenschaft, Beschaffenheit.
cálido *adj.* [ka'liðɔo] warm, heiβ.
calientaplatos *m.* [kalʲentapla'tɔs] Speisen-, Geschirrwärmer *m.*
caliente *adj.* [kalʲe'nte] heiβ, warm; (Tiere) brünstig; - **de cascos** *fig.* hitzköpfig.
califa *m.* [kali'fa] Kalif *m.*
calificación *f.* [kalifikaθʲɔ'n] Eignung *f.* Benennung.
calificar [kalifika'r] benennen, bezeichnen (de als).
calificativo *m.* [kalifikati'βo] Benname *m.*
caligrafía *f.*]kaligrafi'a] Schönschreibekunst *f.*
cáliz *m.* [ka'liθ] Kelch *m.*, Becher.
caliza *f.* [kali'θa] Kalkstein *m.*
calma *f.* [ka'lma] Windstille *f.*, Ruhe; *fig.* Gleichgültigkeit *f.*
calmante *m.* [kalma'nte] schmerzstillendes Mittel *n.; adj.* beruhigend.
calmar(se) [kalma'rse] (s.) beruhigen; (Schmerz) stillen; (Gemüter) besänftigen.
caló *m.* [kalo'] Zigeuner-, Gauner-, Unterweltsprache *f.* Rotwelsch *n.*
calor *m.* [kalɔ'r] Hitze *f.* Wärme; *fig.* Eifer *mi.;* **hacer mucho** - sehr heiβ sein; **tengo** - mir ist warm.
caloría *f.* [kalori'a] Kalorie *f.* Wärmeeinheit.
calorífico *adj.* [kalori'fiko] Wärme erzeugend.
calorímetro *m.* [kalori'metro] Kalorimeter *m.* Hitze-, Wärmemesser *m.*
calumnia *f.* [kalu'mnʲa] Verleumdung *f.* Anschuldigung.
calumniador *m.* [kalumnʲaðɔ'r] Verleumder *m.*
calumniar [kalumnʲa'r] verleumden.
caluroso *adj.* [kaluro'so] heiβ; *fig.* herzlich.
calva *f.* [ka'lβa] Glatze *f.* Kahlkopf *m.*
calvario *m.* [kalβa'rʲo] Leidensweg *m.*
calvo *adj.* [ka'lβo] kahlköpfig, haarlos.
calzada *f.* [kalθa'ða] Fahrdamm *m.*
calzado *adj.* [kalθa'ðo] beschuht; - *m.* Schuhwerk *n.*
calzador *m.* [kalθaðɔ'r] Schuhanzieher *m.*
calzar [kalθa'r] (Schuhwerk) anziehen, anhaben; *techn.* unterkeilen; **¿qué número calza Vd.?** welche Schuhgröβe haben Sie?
calzoncillos *m. pl.* [kalθonθi'ʎos] Unterhosen *f. pl.*
callada *f.* [kaʎa'ða]: dar la - **por respuesta** keine Antwort geben.

callado *adj.* [kaʎa'ðo] sehweigsam, heimlich handelnd.
callar [kaʎa'r] (ver-) schweigen; **¡cállate la boca!** *vulg.* halt's Maul!;**¡calla!** was Sie sagen!, nich doch!, kein Gedanke!.
calle *f.* [ka'ʎe] Straβe *f.*
calleja *f.* [kaʎe'xa] Gäβchen *n.*
callejear [kaʎexea'r] durch die Straβen bummeln.
callejero *adj.* [kaʎexe'ro]: **música - a** *f.* Straβenmusik *f; - m.* Straβenverzeichnis *n.*
callejón *m.* [kaʎexo'n] Gäβchen *n.*; *Taur.* Rundgang *m.* (hinter der Arena-Schranke).
callista *m.* [kaʎi'sta] Fuβpfleger *m.*
callo *m.* [ka'ʎo] Scwiele *f.*, Hühnerauge *n.; -* **s** *m. pl.* Kuttelflecke *m. pl.*
callosidad *f.* [kaʎosiða'ð] Schwiele *f.* Hornhaut.
cama *f.* [ka'ma] Bett *n.* (Tiere) Lager; **- de matrimonio** Ehebett; **guardar** - das Bett hüten; **ir a la** - schlafen gehen.
camada *f.* [kama'ða] Wurf *m.* (junger wilder Tiere).
camafeo *m.* [kamefe'o] Kamee *f.* (Gemme).
camaleón *m.* [kamaleɔ'n] Chamäleon *n.*
cámara *f.* [Kka'mara] Kammer *f.* Zimmer *n.* abgetrennter Raum *m.*; *aut.* Luftschlauch *m.*; *phot.* Kamera *f.*; **- frigorífica** Kühischrank *m.*; **- de Diputados** Abgeordnetenhaus *n.*
camarada *m.* [kamara'ða] Kamerad *m.* Genosse.
camarera *f.* [kamare'ra] Kellnerin *f.* Hofdame.
camarero *m.* [kamare'ro] Kellner *m.* Kämmerer, Kammerherr.
camarín *m.* [kamari'n] *theat.* Ankleidezimmer *n.* (der Schauspieler).
camarón *m.* [kamaro'n] *zool.* Garnele *f.*
camarote *m.* [kamaro'te] *naut.* Kajüte *f.* Kabine.
cambiable *adj.* [kambʲa'βle] auswechselbar.
cambiar [lanbʲar] (aus-), (um-), (ver-) tauschen; (Geld) wechseln; (ab-), (um-), (ver-) ändern; **- de domicilio** umziehen; **- de tren** Eis. umsteigen.
cambio *m.* [kambʲɔ] (Aus-) Tausch *m.* Geldwechsel, Kleingeld *n.* Kurs *m.* **de vía** Weiche *f.* **a - de** gegen, für.
cambista *m.* [kambi'ṣta] Geldwechsler *m.*
camelia *f.* [kame'lʲa] *bot.* Kamelie *f.*
camelo *m.* [kame'lo] (Zeitungs-) Ente *f.*
camello *m.* [kame'ʎo] Kamel *n.*
camilla *f.* [kami'ʎa] Krankenbahre *f.*
caminante *m.* [kamina'nte] Fuβgänger *m.*
caminar [kamina'r] (Strecke) zurücklegen, wandern.
camino *m.* [kami'no] Weg *m; -* **vecinal** Feldweg; **ponerse en - s.** auf den Weg machen;.
camión *m.* [kamʲɔ'n] Lastkraft wagen *m.*
camisa *f.* [kami'sa] Hemd *n.; techn.* Mantel *m.* **en mangas de** - in Hemdsärmeln.
camisería *f* [kamiseri'a] Herrenwäschegeschäft *n.*
camiseta *f.* [kamise'ta] Unterhemd *n.* (Herren-) Netzhemd.
camisón *m.* [kamisɔ'n (Frauen-) Nachthemd *n.; SAm.* Frauenhemd.
camorra *f.* [kamɔ'rra] Händel *m.* Rauferei *f.*
campamento *m.* [kampame'nto] (Feld-) Lager *n.* Lagerplatz *m.*
campana *f.* [kampa'na] Glocke *f.* Deckglas *n.* -haube *f.*; **- de humos** Rauchfang *m.* **vuelta** *(f.)* de -Überschlagen *n.* (es. Autos usw.).
campanada *f.* [kampana'ða] Glockenschag *m.*; **dar una** - *fig.* groβes Aufsehen erregen.
campanario *m.* [kampana'rʲo] Glokkenturm *m.*
campante *adj.* [kampa'nte] ausgezeichnet; *fam.* **tan** - quietschvergnüg, prima.

campaña *f.* [kampa'na] (Flach-) Land *n.* Feld; *mil.* Feldzug m. *agr.* Kampagne *f.*
campechanía *f.* [kampečani'a] ungezwungenes Wesen *n.*
campechano *adj.* [kampecă'no] leutselig, jovial, gönnerhaft.
campeón *m.* [kampeɔ'n] Kämpfer *m.* Champion, Meisterspieler; - **de boxeo** Boxmeister.
campeonato *m.* [kampeona'to] Wettkampf *m.* Meisterschaft *f.*
campesina *f.* [kampesi'na] Bäuerin *f.*
campesino *adj.* [kampesi'no] ländlich; - *m.* Bauer *m.* Landmann.
campestre *adj.* [kampe'stre] ländlich.
campiña *f.* [kampiɲa] Flachland *n.* Landschaft *f.*
campo *m.* [ka'mpo] Acker *m.* Feld *n.* Land; *mil.* Lager *n.* - **de deportes** Sportplatz *m.* - **de tiro** Schieβplatz *m.* - **visual** Gesichtsfeld *n.* **a - traviesa** querfeldein; **ir al** - en Ausflug aufs Land machen, in die Sommerfrische gehen.
camposanto *m.* [kamposa'nto] Friedhof *m.* Gottesacker.
camuflaje *m.* [kamufla'xe] *mil.* Tarnung *f.*
camuflar [kamuɲa'r] *mil.* tarnen.
can *m.* [kan] *poet.* Hund *m.*
cana *f.* [ka'na] weiβes Har *n.* **echar - s grau - s** Haar bekommen.
canal *m.* Kanal *m.* Fahrrinne *f.* - *f.* Rille *f.* Rinne, Nut.
canalizar [kanaliθa'r] kanalisieren.
canalón *m.* [kanalo'n] Regenrinne *f.*
canalla *m.* [kana'ʎa] Schurke *m.* Lump; *f. fig.* Gesindel *n.* Pöbel *m.*
canario *adj.* [kana'rʲo] auf die Kanarischen Inseln bezüglich; **Islas C-ias** *f. pl.* Kanarischen Inseln *f. pl.* ; - *m.* Kanarienvogel *m.*
canasta *f.* [kana'sta] flacher, breiter Korb *(m.)* aus Weide.
canastilla *f.* [kanasti'ʎa] Körbchen *n.* Baby-Ausstattung *f.*
canastillo *m.* [kanasti'ʎo] (Blumen-) Körbchen *n.*
cancelación *f.* [kanθelaθʲɔ'n] (Auftrag) Annullierung *f.*
cancelar [kanθela'r] (Auftrag) annullieren; durchstreichen; (Scheck) sperren.
cáncer *m.* [ka'nθer] *med.* Krebs *m.*
canceroso *adj.* [kanθero'so] *med.* krebsartig.
canciller *m.* [kanθiʎe'r] Kanzler *m.* Konsulatssekretär.
cancillería *f.* [kanθiʎeri'a] Kanzlei *f.* (Gesandtschaft, Konsulat) Amtsraum *m.*
canción *f.* [kanθʲɔ'n] Gesang *m.* Lied *n.*
cancionero *m.* [kanθʲone'ro] Liedersammulung *f.*
cancha *f.* [ka'nča] Spielplatz *(m.)* des baskischen Ballspiels; *SAm.* Sportplatz.
candado *m.* [kanda'ðo] Vorhängeschloβ *n.*
candeal *adj.* [kandea'l]: **pan** *(m.)* - Weizenbrot *n.*
candela [kande'la] Kerze *f.* Licht *n.*
candente *adj.* [kande'nte] weiβglühend.
candidato *m.* [kandiða'to] Kandidat *m.* Anwärter, Bewerber.
candidatura *f.* [kandiðatu'ra] Kandidatur *f. pol.* Kandidateniliste.
candidez *f.* [kandiðe'θ] Naivität *f.* Harmlosigkeit.
cándido *adj.* [ka'ndiðo] naiv, treuherzig, einfältig.
candil *m.* [kand'l] Öllampe *f.*
candilejas *f. pl.* [kandile'xas] *theat.* Rampenlichter *n. pl.*
candor *m.* [andɔ'r] Arglosigkeit *f.* Naivität.
canela *f.* [kane'la] Zimt *m.*
cangrejo *m.* [kangre'xo] (Fluβ-) Krebs *m.*
canguro *m.* [kangu'ro] *zool.* Känguruh *n.*
caníbal *m.* [kani'βal] Kannibale *m.* Menschenfresser.

canícula *f.* [kani'kula] Hundstage *m. pl.*
canilla *f.* [kani'ʎa] *anat.* Schien- Ellenbogenbein; *n.* (Nähmaschine) Schiffchen.
canino *adj.* [kani'no]: **hombre** (*f.*) - **a** Heiβhunger *m.* **exposición** (*f.*) - **a** Hundeausstellung (*f.* **dientes** (*m. pl.*) **-s** Augenzähne *m. pl.*
canje *m.* [ka'ŋxe] (Aus-), (Um-) Tausch *m.*
canjear [kaŋea'r] (aus-), (um-) tauschen.
canoa *f.* [kano'a] Kanu *n.* Einbaum *m.*
canon *m.* [ka'non] Regel, Abgabe *f.* Gebühr, Steuer.
canónico *adj.* [kano'niko] kanonisch; **derecho** (*m.*) - Kirchenrecht *n.*
canónigo *m.* [kano'nigo] Domherr *m.*
canonizar [kanoniθa'r] heiligsprechen.
canoso *adj.* [kano'so] weiβgrauhaarig.
cansado *adj.* kansaé–o] (er-) matt(-et), müde, erschöpft, langweilig; **estoy - de c**]e *fig.* mir hängt ee. Sache zum Halse Heraus.
cansancio *m.* [kansa'r] ermüden, ermatten, langweilen; (Arbeit) anstrengen.
cantábrico *adj.* [kanta'βriko] kantabrisch; **Mar** (*m*) - Golf (*m*) v. Biskaya.
cantador *m.* [kantaðɔ'r] (Volks-) Sänger *m.* - **a** *f.* (Volks-) Sängerin *f.*
cantante *m.* (*f.*) (Opern-) Sänger (-in) *m.* (*f.*).
cantar [kanta'r] singen; (Hahn) krähen; (Frosch) quaken; *Span.* (Lotterie, Gewinnummern) ausrufen.
cántara *f.* [ka'ntara] e. Weinmaß = 16,18 Liter.
cántaro *m.* [ka'ntaro] Krug *m.* Kanne *f.* **llover a -s** *fig.* in Strömen regnen, gieβen.
cantata *f.* [kanta'ta] *mus.* Kantate *f.*
cante *m.* [ka'nte]: - **flamenco** typisch andalus. Gesang *m.* Zigeunerweise *f.* - **hondo** andalus. Gesang *m.*
cantera *f.* [kante'ra] Steinbruch *m. fig.* Fundgrube *f.*
cantidad *f.* [kantiða'ð] Quantität *f.* Anzahl, Menge; (Geld-) Summe.
cántiga *f.* [ka'ntiga] Lobgesang *m.*
cantimplora *f.* [kantimplo'ra] Feldflasche *f.*
cantina *f.* [kanti'na] Kantine *f.*
cantinera *f.* [kantine'ra] Marketenderin *f.*
canto *m.* [ka'nto] Gesang *m.* (Hahnn) Krähen *n.* Kante *f.* Auβenseite; (Brot) Knust *m.* Ranft.
cantón *m.* [kantɔ'n] Kanton *m.* Landstrich; *mil.* Quartier *n.*
cantonera *f.* [kantone'ra] Winkelrandleiste *f.*
caña *f.* [ka'ɲa] (Schilf-) Rohr *n.* Zukkerrohrschnaps *m.*, Stiefelschaft; kleines Glas *(n.)* Bier; - **de pescar** Angelrute *f.*; - **de azúcar** Zuckerrohr *n.*; - **de bambú** Bambusrohr *n.*
cañada *f.* [kaɲa'ða] Hohlweg *m.*, Schlucht *f.*
cáñamo *m.* [ka'ɲamo] Hanf *m.*
cañaveral *m.* [kaɲaβera'l] Röhricht *n.*, Zuckerrohrpflanzung *f.*
cañería *f.* [kaɲeri'a] Rohrleitung *f.*
cañí *m/f.* [kaɲi'] *vulg.* Zigeuner *m.*, -in *f.*
cañizo *m.* [kaɲiθo] Rohrgeflecht *n.*
caño *m.* [ka'ɲo] *(Brunnen-)* Rohr *n.* Röhre *f.* Orgelpfeife.
cañón *m.* [kaɲɔ'n] Rohr *n.* Kanone *f.* Federkiel *m.* tiefes Fluβtal *n.*
cañonazo *m.* [kaɲona'θo] Kanonenschuβ *m.*
caos *m.* [ka'ɔs] Chaos *n.*, Durcheinander *n.*, Wirrwarr *m.*
caótico [kao'tiko] chaotisch, unordentlich.
capa *f.* [ka'pa] *Span.* (Männer-Umhang, Stierfechtermantel *m.*; Lage, Schicht *f.*, Belag *m.*; **ir de - caída** *fig.* s. auf dem absteigenden As befinden; **-cidad** *f.* [kapaθiða'ð] Raumgehalt *m.* Fassungs-, Leistungsfähigkeit *f.* **-cidad adquisitiva** Kaufkraft *f.*; **-r** [kapa'r] verschnei-

den, kastrieren; **-tazón** *m.* [kaparaθɔ'n] (Krebs, Schildkröte) Panzer *m.;* **-taz** *m.* [kapata'θ] Vorarbeiter, Werkmeister, Aufseher *m.;* **-z** *adj.* [kapa'θ] fähig, imstande.

capea *f.* [kape'a] *Taur.* Jungstierkampf *(m.)* für Amateure.

capellán *m.* [kapeʎa'n] Kaplan *m.;* **-castrense** Feldgeistlicher *m.*

capeo *m.* [kape'o] *Taur.* Reizen *(n.)* des Stiers m. dem Mantel.

caperucita [kaperuθi'ta]: **- roja** *f.* (Märchen) Rotkäppchen *n.*

caperuza *f.* [kaperu'θa] Kappe *f.*

capicúa *m.* [kapiku'a] Zahl *(f.)*, die v. vorn u. hinten gelesen gleich ist (z. B. 18081); Straβenbahnfahrschein *(m.)* od. Lotterielos *(n.)* m. solcher Zahl.

capilar *adj.* [kapila'r] haardünn, auf das Haar bezüglich.

capilla *f.* [kapi'ʎa] Kapelle *f.*, Kirchlein *n.*

capirote [kapiro'te]: **tonto de -** *fam.* saudumm.

capital *m.* [kapita'l] Kapital, Vermögen *n.*, | - *f.* Hauptstadt *f; adj.* hauptsächlich, wesentlich; **pena** *(f.)* - Todesstrafe *f.;* **-ismo** *m.* [kapitali'zmo] Kapitalism *m.;* **-ista** *m.* [kapitali'sta] Kapitalista *m.*

capitán *m.* kapita'n] Kapitän, Hauptmann, Rittmeister *m.*

capitel *m.* [kapite'l] *arch.* Säulenknauf *m.*

capitolio *m.* [kapito'ʎo] Kapitol *n.*

capitulación *f.* [kapitulaθ'ɔ'n] *mil.* Übergabe *f.*

capitular [kapitula'r] *mil.* kapitulieren, s. ergeben; - *m.*, Chor-, Stiftsherr *m.; adj.* auf Dom, Stift bezüglich.

capítulo *m.* [kapi'tulo] (Dom-) Kapitel *n.* (Buch) Abschnitt *m.*

caporal *m.* [kapora'l] *mil.* Korporal *m.*

capot *m.* [kapo'] *aut.* Haube *f.;* **-a** *f.* kapo'ta] Klappverdeck *n.* **-aje** *m.* kapota'xe] *av.* Kopfstand *m.* **-ar** [kapota'r] *av.* s. überschlagen; **ñe** *m.* [kapo'te] *mil.* Umhang, Stierfechtermantel *m.*

capricho *m.* [kapri'čo] Laune *f.*, Grille, Eigensinn *m.* **-so** *adj.* [kapričoso] launenhaft, eigensinnig, seltsam.

cápsula *f.* [ka'psula] Kapsel *f.* Schale.

captarse [kapta'rse] (Sympathien) s. verschaffen; (Wasser er. Quelle) auffangen.

captura *f.* [kaptur'a] Gefangennahme *f. naut.* Prise; **-r** [kaptura'r] (ge]) fangen (nehmen) *naut.* kapern.

capucha *f.* [kapu'ča] Kapuze *f.*

capullo *m.* [kapu'ʎo] Seidenwurmpuppe *f.*, Blütenknospe.

caqui *m.* [ka'ki] Khakistoff *m.*, Khakifarbe *f. adj.* khakifarben.

cara *f.* [ka'ra Antlitz, Gesicht *n.*, Miene *f.*, (Vorder-) Seite, Auβenfläche; *fig.* Aussehen *n.*, Unverfrorenheit *f.;* **caer a uno la - de vergüenza** *fig.* vor Scham in den Boden sinken; **echar en -** (jem. etw.) vorhalten vorwerfen; **ser un cara dura** *fig.* e. unverschämter Kerl sein: **por su linda -** *fig.* um sr. schönen Augen willen; **-bela** *f.* [karaβe'la] Karavelle *f.;* **-bina** *f.* [karaβi'na] Karabiner *m.*, Büchse *f.;* (Madrid) *fam.* Begleiterin *(f.)* es. jungen Mädchens, *vulg.* Anstandswauwau *m.;* **-binero** *m.*, [kara] βine'ro] *Span,* bewaffneter Zollwächter *m.;* **-col** *m.* [karakɔ'l] *zool.* Schnecke *f.; techn.* Wendel.

car|ácter *m.* [kara'kter] Charakter *m.*, Gepräge, Merkmal *n.*, Art. *f.*

¡carajo! [kara'xo] *sehr vulg.* verflucht (noch mal)!

¡caramba! [kara'mba] Donnerwetter!

caramelo *m.* [karame'lo] (Karamelzucker-) Bonbon *m.*

caravana *f.* [karaβa'na] Karawane *f.; fig.* Pilgerzug *m.*, Touristengruppe *f.*

car|bón *m.* [karβɔ'n] Kohle *f.*, -stift *m.;* **-bón vegetal** Holzkohle *f;* **bón pul-**

C

verizado Kohlenstaub *m.;* -**bón todo uno** Förderkohle *f.;* - **bonato** *m.* [kaiβɔna'to] *chem.* Karbonat *n.*

carbu|ración *f.* [karβuraθʲɔ'n] Anlagerung *(f.)* des Kohlenstoffs am Eisen; (Motor) Vergasung, *chem.* Verkohlung; **-rador** *m.* [karβuraðɔ'r] (Motor) Vergaser *m.* **-rante** *m.* [karβura'nte] Kraft-, Treibstoff *m.;* **-rar** [karβura'r] verkohlen, vergasen.

carca *m.* [ka'rka] *Spann. pol.* Reaktionär *m.*

carcajada *f.* [karkaxa'ða] Gelächer *n.;* **reírse a** - **s** aus vollen Halse lachen.

cárcel *f.* [ka'rθel] Gefängnis *n.; techn.* Schraubknecht *m.*

carcelero *m.* karθele'ro] Gefängniswärter, Kerkermeister *m.*

carco|ma *f.* [karko'ma] Holzbock, -wurn *m.*

carda *f.* [ka'rda] *bot.* (Distel-) Karde *f.*

cardenal *m.* [kardena'l] Kardinal *m.;* (auf Haut) blauer Fleck *m.*

cardíaco *adj.* [kardi'ako] herzkrank; (Mittel) herzstärkend.

cardinal *adj.* [kardina'l]: **números -es** *m. pl.* Grundzahlen *f. pl.;* **puntos** *(m. pl.)* - **es** Himmelsgegenden *f. pl.*

cardo [ka'rdo] *bot.* Distel *f.*

carear [karea'r] *jur.* (dem Angeklagten) Zeugen gegenüberstellen.

carecer [kareθe'r] **de** ermangeln, entbehren, etw. nicht mehr (vorrätig) haben.

carencia *f.* [kare'nθʲa] Mangel *m.;* - **de medios** Mittellosigkeit *f.*

carente [kare'nte]: - **de medios** mittellos.

careo *m.* [kare'o] *jur.* Gegenüberstellung *f.* (Zeugen od. Angeklagten).

carestía *f.* [karesti'a] Teuerung *f.*

careta *f.* [kare'ta] Maske, Lai ve *f.;* - **antigás** Gasschutzmaske *f.*

carga *f.* [ka'rga] Bürde, Last Ladung *f.; mil.* (Sturm-) Angriff *m.; fig.* Verpflichtung *f.; techn.* Belastung *f.;* **buque** *(m.)* **de** - Frachtschiff *n.*

cargo *m.* [ka'rgo] Amt *n.*, Stelle *f.*, Posten *m.;* (Konto-) Belastung *f.*, Anklage, Beschuldigung; **hacerse** - **de** *fig.* begreifen, verstehen können.

cariado *adj.* [karʲa'ðo] (ange-) faul (-t).

caribe *adj.* [kari'βe] karibisch; - *m.* Karibe *m.*

caricatura *f.* [karikatu'ra] Karikatur *f.*, Spott-, Zerrbild *n.;* **-r** [karikatura'r] karrikieren.

caricia *f.* [kari'θʲa] Liebkosung *f.*, Streicheln *n.;* **hacer -s** zärtlich sein.

caridad *f.* [kariða'ð] Nächstenliebe *f.*, Wohltätigkeit, milde Gabe.

caries *f.* [ka'rʲes] *med.* Knochenfraß *m.;* (Zahn-) Fäule *f.*

cariño *m.* [kariɲ'o] Zuneigung *f.*, Liebe; *fig.* Eifer *m.;* **-so** *adj.* [kariɲo'so] liebevoll, zärtlich, freundlich.

caritativo *adj.* [karitati'βo] mildtätig.

cariz *m.* [kariθ] (Wetter-) Lage *f.*, Aussehen *n.;* **un asunto toma mal** - *fig. fam.* ee. Sache nimmt ee. böse Wendung.

Carlomagno [karloma'gno] Karl der Große.

Carlos *m.* [ka'rlɔs] Karl *m.;* - **V (Quinto)** Karl V.

carmelita *m.* [karmeli'ta] **Kar**melitermönch *m.*

carmen *m.* [ka'rmen] (Granada) Landhaus *n.;* Gedicht *n.;* **C** - *f. Span.* Frauenname.

carmesí *adj.* [karmesi'] karmesinrot.

carnal *adj.* [karna'l] fleischlich, sinnlich; **acto** *(m.)* - Beischlaf *m.*

carnaval *m.* [karnaβa'l] Fasching *m.*, Karneval, Fastnacht *f.*

carne *f.* [ka'rne] (Mensch, Tier, Obst, Frucht) Fleisch *n.;* - **de cañón** Kanonenfutter *n.;* - **congelada** Gefrierfleisch *n.;* - **de gallina** *fig.* Gänsehaut *f.;* - **de membrillo** Quittenpaste *f.;* - **de vaca** Rindfleisch *n.*

carnet *m.* [karne'] Ausweis *m.*, -karte *f.*, Notizbuch *n.*

C

carni|cería *f.* [karniθeri'a] Fleischerei *f.; fig.* Blutbad *n.;* **-cero** *m.* [karniθe'ro] Fleischer *m.*

carnívoro *adj.* [karni'βoro] fleischfressend.

carnoso *adj.* [karno'so] -fleischig.

caro *adj.* [ka'ro] teuer, lieb.

Cárpatos *m. pl.* [ka'rpatos]: **los** - die Karpaten.

carpe|ta *f.* [karpe'ta] Schreib-, Aktenmappe *f.;* **-tazo** *m.* [karpeta'θo]: **dar -tazo a** (etw. unerledigt) ad acta legen.

carpin|tería *f.* [karpinteri'a] Tischlerei *f.*, Zimmerwerkstatt; **-tero** *m.* [karpinte'ro] Zimmermann *m.*, Tischler.

carras|pear [karraspea'r] heiser sein; **-peo** *m.* [karraspe'o] Heiserkeit *f.;* **-pera** [karraspe'ra] *fam.* Halsschmerzen *m. pl.*

carrera *f.* [karre'ra] (Wett-) Lauf *m.*, Beruf. Rennen *n.*, Laufbahn *f.; techn.* Hub *m.;* **hombre** *(m.)* **de** - Studierter *m.;* **hacer** - (im Leben) vorankommen.

carre|rro *m.* [karre'ro] Fuhrmann *m.;* **-ta** *f.* [karre'ta] (2rädriger Karren *m.;* **-tada** *f.* [karreta'ða] Karrenladung *f.;* **-taje** *m.* [karreta'xe] Fuhrlohn *m.;* **- te** *m.* [karre'te] Spule, Rolle *f.* **-tera** *f.* [karrete'ra] Landstraβe *f.;* **-tera real** Staatsstraße *f.;* **-tero** *m.* [karrete'ro] Fuhrmann *m.*, Karrenführer, Stellmacher.

carricoche *m.* [karriko'če] (alter Wagen) *fam.* Rumpelkasten *m.*

carril *m.* [karri'l] Schiene *f.*, Geleise *n.;* **-lo** *m.* [karri'ʎo] Backe, Wange *f.*

carro *m.* [ka'rrɔ] Karren, Wagen *m.*, Fuhrwerk *n.;* (Kran) Laufkatze *f.;* - **de combate** *mil.* Panzer(-wagen) *m.;* - **de mudanza** Möbelwagen *m.;* **-cería** *f.* [karrɔθeri'a] Karosserie *f.*, Wagenkasten *m.*

carruaje *m.* [karrua'xe] Fuhrwerk *n.*

carta *f.* [ka'rta] Brief *m.*, Schreiben *n.;* (Land-, See-, Spiel-) Karte *f.;* **- s.** *(f. pl.)* **credenciales** (Diplomat) Beglaubigungsschreiben *n.;* **- particular** Privatbrief *m.;* **- de residencia** Aufenthaltsgenehmigung *f.;* **- con valores declarados** Wertbrief *m.*

cartearse [kartea'rse] in Briefwechsel stehen, korrespondieren.

cartel *m.* [karte'l] Anschlag (-zettel *m.*, Plakat *n.; theat., Taur.* Besetzung *f.;* **torero** *(m.)* **de** - Stierkämpfer *(m.)* y Ruf; **¡se prohíbe fijar -es!** Zettelankleben verboten; **-a** *f.* [karte'la] Konsole *f.;* **-era** *f.* [kartele'ra] Aushänge-, Anzeigentafel *f.*, Programm *n.*, schwarzes Brett.

carter [ka'rter *techn.* Kurbelgehäuse *f.;* **-a** *f.* Brief-, Aktentasche *f.*, Ministerposten *m.;* (Damen-) Täschchen *n.*

cartilla *f.* [karti'ʎa] Fiebel *f.;* (Sparkassen-) Buch *n.*

cartógrafo *m.* [karto'grafo] Kartenzeichner *m.*

cartón *m.* [kartɔ'n] Karton *m.*, Pappe *f.*, Pappschachtel.

cartu|chera *f.* [kartuče'ra] Patronentasche *f.*, gürtel *m.;* **-cho** [kartu'čo] Patrone *f.*, Kartätsche, Papiertütchen *n.;* **-lina** *f.* [kartuli'na] Karton *m.*, dünne Pappe *f.;* **-lina de dibujo** Zeichenkarton *m.*

casa *f.* [ka'sa] (Wohn-) Haus *n.*, Wohnung *f.* Haushalt *m.*, Firma. Familie *f.;* **- de alquiler** Mietshaus *n.;* **- de cambio** Wechselstube *f.;* **- de campo** Landhaus *n.;* **-s consistoriales** Rathaus *n.;* **- importadora** Importfirma *f.;* **- de juego** Spielhölle *f.;* **- de labor** Meierei *f.;* **- de locos** Irrenanstalt *f.;* **- de maternidad** Entbindungsheim *n.;* **- de moneda** Münze *f.;* **- paterna** Elternhaus *n.;* **- de préstamos** Leihhaus *n.;* **- del pueblo** Volkskaus *n.;* **- de putas** *vulg.* Hurenhaus *n.* Puff *m.*

casaca *f.* [kasa'ka] (Männer-) Rock *m.;* **volver** - *fig.* die Gesinnung wechseln.

casación *f.* [kasaθʲɔ'n] *jur.* Aufhebung *f.*
casad|a *f.* [kasa'ða] Verehelichte *f.*, Ehefrau; *(adj.* verehelicht, verheiratet; **-ero** *adj.* [kasaðe'ro] heiratsfähig; **-o** [kasa'do] *adj.* verehelicht, verheiratet; **-o** *m.* Ehemann *m.*; **los recién -os** die Neuvermählten *pl.* das junge Paar.
casar [kasa'r] (ver-)heiraten, (ver-) ehelichen; *-jur*, aufheben; *techn.* zugehörige Teile aufeinanderpassen; **-se** [kasa'rse] (s. ver-)heiraten; **-** *m.* Weiler *m.*
cascabel *m.* [kaskaβe'l] Schelle *f.*, kugelförmiges Glöckchen *n.*; **serpiente** *(f.)* **de** - *zool.* Klapperschlange *f.*
cascada *f.* [kaska'ða] Wasserfall *m.*
cascajo *m.* [kaska'xo] Füllsteine *m. pl.* Scherben *f. pl.*; **estar hecho un** - (Mensch) ee. Ruine sein.
casca/nueces [kaskan^{w}e'θes] Nußknakker *m.*; **-r** [kaska'r] (zerknacken.
casco *m.* [ka'sko] Scherbe *f.*, Schädel *m.* Huf, Helm; (als Verpackung) Flasche *f.*, Faß *n.*; (Schiffs-) Rumpf m; - **antiguo** ältester Teil er. Stadt; (Granate, Bombe) Splitter *m.*
case|sa *f.* [kase'ra] Hausbesitzerin *f.*; **-ría** *f.* [kaseri'a] Gehöft *n.*; **-río** *m.* [kaseri'o] Weiler *m.*, einzelstehendes Bauernhaus *n.*; **-ro** *adj.* [kase'ro] häuslich, haushälterisch; (Brot) hausbacken; **-ta de teléfonos** Fernsprechzelle *f.*
casi *adv.* [ka'si] beinahe, fast.
casilla *f.* [kasi'ʎa] Häuschen *n.*; (Schach-, Damebrett) Feld, (in Tabellen) Spalte *f.*, Fach *n.*
casino *m.* [kasi'no] Kasino *n.*, Gesellschafts-, Klub-, Vereinslokal, Kurhaus.
caso *m.* [ka'so] (Vor-) Fall *m.*, Ereignis *n.*, Anlaß, Grund *m.*, Angelegenheit *f.*; *gramm.* Kasus *m.*; *jur.* Rechtsfall; **(no) hacer - de** (nicht) auf etw. Rücksicht nehmen; **hacer - omiso de** unbeachtet lassen, weglassen; **no hacer al** - nicht zur Sache gehören; **no hacer - a alg.** jem. nicht glauben; **poner por** - den Fall annehmen; **del** - betreffend; **en - necesario** nötigenfalls; **en ningún** - keinesfalls.
caspa *f.* [ka'spa] (Kopf-) Schuppen *f. pl.*
casqu|ete [kaske'te] Kappe, Mütze *f.*; *techn.* gewölbte Haube, Hütchen *n.*
casta *f.* [ka'sta] Rasse *f.*, Art. Gattung. Geschlecht *n.*; **-ña** *f.* [kasta'ɲa] Kastanie *f.*; **-ñera** *f.* [kastaɲe'ra] Kastanienverkäuferin *n.*; **-ño** *adj.* [kasta'ɲo] (kastanien-) braun; **una cosa pasa de -ño oscuro** *fig. fam.* etw. geht über das erlaubte Maß hinaus; etw. geht über die Hutschnur.
castella|na [kasteʎa'na] Kastilierin *f.*; **- no** *adj.* [kasteʎa'no] kastilich spanisch; - *m.* Kastilier *m.*, spanische Sprache *f.*; **en - no** (auf) spanisch.
casti|cidad *f.* [kastiθiða'ð] Rassen-, Stilreinheit *f.*; **-dad** *f.* [kastiða'ð] Keuschheit *f.*; **-gador** *m.* [kastigaðɔ'r] Schürzenjäger *m.*, Don Juan; **-gar** [kastiga'r] strafen. züchtigen; *fig.* (em. Mädchen) den Hof machen; **-go** *m.* [kasti'go] Strafe, *f.* Züchtigung.
Castilla [kasti'ʎa]: **- la Nueva (la Vieja)** Neu- (bzw. Alt-) kastilien.
castillo *m.* [kasti'ʎo] Burg *f.*, Schloß *n.*
castizo *adj.* [kasti'θo] echt, rein, typisch, urwüchsig.
casto *adj.* [ka'sto] keusch, rein; *fig.* unbefleckt; **-r** *m.* [kastɔ'r] Biber *m.*, pelz.
castra|ción *f.* [kastraθʲɔ'n] Kastrierung *f.*, Verschneidung; **-do** *m.* [kas] tra'ðo] Kastrat, Verschnittener *m.*
castrense *adj.* [kastre'nse]: **capellán - cura** - *m.* Feldgeistlicher *m.*, prediger; **médico** *(m.)* - Militärarzt *m.*
casual *adj.* [kas^{w}a'l] zufällig; **-idad** *f.* [kas^{w}aliða'ð] Zufall *m.*, Zufälligkeit

f.; **por -idad** zufällig; **-mente** *adv.* [kas^w alme'nte] zufälligerweise.

cata *f.* [ka'ta] Kosten *n.*, (Wein) Probe *f.*; **-clismo** *m.* [katakli'zmo] *geol.* Erdumwälzung *f.*; *fig.* Katastrophe; **-cumbas** *f. pl.* [kataku'mbas] Katakomben *f. pl.* **-dor** *m.* [kataðɔ'r] Koster *m.*, Weinprober; **-dura** *f.* [kataðu'ra] Probieren *n.*; *fig. fam.* **de mala -dura** v. verdächtigen Aussehen; **-falco** *m.* [katafa'lko] Katafalk *m.*

catalán *adj.* [katala'n] katalanisch; - *m.* Katalane *m.*, katalanische Sprache *f.*; **-ismo** *m.* [katalani'zmo] katalanische Redeweise *f.*; katalanische (Selbständigkeits-) Bewegung *f.*; **-ista** *adj.* [katalani'sta].

catalejo *m.* [katale'xo] Fernglas *n.*

catalepsia *f.* [katale'ps^ja] *med.* Starrsucht *f.*

catalisis *f.* [katali'sis] *chem.* Katalyse *f.*

catalogar [kataloga'r] katalogisieren.

catálogo *m.* [kata'logo] Katalog *m.*, (Preis-) Verzeichnis *n.*

Cataluña *f.* [katalu'ɲa] Katalonien *n.*

cata|plasma *f.* [katapla'zma] *med.* (Brei-) Umschlag *m.*; *fig.* langweilige Person *f.*; **¡-plum!** [kataplu'n] plumps!; **- r.** [kata'r] kosten, probieren, versuchen; (Bienenstock zeideln; **-rata** *f.* [katara'ta] Wasserfall *m.*; *med.* grauer Star; **-rral** [katarra'l] *med.* katarrbalisch; **-rro** *m.* [kata'rro] *med.* Katarrh *m. fam.* Schnupfen. Erkältung *f.*; **-stro** *m.* [kata'stro] Grundbuch *n.*, Katastersteuer *f.*

catástrofe *f.* [kata'strofe] Katastrophe *f.*, (großes) Unglück *n.*, Unfall *m.*

cate|cismo *m.* [kataθi'zmo] Katechismus *m.*; **- cúmeno** *m.* [kataku'meno] Katechumen *m.*, Konfirmand.

cátedra *f.* [ka'tedra] Katheder *n.*, Lehrstuhl *m.*; *fig.* Professur *f.*

cate|dral *f.* [katedra'l] Kathedrale Domkirche *f.*, Münster *n.*; **- drático** *m.* [katedra'tiko] Professor *m.*, Studienrat; *Span.* (Mittelschul- Lehrer (höherer Lehranstalten; **-goría** *f.* Kategorie *f.*, Klasse, Gruppe, Rang *m.*; **-górico** *adj.* [katego'riko] kategorisch, bestimmt, entscheidend.

caterva *f.* [kate'rβa] Haufen *(m.)* Leute.

cateto *m.* [kate'to] *math.* Kathete *f.*

catódico *adj.* [kato'ðiko] kathodisch.

cátodo *m.* [ka'toðo] Kathode *f.*

catolicismo *m.* [kataliθi'zmo] Katholizismus *m.*, katholischer Glaube.

católico *adj.* [kato'liko] (römisch-) katholisch; *fig.* echt. einwandfrei; **no estar muy** - *fig. fam.* nicht auf dem Damm sein; nicht ganz einwandfrei sein - *m.* Katholik *m.*

catorce [katɔ'rθe] vierzehn.

catre *m.* [ka'tre] Feldbett *n.*; (einfache) Bettstelle *f.*

caucásico *adj.* [kauka'siko] kaukasisch.

Cáucaso *m.* [ka'ukaso]: **el** - der Kaukasus.

cau|ce [kau'θe] (Fluß-) Bett *n.*; *fig.* Richtung *f.*; **-ción** *f.* [kauθ^jɔ'n] Bürgschaft *f.*, Sicherheit; **-chal** *m.* [kauča'l] Kautschukwald *m.*; **-chero** *m.* [kauče'ro] Kautschuksammier *m.*; **-cho** *m.* [kau'čo] Kautschuk *m.*; **-dal** *m.* [kauða'l] Vermögen *n.*; (Fluß) Wassermenge *f.*; (Pumpe) Fördermenge; **caja** *(f.)* **de -dales** Geldschrank *m.*; **- daloso** *adj.* [kauðaloso] (Fluß) wasserreich; **-dillaje** *m.* [kaudiʎa'xe] Führerschaft *f.*

causa *f.* [ka'usa] Anlaß *m.*, Grund, Prozeß, Ursache *f.*; (Rechts-) Sache, Gerichtsverhandlung; **a - de** wegen; **-nte** *m.* [kausa'nte] Urheber *m.*, Anstifter; **-r** [kausa'r] hervorrufen, verursachen; (Schaden) anrichten (Verluste) bringen; (Eindruck machen; (Unheil) anstiften.

cáustico *adj.* [ka'ustiko] kaustisch, ätzend; **sosa** *(f.)* **-a** *chem.* Ätznatron *n.*; - *m. med.* Ätzmittel *n.*, Zugpflaster.

caute|la *f.* [kaute'la] Vorsicht *f.*, -smaßregel; **-loso** *adj.* [kautelo'so] behutsam, vorsichtig; **-rizar** [kauteriθa'r] *med.* ätzen. (aus-) brennen.

caut|iva *f.* [kauti'βa] Gefangene *f.*, Sklavin; **-ivar** gefangennehmen; *fig.* fesseln; **-iverio** *m.* [kautiβe'rʲo] Gefangenschaft *f.*, Sklaverei; **-ivo** *adj.* [kauti'βo] gefangen, in Sklaverei lebend.

cavar [kaβa'r] (um-)graben.

caver/na *f.* [kaβe'rna] Höhle *f.*; **-nícola** *m.* [kaβerni'kola] Höhlenbewohner *m.*; *Span. pol.* Reaktionär *m.*

caviar *m.* [kaβʲa'r] Kaviar *m.*

cavi|dad *f.* [kaβiða'ð] Höhlung *f.*, Vertiefung, Hohlraum *m.*; *techn.* Bunker; **-idad bucal** Mundhöhle *f.*; **-lación** *f.* [kaβilaθʲɔ'n] Grübelei *f.*, Nachdenken *n.*; **-lar** [kaβila'r] (nach-) grübeln, (nach-)sinnen.

cayado *m.* [kaʲa'ðo] Hirtenstab *m.*

caza *f.* [ka'θa] Jagd *f.*, Pirsch, Wild *n.*, Jagdrevier, Verfolgung *f.*; **~** *m. mil. av.* Jagdflieger *m.*; **dar ~ a** *fig.* verfolgen; **ir de ~** auf die Jagd gehen; **-dor** *m.* [kaθaðɔ'r] Jäger *m.*; **-dor furtivo** Wilddieb *m.*, Wilderer.

cazo *m.* [ka'θo] Stielpfanne *f.*, Schöpflöffel *m.*

cazuela *f.* [kaθʷe'la] Kasserolle *f.*, Pfanne; *theat.* Olymp *m.*

cazurro *adj.* [kaθu'rro] (bauern-) schlau.

ceba *f.* [θe'βa] Mast *f.*; **-da** *f.* [θeβa'ða] Gerste *f.*; **-da perlaca** Graupen *f. pl.*; **-dal** *m.* [θeβaða'l] Gerstenfeld *n.*; **-dera** *f.* [θeβaðe'ra] Futtersack *m.*; **-dero** *m.* [θeβaðe'ro] Futterplatz *m.*; **-r** [θeβa'r] mästen füttern; (Leidenschaften schüren; *techn.* (Pumpe) auffüllen; (Lichtbogen ansetzen.

cebo *m.* [θe'βo] Köder *m.*, Mastfutter *n.*, *techn.* Zündsatz *m. n.*; **-lla** [θeβo'ʎa] (Blumen-) Zwiebel *f.*

cebra *f.* [θe'βra] *zool.* Zebra *n.*; **-do** *adj.* [θeβra'ðo] (wie e. Zebra) gestreift.

cebú *m.* [θeβu'] *zool.* Zebu *m.*

Ceca [θe'ka]: **ir de ~ en Meca** *fig. fam.* v. Pontius zu Pilatus laufen.

cocina *f.* [θeθi'na] Rauchfleisch *n.*

ceder [θeðe'r] abtreten, nachgeben, weichen; (über-), (nach-) lassen; (Fußball) zuspielen; **no ~ en** nicht nachstehen in.

cedro *m.* [θe'dro] Zeder *f.*

cédula *f.* [θe'dula] Schein *m.*, Zettel; *Span.* **~ personal** Personalausweis (u. gleichzeitig Einkommensteuerausweis); **~ de Identidad** *SAm.* Personalausweis *m.*

cefálico *adj.* [θefa'liko] *med.* auf den Kopf bezüglich.

ceg|ar [θega'r] blenden, blindmachen; (Fenster, Tür usw.) zumauern; (Brunnen) versanden; *intr.* erblinden; **-ato** *adj.* [θega'to] kurzsichtig; **-uedad** *f. fig.* Verblendung.

ceja *f.* [θe'xa] Augenbraue *f.*; **arquear las ~s.** *fig.* große Augen machen; **-r.** [θexa'r] (zurück-) weichen; *fig.* (ab-), (nach-) lassen.

cejijunto *adj.* [θexixu'nto] *fig.* finster blickend.

cejudo *adj.* [θexu'ðo] m. buschigen Augenbrauen.

celad|a *f.* [θela'ða] Hinterhalt *m.*; *fig.* Falle *f.*; **-or** *m.* [θelaðɔ'r] Aufseher *m.*

celar [θela'r] be-, überwachen; verhehlen.

celda *f.* [θe'lda] (Bienen-, Gefängnis-, Kloster-, Telefon-) Zelle *f.*

cele|bérrimo [θeleβe'rrimo] sehr berühmt; **-bración** *f.* [θelebraθʲɔ'n] Feier *f.*; Abhaltung; **-brado** *adj.* [θelebra'ðo] berühmt; **-brar** [θelebra'r] feiern, loben, preisen; (Vertragabschließen; (Messe) lesen; **lo -bro** es freut mich; **-brarse** [θelebra'rse] abgehalten w., stattfinden.

célebre *adj.* [θe'leβre] berühmt, denkwürdig; *fig.* ulkig, witzig.

celebridad *f.* [ðəl̥əβriða'ð] Berühmtheit *f.*, beruhmte Persönlichkeit.

celeridad *f.* [θeleriða'ð] Schnelligkeit *f.*, Geschwindigkeitszustand *m.*

celes|te *adj.* [θele'ste] himmlisch; **azul -te** himmelblau; **bóveda** *(f)* **-te** Himmelsgewölbe *n.*; **cuerpo** *(m)* **-te** Himmelskörper *m.*; **-tial** *adj.* [θelest^ja'l] himmlisch.

celibato *m.* [θeliβa'to] Zölibat *m./n.* Ehelosigkeit *f.*

célibe *adj.* [θe'liβe] ledig; - *m.* Junggeselle *m.*

celo *m.* [θe'lo] Eifer *m.*; (Tiere) Brunst *f.*; **-s.** *m. pl.* [θe'los] Eifersucht *f.*; **dar (tener) -s.** eifersüchtig machen (sein) **(de** auf).

cel/ta *adj.* [θe'lta] keltisch; - *m.* keltische Sprache *f.*; Kelte *m.*; **-tibero** *adj.* [θelti'βero] keltiberisch; - *m.* Keltiberer *m.*; **-tista** *m.* [θelti'sta] Erforscher *(m)* des Keltischen.

célula *f.* [θe'lula] (Gewebe-) Zelle *f.*

celular *adj.* [θelula'r]: **prisión** *(f)* -Zellengefängnis *n.*

celu|loide *m.* [θelulo'ide] *chem.* Zelluloid *n.*; **-losa** *f.* [θelulo'sa] *chem.* Zellulose *f.*, Holzstoff *m.*

cemen|tación *f.* [θementaθ^jɔ'n] Zementierung *f.*; *techn.* **-tación carburante** Einsatzhärtung *f.*; **-tar** [θementa'r] (Stahl) zementieren, härten; **-terio** *m.* [θemente'r^jɔ] Fried-, Kirchhof *m.*; **-terio civil** *Span.* Friedhof für Nichtkatholiken; **-to** *m.* [θeme'nto] Zement *m.*

cena *f.* [θe'na] Abendessen *n.*, -brot; **-do** *adj.* [θena'ðo]: *f.*; **-goso** *adj.* [θenago'so] sumpfig) kotig; - **r** [θena'r] zu Abend essen.

cenefa *f.* [θene'fa] (Taschentuch) Saum *m.*; Einfassung *f.*; (Wand, Decke) Randstreifen *m.*

ceni|cero [θeniθe'ro] Aschenbecher *m.*, -kasten; **-cienta** *f.* [θeniθ^je'nta] (Märchen) Aschenbrödel *n.*

cenit *m.* [θeni't] *m. astr.* Zenith *m.*, Scheitelpunkt.

ceniza *f.* [θeni'θa] Asche *f.*; *poet.* Staub *m.*; **-s** *f. pl.* sterbliche Überreste *(m. pl.)* **-s arrastradas** *f. pl.* Flugasche *f.*

cenobio *m.* [θeno'β^jɔ] Kloster *n.*

cen|so *m.* [θe'nso] Volkszählung, *f.*; **-sor** *m.* [θensɔ'r] Zensor *m.*; **-sura** *f.* [θensu'ra] Zensur (-behörde) *f.*, Tadel *m.*; - **surar** [θensur'ar] beanstanden, rügen, tadeln.

centell|a *f.* [θente'ʎa] Funke *m.*, Blitz; - **ear** [θenteʎea'r] funkeln; (Sterne) glänzen; - **eo** *m.* [θenteʎe'o] Funkeln *n.*

cen|tena *f.* [θente'na] Hundert *n.*; **-tenar** *m.* [θentena'r] Hundert *n.*; **-tenario** *m.* [θentena'r^jo] Jahrhundertfeier *f.*; *adj.* hundertjährig; **-teno** *m.* [θente'no] Roggen *m.*; **pan** *(m)* **de -teno** Schwarzbrot *n.*; **-tésimo** *adj.* [θente'simo] hundertste; - **tigrado** *adj.* [θenti'graðo] hundertgradig; - **tigramo** *m.* [θenti'gramo] Zentigramm *n.*; - **tilitro** *m.* [θenti'litro] Zentiliter *m.*; - **tímetro** *m.* [θenti'metro] Zentimeter *m.*

céntimo *m.* [θe'ntimo] span. Münze = 1/100 Peseta.

centinela *f.* [θentine'la] (Schild-) Wache *f.*, Posten *m.*

centolla *f.* [θento'ʎa] Krustenkrabbe *f.*

central *adj.* [θentra'l] zentral; **calefacción** *(f)* - Zentralheizung *f.* **casa** *(f)* - Stammhaus *n.*, Zentrale *f.*; **depósito** *(m)* - Hauptlager *n.*; - *f.* Zentrale *f.*; - **de correos** Hauptpost *f.*; - **de teléfonos** Fernsprechamt *n.*; - **hidroeléctrica** Wasserkraftwerk *n.*; - **de bombas** Pumpwerk *n.*; - **térmica** Dampfkraftwerk; - **ismo** *m.* [θentrali'zmo] Zentralismus *m.*; **-ización** *f.* [θentraliθaθ^jɔ'n] Zentralisierung *f.*; **-izar** [θentraliθa'r] zentralisieren, zusammenfassen.

centrar [θentra'r] zentrieren.

céntrico *adj.* [θe'ntriko] zentrisch (gelegen).
centrífuga *f.* [θentri'fuga] Zentrifuge *f.*, Schleudermaschine.
centrifugar [θentrifuga'r] zentrifugieren, schleudern.
centro *m.* [θe'ntro] Zentrum *n.*, Mittelpunkt *m.;* Vereinigung *f.*, Verein *m.*, (Fußball) Mittelläufer.
Centroamérica *f.* [θentroame'rika] Mittelamerika *n.*
centro /americano *adj.* [θentro] amerika'no] auf Mittelamerika bezüglich; **-europeo** *adj.* [θentro] europe'o] mitteleuropäisch.
centuplicar [θentuplika'r] verhundertfachen.
ceñi|do *adj* [θeɲi'ðo] eng (anliegend); **-r** [θeɲi'r] gürten eng anschließen; (Krone) tragen; **-irse** [θeɲi'rse] s. kurz fassen.
ceño *m.* [θe'ɲo] Stirnrunzeln *n.*
ceñudo *adj.* [θeɲu'ðo] finsterblickend.
cepa *f.* [θe'pa] Weinrebe *f.;* **de pura -** *fig.* (wasch-) echt, unverfälscht.
cepill|ado *m.* [θepiʎa'ðo] Hobeln *n.;* **-ar** [θepiʎa'r] hobeln, bürsten **-ito** *m.* [θepiʎi'to] Bürstchen *n.;* **- o** *m.* [θepi'ʎo] (Haar-), (Nagel-), (Schuh-), (Zahn-) Bürste *f.;* Opferstock *m.;* Klingelbeutel, Hobel.
cepo *m.* [θe'po] Klotz *m.*, Fangeisen *n.*
cera *f.* [θe'ra] (Bienen-, Bohner-) Wachs *n.*
cerámica *f.* [θera'mika] Keramik *f.*
cerca *f.* [θe'rka] Einfriedigung *f.*, Hecke, Umzäunung, Gehege *n.*, Zaun *m.; adv.* nahe, in der Nähe, um; **-de** ungefähr, bei.
cerciorarse [θerθʲora'rse] s. vergewissern, s. überzeugen, (**de** v.).
cerco *m.* [θe'rko] (Um-) Kreis *m.*, Umfang; (Faß-) Reif, Fensterrahmen; *mil.* Belagerung *f.;* **poner -a** belagern.
cercha *f.* [θe'rča] Dachspriegel *m.*, Zarge *f.*
cerda [θe'rda] Borste *f.*, Sau; **ganado** *(m)* **de -** Borstenvieh *n.*
cerdo *m.* [θe'rdo] Schwein (-efleisch) *n.;* **-so** *adj.* [θerdo'so] borstig.
cereales *m. pl.* [θerea'les] Getreide *n.*
cerebral *adj.* [θereβra'l]: **conmoción** *(f)* - Gehirnerschütterung *f.*
cerebro *m.* [θere'βro] (Ge-) Hirn *n.; fig.* Verstand *m.*, Kopf.
ceremon|ia *f.* [θeremo'nʲa] Zeremonie *f.*, Förmlichkeit, Feierlichkeit; **-ial** *adj.* [θeremonʲa'l] zeremoniell.
céreo *adj.* [θe'reo] wächsern.
cerería *f.* [θereri'a] Wachswaren *(f pl.)* -laden *m.*
cerez|a *f.* [θere'θa] Kirsche *f.;* **-a mollar** Herzkirsche *f.;* **rojo -a** kirschrot; **-o** *m.* [θere'θo] Kirschbaum *m.*, -holz *n.*
cerilla *f.* [θeri'ʎa] Streich-, Wachs-, Zündhölzchen *n.*
cerner [θerne'r] sieben, sichten; (Gefahr) drohen.
cero *m.* [θe'ro] Null *f.*, Nullpunkt *m.;* **empatar a - tantos** (Sport) unentschieden spielen; **ser un - a la izquierda** *fig.* ee. vollkommene Null sein.
cerquillo *m.* [θerki'ʎo] Tonsur *f.*
cerra|do *adj.* [θerra'ðo] geschlossen, verschlossen; *fig.* eingefleischt; **un inglés -do** e. Stockengländer; (Nacht) tiefschwarz; **-dura** *f.* [θerraðu'ra] (Tür-) Schloß *n.;* **-jería** *f.* [θerraxeri'a] Schlosserei *f.;* **-jero** *m.* [θerraxe'ro] Schlosser *m.;* **-r** [θerra'r] (ab-), (ver-), (zu-) schließen, zuklappen, zuschieben; (Faust) ballen; (Tür) zugehen.
cerro *m.* [θe'rro] Anhöhe *f.* Hügel *m.;* **-jo** *m.* [θerrɔ'xo] Riegel *m.;* **echar el -jo** verriegeln.
certamen *m.* [θerta'men] (Kunst, Wissenschaft) Wettbewerb *m.*, Veranstaltung *f.*
certe|ro *adj.* [θerte'ro] treffend, (tre-) sicher, passend; **-za** *f.* [θerte'θa] Gewißheit *f.;* **con -za** bestimmt.

certi|dumbre *f.* [θertiðu'mbre] Ungewißheit *f.*, Sicherheit; **-ficación** *f.* [θertifikaθʲɔ'n] Bescheinigung *f.*; **-ficado** *adj.* [θertifika'ðo] beglaubigt; (Brief) eingeschrieben; **-ficar** [θertifika'r] beglaubigen, bescheinigen; (Brief) einschreiben.

cerumen *m.* [θeru'men] Ohrenschmalz *n.*

cerval *adj.* [θerβa'l]: **miedo** *(m.)* - panischer Schrecken *m.*

cervantino *adj.* [θerβanti'no] auf Cervantes bezüglich.

cervato *m.* [θerβa'to] Hirschkalb *n.*

cerve|cería *f.* [θerβeθeri'a] Bierbrauerei *f.*, -stube, Restaurant *n.*; **-cero** *m.* [θerβeθe'ro] Bierbrauer *m.*; **-za** *f.* [θerβe'θa] Bier *n.*; **-za dorada** helles Bier; **-za alemana** dunkles Bier; **una caña de -za** e. kleines Glas Bier; **un doble de -za** ein großes Glas Bier; **tomar -za** Bier trinken.

cerviz *f.* [θerβi'θ] Genick *n.*, Nacken *m.*

cesa|ción *f.* [θesaθʲɔ'n] Aufhören *n.*; **-nte** *m.* [θesa'nte] (einstweilen) vom Dienst enthobener Beamter *m.*; *adj. fam.* stellenlos.

cese *m.* [θe'se] Geschäftsaufgabe *f.*

cesión *f.* [θesʲɔ'n] Abtretung *f.*, Überlassung.

césped *m.* [θe'speð] Rasen *m.*

cest|a *f.* [θe'sta] Korb; (baskisches Ballspiel) Schläger *m.*; **-ería** *f.* [θesteri'a] Korbmacherei *f.*, Korbwaren *f. pl.*

cetáceo *m.* [θeta'θeo] Wal *m.*

cetrino *adj.* [θetri'no] zitronenfarben.

cetro *m.* [θe'tro] Zepter *n.*

ciaboga *f.* [θʲaβo'ga] *naut.* Wenden *n.*

cian|tino *m.* [θiani'no] *chem.* Zyan *n.*; **-hídrico** *adj.* [θiani'driko]: **ácido** *(m)* **- hídrico** *chem.* Blausäure *f.*; **-uro** *m.* [θianu'ro] *chem.* Zyansalz *n.*; **-uro potásico** *chem.* Zyankali *n.*

ciar [θʲa'r] *naut.* rückwärts rudern.

ciática *f.* [θʲa'tika] *med.* Hexenschuß *m.*, Ischias *f.*

cicatriz *f.* [θikatri'θ] Narbe *f.*; (Mensur) Schmiß *m.*; **-ar** [θikatriθa'r] vernarben.

cicerone *m.* [θiθero'ne] Fremdenführer *m.*

ciclamen *m.* [θikla'men] *bot.* Alpenveilchen *n.*

cícl|ico *adj.* [θi'kliko] regelmäßig wiederkehrend.

cicl|ismo *m.* [θikli'zmo] Radfahrsport *m.*; **-ista** *m.* [θikli'sta] Radfahrer *m.*; *adj.* **carrera** *(f)* - Radrennen *n.*; **-o** *m.* [θi'klo] Zyklus *m.*; **-ón** *m.* [θiklɔ'n] Zyklon *m.*; (Wirbel-) Sturm.

cíclope *m.* [θi'klope] Zyklop *m.*

cieg|amente *adv.* [θʲegame'nte] blindlings; **a -as** aufs Geratewohl; **-o** *adj.* [θʲe'go] blind; *fig.* verblendet.

cielo *m.* [θʲe'lo] Himmel *m.*; *fig.* Glückseligkeit *f.*; **-de la boca** Gaumen *m.*; **-raso** *m.* [θʲelora'so] verputzte Innendecke es. Raumes; **ver el - abierto** *fig.* vor Freude außer s. sein; glauben, schon jubeln zu können.

ciempiés *m.* [θʲempʲe's] *zool.* Tausendfuß *m.*

cien *adj.* [θʲe'n] hundert (vor Haupt- u. substantivischen Zahlwörtern).

ciénaga *f.* [θʲe'naga] Pfütze *f.*, Lache.

ciencia *f.* [θʲe'nθʲa] Kenntnis *f.*, Wissenschaftlich, Wissen *n.*; **hombre** *(m.)* **de** - Wissenschaftler *m.*

cieno *m.* [θʲe'no] Schlamm *m.*

científico *adj.* [θʲenti'fiko] wissenschaftlich.

ciento *adj.* [θʲe'nto] hundert (alleinstehend od. vor Zahlwörtern); **el tanto por** - Prozent *n.*, -satz *m.*, - *m.* Hundert *n.*

cierne *m.* [θʲe'rne] Blüte *f.*; **en -s.** *fig.* angehend, *fam.* in spe.

cierre *m.* [θʲe'rre] (Ver-) Schluß *m.*, Schließen *n.*; (Bücher-) Abschluß *m.*; **- de cremallera** Reißverschluß *m.*

cierro *m.* [θʲe'rrɔ] (Chile) Briefumschlag *m.*

ciert|amente *adv.* [θʲertame'nte] sicherlich, unzweifelhaft; **-o** *adj.* [θʲe'rto] gewiß, sicher, bestimmt.
cier|va *f.* [θʲe'rβa] Hirschkuh *f.*; **-vo** *m.* [θʲe'rβo] Hirsch *m.*
cierzo [θʲe'rθo] Nord (-ost-) wind *m.*
cif [θif] (Abk.) coste, seguro y flete; **-ra** *f.* [θi'fra] Zahl *f.*, Ziffer; **-ra** [θifra'r] beziffern, chiffrieren; (Hoffnung) setzen (**en** auf).
cigarr|a *f.* [θiga'rra] Zikade, Baumgrille *f.*; **- al** *m.* [θigarra'l] (Toledo) Landhaus *n.* (m. Garten); **-era** *f.* [θigarre'ra] Zigarrenarbeiterin *f.*; **-illo** *m.* [θigarri'ʎo] Zigarette *f.*; **-o** *m.* [θiga'rrɔ] Zigarre *f.*
cigüeña *f.* [θigʷe'ɲa] Storch *m.*; **-l** *m.* [θigʷcɲa'l] *techn.* Kurbelwelle *f.*
cilindra|da *f.* [θilindra'ða] *techn.* Hubraum *m.*; **-r.** [θilindra'r] *techn.* (auf der Drehbank) rund drehen.
cilindro *m.* [θili'ndro] Zylinder *m.*, Walze *f.*
cima *f.* [θi'ma] Gipfel *m.*, Bergspitze *f.*, Baumwipfel *m.*
címbalo *m.* [θi'mbalo] *mus.* Zimbel *f.*
cimborrio *m.* [θimbɔ'rrʲo] *arch.* Kuppelgewölbe *n.*
cimenta|ción *f.* [θimentaθʲɔ'n] *arch.* Gründung *f.*; **-r.** [θimenta'r] *arch.* gründen.
cimientos *m. pl.* [θimʲe'ntos] *arch.* Grundmauern *f. pl.*
cina|brino *adj.* [θinaβri'no] zinnoberrot; **-brio** *m.* [θina'βrʲo] Zinnober (rot) *n.*
cinc *m.* [θiɲk] Zink *n.*
cincel *m.* [θince'l] Meißel *m.*; **-ado** *m.* [θinθela'ðo] gestochene, getriebene Arbeit *f.*; **-ador** *m.* [θinθelaðɔ'r] Kunst-) Stecher, Ziseleur *m.*; **-ar** [θinθela'r] ziselieren, stechen, eingraben.
cinco *adj.* [θi'ɲko] fünf; **dar las** - 5 Uhr schlagen; - *m.* Fünf *f.*; *fig. fam.* **decir a uno cuantas son** - jem. grüdlich die Meinung sagen; jem. den Marsch blasen.
cincuen|ta *adj.* [θiɲkʷe'nta] fünfzig; **-tenario** *m.* [θiɲkʷentena'rʲo] 50 jährig. Gedächtnistag *m.*
cine *m.* [θi'ne] Lichtspieltheater *n.*, Kino; - **en colores** Farbfilm *m.*; - **mudo** stummer Film; - **sonoro** Tonfilm; **función** *(f.)* **de** - Kinovorstellung *f.*; **ir al** - ins Kino gehen; **-gética** *f.* [θinexe'tika] Jagd (-kunst) *f.*; **-gético** *adj.* [θinexe'tiko] auf die Jagd bezüglich.
cinerario *adj.* [θinera'rʲo] **urna** *(f.)* **-a** Aschenurne *f.*
cíngaro *m.* [θi'ngaro] Zigeuner *m.*
cínico *adj.* [θi'niko] zynisch; - *m.* schamloser Mensch *m.*
cinismo *m.* [θini'zmo] Schamlosigkeit *f.*
cinta *f.* [θi'nta] Band *n.*, Streifen, Film *m.*; - **métrica** Bandmaß *n.*; - **aislante** Isolierband *n.*
cintura *f.* [θintu'ra] Taille *f.*; **meterle a uno en** - *fig. fam.* jem. an die Kandare nehmen.
cinturón *m.* [θinturɔ'n] Gürtel *m.*, Gurt.
ciprés *m.* [θipre's] *bot.* Zypresse *f.*
cir|cense *adj.* [θirθe'nse] auf den Zirkus bezüglich; **-co** *m.* [θi'rko] Zirkus *m.*, Stierkampfplatz; **-cuito** *m.* [θirkui'to] Umkreis *m.*, Stromkreis, Kreislauf; **-culación** *f.* [θirkulaθʲɔ'n] Umlauf *m.*, Verkehr, Zirkulation *f.*; **de gran -culación** (Zeitung) viel gelesen; **fuera de -culación** außer Kurs; **-culación rodada** Fahrverkehr *m.*; **-cular** umlaufen, kreisen, verkehren; **hacer -cular** (Gerücht) in Umlauf setzen; **¡-culen!** [θirku'len] weitergehen! **-cular** *adj.* kreisförmig; **billete** *(m.)* **-cular** Rundreisebillett *n.*; **carta** *(f.)* **-cular** Rundschreiben *n.*; - *f.* Zirkular *n.*, Rundschreiben; **-culatorio** *adj.* [θirkulator'jo] **aparato** *(m.)* **-culatorio** Blutbahn *f.*
círculo *m.* [θi'rkulo] Kreis *m.*, Zirkel, Klub, Verein, Kasino *n.*
circun|cidar [θirkunθiða'r] beschnei-

den; **-cisión.** *f.* [θirkunθisʲɔ'n] Beschneidung *f.*; **-dante** *adj.* [θirkunda'nte] umherliegend; **-dar** [θirkunda'r] ungeben, einfassen; **-ferencia** *f.* [θirkumfere'nθʲa] Umkreis *m.*, [θirkumfle'xo] *gramm.* Zirkumflex *m.*
cirio *m.* [θirʲo] (Altar-) Kerze *f.*
cirros *m. pl.* [θi'rrɔs] Zyrruswoklen *f. pl.*
ciruel|a *f.* [θirʷe'la] Pflaume *f.*; **-o** *m.* [θirʷe'lo] Pflaumenbaum *m.*
ciru|gía *f.* [θiruxi'a] Chirurgie *f.*, Wundarzneikunde; **- jano** *m.* [θiruxa'no] Chirurg *m.*, Wundarzt.
cita *f.* [θi'ta] Verabredung *f.*, Stelldichein *n.*; Zitat; **-r** [θita'r] (Beispiele, Buchstelle) anführen; nennen, erwähnen; *jur.* (vor-) laden; *Taur.* (Stier) locken; **estar -do con** ee. Verabredung haben *m.*
cítara *f.* [θi'tara] *mus.* Zither *f.*
citerior *adj.* [θiterʲɔ'r] diesseitig; **España** - röm. Prov. Tarragonien.
cítrico *adj.* [θi'triko]: **ácido** *(m.)* - Zitronensäure *f.*
ciudad *f.* [θʲuða'ð] Stadt *f.*; **- natal** Vaterstadt; **C- Universitaria** (Madrid) Universitätsviertel *n.*; **la C- Eterna** *fig.* Rom; **-anía** *f.* [θʲuðaðani'a] Bürgerrecht *n.*; **-ano** *m.* [θʲuðaða'no] Bürger *m.*, Städter; **-ela** *f.* [θʲuðaðe'la] Zitadelle *f.*
cívico *adj.* [θi'βiko]: **deber** *(m)* - Bürgerpflicht *f.*
civil *adj.* [θiβi'l] bürgerlich, weltlich; **derecho** *(m)* - Zivilrecht *n.*; **guardia** *(f)* - *Span.* (Land-) Gendarmerie *f.*; **registro** *(m.)* - Standes-, Meldeamt *n.*; **-idad** *f.* [θiβiliða'ð] Gesittung *f.*; **-ización** *f.* [θiβiliθaθʲɔ'n] Zivilisation *f.*; **-izado** *adj.* [θiβiliθa'ðo] gesittet, gebildet, zivilisiert; **-izador** *adj.* [θiβiliθaðɔ'r] kulturell; **-izar (se)** [θiβiliθa'rse] zivilisieren, (gute Sitten annehmen.
civismo *m.* [θiβi'zmo] Bürgersinn *m.*
cizalla *f.* [θiθa'ʎa] *techn.* Schere *f.* (m. parallelen Schneiden); **-r** [θiθaʎa'r] *techn.* (Metall, Blech) schneiden.
cizaña *f.* [θiθa'ɲa]: **meter** - *fig.* Unfrieden stiften.
clamar [klama'r] schreien (**por** nach).
clamor *m.* [klamɔ'r] Geschrei *n.*; **-oso** *adj.* [klamɔro'so]: **éxito** *(m)* **-oso** Bombenerfolg *m.*
clandestin|idad *f.* [klandestiniða'ð] Heimlichkeit *f.*; **-o** *adj.* [klandesti'no] heimlich, verstohlen; **comercio** *(m.)* **-o** Schwarzhandel *m.*; **imprenta** *(f.)* **-a** Geheimdruckerei *f.*
clara *f.* [kla'ra] (Wald-) Lichtung *f.*; **- de huevo** Eiweiß *n.*; **- boya** *f.* [klaraβo'ja] *arch.* Oberlicht *n.*
clar|ear [klarea'r] Tag w., (Wald) lichten; **-ete** *m.* [klare'te] ee. Weinsorte *f.*; **-idad** *f.* [klariða'ð] Helle *f.*, Klarheit, Licht *n.*, Schein *m.*; **-ificación** *f.* [klarifikaθʲɔ'n] Klärung *f.*; **-ificar** [klarifika'r] (auf-) klären.
clarín *m.* [klari'n] kleine Trompete *f.*, Horn *n.*
clarividen|cia *f.* [klariβiðe'nθʲa] *fig.* Scharfblick *m.*; **- te** *adj.* [klariβiðe'nte] scharfsichtig.
claro *adj.* [kla'ro] hell, klar, licht; (Himmel) wolkenlos; (Wasser) rein; (Haar) dünn; *fig.* deutlich; **¡ - (está)!** natürlich, selbstverständlich!; **-** *m.* Helle *f.*, Zwischenraum *m.*, Lücke *f.*, (Wald-) Lichtung; **poner en -** aufklären.
clase *f.* [kla'se] Art. *f.*, Gattung, Sorte; (Schul-, Wagen-) Klasse, (Unterrichts-) Stunde, Schulzimmer *n.*, Unterricht *m.*; **- media** Mittelstand *m.*; **toda - de** allerlei; **dar -** unterrichten, Stunde geben; **faltar a la -** (im Unterricht) fehlen; **no tener -** schulfrei haben.
clasi|cismo *m.* [klasiθi'zmo] Klassizismus *m.*; **-cista** *m.* [klasiθi'sta] Anhänger *(m.)* des Klassischen.
clásico *adj.* [kla'siko] kassisch, mustergültig; **(autor)** *(m.)* - Klassiker *m.*

clasifica|ción *f.* [klasifikaθʲɔ'n] Einteilung *f.* (nach Arten, Sorten); *techn.* Klassierung; (Schule) Note; **-dor** *m.* [klasifikaðɔ'r] Briefordner *m.; techn.* Klassiersieb *n.;* **-r.** [klasifika'r] (ein-)ordnen, sortieren, klassifizieren.

claudicar [klauðika'r] en. Kompromiß eingehen; *fam.* umfallen.

cláusula *f.* [kla'usula] Klausel *f.*, Vorbehalt *m.*

clausura *f.* [klausu'ra] Klosterleben *n.;* **sesión** *(f.)* **de** - Schlußsitzung *f.;* **-r** [klausura'r] (Anstalt, Sitzung, Ausstellung schließen.

clava|do *adj.* [klaβa'ðo] genau, pünktlich; **-r** [klaβa'r] nageln, (binein-) stecken, eintreiben.

clave *f.* [kla'βe] *mus.* Schlüssel *m.;* (Telegramm-) Schlüssel, Code.

clavel *m.* [klaβe'l] *bot.* Nelke *f.*

clavicordio *m.* [klaβikɔ'rdʲo] Cembalo *n.*

clavícula *f.* [klaβi'kula] *anat.* Schlüsselbein *n.*

clavija *f.* [klaβi'xa] Stift *m.;* - **de enchufe** elektr. Stecker *m.;* **apretarle a alg. las -s** *fig. fam.* jem. Daumenschrauben aufsetzen.

clavo *m.* [kla'βo] Nagel *m.;* Gewürznelke *f.; SAm.* Ladenhüter *m.;* **dar en el** *-fig.* den Nagel auf den Kopf treffen.

claxón *m.* [kalksɔ'n] *aut.* Hupe *f.*

clemencia *f.* [klame'nθʲa] Gnade *f.*

cler|ecía *f.* [klereθi'a] Geistlichkeit *f.;* **-ical** *adj.* [klerika'l] geistlich klerikal.

clérigo *m.* [kle'rigo] Geistlicher *m.*, Priester.

clero *m.* [kle'ro] Geistlichkeit *f.*, Klerus *m.*

cliché *m.* [kliče'] Klischée *n.*, Druckstock *m.*

cliente *m.* [klʲe'nte] Kunde *m.*, Klient, Käufer; **-la** *f.* [klʲente'la] Kundschaft *f.*

clima *m.* [kli'ma] Klima *n.*, Witterung *f.;* - **de altura** Höhenluft *f.*

climático *adj.* [klima'tiko] klimatisch.

clíni|ca *f.* [kli'nika] Klinik *f.;* **-ca de urgencia** Sanitätswache *f.;* **-co** *adj.* [kli'niko] klinisch.

cloaca *f.* [kloa'ka] Kloake *f.*

clor|hídrico *adj.* [klori'driko]: **ácido** *(m.)* - **hídrico** *chem.* Salzsäure *f.;* **ácido** *(m.)* **clórico** *chem.* Chlorsäure *f.;* **-uro** *m.* [kloru'ro] *chem.* Chlorsalzverbindung *f.;* **-uro de sodio** *chem.* Chlornatrium *n.*, Kochsalz.

club *m.* [klub] Klub *m.*

clueca *f.* [klʷe'ka] Glucke, Gluckhenne.

coacción *f.* [koakθʲɔ'n] Zwang *m.*, *fig.* Druck.

coaccionar [koakθʲona'r] *fig.* en. Druck (Zwang) ausüben auf.

coadyuvar [koadjuβa'r] mithelfen.

coagul|ación *f.* [koagulaθʲɔ'n] Gerinnen *n.;* **-ante** *m.* [koagula'nte] Gerinnungsmittel *n.;* **-ar** [koagula'r] zum Gerinnen bringen; **-arse** [koagula'rse] gerinnen.

coágulo *m.* [koa'gulo] Gerinnsel *n.*

coalición *f.* [koaliθʲɔ'n] Koalition *f.*, Bündnis *n.*, Zusammengehen verschiedener Staaten.

coartada *f.* [koarta'ða]: *jur.* **probar la** - Alibi nachweisen.

coartar [koarta'r] (Freiheit, Willen) einschränken.

coautor *m.* [koautɔ'r] Miturheber *m.*, Mitarbeiter.

coba *f.* [ko'βa]: **dar** - *fig. fam.* Komplimente machen, sehr schmeicheln; em. um den Bart gehen.

cobalto *m.* [koβa'lto] *min.* Kobalt *m.*

cobar|de *adj.* [koβa'rde] feige, ängstlich; - *m.* Feigling, *fam.* Angsthase *m.*, Memme *f.;* **-día** *f.* [koβardi'a] Feigheit *f.*, Angst.

cobijarse [koβixa'rse] Deckung nehmen.

cobra *f.* [ko'βra] (Schlangenart) Kobra *f.*

C

cobra|ble *adj.* [koβra'βle] (Forderung) einziehbar; **-dor** *m.* [koβraðɔ'r] Kassierer *m.*, Schaffner; **-nza** *f.* [koβra'nθa] Inkasso *n.*; **-r** [koβra'r] einnehmen, kassieren; (Schulden, Steuern) eintreiben; (Gehalt, Lohn) bekommen; (Wild) erlegen; (Mut) fassen; **-r fuerzas** wieder zu Kräften kommen; **¡vas a -r!** *fam.* du bekommst gleich Prügel!.

cobre *m.* [ko'βre] Kupfer *n.*

cobro *m.* [ko'βro] Inkasso *n.*, Eintreibung *f.*

cocaína *f.* [kokai'na] Kokain *n.*

cocción *f.* [kokθʲɔ'n] *chem.* (Ab-) Kochen *n.*

cocer [koθe'r] kochen, sieden, bakken; (Bier) brauen; (keram. Waren) brennen; **a medio -** halbgar.

cocido *m.* [koθi'ðo] *Span.* Eintopfgericht *n.*

cocina *f.* [koθi'na] Küche *f.*; **- económica** Sparherd *m.*; **batería** *(f.)* **de -** Kochgeschirr *n. pl.*; **libro** *(m.)* **de -** Kochbuch *n.*; **-r** [koθina'r] *intr.* die Küche besorgen, kochen.

cociner|a *f.* [koθine'ra] Köchin *f.*; **-o** [koθine'ro] Koch *m.*

coco *m.* [ko'ko] Kokosbaum *m.*, - nuß *f.*, -palme; *fig.* Popanz *m.*; **ser uno el - de** e. Schreckgespenst sein; **-drilo** *m.* [kokodri'lo] Krokodil *n.*; **piel** *(f.)* **de -drilo** Krokodilleder *n.*

cocotero *m.* [kokote'ro] Kokospalme *f.*

cóctel *m.* [kokte'l] Cocktail *m.*; **-era** *f.* [koktele'ra] Cocktail-Mischbecher *m.*

coche *m.* [ko'če] Kutsche *f.*, Wagen *m.*; *Eis.* Waggon; *fam.* Auto *n.*; **- camas** *m.* Schlafwagen; **-ra** *f.* [koče'ra] Wagenschuppen *m.*, Remise *f.*, Wagenhalle *f.*

cochin|ada *f.* [kočina'ða] Schweinerei *f.*, Gemeinheit; **-illa** *f.* [kočini'ʎa] Kellerassel *f.*

codazo *m.* [koða'θo] Ellbogenstoß *m.*

codear [koðea'r] m. den Ellbogen stoßen; **-se** [koðea'rse] **con alg.** m. jem. freundschaftlich verkehren.

códice *m.* [ko'ðiθe] Kodex *m.*, alte Handschrift *f.*

codicia *f.* [koði'θʲa] Habsucht, Gier *f.*; **-r** [koðiθʲa'r] begehren, sehnlichst wünschen.

código *m.* [ko'ðigo] Gesetzbuch *n.*; Telegrammschlüssel *m.*; **- de la circulación** Straßenverkehrsordnung *f.*; **- de comercio** Handelsgesetzbuch *n.*

codillo *m.* [koði'ʎo]: **- de cerdo** Eisbein *n.*

codo *m.* [ko'ðo] Ellbogen, (Tiere) Vorderbug *m.*; (Rohr) Knie *n.*; **empinar el -** *fig. fam.* zechen, gerne en. heben; **charlar por los -s** *fig. fam.* viel reden, schwatzen; **romperse los -s** *fig. fam.* büffeln; **comerse uno los -s de hambre** *fig. fam.* buchstäblich hungern.

codorniz *f.* [koðɔrni'θ] Wachtel *f.*

coeficiente *m.* [koefiθʲ'nte] Koeffizient *m.*, Kennzahl *f.*

coetáneo [koeta'neo] zeitgenössisch; **-** *m.* Zeitgenosse *m.*

coexist|encia *f.* [koeksiste'nθʲa] gleichzeitiges Vorhandensein *n.*; **-ente** *adj.* [koeksiste'nte] gleichzeitig bestehend; **-ir** [koeksisti'r] gleichzeitig bestehen *od.* vorhanden sein.

cofre *m.* [ko'fre] Truhe *f.*

coge|dor *m.* koxeðɔ'r] Kehrichtschaufel *f.*; **-r** [koxe'r] (er-), zugreifen; fassen (hineingehen, auffangen, packen, erwischen; (Blumen, Früchte) pflücken; *Taur.* auf die Hörner nehmen; (Krankheit) holen; (Finger) einklemmen; **- r una mona** *fig.* s. en. Rausch antrinken; **no -r a alg. de sorpresa** für jem. keine Überraschung bedeuten; **-r de camino** am Weger liegen; **-r a uno la palabra** jem. beim Wort nehmen; **-r a uno las manos en la masa** jem. auf frischer Tat ertappen; *SAm.* **-r** *vulg.* geschlechtlich verkehren.

cogida *f.* [koxi'ða] *Taur.* Verletzung

(f.) des Stierkämpfers durch den Stier.
cogidos [koxi'ðos]: - **de las manos** Arm in Arm.
cogollo *m.* [kogo'ʎo] (Salat, Kohl) Herz *n.*
cogote *m.* [kogo'te] Hinterkopf, Nakken *m.*; **coger por el** - *fig.* am Kragen packen.
cohabita|ción *f.* [koaβitaθʲɔ'n] Beischlaf *m.*, *jur.* eheliches Zusammenleben *n.*; **-r** [koaβita'r] den Beischlaf vollziehen, *jur.* ehelich zusammenleben.
cohech|ar [koeča'r] bestechen; **-o** *m.* [koe'čo] Bestechung *f.*
coheren|cia *f.* [koere'nθʲa] Zusammenhang *m.*; **-te** *adj.* [koere'nte] zusammenhängend.
cohesión *f.* [koesʲɔ'n] Kohäsion *f.*, Anhaften *n.*
cohete *m.* [koe'te] Rakete *f.*; **como un** - *fig. fam.* blitzschnell.
cohibido *adj.* [koiβi'ðo] befangen.
coincidencia *f.* [koinθiðe'nθʲa] Übereinstimmung *f.*, Zusammentreffen *(n)* v. Umständen, Zufall *m.*; **-dente** *adj.* [koinθiðe'nte] zugleich eintretend; **-dir** [koinθiði'r] zusammenfallen, -treffen, gleichzeitig geschehen, übereinstimmen.
coito *m.* [kɔ'ito] Beischlaf *m.*
cojear [koxea'r] hinken; (Möbel) wakkeln.
cojera *f.* [koxe'ra] Hinken *n.*
cojín *m.* [koxi'n] (Sofa-) Kissen *n.*
cojinete *m.* [kɔxine'te] (Wellen-) Lager *n.*, Lagerbuchse *f.*
cojo *adj.* [kɔ'xo] hinkend; (Möbel) wackelig; - *m.* Hinkender, Lahmer *m.*
co|jón *m.* [koxɔ'n] *vulg.* Hode *f.*; **¡ - jones!** *sehr vulg* verflucht ; **-nudo** *adj.* [koxonu'ðo] fabelhaft, kolosal, toll; *fam.* knorke.
col *f.* [kɔl] Kohl *m.*; - **de Bruselas** Rosenkohl *m.*
cola *f.* [ko'la] Schwanz *m.*; (Tier) Schweif; (Kleid) Schleppe *f.*; (Tischler-) Leim *m.*; **hacer** - *fig.* Schlange stehen; **ir a la** - *fig.* der letzte sein.
colabor|ación *f.* [kolaβoraθʲɔ'n] Mitwirkung, -arbeit *f.*; **-ador** *m.* [kolaβoraðɔ'r] Mitarbeiter *m.*; **-ar** [kolaβora'r] mitarbeiten, -wirken.
colación *f.* [kolaθʲɔ'n] Imbiß *m.*
colad|a *f.* [kola'ða] *techn.* Schmelze *f.* (v. Metallen), Abstich *(m.)* u. Guß *(m.)* v. flüssigen Metallen; **-or** *m.* [kolaðɔ'r] Seiher *m.*, Durchschlag; Sieb *n.*; **-ura** *f.* [kolaðu'ra] *fam.* grober Fehler *m.*, Reinfall, Blamage *f.*
colapso *m.* [kola'pso] *med.* Kolaps *m.*, plötzliche Entkräftung *f.*
colar [kola'r] (durch)seihen; (Flüssigkeiten sieben; (beim Metallguß) abstechen u. in Form gießen; *intr* durcheinsickern; *fig. fam.* weismachen; **-se** s. ein-, durchschleichen, s. ohne Eintrittsgeld hineinstehlen; *fam.* s. irren, hineinfallen, s. blamieren.
col|cha *f.* [kɔ'lča] Bett-, Steppdecke *f.*; **-char** [kɔlča'r] verseilen; **-chón** *m.* [kɔlčo'n] Matratze *f.*
colear (Schwanz) wedeln.
colec|ción *f.* [kolekθʲɔ'n] Sammlung *f.*; *fam.* Haufen *m.*; **-cionar** [kolekθʲɔna'r] sammeln; **-cionista** *m.* [kolekθʲoni'sta] Sammler *m.*; **-ta** *f.* [kolek'ta] Kollekte *f.*, Geldsammlung; **-tividad** *f.* [kolektiβiða'ð] Gemeinschaft, Gesamtheit *f.*; **-tivo** *adj.* [kolekti'βo] gemeinsam, gesamt; **nombre -tivo** *gramm.* Sammelname *m.*; **-tor** *m.* [kolektɔ'r] *techn.* Kollektor *m.*, Sammler.
cole *m.* [ko'le] (Schülersprache) Schule *f.*; **-ga** *m.* [kole'ga] Kollege *m.*, Amtsgenosse; **-giado** *adj.* [kolexʲa'ðo] eingetragen, registriert; **agente** *(m.)* **-giado** (behördlich) zugelassener Handelsvertreter *m.*; **-gial** *m.* [kolexʲa'l] Schulkind *n.*, Schüler *m.*; *adj.* zur Schule

C

gehörig; **-giala** *f.* [kolexʲa'la] Schülerin *f.*; **-giarse** [kolexʲa'rse] ee. (er.) Berufsgruppe bilden (beitreten); **-giata** *f.* [kolexʲa'ta] Stiftskirche *f.*; **-gio** *m.* [kole'xʲo] Schule *f.*, (Berufs-) Kammer, Vereinigung.
coleóptero *m.* [koleɔ'ptero] *zool.* Dekkenflügler *m.*, Käfer.
cólera *m.* [ko'lera] *med.* Cholera *f.*; *- f.* Unwille *m.*, Zorn.
colérico *adj.* [kole'riko] cholerisch, jähzornig.
colga|dero *m.* [kɔlgaðe'ro] Haken *m.* (zum Aufhängen); **-do** *adj.* [kɔlga'ðo] hängend; **-dor** *m.* [kɔlgaðɔ'r] *SAm.* Kleiderrechen *m.*; **-dura** *f.* [kɔlgaðu'ra] Wandbehang *m.*; *Span.* an Balkons angebrachte Fahnentücher; **-jo** *m.* [kɔlga'xo] (Haut-) Fetzen, Lappen *m.*; **-nte** *adj.* [kɔlga'nte]: **puente** *(m.)* **-nte** Hängebrücke *f.*; *- m.* (Schmuck) Anhänger *m.*; **-r** [kɔlga'r] (an-), (auf-), (be)-hängen; henken.
colibrí *m.* [kolibri'] *zool.* Kolibri *m.*
cólico *m.* [ko'liko] *med.* Kolik *f.*, Bauchgrimmen, -schneiden *n.*
coliflor *f.* [kolifIɔ'r] Blumenkohl *m.*
colilla *f.* [koli'ʎa] (Zigarren-), Zigaretten- Stummel *m.*
colina *f.* [koli'na] Anhöhe *f.*, Hügel *m.*
colindante [kolinda'nte] (Gelände) angrenzend.
colisión *f.* [kolisʲɔ'n] Zusammenstoß *m.*; *fig.* Streit *m.*, Reibung *f.*
colitis *f.* [koli'tis] *med.* Darmkatarrch *m.*
colmado *m.* [kɔlma'ð*] *adj.* überhäuft, voll; *- m.* (Andalusien) (Art) Weinstube *(f.)* m. Kurzgerichten; (Barcelona) Lebensmittelgeschäft *n.*
colmar [kɔlma'r] (an-) füllen, -häufen; **- de** überhäufen *m.*
colme|na *f.* [kɔlme'na] Bienenkorb *m.*; **-ero** *m.* [kɔlmener'o] Imker *m.*
colmillo *m.* [kɔlmi'ʎo] Augenzahn *m.*, Hauer, Stoßzahn.
colmo *m.* [kɔ'lmo] Übermaß ; *fig.* Gipfel *m.*; Höhe *f.*; **¡es el -!** *fam.* da hört sich aber alles auf!.
colocación *f.* [kolokaθʲɔ'n] (An-) (Auf-) Stellung *f.*, Stelle, (Geld-) Anlage; (Waren) Anbringung.
colocar [kɔloka'r] (an-), (auf-) stellen; (Waren) anbringen; (Gelder) anlegen; setzen; *Taur.* (banderillas) placieren, (dem Stier Banderillas in den Nacken) stechen; **-se** [kɔloka'rse] ee. Stellung annehmen, –finden (**con, en** bei, in).
colofón *m.* [kolofɔ'n] *typ.* Schlußvermerk *m.* (am Buchende); *fig.* Abschluß.
Colombia *f.* [kolɔ'mbia] (Land) Kolumbien *n.*; **c5ñno** *m.* [kolɔmbia'no] Kolumbianer *m.*
colombino *adj.* [kolɔmbi'no] auf Kolumbus bezüglich.
colombófilo *adj.* [kolombɔ'filo]: **sociedad** *(f.)* **-a** Taubenzüchterverein *m.*
Colonia *f.* [kolo'nʲa] Köln *n.*, **agua** *(f)* **de -** Kölnisches Wasser *n.*
colo|nia *f.* [kolo'nʲa] Kolonie *f.*, (An-) Siedlung; **-nia veraniega** Ferienkolonie *f.*; **-nial** *adj.* [kolonʲ'l] auf Kolonie bezüglich; **-nización** *f.* [koloniθaθʲɔ'n] (Be-) Siedlung *f.*; **-nizador** *m.* [koloniθaðɔ'r] Siedler *m.*; **-nizar** [koloniθa'r] besiedeln, kolonisieren; **-no** *m.* [kolo'no] Kolonist *m.*, Ansiedler, Pachtbauer.
coloquio *m.* [kolo'kʲo] (Zwie-) Gespräch *n.*
color *m.* [kolɔ'r] Farbe *f.*, Färbung, Schminke; **- de tierra** erdfarben; **gente** *(f.)* **de -** farbige Völker *n. pl.*; **película** *(f.)* **en -es** Farbfilm *m.*; **de -** farbig; **subido de -** *fig. fam.* (Geschichten) pikant, ziemlich gepfeffert; **sacarle a uno los -es al rostro** *fig. fam.* jem. die Schamröte ins Gesicht treiben; **perder el -** (Stoffe, Tapeten usw.) verschießen; **-ación** *f.* Färbung *f.*; **-ado** *adj.* [kolɔra'ðo] farbig, rot; **-ante** *m.* [kolɔra'nte]

Farbstoff *m.;* **-ear** [kolɔrea'r] Farbe annehmen; **-ete** *m.* [kolɔre'te] Schminke *f.;* Lippenstift *m.*

colos|al [kolɔsa'l] fabel-, riesenhaft, kolossal; **-o** [kolɔ'so] Koloß *m.*

columna *f.* [kolu'mna] Säule *f.; typ.* Spalte; *mil.* Kolonne.

columpl|iar(se) [kolump^ja'rse] (s.) schaukeln; *fig. fam.* hineinfallen, s. blamieren, en. Fehler begehen; **-io** *m.* [kolu'mp^jo] Schaukel *f.*

collado *m.* [koʎa'ðo] Anhöhe *f.*, Hügel *m.*

collar *m.* [koʎa'r] (Hunde-) Halsband *n.*, Kummet; *techn.* (eng anliegender) Ring *m.*

collera *f.* [koʎe'ra] Kummet *n.;* **-s** *f. pl. SAm.* (Hemd-), Manschettenknöpfe *m. pl.*

coma *f.* [ko'ma] *gramm.* Komma *n.*, Beistrich *m.;* - *med.* Koma *n.*

coma|dre *f.* [koma'dre] Gevatterin *f.*, Frau Nachbarin; *fam.* Klatschbase; **-dreo** *m.* [komadre'o] Klatsch *m.;* **-drona** *f.* [komadro'na] Hebamme *f.*

comandan|cia *f.* [komanda'nθ^ja] Kommandantur *f.;* **-te** *m.* [koman] da'nte] Kommandant, Major *m.;* **-dita** *adj.* [kommandi'ta]: **sociedad** (*f.*) **en -dita** Kommanditgesellschaft *f.*

comarca *f.* [koma'rka] Gegend *f.*, Gebiet *n.* Landstrich *m.*

comba *f.* [kɔ'mba] Biegung *f.*, Krümmung, Springseil *n.;* **-rse** [komba'rse] (Holz) s. werfen.

comba|te *m.* [komba'te] Kampf *m.;* Gefecht *n.;* **-tiente** *m.* [kɔmbat^je'nte] (Mit-) Kämpfer *m.*, Kriegsteilnehmer; **-tir** [kɔmbati'r] (be-)kämpfen.

combina|ción *f.* [kɔmbinaθ^jɔ'n] Kombination, Zusammenstellung *f.;* (Frauen) Hemd (*n.*) u. Hose (*f.*) (gleicher Farbe); *chem.* Verbinding *f.;* **estropear la -ción** den Plan verderben; **-r** [kɔmbina'r] kombinieren, zusammenstellen.

combusti|ble *m.* [kɔmbusti'βle] Brennstoff *m.;* **-ón** *f.* [kɔmbust^jɔ'n] Verbrennung *f.*

comedia *f.* [kome'θ^ja] Komödie *f.*, Lustspiel *n.; fig.* Verstellung *f.;* **-nta** *f.* [komeð^ja'nta] Schauspielerin *f.;* **-nte** *m.* [komeð^ja'nte] Schauspieler *m.*

comedido [komeði'ðo] höflich, bescheiden.

comedor *m.* [komeðɔ'r] Eßzimmer *n.*, Speisesaal *m.*

comensal *m.* [komensa'l] Tischgast *m.*

comentar [komenta'r] auslegen, erläutern, kritisieren; **-io** *m.* [komenta'rio] Kommentar *m.*, Auslegung *f.*

comenzar [komenθa'r] anfangen, beginnen, anschneiden.

comer [kome'r] (zu Mittag) essen, speisen, verzehren; (Tiere) fressen; (Worte) verschlucken; **antes de -** vor Tisch; **ganas** (*f.pl.*) **de -** Eßlust *f.;* **dar de -** füttern.

comer|ciante *m.* [komerθ^ja'nte] Kauf-, Geschäftsmann *m.;* **-ciar** [ko] merθ^ja'r] handeln, Handel treiben (**con** od. **en m.;** **-cio** [komerθ^jo] Handel *m.;* Handlung *f.*, Geschäft *n.*, Laden *m.;* **escuela** (*f.*) **de comercio** Handelsschule *f.*

comestible *adj.* [komesti'βle] eßbar; **-s** *m. pl.* [komesti'βles] Eßwaren *f. pl.;* **tienda** (*f.*) **de -s** Lebensmittelgeschäft *n.;* **comercio** (*m.*) **de -s finos** Feinkosthandlung *f.*

cometa *m.* [kome'ta] *astr.* Komet *m.;* f. (Papier-) Drache *m.*

cometer [komete'r] (Fehler) begehen; (Verbrechen) verüben.

cometido *m.* [kometi'ðo] Aufgabe *f.*, Pflicht.

comible *adj.* [komi'βle] genießbar.

cómic|a *f.* [ko'mika] Schauspielerin *f.;* **-o** *m.* Komiker *m.* Schauspieler; *adj.* [ko'miko] komisch, lustig.

comida *f.* [komi'ða] Essen *n.*, Nahrung *f.*, Speise; Schmaus *m.;*

(Mittags-, Gast-) Mahl *n.*; - **casera** Hausmannskost *f.*

comienzo *m.* [kom'e'nθo] Anfang *m.*, Beginn.

comi|lón *m.* [komilɔ'n] starker Esser *m.*, Vielfraß, *fam.* Freßsack; **-lona** *f.* [komilo'na] starke Esserin *f.*, Schlemmermahl *n.*, *vulg.* Fresserei *f.*

comillas *f. pl.* [komi'ʎas] Anführungszeichen *n. pl.* Gänsefüßchen; **entre** - in Gänsefüßchen.

comino *m.* [komi'no] Kümmel *m.*, Kümmelkorn *n.*

comis/aría *f.* [komisari'a] Polizeiwache *f.*; **-ario** *m.* [komisa'rʲo] Kommisar *m.*, Polizeiinspektor; **-ión** *f.* [komisʲɔ'n] Auftrag *m.*, Ausschuß; Abordnung *f.*, Provision, Kommission, Delegation.

comi|té *m.* [komite'] Komitee *n.*, Ausschuß *m.*; **-tente** *m.* [komite'nte] Auftraggeber *m.*

comitiva *f.* [komiti'βa] Begleitung *f.*, Gefolge *n.*

como [ko'mo] *adv.* (so-)wie, als; annähernd, etwa, ungefähr; - **quien dice** sozu agen; **¿cómo?** wie?, was?, warum?; **¡ -!** was Sie sagen!; **¡ - que no!** wieso nicht!; **¡ - no!** selbstverständlich; - **si tal cosa** als ob nichts dabei wäre.

cómoda [ko'moða] Kommode *f.*

comodidad *f.* [komoðiða'ð] Bequemlichkeit; **a su** - nach ihrem Belieben; **-es** *f. pl.* Komfort *m.*

cómodo *adj.* [ko'modo] bequem.

compacto *adj.* [kɔmpa'kto] dicht, kompakt.

compadecer [kɔmpaðeθe'r] bemitleiden; **-se** Mitleiden haben (**de** m).

compadre *m.* [kɔmpa'dre] Gevatter *m.*, *fam.* Freund.

compaginar(se) [kɔmpaxina'rse] in Einklang bringen; (zusammen passen, s. vertragen.

comp/añera *f.* [kɔmpaɲe'ra] Begleiterin *f.*, (Lebens-) Gefährtin, Kameradin; **-añerismo** *m.* [kɔmpaɲeri'zmo] Kameradschaft *f.*, Kollegialität; **-añero** *m.* [kɔmpaɲe'ro] Begleiter *m.*, (Lebens-) Gefährte, (Amts-) Genosse, Kollege, Mitschüler; *fig.* Seiten-, Gegenstück *n.*; **-añía** *f.* [kɔmpaɲi'a] Begleitung *f.*, Gesellschaft; (Schauspieler-) Truppe, Ensemble *n.*; *mil.* Kompanie *f.*

compara|ble *adj.* [kɔmpara'βle] vergleichbar; **-ción** *f.* [kɔmparaθʲɔ'n] Vergleich *m.*; **-r** [kɔmpara'r] vergleichen, gegenüberstellen; **-tivo** *adj.* [kɔmparati'βo] vergleichend.

compare|cencia *f.* [kɔmpareθe'nθʲa] *jur.* Erscheinen *n.*; **-cer** [kɔm] pareθe'r] *jur.* vor Gericht erscheinen.

comparsa *m.* (*f.*) [kɔmpa'rsa] *theat.* Statist *m. f.*; Karnevaltrupp *m.*

compart|imiento *m.* [kɔmpartimʲe'nto] Abteil (ung) *n.* (*f.*), Fach *n.*; **-ir** [kɔmparti'r] (genau) ver-)teilen.

compás *m.* [kɔmpa's] Kompaß *m.*, Takt, Zirkel.

compatib|ilidad *f.* [kɔmpatiβiliða'ð] Vereinbarkeit *f.*; **-le** *adj.* [kɔmpati'βle] vereinbar.

compatriota *m.* (*f.*) [kɔmpatrʲo'ta] Landsmann *m.*, (-männin) (*f*).

compen|diar [kɔmpendʲa'r] abkürzen, zusammenfassen; **-dio** *m.* [kɔmpe'ndʲo] Abriß *m.*, Auszug, Leitfaden.

compenetra|ción *f.* [kɔmpenetraθʲɔ'n] Eindringen *n.* (in Einzelheiten), Verständnis; **-arse** [kɔmpenetra'r] se] eindringen (in alle Einzelheiten).

compensa|ción *f.* [kɔmpensaθʲɔ'n] Ausgleich, Ersatz *m.*, Verrechnung *f.*; **-r** [kɔmpensa'r] ausgleichen, entschädigen, ersetzen, verrechnen; (Verlust) aufwiegen; **-rse** s. ausgliechen.

compet|encia *f.* [kɔmpete'nθʲa] Konkurrenz *f.*, Wettkampf, -bewerb *m.*; Zuständigkeit *f.*; **-ente** *adj.*

[kɔmpete'nte] befugt, zuständig; **-er** [kɔmpete'r] *jur.* (rechtmäßig) zustehen; **-idor** *m.* [kɔmpetiðɔ'r] Konkurrent *m.*, Mitbewerber, Nebenbuhler; **-ir** [kɔmpeti'r] konkurrieren, s. mitbewerben, wetteifern.
compilar [kɔmpila'r] (Texte, Daten) zusammenstellen.
compla|cencia *f.* [kɔmplaθe'nθʲa] Gefälligkeit *f.*; **-cer** [kɔmplaθe'r] gefällig sein; **-cerse** s. freuen **(en** zu); **-ciente** *adj.* gefällig.
comple|jo *adj.* [kɔmple'xo] verwickelt; **-mentar** [kɔmplementa'r] ergänzen, vervollständigen; **-mento** *m.* [kɔmpleme'nto] Ergänzung *f.*; **-tamente** *adv.* [kɔmpletame'nte] ganz u. gar, vollkommen, völlig, gänzlich; **-tar** [kɔmpleta'r] ergänzen, vervollständigen; **-to** *adj.* [kɔmple'to] vollständig, -kommen; (Wagen) besetzt; **-plexión** *f.* [kɔmpleksʲɔ'n] Leibesbeschaffenheit *f.*
compli|cación *f.* [kɔmplikaθʲɔ'n] Verwickelung, -kettung *f.*; **-car(se)** [kɔmplika'rse] verwickeln; (Krankheit) s. verschlimmern.
cómplice *m.* [kɔ'mpliθe] Komplize *m.*, Mitschuldiger, Helfershelfer.
complicidad *f.* [kɔmpliθiða'ð] Mitschuld *f.*
complot *m.* [kɔmplɔ't] Verschwörung *f.*
componedor *m.* [kɔmponeðɔ'r]: **amigable** - Schiedsrichter *m.*
componer [kɔmpone'r] zusammensetzen, in Ordnung bringen, komponieren; (Schuhe) ausbessern; *typ.* setzen; **-se** bestehen **(de** aus.
compor|tamiento *m.* [kɔmpɔrtamʲe'nto] Benehmen *n.*, Betragen, Verhalten; **-tarse** [kɔmpɔrta'rse] s. benehmen, s. verhalten, s. aufführen.
composi|ción *f.* [kɔmposiθʲɔ'n] Zusammensetzung *f.*, Dichtung; *mus.* Komposition; (Schule) Aufsatz *m.*; *typ.* Satz; *chem.* Verbindung *f.*; **-tor** *m.* [kɔmpositɔ'r] Tondichter *m.*, Komponist; *typ.* Setzer.
compostura *f.* [kɔmpɔstu'ra] Zusammensetzung *f.*, Ausbesserung, Reparatur, Anstand *m.*
compota *f.* [kɔmpo'ta] Kompott *n.*
compra *f.* [kɔ'mpra] (An-), (Ein-) Kauf *m.*; **ir a la** - auf den Markt (einkaufen) gehen; **-dor** *m.* [kɔmpraðɔ'r] Käufer *m.*; **-r** [kɔmpra'r] (ab-) kaufen; **-r a plazos** auf Ratenzahlung kaufen.
compren|der [kɔmprende'r] begreifen, einsehen, verstehen, einschließen, umfassen; **se -de que** es ist klar, daß; **-sión** *f.* [kɔmprensʲɔ'n] Verständnis *n.*
compresa *f.* [kɔmpre'sa] *med.* Kompresse *f.*, Umschlag *m.*
compre|sión *f.* [kɔmpreʲɔ'n] Zusammendrückung *f.*, Kompression; **-sor** [kɔmpresɔ'r] Kompressor *m.*
compri|mido *adj.* [kɔmprimi'ðo]: - *m.* Tablette *f.*; **-mir** [kɔmprimi'r] zusammendrücken, -pressen, verdichten.
compro|bable [kɔmproβaβle] feststellbar; **-bación** *f.* [kɔmproβaθʲɔ'n] Feststellung *f.*, Nachweis *m.*; **-bante** *m.* [kɔmproβa'nte] Beleg *m.*, *jur.* Beweismittel *n.*; **-bar** [kɔmproβa'r] feststellen, nachweisen, nachprüfen.
comprome|tedor *adj.* [kɔmpro] meteðɔ'r] (Lage) heikel, verdächtig; **-ter** [kɔmpromete'r] bloßstellen, in ee. heikle Lage bringen; **-terse** s. verpflichten, s. in Gefahr bringen; **-tido** [kɔmprometi'ðo] gefährlich, heikel, verpflichtet; **estar -tido** schon etw. vorhaben.
compromiso *m.* [kɔmpromi'so] Verpflichtung *f.*, Verabredung; (Preise) **sin** - freibleibend; **-s** *m. pl.* (Zahlungs-) Verbindlichkeiten *f. pl.*
compuerta *f.* [kɔmpʷe'rta] Schutztür *f.*, Schleuse, Schotttür.

C

compuesto *adj.* [kɔmpʷe'sto] (Zahl) zusammengesetz.
compungido *adg.* [kɔmpuɲxi'ðo] zerknirscht, reuevoll.
computar [kɔmputa'r] aus-, berechnen.
cómputo *m.* [kɔ'mputo] Berechnung *f.*
comulgar [komulga'r] das heilige. Abendmahl nehmen.
común *adj.* [komu'n] allgemein, gemeinsam, gewöhnlich; **de - acuerdo** nach gegenseitiger Übereinkunft; **sentido** *(m.)* - gesunder Menschenverstand *m.;* **cámara** *(f.)* **de Comunes** *pol.* Unterhaus *n.;* **-al** *adj.* [komuna'l] Gemeinde-, Komunal-; **-ero** *m.* [komune'ro] *pol.* Anhänger *(m)* der Comunidades de Castilla (Zeit Karls V.).
comuni|ción [komunikaθʲɔ'n] Mitteilung *f.*, Verbindung; **- telefónica** Telefonverbindung *f.;* **medio** *(m.)* **de** - Verkehrsmittel *n.;* **-car** [komunika'r] mitteilen, verbinden; **-cativo** *adj.* [komunikati'βo] mitteilsam; **-dad** *f.* [komuniða'ð] Gemein-, Körperschaft *f.;* Klostergemeinde; **-ón** *f.* [komunʲɔ'n] heilige Kommunion *f.*, heiliges Abendmahl *n.;* **-smo** *m.* [komuni'zmo] Kommunismus *m.;* **-sta** *m.* [komuni'sta] Kommunist *m.*
comúnmente *adj.* [komunme'nte] gewöhnlich, allgemein.
con [kɔn] mit; **- eso** hierauf, dann; (einleitend) **- que** folglich, also; **- tal que** wenn, wofern; **- todo** trotz alledem.
conato *m.* [kona'to] Versuch *m.*
concavidad *f.* [kɔɲkaβiða'ð] konkave Form *f.*, Höhlung.
cóncavo *adj.* [kɔ'ɲkaβo] konkav, hohl.
concebir [konθeβi'r] (biologisch) empfangen; *fig.* begreifen, ausdenken, (Plan) entwerfen; (Hoffnungen) s. machen.
conceder [konθeðe'r] gewähren, zugestehen, bewilligen; (Wort) erteilen; (Frist) geben.
conce|jal *m.* [konθexa'l] Ratsherr Stadtverordneter, -rat *m.;* **-jo** *m* [konθe'xo] Stadtrat *m.*
concen|tración *f.* [konθentraθʲɔ'n] Konzentration *f.*, Konzentrierung (Erz) Anreicherung; *chem* (Mischungs-, Lösungs-) Verhältnis *n.;* **-trado** *adj.* [konθentra'ðo] konzentriert; (Lösung) gesättigt; **-trar** [konθentra'r] (Truppen) zusammenziehen, konzentrieren; **-trarse** [konθentra'rse] *fig.* s. sammeln; **concéntrico** *adj.* [konθe'ntriko] konzentrisch.
concep|ción *f.* [kɔnθepθʲɔ'n] Befruchtung *f.*, Empfägnis, *fig.* Auffassung; **C -ión** *Span.* Frauenname; **-to** *m.* [kɔnθe'pto] Begriff *m.*, Meinung *f.;* **en -to de** in der Eigenschaft als.
concerniente a [kɔnθernʲ'nte] hinsichtlich, betreffend.
concer|nir [kɔnθerni'r] anbelangen, betreffen; *f.* **-tar** [kɔnθerta'r]. (Geschäft, Versicherung ab-schließen; (Vertrag schließen; **-tista** *m.* [kɔnθerti'sta] Konzertsänger, spieler *m.*
conce|sión *f.* [kɔnθesʲɔ'n] Erlaubnis *f.*, Genehmigung, Bewilligung, Lizenz, Zugeständnis *n.;* **-sionario** *m.* [kɔnθesʲɔna'rʲɔ] Lizenzinhaber *m.*, Alleinverkäufer.
concien|cia *f.* [kɔnθʲe'nθʲa] Gewissen *n.;* **a -cia** gewissenhaft; **sin -cia** gewissenlos.
concierto *m.* [kɔnθʲe'rto] Konzert *n.*, Vereinbarung *f.;* **sin orden ni -** aufs Geratewohl.
conci|liable *adj.* [kɔnθilʲa'βle] vereinbar; **-liábulo** *m.* [kɔnθilʲa'βulo] *fig.* geheime Zusammenkunft *f.;* **-liación** *f.* [kɔnθiʲaθʲɔ'n] Aus-, Versöhnung *f.;* **-liador** *adj.* [kɔnθilʲaðɔ'r] friedlich, versöhnlich; **-liar** [kɔnθiʲa'r] in Einklang bringen;

-liarse [kɔnθilʲa'rse] s. versöhnlich; **-lio** *m.* [kɔnθilʲo] Konzil *n.*

conci|sión *f.* [kɔnθisʲɔ'n] Gedrängtheit, Kürze *f.;* **-so** *adj.* [kɔnθi'so] kurz (-gefaßt, bündig.

cónclave *m.* [kɔ'ŋklaβe] (Papstwahl) Versammlung (*f.*) der Kardinäle.

conclu|ir [kɔŋklui'r] (ab), (be-) schließen, folgern; *intr.* enden, aus *od.* fertig sein; **¡y asunto -ído!** und damit basta!; **-sión** *f.* [kɔɲklusʲo'n] (Schluß) Folgerung *f.*, Vollendung, Abschluß *m.;* **en -sión** kurz u. gut; **-so**: *jur.* (Rechtsfall **dar por -so** für spruchreif erklären.

concor|dancia *f.* [kɔŋkɔrda'nθʲa] Einklang *m.*, Übereinstimmung *f.;* **-dar** [kɔŋkɔrda'r] übereinstimmen, entsprechen; **-dato** *m.* [kɔŋkɔrda'r] Konkordat *n.;* Vertrag (*m.*) zwischen Staat u. Kirche; **-de** *adj.* [kɔŋkɔ'rde] einstimmig; **-dia** *f.* [kɔŋkɔ'rdʲa] Eintracht *f.*

concre|tar [kɔŋkreta'r] kurz zusammenfassen, deutlich ausdrücken; **-tarse** [kɔŋkreta'rse] s. beschränken (**a** auf); **-to** *m.* [kɔŋkre'to] *SAm.* (Eisen-) Beton *m.*

concu|bina *f.* [kɔŋkuβi'na] Beischläferin *f.*, Geliebte.

concurr|encia *f.* [kɔɲkurre'nθʲa] Zulauf *m.*, Menschenmenge *f.;* Publikum *n.*, Besucher *m. pl.* Anwesende; **-ente** *m.* [kɔɲkurre'nte] Teilnehmer *m.*, Besucher; **-ido** *adj.* [kɔɲkurri'ðo] (Gegend) stark besucht; **-ir** [kɔɲkurri'r] s. einfinden, s. versammeln, zusammenkommen, teilnehmen (**a** an), (Umstände) zusammentreffen.

concurso *m.* [kɔɲku'rso] Wettbewerb *m.*, Beistand, Mitarbeit *f.;* (Umstände) Zusammentreffen *n.;* (Gläubiger) Versammlung *f.;* Mitwirkung.

concha *f.* [kɔ'nča] Muschel (-Schale) *f.*, Schildplatt *n.*, Schneckenhaus; (muschelförmige Bucht *f.;* Souffleurkasten *m.*, Degenkorb.

conchabar [kɔnčaβa'r] *SAm.* anstellen, in Dienst nehmen.

con|dado *m.* [kɔnda'ðo] Grafschaft *f.*

condeco|ración *f.* [kɔndekoraθʲɔ'n] Auszeichnung *n.*, Orden *m.;* **-rar** [kɔndekora'r] m. em. Orden auszeichnen.

condena *f.* [kɔnde'na] Strafe *f.*, Verurteilung; *jur.* Strafzeit; **-ble** *adj.* [kɔndena'βle] strafbar, verwerflich; **-ción** *f.* [kɔndenaθʲɔn] Verurteilung *f.*, *rel.* Verdammnis; **-do** *m.* [kɔndena'ðo] Verurteilter *m.*, Verdammter; **-r** [kɔndena'r] verurteilen (**a** zu), verdammen.

conden|sación *f.* [kɔndensaθʲɔ'n] Kondensation *f.*, Verdichtung; **-sador** *m.* [kɔndensaðɔ'r] Kondensator *m.*, Verdichter, Verflüssiger; **-sar** [kɔndensa'r] verdichten, dicken; (Feuchtigkeit niederschlagen.

condescen|dencia *f.* [kɔndesθende'nθʲa] Nachgiebigkeit *f.;* **-der** [kɔndesθende'r] eingehen (**en** auf.

condestable *m.* [kɔndesta'βle] Konnetable *m.*, Konstabler.

condición *f.* [kɔndiθʲɔ'n] Bedingung *f.*, Beschaffenheit, Voraussetzung, Zustand *m.;* **estar en -ones** in der Lage sein; **en buenas (malas) -ones** gut (schlecht) beschaffen, (nicht einwandfrei).

condiment|ación *f.* [kɔndimentaθʲɔ'n] Würzung *f.;* **-ar** [kɔndimenta'r] würzen; **-o** *m.* [kɔndime'nto] Würze *f.*, Gewürz *n.*

condiscípulo *m.* [kɔndisθi'pulo] Mitschüler *m.*

condol|encia *f.* [kɔndole'nθʲa] Bei-, Mitleid *n.*, Mitgefühl; **-er** [kɔndole'r] bemitleiden; **-erse** [kɔndole'rse] Mitleid haben (**de** für).

condón *m.* [kɔndo'n] Präservativ *n.*, Gummischutz *m.*

condon|ación *f.* [kɔndonaθʲɔ'n] Straferlaß *m.*; **-ar** [kɔndona'r] (Strafe) erlassen.

cóndor *m.* [kɔ'ndɔr] *zool.* Kondor *m.*, Andengeier.

conduc|ción *f.* [kɔndukθʲɔ'n] (Über-) Führung *f.*; (Fahrzeug Lenkung; (Wasser) Leitung; (Leiche) Beisetzung; **-ir** [kɔduθi'r] führen, leiten, lenken, befördern; **-irse** s. aufführen; **-ta** *f.* [kɔnduk'ta] Benehmen, Betragen *n.*; **-to** *m.* [kɔndu'kto] Kanal *m.* Leitung *f.*, Röhre.

conectar [konekta'r] schalten, verbinden.

cone|jera *f.* [konexe'ra] Kaninchenbau *m.*; **-jo** *m.* [kone'xo] Kaninchen *n.*

conexión *f.* [koneksʲɔ'n] Verbindung, *f.*, -knüpfung, *tech.* Schaltung, Anschluß *m.*

confabula|ción *f.* [kɔmfaβulaθʲɔ'n] Verschwörung *f.*; **--dor** *m.* [kɔmfaβulaðɔ'r] Verschwörer *m.*; **-arse** [kɔmfaβula'rse] s. verschwören.

confec|ción *f.* [kɔmfekθʲɔ'n] Anfertigung *f.*, Herstellung; **-cionar** [kɔmfekθʲona'r] anfertigen, herstellen.

confedera|ción *f.* [kɔmfeðeraθʲɔ'n] Bund *m.*, Bündnis *n.*; **-do** *m.* [kɔmfeðera'ðo] Bundesgenosse *m.*; **-rse** [kɔmfeðera'rse] en. Bund schließen.

confer|encia *f.* [kɔmfere'nθʲa] Besprechung *f.*, Konferenz, Vortrag *m.*; **-encia telefónica** Telefongespräch *n.*; **-enciante** *m.* [kɔmferenθʲa'nte] Vortragender *m.*; **-ir** [kɔmferi'r] (Amt) verleihen; (Vollmacht) erteilen.

confe|sarse [kɔmfesa'rse] beichten (**con** bei); eingestehen; **-sión** *f.* [kɔmfesʲɔ'n] (Glaubens-) Bekenntnis *n.*, Eingeständnis, Beichte *f.*; **-sor** *m.* [kɔmfesɔ'r] Beichtvater *m.*

confia|do *adj.* [kɔmfia'ðo] leichtgläubig, vertrauensvoll; **-nza** *f.* [kɔmfia'nθa] Ver-, Zutrauen *n.*; **cargo** (*m.*) **de -naza** Vertrauensposten *m.*; **-r** [kɔmfia'r] vertrauen (**en** auf), anvertrauen.

confiden|cia *f.* [kɔmfiðe'nθʲa] Vertrauen *n.*; **-cial** *adj.* [kɔmfiðenθʲa'l] vertraulich; **-te** *m.* [kɔmfiðe'nte] Vertraute *m.*

configuración *f.* [kɔmfiguraθʲɔ'n] (Gelände) Gestaltung *f.*

confín *m.* [kɔmfi'n] Grenze *f.*

confina|miento *m.* [kɔmfinamʲe'nto] Verbannung *f.*; **-r** [kɔmfina'r] verbannen, des Landes verweisen.

confir|mación *f.* [kɔmfirmaθʲɔ'n] Bestätigung *f.*, Firmelung, Konfirmation; **-mar** [kɔmfirma'r] bestätigen, firmeln, konfirmieren.

confisca|ción *f.* [kɔmfiskaθʲɔ'n] Beschlagnahme *f.*, Einziehung, **-r** [kɔmfiska'r] beschlagnahmen, einziehen.

confit|eria *f.* [kɔmfiteri'a] Konditorei *f.*; **-ura** *f.* [kɔmfitu'ra] Marmelade *f.*, Eingemachtes *n.*

conflicto *m.* [kɔmfli'kto] Konflikt *m.*, Zusammenstoß.

conflu|encia *f.* [kɔmflʷe'nθʲa] Zusammenfluß *m.* (zweier Flüsse); **-ir** [kɔmflui'r] zusammenfließen.

confor|mación *f.* [kɔmformaθʲɔ'n] Gestaltung *f.*; **-marse** [kɔmfɔrma'rse] s. abfinden, s. begnügen; **-me** *adj.* [kɔmfɔ'rme] gleichlautend, übereinstimmend; **¡-me** einverstanden.

confort *m.* [kɔmfɔ'r] Komfort *m.*, Bequemlichkeit *f.*; **-ación** *f.* [kɔmfɔrtaθʲɔ'n] Stärkung *f.*; **-ar** [kɔmfɔrta'r] stärken.

confraternidad *f.* [kɔmfraterniða'ð] Verbrüderung *f.*

confronta|ción *f.* [kɔmfrɔntaθʲɔ'n] Gegenüberstellung, Vergleichung; **-r** [kɔmfrɔnta'r] gegenüberstellen, vergleichen.

confu|ndir(se) [kɔmfundi'rse] ver-

wechseln; (s. irren, aus der Fassung kommen; **-sión** *f.* [kɔmfusʲɔ'n] Unordnung *f.*, Verwirrung, Durcheinander *n.*; **-so** *adj.* [kɔmfu'so] verwirrt, undeutlich.
congela|ción *f.* [kɔŋxelaθʲɔ'n] Gefrieren *n.*, Einfrieren; **punto** (*m.*) **de -ción** Gefrierpunkt *m.*; **-rse** [kɔŋxela'rse] gefrieren.
congeniar [kɔŋxenʲa'r] s. vertragen, gut auskommen (**con alg.** m. jem..
congénito *adj.* [kɔŋxe'nito] angeboren.
conges|tión *f.* [kɔŋxestʲɔ'n] (Blut-) Andrang *m.*; (Verkehr) Stockung *f.*; **-tionarse** [kɔŋxestʲona'rse] en. Blutandrang haben.
conglome|ración *f.* [kɔŋglomeraθʲɔ'n] *min.* Anhäufung *f.*; **-rarse** [kɔŋglomera'rse] s. anhäufen.
congo|ja *f.* [kɔŋgo'xa] Angst *f.*, Kummer *m.*; **-jar** [kɔŋgoxa'r] ängstigen, betrüben.
congraciarse [kɔŋgraθʲa'rse] s. lieb Kind machen (**con** bei).
congratu|lación *f.* [kɔŋgratulaθʲɔ'n] Glückwunsch *m.*; **-lar** [kɔŋgratula'r] beglückwünschen.
congre|gación *f.* [kɔŋgregaθʲɔ'n] *rel.* Verein *m.*, Versammlung *f.*; **-gante** *m.* [kɔŋgrega'nte] Mitglied (*n.*) es. kirchl. Vereins; **-gar(se)** [kɔngrega'rse] (s.) versammeln; **-sista** *m.* [kɔɲgresi'sta] Kongreßteilnehmer *m.*; **-so** *m.* [kɔŋgre'so] Kongreß *m.*, Tagung *f.*, **-so de los diputados** Abgeordnetenhaus *n.*
congrio *m.* [kɔ'ŋgrʲo] *zool.* Meeraal *m.*
congruencia *f.* [kɔngrʷe'nθʲa] Übereinstimmung *f.*, Kongruenz.
cónico [ko'niko] kegelförmig.
coníferas *f. pl.* [koni'feras] Nadelhölzer *m. pl.*
conjetura *f.* [kɔŋxetu'ra] Vermutung *f.*
conjuga/ción *f.* [kɔŋxugaθʲɔ'n] *gramm.* Abwandlung *f.*; **-r** [kɔɲxuga'r] *gramm.* abwandeln.
conjun|ción *f.* [kɔŋxunθʲɔ'n] *gramm.* Bindewort *n.*; **-tivitis** *f.* [kɔŋxuntiβi'tis] *med.* Bindehautentzündung *f.*; **-to** *m.* [kɔŋxu'nto] Gesamtheit *f.*, Ganze *n.*
conjura *f.* [kɔŋxu'ra] Verschwörung *f.*; **-ción** *f.* [kɔnxuraθʲɔ'n] Verschwörung *f.*; **-do** *m.* [kɔŋxura'ðo] Verschworener *m.*; **-r(se)** [kɔŋxura'rse] beschwören; (Gefahr) vorbeugen; (s. verschwören).
conmemora|ción *f.* [kɔnmemoraθʲɔ'n] Andenken *n.*, Gedächtnisfeier *f.*; **-r** [kɔnmemora'r] feierlich gedenken; **-tivo** *adj.* [kɔnmemorati'βo].
conmigo [kɔnmi'go] m. mir, bei mir.
conmina/ción *f.* [kɔnminaθʲɔ'n] (An-), (Be-) Drohung *f.*; **-r** [kɔnmina'r] bedrohen; **-torio** *adj.* [kɔnminato'rʲo].
conmiseración *f.* [kɔnmiseraθʲɔ'n] Erbarmen *n.*, Mitleid.
conmo|ción *f.* [kɔnmoθʲɔ'n] Erschütterung *f.* (heftige Gemüstsbewegung *f.*; **-vedor** *adj.* [kɔnmoβeðɔ'r] erschütternd; **-ver** [kɔnmoβe'r] erschüttern, bewegen, rühren; **-vido** *adj.* [kɔnmoβi'ðo] gerührt.
conmuta|ción *f.* [kɔnmutaθʲɔ'n] *elektr.* Umschaltung *f.*, (Strafe) Umwandlung; **-dor** [kɔnmutaðɔ'r] *elektr.* Umschalter *m.*; **-r** [kɔnmuta'r] *jur.* (Strafe) umwandeln; *elektr.* umschalten.
cono *m.* [ko'no] Kegel, Konus *m.*; *bot.* Zapfen.
cono|cedor *m.* [konoθeðɔ'r] Kenner *m.*; *adj.* bekannt (**de** m.); **-cer** [konoθe'r] (er-) kennen, verstehen, wissen; **-cido** *adj.* [konoθi'ðo] bekannt; Bekannter *m.*; **-cimiento** *m.* [konoθimʲe'nto] (Er-) Kenntnis *f.*, Bewußtsein *n.*, Mitwissen, Bekanntschaft *f.*; **-cimientos** *m. pl.* Wissen *n.*, Kenntnisse *f. pl.*
conquista *f.* [kɔŋki'sta] Eroberung, *f.*; Liebschaft **-dor** *m.* [kɔŋkistaðɔ'r]

Eroberer, *m. fam.* Don Juan; **-r** [kɔŋkista'r] erobern.
consabido *adj.* [kɔnsaβi'do] bewußt, bekannt.
consagra|ción *f.* [kɔnsagraθʲɔ'n] (Ein-) Weihung *f.*, Weihe, *fig.* Widmung; **-r** [kɔnsagra'r] weihen.
consan|guíneo *adj.* [kɔnsaŋgi'neo] Blutsverwandt; **-guinidad** *f.* [kɔnsanginiða'ð] Blutsverwandtschalft *f.*
consciente *adj.* [kɔnθʲe'nte] bewußt; *adv.* wissentlich.
consecu|ción *f.* [kɔnsekuθʲɔ'n] Erlangung *f.*, -reichung; **-encia** *f.* [kɔnsekue'nθʲa] Folge (-rung) *f.*; **a -encia de** infolge.
conseguir [kɔnsegi'r] erlangen, erreichen, bekommen.
conse|ja *f.* [kɔnse'xa] Fabel *f.*, Märchen *n.*; **-jero** *m.* [kɔnsexe'ro] Rat (-sherr) *m.*, Ratgeber; **-jo** *m.* [kɔnse'xo] Rat (-schlag) *m.*, Ratsversammlung *f.*
conse|so *m.* [kɔnse'nso] Einwilligung *f.*; **-tido** *adj.* [kɔnsenti'ðo] (Kind) verwöhnt; **-timiento** *m.* [kɔnsen] timʲe'nto] Einwilligung *f.*, Duldung, Zustimmung; **-tir** [kɔnsenti'r] dulden, erlauben, zulassen.
conser|je *m.* [kɔnse'rxe] Portier *m.*, Pförtner, Schuldiener; **-jería** *f.* [kɔnserxeri'a] Portierloge *f.*, Pförtnerei.
conserva *f.* [kɔnse'rβa] Konserve *f.*; **-ción** *f.* [kɔnserβaθʲɔ'n] Unterhaltung *f.*; **instinto** (*m.*) **de -ción** Selbsterhaltungstrieb *m.*; [kɔnserβaðɔ'r]: **-r** [kɔnserβa'r] beibe-, er-, unterhalten; aufbewahren; (Obst, Gemüse) einmachen; **-rse** [kɔnserβa'rse] s. (jung) erhalten; **-torio** *m.* [kɔnserβato'rʲo] Konservatorium *n.*, Musikschule *f.*; *SAm.* Privatschule.
considera|ble [kɔnsiðera'βle] ansehnlich, beträchtlich, erheblich; **-ción** *f.* [kɔnsiðeraθʲɔ'n] Berücksichtigung *f.*, Achtung, Belang *m.*, Rücksicht *f.*; **sin -ción** rücksichtslos; **-do** *adj.* [kɔnsiðera'ðo] angesehen, geschätzt; **-r** [kɔnsiðera'r] bedenken erwägen, überlegen; **-r mucho** (**poco**) sehr schätzen (geringschätzen).
consigna *f.* [kɔnsi'gna] *mil* Losung *f.*; **-ción** *f.* [kɔnsignaθʲɔ'n] Konsignation *f.*; (Versandaufschrift:) **a la -ción de** an die Adresse v.; **-r** [kɔnsigna'r] vermerken, konsignieren; **-tario** *m.* [kɔnsignata'rʲo] Empfänger *m.* (er. Sendung), Schiffsmakler.
consigo [kɔnsi'go] m. (bei) sich.
consiguiente *adj. adv.* [kɔnsigʲe'nte] gemäß, entsprechend; **por -** infolgedessen, folglich.
consist|encia *f.* [kɔnsiste'nθʲa] Konsistenz *f.*, Dauer, Haltbarkeit; **-ente** [kɔnsiste'nte] beständig, dauerhaft, fest; **-ir** [kɔnsisti'r] beruhen (**en** auf), bestehen (**de, en** aus.
consisto|rial *adj.* [kɔnsistorʲa'l]: **casa** (*f.*) **-rial** Rathaus *n.*
consocio *m.* [kɔnso'θʲo] Mitinhaber *m.*
consola *f.* [kɔnso'la] Konsole *f.*, Pfeilertisch *m.*
conso|lación *f.* [kɔnsolaθʲɔ'n] Trost *m.*; **-lador** *adj.* [kɔnsolaðɔ'r] tröstlich; **-lar** [kɔnsola'r] trösten.
consoli|dación *f.* [kɔnsoliðaθʲɔ'n] Befestigung *f.*; **-dado** *adj.* [kɔnsoli] ða'ðo]: **-dar** [kɔnsoliða'r] befestigen; (Schuld) konsolidieren.
consomé *m.* [kɔnsome'] (Fleisch-) Brühe *f.*
consonan|cia *f.* [kɔsona'nθʲa] Gleichklang *m.*; **en -cia con** im Einklang m.; **-te** *f.* [kɔnsona'nte] *gramm.* Mitlaut *m.*
consor|cio *m.* [kɔnsɔ'rθʲo] Konsortium *n.*, Genossenschaft *f.*; **-te** *m.* [kɔnsɔr'te] Ehegatte *m.*; **-tes** *m. pl.* [kɔnsɔ'rtes] Eheleute *pl.*
conspira|ción *f.* [kɔnspiraθʲɔ'n] Verschwörung *f.*; **-dor** *m.*

[kɔnspiraðɔ'r] Verschwörer *m.;* **-r** [kɔnspira'r] s. verschwören.

consta|ncia *f.* [kɔnsta'nθʲa] Ausdauer *f.*, Beständigkeit; **-nte** *adj.* [kɔnsta'nte] ausdauernd, beständig; **-r** [kɔnsta'r] bestehen (**de** aus), stehen, vermerkt sin (**en** in); **hacer -r** feststellen; **me -** es ist mir bekannt.

constelación *f.* [kɔnstelaθʲɔ'n] Sternbild *n.; fig.* Aussichten *f. pl.*

consternación *f.* [kɔnsternaθʲɔ'n] Bestürzung *f.*

constipa|do *adj.* [kɔnstipa'ðo] erkältet, verschnupft; **-** *m.* Erkältung *f.*, Schnupfen *m.;* **coger un -do** s. erkälten; **-rse** [kɔnstipa'rse] s. erkälten, en. Schnupfen bekommen.

constitu|ción *f.* kɔnstituθʲɔ'n] Beschaffenheit *f.*, Zustand *m.; pol.* Verfassung *f.;* Körperbau *m.;* **-cional** *adj.* [kɔnstituθʲona'l] verfassungsmäßig; *med.* durch die Körperanlage bedingt; **-ir** [kɔnstitui'r] ausmachen, bilden, gründen; *jur.* bestellen als, einsetzen zu; **-irse** [kɔnstitui'rse] zusammentreten; **-yente** *adj.* [kɔnstituje'nte]: **asamblea** (*f.*) **-yente** verfassunggebende Versammlung *f.*

constreñir [kɔnstreɲi'r] nötigen, zwingen.

constru|cción *f.* [kɔnstrukθʲɔ'n] Konstruktion *f.*, Bauweise, Erbauung, Errichtung *f.*, Bau *m.*, Gebäude *n.*, Bauwesen; *gramm.* Satzbildung *f.;* **-ctor** *m.* [kɔnstruktɔ'r] Erbauer *m.;* **-ir** [kɔnstrui'r] bauen, errichten.

consubstancial *adj.* [kɔnsustanθʲa'l] *fig.* angeboren.

consuelo *m.* [kɔnsʷe'lo] Trost *m.*

consuetudinario *adj.* [kɔnsʷetuðinarʲo]: **derecho** (*m.*) **-** *jur.* Gewohnheitsrecht *n.*

cónsul *m.* [kɔ'nsul] Konsul *m.;* **- de carrera** Berufskonsul *m.*

consula|do *m.* [kɔnsula'ðo] Konsulat *n.;* **empleado** (*m.*) **de -do** Konsulatsbeamter *m.;* **-r** *adj.* [kɔnsula'r].

consult|a *f.* [kɔnsu'lta] Beratung *f.*, Gutachten *n.*, Sprechstunde *f.;* **obra** (*f.*) **de -a** Nachschlagewerk *n.;* **-ar** [kɔnsulta'r] um Rat fragen, zu Rate ziehen; (in em. Wörterbuch nachschlagen; (auf die Uhr) sehen; **-orio** *m.* [kɔnsulto'rʲo] (ärztliche) Beratungsstelle *f.*

consuma|ción *f.* [kɔnsumaθʲɔ'n] Vollendung *f.* Vollziehung; (Restaurant) Zeche; **hacer una -ción** etw. (zu essen *od.* trinken) nehmen; **-do** *adj.* [kɔnsuma'ðo] vollkommen, bewandert; **-r** [kɔnsuma'r] vollenden, vollziehen; (Verbrechen) begehen; **-rse** [kɔnsuma'rse] zu Ende gehen.

consumi|do [kɔnsumi'ðo] *fig.* abgehärmt; **-dor** *m.* [kɔnsumiðɔ'r] Verbraucher *m.;* **-r** [kɔnsumi'r] (auf-), verzehren, (ver-)brauchen.

consumo *m.* [kɔnsu'mo] Absatz *m.*, Verbrauch.

conta|bilidad *f.* [kɔntaβiliða'ð] Buchhaltung *f.*, -führung; **-ble** *m.* [kɔnta'βle] Buchhalter *m.;* **-bilizar** [kɔntaβiliθa'r] (ver-) buchen.

contacto *m.* [kɔnta'kto] Berührung *f.*, Kontakt *m.; fig.* Fühlung *f.*

contado *adj.* [kɔnta'ðo] selten; **al -** bar; **-r** *m.* [kɔntaðɔ'r] *techn.* Zähler *m.*, Messer; Rechnungsführer, Zahlmeister; *SAm.* Buchhalter.

contaduría *f.* [kɔntaðuri'a] Vorverkaufskasse *f.*

contag|iar [kɔntaxʲa'r] *med.* anstecken; **-iarse** [kɔntaxʲa'rse] angesteckt w.; **-io** *m.* [kɔnta'xʲo] Ansteckung *f.;* **-ioso** *adj.* [kɔntaxʲo'so] ansteckend.

contaminar(se) [kɔntamina'rse] anstecken; *fig.* verderben; (angesteckt w.).

contar [kɔnta'r] (ab-), (er-) zählen; (aus-,) (be-)rechnen; **sin -** ausschließlich.

contem|plación *f.* [kɔntemplaθʲɔ'n] Betrachtung *f.*, Rücksicht(nahme); **-plar** [kɔntempla'r] betrachten, ansehen.

contemporáneo *adj.* [kɔntempora'neo] zeitgenössisch; - *m.* Zeitgenosse *m.*
contención *f.* [kɔntenθ^{j}ɔ'n]: **muro** (*m.*) **de -ción** Stützmauer *f.*; **-cioso** *adj.* [kɔntenθ^{j}o'so] strittig; *-m. jur.* Streitverfahren *n.*; **-diente** *m.* [kɔntend^{j}e'nte] Gegner *m.*
conten|er(se) [kɔntene'rse] enthalten; (s. beherrschen, an s. halten; **-ido** *m.* [kɔnteni'ðo] Inhalt *m.*
content|ar(se) [kɔntenta'rse] befriedigen; (s. begnügen); **-o** *adj.* [kɔnte'nto] vergnügt, zufrieden, froh.
contertuliano *m.* [kɔntertul^{j}a'no] Teilnehmer *m.* (an er. Gessellschaft), *fam.* Stammtischbruder.
contes|tación *f.* [kɔntestaθ^{j}ɔ'n] Antwort, Beantwortung *f.*; **-tar** [kɔntesta'r] (be)antworten auf; (Gruß) erwidern.
contienda *f.* [kɔnt^{j}e'nda] Streit *m.*
contigo [kɔnti'go] m. (bei) m. dir; **para** - zu dir, dir gegenüber.
cotiguo *adj.* [kɔnti'g^{w}o] anstoßend, danebenliegend; **cuarto** (*m.*) - Nebenzimmer *n.*
continen|cia *f.* [kɔntine'nθ^{j}a] Enthaltsamkeit *f.*; **-tal** *adj.* [kɔntinenta'l] festländisch; **-te** *adj.* [kɔntine'nte] enthaltsam; - *m.* Festland *n.*
contingen|cia *f.* [kɔntiŋxe'nθ^{j}a] Zufall *m.*, Möglichkeit *f.*; **-te** *adj.* [kɔntiŋxe'nte] zufällig, möglich; - *m. mil.* Kontingent *n.*; (Waren) Zuteilung *f.*
continu|ación *f.* [kɔntinuaθ^{j}ɔ'n] Fortsetzung *f.*, Weiterführung; **a -ación** nachstehend; **-ado** *adj.* [kɔntinua'ðo] anhaltend, ununterbrochen; **-ar** [kɔntinua'r] fortfahren, -führen, -setzen; andauern, halten; **-idad** *f.* [kɔntinuiða'ð] (ununterbrochener Zusammenhang *m.*, Stetigkeit *f.*; **-o** *adj.* [kɔnti'n^{w}o] beständig, ununterbrochen.
contor|near [kɔntɔrnea'r] im Kreise herumdrehen; **-no** *m.* [kɔntɔ'rno] Umriß *m.*, Umgegend *f.*; **-sión** [kɔntɔrs^{j}ɔ'n] *med.* Verrenkung *f.*
contra [kɔ'ntra] gegen, wider.
contra|almirante *m.* [kɔntraalmira'nte] *naut.* Konteradmiral *m.*; **-ataque** *m.* [kɔntraata'ke] *mil.* Gegenangriff *m.*; **-aviso** *m.* [kɔntraaβi'so] Gegenorder *f.*; **-bajo** *m.* [kɔntraβax'o] *mus.* (große) Baßgeige *f.*; **-bandista** *m.* [kɔntraβandi'sta] Schmuggler *m.*; **-bando** *m.* [kɔntraβa'ndo] Schleichhandel, Schmuggel *m.*, Schmuggelware *f.*; **-cción** *f.* [kɔntrakθ^{j}ɔ'n] Schwund *m.*, Zusammenziehung *f.*; **-corriente** *f.* [kɔntrakɔrr^{j}e'nte] Gegenströmung *f.*; **-decir** [kɔntraðeθi'r] widersprechen; **-dicción** *f.* [kɔntraðikθ^{j}ɔ'n] Gegensatz, Widerspruch *m.*; **-dicorio** *adj.* [kɔntraðikto'r^{j}o] widersprechend.
contraer [kɔntrae'r] zusammenziehen; (Krankheit s. zuziehen; (Verpflichtung übernehmen; (Schulden) machen; (Ehe) eingehen; (Verdienste) erwerben; **-se** [kɔntrae'rse] schwinden, s. zusammenziehen.
contra|fuerte *m.* [kɔntraf^{w}e'rte] *techn.* Widerlager *n.*, Strebepfeiler *m.*; (Schuh) Afterleder *n.*; **-hecho** *adj.* [kɔntrae'čo] *anat.* verwachsen; **-lto** *m.* [kɔntra'lto] *mus.* Alt. *m.*, -stimme *f.*, Altist (in) *n.* (*f.*); **-luz** *f.* [kɔntralu'θ] Gegenlicht *n.*; **-maestre** *m.* [kɔntramae'stre] Werkführer *m.*, Werkstattmeister, Vorarbeiter, *naut.* Obermaat; **-marea** *f.* [kɔntramare'a] *naut.* Gegenflut *f.*; **-oferta** *f.* [kɔntraofe'rta] Gegenangebot *n.*; **-ofensiva** *f.* [kɔntraofensi'βa] *mil.* Gegenoffensive *f.*; **-orden** *f.* [kɔntraɔ'rden] Gegenanweisung *f.*, -befehl *m.*, Widerruf; **-partida** *f.* [kɔntraparti'ða] (Buchhaltung) Gegenposten *m.*; **peso** *m.* [ɥɔntrape'so] Gegengewicht *n.*
contra|poner(se) [kɔntrapone'rse] ver-

gleichen (s. widersetzen); **-posición** *f.* [kɔntraposiθʲɔ'n] Gegensatz *m.;* **-producente** *adj.* [kɔntrapro] ðu-θe'nte] das Gegenteil bewirkend.

contrari|a *f.* [kɔntra'rʲa]: **llevar la -a** widersprechen, zuwiderhandeln; *fig.* gegen den Strom schwimmen; **-amente** *adv.* [kɔntrarʲame'nte] im Widerspruch; **-amente a** gegen; **-ar** [kɔntraria'r] widerstreben, widerstehen; **-edad** *f.* [kɔntrarʲeða'ð] Widerwärtigkeit *f.;* **-o** *adj.* [kɔntra'rʲo] entgegengesetz; **al -o** im Gegenteil, umgekahrt; **de lo -o** andernfalls, sonst; **en caso -o** widrigenfalls; **-o** *m.* Gegner *m.*, Feind.

contra|rreforma *f.* [kɔntrarrefɔ'rma] *rel.* Gegenreformation *f.;* **-rrestar** [kɔntrarresta'r] aufwiegen, hemmen; **-rrevolución** *f.* [kɔn] tarreβoluθʲɔ'n] Gegenrevolution *f.;* **-seña** *f.* [kɔntrase'ɲa] (geheimes) *n.*, Kennzeichen, Merkmal *mil.* Losung *f.*

contrast|ar [kɔntrasta'r] widerstehen streben; (Maße, Gewichte) eichen; s. abheben (**con** v.); **-e** *m.* [kɔntra'ste] Kontrast *m.*, Gegensatz, Eichmeister, Eichamt *n.*

contrata *f.* [kɔntra'ta] Kontrakt *m.*, Vertrag; **-ción** *f.* kɔntrataθʲɔ'n] Vertragschließung *f.;* **-nte** *adj.* [kɔntrata'nte]: **las partes -ntes** die vertragschließenden Parteien *f. pl.;* **-r** [kɔntrata'r] durch Vertrag vereinbaren.

contratiempo *m.* [kɔntratʲe'mpo] Unfall *m.*, Zwischenfall.

contrat/ista *m.* [kɔntrati'sta] (Bau-) Unternehmer *m.;* **-o** *m.* [kɔntra'to] Vertrag *m.*, Kontrakt.

contra|torpedero *m.* [kɔntratɔr] peðe'ro] *naut.* Torpedobootszerstörer *m.;* **-valor** *m.* [kɔntraβalɔ'r] Gegenwert *m.;* **-vapor** *m.* [kɔntraβapɔ'r] Gegendampf *m.;* **-vención** *f.* [kɔntraβenθʲó'n] (Vertrag) Verletzung *f.;* Zuwiderhandlung; **-veneno** *m.* [kɔntraβene'no] Gegengift *n.;* **-venir** [kɔntraβeni'r] zuwiderhandeln; **-ventana** *f.* [kɔntraβenta'na] Fensterladen *m.;* **-viento** *m.* [kɔtraβʲe'nto] *naut.* Gegenwind *m.;* **-yente** *m.* [kɔntraje'nte] Vertragsschließender

contri|bución *f.* [kɔntriβuʲɔ'n] Beitrag *m.*, Steuer *f.;* **-buir** [kɔntriβui'r] beitragen, -steuern, mitwirken (**a** bei); **-buyente** *m.* [kɔntriβuje'nte] Steuerzahler *m.;* **-ción** *f.* [kɔntriθʲɔ'n] Reue, Zerknirschung *f.*

contrincante *m.* [kɔntriŋka'nte] Mitbewerber *m.*, Gegner.

control *m.* [kɔntrɔ'l] Kontrolle *f.*, Überwachung; **-ar** [kɔntrɔla'r] kontrollieren.

contro|versia *f.* [kɔntroβe'rsʲa] Streit *m.*, -igkeit *f.*, Wortwechsel *m.*, Polemik *f.;* **-vertir** [kɔntroβert'ir] (be-) streiten.

contuma|cia [kɔntuma'θʲa] Hartnäkkigkeit *f.; jur.* Nichterscheinen *n.;* **-z** *adj.* [kɔntuma'θ] hartnäckig, verstockt.

contundente *adj.* [kɔntunde'nte] (Beweis) schlagend.

conturba|ción *f.* [kɔnturβaθʲɔ'n] Beunruhigung *f.*, Störung; **-r** [kɔnturβa'r] beunruhigen, stören.

contus|ión *f.* [kɔntusʲɔ'n] *med.* Verletzung *f.*, Quetschung; **-o** *adj.* [kɔntu'so] verletz.

convalec|encia *f.* [kɔmbaleθe'nθʲa] Rekonvaleszenz *f.*, Genesung; **-er** [kɔmbaleθe'r] genesen, s. erholen; **-iente** *m.* [kɔmbaleθʲe'nte] Genesender *m.*

convecino *m.* [kɔmbeθi'no] Mitbewohner *m.*, Nachbar.

conven|cer [kɔnbenθe'r] überzeugen; (Gründe) einleuchten; **-cerse** [kɔmbemθe'rse] s. überzeugen; **-cido** *adj.* [kɔmbenθi'ðo] überzeugt, aus Überzeugung; **-cimiento** *m.*

[kɔmbenθim^{j}e'nto] Überzeugung *f.;* **-ción** *f.* [kɔmbenθ^{j}ɔ'n] Übereinkunft *f.*, Konvention, Vertrag *m.;* **-cional** *adj.* [kɔmbenθ^{j}ona'l] vertragsmäßig, hergebracht; **-ido** *adj.* [kɔmbeni'ðo] abgemacht, verabredet, vereinbart; **lenguaje** (*m.*) **-ido** Geheimsprache *f.;* **según lo -ido** gemäß Abmachung; **-iencia** *f.* [kɔmben^{j}e'nθ^{j}a] Bequemlichkeit *f.;* **matrimonio** (*m.*) **de -iencia** Vernunftehe *f.;* **-iente** *adj.* [kɔmben^{j}e'nte] passend, zusagend, angebracht, zweckmäßig; **-io** *m.* [kɔmbe'n^{j}o] Abkommen *n.*, Abmachung *f.*, Übereinkunft; **-ir** [kɔmbeni'r] (Preis) vereinbaren; übereinkommen, passen, gefallen, behagen; **conviene** *inf.* es ist ratsam zu.

convento *m.* [kɔmbe'nto] Kloster *n.*

conver|gencia *f.* [kɔmberxe'nθ^{j}a] *math.* Konvergenz *f.;* **-ger** [kɔmberxe'r] konvergieren, zusammenlaufen.

conver|sación *f.* [kɔmbersaθ^{j}ɔ'n] Gespräch *n.*, Unterhaltung *f.;* **-sar** [kɔmbersa'r] s. unterhalten, sprechen; **-sión** *f.* [kɔmbers^{j}ɔ'n] Verwandlung *f.*, Umwandlung; *rel.* Bekehrung; Umrechnung; **-so** *m.* [kɔmbe'rso] Neubekehrter *m.;* **-tir(se)** [kɔmberti'rse] umwandeln, verwandeln, *rel.* bekehren (s. verwandeln, s. bekehren (**a** zu).

convic|ción *f.* [kɔmbikθ^{j}ɔ'n] **tener la -ción de que** überzeugt sein, daß; **-to** [kɔmbi'kto] *jur.* (es. Verbrechens überführt.

convida|do *adj.* [kɔmbiða'ðo] eingeladen; **-do** *m.* (Ein-) Geladener *m.*, Gast; **-r** [kɔmbiða'r] einladen.

convincente *adj.* [kɔmbinθe'nte] überzeugend; (Beweis) schlagend; (Grund) triftig.

convite *m.* [kɔmbi'te] Einladung *f.*, Gastmahl *n.*

convi|vencia *f.* [kɔmbiβe'nθ^{j}a] Zusammenleben *n.;* **-vir** [kɔmbiβi'r] zusammenleben, -wohnen.

convoca|ción *f.* [kɔmbokaθ^{j}ɔ'n] Einberufung *f.;* **-r** kɔmboka'r] einberufen; **-toria** *f.* [kɔmbokato'r^{j}a] Einberufungsschreiben *n.;* Einladung *f.* (zu er. Versammlung).

convoy *m.* [kɔmbɔ'i] *mil.* Geleit *n.; naut.* Geleitzug *m.; Eis.* Zug; **-ar** [kɔmbo^{j}a'r] *mil. naut.* geleiten.

convul|sión *f.* [kɔmbuls^{j}ɔ'n] *med.* Zuckung *f.*, Verzerrung; *fig.* Erschütterung; **-sivo** *adj.* [kɔmbulsi'βo] krampfhaft; **-so** *adj.* [kɔmbu'lso] an Zuckungen leidend.

conyugal *adj.* [kɔnjuga'l] ehelich.

coñac *m.* [koɲa'k] Kognak *m.*

coño *m.* [ko'ɲo] *sehr vulg.* weibliche Scham *f.;* (*auch*) ordinäres Fluchwort *n.*

coopera|ción *f.* [kooperaθ^{j}ɔ'n] Mitarbeit *f.*, -wirkung; **-dor** *m.* [kooperaðɔ'r] Mitarbeiter *m.;* **-r** [koopera'r] mitwirken (**en, a** an, bei); **-r con** zusammenarbeiten m.; **-tiva** *f.* [kooperati'βa] Konsumverein *m.;* Genossenschaft *f.*

coordina|ción *f.* [koɔrdinaθ^{j}ɔ'n] Anordnung *f.;* **-r** [koɔrdina'r] beiordnen; *fig.* gleichschalten.

copa *f.* [ko'pa] Becher *m.*, Pokal, Glas *n.;* (Hut) Kopf *m.;* (Baum) Krone *f.;* **-s** *f. pl.* (Kartenspiel) Herz *n.;* **-r** [kopa'r] *mil.*

copete *m.* [kope'te] Hochmut *m.*, Stolz; **persona** (*f.*) **de alto -** Standesperson *f.;* **tener mucho -** *fam.* die Nase hochtragen.

copia *f.* [ko'p^{j}a] Kopie *f.*, Abschrift, Durchschlag *m.; phot.* Abzug; Fülle *f.; typ.* Exemplar *n.*, Sonderabdruck *m.; fig.* Abbild *n.*, Nachbildung *f.;* **hacer -s** (Schreibmaschine) Durchschläge machen; **-dor** *m.* [kop^{j}aðɔ'r]: **-r** abschreiben, kopieren; *fig.* nachahmen; **papel** (*m.*) **de -r** Kopierpapier *n.*

copioso *adj.* [kop^{j}o'so] reichlich.

copista *m.* [kopi'sta] Abschreiber *m.*
copita *f.* [kopi'ta]: **tomar unas -s** *fam.* en. heben.
copla *f.* [ko'pla] Strophe *f.*; (Volks-) Liedechen *n.*; **hacer -s** *fam.* Verse machen.
copo *m.* [ko'po] (Schnee-) Flocke *f.*, Spinnrocken *m.*; *pol.* Stimmengesamtheit *f.* (bei Wahlen).
copudo *adj.* [kopu'ðo] (Baum) dichtbelaubt.
coquera *f.* [koke'ra] Loch (*n.*) durch Insektenfraß.
coquet|a *f.* [koke'ta] Kokette *f.*; **-ear** [koketea'r] kokettieren, liebäugeln; **-ería** *f.* [koketeri'a] Gefall-, Putzsucht *f.*; **-ón** *adj.* [koketɔ'n] gefallsüchtig.
coracero *m.* [koraθe'ro] Kürassier *m.*
coraje *m.* [kora'xe] Mut *m.*, Zorn, Wut *f.*
coral *m.* [kora'l] Koralle *f.*; *mus.* Chorwerk *n.*; **masa** (*f.*) **-** Gesangverein *m.*
coraz|a *f.* [kora'θa] Küraß *m.*, Panzer; **-ón** *m.* [koraθɔ'n] Herz *n.*; *fig.* Mut *m.*, Inner te *n.*; (Holz) Kern *m.*; **dedo** (*m.*) **del -ón** Mittelfinger *m.*; **no tener -ón** *fig.* herzlos sein; **-onada** *f.* [koraθona'ða] schneller, mutiger Entschluß *m.*
corbat|a *f.* [kɔrβa'ta] Krawatte *f.*, Schlips *m.*; (Gaucho) Halstuch *n.*
corbeta *f.* [kɔrβe'ta] *naut.* Korvette *f.*
corcel *m.* [kɔrθe'l] *poet.* Roß *n.*
corch|a *f.* [kɔ'rča] Korkrinde *f.*; **-ero** *adj.* [kɔrče'ro]: **industria** (*f.*) **-era** Korkindustrie *f.*; **-ete** *m.* [kɔrče'te] Häkchen *n.*; *fig.* Büttel *m.*; **-o** *m.* [kɔ'rčo] Kork *m.*, -stöpsel, -rinde *f.*; **plantilla** (*f.*) **de -o** Korkmehl *n.*, **tapón** (*m.*) **de õ** Kork (-schuh-) einlage *f.*; **serrín** (*m*) **de -o** Korkpfropfen.
cord|el *m.* [kɔrde'l] Bindfaden *m.*, Strick, Schnur *f.*; **mozo** (*m.*) **de -el** Dienstmann *m.*; **-elería** *f.* [kɔrdeleri'a] Seilerwarengeschäft *n.*, Seilerei *f.*; *naut.* Tauwerk *n.*; **-elero** *m.* [kɔrdele'ro] Seiler *m.*
cordero *m.* [kɔrde'ro] Lamm *n.*, -fell; **-pascual** Osterlamm *n.*
cordial *adj.* [kɔrd^{j}a'l] auf das Herz bezüglich; **-idad** *f.* [kɔrd^{j}aliða'ð] Herzlichkeit *f.*
cordillera *f.* [kɔrdiʎe'ra] Gebirg (-skette) [*f.*] -en; **las C -s** die Anden.
cordo|bán [kɔrdoβa'n] Korduanleder *n.*; **-bés** *adj.* [kɔrdoβe's] auf Stadt *od.* Provinz Cordoba bezüglich; **-** *m.* Einwohner (*m.*) v. Cordoba.
cord|ón *m.* [kɔrdɔ'n] Schnur *f.*, Schnürriemen *m.*; *mil.* Truppenkette *f.*; **-ón umbilical** Nabelschnur *f.*
cordura *f.* [kɔrdu'ra] Klugheit *f.*, Vernunft Verstand *m.*
corea *f.* [kore'a] *med.* Veitstanz *m.*; **-no** *adj.* [korea'no] auf Korea bezüglich; **-** *m.* Koreaner *m.*
coreogr|afía *f.* [koreografi'a] Tanzkunst *f.*; **-áfico** *adj.* [koreogra'fiko] **arte** (*m*) **-áfico** Tanzkunst *f.*
corindón *m.* [korindɔ'n] *min.* Korund *m.*
corista *m.* (*f.*) [kori'sta] Chorist *m.* (-in *f*).
corna|da *f.* [kɔrna'ða] *Taur.* Stoß *m.* Verletzung *f.* (m. dem Horn).
córnea *f.* [kɔ'rnea] (Auge) Hornhaut *f.*
corneja *f.* [kɔrne'xa] Krähe *f.*
córneo *adj.* [kɔ'rneo] aus Horn, hornähnlich.
córner *m.* [kɔ'rner] (Fußball) Eckball *m.*
corne|ta *m.* [kɔrne'ta] *mil.* Hornist *m.*; **-** *f.* *mus* Horn *n.*; Hörrohr.
cornisa *f.* [kɔrni'sa] *arch.* Kranzleiste *f.*; Oberteil (*n.*) am Gesimse.
cornu|copia *f.* [kɔrnuko'p^{j}a] Füllhorn *n.*; Spiegelleuchter *m.*; **-do** *m.* [kɔrnu'ðo] *fam.* Hahnrei *m.*
coro *m.* [ko'ro] Chor *m.*, *-al.*
corona *f.* [koro'na] Krone *f.*, Kranz *m.*, Tonsur *f.*; (Mond) Hof *m.*; **discurso de la -** Thronrede *f.*; **-ción** *f.* [koronaθ^{j}ɔ'n] Krönung *f.*; *fig.* Vollendung; **-r** [korona'r] krönen.
coronel *m.* [korone'l] Oberst *m.*

coronilla *f.* [koroni'ʎa] (Kopf-) Wirbel *m.*
corpiño *m.* [kɔrpi'ɲo] Mieder *n.*
corpo|ración *f.* [kɔrporaθʲɔ'n] Gilde *f.*, Innung Körperschaft, Vereinigung; **ejercicios** (*m. pl.*) **-rales** Leibesübungen *f. pl.*
corpu|lencia *f.* [kɔrpule'nθʲa] Beleibtheit *f.*; **-lento** *adj.* [kɔrpule'nto] beleibt.
corral *m.* [kɔrra'l] (Hühner-) Hof *m.*, Gehege *n.*
correa *f.* [kɔrre'a] (Treib-) Riemen *m.*, (Leder-) Gürtel; **-je** *m.* [kɔrrea'xe] Riemenzeug *n.*; *mil.* Lederzeug.
correc|ción *f.* [kɔrrekθʲɔ'n] Berichtigung *f.*, Verbesserung, Korrektur, Korrektheit; **-cional** *m.* [kɔrrekθʲona'l] Zuchthaus *n.*, Besserungsanstalt *f.*; **-to** *adj.* [kɔrre'kto] korrekt, fehlerfrei, tadellos; (Benehmen) taktvoll; **-tor** *m.* [kɔrrektɔ'r] *typ.* Korrektor *m.*
corre|dera *f.* [kɔrreðe'ra] lange, breite Straße *f.*; *techn.* Gleitbahn, Schieber *m.*; *zool.* (Küchen-) Schabe *f.*; *naut.* Logleine; **-dizo** *adj.* [kɔrreði'θo] ausziehbar, gleitbar.
corregi|ble *adj.* [kɔrrexi'βle] (ver-) besserungsfähig; **-dor** *m.* [kɔrrexiðɔ'r] (Land-, Stadt-) Richter *m.*; **-r** [kɔrrexi'r] (ver-) bessern, berichtigen, rügen; (Korrekturen) lesen.
correla|ción *f.* [kɔrrelaθʲɔ'n] Wechselseitigkeit *f.*; **-tivo** [kɔrrelati'βo] (Numerierung fortlaufend.
correo *m.* [kɔrre'o] Post *f.*, Bote, Kurier *m.*; Posteingang, -zug, -amt *n.*; **- aéreo** *m.* Luftpost *f.*; **estafeta** (*f.*) **de** - Nebenpostamt *n.*; **a vuelta de** - postwendend; **apartado** (*m.*) **de -s** Post(-schließ-) fach *n.*; **en lista** (*f.*) **de -s** postlagernd; **- urgente** Eilpost *f.*
correr [kɔrre'r] ab-, durch-, ver-, laufen, rennen, fließen, verschieben, (Vorhang) zuziehen; **- la plaza** (als Agent) die Platzkundschaft besuchen; **- mundo** *fig.* s. in der Welt umsehen; **- prisa** eilig sein; **- algo de cuenta de uno** *fam. fig.* etw. auf seine Kappe nehmen; **- con los gastos** für die Kosten aufkommen; **- una juerga** *fig. fam.* ee. Orgie feiern, s. einmal gehörig austoben.
correría *f.* [kɔrreri'a] Raub-, Streifzug *m.*; *fam.* Ausflug.
correspond|encia *f.* [kɔrrespɔnde'nθʲa] Korrespondenz *f.*, Briefwechsel *m.*; (Brief-) Post *f.*; (Bahnfahrt) Auschluß *m.*; **-er** [kɔrrespɔnde'r] übereinstimmen, zukommen, entsprechen; **-erse** [kɔrrespɔnde'rse] Umgang haben, in Briefwechsel stehen; **-iente** *adj.* [kɔrrespɔndʲe'nte] entsprechend, zugehörig, zuständig. zugehörig, zuständig.
corresponsal *m.* [kɔrrespɔnsa'l] Geschäftsfreund *m.*, Berichterstatter, Vertreter.
corret|aje *m.* [kɔrreta'xe] Maklergebühr *f.*, -geschäft *n.*; **-ear** [kɔrretea'r] s. herumtummeln.
corrida *f.* [kɔrri'ða] Lauf *m.*, -en *n.*, Stierkampf *m.*; **- de obstáculos** Hindernisrennen *n.*
corriendo *adv.* [korrʲe'ndo]: **¡voy -!** *fam.* ich komme schon.
corriente *adj.* [kɔrrʲe'nte] gangbar, geläufig, laufend, üblich; (Stil) flüssig; **precio** (*m.*) - Ladenpreis *m.*; **vino** (*m.*) - gewöhnlicher Tischwein *m.*; **estar al** - auf dem Laufenden sein; keine (Arbeits-) Rückstände haben; **ponerse al** - s. v. etw. unterrichten; - *f.* Strom, Lauf *m.*, Strömung *f.*
corrimiento *m.* [kɔrrmʲe'nto] Verschiebung *f.*
corro *m.* [kɔ'rro] Kreis *m.* (v. Personen), Rundtanz.
corrobo|ración *f.* [kɔrrɔβoraθʲɔ'n] Bestätigung *f.*; **- rante** *m.* [kɔrrɔβo] ra'nte] *med.* Stärkungsmittel *n.*; **- rar** [kɔrroβora'r] bestätigen.
corroer [kɔrrɔe'r] anfressen, zernagen.

corromper [kɔrrɔmpe'r] verderben; *fig.* verführen; **-se** [kɔrrompe'rse] verlaulen.

corrosi|ble *adj.* [kɔrrɔsi'βle] angreifbar, ätzbar; **-ón** . [kɔrrɔs^{j}ɔ'n] .Ätzung, Anfressung *f.;* **-vo** *adj.* [kɔrrɔsi'βo] ätzend, beizend, zerfressend; **-vo** *m.* Ätzmittel *n.*, Beize *f.*

corrup|ción *f.* [kɔrrupθ^{j}ɔ'n] Verdorbenheit *f.*, Fäulnis, Verderbnis; **-tible** *adj.* [kɔrrupti'βle] bestechlich; **-to** *adj.* [kɔrrupto] verdorben; **-tor** *m.* [kɔrruptɔ'r] Verführer *m.*

corsario *m.* [kɔrsa'r^{j}o] Pirat *m.*, Korsar, Seeräuber.

corsé *m.* [kɔrse'] Korsett *n.*, Mieder, Leibchen.

corta *f.* [kɔ'rta] Abholzung *f.*, Holzfällen *n.*, -schlag *m.*

corta|alambres *m.* [kɔrtaala'mβres] Drahtschneider *m.;* **- cigarros** *m.* [kɔrtaθiga'rros] Zigarrenabschneider *m.;* **-circuito** *m.* [kɔrtaθirk^{w}i'to] *elektr.* Sicherung *f.* Abschalter *m.;* **-do** *adj.* [kɔrta'ðo] zugeschnitten; (Milch) geronnen; **-dor** *m.* [kɔrtaðɔ'r] Zuschneider *m.;* **-dora** *f.* [kɔrtaðɔ'ra] Schneidemaschine *f.;* **-dura** *f.* [kɔrtaðu'ra] Schnitt *m.*, -wunde *f.;* **-frio** *m.* [kɔrtafri'o] Kaltmeißel *m.;* **-fuego** *m.* [kɔtaf^{w}e'go] Brandmauer *f.;* **-nte** *adj.* [kɔrta'nte] scharf; **-plumas** *m.* [kɔrtaplu'mas] Federmesser *n.*

cortar [kɔrta'r] (ab-), (aus-), be-), (durch-), (weg-), (zer-), (zu-) schneiden; (Pflanzen, Wein) verschneiden; (Bäume) fällen; (Verbindung) abbrechen (Bleistift) spitzen; **- de raíz** m. der Wurzel ausrotten; **- por lo sano** *fig.* energische Maßnahmen ergreifen; **- el bacalao** *fig. fam.* das Heft in der Hand haben; tonangebend sein; **-se** [kɔrta'rse] s. schneiden, s. verletzen; (Milch) gerinnen; (Seide) brechen.

corte *m.* [kɔ'rte] Schärfe *f.*, Schneide, Schnitt *m.*, (Ab-), (An-), (Ein-), (Zer-), (Zu-) Schneiden *n.;* Holzfällen; Sperre *f.* (Strom, Wasser, Gas); **- de pelo** Haarschnitt *m.;* **-** *f.* Hof(-staat) *m.;* (Haupt-, Residenz-) Stadt *f.;* Gerichtshof *m.;* **-jar** [kɔrtexa'r] den Hof machen; **-jo** *m.* [kɔrte'xo] Gefolge *n.*

cortés *adj.* [kɔrte's] höflich.

cortes|ana *f.* [kɔrtesa'na] Hofdame *f.*, Kurtisane; **-ano** *adj.* [kɔrtesa'no] höfisch; **-** *m.* Höfling *m.;* **-ía** *f.* [kɔrtesi'a] Höflichkeit, Zuvorkommenheit *f.* **(por** aus).

corteza *f.* [kɔrte'θa] (Baum-, Brot-) Rinde *f.;* (Frucht-) Schale, Kruste, Borke.

cortina *f.* [kɔrti'na] Gardine *f.*, Vorhang *m.;* (Madrid) *fam.* Neige *f.* (v. Getränken); **-je** *m.* [kɔrtina'xe] Vorhänge *m. pl.*

corto *adj.* [kɔ'rto] kurz, klein, gering; *fig.* beschränkt, schüchtern.

corva *f.* [kɔ'rβa] *anat.* Kniekehle *f.*

corz/a *f.* [kɔ'rθa] Reh *n.*, Ricke *f.;* **-o** *m.* [kɔ'rso] Reh *n.*, Rehbock *m.*

cosa *f.* [kɔ'sa] Ding *n.*, Sache *f.*, Gegenstand *m.;* **- de (ver** *bzw.* **risa)** etwas (Sehenswertes *bzw.* Lächerliches; **poca -** wenig; **¡- rara!** wie merkwürdig!; **son -s de mamá** das sind solche Eigenheiten (Einfälle), wie sie Mama an sich hat; **poquita -** *fam.* unscheinbare (unbedeutende Person *f.;* **¡-s de España!** (ironisch) echt spanisch!; **decir una - por otra** s. falsch ausdrücken; **no hay tal -** dem ist nicht so; **no le queda otra -** er hat keinen anderen Ausweg; **es - de nunca acabar** etw. will kein Ende nehmen; **o - por el estilo** oder so ähnlich **- mala nunca muere** Unkraut verdirbt nicht; **no son -s del otro mundo** *fig. fam.* das sind alte Kamellen; **¡qué -s tienes!** was hast du nur für Einfälle!.

coscorrón *m.* kɔskɔrrɔ'n] Schlag (*m.*) auf den Kopf, *fam.* Kopfnuß *f.*
cosech|a *f.* [kɔse'ča] Ernte (-zeit) *f.*; *fig.* Ertrag *m.*; **-ar** [koseča'r] ernten; *fig.* einheimsen.
cosech|a *f.* [kɔse'ča] Ernt(-zeit) *f.* *fig.* Ertrag *m.*; **-ar** [koseča'r] ernten; *fig* einheimsem.
coser kose'r] (an-), (zu-), (zusammen-) nähen, heften; **máquina** (*f*) **de** - Nähmaschine *f.*
cosido *m.* [kosi'ðo] Näharbeit *f.*
cosmético *m.* [kɔzme'tiko] Schönheitsmittel *n.*
cosmo|grafía *f.* [kɔzmografi'a] Erdbeschreibung *f.*; **-polita** *m.* [kɔzmopoli'ta] Weltbürger *m.*, Kosmopolit; **-s** *m.* [kɔ'zmɔs] Welt *f.*, -all *n.*
coso *m.* [kɔ'so] Zirkus *m.*, Stierkampfplatz; Hauptstraße *f.*
cosqui|llas *f. pl.* [kɔski'ʎas] Kitzeln *n.*; **hacer -llas** (jem.) kitzeln, reizen; **buscarle a uno las -llas** *fig. fam.* jem. reizen; **-llar** [kɔskiʎa'r] kitzeln, jucken.
costa *f.* [kɔsta] Küste *f.*; **a - de** auf Kosten v.; **a toda** - um jeden Preis; **-s** *f. pl.* [kɔ'stas] Gerichtskosten *pl.*; **-do** *m.* [kɔsta'ðo] Seite *f.*, Flanke; **-l** *m.* [kɔsta'l] (Getreide-, Mehl-) Sack *m.*
costar kɔsta'r] kosten; - **caro** teuer zu stehen kommen; - **trabajo** Mühe kosten schwerfallen.
coste *m.* [kɔ'ste] (Einkaufs- Preis *m.*, Wert, Kosten *pl.*; **precio de** - Selbstkostenpreis *m.*; **-ar** [kɔstea'r] die Kosten tragen (bestreiten, übernehmen; **-ar los estudios** das **Studium bezahlen.**
costilla *f.* [kɔsti'ʎa] Rippe *f.*; *fig.* Ehefrau; - **de cerdo** Schweinsrippchen *n.*; **-s** *f. pl. fam.* Rücken *m.*
costoso *adj.* [kɔsto'so] kostspielig, teuer; *fig.* mühevoll.
costra *f.* [kɔ'stra] Kruste *f.*, Rinde, Schorf *m.*
costumbre *f.* [kɔstu'mbre] Brauch *m.*, Gewohnheit *f.*, Sitte; **de** - gewöhnlich üblich.
cota *f.* [ko'ta] Maßeintragung *f.* (in Plänen); Höhenquote (er. Landkarte); Panzerhemd *n.*
cote|jar [kotexa'r] vergleichen; **-jo** [kote'xo] Vergleichung *f.*
cotidiano *adj.* [kotið^ja'no] täglich.
cotiza|ción *f.* [kotiθaθ^jɔ'n] (Börsen-) Notierung *f.*, Kurs *m.*; **-r** [kotiθa'r] (Börse) notieren.
coto *m.* [ko'to] (Jagd-) Gehege *n.*, Revier; **poner - a** *fig.* Schranken setzen.
cotorr|a [kotɔ'rra] *zool.* Sittich *m.*; *fam.* schwatzhafte Person *f.*; **-eo** *m.* [kotɔrre'o] (Weiber-) Geschnatter *n.*
covacha *f.* [koβa'ča] (kleine) Höhle *f.*
coyuntura [ko^uuntu'ra] Konjunktur *f.*, günstige Geschäftslage; *anat.* (Knochen-) Gelenk *n.*
coz *f.* [kɔθ] (Pferd) Ausschlagen *n.*, Fußtritt *m.*
cráneo *m.* [kra'neo] Schädel *m.*, Hirnschale *f.*
craso *adj.* [kra'so] plump; *fig.* (Unwissenheit) kraß.
cráter *m.* [kra'ter] (Vulkan) Krater *m.*
crea|ción *f.* [kreaθ^jɔ'n] Erschaffung *f.*, Schöpfung, Errichtung, Gründung; **-dor** *adj.* [kreaðɔ'r] schöpferisch, erfinderisch; - *m.* Schöpferisch erfinderisch; - *m.* Schöpfer Urheber *m.*; **-r** [krea'r] (er) schaffen; *fig.* errichten, gründen.
crece|r [kreθe'r] wachsen; (Wasser) steigen; (Fluß) anschwellen; zunehmen, s. vermehren; **-s** *f. pl.* *techn.* (Gießereimodelle) Zugabe *f.*
crecida *f.* [kreθi'ða] Hochwasser *n.*
crecido *adj.* [kreθi'ðo] erwachsen; (Kind, Anzahl) groß; (Nachfrage) gesteigert.
crecimiento *m.* [kreθim^je'nto] Wachstum *n.*, Zunahme *f.*
credencial *adj.* [kreðenθ^ja'l]: **cartas** (*f. pl.*) **-es** (Diplomat) Beglaubigungsschreiben *n.*

credibilidad *f.* [kreðiβiliða'ð] Glaubwürdigkeit *f.*
crédito *m.* [kre'ðito] Kredit *m.;* (Gut-) Haben *n.;* Ansehen, guter Ruf *m.*
credo *m.* [kre'ðo] *rel., pol.* Kredo *n.,* Glaubensbekenntnis, Überzeugung *f.*
credulidad *f.* [kreðuliða'ð] Leichtgäubigkeit *f.*
cree|ncia *f.* [kree'nθʲa] Glaube *m.,* Meinung *f.;* **-r** [kree'r] glauben, für etw. halten, denken, annehmen, vermuten; **-r a pies juntillas** *fig.* steif u. fest glauben; **ya lo creo** das will ich meinen; natürlich; **-rse** [kree'rse] s. einbilden, s. halten für.
creí|ble *adj.* [krei'βle] glaubhaft, glaublich.
crema *f.* [kre'ma] Kreme, Rahm, *m.* (Schlag-) Sahne *f.;* die oberen Zehntausend *pl.* (der Gesellschaft; *gramm.* Doppelpunkt *m.* auf dem span. *u;* **-ción** *f.* [kremaθʲɔ'n] Leichenverbrennung *f.;* **-llera** *f.* [kremaʎe'ra] *techn.* Zahnstange *f.;* **ferrocarril** (*m.*) **de -llera** Zahnradbahn *f.*
cremoso *adj.* [kremo'so] sahnig.
crepita|ción *f.* [krepitaθʲɔ'n] Knarren *n.,* Knistern, Prasseln; **-r** [krepita'r] knarren, knistern, prasseln.
crepuscular *adj.* [krepuskula'r] auf die Dämmerung bezüglich.
crepúsculo *m.* [krepu'skulo] Dämmerung *f.,* Abend-, Morgeröte.
cresp|o *adj.* [kre'spo] kraus, gekräuselt; **-ón** *m.* [krespɔ'n] Krepp *m.,* (Trauer-) Flor.
cresta *f.* [kre'sta] (Berg-, Hahnen-) Kamm *m.*
cretin|ismo *m.* [kretini'zmo] Kretinismus *m.;* **-o** *m.* [kre'tino] Kretin *m.,* Idiot.
creyente *m.* [kreje'nte] *rel.* Gläubiger *m.*
cría *f.* [kri'a] (Tier-) Zucht *f.,* Junge *n.;* Wurf *m.* (v. Tieren); (Fisch-) Satz.
criada *f.* [kria'ða] Magd *f.,* Dienstmädchen *n.*
cria|dero *m.* [kriaðe'ro] (Tier-) Zuchtanstalt *f.,* Baum-, Pflanzenschule; Erzlager *n.;* **-dilla** *f.* [kriaði'ʎa] *anat.* Hode *f.;* **-dillas** *f. pl.* Gericht (*n*) v. Tierhoden; **-do** *m.* [kria'ðo] Diener *m.,* Bedienter, Knecht; **los -dos** die Dienerschaft; **-dor** *m.* [kriaðɔ'r] Schöpfer *m.,* Gott; **-nza** *f.* [kria'nθa] Erziehung *f.;* (Saüglings-Ernährung; **-r** [kria'r] (auf-), schaffen, säugen, stillen; **-rse** wachsen, gedeihen; **-tura** *f.* [kriatu'ra] Geschöpf, Wesen, (kleines) Kind *n.,* Kreatur *f.*
criba *f.* [kri'βa] Sieb *n.;* **-r** [kriβa'r] sieben.
crim|en *m.* [kri'men] Verbrechen *n.;* **-inal** *adj.* [krimina'l] strafbar, verbrecherisch; **-inal** *m.* Verbrecher *m.*
crío *m.* [kri'o] kleines Kind *n.; auch* ironisch *fig.*
criollo *m.* [krio'ʎo] Kreole *m.; adj.* kreolisch; *SAm.* südamerikanisch, volkstümlich.
cris|álida *f.* [krisa'liða] (Insekten-) Puppe *f.;* **-antemo** *m.* [krisante'mo] *bot.* Crysantheme *f.*
crisis *f.* [kri'sis] Krise *f.,* Krisis, Wendepunkt *m.; fig.* schwierige Lage *f.*
crisma *f.* [kri'zma]: Salböl *n.*
crisol *m.* [krisɔ'l] (Schmelz-) Tiegel *m.;* (Hochofen) Gestell *n.; fig.* Prüfstein *m.*
crispa|do *adj.* [krispa'ðo] *bot.* gekräuselt; (Faust) geballt; **-r(se)** [krispa'rze] (s.) kräuseln; *med.* krampfhaft zusammenziehen.
cristal *m.* [krista'l] Kristall *n.,* Glas, Fensterscheibe *f.;* **-ería** *f.* [kristaleri'a] Glaswaren *f. pl.* Glasfabrik *f.,* Kristallwarengeschäft *n.;* **-ino** *adj.* [kristali'no] kristallinisch, klar; **-ización** *f.* [kristaliθaθʲɔ'n] Kristallisierung *f.;* **-izar** [kristaliθa'r] kristallisieren, Kristalle bilden.
cristian|amente *adv.* [kristʲaname'nte]

christlich; **-dad** *f.* [kristʲanda'ð] Christenheit *f.*; **-ismo** *m.* [kristʲani'zmo] Christentum *n.*; **-izar** [kristʲaniθa'r] zum Christen machen; **-o** *adj.* [kristʲa'no] christlich.

Cristo *m.* [kri'sto] Christus *m.*; **antes (después) de** - vor (nach) Christi Geburt.

criterio *m.* [krite'rʲo] Kriterium *n.*, Standpunkt *m.*, Meinung *f.*

crítica *f.* [kri'tika] Kritik *f.*, Beurteilung, Tadel *m.*, Urteil *n.*; **-r** [kritika'r] kritisieren, beurteilen, tadeln, beanstanden.

crítico *adj.* [kri'tiko] kritisch, bedenklich; (Augenblick) entscheidend; - *m.* Kritiker *m.*, Kunstsachverständiger.

crochet *m.* [kroč'e]: **hacer** - häkeln.

croissant [kroasa'ɲ] (Gebäck) Hörnchen *n.*

crom|ar [kroma'r] verchromen; **-o** *m.* [kro'mo] *chem.* Chrom *n.*; *fam.* farbiges (Ab-) Bild (-ung) *n.* (*f*).

crónic|a *f.* [kro'nika] Chronik *f.*

cron/icón *m.* [kronikɔ'n] (kurzgefaßte) Chronik *f.*; **-ista** *m.* [kroni'sta] Chronist *m.*; **-ología** *f.* [kronoloxi'a] Zeitfolge *f.*; **-ológico** *adj.* [kronolɔ'xiko] chronologisch, zeitlich geordnet; **-ómetro** *m.* [krono'metro] Zeitmesser *m.*, Uhr *f.*; **-ometraje** *m.* [kronometra'xe] die Zeit m. der Stoppuhr messen.

croquet *m.* [krok'e] Krocket *n.*

croqueta *f.* [kroke'ta] (Fleisch-, Fisch-Geflügel-).

croquis *m.* [kro'kis] Skizze *f.*, Entwurf *m.*

cruce *m.* [kru'θe] Kreuzweg *m.*, -punkt, Kreuzung *f.*, *Eis.* Ausweichstelle; **-ro** *m.* [kruθe'ro] (Kirche) Kreuzschiff *f.*; *naut.* Kreuzer *m.*

cruci|ficar [kruθifika'r] kreuzigen; *fig. fam.* foltern; **-fijo** *m.* [kruθifi'xo] Kreuz *n.*, Kruzifix; **-fixión** *f.* [kruθifiksʲɔ'n] Kreuzigung *f.*; **-grama** *m.* [kruθigra'ma] Kreuzworträtsel *n.*

crud|eza *f.* [kruðe'θa] roher, ungekochter Zustand *m.*; *fig.* Härte *f.*; (Witterung) Strenge; **-o** [kru'ðo] roch. ungekocht, ungebraten; (Früchte) unreif; (Witterung) rauh, streng; *fig.* hart.

cruel *adj.* [krue'l] grausam, unbarmherzig (**para con** zu); unerbittlich; **-dad** *f.* [kruelda'ð] Grausamkeit *f.*, Unbarmherzigkeit; *fig.* Härte.

cruento *adj.* [krue'nto] (Krieg, Opfer) blutig.

crujía *f.* [kruxi'a] Gang *m.*, Korridor, Krankensaal (m. beiderseitigen Bettreihen).

cruji|do *m.* [kruxi'ðo] Knirschen *n.*, Knarren; **-r** [kruxi'r] knirschen, knarren; (Seide) rauschen.

crustáceos *m. pl.* [krusta'θeos] Krustentiere *n. pl.*

cruz *f.* [kruθ] Kreuz *n.*, Kruzifix; *fig.* Leid; **la C-Roja** das Rote Kreuz; **hacer la señal de la santa** - s. bekreuzigen; *fig. fam.* **jugarse algo a cara o** - etw. auslosen (durch Hochwerfen er. Münze); **-ada** *f.* [kruθa'ða] ɥreuzzgud *m.*, -weg; **-ado** *adj.* [kruθa'ðo] gekreuzt; **estar con los brazos -ados** *fig.* mäßig herumsitzen (-stehen); (Münze) Kreuzer; **-ar** [kruθa'r] (durch-)kreuzen, durchqueren; (Arme) verschränken; (Straße) überqueren.

cuaderno *m.* [kʷaðe'rno] (Schreib-) Heft *n.*

cuadra *f.* [kʷa'dra] (Pferde-) Stall *m.*; *SAm.* Häuserviertel *n.*; **-dillo** *m.* [kʷadraði'ʎo] (Vierkant-) Lineal *n.*; **-do** *adj.* [kʷadra'ðo] viereckig.

cuadr|agesimal *adj.* [kʷadraxesima'l] auf die Fastenzeit bezüglich; **-agésimo** *adj.* [kʷadraxe'simo] der vierzigste; **-ángulo** *adj.* [kʷadra'ŋgulo] viereckig; - *m. math.* Viereck *n.*; **-ante** *m.* [kʷadra'nte] *math.* Quadrant *m.*, Sonnenuhr *f.*, Mondviertel *n.;* **-ar**(**se**) [kʷadra'rse] passen (**con** zu); (*mil*strammstehen; **-ear** [kʷadrea'r] viereckig machen; **-ícula** *f.* [kʷadri'kula] (Papier) Quadrierung *f.*, Gatter *n.*, Zeichennetz; **-iculado** *adj.* [kʷadrikula'ðo] (Papier) kariert; (Stoff) gewürfelt; **-ienio** *m.* [kʷadrie'nio] Zeitspanne (*f*) v. 4 Jahren; **-ilátero** *adj.* [kʷadrila'tero] viereckig; - *m. math.* Viereck *n.*

cuadrilla *f.* [kʷadri'ʎa] (Menschen) Haufen *m.*, Trupp, Gruppe *f.;* (Räuber-) Bande; *Taur.* Stierfechtergruppe.

cuadro *m.* [kʷa'dro] Quadrat *n.*, Gemälde, Bild, (Garten- Beet; (Fenster, Fahr- u. Kraftrad Rahmen *m.;* Tabelle *f.*, Tafel Übersicht; *theat.* Bild *n.*, Szene *f.*

cuadrúpedo *m.* [kʷadru'peðo] Vierfüßler *m.; adj.* vierfüßig.

cuádruple *adj.* [kʷa'druple] vierfach.

cuadruplicar [kʷadruplika'r] vervierfachen.

cuaja|da *f.* [kʷaxa'ða] Quark *m.*, Topfen; **-do** *adj.* [kʷaxa'ðo] geronnen, voll (-besetzt), wimmelnd (**de** v.); **-r** [kʷaxa'r] gerinnen machen; (Milch) gerinen; (**no**) **-r** (Schnee (nicht) liegen bleiben; *fig.* greifbare Gestalt annehmen, zustande kommen.

cuajo *m.* [kʷa'xo] Lab *n.*

cual [kʷa'l]: **el -, la -, lo -** der, die, das, welcher, welche, welches; **a - más** *fig.* um die Wette; *adv.* (so-) wie; **tal -** so so.

cuali|dad *f.* [kʷaliða'ð] Qualität *f.*, Beschaffenheit, Eigenschaft; **-tativo** *adj.* [kʷalitati'βo].

cualquier [kʷalkʲe'r] irgendein, jeder (beliebige); **de - modo** oberflächlich; **-a** [kʷalkʲe'ra] jemand, jeder (-mann); **un -** ein X-beliebiger.

cuan [kʷan]: **tan... -** ebenso...wie, so...wie; **¡cuán!** *adv.* wie.

cuando [kʷa'ndo]: *adv.* **de - en -** ab u. zu. dann u. wann, **- menos (más)** mindestens (höchstens); (sobald) als, wenn, bis; **- V. quiera** wann es Ihnen recht ist; **- estudiante** in meiner Studentenzeit; **¿cuándo?** wann?; **¿hasta (desde -?** bis (seit) wann?.

cuan|tía *f.* [kʷanti'a] Summe *f.*, Menge; **-tidad** *f.* [kʷantiða'ð] *math.* Größe *f.;* **-tioso** *adj.* [kʷantio'so] bedeutend, belangreich.

cuanto *adv.* sovel als. wie (-viel), alles was; **- antes** sobald wie möglich; **- antes mejor** je eher, desto besser; **- más (menos) que** um so mehr (um so weniger); **en - a** bezüglich, hinsichtlich; **- a** ... was... anbelangt; **-** ... **tanto** je.. desto; **¿a cuántos estamos?** Welches Datum haben wir heute?; **¿cuánto?** wieviel, wie teuer?.

cuáquero *m.* [kʷa'kero]] Quäker *m.*

cuarent|a *adj.* [kʷare'nta] vierzig; **-ena** *f.* [kʷarente'na] *naut.* Quarantäne *f.*

cuaresma *f.* [kʷare'zma] Fasten *pl.*, zeit *f.*

cuart|a *f.* [kʷa'rta] Viertel *n.;* (Fechten) Quart *f.;* **-ear(se)** [kʷartea'rse] vierteilen; (Risse bekommen); **-el** *m.* [kʷarte'l] Kaserne *f.; mil.* Quartier *n.;* **dar -el** Pardon geben; **-eto** *m.* [kʷarte'to] *mus.* Quartett *n.;* **-illa** *f.* [kʷarti'ʎa] Zettel *m.*, (Quart-) Blatt *n.* (es. Vortrags-, Rede Manuskriptes); Viertelarroba *f.;* **-o** *adj.* [ka'rto] der vierte; - *m.* Viertel *n.;* Münze *f. fam.* Heller *m.;* Zimmer *n.*, Wohnung *f.*, Stube; **los -os** *fam.* Geld *n.; fam.* Moneten *pl.*

cuarzo *m.* [kʷa'rθo] *min.* Quarz *m.*

cuatro *adj.* [kʷa'tro] vier; **el -** die Vier, der (am) ierte (n); **- palabras** e. paar Worte; **a las -** um vier (Uhr); **más de - veces** *fam.* sehr oft; **a - patas** auf allen Vieren.

cuba *f.* [ku'βa] (Wein-) Faß *n.*, Bottich *m.*, Kübel *techn.* (Ofen) Schacht; **es-**

tar hecho una ~ *fig. fam.* vollkommen betrunken sein.
cube|ría *f.* [kuβeri'a] Böttcherei *f.*; **-ro** *m.* [kuβe'ro] Böttcher *m.*; **a ojo de buen -ro** *fig. fam.* nach dem Augenmaß; **-ta** *f.* [kuβe'ta] Küvette *f.*, Schale.
cubica|ción *f.* [kuβikaθ^jɔ'n] Berechnung (*f*) es. Volumens, errechnetes Volumen *n.*; **-r** [kuβika'r] e. Volumen berechnen.
cúbico *adj.* [ku'βiko] kubisch, würfelförmig.
cubier|ta *f.* [kuβ^je'rta] Decke *f.*, Deckel *m.*, Deckhaube *f.*; (Buch-) Einband *m.*, *arch.* Bedachung *f.*, Dach *n.*; *aut.* Reifendecke *f.*; *naut.* (Schiffs-) Deck *n.*; **-to** *adj.* [kuβ^je'rto] bedeckt; (Himmel) bewölkt; **(totalmente) -to** (Gesellschaftskapital (voll) eingezahlt; (Posten, Stelle) besetzt; **-to** *m.* (Eß-) Besteck *n.*, Gedeck, Menü.
cubis|mo *m.* [kuβi'zmo] Kubismus *m.*; **-ta** *m.* [kuβi'sta] (Künstler Kubist *m.*; *adj.* kubistisch.
cúbito [ku'βito]: **de** ~ **supino** auf dem Rücken liegend.
cubo *m.* [ku'βo] (Hand-) Eimer *m.*, Kübel; (Rad-) Nabe *f.*; *math.* Würfel *m.*
cubrir [kuβri'r] (be-) (ver-), (zu-decken; überziehen, schützen; (weibl. Tiere) bespringen; (Strecke) zurücklegen; (Schein) wahren; (Stelle) besetzen; (Kosten) bestreiten; **-se** [kuβri'rse] s. zudecken, s. bedecken; (Himmel) trübe w.; s. schützen (**contra** vor); s. sichern (**contra** gegen); den Hut aufsetzen.
cucaracha *f.* [kulara'ča] (Küchen-) Schabe *n.*, Kakerlak *m.*
cucli|llas *f. pl.* [kukli'ʎas]: **en -as** in Hockstellung, kauernd; **-o** *m.* [kukli'ʎo] Kuckuck *m.*
cuco *m.* [ku'ko] Kuckuck *m.*; *fig.* Schlaukopf, Popanz; *adj. fig.* schlau.
cuchar|a *f.* [kuča'ra] Löffel *m.*; *techn.* Mulde *f.*, Pfanne, Greifer *m.*; **-ada** *f.* [kučara'ða] einen Löffel voll; **-ada grande** (Arznei) einen Eßlöffel voll; **-ada pequeña** einen Kaffeelöffel voll; **-illa** *f.* [kučari'ʎa] kleiner (Kaffee-, Tee-) Löffel *m.*; **-ón** *m.* [kučaro'n] Schöpflöffel *m.*
cuchiche|ar [kučičea'r] flüstern, tuscheln; **-o** *m.* [kučiče'o] Geflüster *n.*, Getuschel.
cuchill|a [kuči'ʎa] Messer *n.*, Klinge *f.*; *techn.* Scherblatt *n.*, (Werkzeug) Stahl *m.*, Eisen *n.* (im Sinne Arbeits-, Maschinenmesser); **-ada** *f.* [kučiʎa'ða] Hieb *m.* Schnitt, Stich; **-ería** *f.* [kučiʎeri'a] Stahlwarengeschäft *n.*, Messerfabrik *f.*; **-ero** *m.* [kučiʎe'ro] Messerchmied *m.*; **-o** [kuči'ʎo] Messer *n.*
cuello *m.* [k^we'ʎo] Hals *m.*, Kragen; ~ **planchado** steifer Kragen.
cuenc|a *f.* [k^we'ŋka] Flußgebiet *n.*; (Kohlen-, Erz-) Becken; Holznapf *m.*; **-o** *m.* [k^we'ɲko] tiefe Schüssel *f.*, Napf *m.*
cuenta *f.* [k^we'nta] Rechnen *n.*, Rechnung *f.*, Faktura, Konto *n.*, (Rosenkranz) Kugel *f.*, Perle; **abonar en** ~ (auf Konto) gutschreiben; **abrir una (cerrar la)** ~ e. Konto eröffnen (schließen; **adeudar en** ~ (auf Konto) belasten; **caer en la** ~ gewahr w.; **dar** ~ Bericht erstatten, Rechenschaft ablegen; **darse** ~ bemerken; **sin darse** ~ ohne s. Rechenschaft zu geben, unwillkürlich; **dejar de** ~ (Waren) zur Verfügung stellen; **echar** ~ überlegen; **echar la** ~ abrechnen, die Rechnung machen; **hacer** ~ bedenken; **no salirle a uno la** ~ s. verrechnen; **establecerse uno por su** ~ (geschäftlich s. selbständig machen; **beber más de la** ~ e. Gläschen zuviel tinken; **tener en** ~ bedenken; **pedir -s a alguien** *fig.* jem. zur Verantwortung ziehen; **perder la** ~ *fig.* s. nicht mehr erinnern; **vivir a** ~ **de otro** auf Kosten es. anderen leben; **a fin de -s**

C

schießlich; **-gotas** *m.* [kʷentago'tas] Tropfenzähler *m.*; **-rrevoluciones** *m.* [kʷentarreβoluθʲɔ'nes] Umdrehungszähler *m.*; **-kilómetros** *m.* [kʷentakilo'metros] Kilometerzähler *m.*

cuento *m.* [kʷe'nto] Erzählung *f.*, Geschichte, Schnurre; Märchen *n.*; Klatsch, Schwank *m.*; (Stock) Zwinge *f.*; **el - de nunca acabar** *fig.* ee. endlose Geschichte; **venir a -** gelegen kommen; **¡déjese Vd. de -s** hören Sie auf m. dem Gerede!.

cuerda *f.* [kʷe'rda] Schnur *f.*, Saite, Bindfaden *m.*, Strick, Strang; Seil *n.*, (Uhrwerk) Kette *f.*; **dar -** (Uhr) aufziehen; **tener -** (Uhr) aufgezogen sein; **tiene - para rato** *fig. fam.* die Sache kann noch lange dauern; **-s** (*f. pl.*) **vocales** *anat.* Stimmbänder *n. pl.*

cuerdo *adj.* [kʷe'rdo] klug, vernünftig.

cuern|a *f.* [kʷe'rna] Hirschgeweih *n.*; **-o** *m.* [kʷe'rno] (Jagd-) **-os** *fig. vulg.* (Hahnrei) Hörner haben; **poner los -os a uno** *fig. vulg.* jem. Hörner aufsetzen.

cuero *m.* [kʷe'ro] Haut *f.*, Leder *n.*; *fam.* Fußball *m.*; **en -s** (splitternackt.

cuerpo *m.* [kʷe'rpo] Körper *m.*, Leib, Rumpf; Gestalt *f.*, Figur; (Gewebe) Dichtigkeit; *mil.* Korsp *n.*, Heeresabteilung *f.*; *jur.* Beweisstück *n.*; (Kirche) Hauptschiff *n.*; **- de bomberos** Feuerwehr *f.*; **- docente** Lehrerschaft *f.* (er Unterrichtsanstalt.

cuervo *m.* [kʷe'rβo] Rabe *m.*

cuesta *f.* [kʷe'sta] (Berg-) Abhang *m.*, Anhöhe *f.*; **-abajo (arriba)** bergab (bergauf); **a -s** dem Rücken.

cuestación *f.* [kʷestaθʲɔ'n] (Geld-, Straßen- Sammlung *f.* (für fromme od. wohltätige Zwecke).

cuestión **cuestión** *f.* [kʷestʲɔ'n] (Streit-) Frage *f.*, Streit *m.*, Problem *n.*, Sache *f.*

cuestionario *m.* [[kʷestʲɔna'rʲo] Fragebogen *m.*

cueva *f.* [kʷe'βa] Höhle *f.*, Keller *m.*

cuida|do *m.* [kʷiða'ðo] Pflege *f.*, Wartung, Vorsicht, Sorge, Sorgfalt; (auf Briefen) **al -do de** per Adresse; **de -do** (Person) gefährlich, fragwürdig; **sin -do** unbesorgt; **¡ -do!** Achtung! Vorsicht!.

culata *f.* [kula'ta] (Gewehr-) Kolben *m.*; (Pferd) Kruppe *f.*; **salir a uno el tiro por la -** *fig. fam.* s. verrechnen; s. ins eigene Fleisch schneiden; s. nur selber schädigen; **-zo** *m.* [kulata'θo] Kolbenstoß *m.*

culebra *f.* [kule'βra] Schlange *f.*; *fig.* böses Weib *n.*

culera *f.* [kule'ra] Flicken *m.* (auf Hosenboden).

culinario *adj.* [kulina'rʲo]: **arte** (*m*) **-** Kochkunst *f.*

culminante *adj.* [kulmina'nte]: **punto** (*m*) **-** Gipfel (-punkt) *m.*

culo *m.* [ku'lo] Gesäß *n.*, Hinterer *m.*, *vulg.* Arsch, *fam.* Popo; Boden (es. Glases usw.).

culpa *f.* [ku'lpa] Schuld *f.*, Verschulden *n.*, Sünde *f.*; **echar la -a alg.** die Schuld auf jem. schieben; **tener la - de** schuld sein an; **-bilidad** *f.* [kulpaβiliða'ð] Strafbarkeit *f.*; **-ble** *adj.* [kulpa'βle] schuldig, strafbar; **-ble** *m.* Schuldige *m.*; **-r** [kulpa'r] (an-), beschuldigen.

cultiva|ble *adj.* [kultiβa'βle] anbaufähig; **-dor** *m.* [kultiβaðɔ'r] Landwirt *m.*; (Pflanzen-) Züchter; **-r** [kultiβa'r] (an-), (be-) bauen; (Boden) bestellen).

cultivo *m.* [kulti'βo] Anbau *m.*; *fig.* Pflege *f.*

cult|o *m.* [ku'lto] Kultus *m.*, Gottesdienst; **rendir -o a** verehren; *adj.* gebildet, höflich; **-ura** *f.* [kultu'ra] Kultur, Bildung *f.*, Bodennutzung; **-ural** *adj.* [kultura'l] kulturell.

cumbre *f.* [ku'mbre] (Berg-) Gipfel *m.*, höchste Stufe *f.*

C

cumpleaños *m.* [kumplea'ɲos] Geburtstag *m.*

cumpli|do *adj.* [kumpli'ðo] vollkommen, -endet; - *m.* Höflichkeitsbezeigung *f.;* **-mentar** [kumplimentaér- begrüßen, beglückwünschen; **-miento** *m.* [kumplimʲe'nto] Kompliment *n.;* (Vertrag), Erfüllung *f.;* **-r** [kumpli'r] ausführen, erfüllen; (Versprehen) halten; (Frist) zu Ende gehen; **-r años** seinen Geburtstag feiern.

cúmulo *m.* [ku'mulo] Haufen *m.*, Menge *f.*

cuna *f.* [ku'na] Wiege *f.*, Geburtsort *m.; fig.* Herkunft *f.*

cundir [kundi'r] s. ausbreiten, aufquellen; (Gerücht) s. verbreiten.

cuneiforme *adj.* [kuneiforme]: **escritura** *(f.)* - Keilschrift *f.*

cuneta *f.* [kune'ta] Straßengraben *m.*

cuña *f.* [ku'ɲa] Keil *m.;* **-da** *f.* [kuɲa'ða] Schwägerin *f.;* **-do** *m.* [kuɲa'ðo] Schwager *m.*

cuño *m.* [ku'ɲo] (Präge-) Stempel *m.*, Prägung *f.;* **de nuevo** - *fig.* neu modern.

cuota *f.* [kʷo'ta] Quote *f.;* (Mitglieds-, Monats-) Beitrag *m.*

cupón *m.* [kupɔ'n] Kupon *m.*, Zinseschein, Abschnitt.

cúpula *f.* [ku'pula] Kuppel *f.*

cura [ku'ra] Pfarrer *m.*, Priester, Geistlicher; Kur *f.*, Heilverfahren *n.;* **-ble** *adj.* [kura'βle] heilbar; **-ción** *f.* [kuraθʲɔ'n] Genesung *f.*, Heilung; **-ndero** *m.* [kurande'ro] Kurpfuscher *m.*, Quaksalber; **-r** [kura'r] genesen, heilen pflegen, ärztlich behandeln; **-rse** [kura'rse] genesen, geheilt w.

curat|ela *f.* [kurate'la] Vormundschaft *f.;* **-ivo** *adj.* [kuratiβo]: **método** *(m)* - Heilverfahren *n.;* **-o** *m.* [kura'to] Pfarrei *f.*

curda *f.* [kur'da] Rausch *m.;* **coger una** - s. betrinken.

curia *f.* [ku'rʲa] Kurie *f.;* (geistliches) Gericht *n.*

curio|sear [kurʲosea'r] neugierig sein, schnüffeln; **-sidad** *f.* [kurʲosiða'ð] Neugierde *f.*, Wißbegierde, Sauberkeit, Sehenswürdigkeit; **-so** *adj.* [kurʲɔ'so] neugierig, genau, sauber, merkwürdig, eigentümlich; **-so** *m.* Neugieriger *m.*, Gaffer.

cur|sado *adj.* [kursa'ðo] bewandert, erfahren; **-sar** [kursa'r] (Vorlesungen) besuchen; (Kursus) absolvieren.

cursi *adj.* [ku'rsi] *fam.* kitschig geschmacklos, übertrieben; **-lería** *f.* [kursileri'a] übertriebene Befolgung *(f)* der Mode, Kitsch *m.*

curs|illo *m.* [kursi'ʎo] kurzer Lehrgang *m.;* **-illista** *m.* [kursiλi'sta] Kursusteilnehmer *m.;* **-o** *m.* [ku'rso] Lauf *m.*, Lehrgang, Verlauf, Kursus.

curti|dero *m.* [kurtiðe'ro] (Gerber-) Lohe *f.;* **-do** *adj.* [kurti'ðo] (Haut) gebräunt; **-do** *m.* Gerben *n.;* **-dor** *m.* [kurtiðo'r] Gerber *m.;* **-ente** *m.* [kurtʲe'nte] Gerbstoff *m.;* **-r** [kurti'r] gerben; *fig.* abhärten; **-irse** [kurti'rse] (v. der Sonne) gebräunt w.

curv|a [ku'rβa] Kurve *f.;* **-ar** [kurβa'r] rund biegen; **-ilínco** *adj.* [kurβili'neo] krummlinig; **-o** *adj.* [ku'rβo] gebogen, krumm.

cúspide *f.* [ku'spide] (Berg-) Spitze *f.*, Gipfel *m.*

custodi|a *f.* [kusto'ðʲa] Aufbe-, Verwahrung *f.*, (Ob-) Hut; *rel.* Monstranz; **-ar** [kustoðʲo] Kustos *m.*, Wächter.

cut|áneo *adj.* [kuta'neo] auf die Haut bezüglich; **-is** *m.* [ku'tis] (Gesichts-) Haut *f.*, Teint *m.*

cuy/o -a [ku'jo],ku'ja] dessen, deren; **¿cúyo?, ¿cúya?** wessem?

ch, Ch *f.* [če] ch, Ch *n.*
chabaca|nería *f.* [čaβakaneri'a] Geschmacklosigkeit *f.;* **-no** *adj.* geschmacklos.
chacal *m.* [čaka'l] Schakal *m.*
chacra *f.* [ča'kra] *SAm.* kleine Landwirtschaft *f.*
chacha *f.* [ča'ča] *fam.* (Kider-) Mädchen *n.*
chafar(se) [čafa'rse] niedertreten; zerdrücken, -knittern, -knüllen; (s. platt schlagen.
chaflán *m.* [čafla'n] abgeschrägte Ecke *f.;* (stumpfe) Haus-, Straßenecke.
chalado *adj.* [čala'ðo] blöd; *fig.* verliebt (**por** in).
chalana *f.* [čala'na] *naut.* Prahm *m.*, Schute *f.*
chalarse [čala'rse] s. verlieben (**por** in).
chaleco *m.* [čale'ko] Weste *f.;* **-salvavidas** *m.* Schwimmweste *f.*
chalet *m.* [čale'l] Villa *f.*, Landhaus *n.;* Schutzhütte *f.*, Baude.
chalupa *f.* [čalu'pa] *naut.* Leichter *m.*
chambergo *m.* [čambe'rgo] Künstlerhut *m.*
chamizo *m.* [čami'θo] angekohltes. Stück Holz *n.*
champán *m.* [čampa'n] Champagner (-wein) *m.*
chamus|car [čamuska'r] (ab-), (an-), (ver-)sengen, leicht rösten; **-quina** *f.* [čamuski'na] Brandgeruch *m.; fam. joc.* dicke Luft *f.*
chanclo *m.* [ča'nklo] Gummischuh *m.*
chanch|a *f.* [ča'nča] *SAm.* Sau *f.;* **-ería** *f.* [čančeri'a] *SAm.* Fleischerei *f.;* **-ero** *m.* [čanče'ro] *SAm.* Fleischer *m.;* **-o** *m.* [ča'nčo] *SAm.* Schwein *n.*
chanchull|ero *m.* [čančuʎe'ro] Schwindler *m.;* **-o** *m.* [čanču'ʎo] Schwindel *m.*, Schiebung *f.*, unlautere Machenschaft; *fam.* Schmu *m.;* **pantalón -o** *m. fam.* (Art) Knickerbokker Hosen *f. pl.*
changador *m.* [čaɲgaðɔ'r] *SAm.* Dienstmann *m.*
chantaj/e *m.* [čanta'xe] Erpressung *f.;* **-ista** *m.* [čantaxi'sta] Erpresser *m.*
chantre *m.* [ča'ntre] Kantor *m.*
chapa *f.* [ča'pa] Blech *n.*, Platte *f.;* Erkennungsmarke; **-ðo** *adj.:* [čapa'ðo] **oro** (*m*) **-do** Doublé *n.;* **-r** [čapa'r] (Holz) furnieren.
chaparr|a *f.* [čapa'rra] (Art) niedrige Eiche *f.;* **-ear** [čaparrea'r] in Strömen regnen; **-ón** *m.* [čaparro'r] Regenguß *m.;* **llover a -ones** in Strömen regnen, gießen.
chape|ado *adj.* [čapea'ðo] (m. Platten) belegt, plattiert, vergoldet; **-** *m.* Plattierung *f.;* **-ar** [čape'r] m. Metallüberzügen schützen, **-ar de oro** vergolden.
chapuce|ar [čapuθea'r] pfuschen, *fam.* murksen, Murks machen; **-ría** *f.* [čapuθeri'a] Pfuscherei *f.*, *fam.* Murks *m.;* **-ro** *adj.* [čapuθe'ro] stümperhaft; **-ro** *m.* Pfuscher *m.*, Murkser.
chapurrear [čapurrea'r] (Sprache) radebrechen, gebrochen sprechen.
chapuza *f.* [čapu'θa] Pfuscharbeit, Stümperei *f. fam.* Murks *m.*
chaqu|e *m.* [čake'] Cutaway *m.;* **-eta** *f.* [čake'ta] Jacket *n.*, Jacke *f.;* **-etilla** *f.* [čaketi'ʎa] kurze Jacke *f.*

ch

charco *m.* [ča'rko] Lache *f.*, Pfütze.

charla *f.* [čarla] Gespräch *n.*, Plauderei *f.*, Unterhaltung; **-dor** *adj.* [carlaðɔ'r] geschwätzig; **-r** [čarla'r] plaudern, schwätzen, s. unterhalten; **-r por los codos** sehr redselig sein; **-tán** *m.* [čarlata'n] Schwätzer *m.*, Quaksalber Großmaul *n.; adj.* geschwätzig; **-tanería** *f.* [čarlataneri'a] Geschwätz *n.*, -igkeit *f.*

charlotada *f.* [čarlota'ða] *Taur.* komischer Stierkampf (*m*) m. Jungstieren.

charol *m.* [čarɔ'l] Lack *m.*, -leder *n.*

charretera *f.* [čarrete'ra] *mil.* Achselstück *n.*, Epaulette *f.*

charro *m.* [ča'rro] (Salamanca) Bauer *m.; adj.* bäuerlich (Putz) farbig auffallend.

chascar [časka'r] m. der Zunge schnalzen.

chascarrillo *m.* [časkari'ʎo] Anekdote *f.*, Schnurre; *fam* Bauernschwank *m.*

chasco *m.* [ča'sko] Foppen *n.*, Possen *m.*; **llevarse un** - angeführt w., hereinfallen; **dar un - a alg.** jem anführen.

chasis *m.* [ča'sis] *aut.* Rahmen *m.*, Fahrgestell *n.; phot.* Kassette *f.*

chasquear(se) [časkea'rse] anführen, foppen, reinlegen; (ee. Enttäuschung erfahren; *intr.* (Peitsche) knallen.

chata *f.* [ča'ta] (Frau m.) Stubsnase *f.;* Kosewort für solche.

chatarra *f.* [čata'rra] Alteisen *n.*, Schrott *m.*

chato *adj.* [ča'to] platt-, stumpf-, stupsnasig; - *m.* niedriges, breites Weingläschen *n.;* **tomar un** - *fam.* s. en. Gläschen gönnen.

chaval *m.* [čaβa'l] Bursche *m.*, Junge; **-a** *f.* [čaβa'la] Mädel *n.*

¡che! [če] *SAm* häufig gebrauchte Partikel als Ausruf.

chelín *m.* [čeli'n] Schilling *m.*

chelista *m.* [čeli'sta] Cellist *m.*

cheque *m.* [če'ke] Scheck *m.;* - **cruzado** Verrechnungsscheck *m.;* - **postal** Postscheck *m.;* **un cheque sobre Madrid por** ... e. Scheck a/Madrid über..; **talonario** (*m*) **de -s** Scheckbuch *n.*

chic *m.* [čik] Eleganz *f.*, Geschmack *m.; adj.* elegant, geschmackvoll.

chica *f.* [či'ka] Kleine *f.*, (Dienst-) Mädchen *n.;* häufig vertrauliche Anrede.

chicle *m.* [či'kle] Kaugummi *m.*

chico *m.* [či'ko] Bursche *m.*, Junge Knabe; häufig vertrauliche Anrede; kleines Glas Bier *n.*

chicha *f.* [či'ča] *SAm.* Maisbranntwein *m.; fam.* Fleisch *n.*

chicharra *f.* [čiča'rra] Bohrknarre *f.;* (Spielzeug) Knarre; *zool.* Zikade.

chichear [čičea'r] auszischen.

chiflad/o [čifla'ðo] verdreht, vernarrt, .verrückt; **estar -o por** en Fimmel haben für; **es un -o** bei ihm ist es im Oberstübchen nicht ganz richtig; **-ura** *f.* [čiflaðu'ra] Fimmel *m.*, Leidenschaft *f.*, Verrücktheit.

chilaba *f.* [čila'βa] maurischer Mantel (*m*) m. Kopfstück.

chillar [čiʎa'r] schreien, kreischen; (Wagen) knarren; (Farben) grell sein.

chillón *adj.* [čiʎɔ'n] (Farben) grell; - *m.* Schreihals *m.*

chimenea *f.* [čimene'a] Esse *f.*, Schornstein *m.*, Schlot, Kamin, Rauchfang.

chimpancé *m.* [čimpanθe'] *zool.* Schimpanse *m.*

china *f.* [či'na] Chinesin *f.*, kleiner Kieselstein *m.;* Porzellan *n. SAm.* (eingeborenes) Dienstmädchen *n.*

chinche *f.* [či'nče] Wanze *f.*, Reißzwecke; lästiger Mensch *m.*

chiqu|ero [čike'ro] *Taur.* Stierstall *m.;* **-ilín** *m.* [čikili'n] kleiner Junge *m.;* **-illa** *f.* [čiki'ʎa] kleines Mädchen *n.;* **-illada** *f.* [čikiʎa'ða] Kinderei *f.*, Lausbubenstreich *m.;* **-illería** *f.* [čikiʎeri'a] (Haufen [*m*] Kinder *n. pl.;* **-illo** *m.* [čiki'ʎo] kleiner Junge *m.;* **-irritín** *adj.* [čikirriti'n] *fam.* winzig klein; **-ito** *adj.* [čiki'to] sehr klein.

chiri|bita *f.* [čiriβi'ta] Funke *m.;* Maßliebchen *n.;* **-gota** *f.* [čirigo'ta] *fam.* Scherz *m.*, Spaß; **-mbolos** *m. pl.* [čirimbo'los] Krempel *m.*, Gerümpel *n.;* **-mía** *f.* [čirimi'a] *mus* Schalmeí *f.;* **-moya** *f.* [čirimo'ja] Zuckerapfel *m.;* **-pa** [čiri'pa] **acertar por -pa** zufällig das Richtige treffen.

chirona *f.* [čiro'na] *fam.* Gefängnis *n.*, *fam.* Kittchen; **meter en** *- fam.* nach Nummer Sicher bringen.

chirri|ar [čirria'r] knarren, quietschen; **-do** *m.* [čirri'ðo] Knarren *n.*, Quietschen.

chism|e *m.* [či'zme] Klatsch *m.*, Kram, Ding *n.;* **-es** *m. pl.* Sachen *f. pl.* **-ear** [čizmea'r] klatschen- **-oso** *adj.* [čizmo'so] klatschhaft, -süchtig.

chisp|a *f.* [či'spa] Funke *m.; fig.* Witz; *fam.* Schwips; **una -a de** e. Stückchen (v.); **ecar -as** *fig.* wütend sein; **-azo** *m.* [čispa'θo] Funken *n.;* **-eante** *adj.* [čispea'nte] funkensprühend, geistreich; **-ear** [čispea'r] Funken sprühen, funkeln, schwach regnen, nieseln; **-ero** *m.* [čispe'ro] *fam.* (Napoleon-Zeit) Bewohner Madrids aus dem niederen Volk.

chist|ar [čista'r] mucksen; **no -ar** kein Wort sagen; **sin -ar** ganz mäuschenstill; **-e** *m.* [či'ste] Witz *m.*, Spaß; **-oso** *adj.* [čisto'so] spaßhaft, witzig.

¡chitón! [čitɔ'n] still!.

chiv|a *f.* [či'βa] Geiß *f.;* **-ato** *m.* [čiβa'to] junger Ziegenbock *m.;* **-o** *m.* [či'βo] (Ziegen-) Bock *m.*

choc|ante *adj.* [čoka'nte] anstößig, befremdend; **-ar** [čoka'r] (An-) stoßen, befremden, zusammenstoßen, Anstoß erregen.

chocolate *m.* [čokola'te] Schokolade *f.;* **color** - schokoladenfarben; **pastilla** (*f*) **de** - Tafel (*f*) Schokolade; **-ra** *f.* [čokolate'ra] Schokoladenkanne *f.;* **-ría** *f.* [čokolateri'a] Schokoladenladen *m.*, -fabrik *f.*, Lokal (*n*), in dem vor allem Schokolade serviert wird.

choch|aperdiz *f.* [čocaperdi'θ] Schnepfe *f.;* **-ear** [čočea'r] (im Alter) kindisch w.; **-ez** *f.* [č*če'θ] Schwachköpfigkeit *f.;* **-o** *adj.* [čo'čo] schwachköpfig; (Nuß) hohl. leer; - *m. vulg.* weibl. Scham *f.*

chófer *m.* [čo'fer] Kraftfahrer *m.*, Chauffeur.

cholo *m.* [čo'lo] *SAm.* Mischling *m.* (aus Weißen u. Indianern).

chopo *m.* [čo'po] *bot.* Erle *f.;* (Soldatensprache, Gewehr *n.; fam.* Schießprügel *m.*

choque *m.* [čo'ke] (Zusammen-) Stoß *m.*, Anprall; *mil.* Gefecht *n.*

chori|cero *m.* [čoriθe'ro] Wurstmacher *m.;* **-zo** [čori'θo] (geräucherte (Paprika-) Wurst *f.*

chorr|ear [čorrea'r] rinnen, träufeln, triefen; **-eo** *m.* [čɔrre'o] Rinnen *n.*, Träufeln, Triefen; **-illo** [čɔrri'ʎo]: **irse por el -illo** *fig. fam.* etw. gewohnheitsmäßig tun; **-o** *m.* [čɔ'rro] (Wasser-) Strahl *m.;* (Blut-) Strom; **a -os** in Strömen; **beber a -os** direkt aus dein Krung trinken.

chotis *m.* [čo'tis] *typ.* Madrider Volkstanz *m.*

choto *m.* [čo'to] Kalb *n.*

choza *f.* [čo'θa] Hütte *f.*

chubasco *m.* [čuβa'sko] Platzregen *m.*, Regenschauer.

chuch|erías *f. pl.* [čučeri'as] Nippsachen *f. pl.* Näschereien **-o** *m.* [ču'čo] *fam.* Hund. *m.*, Köter.

chufa *f.* [ču'fa] Erdmandel *f.;* **horchata** (*f*) **de -s** (Getränk) Erdmandelmilch *f.*

chula *f.* [ču'la] fesches Mädel *n.*, (Madrid) typische Volksschönheit *f.; vulg.* gemeines Weib *n.;* **-da** *f.* [čula'ða] gemeine Handlung *f.*

ch

ch

chul|ería *f.* [čuleri'a] ungezwungenes (unfeines) Benehmen *n.;* Volksschicht *(f)* der Madrider«chulos»; **-esco** *adj.* [čule'sko] auf den Madrider «chulo» bezüglich; **-eta** *f.* [čule'ta] Kotelett *n.*, Rippchen; **-o** [ču'lo] frech. nach Art der Madrider «chulos»; - *m.* arroganter, frecher Bursche *m.*, typischer Madrider der untersten Klasse, *fam.* Flegel, Zuhälter; *Taur.* Gehilfe des Stierkämpfers.

chumb|era *f.* [čumbe'ra] Feigenkaktus *m.;* **-o** *m.* [ču'mbo]: **higo** *(m)* **-o** Kaktusfeige *f.*

chupa [ču'pa]: **poner a uno como - de dómine** *fig. fam.* jem. herunterputzen; **-da** *f.* [čupa'ða] Zug *m.* (beim Saugen. Rauchen); **-do** *adj.* [čupa'ðo] *fam.* ausgemergelt; **-r** [čupa'r] (ab-) (auf-), (aus-), (ein-) saugen; *fig.* (jem.) rupfen; lutschen; (an der Zigarre) ziehen; **-rse** [čupa'rse] (Finger) s. lecken; **-tintas** *m.* [čupati'ntas] *fam.* Schreiber *m.*

chup|ete *m.* [čupe'te] Gummilutscher *m.;* **-ón** *m.* [čupɔ'n] *fig.* Schmarotzer *m.*

churr|ería *f.* [čurreri'a] Ölkringelbäkkerei *f.;* **-ero** *m.* [čurre'ro] olkringelbäcker *m.*, -verkäufer; **-o** [ču'rro] Ölkringen *m.*, (Art) Spritzgebäck *n.*

chusco *m.* [ču'sko] Spaßvogel *m.*

d

d, D *f.* [de] d, D *n.*
D. Abk. für Don.
dádiva *f.* [da'ðiβa] Gabe *f.* Geschenk *n.*
dado *m.* [da'ðo] (Spiel-) Würfel *m;* **-r** *m.* [daðə'r] Spender *m*, Überbringer.
daga *f.* [da'ga] Dolch *m.*
dalia *f.* [da'ʎa] *bot.* Dahlie *f.*
dama *f.* [da'ma] (Hof-) Dame *f;* (Schach) Königin; **juego** *(m.)* **de -s** Damespiel *n.;* **-juana** *f.* [damax^w a'na] Glasballon *m.*, (groβe) Korbflasche *f.*
damas|cado *adj.* [damaska'ðo] damastartig; **-ceno** *adj.* [damasθe'no] auf Damaskus bezüglich; **-co** *m.* [dama'sko] Damast *m.; SAm.* Aprikose *f.;* **-quinado** *adj.* [damaskina'θo] (Waffen) damasziert
damnificado *m.* [damnifika'ðo] Geschädigte *m.*
Danubio|o *m.* [danu̯'β^jo] Donau *f.;* **d -ano** *adj.* [danuβ^ja'no] auf die Donau bezüglich.
danza *f.* [da'nθa] Tanz *m.*, -kunst *f.;* **- macabra** Totentanz *m.;* **-nte** *m.* [danθa'nte] Tänzer *m.;* **-r** [danθa'r] tanzen; **-rin** *m.* [danθari'n] (Ballet-) Tänzer *m.;* **-rina** [danθari'na] (Ballet-) Tänzerin *f.*
dañ|ado *adj.* [daɲa'ðo] beschädigt, schlecht geworden, verdoben; **-ar(se)** [daɲa'rse] beschädigen, schaden, schädlich sein; (verderben); **-ino** *adj.* [daɲi'no] (Tiere) schädlich; **-o** *m.* [da'ɲo] Schaden *m.*, Nachteil, Verlust; **hacerse -o** s. verletzen, s. Schaden tun; **-oso** *adj.* [dano'so] schädlich, nachteilig.
dar [dar] (ab-), (her-), (über-) geben, schenken; (Theaterstück) aufführen; (Gewinn) abwerfen; (Karten) austeilen; (Beileid) bezeigen; (Furcht) einjagen; (Auskunft) erteilen; (Mitleid) erregen; (en. Spaziergang) machen; (Stunden) schlagen; (Früchte) tragen; (Fest) veranstalten; **-a crédito** leihen; **- a luz** (Kind) gebären; (Buch) herausgeben; **- contra** stoβen gegen; **- de comer** zu essen geben; füttern; **- de sí** (Stoffe) s. ausdehnen; **no - una** alles verkehrt machen; **me da lo mismo** es ist mir gleich (einerlei, egal); **- que hallar** zu Redereien Anlaβ geben; **- caza** verfolgen **- celos** eifersüchtig machen; **- crédito** Glauben schenken; **- curso** weiterleiten; **- los buenos días** gutem Tag wünchen; **- ejemplo** m. gutem Beispiel vorangehen; **- la enhorabuena** beglückwünschen; **- permiso** erlauben; **- (la) razón** Auskunft (Recht) geben; **- saltos** springen, hüpfen; **- voces** schreien; **- una vuelta** en. kleinen Bummel machen; **-se** s. ergeben; **-se mucha maña** s. geschickt anstellen; **-se prisa** s. beeilen.
dardo *m.* [da'rdo] Speer *m.*, Pfeil.
dársena *f.* [da'rsena] *naut.* Binnenhafen *m.*, Dock *n.*
dátil *m.* [da'til] Dattel *f.*
datilera *f.* [datile'ra] Dattelpalme *f.*
dato *m.* [da'to] Angabe *f.* Unterlage, Beleg *m.;* **-s personales** *m. pl.* Personalien *f. pl.*
de [de] (Abstammung, Besitz, Her-

kunft, Ursprung) von; (Stoff, Material, Ursache) aus; (Zeit) bei, im; (Grund) vor; (Beruf) als; (Betonung): (unübersetzt): - **rigor** vorgeschrieben; - **viva voz** mündlich; - **mal (buen) humor** übler (guter) Laune.

d

debajo [deβa'xo] *adv.* unten, unterhalb; - **de** unter.

debat|e *m.* [deβa'te] Besprechung *f.*, Streitigkeit; **-ir** [deβati'r] besprechen, erörtern.

debe *m.* [de'βe] Debet *n.*, Soll.

deber [deβe'r] schulden, schuldig sein, (zu) verdanken (haben); müssen, sollen, verpflichtet sein; (m. *inf.* Pflicht, m. de *inf.* logische Folgerung); **-se** [deβe'rse] s. ziemen, s. schicken; *- m.* Pflicht *f., Schuld (-igkeit)* **-se** *m. pl.* (Schul-) Aufgaben *f. pl.*

debido *adj.* [deβi'ðo] gebührend, richtig, rechtzeitig, vorschriftsmäßig; **ser - a** zuzuschreiben sein, die Folge sein v.

débil *adj.* [de'βil] schwach; *fig.* leise, schwach.

debili|dad *f.* [deβiliða'ð] Schwäche *f.*; *fig.* schwache Seite; **-tar(se)** [deβilita'rse] schwächen; (matt w.).

débito *m.* [de'βito] Schuld *f.*, Soll *n.*

debut *m.* [deβu'] *theat.* Erstauftritt *m.*; *fig.* Beginn; **-ar** [deβuta'r] zum ersten Male auftreten.

década *f.* [de'kaða] Dekade *f.*, Zeitraum *(m.)* v. 10 Jahren *od.* Tagen.

decaden|cia *f.* [dekaðde'nθʲa] Niedergang *m.*, Verfall; **-te** *adj.* [dekaðe'nte] im Verfall befindlich.

decaer [dekae'r] abnehmen, in Verfall geraten, sinken.

decaído *adj.* [dekai'ðo] niedergeschlagen.

decano *m.* [deka'no] (Fakultät) Dekan *m.*

decanta|ción *f.* [dekantaθʲɔ'n] *chem.* Dekantierung *f.*, Absetzenlassen *n.*; **-r** [dekanta'r] dekantieren, absetzen lassen, klären.

decapitar [dekapita'r] enthaupten, köpfen.

decen|a *f.* [deθe'na] Anzahl (*f.*) v. Zehn; *math.* Zehner *m.*; **-io** *m.* [deθe'nʲo] Jahrzehnt *n.*

decen|cia *f.* [deθe'nθʲa] Anstand *m.*, Sittsamkeit *f.*; **-te** *adj.* [deθe'nte] anständig, sittsam.

decepción *f.* [deθepθʲɔ'n] Enttäuschung *f.*

decidi|damente *adv.* [deθiðiðam'nte] entschieden; **-do** *adj.* [deθiði'ðo] entschlossen, energisch; **-r(se)** [deθiði'rse] entscheiden, entschließen, überreden (a zu).

decimal *f.* [deθima'l] Dezimalzahl *f.*

décimo *adj.* [de'θimo] (der, die, das) Zehnte; *-m Span.* Zehntel (*n.*) es. Lotterieloses.

decir [deθi'r] (auf-), (be-), (her-) sagen; (aus-)sprechen; reden; nennen; (Messe) lesen; - **que no** s. weigern; **es** - das heißt, nämlich; **ni que - tiene** das versteht sich v. selbst; **dar que - a la gente** Anlaß zum Gerede geben; (am Fernsprecher): **¡Diga V!** Ja, bitte!; **¡digo!** das will ich meinen!

decisi|ón *f.* [deθisʲɔ'n] Entscheidung *f.*, Entschlossenheit; **-ivo** *adj.* [deθisi'βo] entscheidend.

declama|ción *f.* [deklamaθʲɔ'n] Vortragskunst *f.*; **-r** [deklama'r] vortragen.

declara|ción *f.* [deklaraθʲɔ'n] Erklärung *f.*, Aussage; **hacer una** - als Zeuge aussagen; **-do** *adj.* [deklara'ðo]: **enemigo** - erklärter Feind; **valor** (*m.*) **-do** Wertsendung *f.*; **-nte** *m.* [deklara'nte] Aussagender *m.*; **-r** [deklara'r] erklären, angeben, aussagen.

declina|ción *f.* [deklinaθʲɔ'n] *gramm.* Abwandlung *f.*; (Magnetnadel) Abweichung; **-r** [deklina'r] *gramm.* abwandeln.

declive *m.* [dekli'βe] **en** - abschüssig.

decolora|ción *f.* [dekoloraθʲɔ'n] Entfärbung *f.;* **-nte** *m.* [dekolora'nte] Entfärbungs-, Bleichmittel *n.;* **-r** [dekolora'r] entfärben, bleichen.

decomis|ar [dekomisa'r] (behördlich) beschlagnahmen; **-o** *m.* [dekomi'so] Beschlagnahme *f.*

decora|ción *f.* [dekoraθʲɔ'n] Ausschmückung *f.; theat.* Ausstattung, Bühnenbild *n.;* **-do** *m.* [dekora'ðo] Dekoration *f.;* **-dor** *m.* [dekoraðɔ'r] Dekorateur *m.*, Bühnenmaler; **-r** [dekora'r] ausschmücken, *theat.* ausstatten.

decoro *m.* [deko'ro] Anstand *m.*, Würde *f.;* **-so** *adj.* [dekoro'so] anständig, standesgemäß.

decrecer [dekreθe'r] abnehmen, fallen, sinken.

decret|ar [dekreta'r] verfügen, verordnen; **-o** *m.* [dekre'to] Erlaß *m.*, Verfügung *f.*, Verordnung.

décuplo *adj.* [de'kuplo] zehnfach.

dedal *m.* [deða'l] Fingerhut *m.*

dedica|r [deðika'r] widmen, zueignen; (Aufmerksamkeit) schenken; **-rse** [deðika'rse] s. widmen; **-toria** *f.* [deðikator'ʲa] Widmung *f.*

ded|il *m.* [deði'l] Fingerling *m.;* **-illo** [deði'ʎo]: **saber una cosa al -illo** *fig.* etw. wie am Schnürchen können; **-o** *m.* [de'ðo] Finger *m.*, Zehe *f.*

deduc|ción *f.* [deðukθʲɔ'n] Ableitung, Folgerung *f.;* **-ción hecha de** nach Abzug v.; **-ir(se)** [deðuθi'rse] ableiten, folgern, abziehen; (s. ergeben).

defeca|ción *f.* [defekaθʲɔ'n] (Darm-) Entleerung *f.;* **-r** [defeka'r] (Darm) entleeren.

defec|to *m.* [defe'kto] Fehler *m.*, Mangel, Gebrechen *n.;* **-uoso** *adj.* [defektuo'so] mangel-, fehlerhaft.

defen|der(se) [defende'rse] verteidigen, (be-)schützen, (Meinung) verfechten; verbieten; (s. verteidigen, s. wehren, s. durchschlagen); **-sa** *f.* [defe'nsa] Abwehr *f.*, Verteidigung; **-** *m.* (Fußball) Verteidiger *m.;* **-sivo** *adj.* [defensi'βo]: **pacto** (*m*) **-sivo** Verteidigunspakt *m.* **-sor** [defensɔ'r] *jur.* Verteidiger *m.*

deferen|cia *f.* [defere'nθʲa] Entgegenkommen *n.* Rücksicht *f.;* **-te** *adj.* [defere'nte] *fig.* zuvorkommend.

deficien|cia *f.* [defiθʲe'nθʲa] Mangelhaftigkeit *f.;* **-se** *adj.* [defiθʲe'nte] fehler-, mangelhaft.

déficit *m.* [de'fiθit] Fehlbetrag *m.*, Unterbilanz *f.*

defini|ción *f.* [definiθʲɔ'n] (Begriffs-) Bestimmung *f.;* **-r** [defini'r] bestimmen, genau beschreiben; **-tiva** *f.* [definiti'βa]: **en -tiva** schließlich; **-tivo** *adj.* [definiti'βo] endgülting, entscheidend.

deform|ación *f.* [deformaθʲɔ'n] Entstellung *f.; techn.* Verformung; **-ar(se)** [deforma'rse] entstellen; **-e** *adj.* [defo'rme] mißgestaltet.

defrauda|ción *f.* [defrauðaθʲɔ'n] Unterschlagung *f.*, Veruntreuung; **-r** [defrauða'r] unterschlagen, veruntreuen.

defunción *f.* [defunθʲɔ'n] Hinscheiden *n.*, Todesfall *m.;* **cerrado por -** wegen Todesfalls geschlossen.

degenera|ción *f.* [dexeneraθʲɔ'n] Entartung *f.;* **-r** [dexenera'r] entarten.

degollar [degoʎa'r] köpfen, niedermetzeln.

degrad|ación *f.* [degraðaθʲɔ'n] Degradation *f.*, Entwürdigung; Amtsenthebung; **-ar** [degraða'r] degradieren; vom Amt entheben.

degüello *m.* degʷe'ʎo] Enthauptung *f.*, Niedermetzelung.

degustación *f.)* [degustaθʲɔ'n]: **prueba** (*f*) **de -** Kostprobe *f.*

dehesa *f.* (dee'sa] (Vieh-) Weide *f.*

deidad *f.* [deiða'ð] Gottheit *f.*, Götze *m.*

deja|ción *f.* [dexaθʲɔ'n] Abtretung *f.;* **-do** *adj.* [dexa'ðo] nachlässig.

dejar [dexa'r] (aus-), (be-), (da-), (hinter-), (in Ruhe), (nach-), (los-), (unter-), (ver-), (weg-), (zu-), (zurück-)lassen; abtreten, borgen, leihen, erlauben, gestatten, (Nutzen) einbringen (Strafe) erlassen; **- atrás** *fig.* übertreffen; **¡deja!** fort!, weg!

deje *m.* [de'xe] typische Aussprache (*f*) v. Endsilben im Dialekt.

delantal *m.* [delanta'l] Schürze *f.*

delante *adv.* [dela'nte] vor (-aus), (-an), (-her), (-n); **tener** - vor Augen haben; **por** - v. vorn; **- de mí** in meiner Gegenwart; **-ra** *f.* [delan] te'ra] Vorderseite *f.*, -teil *m.*; **-ro** *m.* [delante'ro] (Sport) Stürmer *m.*

delatar [delata'r] anzeigen, verraten.

delega|ción *f.* [delegaθʲɔ'n] Abordnung *f.*, Kommission *n.*; ; **-do** *m.* [delega'do] Abgeordneter *m.*, Beauftragter, Stellvertreter; **-r** [delega'r] abordnen, entsenden.

deleit|tar(se) [deleita'rse] ergötzen; (s. vergnügen); **-e** *m.* [delei'te] Behagen *n.*, Vergnügen, Lust, *f.*, Wonne.

deletrear [deletrea'r] buchstabieren; *fig.* entziffern.

delfín *m.* [delfi'n] *zool.* Delphin *m.*

delgad|ez *f.* [delgaðe'θ] Dünne *f.*, Feinheit, Zartheit; **-o** *adj.* [dele] ga'ðo] dünn, fein, mager, schlank.

delibera|ción *f.* [deliβeraθʲɔ'n] Berat (-schlag-)ung *f.*; **-damente** *adv.* [deliβeraðame'nte] absichtlich, wissentlich; **-r** [deliβera'r] berat (-schlag)en, erwägen.

delica|deza *f.* [delikaðe'θa] Zartheit *f.*, Zartgefühl *n.*, Schwäche *f.*; **-do** *adj.* [delika'ðo] kränklich, schwächkich, zart.

delici|a *f.* [deli'θʲa] Lust *f.*, Wonne; **-oso** *adj.* [deliθʲo'so] köstlich, lieblich, reizend.

delimita|ción *f.* [delimitaθʲɔ'n] Ab-, Begrenzung *f.*; **-r** [delimita'r] ab-, begrenzen.

delincuen|cia *f.* [deliŋkʷe'nθʲa] Verbrechen *n.*, Verbrecherunwesen; **-te** *m.* [deliŋkʷe'nte] Missetäter *m.* Verbrecher.

delinea|ción *f.* [delineaθʲɔ'n] Zeichnen *n.*, Skizze *f.*, Umriβ *m.*; **-r** [delinea'r] zeichnen, skizzieren.

delir|ante *adj.* [delira'nte] (Beifall) stürmisch; **-ar** [delira'r] fiebern, irrereden, phantasieren; **-io** *m.* [deli'rʲo] *med.* Fiebern *n.*, *fig.* stürmische Begeisterung *f.*

delito *m.* [deli'to] Vergehen *n.*, Verbrechen.

demacrado *adj.* [demakra'ðo] abgemagert.

demagog|ia *f.* [demagɔ'xʲa] Demagogie *f.*, Volksherrschaft; **-o** *m.* [demago'go] Demagog.

demanda *f.* [dema'nda] (An-), (Nach-) Frage *f.* Bitte, Forderung, Ersuchen *n.*, Verlangen; en **- de** auf der Suche nach; **-judicial** *jur.* Klage *f.*; **-r** [demanda'r] fordern; *jur.* klagen.

demarc|ación *f.* [demarkaθʲɔ'n] Abgrenzung *f.*, -markung; Bezirk *m.*; **-ar** [demarka'r] abstecken, vermarken.

demás *adv.* [dema's] überdies.

demasía *f.* [demasi'a] Übermaβ *n.*, überfluβ *m.*; *techn.* Zugabe *f.* (zur späteren Bearbeitung); **en** - übermäβig, im Übermaβ; **demasia|damente** [demasiaðame'nte] *adv.* (all) zu, zu sehr; **-do** *adj.* [demasia'ðo] übermäβig, zu viel.

demen|cia *f.* [deme'nθʲa] Wahnsinn *m.*, Geistesstörung *f.*; **-te** *adj.* [deme'nte] geisteskrank, irrsinnig.

dem|ocracia *f.* [demokra'θʲa] Demokratie *f.*, Volksherrschaft; **-ocratizar** [demokratiθa'r] demokratisieren; *adj.* demokratisch; **-ocrático** [demokra'tiko] demokratisch.

demol|er [demole'r] abreiβen, abbrechen; **-ición** *f.* [demoliθʲɔ'n] Abbruch *m.* (v. Gebäuden).

demon|íaco *adj.* [demoni'ako] teuflisch; **-io** *m.* [demo'nʲo] Teufel *m.* Satan; **¡(qué) -io!** (was) zum Teufel!;

demora *f.* [demo'ra] Verzögerung *f.*;

sin ~ unverzüglich; -r [demora'r] verzögern.

demostra|ción *f.* [demɔstraθʲɔ'n] Beweis *m.*, Kundgebung *f.*; **-r** [demɔstra'r] beweisen.

denega|ción *f.* [denegaθʲɔ'n] Verweigerung *f.*; **-r** [denega'r] abschlagen, verweigern.

denigra|nte *adj.* [denigra'nte] beschämend, **-r** [denigra'r] anschwärzen, herabwürdigen.

denomina|ción *f.* [denominaθʲɔ'n] Benennung *f.*, Bezeichung; **-r** [denomina'r] (be-) nennen, bezeichnen.

denotar [denota'r] hindeuten auf, verraten.

dens|idad *f.* [densiða'ð] dichte *f.*; (Flüssigkeiten) spezifisches Gewicht *n.*; **-o** *adj.* [de'nso] dicht, dickflüssig.

dent|ado *adj.* [denta'ðo] gezahnt, zakkig; **-adura** *f.* [dentaðu'ra] **(postiza** künstliches) Gebiβ *n.*; **-ar** [denta'r] vezahnen; **-ición** *f.* [dentiθʲɔ'n] Zahnen *n.*; **-ífrico** *adj.* [denti'friko]: **pasta** (*f.*) *od.* **crema** (*f.*) **-ífrica** Zahnpaste *f.*; **-ista** *m.* [denti'ta] Dentist *m.*; **médico** *(m.)* **-ista** Zahnarzt *m.*

dentro *adv.* [de'ntro] darin, (drinnen, inwendig; **por** - innerhalb, v. innen.

denunc|ia *f.* [denu'nθʲa] Anzeige *f.*; **-iación** *f.* [denunθʲaθʲɔ'n] Anklage *f.*; **iante** *m.* [denuncʲa'nte] Ankläger *m.*, Angeber; **-iar** [denunθʲa'r] anzeigen, verklagen; (Vertrag) kündigen; verraten; **-io** *m.* [denu'nθʲo] *ŞAm. min.* Mutung *f.*

deparar [depara'r] bieten, bescheren.

departamento *m.* [departame'nto] (Verwaltungs-) Bezirk *m.*; Abteilung *f.*; *Eis.* Abteil *n.*

departir [departi'r] *fam.* plaudern; s. unterhalten.

depend|encia *f.* [depende'nθʲa] Abhängigkeit *f.*; Angestellten *m. pl.*, Personal *n.*; **-encias** *f. pl.* [depende'nθʲas] Nebenräume *m. pl.*, Zubehör *n.*; **-er** [depende'r] abhängen, abhängig sein.

depilatorio *m.* [depilato'rʲo] Enthaarungsmittel *n.*

deplora|ble [deplora'βle] bedauerlich, erbärmlich; **-r** [deplor'ar] beklagen.

deponer [depone'r] ab-, hin-, hinter-, niederlegen.

deporta|ción *f.* [deportaθʲɔ'n] Verbannung *f.*; **-r** [depɔrta'r] verbannen, -schicken.

deport|e *m.* [depɔrte] Sport *m.*; **-e de natación** Schwimmsport; **-s** (*m. pl.*) **de nieve** Wintersport; **-ista** *m.* [depɔrti'sta] Sportler *m.*, Sportsmann; **-ivo** *adj.* [depɔrti'βo]: **club** (*m.*) **-ivo** Sportklub *m.*

deposi|ción *f.* [deposiθʲɔ'n] Niederlegen *n.*, Amtsenthebung *f.*; *med.* Stuhlgang *m.*; *jur.* Aussage *f.*; **-tado** *adj.* [deposita'ðo] deponiert, hinterlegt; **-tar** [deposita'r] deponieren, hinterlegen; (Waren) einlagern.

depósito *m.* [depo'sito] Deposit *n.*; *hinterlegtes Geld bzw.* Effekten *n. pl.*; Einlage *f.* Hinterlegung; Lager *n.*, Behälter *m.*; *chem.* Bodensatz, Niederschlag.

deprava|ción *f.* [depraβaθʲɔ'n] Sittenlosigkeit *f.*, Verderbtheit; **-do** *adj.* [depraβa'ðo] verderbt.

depre|ciación *f.* [depreθʲaθʲɔ'n] Entwertung *f.*; **-ciar** [depreθʲa'r] ab-, entwerten; **-sión** *f.* [depresʲɔ'n] Niedergedrücktheit *f.*, Vertiefung.

deprim|ente *adj.* [deprim'ente] niederdrückend; **-ido** *adj.* [deprimi'ðo] *fig.* niedergeschlagen; **-ir** [deprimi'r] niederdrücken.

depura|ción *f.* [depuraθʲɔ'n] Reinigung *f.*; **-do** *adj.* [depura'ðo] (Stil) Korrekt, rein; **-r** [depura'r] reinigen; **-tivo** *m.* [depurati'βo] Blutreinigungsmittel *n.*

derech|a [dere'ča] rechte Hand *f.*, Rechte; **a la -a** rechts; **llevar la -a**

rechts gehen (fahren); **-amente** *adv.* [derečame'nte] geradeswegs; **-ista** *adj.* [dereč'ista]: *pol.* **partido** (*m.*) **-ista** Rechtspartei *f.*; **-o** *adj. adv.* recht(s), gerade, aufrecht, gerecht; **ir -o** geradeaus gehen; *-m.* (Stoff usw.) rechte Seite *f.*; Recht *n.*, Gerechtigkeit *f.*; **-s** *m. pl.* Abgaben, Steuern, Gebühren *f. pl.*, **-os de aduana** Zoll *m.*

deriva *f.* [deri'βa] *naut.* Abtrift; **-ación** *f.* [deriβaθʲɔ'n] Ableitung *f.*; *elektr.* Nebenschnlß *m.*; **-ado** *m.* [deriβa'ðo] Nebenprodukt *n.*; *gramm.* abgeleitetes Wort; **-ar** [deriβa'r] ableiten, herleiten.

dermatólogo *m.* [dermato'logo] Facharzt (*m.*) für Hautkrankheiten.

derogar [deroga'r] (Gesetze) aufheben.

derram|ar [derrama'r] vergießen, verschütten; **-arse** [derrama'rse] s. ergießen, s. ausbreiten; **-e** *m.* [derra'me] Auslauf *m.*, Überlauf, Auslaufen *n.*; **-e cerebral** Gehirnschlag *m.*

derreti|miento *m.* [derretimʲe'nto] Schmelzen *n.*; **-r** [derreti'r] schmelzen; *fig.* vergeuden; **-rse** [derreti'rse] schmelzen; (Schnee) tauen.

derrib|ar [derriβa'r] (Gebäude) abbrechen; umwerfen; (Flugzeug) abschießen; (Pferd den Reiter) abwerfen; (Tür) aufsprengen; **-o** *m.* [derri'βo] Abbruch *m.* (v. Gebäuden); **-os** *m. pl.* [derri'βos] Abbruchsmaterial *n.*

derroch|ador *m.* [derrɔčaðɔ'r] Verschwender *m.*; **-ar** [derrɔča'r] verschwenden; **-e** *m.* [derrɔ'če] Verschwendung *f.*, überfluß *m.*

derrot|a *f.* [derrɔ'ːa] *naut.* Kurs *m.*; *mil.* Niederlage *f.*; **-ar** [derrɔta'r] (Feind) schlagen; **-ero** *m.* [derrɔte'ro] Fahrtrichtung *f.*

desab|orido *adj.* [desaβori'ðo] geschmacklos; *fig.* langweiling; **-otonar** [desaβotona'r] aufknöpfen; **-rigarse** [desaβriga'rse] s. leichter kleiden; **-rochar** [desaβroča'r] aufknöpfen.

desac|atar [desakata'r] s. respektlos benehmen; (der Obrigkeit) s. widersetzen; **-ato** *m.* [desaka'to] Respektlosigkeit *f.*; Widerspenstigkeit (gegen Obrigkeit); **-ertar** [desaθerta'r] (s·) irren: **-ierto** *m.* [desaθʲerto] Fehlgriff *m.*, Irrtum; **-onsejar** [desakonsexa'r] abraten; **-oplar** [desakopl'r] auskuppeln; **-reditar** [desakreðita'r] in schlechten Ruf bringen; **-uerdo** *m.* [desakʷe'rdo] Meinungsverschiedenheit *f.*, Uneinigkeit.

desaf|ecto *adj.* [desafe'kto] abgeneig - *m.* Abneigung *f.*; **-iar** [desafʲa'r] herausfordern, trotzen; **-icionarse** [desafiθʲona'rse] s. abgewöhnen; **-inar** [desafina'r] falsch singen *bzw.* spielen **-ío** *m.* [desafi'o] Herausforderung *f.* Duell *n.*; **-ortunado** *adj.* [desafortuna'ðo] unglüklich; **-uero** *m.* [desafʷe'ro] Verstoβ *m.*, Frevel.

desag|raciado *adj.* [desagraθʲa'ðo] unglücklich, unschön; **-radable** *adj.* [desagraða'βle] unangenehm, peinlich; **-radar** [desagraða'r] miβfallen; **-radecido** *adj.* [desagraðeθi'ðo] undankbar; **-rado** *m.* [desagra'ðo] Miβ fallen *n.* Unzufriedenheit *f.*; **-raviar** [desagraβʲa'r] Genugtuung leisten; entschädigen; **-ravio** *m.* [desagra'βʲo] Entschädigung *f.*, Genugtuung, Sühne; **-uar** [desagʷa'r] entwässern; (Fluβ) einmünden; **-üe** *m.* [desa'gʷe]Ausfluβ *m.*, Mündung *f.*

desah|ogado [desaoga'ðo] (Leben) behaglich, bequem; geräumig; *fig.* frech; **-ogarse** [desaoga'rse] s. Luft machen; s. aussprechen; **-ogo** *m.* [desao'go] Erleichterung *f.* Linderung; **-uciar** [desauθʲa'r] (den Mieter) an die Luft setzen; (Kranken als hoffnungslos) aufgeben; **-ucio** *m.* [desau'θʲo] zwangsmäβige Ausmietung *f.*

desai|rado *adj.* [desaira'ðo]: **quedar -rado** leer ausgehen; **-rar** [desaira'r] kränken; **-re** *m.* [desa'ire] Kränkung *f.*, Zurücksetzung.

desal|entar [desalenta'r] entmutigen; **-iento** *m.* [desalʲe'nto] Mutlosigkeit *f.*; **-mado** *adj.* [desalma'ðo] herzlos; **-** *m.* Bösewicht *m.*; **-ojar** [desalɔxa'r] vertreiben; *intr.* räumen.

desam|parado *adj.* [desampara'ðo] schutzlos, verlassen; **-parar** [desampara'r] schutzlos lassen; **-ueblar** [desamʷeβla'r] (Zimmer) ausräumen.

desan|dar [desanda'r] (Weg) zurückgehen; **-grarse** [desangra'rse] s. verbluten; **-imación** *f.* [desaminaθʲɔ'n] (bei Veranstaltung) geringer Besuch *m.*; **-imarse** [desanima'rse] den Mut verlieren; **-udar** [desanuða'r] (Knoten) aufknüpfen.

desap|acible *adj.* [desapaθi'βle] (Wetter) unfreundlich; **-arecer** [desapareθe'r] verschwinden; **-arecido** *m.* [desapareθi'ðo] *mil.* Vermiβte *m.*; **-arición** *f.* [desapariθʲɔ'n] Verschwinden *n.*; **-ego** *m.* [desape'go] Abneigung *f.*; **-ercibido** *adj.* [desaperθiβi'ðo] unvorbereitet; **-rensión** *f.* [desaprensʲɔ'n] Unvoreingenommenheit *f.*; **-rensivo** *adj.* [desaprensi'βo] vorurteilslos; **-robación** *f.* [desaproβaθʲɔ'n] Miβbilligung *f.*; **-robar** [desaproβa'r] miβbilligen; **-rovechar** [desaproβeča'r] (Gelegenheit) verpassen.

desar|mar [desarma'r] abrüsten, entwaffnen; *techn.* auseinandernehmen; **-me** *m.* [desa'rme] Abrüstung *f.*, Entwaffnung; **-raigar** [desarraiga'r] entwurzeln; *fig.* ausrotten; **-reglar** [desarregla'r] in Unordnungbringen; **-reglo** *m.* [desarr'glo] Unordnung *f.*, Defekt *m.*; **-rollar** [desarrɔʎa'r] entwickeln, aufrollen; *math.* (Aufgabe) lösen; (Thema) behandeln; **-rollarse** [desarrɔʎa'rse] s. entwickeln, s. abspielen; **-rollo** *m.* [desarrɔʎo] Entwicklung *f.*

desas|irse [desasi'rse] *fig.* s. losmachen (de v.); **-osegar** [desasosega'r] beunruhigen; **-trado** *adj.* [desastra'ðo] zerlumpt; **tre** *m.* [desas'tre] Unfall *m.*, Unglück *n.*; **-troso** *adj.* [desastro'so] unglücklich, unheilvoll.

desat|ado *adj.* [desata'ðo] ungebunden; **-ar(se)** [desata'rse] lösen, los-, aufbinden; (s. freimachen; [Sturm] losbrechen); **-ender** [desatende'r] nicht (be-)achten; **-ento** *adj.* [desate'nto] unaufmerksam, unhöflich; **-inado** *adj.* [desatin'ðo] sinnlos; **-ino** *m.* [desati'no] Unsicherheit *f.* (im Zielen, Handeln); **-ornillar** [desatorniʎa'r] ab-, losschrauben; **-rancar** [desatraŋka'r] freimachen.

desautorización *f.* [desautoriθaθʲɔ'] Verbot *n.*

desaven|encia *f.* [desaβene'nθʲa] Meinungsverschiedenheit *f.*; **-ir(se)** [desaβeni'rse] (s.) entzweien.

desayun|arse [desajuna'rse] frühstükken; **-o** *m.* [desaju'no] Frühstück *n.*

desaz|ón *f.* [desaθɔ'n] Geschmacklosigkeit *f.*; *fig.* Unannehmlichkeit; **-onarse** [desaθɔna'rse] s. unwohl fühlen.

desbanda|da *f.* [dezβanda'ða] planlose Flucht *f.*; **a la -da** in völliger Auflösung *f.*; **-arse** [dezβanda'rse: die Flucht ergreifen.

desbara|justar [dezβaraxusta'r] in Unordnung bringen; **-juste** *m.* [dezβaraxu'ste] Unordnung *f.*, Verwirrung, Wirrwarr *m.*; **-tar** [dez βarata'r] in Unordnung bringen.

desbast|ar [dezβasta'r] *techn.* vorbearbeiten, schruppen; **-e** *m.* [dezβa'ste] *techn.* Vorbearbeitung *f.*

desbo|cado *adj.* [dezβoka'ðo] (Pferd) scheu geworden; **-car(se)** [dezβoka'rse] münden; (Pferd: scheu w.); **-rdamiento** *m.* [desβɔrdam[j]e'nto] Fluβ) Überschwemmung *f.;* **-rdarse** [dezɲɔrda'se] (Fluβ) übertreten.

descab|ellado *adj.* [deskaβeʎa'ðo] *fig.* (Einfälle, Ideen) verrückt, albern; **-ellar** [deskaβeʎa'r] *Taur.* (Stier) durch Genickstoβ töten; **-ello** *m.* [deskaβe'ʎo] Genickstoβ *m.;* **-ezar** [deskaβeθz'r] köpfen.

descal|abrado *adj.* deskalaβra'ðo] waghalsig; **-abradura** *f.* [deskalaβraðu'ra] Kopfwunde *f.;* **-abro** *m.* [deskala'βro] Schaden *m.; fam.* Schlappe *f.;* **-ificar** [deskalifika'r] disqualifizieren, ausschlieβen; **-zarse** [deskalθa'rse] s. die Schuhe ausziehen; **-zo** *adj.* [deska'lθo] barfuβ; **-zo** *m.* Barfüβermönch *m.*

descam|inado *adj.* [deskamina'ðo] abwegig, irrig; **-inarse** [deskamina'rse] s. verirren, vom Wege abkommen; **-isado** *adj.* [deskami'saðo] battelarm.

descan|sado *adj.* [deskansa'ðo] bequem; (Arbeit) mühelos; **-sar** [deskansa'r] (aus-)ruhen, rasten, schlafen.

descar|ado *adj.* [deskara'ðo] unverschämt; **-ga** *f.* [deska'rga] Ab-, Entladung *f.;* Ausladen *n.;* (Schuβwaffen) Abfeuern *n.,* Salve *f.; naut.* Löschplatz; **-gador** *m.* [deskargaðɔ'r] Ablader *m.;* **-gar** [deskarga'r] -ab, -aus-, entladen, löschen; (Schuβwaffen- abfeuern; (Buchhaltung) entlasten; (Flüssigkeit) ablassen; (Gewitter) niedergehen; **-garse** [deskarga'rse] (Schuβwaffe) (unvermutet) losgehen; **-go** *m.* [deska'rgo] Entlastung *f.; jur.* Freisprechung *f.;* **-nado** *adj.* [deskarna'ðo] *fig.* abgemagert; **-o** *m.* [deska'ro] Frechheit *f.,* Unverschämtheit; **con -o** dreist.

descarr|iado *adj.* [deskarr[j]a'ðo] verirrt; **-iar(se)** [deskarria'rse] irreführen; (s. verirren); **-ilar** [deskarrilla'r] entgleisen.

descas|carar [deskaskara'r] schälen, entrinden; **-carrillar(se)** [deskaskariʎa'rse] (s.) abschälen, (s.) abblättern, enthülsen; **-tado** *adj.* [deskasta'ðo] entartet.

descen|dencia *f.* [desθende'nθ[j]a] Nachkommen(-schaft) *m. pl.* (*f.*); Herkunft *f.;* **-dente** *adj.* [desθende'nte] (Bewegung) abwärtsgehend, fallend; **-der** [desθende'r] herab-, hinuntersteigen, aussteigen (**de** aus); (Hotel) absteigen; abstammen; **-diente** *adj.* [desθend[j]e'nte] abstammend; **-so** *m.* [desθe'nso] Abstieg *m.,* Fallen *n.;* (Temperatur) Abnahme *f.*

descentralización *f.* [desθentraliθaθ[j]ɔ'n] Deszentralisierung *f.*

descerrajar [desθerraxa'r] (Schloβ, Schrank) aufbrechen.

descifrar [desθifra'r] entziffern; (Rätsel) lösen.

descolgar(se) [deskolga'rse] abnehmen, -haken.

descolorado *adj.* [deskolora'ðo] (Farben) verschossen.

descollar [deskoʎa'r] hervorragen, -stechen.

descomp|oner [deskɔmpone'r] zerlegen; *fig.* aus der Fassung kommen; **-osición** *f.* [deskɔmposiθ[j]ɔ'n] Zerlegung *f.,* Zersetzung; *fam.* Durchfall *m.;* **-uesto** *adj.* [deskɔmp[w]e'sto] entzwei.

descomunal *adj.* [deskomuna'l] auβerordentlich groβ, riesing, ungeheuer.

descon|certado *adj.* [deskɔnθerta'ðo] *fig.* bestürzt, verblüfft; **-certar** [deskɔnθerta'r] verwirren, durcheinander bringen; **-cierto** *m.*

[deskɔnθʲe'rto] Durcheinander *n.*, Unordnung *f.; fig.* Zerrüttung; **-charse** [deskɔnča'rse] abbröckeln, abblättern.

descon|ectar [deskonekta'r] ab-, ausschalten; **-exión** *f.* [deskoneksʲɔ'n] *mech.* Ab-, Ausschaltung *f.*

desconf|iado *adj.* [deskɔmfia'ðo] argwöhnisch, mißtrauisch, ungläubig; **-iar** [deskɔmfia'r] mißtrauen, zweifeln (**de** an); **-ormidad** *f.* [deskɔmfɔr]miða'ð] Meinungsverschiedenheit *f.*

descono|cer [deskonoθe'r] nicht wissen, -kennen; **-cido** *m.* [deskonoθi'ðo] Unbekannter *m.; adj.* unbekannt; **-cimiento** *m.* [deskonoθimʲe'nto] Unkenntnis *f.*, Unwissenheit.

descons|entir [deskɔnsenti'r] nicht einverstanden sein; **-iderado** *adj.* [deskɔnsiðera'ðo] rücksichtslos; **-olado** *adj.* [deskɔnsola'ðo] trostlos, tief betrübt; **-olador** *adj.* [deskɔnsolaðɔ'r] trostlos, jammervoll.

descont|ado *adj.* [deskɔnta'ðo]: **dar por -ado** für selbstverständlich ansehen; **-ar** [deskɔnta'r] abrechnen, abziehen; (Wechsel) diskontieren; **-ento** *adj.* [deskɔnte'nto] unzufrieden, mißvergnügt.

descor|azonado *adj.* [deskoraθona'ðo] mutlos; **-azonamiento** *m.* [deskoraθonamʲe'nto] Verzagheit *f.;* **-azonar(se)** [deskoraθonarse] einschüchtern; (verzagen); **-char** [deskɔrča'r] (Flaschen) entkorken; (Korkeiche) abrinden; **-rer** [deskɔrre'r] (Gardine, Vorhang usw.) aufziehen; (Riegel) zurückschieben; **-tés** *adj.* [deskɔrte's] unhöflich; **-tesía** *f.* [deskɔrtesi'a] Unhöflichkeit.

descos|er(se) [deskose'rse] (Naht) auftrennen; **-ido** *adj.* [deskosi'ðo] schwatzhaft.

descr|édito *m.* [deskre'ðito] Mißkredit *m.*, Verruf; **-eído** *adj.* [deskrei'ðo] mißtrauisch, ungläubig; **-ibir** [deskriβi'r] beschreiben, schildern; **-ipción** *f.* [deskripθʲɔ'n] Beschreibung *f.*, Schilderung; **-iptivo** *adj.* [deskripti'βo] beschreibend.

descu|ajar [deskʷax'ar] m. der Wurzel ausreißen; **-artizar** [deskʷartiθz'r] vierteilen, zerstükkeln.

descub|ierta *f.* [deskuβʲe'rta] *mil.* Erkundung *f.;* **-ierto** *adj.* [deskuβʲe'rto] unbedeckt, offen; **-ierto** *m* ungedeckte Schuld *f.;* **-ridor** *m.* [deskuβriðɔ'r] Entdecker *m.*, Erforscher; **-rir** [deskuβri'r] entdecken, finden, aufdecken.

descuento *m.* [deskʷe'nto] Abzug *m.*, Skonto, Nachlaβ.

descuid|ado *adj.* [deskʷiða'o] achtlos, nach -, fahrlässig, schlampig; **-ar** [deskʷiða'r] vernachlässigen, nicht beachten; **-o** *m.* [deskʷi'ðo] Nachlässigkeit *f.*, Unachtsamkeit; **por -o** aus Versehen.

desde [de'zde] seit, v. ...an; **- hoy en adelante** v. heute ab; **- entonces** seitdem; **- luego** natürlich, selbstverständlich.

desdecir [dezdeθi'r] in Widerspruch stehen.

desdén *m.* [dezde'n] Geringschätzung, *f.*, Verachtung; **con -** verächtlich.

desdeñar [dezdeɲa'r] verachten, verschmähen.

desdicha *f.* [dezdi'ča] Unglück *n.;* **-do** *adj.* [dezdi'aðo] unglücklich.

desdoblar [dezdoβla'r] (Tischdecke) auseinanderlegen entfalten; *techn.* garade biegen.

desea|ble *adj.* [desea'βle] erwünscht, wünschenswert; **-r** [desea'r] (er-), (herbei-)wünschen.

deseca|ción *f.* [desekaθʲɔ'n] Trockenlegung *f.*, (künstliche, starke) Trocknung; **-do** *adj.* [deseka'ðo] (Tiere) ausgestopft; **-r** [deseka'r austrocknen.

desech|ar [deseča'r] ausmerzen, wegwerfen; *fig.* ausschlagen; (Bedenken) beiseite lassen; **-o** *m.* [dese'čo] Ausschuß *m*, Abfall.

desem|balar [desembala'r] auspacken; **-barazado** *adj.* [desembaraθa'ðo] ungezwungen, zwanglos; **-barazar (se)** [desembaraθa'rse] freimachen, räumen, leeren; ([Hindernisse] aus dem Wege räumen); **-barazo** *m.* [desembara'θo] Unbefangenheit *f.*, Zwanglosigkeit.

desembo|cadura *f.* [desembokaðu'ra] (Fluß-) Mündung *f.*; **-car** [desemboka'r] (Fluß) münden; **-lsar** [desembɔlsa'r] (Geld) ausgeben, auslegen.

desembra|g|ar [desembraga'r] auskuppeln; **-gue** *m.* [desembrage] *techn.* Ausrücken *n.*, Auslösung *f.*

desembrollar [desembroʎa'r] *fam.* entwirren.

desembuchar [desembuča'r] *fam.* -ausplaudern.

desempeñar [desempaɲa'r] (angelaufenen Spiegel) abwischen.

desempapelar [desempapela'r] aus dem Papier auswickeln; alte Tapeten abreißen.

desempatar [desempata'r] unentschieden stehendes Spiel entscheiden.

desempeñar [desempeɲa'r] (Pfand) auslösen; (Amt.) bekleiden; (Rolle) spielen.

desempolvar [desempɔlβa'r] abstauben.

desen|cadenarse [deseŋkaðena'rse] (Sturm) wüten, losbrechen; (Leidenschaften) s. entfesseln; **-fadar(se)** [desemfaða'rse] (s.) aufheitern; **-fado** *m.* [desemfa'do] Ungeniertheit *f.*; **-frenado** *adj.* [desemfrena'ðo] (Leben) ausschweifend, hemmungslos, zügellos; **-freno** *m.* [desemfre'no] Zügellosigkeit *f.*; **-ganchar** [deseŋganča'r] (Zugtier) abspannen; aushängen; *elektr.* (Schalter) ausspringen; **-gañar** [deseŋgaɲa'r] enttäuschen; **-gañarse** [deseŋgaɲa'rse] s. Fehler (Irrtum) einsehen; **-grasar** [deseɲgrasa'r] entfetten.

desenl|ace *m.* [desenla'θe] Ausgang *m.*, Ende *n.*, Lösung *f.* (er. Sache, es. Dramas usw.); **-azarse** [desenlaθa'rse] (Drama, Roman) ausgehen.

desenma|rañar [desenmaraɲa'r] (Angelegenheit) aufklären, entwirren; **-scarar** [desenmaskara'r] die Maske abnehmen *fig.* entlarven.

desent|enderse [desentende'rse] v. er. Sache nichts wissen wollen, s. aus er. Angelegenheit heraushalten; **-endido** [desentendi'ðo]: **hacerse el -endido** s. unwissend stellen; **-errar** [desenterrar] ausgraben; (Schatz) heben; **-onar** [desentona'r] *mus.* unrein klingen; *fig.* nicht gut passen; **-renado** *adj.* [desentrena'ðo] aus der Übung gekommen.

desenv|ainar [desemβaina'r] (Säbel) aus der Scheide ziehen; **-oltura** *f.* [desembɔltu'ra] Ungezwungenheit *f.*; **-olver** [desembɔlβe'r] auf-, aus-, entwickeln; **-uelto** *adj.* [desemb^{w}e'lto] ungeniert, ungezwungen.

deseo *m.* [dese'o] Wunsch *m.*, Drang, Verlangen *n.*, Lust *f.*; **-so** *adj.* [deseo'so] v. dem Wunsche erfüllt (**de** zu).

desequilibrio *m.* [desekili'βr^{j}o] gestörtes Gleichgewicht *n.*

deser|ción *f.* [deserθ^{j}ɔ'n] *mil.* Fahnenflucht *f.*; *jur.* Verzichtleistung; **-tar** [deserta'r] fahnenflüchtig w.; überlaufen; **-tor** *m.* [desertɔ'r] Fahnenflüchtiger *m.*, Überläufer.

deses|peración *f.* [desesperaθ^{j}ɔ'n] Verzweiflung *f.*; **-perar(se)** desespera'rse] zur Verzweiflung bringen; (verzweifeln); **-timar** [desestima'r] (Gesuch) ablehnen.

desfa|chatez *f.* [desfačate'θ] Dreistigkeit *f.*, Frechheit; **-lcar** [desfalka'r] (Geld) unterschlagen; **-llecer** [desfaʎeθe'r] schwach w., ohnmächtig w.; **-vorable** *adj.* [desfaβora'βle] ungünstig; **-vorecer** [desfaβoreθe'r] (Kleidungsstück) nicht gut stehen.

desfi|guración *f.* [desfiguraθʲɔ'n] Entstellung *f.*; **-gurar** [desfigura'r] entstellen; **-lar** [desfila'r] vorbeimarschieren; **-le** *m.* [desfi'le] Vorbeimarsch *m.*, Parade *f.*, Umzug *m.*

desflor|ación *f.* [desfloraθʲɔ'n] Verblühen *n.*; *fig.* Entjungferung *f.*; **-ar** [desflora'r] *fig.* entjungfern; **-ecer** [desfloreθe'r] verblühen.

desga|jar [dezgaxa'r] Äste v. den Bäumen abreißen; **-na** *f.* [dezga'na] Appetitlosigkeit *f.* Unlust; **-nado** *adj.* [dezgana'ðo] unlustig, appetitlos; **-star(se)** [dezgasta'rse] (s.) abnutzen.

desgra|cia *f.* [desgra'θʲa] Unglück *n.*, sfall *m.*; *por* **-cia** unglücklicherweise; **-ciadamente** *adv.* [dezgraθʲaðame'nte] leider; **-nar** [desgrana'r] auskörnen, abbeeren.

desgreñado *adj.* [dezgreɲa'ðo] m. zerzaustem Haar.

desguace *m.* [dezgʷa'θe] Abwracken, Verschrotten *n.*

desguarnecer [dezgʷarneθe'r] *mil.* Platz ohne Truppen lassen.

desguazar [dezgʷaθa'r] abwracken, verschrotten.

desha|bitado *adj.* [desaβita'ðo] leerstehend, unbewohnt; **-bituar(se)** desaβitua'rse] (s.) abgewöhnen; **-cer** desaθe'r] (auf-)lösen, aufmachen, auseinandernehmen, zerhauen, -reißen, -stören, -stückeln, teilen; (Schwindel) aufdecken; **-rrapado** *adj.* [desarrapa'ðo] zerlumpt.

deshe|cho [dese'čo]: **estar -cho** *fam.* kaputt sein; **-lar** [desela'r] (auf-) tauen; **-redar** [desereða'r] enterben.

deshi|elo *m.* [desʲe'lo] Tauen n., Tauwetter; **-lachar** [desilača'r] ausfasern; **-nchar** [desinča'r] (Ball, Luftballon) Luft auslassen.

desho|jarse [desoxa'ɪse] entblättern; (Blätter abwerfen); **-llinador** *m.* [desoʎinaðɔ'r] Schornsteinfeger *m.*; **-nesto** *adj.* [desone'sto] anstößig, unzüchtig; **-nrar** [desɔnra'r] entehren, schänden.

deshuesar [desʷesa'r] (Früchte) entkernen.

desi|dia *f.* [desi'ðʲa] Nachlässigkeit *f.*; **-erto** *m.* [desʲe'rto] Einöde *f.*, Wildnis, Wüste; *adj.* leer, öde, wüst; (Wettbewerb) ohne Bewerber geblieben.

desig|nación *f.* [designaθʲɔ'n] Bezeichnung *f.*, Ernennung; **-nar** [designa'r] bezeichnen, ernennen; (für einen Posten) bestimmen; **-ual** *adj.* [desigʷa'l] uneben, ungleich, verschieden.

desilusionar(se) [desilusʲona'rse] enttäuschen; (ee. Enttäuschung erleiden).

desin|fección *f.* [desimfekθʲɔ'n] Desinfektion *f.*; **-fectar** [desimfekta'r] desinfizieren; **-flar** [desimfla'r] (Ballon, Ball) Luft ablassen; **-terés** *m.* [desintere's] Uneigennützigkeit *f.*

desistir [desisti'r] (ee. Sache) aufgeben; ablassen, zurücktreten (v.) Abstand nehmen (v.).

desl|eal *adj.* [dezlea'l] treulos; (Konkurrenz) unlauter; **-ealtad** *f.* [dezlealta'ð] Untreue *f.*; **-iar** [dezlia'r] aufbinden; **-igar** [dezliga'r] *fig.* entbinden (**de** v.); **-indar** [dezlinda'r] (Land) abgrenzen, abstecken; **-iz** *m.* [dezli'θ] *fig.* Fehltritt *m.*; **-izar(se)** [dezliθa'rse] (aus-), (hin-), (ab-), (entlang-gleiten); (Fehler) einschleichen; **-ucido** *adj.* [dezluθi'ðo] unansehnlich, unscheinbar, glanzlos; **-ucirse** [dezluθir'se] unansehnlich w.; (Farbe) verschießen; **-umbrar**

[dezlumbra'r] blenden; **-ustrar** [dezluztra'r] den Glanz nehmen.

desman|dado *adj.* [dezmanda'ðo] widerspenstig, zügellos; (Pferd) scheu werden; s. ungezogen (benehmen); **-telar** [dezmantela'r] (Befestigungsanlagen) schleifen.

desmay|ado *adj.* [dezmaja'ðo] matt, ohnmächtig; **-ar(se)** [dezmaja'rse] *fig.* verzagen; (ohnmächting w.); **-o** *m.* [dezma'jo] Ohnmacht *f.*, Schawächeanfall *m.*

desme|dido *adj.* [dezmeði'ðo] übermäßig; **-jorar** [dezmexora'r] verschlechtern, verschlimmern; **-mbrar** [dezmenbra'r] zerstückeln; **-moriado** *adj.* [dezmemorʲa'ðo] vergeßlich; **-ntir** [dezmenti'r] Lügen strafen; (Nachrichten) widerlegen; verleugnen; **-nuzar** [dezmenuθa'r] zerkleinern; **-recer** [dezmereθe'r] an Wert verlieren.

desmigar [dezmiga'r] zerkrümeln.

desmon|table [dezmɔnta'βle] abmontierbar, zerlegbar; **-tado** *adj.* [dezmɔnta'ðo] (Soldat) unberitten; **-tar** [dezmɔnta'r] (Maschinem) abmontieren; (Reiter) abwerfen.

desmor|alización *f.* [dezmoraliθaθʲɔ'n] Sittenverfall *m.*; Demoralisation *f.*; **-alizar** [dezmoraliθa'r] demoralisieren; **-onarse** [dezmorona'rse] (Gemäuer) einstürzen, zerfallen.

desna|tar [deznata'r] (Milch) entrahmen; **-turalizar** [deznaturaliθa'r] Staatsangehörigkeit (Bürgerrecht) entziehen.

desnivel *m.* [dezniβe'l] Höhenunterschied *m.*; **-ar** [dezniβela'r] aus der waagerechten Lage bringen.

desnu|dar(se) [deznuða'rse] entkleiden; (s. ausziehen, s. entkleiden); **-do** *adj.* [deznu'ðo] bloß, nackt, unbekleidet, (Knpferdraht) blank; **-trición** *f.* [deznutriθʲɔ'n] *med.* Verdauungsstörung *f.*

desob|edecer [desoβeðeθe'r] nicht gehorchen; **-ediencia** *f.* [desoβeðʲe'nθʲa] Ungehorsam *m.*; **-ediente** *adj.* [desoβeðʲe'nte] ungehorsam.

desocu|pación *f.* [desokupaθʲɔ'n] Arbeitslosigkeit *f.*; **-pado** *adj.* [desokupa'ðo] beschäftigungslos, leer, unbewohnt; **-par** [desokupa'r] (Lokal) räumen leeren.

desodorante *m.* [desoðora'nte] Geruchsentfernungsmittel *n.*

desoír [desoi'r] *m.* Absicht überhören, kein Gehör schenken.

desola|ción *f.* [desolaθʲɔ'n] Trostlosigkeit; **-r** [desola'r] verheeren, verwüsten.

desorden *m.* [desɔ'rden] Unordnung *f.*; *pol.* Ausschreitung; **-ar** [desɔrdena'r] in Unordnung bringen.

desorganiza|ción *f.* [desɔganiθaθʲɔ'n] Unordnung *f.*, Zerrüttung. Durcheinander *n.*; **-r** [desɔrganiθa'r] durcheinanderbringen, zerrütten.

desorienta|ción *f.* [desorʲentaθʲɔ'n] Durcheinander *n.*, Kopflosigkeit *f.*; **-r(se)** [desorʲenta'rse] irreführen; (s. verirren).

despabil|ado *adj.* [despaβila'ðo] wach; *fig.* aufgeweckt; **-ar(se)** [despaβila'rse] (Lichtdocht) putzen; *fig.* aufmuntern; (*fig.* munter w., s. regen).

despacio *adv.* [despa'θʲo] langsam, sachte.

despach|ar [despač'ar] abfertigen, erledigen; (Kundschaft) bedienen; (Sendungen) expedieren; **-o** *m.* [despa'čo] Abfertigung *f.*, Erledigung, Telegramm *n.*; Büro-, Geschäfts-, Amtsraum *m.*, Laden, Schalter, (Theater-, Kino-) Kasse *f.*; **-o en la aduana** Verzollung *f.*.

despampanante *adv.* [despampana'nte] fabelchft, kolossal.

desparra|mado *adj.* desparrama'ðo] verstreut; **-marse** [desparrama'rse] s. ausbreiten.

despe|ctivo *adj.* [despekti'βo] verächlich; **-cho** *m.* [despe'čo]: **-dazar** [despeðaθa'r] zerstückeln.

despedi|da *f.* [despeði'ða] Abschied *m.* Entlassung *f.;* **-r** [despeði'r] verabschieden, entlassen.

despeg|ar [despega'r] (ab-), (loslösen); (Flugzeug) s. vom Boden erheben; **-arse** [despega'rse] s. losmachen; **-o** *m.* [despe'go] Abneigung *f.* (**por** gegen).

despeinado *adj.* [despeina'ðo] (Haar) zerzaust.

1**despej|ado** *adj.* despexa'ðo] (Himmel) wolkenlos; (Tag) heiter; (Platz) geräumt; (Kind) (geistig) aufgeweckt; (Stirn) breit; **-ar** [despexa'r] freimachen, räumen; **-arse** [despexa'rse] (Himmel, Lage) s. klären.

despellejar [despeʎexa'r] abhäuten; *fig.* rupfen.

despensa *f.* [despe'nsa] Speisekammer *f.*

despeña|dero *m.* [despeɲaðe'ro] Abgrund *m.;* **-r(se)** [despeɲa'rse] (s.) hinabstürzen; (abstürzen).

desperdi|ciar [desperdiθ^{j}a'r] vergeuden, verschwenden; (Gelegenheit) vorbeigehen lassen; (Zeit) verbummeln; **-cio** *m.* [desperdi'θ^{j}o] Verschwendung *f.*, Abfall *m.*

desperfecto *m.* [desperfek'to] (leichte) Beschädigung *f.*, Fehler *m.*

desperta|dor *m.* [des] pertaðɔ'r] Wecker(uhr) *m.* (*f.*); **-r(se)** [desperta'rse] (auf-)wecken; **-r** *m.* Erwachen *n.*

despiadado *adj.* [desp^{j}aða'ðo] unbarmherzig.

despierto *adj.* [desp^{j}e'rto] munter, wach.

despistar [despistar] v. der Fährte abbrigen.

desplaza|miento *m.* [desplaθam^{j}e'nto] *naut.* Wasserverdrängung *f.;* **-r** [desplaθa'r] *naut.* (Wasser) verdrängen.

desplega|do *adj.* [desplega'ðo] (Fahnen) flatternd; **-r** [desplega'r] entfalten; *naut.* (Segel) beisetzen.

despl|omarse [desploma'rse] (Gebäude) einstürzen; (Personen) zusammenbrechen, zu Boden sinken; **-umar** [despluma'r] (Federvieh) rupfen.

despobl|ado *m.* [despoβla'ðo] unbewohnter Ort *m.;* **en -ado** auf freiem Feld; **-ar** [despoβla'r] entvölkern.

despoj|ar [despɔxa'r] Berauben, ausplündern; **-arse** [despɔxa'rse] (Kleidungsstücke) ablegen; **-os** *m. pl.* [despɔ'xos] Abfälle *m. pl.* (v. geschlachteten Tieren).

despos|ados *m. pl.* [desposa'ðos] Brautpaar *n.;* **-orio** *m.* [desposo'r^{j}o] Eheverlöbnis *n.*

déspota *m.* [de'spota] Despot *m.*, Tyrann.

despotismo *m.* [despoti'zmo] Gewaltherrschaft *f.*, Tyrannei.

despre|ciable *adj.* [despreθ^{j}a'βle] verächtlich; **-ciar** [despreθ^{j}a'r] verachten; **-cio** *m.* [despre'θ^{j}o] Verachtung *f.*,Geringschätzung.

despren|der [desprende'r] ablösen, entfernen, losmachen; **-derse** [desprende'rse] s. (ab-)lösen; (er. Sache) s. entledigen; herabfallen, -stürzen; (Folgerung) s. ergeben.

despreocupa|ción *f.* [despreoku] paθ^{j}ɔ'n] Sorglosig-, Leichtfertigkeit *f.;* **-do** *adj.* [despreokupa'ðo] vorurteilslos, sorglos.

desprestig|iar [desprestix^{j}a'r] herabwürdigen; **-io** m. [despresti'x^{j}o] Entwürdigung *f.*, Verlust (*m.*) des guten Rufes.

despreven|ción *f.* [despreβenθ^{j}ɔ'n] Magel (*m.*) an Voraussicht; **-ido** *adj.* [espreβeni'ðo] unvorbereiter; **coger a uno -ido** jem. überraschen, überrumpeln.

despro|porción *f.* [despropɔrθ^{j}ɔ'n] Mißverhältnis *n.;* **-pósito** *m.* [despropo'sito] Sinnlosigkeit *f.;*

-visto *adj.* [desprovi'sto] entblößt (**de** v.).
después *adv.* [despʷe's] darauf, danach, dann, nachher, *prep.* - **de** nach.
despuntar [despunta'r] (Tag) anbrechen.
desquicia|do [deskiθʲa'ðo] unordentlich; **-r** [deskiθʲa'r] aus den Angeln heben.
desquit|arse [deskita'rse] s. schadlos halten (de für); **-e** *m.* [deski'te] Revanchen *f.*, Rache.
destac|ado *adj.* [destaka'ðo] (Personen) prominent; **-amento** *m.* [destakame'nto] *mil.* Abteilung *f.*; **-ar** [destaca'r] detachieren, abkommandieren.
destajo *m.* [desta'xo] Akkord *m.*, -arbeit *f.*
destap|ar [destapa'r] abdecken; (Dekkel) abheben, (Flaschen) entkorken; **-onar** [destapona'r] entkorken.
destartalado *adj.* [destartala'ðo] baufällig, kaput, wackelig.
destell|ar [desteʎa'r] ausstrahlen; **-o** *m.* [desteʎo] Aufleuchten *n.*, Strahlen.
destempl|ado *adj.* [destempla'ðo] unmäßig, unfreundlich; *fig.* Heftigkeit; **-ar** [destempla'r] *mus.* verstimmen; **-arse** [destempla'rse] ee. leichte Erkältung bekommen.
desteñir(se) [desteɲi'rse] (s.) entfärben.
desterra|do [desterra'ðo] Verbannte *m.*; **-r** [desterra'r] verbannen.
destiempo *m.* [destʲe'mpo]: **a** - zu unpassender Zeit.
destierro *m.* [destʲe'rro] Verbannung *f.*
destila|ción *f.* [destilaθʲɔ'n] Destillation *f.*; *techn.* Schwelung; **-r** [destila'r] destillieren, filtrieren.
destilería *f.* [destileri'a] (Schnaps-) Brennerei *f.*
destin|ación *f.* [destinaθʲɔ'n] Bestimmung *f.*, -sort *m.*; **-ado** *adj.* [destina'ðo] berufen (**a** *od.* **para** zu); **-atario** *m.* [destinata'rʲɔ] Empfänger *m.*; **-ar** [destina'r] bestimmen; **-o** *m.* [desti'no] Geschick *n.*, Schicksal, Verhängnis.
destitu|ción *f.* [destituθʲɔ'n] Amtsenthebung *f.*; **-ido** *adj.* [destitui'ðo] abgesetzt, enthoben; **-ir** [destitui'r] es Amtes entsetzen, absetzen.
destornilla|dor *m.* [destorniʎaðɔ'r] Schraubenzieher *m.*; **-r** [destorniʎa'r] abschrauben.
destreza *f.* [destre'θa] Gewandtheit *f.*
destripar [destripa'r] (Eingeweide) ausnehmen.
destrona|miento *m.* [destronamʲe'nto] Entthronung *f.*; **-r** [destrona'r] entthronen.
destroz|ado *adj.* [destroθa'ðo] zerlumpt, zerstückelt; **-ar** [destroθa'r] zerstören, zerstückeln, zerreißen; **-o** *m.* [destro'θo] Zerstörung *f.*, Vernichtung.
destruir [destrui'r] zerstören, verwüsten.
desunión *f.* [desunʲɔ'n] Uneinigkeit *f.*
desus|ado *adj.* [desusa'ðo] ungebräuchlich; **-o** *m.* [desu'so]: **caer en -o** aus der Mode (außer Gebrauch) kommen.
desvalijar [dezβalixa'r] ausplündern, *fig.* rupfen.
desvalor(iz)ación *f.* [dezβaloriθaθʲɔ'n] (Geld-) Entwertung *f.*
desván *m.* [dezβa'n] Boden-, Dachkammer *f.*
desvane|cer [desβaneθe'r] *fig.* zunichte machen; (Zweifel) zerstreuen; **-cimiento** *m.* [dezβaneθimʲe'nto] Ohnmacht *f.*, Schwindel *m.*
desvel|ado *adj.* [dezβela'ðo] wach; **-o** *m.* [dezβe'lo] Schlaflosigkeit; *fig.* Sorge *f.*
desventaja *f.* [dezβenta'xa] Nachteil *m.*
desventura *f.* [dezβentu'ra] Unglück *n.*; **-do** *adj.* [dezβentura'ðo] unglücklich, unheilvoll.

desverg|onzado *adj.* [dezβergɔnθaðo] schamlos, unverschämt; **-üenza** *f.* [dezβerg^we'nθa] Schamlosigkeit *f.*, Unverschämtheit.

desvia|ción *f.* [dezβiaθ^jɔ'n] Abweichung *f.*; *med.* Verkrümmung; **-r** [dezβia'r] ablenken; *fig.* abbringen.

desvío *m.* [dezβi'o] Abweichung *f.*; *Eis.* Ausweichstelle.

desvirtuar [dezβirtua'r] (Gerücht) widerlegen; (Verdacht) entkräften.

detall|ar [detaʎa'r] einzeln anführen; **-e** *m.* [deta'ʎe]: **venta** (*f.*) **al -e** Kleinverkauf *m.*; **-ista** *m.* [detaʎi'sta] Einzelhändler *m.*

deten|ción *f.* [detenθ^jɔ'n] Verhaftung *f.*; **-er** [detene'r] aufhalten, verhaften; **-ido** *adj.* [deteni'ðo] ausführlich; **-imiento** *m.* [detenim^je'nto] Ausführlichkeit *f.*; **-tar** [detenta'r] *jur.* unrechtmäßig vorenthalten.

deteriora|ción *f.* [deter^joraθ^jɔ'n] Beschädigung *f.*; **-r** [deter^jora'r] beschädigen.

determina|ción *f.* [determinaθ^jɔ'n] Bestimmung *f.*, Feststellung, Entscheidung; **-r** [determina'r] bestimmen, festsetzen, bewegen.

detesta|ble *adj.* [detesta'βle] verabscheuungswürdig, abscheulich; **-r** [detesta'r] verabscheuen.

detona|ción *f.* [detonaθ^jɔ'n] Knall *m.*; **-dor** *m.* [detonaðɔ'r] Zünder *m.*; **-r** [detona'r] knallen.

detrac|ción *f.* [detrakθ^jɔ'n] Verleumdung *f.*; **-tar** [detrakta'r] verleumden.

detrás *adv.* [detra's] hinten, zurück; **por** - v. hinten; *prep.*; **-de** hinter.

detrimento *m.* [detrime'nto] Schaden *m.*; **en - de** auf Kosten v.

deuda *f.* [de'uða] Schuld *f.*; Verwandte.

deudo *m.* [de'uðo] Verwandter *m.*; **-r** *m.* [deuðɔ'r] Schuldner *m*; *adj.*

devalua|ción *f.* [deβal^waθ^jɔ'n] (Geld-) Entwertung *f.*; **-r** [deβal^wa'r] entwerten.

devaneo *m.* [deβane'o] Faselei *f.*

devasta|ción *f.* [deβastaθ^jɔ'n] Verwüstung *f.*; **-r** [deβasta'r] verwüsten.

devengar [deβeŋga'r] (Zinsen) abwerfen.

devoci|ón *f.* [deβoθ^jɔ'n] Andacht *f.* Frömmigkeit; *fig.* Hingabe, Ergebenheit.

devol|ución *f.* [deβoluθ^jɔ'n] Rückgabe *f.*, -erstattung, -sendung; **-ver** [deβolβe'r] zurückgeben, -erstatten, -senden; *fig.* heimzahlen; (Dank, Besuch) erwidern; **-ver la comida** (Essen) s. erbrechen.

devorar [deβora'r] auffressen, verschlingen; (Feuer) verzehren.

día *m.* [di'a] Tag *m.*; **- festivo** Festtag; **el - de mañana** *fig.* in Zukunft; **al -** auf dem Laufenden; **algún -** es. Tages, später einmal; **el otro -** neulich; **el - menos pensado** es. schönen Tages; **¡otro - será!** morgen! (vielleicht nie!); **un - sí y otro no** en um den anderen Tag; **hace buen (mal) -** es ist gutes (schlechtes) Wetter; **-s** *m. pl.* Namens-, Geburtstag *m.*; **¡buenos -s!** guten Tag!

diabético *m.* [diaβe'tiko] Zuckerkranker *m.*

diablo *m.* [d^ja'βlo] Teufel *m.*

diablura *f.* [d^jaβlu'ra] Teufelei *f.*, Kinderstreich *m.*

diácono *m.* [d^ja'kono] *rel.* Diakon (us) *m.*

diadema *f.* [d^jaðe'ma] Diadem *n.*, Stirnreif *m.*

diáfano *adj.* [d^ja'fano] durchsichtig, klar.

diafragma *m.* [d^jafra'gma] *phot.* Blende *f.*; *techn.* Trenn-, Zwischenwand; *anat.* Zwerchfell *n.*

diagn|osticar [d^jagnɔstika'r] durch Diagnose feststellen; **-óstico** *adj.* [d^jagnɔ'stiko] *med.* diagnostisch.

diagonal *adj.* [d^jagona'l] schräg, quer.

diagrama *m.* [d^jagra'ma] Diagramm *n.*, bildliche Darstellung *f.*

dia|lectal *adj.* [d^jalekta'l] mundart-

lich; **-léctico** *adj.* [dʲale'ktiko] dialektisch, logisch; **-lecto** *m.* [dʲale'kto] Mundart *f.*, Dialekt *m.*; **-logar** [dʲaloga'r] miteinander sprechen.
diálogo *m.* [dʲa'logo] (Zwie) Gespräch *n.*
diamante *m.* [dʲama'nte] Diamant *m.*
diámetro *m.* [dʲa'metro] Durchmesser *m.*
diana *f.* [dʲa'na] *mil.* Wecken *n.*
diapasón *m.* [dʲapasɔ'n] *mus.* Stimmgabel *f.*
diapositiva *f.* [dʲapositi'βa] Lichtbild *n.*, Diapositiv.
diari|amente *adv.* [dʲarʲame'nte] täglich; **-o** *adj.* [dʲa'rʲo] täglich; **a -o** täglich *adv.*; **-** *m.* Tagebuch *n.*, Journal.
diarrea *f.* [dʲarre'a] *med.* Diarrhöe *f.*, Durchfall *m.*
diatriba *f.* [dʲatri'βa] Schmähschrift *f.*
dibuj|ante *m.* [diβuxa'nte] Zeichner *m.*; **-ar** [diβuxa'r]zeichnen; **-o** *m.* [diβu'xo] Zeichnung *f.*, Skizze, Zeichnen *n.*, Muster.
dicc|ión *f.* [dikθʲɔ'n]Redeweise *f.*; **-ionario** *m.* [dikθʲona'rʲo] Wörterbuch *n.*
diciembre *m.* [diθʲe'mbre] Dezember *m.*
dictad|o *m.* [dikta'ðo] Diktat *n.*; **-os** *m. pl.* [dikta'ðos] *fig.* innere Stimme *f.*; **-or** *m.* [diktaðɔ'r] Diktator *m.*, unumschränkter Machthaber; **-ura** f. [diktaðu'ra] Diktatur *f.*
dictam|en *m.* [dikta'men] Gutachten *n.*; **-inar** [diktamina'r] e. Gutachten abgeben.
dictar [dikta'r] diktieren, befehlen.
dicha *f.* [di'ča] Glück *n.*
dicho *m.* [di'čo] Ausdruck *m.*, Redensart *f.*; **-so** *adj.* [dičo'so] glücklich; *fam.* verflixt, verflucht.
didáctic|a *f.* [diða'ktika] Didaktik *f.*; **-o** *adj.* [diða'ktiko] didaktisch.
dieci|nueve [dʲeθinʷe'βe] neunzehn; **-séis** [dʲeθise'is] sechzehn; **-siete** [dʲeθisʲe'te] siebzehn.
diente *m.* [dʲe'nte] Zahn *m.*; Zinke *f.*; **- de ajo** *bot.* Knoblauchzehe *f.*; **- hincar el -** anbeißen; **hablar entre -s** *fig. fam.* in den Bart brummen; **ponérsele a uno los -s largos** *fig. fam.* Lust auf etwas bekommen, richtige Stielaugen machen; **echar -s** Zähne bekommen; **a regaña -s** *fig. m.* Widerwillen.
diestr|a *f.* [dʲe'stra] Rechte *f.*, rechte Hand; **-o** *adj.* [dʲe'stro] geschickt, gewandt; *Taur.* Stierkämpfer *m.*
dieta *f.* [dʲe'ta] *med.* Diät *f.*, Krankenkost; **estar a -** fasten; Landtag *m.*
diez [dʲe'θ] zehn; **las - en punto** Punkt 10 Uhr; **-mar** [dʲeθma'r] dezimieren; *fig.* lichten.
difama|ción *f.* [difamaθʲɔ'n] Verleumdung *f.*; **-r** [difama'r] verleumden; **-torio** *adj.* [difamatorʲo] verleumderisch.
diferen|cia *f.* [difere'nθʲa] Unterschied *f.*, Differenz; (Meinung) Verschiedenheit, Streit *m.*; **-cial** *adj.* [diferenθʲa'l]: **cálculo** (*m.*) **-cial** *math.* Differentialrechnung *f.*; **-m.** *techn.* Ausgleichsgetriebe *n.*; **-ciar(se)** [diferenθʲa'rse] unterscheiden; (verschieden sein) (**de** v.); **-te** *adj.* [difere'nte] verschieden.
diferir [diferi'r] hinausschieben, vertagen.
difícil *adj.* [difi'θil] (be)schwer (lich), schwierig, heikel, peinlich; **-mente** *adv.* [defiθilme'nte] kaum.
dificult|ad *f.* [difikulta'ð] Schwierigkeit *f.*, Beschwerde, Hindernis *n.*; **-ar** [difikulta'r] erschweren.
difteria *f.* [difte'rʲa] *med.* Diphtheritis *f.*
difundir [difundi'r] (Nachrichten) verbreiten; ausschütten; **-se** [difundi'rse] bekannt w.
difunto *adj.* [difu'nto] tot, verstorben; **-** *m.* Verstorbener *m.*
difus|ión *f.* [difusʲɔ'n] Verbreitung *f.*; *fig.* Verschwommenheit; **-o** *adj.* [difu'so] weitläufig, verschwommen; **-or** *m.* [difusɔ'r] *aut.* (Vergaser) Mischkammereinsatz *m.*
dige|rible *adj.* [dixeri'βle] verdaulich;

-rir [dixeri'r] verdauen; *fam.* hinunterschlucken; **štión** *f.* [dixest^Jɔ'n] Verdauung *f.;* **-stivo** *adj.* [dixesti'βo] Verdauung fördernd.

digital *adj.* [dixita'l]: **huellas** (*f. pl.*) **-es** Fingerabdrücke *m. pl.*

dign|arse [digna'rse] geruhen (*inf. zu*); **-idad** *f.* [digniða'ð] Würde *f.;* **-o** *adj.* [di'gno] würdig, wert; **-o de compasión** erbarmungswürdig.

digresión *f.* [digres^Jɔ'n] Abschweifung *f.*

dilapida|ción *f.* [dilapiðaθ^Jɔ'n] Verschwendung *f.;* **-r** [dilapiða'r] verschwenden.

dilata|ble *adj.* [dilata'βle] dehnbar; **-ción** *f.;* [dilataθ^Jɔ'n] Dehnung *f.* (körperliche) Ausdehnung; **-r** [dilata'r] (aus-)dehnen, hinauszögern; **-rse** [dilata'rse] s. ausdehnen.

dilema *m.* [dile'ma] Dilemma *f., fam.* Klemme *f.*

diligen|cia *f.* dilixe'nθ^Ja] Emsigkeit *f.;* Postkutsche; **-cias** *f. pl.* Schritte *m. pl.* Maßnahmen *f. pl.*, (polizeiliche) Nachforschungen; *jur.* Aktenstück *n.;* **-ciar** [delixenθ^Ja'r] betreiben; **-te** *adj.* [dilixe'nte] emsig, flink, fleißig.

diluc|idar [diluθiða'r] aufklären; **-ión** *f.* [diluθ^Jɔ'n] Auflösung *f.* (in er. Flüssigkeit), Verdünnung.

dilu|ente *m.* [dilue'nte] Auflösemittel *n.;* **-ir** [dilui'r] auflösen, verdünnen; **-vial** *adj.* [diluβ^Ja'] sintflutlich; **-vio** *m.* [dilu'β^Jo] Sintflut *f.; fig.* Platzregen *m.*

dimana|ción *f.* [dimanaθ^Jɔ'n] Ausströmen *n.;* **-r** [dimana'r] ausströmen, -fließen; *fig.* herrühren (**de** v.).

dimensión *f.* [dimens^Jɔ'n] Dimension *f.*, Ausdehnung, Ausmaß *n.*

diminu|ción *f.* [diminuθ^Jɔ'n] Abnahme *f.*, Verminderung; **-to** *adj.* [diminu'to] winzig.

dimi|sión *f.* [dimis^Jɔ'n] Abdankung *f.*, Entlassung, Rücktritt *m.;* **presentar la -sión** s. Abschied einreichen; **-sionario** *adj.* [dimis^Jona'r^Jo] abgedankt, entlassen; **-tir** [dimiti'r] (Amt) niederlegen; *intr.* abdanken.

Dinamarca *f.* [dinama'rka] Dänemark *n.*

diná|mica *f.* [dina'mika] Dynamik *f.*, Kraftlehre; **-mico** *adj.* [dina'miko] dynamisch.

dina|mismo *m.* [dinami'zmo] Dynamismus *m.;* **-mita** *f.* [dinami'ta] Dynamit *m.*

dínamo *f.* [di'namo] Dynamomaschine *f.*

dinastía *f.* [dinasti'a] Dynastie *f.*, Herrscherhaus *n.*

dineral *m.* [dinera'l] Haufen *m.* Geldes; *fam.* Heidengeld *n.*

dinero *m.* [dine'ro] Geld *n.*

diócesis *f.* [d^Jo'θesis] Diözese *f.*, Kirchsprengel *m.*

dioptría *f.* [d^Joptri'a] *opt.* Dioptrie *f.*, Sehmaßeinheit.

Dios *m.* [d^Jɔ's] Gott *m.*, Götze, Gottheit *f.;* **- mediante** *m.* Gottes Hilfe; **¡a -!** lebe(n) (Sie) wohl!.

diploma *m.* [diplo'ma] Diplom *n.*, Zeugnis; **-cia** *f.* [diploma'θ^Ja] Diplomatie *f.; fig.* Gewandtheit.

diplomático *adj.* [diploma'tiko] diplomatisch; *fig.* schlau.

diputa|ción *f.* [diputaθ^Jɔ'n] Abordnung *f.; Span.* Provinzverwaltung; **-do** *m.* [diputa'ðo] Abgeordneter *m.;* **-r** [diputa'r] abordnen.

dique *m.* [di'ke] Deich *m.;* Eindämmung *f.*, Dock *n.;* **-seco** Trokkendock. **- flotante** Schwimmdock *n.*

direc|ción *f.* [direkθ^Jɔ'n] Direktion *f.*, Leitung, Richtung, Verwaltung, Vorstand *m.;* Adresse *f.*, Anschrift; *techn.* Lenkung Steuerung; **-tamente** *adv.* [direktame'nte] direkt, unmittelbar; **-to** *adj.* [dire'kto] gerade; (Zug) durehgehend; **-tor** *m.* [direktɔ'r] Direktor, Leiter *m.;* **-tor de orquesta** Kapellmeister *m.;* **-triz** *f.* [direktri'θ] Leiterin *f.*, Direktrice.

dirigi|ble *adj.* [dirixi'βle] lenkbar; - *m.* Luftschiff *n.;* **-r** [dirixi'r] lenken, leiten, vorstehen; (Brief, Wort) richten.

dirimir [dirimi'r] (Streit) schlichten.

discernir [disθerni'r] unterscheiden.

disciplin|a *f.* [disθipli'na] Disziplin *f.*, Zucht, Ordnung; wissenschaftliches Fach *n.;* **-ado** *adj.* [disθiplina'ðo] geordnet; **-ar** [disθiplina'r] an Zucht gewöhnen.

discípul|a *f.* [disθi'pula] Schülerin *f.;* **-o** *m.* [disθi'pulo] Schüler *m.*, Jünger, Anhänger.

disco *m.* [di'sko] Scheibe *f.;* (Grammophon) Platte; (Telefon) Wählerscheibe; (Straßenbahn) Liniennummerschild *n.*

discontinu|idad *f.* diskɔntin^{w}iða'ð] Unterbrechung *f.;* **-o** *adj.* [diskɔnti'n^{w}o] unterbrochen.

discordia *f.* [diskɔ'rd^{j}a] Uneinigkeit *f.*, Zwietracht.

discreci|ón *f.* [diskreθ^{j}ɔ'n] Verschwiegenheit *f.*, Gutdünken, *n.* Belieben; **-onal** *adj.* [diskreθ^{j}ona'l]: **parada** (*f.*) **-onal** (Straßenbahn) Bedarfshaltestelle *f.*

discrepa|ncia *f.* [diskrepa'nθ^{j}a] (Meinungs-) Verschiedenheit *f.;* **-r** [diskrepa'r] abweichen (**de** v.).

discreto *adj.* [discre'to] verschwiegen, diskret.

disculpa *f.* [disku'lpa] Ausrede *f.*, Entschuldigung; **-ble** *adj.* [diskulpa'βle] verzeihlich; **-r** [diskulpa'r] entschuldigen, verzeihen.

discurrir [diskurri'r] sprechen, s. unterhalten (**sobre v.,** über).

discurso *m.* [diskur'so] Rede *f.*, Vortrag *m.*

discur|sión *f.* [diskus^{j}ɔ'n] Besprechung *f.*, Erörterung, Auseinandersetzung, Debatte; **-tible** *adj.* [diskuti'βle] fraglich, strittig, zweifelhaft; **-tir** [diskuti'r] besprechen, erörtern, bestreiten, debattieren.

disec|ación *f.* [disekaθ^{j}ɔ'n] *anat.* Zergliederung *f.;* **-ar** [diseka'r] sezieren; (Tiere) ausstopfen.

disemina|ción *f.* [diseminaθ^{j}ɔ'n] Ausstreuung *f.*, Verbreitung; **-r** [disemina'r] ausstreuen, umherstreuen, verbreiten.

disen|sión *f.* [disens^{j}ɔ'n] Meinungsverschiedenheit *f.; fig.* Zwist *m.;* **-tir** [disenti'r] anderer Meinung sin.

diseñ|ar [diseɲa'r] entwerfen, skizzieren, zeichnen; **-o** *m.* [dise'ɲo] Entwurf *m.*, Skizze *f.*, Zeichnung.

diserta|ción *f.* [disertaθ^{j}ɔ'n] Vortrag *m.*, gelehrte Abhandlung *f.;* **-r** [diserta'r] diskutieren (**sobre** über).

disfraz *m.* [disfra'θ] Maskierung *f.* Verkleidung, Maskenkostüm *n.;* **-ar** [disfraθa'r] maskieren, verkleiden, vermummen; *fig.* verbergen, bemänteln.

disfrut|ar [disfruta'r] genießen, ausnutzen; **-e** *m.* [disfru'te] Genuß *m.*, Besitz.

disgrega|ción *f.* [dizgregaθ^{j}ɔ'n] Zerstreuung *f.*, Zersprengung; Zerfallen *n.* (in Bestandteile); **-r** [dizgrega'r] zerstreuen, zersprengen, zerfallen.

disgust|ado *adj.* [dizgusta'θo] unzu] frieden, verargert: **-ar(se)** [dizgusta'rse] mißfallen, verstimmen; (s. erzürnen, s. ärgern); **-o** *m.* [dizgu'sto] Verdruß *m.*, Unannehmlichkeit *f.*

disimul|ación *f.* [disimulaθ^{j}ɔ'n] Verstellung *f.;* **-ado** *adj.* [disimula'ðo] verstellt, heimlich, unauffällig; **-ar** [disimula'r] bewußt übersehen, entstellen, nicht merken lassen; **-o** *m.* [disimu'lo] Verstellung *f.*

disipa|ción *f.* [disipaθ^{j}ɔ'n] Vergeudung, Auflösung, Zerstreuung *f.;* **-do** *adj.* [disipa'ðo] ausschweifend, verschwenderisch; **-r** [disipa'r] (auf-)lösen, verschwenden, zerstreuen.

disminu|ción *f.* [dizminuθ^{j}ɔ'n] Abnahme *f.*, Verminderung; **-ir** [diz] minui'r] abnehmen, vermindern.

disocia|ción *f.* [disoθʲaθʲɔ'n] Auflösung *f.*, Zerfall *m.*; **-r** [disoθʲa'r] auflösen, zerfallen.

disol|ubilidad *f.* [disoluβiliða'ð] Auflösbarkeit *f.*; **-uble** *adj.* [disolu'βle] (auf-)lösbar, löslich; **-ución** *f.* [disoluθʲɔ'n] (Auf-) Lösung *f.*; **-vente** *m.* [disolβe'nte] Auflösemittel *n.*; **-ver** [disɔlβer] auflösen; **-verse** [disɔlβe'rse] (Firma) s. Tätigkeit einstellen, eingehen.

dispara|do *adj.* [dispara'ðo]: **salir -do** *fam.* Reißaus nehmen; **-dor** *m.* [disparaðɔ'r] (Gewehr) Abzug *m.*; *phot.* Auslöser; **-r** [dispara'r] abschießen, -feuern; **-tado** *adj.* [disparata'ðo] ungereimt *fam.* riesig; **-te** *m.* [dispara'te] Unsinn *m.*, Dummheit *f.*

disparo *m.* [dispa'ro] (Ab-) Schuß *m.*; *techn.* Auslösung *f.*, Auslöser *m.*

dispensa *f.* [dispe'nsa] Dispens *m.*; Entbindung *f.* (v. Pflicht, Amt); **-r** [dispensa'r] befreien, entschuldigen, entbinden.

dispers|ar [dispersa'r] aus-, zerstreuen; **-ión** *f.* [dispersʲɔ'n] (Zer-) Streuung *f.*; **-o** *adj.* [dispe'rso] zerstreut; *mil.* versprengt.

displicen|cia *f.* [displiθe'nθʲa] schlechte Laune *f.*; **-te** *adj.* [displiθe'nte] mißgestimmt.

dispo|ner(se) [dispone'rse] ordnen, aufstellen, herrichten; **-nible** *adj.* [disponi'βle] verfügbar; (Kapital) flüssig; **-sición** *f.* [disposiθʲɔ'n] Anordnung *f.*, Verfügung, *m.*, Neigung *f.*, Bereitwilligkeit; **-sitivo** *m.* [dispositi'βo] Vorrichtung *f.*, Einrichtung.

dispuesto *adj.* [dispʷe'sto] bereit, geneigt, entschlossen, fähig.

disputa *f.* [dispu'ta] Streit *m.*, Wortwechsel; **sin** - zweifellos; **-ble** *adj.* [disputa'βle] umstritten; **-r** [disputa'r] streiten, zanken.

disquisición *f.* [diskisiθʲɔ'n] (wissenschaftliche) Untersuchung *f.*, Abhandlung.

distan|cia *f.* [dista'nθʲa] Abstand *m.*, Zwischenraum, Entfernung *f.*; **a corta -cia** aus der Nähe; **-ciar** [distanθʲa'r] in Abständen trennen; **-te** *adj.* [dista'nte] abgelegen, entfernt.

distar [dista'r] entfernt sein; *fig.* verschieden sein.

disten|der [distende'r] strecken, zerren; **-sión** *f.* [distensʲɔ'n] Streckung *f.*, Dehnung, Zerrung.

distin|ción *f.* [distinθʲɔ'n] Auszeichnung *f.*, Vornehmheit, Unterschied *m.*; **-guido** *adj.* [distiŋgi'ðo] ausgezeichnet, vornehm; *fig.* auszeichnen; (s. auszeichnen, s. hervortun); **-tivo** *m.* [distinti'βo] Abzeichen *n.*; **-to** *adj.* [disti'nto] verschieden, deutlich, unterschiedlich.

distorsión *f.* [distɔrsʲɔ'n] *med.* Verstauchung *f.*

distra|cción *f.* [distrakθʲɔ'n] Zerstreuung *f.*, Zerstreutheit, Unaufmerksamkeit; **por -cción** aus Versehen; **-er(se)** [distrae'rse] zerstreuen, ablenken, vergnügen.

distribu|ción *f.* [distriβuθʲɔ'n] Aus-, Ein-, Ver-, Zuteilung *f.*; (Post) Bestellung; *Techn.* Steuerung, Versorgung; **cuadro** (*m.*) **de -ción** Schaltbrett *n.*; **-idor** *m.* [distriβuiðɔ'r] Verteiler *m.*; *techn.* Schieber; **-ir** [distriβui'r] aus-, ein, ver, zuteilen.

distrito *m.* [distri'to] Bezirk *m.*, Distrikt.

disturb|ar [disturβa'r] stören; **-io** *m.* [distu'rβʲo] Störung *f.*; **-ios** *m. pl.* *pol.* Unruhen *f. pl.*

disuadir [disʷaði'r] abraten, abbringen (**de** v.)

diurno *adj.* [dʲu'rno] täglich; **luz** (*f.*) **-a** Tageslicht *n.*

divaga|ción *f.* [diβagaθʲɔ'n] Abschweifung *f.*; **-r** [diβaga'r] (in der Rede) abschweifen.

diván *m.* [diβa'n] Divan *m.*, Sofa *n.*, Couch *f.*

diverg|encia *f.* [diβerxe'nθʲa] Meinungsverschiedenheit *f.*; **-ente** *adj.* [diβerxe'nte] (Meinungen) abweichend; **-ir** [diβerxi'r] abweichen, auseinanderlaufen.

divers|idad *f.* [diβersiða'ð] Verschiedenartigkeit *f.*; **-ión** *f.* [diβersʲɔ'n] Ablenkung *f.*, Zerstreuung, Zeitvertreib *m.*; **-o** *adj.* [diβe'rso] verschieden, -artig.

diverti|do *adj.* [diβerti'ðo] lustig, unterhaltend; **¡estará -do!** *iron.* der kann s. gratulieren!; **-r(se)** [diβerti'rse] ablenken, aufheitern.

divid|endo *m.* [diβiðe'ndo] Dividende *f.*; **-ir** [diβiði'r] (ab-) teilen, dividieren.

divieso *m.* [diβʲe'so] *med.* Furunkel *m.*

divin|idad *f.* [diβiniða'ð] Gottheit *f.*; *fig.* Götterweib *n.*; **-o** *adj.* [diβi'no] göttlich.

divi|sa *f.* [diβi'sa] Devise *f.*, Kennzeichen *n.*, Wahlspruch *m.*; *Taur.* Züchtereiabzeichen *n.*; **-sar** [diβisa'r] wahrnehmen; **-sibilidad** *f.* [diβisiβiliða'ð] Teilbarkeit *f.*; **-sión** *f.* [diβisʲɔ'n] (Ab-) Teilung *f.*; *math. mil.* Division; **-sor** *m.* [diβisɔ'r] Teiler *m.*

divorci|ar [diβɔrθʲa'r] (Ehe) trennen, scheiden; **-arse** [diβɔrθʲa'rse] s. scheiden lassen; **-o** *m.* [diβɔ'rθʲo] Ehescheidung *f.*

divulga|ción *f.* [diβulgaθʲɔ'n] Verbreitung *f.*, Bekanntwerden *n.*; **-r(se)** [diβulga'rse] verbreiten, popularisieren.

Dn. *Abkzg.* für **don.**

dobla|dillo *m.* [doβlaði'ʎo] Kleidersaum *m.*; **-do** *adj.* [doβla'ðo] doppelt, umgebogen; **-je** *m.* [doβla'xe] (Film) fremdsprachliche Fassung *f.*; **-miento** *m.* [doβlamʲe'nto] Falten *n.*; **-r** [doβla'r] (ver-)doppeln, (um-) biegen.

doble *adj.* [do'βle] doppelt, zweifach; **-m.** Doppelte *n.*; (Film) Ersatzspieler *m.*; großes Glas Bier *n.*; **-gar** [doβlega'r] biegen; *fig.* nachgiebig machen; **-garse** [doβlega'rse] nachgeben; **-z** *f.* [doβle'θ] (Bügel-) Falte *f.*, Falz *m.*

doce *adj.* [do'θe] zwölf; **-na** *f.* [doθe'na] Dutzend *n.*

docente *adj.* [doθe'nte]: **centro**(*m.*) **-** Unterrichtsanstalt *f.*

dócil *adj.* [do'θil] fügsam; (Tiere) zahm.

docilidad *f.* [doθiliða'ð] Gelehrigkeit *f.*, Folgsamkeit.

docto *adj.* [dɔ'kto] gelehrt; **-r** *m.* [dɔktɔ'r] Doktor *m.*, Arzt; **-ra** [dɔkto'ra] Doktorin *f.*, Ärztin; **-rado** *m.* [dɔktora'ðo] Doktorwürde *f.*, -titel *m.*

doctrina *f.* [dɔktri'na] (Glaubens-) Lehre *f.*

document|ación *f.* [dokumentaθʲɔ'n] (Ausweis-) Papiere *n. pl.*, Dokumente; **-ado** *adj.* [dokumenta'ðo] (urkundlich) belegt; **-al** *m.* (Film) kulturfilm *m.*; **-ar** [dokumenta'r] belegen, (m. Belegen) beweisen, beurkunden; **-o** *m.* [dokume'nto] Urkunde *f.*

dogal *m.* [doga'l] (Tiere) Halsstrick *m.*

dogm|a *m.* [dɔ'gma] Dogma *n.*; (Glaubens-) Lehre *f.*; **-ática** *f.* [dɔgma'tika] Dogmatik *f.*; **-ático** *adj.* [dɔgma'tiko] dogmatisch; **-atizar** [dɔgmatiθa'r] dogmatisieren.

dolar *m.* [do'lar] (nordam.) Dollar *m.*

dol|encia *f.* [dole'nθʲa] Gebrechen *n.*, Leiden, Krankheit *f.*; **-er** [dole'r] schmerzen, wehtun; leid tun; **-erse** [dole'rse] bedauern, bereuen.

dolor *m.* [dolɔ'r] Schmerz *m.*, Reue *f.*, Weh *n.*; **- de muelas** Zahnschmerzen *m. pl.*; **-ido** *adj.* [dolori'ðo] schmerzend.

doma *f.* [do'ma] (Tiere) Zähmung *f.*; **-dor** *m.* [domaðɔ'r] (Tier-) Bändiger *m.*, Dompteur; **-r** [doma'r] bändigen, dressieren, zähmen.

domesticar [domestika'r] (Tiere) abrichten, zähmen.
doméstico *adj.* [dome'stiko] häuslich; (Haustier) zahm; **animal** (*m.*) - Haustier *n.;* - *m.* Dienstbote *m.*
domicili|ado *adj.* [domiθil^j^a'ðo] wohnhaft; **-ar** [domiθil^j^a'r] (Wechsel) domizilieren; **-o** *m.* [domiθil^j^o] Wohnort *m.*, Wohnsitz, Wohnung *f.*
domina|ción *f.* [dominaθ^j^ɔ'n] Beherrschung *f.*, Herrschaft; **-dor** [dominaðɔ'r] herrisch; **-r** [dominér] (be-) herrschen, bändigen.
doming|o *m.* [domi'ŋgo] Sonntag *m.;* **-uero** *adj.* [domiŋge'ro] sonntäglich.
domini|cal [dominika'l] sonntäglich; **-o** *m.* [domi'n^j^o] Herrschaft *f.*, Gewalt, Macht, Besitz *m.*
dominó *m.* [domino'] Dominospiel *n.*
don *m.* [don] Gabe *f.;* **-ación** *f.* [donaθ^j^ɔ'n] Schenkung *f.*, Spende.
dona|nte *m.* [dona'nte] Spender *m.*, Schenker; **-r** [dona'r] spenden, stiften; **-tivo** *m.* [donati'βo] Gabe *f.*, Spende.
doncella *f.* [donθe'ʎa] Stubenmädchen *n.*, Zofe *f.*
donde [dɔ'nde] *adv.* wo, -hin, -rin; **de** - woher; **por** - wodurch; **para** - wohin; (fragend): **¿(dónde)** wo?; **¿de** -? woher?
doña *f.* [do'ɲa] Donna *f.;* (bei Gebildeten, vor weibl. Vornamen).
dorad|a *f.* [dora'ða] Goldfisch *m.;* helles Bier *n.;* **-o** *adj.* [dora'ðo] vergoldet, golden, goldgelb; - *m.* Vergoldung *f.;* **-or** *m.* [doraðɔ'r] Vergolder *m.*
dorar [dora'r] vergolden.
dormi|da *f.* [dɔrmi'ða] Schlafen *n.;* **-do** *adj.* [dɔrmi'ðo] eingeschlafen; **quedarse -do** einschlafen; **-lón** *m.* [dɔrmilo'n] Langschläfer *m.;* **-r** [dɔrmi'r] schlafen.
dorso *m.* [dɔr'so] Rücken *m.;* **al** - auf der Rückseite.
dos [dɔs] zwei; **en un - por tres** *fig. fam.* im Handumdrehen; **los** - beide; **-cientos** [dɔsθ^j^e'ntos] zweihundert.
dos|ar [dosa'r] dosieren; **-ificación** *f.* [dosifikaθ^j^ɔ'n] Dosierung *f.;* **-ificar** [d*sifika'r] dosieren; **-is** [do'sis] Dosis *f.*, (Arznei-).
dot|ación *f.* [dotaθ^j^ɔ'n] Schenkung *f.*, Stiftung; *naut.* (Schiffs-) Besatzung; **-ar** [dota'r] ausstatten, versehen (**de** m.); stiften; **-e** *m.* [do'te] Aussteuer *f.*, Mitgift.
draga *f.* [dra'ga] Bagger *m.;* - **flotante** Schwimmbagger *m.;* **-do** *m.* [draga'ðo] Ausbaggerung *f.;* **-minas** *m.* [dragami'nas] *naut.* Minensucher *m.;* **-r** [draga'r] (aus-) baggern.
dragón *m.* [dragɔ'n] Drache *m.; mil.* Dragoner.
drama *m.* [dra'ma] Drama *n.*, Schauspiel.
dramátic|a *f.* [drama'tika] dramatische Kunst *f.;* **-o** *adj.* [drama'tiko] dramatisch.
dren|ar [drena'r] *med.* dränieren; **-aje** *m.* [drena'xe] *med.* Dränage *f.;* Bodenentwässerung.
drog|a *f.* [dro'ga] Droge *f.;* **-as** *f. pl.* Apothekerwaren *f. pl.;* **-uería** *f.* [drogeri'a] Drogerie *f.*
dromedario *m.* [dromeda'r^j^o] Dromedar *n.*
dual|idad *f.* [d^w^aliða'd] Zweiheit *f.;* **-ismo** *m.* [d^w^ali'zmo] Dualismus *m.* Zweiheitslehre *f.*
dúctil *adj.* [du'ktil] dehnbar; (Metalle) geschmeidig, verformbar.
ducha *f.* [du'ča] Brause *f.*, Dusche; **-r(se)** [duča'rse] duschen, Dusche geben, (ee. Dusche nehmen).
ducho *adj.* [du'čo] bewandert, erfahren, gerieben.
dud|a *f.* [du'ða] Zweifel *m.* Ungewißheit *f.*, Unschlüssigkeit; **sin -a** zweifellos; **en la -a** im Zweifelsfalle; **-ar** [duða'r] (be-) zweifeln; **-oso** *adj.* [duðo'so] unsicher, zweifelhaft.

D

duelo *m.* [dʷe'lo] Duell *n.*, Zweikampf *m.;* Leichenbegängnis *n.*, Leidtragenden *m. pl.*
duende [dʷe'nde] Gespenst *n.*, (Polter-) Geist *m.*, Kobold.
dueñ|a *f.* [dʷe'ɲa] Besitzerin *f.*, Eigentümerin, (Haus-) Frau; **-o** *m.* [dʷe'ɲo/ Besitzer *m.*, Eigentümer, Hausherr.
dul|ce *adj.* [du'lθe] süß; (bei Metallen) gut bearbeitbar, weich; - *m.* Süßspeise *f.*, Süßigkeit, Konfekt *n.*, Kompott; **jamón** *(m.)* **en -ce** gekochter (süßer) Schinken *m.;* **-cificar** [dulθifika'r] süßmachen; *fig.* versüßen; **-zura** *f.* [dulθu'ra] Süßigkeit *f.*
duna *f.* [du'na] Düne *f.*
duo *m.* [du'o] Duett *n.;* **-décimo** *f.* [dʷoðe'θimo] Zwölftel *n.*
duodeno *m.* [dʷoðe'no] *anat.* Zwölffingerdarm *m.*
dupl|icado *adj.* [duplika'ðo] doppelt; *- m.* Duplikat *n.*, Doppel; **-icar** [duplika'r] verdoppeln; **-icidad** *f.;* [dupliθiða'ð] zweifaches Vorhandensein *n.* Doppelzüngigkeit *f.* **-o** *adj.* doppelt, zweifach; - *m.* Doppelte *n.*
duque *m.* [du'ke] Herzog *m.*
dura|ble *adj.* [dura'βle] dauerhaft; **-ción** *f.* [dura'θʲɔ'n] Dauer *f.;* **-dero** *m.* [duraðe'ro] dauerhaft, haltbar; **-nte** [dura'nte] *prep.* während; **- r** [dura'r] (fort-)dauern, reichen, (zeitlich) halten.
dureza *f.* [dure'θa] Festigkeit *f.*, Härte Strenge.
durmiente *m.* [durmʲe'nte] Schläfer *m.*, *SAm.* (Schienen-) Schwelte *f.*
duro *adj.* [du'ro] hart, fest, hartherzig, herzlos; - *m.* Duro *m.* (Münze = 5 Peseten).

e, E [e] *f.* e, E *n.*
e *conj.* [e] und (statt y vor mit i oder hi beginnenden Wörtern).
ebanist|a *m.* [eβani'sta] (Möbel-) Tischler *m.;* **-ería** *f.* [eβanisteri'a] (Möbel-) Tischlerei *f.*
ébano *m.* [e'βaɳo] Ebenholz *n.*
ebrio *adj.* [eβ'rʲo] betrunken.
ebulli|ción *f.* [eβuʎiθʲɔ'n] Kochen *n.*, Sieden des Wassers; **-r** [eβuʎi'r] sieden.
eclesiástico *adj.* [ekles ʲa'stiko] kirchlich; **-** *m.* Geistlicher *m.*
eclips|ar(se) [eklipsa'rse] verfinstern; **-e** *m.* [ekli'pse] *astr.* Verfinsterung *f.*
eco *m.* [e'ko] Echo *n.*
econo|mato *m.* [ekonoma'to] Konsumanstalt *f.;* **-mía** *f.* [ekonomi'a] Sparsamkeit *f.*, Ersparnis, Volkswirtschaft, **-mia nacional** Volkswirtschaft *f.*
económic|o *adj.* [ekono'miko] billig, sparsam; **año** (*m.*) **-o** Rechnungsjahr *n.;* **crisis** (*f.*) **-a** Geldkrisis *f.;* **situación** (*f.*) **-a** wirtschaftliche Lage *f.*
economi|sta *m.* [ekonomi'sta] Volkswirtschaftler *m.;* **-zar** [ekonomiθa'r] (er-), (ein-) sparen.
ecua|ción *f.* [ekʷaθʲɔ'n] *math.* Gleichung *f.;* **-dor** *m.* [ekʷaðɔ'r] Äquator *m.;* **el E-dor** (Republik) Ekuador.
ecuánime *adj.* [ekʷa'nime] gleichmütig, gelassen.
ecuestre *adj.* [ekʷe'stre]: **estátua** (*f.*) **-** Reiterstandbild *n.*
eczema *m.* [ekθe'ma] *med.* Ekzem *n.*
echa|do *adj.* [eča'ðo] liegend; **-do a perder** verdorben; **estar -do** liegen; **-r** [eča'r] (hinaus-), (hinein-), (weg-) werfen, schleudern, einschenken; (Alter) abschätzen; (Strafe) auferlegen; (Theaterstück, Film) aufführen, geben; (Anker) auswerfen; **-r a perder** verderben; **-r a correr** anfangen zu laufen; **-r a pique** *naut.* torpedieren; **-r a la cara** *fig.* (jem. etw.) vorwerfen; **-r abajo** einreißen; **-r el cerrojo** verriegeln; **-r un cigarro** (cigarrillo) ee. Zigarre (Zigarette) rauchen; **-r de menos** vermissen; **-r maldiciones** (od. **pestes**) fluchen; **-r sangre** Blut spucken; **-r suertes** losen; **-r en saco roto** vergessen; **-r leña al fuego** Öl ins Feuer gießen.
edad *f.* [eða'ð] (Zeit-) Alter *n.;* **- media** Mittelalter; **mayor (menor) de -** groß- (minder-) jährig.
edén *m.* [eðe'n] Eden *n.* Paradies.
edición *f.* [eðiθʲɔ'n] (Her-) Ausgabe *f.*, Auflage.
edicto *m.* [eði'kto] Erlaß *m.* Verordnung *f.*
edific|ación *f.* [eðifikaθʲɔ'n] Erbauung *f.*, Haus-, Hochbau *m.;* **-ar** [eðifika'r] (er-) bauen; *fig.* belehren; **-io** *m.* [eðifi'θʲo] Bau *m.*, werk *n.;* Gebäude.
edil *m.* [eði'l] Ratsherr *m.*
edit|ar [eðita'r] (Buch) herausgeben; **-or** *m.* [eðitɔ'r] Herausgeber *m.*, Verleger; **-ora** *adj.* [eðito'ra]: **casa** (*f.*) **-ora** Verlagshaus *n.;* **-orial** *f.* [eðitorʲa'l] Verlag *m.;* **-orial** *m.* Leitartikel *m.*
edredón *m.* [edreðɔ'n] Eiderdaune *f.*, Steppdecke.

educa|ción *f.* [eðukaθʲɔ'n] Erziehung *f.*, Gesittung; **-r** [eðuka'r] erziehen.
efectiv|amente *adv.* [efektiβame'nte] tatsächlich; **-idad** *f.* [efektiβiða'ð] Tatsächlichkeit *f.*, Wirklichkeit; **-o** *adj.* [efekti'βo] tatsächlich, wirklich; **-o** *m.* (tatsächlicher) Bestand *m.*; **-os** *m. pl. mil.* Stärke (*f.*) der Truppen.
efect|o *m.* [efe'kto] Erfolg *m.*, Ergebnis *n.*, Wirkung *f.*; **-os** *m. pl.* Zubehör *n.*; Wertpapiere *n. pl.* Wechsel *m. pl.*; **-uar** [efektʷa'r] ausführen, bewirken.
efervescente *adj.* [eferβesθe'nte]: **polvo** (*m.*) - Brausepulver *n.*
efic|acia *f.* [efika'θʲa] Nachdruck *m.*, Wirksamkeit *f.*; **-az** *adj.* [efika'θ] wirksam; **-iencia** *f.* [efiθʲe'nθʲa] Wirksamkeit *f.*; **-iente** *adj.* [efiθʲe'nte] wirksam.
efigie *f.* [efi'xʲe] Bildnis *n.*
efusi|ón *f.* [efusʲɔ'n] Vergießen *n.*; *fig.* (Herzens-) Erguß *m.*; **con -ón** herzlich; **-vo** *adj.* [efusi'βo] *fig.* überströmend.
Egeo [exe'o]: **Mar** - Ägäische Meer *n.*
égida [e'xiða]: **bajo la** - unter dem Protektorat v.
egip|cio *adj.* [exi'pθʲo] ägyptisch; - *m.* Ägypter *m.*, ägyptische Sprache *f.*
égira *f.* [e'xira] Hedschra *f.*, Anfang (*m.*) der mohamm.
égloga *f.* [e'gloga] Hirtengedicht *n.*
egoís|mo *m.* [egoi'zmo] Eigenliebe *f.*, Selbstsucht; **-ta** *adj.* [egoi'sta] eigennützig, selbstsüchtig; - *m.* Egoist *m.*
egregio *adj.* [egre'xʲo] erlaucht.
eje *m.* [e'xe] Achse *f.*, Welle; **partir a uno por el** - *fig. fam.* jem. vollkommen kaputt machen.
ejecu|ción *f.* [exekuθʲɔ'n] Ausführung *f.*, Vollziehung; (Verbrecher) Hinrichtung *f.*; **-tar** [exekuta'r] ausführen, vollziehen, hinrichten.
ejempl|ar *adj.* [exempla'r] musterhaft; (Strafe) abschreckend; - *m.* Exemplar *n.*, Muster; **-o** *m.* [exe'mplo] Beispiel *n.*, Vorbild; **por -o** zum Beispiel, (Abkzg.) z. B.; **poner por -o** als Beispiel anführen; **sin -o** beispiellos.
ejerc|er [exerθe'r] ausüben; (Posten) verwalten, bekleiden; (Einfluß) haben; **-icio** *m.* [exerθi'θʲo] (Aus-) Übung *f.*; Geschäfts-, Rechnungsjahr *n.*; Leibesübung *f.*; **-itar** [exerθita'r] (aus-), (ein-)üben; *fam.* drillen.
ejército *m.* [exe'rθito] Heer *n.*, Armee *f.*
el [el] der; **él** er.
elabora|ción *f.* [elaβoraθʲɔ'n] Verarbeitung *f.*, Ausarbeitung; **-r** [elaβora'r] verarbeiten, ausarbeiten.
elasticidad *f.* [elastiθiða'ð] Elastizität *f.*, Schnellkraft.
elec|ción *f.* [elekθʲɔ'n] (Aus-) Wahl *f.*; **a -ción** nach Belieben; **-tor** *m.* [elektɔ'r] Wähler *m.*; **-toral** *adj.* [elektora'l]: **distrito** (*m.*) - Wahlbezirk *m.*
electrici|dad *f.* [elektriθiða'ð] Elektrizität *f.*; **-sta** *m.* [elektriθi'sta] Elektro-Installateur *m.*, Elektromonteur; **perito -sta** Elektromeister; **mecánico -sta** Elektromechaniker.
eléctrico *adj.* [ele'ktriko] elektrisch.
electri|ficación *f.* [elektrifikaθʲɔ'n] Elektrifizierung *f.*, Verstromung; **-zar** [elektriθa'r] elektrisieren.
electro|cución *f.* [elektrokuθʲɔ'n] Hinrichtung (*f.*) durch den elektr. Stuhl; **-cutar** [elektrokuta'r] (durch den elektr. Stuhl) hinrichten; **-do** *m.* [electro'ðo] Elektrode *f.*; **-imán** *m.* [elektroima'n] Elektromagnet *m.*
electrólisis *f.* [elektro'lisis] Elektrolyse *f.*
electromagnétisco *adj.* [elektro] magne'tico] elektromagnetisch.
electro|motor *m.* [elektromotɔ'r] Elektromotor *m.*
elefante *m.* [elefa'nte] Elefant *m.*
elegan|cia *f.* [elega'nθʲa] Eleganz *f.*,

Feinheit; **-te** *adj.* [elega'nte] elegant, fein.

elegía *f.* [elexi'a] Klagelied *n.*

elegi|bilidad *f.* [elexiβiliða'ð] Wählbarkeit *f.;* **-ble** *adj.* [elexi'βle] wählbar; **-r** [elexi'r] (er-)wählen, auslesen, aussuchen; **a -r** nach Wahl.

element|al *adj.* [elementa'l] elementar; **escuela** (*f.*) **-al** Grundschule *f.;* **-o** *m.* [eleme'nto] Element *n.*, Grundstoff *m.*, Bestandteil, Glied *n.*

elenco *m.* [ele'ŋko] Verzeichnis *n.; SAm.* Personal *n.*

eleva|ción *f.* [eleβaθʲɔ'n] Erhebung *f.*, Erhöhung, Anhöhe; Fördern *n.* (in der Senkrechten) **-do** *adj.* [eleβa'ðo] hoch, gehoben; **-dor de cangilones** Becherwerk *n.;* **-r** [eleβa'r] emporheben, erhöhen; (Gesuch) einreichen.

elimina|ción *f.* [eliminaθʲɔ'n] Aussonderung *f.*, Ausscheidung; **-r** [elimina'r] ausschiließen, aussondern, ausscheiden; **-torio** *adj.* [eliminato'rʲo]: **pruebas** (*f. pl.*); **-torias** Ausscheidungskämpfe *m. pl.*

elipse *f.* [eli'pse] Ellipse *f.*

elocuen|cia *f.* [elokʷe'nθʲa] Redegewandtheit *f.;* **-te** *adj.* [elokʷe'nte] beredt; (Beweis) sprechend.

elogi|ar [eloxʲa'r] loben, rühmen; **-o** *m.* [elɔ'xʲo] Lob *n.;* **merecer -o** lobenswert sein.

eludir [eluði'r] (Gesetz) umgehen; (Verantwortung) s. entziehen.

ell|a [e'ʎa] sie; **-o** [e'ʎo] es; **con -o** damit; **para -o** dafür; **por -o** darum; **-os, -as** *pl.* sie *pl.*

emancipa|ción *f.* [emanθipaθʲɔ'n] (Sklaven) Freilassung *f.;* **-r(se)** [emanθipa'rse] freilassen; (s. los machen) (**de** v.).

embadurnar [embaðurna'r] (be-), (über-), verschmieren.

embajad|a *f.* [embaxa'ða] Botschaft *f.*, Gesandtschaft; **-or** [embaxaðɔ'r] Botschafter *m.*, Gesandter.

embala|je *m.* [embala'xe] Verpackung *f.*, Packen *n.;* **-r** [embala'r] (ein-), (ver-)packen; *aut.* (Wagen) stark beschleunigen.

embaldosa|do *m.* [embaldosa'ðo] Fliesenboden *m.;* **-r** [embaldosa'r] m. Fliesen auslegen.

embalsamar [embalsama'r] einbalsamieren.

embalse *m.* [emba'lse] Stausee *m.*

embaraz|ada *f.* [embaraθa'ða] Schwangere *f.;* **-ar** [embaraθa'r] (be-) hindern; (Frau) schwanger w.; **-o** *m.* [embara'θo] Hindernis *n.*

embarc|ación *f.* [embarkaθʲɔ'n] (Wasser-) Fahrzeug *n.*, Schiff; **-adero** *m.* [embarkað'ero] Landungssteg *m.* -brücke *f.;* **-adero de mineral** Erzverschiffungsanlage *f.;* **-ar** [embarka'r] einschiffen, verladen; *fam. fig.* verwickeln (in ee. Sache); **-arse** [embarka'rse] s. einschiffen (**para** nach); **-o** *m.* [emba'rko] (Passagiere) Einschiffung *f.*

embarg|ado *adj.* [embarga'ðo] *fig.* ergriffen, überwältigt (**por** v.); **-ar** [embarga'r] (ver-)pfänden, in Beschlag nehmen; **-o** *m.* [emba'rgo] Beschlagnahme *f.*, Sperre; **sin -o** dennoch, trotzdem.

embarque *m.* [emba'rke] (Güter) Ein-, Verschiffung *f.*

embarrancar [embarraŋka'r] *naut.* stranden.

embaucar [embauka'r] betrügen.

embeber [embeβe'r] (Feuchtigkeit) aufsaugen (in ee. Materie) einbetten.

embel|eso *m.* [embele'ko] Schwindel *m.;* Betrug; **-esar** [embelesa'r] entzücken; **-lecer** [embeʎeθe'r] verschönern.

embesti|da *f.* [embesti'ða] Angriff *m.;* **-r** [embesti'r] anfallen, angreifen.

emblanquecer [emblankeθe'r] (weiß) tünchen.

emblema *m.* [emble'ma] Sinnbild *n.*

embobado *adj.* [emboβa'ðo] betäubt, verwirrt.

embocadura *f.* [embokaðu'ra] (Fluß) Mündung *f.;* (Pferd) Mundstück *n.*
embolado *m.* [embola'ðo] *Taur.* Stier (*m.*) m. Schutzkugeln auf den Hörnern versehen.
embolia *f.* [embo'lʲa] *med.* Embolie *f.*
émbolo *m.* [e'mbolo] (Dampf-) Kolben *m.*
embolsar [embolsa'r] (Geld) einstekken, einnehmen.
emborrachar(se) [embɔrrača'rse] berauschen; (s. betrinken).
emborronar [embɔrrɔna'r] beklekkern.
embosca|da *f.* [embɔska'ða] Hinterhalt *m.;* **-do** *m.* [embɔska'ðo] *mil.* Drückeberger *m.*
embotellar [emboteʎa'r] (auf Flaschen) abfüllen, abziehen.
emboz|ar [emboθa'r] verhüllen, Maulkorb anlegen; **-o** *m.* [embo'θo] Verhüllung *f.;* (span. Radmantel) oberes Vorderteil *m.;* Oberbettumschlag am Kopfende.
embra|gar [embraga'r] einkuppeln, die Kupplung einschalten; **-gue** *m.* [embra'ge] (im Betrieb lösbare) Kupplung *f.*
embrear [embrea'r] teeren.
embriag|ar(se) [embrʲaga'rse] berauschen, *fig.* entzücken; (s. en. Rausch antrinken); **-uez** *f.* [embrʲage'θ] Trunkenheit *f.*
embrión [embrʲɔ'n] *anat.* Embryo *m.*
embroll|ar [embroʎa'r] en. Wirrwarr anstellen; *fig.* verwickeln; **-o** *m.* [embro'ʎo] Wirrwarr *m.*, Durcheinander *n.*
embrujar [embruxa'r] behexen.
embrutecer [embruteθe'r] verrohen, verdummen.
embucha|do [embuča'ðo] (ee. Sorte) Wurst *f.;* **-r** [embuča'r] (Wurst) stopfen.
embud|ado *adj.* [embuða'ðo] trichterartig; **-o** *m.* [embu'ðo] Trichter *m.; fam.* Schwindelei *f.*
embuste *m.* [embu'ste] Betrug *m.*, Flause *f.;* **-ro** *m.* [embuste'ro] Schwindler *m.*, Prahler.
embuti|do *m.* [embuti'ðo] (Art) Salamiwurst *f.;* **-dos** [embuti'dos] *m. pl.* Wurstwaren *f. pl.;* **-r** [embuti'r] (Wurst)stopfen.
emerg|encia *f.* [emerxe'nθʲa] Vorkommis *n.;* **-er** [emerxe'r] auftauchen.
emigra|ción *f.* [emigraθʲɔ'n] Auswanderung *f.;* **-do** *m.* [emigra'ðo] Emigrant *m.;* **-nte** *m.* [emigra'nte] Auswanderer *m.;* **-r** [emigra'r] auswandern.
eminen|cia *f.* [emine'nθʲa] Eminenz *f.;* **-te** *adj.* [emine'nte] hervorragend.
emi|sario *m.* [emisa'rʲo] Emissär *m.*, Geheimbote; **-sión** *f.* [emisʲɔ'n] (Radio) Sendung *f.;* (Banknoten, Effekten) Ausgabe, Emission; **-sora** *f.* [emiso'ra] Sender *m.*, Sendestation *f.;* **-tir** [emiti'r] (Meinung) äußern.
emoci|ón *f.* [emoθʲɔ'n] Aufregung *f*, Gemütsbewegung, Rührung; **-onar** [emoθʲona'r] aufregen, ergreifen, rühren.
emolumentos *m. pl.* [emolumen'tos] Einkünfte *f. pl.* Gebühren.
empach|ar [empača'r] den Magen überladen; **-o** *m.* [empa'čo] verdorbener Magen *m.*
empadronamiento *m.* [empadronamʲe'nto] Eintragung (*f.*) in ee. Liste (für die Volkszählung *od.* zu Steuerzwecken).
empalag|ar [empalaga'r] Ekel verursachen; **-o** *m.* [empala'go] Ekel *m.;* **-oso** *adj.* [empalago'so] ekelhaft, widerlich süß; *fig.* lästig.
empalm|ar [empalma'r] ansetzen anschließen, verbinden; (Zug) Anschluß haben; **-e** *m.* [empa'lme] Anschluß *m.;* (bei Rohren) Abzweigung *f.;* Verbindung, Knotenpunkt *m.*
empana|da; -dilla *f.* [empanaða, empanaði'ʎa] (Fleisch-, Fisch-) Pa-

stete *f.;* **-r** [empana'r] in Teig einwickeln, panieren.

empañar(se) [empaɲa'rse] (Augen) feuchten; (Glas) (anlaufen).

empapar [empapa'r] einweichen, tunken, -tauchen; durchnässen, tränken; **-se** [empapa'rse] s. vollsaugen.

empapela|do *m.* [empapela'ðo] Tapezieren *n.;* **-r** [empapela'r] (Zimmer) *m.* Tapeten bekleben, tapezieren; in Papier einpacken.

empaque *m.* [empa'ke] Äußeres *n.*, Aussehen (er. Person); Aufmachung *f.;* **-tar** [empaketa'r] verpakken.

emparedado *m.* [empareða'ðo] belegtes Brötchen *n.*, Sandwich *m.*

emparentar [emparenta'r] s. verschwägern.

empast|ar [empasta'r] (Zähne) plombieren; (Bücher) kartonieren; **-e** *m.* [empa'ste] (Zahn-) Plombe *f.*

empat|ar [empata'r] (Spiel) unentschieden ausgehen; **-e** *m.* [empa'te] (Spiel) unentschiedener Ausgang *m.*

empavonado [empaβona'ðo] (Metall) blau angelaufen.

empecinado *adj.* [empeθina'ðo] *SAm.* hartnäckig.

empedernido *adj.* [empeðerni'ðo] hartnäckig, verstockt.

empedra|do *m.* [empedra'ðo] (Straßen-) Pflaster *n.;* **-r** [empedra'r] pflastern.

empeine *m.* [empe'ine] (Fuß) Rist *m.*

empeñ|ado *adj.* [empeɲa'ðo] verpfändet, beharrlich; **estar -ado** verschuldet sein; **estar -ado en** auf etw. hartnäckig bestehen; **-ar** [empeɲa'r] verpfänden, versetzen; (s. Wort) geben; **-arse en** beharrlich bestehen auf; **-o** *m.* [empe'ɲo] Verpfändung *f.*, Versetzen *n.*, Hartnäckigkeit *f.*

empeora|miento *m.* [empeoramʲe'nto] Verschlimmerung *f.;* **-r(se)** [empeora'rse] (s.) verschlimmern.

empequeñecer [empekeɲeθe'r] verkleinern.

empera|dor *m.* [emperaðɔ'r] Kaiser *m.;* **-triz** *f.* [emperatri'θ] Kaiserin *f.*

empero [empe'ro] *adv.* indes, jedoch.

empezar [empeθa'r] anfangen, beginnen (**a** zu, **por** m.).

empina|do *adj.* [empina'ðo] schroff, steil; *fig.* hochnäsig; **-r** [empina'r]: **-r el codo** *fig.* e. starker Trinker sein; **-rse** [empina'rse] s. auf die Fußspitzen stellen.

empírico *adj.* [empi'riko] empirisch, erfahrungsgemäß.

emplasto *m.* [empla'sto] *med.* Pflaster *n.*

emplaza|miento *m.* [emplaθamʲe'nto] Aufstellung *f.; fur.* Vorladung; **-r** [emplaθza'r] aufstellen, vor Gericht laden.

emple|ada *f.* [emplea'da] Angestellte *f.;* **-ado** *adj.* [emplea'ðo] angestellt; *- m.* Angestellter *m.*, Beamter; **-ar** [emplea'r] an-, verwenden, (Personal) anstellen, beschäftigen; (Geld) anlegen; (Zeit) ausnutzen; (Tag) zubringen; **-o** *m.* [emple'o] An-, Verwendung *f.*, Antellung, Stelle; **modo** (*m.*) **de -o** Gebrauchsanweisung *f.*

empobrec|er(se) [empoβreθe'rse] arm machen; (verarmen); **-miento** *m.* [empoβraθimʲe'nto] Verarmung *f.*

empolvar empɔlβa'r] be-, verstauben; (ein-)pudern.

empoll|ar [empoʎa'r] (aus-) brüten; *fam.* büffeln, einpauken; **-on** *m.* [empoʎɔ'n] *fam.* Büffler *m.*, Streber.

emporcar [empɔrka'r] beudeln, *fam.* versauen.

emporio *m.* [empo'rʲo] bedeutender Handel platz *m.*, Stapelplatz; *SAm.* Warenhaus *n.*

empotrar [empotra'r] (in die Wand) einlassen, einmauern.

emprende|dor *adj.* [emprendeðɔ'r] unternehmend; **espíritu** *(m.)* **-dor** Unternehmungsgeist *m.;* **- r** [empren] de'r] unternehmen, (Reise) antreten.

empresa *f.* [empre'sa] Unternehmen *n.*, Unternehmung *f.*, Betrieb *m.*, Firma *f.*; Tat; **-rio** *m.* [empresa'r^jo] Impresario *m.*, Theaterunternehmer.

empréstito *m.* [empre'stito] Anleihe *f.*, Darlehen *n.*

empuj|ar [empuxa'r] schieben; stoßen; **¡ -ar!** (Tür) drücken!; **-e** *m.* [empu'xe] Stoß *m.*, Druck, Schub; *fig.* Schwung; **-ón** *m.* [empuxɔ'n].

empuña|dura *f.* [empuɲaðu'ra] (Hand-) Griff *m.*; **-r** [empuɲa'r] ergreifen; (am Griff) fassen.

emula|ción *f.* [emulaθ^jɔ'n] Nacheiferung *f.*; **-** *m.* Nacheiferer *m.*; **-r** [emula'r] nacheifern.

émulo *m.* [e'mulo] Nacheiferer *m.*, Rivale.

emulsión *f.* [emuls^jɔ'n] Emulsion *f.*, milchähnliche Lösung.

en [en] in; (örtlich, räumlich): an, auf, aus, hinter, zu; (zeitlich): binnen, in; (wertmäßig): für; (modal:) auf, im, zu (*m.*); **- fin** schließlich; **- absoluto** gänzlich.

enajena|ble *adj.* [enaxena'βle] veräußerlich; **-ción** *f.* [enaxenaθ^jɔ'n] Veräußerung *f.*; **-ción mental** Geistesstörung *f.*; **-do** *adj.* [enaxena'ðo] geistesgestört; **-r(se)** [enaxena'rse] veräußern; (s. [er. Sache] entäußern).

enaltecer [enalteθe'r] loben; *fig. fam.* in den Himmel heben.

enamora|dizo *adj.* [enamoraði'θo] liebebedürftig, schnell verliebt; **-do** *adj.* [enamora'ðo] verliebt; **-os** *m. pl.* [enamora'ðos] Liebespaar *m.*; **-r(se)** [enamora'rse] verliebt machen (s. verlieben).

enano *adj.* [ena'no] zwergenhaft; **-** *m.* Zwerg *m.*

enardecer(se) [enardeθe'rse] (s.) begeistern.

encabeza|miento *m.* [eŋkaβeθam^je'nto] (Brief-, Kapitel-) Kopf *m.*, Eingangsformel *f.*; **-r** [eŋkaβeθa'r] (Schriftstück) einleiten.

encadena|ción *f.* [eŋkaðenθ^jɔ'n] *fig.* Verkettung *f.*; **-r** [eŋkaðena'r] an die Kette legen, anketten.

encaj|ar [eŋkaxa'r] eingreifen, passend einsetzen, ineinanderpassen; (Schlag) versetzen; (jem. etw.) wesismachen; *fam.* aufbinden; andrehen; **-e** *m.* [eŋka'xe] Eingriff, Einsatz *m.*; Einpassen *n.*; **-es** *m. pl.* [eŋka'xes] (Textilien) Spitzen *f. pl.*; **-onar** [eŋkaxona'r] in Kisten verpacken.

encalvecer [eŋkalβeθe'r] kahl w.

encalla|dero *m.* [eŋkaʎaðe'ro] Sandbank *f.*; **-r** [eŋkaʎa'r] auflaufen, stranden.

encallecido *adj.* [eŋkaʎeθiðo] (Hand) schwielig).

encaminar [eŋkamina'r] (hin-) leiten; auf den (rechten) Weg bringen.

encanecer [eŋkane'θe'r] graue Haare Bekommen; *fig.* alt w.

encant|ado *adj.* [eŋkanta'ðo] entzückt, verzaubert; *fam.* **¡ -!** ausgezeichnet!; (ich bin) begeistert; **-ador** *adj.* [eŋkantaðɔ'r] bezaubend; **-** *m.* Zauberer *m.*; **-ar** [enkanta'r] bezaubern; *fig.* entzücken.

encapota|do *adj.* [eŋkapota'ðo] (Himmel) bewölkt; **-rse** [eŋkapota'rse] (Himmel) s. bedekken.

encapricharse [eŋkapriča'rse] *fam.* s. kopflos verlieben; ganz närrisch sein (**con** in *bzw.* auf).

encara|do *adj.* [eŋkara'ðo]: **bien (mal) -** schön (häßlich) v. Angesicht; **-mar(se)** [eŋkarama'rse] *fig.* übermäßig loben; (erklettern); **-rse con** [eŋkara'rse] jem. gegenübertreten.

encarcelar [eŋkarθela'r] einkerkern.

encarecer [eŋkareθe'r] verteuern; *fig.* warm empfehlen, sehr ans Herz legen; *intr.* im Preise steigen.

encarg|ado *m.* [eŋkarga'ðo] Beauftragter *m.*, Geschäfsführer; **- ado de negocios** *pol.* Geschäftsträger;

-ar [eŋkarga'r] (be-)auftragen, bestellen; -o *m.* [eŋka'rgo] Auftrag *m.*, Bestellung *f.*; **por -o de** auf Veranlassung v.

encariñarse [eŋkariɲa'rse] liebäugeln (**con** m.); *fig.* s. versteifen.

encarna|ción *f.* [eŋkarnaθ^jɔ'n] *fig.* Verkörperung *f.*; **E -ción** Frauenvorname; **-do** *adj.* [eŋkarna'ðo] fleischfarben, rot; **lápiz** (*m.*) **-do** Rotstift *m.*; **ponerse -do** erröten.

encarrilar [eŋkarrila'r] (Geschäft) in die Wege leiten; *techn. Eis.* aufgleisen.

encasillado *m.* [eŋkasiʎa'ðo] Einteilung (*f.*) in Felder; Fächer (*n. pl.*) es. Schrankes.

encasquetar [eŋkasketa'r] (Hut, Mütze) tief in die Stirn ziehen.

encauzar [eŋkauθa'r] (Flußlauf) verbessern, kanalisieren; *fig.* (Sache) in Gang bringen.

encefálico *adj.* [enθefa'liko]: **masa** (*f.*) **-a** *anat.* Gehirnmasse *f.*

encéfalo *m.* [enθe'falo] *anat.* Gehirn *n.*

encend|edor *m.* [enθendeðɔ'r] Anzünder *m.*, Feuerzeug *n.*; **-er** [enθende'r] anzünden, anstecken; (Feuer) anmachen; (Ofen) (ein-) heizen; **-erse** [enθende'rse] s. entzünden; **-ido** *m.* [enθendi'ðo] *techn.* Zündung *f.*

encera|do *m.* [enθera'ðo] (Schul-) Wandtafel *f.*; **-dora** *f.* [enθeraðo'ra] Bohnermaschine *f.*; **-r** [enθera'r] (Fußboden) bohnern.

encerra|dero *m.* [enθerraðe'ro] *Taur.* Stierstall *m.*; **-r** [enθerra'r] einschließen, einsperren.

encía *f.* [enθi'a] *anat.* Zahnfleisch *n.*

enciclop|edia *f.* [enθiklope'ð^ja] Konversationslexikon *n.*; **-édico** *adj.* [enθiklope'ðiko] allgemeinwissenschaftlich.

encierro *m.* [enθ^je'rro] *Taur.* Einsperren *n.* (der Stiere vor dem Kampf).

encima *adv.* [enθi'ma] oben (-auf), obendrein, außerdem; **por -** oberflächlich; **- de** *prep.* auf. über.

encina *f.* [enθi'na] (Stein-) Eiche *f.*; **-r** *m.* [enθina'r] Eichwald *m.*

encinta *adj.* [enθi'nta] schwanger; **-do** *m.* [enθinta'ðo] (Bürgersteig) Bordschwelle *f.*

enclavar [eŋklaβa'r] sperren, verriegeln.

enclenque *adj.* [eðkle'ŋke] kränklich, schwächlich.

encoger [eŋkoxe'r] ein-, zurückziehen; **-se** [eŋkoxe'rse] (Gewebe) einlaufen.

encolar [eŋkola'r] (an-), (ver-) leimen.

encomendarse [eŋkomenda'rse] s. (dem Schutz) empfehlen.

encomi|ar [eŋkom^ja'r] loben, preisen; (Verdienste) würdigen; **-enda** *f.* [eŋkom^je'nda] *SAm.* Postpaket *n.*; **-o** *m.* [eŋko'm^jo] Lobrede *f.*

encontra|do *adj.* [eŋkɔntra'ðo] (Meinungen) entgegengesetzt; **-r** [eŋkɔntra'r] (an-)treffen, begegnen, flinden; (Schwierigkeiten) stoßen auf; **-rse** [eŋkɔntra'rse] s. begegnen, s. treffen, s. beflinden.

encontronazo *m.* [eŋkontrona'θo] heftiger Zusammenstoß *m.*

encopetado [eŋkopeta'ðo] *fig.* eingebildet, stolz.

encorchar [eŋkɔrča'r] (Flaschen) verkorken.

encorva|do *adj.* [eŋkɔrβa'ðo] (vom Alter) gebückt; **-r(se)** [eŋkɔrβa'rse] biegen, krümmen: (s. bücken, s. krümmen).

encrespa|do *adj.* [eŋkrespa'ðo] (Haar) kraus, lockig; **-r(se)** [eŋkrespa'rse] (s.) kräuseln.

encrucijada *f.* [eŋkruθixa'ða] Kreuzweg *m.*

encuaderna|ción *f.* [eŋk^waðernaθ^jɔ'n] Einbinden *n.*, Einband *m.*; **-dor** *m.* [eŋk^waðernaðɔ'r] Buchbinder *m.*; **-r** [eŋk^waðerna'r] (Bücher) (ein-) binden.

encubar [eŋkuβa'r] in Fässer füllen.

encubri|dor *m.* [eŋkuβriðɔ'r] Hehler *m.;* **-r** [eŋkuβri'r] verbergen, verhehlen.
encuentro *m.* [eŋkʷe'ntro] Begegnung *f.*, Zusammenstoß *m.*, -treffen *n.;* Wettspiel; *mil.* Gefecht.
encuesta *f.* [eŋkʷe'sta] *jur.* Untersuchung *f.;* Rund-, Umfrage.
encumbra|do *adj.* [eŋkumbra'ðo] (Persönlichkeit) hochstehend; **-r(se)** [eŋkumbra'rse] (Berg) ersteigen.
encharca|da *f.* [enčarka'ða] Lache *f.;* **-rse** [enčarka'rse] versumpfen.
enchuf|ar [enčufa'r] ineinanderstekken, anschließen, anstecken; *elektr.* Stecker in Steckdose stecken; **-e** *m.* [enču'fe] Steckanschluß *m.;* Verbindungsmuffe *f.*
endeble *adj.* [ende'βle] schwach.
endemoniado *adj.* [endemonʲa'ðo] vom Teufel besessen.
enderezar [endereθa'r] richten, geradebiegen.
endeudarse [endeuða'rse] s. in Schulden stürzen.
endiablado [endʲaβla'ðo] *fig.* verteufelt.
endiosar [endʲosa'r] vergöttern.
endos|ado *m.* [endosa'ðo] Indossat *m;* **-ar** [endosa'r] indossieren, girieren; **-o** *m.* [endo'so] Indosso, Giro *n.*
endulzar [endulθa'r] süßen; *fig.* versüßen.
endurec|er [endureθe'r] härten; **-imiento** *m.* [endureθimʲe'nto] Härtung *f.*
enemi|ga *f.* [enemi'ga] Feindin *f.*, Feindschaft; **-go** *m.* [enemi'go] Feind *m.; adj.* feindlich; **-star(se)** [enemista'rse] (s.) verfeinden.
energía *f.* [enerxi'a] Energie *f.*, Betriebskraft, Nachdruck *m.*
energúmeno *m.* [energu'meno] *fig.* Wahnsinniger *m.*
enero *m.* [ene'ro] Januar *m.*
enerva|ción *f.* [enerβaθʲɔ'n] Entkräftung *f.;* **-r** [enerβa'r] entkräften.
enfad|ar(se) [enfaða'rse] (s.) ärgern; (**con** über); **-o** *m.* [emfa'ðo] Ärger *m.*
énfasis *m. f.* [e'mfasis] Nachdruck *m.*, Schwung *m.* (im Sprechen, Schreiben).
enferm|ar [enferma'r] *intr.* erkranken, krank w.; **-edad** *f.* [emfermeða'ð] Krankheit *f.;* **-ería** *f.* [emfermeri'a] Krankenstube *f.*, Rettungsstation, Verbandstelle; **-o** *adj.* [emfe'rmo] krank.
enfilar [enfila'r] aneinanderreihen, auffädeln.
enflaquec|er [emflakeθe'r] abmagern; **-imiento** *m.* [emflakeθimʲe'nto] Abmagerung *f.*
enfocar [enfoka'r] *opt.* einstellen.
enfrascar(se) [enfraska'rse] auf Flaschen ziehen; (*fig.* s. vertiefen).
enfria|dero *m.* [emfriaðe'ro] Kühlraum *m.*, -apparat; **-miento** *m.* [emfriamʲe'nto] Abkühlung *f.;* **-r** [emfria'r] (ab-)kühlen).
enfundar [enfunda'r] in e. Futteral stecken.
enfurecer(se) [emfureθe'rse] wütend machen; (wütend w.).
engalanar [eŋgalana'r] schmücken.
enganch|ar [eŋganča'r] anhaken, (auf-) einhängen; (Zugtiere) anspannen; *mil.* anwerben; *mil.* s. anwerben lassen; **-e** *m.* [eŋga'nče] Einhängekupplung *f.; mil.* Anwerben *n.*, Werbegeld.
engañ|ar [eŋgaɲa'r] anführen, (be-) trügen, täuschen; **-arse** [eŋgaɲa'rse] s. irren, s. täuschen; **-o** *m.* [eŋga'ɲo] Betrug *m.*, Irrtum, Täuschung *f.*
engar|ce *m.* [eŋga'rθe] (Ein-) Fassung *f.;* **-zar** [eŋgarθa'r] (Steine) fassen.
engatusar [eŋgatusa'r] *fam.* betören, schmeicheln.
engendr|ar [eŋxendra'r] erzeugen; *fig.* hervorbringen; **-o** *m.* [eŋxe'ndro] *anat.* Leibesfrucht *f.;* Mißgeburt.

englobar [eŋgloβa'r] einbegreifen, zusammenfassen.
engomar [eŋgoma'r] gummieren.
engord|ar [eŋgɔrda'r] mästen, dick machen; *intr.* dick w.; **-e** *m.* [eŋgɔr'de] Mästung *f.*, Mast.
engorroso *adj.* [eŋgɔrrɔ'so] mühselig, kompliziert, hemmend.
engran|aje [eŋgrana'xe] Verzahnung *f.*, Zahnradgetriebe *n.*; **-ar** [eŋgrana'r] (Zahnräder) eingreifen.
engrande|cer [eŋgrandeθe'r] vergrößern; **-cimiento** *m.* [eŋgrandeθim^je'nto] Vergrößerung *f.*
engras|ador *m.* [eŋgrasaðɔ'r] Öler *m.*, Schmiervorrichtung *f.*; **-ar** [eŋgrasa'r] einfetten, ölen, schmieren; **-e** *m.* [eŋgra'se] Schmierung.
engringarse [eŋgriŋga'rse] *SAm.* s. wie. e. Fremder (Ausländer) benehmen.
engrosar *m.* [eŋgrosa'r] *fig.* vergrößern, vermehren, dicker machen.
engrudo *m.* [eŋgru'ðo] Kleister *m.*
enhebrar [eneβra'r] einfädeln.
enhora|buena *f.* [enoraβ^we'na] Glückunsch *m.*; **dar la -buena** beglückwünschen.
enigm|a *m.* [eni'gma] Rätsel *n.*; **-ático** *adj.* [enigma'tiko] rätselhaft.
enjabonar [eŋxaβona'r] einseifen.
enjalbegar [eŋxalβega'r] weißen, tünchen.
enjambr|ar [eŋxambra'r] (Bienen) schwärmen; **-e** *m.* [eŋxa'mbre] Bienenschwarm *m.*
enjaular [eŋxaula'r] in ein Käfig sperren.
enjuag|ar [eŋx^waga'r] (ab-), (aus-), (nach-)spülen; **-ue** *m.* [eŋx^wa'ge] Spülen *n.*, Nachspülung *f.*
enjugar(se) [eŋxuga'rse] trocknen; (austrocknen).
enjuicia|miento *m.* [eŋxu^wiθ^jam^je'nto] Einleitung (*f.*) des Gerichtsverfahrens; **-r** [eŋx^wiθ^ja'r] *jur.* das Urteil fällen über.
enjuto *adj.* [eŋxu'to] mager, trocken.
enlace *m.* [enla'θe] Anschluß *m.*, Anschlußverbindung *f.*; Verknüpfung, *fig.* Heirat.
enlaza|dor *m.* [enlaθaðɔ'r] *SAm.* Lassowerfer *m.*; **-r** [enlaθa'r] verbinden durch Aneinanderstecken.
enlistar [enlista'r] *mil.* werben.
enloquecer [enlokeθe'r] verrückt machen; *intr.* verrückt w.
enluci|do *m.* [enluθi'ðo] (Gips-) Bewurf *m.*; **-r** [enluθi'r] weißen.
enlutado *adj.* [enluta'ðo] in Trauer; (Papier) *m.* Trauerrand.
enmarañ|amiento *m.* [enmaraɲan^je'nto] Verwicklung *f.*; **-ar** [enmararaNaér] verwickeln.
enmascarar(se) [enmaskara'rse] (s.) maskieren.
enmendar(se) [enmenda'rse] berichtigen, verbessern; (s. [charakterlich] bessern).
enmienda *f.* [enm^je'nda] (Ver-) Besserung *f.*
enmohecer(se) [enmoeθe'rse] rostig machen; (rosten).
enmudecer [enmuðeθe'r] verstummen.
ennegrecer(se) [ennegreθe'rse] schwärzen; *fig.* (s. verfinstern).
ennoblecer [ennoβleθe'r] adeln.
enoj|ado *adj.* [enoxa'ðo] verärgert; **-ar(se)** [enoxa'rse] (s.) erzürnen; (s. ärgern); **-o** *m.* [eno'xo] Ärger *m.*, Unwille.
enorgullecerse [enɔrguʎeθe'rse] stolz w. (**de** auf).
enorm|e *adj.* [enɔ'rme] übermäßig, ungeheur; **-idad** *f.* [enɔrmiða'ð] Ungeheuerlichkeit *f.*
enrarec|er [enrrareθe'r] verdünnen, selten machen; **-imiento** *m.* [enrrareθim^jento] Verdünnung *f.*
enred|adera *f.* [enrreðaðe'ra] *bot.* Winde *f.*; **-ar(se)** [enrreða'rse] verwickeln, verstricken; (*fig. fam.* s. verfitzen); **-o** *m.* [enrre'ðo] Verwicklung *f.*, Intrige.

enrejado *m.* [enrexa'ðo] Gitter (-werk) *n.*

enrevesado *adj.* [enreβesa'ðo] verworren.

enriquec|er [enrrikeθe'r] bereichern; **-imiento** *m.* [enrrikeθim[j]e'nto] Bereicherung *f.*

enro|larse [enrrɔla'rse] *mil. naut.* s. anwerben lassen; **-llar** [enrroʎa'r] zusammenrollen.

enronquec|er [enrrɔŋkeθe'r] heiser w.; **-imiento** *m.* [enrrɔŋkeθim[j]e'nto] Heiserkeit *f.*

enroscar(se) [enrrɔska'rse] auf-, zusammenrollen; einschrauben.

ensacar [ensaka'r] einsacken.

ensaimada *f.* [ensaima'ða] (schneckenförmiges) Blätterteiggebäck *n.*

ensalada *f.* [ensala'ða] Salat *m.*

ensalzar [ensalθa'r] sehr loben, rühmen.

ensambla|dura *f.* [ensamblaðu'ra] Verbindung (*f.*) zweier Konstruktionselemente; **-r** [ensambla'r] (Konstruktionselemente) miteinander verbinden.

ensanch|amiento *m.* [ensančam[j]e'nto] Ausweitung *f.*, Ausdehnung; **-ar(se)** [ensanča'rse] ausweiten, ausdehnen, erweitern; (s. ausweiten); **-e** *m.* [ensa'nče] Ausdehnung *f.*, Erweiterung.

ensangrentado *adj.* [ensaŋgrenta'ðo] blutbefleckt.

ensaña|miento *m.* [ensaɲam[j]e'nto] Wut *f.*, Erbitterung; **-rse** [ensaɲa'rse] se. Wut auslassen (**con** an).

ensay|ar(se) [ensaja'rse] proben, üben, versuchen; *theat.* Probe abhalten; (s. üben); **-o** *m.* [ensa'jo] Versuch *m.*, Probe *f.*; Essay *m.*

ensenada *f.* [ensena'ða] *naut.* Bai *f.*, Bucht.

enseña *f.* [ense'ɲa] Banner *n.*, Feldzeichen, Fahne *f.*; **-do** *adj.* [enseɲa'ðo]: **bien -do** guterzogen; **-nza** *f.* [enseɲa'nθa] Unterricht *m.* Lehre *f.*; **-r** [enseɲa'r] lehren, unterrichten.

enseres *m. pl.* [ense'res] Einrichtungsgegenstände *m. pl.*, Utensilien *pl.*

ensillar [ensiʎa'r] satteln.

ensimismado *adj.* [ensimizma'ðo] in Gedanken versunken.

ensordece|dor *adj.* [ensɔrdeθeðɔ'r] (ohren-) betäubend; **ruido** (*m.*) **-dor** Getöse *n.*; **-r** [ensɔrdeθe'r] betäuben; *intr.* taub w.

ensucia|miento *m.* [ensuθ[j]am[j]e'nto] Verschmutzung *f.*, Verunreinigung; **-r(se)** verschmutzen, verunreinigen; (s. beschmutzen).

ensueño *m.* [ens[w]e'ɲo] Traum *m.*, Wahn.

entabla|do *m.* [entaβla'ðo] Podium *n.*, Bretterboden *m.*; **-r** [entaβla'r] (Geschäftsbeziehungen) anknüpfen; (Unterhaltung) beginnen; (Prozeß) einleiten.

entablillar [entaβliʎa'r] *med.* schienen.

entallar [entaʎa'r] schnitzen.

entarima|do *m.* [entarima'ðo] Täfelung *f.*, Parkettboden *m.*; **-r** [entarima'r] Parkettboden legen.

entende|deras *f. pl.* [entendeðe'ras]: **-r** [ənɼənʤə'ɹ] begreifen, verstehen; (Sprache) können; **-r de** Kenner sein v.; **dar a -r** durchblicken lassen; **a mi -r** meiner Auffassung nach; **-rse** [entende'rse] s. verstehen, s. verständigen.

entendido *adj.* [entendi'ðo] erfahren; **no darse por -** s. dumm stellen; **-** *m.* Kenner *m.*, Fachmann.

entera|do [entera'ðo] unterrichtet (**de** über); vertraut (**de** m.) eingeweiht (**de** in); **no darse por -do** nichts zu wissen vorgeben; **-mente** *adv.* [enterame'nte] ganz, gänzlich, vollkommen; **-r(se)** [entera'rse] (s.) unterrichten.

enter|eza *f.* [entere'θa] Rechtschaffenheit *f.*, Standhaftigkeit; **-eza de ánimo** Geistesgegenwart *f.*

enternec|er(se) [enterneθe'rse] *fig.* rühren; (gerührt w.); **-imiento** *m.* [enterneθim^je'nto] Rührung *f.*
entero *adj.* [ente'ro] ganz; (Tiere) unverschnitten.
enterra|dor *m.* [enterraðɔ'r] Totengräber *m.*; **-miento** *m.* [enterram^je'nto] Beerdigung *f.*, Begräbnis *n.*; **-r** [enterra'r] (be-), (ein-), vergraben.
entidad *f.* [entiða'ð] Firma *f.*; Verein *m.*, -igung *f.*
entierro *m.* [ent^je'rrɔ] Beerdigung *f.*, Begräbnis *m.*; **- de la sardina** Volksfest (*n.*) am Aschermittwoch.
entoldado *m.* [entɔlda'ðo] Sonnendach *n.*, Kleines Festzelt.
entona|ción *f.* [entonaθ^jɔ'n] *mus.* Anstimmen *n.*; (Sprache) Tonfall *m.*; **-r** [entona'r] anstimmen; *med.* stärken.
entonces *adv.* [entɔ'nθes] also, damals, dann; **desde** - seitdem.
entornar [entona'r] (Tür, Augen) halb öffnen.
entorpec|er [entorpeθe'r] erschweren, hemmen; **-imiento** *m.* [entorpeθim^je'nto] Hemmung *f.*, Hindernis *n.*
entrada *f.* [entra'ða] Einfahrt *f.*, -gang *n.*, -tritt, -zug *m.*; Eintrittsgeld *n.*, karte *f.*; Vorspeise; **- libre** Zutritt frei; **-s** *f. pl. fam. fig.* Geheimratsecken *f. pl.*
entramado *m.* [entrama'ðo] Fachwerk *n.*
entrambos [entra'mbos] (alle) beide.
entramparse [entrampa'rse] *fig.* in. Schulden geraten.
entrante *adj.* [entra'nte] *naut.*; **marea** (*f.*) - Flut *f.*
entraña *f.* [entra'ɲa]: **-s** *f. pl.* [entra'ɲas] Eingeweide *n. pl.*; **-ble** *adj.* [entraɲa'βle] innig.
entrar [entra'r] *intr.* eintreten; (Geld) eingehen; (Schiff) einlaufen; einziehen, eindringen, hineingehen; *tr.* hineinstecken, hineintun, eintragen (in Liste, Buch); buchen; **-le a uno miedo** Angst bekommen; **- en sospechas** Verdacht schöpfen; **- a uno apetito** Appetit bekommen; **- en razón** vernünftig w.
entre [e'ntre] *prep.* zwischen, unter; **- dos luces** im Zwielicht; **- tres** zu dreien; **- tanto** inzwischen, unterdessen; **-acto** *m.* [entrea'kto] *theat.* Zwischenakt *m.*; **-cejo** *m.* [entreθe'xo] Stelle (*f.*) zwischen den Augenbrauen; **-cortado** *adj.* [entrekorta'ðo] (Stimme) erstickt; **-cubierta** *f.* [entrekuβ^je'rta] *naut.* Zwischendeck *n.*; **-dicho** *m.* [entreði'čo]: **estar en -dicho** *fig.* in Verruf sein; **-dós** *m.* [entreðɔ's] (Spitzen-) Einsatz *m.*
entrega *f.* [entre'ga] Auslieferung *f.*, Übergabe, Lieferung; **- a domicilio** Lierung frei Haus, Zustellung; **contra** - gegen Aushändigung (**de** v.); **plazo** (*m.*) **de** - Lieferfrist *f.*; **hacer - de** einhändigen; **-r** [entrega'r] ab-, ausliefern, übergeben, aushändigen; **-rse** [entrega'rse] s. ergeben; **-rse a** s. widmen; (em. Laster) frönen; (in Vergnügungen) s. stürzen.
entre|lazar [entrelaθa'r] verflechten; **-més** *m.* [entreme's] Vorspeise *f.*; **-meterse** [entremete'rse] s. einmischen; **-mezclar** [entremeθkla'r] untermischen.
entrena|dor *m.* [entrenaðɔ'r] Trainer *m.*; [entrenam^je'nto] Training *n.*; **-r(se)** [entrena'rse] trainieren.
entre|paño *m.* [entrepa'ɲo] (Gestell, Regal) Brett *n.*, Fach; **-puente** *m.* [entrep^we'nte] *naut.* Zwischendeck *n.*; **-sacar** [entresaka'r] aussuchen; **-suelo** *m.* [entre^we'lo] Hochparterre *n.*; **-tenerse** [entretene'rse] s. unterhalten, s. die Zeit vertreiben; **-tenido** *adj.* [entreteni'ðo] unterhaltend; **-tenimiento** *m.* [entretenim^je'nto] Unterhaltung *f.* Instandhaltung; **-tiempo** . [entret^je'mpo] Übergangszeit *f.*

entrev|er [entreβe'r] undeutlich sehen; **-ista** *f.* [entreβi'sta] Besprechung *f.*, Zusammenkunft, Unterredung.
entristecido *adj.* [entristeθi'ðo] betrübt.
entronizar [entroniθa'r] auf den Thron erheben.
enturbiar enturβʲa'r] trüben.
entusi|asmar(se) [entusʲazma'rse] (s.) begeistern; **-asmo** *m.* [entusʲa'zmo] Begeisterung *f.*, Anhänger. Schwärmer; **-ástico** *adj.* [entusʲa'stiko] begeistert.
enumera|ción *f.* [enumeraθʲɔ'n] Aufzählung *f.*; **-r** [enumera'r] aufzählen, nennen.
enuncia|ción *f.* [enunθʲaθʲɔ'n] Äußerung *f.*; **-r** [enunθʲa'r] äußern.
envainar [enbaina'r] (Säbel) einstekken.
envalentonar(se) [embalentona'rse] ermutigen; (prahlen; **de** m.).
envanec|er(se) [embaneθe'rse] stolz machen; (eingebildet sein [**con** auf]); **-ido** *adj.* [embaneθi'ðo] eitel, eingebildet, Dünkel.
envas|ar [embasa'r] (Flüssigkeiten) abfüllen; **-e** *m.* [emba'se] Füllen *n.*
envejecer [embexeθe'r] alt w.; *techn.* altern.
envenena|miento *m.* [embenenamʲe'nto- Vergiftung *f.*; **-r** embenena'r] vergiften.
envergadura *f.* [enbergaðu'ra] Spannweite *f.*
envia|do *m.* [embʲa'ðo]: **-do extraordinario** außerordentlicher Gesandter *m.*; **-r** [embʲa'r] (ab-)senden, schicken.
enviciar [enbiθʲa'r] (sittlich) verderben.
envidi|a *f.* [enbi'ðʲa] Neid *m.*; **-ar** [embiðʲa'r] beneiden (**por** wegen); **-oso** *adj.* [embiðio'so] neidisch.
envilec|er [embileθe'r] herabwürigen; **-miento** *m.* [embileθimʲe'nto] Erniedrigung *f.*
envío *m.* [embi'o] Sendung *f.*, Versand *m.*
enviudar [enbʲuða'r] Witwe(r) w.
envol|torio *m.* [enbɔlto'rʲo] Bündel *n.*; **-tura** *f.* [embɔltu'ra] Umhüllung *f.*; **-ver** [embɔlβe'r] einwickeln, umgeben; *mil.* umzingeln.
enzarzarse [enθarθa'rse] *fig.* s. in schwierige Lage bringen.
épico *adj.* [e'piko] episch; **poema** (*m.*) - Heldengedicht *n.*
epi|demia *f.* [epiðe'mia] Epidemie *f.*; **-démico** *adj.* [epiðe'miko] epidemisch; **-dermis** *f.* [epiðe'rmis] *anat.* Oberhaut *f.*
Epifanía *f.* [epifani'a]: **la** - Fest (*n.*) der heiligen drei Könige.
epígrafe *m.* [epi'grafe] Überschrift *f.*
epil|epsia *f.* [epile'psʲa] Fallsucht *f.*; **-éptico** *adj.* [epile'ptiko] fallsüchtig.
epílogo *m.* [epi'logo] Nachwort *n.*
episcop|ado *m.* [episkopa'ðo] Bischofswürde *f.*; **-al** *adj.* [episkopa'l] bischöflich.
epis|ódico *adj.* [episo'ðiko] episodisch; **-odio** *m.* [episo'ðʲo] Episode *f.*; Kapitel *n.*
epístola *f.* [epi'stola] Epistel *f.*, Brief *m.*
epitafio *m.* [epita'fʲo] Grabinschrift *f.*
época *f.* [e'poka] Epoche *f.*, Zeitabschnitt *m.*
epopeya *f.* [epope'ja] Heldengedicht *n.*
equi|dad *f.* [ekiða'ð] Billigkeit, Gerechtigkeit *f.*; **-distante** *adj.* [ekiðista'nte] gleichweit abstehend; **-látero** *adj.* [ekila'tero] (Dreieck) gleichseitig; **-librar** [ekiliβra'r] ins Gleichgewicht bringen; **-librio** *m.* [ekili'βrʲo] Gleichgewicht *n.*
equino *adj.* [eki'no] Pferde...; **-ccial** *adj.* [ekinokθʲa'l]: **línea** (*f.*) **-ccial** Äquator *m.*; **-ccio** *m.* [ekinɔkʲo] Tag- u. Nachtgleiche *f.*
equip|aje *m.* [ekipa'xe] Gepäck *n.*; **-ar** [ekipa'r] ausrüsten, ver- proviantieren; **-arar** [ekipara'r] vergleichen; **-o** *m.* [eki'po] Ausrüstung *f.*, Mannschaft.

equis *f.* [e'kis] (Buchstabe) x *n.;* **los rayos X** Röntgenstrahlen *m. pl.*
equitación *f.* [ekitaθ'ɔ'n] Reitkunst *f.*
equi|tativo *adj.* [ekitati'βo] gerecht, billig; **-valencia** *f.* [ekiβale'nθ'a] Gegenwert *m.;* **-valer** [ekiβale'r] gleich sein, kommen.
equivoca|ción *f.* [ekiβokaθ'ɔ'n] Irrtum *m.* Mißverständnis *n.*, Verwechslung *f.;* **-do** *adj.* [ekiβoka'ðo] unrichtig, falsch; **estar -do** s. irren; **-r(se)** [ekiβoka'rse] verwechseln.
equívoco *adj.* [eki'βoko] zweideutig.
era *f.* [e'ra] Ära *f.*, Zeitalter *n.;* (Dresch-) Tenne *f.;* **-l** *m.* [era'l] Jungstier *m.* (unter 2 Jahren).
erección *f.* [erekθ'ɔ'n] Errichtung *f.*, *med.* Erektion.
eremita *m.* [eremi'ta] Einsiedler *m.*
ergui|do *adj.* [ergi'ðo] aufrecht; *fig.* hochmütig; **-rse** [ergi'rse] (s.) aufrichten.
erigir [erixi'r] auf-, errichten; erbauen, stiften; **-se en s.** aufwerfen zu.
eriz|ado *adj.* [eriθa'ðo] borstig, stachlig; *fam.* gespickt *m.;* **-ar(se)** [eriθa'rse] s. sträuben; (Haare) (zu Berge stehen); **-o** *m.* [eri'θo] Igel *m.; mil.* spanischer Reiter.
ermita *m.* [ermi'ta] Einsiedelei *f.*, Klause.
erosión *f.* [eros'ɔ'n] *geol.* Erosion *f.*, Zerfressung.
erótico *adj.* [ero'tiko] erotisch, Liebes- u. Geschlechtsleben betreffend.
erra|bundo *adj.* [erraβu'ndo] umherschweifend; **-nte** *adj.* [erra'nte] umherirrend; **-r** [erra'r] (Ziel) verfehlen, (s.) irren.
erróneo *adj.* [errɔ'neo] irreg; **-amente** *adv.* [erroneame'nte] irrtümlich.
error [err'r] Fehler, Irrtum *m.;* **estar en un -** s. irren.
eruc|tar [erukta'r] aufstoßen; *vulg.* rülpsen; **-o** *m.* [eru'kto] Aufstoßen *n.; vulg.* Rülps *m.*
erudi|ción *f.* [eruðiθ'ɔ'n] Gelehrsamkeit *f.*, Bildung; **-to** *adj.* [eruði'to] gelehrt, sehr belesen.
erup|ción *f.* [erupθ'ɔ'n] (Vulkan) Ausbruch *m.; med.* (Haut-) Ausschlag; **-tivo** *adj.* [erupti'βo]: **roca** (*f.*) **-tiva** vulkanisches Gestein *n.*
esbelt|ez *f.* [ezβelte'θ] schöne, schlanke Gestalt *f.;* **-o** *adj.* [ezβel'to] schlank, stattlich.
esboz|ar [esβoθa'r] skizzieren; **-o** *m.* [esβo'θ*] Entwurf *m.* Skizze *f.*
escabech|ar [eskaβəča'r] marinieren; *fig.* töten; **-e** *m.* [eskaβe'če] Marinade.
escabros|idad *f.* [eskaβrosiða'd] (Gelände) Unebenheit *f. fig.* Heikelkeit; **-o** *adj.* [eskaβro'so] holperig.
escabullir(se) [eskaβuʎi'rse] (er. Gefahr) entkommen.
escafandra *f.* [eskafa'ndra] Taucheranzug *m.*
escala *f.* [eska'la] Leiter *f.* Stiege, Treppe; *mus.* (Ton-) Reihe; (Farben-) Skala *f. naut.* Zwischenhafen *m.;* **hacer - en** (Hafen) anlaufen; **-dor** *m.* [eskalaðɔ'r]: **-fón** *m.* [eskalafɔ'n] Rangliste *f.;* **-r** [eskala'r] erklettern, ersteigen, einbrechen in.
escalda|do *adj.* [eskalda'ðo] *fig.* abgebrüht, gewitzigt; *fam.* kuriert; **-r(se)** [eskalda'rse] brühen; (s. wundlaufen, *fig.* s. die Finger verbrennen).
escalera *f.* [eskale'ra] Leiter *f.*, Treppe.
escalfado *adj.* [exkalfa'ðo]: **huevos** (*m. pl.*) **-s** poschierte Eier *n. pl.*
escalinata *f.* [eskalina'ta] Freitreppe *f.*
escalofrío *m.* [eskalofri'o] Fieber-, Kälteschauer *m.*
escalón *m.* [eskalɔ'n] (Treppen-) Stufe *f.*, Absatz *m.;* (Leiter-) Sprosse *f.; mil.* Rangliste, Dienstgrad *m.*
escalona|miento *m.* [eskalonam'e'nto] Abstufung *f.;* **-r** [eskalona'r] abstufen, staffeln.
escama *f.* [eska'ma] (Haut-) Schuppe

f.; fig. Argwohn *m.;* **-do** *adj.* [eskama'ðo] mißtrauich; **-r(se)** [eskama'rse] schuppen (gewitzigt w.).

escamo|teable *adj.* [eskamotea'βle] *adv.* (Fahrgestell) einziehbar; **-tear** [eskamotea'r] wegzaubern, verschwinden lassen.

escampar [eskampa'r] aufhören zu regnen.

escanciar [eskanθ^ja'r] kredenzen; (Wein) einschenken.

escandalizar [eskandaliθa'r] Ärgernis erregen; **-se** [eskandaliθa'rse Anstoß nehmen (**de** an).

escándalo *m.* [eska'ndalo] Skandal *m.*, Lärm, *fam.* Radau.

escandallo *m.* [eskanda'ʎo] *naut.* Tiefenlot *n.*

escaño *m.* [eska'ɲo] Bank *f.* (m. Lehne); Sitz *m.* (im Abgeordnetenhaus).

escapa|da *f.* [eskapa'ða] Ausreißen *n.; fam.* Seitensprung *m.;* (heimliche) Flucht *f.;* (Sport) Durchbruch *m.;* **-r** [eskapa'r] ausreißen, entwischen; **-rate** *m.* [eskapara'te] Auslage *f.*, Sachaufenster *n.;* **-toria** *f.* [eskapato'r^ja] Ausflucht *f.*, Hintertürchen *n.*

escape *m.* [eska'pe] Entwischen *n.;* (Gas) Entweichen; undichte Stelle *f.*

escapulario *m.* [eskapula'r^jo] *rel.* Skapulier *n.*

escara|bajo *m.* [eskaraβa'xo] Käfer *m.;* **-bajos** *m. pl.* [eskaraβa'xos] Gekritzel *n.;* **-muza** *f.* [eskaramu'θa] *mil.* Scharmützel *n.; fig.* Wortgefecht.

escarbar [eskarβa'r] (Tiere) kratzen, scharren; (Feuer) schüren, stochern.

escarcha *f.* [eska'rča] (Rauh-) Reif *m.;* Zuckerguß; Eisblumen *f. pl.* (am Fenster); **-do** *adj.* [eskarča'ðo] bereift, kandiert; **-r** [eskarča'r] m. Reif bedecken, reifen, kandieren.

escarda|dera *f.* [eskardaðe'ra] Jäthacke *f.;* **-r** [eskarda'r] jäten.

escarlat|a *f.* [eskarla'ta] Scharlach *m* **color -a** scharlachrot; **-ina** [eskarlati'na] *med.* Scharlachfieber *n.*

escarm|entado *adj.* [eskarmenta'ð gewitzigt, durch Schaden klug ge worden; *fam.* Kuriert; **-enta** [eskarmenta'r] exemplarisch bestra fen; *intr.* gewitzigt w. (**con** durch

escarn|ecer [eskarneθe'r] verspotter **-io** *m.* [eska'rn^jo] Hohn *m.*, Spott

escarola *f.* [eskaro'la] Endiviensalat *n*

escarpado *adj.* [eskarpa'ðo] abschüs sig, steil.

escarpia *f.* [eska'rp^ja] Wandhaken *m* Hakenstift.

escas|amente *adv.* [eska'samente kaum, knapp, schwerlich; **-ea** [eskasea'r] *intr.* selten w.; Mange herrschen an; **-ez de fondos** Geld not *f.;* **- o** *adj.* [eska'so] knapp, sel ten, karg, wenig.

escatimar [eskatima'r] (Worte, Sinn verdrehen.

escayola *f.* [eskajo'la] Stuck *m.*

escena *f.* [esθe'na] Szene *f.*, Bühne Bühnenbild *n.; theat.* Auftritt *m.*, **-rio** *m.* [esθena'r^jo] Bühne *f.*

escenógrafo *m.* [esθeno'grafo] Bühnenmaler *m.*

escéptico *adj.* [esθe'ptiko] askeptisch mißtrauisch.

escisión *f.* [esθis^jɔ'n] *chem., fig.* Spaltung *f.*

esclarec|er [esklareθe'r] erhellen; *fig.* aufklären; *intr.* dämmen; **-ido** *adj.* [esklareθi'ðo] berühmt.

esclav|a *f.* [eskla'βa] Sklavin *f.;* **-ina** *f.* [esklaβi'na] Pilgermantel *m.;* **-itud** *f.* [esklaβitu'ð] Sklaverei; *fig.* Knechtschaft *f.;* **-izar** [esklaβiθa'r] versklaven, unterjochen; **-o** *m.* [eskla'βo] Sklave *m.*

esclerosis *f.* [esklero'sis] *med.* Sklerose *f.*

esclusa *f.* [esklu'sa] Schleuse *f.*

escoba *f.* [esko'βa] Besen *m.*

escobilla *f.* [eskoβi'ʎa] kleiner Besen *m.;* (Motor) Bürste *f.*

escocer [eskoθe'r] brennen, jucken.
escog|er [eskoxe'r] (aus-) wählen, auslesen; *min.* (Erze) klauben; **-ido** *adj.* [eskoxi'ðo] auserlesen, ausgewählt.
escol|ar *adj.* [eskola'r]: **año** (*m.*) **-ar** Schuljahr *n.*; **-ar** *m.* Schüler *m.*; **-ástica** *f.* [eskola'stika] Scholastik *f.*
escolta *f.* [eskɔ'lta] Begleitmannschaft *f.*, Eskorte; **-r** [eskɔlta'r] *naut. mil.* geleiten, decken.
escoll|era *f.* eskoʎe'ra] Wellenbrecher *m.*; **-o** *m.* [esko'ʎo] Klippe *f.*; *fig.* Gefahr.
escombr|era *f.* [eskɔmbre'ra] Schutthalde *f.*; **-o** *m.* [eskɔmbro] Schutt *m.*
escond|er(se) [eskɔnde'rse verbergen, -stecken; (s. verstekken); **-idas** [eskɔndiðas]: **a -idas** im geheimen, heimlich; **-ite** *m.* [eskɔndi'te] Versteck *n.*
escopet|a *f.* [eskope'ta] Flinte *f.*; **-azo** *m.* [eskopeta'θo] Büchsenschuß *m.*
escopl|ear [eskoplea'r] (aus-) meißeln; **-o** *m.* [esko'plo] Meißel *m.*
escoria *f.* [esko'rʲa] Schlackenhalde; **El E -l** *Span.* berühmtes Kloster *n.*
escorpión *m.* [eskɔrpʲɔ'n] Skorpion *m.*
escot|ado *adj.* [eskota'ðo] ausgeschnitten, dekolletiert; **-ar** [eskota'r] ausschneiden; **-e** *m.* [esko'te] (Hals-) Ausschnitt *m.*; **-illa** *f.* [eskoti'ʎa] *naut.* (Lade-) Luke *f.*
escozor [eskoθɔ'r] Brennen *n.*, Jukken.
escri|ba *m.* [eskri'βa] (hebräicher) Schriftgelehrter *m.*; **-banía** *f.* [eskriβani'a] Schreibzeug *n.*; **-bano** *m.* [eskriβa'no] (Amts-) Schreiber *m.*, Notar; **-biente** *m.* [eskriβʲe'nte] Schreiber *m.* Kopist; **-bir** [eskriβi'r] schreiben, verfassen; **-bir al dictado** nachschreiben; **-to** *adj.* [eskri'to] geschrieben, schriftlich; - *m.* Schriftstück *n.*; **-tor** *m.* [eskritɔ'r] Schriftsteller *m.*, Verfasser; **-tora** *f.* [eskrito'ra] Schriftstellerin *f.*, Verfasserin; **-tura** *f.* [eskritu'ra] (Hand-) Schrift *f.*
escrúpulo *m.* [eskru'pulo] Skrupel *m.*, Bedenken *n.*; **falta** (*f.*) **de -s** Gewissenlosigkeit *f.*
escrupulos|idad *f.* [eskrupulosiða'ð] Peinlichkeit *f.*; **-o** *adj.* [eskrupulo'so] ganz genau, sehr gewissenhaft.
escrut|ador *m.* [eskrutaðɔ'r] (Wahl) Stimmenzähler *m.*; **-ar** [eskruta'r] Stimmen zählen; **- inio** *m.* [eskruti'nʲo] Wahl *f.*; Auszählen (*n.*) der Stimmen.
escuadr|a *f.* [eskʷa'dra] (Zeichen-) Winkel *m.*; *naut.* Flotte *f.*; **falsa -a** Schmiege *f.*; (Flieger-) Staffel; **-ón** *m.* [eskʷadrɔ'n] *mil.* Schwadron *f.*
escuálido *adj.* [eskʷa'lido] abgemager, ausgemergelt.
escucha *m.* [esku'ča] Späher *m.*, Horchposten; **-r** [eskuča'r] (an-), (zu-) hören.
escud/ar [eskuða'r] (be-)schützen; **-ero** *m.* [eskuðe'ro] (Schild-) Knappe *m.*; **-o** *m.* [esku'ðo] Schild *m.*; **-riñar** [eskrdriɲa'r] erforschen.
escuela *f.* [eskʷe'la] Schule *f.*, Schulhaus *n.*; **- de comercio** Handelslehranstalt *f.*; **- elemental** Grundschule *f.*
escueto *adj.* [eskʷe'to] einfach, kurz.
escul|pir [eskulpi'r] (Stein) hauen; (Holz) schnitzen; **-tor** *m.* [eskultɔ'r] Bildhauer *m.*; **-tura** *f.* [eskultu'ra] Bildhauerkunst *f.*, Skulptur.
escupi|dera *f.* [eskupiðe'ra] Spucknapf *m.*; **-r** [eskupi'r] (ausspucken), speien.
escurrir [eskurri'r] (aus-) abtropfen lassen.
ese, esa, eso [e'se, e'sa, e'so] (alleinstehend ése, ésa) dieser, diese, dieses, dies; jener, jene, jenes; der da, die da, das da; **en ésa** (Briefstil) dort, in Ihrer Stadt; **eso sí** das allerdings; **eso es** (als Antwort) ganz richtig; das stimmt.
esencia *f.* [ese'nθʲa] Wesen *n.*, Essenz *f.*; *techn.* (Treibstoff) Benzin *n.*; **-l** *adj.* [esenθʲa'l] wesentlich.

e

esfera *f.* [esfe'ra] Zifferblatt *n.*, runde Skala *f.;* Kugel.
esférico *adj.* [esfe'riko] kungelrund, -förmig, sphärisch.
esfinge *f.* [esfi'ŋxe] Sphinx *f.*
esfuerzo *m.* [esf^{w}e'rθo] Anstrengung *f.;* *techn.* (ausgeübte) Kraft.
esfumar(se) [esfuma'rse] (Malerei) verwischen.
esgri|ma *f.* [ezgri'ma] Fechtkunst *f.;* **maestro** (*m.*) **de -ma** Fechtmeister *m.;* **-midor** . [ezgrimiðɔ'r] Fechter *m.;* **-mir** [ezgrimi'r] fechten.
eslabón *m.* [eslaβɔ'n] (Ketten-) Glied *n.;* *fig.* Verbindung *f.*
eslora *f.* [eslo'ra] *naut.* Schiffslänge *f.*
esmalt|ado *m.* [esmalta'ðo] Emaillieren, Email *n.;* **-ar** [ezma'lte] Email *n.*, Schmelz *m.;* Glasur.
esmera|do *adj.* [ezmera'ðo] gewissenhaft, vortrefflich; **-lda** *f.* [ezmera'lda] *min.* Smaragd *m.;* **-rse** [ezmera'rse] s. sehr bemühen.
esmeril *m.* [ezmeri'l] Schmirgel *m.*
esmero *m.* [ezme'ro] Sorgfalt *f.;* **con -** sorgfältig, sehr genau.
esófago *m.* [eso'fago] *anat.* Speiseröhre *f.*
espaci|ado *adj.* [espaθ^{j}a'ðo] in Abständen; **-o** *m.* [espa'θ^{j}o] Raum *m.*, Abstand, Zwischen-, Zeitraum; **-oso** *adj.* [espaθ^{j}o'so] geräumig.
espada *f.* [espa'ða] Degen *m.*, Schwert *n.;* *Taur.* Stierfechter *m.;* **-s** *f. pl.* [espa'ða] (Kartenspiel) Pik *n.*
espald|a *f.* [espa'lda] Rücken *m.*, Schulter *f.;* **por la -a** v. hinten (z. B. überfallen).
espant|ajo *m.* [espanta'xo] Vogelscheuche *f.;* **-apájaros.** [espantapa'xarros] Strohmann *m.*, Vogelscheuche *f.;* **-ar** [espanta'r] verscheuchen, erschrecken; **-o** *m.* [espa'nto] Entsetzen *n.*, Schrecken *m.;* **-oso** *adj.* [espanto'so] schrecklich.
España *f.* [espa'ɲa] Spanien *n.*
español *adj.* [espaɲɔ'l] spanisch; **-** *m.* Spanier *m.;* **-ada** *f.* [espaɲola'ða] typisch spanische Handlungsweise *f.*, verzerrte Darstellung spanischer Art (bes. Film); **-ismo** *m.* [espaɲoli'zmo] span. Wesensart *f.;* **-izarse** [espaɲoliθa'rse] s. dem span. Wesen anpassen.
esparadrapo *m.* [esparadra'po] Heftpflaster *n.*
esparci|miento *m.* [esparθim^{j}e'nto] Vergnügen *n.*, Zerstreuung *f.*, Zeitvertreib *m.;* **-r(se)** [esparθi'rse] ausstreuen.
espárrago *m.* [espa'rrago] Spargel *m.;* Stiftschraube *f.*
esparraguera *f.* [esparrage'ra] Spargelbeet *n.*
esparramar [esparrama'r] umherstreuen.
espasmo *m.* [əʃ·ç'ʒŋ^{h}] Krampf *m.*
espátula *f.* [espa'tula] Spatel *m.*, Lanzette *f.*
especia *f.* [espe'θ^{j}a] Gewürz *n.*
especial *adj.* [espeθ^{j}a'l] besonders, eigentümlich; **-idad** *f.* [espeθ^{j}aliða'ð] Spezialität *f.*, Besonderheit; **-ista** *m.* [espeθ^{j}ali'sta] Fachmann *m.*, Spezialist.
especie *f.* [espe'θ^{j}e] Art *f.*, Gattung; **en -** in Natura; **-s** *f. pl.* [espe'θ^{j}es] Geldsorten *f. pl.;* **-ro** *m.* [espeθ^{j}e'ro] Gewürzhändler *m.*
especifi|cación *f.* [espeθifika'θ^{j}ɔ'n] Spezifikation *f.;* Sonderangabe *f.;* **-ado** *adj.* [espeθifika'ðo] detailliert; **-car** [espeθifika'r] einzeln aufführen.
específico *adj.* [espeθi'fiko] spezifisch; **-** *m.* Heilmittel *n.* (für besonderen Fall).
espect|áculo *m.* [espekta'kulo] Vorstellung *f.;* *fig.* Anblick *m.;* **-ador** *m.* [espektaðɔ'r] Zuschauer *m.;* **-ro** *m.* [espe'ktro] *opt.* Spektrum *n.;* Gespenst.
especula|ción *f.* [espekulaθ^{j}ɔ'n] Spekulation *f.;* **-dor** *m.* [espekulaðɔ'r] Spekulant *m.;* **-r** espekulieren.

espejo *m.* [espe'xo] Spiegel *m.; fig.* treues Abbild *n.*
espeluznante *adj.* [espeluθna'nte] haarsträubend.
espera *f.* [espe'ra] Hoffnung *f.*, Erwartung, Warten *n.*, Frist *f.;* (Jagd) Anstand *m.;* **-nza** *f.* [espera'nθa] Hoffnung *f.; SAm.* **¡qué -nza!** keine Rede!; **-nzador** *adj.* [esperanθaðɔ'r] verheißungsvoll; **-r** [espera'r] (erhoffen) (er-)warten.
esperma *f.* [espe'rma] Sperma *n.*, männlicher Same *m.;* **- de ballena** Walrat *m.*
espes|ar(se) [espesa'rse] ein-, verdikken; (dick w.); **-o** *adj.* [espe'so] dick(-flüssig); **-or** *m.* [espesɔ'r] Dicke *f.;* Stärke, **-ura** *f.* [espesu'ra] Dickicht *n.*
espía *m.* [espi'a] Spion *m.*
espiar [espia'r] auskundschaften, belauschen.
espiga *f.* [espi'ga] ähre *f.; techn.* Rundzapfen *m.*, Stift, Schaft; **-do** *adj.* [espiga'ðo] *fig.* hochgewachsen; **-r** [espiga'r] Ähren lesen.
espigón *m.* [espigɔ'n] *bot.* Granne *f.*, Ährenspelze.
espina *f.* [espi'na] Dorn *m.*, Stachel, Gräte *f.;* **- dorsal** Rückgrat *n.;* **-ca** *f.* [espina'ka] Spinat *m.;* **-cas** *f. pl.* [espina'kas] (Gericht) Spinat *m.;* **-zo** *m.* [espina'θo] Rückgrat *n.*
espinilla *f.* [espini'ʎa] *anat.* Schienbein *n.; med.* Mitesser *m.*
espino *m.* [espi'no] *bot.* Weißdorn *m.;* **-so** *adj.* [espino'so] donig, stachelig; *fig.* schwierig.
espionaje *m.* [espʲona'xe] Spionage *f.*
espira *f.* [espi'ra] Schnecken-, Spirallinie *f.;* **-l** *adj.* [espira'l] schnecken-, spiralförmig; **-** *f.* Spirale *f.;* **-r** [espira'r] ausatmen; (Geruch) ausströmen; *fig.* sterben.
espíritu *m.* [espi'ritu] Geit *m.*, Seele *f.*
espiritual *adj.* [espiritʷa'l] geistig; **-idad** *f.* [espiritʷaliða'ð] Geistigkeit *f.*
espita *f.* [espi'ta] (Faß-) Hahn *m.;* Kleiner, vorspringender Stift.
esplend|idez *f.* [esplendiðe'θ] Pracht *f.*, Freigebigkeit.
espléndido *adj.* [esple'ndiðo] prächtig, freigebig.
esplendor *m.* [esplendɔ'r] Glanz *m.*, Schimmer, Pracht *f.*
espliego *m.* [esplʲe'go] *bot.* Lavendel *m.*
espolear [espolea'r] Sporen geben; *fig.* anspornen.
espolón *m.* [espolɔ'n] (Hahnen-) Sporn *m.*
espolvorear [espɔlβorea'r] bestäuben, pulvern, bestreuen.
esponj|a *f.* [espɔ'ŋxa] Schwamm *m.;* **ponerse como una -a** *fig. fam.* s. vor Freud u. Stolz nicht zu lassen wissen; **-ado** *adj.* [espoŋza'ðo] schwammig; **-ar** [espɔŋxa'r] (Teig) aufgehen; (Erdreich auflockern; **-arse** [espɔŋxa'rse] *fig.* s. aufblähen; **-osidad** *f.* [espɔŋxosiða'ð] Schwammigkeit *f.;* **-oso** *adj.* [espɔŋxo'so] schwammig.
esponsales *m. pl.* [espɔnsa'les] Verlobung *f.*
espont|aneidad *f.* [espɔntaneiða'ð] Spontaneität *f.;* Tätigsein (*n.*) aus eigenem Antrieb; **-áneo** *adj.* [espɔnta'neo] spontan, aus eigenem Antrieb handelnd.
esporádico *adj.* [espɔra'ðiko] vereinzelt vorkommend, sporadisch.
esposa *f.* [espo'sa] Ehefrau *f.*, Gattin; **-s** *f. pl.* [espo'sas] Handschellen *f. pl.*
esposo *m.* [espo'so] (Ehe-) Gatte *m.*, Gemahl.
espuela *f.* [espʷe'la] (Reiter, Vögel) Sporn *m.*
espuerta *f.* [espʷe'rta] zweihenkliger, flachrunder, geflochtener Korb *m.*
espulgar [espulga'r] flöhen, entlausen; *fig.* genau durchsuchen.
espum|a [espu'ma] Schaum *m.;* (Tiere) Geifer; **-ar** [espuma'r] (ab-) schäumen.

espumos|idad *f.* [espumosiδa'δ] Schäumen *n.*; **-o** *adj.* [espumo'so] schaumig, schäumend.

esput|ar [esputa'r] (aus-)spucken; **-o** *m.* [espu'to] Auswurf *m.*, Speichel.

esqueje *m.* [eske'xe] bot. Absenker *m.*

esquela *f.* [eske'la] Billet *n.*, Todesanzeige *f.*

esqueleto *m.* [eskele'to] Skelett *n.*

esquema *m.* [eske'ma] Schema *n.*, Skizze *f.*, Vordruck *m.*

esquí *m.* [eski'] Ski *m.*, Schi.

esquia|dor *m.* [eskiaδɔ'r] Schiläufer *m.*; **-r** [eskia'r] Schilaufen.

esquila *f.* [eski'la] (Tier-) Schur *f.*; **-r** [eskila'r] (Tiere) scheren.

esquimal *m.* [eskima'l] Eskimo *m.*

esquina *f.* [eski'na] (Straßen-) Ecke *f.*; **-do** *adj.* [eskina'δo] eckig; *fig.* barsch; **-zo** *m.* [eskina'θo] *fam.* Ecke *f.*

esquirla *f.* [eski'rla] (Knochen-) Splitter *m.*

esquirol *m.* [eskirɔ'l] Streikbrecher *m.*; *SAm.* Eichhörnchen *n.*

esquisto *m.* [eski'sto] Schiefer (-gestein) *m.* (*n.*).

esquivar(se) [eskiβa'rse] ausweichen; (s. davonschleichen).

estab|ilidad *f.* [estaβiliδa'δ] Stabilität *f.*, Beständigkeit, Haltbarkeit; **-ilización** *f.* [estaβiliθaθʲɔ'n] (Währung) Stabilisierung *f.*; **-ilizar** [estaβiliθa'r] stabilisieren; **-le** *adj.* [esta'βle] beständig; **-lecer** [estaβleθe'r] errichten, festsetzen; **-lecerse** [estaβleθe'rse] s. niederlassen; **lecimiento-** *m.* [estaβleθmʲe'nto] Festsetzung *f.*, Errichtung, Firma, Anstalt, Geschäft *n.*; **-lo** *m.* [esta'βlo] Stall- *m*

estaca *f.* [esta'ka] Pfahl *m.*, Stock; **-da** *f.* [estaka'δa] Einhegung *f.*

estaci|ón *f.* [estaθʲɔ'n] Station *f.*, Jahreszeit, Saison, Bahnhof *m.*; **-onamiento** *m.* [estaθʲɔnamʲe'nto] Parken *n.*; **-onario** *adj.* [estaθʲɔna'rʲo] stillstehend.

estadio *m.* [esta'dʲo] Stadium *n.*, Sportplatz *m.*

estadista *m.* [estaδi'sta] Politiker *m.*, Staatsmann, Statistiker.

estadístic|a *f.* [estaδi'stika] Statistik *f.*; **-o** *adj.* [estaδi'stiko] statistisch.

estado *m.* [esta'δo] (Zu-) Stand *m.*, Aufstellung *f.*, Übersicht, Staat *m.*

estafa *f.* [esta'fa] Betrügerei *f.*, Gaunerei, Schwindel *m.*; **-dor** *m.* [estafaδɔ'r] Betrüger *m.*, Gauner, Schwindler; **-r** [estafa'r] betrügen, ergaunern, beschwindeln, prellen.

estafeta *f.* [estafe'ta] Stafette *f.*, Nebenpostamt *n.*

estall|ar [estaʎa'r] bersten, (zer-) platzen, zerspringen; *fig.* (Krieg usw.) ausbrechen; **-ido** *m.* [estaʎi'δo] Knall *m.*, Krach; *fig.* Ausbruch.

estambre *m.* [esta'mbre] Kammgarnstoff *m.*; *bot.* Staubfaden.

estameña *f.* [estame'ɲa] Etamin *m.*

estampa *f.* [esta'mpa] Bild *n.*, Farbendruck *m.*; *techn.* Gesenk *n.*, Prägepresse *f.*; **-ción** *f.* [estampaθʲɔ'n] Prägung *f.*; **-r** [estampa'r] (be-) drucken, prägen, stanzen.

estampido *m.* [estampi'δo] (Geschütz) Knall *m.*, Krachen *n.*

estampilla *f.* [estampi'ʎa] (Gummi-) Stempel *m.*; *SAm.* Briefmarke *f.*; **-r** [estampiʎa'r] abstempeln.

estanc|ado *adj.* [estaŋka'δo] (Wasser) stehend; regiepflichtig; **-ar** [estaŋka'r] aufhalten; (Wasser) stauen; **-arse** [estaŋka'rse] (Wasser) stehenbleiben; **-ia** *f.* [esta'nθʲa] Zimmer *n.*, Aufenthalt *m.*, *SAm.* Farm *f.*, Gut *n.*; **-iero** *m.* [estanθʲe'ro] *SAm.* Farmer *m.*, Viehzüchter; **-o** *m.* [esta'nko] Tabakladen *m.*

estandarte *m.* [estanda'rte] Standarte *f.*, Fahne.

estanque *m.* [esta'ŋke] Teich *m.*; **-ro** *m.* [estaŋke'ro] Tabakladenbesitzer *m.*

estante *m.* [esta'nte] Regal *m.*, Bücherbrett; **-ría** *f.* [estanteri'a] Regale *n. pl.* Büchergestell *n*

estañ|ar [estaɲa'r] verzinnen; **-o** *m.* [esta'ɲo] Zinn *n.*

estar [esta'r] sein, s. befinden; (vorübergehender Zustand; *örtl.*, gesundh. Befinden); **- bueno (malo)** s. wohl (krank) fühlen; **- loco** nicht ganz bei Troste sein; **¿cómo está Vd.?** wei geht es Ihnen?; **- de viaje** auf Reisen sein; **- de más** überflüssig (zuviel, arbeitslos) sein; (m. **en**): **- en algo** etw. schon wissen; (m. **para**): **- para** (*inf.*) im Begriff sein zu; **no - para** nicht aufgelegt sein zu; (m. **por**): **- sobre aviso** auf der Hut sein; **-se** s. aufhalten; **está visto** es ist klar; **¿estamos?** verstanden?

estátic|a *f.* [esta'tika] Statik *f.*; **-o** *adj.* [esta'tiko] statisch.

estat|or *m.* [estatɔ'r] *techn.* Stator *m.*; **-ua** *f.* [esta'tua] Statue *f.*, Bildsäule, Standbild *n.*; **-ura** *f.* [estatu'ra] Körpergröße *f.*, Wuchs *m.*; **-uto** *m.* [estatu'to] Statut *n.*, Satzung *f.*

este *m.* [e'ste] Osten *m.*; **al - de** östlich v.

este, esta, esto ['ste, 'sta, 'sto] (wenn alleinstehend; **éste, ésta, ésto**) dieser, diese, dieses, der, die, das; **en ésta** (Briefstil) hier, am Ort; **en esto** mittlerweile; **esto es** das heißt, nämlich.

estela *f.* [este'la] *naut.* Kielwasser *n.*; Grabmalsäule *f.*

esten|ografía *f.* [estenografi'a] Kurzschrift *f.*, Stenographie; **-ografiar** [estenografia'r] stenographieren; **-ógrafo** *m.* [esteno'grafo] Stenograph *m.*

estepa *f.* [este'pa] Steppe *f.*

estera *f.* [este'ra] Matte *f.*, Läufer *m.*, Tappich (aus Esparto *od.* Kokos).

estercol|ar [esterkola'r] düngen, misten; **-ero** *m.* [esterkole'ro] Misthaufen *m.*, -grube *f.*

estéreo *m.* [este'reo] Festmeter *m.*

estereos|cópico *adj.* [estereosko'piko] stereoskopisch; **-copio** *m.* [este] reosko'pʲo] Stereoskop *n.*

estereoti|par [estereotipa'r] stereotypieren; **-pia** *f.* [estereoti'pʲa] Stereotypie *f.*

est'ril *adj.* [este'ril] unfruchtbar; *med.* keimfrei; *min.* taub; (Mühe) vergeblich.

esterili|dad *f.* [esteriliða'ð] Unfruchtbarkeit *f.*; (Boden) Unergiebigkeit; **-zar** [esteriliθa'r] sterilisieren, entkeimen.

esterilla *f.* [esteri'ʎa] kleine (Stroh-) Matte *f.*

esterlina *adj.* [esterli'na]: **libra** (*f.*) - Pfund Sterling *n.*

esternón *m.* [esternɔ'n] *anat.* Brustbein *n.*

estertor *m.* [estertɔ'r] Röcheln *n.*

estétic|a *f.* [este'tika] Ästhetik *f.*, Schönheitslehre; **-o** *adj.* [este'tiko] ästhetisch, geschmackvoll.

estetoscopio *m.* [estetosko'pʲo] *med.* Hörrohr n.

estiaje *m.* [estʲa'xe] niedrigster Wasserstand *m.*

estiba *f.* [esti'βa] *naut.* Trimm *m.*; **-dor** *m.* [estiβaðɔ'r] *naut.* Stauer *m.*; **-dora** *f.* [estiβaðo'ra] (Maschine) Stapler *m.*; **-r** [estiβa'r] *naut.* stapeln, stauen.

estiércol *m.* [estʲe'rkol] Dung *m.*, Mist.

estigma *m.* [esti'gma] *rel.* Stigma n·: fig· Schandfleck *m.*

estilar [estila'r] *intr.* pflegen; **-se** [estila'rse] Brauch sein, üblich sein.

estilete *m.* [estile'te] Stilett *n.*; *techn.* zugespitzter Stift *m.*

estil|ista *m.* [estili'sta] Stilist *m.*; **-ístico** *adj.* [estili'stiko] stilistisch; **-izar** [estiliθa'r] stilisieren; **-o** *m.* [esti'lo] Stil *m.*, Brauch, Geschmack, Art *f.*

estilográfico *adj.* [estilogra'fiko]: **pluma** (*f.*) **-a** Füllfederhalter *m.*

estima *f.* [esti'ma] (Hoch-) Achtung *f.*, Schätzung; **-ble** *adj.* [estimaβle] schätzenswert; **-ción** *f.* [estimaθʲɔ'n] Abschätzung *f.*, Taxierung; **-r** (esti] ma'r] achten, schätzen, taxieren; **nr mucho** sehr verbunden sein.

estimula|nte [estimula'nte] anregend; **- nte** *m.* Reizmittel *n.;* **-r** [estimulaér] anspornen; *fig.* anregen.
estío *m.* [esti'o] Sommer *m.*
estipendio *m.* [estipe'ndʲo] Sold *m.*
estipula|ción *f.* [estipulaθʲɔ'n] Abmachung *f.*, Festsetzung; *jur.* Klausel; **-nte** *adj.* [estipula'nte]: **las partes -ntes** die vertragschließenden Parteien *f. pl.;* **-r** [estipula'r] abmachen, festsetzen.
estira|do *adj.* [estira'ðo] *fig.* dicktuerisch; **-je** *m.* [estira'xe] *techn.* Ziehen *n.;* **-r** [estira'r] strecken, ziehen.
estirón *m.* [estirɔ'n] Ruck *m.*
estirpe *f.* [esti'rpe] Herkunft *f.*
estival *adj.* [estiβa'l] auf Sommer bezüglich.
estocada *f.* [estoka'ða] Degenstoß *m.*
estofa *f.* [esto'fa]: **gente** (*f.*) **de baja -** gewöhnliches Volk *n.*
estofa|do *m.* [estofa'ðo] gedünstetes Fleisch *n.; adj.* **carne** (*f.*) **-da** Schmorbraten *m.;* **-r** [estofa'r] dünsten, schmoren.
estoic|idad *f.* [estoiθiða'ð] Stoizismus *m.*, Unerschütterlichkeit *f.;* **-o** *adj.* [esto'iko] *fig.* standhaft.
estola *f.* [esto'la] *rel.* Stola *f.*, Amtskleid (*n.*) des Geistlichen.
estómago *m.* [esto'mago] Magen *m.; vulg.* Mut.
estopa *f.* [esto'pa] Werg *n.;* **-do** *f.* [estopa'ðo] *techn.* Hanfpackung *f.*
estoque *m.* [esto'ke] Stoßdegen *m.*
estorb|ar [estɔrβa'r] (be-)hindern, stören; **-o** *m.* [estɔ'rβo] Hindernis *n.*, Störung *f.*
estornino *m.* [estɔrni'no] *zool.* Star *m.*
estornud|ar [estɔrnuða'r] Niesen; **-o** *m.* [estɔrnu'ðo] ɲiesen *n.*
estrabismo *m.* [estraβi'zmo] *med.* Schielen *n.*
estrada *f.* [entra'ða] (Land-) Straße *f.*
estrado *m.* [estra'ðo] Estrade *f.*, erhöhter Platz (*m.*) (am Fenster); **-s** *m. pl.* [estra'ðos] Gerichtssaal *m.*
estrafalario *adj.* [estrafala'rʲo] nachlässig (gekleidet); *fig.* Komisch sonderbar.
estrago *m.* [estra'go] Verwüstung *f.* Schaden *m.*
estrambótico *adj.* [estrambo'tiko] *fam* komisch, überspannt.
estrangula|ción *f.* [estraŋgulaθʲɔ'n Erdrosselung *f.; techn.* Drosselung *med.* Einklemung; **-r** [estraŋgula'r] (er-) drosseln, einschnüren.
estraperl|ista *m.* [estraperli'sta] Hochstapler *m.*, Schieber; **-o** *m.* [estrape'rlo] Hochstapelei *f.*
estrat|agema *f.* [estrataxe'ma] Kriegslist *f.;* **-egia** *f.* [estrate'xʲa] Kriegskunst *f.;* **-égico** *adj.* [estrate'xiko] strategisch; **-ificación** *f.* [estratifikaθʲɔ'n] *geol.* Lagerung *f.*, **-o** *m.* [estra'to] *geol.* (Zwischen-) Schicht *f.*, Flöz *n.*
estrech|ar [estreča'r] ein-, verengen; (Hand) drücken; **-arse** [estreča'rse] s. einschränken; **-ez** *f.* [estreče'θ] Enge *f.*, *fig.* Dürftigkeit; **-o** *m.* [estre'čo] Meerenge *f.*
estrella *f.* [estre'ʎa] Stern *m.;* **ver las -s** *fig.* (vor Schmerz) die Engel singen hören; **-r(se)** [estreʎa'rse] zerschlagen; (zerschellen).
estremecer(se) [estremeθe'rse] erschüttern; (erzittern).
estren|ar [estrena'r] zum erstenmal benutzen, einweihen; *theat.* uraufführen; **sin -ar** (Kleidungsstück) ganz neu; **-o** *m.* [estre'no] erstmalige Benutzung *f.*, Uraufführung.
estreñi|do *adj.* [estreɲi'ðo] *med.* hartleibig; **-miento** *m.* [estreɲimʲe'nto] *med.* Hartleibigkeit *f.;* **-r** [estreɲi'r] verstopfen.
estrépito *m.* [estre'pito] Getöse *n.*, Lärm *m.*
estrepitoso *adj.* [estrepito'so] geräuschvoll.
estr|ía *f.* [estri'a] Riefe *f.*, Riffel; **-iado** *adj.* [estria'ðo] geriffelt, gestreift; **-iar** [estria'r] riffeln.
estrib|ación *f.* [estriβaθʲɔ'n] (Gebirge)

Ausläufer *m.*; **-ar** [estriβa'r] *fig.* beruhen (**en** auf); (Schwierigkeiten) liegen (**en** in); **-illo** *m.* [estriβi'ʎo] Kehrreim *m.*, Refrain; **-o** *m.* [estri'βo] (Steig-, Halte-) Bügel *m.*, Trittbrett *n.*, Widerlager; **-or** *m.* [estriβɔ'r] *naut.* Steuerbord *n.*

estrict|amente *adv.* [estriktame'nte] genau, streng; **-o** *adj.* [estri'kto] genau, strikt.

estridente *adj.* [estriðe'nte] schrill.

estrofa *f.* [estro'fa] Strophe *f.*

estropajo *m.* [estropa'xo] Scheuerwisch *m.* (aus Esparto).

estrop|eado *adj.* [estropea'ðo] beschädigt, zerbrochen, *fam.* kaputt; **-ear** [estropea'r] beschädigen: *fam.* kaputt machen; **-earse** [estropea'rse] verderben; **-icio** *m.* [estropi'θʲo] Scherbengeklirr *n.*; Spektakel *m.*

estructura *f.* [estruktu'ra] Struktur *f.*, Gefüge *n.*, Gerippe.

estruendo *m.* [estrʷe'ndo] großer Lärm *m.*, Krach, Getöse *n.*

estruja|dora *f.* [estruxaðo'ra] Obstpresse *f.*; **-r** [estruxa'r] ausdrücken, -pressen; *fig. fam.* ausquetschen.

estuario *m.* [estʷa'rʲo] breite Flußmündung *f.*

estuc|ador *m.* [estukaðɔ'r] Stuckarbeiter *m.*; **-ar** [estuka'r] m. Stuck bekleiden; **-o** *m.* [estu'ko] Stuck *m.*

estuche *m.* [estu'če] Etui *n.*, Futteral, Gehäuse.

estudi|ante *m.* [estuðʲa'nte] Student *m.*, Schüler; **-antil** *adj.* [estuðʲanti'l] studentisch; **-ar** [estuðʲa'r] (ein-) studieren, (auswendig) lernen, einüben; **-o** *m.* [estu'ðo] Projekt *n.*, Studium, Studie *f.*, Untersuchung, Studieren *n.*, Atelier; **-oso** *adj.* [estuðʲo'so] fleißig, wißbegierig.

estufa *f.* [estu'fa] (Heizungs-, Trocken-, Wärm-) Ofen *m.*, Treibhaus *n.*

estupefac|ción *f.* [estupefakθʲɔ'n] Bestürzung *f.*; **-to** *adj.* [estupefa'kto] bestürzt, höchst überrascht.

estup|endo *adj.* [estupe'ndo] erstaunlich, fabelhaft; *fig.* glänzend; **-idez** *f.* [estupiðe'θ] Dummheit *f.*; **-or** *m.* [estupɔ'r] *fig.* Erstaunen *n.*

estúpido *adj.* [estu'piðo] albern, dumm.

esturión *m.* [esturʲɔ'n] *zool.* Stör *m.*

etapa *f.* [eta'pa] *mil.* Etappe *f.*, Tagesmarsch *m.*

etcétera [etθe'tera] *Abkzg.* etc. und so weiter, usw.

éter *m.* [e'ter] Äther *m.*

etern|idad *f.* [eterniða'ð] Ewigkeit *f.*; *fig.* übermäßig lange Zeit; **-izar** [eterniθa'r] verewigen; *fig.* ee. Sache in die Länge ziehen; **-o** *adj.* [ete'rno] ewig; *fig.* endlos.

étic|a *f.* [e'tika] Ethik *f.*; **-o** *adj.* [e'tiko] ethisch.

etimol|ogía *f.* [etimoloxi'a] Etymologie *f.*, Wortbildungslehre; **-ógico** *adj.* [etimolo'xiko] etymologisch.

etiqueta *f.* [etike'ta] Etikette *f.*, Hofsitte; Zettel *m.*

étnico *adj.* [e'tniko] rassisch.

etn|ografía *f.* [etnografi'a] Völkerkunde *f.*; **-ográfico** *adj.* [etnogra'fiko] ethnographisch; **-ógrafo** *m.* [etno'grafo] Ethnograph *m.*; **-ólogo** *m.* [etno'logo] Völkerkundler *m.*

etrusco *adj.* [etru'sko] auf die Etrusker bezüglich; **-** *m.* Etrusker *m.*

E.U. *od.* **EE.UU.** *Abkzg.* Estados Unidos (de América) *m. pl.* Vereinigte Staaten v. Amerika *m. pl.*

eucalipto *m.* [eukali'pto] *bot.* Eukalyptus *m.*

eucar|istía *f.* [eukaristi'a] das heilige Abendmahl; **-ístico** [eukari'stico] *adj.* auf das hlg. Abendmahl bezüglich.

eunuco [eunu'ko] Eunuche *m.*, Verschnittene.

europe|izarse [europeiθa'rse] europäische Sitten annehmen; **-o** *adj.* [europe'o] europäisch.

evacua|ción *f.* [eβakʷaθʲɔ'n] Auslee-

e

rung *f.*, Räumung; **-r** [eβakʷa'r] leeren, räumen, erledigen.

evadir(se) [eβadi'rse] ausweichen, vermeiden; (entfliehen; *fam.* s. drücken).

evalua|ción *f.* [eβaluaθʲɔ'n] Abschätzung *f.;* **-r** [eβalua'r] abschätzen (**en** auf).

evang|élico [eβaŋxe'liko] evangelisch; ~ *m.* Protestant *m.;* **-elio** *m.* [eβaŋxe'ʎo] Evangelium *n.;* **-elizar** [eβaŋxeliθa'r] das Evangelium predigen.

evapor|ación *f.* [eβaporaθʲɔ'n] Verdunstung *f.*, Verdampfung; **-ar(se)** [eβapora'rse] verdampfen, (verdunsten).

evasi|ón *f.* [eβasʲɔ'n] Flucht *f.*, Entweichen *n.*, Entwischen; **-va** *f.* [eβasi'βa] Ausrede *f.;* **-vo** *adj.* [eβasi'βo] ausweichend.

event|o *m.* [eβe'nto] Ereignis *n.;* **-ual** *adj.* [eβentʷa'l] eventuell, etwaig, möglich; **-ualmente** *adv.* [eβentʷalmen'te] möglicherwise.

eviden|cia *f.* [eβiðe'nθʲa] Offenkundigkeit *f.;* **-ciar** [eβiðenθʲa'r] dartun, offenkundig beweisen; **-te** *adj.* [eβiðe'nte] offenbar, augenscheinlich.

evita|ble *adj.* [eβita'βle] vermeidlich; **-ción** *f.* [eβitaθʲɔ'n]; **- r** [eβita'r] (ver-) meiden, verhindern, vorbeugen.

evoca|ción *f.* [eβokaθʲɔ'n] Anrufung *f.;* **-dor** *adj.* [eβokaðɔ'r] hervorrufend; **-r** [eβoka'r] anrufen; (Geister) beschwören.

evolu|ción *f.* [eβoluθʲɔ'n] Entwicklung *f.;* **-cionar** [eβoluθʲona'r] *fig.* s. entwickeln.

ex [eks] (vor Hauptwort) ehemalig, z. B.; **ex ministro** *m.* gewesener Minister *m.*

exacción *f.* [eksakθʲɔ'n] Erpressung *f.*, Eintreibung.

exact|itud *f.* [eksaktitu'ð] Genauigkeit *f.*, Richtigkeit; **-o** *adj.* [eksa'kto] genau, richtig.

exagera|ción *f.* [eksaxeraθʲɔ'n] Übertreibung *f.;* **-do** *adj.* [eksaxera'ðo] übertrieben; **-r** [eksaxera'r] übertreiben.

exalta|ción *f.* [eksaltaθʲɔ'n] Leidenschaftlichkeit *f.*, Überspanntheit; **-do** *adj.* [eksalta'ðo] überspannt; **-r(se)** [eksalta'rse] aufreizen.

exam|en *m.* [eksa'men] Examen *n.*, Prüfung *f.*, Untersuchung; **-inador** *adj.* [eksaminaðɔ'r]: **comisión** (*f.*) **-inadora** Prüfungskommission *f.;* **-inando** *m.* [eksamina'ndo] Prüfling *m.;* **-inar(se)** [eksamina'rse] prüfen, untersuchen, genau betrachten.

exaspera|ción *f.* [eksasperaθʲɔ'n] Verzweiflung *f.;* **-r(se)** [eksaspera'rse] zur Verweiflung bringen.

excava|ción *f.* [eskaβaθʲɔ'n] Ausgrabung *f.; techn.* Aushub *m.*, Baggerung *f.;* **-dora** *f.* [eskaβaðo'ra] Bagger *m.;* **-r** [eskaβa'r] ausgraben, baggern.

excede|ncia *f.* [esθeðe'nθʲa] vorübergehende Außerdienststellung *f.;* Wartegeld *n.;* **-nte** *adj.* [esθeðe'nte] überzählig; **-r(se)** [esθeðe'rse] überschreiten, -steigen.

excelen|cia *f.* [esθele'nθʲa] Exzellenz *f.*, Vortrefflichkeit; **por -cia** im wahrsten Sinne des Wortes; **-te** *adj.* [esθele'nte] vorzüglich, vortrefflich; **-tísimo** (*Abkzg.* **Exmo.**) *adj.* [exθelenti'simo]: **-tisimo Señor** Eure Exzellenz.

excelso *adj.* [esθe'lso] erhaben, hoch.

excentricidad *f.* [esθentriθiða'ð] Exzentrität *f.*

excéntrico *adj.* [esθe'ntriko] exzentrish; *fig.* überspannt.

excep|ción *f.* [esθepθʲɔ'n] Ausnahme *f.;* **-to** *adj.* [esθe'pto] ausgenommen; *adv.* außer, abgesehen v.; **-tuar** [esθeptua'r] ausnehmen.

exces|ivo *adj.* [esθesi'βo] übermäßig, überschwenglich, übertrieben; **-o** *m.* [esθe'so] Übermaß *n.*, überschuß *m.;* Ausschreitung *f.*

excit|able *adj.* [esθita'βle] (leicht) erregbar; **-ación** *f.* [esθitaθʲɔ'n] Erregung *f.*; **-ante** *m.* [exθita'nte] Reizmittel *n.*; **-ar(se)** [esθita'rse] erregen, reizen; (s. aufregen).

exclama|ción *f.* [esklamaθʲɔ'n] Ausruf *m.*; **-r** [esklama'r] ausrufen.

exclu|ir [esklui'r] ausschließen; **-sión** *f.* [eskluθʲɔ'n] Ausschluß *m.*, Ausstoßung *f.*; **-siva** *f.* [esklusi'βa] ausschließliches Recht *n.*, Alleinverkauf *m.*; **-sivamente** *adv.* [esklusiβame'nte] ausschließlich; **-sivo** *adj.* [eklusi'βo] ausschließlich.

excom|ulgar [eskomulga'r] exkommunizieren; **-unión** *f.* eskomunʲɔ'n] (Kirchen-) Bann *m.*

excrecencia *f.* [eskreθe'nθʲa] *med.* Wucherung *f.*

excrement|ar [eskrementa'r] s. entleeren, Notdurft verrichten; **-o** [eskreme'nto] Ausleerung *f.*, Kot *m.*

excursi|ón *f.* [eskursʲɔ'n] Abstecher *m.*, Ausflug, Tour *f.*; **-onista** *m.* [eskursʲoni'sta] Ausflügler *m.*, Tourist.

excusa *f.* [esku'sa] Ausrede *f.*, Entschuldigung; **dar -s** s. entschuldigen; **-do** *adj.* [eskusa'ðo] überflüssig; **-r** [eskusa'r] entschuldigen; **-r(se)** [eskusa'rse] *inf.* kaum brauchen zu.

exen|ción *f.* [eksenθʲɔ'n] Befreiung *f.* (vom Militärdienst); (Zoll-) Freiheit; **-to** *adj.* [ekse'nto] befreit, frei.

exequ|átur *m.* [eksekʷa'tur] Exequatur *n.*; **-ias** *f. pl.* [ekse'kʲas] Begräbnisfeier *f.*

exhala|ción *f.* [eksalaθʲɔ'n] Ausdünstung *f.*, Duft *m.*; **-r** [eksala'r] ausdünsten.

exhausto *adj.* [eksa'usto] erschöpft.

exhibi|ción *f.* [eksiβiθʲɔ'n] Schaustellung *f.*, Ausstellung; **-r** [eksiβi'r] vorzeigen, ausstellen.

exhorta|ción *f.* [eksɔrtaθʲɔ'n] Ermahnung *f.*; **-r** [eksɔrta'r] ermahnen, aufmuntern.

exhuma|ción *f.* [eksumaθʲɔ'n] Exhumierung *f.*, Ausgrabung (er. Leiche); **-r** [eksuma'r] (ee. Leiche) ausgraben.

exig|encia *f.* [eksixe'nθʲa] (An-) Forderung *f.*, Anspruch *m.*; **-ente** *adj.* [eksixe'nte] anspruchsvoll; **-ir** [eksixi'r] beanspruchen, fordern.

exi|güidad *f.* [eksigʷiða'ð] Geringfügigkeit *f.*; **-guo** *adj.* [esi'gʷo] geringfügig.

eximir [eksimi'r] (v. er. Pflicht, Last usw.) befreien.

exist|encia *f.* [eksiste'nθʲa] Existenz *f.*, Vorhandensein *n.*; **-encias** *f. pl.* Lagerbestand *m.*, Vorräte *m. pl.*; **-ente** *adj.* [eksiste'nte] bestehend; **-ir** [eksisti'r] bestehen, leben.

éxito *m.* [e'ksito] Erfolg *m.*; **sin -** erfolglos.

éxodo *m.* [e'ksoðo] Auswanderung *f.*, Auszug *m.*

exonera|ción *f.* [eksoneraθʲɔ'n] Befreiung *f.*, Entlastung; **-r** [eksonera'r] entlasten; (Beamte) entlassen.

exorcizar [eksɔrθiθa'r] (böse Geister) beschwören.

exótico *adj.* [ekso'tiko] exotisch, ausländisch.

expan|dir(se) [espandi'rse] (Gase) entspannen; (s. ausdehnen); **-sión** *f.* [espansʲɔ'n] Ausdehnung *f.*, Verbreitung; *fig.* Zerstreuung; **-sionarse** [espansʲona'rse] *fig.* sein Herz ausschütten; **-sivo** *adj.* [espansi'βo] ausdehnbar.

expecta|ción *f.* [espektaθʲɔ'n] Erwartung *f.*, Neugierde; **-nte** *adj.* [espekta'nte] (Haltung) abwartend; **-tiva** *f.* [espektati'βa] Erwartung *f.*

expedi|ción *f.* [espeðiθʲɔ'n] Versand *m.*, Beförderung *f.*, Expedition, Forschungsreise; **-cionario** *m.* [espeðiθʲona'rʲo] (Expeditions-) Teilnehmer *m.*; **-dor** *m.* [espeðiðɔ'r] Absender *m.*; **-ente** *m.* [espeðe'nte] Rechtssache *f.*, Akten *f. pl.*; Ausweg *m.;* **-r** [espeði'r] absenden, befördern; (Dokument) ausfertigen; **-to** *adj.* [espeði'to] behend, flink.

expeler [espele'r] ausstoßen, auswerfen.

expende|dor *m.* [espendeðɔ'r] Vertreiber *m.;* **-duría** *f.* [espendeðuri'a] (Tabak-) Vertrieb *m.*, Verschleiß; **-r** [espende'r] ausgeben, verkaufen, vertreiben.

expensas *f. pl.* [espe'nsas]: **a - de** auf Kosten v.

experi|encia *f.* [esper^je'nθ^ja] Erfahrung *f.;* **-mentado** *adj.* [esperimenta'ðo] erprobt; **-mentar** [esperimenta'r] erproben; (Unfall, Verlust) erleiden; **-mento** *m.* [esperime'nto] Experiment *n.*, Versuch *m.*

experto *m.* [espe'rto] Sachverständiger *m.*, Fachmann.

expia|ción *f.* [espiaθ^jɔ'n] Abbüßung *f.;* **-r** [espia'r] abbüßen.

expira|ción *f.* [espiraθ^jɔ'n] (Frist) Ablauf *m.;* **-r** [espira'r] (Frist) ablaufen.

explana|ción *f.* [esplanaθ^jɔ'n] (Boden) Einebnung *f.;* Erläuterung; **-da** *f.* [esplana'ða] geebnetes Gelände *n.;* *mil.* Glacis; **-r** [esplana'r] planieren, erklären.

explica|ble *adj.* [esplika'βle] erklärlich; **-ción** *f.* [esplikaθ^jɔ'n] Erklärung *f.;* **-r** [esplika'r] er-, aufklären, deuten; Vorlesungen halten; **-tivo** *adj.* [esplikati'βo] (Fußnote) erläuternd.

explícito *adj.* [espli'θito] ausdrücklich, bestimmt.

explora|ción *f.* [esploraθ^jɔ'n] (Nach-) Forschung *f.*, *med.* Untersuchung; **-dor** *m.* [esploraðɔ'r] Forscher *m.*, Entdeckungsreisender; *Span.* Pfadfinder; **-r** [esplora'r] erforschen, auskundschaften.

explosi|ón *f.* [esplos^jɔ'n] Explosion *f.*, Zündung, Ausbruch *m.;* **-vo** *m.* [esplosi'βo] Sprengstoff *m.*

explota|ble *adj.* [esplota'βle] (Erzvorkommen) abbauwürdig; **-ción** *f.* [esplotaθ^jɔ'n] Ausbeutung *f.*, Betrieb *m.*, Abbau *m.;* **-r** [esplota'r] ausbeuten, (Industrie, Gewerbe) ausüben.

expolia|ción *f.* [espol^jaθ^jɔ'n] Beraubung *f.;* **-r** [espol^ja'r] berauben.

expone|nte *m.* [expone'nte] Einreichende *m.;* *match.* Exponent; **-r** [espone'r] ausstellen, erklären; (Kind) aussetzen; *phot.* belichten.

exporta|ción *f.* [espɔrtaθ^jɔ'n] Export *m.*, Ausfuhr *f.;* **-dor** *m.* [espɔrtaðɔ'r] Exporteur *m.;* **-r** [espɔrta'r] exportieren, ausführen.

exposi|ción *f.* [esposiθ^jɔ'n] Ausstellung *f.*, Darlegung; *jur.* Eingabe; **-tor** [espositɔ'r] Aussteller *m.*

expósito *m.* [espo'sito] Findelkind *n.*

expres|ado *adj.* [espresa'ðo] (oben-) erwähnt; **-amente** *adv.* [espresameénte] ausdrücklich; **-ar** [espresa'r] ausdrücken, aussprechen; **-ión** *f.* [espres^jɔ'n] Ausdruck *m.;* **-ivo** *adj.* [espresi'βo] herzlich; **-o** *m.* [espre'so] Schnellzug *m.*, Eilbote.

exprim|elimones *m.* [esprimelimo'nes] Zitronenpresse *f.;* **-ir** [esprimi'r] (Flüssigkeiten) auspressen.

exprofeso *adv.* [esprofe'so] *m.* Bedacht.

expropia|ción *f.* [esprop^jaθ^jɔ'n] *jur.* Enteignung *f.;* **-r** [esprop^ja'r] enteignen.

expuesto *adj.* [esp^we'sto] gefährlich, gefahrvoll.

expuls|ado *m.* [espulsa'ðo] Vertriebener *m.;* **-ar** [espulsa'r] ausstoßen, vertreiben; **-ión** *f.* [espuls^jɔ'n] Ausstoßung *f.*, Vertreibung.

expurgo *m.* [espu'rgo] Säuberung *f.*

exquisit|ez *f.* [eskisite'θ] Vorzüglichkeit *f.;* **-o** *adj.* [eskisito] auserlesen, vortrefflich.

éxtasis *m.* [e'stasis] Verzückung *f.*, Ekstase.

exten|der(se) [estender'rse] ausdehnen, ausbreiten; (Dokumente) ausfertigen; (*fig.* s. in weitläufigen Reden ergehen); **-dido** *adj.* [estendi'ðo] weitverzweigt; **-sible** *adj.* [estensi'βle] ausziehbar, verlängerbar; **-sión** *f.* [estens^{j}ɔ'n] Ausdehnung *f.*, Umfang *m.*; **-so** *adj.* [este'nso] ausführlich, weit.

extenua|ción *f.* [estenuaθ^{j}ɔ'n] Ermattung *f.*; **-do** *adj.* [estenua'ðo] erschöpft; **-r** [estenua'r] entkräften, ermatten.

exterior *adj.* [ester^{j}ɔ'r] äußerlich, äußere, auswärtig.

extermin|ar [estermina'r] ausrotten; **-io** *m.* [estermi'n^{j}o] Ausrottung *f.*, Vernichtung.

externo *adj.* [este'rno] äußerlich, auswärtig.

extin|ción *f.* [estinθ^{j}ɔ'n] (Aus-) Löschen *n.*; *fig.* Tilgung *f.*; **-guir** [esti'ŋgi'r] (aus-)löschen, tilgen, ausgehen lassen; **-guirse** [estiŋgi'rse] s. erschöpfen; **-tor** *m.* [estintɔ'r] Feuerlöscher *m.*

extirpa|ción *f.* [estirpaθ^{j}ɔ'n] Ausrottung *f.*; **-r** [estirpa'r] ausrotten.

extra *prep.* [e'kstra] außer; *adj.* außergewöhnlich.

extracción *f.* [estrakθ^{j}ɔ'n] (Her-) Ausziehen *n.*; (Bodenschätze) Förderung *f.*; *techn.* Entnahme, Extraktion.

extractar [estrakta'r] ausziehen, im Auszug bringen.

extracto *m.* [estra'kto] Auszug *m.*, Extrakt.

extradición *f.* [estraðiθ^{j}ɔ'n] Auslieferung *f.* (v. Verbrechern).

extraer [estrae'r] (aus-)ziehen.

extranjero *adj.* [estraŋxe'ro] ausländisch.

extrañ|amiento *m.* [estraɲam^{j}ie'nto] Entfremdung *f.*, Staunen *n.*; **-ar(se)** [estraɲa'rse] erstaunt sein über; *SAm.* vermissen; (s. wundern); **-o** *adj.* [estra'ɲo] fremd, seltsam.

extra|ordinario *adj.* [estraɔrdinar^{j}o] außergewöhnlich, -ordentlich; **-ordinario** *m.* Extrablatt *n.*, Sondernummer *f.*; **-rradio** *m.* [estrarra'ð^{j}o] Stadtrand *m.*, Außenbezirke *m. pl.*; **-vagancias** *f. pl.* Launen **-vagante** *adj.* [estraβaga'nte] seltsam, überspannt; **-viar(se)** [estraβia'rse] (Papiere) verlegen; (verloren gehen).

extrema|do [estrema'ðo] äußerst, übertrieben; **-r** [estrema'r] zu weit treiben; (Preise) in die Höhe treiben.

extremaunción *f.* [estremaunθ^{j}ɔ'n] *rel.* letzte Ölung *f.*

extrem|idad *f.* [estremiða'ð] Äußerste *n.*, Ende, entfernteste Punkt *m.*; **-idades** *f. pl.* [estremiða'ðes] Gliedmaßen *f. pl.*; **-ista** *m.* [estremi'sta] Pateigänger (*m.*) er. extremen Idee; **-o** *adj.* [estre'mo] äußerst, letzt; **-** *m.* äußerste Ende *n.*; (Fußball) Außenstürmer *m.*; (im Briefstil) Angelegenheit *f.*, Punkt *m.*

exuberan|cia *f.* [eksuβera'nθ^{j}a] Überfülle *f.*, Üppigkeit; **-te** *adj.* [eksuβera'nte] üppig.

eyacular [ejakula'r] (Samen) ausspritzen.

eyector *m.* [ejektɔ'r] *techn.* Ejektor *m.*, Auswerfer.

f, F *f* [e'fe] f, F *n.*

fabada *f* [faβa'ða] (Asturien) Bohnengericht *n.*

fábrica *f* [fa'βrika] Mauerwerk *n.*, Fabrik *f.*; **obra** *(f.)* **de** - Mauerwerk *n.* (im Gegensatz zu Holz- u. Eisenkonstruktion).

fabrica|ción *f* [faβrikaθʲɔ'n] Anfertigung *f.*, Fabrikation, Herstellung; **-nte** *m.* [faβrika'nte] Fabrikant *m.*, Hersteller; **-r** [faβrika'r] fabrizieren, anfertigen, erzeugen.

fabril *adj.* [faβri'l] auf Fabriken bezüglich; **zona** *(f.)* - Fabrikbezirk *m.*, Industriegebiet *n.*

fábula *f.* [fa'βula] *f.* Erzählung, Märchen *n.*.

fabul|ista *m.* [faβuli'sta] Fabeldichter *m.*; **-oso** *adj.* [faβulo'so] fabelhaft.

faca *f.* [fa'ka] (krummes) Messer *n.*

facci|ón *f.* [fakθʲɔ'n] (aufständische) Bande *f.*; **-ones** *f. pl.* [fakθʲo'nes] Gesichtszüge *m. pl.*

faceta *f.* [faθe'ta] Facette *f.*, geschliffene Seitenfläche.

facial *adj.* [faθʲa'l] auf das Gesicht bezüglich.

fácil *adj.* [fa'θil] leicht, wahrscheinlich.

facili|dad *f.* [faθiliða'd] Fertigkeit *f.*, Leichtigkeit; **-dades** *(f. pl.)* **de pago** Zahlungserleichterungen *f. pl.* **dar -dades a** (jem.) entgegenkommen; **-tar** [faθilita'r] erleichtern, besorgen, verschaffen.

fácilmente *adv.* [fa'θilmente] leicht, wahrscheinlich.

facsímile *m.* [faksi'mile] Faksimile *n.*, genaue Nachbildung *f.*

factible *adj.* [fakti'βle] möglich.

factor *m.* [faktɔ'r] *Eis.* Gespäckmeister *m.*; **-ía** *f.* [faktori'a] Faktorei *f.*, (Handels-) Niederlassung.

factura *f.* [faktu'ra] Rechnung *f.*, Ausführung; **-ción** *f.* [fakturaθʲɔ'n] in Rechnungsstellung *f.*; *Eis.* Verfrachtung; **-r.** [faktura'r] Rechnung aussellen.

faculta|d *f.* [fakulta'ð] Befugnis *f.*, Berechtigung, Fakultät; **-des** *f. pl.* [fakulta'ðes] Geistesgaben *f. pl.*; **-r.** [fakulta'r] ermächtigen.

facha *f.* [fa'ča] *fam.* Aussehen *n.*, Visage *f.*; **-da** *f.* [fača'ða] Fassade *f.* Vorder-, Außebseite.

faena *f.* [fae'na] (körperliche) Arbeit *f.*; **-s** *(f. pl.)* **del campo** Landarbeiten *f. pl.*

faisán *m.* [faisa'n] **zool.** Fasan *m.*

faja *f.* [faxa] (Bauch-, Leib-) Binde *f.*, Streifband *n.*, Zigarrenbinde *f.* Schärpe. Erdstrich *m.*, **-r** [faxa'r] m. er. Binde- umwickeln.

fajo *m* [fa'xo] (Banknoten-) Bündel *n.*

falacia *f.* [fala'θʲa] Trug *m.*

falang|e [fala'ɲxe] *anat.* Fingerglied *n.*; Phalanx *f.*; *Span.* Falange (nationalistiche Partei) *f.*; **-ista** *m.* [falaŋxi'sta] *Span.* Mitglied *(n.)* der Falange.

falaz *adj.* [fala'θ] trügerisch.

fald|a *f* [fa'lda] (Frauen-) Rock *m.*; (Berg-) Hang; **-ero** *m.* [falde'ro] **(perro)** - Schoßhündchen *n.* **-ón** *m.* [faldɔ'n] (langer) Rockschoß *m.*

fals|arregla *f.* [falsarre'gla] Linienblatt *n.* **-eador** *m.* [falseawɔ'r] Fälscher *m.*; **-ear** [falsea'r] (ver-)fälschen; **-edad**

f. [falsea'ð] Falschheit *f.;* **-ete** *m.* [false'te] Fistelstimme *f.;* **-ificador** *m.* [falsifikaðɔ'r] Fälscher *m.;* **-ificar** [falsifika'r] (ver-) fälschen; **-o** *adj.* [fa'lso] falsch, tückisch, unwahr, unecht; **puerta** *(f.)* **-a** Hintertür *f;* **paso** *(m.)* **en -o** Fehltritt *m.*

falta *f.* [fa'lta] Fehler *m.*, Mangel, Verschulden *n.*, Ausbleiben; **-r.** [falta'r] fehlen, mangeln, nicht erscheinen, nicht vorhanden sein, nötig sein.

falto *adj.* [fa'lto]: (Wechsel) **- de pago** notleidend; **- de recursos** mittellos.

faltriquera *f.* [faltrike'ra] (Rock-) Tasche *f.*

falla *f.* [fa'ʎa] (Material-) Fehler *m.; min.* Verwerfung *f.* (er. Bodenschicht); (Valencia) künstlerische Gruppen-Aufbauten am Tag des hig. Johannes; **-r** [faʎa'r] fehlgehen, versagen.

fallec|er [faʎeθe'r] sterben; **-imiento** *m.* [faʎeθim^je'nto] Hinscheiden *n.*, Tod *m.*

fallido *adj.* [faʎi'ðo] fehigeschlagen, bankrott; (Forderung) uneinbringlich.

fallo *m.* [fa'ʎo] *jur.* Urteil *n.;* (Sport) Fehl-, Luftschlag *m.*

fama [fa'ma] Ruf *m.*, Berühmtheit *f.*, Gerücht *n.*

famélico *adj.* [fame'liko] hungrig.

familia *f.* [fami'l^ja] Familie *f.*, Nachkommenschaft, (engere) Verwandtschaft, **tener mucha -** viele Kinder haben; **-r** *adj.* [famil^ja'r] zur Familie gehörig, vertraulich, genau bekannt; **-** *m.* Familienangehörige *m.*

famoso *adj.* [famo'so] berühmt, berüchtigt.

fanal *m.* [fana'l] *naut.* Schiffslaterne *f.; fig.* Leuchte.

fanático *adj.* [fan'tiko] fanatisch; **-** *m.* Fanatiker *m.*

fanati|sm [fanati'zmo] Fanatismus *m.*, Schwärmerei *f.;* **-zar** [fanatiθa'r] fanatisieren.

fandango *m.* [fand'ŋgo] (span. Tanz) Fandango *m.*

fanfarr|ón *m.* [famfarrɔ'n] Aufschneider *m.*, Prahlhans; **-onear** [famfarronea'r] aufschneiden.

fango *m.* [fa'ŋgo] Schlamm *m.*, Morast.

fantas|ear [fantasea'r] phantasieren; **-ía** *f.* [fantasi'a] Phantasie *f.*, Einbildungskraft; **artículos** *(m. pl.)* **de -ía** Galanteriewaren *f. pl.*

fantástico *adj.* [fanta'stiko] phantastisch; *fig.* kolossal.

fantoche *m.* [fanto'če] Hampelmann *m.*, Gecj.

farándula *f.* [fara'ndula] Schmierentheater *n.*

faringitis *f.* [fariŋxi'tis] *med.* Rachenkatarrh *m.*

faris|éico *adj.* [farisa'iko] pharisäisch; *fig.* heuchlerisch; **-eo** *m.* [farise'o] Pharisäer.

farma|céutico [farmaθe'utiko] *m.* Apotheker *m.; adj.* auf Apotheke bezüglich; **-cia** *f.* [farma'θ^ja] Apotheke *f.*

faro *m.* [fa'ro] *naut.* Leuchtturm *m.; aut.* Scheinwerfer; **-l** *m.* [farɔ'l] Straβenlaterne *f.;* **-la** *f.* [faro'la] Lichtmast *m.;* **-lear** [farolea'r] wichtig tun; **-leo** *m.* [farole'o] Wiichtigtuerei *f.*

farra *f.* [fa'rra] *SAm.* Radau *m.*

farruco *adj.* [farru'ko] draufgängerisch.

farsa *f.* [fa'rsa] Schwank *m.; fam.* Schmarren; Schwindel; **-nte** *m.* [farsa'nte] Komödiant *m.*, Schwindler.

fascículo *m.* [fasθi'kulo] Faszikel *n.*, Heft.

fascina|ción *d.* [fasθinaθ^jɔ'n] Bezauberung *f.;* **-dor** *adj.* [fasθinaðɔ'r] bezaubernd: **-r** [fasθina'r] bezaubern, fesseln.

fascis|mo *m* (fasθi'zmo] Faschismus *m.;* **-ta** *m.* [fasθi'sta] Faschist *m.*, *adj.* faschistisch.

fase *f.* [fa'se] Phase *f.*, Stadium *n.*
fastidi|ar [fastiðia'r] ärgern, langweilen; **-oso** *adj.* [fastið^{J}o'so] ärgerlich, langweilig.
fastuos/idad *f.* [fast^{w}osiða'ð] Prunksucht *f.*; **-o** *adj.* [fast^{w}o'so] prunksüchtig, protzig.
fatal *adj.* [fata'l] verhängnisvoll; **-idad** *f.* [fataliða'ð] Verhängnis *n.*; **-ista** *adj.* [fatali'sta] fatalistisch; *- m.* Fatalist *m.*; **- mente** *adv.* [fatalme'nte] unglücklicherweise.
fatídico *adj.* [fati'ðiko] unheilverkündend.
fatig/a *f.* [fati'ga] Ermüdung *f.* Strapaze; **-ar(se)** [fatiga'rse] (s.) ermüden; (s.) anstregen.
fauces *f. pl.* [fau'θes] *analt.* Schlund *m.*
fauna *f.* [fa'una] Fauna *f.*, Tierwelt.
fausto *adj.* [fa'usto] glückbringend; *- m.* Prunk *m.*
favor *m.* [faβɔ'r] Gunst *f.*, Liebenswürdigkeit, Gefälligkeit, Güte; **¿por -!** bitte!; **hágame el - de ...** wollen Sie mir gefälligst...; **-able** *adj.* [faβora'βle] günstig, vorteilhaft; ecer [faβoreθe'r] begünstigen; **-ito** *m.* [faβorito] Günstling *m.*, (Sport) Favorit.
faz *f.* [faθ] Antlitz *n.* Gesicht.
fe *f.* [fe] Glaube *m.* Vertrauen *n.*, Attest; Beglaubigung *f.*; **- de erratas** Druckfehlerverzeichnis *n.*
fealdad *f.* [fealda'ð] Häßlichkeit *f.*
febrero *m.* [feβre'ro] Februar *m.*
febril *adj.* [feβri'l] fieberhaft; (Tätigkeit) lebhaft.
fécula *f.* [fe'kula] Stärke.
fecund|ación *f.* [fekundaθ^{J}ɔ'n] Befruchtung *f.*; **-ar** [fekunda'r] befruchten, fruchtbar machen; **-o** *adj.* [feku'ndo] ergiebig, fruchtbar.
fecha *f.* [fe'ča] Datum *n.*, Tag *m.*; (Wechsel) Sicht *f.*; **-r.** [feča'r] datieren.
fechoría *f.* [fečori'a] Missetat *f.*
federa|ción *f.* [feðeraθ^{J}ɔ'n] (Staaten) Bund *m.*; **-l** *adj.* [feðera'l]: **estado** *(m.) (bzw.* **gobierno)** **-l** Bundesstaat *m. (bzw.* -regierung *f.)*; **-tivo** *adj.* [feðerati'βo] föderativ.
fehaciente *adj.* [feaθ^{J}e'nte] glaubhaft, glaubwürdig.
felici|dad *f.* [feliθiða'ð] Glück *n.*, Glückseligkeit *f.*; **¡ -dades!** herzliche Glückwünsche!; **-tar** [feliðita'r] gratulieren, Glück wünschen, beglückwünschen.
feligr|és *m.* [feligre's] Pfarrkind *n.*; **-esía** *f.* [feligresi'a] Kirchspiel *n.*
felino *adj.* [feli'no] auf Katzen bezüglich.
feliz *adj.* [feli'θ] glücklich; **¡F - Año Nuevo!** Prosti Neujahr!; **¡F - viaje!** gute Reise!; **¡Felices Pascuas!** fröhliche Ostern!
felpa *f.* [fe'lpa] Plüsch *m.*
femeni|l *adj.* [femeni'l] weiblich, weibisch; **-no** *adj.* [femeni'no] weiblich; *fig.* verweichlicht; **-no** *m. gramm.* Femininum *m.*
femoral *adj.* [femora'l] *: anat.* **hueso** *(m.)* - Schenkelknochen *m.*
fémur *m.* [fe'mur] *anat.* Schenkelknochen *m.*
fenecer [feneθe'r] sterben.
fénico *adj.* [fe'niko]: **ácido** *(m.)* *-chem.* Karbolsäure *f.*
fenomenal *adj.* [fenomena'l] erstaunlich.
fenómeno *m.* [feno'meno] Phänomen *n.*; *fam.* Wunderkind *n.*
feo *adj.* [fe'o] häßlich; (Angelegenheit) unangenehm.
fera|cidad *f.* [feraθiða'ð] *agr.* Fruchtbarkeit *f.*; **-z** *adj.* [fera'ð] (Land) fruchtbar.
féretro *m.* [fe'retro] Sarg. *m.* **feria** *f.* [fe'r^{J}a] (Jahr-) Markt *m.*, Messe *f.*, Schau; **-r** [fer^{J}a'r] feiern.
ferino *adj.* [feri'no] **tos** *(f)* **-a** Keuchhusten *m.*
ferment|ación *f.* [fermentaθ^{J}ɔ'n] Gärung *f.*; **-ado** *adj.* [fermentaðo] ausgegoren; **-ar** [fementa'r] garen; **-o** *m.* [ferme'nto] Gärstoff *m.*

fero|cidad *f.* [feroθiða'ð] Grausamkeit *f.*; **-z** *adj.* [ferɔ'θ] grausam, wild.

férreo *adj.* [fe'rreo] eisern; *fig.* hart; **vía** *(f.)* **-a** (Eisen-) Bahnlinie *f.*

ferretería *f.* [ferreteri'a] Eisenwaren *f. pl.*, -handlung *f.*

ferro|carril *m.* [ferrɔkarri'l] Eisenbahn *f.*; **-carril subterráneo** Untergrundbahn *f.*; **guía** *(f.)* **de -carriles** Fahrplan *m.*; **-viario** *adj.* [ferroβ'a'r'o] auf die Eisenbahn bezüglich; **-** *m.* Eisenbahnangestellter *m.*, Eisenbahner.

fértil *adj.* [fe'rtil] fruchtbar

fertili|dad *f.* [fertiliða'ð] Fruchtbarkeit *f.*; **-zante** *m.* [fertiliθa'nte] Düngemittel *n.*; **-zar** [fertiliθa'r] fruchtbar machen.

ferv|iente *adj.* [ferβ'e'nte] innig, inbrünstig; **-or** *m.* [ferβo'r] Inbrunst *f.*

fest|ejar [festexa'r] feiern, festlich bewirten; **-ejo** *m.* [feste'xo] (öffentliche) Festlichkeit *f.*; **-ival** *m.* [festiβa'l] Musikfest *n.*; **-ividad** *f.* [festiβiða'ð] Fest *n.*, -lichkeit *f.*; **-ivo** *adj.* [festi'βo] feierlich, festlich; **día** *(m.)* **-ivo** Festtag *m.*

fetiche *m.* [feti'če] Fetisch *m.*

fétido *adj.* [fe'tiðo] übelriechend, stinkend.

feto *m.* [fe'to] Fötus *m.*, Leibesfrucht *f.*

feud|al *adj.* [feuða'l] feudal; **-o** *m.* [fe'udo] Lehen *n.*

fiambre *m.* [f'a'mbre] kalter Aufschnitt *m.*

fianza *f.* [fia'nθa] Bürgschaft *f.*, Sicherheit.

fiar [fia'r] borgen, bürgen, anvertrauen.

fibr|a *f.* [fi'βra] Fiber *f.*, Faser; **-oso** *adj.* [fiβro'so] faserig.

fic|ción f [fikθ'ɔ'n] Verstellung *f*, Vorspiegelung; **-ticio** *adj.* [fikti'θ'o] an-, vorgeblich, erdichtet.

fich|a [fi'ča] Spiel-, Zahlmarke *f*, (Domino) Stein *m.*; Karteizettel; **-ar** [fiča'r] (Verbrecher) polizeilich registrieren; **estar -ado** (Verbrecher) polizeilich registriert sein; **-ero** *m.* [fiče'ro] Kartei *f.*, Kartothek.

fidedigno *adj.* [fiðeði'gno] glaubwürdig.

fidelidad *f.* [fiðeliða'ð] Treue *f.*, Genauigkeit.

fideo *m.* [fiðeo'o] Nudel *f.*

fiduciario *adj.* [fiɔuθ'ar''o]: **circulación -a** Banknotenumlauf *m.*

fiebre *f.* [f'e'βre] *fig.*, *med.* Fieber *n.*

fiel *adj.* [fie'l] (ge-)treu, richtig, gläubig; **-** *m.* (Waage) Zunge *f.*; Eichmeister *m.*

fieltro *m.* [f'e'ltro] Filz *m.*

fier|a *f.* [f'e'ra] Raubtier *n.*; **-eza** *f.* [f'ere'θa] Wildeheit *f.*; **-o** *adj.* [f'e'ro] wild, grimmig.

fiesta *f.* [f'e'sta Fest *n.*, Feiertag *m.*, Festlichkeit *f.*; **-s** (v. Tieren) Liebkosungen *f. pl.*; **hacer -** feiern, nicht arbeiten.

fígaro *m.* [fi'garo] *fig.* Barbier *m.*

figón *m.* [figɔ'n] Gustwirtschnft *f.*

figura [figu'ɾa] Figur *f.*, Gestalt; **-ción** *f.* [figuraθ'ɔ'n] Gestaltung *f.*; **-r(se)** [figura'rse] vorkommen, vorhanden sein.

figur|ín *m.* [figuri'n] Modebild *n.*; **-inista** *m.* [figurini'sta] Kostümzeichner *m.*

fija|ción *f.* [fixaθ'ɔ'n] Befestigung *f.*; **-dor** *m.* [fixaðɔ'r] *phot.* Fixierbad *n.*; Haarpomade *f.*; **-r** [fixa'r] befestigen, festsetzen; (Plakate) anschlagen; **-rse** [fixa'rse] aufpassen, achten (**en** auf).

fijo [fi'xo] fest, gewiβ, unbeweglich.

fila *f.* [fi'la] Reihe *f.*; *mil.* Glied *n.*; **de primera -** erstrangig; **estar en -s** beim Militär sein; **en - india** im Gänsemarsch.

filamento *m.* [filame'nto] Glühdraht *m.*

filántropo *m.* [fila'ntropo] Menschenfreund *m.*

filarmónica *f.* [filarmo'nika] Philharmonie *f.*.

filatelia *f.* [filateli'a] Briefmarkensammeln *n.*
filete *m.* [file'te] Filet *n.; techn.* Gewindegang *m; arch.* Leiste *f.;* **anchoas** *(f. pl.)* **en -s** Anchovis *(f. pl.)* in Streifen.
filia|ción *f.* [filʲaθʲɔ'n] Personalien *n. pl.;* **-l** *adj.* [filʲa'l] kindlich.; **-l** *f.* Filiale *f.*, Niederlassung.
filibustero *m.* [filiβuste'ro] Freibeuter *m.*, Seerauber.
filigrana *f.* [filigra'na] Filigranarbeit *f.*, Wasserzeichen *n.*
film *m.* [film] Film *m.;* **-ación** *f.* [filmaθʲɔ'n] Verfilmung *f.*, Filmaufnahme; **-ar** [filma'r] (verfilmen, drehen.
filo *m.* [fi'lo] Schneide *f.*, Schneidkante.
filología *f.* [filoloxi'a] Sprachwissenschaft *f.*
filólogo *m.* [filo'logo] Sprachwissenschaftler *m.*
filón *m.* [filo'n] *min.* Erzader *f.*, Flöz *n.*, Erzgang *m.*
filosofar [filosofa'r] grübeln, nachdenken.
filósofo *m.* [filo'sofo] Philosoph *m.*
filtr|ación *f.* [filtraθʲɔ'n] Filterung *f.;* **-ar(se)** [filtra'rse] filtrieren; (eindringen, durchdringen); **-o** *m.* [fi'ltro] Filter *m.* Zaubertrank.
fin *m.* [fin] Ende *n.*, Zweck *m.*, Ziel *n.*, Absicht *f.;* **-alidad** *f.* [finaliða'ð] Endzweck *m.;* **-alista** *m.* [finali'sta] (Sport); **-alizar** [finaliθa'r] (be-) endigen; **-almente** *adv.* [finalme'nte] endlich.
financi|ación *f.* [finanθʲaθʲɔ'n] Finanzierung *f.;* **-ar** [finanθʲa'r] finanzieren; **-ero** *m.* [finanθe'ro] Finanzmann *m.*
finca *f.* [fi'nka] Grundstück *n.*, -besitz *m.;* Landgut *n.*, -haus m. Garten.
fineza *f.* [fine'θa] Feinheit *f.*, Gefälligkeit, Aufmerksamkeit.
fingi|do *adj.* [fiŋxi'ðo] fingiert, verstellt; **-r** [fiŋxi'r] vorgeben, vorspiegeln; **-rse** [fiŋxi'rse] s. ausgeben (für).
finiquito *m.* [finiki'to] Schlußabrechnung *f.*
fino *adj.* [fi'no] fein, höflich; **-s** *m. pl.* [fi'nos] *techn.* Feinkohle *f.*, Feinerze *n. pl.*
finura *f.* [finu'ra] Feinheit *f.*, Liebenswürdigkeit.
firma *f.* [fi'rma] Unterschrift *f.*, Firma; **- y rúbrica** Unterschrift m. Schnörkel; **poner la -** unterzeichnen; **-mento** *m.* [firmame'nto] Firmament *n.*, Himmelsgewölbe; **-nte** *m.* [firma'nte] Unterzeichner *m.;* (Wechsel) Aussteller; **-r** [firma'r] unterschreiben, -zeichnen.
firme *adj.* [fir'me] fest; **de -** ordentlich; **tierra** *(f.)* **-** Festland *n.;* **¡-s!** *mil.* stillgestanden!; **-** *m.* befestigte Straβendecke *f.;* **-mente** *adv.* [firmeme'nte] unerschütterlich; **-za** *f.* [firme'θa] Festigkeit *f.*, Gewiβheit.
fiscal *adj.* [fiska'l] fiskalisch; **-ía** *f.* [fiskali'a] Staatsanwaltschaft *f.*
fisco *m.* [fi'sko] Fiskus *m.*, Staatsvermögen *n.*, -kasse *f.*
fisg|ar [fizga'r] herumschnüffen; **-ón** *adj.* [fizgo'n] neugierig; **-ón** *m.* Schnüffler *m.;* **-onear** [fizgonea'r] schnüffeln.
físic|a *f.* [fi'sika] Physik *f.;* **-o** *adj.* [fi'siko] physikalisch, körperlich.
fisi|ología *f.* [fisʲoloxi'a] Physiologie *f.;* **-ológico** *adj.* [fisʲolo'xiko] physiologisch.
fiso|nomía *f.* [fisonomi'a] Physiognomie *f.*, Gesichtsausdruck *m.* **-nómico** *adj.* [fisono'miko] physiognomisch.
fístula *f.* [fi'stula] Fistel *f.*
fisura *f.* fisu'ra] Riβ *m.* Spalt.
flaco *adj.* [fla'ko] mager, schwach; (Gedächtnis, Dienst) schlecht.
flagela/ción *f.* [flaxelaθʲɔ'n] Geiβelung *f.;* **-r** [flaxela'r] geiβeln.
flagrante *adj.* [flagraɑnte]: **en -** auf frischer Tat.

flamante *adj.* [flama'nte] (funkel-) nagelneu.
flamenc|a [flame'ŋka] Mädchen *(n.)* v. Zigeunertyp; **-o** *adj.* [flame'ŋko] flämisch, zigeunerartig; **cante** *(m.)* **-o** Zigeunerweise *f.*; **-o** *m.* Flame *m.*, Zigeuner; *zool.* Flamingo.
flan *m.* [flan] Kremspeise *f.*
flanco *m.* [fla'ŋko] Flanke *f.*, Seite.
flanquear [flaŋkea'r] *mil.* flankieren.
flaque|ar [flakea'r] wanken, weichen, nachlassen; **-za** *f.* [flake'θa] Schwäche *f.*, Kleinmut *m.*
flato *m.* [fla'to] *med.* Blähungen *f. pl.*
flauta *f.*]fla'uta] Flöte *f.*
fleco *m.* [fle'ko] Franse *f.*
flecha *f.* [fle'ča] Pfeil *m.*; **-r** [fleča'r] Pfeil abschieβen; **-zo** *m.* [fleča'θo] Pfeilschuβ *m.*
fleje *m.* [fle'xe] Faβreifen *m.*, Bandeisen *n.*
flem|a *f.* [fle'ma] Phlegma *n.*, Gleichgültigkeit *f.*, Trägheit; **-ático** *adj.* [flema'tiko] phlegmatisch, träge; **-ón** *m. med.* (Zahn-) Geschwür *n.*
flequillo *m.* [fleki'ʎo] Stirnlocke *(f.)* der Frauen.
fleta|dor *m.* [fletaðɔ'r] Verfrachter *m.*; **-r** [fleta'r] (Schiff) chartern.
flete *m.* [fle'te] Fracht *f.*, Charter *m.*
flex|ibilidad *f.* [fleksiβiliða'ð] Biegsamkeit *f.*; **-ible** *adj.* [fleksi'βle] biegsam, schmiegsam.
flirt *m.* [flirt] Flirt *m.*, Liebelei *f.*; **-ear** [flirtea'r] den Hof machen, *fam.* poussieren; **-eo** *m.* [flirte'o] Flirt *m.*
floj|ear [flɔxea'r] schwach w., wanken; **-edad** *f.* [floxeða'ð] Mattigkeit; (Börse) flaue Stimmung *f.*; **-o** *adj.* [flɔ'xo] schlaff, schwach, matt.
flor *f.* [flɔr] Blume *f.*, Blüte; Schmeichelei; **-a** *f.* [flo'ra] Flora *f.*, Pflanzenwelt; **-ación** *f.* [floraθʲɔ'n] Blütezeit *f.*; **-al** *adj.* [flɔra'l]: **juegos** *(m. pl.)* **-ales** *Span.* Blumenspiele *n. pl.* (dichterische Wettbewerbe); **-ar** [flɔra'r] *bot.* blühen; **-ecer** [flɔreθe'r] blühen; **-eciente** *adj.* [flɔreθʲe'nte] blühend; **-ecimiento** *m.* [flɔreθimʲe'nto] Blühen *n.*, Gedeihen; **-ero** *m.* [flɔre'ro] (Blumen-) Vase *f.*; **-escencia** *f.* [flɔresθe'nθʲa] Blütezeit *f.*
floricult|or *m.* [flɔrikultɔ'r] Blumenzüchter *m*; **-ura** *f.* [flɔrikultu'ra] Blumenzucht *f.*
flori|do *adj.* [flori'ðo] blühend; **-sta** *f.* [flori'sta] Blumenhändlerin *f.*
florín *m.* [flori'n] Gulden *m.*
flota *f.* [flo'ta] Flote *f.* **-ción** *f.* [flotaθʲɔ'n] Schwimmen *n.* es. Körpers); **-dor** *m.* [flotaðɔ'r] *techn.* Schwimmer *m.*; **-nte** *adj.* [flota'nte] ; **dique** *(m)* **-nte** Schwimmdock; **-r** [flota'r] schwimmen, treiben; (in der Luft) schweben.
flote *m.* [flo'te]: **a** - flott; *naut.* **poner a** - (Schiff) flott machen.
fluctua|ción *f.* [fluktuaθʲɔ'n] Schwankung *f.*; **-r** [fluktua'r] schwanken.
fluidez *f.* fluiðe'θ] Flüssigkeit *f.* (-sgrad *m*).
fluído *adj.* [flui'do] flüssig; (Stil) flieβend.
fluir [flui'r] flieβen.
flujo *m.* [flu'xo] Flieβen *n.*, (Kraft-) Fluβ *m.*, auch *med.*; Flut *f.*; *techn.* Strömung.
fluvial *adj.* [fluβʲa'l]: **navegación** *(f.)* - Fluβschiffahrt *f.*; **vía** *(f.)* - Fluβweg *m.*
f. o. b. = franco a bordo *naut.* frei an Bord.
foca *f.* [fo'ka] *zool.* Seehund *m.*, Robbe *f.*
focal *adj.* [foka'l]: **distancia** *(f.)* - Brennweite *f.*
foco *m.* [fo'ko] Fokus *m.*, Brennpunkt, Ausstrahlungspunkt, Lichtmast; **-s** *m. pl.* [fo'kos] *aut.* Scheinwerfer *m. pl.*
fofo *adj.* [fo'fo] schawammig, weich.
fogón *m.* [fogɔ'n] (Küchen-) Herd *m.*
fogon|azo *m.* [fogona'θo] (Abschuβ) Feuerblitz *m.*; **-ero** *m.* [fogone'ro] Heizer *m.*

fogo|sidad *f.* [fogosiða'ð] *fig.* Feuer *n.*, Ungestüm *m.*; **-so** *adj.* [fogo'so] feurig, hitzig.
fogue|ar [fogea'r] *mil.* (Truppe) ans Feuer gewöhnen; **-o** *m.* [foge'o] *fig.* heftiger Wortwechsel *m.*
foiegras *m.* [foagra'] Leberpastete *f.*
folio *m.* [fo'ľo] (Buch) Blatt *n.*
folklore *m.* [folklo're] Folklore *f.*, Volkskunde.
follaje *m.* [foʎa'xe] Laubwerk *n.*
folletín *m.* [foʎeti'n] Feuilleton *n.*
folleto *m.* [foʎe'to] Broschüre *f.*, Prospekt *m.*
foment|ar [fomenta'r] fördern, schüren; **-o** *m.* [fome'nto] Förderung *f.*, Pflege; **-os** *m. pl.* [fome'ntos] *med.* warmnasse Umschaläge *m. pl.*
fonda *f.* [fo'nda] Gasthaus *n.*, -hof *m.*, kleines Hotel *n.*
findea|dero *m.* [fɔndesðe'ro] *naut.* Ankerplatz *m.*; **-r** [fɔndea'r] *naut.* ankern, loten.
fondero *m.* [fɔnde'ro] *SAm.* (Gast-) Wirt *m.*
fondo *m.* [fɔ'ndo] Boden *m.*; (Hinter-) Grund; *fig.* Grundlage *f.*; Kapital *n.*; **-s** *m. pl.* [fɔ'ndos] Geldmittel *n. pl.*
fonética *f.* [fone'tica] Lautlehere *f.*
fonógrafo *m.* [fono'grafo] Grammophon *n.*
fontanero *m.* [fɔntane'ro] Installateur *m.*, Rohrleger.
forastero *adj.* [foraste'ro] auswärtig, fremd; **-** *m.* Fremde *m.*
forcejeo *m.* [fɔrθexe'o] äußerste Kraftanstrengung *f.*
forense *adj.* [fore'nse]: **médico** *(m.)* **-** Gerichtsarzt *m.*
forestal *adj.* [foresta'l] auf Wald *od.* Forst bezüglich.
forja *f.* [fɔ'rxa] Schmiede *f.*, Schmieden *n.*; **-dor** *m.* [fɔrxaðɔ'r] Schmied *m.*; **-r** [fɔrxa'r] schmieden; *fig.* anstiften.
forma *f.* [fɔ'rma] Form *f.*, Gestalt, Modell *n.*; *rel.* Hostie *f.*; **-cion** *f.* [fɔrmaθʲɔ'n] Bildung *f.*, Gestaltung; **-l** *adj.* [fɔrma'l] förmlich, seriös; (Firma) reell; **-lidad** *f.* [fɔrmaliða'ð] Formalität *f.*, seriöses Wesen *n.*; **-lizar** [fɔrmaliθa'r] ausfertigen; (Protest) erheben; **-r** [fɔrma'r] formen, Form geben, bilden; *mil.* aufstellen.
formidable *adj.* [fɔrmida'βle] ungeheuer, fürchterlich.
formón *m.* [formɔ'n] Stechbeitel *m.*, Stemmeisen *n.*
fórmula *f.* [fɔ'rmula] Formel *f.*, Rezept *n.*
formular [fɔrmula'r] formulieren; (Anzeige) machen; (Reklamation) vorbringen.
fornica|ción *f.* [fɔrnikaθʲɔ'n] Hurerei *f.*; **-r** [fɔrnika'r] huren.
foro *m.* [fo'ro] Forum *n.*, Gerichtshof *m.*; *theat.* Hintergrund.
forr|ado *adj.* [fɔrra'ðo] ausgelegt, verkleidet; **-aje** *m.* [fɔrra'xe] Futter *n.*; **-ar** [fɔrra'r] füttern, verkleiden, auslegen, einschlagen; **-o** *m.* [fɔ'rro] Futter *n.*, Verkleidung *f.*, Buchumschlag *m.*
fort|alecer [fɔrtaleθe'r] kräftigen, stärken; **-aleza** *f.* [fɔrtale'θa] *mil. Festung f.*; (Charakter-) Stärke; **-ificar(se)** [fɔrtifika'rse] kräftigen, stärken; *mil.* befestigen; *(mil.* s. einschanzen).
fortu|ito *adj.* [fɔrtʷi'to] zufällig; **-na** *f.* [fɔrtu'na] Glück *n.*, Schicksal, Vermögen.
forz|ado *adj.* [fɔrθa'ðo] ge- erzwungen; **trabajos** *(m. pl.)* **-ados** Zwangsarbeit *f.*; **-osamente** *adv.* [fɔrθosome'nte] notgedrungen, gezwungenermaßen; **-oso** *adj.* [fɔrθo'so] gezwungen, unumgänglich; **aterrizaje** *(m.)* **-oso** *av.* Notlandung *f.*; **-udo** *adj.* [fɔrθu'ðo] sehr kräftig.
fosa *f.* [fo'sa] Grab *n.*; **-s** *(f. pl.)* **nasales** *anat.* Nasenhöhle *f.*
fosfato *m.* [fosfa'to] Phosphat *n.*

fósforo *m.* [fɔ'sforo] Phosphor *m.*, Streichholz *n.*
fósil *adj.* [fo'sil] fossil, versteinert.
foso *m.* [fo'so] Grube *f.; mil.* Festungsgraben *m.; theat.* Versenking *f.*
foto|grabado *m.* [fotograβa'ðo] Druckstock *m.*, Klischee *n.*, Lichtdurch *m.*; **-grabador** *m.* [fotograβaðɔ'r] Lichtdrucker *m.* **-grafía** *f.* [fotografi'a] Lichtbild *n.*, Photo (graphie) *f.*, Aufnahme; **-grafiar** [fotografi'r] photographieren; **-gráfico** *adj.* [fotogra'fiko] photographisch.
fotó|grafo *m.* [foto'grafo] Photograph *m.*; **-metro** *m.* [foto'metro] Belichtungsmesser *m.*
fracas|ar [frakasa'r] scheitern; *fig.* mißlingen; **-o** *m.* [fraka'so] Fehlschlag *m.*, Reinfall.
fracción *f.* [frakθʲɔ'n] Bruch-, Teilstück *n.*
fracciona|miento *m.* [frakθʲonamʲe'nto] Zerlegung *f.*, Spaltung; **-r** [frakθʲona'r] zerlegen, zerbrechen.
fractura *f.* [fraktu'ra] Bruch *m.*, -stelle *f.*, Aufbrechen *n.*; **-r**[fraktura'r] (auf-), (zer-)brechen.
fragan|cia *f.* [fraga'nθʲa] Wohlgeruch *m.*; **-te** *adj.* [fraga'nte] wohlriechend.
fragata *f.* [fraga'ta] *naut.* Fregatte *f.*
frágil *adj.* [fra'xil] (leicht) zerbrechlich.
fragmento *m.* [fragme'nto] **Bruch**stück *n.*, Splitter *m.*
fragos|idad *f.* [fragosiða'ð] (Gelände) Unwegsamkeit *f.*; **-o** *adj.* [frago'so] unwegsam.
fragua *f.* [fra'gʷa] Schmiede *f.*, -feuer *n.*; **-r** [fragʷa'r] schmieden; (Zement) binden.
fraile *m.* [fra'ile] Mönch *m.*
frambues|a *f.* [frambʷe'sa] Himbeere *f.*; **-0** *m.* [frambʷe'so] Himbeerstrauch *m.*
francés *adj.* [franθe's] französisch; - *m.* Franzose *m.*, französische Sprache *f.*
franciscano *m.* [franθisca'no] Franziskaner (mönch) *m.*
francmas|ón *m.* [fraŋkmaso'n] [fraŋkmasoneri'a] Freimaurerei *f.* Freimaurer *m.*; - **onería** *f.*
franco *m.* [fra'ŋko] (Münze) Frank *m.*; *adj.* frei, offenherzig.
franela *f.* [frane'la] Flanell *m.*
franja *f.* [fra'ŋxa] Streifen *m.*, Saum, Franse *f.*
franque|able *adj.* [fraŋkea'βle] passierbar; **-ado** *adj.* [fraŋkeaðo]: **sobre** *(m.)* **-ado** Freiumschlag *m.*; **-ar** [fraŋkea'r] freimachen; **-za** *f.* [fraŋke'θa] (Abgaben-) Freiheit *f.*; Offenherzigkeit; **con toda -za** *m.* aller Offenheit.
franquicia *f.*]fraŋki'θʲa] (Porto-, Zoll-) Freiheit *f.*
frasco *m.* [fra'sko] (kurzhalsige) Flasche *f.*
frase *f.* [fra'se] Phrase *f.*, Redensart, Satz *m.*; **-ología** *f.* [fraseoloxi'a] Ausdrucksweise *f.*
fratern|al *adj.* [fraterna'l] brüderlich; **-idad** *f.* [fraterniða'ð] Brüderlichkeit *f.*, Verbrüderung; **-izar** [fraterniθa'r] sympathiesieren, *s.* verbrüdern.
fratricid|a *m.* [fratriθi'ða] Brudermörder *m.*; **-io** *m.* [fratriθi'ðʲo] Brudermord *m.*
fraud|e *m.* [fra'uðe] Betrug *m.*; **-ulento** *adj.* [frauðule'nto] betrügerisch.
fray *m.* [fra'i] (Mönch) Bruder *m.*
frecuen|cia *f.* [frekʷe'nθʲa] Häufigkeit *f.*; *elektr.* Frequenz; **-tar** [frekʷenta'r] häufig besuchen; (Schule) besuchen; **-te** *adj.* [frekʷe'nte] häufig, öfter; (Puls) rasch.
frega|dero *m.* [fregaðe'ro] Spülstein *m.*; Aufwaschtisch; **-r** [frega'r] sauber scheuern, spülen, ab-, aufwaschen.
fregona *f.* [frego'na] Putz-, Scheuerfrau *f.*

f

freír [frei'r] (in der Pfanne) backen, braten.

fréjol *m.* [fre'xɔl] *bot.* Bohne *f.*

fren|esí *m.* [frenesi'] *fig.* Ungestüm *m.*; **-ético** *adj.* [frene'tiko] rasend, toll.

fren|ado *m.* [frena'ðo] *techn.* Bremsung *f.*; **-ar** [fren'ar] bremsen; **-o** *m.* [fre'no] Bremse *f.*; (Pferdezaum) GebiB *n.*.

frente *f.* [fre'nte] Stirn *f.*, Vorderseite; **hacer** - *fig.* Widerstand leisten; **de** - v. vorn; - *m. mil.* Front *f.*

fresa *f.* [fre'sa] Erdbeere *f.*; *techn.* Fräser *m.*; **-do** *m.* [fresa'ðo] Fräsen *n.*; **-dora** *f.* [fresaðo'ra] Fräsmaschine *f.*; **-r** [fresa'r] fräsen.

fresc|a *f.* [fre'ska] Abend-, Morgenkühle *f.*; **soltar una - a** jem. frech kommen; **-o** *adj.* [fre'sko] frisch, kühl, neu; *fig.* frech; **-o** *m.* Kühle *f.*, Kühlung; Freskomalerei frecher Kerl *m.*; **hace -o** es ist frisch; **tomar en.** Spaziergang machen; *fam.* Luft schnappen.

fresno *m.* [fre'znɔ] *bot.* Esche *f.*

fresón *m.* [freso'n] groBBe) (Garten-) Erdbeere *f.*

fresquera *f.* [fresk'era] Kühl-, Eis--, Fliegenschrank *m.*

frialdad *f.* [frialda'ð] *fig.* Kälte *f.*, Gleichgültigkeit.

fríamente *adv.* [friame'nte] kaltblütig.

fricci|ón *f.* [frikθ'ɔ'n] (Ein-) Reibung *f.*, Massage, Frottieren *n.*; **-onar** [frikθ'ona'r] (ein-), (ab-) reiben, frottieren.

frigorífico *adj.* [frigori'fiko] kälteerzeugend, auf Kälte bezüglich.

frío *adj.* [fri'o] kalt, kühl; *fig.* gleichgültig; - *m.* Kälte *f.*, Frost *m.* Frieren *n.*.

friso *m.* [fri'so] *arch.* Fries *m.*

frito *m.* [frit'o] Gebackenes *n.*; *adj.* gebacken.

frivolidad *f.* [friβoliða'ð] Leichtfertigkeit*f.*

frívolo *adj.* [fri'βolo] frivol, leichtsinnig, schlüpfrig.

frond|a *f.* [frɔ'nda] Laub *n.*; **árbol** *(m.)* **de** - Laubbaum *m.*; **-oso** *adj.* [frɔndo'so] (dicht) belaubt.

front|al *adj.* [fronta'l] auf die Stirn bezüglich; **-era** *f.* [fronte'ra] Grenze *f.*; **-erizo** *adj.* [frɔnteri'θo] angrenzend; **-ispicio** *m.* [frɔntispiθ'o] *arch.* Vorderseite *f.*, Giebel *m.*; **-ón** *m.* [frɔntɔ'n] *arch.* Giebeldach *n.*.

frota|ción *f.* [frotaθ'ɔ'n] Reiben *n.*, Reibung *f.*; **-r** [frota'r] reiben, frottieren.

fruct|ífero *adj.* [frukti'fero] fruchtbringend; **-ificar** [fruktifika'r] Früchte tragen; **-uoso** *adj.* [fruktʷo'so] fruchttragend.

frufrú *m.* [frufru'] knisterndes Geräusch *n.* *(der Seide z. B.).*

frugal *adj.* [fruga'l] mäßig; (Essen, Trinken) genügsam; **-idad** *f.* [frugaliðað] Mäßig, Genügsamkeit *f.*

fruición *f.* [frʷiθ'ɔ'n]: **con** - *m.* Wonne (Vergnügen) (z. B. Musik anhören).

frunc|e *m.* [fru'nθe] (Stoff) Falte *f.*; **-ido** *adj.* [frunθi'do]: **con ceño -ido** *m.* düsterer Miene; **-ir** [frunθi'r] fälteln.

frustrar(se) [frustra'rse] vereiteln; (scheitern).

frut|a *f.* [frut'a] Obst *n.*, *Frucht f*; *fig.* Folge; **-as** *(f. pl.)* **secas** Backobst *n.*; **-al** *adj.* [fruta'l]: **(árbol) -al** *m.* Obstbaum *m.*; **-ería** *f.* [fruteri'a] Obstladen *m.*, -handel; **-ero** *adj.* [frute'ro] **:plato** *(m.)* **-ero** Obstteller *m.*; **-ero** *m.* Obstschale *f.*, Obsthändler *m.*; **-o** *m.* [fru'to] Frucht *f.*

fuego *m.* [fʷe'go] Brand *m.*, *Feuer n.*; *naut.* Leuchtfeuer; *fig.* Hitze *f.*, Glut; **hacer** - *mil.* feuern; **pegar -a** (Haus) anstecken; **-s artificiales** *m. pl.* Feuerwerk *n.*

fuelle *m.* [fʷe'ʎe] (Blase-) Balg *m.*

fuente *f.* [fʷe'nte] Brunnen *m.*, Quelle *f.*; Schüssel.

fuera *adv.* [f^{w}e'ra] außen, außerhalb, auswärts; *prep.* **-de** außer, ausgenommen; **-de tiempo** zu unrechter Zeit.

fuero *m.* [f^{w}e'ro] Sonder-, Vorrecht *n.*

fuerte *adj.* [f^{w}e'rte] kräftig, stark, heftig; **estar -en** gut beschlagen sein in; *adv.* laut; (essen) ausgiebig.

fuerza *f.* [f^{w}e'rθa] Kraft *f.*, Stärke, Gewalt; *mil.* Truppe; **a -de** durch, mit viel...; durch vieles...; **-s** *f. pl. mil.* Streitkräfte *f. pl.*

fuga *f.* [fu'ga] Flucht *f.*, Ausreißen *n.*; *techn.* Undichtheit *f.*; **poner en - in die** Flucht jagen; **-rse** [fuga'rse] entfliehen, ausreißen; **-z** *adj.* [fuga'θ] flüchtig; *fig.* vergänglich.

fulan|a [fula'na] ee. Gewisse. Frau Soundso *f.*; *vulg.* Straßendirne; **-o** [fula'no] e. Herr. Soundso, Herr X.

fulgor *m.* [fulgɔ'r] Schimmer *m.*

fulmina|nte *adj.* [fulmina'nte] *fig.* niederschmetternd; **-nte** *m.* Sprengstoff *m.*; **-r** [fulmina'r] *fig.* niederschmettern; (Bann) schleudern; *intr.* im Zorn toben.

fum|ada *f.* [fuma'ða] Zug *(m.)* beim Rauchen; **-ador** *m.* [fumaðɔ'r] Raucher *m.*; **-ar** [fuma'r] rauchen; **-ar en pipa** Pfeife rauchen.

fumí|fugo *adj.* [fumi'fugo] rauchvertreibend; **-gación** *f.* [fumiga'θ^{j}ɔ'n] (Aus-), (Durch-) Räuchern *n.*

función *f.* [funθ^{j}ɔ'n] (Amts-, Dienst-) Verrichtung *f.*, (Theater) Vorstellung.

funciona|miento *m.* [funθ^{j}onam^{j}e'nto] Gang *m.*, Arbeitsweise *(f.)* er. Maschine; **-r** [funθ^{j}ona'r] arbeiten, funktionieren; **-rio** *m.* [funθ^{j}ona'r^{j}o] (Behörden) Beamte *m.*

funda *f.* [fu'nda] Futteral n, Überzug *m.*, Scheide *f.*

fundac|ión *f.* [fundaθ^{j}ɔ'n] Gründung *f.*, Stiftung.

fundad|amente *adv.* [fundaðame'nte] begründeterweise; **-o** *adj.* [funda'ðo] berechtigt, gegründet, begründet; **-or** *m.* [fundaðɔ'r] Gründer *m.*, Stifter.

fundament|ado *adj.* [fundamenta'ðo] gründlich; **-ar** [fundamenta'r] (be-) gründen; **-o** *m.* [fundame'nto] Grund *m.*, -lage *f.*

fundar [funfa'r] gründen, stiften; (Firma) errichten; **-se** [funda'rse] fuβen (**en** auf).

fund|ente *m.* [funde'nte] Schmelzmittel *n.*; **-ible** *adj.* [fundi'β-le] vergieβbar, schmelzbar; **-ición** *f.* [fundiθ^{j}ɔ'n] Gieβerei *f.*, werkstatt; Guβ*m.*, Gieβvorgang, Guβ eisen *n.*; **-idor** *m.* [fundiðɔ'r] Gieβer *m.*; **-ir** [fundi'r] schmelzen; (Metalle) gieβen.

fúnebre *adj.* [fu'neβre] düster; **marcha** *(f.)* -Trauermarsch *m.*; **oración** *(f.)* -Leichenrede *f.*; **pompas** *(f. pl.)* **-s** Beerdigungsanstalt *f.*

funera|les *m. pl.* [funera'les] Leichenbegängnis *n.*; **-ria** *f.* [funera'r^{j}a] Beerdigungsanstalt *f.*

funesto *adj.* [fune'sto] unheilvoll, verderbenbringend.

funicular *m.* [funikula'r] Drahtseilbahn *f.*

funículo *m.* [funi'kulo] anat. Samenstrang *m.*; Nabelschnur *f.*

furgón *m.* [furgɔ'n] Eis. Packwagen *m.*

furi|a *f.* [fu'r^{j}a] Wut *f.*, Furie; **hecho una -a** wütend.

furor *m.* [furɔ'r] Wut *f.*, Begeisterung.

furtiv|o *adj.* [furti'βo] heimlich, verstohlen; **cazador** *(m.)* - Wilddieb *m.*, Wilderer.

fuselaje *m.* [fusela'xe] *av.* (Flugzeug-) Rumpf *m.*

fusib|ilidad *f.* [fusiβiliða'ð] Schmelzbarkeit *f.*; **-le** *adj.* [fusi'βle] schmelzbar.

fusil *m.* [fusi'l] Gewehr *n.*, Flinte *f.*; **-amiento** *m.* [fusilam^{j}e'nto] Erschieβung *f.*; **-ar** [fusila'r] erschieβen.

fusión *f.* [fus^{j}ɔ'n] Schmelzen *n.*,

Schmelze *f.*; *fig.* Verschmelzung, Zusammenschluß *m.*

fust|a *f.* [fu'sta] Reitpeitsche *f.*; **-e** *m.* [fu'ste] (Säule, Schornstein) Schaft *m.*; **-igar** [fustiga'r] (aus-) peitschen; *fig.* geißeln.

fútbol *m.* [fu'tbɔ'l] Fußball *m.*, -spiel *n.*

futbolista *m.* [futboli'sta] Fußballspieler *m.*

futur|a [futu'ra] Braut *f.*, Zukünftige; **-ista** *m.* [futuri'sta] Futurist *m.*; *-adj.* futuristisch; **-o** *adj.* [futu'ro] (zu-) künftig; **-o** *m.* Zukunft *f.*; *fam.* Bräutigam *m.*; *gramm.* Futurum *n.*

g, G *f.* [xe] g. G n.
gabán *m.* [gaβa'n] Mantel *m*, Überzieher.
gabardina *f.* [gaβard'na] (Stoff) Gabardine *f*, Mantel *m.* (aus diesem).
gabela *f.* [gaβe'la] Abgabe *f*, Steuer.
gabinete *m.* [gaβine'te] Kabinett *n*, Salon *m*; Ministerrat, Regierung *f.*
gacela *f* [gaθe'la] *zool.* Gazelle *f.*
gacet|a *f.* [gaθe'ta] Zeintug *f.*, Staatsanzeiger *m.*; **-illa** *f.* [gaθeti'ʎa] (in der Zeitung) Vermischtes *n.*
gach|as *f. pl.* [ga'čas] Mehlbrei *m.*; **-í** *f.* [gači'] Mädel *n*; vulg. Dirne *f.* **-ó** *m.* [gačo'] *fam.* Bursche m, Kerl.
gafas *f. pl.* [ga'fas] (Schutz-) Brille *f*; **-ahumadas** dunkle Brille.
gait|a *f.* [ga'ita] Dudelsack *m*; **-ero** *m.* [gaite'ro] Dudelsakpfeifer *m.*
gajes *m. pl.* [ga'xes]: **-del oficio** die Schattenseiten es. Berufes (Amtes).
gajo *m.* [ga'xo] (Apfelsine usw.) Scheibe *f.*, Baumzweig *m.*
gala *f.* [ga'la] Gala *f.*, Festkleid *n.*
galaico *adj.* [gala'iko] galicisch, auf die span. Prov. Galicien bezüglich.
galán *m.* [gala'n] Liebhaber *m.*
galante *adj.* [gala'nte] galant, aufmerksam; **-ar** [galantea'r] den Hof machen; **-ría** *f.* [galanteri'a] Hofmachen *n*, Entgegenkommen, Höflichkeit *f.*
galápago *m.* [gala'pago] *zool.* Schildkröte *f*; gegossener Metallbarren *m.*
galard|ón *m.* [galardo'n] Lohn *m*, Belohnung *f*; **-onar** [galardon'r] (be-) lohnen.
galen|a *f.* [gale'na] min. Bleiglanz *m*; **-o** *m.* [gale'no] *fam.* Arzt *m.*
gele|ote *m.* [galeo'te] Galeerensklave *m*; **-ra** *f.* [gale'ra] Galeere *f.*, Frauengefängnis *n*; (Mexiko) Schuppen *m*; **-rada** *f.* [galera'ða] *typ. Fahnenabzug m*; **-ría** *f.* [galeri'a] Galerie *f.*, Gang *m*; *min.* Stollen.
galerna *f.* [gale'rna] *Span. naut.* steifer Nordwestwind *m.*
galg|a *f.* [ga'lga] Bremsbaum *m*, Anlegelehre *f.*, Windhündin; **-o** [ga'lgo] Windhund *m.*
gálibo *m.* [ga'liβo] Eis. Lademaß *n.*
galicismo *m.* [galiθi'zmo] Gallizismus *m.* (französ. Spracheigentümlichkeit).
galimatías *m.* [galimati'as] Kauderwelsch *n.*
galón *m.* [galɔ'n] Borte *f*, Litze, Tresse; engl. Gallone (4$^{1}/_{2}$ Y]–
galop|ada *f.* [galopa'ða] Galopp *m*; **-ar** [galopa'r] galoppieren; **-e** *m.* [galo'pe] Galopp *m.*
galvánico *adj.* [galβa'niko] galvanisch.
galvan|ización *f.* [galβaniθaθ'ɔ'n] galvanisation *f.*; **-izado** *adj.* [galβani θa'ðo] verzinkt; **-izar** [galβaniθa'r] galvanisieren, verzinken.
gallard|ear [gaʎardea'r] Mut zeigen; **-ía** *f.* [gaʎardi'a] Mut *m*, Schneid; **-o** *adj.* mutig, kühn, stattlich.
galleta *f.* [gaʎe'ta] Keks *m*; *Span. techn.* Kohle (*f*) v. 45—60 mm. Stückgröβe.
gallin|a *f.* [gaʎi'na] Henne *f*; *fig.* Memme; **-ero** *m.* [gaʎine'ro] Hühnerstall *m.*
gallo *m.* [ga'ʎo] Hahn *m*; **riña** (*f*) **de -s** Hahnenkampf *m*; **el G** - *Span.* bekannter Stierfechter.

gama *f.* [ga'ma] *zool.* weibl. Damtier *n*; *techn. Skala f.* Bereich *m.*
gamba *f.* [ga'mba] *zool* Garnele *f.*
gamo *m.* [ga'mo] sool. Damhirsche *m.*
gamuza *f.* [gamu'θa] zool. Gemse *f;* Sämischleder *n.*
gana *f.* [ga'na] Appetit *m*, Lust *f*, Verlangen *n.*
ganad|ería *f.* [ganaðeri'a] Viehzucht *f;* **-ero** *m.* [ganaðe'ro] Stierzüchter *m;* **-o** *m.* [gana'ðo] Vieh *n;* **-or** *m.* [ganaðɔ'r] Gewinner *m*, Sieger.
gananci|a *f.* [gana'nθ'a] Gewinn *m*, Nutzen; **-oso** *adj.* [gananθ'o'so] einträglich.
ganar [gana'r] gewinne, verdienen, siegen; **- a uno** jem. übertreffen (**en** an); (das Ufer) erreichen.
ganch|ete *m.* [gančе'te] Häkchen *n;* **-illo** *m.* [ganči'ʎo] Häkchen *n*, Häkelnadel *f*, Häkelarbeit; **hacer -illo** häkeln; **-o** *m.* [ga'nčo] Haken *m.*
gandul *m.* [ganðu'l] Bummelant *m*, Faulenzer, Tagedieb.
ganga *f.* [ga'ŋga] *min.* Gangart *f.* taubes Gestein *n;* günstiguer Einkauf *m*; Gelegenheitskauf.
ganglio *m.* [ga'ŋglʲo] *anat.* Nervenknoten *m.;* **- linfático** *anat.* Lymphdrüse *f.*
gangren|a *f.* [gangre'na] *med.* (Wund-) Brand *m;* **-oso** *adj.* [gaŋgreno'so] *med.* brandig.
gans|ada *f.* [gansa'ða] Dummheit *f;* **-ear** [gansea'r] Blödsinn treiben; **-o** *m.* [ga'nso] Gans *f.*, Gänserich *m.;* dummer Mensch; **hacer el -o** s. kindisch benehmen.
ganzúa *f.* [ganθu'a] Dietrich *m*, Nachschlüssel; *fig.* Einbrecher.
gañán *m.* [gaɲa'n] Knecht *m*, Tagelöhner.
garabat|ear [garaβatea'r] kritzeln; **-o** *m.* [garaβa'to] *fam.* Gekritzel *n.*
garant|e *m.* [gara'nte] Bürge *m*, Gewährsmann; **-ía** *f.* [garanti'a] Garantie *f.* Bürgschaft, Gewähr; **-ir** [garanti'r]: **-izar** [garantiθa'r] garantieren, verbürgen.
garapiñar [garapiɲa'r] überzuckern kandieren.
garbanzo *m.* [garβa'nθo] Kichererbse *f;* **ganarse los -s** *s.* das tägliche Brot verdienen.
garbo *m.* [ga'ɪβo] Anmut *f*, Grazie; **-so** *adj.* [garβo'so] anmutig.
garfio *m.* [ga'rfʲo] (Greif-) Haken *m*, Greifer, Steigeisen *n.*
garga|jo *m.* [garga'xo] Auswurf *m*, Schleim; **-nta** *f.* [garga'nta] Gurgel *f*, Kehle *f; techn.* Rille.
gárgaras *f. pl.* [ga'rgaras]: **hacer** gurgeln.
gargarear [gargarea'r] gurgeln.
garit|a *f.* [gari'ta] Bahnwärterhäuschen *n*, Schilderhaus; əis- Führerstand *m;* **-o** *m.* [gari'to] Spielhölle *f.*
garlop|a *f.* [garlo'pa] Rauhbank *f*, Langhobel *m;* **-ín** *m.* [garlopi'n] kleiner Langhobel *m.*
garra *f.* [ga'rra] Klaue *f*, Kralle; **-s** *f. pl.* [ga'rras] (Raubvogel) Fänge *m. pl.;* **caer en las -s de** *fig. fam.* in die Hände fallen (z. B. em. Gauner).
garraf|a *f.* [garra'fa] Karaffe *f;* **-al** *adj.* [garrafa'l] ungeheuerlich; (Fehler) grob.
garrapat|a *f.* [garrapa'ta] Holzbock *m*, Zecke *f;* **-ear** [garrapatea'r] kritzeln; **-os** *m. pl.* [garrapa'tos] Gekritzel *n.*
garrocha *f.* [garro'ča] Spieß *m.* (der Stierhirten).
garrot|azo *m.* [garrɔta'θo] Schlag *m.* (m. Knüttel); **-e** *m.* [garrɔ'te] *m.* Knüttel *m;* **-e** *m.* der Würgschraube hinrichten.
garrucha *f.* [garru'ca] Schnurrolle *f*, Flaschenzug *m.*
garz|a *f.* [ga'rθa] *zool.* Reiher *m;* **-o** *adj.* [ga'rθo] hellblau, blauäugig.
gas *m.* [gas] Gas *n;* **- de alumbrado** Leuchtgas; **-es** *(m. pl.)* **asfixiantes** Giftgase *n. pl.*
gasa *f.* [ga'sa] Gaze *f.*

gase|iforme *adj.* [gaseifɔ'rme] gasförmig; **-osa** *f.* [gaseo'sa] Sprudel *m*, Limonade *f;* **-oso** *adj.* [gaseo'so] *chem.* gashaltig.

gasi|ficación *f.* [gasifikaθʲɔ'n] Vergasung *f;* **-ficar** [gasika'r] vergasen.

gasoducto *m.* [gasoðu'kto] Ferngasleitung *f.*

gasógeno *m.* [gaso'xeno] Gaserzeuger *m.*

gasolin|a *f.* [gasoli'na] Gasolin *n*, Benzin (als Brennstoff); **-era** *f.* [gasoline'ra] *naut.* Motorboot *n.*

gasómetro *m.* [gaso'metro] Gasometer *m*, Gasbehälter.

gast|ado *adj.* [gasta'ðo] abgenützt; **-ador** *adj.* [gastaðɔ'r] verschwenderisch; *m.* Verschwender; *mil.* Sappeur *m;* **-ar** [gasta'r] ausgeben; verbrauchen, schwenden; **-o** *m.* [ga'sto] Ausgabe *f*, Zeche, Aufwand *m;* **-os** *m. pl.* [ga'stos] (Un-) Kosten *pl*, Spesen *pl*, Gebühren *f. pl;* **sin -os** *s.* spesenfrei.

gástrico *adj.* [ga'striko] gastrisch, auf den Magen bezüglich.

gastró|logo *m.* [gastro'logo] Facharzt *(m.)* für Magenleiden; **-nomo** *m.* [gastro'nomo] Feinschmecker *m.*

gat|a *f.* [ga'ta] Katze *f; vulg.* geborene Madriderin *f;* **a -as** auf allen vieren; **-ear** [gatea'r] klettern; *fam.* mausen; **-o** *m.* [ga'to] Katze *f*, Kater *m;* techn. Hebewinde *f*, -bock *m;* **hay -o encerrado** *fig. fam.* da steckt was Besonderes dahinter; **dar -o por liebre** *fig. fam.* betrügen.

gaucho *m.* [ga'učo] Gaucho *m*, Pampa-Bewohner, Viehhirt; **-** *adj. SAm.* schlau, durchtrieben.

gaveta *f.* [gaβe'ta] Schublade *f.*

gavilán *m.* [gaβila'n] zool. Sperber *m.*

gavilla *f.* [gaβi'ʎa] Garbe *f.*

gaviota *f.* [gaβʲo'ta] (See-) Möwe *f.*

gayo *adj.* [ga'jo] fröhlich, munter; **-a ciencia** *f.* Minnesang *m.*

gazap|era *f.* [gaθape'ra] Kaninchenbau *m;* **-o** *m.* [gaθa'po] junges Kaninchen *n.*

gaznate *f.* [gaθna'te] Kehle *f.*

gazpacho *m.* [gaθpa'čɔ] *Span.* (Art.) Kaltschale *f.* (aus Öl, Essig, Zwiebel, Gurke).

gelatin|a *f.* [xelati'na] Gallerte *f*, Gelatine, Sülze; **-oso** [xelatino'so] gallertartig, sülzig.

gema *f.* [xe'ma] Gemme *f;* **bot.** Knospe.

gemelo *adj.* [xeme'lo] doppelt; Zwillings ...; **-m** Zwilling *m;* **-s** *m. pl.* [xeme'los] Zwillinge *m. pl;* Opernglas *n*, Fernstecher *m.*

gemi|do *m.* [xemi'ðo] Ächzen *m*, Stöhnen; (Wind) Heulen *n;* **-r** [xemi'r] ächzen, seufzen, stöhnen, heulen.

gendarme *m.* [xenda'rme] Gendarm *m;* (Mexiko) Polizist; **-ría** *f.* [xendarmeri'a] Gendarmerie *f.*

gene|alogia *f.* [xenealɔxi'a] Genealogie *f*, Verwandtschaftsforschung; **-alógico** *adj.* [xenealɔ'xiko] genealogisch; **árbol** *(m.)* **-alógico** Stammbaum *m;* **-ración** *f.* [xeneraθʲɔ'n] Generation *f*, Zeugung, Bildung, Nachkommenschaft, Geschlecht *n*, Menschenalter; **-rador** *adj.* [xeneraθɔ'r] erzeugend; *m.* Erzeuger *m*, Generator.

general *adj.* [xenera'l] allgemein; **-idad** *f.* [xeneraliða'ð] Allgemeinheit *f.;* **-ización** *f.* [xeneraliθaθʲɔ'n] Verallgemeinerung *f.;* **-izar (se)** [xeneraliθa'rse] verallgemeinern.

genera|r [xenera'r] (er-)zeugen; **-triz** [xeneratri'θ] *adj.* erzeugend; *f.* Stromerzeuger *m*, Dynamo *f.*

genérico *adj.* [xene'riko] allgemein; **nombre** *(m.)* **-** Gattungsname *m.*

género *m.* [xe'nero] *Art. f*, Gattung, Geschlecht *n;* Ware *f*, Stoff *m;* **-chico** *Span.* (1-od. 2aktiges) Theaterstück *n;* **-s de punto** Trikotwaren *f. pl.*

generos|idad *f.* [xenerosiða'ð] Freigebigkeit *f.*, Großzügigkeit; **-o** *adj.*

[xenero'so] freigebig, großzügig **(para con** gegenüber).

génesis *f.* [xe'nesis] *fig.* Werden *n,* Entwicklungsgeschichte *f.*

geni|al *adj.* [xenʲaliða'ð] Genie *n;* **-e-cillo** *m.* [xenʲeθi'ʎo] Kobold *m;* **-o** *m.* [xe'nʲo] Geist *m,* Charakter, Genien; **-tal** *adj.* [xenita'l]: **órganos** *(m. pl.)* **-tales** Geschlechtsteile *m. pl;* **-tivo** *m.* [xeniti'βo] *gramm.* Genitiv *m.*

gent|e *f.* [xe'nte] Leute *pl,* Menschen *m. pl,* Volk *n;* **-e baja** Pöbel *m;* **-e de color** Farbige *m. pl;* **-e menuda** *fam.* Kinder *n. pl;* **las -es medias** Mittelstand *m;* **derecho** *(m.)* **de -es** Völkerrecht *n;* **-il** *adj.* [xenti'l] nett; **-** *m.* Heide *m;* **-ileza** *f;* **-ílico** *adj.* [xenti'liko] heidnisch; **-ío** *m.* [xenti'o] Menschenmenge *f;* **-uza** *f.* [xentu'θa] Gesindel, Pack *n.,* Pöbel *m.*

genuflexión *f.* [xenufleksʲɔ'n] Kniebeuge *f.*

genuino *adj.* [xenʷi'no] echt, unverfälscht.

geo|desia *f.* [xeoðe'sʲa] Feldmessung *f;* **-grafía** *f.* [xeografi'a] Erdkunde *f;* **-gráfico** *adj.* [xeogra'fiko] geographisch.

geógrafo *m.* [xeo'grafo] Geograph *m.*

geol|ogía *f.* [xeoloxi'a] Geologie *f,* Erdgeschichte; **-ógico** [xeolo'xiko] geologisch.

geólogo *m.* [xeo'logo] Geologe *m.*

geom|etría *f.* [xeometri'a] Geometrie *f;* **-étrico** *adj.* [xeome'triko] geometrisch; *fig.* sehr genau.

geranio *m.* [xera'nʲo] *bot.* Storchschnabel *m.*

geren|cia *f.* [xere'nθʲa] (Geschäfts-) Führung *f.* Leitung; **-te** *m.* [xere'nte] (Geschäfts-) Führer *m,* Leiter.

gerifalte *m.* [xerifa'lte] zool. Geierfalke *m.*

germ|anía *f.* [xermani'a] Rotwelsch *adj.* Gaunersprache *f;* **-ánico** *adj.* [xerma'niko] germanisch, deutsch; **-anismo** *m.* [xermani'zmo] Germanismus *m.,* deutsche Wendung *f.;* **-ano** *adj.* [xerma'no] germanisch, deutsch *m.* Germane *m;* **-anófilo** *adj.* [xermano'filo] deutschfreundlich.

germ|en *m.* [xe'rmen] Keim *m;* Spore *f; fig.* Ursprung *m;* **-inar** [xemina'r] keimen.

gerundio *m.* [xeru'ndʲo] *gramm.* Gerundium *n.*

gesta *f.* [xe'sta]: **cantar** *(m.)* **de** - Heldenepos *n;* **-ción** *f.* [xestaθʲɔ'n] (Tiere) Tragezeit *f;* Schwangerschaft; **-s** *f. pl.* [xe'stas] Heldentaten *f. pl.*

gesticula|ción *f.* [xestikulaθʲɔ'n] Gestikulieren *n,* Gebärdenspiel; **-r** [xestikula'r] gestikulieren, Gebärden (Handbewegungen) machen.

gesti|ón *f.* [xestʲɔ'n] Betreibung, *f,* (Geschäfts-) Führung; **-onar** [xestʲona'r] betreiben, Schritte unternehmen.

gesto *m.* [xe'sto] Geste *f,* Gebärde, Miene, Fratze; **-s** [xe'stos] Fratzen *f. pl.*

gib|a *f.* [xi'βa] Höcker *m;* **-oso** *adj.* [xiβo'so] buckelig.

gigante *m.* [xiga'nte] Riese *m,* Hüne; **-s** *m. pl.* [xiga'ntes] *Span.* Riesengestalten *f. pl.* beim Fronleichnamsfest; **-sco** *adj.* [xigante'sko] riesenhaft, riesig.

gili *adj.* [xi'li] *vulg.* blöd.

gimn|asia *f.* [ximna'sʲa] Gymnastik *f,* Turnen *n;* **hacer -asia** turnen; **-asio** *m.* [ximna'sʲo] Turnhalle *f.*

gimote|ar [ximotea'r] wimmern; **-o** *m.* [ximote'o] Gewimmer *n.*

ginec|ología *f.* [xinekoloxi'a] *med.* Gynäkologie *f.* Lehre *(f.)* v. den Frauenkrakheiten; **-ólogo** *m.* [xineko'logo] Frauenarzt *m.*

girado *m.* [xira'ðo] (Wechsel) Bezogener *m,* Trassat; **-r** *m.* [xiraðɔ'r] (Wechsel) Aussteller *m,* Trassant.

giralda *f.* [xira'lda] Wetterfahne *f;* **la G** - (Sevilla) berühmter Domturm *m.*
gira|r [xira'r] (um-)drehen; (Wechsel) ausstellen; (Besuch) machen; *intr. s.* (um-) drehen; **-sol** *m.* [xirasɔ'l] *bot.* Sonnenblume *f;* **-torio** *adj.* [xirato'rʲo] drehbar.
giro *m.* [xi'ro] Drehung *f*, Wendung, Kreis-, Umlauf *m;* Tratte *f;* - **postal** Postanweisung *f.*
gitan|a *f.* [xita'na] Zigeunerin *f;* **-ería** *f.* [xitaneri'a] Zigeunerleben *n*, truppe *f;* **-o** *adj.* [xita'no] zigeunerhaft, schlau; *m.* Zigeuner *m*, schlauer Mensch *m.*
glacia|l *adj.* [glaθʲa'l] eisig, eiskalt; **-r** *m.* [glaθʲa'r] Gletscher *m.*
gladiolo *m.* [glaðʲo'lo] *bot.* Schwertlilie *f.*
glande *m.* [gla'nde] *anat.* Eichel *f.* (des männl, Gliedes).
glándula *f.* [gla'ndula] *anat.* Drüse *f;* - **tiroides** *anat.* Schilddrüse *f.*
glandul|ar *adj.* [glandula'r]: **tejido** *(m.)* **-ar** *anat.* Drüsengewebe *n;* **-oso** *adj.* [glandulo'so] drüsig.
glasear [glasea'r] glasieren, sintern; (Papier) satinieren.
glauco *adj.* [gla'uko] hell-, grau-, meergrün; **-ma** *m.* [glauko'ma] *med.* grüner Star m.
gleba *f.* [gle'βa] (Erd-) Scholle *f.*
glicerina *f.* [gliθeri'na] *chem.* Gliyzerin *n.*
glob|al *adj.* [gloβa'l]: **suma** *(f.)* **-al** Pauschalsumme *f.;* **-etrotter** *(m.)* [gloβetro'ter] Weltenbummler *m.;* **-o** *m.* [glo'βo] Erdball *m.;* (Welt-) Kugel *f.;* **-o terrestre** Erde *f.*
glóbulo *m.* [glo'βulo] Kügelchen *n.*, Blutkörperchen.
glori|a *f.* [glo'rʲa] Ruhm *m.*, Herrlichkeit *f.*, Seligkeit; *fig.* Freude, Wonne; **-ar(se)** [glorʲa'rse] rühmen; (s. freuen, stolz sein; **de** auf); **-eta** *f.* [glorʲe'ta] Gartenlaube *f.*, Platz *(m.)* m. Anlagen; **-ficar** [glorifika'r] preisen, verherrlichen; **-oso** *adj.* [glorʲo'so] ruhmreich, -voll.
glosa *f.* [glo'sa] Glosse *f.*, Auslegung, Randbemerkung; **-r** [glosa'r] auslegen; *fig.* bekritteln; **-rio** *m.* [glosa'rʲo] Glossar, Wörterbuch *n.*
glopeda *f.* [glosope'ða] Maul- u. Klauenseuche *f.*
glot|ón *m.* [glotɔ'n] gefräβiger Mensch *m.*, Vielfraβ; *adj.* gefräβig; **-onería** *f.* [glotoneri'a] Gefräβigkeit *f.*
glucosa *f.* [gluko'sa] Glukose *f.*, Traubenzucker *m.*
gluten *m.* [glu'ten] Klebstoff *m.*, Kleber.
glúteo *adj.* [glu'teo]: **región** *(f.)* **-a** *anat.* Gesäβgegend *f.*
goberna|ción *f.* [goβernaθʲɔ'n] (Provinzial-) Regierung *f.;* **-dor** *m.* [goβernaðɔ'r] Gouverneur *m.*, Statthater; **-r** [goβerna'r] regieren, leiten.
gobierno *m.* [goβʲe'rno] Herrschaft *f.*, Regierung; *techn.* Steuerung, Bedienung, Lenkung; **para su** - zu Ihrer Kenntnisnahme.
goce *m.* [go'θe] Genuβ *m.* Nutznieβung *f.*
godo *adj.* [go'do] gotisch; *m.* Gote *m.*, gotische Sprache *f.*
gol *m.* [gol] (Fuβball) Tor *n.;* **marcar un** - e. Goalschieβen.
goleador *m.* [goleaðɔ'r] (Fuβballspiel) Torschieβer *m.;* **-r** [golea'r] e. Tor schieβen.
goleta *f.* [gole'ta] *naut.* Schoner *m.*
golf|a *f.* [gɔl'fa] liederliches Frauenzimmer *n.*, Straβendirne *f.;* **-o** *m.* [gɔ'lfo] Golf *m.*, Meerbusen, Bucht *f.*
golondrina *f.* [golɔndri'na] Schwalbe *f.;* (Barcelona) kleiner Personendampfer *(m.)* für Hafenverkehr.
golos|ina *f.* [golosi'na] Leckerbissen *m.*, Naschwerk *n.;* **-o** *adj.* [golo'so] naschhaft; *m.* Leckermaul *n.*
golpe *m.* [gɔ'lpe] Schlag *m.*, Stoβ, Hieb, Streich; - **de vista** Blick *m.;* **dar el** - *fig.* Furore machen, Aufsehen erregen; **-ar** [gɔlpea'r] klopfen, schlagen, stoβen.

goma *f.* [go'ma] Gummi *m.;* - **de borrar** Radiergummi *m.;* **-l** *m.* [gɔma'l] *SAm.* Kautschukpflanzung *f.*
gomoso *adj.* [gɔmo'so] gummiartig.
góndola *f.* [gɔ'ndola] Gondel *f.*
gondolero *m.* [gɔndole'ro] Gondelführer *m.*
gongori|no *adj.* [gɔŋgori'no] (Stil) schwüstig; **-smo** *m.* [gɔŋgori'zmo] *Span.* (Stil) Schwülstigkeit *f.* (nach Art. des Dichters Góngora).
gono|coco *m.* [gɔnoko'ko] Gonokokkus *m.* (Bakterien); **-rrea** *f.* [gonorre'a] *med.* Gonorrhöe *f.*, Tripper *m.*
gord|inflón *adj.* [gɔrdimflɔ'n] sehr dick, pausbäckig; **-o** *adj.* [gɔ'rdo] dick, beleibt, fett(ig); (Wasser) hart; **perra** *(f.)* **-a** *Span.* - 10-centimos-Stück; **premio** *(m.)* **-o** (Lotterie) Haupttreffer *m.;* **tocar a uno el -o** das große Los gewinnen; **hacer la vista -a** e. Auge zudrükken.
gorila *m.* [gori'la] *zool* Gorilla *m.*
gorra *f.* [gɔ'rra] Kappe *f.*, Mütze; **vivir de** - auf fremde Kosten leben.
gorri|no *m.* [gɔrri'no] *fig.* Schwein *n.;* **-ón** *m.* [gɔrrʲɔ'n] Sperling *m.*, Spatz.
gorr|o *m.* [gɔ'rrɔ] (runde) Mütze *f.;* **-ón** *m.* [gɔrrɔ'n] *techn.* Zapfen *m.*
gota *f.* [go'ta] Tropfen *m.; med.* Rheumatismus, Gicht *f.*
gote|ar [gotea'r] tropfen, tröpfeln; **-ra** *f.* [gote'ra] Dachtraufe *f.*
gótico *adj.* [go'tiko] gotisch.
goyesco *adj.* [goje'sko] auf den span. Maler Goya bezüglich.
gozar [goθa'r] genießen; - **de** en. Genuß haben v., s. erfreuen an.
gozne *m.* [go'θne] (Tür-) Angel *f.*
gozo *m.* [go'θo] Freude *f.*, Lust, Genuß *m.*, Vergnügen *n.;* **-so** *adj.* [goθo'so] freudig.
graba|do *m.* [graβa'ðo] Gravierkunst *f.*, Gravierung, Bild *n.;* (Kupfer-) Stich *m.*, Radierung *f.;* **-do directo** Autotypie *f.;* **-dor** *m.* [graβaðɔ'r] Graveur *m.*, (Kupfer-) Stecher; **-r** [graβa'r] gravieren, stechen; **-r en la memoria** ins Gedächtnis einprägen.
gracejo *m.* [graθe'xo] Witz *m.*, Schlagfertigkeit *f.*
gracia *f.* [gra'θʲa] Grazie *f.*, Gnade; **tener** - spaβig, witzig sein; **-s** *f. pl.* [gra'θjas] **¡muchas -s!** danke sehr!;... y; **¡-s!...** und man muß noch zufrieden sein; **dar -s anticipadas** im voraus danken; **dar las -s** s. bedanken; **¡-s a Dios!** Gott sei Dank!
gracios|idad *f.* [graθʲosiθa'ðʎ) Witzigkeit *f.;* **-o** *adj.* [graθʲo'so] reizend, drollig, unentgeltlich; **-o** *m.* Spaßmacher *m.*, *theat.* Komiker.
grad|a *f.* [gra'ða] (Treppen-) Stufe *f.;* Taur. Sitzplatz *m.; naut.* Helling *f.;* **-ación** *f.* [graðʲθʲɔ'n] Abstufung *f.;* **-ería** *f.* [graðeri'a] Stufenreihe *f.*, Freitreppe; **-o** *m.* [gra'ðo] Grad *m.*, Rang, Stufe *f.;* (Doktor-) Würde; *SAm.* (Schul-) Klasse.
gradu|able *adj.* [graðʷaβ'le] abstufbar; **-ación** *f.* [graðʷaθʲɔ'n] Gradeinteilung *f.; mil.* Rang *m.;* **-almente** *adv.* [graðʷalme'nte] stufenweise; **-ar** [graðʷa'r] abstufen, einstellen; **-arse** [graðʷa'rse] akademische Würdeerwerben.
gráfico *adj.* [gra'fiko] graphisch; - *m.* Kurvendarstellung *f.*, Diagramm *n.*, Abbildung *f.*
grafito *m.* [grafi'to] Graphit *m.*
gragea *f.* [graxe'a] Dragee *f.*, Zuckerpille.
grajo *m.* [gra'xo] zool. (Saat-) Krähe, Dohle *f.*
gramática *f.* [grama'tika] Grammatik *f.*, Sprachlehre.
gramatical *adj.* [gramatika'l] grammatisch.
gramíneas *f. pl.* [grami'neas] *bot.* Gräser *n. pl.*
gramófono *m.* [gramo'fono] Grammophon *n.*

gran *adj.* [gran] groβ (vor Hauptwörtern).

grana *f.* [gra'na] Koschenille *f.*; Scharlachrot *n.*

granada *f.* [grana'ða] *bot.* Granatapfel *m.*; *mil.* Granate *f.*

granado *adj.* [grana'ðo]: *techn.* **carbón** *(m.)* - Stückkohle *f.*

granate *m.* [grana'te] *min.* Granatstein *m.*

grande *adj.* [gra'nde] groβ, hoch, erwachsen, bedeutend; **-mente** *adv.* [grandeme'nte] auβerordentlich; **-za** *f.* [grande'θa] Gröβe *f.*, Erhabenheit, Würde es. span. Granden.

grandi|locuencia *f.* [grandilok^{w}e'nθ^{j}a] hochtrabende Redeweise *f.*; **-locuente** *adj.* [grandilok^{w}e'nte] *s.* hochtrabend ausdrückend; **-osidad** *f.* [grand^{j}osiða'ð] Groβartigkeit *f.*; **-oso** *adj.* [grand^{j}o'so] Groβartig, prächtig.

granear [granea'r] (Pulver) körnen; (Leder) narben.

granel [grane'l]: **a** - haufenweise, unzählig; (Waren) lose.

granero *m.* [grane'ro] Kornkammer *f.*, (Getreide-) Speicher *m.*

granítico *adj.* [grani'tiko:] **rocas** *(f. pl.)* **-as** Granitgestein *n.*

graniz|ada *f.* [graniθa'ða] Hagel (-Schauer) *m.*; **-ar** [graniθa'r] hageln; **-o** *m.* [grani'θo] Hagel *m.*, Graupeln *f. pl.*, Schloβen.

granj|a *f.* [gra'nxa] Landgut *n.*, Meierei *f.*; **-ero** *m.* [graŋxe'ro] (Guts-) Hofbesitzer *m.*, Landwirt.

grano *m.* [gra'no] Korn *n.*, Getreide; (Kaffee-) Bhone *f.*; (Leder) Narbe; *med.* Mitesser *m.*; (Traube) Kern; **¡al -!** zur Sache!; **-s** *m. pl.* [gra'nos] Getreide *n.*

granu|ja *m.* [granu'xa] Lümmel *m.*, Lump, Straβenjunge; *med.* voller Pickel; **-lación** *f.* [granalaθ^{j}ɔ'n] Körnung *f.*; **-lado** *adj.* [granula'ðo] körnig; *m.* (Papier) Körnung *f.*; **-lar** [granula'r] *chem.* granulieren, körnen.

granza *f.* [gra'nθa] *Span. techn.* Kohle *(f.)* *v.* 12—25 mm. Stückgröβe.

grapa *f.* [gra'pa] (Heft-) Klammer *f.*, Krampe.

gras|a *f.* [gra'sa] Fett *n.*, *Schmalz, Schmiere f.*; **-iento** *adj.* [gras^{j}e'nto] fettig, schmierig; **-o** *adj.* [gra'so] (Kohle, Lehm) fett.

gratamente *adv.* [gratame'nte] angenehm (z. B. überrascht).

gratifica|ción *f.* [gratifikaθ^{j}ɔ'n] Gratifikation *f.*, Sondervergütung, Prämie; **-r** [gratifika'r] belohnen.

gratis *adv.* [gra'tis] unentgeltlich.

grat|itud *f.* [gratitu'ð] Dankbarkeit *f.*; **-o** *adj.* [gra'to] angenehm; *SAm.* dankbar; **-uito** *adj.* [grat^{w}i'to] frei, unentgeltlich; (Behauptung) grundlos; **-ular** [gratula'r] beglückwünschen.

grava *f.* [gra'βa] (Grob-) Kies *m.*, Steinschlag.

grav|amen *m.* [graβa'men] (Be-) Last (-ung) *f.*; **-ar** [graβa'r] (m. Abgaben) belasten; **-e** *adj.* [gra'βe] schwer, ernst, gefährlich; **-edad** *f.* [graβeða'ð] Schwere *f.*, Schwerkraft; *fig.* Gröβe (er. Schuld); Ernst *m.* (er. Krankheit).

gravita|ción *f.* [graβitaθ^{j}ɔ'n] Schwerkraft *f.*; **-r** [graβita'r] (senkrecht ruhend) belasten.

gravoso *adj.* [graβo'so] beschwerlich, drückend.

grazn|ar [graθna'r] (Raben) krächzen; (Gänse) schnatter; **-ido** *m.* [graθni'ðo] Krächzen *n.*, Schnattern.

grec|a *f.* [gre'ka] Griechin *f.*; **-o** *m.* [gre'ko] Grieche *m.*

Grecia *f.* [gre'θ^{j}a] Griechenland *n.*

gred|a *f.* [gre'da] Schlemmkreide *f.*, (feiner weiβer) Ton-, Kreidesand *m.*; **-oso** *adj.* [greðo'so] kreidig, tonig.

gregario *adj.* [grega'r^{j}o] gewöhnlich; Dutzend...

greguería *f.* [gregeri'a] *fig.* toller Einfall *m.*

gremi|al *adj.* [grem^ja'l] auf Innung, Zunft, Genossenschaft bezüglich; **-o** *m.* [gre'm^jo] Innung *f.*, Zunft, Genossenschaft, Körperschaft.
greña *f.* [gre'ɲa] zerzaustes Haar *n.*
gres *m.* [gres] Steingut *n.*
gresca *f.* [gre'ska] Streit *m.*
griego *adj.* [gr^je'go] griechisch; **- m** Grieche *m.*, griechische Sprache *f.*
grieta *f.* [gr^je'ta] (Ein-) Riß *m.*, Spalte *f.*
grif|ería *f.* [griferi'a] Wasserarmaturen *f. pl.*; **-o** *m.* [gri'fo] (Mythologie) Greif *m.*; *techn.* Hahn; **agua** *(f.)* **del -o** Leitungswasser *n.*
grill|era *f.* [griʎe'ra] Grillenkäfig *m.*; **-o** *m.* [gri'ʎo] zool. Grille *f.*, Heimchen *n.*
gringo *m.* [gri'ŋgo] *SAm.* Ausländer *m.* (Nichtspanier).
grip|al *adj.* [gripa'l] *med.* auf Grippe bezüglich; **-e** *f.* [gri'pe] *med.* Grippe *f.*, Influenza.
gris *adj.* [gris] grau; **-ú** *m.* [grisu'] Grubengas *n.*, schlagende Wetter *n. pl.*
grit|ar [grit'r] schreien, (aus-), (zu-) rufen; **-ería** *f.* [griteri'a] Geschrei *n.*; **-o** *m.* [gri'to] Schrei *m.*, Ruf.
grosell|a *f.* [grose'ʎa] Johannisbeere *f.*; **-ero** *m.* [groseʎe'ro] Johannisbeerstrauch *m.*
groser|ía *f.* [groseri'a] Grobheit *f.*, Unhöflichkeit; **-o** *adj.* [grose'ro] grob, unhöflich.
grosor *m.* [grosɔ'r] Dicke *f.*
grotesco *adj.* [grote'sko] grotesk, wunderlich.
grúa *f.* [gru'a] Kran *m.*
grues|a *f.* [gr^we'sa] Gros *n.*; **-o** *adj.* [gr^we'so] dik; (See) schwer; (Havarie) groβ; *m.* Dicke *f.*, Stärke.
grulla *f.* [gru'ʎa] zool. Kranich *m.*
grumete *m.* [grume'te] Schiffsjunge *m.*
grumo *m.* [gru'mo] Klumpen *m.* (in Flüssigkeiten); **-so** *adj.* [grumo'so] klumpig.
gruñ|ido *m.* [gruɲi'ðo] (Schwein) Grunzen *n.*; (Hund) Knurren; (Bär) Brummen; **-ir** [gruɲi'r] grunzen, knurren, brummen; **-ón** *m.* [gruɲno'n] *fam.* Brummbär *m.*
grupa *f.* [gru'pa] Kruppe *f.*, Kreuz *n.* (des Pferdes).
grupo *m.* [gru'po] Gruppe *f.*
gruta *f.* [gru'ta] Grotte *f.*, Höhle.
gruyere [gru^je'r]: **queso** *(m.)* **(de) -** Schweizerkäse *m.*
guaca *f.* [g^wa'ka] *SAm.* vergrabener Schatz *m.*
guacho *adj.* [g^wa'čo] *SAm.* ausgesetzt, verwaist.
guadaña *f.* [g^waða'ɲa] Sense *f.*
guajira *f.* [g^waχi'ra] (Cuba) Volkslied *(n.)* *bzw.* -tanz *m.*
gualdo *adj.* [g^wa'ldo] (gold-) gelb; *poet.* blond.
guan|aco *m.* [g^wana'ko] *zool.* Guanako *n.*, (wildes) Lama; **-o** *m.* [g^wa'no] Guano *m.*, Vogeldünger.
guante *m.* [g^wa'nte] Handschuh *m.*; **echarle a uno el -** *fig.* jem. festnehhmen.
guap|eza *f.* [g^wape'θa] *fam.* Entschlossenheit *f.*, Groβtuerei; **-o** *adj.* [g^wa'po] hübsch, groβtuerisch.
guarda *f.* [g^wa'rda] Wacht *f.*, Wärterin; **estar de -** Dienst haben; **- m.** Aufseher *m.*, Wächter; **-forestal** Forster *m.*; **-agujas** Weichensteller *m.*; **-barros** Kotflügel *m.*; **-bosque** Waldhüter *m.*, Förster *f.*; **-costas** Küstenwachtschiff *n.*; **-frenos** *Eis.* Bremser *m.*; **-meta** (Sport) Torwart *m.*; **-muebles** Möbelspeicher *m.*; **-polvo** *m.* Staubmantel *m.*; **-r** [g^warda'r] aufbe-, verwahren, behalten, beschützen; (Bett, Vieh) hüten: **-rse** [g^warda'rse] s· in acht nehmen, s. hüten.
guardería *f.* [g^warderi'a]: **-infantil** Kinderhort *m.*
guardia *f.* [g^wa'rd^ja] Wache *f.*, Posten *m.*; *mil.* Garde *f.*; **-.** Schutzmann *m.*; **- civil** Gendarm.
guardián *m.* [g^ward^ja'n] Klostervorsteher *m.*

guardilla *f.* [gʷardi'ʎa] Dachkammer *f.*, -stube.
guarecerse [gʷareθe'rse] Schutz suchen (**de** vor).
guarida *f.* [gʷari'ða] Zufluchtsort *m.*; (Tier) Höhle *f.*
guarismo *m.* [gʷari'zmo] Ziffer *f.*
guarn|ecer [gʷarneθe'r] (Kleidungsstück) besetzen; (Mauer) verputzen; (Festung) ausrüsten; **-ición** *f.* [gʷarniθʲɔ'n] (Kleidung) Besatz *m.*; Beschlag; Garnison, *f.*, Besatzung.
guarr|a *f.* [gʷa'rra] Sau *f.*; **-o** *m.* [gʷa'rro] Schwein *n.*
guas|a *f.* [gʷa'sa] Scherz *m.*, Ulk, Witz; **de -a** im Spaβ; **-earse** [gʷasea'rse] s. lustig machen (**de** über); **-ón** *m.* [gʷasɔ'n] Spaβvogel *m.*, Witzbold.
guata *f.* [gʷa'ta] Watte *f.*
guayab|a *f.* [gʷaja'βa] *bot.* Gujavafrucht *f.*; **-o** *m.* [gʷaja'βo] Guajavabaum *m.*
guayaco *m.* [gʷaja'ko] *bot.* Gujakbaum *m.*, -holz *n.*
gubernamental *adj.* [guβernamenta'l] auf die Regierung bezüglich.
guerra *f.* [ge'rra] Krieg *m.*; **-santa** Kreuzzug *m.*; **buque** (*m.*) **de -** Kriegsschiff *n.*; **dar -** *fig.* viel zu schaffen machen.
guerr|ear [gerrea'r] Krieg führen; **-era** *f.* [gerre'ra] Waffenrock *m.*; **-ero** *m.* [gerre'ro] Krieger *m.*
guía *m.* [gi'a] Führer *m.*; **-** *f.* Führung *f.*, -sstück *n.*; Fahrplan *m.*, Kurs-, Adreβbuch *n.*; **-s** *f. pl.* [gi'as] Schnurrbartspitzen *f. pl.*; **-r** [gia'r] führen, lenken, leiten.
guijarro *m.* [gixa'rro] Kieselstein *m.*, Fluβkies.
guillotina *f.* [giʎoti'na] Guillotine *f.*, Fallbeil *n.*; Papierscheidemaschine *f.*; **-r** [giʎotina'r] *m.* dem Fallbeil hinrichten; (Papier) beschneiden.
guind|a *f.* [gi'nda] Weichsel-kirsche *f.*; **-illa** *f.* [gindi'ʎa] span. Pfeffer *m.*; *fam.* (Spitzname) Schutzmann *m.*; **-o** *m.* [gi'ndo] Süβkirschenbaum *m.*
guiñ|ar [giɲa'r] blinzeln; **-ar los ojos** *m.* den Augen zwinkern; **-o** *m.* [gi'ɲo] (Augen-) Zwinkern *n.*
gui|ón *m.* [giɔ'n] Bindestrich *m.*; (Film) Drehbuch *n.*; *mil.* Standarte *f.*; **-onista** *m.* [gioni'sta] (Film) Drehbuchschreiber *m.*
guirlache *m.* [girla'če] (Art) Pfefferkuchen *m.*
guirnalda *f.* [girna'lda] Girlande *f.*
guisa *f.* [gi'sa]: **a - de** als, nach Art v.; **-do** *m.* [gisa'ðo] Gericht *n.*, Schmorfleisch; **-r** [gisa'r] kochen; (Speisen) zubereiten.
guiso *m.* [gi'so] Gericht *n.*, Speise *f.*
guitarr|a *f.* [gita'rra] Gitarre *f.*; **-eo** *m.* [gitarre'o] Gitarrenspiel *n.*; **-ero** *m.* [gitarre'ro] Gitarrenspieler *m.*
gula *f.* [gu'la] Gefräβigkeit *f.*
gusan|era *f.* [gusane'ra] Wurmloch *n.*; **-o** *m.* [gusa'no] Made *f.*, Wurm *m.*; **-o de seda** Seidenraupe *f.*; **-o de luz** Glühwürmchen *n.*, Leuchtkäfer *m.*
gusta|ción *f.* [gustaθʲɔ'n] Kosten *n.*, Schmecken; **-r** [gusta'r] kosten, schmecken; *intr.* gefallen; **-r de** etw. gern tun.
gust|o *m.* [gu'sto] Geschmack *m.*, -ssinn, Gefallen, Vergnügen *n.*; **al -o español** nach span. Art.; **dar -o a** jem. ee. Freude bereiten; **estar a -o** s. behaglich fühlen; **tanto -o** es hat mich sehr gefreut (Höflichkeitsphrase); (Antwort): **el -o ha sido mío** ganz meinerseits; **con mucho -o** *m.* dem gröβten Vergnügen, herzlich gern; **-osamente** *adv.* [gustosame'nte] gern, *m.* Vergnügen; **ñ -oso** *adj.* [gusto'so] schmackhaft, bereitwillig, gern.
gutapercha *f.* [gutape'rca] Guttapercha *n.*
gutural *adj.* [gutura'l]: **pronunciación** (*f.*) **-** gutturale Aussprache *f.*

g

h, H *f.* [a'če] h, H *n.*
haba *f.* **(el)** [a'βa] (groβschotige) Bohne *f.*
haban|era *f.* [aβane'ra] (Havanna) Tanz *m.;* **(cigarro) -o** *m.* Havanna-Zigarre *f.*
haber [aβe'r] (als Hilfszeitwort) haben, sein; (Gelder) eintreiben; (Diebe usw.) festnehmen; bekommen; **-de** *(inf.)* müssen, sollen *(inf.);* **hay** es ist, - gibt; es sind, es findet statt; **no ha más que** *(inf.)* man braucht es nur zu *(inf.);* **¡hay que ver!** *fam.* unglaublich!; **¿qué hay?** was ist los?; **¿qué hay de...?** wie steht es m...? **¡no hay de qué!** keine Ursache! (als Antwort auf: gracias! danke!); **-es** *m. pl.* [aβe'res] Einkünfte *f. pl.*, Gehaalt *n.*, Lohn m.
habichuela *f.* [aβič^{w}e'la] .(Schmink-) Bohne *f.*
hábil *adj.* [a'βil] geschickt; *jur.* (rechts-)fähig.
habili|dad *f.* [aβiliða'ð] Fähigkeit *f.*, Gewandtheit; **-doso** *adj.* [aβiliðo'so] geschickt, befähigt; **-tación** *f.* [aβilitaθ^{j}ɔ'n] Befähigung *f.*, Befugnis, Berechtigung; **-tado** *adj.* [aβilita'ðo] berechtigt, befähigt; *m.* Zahlmeister *m.;* **-tar** [aβilita'r] befähigen, berechtigen.
hábilmente *adv.* [a'βilmente] geschickt, gewandt.
habita|ble *adj.* [aβita'βle] bewohnbar; **-ción** *f.* [aβitaθ^{j}ɔ'n] Zimmer *n.*, Wohnung *f.;* **-nte** *m.* [aβita'nte] Ein-, Bewohner *m.;* **-r** [aβita'r] (be-) wohnen.
hábito *m.* [a'βito] Gewohnheit *f.*, Ordenskleid *n.*
habitua|ción *f.* [aβit^{w}aθ^{j}ɔ'n] Angewöhnung *f.;* **-l** *adj.* [aβit^{w}a'l] gewohnt, gewöhnlich; **-r(se)** [aβit^{w}a'rse] **(a** an).
habla *f.* **(el)** [a'βla] Sprache *f.*, Mundart, Sprechen *n.;* **países de - española** Länder spanischer Zunge; **-dor** *adj.* [aβlaðɔ'r] geschwätzig; *-m.* Schwätzer *m;* **-durías** *f. pl.* [aβlaðuri'as] (Stadt-) Klatsch *m.;* **-r** [aβla'r] reden, (aus-) sprechen.
hacedor *m.* [aθeðɔ'r]: **el Supremo H5ñ** Schöpfer *m.*, Gott.
hacendado *adj.* [aθenda'ðo] begütert; *- m.* Gutsbesitzer; *SAm.* Farmer *m.*, Viehzüchter.
hacendoso *adj.* [aθendo'so] emsig, regsam, haushälterisch.
hacer [aθe'r] machen, tun, (an-) (ver-) fertigen; (Summe) ausmachen, betragen; (Geld) verdienen; (en. Vertrag) abschlieβen; (ee. Gefälligkeit) erweisen; (das Inventar) aufnehmen; (ee. Zahlung)leisten; (Schatten) werfen; **- frío (calor)** kalt (warm) sein; **- memoria** s. zu erinnern versuchen; **- buen (mal) tiempo** gutes (schlechtes) Wetter sein; **hace 6 días** vor 6 Tagen; **-se** [aθe'rse] **(viejo, rico)** (alt, reich) w.; **-se el sordo** den Tauben spielen; **-se uno el tonto** s. dummstellen; **-se de noche** Nacht w.
hacia *prep.* [a'θ^{j}a] gegen, nach; (zeitlich) etwa um; **- adelante** vorwärts; **- atrás** rückwärts; **- allí** dorthin.

hacienda *f.* [aθʲeˈnda] Besitzung *f.*, Landgut *n.*; (Staats-) Finanzen *pl.*; *SAm.* Farm *f.*, Plantage, Viehzüchterei.

hacina *f.* [aθiˈna] (Heu-) Haufen *m.*; **-miento** *m.* [aθinamʲeˈnto] Anhäufung *f.*; **-r** [aθinaˈr] anhäufen.

hacha *f.* **(el)** [aˈča] Axt *f.*, Fackel; *fig.* Hauptkerl *m.*, Leuchte *f.*; **-dor** *m.* [ačaðɔˈr] *SAm.* Holzfäller *m.*; **-zo** *m.* [acaˈθo] Axthieb *m.*

hache *f.* [aˈče] (Buchstabe) h *n.*

hachón *m.* [ačɔˈn] Pechfackel *f.*

hada *f.* **(el)** [aˈða] Fee *f.*, Zauberin.

hado *m.* [aˈðo] Schickasal *n.*, Verhängnis.

halag|ar [alagaˈr] schmeicheln, schön tun; **-o** *m.* [alaˈgo] Schmeichelei *f.*; **-üeño** *adj.* [alagʷeˈŋi] schmeichelnd, vielversprechend.

halcón *m.* [alkɔˈn] Falke *m.*

hálito *m.* [aˈlito] Atem *m.*, Hauch.

halo *m.* [aˈlo] (Sonne, Mond) Hof *m.*; *phot.* Lichthof.

hall *m.* [xɔl] (Eingangs-) Halle *f.*

hallar [aʎaˈr] (auf-), (be-)finden, (an-) treffen; **-se** [aʎaˈrse] s. befinden.

hallazgo *m.* [aʎaˈθgo] Fund *m.*

hamaca *f.* [amaˈka] Hängematte *f.*; *SAm.* Schlafnetz *n.*

hambr|e *f.* **(el)** [aˈmbre] Hunger *m.*; **tener -e** hungrig sein; **morirse de -e** verhungern; **-iento** *adj.* [ambrʲeˈnto] hungrig; *fig.* begierig.

hampa *f.* **(el)** [aˈmpa] Bummelleben *n.*; **gente** *(f.)* **del -** Gesindel *n.*, Gauner *m. pl.*

hangar *m.* [aŋgaˈr] Flugzeugschuppen *m.*, Luftschiffhalle *f.*

haragán *m.* [aragaˈn] Tagedieb *m.*

harap|iento *adj.* [arapʲeˈnto] zerlumpt; **-o** *m.* [araˈpo] Fetzen *m.*, Lumpen.

harca *f.* **(el)** [aˈrka] (Marokko) Abteilung *(f.)*, Krieger.

harén *m.* [areˈn] Harem *m.*

harin|a *f.* [ariˈna] Mehl *n.*; **-a fósil** Kieselguhr *n.*; **-ero** *m.* Mehlhändler *m.*; **-oso** *adj.* [arinoˈso] mehlig.

harnero *m.* [arneˈro] Sieb *n.*

hart|ar(se) [artaˈrse] sättigen, *fig.* befriedigen; (s. sättigen, s. überladen); **-arse de** müde w.; **-o** *adj.* [aˈrto] satt, überdrüssig; *adv.* genug, ziemlich.

hasta *prep.* [aˈsta] bis; **no...** - erst; **- que** bis daß; *adv.* sogar, selbst.

hastiar(se) [astiaˈrse] langweilen; (überdrüssig sein).

hastío *m.* [astiˈo] Ekel *m.*, Widerwille.

hatajo *m.* [ataˈxo] *fig.* Menge *f.*, Haufen *m.*

hato *m.* [aˈto] Bündel *n.*, kleine Herde *f.*

haya *f.* **(el)** [aˈja] Buche *f.*, -nholz *n.*

haz *m.* [aθ] Bund *n.*, Bündel, Garbe *f.*

hazaña *f.* [aθaˈɲa] Heldentat *f.*

hazmerreír *m.* [aθmerreiˈr] *fam.* Hanswurst *m.*, lächerliche Figur *f.*

¡he! *adv.* [e] he!, sieh da!; **¡ -me aquí!** da bin ich nun!; **- aquí que** da plötzlich.

hebdomadario *adj.* [eβdomaðaˈrʲo] wöchentlich.

hebilla *f.* [eβiˈʎa] Schnalle *f.*

hebra *f.* [eˈβra] Faden *m.*, Faser *f.*; **pegar la - con** *fig. fam.* e. Gespräch anknüpfen *m.*

hebre|a *f.* [eβreˈa] Jüdin *f.*; **-o** *m.* [eβreˈo] Jude *m.*; die hebräische Sprache; *adj.* hebräisch, jüdisch.

hecatombe *f.* [ekatɔˈmbe] *fig.* Blutbad *n.*, Katastrophe *f.*

hect|área *f.* [ektaˈrea] Hektar *m.*; **-olitro** *m.* [ektoˈlitro] Hektoliter *n.*

hechi|cera *f.* [ečiθeˈra] Hexe *f.*, Zauberin; **-cero** *m.* [ečiθeˈro] Hexenmeister *m.*, Zauberer; *adj.* bezaubernd; **-zar** [ečiθaˈr] bezaubern, behexen.

hecho *adj.* [eˈčo] fertig, vollendet; **- una furia** wütend; **dicho y -** gesagt, getan; **traje -** fertiger Anzug (von der Stange gekauft); **-** *m.* Tat (-sache) *f.*, Umstand *m.*; **de -** tatsächlich; **el - es que...** die Sache ist die, daß...; **es un -** daran ist nichts mehr zu ändern.

hechura *f.* [eču'ra] Anfertigung *f.*, Machart, Schnitt *m.*, Macherlohn.

hegemonía *f.* [exemoni'a] Oberherrschaft *f.*

hégira *f.* [e'xira] Hedschra *f.* (Anfang der mohammed. Zeitrechng.).

hela|da *f.* [ela'ða] Frost *m.*, Reif, Frieren *n.*; **-do** *adj.* [ela'ðo] gefroren; *fig.* starr; - *m.* Gefrorenes *n.*, Speiseeis; **-dora** *f.* [elaðɔ'ra] Eismaschine *f.*; **-r** [ela'r] *intr.* frieren; *tr.* gefrieren machen, bzw. lassen; **-rse** [ela'rse] (Gewässer) zufrieren.

helecho *m.* [ele'čo] *bot.* Farnkraut *n.*

heleno *m.* [ele'no] Grieche *m.*, Helene.

hélice *f.* [e'liθe] Propeller *m.*, (Schiffs-)Schraube *f.*

helicoidal *adj.* [elikoiða'l] schraubenförmig.

helicóptero *m.* [elikɔ'ptero] *av.* Hubschrauber *m.*

helio *m.* [e'lʲo] *chem.* Helium *n.*

helvético *adj.* [elβe'tiko] helvetisch, schweizerisch.

hematíe *m.* [emati'e] *anat.* rotes Blutkörperchen *n.*

hembra *f.* [e'mbra] Weib(-chen) *n.*, Frau *f.*

hemiplejía *f.* [emiple'xʲa] *med.* einseitige Lähmung *f.*

hemis|férico *adj.* [emisfe'riko] halbkugelförmig; **-ferio** *m.* [emisfe'rʲo] Halbkugel *f.*

hemo|filia *f.* [emofi'lja] *med.* Bluterkrankheit *f.*; **-fílico** *adj.* [emofi'liko] *med.* Bluter *m.*; **-globina** *f.* [emogloβi'na] Hämoglobin *n.*; Blutfarbstoff *m.*; **-rragia** *f.* [emɔrra'xʲa] *med.* Bluterguß *m.*; **-rroides** *m. pl.* [emorrɔ'iðes] *med.* Hämorrhoiden *f. pl.*

henchir(se) [enči'rse] anfüllen, ausstopfen; (s. aufblähen).

hend|edura *f.* [endeðu'ra] Schlitz *m.*, Riß, Spalte *f.*, Ritze; **-er** [ende'r] (ein-) spalten, schlitzen.

heno *m.* [e'no] Heu *n.*

hepático *adj.* [epa'tiko] *anat.* auf die Leber bezüglich.

her|áldica *f.* [era'ldika] Heraldik *f.* Wappenkunde; **-áldico** *adj* [era'ldiko] heraldisch; **-aldo** *m* [era'ldo] Herold *m.*

herb|aje *m.* [erβa'xe] Futtergras *n.*; [erβa'rʲo] Herbarium *n.*, Pflanzensammlug *f.*; **-ívoro** *adj.* [erβi'βoro] pflanzenfressend; **-olario** *m.* [erβola'rʲo] Kräutersammler *m.*

hercúleo *adj.* [erku'leo] herkulisch, sehr stark.

hered|ad *f.* [ereða'ð] Erb-, Landgut *n.*; **-ar** [ereða'r] (be-) erben; **-ero** *m.* [ereðe'ro] Erbe *m.*; *adj.* erblich; **-itario** *adj.* [ereðita'rʲo] erblich.

herej|e *m.* [ere'xe] Ketzer *m.*; **-ía** f. [erexi'a] Ketzerei *f.*, Irrlehre.

herencia *f.* [ere'nθʲa] Erbschaft *f.*, Nachlaß *m.*; *med.* Vererbung *f.*

herético *adj.* [ere'tiko] ketzerisch.

heri|da *f.* [eri'ða] Verletzung *f.*, Verwundung, Wunde; **-do** *adj.* [eri'ðo] verletzt, verwundet; - *m.* Verwundete *m.*; **-r** [eri'r] verletzen, verwunden; *fig.* beleidigen.

herma|frodita *m.* [ermafroði'ta] (Mensch, Pflanze, Tier) Zwitter *m.*; **-na** *f.* [erma'na] (Kranken-) Schwester *f.*, Nonne; **-na política** Schwägerin *f.*, **-nastra** *f.* [ermana'stra] Stiefschwester *f.*; **-stro** *m.* [ermana'stro] Stiefbruder *m.*; **-ndad** *f.* [ermanda'ð] Brüderlichkeit *f.*, Laienbruderschaft; **-no** *adj.* [erma'no] verbrüdert; **-no** *m.* (Kloster-, Ordens-) Bruder *m.*; **-no político** Schwager *m.*; **-nos** *m. pl.* [erma'nos] Geschwister *pl.*; (bei Firmen) Gebrüder; **-nos gemelos** Zwillinge *m. pl.*

herm|éticamente *adv.* [ermetica-me'nte] **-éticamente cerrado** hermetisch (luftdicht) verschlossen; **éticidad** *f.* [ermetiθiða'ð] Undurchlässigkeit *f.*, Dichte; **-ético** *adj.* (luft-)dicht, hermetisch.

hermos|ear [ermosea'r] verschönern; **-o** *adj.* [ermo'so] schön; **-ura** *f.* [ermosu'ra] Schönheit *f.*

herni|a *f.* [e'rn^{j}a] *med.* Bruch *m.*; **-iado** *m.* [ern^{j}a'ðo] Bruchleidender *m.*

héroe *m.* [e'roe] Held *m.*

heroic|idad *f.* [erɔiθiða'ð] Heldenmut *m.*; **-o** *adj.* [erɔ'iko] heldenhaft, -mütig.

heroína *f.* [eroi'na] *theat.* (Roman) Heldin *f.*; *chem.* Heroin *n.*

heroísmo *m.* [eroi'zmo] Heldenmut *m.*

herra|dor *m.* [erraðɔ'r] (Huf-) Schmied *m.*; **-dura** *f.* [erraðu'ra] Hufeisen *n.*; **-je** *m.* [erra'xe] Eisenbeschlag *m.*; **-mienta** *f.* [erram^{j}e'nta] Werkzeug *n.*; *fig.* Geweih; **-r** [erra'r] Hufe beschlagen, *m.* eisernen Beschlagteilen versehen.

herrer|ía *f.* [erreri'a] Schmiede (-werkstatt) *f.*, Eisenhütte; **-o** *m.* [erre'ro] (Huf-) Schmied *m.*

herrumbre *f.* [erru'mbre] (Eisen-) Rost *m.*

herv|idero *m.* [erβiðe'ro] Sprudeln *n.*; (Menschen) Gewimmel; **-ir** [erβi'r] zum Kochen bringen, sieden, kochen, wallen; **-or** *m.* [erβɔ'r] Sieden *n.*; *fig.* Hitze *f.*, Ungestüm *m.*

hesita|ción *f.* [esitaθ^{j}ɔ'n] Zögern *n.*; **-r** [esita'r] zögern.

hetero|doxia *f.* [eteroðɔ'ksja] Irrglaube *m.*; **-doxo** *adj.* [eteroðɔ'kso] irrgläubig; - *m.* Andersgläubiger *m.*; **-géneo** *adj.* [eteroxe'nco] ungleichartig, verschiedenartig.

hez *f.* [eθ] Hefe *f.*, Bodensatz *m.*; *fig.* (Menschheit) Abschaum.

híbrido *adj.* [i'βrido] auf Bastard bezüglich.

hidalg|o *m.* [iða'lgo] Edelmann; **-o** *adj.* -adlig, edel; **-uía** *f.* [iðalgi'a] Adel *m.*, Edelmut.

hidra|rgirio *m.* [idrarxi'r^{j}o] Quecksilber *n.*; **-tación** *f.* [idrataθ^{j}ɔ'n] *chem.* Hydrierung *f.*, Verflüssigung; **-tado** *adj.* [idrata'ðo] *chem. m.* Wasser verbunden; **-tar** [idrata'r] *chem.* hydrieren; **-to** *m.* [idra'to] *chem.* Hydrat *n.*

hidráulic|a *f.* [idra'ulika] Hydraulik *f.*, Wasserbaukunst; **-o** *adj.* [idra'uliko] hydraulisch, *m.* Wasserkraft angetrieben.

hidro|avión *m.* [idroaβ^{j}ɔ'n] Wasserflugzeug *n.*; **-dinámica** *f.* [idroðina'mika] Wasserkraftlehre *f.*

hidrófilo *adj.* idro'filo] wasseraufnehmend, -ansaugend; **algodón** *(m.)* - Wundwatte *f.*

hidrogenado *adj.* [idroxema'ðo] *chem.* wasserstoffreich.

hidrógeno *m.* [idro'xeno] *chem.* Wasserstoff *m.*

hidro|patía *f.* [idropati'a] *med.* Wasserheilkunde *f.*; **-timetría** *f.* [idrotimetri'a] Bestimmug *(f.)* der Wasserhärte.

hidróxido *m.* [idro'ksiðo] *chem.* Wasserstoffoxyd *n.*

hiel *f.* [jel] Galle *f.*

hielo *m.* [je'lo] Eis. *n.*; - **movedizo** Treibeis *n.*

hiena *f.* [je'na] zool. Hyäne *f.*

hierático *adj.* [jera'tiko] hieratisch, heilig, priesterlich.

hierba *f.* [je'rβa] Gras *n.*; - **Luisa** [jerβalui'sa] Melissenkraut; - **mate** [jerβama'te] *SAm.* Mate, Paraguaytee *m.*; **-buena** *f.* [jerβa^{w}e'na] *bot.* Minze *f.*

hierro *m.* [je'rrɔ] Eisen *n.*; - **viejo** Alteisen; **edad** *(f.)* **del** - Eisenzeit *f.*

hígado *m.* [i'gaðo] Leber *f.*

higiene *f.* [ix^{j}e'ne] Hygiene *f.*, Gesundheitspflege.

higiénico *adj.* [ix^{j}e'niko] hygienisch; **paños** *(m. pl.)* **-s** (Damen-), (Monats-) Binden *f. pl.*

higo *m.* [i'go] Feige *f.*; - **chumbo** *bot.* Opuntia *f.*; - **paso** getrocknete Feige *f.*; **pan** *(m.)* **de -s** Feigenbrot *n.*

higros|cópico *adj.* [igrosko'piko] hygroskopisch; **-copio** *m.* [igrosko'p^{j}o] Feuchtigkeitsmesser *m.*

higuera *f.* [ge'ra] Feigenbaum *m.*

hija *f.* [i'xa] Tochter *f.;* - **política** Schwiegertochter *f.;* **-stra** *f.* [ixa'stra] Stieftochter *f.;* **-stro** *m.* [ixa'stro] Stiefsohn *m.*

hijo *m.* [i'xo] Sohn *m.;* **(i)legítimo** (un)eheliches Kind *n.;* - **de Madrid** geborener Madrider *m.;* **-político** Schwiegersohn *m.;* - **de puta** (Schimpfwort) Hurensohn *m.;* **-s** *m. pl.* [i'xos] Kinder *n. pl.* (auf die Eltern bezogen).

hila *f.* [i'la] Reihe *f.;* **-s** *f. pl.* [i'las] *med.* Scharpie *f.;* **-cho** *m.* [ila'čo] Gewebefaser *f.;* **-da** *f.* [ila'ða] Reihe *f.*, Lage (Mauer-) Steine; **-do** *m.* [ila'ðo] Gespinst *n.;* **-dor** [ilaðɔ'r] Spinner *m.;* **-ndera** *f.* [ilande'ra] Spinnerin *f.;* **-r** illa'r] spinnen; **-tura** *f.* [ilatu'ra] Spinnerei *f.*

hilera *f.* [ile'ra] Reihe *f.; techn.* Drahtzieheisen *n.*

hilo *m.* [i'lo] Faden *m.*, Garn *n.*, Zwirn *m.*, Leinen *n.;* Draht *m.; fig.* (Flüssikeit) feiner Strahl *m.; elektr.* - **conductor** Leitungsdraht *m.;* - **de coser** Nähfaden *m.;* **telegrafía** *(f.)* **sin -s** drahtlose Telegraphie *f.*

hilvanar [ilβana'r] heften.

himno *m.* [i'mno] Hymne *f.*

hinca|pié [iŋkap'e']: **hacer -pié en** besonderen Nachdruck legen auf; **-r** [iŋka'r] einschlagen, -treiben.

hincha *f.* [i'nča] *fam.* Haß *m.*, Wut *f.;* **tener - a alg.** jem. nicht riechen (leiden) können; **-do** *adj.* [inča'ðo] aufgeblasen, geschwollen; (Backe) dick; **-r** [inča'r] aufblasen, -pumpen; übertreiben; (Nachrichten) aufbauschen; **-rse** [inča'rse] anschwellen, s. blähen.

hinojo *m.* [inɔ'xo] *bot.* Fenchel *m.;* Knie *n.*

hipérbol|a *f.* [ipe'rβola] *math.* Hyperbel *f.;* **-e** *m. fig.* Übertreibung *f.*

hípico *adj.* [i'piko]: **concurso** *(m.)* -Pferderennen *n.*

hipn|osis *f.* [ipno'sis] Hypnose *f.;* **-ótico** *adj.* [ipno'tiko] *med.* auf Hypnose bezüglich; **-otizar** [ipnotiθa'r] hypnotisieren.

hipo *m.* [i'po] Schlucken *m.;* **-cresía** *f.* [ipokresi'a] Heuchelei *f.*, Scheinheiligkeit.

hipó|crita *adj.* [ipo'krita] scheinheilig; - *m.* Scheinheiliger *m.*, falsche Person *f.;* **-dromo** *m.* [ipo'dromo] Hippodrom *m.*, Rennbahn *f.*

hipopótamo *m.* [ipopo'tamo] *zool.* Fluß-, Nilpferd *n.*

hipoteca *f.* [ipote'ka] Hypothek *f.*, Grundschuld, Belastung; **-r** [ipoteka'r] *m.* er. Hypothek belasten, verpfänden.

hipótesis *f.* [ipo'tesis] Annahme *f.*, Voraussetzung.

hipotético *adj.* [ipote'tiko] angenommen, mutmaßlich.

hirviente *adj.* [irβ'e'nte] siedend.

his|palense *adj.* [ispale'nse] auf Sevilla bezüglich; **-pánico** *adj.* [ispa'niko] (hi-)spanisch; **-panidad** *f.* [ispaniða'ð] Spaniertum *n.*, span. Gedanke *(m.)* in der Welt; **-panismo** *m.* [ispani'zmo] span. Spracheigentümlichkeit *f.;* **-panista** *m.* [ispani'sta] Hispanist *m.;* **-pano** *adj.* [ispa'no] spanisch; **H -pano-América** *f.* [ispa'noame'rika] Spanisch-Amerika *n.;* - **panoamericano** *adj.* [ispano]amerika'no] spanisch-amerikanisch, südamerikanisch; **-panófilc** *m.* [ispano'filo] Spanienfreund *m.; adj.* spanienfreundlich.

histérico *adj.* [iste'riko] *med.* hysterisch; - *m.* Hysteriker *m.*

historia *f.* [isto'r'a] Geschichte *f.*, Erzählung; **-dor** *m.* [istor'aðɔ'r] Geschichtsschreiber *m.;* **-l** *m.* [istor'a'l] Angaben *(f. pl.)* über Lebenslauf.

histórico *adj.* [isto'riko] historisch, geschichtlich.

histori|eta *f.* [istor'e'ta] Geschichtchen *n.*, **-ógrafo** *m.* [istor'ɔ'grafo] Geschitsschreiber *m.*

hito *m.* [i'to] Grenz-, Mark-, Meilenstein *m.*

Hnos =*Abkzg.* **Hermanos** (Firmenbezeichnung) Gebrüder.
hocico *m.* [oθi'ko] Rüssel *m.*, Schnauze *f.*
hogar *m.* [oga'r] Herd *m.*, Feuerstelle *f.*, Feuerung, -sraum *m.*; Heim *n.*; **-eño** *adj.* [ogare'ɲo] häuslich.
hoguera *f.* [oge'ra] Scheiterhaufen *m.*, Freudenfeuer *n.*
hoja *f.* [ɔ'xa] (Papier-) Blatt *n.*; Bogen *m.*; (Tür-) Flügel *m.*; (Messer-) Klinge *f.*; (Buch-) Seite; **-lata** *f.* [oxala'ta] Weiβblech *n.*; **-latero** *m.* [oxalate'ro] Klempner *m.*; **-ldre** *m.* [oxa'ldre] Blätterteig *m.*; **-rasca** *f.* [oxara'ska] dürres Laub *n.*, dürre Blätter *n. pl.*
hojear [oxea'r] (Buch) (durch-) blättern.
¡hola! [o'la] holla!, he!; **¿ -?** so?, ist das möglich?
holga|do *adj.* [ɔlga'ðo] (Kleidungsstück) weit, bequem; behaglich; geräumig, breit; **-nza** *f.* [ɔlga'nθa] Behaglichkeit *f.*, Müβiggang *m.*; **-r** [ɔlga'r] müβig sein, feiern; (Bemerkung) s. erübrigen; **-zán** *m.* [ɔlgaθa'n] Müβiggänger *m.*, Faulenzer; **zane'ar** [olgaθanea'r] bummeln, faulenzen.
holocausto *m.* [oloka'usto]: **en - de la patria** dem Vaterland zum Opfer.
hollín *m.* [oʎi'n] (Kien-) Ruβ *m.*
hombre *m.* [ɔ'mbre] Mann *m.*, Mensch; *vulg.* Ehemann; Kerl; **¡ -!** *(etwa:)* mein Lieber! Mensch (-enskind)!; was Sie sagen!; nanu!.
hombro *m.* [ɔ'mbro] Schulter *f.*, Achsel.
homenaje *m.* [omena'xe] Huldigung *f.*; **en - de** zu Ehren v.
home|ópata *m.* [omeo'pata] Homöopath *m.*; **-opatía** *f.* [omeopati'a] Homöopathie *f.*; **-opático** *adj.* [omeopa'tiko] homöopathisch.
homicid|a *m.* [omiθi'ða] Mörder *m.*; **-io** *m.* [omiθi'ðʲo] Mord *m.*
homog|eneidad *f.* [omɔxeneiða'ð] Gleichartigkeit, -mäβigkeit *f.*; **-éneo** *adj.* [omɔxe'neo] gleichartig, mäβig.
homó|logo *adj.* [omo'logo] *chem.* homolog, gleichwertig; **-nimo** *m.* [omo'nimo] Homonym *n.*, Wort gleichen Klanges.
homosexual *adj.* [omoseksʷa'l] homosexuell; **-idad** *f.* [omoseksʷaliða'ð] Homosexualität *f.*
hond|a *f.* [ɔ'nda] Schleuder *f.*; **-o** *adj.* [ɔ'ndo] tief; **plato** *(m.)* **-o** Suppenteller *m.*; **-onada** *f.* [ɔndona'ða] Geländemulde *f.*
honest|idad *f.* [onestiða'ð] Ehrbarkeit *f.*, Keuschheit; **-o** *adj.* [one'sto] keusch, sittsam.
hongo *m.* [ɔ'ŋgo] *bot.* Pilz *n.*, Schwamm.
honor *m.* [onɔ'r] Ehre *f.*, Ehrgefühl *n.*; **-es** *m. pl.* [onɔ'res] Ehrenbezeigungen *f. pl.*; **hacer los -es de la casa** die Gäste empfangen; **-able** *adj.* [onora'βle] ehrenwert; **-ario** *adj.* [onora'rʲo]: **cónsul** *(m.)* **-ario** Ehrenkonsul *m.*; **-arios** *m. pl.* [onora'rʲos] Honorar *n.*, Vergütung *f.*, Gebühren *f. pl.*
honra *f.* [ɔ'nrra] Ehre *f.*, Ehrgefühl *n.*; Keuschheit *f.*; Gunstbezeigung *f.*; **-s** *(f. pl.)* **fúnebres** Leichenfeier *f.*; **-dez** *f.* [ɔnrraðe'ð] Anständigkeit, Redlichkeit *f.*; **-do** *adj.* [ɔnra'ðo] ehrlich, rechtschaffen, keusch; **-r** [ɔnrra'r] (be-), (ver-) ehren; (Wechsel) einlösen.
honroso *adj.* [ɔnrro'so] ehrenvoll.
hora *f.* [o'ra] Stunde *f.*, Uhr, Zeit; **a la -** pünktlich; **dar la -** (Uhr) schlagen; **a última -** im letzten Augenblick; **a buena -** zur rechten Zeit, (ironisch) zur Unzeit; **¿qué - es?** welche Zeit ist es?; **-s** *(f. pl.)* **extraordinarias** Überstunden *f. pl.*
horadar [oraða'r] durchbohren.
horario *m.* [ora'rʲo] (Uhr) Stundenzeiger *m.*; Stundenplan; *Eis.* Fahrplan; *adj.* Stunden.

horca *f.* [ɔ'rka] Galgen *m.* Heugabel *f.*
horchat|a *f.* [ɔrča'ta] (Getränk) Mandelmilch *f.*; **-ería** *f.* [ɔrčateri'a] Verkaufsstelle *(f.)* für Mandelmilch u. Erfrischungen.
horda *f.* [ɔ'rda] Horde *f.*
horizont|al *adj.* [oriθɔnta'l] horizontal, waagerecht; *~f. vulg.* Halbweltdame *f.*; **-e** *m.* [oriθɔ'nte] Horizont, Gesichtskreis *m.*
horma *f.* [ɔ'rma] (Schuh-, Hut-) Form *f.*, Leisten *m.*
hormiga *f.* [ɔrmi'ga] *zool.* Ameise *f.*
hormigón *m.* [ɔrmigɔ'n] Beton *m.*; **- armado** Eisenbeton *m.*
hormigon|ado *m.* [ɔrmigona'ðo] Betonierung *f.*; **-ar** [ɔrmigonar] betonieren; **-era** *f.* [ɔrmigone'ra] Betonmischer *m.*
hormigue|ar [ɔrmigea'r] jucken, kribbeln; *fig.* wimmeln; **-o** *m.* [ɔrmige'o] Jucken *n.*, Kribbeln; *fig.* (Menschen-) Gewimmel; **-ro** *m.* [ɔrmige'ro] Ameisenhaufen *m.*; *adj.*: **oso** *(m.)* **-ro** *zool.* Ameisenbär *m.*
horn|acina *f.* [ɔrnaθi'na] (Mauer-) Nische *f.*; **-ada** *f.* [ɔrna'ða] Ofenladung *f.*, Backofenvoll *m.*; **-illa** *f.* [ɔrni'ʎa] Herdloch *n.*; **-illo** *m.* [ɔrni'ʎo] kleiner Kocher *m.*, Ofen; **-o** *m.* [ɔ'rno] Ofen *m.*
horóscopo *m.* [ɔro'skopo] Horoskop *n.*
horquilla *f.* [ɔrki'ʎa] (Schalt-) Gabel *f.*, Haarnadel.
horrendo *adj.* [orre'ndo] fürchterlich, grausig; (Preis) enorm teuer.
hórreo *m.* [ɔ'rreo] (Asturien) Kornhaus *(n.)* auf Pfeilern.
horri|ble *adj.* [ɔrri'βle] schrecklich; **-pilante** *adj.* [ɔrripila'nte] haarsträubend.
horror *m.* [ɔrrɔ'r] Abscheu *m.*, Entsetzen *n.*, Schauder *m.*, Schrecken; **¡qué -!** wie schrecklich!; **-es** *m. pl.* [ɔrrɔ'res] Greuelgeschichten *f. pl.*, Schauderhaftes *n.*; **-izar** [ɔrrɔriθa'r] *m.* Entsetzen erfüllen; **-izarse** [ɔrrɔriθa'rse] s. entsetzen; **-oso** *adj.* [ɔrrɔro'so] entsetzlich, gräβlich.
hort|alizas *f. pl.* [ɔrtali'θas] Grünwaren *f. pl.*; **-elano** *m.* [ɔrtela'no] (Gemüse-) Gärtner *m.*; **-icultor** *m.* [ɔrtikultɔ'r] (Kunst-) Gärtner *m.* **-icultura** *f.* [ɔrtikultu'ra] (Kunst-Gärtnerei *f.*, Gartenbau *m.*
hosco *adj.* [ɔ'sko] mürrisch, finster.
hosped|aje *m.* [ɔspeða'xe] Berherbergung *f.*, Wohnung, Unterkunft **-ar(se)** [ɔspeða'rse] beherbergen (s. einquartieren); **-ería** *f.* [ɔspeðeri'a] Herberge *f.*
hospi|ciano *m.* [ɔspiθ'a'no] Armenhäusler *m.*; **-cio** *m.* [ɔspi'θ'o] Hospiz *n.*, Armen-, Altersheim; **-tal** *m.* [ɔspita'l], Hospital *n.*, Krankenhaus; **-talidad** *f.* [ɔspitaliða'ð] Gastfreundschaft *f.*
host|al *m.* [ɔsta'l] Wirtshaus *n.*; **-elero** *m.* [ɔstele'ro] Gastwirt *m.*
hostia *f.* [ɔ'st'a] Hostie *f.*
hostigar [ɔstiga'r] züchtigen.
hostil *adj.* [ɔsti'l] feindlich; **-idad** *f.* [ɔstiliða'ð] Feindselichkeit *f.*
hotel *m.* [ote ʀ Hotel *n.*, Gasthof *m.*; (Madrid) Villa *(f.)* *m.* Garten; **-ero** *m.* [otele'ro] Hotelbesitzer *m. adj.*
hoy *adv.* [ɔ'i] heute; **- día** heutzutage; **- por -** vorläufig; **de - en quince días** heute über 14 Tage; **desde -** v. nun an; **hasta -** bis jetzt.
hoy|a *f.* [o'ja] Grube *f.*; **-ito** *m.* [o'ji'to] (Wange) Grübchen *n.*
hoz *f.* [ɔθ] Sichel *f.*; Bergrenge.
hucha *f.* [u'ča] Sparbüchse *f.*
hueco *adj.* ['ʷe'ko] hohl, locker; *fig.* aufgeblasen; *~ m.* Loch *n.*; Vertiefung *f.*, Lücke, (Aus-) Höhlung; **el - de la mano** die hohle Hand.
huelg|a *f.* ['ʷe'lga] Ausstand *m.*, Streik; **declararse en -a** streiken; **-uista** *m.* ['ʷelgi'sta] Streikender *m.*
huella *f.* ['ʷe'ʎa] Fährte, (nachgelassene) Spur *f.*, Fuβstapfe.
huérfano *adj.* ['ʷe'rfano] verwaist.
huert|a *(f.)* ['ʷe'rta] Obstgelände *n.*

Gemüsegarten *m.*; **-o** *m.* [ʷe'rto] Obst-, Gemüse-, Baumgarten *m.*; **-ano** *m.* [ʷerta'no] Gemüsebauer *m.*

hueso *m.* [ʷe'so] Knochen *m.*; (Obst-) Kern; *fig.* unangenehme Arbeit *f.*; (Schülersprache) Lehrer *(m.)*, der viel verlangt.

huésped *m* [ʷe'speð] Gast *m.*, Kostgänger.

hueste *f.* [ʷe'ste] (Kriegs-) Heer *n.*; **-s** *f. pl.* Heerscharen *f. pl.*

huev|a *f.* [ʷe'βa] Fisch-, Insektenei *n.*; **-era** *f.* [ʷeβe'ra] Eierbecher *m.*; **-ero** *m.* [ʷeβe'ro] Eierhändler *m.*; **-ería** *f.* [ʷeβeri'a] Eierhandlung *f.*; **-o** *m.* [ʷe'βo] Ei *n.*; **-os fritos** Spiegeleier *n. pl.*; **-os pasados por agua** weichgekochte Eier *n. pl.*; **-os revueltos** Rührei(er) *n. (pl.)*.

huida *f.* [ui'ða] Flucht *f.*

huir [ui'r] *intr.* fliehen; *tr.* vermeiden, umgehen.

hule *m.* [u'le] Wachstuch *n.*

hull|a *f.* [u'ʎa] Steinkohle *f.*; **-ero** *adj.* [uʎe'ro]: **industria** *(f.)* **-era** Steinkohlenindustrie *f.*

human|amente *adv.* [umaname'nte] menschlich; **-idad** *f.* [umaniða'ð] Menschheit *f.*; Menschlichkeit; **-ismo** *m.* [umani'zmo] Humanismus *m.*; **-ista** *m.* [umanista] Humanist *m.*; **-itario** *adj.* [umanita'rʲo] menschlich; *m.*; *adj.* [uma'no] menschlich, menschenfreundlich.

huma|reda *f.* [umare'ða] Rauchwolke *f.*; **-zo** *m.* [uma'θo dicker Rauch *m.*

hume|ante *adj.* [umea'nte] rauchend; **-ar** [umea'r] rauchen; *fig.* (Erde) dampfen; **-dad** *f.* [umeða'ð] Feuchtigkeit *f.*

húmedo *adj.* [u'meðo] feucht.

húmero *m.* [u'mero] *anat.* Oberarmknochen *m.*

humil|dad *f.* [umilda'ð] Bescheidenheit *f.*; **-de** *adj.* [umi'lde] bescheiden; (Abkunft)niedrig; **-lante** *adj.* [umiʎa'nte] demütigend, kränkend; **-larse** [umiʎa'rse] *s.* erniedrigen.

humo *m.* [u'mo] Rauch *m.*; *bȝg.* Eitelkeit *f.*; **sin** - rauchlos; **hacer** - (Öfen) rauchen.

humor *m.* [umɔ'r] Humor *m.*, Laune *f.*; Körpersaft *m.*; **estar de mal (buen)** - übelgelaunt (gut-) sein; - **de perros** ganz schlechte Laune; **-ada** *f.* [umora'ða] witziger Einfall *m.*; **-ista** *m.* [umɔri'sta] Humorist *m.*; **-ístico** *adj.* [umɔri'stiko] humoristisch, witzig.

hund|ido *adj.* [undi'ðo] eingefallen; (Augen) tiefliegend; **-imiento** *m.* [undimʲe'nto] Einsturz *m.*; **-imiento de tierra** Erdrutsch *m.*; **-ir(se)** [undi'rse] versenken.

huno *m.* [u'no] Hunne *m.*

huracán *m.* [uraka'n] Orkan *m.*

huraño *adj.* [ura'ɲo] mürrisch, menschenscheu.

hurg|ar [urga'r] (Feuer)schüren, stochern; **-ón** *m.* [urgɔ'n] Schüreisen *n.*, Feuerspieß *m.*

hurón *m.* [urɔ'n] *zool.* Frettchen *n.*

hurt|adillas [urtaði'ʎas]: **a -adillas** heimlich, verstohlenerweise; **-ar** [urta'r] stehlen; **-o** *m.* [u'rto] Diebstahl *m.*

husillo *m.* [usi'ʎo] Schraubenspindel *f.*

husmear [uzmea'r] wittern *fig. fam.* herumschüffeln.

huso *m.* [u'so] Spindel *f.*

I

i,I *f.* [i] i, I *n.*
Iberia *f.* [iβe'rʲa] Iberien *n.*
ibérico *adj.* [iβe'riko] iberisch, spanisch; **Península** *(f.)* **-a** die Pyrenäen-Halbinsel.
ibero *adj.* [iβe'ro] iberisch; **-m.** Iberer *m.*
iceberg *m.* [iseβe'rg] Eisberg *m.*
icon|o *m.* [iko'no] Heiligenbild *n.*; **-oclasta** *m.* [ikonokla'sta] Bilderstürmer *m.*
ictericia *f.* [ikteri'θʲa] Gelbsucht *f.*
ida *f.* [i'ða] Hinweg *m.*, Hinreise *f.*; Weggehen *n.*; **billete** *(m.)* **de - y vuelta** Rückfahrkarte *f.*
idea *f.* [iðe'a] Idee *f.*, Vorstellung, Begriff *m.*, Bild *n.*, Einfall *m.*; **no tener - de** keine Ahnung haben v.; **-l** *adj.* [iðea'l] ideal, vollkommen, vorbildlich; **marido** *(m.)* **-l** Mustergatte *m.*; **-l** *m.* Ideal *n.*, Vorbild; **-lismo** *m.* [iðeali'zmo] Idealismus *m.*; **-lista** *m.* [iðeali'sta] Idealist *m.*; **-r** [iðea'r] s. ausdenken.
ídem [i'ðen] desgleichen, dito.
idéntico *adj.* [iðe'ntiko] identisch.
identi|dad *f.* [iðentiða'ð] Identität *f.*, völlige Übereinstimmung; **-ficación** *f.* [iðentifikaθʲɔ'n] Identifizierung *f.*
ideol|ogía *f.* [iðeoloxi'a] Ideologie *f.*, Denkart, Gedankenwelt; **-ógico** *adj.* [iðeolo'xiko] ideologisch.
ideólogo *m.* [iðeo'logo] Ideologe *m.*
idílico *adj.* [iði'liko] idyllisch.
idilio *m.* [iði'lʲo] Idyll *n.*
idiom|a *m.* [iðʲo'ma] Sprache *f.*; **profesor** *(m.)* **de -as** Sprachlehrer *m.*
idiosincrasia *f.* [iðʲosinkra'sʲa] besondere Denk-, Wesensart *f.*
idiot|a *m.* [iðʲo'ta] Idiot *m.*, Blödsinniger, Dummkopf, *vulg.* Dämlack; **-a** *adj.* blöd, dumm; *vulg.* dämlich; **-ez** *f.* [iðʲote'θ] Blödsinn *m.* Dummheit *f.*: Spracheigentümlichkeit *f.*
idólatra *adj.* [iðo'latra] abgöttisch; **-** *m.* Götzenanbeter *m.*
idolatría *f.* [iðolatri'a] Götzendienst *m.*
ídolo *m.* [i'ðolo] Abgott *m.*, Götze.
idóneo *adj.* [iðo'neo] geeignet, passend.
iglesia *f.* [igle'sʲa] Kirche *d.*
ignición *f.* [igniθʲɔ'n] Verbrennung *f.* (als Zustand); (Motor) Zündung.
ignomini|a *f.* [ignomi'nʲa] Schande *f.*, Schimpf *m.*, Schmach *f.*; **-oso** *adj.* [ignominʲo'so] schändlich, schmachvoll.
ignora|ncia *f.* [ignora'nθʲa] Unkenntnis *f.*, Unwissenheit; **-nte** *adj.* [ignora'nte] unwissend; **-r** [ignora'r] nicht wissen, kennen, **no -r** wohl wissen.
igual *adj.* [igʷa'l] gleich, -bleibend, -förmig, -wertig, einerlei; **- da que** es ist gleichgütig, ob...; **-a** entsprechend; **-ar** [igʷala'r] ausgleichen, gleichmachen; **-dad** *f.* [igʷalda'ð] Gleichheit *f.*, Übereinstimmung; **-mente** *adv.* [igʷalme'nte] gleichfalls.
ijada *f.* [ixa'ða] *anat.* Flanke *f.* Weiche.
iledal *adj.* [ilega'l] gesetz], rechtswi] drig: (Wettbewerb) unlauter; **-idad** *f.* [ilegaliða'ð] Gesetzwidrigkeit *f.*
ilegib|le *adj.* [ilexi'βle] unleserlich; **-ilidad** *f.* [ilexiβiliða'ð] Unleserlichkeit *f.*

ilegítimo *adj.* [ilexi'timo] ungesetzlich, unehelich·

ileso *adj.* [ile'so] unverletzt.

ilícito *adj.* [ili'θito] unerlaubt, unstatthaft.

ilimitado *adj.* [ilimita'ðo] unbeschränkt, uneingeschränkt.

Ilmo =*Abkzg.* v. **ilustrísimo** hochzuverehrend.

ilógico *adj.* [ilo'xiko] unlogisch.

ilumina|ción *f.* [iluminaθʲɔ'n] (Fest-) Beleuchtung *f.*; **-do** *adj.* [ilumina'ðo] beleuchtet; *fig.* angeheitert; **-r** [ilumina'r] (stark) beleuchten, anleuchten.

ilus|ión *f.* [ilusʲɔ'n] Täuschung *f*, eitle Hoffnung, Wahnbild *n.*; **-ionista** *m.* [ilusʲoni'sta] Taschenspieler *m.*; **-o** [ilu'so] *adj.* enttäuscht, getäuscht; **-o** *m.* Schwärmer *m.*

ilustr|ación *f.* [ilustraθʲɔ'n] (Ab-) Bildung f., Textbild *n.*; **-ado** *adj.* [ilustra'ðo] gebildet; (Zeitschrift) illustrierte; **-ar** [ilustra'r] erläutern; m. Bildern versehen; **-e** *adj.* ilu'stre] berühmt.

imagen *f.* [ima'xen] (Ab) Bild *n.*, Heiligen-, Ebenbild.

imagina|ble *adj.* [imaxina'βle] vorstellbar; **-ción** *f.* [imaxinaθʲɔ'n] Einbildung (-skraft) *f.* Phantasie; **-r (se)** [imaxina'rse] aus-, erdenken, vermuten, träumen lassen; (s. vorstellen); **-rio** *adj.* [imaxina'rʲo] imaginär, eingebildet.

imaginer|ía *f.*; [imaxineri'a] Bildschnitzkunst *f.*; **-o** *m.* [imaxine'ro] Herrgot-, Bildschnitzer *m.*

imán *m.* [ima'n] Magnet *m.*

imantar(se) [imanta'rse] magnetisieren; (magnetisch w.).

imb|écil *adj.* [imbe'θil] blödschwachsinnig; **-ecilidad** *f.* [imbeθiliða'ð] Blödsinn *m.*

imberbe *adj.* [imbe'rβe] bartlos; *fig.* sehr jung.

imborrable *adj.* [imbɔrra'βle] unauslöschlich, unvergeßlich.

imbuido *adj.* [imbui'ðɔ] eingenommen (de für).

imita|ción *f.* [imitaθʲɔ'n] Nachahmung *f.*; **-do** *adj.* [imita'ðo] nachgeahmt, **-r** [imita'r] nachahmen, nachmachen.

impacien|cia *f.* [impaθʲe'nθʲa] Ungeduld *f.*; **-tarse** [impaθʲenta'rse] ungeduldig w.; **-te** *adj.* [impaθʲe'nte] ungeduldig.

impacto *m.* [impa'kto] Einschlag *m.*, Schuß.

impar *adj.* [impa'r] (Zahl) ungerade; **-cialidad** *f.* [imparθʲaliða'ð] Unparteilichkeit *f.*

impasib|ilidad *f.* [impasiβiliða'ð] Gleichmut *m.*; **-le** *adj.* [impasi'βle]·

impávido *adj.* [impa'βiðo] unerschrocken.

impecab|ilidad *f.* [impekaβiliða'ð] Vollkommenheit *f.*; **-le** *adj.* [impeka'βle] tadellos, vollkommen.

imped|ido *adj.* [impeði'ðo] lahm, körperbehindert; **-imento** *m.* [impeðime'nto] (Ehe-) Hindernis *n.*; **-ir** [impeði'r] (ver-) hindern; (Verkehr) hemmen.

impenetrab|ilidad *f.* [impenetraβiliðað] Undurchdringlichkeit *f.*; **-le** *adj.* [impenetra'βle] undurchdringlich, dicht.

impera|nte *adj.* [impera'nte] herrschend; **-r** [impera'r] herrschen; **-tivo** *adj.* [imperati'βo] gebieterisch.

imperceptible *adj.* [imperθepti'βle] unmerklich, nicht wahrnehmbar.

imperdible *m.* [imperdi'βle] Sicherheitsnadel *f.*, Brosche.

imperdonable *adj.* [imperdona'βle] unverzeihlich.

imperecedero *adj.* [impereθeðe'ro] unvergänglich.

imperfec|ción *f.* [imperfekθʲɔ'n] Unvollkommenheit *f.*, Unvollständigkeit; **-to** *adj.* [imperfe'kto] unvollkommen; **-m.** *gramm.* Mitvergangenheit *f.*

imperi|al *adj.* [imperʲa'l] kaiserlich; **-o** *m.* [impe'rʲo] (Kaiser-) Reich *n.*

impermeab|ilidad *f.* [impermeaβiliðað] Undurchlässigkeit *f.*; **-ilización** *f.* [impermeaβiliθaθʲɔ'n] Tränkung *f.* (zur Erzielung v. Wasser- *od.* Gasdichte); **-le** *adj.* [impermea'βle] undurchlässig, wasser- *od.* gasdicht.

impersonal *adj.* [impersona'l] unpersönlich.

impertinen|cia *f.* [impertine'nθʲa] Dreistigkeit *f.*, Unverschämtheit; **-te** *adj.* [impertine'nte] dreist, unverschämt.

imperturbable *adj.* [imperturβa'βle] unerschütterlich.

ímpetu *m.* [i'mpetu] Ungestüm *m.*

imp|iedad *f.* [impʲeða'ð] Gottlosigkeit *f.*; **-ío** *adj.* [impi'o] gottlos.

implacable *adj.* [implaka'βle] unversöhnlich.

implanta|ción *f.* [implantaθʲɔ'n] (Einrichtung, Sitten) Einführung *f.*; **-r** [implanta'r] einführen.

implicar [implika'r] m. s. bringen.

implícito *adj.* [impl'θito] *m.* inbegriffen, stillschweigend.

implorar [implora'r] anflehen, inständig bitten.

imponderable *adj.* [impɔndera'βle] unvergleichlich.

impone|nte *adj.* [impone'nte] imposant, gewaltig, großartig; **-r** [impone'r] (Achtung, Ehr-, Furcht) einflößen; (Geldstrafe) auferlegen.

impopular *adj.* [impopula'r] unbeliebt.

importa|ción *f.* [impɔrtaθʲɔ'n] Import *m.*, (Waren-) Einfuhr *f.*; **-dor** *m.* [impɔrtaðɔ'r] Importeur *m.*, Einfuhrhändler; **-ncia** *f.* [impɔrta'nθʲa] Bedeutung *f.*, Wichtigkeit; **-nte** *adj.* [impɔrta'nte] bedeutend, wichtig; **-r** [impɔrta'r] *intr.* (Summe) betragen; (Rechnung) s. belaufen auf; wichtig sein; *tr.* (Waren) einführen.

importe *m.* [impɔ'rte] Betrag *m.*

imposib|ilidad *f.* [imposiβiliða'ð] Unmöglichkeit *f.*; **-ilitado** *adj.* [imposiβilita'ðo] nicht in der Lage zu; arbeitsunfähig; **-ilitar** [imposiβilita'r] unmöglich machen; (Plan) vereiteln; **-le** *adj.* [imposi'βle] unmöglich; **estar -le** (Straße) in ein. unmöglichen Zustand sein.

imposición [imposiθʲɔ'n] (Steuer Auflage *f.*; (Bank) Einzahlung.

impost|or *m.* [impɔstɔ'r] Betrüger *m.*, Schwindler; **-ura** *f.* [impɔstu'ra] Betrug *m.*, Lüge *f.*

impoten|cia *f.* [impote'nθʲa] Machtlosigkeit *f.*; med. Impotenz; **-te** *adj.* [impote'nte] machtlos.

impracticable *adj.* [impraktika'βle] undurchführbar, unwegsam.

impreca|ción *f.* [imprekaθʲɔ'n] Verwünschung *f.*, Fluch *m.*; **-r** [impreka'r] verwünschen, fluchen.

impregna|ción *f.* [impregnaθʲɔ'n] Imprägnierung *f.*, Tränkung; **-r** [impregna'r] imprägnieren, tränken.

imprenta *f.* [impre'nta] (Buch-) Drukkerei *f.*; **error** (*m.*) **de -Druckfehler** *m.*

imprescindible *adj.* [impresθindi'βle] unumgänglich.

impres|ión *f.* [impresʲɔ'n] (Ab-)Druck *m.*; *fig.* Eindruck; (Schallplatten) Aufnahme *f.*; **-ionable** *adj.* [impresʲona'βle] leicht zu beeindrucken; **-ionante** *adj.* [impresʲona'nte] eindrucksvoll; **-ionar** [impresʲona'r] beeindrucken *phot.* belichten; (auf Schallplatten) aufnehmen; **-or** *m.* [impresɔ'r] Drucker *m.*

imprevis|ión *f.* [impreβisʲɔ'n] Mangel (*m.*) an Umsicht; **-to** *adj.* [impreβi'sto] unvorhergesehen.

imprimir [imprimi'r] (ab-), (be-) drucken, (ee. Bewegung- aufdrükken.

improbable *adj.* [improβa'βle] unwahrscheinlich.

ímprobo *adj.* [i'mproβo] Arbeit) mühsam, beschwerlich.

improceden|cia *f.* [improθeðe'nθ^{j}a] Unzulässigkeit *f.*; **-te** *adj.* [improθeðe'nte] unzulässig.

improductivo *adj.* [improðukti'βo] unfruchtbar, zwecklos.

improp|erio *m.* [imprope'r^{j}o] Schmähung *f.* Schimpfwort *n.*; **-io** *adj.* [impro'p^{j}o] ungeeignet, unschicklich.

improrrogable *adj.* [imprɔrroga'βle] unaufschiebbar.

improvisa|ción *f.* [improβisaθ^{j}ɔ'n] Improvisation *f.*; **-r** [improβisa'r] improvisieren, aus dem Stegreif reden.

improviso *adj.* [improβi'so] unvermutet.

impruden|cia *f.* [impruðe'nθ^{j}a] Unklugheit *f.*, Unvor ichtigkeit; **-te** *adj.* [impruðe'nte] unbedacht, unklug, unverständig.

impúdico *adj.* [impu'ðiko] schamlos, ünzüchtig.

impuesto *m.* [imp^{w}e'sto] Abgabe *f.*, Gebühr, Steuer.

impugna|ble *adj.* [impugna'βle] anfechtbar; **-ción** *f.* [impugnaθ^{j}ɔ'n] Anfechtung *f.*; **-r** [impugna'r] anfechten.

impuls|ar [impulsa'r] antreiben; **-ión** *f.* [impuls^{j}ɔ'n] Antrieb *m.*; **-ivo** *adj.* [impulsi'βo] impulsiv, lebhaft, rasch (shandelnd); **-o** *m.* [impu'lso] Stoß *m.*; *fig.* Anregung *f.*

impun|e *adj.* [impu'ne] straflos; **-idad** *f.* [impuniðað] Straflosigkeit *f.*

impur|eza *f.* [impure'θa] Unreinheit *f.* Verunreinigung; **-o** *adj.* [impu'ro] unrein, unkeusch.

imputa|bilidad *f.* [imputaβiliða'ð] *jur.* Zurechnungsfähigkeit *f.*; **-ble** *adj.* [imputa'βle] zurechnungsfähig; **-r** [imputa'r] (Schuld) zuschreiben.

inacabable *adj.* [inakaβa'βle] endlos.

inaccesib|ilidad *f.* [inakθesiβiliða'ð] Unzugänglichkeit *f.*; **-le** *adj.* [inakθesi'βle] unzugänglich, unnahbar.

inaceptable *adj.* [inaθepta'βle] unannehmbar.

inactiv|idad *f.* [inaktiβiða'd] Untätigkeit *f.*; **-o** *adj.* [inaktiβo] untätig.

inadecuado *adj.* [inaðek^{w}a'ðo] unpassend, unzweckmäßig.

inadmisible *adj.* [inaðmisi'βle] unzulässig.

inadvert|encia *f.* [inaðβerte'nθ^{j}a] Unachtsamkeit *f.*; **-ido** *adj.* [inaðβerti'ðo] unbesonen, unbemerkt.

inagotable *adj.* [inagota'βle] unerschöpflich.

inaguantable *adj.* [inag^{w}anta'βle] unerträglich.

inalienable *adj.* [inaliena'βle] unveräußerlich.

inalterable *adj.* [inaltera'βle] unveränderlich.

inanición *f.* [inaniθ^{j}ɔ'n] Entkräftung *f.*

inanimado *adj.* [inanima'ðo] leblos.

inapelable *adj.* [inapela'βle] unwiderruflich.

inapetencia *f.* [inapete'nθ^{j}a] Appetitlosigkeit *f.*

inapreciable *adj.* [inapreθ^{j}a'βle] unschätzbar, nicht wahrnehmbar.

inarrugable *adj.* [inarruga'βle] knitterfrei.

inasequible *adj.* [inaseki'βle] unerreichbar.

inaudible *adj.* [inauði'βle] unhörbar; **-to** *adj.* [inauði'to] unerhört, noch nie dagewesen.

inaugura|ción *f.* [inauguraθ^{j}ɔ'n] Einweihung *f.*, Enthüllung, Eröffnung **-l** *adj.* [inaugura'l]: **sesión** *(f.)*; **-l** Eröffnungssitzung *f.*; **-r** [inaugura'r] einweihen, enthüllen, eröffnen.

inca *m.* [i'ŋka] *(SAm.* Volk) Inka *m.*

incalculable *adj.* [inkalkula'βle] unzählbar, unberechenbar.

incandescen|cia *f.* [inkandesθe'nθ^{j}a] (Weiß-) Glut *f.*, Glühen *n.*; **-te** *adj.* [inkandesθe'nte] glühend.

incansable *adj.* [inkansa'βle] unermüdlich.
incapa|cidad *f.* [inkapaθiða'ð] (Rechts-) Unfähigkeit *f.*; **-citar** [inkapaθita'r] unfähig machen; **-z** *adj.* [inkapa'θ] unfähig.
incaut|ación *f.* [iŋkautaθʲɔ'n] Beschlagnahme *f.*; **-o** *adj.* [iŋka'uto] unbedacht.
incendi|ar [inθendʲa'r] anzünden, in Brand stecken; **-o** *m.* [inθe'ndʲo] Brand *m.*
incensar [inθensa'r] (beweih-)räuchern; **-io** *m.* [inθensa'ro] Rauchfaß *n.*
incentivo *m.* [inθenti'βo] Reizmittel *n.*
incertidumbre *f.* [inθertiðu'mbre] Ungewißheit *f.*
incesante *adj.* [inθesa'nte] unaufhörlich, ununterbrochen.
incesto *m.* [inθe'sto] Blutschande *f.*
inciden|cia *f.* [inθiðe'nθʲa] Zwischenfall *m.*; **-te** *m.* [inθiðe'nte] Zwischenfall *m.*, Nebenumstand.
incidir [inθiði'r] (in en. Fehler) verfallen.
incienso *m.* [inθʲe'nso] Weihrauch *m.*
incierto *adj.* [inθʲe'rto] ungewiß, unsicher.
incinera|ción *f.* [inθineraθʲɔ'n] Einäscherung *f.*; **-r** [inθinera'r] einäschern.
incipiente *adj.* [inθipʲe'nte] beginnend.
incis|ión *f.* [inθisʲɔ'n] Einschnitt *m.*; **-ivo** *adj.* [inθisivo]: **diente** *(m.)* **-ivo** Schneidezahn *m.*; **-o** *m.* [inθi'so] *typ.* Absatz *m.*
incita|ción *f.* [inθitaθʲɔ'n] Aufhetzung *f.*; **-r** [inθita'r] anreizen, aufwiegeln.
inclina|ción *f.* [iŋklinaθʲɔ'n] (Ver-) Neigung *f.*; *fig.* Hang *m.*; **-r** [iŋklina'r] neigen; **-rse** [iŋklina'rse] s. bücken, s. (verbeugen, geneigt sein (zu **a**).
inclui|do *adj.* [iŋklui'ðo] (ein-), beiliegend; **-r** [iŋklui'r] (bei-), einlegen, einschließen.
inclus|a *f.* [iŋklu'sa] Findelhaus *n.*; **-ión** *f.* [iŋklusʲɔ'n] Einschluß *m.*; **-o** *adj.* [iŋklu'so] beiliegend, eingeschlossen.
incoar [iŋkoa'r] (Prozeß) anstrengen.
incobrable *adj.* [iŋkoβr'aβle] (Forderung) uneintreibbar.
incógni|ta *f.* [iŋko'gnita] *math.* unbekannte Größe *f.*; **-to** *m.* [iŋko'gnito] Inkognito *n.*
incoherente *adj.* [iŋkoere'nte] unzusammenhängend.
incoloro *adj.* [iŋkolo'ro] farblos.
incólume *adj.* [iŋko'lume] unversehrt.
incombustib|ilidad *f.* [iŋkɔmbustiβiliða'ð] Unverbrennbarkeit *f.*; **-le** *adj.* [iŋkɔmbusti'βle] unverbrennbar.
incómodo *adj.* [iŋko'moðo] unbequem.
incomparable *adj.* [iŋkɔmpara'βle] unvergleichlich.
incompatib|ilidad *f.* [iŋkɔmpatiβilida'ð] Unvereinbarkeit *f.*; **-le** *adj.* [iŋkɔmpati'βle] unvereinbar.
incompeten|cia *f.* [iŋkɔmpete'nθʲa] Unzuständigkeit *f.*; **-te** *adj.* [iŋkɔmpete'nte] unzuständig, unmaßgeblich.
incompleto *adj.* [iŋkomple'to] unvollständig.
incomprensible *adj.* [iŋkomprensi'βle] unbegreiflich, unverständlich.
incomunica|ción *f.* [iŋkomunikaθʲɔ'n] Unterbrechung *f.*, Einzelhaft; **-do** *adj.* [iŋkomunika'ðo] außer Verkehr; in Einzelhaft sitzend; **-r** [iŋkomunika'r] unterbrechen, in Einzelhaft halten.
inconcebible *adj.* [iŋkɔnθeβi'βle] unbegreiflich, unfaßlich.
incondicional *adj.* [iŋkɔndiθʲona'l] bedingungslos.
inconfesable *adj.* [iŋkɔnfesa'βle] *fig.* unaussprechlich.
incongruen|cia *f.* [iŋkɔŋgrʷe'nθʲa] Mißverhältnis *n.*; **-te** *adj.* [iŋkɔŋgrʷe'nte] unverhältnismäßig, unpassend.

inconscien|cia *f.* [iŋkɔnsθʲe'nʲa] Unzurechnungsfähigkeit *f.*; **-te** *adj.* [iŋkɔnsθʲe'nte] unbewußt.
inconsecuen|cia *f.* [iŋkɔnsekʷe'nθʲa] Folgewidrigkeit *f.*; **-te** *adj.* [iŋkɔnsekʷe'nte] unbeständig, widersprechend.
inconsisten|cia *f.* [iŋkɔnsiste'nθʲa] Haltlosigkeit *f.*, Unbeständigkeit; **-te** *adj.* [iŋkɔn iste'nte] haltlos, unbeständig.
inconstan|cia *f.* [iŋkɔnsta'nθʲa] Wankelmütigkeit *f.*; **-te** *adj.* [iŋkɔnsta'nte] wankelmütig.
inconvenien|cia *f.* [iŋkɔmbenʲe'nθʲa] Unschicklichkeit *f.* Unannehmlichkeit; **-te** *m.* [iŋkɔmbenʲe'nte] Hindernis *f.*, Schwierigkeit, Unannehmlichkeit.
incorpora|ción *f.* [iŋkɔrporaθʲɔ'n] Einverleibung *f.*; *mil.* Einberufung; **-r** [iŋkɔrpora'r] einverleiben; *mil.* einberufen.
incorrec|ción *f.* [iŋkɔrrekθʲɔ'n] Unhöflichkeit *f.*, Unrichtigkeit; **-to** *adj.* [iŋkɔrre'kto] unhöflich, unrichtig.
incorregible *adj.* [iŋkɔrrexi'βle] unverbesserlich.
incorrupt|ible *adj.* [iŋkɔrrupti'βle] unverderblich; *fig.* unbestechlich; **-o** *adj.* [iŋkɔrru'pto] unverwest.
incrédulo *adj.* [iŋkre'ðulo] ungläublich, mißtrauisch.
increíble *adj.* [iŋkrei'βle] unglaublich, unerhört.
incremento *m.* [iŋkreme'nto] Zunahme *f.*, Zuwachs *m.*
incrusta|ción *f.* [iŋkrustaθʲɔ'n] Verkrustung *f.*, Kesselstein *m.*; eingelegte Arbeit *f.*; **-r(se)** [iŋkrusta'rse] (Metall, Hölzer) einlegen, einbetten.
incuba|ción *f.* [iŋkuβaθʲɔ'n] Ausbrütung *f.*, Brutzeit; (Krankheit) Entwicklungszeit; **-dora** *f.* [iŋkuβaðo'ra] Brutapparat *m.*; **-r** [iŋkuβa'r] (aus-) brüten.
inculcar [iŋkulka'r] beibringen, einprägen.
inculpa|bilidad *f.* [iŋkulpaβiliða'ð] Schuldlosigkeit *f.*; **-r** [iŋkulpa'r] (an-), beschuldigen.
incult|o *adj.* [iŋku'lto] unkultiviert, ungebildet; **-ura** *f.* [iŋkultu'ra] Unbildung *f.*
incumb|encia *f.* [iŋkumbe'nθʲa] Zuständigkeit *f.*; **-ir** [iŋkumbi'r]: **eso no me -e** dafür bin ich nicht zuständig.
incumplimiento *m.* [iŋkumplimʲe'nto] (Vertrag) Nichterfüllung *f.*
incunable *m.* [iŋkuna'βle] *typ.* Wiegendruck *m.*
incurable *adj.* [iŋkura'βle] unheilbar.
incurrir [iŋkurri'r] (in Schuld, Fehler) verfallen.
incursión *f.* [iŋkursʲɔ'n] *mil.* Einfall *m.*
indaga|ción *f.* [indagaθʲɔ'n] Nachforschung *f.*; **-r** [indaga'r] nachforschen, ermitteln.
indebido *adj.* [indeβi'ðo] ungebürlich, unrichtig.
indecen|cia *f.* [indeθe'nθʲa] Unanständigkeit *f.*, Zote; **-te** *adj.* [indeθe'nte] unanständig, schamlos.
indecible *adj.* [indeθi'βle] unsagbar, unaussprechlich.
indecis|ión *f.* [indeθisʲɔ'n] Unentschlossenheit *f.*; **-o** *adj.* [indeθi'so] unentschlossen.
indefen|dible *adj.* [indefendiβle] unhaltbar; **-so** *adj.* [indefe'nso] wehrlos, schutzlos.
indefini|ble *adj.* [indefini'βle] unbestimmbar; **-do** *adj.* [indefini'ðo] unbestimmt.
indeleble *adj.* [indele'βle] unauslöschlich.
indemn|e *adj.* [inde'mne] heil; **-ización** *f.* [indemniθaθʲɔ'n] Schadenersatz *m.* Entschädigung *f.*; **-izar** [indemniθa'r] entschädigen **(de** für).
independ|encia *f.* [independe'nθʲa] Unabhängigkeit *f.*; **-iente** *adj.*

[independ^je'nte] unabhängig, selbständig.

indetermina|ble *adj.* [indetermina'βle] unbestimmbar; **-ción** *f.* [indeterminaθ^jɔ'n] Unschlüssigkeit *f.*; **-do** *adj.* [indetermina'ðo] unbestimmt.

India *f.* [i'nd^ja] Indien *n.*, **las -s Occidentales** Westindien *n.*

indiano *adj.* [ind^ja'no] indianisch; *-m.* in Amerika reich gewordener Spanier *m.*

indica|ción *f.* [indikaθ^jɔ'n] Angabe *f.*, Anzeige; *med.* Indikation; **-do** *adj.* [indika'ðo] geeignet, passend; **-dor** *m.* [indika'ðɔr] Anzeiger *m.*, Indikator; **-r** [indika'r] anzeigen, angeben; **-tivo** *m.* [indikati'βo] *gramm.* Wirklichkeitsform *f.*

índice *m.* [i'ndiθe] Anzeichen, *n.*, Merkmal, Kennzahl *f.*; Zeigefinger *m.* Uhrzeiger, Inhaltsverzeichnis *n.* *rel.* Index m.

indicio *m.* [indi'θ^jo] Anzeichen *n.*; *fig.* Vorboten *m. pl.*

indiferen|cia *f.* [indifere'nθ^ja] Gleichgültigkeit *f.*; **-te** *adj.* [indifere'nte] geichgültig, teilnahmslos.

indígena *adj.* [indi'xena] eingeboren, einheimisch, ínländisch; *-m.* Eingeborener, Einheimischer *m.*

indigen|cia *f.* [indixe'nθ^ja] Armut *f.*, Dürftigkeit; **-te** *adj.* [indixe'nte] arm, dürftig.

indigna|ción *f.* [indignaθ^jɔ'n] Entrüstung *f.*, Unwille *m.*; **-ante** *adj.* [indigna'nte] emprörend; **-ar(se)** [indigna'rse] (s.) entrüsten; **-o** *adj.* [indi'gno] unwürdig, schmählih.

indio *adj.* [i'nd^jo] indisch, indianisch; *- m.* Inder *m.*, Indianer; **hacer el -** *fig. fam. s.* dumm benehmen.

indirec|ta *f.* [indire'kta] Anspielung *f.*, Seitenhieb *m.*; **-to** *adj.* [indire'kto] indirekt.

indisciplina *f.* [indisθipli'na] Zuchtlosigkeit *f.*; **-do** *adj.* [indisθiplina'ðo] zuchtlos.

indiscre|ción *f.* [indiskreθ^jɔ'n] unbedachte Äußerung *f.*; **-to** *adj.* [indiskret'to] unbedacht, indiskret

indis|cutible *adj.* [indiskuti'βle] unbestreitbar, unzweifelhaft; (Tatsache) feststehend; **-pensable** *adj.* [indispensa'βle] unerläßlich, unumgänglich, unentbehrlich; **-puesto** *adj.* [indisp^we'sto] unpäßlich, unwohl; **-tintamente** *adv.* [indistintame'nte] ohne Unterschied.

individu|al *adj.* [indiβið^wa'l] einzeln individuell, persönlich; **-o** *m.* [indiβi'ð^wo] Individuum *n.*, Einzelwesen.

indiviso *adj.* [indiβi'so] ungeteilt.

índole *f.* [i'ndole] Art *f.*, Charakter *m.*

indolen|cia *f.* [indole'nθ^ja] Gleichgültigkeit *f.*; **-te** *adj.* [indole'nte] lässig, gleichgültig.

indomable *adj.* [indoma'βle] unbeugsam.

indómito *adj.* [indo'mito] widerspenstig.

induc|ción *f.* [indukθ^jɔ'n] Anstiftung *f.*, Folgerung; **-ir** [induθi'r] verleiten; *elektr.* induzieren.

indudable *adj.* [induða'βle] zweifellos, unzweifelhaft.

indulgen|cia *f.* [indulxe'nθ^ja] Nachsicht *f.*, Schonung; *rel.* Ablaß *m.*; **-te** *adj.* [indulxe'nte] nachsichtig.

indult|ar [indulta'r] begnadigen, freisprechen; **-o** *m.* [indu'lto] Begnadigung *f.*, Straferlaß *m.*

indumentaria *f.* [indumenta'r^ja] Kleidung *f.*, Volkstracht.

industria *f.* [indu'str^ja] Industrie *f.*, Gewerbe *n.*; **-l** *adj.* [industr^ja'l] industriell, auf das Gewerbe *bzw.* die Industrie bezüglich; **-l** *m.* Gewerbetreibender *m.* Industrieller.

inédito *adj.* [ine'ðito] (Buch) noch unveröffentlicht.

inefable *adj.* [inefa'βle] unaussprechlich.

inefica|cia *f.* [inefika'θ^ja] Unwirksamkeit *f.*; **-z** *f.* [inefika'θ] unwirksam, zwecklos.

ineludible *adj.* [ineluði'βle] unumgänglich.
inept|itud *f.* [ineptitu'ð] Ungeschicklichkeit *f.*; **-o** *adj.* [ine'pto] ungeschickt, albern.
inequívoco *adj.* [ineki'βoko] unzweideutig.
iner|cia *f.* [ine'rθʲa] Untätigkeit *f.*, Trägheit, Beharrungsvermögen *n.*; **-te** *adj.* [ine'rte] schlaff, träge, inaktiv.
inesperado *adj.* [inespera'ðo] unerwartet, unverhofft.
inevitable *adj.* [ineβita'βle] unvermeidlich.
inexact|itud *f.* [ineksaktitu'ð] Ungenauig-, Unrichtigkeit *f.*; **-o** *adj.* [ineksa'kto] ungenau, unrichtig.
inexper|iencia *f.* [inesperʲe'nθʲa] Unerfahrenheit *f.*; **-to** *adj.* [inespe'rto] unerfahren.
inexplicable *adj.* [inesplika'βle] unerklärlich.
infalib|ilidad *f.* [imfaliβiliða'ð] Unfehlbarkeit *f.*; **-le** *adj.* [imfali'βle] unfehlbar.
infam|ante *adj.* [imfama'rte] entehrend, schimpflich; **-ar** [imfama'r] entehren; **-atorio** *adj.* [imfamato'rʲo] entehrend, schmähend; **-e** *adj.* [imfa'me] ehrlos, niederträchtig.
infan|cia *f.* [imfa'nθʲa] Kindheit *f.*; **-ta** *f.* [imfa'ntal] *Span.* Infantin *f.*; **-te** *m.* [imfa'nte] Kind *n.*; *Span.* Infant *m.*; **-tes** *m. pl.* [imfa'ntes] *mil.* Fußvolk *n.*; **-tería** *f.* [imfanteri'a] *mil.* Infanterie *f.*; **-til** *adj.* [imfanti'l] kindisch, kindlich.
infatigable *adj.* [imfatiga'βle] unermüdlich.
infec|ción *f.* [imfekθʲɔ'n] Ansteckung *f.*; **-cioso** *adj.* [imfekθʲo'so] ansteckend; **-tar** [imfekta'r] anstecken.
infecund|idad *f.* [imfekundiða'ð] Unfruchtbarkeit *f.*; **-o** *adj.* [imfeku'ndo] unfruchtbar.
infeli|cidad *f.* [imfeliθiða'ð] Unglückseligkeit *f.*; **-z** *adj.* [imfeli'θ] unglücklich, arm.
inferior *adj.* [imferʲɔ'r] unter, geringer, minderwertig; *geogr.* Nieder-; **-idad** *f.* [imferʲoriða'ð] Minderwertigkeit *f.*, Unterlegenheit.
inferir [imferi'r] zufügen.
infernal *adj.* [imferna'l] höllisch.
infestar [imfesta'r] anstecken, verpesten.
infidelidad *f.* [imfiðeliða'ð] Treulosigheit *f.*
infiel *adj.* [imfʲe'l] treulos, untreu; *rel.* ungläubig; **-m.** Ungläubiger *m.*
infiern|illo *m.* [imfʲerniʎo] Kocher *m.*, Spiritus-, Petroleumbrenner; **-o** *m.* [imfʲe'rno] Hölle *f.*
infiltrar(se) [imfiltra'rse] filtrieren, einflößen.
ínfimo *adj.* [i'mfimo] niedrigst unterst.
infini|dad *f.* [imfiniða'ð] Unendlichkeit; **-tivo** *m.* imfiniti'βo *gramm.* Nennform *f.* **-to** *adj.* [imfini'to] unendlich.
inflación *f.* [imflaθʲɔ'n] Aufblasen *n.*; Inflation *f.*
inflama|bilidad *f.* [imflamaβiliða'ð] Entzündlichkeit *f.*; **-ble** *adj.* [imflama'βle] entezündlich; **-ción** *f.* [imflamaθʲɔ'n] Entzündung *f.*; **-r(se)** [imflama'rse] (s.) entzünden.
inflar(se) [imfla'rse] (s.) aufblasen; aufpumpen.
inflex|ibilidad *f.* [imfleksiβiliða'ð] *fig.* Unbeugsamkeit *f.*; **-ible** *adj.* [imfleksi'βle] unbeugsam, unerbittlich; **-ion** *f.* [imfleksʲɔ'n] (Durch-) Biegung *f.*, Tonfall *m.*
infligir [imflixi'r] (Strafe) auferlegen.
influ|encia *f.* [imflue'nθʲa] Einfluß *m.*; **-ir** [imflui'r] beeinflussen, Einfluß ausüben; **-jo** *m.* [imflu'xo] Ansehen *n.* Einfluß *m.*
informa|ción *f.* [imfɔrmaθʲɔ'n] Auskunft *f.*, Nachricht, Bericht *m.*; **-dor** *m.* [imformaðɔ'r] Berichter-

statter *m.;* **-l** *adj.* [imf'erma'l] unzuverlässig; **-lidad** *f.* [imfɔrmaliðɑ'ð] Unzuverlässigkeit *f.;* **-r(se)** [imfɔrma'rse] benachrichtigen, unterrichten.

informe *m.* [imfɔ'rme] Auskunft *f.*, Bericht *m.; jur.* Untersuchung *f.*

infortun|adamente *adv.* [imfɔrtunaðame'nte] unglücklicherweise; **-io** *m.* [imfɔrtu'nʲnʲo] Mißgeschick *n.*, Unglück.

i n f o r t u n | a d a m e n t e *a d v .* [imfɔrtunaðame'nte] unglücklicherweise; **-io** *m.* [imfɔrtu'nʲo] ɱißgeschick *n.*, Unglück.

infrac|ción *f.* [imfrakθʲɔ'n] (Gesetz) Verletzung *f.;* Zuwiderhandlung.

infraganti [imfraga'nti] *jur.* auf frischer Tat (ertappen).

infranqueable *adj.* [imfraŋkea'βle] unüberwindlich.

infringir [imfriŋxi'r] (Gesetz) übertreten, verletzen.

infructuos|idad *f.* [imfruktʷosiða'ð] N u t z l o s i g k e i t *f. ;* **-o** *a d j .* [imfruktʷo'so] unnütz, zwecklos.

infund|ado *adj.* [imfunda'ðo] unbegründet; (Gerücht) leer; **-io** *m.* [imfu'ndʲo] Lüge *f.;* **-ir** [imfundi'r] (Mut) einflößen; (Furcht) einjagen.

infus|ión *f.* [imfusʲɔ'n] Tee) Aufguß *m.*

ingeniarse [iŋxenʲa'se] auf Mittel sinnen.

ingenier|ía *f.* [iŋxenʲeri'a] Ingenieurwissenschaft *f.;* **-o** *m.* [iŋxenʲe'ro] Ingenieur *m.*

ingenio *m.* [iŋxe'nʲo] Geist *m.* Genien; *SAm.* Zuckerfabrik; **-sidad** *f.* [iŋsenʲosiða'ð] Erfindungsgeist *m.;* **-so** *adj.* [iŋxenʲo'so] erfinderisch, sinnreich.

ingente *adj.* [inxe'nte] ungeheuer groß.

ingenu|idad *f.* [iŋxenʷiða'ð] Treuherzigkeit *f.;* **-o** *adj.* [iŋxe'nʷo] treuherzig, naiv.

ingle *f.* [i'ŋgle] *anat.* (Scham-) Leiste *f.*

ingl|és *adj.* [iŋgle's] englisch; **tafetán** *(m.)* **-és** *m.* Engländer *m.;* **-esa** [iŋgle'sa] *adj.* **llave** *(f.)* **-esa** *f.* Engländerin *f.*

ingrat|itud *f.* [iŋgratitu'ð] Undankbarkeit *f.;* **-o** *adj.* [iŋgra'to] undankbar; (Wetter) unangenehm.

ingre|diente *m.* [iŋgreðʲe'nte] Zutaten *f.;* Bestandteil *m.* (er. Mischung); **-sar** [iŋgresa'r] (Gelder) eingehen (auf e. Konto) einzahlen; (Laufbahn) einschlagen **(en)**; (ins Gefängnis) eingeliefert w.; (in e. Krankenhaus) aufgenommen w.; **-so** *m.* [iŋgre'so] (Kasse) Eingang *m.;* (Verein, Krankenkasse usw.) Eintritt *m.*, Aufnahme *f.*

inhábil *adj.* [ina'βil]: **días** *(m. pl.)* **-es** Tage, an denen das Publikum nicht abgefertigt wird.

inhabili|dad *f.* [inaβiliða'ð] Untauglichkeit *f.;* **-tación** *f.* [inaβilitaθʲɔ'n] Unfähigkeitserklärung *(f.)* für die Ausübung es. öffentl. Amtes; **-tar** [inaβilita'r] für (e. Amt) unfähig erklären.

inhabit|able *adj.* [inaβita'βle] unbewohnbar; **-ado** *adj.* [inaβita'ðo] unbewohnt.

inhala|ción *f.* [inalaθʲɔ'n] Inhalation *f.*, Einatmung; **-r** [inala'r] einatmen.

inherente *adj.* [inere'nte] (m. er. Sache) verknüpft; (er. Sache (anhaftend).

inhibi|ción *f.* [iniβiθʲɔ'n] Verbot *n.;* **-r(se)** [iniβi'rse] *jur.* untersagen, verbieten.

inhospitalario *adj.* [inɔspitala'rʲo] ungastlich; (Land) unwirtlich.

inhuma|ción *f.* [inumaθʲɔ'n] Beerdigung *f.;* **-nidad** *f.* [inumaniða'ð] Unmenschichkeit *f.;* **-nidad** *f.* [inumaniða'ð] Unmenschlichkeit *f.;* **-no** *adj.* [inuma'no] unmenschlich; **-r** [inuma'r] beerdigen.

inicia|ción *f.* [iniθʲaθʲɔ'n] Einführung *f.*, Beginn *m.;* **-dor** *m.* [iniθʲaðɔ'r] Bahnbrecher *m.*, Anreger; **-l** *adj.*

[iniθʲa'l] Anfangs...; 1 *f.* Anfangsbuchstabe *m.*; **-les** [iniθʲa'les] *f. pl.* Monogramm *n.*; **-r** [iniθʲa'r] (in Geheimnis) einweihen; (Schritte) einleiten; (Geschäftsverbindungen) anknüpfen; **-tiva** *f.* [iniθʲati'βa] Anregung *f.*, Unternehmungsgeist *m.*

inícuo *adj.* [ini'kʷo] ungerecht.

ini|maginable *adj.* [inimaxina'βle] undenkbar; **-mitable** *adj.* [inimita'βle] unnachahmlich; **-nteligible** *adj.* [inintelixi'βle] unverständlich; **-nterrumpido** *adj.* [ininterrumpi'ðo] ununterbrochen.

iniquidad *f.* [inikiða'ð] Ungerechtigkeit *f.*

injer|encia *f.* [iŋxere'nθʲa] Einmischung *f.*; **-irse** [iŋxeri'rse] s. einmischen; **-tar** [iŋxerta'r] pfropfen; **-to** *m.* [iŋxe'rto] Pfropfreis *n.*, Okulieren.

injuri|a *f.* [inxu'rʲa] Beleidigung *f.*, Schmähung; Schimpfwort *n.*; **-ar** [inxurʲa'r] beleidigen.

injust|amente *adv.* [inxustame'nte] grundlos; **-icia** *f.* [inxusti'θʲa] Ungerechtigkeit *f.*; **-ificado** *adj.* [inxustifika'ðo] unberechtigt, ungerechtfertigt (con gegen).

Inmaculada *f.* [inmakula'ða]: **la** - die Unbefleckte (Mutter Gottes).

inmedia|ción *f.* [inmeðʲaθɔ'n] Nachbarschaft *f.*, Nähe; **-ciones** *f. pl.* nächste Umgebung *f.*; **-tamente** *adv.* [inmeðʲatame'nte] unverzüglich; **-to** *adj.* [inmedʲa'to] unmittelbar; (Antwort) umgehend; **-to a** in nächster Nähe v.

inmejorable *adj.* [inmexora'βle] vortrefflich, erstklassig.

inmemorial *adj.* [inmemorʲa'l]: **desde tiempos -es** seit ewigen Zeiten.

inmens|amente *adv.* [inmensame'nte] ungeheuer, riesig; **-amente rico** steinreich; **-idad** *f.* [inmensiða'ð] Unermeßlichkeit *f.*; riesige Menge; **-o adj.** [inme'nso] unermeßlich, außerordentlich groß.

inmerecido *adj.* [inmereθi'ðo] unverdient.

inmer|gir [inmerxi'r] (ein-), untertauchen; **-sión** *f.* [inmersʲɔ'n] Eintauchen *n.*

inmigra|ción *f.* [inmigraθʲɔ'n] Einwanderung *f.*; **-nte** *m.* [inmigra'nte] Einwanderer *m.*; **-r** [inmigra'r] einwandern.

inmiscuirse [inmiskui'rse] s. einmischen.

inmobiliario *adj.* [inmobilʲa'rʲo]: **crédito** *(m.)* - Bodenkredit *m.*

inmoderado *adj.* [inmoðera'ðo] übermäßig.

inmodest|ia *f.* [inmoðe'stʲa] Unbescheidenheit *f.*; **-o** *adj.* [inmoðe'esto] unbescheiden.

inmoral *adj.* [inmora'l] unsittlich; **-idad** *f.* [inmoraliða'θ] Unsittlichkeit *f.*

inmortal *adj.* [inmorta'l] unsterblich; **-idad** *f.* [inmortaliða'ð] Unsterblichkeit *f.*; **-izar** [inmortaliθa'r] verewigen

inmóvil *adj.* [inmo'βil] fest, unbeweglich.

inmovilidad *f.* [inmoβiliða'ð] Unbeweglichkeit *f.*

inmuebles *m. pl.* [inmeʷe'bles] Grundstücke *n. pl.* Liegenschaften *f. pl.*

inmund|icia *f.* [inmundi'θʲa] Schmutz m. Unrat; **-o** *adj.* [inmu'ndo] schmutzig, unrein.

inmun|e *adj.* [inmu'ne] *med.* immun; frei; **-idad** *f.* [inmuniða'ð] Immunität *f.*, Freiheit.

inmuta|ble *adj.* [inmuta'βle] unveränderlich; **-rse** [inmuta'rse] verstört w.

innato *adj.* [inna'to] angeboren.

innecesario *adj.* [inneθesa'rʲo] unnötig.

innova|ción *f.* [innoβaθʲɔ'n] Neuerung *f.*; **-r** [innoβa'r] Neuerungen einführen.

inocen|cia *f.* [inoθe'nθʲa] Unschuld *f.*, Naivität; **-tada** *f.* [inoθenta'ða] harmloser Scherz *m.* (am *28.XII.*) (*etwa:* Aprilscherz); **-te** *adj.* [inoθe'nte] unschuldig, harmlos, naiv.

inocula|ción *f.* [inokulaθʲɔ'n] *med.* Impfung *f.*; **-r** [inokula'r] impfen.

inofensivo *adj.* [inofensi'βo] harmlos.

inolvidable *adj.* [inolβiða'βle] unvergeßlich.

inoportuno *adj.* [inoportu'no] ungelegen, unpassend.

inorgánico *adj.* [inorβ'niko] unorganisch.

inoxidable *adj.* [inoksiða'βle] nicht rostend.

inquebrantable *adj.* [iŋkebranta'βle] (Freundschaft) unverbrüchlich.

inquie|tar [iŋkʲeta'r] beunruhigen; **- to** *adj.* [iŋkʲe'to] unruhig.

inquilin|ato *m.* [iŋkilina'to] Mietzins *m.*; **-o** *m.* [iŋkili'no] Mieter *m.*, Hausbewohner.

inqui|rir [iŋkiri'r] nachforschen, untersuchen; **-sición** *f.* [iŋkisiθʲɔ'n] Inquisition *f.*, Glaubensgericht *n.*

insaciable *adj.* [insaθʲa'βle] unersättlich.

insano *adj.* [insa'no] ungesund.

inscri|bir [inskriβi'r] einschreiben, -tragen; **-pción** *f.* [inskripθʲɔ'n] Inschrift *f.*, Eintragung.

insect|icida *adj.* [insecktiθi'ða]: **polvo** (*m.*) **-icida** Insektenpulver *n.*; **- o** *m.* [inse'kto] Insekt *n.*, Ungeziefer.

insegur|idad *f.* [inseguriða'ð] Unsicherheit *f.*; **-o** *adj.* [insegu'ro] unsicher.

insensat|ez *f.* [insensate'θ] Unsinn *m.*, Unvernunft *f.*; **-o** *adj.* [insensa'to] sinnlos, unvernünftig, töricht.

insensib|ilidad *f.* [insensiβiliða'ð] Unempfindlichkeit *f.*; **-le** *adj.* [insensi'βle] unempfindlich.

inseparable *adj.* [insepara'βle] untrennbar.

inser|ción *f.* [inserθʲɔ'n] Einschaltung *f.*, Inserat *n.*; **-tar** [inserta'r] einfügen, einlassen; inserieren; Anzeige einrücken.

inservible *adj.* [inserβi'βle] unbrauchbar.

insign|e *adj.* [insig'ne] berühmt; **-ia** *f.* [insi'gnʲa] Abzeichen *n.*, Fahne *f.*

insignifican|cia *f.* [insignifika'nθʲa] Geringfügigkeit *f.*; **- te** *adj.* [insignifika'nte] geringfügig, unbedeutend.

insinua|ción *f.* [insinʷaθʲɔ'n] Anspielung *f.*, Wink *m.*; **-nte** *adj.* [insinʷa'nte] einschmeichelnd; **- r** [insinʷa'r] andeuten.

insípido *adj.* [insi'piðo] fade, geschmacklos.

insisten|cia *f.* [insiste'nθʲa] Beharrlichkeit *f.*; **-te** *adj.* [insiste'nte] beharrlich.

insistir [insisti'r] bestehen (**en** auf); dringen (**sobre** auf); beharren (**en** auf).

insociable *adj.* [insoθʲa'βle] ungesellig.

insola|ción *f.* [insolaθʲɔ'n] Sonnenstich *m.*; **-rse** [insola'rse] den Sonnenstich bekommen.

insolen|cia *f.* [insole'nθʲa] Anmaßung *f.*, Frechheit; **-tarse** [insolenta'rse] unverschämt w. (**con** gegenüber); **-te** *adj.* [insole'nte] anmaßend, frech.

insólito *adj.* [inso'lito] ungewöhnlich.

insolub|ilidad *f.* [insoluβiliða'ð] Unlöslichkeit *f.*; **-le** *adj.* [insolu'βle] unlöslich, unlösbar.

insolven|cia *f.* [insɔlβe'nθʲa] Zahlungsunfähigkeit *f.*; **- te** *adj.* [insɔlβe'nte] zahlungsunfähig, *fam.* pleite.

insomnio *m.* [insɔ'mnʲo] Schlaflosigkeit *f.*

insoportable *adj.* [insopɔrta'βle] unerträglich.

insostenible *adj.* [insosteni'βle] unhaltbar.
inspec|ción *f.* [inspekθʲɔ'n] Aufsicht *f.*, Be(-auf-) sichtigung, Untersuchung; **- tor** *m.* [inspektɔ'r] Inspektor *m.* Aufseher, Prüfer.
inspira|ción *f.* [inspiraθʲɔ'n] Eingebung *f.*, Inspiration, Einatmung; **-do** *adj.* [inspira'ðo] begeistert; **-r** [inspira'r] eingeben, begeistern, einatmen.
instala|ción *f.* [instalaθʲɔ'n] Anlage *f.*, Einrichtung, Einführung (in e. Amt); **- dor** *m.* [instalaðɔ'r] Installateur *m.*; **-r** [instala'r] einrichten; (Maschine) aufstellen; **-rse** [instala'rse] (Haus, Büro) beziehen.
instan|cia *f.* [insta'nθʲa] Instanz *f.*, Eingabe, Inständigkeit; **-táneo** *adj.* [instanta'neo] augenblicklich; **-te** *m.* [insta'nte] Augenblick *m.*, Moment.
instaura|ción *f.* [instauraθʲɔ'n] Wiederaufrichtung *f.*; **-r** [instaura'r] wiederaufrichten.
instint|ivo *adj.* [instinti'βo] instinktiv, triebhaft, unwillkürlich; **-o** *m.* [insti'nto] Instinkt *m.*, Naturtrieb.
institu|ción *f.* [instituθʲɔ'n] Einrichtung *f.*, Errichtung, Anstalt, Institut *n.*; **-ir** [institui'r] ein- errichten; **-to** *m.* [instituto] Institut *n.*, Lehranstalt *f.*; Span. Mittelschule; **-triz** *f.* [institutri'θ] Erzieherin *f.*
instru|cción *f.* [instrukθʲɔ'n] Anweisung *f.*, Ausbildung, Unterricht *m.*; *jur.* Untersuchung *f.*; **-ctivo** *adj.* [instruktɔ'r) *mil.* Ausbilder *m.*; **- ido** *adj.* [instrui'ðo] gebildet; **-ir** [instrui'r] anlernen, unterrichten, -wisen; (Prozeß) einleiten.
instrument|al *adj.* [instrumenta'l] Instrumental ...; **-ar** [instrumenta'r] instrumentieren; **-ista** *m.* [instrumenti'sta] Instrumentenbauer *m.*; **-o** *m.* [instrume'nto] Instrument *n.*, *Werkzeug, Urkunde f.*
insubordina|ción *f.* [insuβɔrdinaθʲɔ'n] Unbotmäßigkeit *f.*, Aufstand *m.*; **-do** *adj.* [insuβɔrdina'ðo] unbotmäßig; **- m.** Aufständischer *m.*; **-r(se)** [insuβɔrdina'rse] aufwiegeln.
insuficien|cia *f.* [insufiθʲe'θʲa] Unzulänglichkeit *f.*; **-te** *adj.* [insufiθʲe'nte] ungenügend, unzureichend.
insuls|ez *f.* [insulse'θ] Geschmacklosigkeit *f.*; **-o** *adj.* [insu'lso] geschmacklos.
insult|ante *adj.* [insulta'nte] beleidigend; **-ar** [insulta'r] beleidigen, beschimpfen; **-o** *m.* [insu'lto] Beleidigung *f.*
insuperable *adj.* [insupera'βle] unübertrefflich.
insur|gente *adj.* [insurxe'nte] aufständisch; **- m.** Aufständischer *m.*; **-rección** *f.* [insurrekθʲɔ'n] Aufstand *m.*; **- recto** *m.* [insurre'kto] Aufständischer *m.*, Aufrührer.
insustituible *adj.* [insustitʷi'βle] unersetzbar.
intacto *adj.* [inta'kto] unberührt, *fam.* ganz.
intachable *adj.* [intača'βle] tadellos, mustergültig.
integr|al *adj.* [integra'l] aus em. Stück bestehend; **-ante** *adj.* [integra'nte]: **parte** (*f.*) **- ante** wesentlicher Bestandteil *m.*; **- ar** [integra'r] ausmachen, bilden; **-idad** *f.* [integriða'ð] Vollständigkeit. *f.*
íntegro *adj.* [i'ntegro] vollständig, ganz.
intelectual *adj.* [intelektʷa'l] geistig; **-** *m.* Intellektueller *m.*, gebildeter Mensch.
inteligen|cia *f.* [intelixe'nθʲa] Intelligenz *f.*, Verstand *m.*; Einverständnis *n.*; **-te** *adj.* [intelixe'nte] klug, verständig, gebildet.
intempestivo *adj.* [intempesti'βo] unzeitgemäß.
intenci|ón *f.* [intenθʲɔ'n] Absicht *f.*, Vorbedacht *m.*; **sin -ón** unabsichtlich; **-onado** *adj.* [intenθʲona'ðp] m. (böser) Absicht, vorsätzlich.

intenden|cia *f.* [intende'nθ^{j}a] Verwaltung *f.;* **-te** *m.* [intende'nte] Verwalter *m.*, Intendant; *SAm.* Bürgermeister.
intens|amente *adv.* [intensame'nte] heftig; **-idad** *f.* [intensiða'ð] Stärke *f.*, Heftigkeit; **-ificar** [intensifika'r] verstärken; **-ivo** *adj.* [intensi'βo] intensiv, heftig; **-o** *adj.* [inte'nso] intensiv, heftig.
intent|ar [intenta'r] beabsichtigen, vorhaben; **-o** *m.* [inte'nto] Absicht *f.*, Vorhaben *n.*
intercala|ción *f.* [interkalaθ^{j}ɔ'n] *elektr.* Zwischenschaltung *f.;* **- r** [interkala's] zwischen-, einschalten.
intercambio *m.* [interka'mb^{j}o] (Güter-, geistiger) Austausch *m.*
inter|ceder [interθeðe'r] s. ins Mittel legen, s. verwenden (**por** für); **-ceptar** [interθepta'r] unterbrechen; (Post) abfangen; **-cesión** *f.* [interθes^{j}ɔ'n] Fürsprache *f.*, Vermittelung; **-cesor** *m.* [interθesɔ'r] Fürsprecher *m.*
inte|rés *m.* [intere's] Interesse *n.;* Zinsfuß *m.;* Anteilnahme *f.;* **sin -** belanglos; **- reses** *(m. pl.)* **creados** Interessenverknüpfung *f.*
interesa|do *adj.* [interesa'ðo] beteiligt, gewinnsüchtig; **-do** m. Interessent *m.*, Bewerber, Reflektant; **-nte** *adj.* [interesa'nte] anziehend, interessant, fesselnd; **-r** [interesa'r] teilnehmen lassen (**en** an), interessieren; **-rse** [interesa'rse] s. interessieren (**por** für).
ínterin [i'nterin]: (**en el**) **-** in der Zwischenzeit, einstweilen.
interino *adj.* [interi'no] einstweilig, stellvertretend.
interior *adj.* [inter^{j}ɔ'r] inner (-lich), inländisch.
inter|locutor *m.* [interlokutɔ'r] Gesprächspartner *m.;* **-mediario** *m.* [intermeð^{j}a'r^{j}o] Vermittler *m.;* **-minable** *adj.* [intermina'βle] endlos; **-mitente** *adj.* [intermite'nte] absatzweise wechselnd; **-nacional** *ad*[j.] [internaθ^{j}ona'l] international, zw[i]schenstaatlich; **-nacionalizar** [inte]rnaθ^{j}onaliθa'r] internationalisieren.
intern|ado *m.* [interna'ðo] Internat *n*[.], Erziehungsanstalt *f.;* **-ar** [interna'r] internieren; **-arse** [interna'rse] (i[n] e. Land) eindringen; **- o** *ad*[j.] [inte'rno] inner(lich).
interpela|ción *f.* [interpelaθ^{j}ɔ'n] *pol*[.] Anfrage *f.*, Befragung; **-**[r] [interpela'r] interpellieren, anfragen.
interpo|ner [interpone'r] zwischen schieben; jur. (Berufung) einlegen; **-nerse** [interpone'rse] s. ins Mitte[l] legen.
interpreta|ción *f.* [interpretaθ^{j}ɔ'n] Auslegung *f.*, Deutung; **-r** [interpreta'r] auslegen, deuten, erklären; *theat* (Rolle) darstellen.
intérprete *m.* [inte'rprete] Dolmetscher *m.*
inter|rogación *f.* [interrɔgaθ^{j}ɔ'n] Frage *f.*, -zeichen *n.;* **-rogar** [interrɔga'r] (aufragen; *jur.* verhören; **- rogativo** *adj.* [interrogati'βo] fragend; **-rogatorio** *m.* [interrogato'r^{j}o] *jur.* Verhör *n.;* **-rumpir** [interrumpi'r] (ab-), unterbrechen; **-rupción** *f.* [interrpθ^{j}ɔ'n] Unterbrechung *f.;* (Betriebs-) Störung; **-ruptor** *m.* [interruptɔ'r] *elektr.* (Aus-) Schalter *m.*
intervalo *m.* [interβa'lo] Zwischenzeit *f.*, Intervall *n.*
interven|ción *f.* [interβenθ^{j}ɔ'n] Vermittlung *f.;* *med.* Eingriff *m.* **-ir** [interβeni'r] vermitteln, eingreifen, einschreiten; **-tor** *m.* [interβentɔ'r] Kontrolleur *m.*, Inspektor, Kommissar.
intervi|evar [interβ^{j}eβa'r] interviewen; **-ú** *m.* [interβ^{j}u'] Interview *n.*
intestin|al *adj.* [intestina'l] *anat.* auf Darm *bzw.* Eingeweide bezüglich; **-o** *m.* [intesti'no] *anat.* Darm *m.;* **-o** *adj.* innerlich.

intim|ación *f.* [intimaθ^{j}ɔ'n] Aufforderung *f.*; *jur.* Vorladung; **íntimamente** *adv.* [intimame'nte] eng, innig; **-ar** [intima'r] auffordern; eng befreundet sein; **-idad** [intimiða'ð] Vertraulichkeit *f.*, Freundschaft.

íntimo *adj.* [i'ntimo] (Beziehungen) eng; gemütlich; **amigo** *(m.)* - Busenfreund *m.*

intolera|ble *adj.* [intolera'βle] unausstehlich, unerträglich; **-nte** *adj.* [intolera'nte] unduldsam.

intoxica|ción *f.* [intɔksikaθ^{j}ɔ'n] Vergiftung *f.*; **-r(se)** [intɔksika'rse] (s.) vergiften.

intranquil|idad *f.* [intraŋkiliða'ð] Unruhe *f.*; **-izar** [intraŋkiliθaɑr] beunruhigen; **-o** *adj.* [intraŋki'lo] unruhig, besorgt.

intransigen|cia *f.* [intransixe'nθ^{j}a] Unduldsamkeit *f.*; **-te** *adj.* [intransixe'nte] unduldsam, unnachgiebig.

intransitable *adj.* [intransita'βle] unwegsam, unbegeghbar.

intravenoso *adj.* [intraβeno'so]: **inyección** *(f.)* **-a** *med.* intravenöse Einspritzung *f.*

intrepidez *f.* [intrepiðe'θ] Unerschrockenheit *f.*

intrépido *adj.* [intre'piðo] unerschrocken.

intriga *f.* [intri'ga] Intrige *f.*, Ränkespiel *n.*; *theat.* Verwicklung *f.*; **-do** *adj.* [intriga'ðo] mißtrauisch; **-r** [intriga'r] intrigieren, Ränke schmieden; Interesse erregen.

intrínseco *adj.* [intri'nseko] innerlich, wesentlich.

introduc|ción *f.* [introðukθ^{j}ɔ'n] Einführung *f.*, Einleitung, Einfuhr; **-ir** [introðuθi'r] einführen, hineinstekken, -tun.

intromisión *f.* [intromis^{j}ɔ'n] Einmischung *f.*

intrus|ión *f.* [intrus^{j}ɔ'n] (unberechtigtes) Eindringen *n.*; **-o** *m.* [intru'so] Eindringling *m.*

intui|ción *f.* [int^{w}iθ^{j}ɔ'n] unmittelbare Einsicht *f.*; **-tivo** *adj.* [int^{w}iti'βo] anschaulich.

inunda|ción *f.* [inundaθ^{j}ɔ'n] Überschwemmung *f.*; **- r** [inunda'r] überschwemmen.

inusitado *adj.* [inusita'ðo] ungewöhnlich.

inútil *adj.* [inu'til] unnütz, vergeblich, zwecklos, umsonst.

inutili|dad *f.* [inutiliða'ð] Nutzlosigkeit *f.*, Zwecklosigkeit, Unbrauchbarkeit; **-zar** [inutiliθa'r] unbrauchbar machen.

inútilmente *adv.* [inu'tilmente] umsonst, vergebens.

invadir [imbaði'r] (Land) überfallen.

invalidar [imbaliða'r] ungültig machen.

inválido *adj.* [imba'liðo] arbeitsunfähig; *fig.* ungültig; **-** *m.* Invalide *m.*

invariable *adj.* [imbar^{j}a'βle] unveränderlich.

invas|ión *f.* [imbas^{j}ɔ'n] (feindlicher) Einfall *m.*; (Krankheit) plötzliches Auftreten *n.*; **-or** *m.* [imbasɔ'r] Eindringling *m.*

invencible *adj.* [imbenθi'βle] unbesiegbar.

invención *f.* [imbenθ^{j}ɔ'n] Erfindung *f.*

invendible *adj.* [imbendi'βle] unverkäuflich.

inventar [imbenta'r] ausdenken, erfinden; **-io** *m.* [imbenta'a^{j}o] Inventur *f.*

invento *m.* [imbe'nto] Erfindung *f.*; **-r** *m.* [imbentɔ'r] Erfinder *m.*

invern|áculo *m.* [imberna'kulo] Treibhaus *n.*; **-adero** *m.* [imbernaðe'ro] Winterkurort *m.*; Treibhaus *n.*, Winterweide *f.*; **-al** *adj.* [imberna'l]: **estación** *(f.)* **-al** Wintersaison *f.*; **- ar** [imberna'r] überwintern.

inverosímil *adj.* [imberosi'mil] unwahrscheinlich.

invers|ión *f.* [imbers^{j}ɔ'n] (Kapital-) Anlage *f.*, (Geld-) Investierung; *techn.* Umkehrung; **-o** *adj.*

[imbe'rso] umgekehrt; **-or** *m.* [imbersɔ'r] *techn.* Umsteuerungsgetriebe *n.*

invertebrado *adj.* [imberteβra'do] *zool.* wirbellos.

invert|ido *adj.* [imberti'ðo] homosexuell, pervers; **-ir** [imberti'r] umkehren; (Gelder) anlegen.

investiga|ción *f.* [imbestigaθʲɔ'n] (Er-) Forschung *f.*, Untersuchung; **-dor** *m.* [imbestigaðɔ'r] Forscher *m.*; **-r** [imbestiga'r] forschen, untersuchen.

investir [imbesti'r] (m. Vollmacht) ausstatten (**de** m.).

invierno *m.* [imbʲe'rno] Winter *m.*

inviolable *adj.* [imbʲola'βle] unverletzlich.

invisible *adj.* [imbisi'βle] unsichtbar.

invita|ción *f.* [imbitaθʲɔ'n] Einladung *f.*; **-do** *m.* [imbita'ðo] Gast *m.*; **-r** [imbita'r] einladen, auffordern.

invoca|ción *f.* [imbokaθʲɔ'n] *rel.* Anrufung *f.*; **-r** [imboka'r] anrufen, anflehen.

involuntario *adj.* [imbolunta'rʲo] unfreiwillig.

invulnerable *adj.* [imbulnera'βle] unverwundbar.

inyec|ción *f.* [injekθʲɔ'n] Einspritzung *f.*; **- tar** [injekta'r] einspritzen; **-tor** *m.* [injektɔ'r] *techn.* Injektor *m.*, Strahlpumpe *f.*

ion *m.* [jon] *elektr.* Ion *n.*

ir [ir] gehen, fahren, reisen, reiten, kommen; (gesundheitlich) s. befinden; (Weg)führen; (Farbe, Kleidungsstück) passen, stehen; **- a** s. anschicken zu; (sogleich) wollen.

ira *f.* [i'ra] Groll *m.*, Zorn, Wut *f.*; **-cundo** *adj.* [iraku'ndo] (jäh-) zornig; **-scible** *adj.* [irasθi'βle] reizbar.

iris *f.* [i'ris] (Auge) Iris *f.*; **arco** *(m.)* **-** Regenbogen *m.*

ironía *f.* [ironi'a] Ironie *f.*, feiner Spott *m.*

irónico *adj.* [iro'niko] ironisch, spöttisch.

irracional *adj.* [irraθʲona'l] unvernünftig, *math.* irrational.

irradia|ción *f.* [irraθʲaθʲɔ'n] Ausstrahlung *f.*; **-r** [irraθʲa'r] ausstrahlen.

irreal *adj.* [irrea'l] unwirklich; **-izable** *adj.* [irrealiθa'βle] unausführbar.

irreconciliable *adj.* [irrekɔnθiʎʲa'βle]: **enemigo** *(m.)* **-** Todfeind *m.*

irreflexivo *adj.* [irrefleksi'βo] unüberlegt.

irrefutable *adj.* [irrefuta'βle] unwiderleglich.

irregular *adj.* [irregula'r] unregelmäßig; **-idad** *f.* [irregulariða'ð] Unregelmäßigkeit *f.*

irremediable *adj.* [irremeðʲa'βle] unheilbar, unvermeidlich.

irreparable *adj.* [irrepara'βle] nicht wieder gutzumachend.

irreprochable *adj.* [irreprǒca'βle] fehlerfrei, tadellos.

irresistible *adj.* [irresisti'βle] unwiderstehlich.

irrespirable *adj.* [irrespira'βle]: **atmósfera** *(f.)* **-** stickige Luft *f.*

irresponsable *adj.* [irresponsa'βle] unverantwortlich.

irrevocable *adj.* [irreβoka'βle] unwiderruflich.

irriga|ción *f.* [irrigaθʲɔ'n] Bewässerung *f.* *med.* Spülung; **-dor** *m.* [irrigaðɔ'r] *med.* Spülapparat *m.*; *techn.* Beregner, Röhrenbrause *f.*; **-r** [irriga'r] *med.* spülen.

irrita|bilidad *f.* [irritaβiliða'ð] Reizbarkeit *f.*; **-ble** *adj.* [irritaθʲɔ'n] Reizung *f.*; **-nte** *adj.* [irrita'nte] erregend; **-nte** *m.* Reizmittel *n.*; **-r(se)** [irrita'rse] reizen, entzünden; (s. erzürnen, böse w.).

irrompible *adj.* [irrɔmpi'βle] bruchfest, unzerbrechlich.

irru|mpir [irrumpi'r] (m. Gewalt irgendwo) eindringen; **-pción** *f.* [irrupθʲɔ'n] feindlicher Einfall *m.*
isla *f.* [i'zla] Insel *f.*
islam *m.* [izla'n] Islam *m.*
isleño *m.* [izle'ŋo] Inselbewohner *m.*; *- adj.* Insel...
islote *m.* [izlo'te] Felseneiland *n.*
istmo *m.* [i'stmo] Landenge *f.*
ítem *adv.* [i'ten] dergleichen.
itinerario *m.* [itinera'rʲo] Reiseroute *f.*, -plan *m.*, -führer.
izar [iθa'r] *naut.* (Flagge) hissen, setzen; (m. Kran) heben.
izquierd|a *f.* [iθkʲe'rda] linke Hand *f.*; *parl.* Linke; **a la -a** links; **-ista** *m.* [iθkʲerdi'sta] *pol.* Linker *m.* **-o** *adj.* [iθkʲe'rdo] links.

j

j J *f.* [xo'ta] j, J *n.*
jabalí *m.* [xaβali'] Wildschwein *n.*
jabalina *f.* [xaβali'na] Wildsau *f.;* Jadgspieß *m.;* (Sport) Wurfspeer.
jabón *m.* [xaβɔ'n] Seife *f.; SAm.* Schrecken *m.; fig. fam.* jem. Honig um den Mund schmieren.
jabon|adura *f.* [xaβonaðu'ra] Seifenwasser *n.;* **-ar** [xaβona'r] einseifen; **-cillo** *(m.)* **(de sastre)** [xaβɔnθ'iʎo] Schneiderkreide *f.;* **-era** *f.* [xaβone'ra] Seifenschale; **-ero** *m.* [xaβone'ro] Seifensieder *m.*
jaca *f.* [xa'ka] Pony *n.*
jacinto *m.* [xaθi'nto] *bot.* Hyazinthe *f.;* **J** - *m. span.* Vorname.
jaco *m.* [xa'ko] Klepper *m.*
jacta|ncia *f.* [xakta'nθ[j]a] Großsprecherei *f.,* Prahlerei; **-ncioso** *adj.* [xaktanθ[j]o'so] großsprecherisch, prahlerisch; **-rse** [xakta'rse] protzen, prahlen (de m.).
jade *m.* [xa'ðe] Speckstein *m.*
jade|ante *adj.* [xaðea'nte] keuchend; **-ar** [xaðea'r] keuchen.
jaguar *m.* [xag[w]a'r] *zool.* Jaguar *m.*
jalarse [xala'rse] *SAm.* Reißaus nehmen.
jalea *f.* [xale'a] Obstgelee *n.*
jale|ar [xalea'r] (Künstler) (durch Händeklatschen) aufmuntern; **-o** *m.* [xale'o] Rummel *m.,* Wirrwarr, Radau.
jalón *m.* [xalɔ'n] Meßlatte *f.,* Grenzstein *m.*
jamás *adv.* [xama's] nie-(mals), jemals; **nunca** - nimmermehr.
jamba *f.* [xa'mba] Tür-, Fensterpfosten *m.*
jamón *m.* [xamɔ'n] Schinken *m.;* **- serrano** Landschinken *m.*
Japón *m.* **el** [xapɔ'n] Japan *n.;* **j-és** *a*[...] [xapone's] japanisch; **j-és m** Jap[...]ner *m.,* japanische Sprache *f.*
jaque *m.* [xa'ke]: Schach *n.;* **dar** [...] Schach bieten.
jaqueca *f.* [xake'ka] (einseitige[...] Kopfweh *n.*
jaquemate *m.* [xakema'te] Schachmatt *n*[...]
jara *f.* [xa'ra] *bot.* Zistus *m.*
jarabe *m.* [xara'βe] Sirup *m.*
jaramago *m.* [xarama'go] *bot.* Rauke [...]
jaran|a *f.* [xara'na] *fam.* Lärm *m.* Streit; **-ear** [xaramea'r] lärmen.
jarcia *f.* [xa'rθ[j]a] *naut.* Tauwerk *n.*
jardín [xardi'n] Garten *m.;* **-de infan**[...]**cia** Kindergarten *m.*
jardiner|a *f.* [xardine'ra] Blumenstän[...]der *m.,* Gärtnerin *f.;* offene[...] Straßenbahnwagen *m.* (Anhänger[...] **-ía** *f.* [xardineri'a] Gärtnerei *f.;* - [...] *m.* [xardine'ro] Gärtner *m.*
jarra *f.* [xa'rra] Krug *m.;* **ponerse e**[...] **-s** die Hände in die Seiten stem[...]men.
jarro *m.* [xa'rro] Krug *m.,* Vase *f.*
jarrón *m.* [xarrɔ'n] großer Krug *m.* Blumenvase *f.*
jaspe *m.* [xa'spe] *min.* Jaspis *m.;* **-ad**[...] *adj.* [xaspea'ðo] gesprenkelt, mar[...]moriert.
Jauja *f.* [xa'uxa] *fam.* Schlaraffenlan[...] *n.;* **vivir en** - *fig. fam.* wie die Ma[...]den im Speck leben.
jaula *f.* [xa'ula] Käfig *m.,* Vogelbauer[...] (Latten-) Verschlag *f.* Verpackung[...]
jauría *f.* [xauri'a] (Jagdhunde) Kop[...]pel *f.,* Meute.

jazmín *m.* [xaθmi'n] *bot.* Jasmin *m.*
jef|a *f.* [xe'fa] Vorsteherin *f.;* **-atura** *f.* [zefatu'ra] Leitung *f.;* **-e** *m.* [xe'fe] Chef *m.*, Leiter, Vorgesetzter; (Familien-) Oberhaupt *m.*, Führer *m.*
jengibre *m.* [xeŋxi'βre] Ingwer *m.*
jeque *m.* [xe'ke] Scheich *m.*
jerarquía *f.* [xerarki'a] Hierarchie *f.*, Priesterherrschaft, Rangordnung; **-s** *f. pl.* [xerarki'as] oberste Parteifunktionäre *m. pl.*
Jerez [xere'θ: **(vino** [*m.*] **de** - Xereswein *m.*, Sherry.
jerg|a *f.* [xe'rga] Berufssprache *f.*, Kauderwelch *n.;* **-ón** *m.* [xergɔ'n] Strohsack *m.*
jeringa *f.* [xeri'ŋga] (Klistier-) Spritze *f.*
jeroglífico *m.* [xerogli'fiko] Hieroglyphe *f.;* Bilderrätsel *n.;* ~ *adj.* **escritura** *(f.)* **-a** Bilderschrift *f.*, Hieroglyphen *f. pl.*
jersey *m.* [xerse'i] Jersey *m.*, Pullover, Sweater.
Jes|ucristo *m.* [xesukri'sto] Jesus Cristus *m.;* **j -uita** *m.* [xes^{w}i'ta] Jesuit *m.;* **j-uítico** *adj.* [xes^{w}i'tiko] jesuitisch; **-ús** *m.* [xesu's] Jesus *m.*
jiba *f.* [xi'βa] Buckel *m.*, Höcker.
jibia *f.* [xi'β^{j}a] *zool.* Sepia *f.*, Tintenfisch *m.*
jiboso *adj.* [xiβo'so] buckelig, höckerig.
jilguero *m.* [xilge'ro] *zool.* Distelfink *m.*, Stieglitz.
jinet|a [xine'ta] **montar a la -a** *m.* kurzgeschnalten Steigbügeln reiten; **-e** *m.* [xine'te] Reiter *m.*
jipijapa *f.* [*od.* **jipi** *m.*] [xipixa'pa] Panamahut *m.*
jira *f.* [xi'ra] Ausflug *m.*, Landpartie *f.*, Picknick *n.*
jirafa *f.* [xira'fa] *zool.* Giraffe *f.*
jirón *m.* [xirɔ'n] **hecho -ones** Zerfetzt, zerrissen.
jockey *m.* [xoke'i] Jockey *m.*, Rennreiter.
jocos|erio *adj.* [xokose'r^{j}o] (Theaterstück) spaßig u. ernst zugleich; **-idad** *f.* [xokosiða'ð] Schäkerei *f.;* **-o** *adj.* [xoko'so] spaßig.
jod|er [xoðe'r] *sehr vulg.!* den Beischlaf ausüben; jem. belästigen; **¡ -er!** (Ausruf) *sehr vulg.* Gott verflucht; **-erse** [xoðe'rse] *sehr vulg.* s. abrackern.
jofaina *f.* [xofa'ina] Waschbecken *n.*
jónico *adj.* [xo'niko]: **Mar** *(m.)* - das Ionische Meer.
jorna|da *f.* [xorna'ða] Tagereise *f.*, -marsch *m.*, -werk *n.;* (Theater, Kino) Akt *m.*, Teil; **-l** *m.* [xɔrna'l] (Stunden-, Tage-) Lohn *m.;* **-lero** *m.* [xɔrnale'ro] Tagelöhner *m.*, Lohnarbeiter.
joroba *f.* [xoro'βa] Buckel *m.;* Höcker; **-do** *adj.* [xoroβa'ðo] buckelig, hökkerig; **-r** [xoroβa'r] *vulg.* belästigen.
jota *f.* [xo'ta] (Buchstabe) Jot *n.;* span. Tanz *m.;* **no saber una - de** keinen Dunst haben v.
joven *adj.* [xo'βen] jung; - *m.* junger Mann *m.*, Jüngling; *-f.* junges Mädchen *n.;* **jóvenes** *m. pl.* die jungen Leute.
jovial *adj.* [xoβ^{j}a'l] gemütlich, heiter.
joy|a *f.* [xo'ja] Juwel *n.*, Kleinod; *fig.* Perle *f.;* **-as** *f. pl.* [xo'jas] Schmucksachen *f. pl.;* **-ería** *f.* [xojeri'a] Juwelengeschäft *n.;* **-ero** *m.* [xoje'ro] Juwelier *m.*
Juanete *m.* [x^{w}ane'te] *anat.* Überbein *n.;* harte Stelle *(f.)* an Zehe *od.* Fußsohle; *naut.* Toppsegel *n.*
jubil|ación *f.* [xuβilaθ^{j}ɔ'n] Pensionierung *f.*, Ruhestand *m.;* **-arse** [xuβila'rse] in den Ruhestand gehen; **-eo** *m.* [xuβile'o] Jubelfest *n.*
júbilo *m.* [xu'βilo] Jubel *m.*, Frohlokken *n.*
jud|áico *adj.* [xuða'iko] jüdisch; **-aísmo** *m.* [xuðai'zmo] Judentum *n.;* **-ería** *f.* [xuðeri'a] Judenviertel *n.;* **-ía** *f.* [xuði'a] Jüdin *f.;* *bot.* (Schmink-) Bohne.
judicial *adj.* [xuðiθ^{j}a'l] gerichtlich, richterlich.

judío *adj.* [xuði'o] Jüdisch; ~ *m.* Jude *m.; fig.* Geizhals; **el ~ errante** der ewige Jude.
juego *m.* [xʷe'go] Spiel *n.*, -erei *f.;* Satz (Teller) *m.*, Garnitur *f.*, Gegenstück *n.;* **hacer ~** zusammenpassen; **tomar una cosa a ~** *fig.* etw. auf die leichte Achsel nehmen.
juerg|a *f.* [xʷe'rga] Kneiperei *f.*, Nachtschwärmerei, feuchtfröhliches Vergnügen *n.;* **-uista** *m.* [xʷergi'st] Nachtbummler *m.*
jueves *m.* [xʷe'βes] Donnerstag *m.*
juez *m.* [xʷe'θ] (Schieds-) Richter *m.*
juga|da *f.* [xuga'ða] (Spiel) Zug *m.;* **-dor** *m.* [xugaðɔ'r] Spieler *m.;* **-r** [xuga'r] (aus-), (ver-) spielen.
juglar *m.* [xugla'r] Gaukler *m.*
jugo *m.* [xu'go] Brühe *f.*, Saft *m.;* **-so** *adj.* [xugo'so] saftig.
juguete *m.* [xuge'te] Spielzeug *n.; theat.* Schwank *m.*
juicio *m.* [xʷi'θʲo] Urteil *n.*, -skraft *f.*, -sspruch *m.*, Verstand, Vernunft *f.*, Meinung, Prozeß *m.;* **muela** *(f.)* **de ~** Weisheitszahn *m.;* **-so** *adj.* [xʷjθʲo'so] vernünftig.
julio *m.* [xu'lʲo] Juli *m.*
jumento *m.* [xume'nto] Esel *m.*, Lasttier *n.*
junco *m.* [xu'ŋko] *bot.* Binse f., span. Rohr *n.*
junio *m.* [xu'nʲo] Juni *m.*
junípero *m.* [xuni'pero] *bot.* Wacholder *m.*
junquillo *m.* [xuŋki'ʎo] span. Rohr *n.*
junta *f.* [xu'nta] Dichtung *f.*, (Stoß-) Fuge; Versammlung, Zusammenkunft, Rat *m.;* **~ directiva** (Vereins-) Vorstand *m.;* **-r(se)** [xunta'rse] vereinigen, -sammeln, zusammenfügen.
junt|illas [xunti'ʎas]: **creer a pie -illas** *fam.* steif u. fest glauben; **-o** *adv.* [xu'nto] neben, zugleich; **-o** *adj.* (Hände) gefaltet.
jura *f.* [xu'ra] (Amts-, Treu-) Eid *m.;* **~ de la bandera** Rekrutenvereidigung *f.;* **-do** *m.* [xura'ðo] Geschworener *m.*, Geschworenengericht *f.*, **-do** *adj.* geschworen, beeidigt; **-mento** *m.* [xutame'nto] Eid *m.* Schwur, Fluch; **bajo -mento** eidlich; **-r** [xura'r] (be-)schwören (auf e. Amt) vereidigt w.
jurídico *adj.* [xuri'ðiko] gerichtlich, rechtsgültig.
juris|consulto *m.* [xuriskɔnsu'lto] Jurist *m.*, Rechtsgelehrter; **-dicción** *f.* [xurizdiθʲɔ'n] Gerichtsbarkeit *f.*, bezirk *m.;* **-diccional** *adj.* [xurizdikθʲona'l]: **aguas** *(f. pl.)* **-diccionales** *pol.* Hoheitsgewässer *n. pl.*, **-ta** *m.* [xuri'sta] Rechtswahrer *m.*
justa *f.* [xu'sta] Turnier *n.*, Lanzenstechen.
justamente *adv.* [xustame'nte] eben, genau, gerade.
justi|cia *f.* [xusti'θʲa] Recht *n.*, Gericht, Gerechtigkeit *f.*, Rechtspflege; **-ficación** *f.* [xustifikaθʲɔ'n] Rechtfertigung *f.;* **-ficado** *adj.* [xustifika'ðo] gerechtfertigt; **-ficante** *m.* [xustifika'nte] Beleg *m.*, **-ficar(se)** [xustika'rse] (s.) rechtfertigen.
justo *adj.* [xu'sto] (ge-)recht, billig genau; (Kleidungsstück) eng, knapp, anliegend.
juven|il *adj.* [xuβeni'l[jugendlich; **-tud** *f.* [xuβentu'θ] Jugend *f.*
juzga|do *m.* [xuθga'ðo] Gericht *n.*, shof *m.;* **-r** [xuðga'r] richten, (be-) urteilen.

k, K *f.* [ka] k, K *n.*
kaiser *m.* [ka'iser] Kaiser *m.*
kaki *adj.* [ka'ki]: **color** ~ kakifarben.
kerosén, keroseno *m.* [kerose'n (o)]. Leuchtpetroleum *n.*, Kerosen.
kilo *m.* [ki'lo] Kilo *n.*; **-caloría** *f.* [kilokalori'a] Kilogrammkalorie *f.*; **-ciclo** *m.* [kiloθi'klo] Kilohertz *n.*; **-gramo** *m.* [kilogra'mo] Kilogramm *n.*; **-métrico** *adj.* [kilome'triko]: **billete** *(m.)* **-métrico** Eis. Kilometerheft *n.*
kilómetro *m.* [kilometro] kilometer *m.*
kilovatio *m.* [kiloβa'tʲo] Kilowatt *n.*; **-hora** *f.* [kiloβatjoo'ra] Kilowattstunde *f.*
kiosco *m.* [kʲɔ'sko] Kiosk *m.*

l

l, L *f.* [e'le] l, L *n.*
la [la] die, sie; ihr (statt le im Dativ).
laber|íntico *adj.* [laβeri'ntiko] labyrinthisch; **-into** *m.* [laβeri'nto] Labyrinth *n.*, Irrgarten *m.*
labi|a [la'βʲa]: **tener buena -a** *fam.* e. gutes Mundwerk haben; **-al** *adj.* [laβʲa'l]: **sonido** *(m.)* **-al** Lippenlaut *m*; **-o** *m.* [la'βʲo] Lippe *f.*, (Wund-) Rand *m.*; **-os** *m. pl.* [la'βʲos] Lippen *f. pl.*, Mund *m.*
labor *f.* [laβɔ'r] Arbeit *f.*, Verrichtung. Näherei; **tierra** *(f.)* **de** ~ Akkerland *n.*; **-able** *adj.* [laβora'βle]: **día** *(m.)* **-able** Werktag *m.*; **-ar** [laβora'r] (eifrig) arbeiten; **-atorio** *m.* laβorato'rʲo] Laboratorium *n.*, Versuchsraum *m.*, Dunkelkammer *f.*; **-ista** *m.* [laβori'sta] *pol.* Mitglied *(n.)* der Arbeiterpartei.
labra *f.* [la'βra] *techn.* Bearbeitung *f.*; **-bilidad** *f.* [laβraβiliða'ð] *techn.* Bearbeitbarkeit *f.*; **-ble** *adj.* [laβra'βle] bearbeitbar; **-do** *adj.* [laβra'ðo] gemustert; **-dor** *m.* [laβraðɔ'r] Bauer *m.*, Landmann; **-dora** *f.* [laβraðo'ra] Bauersfrau *f.*; **-nza** *f.* [laβra'nθa] Ackerbau *m.*; Feldarbeit *f.*; **-r** [laβra'r] (be-), (ver-)-arbeiten; (Acker) bestellen, ackern n.
labriego *m.* [laβrʲe'go] Bauer *m.*, Landman *n.*
laca *f.* [la'ka] (Harz-) Lack *m.*
lacea|dor *m.* [laθeaðɔ'r] *SAm.* Lassowerfer *m.*; **-r** [laθea'r] *m.* dem Lasso fangen.
lacio *adj.* [la'θʲo] schlaff, welk.
lacónico *adj.* [lako'niko] lakonisch; *fig.* kurz u. bündig.
lacrar [lakra'r] (ver-), (zu-) siegeln.
lacre *m.* [la'kre] Siegellack *m.*
lacri|mógeno *adj.* [lakrimo'xeno]: **gas** *(m.)* **-mógeno** Tränengas *n.*; **-moso** *adj.* [lakriomo'so] tränend.

lactan|cia *f.* [lakta'nθ^ja] Stillperiode *f.*; **-te** *adj.* [lakta'nte]: **madres** *(f. pl.)* **-tes** stillende Mütter *f.pl.*
lacteado *adj.* [laktea'ðo]: **harina** *(f.)* **-da** Kindermehl *n.*
láctico *adj.* [la'ktiko]: **ácido** *(m.)* **-chem.** Milchsäure *f.*
ladea|do *adj.* [laðea'ðo] (wind-) schief; **-r(se)** [laðea'rse] schiefstellen, verkanten.
ladera *f.* [laðe'ra] (Berg-) Abhang *m.*
ladilla *f.* [laði'ʎa] *zool.* Filzlaus *f.*
ladino *m.* [laði'no] *SAm.* spanisch sprechender Eingeborener *m.*
lado *m.* [la'ðo] Seite *f.*; *fig.* Gegend; **dejar de** ~ *fig.* beiseite lassen; **al** ~ daneben, nebenan; **de** ~ seitwärts; **por otro** ~ andererseits.
ladr|ar [ladra'r] bellen; **-ido** *m.* [ladri'ðo] Bellen *n.*, Gebell.
ladrill|ado *m.* [ladriʎa'wo] Backsteinpflaster *n.*; **-ar** *m.* [ladriʎa'r] Ziegelbrennerei *f.*; **-o** *m.* [ladri'ʎo] (Mauer-) Ziegel *m.*, Kunststein.
ladrón *m.* [ladrɔ'n] Dieb *m.*
lagar *m.* [laga'r] Öl-, Weinpresse *f.*
lagart|a *f.* [laga'rta] (weibliche) Eidechse *f.*; *fig.* gerissene Frauensperson; **-ija** *f.* [lagarti'xa] (Mauer-) Eidechse *f.*; **-o** *m.* [laga'rto] (große, grüne) Eidechse *f.*; *SAm.* Kaiman *m.*
lago *m.* [la'go] See *m.*
lágrima *f.* [la'grima] Träne *f.*
lagrim|ear [lagrimea'r] tränen; **-ón** *m.* [lagrimɔ'n] dicke Träne *f.*; **-oso** *adj.* [lagrimo'so] tränend, verweint.
laguna *f.* [lagu'na] Lagune *f.*; (kleiner) See *m.*
laico *adj.* [la'iko] weltlich *f.*
lament|able *adj.* [lamenta'βle] bedauerlich; **-ar** [lamenta'r] bedauern, beklagen; **-arse** [lamenta'rse] klagen (de über); **-o** *m.* [lame'nto] Wehklagen *n.*, Gejammer.
lamer [lame'r] (ab-), (be-) lecken.
lámina *f.* [la'mina] Folie *f.*, dünnes Blech *n.*; *fig.* Abbildung *f.* (in Büchern); **-ción** *f.* [laminaθ^jɔ'n] Walzen *n.*
lamina|do *adj.* [lamina'ðo] (Metalle) gewalzt; **-dor** *m.* [laminaðɔ'r] Walzwerk *n.*; **-r** [lamina'r] (auswalzen.)
lámpara *f.* [la'mpara] Lampe *f.*; (Kleidung) Fettfleck *m.*
lampar|ero *m.* [lampare'ro] Laternenanzünder *m.*; **-illa** *f.* [lampari'ʎa] Nachtlicht *n.*; (Kleidung) Fettfleck *m.*
lampist|a *m.* [lampi'sta] *Eis.* Lampenwärter *m.*; **-ería** *f.* [lampisteri'a] Installationsgeschäft *n.*
lana *f.* [la'na] (Schaf-) Wolle *f.*, Wollstoff *m.*; **perro** *(m.)* **de** ~ *zool.* Pudel *m.*; **-r** *adj.* [lana'r]: **ganado** *(m.)* **-r** Schafe *n. pl.*
lance *m.* [la'nθe] (Aus-) Werfen *n*, Wurf *m.*, Streit; **de** ~ aus zweiter Hand, (Bücher) antiquarisch; **-ro** *m.* [lanθe'ro] *mil.* Ulan *m.*; **-ta** *f.* [lanθe'ta] Impfmesser *n.*
lanch|a *f.* [la'nča] Boot *n.*, Kahn *m.*, Leichter, Barkasse *f.*; **-ón** *m.* [lančɔ'n] Schleppkahn *m.*
lanero *m.* [lane'ro] Wollhändler *m.*
langost|a *f.* [laŋgɔ'sta] *zool.* Hummer *m.*, Heuschrecke *f.*; **-ino** *m.* [laŋgɔsti'no] *zool.* Garnele *f.*
languide|cer [laŋgiðeθe'r] hinwelken; **-z** *f.* [laŋgiðe'θ] Hinwelken *n.*
lánguido *adj.* [la'ŋgiðo] matt, schwach.
lanoso *adj.* [lano'so] wollig.
lanudo *adj.* [lanu'ðo] wollig, zottig.
lanza *f.* [la'nθa] Lanze *f.* Deichsel, Strahlmundstück *n.*; **-dera** *f.* [lanθaðe'ra] Weberschiffchen *n.*; **-dero** *m.* [lanθaðe'ro] (Bergbau) Schurre *f*, Rutsche; **-llamas** *m.* [lanθaʎa'mas] *mil.* Flammenwerfer *m.*; **-miento** *m.* [lanθam^je'nto] Werfen *n.*, Schleudern, *naut.* Stapellauf *m.*; (Katapult-) Start; **-r** [lanθa'r] werfen, schleudern; (Schrei) ausstoßen; *naut.* v. Stapel lassen;

-rse [lanθa'rse] s. stürzen (**a** in) herfallen (**sobre** über) **-torpedos** *m.* [lanθatorpe'ðos] *naut.* Torpedorohr *n.*

lapicer|a *f.* [lapiθe'ra]: **-a a bolita** *SAm.* Kugelschreiber *m.;* **-o** *m.* [lapiθe'ro] Bleistift *m.*

lápida *f.* [la'piða] Gedenk-, Grabstein *m.*, Gedenktafel *f.*

lápiz *m.* [la'piθ] Blei-, Zeichen-, Lippenstift *m.;* - **de color** Buntstift *m.*

lapón *adj.* [lapo'n] lappländisch; - *m.* Lappländer *m.*, Lappe.

lapso *m.* [la'pso] Zeitraum *m.*

lard|ear [larde'ar] (Braten) spicken; **-o** *m.* [la'rdo] Speck *m.*

larga *f.* [la'rga]: **dar -s a** etw. in die Länge ziehen, auf die lange Bank schieben; **-r(se)** [larga'rse] losmachen, loslassen.

largo *adj.* [la'rgo] lang; *fig.* reichlich, weitläufig; **a lo** - der Länge nach, entlang; - *m.* Länge *f.*

larguero *m.* [large'ro] *arch.* Langträger *m.*

largueza *f.* [large'θa] Freigebigkeit *f.*

laring|e *f.* [lari'ŋxe] *anat.* Kehlkopf *m.;* **-itis** *f.* [lariŋxi'tis] *med.* Kehlkopfentzündung *f.*

larva *f.* [la'rβa] (Insekten-) Larve *f.*, Kaulquappe, Maske.

las *f. pl.* [la] (Artikel) die *pl.;* (Fürwort) (Akkusativ) sie *pl.*

lasciv|ia *f.* [lasθiβ'a] Geilheit *f.;* **-o** *adj.* [lasθi'βo] geil, unzüchtig.

las|itud *f.* [lastitu'ð] Schlappheit *f.;* **-o** *adj.* [la'so] matt, kraftlos.

lástima *f.* [la'stima] Bedauern *n.*, Erbarmen, Mitleid; **¡qué -!** wie schade!

lastim|ar(se) [lastima'rse] (s.) verletzen; jammern; **-oso** *adj.* [lastimo'so] elend.

lastr|ar [lastra'r] *m.* Ballast versehen, schottern; **-e** *m.* [la'stre] *naut.* Ballast *m.*

lata *f.* [la'ta] (Holz-) Latte *f.*, (Blech-) Büchse; **hoja** *(f.)* **de** - Weißblech *n.; fig.* langweilige Unterhaltung *f.*, Quatsch *m.;* **dar la** - *fig. fam.* schwer auf die Nerven fallen, langweilen, anöden.

latente *adj.* [late'nte] (Krankheit) latent, geheim.

lateral *adj.* [latera'l] seitlich, Seiten...

latido *m.* [lati'ðo] (Herz, Puls) Schlagen *n.*

latifundio *m.* [latifu'ndo] Großgrundbesitz *m.*

látigo *m.* [la'tigo] Peitsche *f.*

latín *m.* [lati'n] Latein *n.*, lateinische Sprache *f.*

latin|ismo *m.* [latini'zmo] lateinische Redewendung *f.;* - **ista** *m.* [latini'sta] Latinist *m.;* **-0** *adj.* lateinisch; **-0** *m.* Lat(e)iner *m.;* **la América -a** Lateinamerika *n.;* **-oamericano** *adj.* [latino-amerika'no] letein-amerikanisch.

latir [lati'r] (Herz, Puls)klopfen, pochen, schlagen.

latitud *f.* [latitu'ð] *geogr.* Breite *f.*, Breitengrad *m.*

latón *m.* [latɔ'n] Messing *n.*

latoso *adj.* [lato'so] lästig, langweilig, aufdringlich, unausstehlich.

latrocinio *m.* [latroθi'no] Raub *m.*

laúd *m.* [lau'ð] *mus.* Laute *f.*

laud|able *adj.* [lauða'βle] lobenswert; **-atorio** *adj.* [lauðato'ro] Lob...; **-o** *m.* [lau'ðo] *jur.* Schiedsspruch *m.*

laure|ado *adj.* [laurea'ðo] preisgekrönt; **-l** *m.* [laure'l] *bot.* Lorbeer(baum) *m.*

lava *f.* [la'βa] Lava *f.*

lava|ble *adj.* [laβa'βle] waschbar; **-bo** *m.* [laβa'βo] Waschtisch *m.*, -raum; *min.* (Erz-, Kohlen-) Wäsche; **-do** *m.* [laβa'ðo] Waschen *n.;* **-dora** *f.* [laβaðo'ra] Waschmaschine *f.;* **-frutas** *m.* [laβafrutas] Waschschale *f.* (für Tafelobst).

lavanda *f.* [laβa'nda] *bot.* Lavendel *m.*

lava|ndera *f.* [laβande'ra] Waschfrau *f.;* **-platos** *m.* [laβaplatos] Tellerspüler *m.;* **-r** [laβa'r] (ab-), (aus-) waschen, (ab-)spülen; **-tiva** *f.* [la-

βati'βa] Klistier *n.;* **-torio** *m.* [laβato'r^jo] Fußwaschung *f.*
lax|ante *adj.* [laksa'nte] abführend; **-ante** *m. med.* Abführmittel *n.;* **-o** *adj.* [la'kso] schlaff; *fig.* gelockert.
laza|da *f.* [laθa'θa] Schleife *f.;* **-r** [laθa'r] *m.* er. Schlinge einfangen.
lazar|eto *m.* [laθare'to] Lazarett *n.;* **-illo** *m.* [laθari'ʎo] Blindenführer *m.*
lazo *m.* [la'θo] Lasso *n.,* Schleife *f.,* Schlinge; *fig.* Band *n.,* Falle *f.*
le [le] (Dativ) ihm, ihr, Ihnen; (Akkusativ) ihn, sie, Sie.
leal *adj.* [lea'l] ergeben, ehrlich, treu; **-tad** *f.* [lealta'ð] Ehrlichkeit *f.,* Treue, Ergebenheit.
lebrel *m.* [leβre'l] *zool.* Windhund *m.*
lección *f.* [lekθ^jɔ'n] Lektion *f.,* (Lehr-) Stunde, Lesen *n.,* Unterricht *m.; fig.* Warnung *f.*
lect|or *m.* [lektɔ'r] (Hochschule) Lektor *m.;* Leser; **-ura** *f.* [lektu'ra] Lektüre *f.,* (Vor-) Lesen *n.,* Lesestoff *m.*
lech|ada *f.* [leča'ða] Kalkmilch *f.;* **-al** *adj.* [leča'l] (Tier) saugend; **-e** *f.* [le'če] Milch *f.; sehr vulg.* männlicher Same *m.; auch als sehr vulg.* Fluchwort; **-era** *f.* [leče'ra] Milchfrau *f.,* Milchkanne; **-ería** *f.* [lečeri'a] Milchladen *m.* Molkerei *f.;* **-ero** *m.* [leče'ro] Milchmann *m.*
lecho *m.* [le'čo] (Ruhe-) Bett *n.,* Flußbett.
lechoso *adj.* [lečo'so] milchartig.
lechuga *f.* [leču'ga] Kopfsala *m.,* Lattich.
lechuza *f.* [leču'θa] *zool.* Eule *f.,* Kauz *m.*
leer [lee'r] (ab-), (ver-), (vor-) lesen.
lega|ción *f.* [legaθ^jɔ'n] Botschaft *f.,* Gesandtschaft; **-do** *m.* [lega'ðo] Legat *n.,* Vermächtnis.
legajo *m.* [lega'xo] Aktenbündel *n.*
legal *adj.* [lega'l] gesetzlich, rechtskräftig; **-idad** *f.* [legaliða'ð] Gesetzlichkeit *f.;* **-ización** *f.* [legaliθaθ^jɔ'n] Legalisierung *f.,* Beglaubigung; **-izar** [legaliθa'r] beglaubigen.
legaña *f.* [lega'ɲa] Augenbutter *f.*
legar [lega'r] *jur.* vermachen.
legend|a *f.* [lexe'nda] Legende *f.,* Wundermärchen *n.;* (Denkstein) Aufschrift *f.;* **-ario** *adj.* [lexenda'r^jo] legendenhaft.
legible *adj.* [lexi'βle] leserlich.
legi|ón *f.* [lex^jɔ'n] Legion; *fig.* große Anzahl *f.;* **-onario** *m.* [lex^jona'r^jo] Fremdenlegionär *m.*
legisla|ción *f.* [lexizlaθ^jɔ'n] Gesetzgebung *f.;* **-dor** *m.* [lexizlaðɔ'r] Gesetzgeber *m.;* **-r** [lexizla'r] Gesetze erlassen; **-tivo** *adj.* [lexizlanti'βo] gesetzgebend; **-tura** *f.* [lexizlatu'ra] Legislaturperiode *f.*
legítima *f.* [lexi'tima] *jur.* Pflichtteil *m.*
legitim|ación *f.* [lexitimaθ^jɔ'n] (amtlicher) Ausweis *m.;* **-ar** [lexitima'r] für gesetzmäßig erklären; **-arse** [lexitima'rse] s. ausweisen; **-idad** *f.* [lexitimiða'ð] Gesetz-, Rechtmäßigkeit *f.*
legítimo *adj.* [lexi'timo] gesetzlich, rechtmäßig; (Kind) ehelich.
lego *m.* [le'go] Laie (nbruder) *m.;* - *adj.* weltlich.
legua *f.* [le'g^wa] spanische Meile *f.* (5,6 km.); **a la** - *fig.* schon v. weitem.
legum|bre *f.* [legu'mbre] Gemüse *n.,* Hülsenfrüchte *f. pl.;* **-inosas** *f. pl.* [legumino'sas] *bot.* Hülsenfrüchte *f. pl.*
leído *adj.* [lei'do] belesen.
leitmotiv *m.* [leitmoti'β] Leitmotiv *n.*
lejan|amente *adv.* [lexaname'nte]: **ni -amente** bei weitem nicht; **-ía** *f.* [lexani'a] Entfernung *f.,* Ferne.
lejía *f.* [lexi'a] Lauge *f.;* **poner en** - (Wäsche) in Chlor legen.
lejos *adv.* [le'xos] weit entfernt, weit weg; **a lo** - in der Ferne.
lema *m.* [le'ma] Wahlspruch *m.* Motto *n.*
lencería *f.* [lenθeri'a] Weißwaren *f. pl.,* -geschäft *n.*
lengua *f.* [le'ŋg^wa] Zunge *f.,* Sprache; *fig.* **mala** - Lästermaul *n.;* **no tener pelos en la** - *fig. fam.* kein Blatt vor

den Mund nehmen; **-do** *m.* [leŋgʷa'ðo] *zool.* Flunder *f.*, Seezunge, Scholle; **-je** *m.* [leŋgwa'xe] Sprache *f.*, Sprechweise.

lente *m. od. f.* [le'nte] (Glas-) Linse *f.*, Vergrößerungsglas *n.*, Lupe *f.*; **-s** *m. pl.* Klemmer *m.* Brille *f.*

lentej|a *f.* [lente'xa] *bot.* Linse *f.*; **-as** *f. pl.* [lente'xas] (Gericht) Linsen *f. pl.*; **-uela** *f.* [lentexʷe'la] Flimmerblättchen *n.* (auf Tänzerinkleid od. Stierkämpfertracht).

lent|itud *f.* [lentitu'ð] Langsamkeit *f.*, Säumigkeit; **-o** *adj.* [le'nto] langsam; (Feuer) gelind.

leña *f.* [le'ɲa] (Brenn-) Holz *n.*; **dar -** *fig. fam.* jem. (durch-) hauen; **-dor** *m.* [leɲaðɔ'r] Holzhacker *m.*

leño *m.* [le'ɲo] Holzscheit *n.*; **-so** *adj.* [leɲo'so] holz(-art-)ig.

león *m.* [leɔ'n] *zool.* Löwe *m.*; *SAm.* Puma.

leo|na *f.* [leo'na] *zool.* Löwin *f.*; **-nera** *f.* [leone'ra] Löwenkäfig *m.*; **-pardo** *m.* [leopa'rdo] Leopard *m.*

Lepe [le'pe]: **saber más que -** *fam.* sehr gescheit sein.

lepidóptero *m.* [lepiðɔ'ptero]: **colección** *(f.)* **de -s** Schmetterlingssammlung *f.*

lepr|a *f.* [le'pra] *med.* Aussatz *m.*; **-oso** *adj.* [lepro'so] aussätzig, **-oso** *m.* Aussätziger *m.*; **-osería** *f.* [leproseri'a] Leprosorium *n.*

les [les] ihnen, Ihnen, sie, Sie (Akkus *pl.*).

les|ión *f.* [lesʲɔ'n] Verletzung *f.*, Wunde; **-ionar** [lesʲona'r] verletzen; **-o** *adj.* [le'so] verletzt.

letanía *f.* [letani'a] Litanei *f.*

let|árgico *adj.* [leta'rxiko] *med.* schlafsüchtig; **-argo** *m.* [leta'rgo] *med.* Lethargie *f.* Schlafsucht.

letra *f.* [le'tra] *typ.* Type *f.*, Letter Handschrift; Buchstabe *m.*; *gramm.* Laut *m.*; **poner dos -s** ein paar Zeilen schreiben; **-s** *f. pl.* [le'tras] Wissenschaften *f. pl.*; **-do** *m.* [letra'ðo] (Rechts-) Gelehrter *m.*

letrero *m.* [letre'ro] Aufschrift *f.*, (Firmen-) Schild *n.*

leva *f.* [le'βa] *mil* (Truppen-) Aushebung *f.*; **-dizo** *adj.* [leβaði'θo]: **puente** *(m.)* **-dizo** Zugbrücke *f.*; **-dura** *f.* [leβaðu'ra] Hefe *f.*

levanta|miento *m.* [leβantamʲe'nto] Aufstand *m.*, Erhebung *f.*; **-r** [leβanta'r] (auf-), (an-)heben, errichten; (Geländezeichnung) anfertigen; **no - un metro del suelo** er ist ein Knirps (Dreikäsehoch); **-rse** [leβanta'se] s. erheben, aufstehen; en. Aufstand machen.

levante *m.* [leβa'nte] Sonnenaufgang *m.*, Osten, Morgen; spanische Ostküste *f.*

levar [leβa'r]: **- las anclas** die Anker lichten.

leve *adj.* [le'βe] (Wunde, Gewicht) leicht; (Fehler) unbedeutend; *fig.* verzeihlich.

levita *f.* [leβi'ta] Gehrock *m.*

léxico *m.* [le'ksiko] Wörterbuch *n.*, Wortschatz *m.*

ley *f.* [le'i] Gesetz *n.*; (Münzen) Feingehalt *m.*; **las -es vigentes** das geltende Recht.

leyenda *f.* [leje'nda] Legende *f.*, Sage.

liar [lia'r] (zusammen-)binden, (ein-) wickeln; (Zigarrette) drehen; **-se** [lia'rse] *vulg.* s. m. Frauen einlassen.

libar [liβa'r] nippen.

libelo *m.* [liβe'lo] Schmähschrift *f.*, Pamphlet *n.*

liber|ación *f.* [liβeraθʲɔ'n] Befreiung *f.*; **-al** *adj.* [liβera'l] freigebig, liberal; *pol.* freisinnig; **-al** *m. pol.* Freisinniger *m.*; Liberaler; **-alismo** *m.* [liβerali'zmo] Liberalismus *m.*, Freisinn; **-ar** [liβera'r] befreien; **-tad** *f.* [liβerta'ð] Freiheit *f.*, Befugnis; **-tad provisional** vorläufige Haftentlassung *f.*; **poner en -tad** freilassen; **-tador** *m.* [liβertaðɔ'r] Befreier *m.*; -**tar** [liβerta'r] befreien; -**tinaje** *m.* [liβertina'xe] Ausschweifung *f.*; Zügellosigkeit; -**to** *m.* [liβe'rto] freigelassener Sklave *m.*

libra *f.* [li'βra] Pfund *n.*; -**esterlina** Pfund Sterling *n.*

librado *m.* [liβra'ðo] (Wechsel) Bezogener *m.*; -**r** *m.* [liβraðɔ'r] (Wechsel-) Aussteller *m.*

libranza *f.* [liβra'nθa] (Geld-) Überweisung *f.*

librar [liβra'r] befreien; (Wechsel) ziehen; (Urkunde) ausstellen; Schlacht liefern; -**se** [liβra'rse] s. hüten (**de** vor).

libre *adj.* [li'βre] frei, unabhängig, ungehindert, unverheiratet.

libre|cambio *m.* [liβreka'mbʲo] Freihandel *m.*; -**pensador** *m.* [liβrepensaðɔ'r] Freidenker *m.*

librer|ía *f.* [liβreri'a] Buchhandlung *f.*, Bücherei; -**o** *m.* [liβre'ro] Buchhändler *m.*

libre|ta *f.* [liβre'ta] Notizbuch *n.*, Sparkassenbuch; Brot v. em. Pfund; -**to** *m.* [liβre'to] (Opern-) Textbuch *n.*

libro *m.* [li'βro] Buch *n.*

licencia *f.* [liθe'nθʲa] Erlaubnis *f.*, Genehmigung; *mil.* Urlaub *m.*; *aut.* Führerschein; -**do** *m.* [liθenθʲa'ðo] entlassener Soldat *m.*; -**r(se)** [liθenθʲa'rse] beurlauben, entlassen.

liceo *m.* [liθe'o] Lyzeum *n.*; *SAm.* Mittelschule *f.*

licita|ción *f.* [liθitaθʲɔ'n] Versteigerung *f.*; -**r** [liθita'r] versteigern.

lícito *adj.* [li'θito] erlaubt, statthaft, zulässig.

licor *m.* [likɔ'r] Likör *m.*, Flüssigkeit *f.*

licua|ble *adj.* [likʷa'βle] verflüssigbar; -**ción** *f.* [likʷaθʲɔ'n] Verflüssigung *f.*; -**r** [likʷa'r] verflüssigen.

lid *f.* [lið] (Wett-) Kampf *m.*; -**ia** *f.* [li'ðʲa] Stierkampf *m.*; -**iador** *m.* [liðʲaðɔ'r] Stierkämpfer *m.*; -**iar** [liðʲa'r] (*m.* Stieren) kämpfen.

liebre *f.* [lʲe'βre] Hase *m.*

liendre *f.* [lʲe'ndre] *zool.* Nisse *f.*

lienzo *m.* [lʲe'nθo] Leinen *n.*, Le wand *f.*, Ölgemälde *n.*

liga *f.* [li'ga] Liga *f.*, Bündnis Bund *m.*; Strumpfband *n.*, Socke halter m.; Vogelleim; -**r** [liga'r] (Seilen, Ketten) binden; (chemisc binden; -**zón** *f.* [ligaθɔ'n] Verbi dung *f.*, Zusammenfügung.

liger|eza *f.* [lixere'sa] Leichtigkeit Unsinn *m.*; -**o** *adj.* [lixe'ro] leic behende.

lignito *m.* [ligni'to] Braunkohle *f.*

lija *f.* [li'xa] *zool.* Engelhai *m.*; **pap** *(m.)* **de** - Schmirgelpapier *n.*; [lixa'r] m. Sandpapier schleifen.

lila *f.* [li'la] *bot.* Flieder *m.*; - *m.* *fi* *fam.* Dämlack *m.*; - **adj.** lilafarben

lima *f.* [li'ma] Feile *f.* Limone; *arch* Dachgrat *m.*; -**duras** *f.* *p* [limaðu'ras] Feilspäne *m.* *pl.*; - [lima'r] feilen; -**za** *f.* [lima'θa] *zool* Nacktschnecke *f.*

limbo [li'mbo]: **estar en el** - *m.* seine Gedanken nicht bei der Sache sein

limita|ción *f.* [limitaθʲɔ'n] Beschrän kung *f.*; -**do** *adj.* [limita'ðo] beschränkt, knapp; **Sociedad** *(f.)* -**da** GmbH.; -**r(se)** [limita'rse] begrenzen, beschränken; (s. beschränken); (**a** auf).

límite *m.* [li'mite] Grenze *f.*; **sin** - unbeschränkt.

limítrofe *adj.* [limi'trofe] (Land, Gebirge) angrenzend.

limón *m.* [limɔ'n] Zitrone *f.*, -nbaum *m.*; Gabeldeichsel *f.*

limon|ada *f.* [limona'ða] Zitronenlimondae *f.*; -**ero** *m.* [limone'ro] Zitronenbaum *m.*, -verkäufer.

limosn|a *f.* [limɔ'zna] Almosen n.; -**ero** m. [limɔzne'ro] Almosenverteiler *m.*; *SAm.* Bettler.

limpia *f.* [li'mpʲa] Reinigung *f.*; - *m.* *vulg.* Schuhputzer *m.*; -**barros** *m.* [limpʲaβa'rros] Türvorleger *m.*; -**r** [limpʲa'r] reinigen, putzen; *fam.* stehlen; -**rse** [limpʲa'rse] s. säubern.

límpido *adj.* [li'mpiðo] (Himmel; *poet.*) klar, strahlend.
limpi|eza *f.* [limpʲe'θa] Reinheit *f.*, Reinlichkeit, Sauberkeit, Reinigung; **hacer la -eza** Hausputz machen; **-o** *adj.* [li'mpʲo] rein (-lich), sauber.
linaje *m.* [lina'xe] Abstammunge *f.*, Geschlecht *n.*, Familie, Sippe *f.*
linaza *f.* [lina'θa] Leinsamen *m.*
lince *m.* [li'nθe] Luchs *m.*; *fig. zool.* **ojos** *(m. pl.)* **de** - Luchsaugen *n. pl.*
lincha|miento *m.* [linčamʲe'nto] Lynchjustiz *f.*; **-r** [linča'r] lynchen.
lind|ante *adj.* [linda'nte] angrenzend; **-ar** [linda'r] (an-) grenzen (**con** an); **-e** *m.* / *f.* [li'nde] Grenze *f.*, Saum *m.*; **-ero** *m.* [linde'ro] Grenzweg *m.*
lind|eza *f.* [linde'θa] Anmut *f.*, Zierlichkeit; **decirse -ezas** *fam.* s. gegenseitig Grobheiten sagen; **-o** *adj.* [li'ndo] hübsch, niedlich, schön.
línea *f.* [li'nea] Linie *f.*, Reihe, Zeile, Strecke, Leitung, Strich *m.*, Äquator; **-l** *adj.* [linea'l] linear.
linfa *f.* [li'nfa] *anat.* Lymphe *f.*
lingote *m.* [liŋgo'te] (Metall) Barren *m.*, Block; **-ra** *f.* [liŋgote'ra] *techn.* Kokille *f.*
lingü|ista *m.* [liŋgʷ'sta] Sprachforscher *m.*; **-ística** *f.* [liŋgʷi'stika] Sprachwissenschaft *f.*; **-ístico** *adj.* [liŋgʷi'stiko] sprach(-wissenschaft-)lich.
linimento *m.* [linime'nto] *med.* Einreibemittel *n.*
lino *m.* [li'no] Lein *m.*, Flachs.
linóleo *m.* [lino'leo] Linoleum *n.*
linterna *f.* [linte'rna] Laterne *f.*
lío *m.* [li'o] Bündel *n.*; *fig.* heimliches Liebesverhältnis; Durcheinander.
liquen *m.* [li'ken] *bot.* Flechte *f.*
liquida|ción *f.* [likiðaθʲɔ'n] Abrechnung *f.*, Abwicklung, Ausverkauf *m.*; **-r** [likiða'r] abrechnen, liquidieren, ausverkaufen.
líquido *m.* [li'kiðo] Flüssigkeit *f.*; - *adj.* flüssig; (Ertrag) rein.
lira *f.* [li'ra] *mus.* Leier *f.*; (Münze-) Lira.
líric|a *f.* [li'rika] Lyrik *f.*; **-o** *adj.* [li'riko] lyrisch.
lirio *m.* [li'rʲo] *bot.* Lilie *f.*
lirón *m.* [lirɔ'n] *zool.* Siebenschläfer *m.*
lis *f.* [lis]: **flor** *(f.)* **de** - Wappenlilie *f.*
lisia|do *adj.* [lisʲa'ðo] gebrechlich; **-do** *m.* Krüppel *m.*
liso *adj.* [li'so] eben, glatt; (Kleidung) einfach.
lisonj|a *f.* [lisɔ'ŋxa] Schmeichelei *f.*; **-ear(se)** [lisɔŋea'rse] schmeicheln; (*fig.* s. Hoffnungen machen); **-ero** *adj.* [lisɔŋxe'ro] schmeichelhaft.
lista *f.* [li'sta] Liste *f.*, Speisekarte, Verzeichnis *n.*; (im Stoff) Streifen *m.*; - **de correos** postlagernd; - **de precios** Preisliste *f.*, Katalog *m.*; **-do** *adj.* [lista'ðo] gestreift.
listín *m.* [listi'n] Kurszettel *m.*, kleine Preisliste.
listo *adj.* [li'sto] bereit, fertig; geschickt, schlau.
listón *m.* [listɔ'n] Leiste *f.*, Latte.
litera *f.* [lite'ra] Sänfte *f.*, *naut.* Koje.
literal *adj.* [litera'l] wörtlich.
litera|rio *adj.* [litera'rʲo] literarisch; **-to** *m.* [literato] Literat *m.*, Schriftsteller; **-tura** *f.* [literatu'ra] Literatur- *f.*, Schrifttum *n.*
litig|ante *adj.* [litiga'nte] prozessierend; **-ar** [litiga'r] Prozeß führen; **-io** *m.* [liti'xʲo] Prozeß *m.*, Rechtshandel.
lit|ografía *f.* [litografi'a] Steindruck *m.*; **-ografiar** [litografia'r] auf Stein drucken; **-ográfico** [litogra'fiko]: **talleres** *(m. pl.)* **-ográficos** Kunst(druck-)anstalt *f.*; **-ógrafo** *m.* [lito'grafo] Steindrucker *m.*
litoral *m.* [litora'l] Küste *f.*, -ngebiet *n.*
litro *m.* [li'tro] Liter *m.*
livian|dad *f.* [liβʲanda'ð] Leichtfertigkeit *f.*, Lüsternheit; **-o** *adj.* [liβʲa'no] leicht(-fertig).
lividez *f.* [liβiðe'θ] leichenblasse Gesichtsfarbe *f.*

lívido *adj.* [li'βiðo] blaß, fahl, totenbleich.
liza *f.* [li'θa] Kampfplatz *m.*, -bahn *f.*
lo [lo] (Artikel) das.
loa *f.* [lo'a] Lob *n.*; **-ble** *adj.* [loa'βle] löblich; **-r** [loa'r] loben.
lob|a *f.* [lo'βa] Wölfin *f.*; Sutane des Geistlichen; **-o** *m.* [lo'βo] Wolf *m.*; *SAm.* Fuchs.
lóbrego *adj.* [lo'βrego] dunkel, düster.
lobulado *adj.* [loβula'ðo] *bot.* lappig.
lóbulo *m.* [lo'βulo] *anat.* Lappen *m.*; *bot.* Keim; Ohrläppchen *n.*
local [loka'l] *adj.* lokal, örtlich; **-** *m.* Lokal *n.*, Raum *m.*; **-idad** *f.* [lokaliða'ð] Ort *m.*, Örtlichkeit *f.*; *theat.* Sitzplatz *m.*; **-izar** [lokaliθa'r] lokalisieren, einschränken.
loción *f.* [loθ^jɔ'n] Abwaschung *f.*, Haarwasser *n.*
loco *adj.* [ilo'ko] irre, verrückt, wahnsinnig, närrisch, toll.
loco|moción *f.* [lokomoθ^jɔ'n] Beförderung *f.*, Fortbewegung; **-motora** f. [lokomoto'ra] Lokomotive *f.*
locu|acidad *f.* [lok^waθiða'ð] Geschwätzigkeit *f.*, **-az** *adj.* [lok^wa'θ] geschwätzig; **-ción** *f.* [lokuθ^jɔ'n] Ausdruck *m.*, Redensart *f.*; **-ra** *f.* [loku'ra] Torheit *f.*, Wahnsinn *m.*, Verrücktheit *f.*; **-tor** *m.* [lokutɔ'r] (Radio) Ansager *m.*; **-torio** *m.* [lokuto'r^jo] Sprechzimmer *n.*
lod|azal *m.* [loðaθa'l] Pfütze *f.*; **-o** *m.* [lo'ðo] Schmutz *m.*, Dreck, Erdschlamm.
logia *f.* [lɔ'x^ja] Freimaurerloge *f.*
lógic|a *f.* [lɔ'xika] Logik *f.*; **-o** *adj.* [lɔ'xiko] logisch, folgerichtig.
logr|ar [logra'r] erlangen, erreichen; **-ero** *m.* [logre'ro] Wucherer *m.*; **-o** *m.* [lo'gro] Gewinn *m.*, Nutzen, Gelingen *n.*
loma *f.* [lo'ma] (Gelände-) Erhöhung *f.*, Bergrücken *m.*, Hügel.
lombarda *f.* [lomba'rda] Rotkohl *m.*
lombriz *f.* [lɔmbri'θ] (Spul-) Wurm *m.*
lomo *m.* [lo'mo] Lende *f.*; (Tier Buch, Messer) Rücken *m.*
lona *f.* [lo'na] Segeltuch *n.*, Zeltleinen Plane *f.*
loncha *f.* [lɔ'nča] (Schinken) Scheibe *f.*
long|ánimo *adj.* [loŋga'nimo] hochherzig; **-animidad** *f.* [loŋganimiða'ð] Langmut *m.*
longaniza *f.* [loŋgani'θa] Schlackwurst *f.*
longev|idad *f.* [lɔŋxeβiða'ð] Langlebigkeit *f.*; **-o** *adj.* [lɔŋxe'βo] langlebig.
longitud *f.* [lɔŋxitu'ð] Länge *f.*; **-inal** *adj.* [lɔŋxituðina'l] Längen.
lonja *f.* [lɔ'ŋxa] (Handels-) Börse *f.*; Halfterriemen *m.*
loor *m.* [lɔɔ'r] Lob *n.*
loque|ar [lokea'r] herumtollen; **-ro** *m.* [loke'ro] (Irrenanstalts-) Aufseher *m.*, Wärter.
loro *m.* [lo'ro] Papagei *m.*; *fig.* geschwätzige Person *f.*, häßliche Frau.
los *m. pl.* [los] (Artikel) die *pl.*; (Fürwort) (Akkusativ) sie *pl.*
losa *f.* [lo'sa] Steinplatte *f.*, Fliese.
losar [losa'r] *m.* Fliesen auslegen.
lote *m.* [lo'te] Los *n.*, Teilmenge *f.*; (Waren) Posten *m.*, Partie *f.*; **-ría** *f.* [loteri'a] Lotterie *f.*; **-ro** *m.* [lote'ro] Lotterieeinnehmer *m.*
loto *m.* [lo'to] *bot.* Lotus *m.*; -blüte *f.*
loza *f.* [lo'θa] Steingut, -zeug *n.*; Tonwaren *f. pl.*
lozan|ía *f.* [loθani'a] (Pflanzen) Üppigkeit *f.*; **-o** *adj.* [loθa'no] üppig, rüstig.
lúa *f.* [lu'a] *naut.* Lesseite *f.*
lúbrico *adj.* [lu'βriko] schlüpfrig, geil.
lubri|cación *f.* [luβrikaθ^jɔ'n] Schmierung *f.*; **-cante** *m.* [luβrika'nte] Schmiermittel *n.*; **-car** [luβrika'r] schmieren, ölen; **-ficante** *m.* [luβrika'nte] Schmiermittel *n.*, **-ficar** [luβrifika'r] schmieren, ölen.
lucero *m.* [luθe'ro] heller Stern.
lucidez *f.* [luθiðe'θ] Helle *f.*, Klarheit.
lúcido *adj.* [lu'θiðo] klar, leuchtend.

lucido *adj.* [luθi'ðɔ] glänzend, prächtig.

luciente *adj.* [luθʲe'nte] strahlend, leuchtend.

luciérnaga *f.* [luθʲe'rnaga] *zool.* Johanniswürmchen *n.*, Leuchtkäfer *m.*

lucimiento *m.* [luθimʲe'nto] Glanz *m.*, Pracht *f.*

lución *m.* [luθʲɔ'n] *zool.* Blindschleiche *f.*

lucir [luθi'r] leuchten, glänzen, schimmern; zur Schau Stellen; **-se** [luθi'rse] s. auszeichnen, s. hervortun; (ironisch) s. blamieren.

lucr|ativo *adj.* [lukratiβo] nutzbringend, lohnend; **-o** *m.* [lu'kro] Gewinn *m.*, Nutzen.

lucha *f.* [lu'ča] Kampf *m.*; **-dor** *m.* [lučaðɔ'r] Kämpfer *m.*; **-r** [luča'r] kämpfen.

luego *adv.* [lʷe'go] nachher, sodann, also.

luengo *adj.* [lʷe'ŋgo] (Bart) lang.

lugar *m.* [luga'r] Ort *m.*, Platz, Raum; Stelle *f.*, Ortschaft, Dorf *n.*; **en - de** (an-)statt; **en primer** - erstens.

lúgubre *adj.* [lu'guβre] kläglich, düster.

luj|o *m.* [lu'xo] Luxus *m.*, Aufwand, Prunksucht *f.*; **-o asiático** *fam.* übertriebener Luxus; **-oso** *adj.* [luxo'so] luxuriös, prachtliebend, kostspielig; **-uria** *f.* [luxu'rʲa] Wollust *f.*; **-urioso** *adj.* [luxurʲo'so] wollüstig; **-urioso** *m.* Wüstling *m.*

lumbago *m.* [lumba'go] *med.* Lendenschmerz *m.*; *fam.* Hexenschuß.

lumbre *f.* [lu'mbre] Feuer *n.*; -glut *f.*; glühende Kohle; Licht *n.*; **dar (pedir)** - (Raucher) Feuergeben (verlangen); **-ra** *f.* [lumbre'ra] Oberlicht *n.*; *techn.* Aus- od. Einlaßschlitz *m.*

lumino|so *adj.* [lumino'so] leuchtend; (Laufbahn) glänzend; **-técnia** *f.* [luminote'knʲa] Beleuchtungstechnik *f.*

luna *f.* [lu'na] Mod (-Schein) *m.*; Spiegelglas *n.*; Schrankspiegel *m.*; Schaufensterscheibe *f.*; **- de miel** *fig.* Flitterwochen *f. pl.*; **media** - *fig.* Islam *m.*; *SAm.* (Gebäck) Hörnchen *n.*; **-r** *adj.* [luna'r] auf den Mond bezüglich; **-r** *m.* (Mutter-) Mal *n.*

lunático *adj.* [luna'tiko] mondsüchtig.

lunes *m.* [lu'nes] Montag *m.*

luneta *f.* [lune'ta] (geschliffenes) Brillenglas *n.*; *theat.* Parkettplatz *m.*

lupa *f.* [lu'pa] Lupe *f.*

lúpulo *m.* [lu'pulo] *bot.* Hopfen *m.*

luso *adj.* [lu'so] lusitanisch, portugiesisch.

lustr|ador *m.* [lustraðɔ'r] *SAm.* Stiefelputzer *m.*; **-ar** [lustra'r] blank putzen; (Stiefel) wichsen; **-e** *m.* [lu'stre] Glanz *m.*, Politur *f.*, Schuhwichse; **-o** *m.* [lu'stro] Lustrum *n.*; Zeitraum *(m.)* v. 5 Jahren; **-oso** *adj.* [lustro'so] glänzend.

luto *m.* [lu'to] Trauer (-Kleidung) *f.*; **estar de** - Trauer tragen.

luz *f.* [luθ] Licht *n.*; *arch. techn.* lichte Weite *f.*; **gusano** *(m.)* **de** - *zool.* Leuchtkäfer *m.*; **media** - Zwielicht *n.*; **dar a** - gebären; (Buch) herausgeben; **traje** *(m.)* **de luces** Stierkämpfertracht *f.*; **a todas luces** *fig.* in jeder Hinsicht; ganz offensichtlich.

ll

ll, Ll *f.* [e'lje] das spanische Doppel-L.

llaga *f.* [lja'ga] Geschwür *n.*

llama *f.* [lja'ma] Flamme *f.; zool.* Lama *n.;* **-da** *f.* [ljama'ða] An-, Auf-, Zuruf *m.; mil.* Appell *m.;* **-dor** *m.* [ljamaðɔ'r] (Tür-) Klopfer *m.;* **-miento** *m.* [ljamam'e'nto] Aufruf *m.*, Einberufung *f.*, Vorladung, Aufgebot *n.;* **-r** [ljama'r] (an-), (auf-), (einbe-), (her-), (herbei-) rufen; **-rse** [ljama'rse] heißen, s. nennen; **-rada** *f.* [ljamara'ða] Flackerfeuer *n.*, Flammen *f. pl.;* **-tivo** *adj.* [ljamati'βo] auffällig; (Farben) grell.

llana *f.* [lja'na] (Maurer-) Kelle *f.*

llanero *m.* [ljane'ro] *SAm.* Bewohner *(m.)* der «llanos» (Tiefland).

llaneza *f.* [ljane'θa] Einfachheit *f.*, Schlichtheit.

llano *adj.* [lja'no] eben, flach; *fig.* deutlich, leutselig; - *m.* Ebene *f.;* **-s** *m. pl.* [lja'nos] *SAm.* Llanos, (große) Ebenen *f. pl.*

llanta *f.* [lja'nta] stärkeres Flacheisen *n.;* Radkranz, -reifen *m.*

llant|o *m.* [lja'nto] Weinen *n.*, Jammern; **-ón** *m.* [ljantɔ'n] (Eisenblock) Bramme *f.*

llanura *f.* [ljanu'ra] Ebene *f.*, Flachland *n.*

llave *f.* [lja'βe] Schlüssel *m.;* (Gas-) Hahn; (Licht-) Schalter; **echar la -** zuschließen; **- inglesa** *techn.* Engländer *m.;* **- falsa** Dietrich *m.*, Nachschlüssel; **-ro** *m.* [ljaβe'ro] Schlüsselring *m.*

llega|da *f.* [ljega'ða] Ankunft *f.;* **-r** [ljega'r] ankommen, eintreffen, reichen; **-r tarde** s. verspäten; **-r a saber** erfahren; **-r a un acuerdo** einig w.; **-r a viejo** alt w.

llenar [ljena'r] (an-), (aus-), (er-) füllen; (Pfeife) stopfen; **a medio -** halbvoll; **-se** [ljena'rse] s. füllen.

lleno *adj.* [lje'no] (an-) gefüllt, voll; (Trambahn) besetzt; - *m.* Fülle *f.; theat.* volles Haus *n.*

llevadero *adj.* [ljeβaðe'ro] erträglich.

llevar [ljeβa'r] tragen, (mit-) bringen, leiten, lenken, *(m. s.)* führen; mitnehmen; (Kleidung) (auf-), anhaben; (Preis) berechnen, abverlangen; jem. übertreffen; **- la contraria** widersprechen; **- a cabo** zu Ende führen; **- consigo** bei s. haben; **- retraso** (Zug) Verspätung haben; **-se** [ljeβa'rse] **bien** s. gut vertragen.

llorar [ljora'r] (be-)weinen, beklagen.

lloriquear [ljorikea'r] wimmern.

llorón *fig. m.* [ljorɔ'n] Heulmeier *m.*, Trauerweide *f.*

llov|er [ljoβe'r] regnen; **- a cántaros** gießen; **-izna** *f.* [ljoβi'ðna] Sprühregen *m.;* **-iznar** [ljoβiðna'r] fein regen.

lluvi|a *f.* [lju'β^ja] Regen *m.;* **-oso** *adj.* [ljuβio'so] regnerisch; **tiempo** *(m.)* **-oso** Regenwetter *n.*

m. M *f.* [e'me] m, M *n.*

macabro *adj.* [maka'βro] grausig, schaurig; **danza** *(f.)* **-a** Totentanz *m.*

macaco *m.* [maka'ko] *zool.* (Affenart) Makako *m.; fig.* Spitzname.

macana *f.* [maka'na] *SAm.* Humbug *m.*

macarrones *m. pl.* [makarrɔ'nes] Makkaroni *pl.*

macero *m.* [maθe'ro] Ratsdiener *m.* (in alter Tracht).

maceta *f.* [maθe'ta] Blumentopf *m.*

macizo *adj.* [maθi'θo] massiv, voll; **-** *m.* (Berg-) Massiv *n.*

maculatura *f.* [makulatu'ra] Altpapier *n.*

macuto *m.* [maku'to] (Soldatensprache) Brotbeutel *m.*

machac|ar [mačaka'r] zerstückeln, brechen; (im Mörser) stoßen; *fig. fam. intr.* (Person) lästig sein; **-ón** *m.* [mačakɔ'n] lästiger Mensch *m.*

macha|martillo [mačamarti'ʎo] **a -** blindlings; **-queo** *m.* [mačake'o] *fig.* lästiges Bestehen *(n.)* auf er. Sache.

machete *m.* [mače'te] Seitengewehr *n.*, Buschmesser.

macho *m.* [ma'čo] männliches Tier *n.*, Männchen, Maultier; (Ziegen-) Bock *m.; techn.* (Gießform) Kern; Bolzen, Stempel.

madeja *f.* [maðe'xa] (Wolle, Zwirn) Docke *f.*, Strang *m.;* Knäuel.

mader|a *f.* [maðe'ra] Holz *n.;* **-as** *f. pl.* [maðe'ras] innere Fensterläden *m. pl.;* **-ero** *m.* [maðere'ro] Holzhändler *m.;* **-o** *m.* [maðe'ro] Holzbalken *m.*

madr|astra *f.* [madra'stra] Stiefmutter *f.;* **-e** *f.* [ma'dre] Mutter *f.;* Flußbett *n.;* **-e política** Schwiegermutter; **-eña** *f.* [madre'ŋa] Holzschuh *m.;* **-eperla** *f.* [madrepe'rla] Perlmutter *f.;* **-eselva** *f.* [madrese'lβa] *bot.* Geißblatt *n.*

madri|gal *m.* [madriga'l] (Gedicht) Madrigal *n.*, Hirtenlied; **-guera** *f.* [madrige'ra] (Kaninchen-) Bau *m.*

madrina *f.* [madri'na] (Tauf-, Trau-) Patin *f.*

madroño *m.* [madro'ŋo] *bot.* Erdbeerbaum *m.;* Troddel *f.*

madruga|da *f.* [madruga'ða] früher Morgen *m.;* **-dor** *m.* [madrugaðɔ'r] Frühaufsteher *m.;* **-r** [madruga'r] früh aufstehen.

madur|ación *f.* [maðuraθʲɔ'n] (Aus-) Reife *f.;* **-ar** [maðura'r] (aus-)reifen, reifwerden; **-ez** *f.* [maðure'θ] Reife *f.;* **-o** *adj.* [maðu'ro] reif.

maestr|a *f.* [mae'stra] Lehrerin *f.*, Meisterin; **-e** *m.* [mae'stre] Großmeister *m.;* **-ía** *f.* [maestri'a] Meisterhaftigkeit *f.;* Meisterwürde; **-o** *adj.* [mae'stro] Haupt-; **obra** *(f.)* **-a** Meisterwerk *n.;* **-o** *m.* Meister *m.*, Lehrer, Komponist.

magia *f.* [ma'xʲa] Magie *f.*, Zauberkunst.

mágico *adj.* [ma'xiko] zauberhaft, -isch; **-** *m.* Zauberer *m.*

magist|erio *m.* [maxiste'rʲo] Lehramt *n.*, -beruf *m.;* Lehrerschaft *f.;* **-rado** *m.* [maxistra'ðo] Richter *m.*

magn|animidad *f.* [magnanimiða'ð] Großmut *m.*, Seelengröße *f.;* **-ánimo** *adj.* [magna'ninmo] großmütig; **-ate** *m.* [magna'te] Magnat *m.*

magn|esia *f.* [magne'sʲa] Magnesia *f.;* **-esio** *m.* [magne'sʲo] Magnesium *n.;* **-ético** *adj.* [magne'tiko] magnetisch; **-etismo** *m.* [magneti'zmo] Magnetismus; **-netizar** [magnetiθa'r] magnetistieren.

magn|ificencia *f.* [magnifiθe'nθ^ja] (Titel) Magnifizenz *f.*; **-ífico** *adj.* [magni'fiko] herrlich, prächtig; (Wetter) prachtvoll; **-itud** *f.* [magnitu'ð] (absolute) Größe *f.*

magno *adj.* [ma'gno] *fig.* groß (-artig).

mago *m.* [ma'go] Magier *m.*, Zauberer.

magro *adj.* [ma'gro] (Schweinefleisch, Kohle, Lehm) mager.

magulla|dura *f.* [maguljaðu'ra] Quetschung *f.*, **-r** [magulja'r] quetschen

Maho|ma *m.* [mao'ma] Mohammed *m.*; **m -metano** [maometa'no] *adj.* mohammedanisch; **m -metano** *m.* Mohammedaner *m.*

maicena *f.* [maiθe'na] feinstes Maismehl *n.*; Speise *(f.)* daraus.

maíz *m.* [mai'θ] Mais *m.*

maja *f.* [ma'xa] hübsches Mädchen *n.* (bes. um 1800); **la M -desnuda** (die unbekleidete Maja) berühmtes Gemälde v. Goya; **-da** *f.* [maxa'ða] Unterkunft *(f.)* für Schafe, Ziegen im Gebirge; (auf) Sennhütte; **-dería** *f.* [maxaðeri'a] Albernheit *f.*, Quatsch *m.*; **-dero** *m.* [maxaðe'ro] lästige Person *f.*, Schafskopf *m.*

majest|ad *f.* [maxesta'ð] Majestät *f.*; Würde; **-uoso** *adj.* [maxestuo'so] majestätisch, würdevoll.

majo *adj.* [ma'xo] hubsch, stattlich, schmuck; **-** *m.* stattlicher (schmukker) Bursche *m.*

mal *adj.* [mal] (nur vor männl. Hauptw. in der Einzahl) böse, schlecht, schlimm; *adv.* übel, schlecht.

mal|aconsejado *adj.* [malakɔnsexa'ðo] schlecht beraten; **-acostumbrado** *adj.* [malakɔstumbra'ðo] verwöhnt, -zogen.

Málaga *f.* [ma'laga] (Stadt) Málaga; **vino** *(m.)* **de -** Malagawein *m.*; **pasas** *(f. pl.)* **de -** gepreßte, trockene Malagatrauben; Rosinen *f. pl.*

malandanza *f.* [malanda'nθa] Unglück *n.*

malavenido *adj.* [malaβeni'ðo] unverträglich.

malaventura *f.* [malaβentu'ra] Mißgeschick *n.*; **-do** *adj.* [malaβen] tura'ðo] unglücklich.

mal|baratar [malβarata'r] vergeuden, -schwenden; **-carado** *adj.* [malkara'ðo] (Person) verdächtig aussehend; **-comido** *adj.* [malkomi'ðo] schlecht ernährt (gefüttert); **-criado** *adj.* [malkaria'ðo] (Kind) ungezogen; **-dad** *f.* [malda'ð] Bosheit *f.*; **-dición** *f.* [madiθ^jɔ'n] Fluch *m.*, Verwünschung *f.*; **-dito** *adj.* [maldi'to] verflucht.

maleab|ilidad *f.* [maleaβiliða'ð] *techn.* Schmiedbarkeit *f.*; (Metalle) Knetbarkeit; **-le** *adj.* [malea'βle] schmiedbar; (Metalle) knetbar.

maleante *adj.* [malea'nte]: **gente** *(f.)* **-** Gesindel *n.*; **-** *m.* Interweltsgestalt *f.*

male|dicencia *f.* [maleðiθe'nθ^ja] Verleumdung *f.*; **-ficio** *m.* [malefi'θ^jo] Hexerei *f.*

maléfico *adj.* [male'fiko] unheilbringend.

malentendido *m.* [malentendi'ðo] Mißverständnis *n.*

malestar *m.* [malesta'r] Unwohlsein *n.*, Unbehagen.

malet|a *f.* [male'ta] Handkoffer *m.*, -tasche *f.*; s. reisefertig machen; **-** *m.* Tölpel *m.*, schlechter Stierkämpfer; **-ín** *m.* [maleti'n] kleiner Handkoffer *m.*

mal|evolencia *f.* [maleβole'nθ^ja] Böswilligkeit *f.*; **-évolo** *adj.* [male'βolo] böswillig.

maleza *f.* [male'θa] Dickicht *n.*, Gestrüpp.

mal|gastar [malgasta'r] verschwenden; (Geld) hinauswerfen; **-hablado** *adj.* [malaβla'ðo] vorlaut; **-hadado** *adj.* [malaða'ðo] unglücklich; **-hecho** *adj.* [male'čo] mißgestaltet; **-hechor** *m.* [malečɔ'r] Misse-Übeltäter *m.*

malici|a *f.* [mali'θʲa] Boshaftigkeit *f.*, Verschlagenheit; (no) tener (un ápice de) malicia *fam.* es hinter den Ohren haben; **-oso** *adj.* [maliθʲo'so] boshaft, schadenfroh.

maligno *adj.* [mali'gno] (Krankheit) bösartig.

malmirado *adj.* [malmira'ðo] unbeliebt.

malo *adj.* [ma'lo] schlecht, böse, krank, unartig; **por las -as** *fam.* mit Gewalt; gezwungen; **lo - es que** das Unangenehme ist, daß; **ponerse -** krank w.

malogra|do *adj.* [malogra'ðo] frühverstorben, mißraten, ungeraten; **-r(se)** [malogra'rse] vereiteln.

maloliente *adj.* [maloľe'nte] übelriechend.

mal|parado *adj.* [malpara'ðo] **salir -parado** *fam.* schlecht davonkommen; **-parto** *m.* [malpa'rto] Fehlgeburt *f.*; **-pensado** *adj.* [malpensa'ðo] böswillig.

malta *f.* [ma'lta] (Brau-) Malz *n.*; **cruz** *(f.)* **de M-** Malteserkreuz *n.*

mal|tratar [maltrata'r] mißhandeln; (Tiere) quälen; **-trato** *m.* [maltra'to] Mißhandlung; **-techo** *adj.* [maltre'čo] übel zugerichtet.

malva *f.* [ma'lβa] *bot.* Malve *f.*; **- loca** Stockrose.

malvado *adj.* [malβa'ðo] ruchlos; *- m.* Bösewicht *m.*

malvavisco *m.* [malβaβis'ko] *bot.* Eibisch. *m.*

malla *f.* [ma'lja] Masche *f.*; (Ketten-) Glied *n.*; Panzerhemd.

mallorquín *adj.* [maljorki'n] aus *od.* auf Mallorka (Balearen) bezüglich; Einwohner *(m.)* der Insel Mallorka.

mama *f.* [ma'ma] (Tier) Euter *n.*; weibliche Brust *f.*

mamá *f.* [mama'] Mama *f.*, Mutter.

mamar [mama'r] saugen; **dar de -** (Kind) stillen; **-io** *adj.* [mama'rʲo]: **glándula** *(f.)* **-ia** *anat.* Milchdrüse *f.*; **-racho** *m.* [mamarra'čo] komisch aussehende Person *f.*

mameluco *m.* [mamelu'ko] Mameluck *m.*

mamífero *m.* [mami'fero] Säugetier *n.*

mamón *adj.* [mamɔ'n]: **diente** *(m.)* - Milchzahn *m.*

mamotreto *m.* [mamotre'to] (Buch) dicker Wälzer *m.*

mampar|a *f.* [mampa'ra] spanische Wand *f.*; **-o** *m.* [mampa'ro] Trennwand *f.*; **-o estanco** Schott *n.*

mamp|ostería *f.* [mampɔsteri'a] Bruchstein, Natur(-stein-) mauerwerk *n.*; **-uesto** *m.* [mampʷe'sto] unbehauener Naturmauerstein *m.*

manada *f.* [mana'ða] (Vieh-) Herde *f.*; (Wolfs-) Rudel *n.*

mana|ntial *m.* [manantʲa'l] Quelle *f.*; **-r** [mana'r] quellen, rinnen.

manceb|a *f.* [manθe'βa] Beischläferin *f.*; **-o** *m.* [manθe'βo] Bursche *m.*, Gehilfe.

mancillar [manθiʎa'r] *fig.* entehren.

manco *adj.* [ma'ŋko] einarmig, -händig; **-munidad** *f.* [maŋkomuniða'ð] geschäftliche *od.* verwaltungsmäßige).

mancha *f.* [ma'nča] (Schand-, Schmutz-, Sonnen-) Fleck *m.*; (Tinte) Klecks; **La M-** Span. Landschaft; **canal** *(m.)* **de la M-** *geogr.* Ärmelkanal *m.*; **-do** *adj.* [manča'ðo] gefleckt. beschmutzt; **-r(se)** [manča'rse] beflecken, beschmutzen.

mand|a *f.* [ma'nda] Schenkung *f.* Vermächtnis *n.*; **-adero** *n.* [mandaðe'ro] Bote(-ngänger) *m.*; **-amiento** *m.* [mandamʲe'nto] Gebot *n.*; **-ar** [manda'r] befehlen, gebieten; senden, zukommen lassen; *mil.* anführen; **-ato** *m.* [manda'to] Befehl *m.*; *jur.* Beschluß; *pol.* Mandat *n.*

mandíbula *f.* [mandi'βula] *anat.* Kinnlade *f.*, Kiefer *m.*

mandil *m.* [mandi'l] Schürze *f.*, Schurz *m.*

mando *m.* [ma'ndo] Befehl *m.*, Kommando *n.;* Gewalt *f.*, Macht; *techn.* Betätigung (es. Apparates); **botón** *(m.)* **de** - Schaltknopf *m.;* - **a distancia** *techn.* Fernsteuerung *f.*
mandoble *m.* [mando'βle] *(m.* beiden Händen geführtes) (Richt-) Schwert *n.*
mandolina *f.* [mandoli'na] *mus.* Mandoline *f.*
mandril *m.* [mandri'l] (Affenart) Mandrill *m.; techn.* - **portabrocas** Bohrkopf *m.;* Dorn, Futter *n.;* **-adora** *f.* [mandrilaðo'ra] Bohrwerk *n.;* **-ar** [madrila'r] techn. aufdornen, aufwalzen, ausbohren.
manducar [manduka'r] *fam.* essen.
manecilla *f.* [maneθi'ʎa] *techn.* Griff *m.;* (Uhr) Zeiger.
manej|abilidad *f.* [manexaβiliða'ð] leichte Handhabung *f.*, Wendigkeit; **-able** *adj.* [manexa'βle] handlich; **-ar** [manexa'r] bedienen, behandeln, handhaben; **saber -ar** umzugehen wissen; **-o** *m.* [mane'xo] Bedienung *f.*, Behandlung, Handhabung.
manera *f.* [mane'ra] Art u. Weise *f.;* Benehmen *n.;* **a - de** nach Art.; **de - que** auf die Art., daß; so daß also; **de ninguna** - unter (gar) keinen Umständen; **no hay - de** es gibt keine Möglichkeit zu.
manga *f.* [ma'ŋga] Ärmel *m.;* Schlauch *naut.* (Schiff) größte Breite *f.;* - **de agua** *naut.* Wasserhose *f.;* - **de riego** Gartenspritze *f.;* **tener uno la - ancha** *fig. fam.* e. zu weites Gewissen haben; **en -s de camisa** in Hemdsärmeln.
manganeso *m.* [maŋgane'so] Mangan *n.*
mango *m.* [ma'ŋgo] (Hand-) Griff *m.*, Stiel, Heft *n.;* Mangobaum *m.*, -frucht *f.;* **tener la sarten por el** - e. strenges Regiment führen; ordentlich durchzugreifen verstehen; **-near** [maŋgonea'r] *fam.* s. in fremde Angelegenheiten einmischen.
manguera *f.* [maŋge'ra] (Wasser-) Schlauch *m.*
manguito *m.* [maŋgi'to] Muff *m.; techn.* Muffe *f.*, Manschette, Hülse.
manía *f.* [mani'a] Manie *f.*, Sucht, fixe Idee, Wahnsinn *m.*
mani|atar [manʲata'r] die Hände fesseln; **-ático** [manʲa'tiko] *adj.* toll, rasend; *m.*, grillenhafter Mensch *m.*, Sonderling; **-comio** *m.* [maniko'mʲo] Irrenanstalt *f.;* **-corto** *adj.* [manikɔr'to] *fig.* knickerig; **-cura** *f.* [maniku'ra] Handpflege *f.;* **-do** *adj.* [mani'ðo] abgegriffen, fadenscheinig.
manif|estación *f.* [manifestaθʲɔ'n] Kundgebung *f.;* **-estante** *m.* [manifesta'nte] Manifestant, Teilnehmer *m.* (an er. Kundgebung); **-estar(se)** [manifesta'rse] bekanntgeben, zeigen; (sichtbar w.); **-iesto** *m.* [manifʲe'sto] Manifest *n.; adj.* augenscheinlich, deutlich, offenbar.
manilla *f.* [mani'ʎa] (Uhr) Zeiger *m.*
maniobra *f.* [manʲo'βra] Betätigung *f.*, Handhabung, Handgriff *m.; mil.* Manöver *n.;* **-s** *f. pl.* [manʲoβras] *Eis.* Rangieren *n.;* **hacer -s** *Eis.* rangieren; *mil.* schwenken; **-r** [manʲoβra'r] betätigen; (Zug) verschieben.
maniota *f.* [manʲo'ta] Fessel *f.* (für Pferde).
manipula|ción *f.* [manipulaθʲɔ'n] Handhabung *f.;* m. der Hand ausgeübter Griff *m.;* Verarbeitung *f.;* **-dor** *m.* [manipulaðɔ'r] (Betätigungs-) Taster *m.;* **-dos** *m. pl.* [manipula'ðos]; **-r** [manipula'r] Handgriffe ausüben, betätigen, handhaben.
maniquí *m.* [maniki'] Modellpuppe *f.*, Vorführdame, *fig.* Strohmann *m.*
manivela *f.* [maniβe'la] Kurbel *f.*
manjar *m.* [maŋa'r] Gericht *n.*, Speise

f.; **-es exquisitos** *m. pl.* Leckerbissen *m. pl.*, Delikatessen *f. pl.*

mano *f.* [ma'no] Hand *f.;* (Tiere) Pfote, Vorderfuß *m.;* (Farb-) Schicht *f.*, jeder einzelne Anstrich *m.;* (Mörser) Stößel; Buch *(n.)* Papier; - **de obra** Arbeitskraft *f.*, aufgewendete Handarbeit; **hecho a** - v. Hand gemacht; **comprar de segunda** - aus zweiter Hand (gebraucht) kaufen.

manojo *m.* [mano'xo] Büschel *m.;* (Schlüssel-) Bund.

manosea|do *adj.* [manosea'ðo] abgegriffen; **-r** [manosea'r] befühlen, betasten.

mansalva [mansa'lβa]: **a** - ohne (selbst) Gefahr zu laufen.

mansedumbre *f.* [manseðu'mbre] Sanftmut *f.;* (Tiere) Zahmheit.

mansión *f.* [mansʲɔ'n] Wohnsitz *m.*

manso *adj.* [ma'nso] sanft; (Tiere) zahm; (Wasser) still; - *m.* Leittier *n.*

manta *f.* [ma'nta] (Bett-, Pferde-, Reise, Sattel-) Decke *f.*

mantec|a *f.* [mante'ka] Butter *f.;* (tierisches) Fett *n.;* **-a de cerdo** Schweineschmalz *n.;* **-ado** *m.* [manteka'ðo] Schmalzgebäck *n.*, Vanilleeis.

mantel *m.* [mante'l] Tischtuch *n.;* **-ería** *f.* [manteleri'a] Tischzeug *n.*

manten|er(se) [mantene'rse] (aufrecht er-)halten; (s. halten); **-imiento** *m.* [mantenimʲe'nto] Aufrechthaltung *f.*, Unterhalt *m.*

mantequ|era *f.* [manteke'ra] Butterdose *f.;* **-illa** *f.* [manteki'ʎa] Butter *f.*

mantilla *f.* [manti'ʎa] Mantille *f.* (span. Spitzenüberwurf).

mantón *m.* [mantɔ'n] Schultertuch *n.*

manual *adj.* [manʷa'l]: **trabajo** *(m.)* - Handarbeit *f.;* - *m.* Handbuch *n.*, Lehrbuch.

manubrio *m.* [manu'βrʲo] (Hand-) Kurbel *f.*

manufactura *f.* [manufaktu'ra] Fabrik *f.*, Fabrikat *n.;* **-r** [manufaktura'r] fabrizieren.

manuscrito *m.* [manuskri'to] Handschrift *f.;* - *adj.* handschriftlich.

manutención *f.* [manutenθʲɔ'n] Unterhalt *m.*, Verpflegung *f.*

manzan|a *f.* [manθa'na] Apfel *m.;* **-illa** *f.* [manθani'ʎa] Kamille *f.*, ntee *m.;* span. Weinsorte *f.;* **-o** *m.* [manθa'no] Apfelbaum *m.*

maña *f.* [ma'ŋa] Geschicklichkeit *f.*, List; **darse** - s. geschickt anstellen **(para** zu).

mañana *f.* [maŋa'na] Morgen *m.*, Vormittag; **el día de** - die Zukunft; später einmal; **por la** - morgens, früh; - *adv.* morgen; **pasado** - übermorgen.

mañoso *adj.* [maŋo'so] geschickt.

mapa *m.* [ma'pa] (Land-) Karte *f.*

maquilla|dor *m.* [makiʎað'or] *theat.* Schminker *m.;* **-je** *m.* [makiʎa'xe] Schminken *n.;* **-rse** [makiʎa'rse] s. schminken.

máquina *f.* [ma'kina] Maschine *f.*, Lokomotive, Apparat *m.;* **a toda** - *m.* Volldampf; - **de retratar** Photoapparat *m.;* - **elevadora** Hebezeug *n.*

maquin|aciones *f. pl.* [makinaθʲo'nes] Ränke *pl.;* **-ar** [makina'r] maschinell bearbeiten; **-aria** *f.* [makina'rʲa] Maschinerie *f.*, Maschinen *f. pl.;* **-ista** *m.* [makini'sta] Maschinist *m.*, Lokomotiv-, Kranführer.

mar *m.* *(f.)* (mar) Meer *n.*, See *f.;* - **baja** Niedrigwasser *n.;* **por** - auf dem Seewege; **llover a -es** in Strömen regnen.

maraña *f.* [mara'ŋa] dichtes Gestrüpp *n.; fig.* Durcheinander *n.*

maravedí *m.* [maraβeði'] altspan. Kupfermünze *f.*

maravilla *f.* [maraβi'ʎa] Wunder *n.;* **-do** *adj.* [maraβiʎa'ðo] erstaunt; **-rse** s. wundern **(de** über).

marca *f.* [ma'rka] Bezeichnung *f.*, Marke, Kennzeichen *n.*, Merkmal; (Sport) Rekord *m.;* **-do** *adj.*

[marka'ðo] sichtbar, auffällig; -r [marka'r] (be-, kenn-,) zeichnen, markieren; (Takt) schlagen.

marcial *adj.* [marθ'a'l] kriegerisch.

marco *m.* [ma'rko] Rahmen *m.*, (Geld) Mark.

marcha *f.* [ma'rča] Marsch *m.*, Gang, Lauf, Abreise *f.*

marchar [marča'r] marschieren, gehen abreisen; (Maschine) laufen; **-se** [marča'rse] weggehen.

marchitar(se) [marčita'rse] welk machen, (verwelken).

marchito *adj.* [marči'to] welk.

marea *f.* [mare'a] *naut.* Ebbe u. Flut *f.*, leichte Brise; **-r(se)** [marea'rse] seekrank machen.

mare|jada *f.* [marexa'ða] *naut.* hoher Seegang *m.*; **-o** *m.* [mare'o] Seekrankheit *f.*, Schwindel *m.*

marfil *m.* [marfi'l] Elfenbein *n.*

margarina *f.* [margari'na] Margarine *f.*, Kunstbutter.

margarita *f.* [margari'ta] *bot.* Margerite *f.*, Gänseblümchen *n.*; Perle *f.*

margen *m.* [ma'rxen] Rand *m.*, (Spiel-) Raum, (Fluß-) Ufer *n.*

marginal *adj.* [marxinal']: **nota** (*f.*) - Randnote *f.*

maric|a *f.* [mari'ka] *zool.* Elster *f.*; **-o** *m. fig. vulg.* homosexueller Mensch *m.*; **-ón** *m.* [marikɔ'n] *vulg.* Homosexueller *m.*

marido *m.* [mari'ðo] Ehemann *m.*, Gatte.

marina *f.* [mari'na] Marine *f.*, Seewesen *n.*; (Malerei) Seestück *n.*; - **de guerra** Kriegsflotte *f.*; - **mercante** Handelsflotte *f.*; **-r** [marina'r] marinieren.

marin|era *f.* [marine'ra] Matrosenanzug *m.*; **-ería** *f.* [marineri'a] Seeleute *pl.*, Schiffsvolk *n.*; **-ero** *m.* [marine'ro] Matrose *m.*, Seemann; **-o** *adj.* [mari'no]: **legua** (*f.*) **-a** Seemeile *f.*; **-o** *m.* Seemann *m.*, Matrose.

mariposa *f.* [maripo'sa] Schmetterling *m.*, Falter; Nachtlicht *n.*

mariquita *f.* [mariki'ta] Marienkäfer *m.*; *SAm.* Kletterpapagei; *fig. fam.* weibischer Mensch *m.*

maris|co *m.* [mari'sko] Seemuschel *f.*; **-ma** *f.* [mari'zma] (salzhaltiges) Marschland *n.*

marital *adj.* [marita'l]: **hacer vida** - in Ehegemeinschaft leben.

marítimo *adj.* [mari'timo] auf Meer *od.* See bezüglich.

marmita *f.* [marmi'ta] (Fleisch-, Koch-) Topf *m.*

mármol *m.* [ma'rmɔl] Marmor *m.*

marmolista *m.* [marmoli'sta] Marmorschleifer *m.*

marmota *f.* [marmo'ta] *zool.* Murmeltier *n.*

maroma *f.* [maro'ma] Schiffstau *n.*, Tauende, dicker Hanfstrick *m.*

marqués *m.* [marke's] Marquis *m.*, Markgraf.

marques|a *f.* [marke'sa] Marquise *f.*; **-ina** *f.* [markesi'na] Sonnendach *n.*

marquetería *f.* [marketeri'a] eingelegte Holzarbeit *f.*

marrano *adj.* [marra'no] schweinig schmutzig; - *m.* Schwein *n.*; *fig.* Ferkel; Marrane *m.* (Span. getaufter Jude).

marras *adv.* [ma'rras]: **de** - der (die, das) bewußte...; **lo de** - die alte Geschichte v. damals.

marrón *adj.* [marrɔ'n] (kastanien-) braun.

marroquí *adj.* [marroki'] marrokkanisch; - *m.* Marrokkaner *m.*

Marte *m.* [ma'rte] *astr.* Mars *m.*

martes *m.* [ma'rtes] Dienstag *m.*

martill|ado *m.* [martiʎa'ðo] Hämmern *n.*; **-ar** [martiʎa'r] hämmern; **-azo** *m.* [martiʎa'θo] Hammerschlag *m.*; **-eo** *m.* [martiʎe'o] Gehämmer *n.*; **-ete** *m.* [martiʎe'te]: **-o** *m.* [marti'ʎo] Hammer *m.*, Kloppel.

martín *m.* [marti'n]: - **pescador** *m. zool.* Eisvogel *m.*

martinete *m.* [martine'te] *techn.* Fallhammer *m.*, Ramme *f.*; *zool.* (Art.) Reiher *m.*

martingala *f.* [martinga'la] *fam.* Kniff *m.*, Trick.

mártir *m.* [ma'rtir] Märtyrer *m.*; *fig.* Opfer *n.*

martiri|o *m.* [marti'rʲo] Märtyrertum *n.*, -tod *m.*; *fig.* Marter *f.*; **-zar** [martiriθa'r] martern, plagen, quälen.

marxis|mo *m.* [marksi'zmo] Lehre *(f.)* v. Karl Marx; **-sta** *m.* [marksi'sta] Anhänger *(m.)* der marxistischen Lehre.

marzo *m.* [ma'rθo] März *m.*

más *adv.* [mas] mehr, ferner, überdies; **- que** mehr als; plus, zuzüglich; **a - de** außer; **a -tardar** längstens, spätestens; *SAm.* **no -** (Flickwort) doch, mal; **poco - o menos** ungefähr; **sin - ni menos** ohne weiteres; **cada vez -** immer mehr; **los -** die meisten; (Steigerung) (Komparativ) **- alto** höher; (Superlativ) **el - alto** der höchste; **lo - pronto posible** sobald als möglich.

mas *conj.* [mas] aber.

masa *f.* [ma'sa] Masse *f.*, Teig *m.*; **-coral** Chor *m.*, Gesangverein.

masaj|e *m.* [masa'xe] Massage *f.*, Massieren *n.*; **dar -e** massieren; **-ista** *m./f.* [masaxi'sta] Masseu|r *m.* **-se** *f.*

mascar [maska'r] kauen.

máscara *f.* [ma'skara] Maske *f.*, Larve; **- antigás** Gasschutzmaske *f.*

mascar|ada *f.* [maskara'ða] Maskerade *f.*, Mummerei, Maskenumzug *m.*; **-illa** *f.* [maskari'ʎa] Totenmaske *f.*

mascota *f.* [masko'ta] Amulett *n.*, Glücksfigur *f.*; *(Auto)* Kühlerfigur.

masculino *adj.* [maskuli'no] männlich.

mascullar [maskuʎa'r] (hin-) murmeln.

masilla *f.* [masi'ʎa] (Fenster-) Kitt *m.*

masitas *f. pl.* [masi'tas] *SAm.* (Tee-) Gebäck *n.*

masonería *f.* [masoneri'a] Freimaurerei *f.*

mastica|ción *f.* [mastikaθʲɔ'n] Kauen *n.*; **-car** [mastika'r] kauen.

mástil *m.* [ma'stil] *naut.* Mast (baum) *m.*; (Geige) Hals.

mastín *m.* [masti'n] Hof-, Schäferhund *m.*

mata *f.* [ma'ta] Gesträuch *n.*, Gebüsch, Strauch; (Haar) Büschel *n.*; (Metallschmelze) Stein, *m.*

mata|cán *m.* [mataka'n] *bot.* Brechnuß *f.*; *mil* Schießscharte; **-dero** *m.* [mataðe'ro] Schlachthaus *n.*, -hof *m.*; **-dor** *m.* [mataðɔ'r] *Taur.* Stierkämpfer *m.*; Mörder; **-moscas** *m.* [matamɔ'skas] Fliegenfalle *f.*; **papel** *(m.)* **-moscas** Fliegenpapier *n.*

matanza *f.* [mata'nθa] Schlachten *n.*, Gemetzel, Schlachtfest.

matar [mata'r] töten, umbringen; (Vieh) schlachten; (Wild) erlegen; (Durst, Hunger) stillen; (Marken) entwerten; (Zeit) totschlagen; **-se** [mata'rse] s. töten.

matasellos *m.* [matase'ʎos] (Marken) (Entwertungs-) Stempel *m.*

mate *adj.* [ma'te] matt, glanzlos; **-** *m.* (Schach) Matt *n.*; Matetee *m.*, Matetopf.

matemátic|as *f. pl.* [matema'tikas] Mathematik *f.*; **-o** *m.* [matema'tiko] Mathematiker *m.*

materia *f.* [mat'erʲa] Materie *f.*, Stoff *m.*; *fig.* Gegenstand; **primeras -s** *f. pl.* Rohstoffe *m. pl.*; **-l** *adj.* [materʲa'l] körperlich, sachlich, stofflich; **-l** *m.* Material *n.*, Werkstoff *m.*; **lmente** *adv.* [materʲalme'nte] tatsächlich, völlig.

matern|al *adj.* [materna'l] mütterlich; **-idad** *f.* [materniða'ð] Mutterschaft *f.*; **-o** *adj.* [mate'rno] mütterlicherseits; **lengua** *(f.)* **-a** Muttersprache *f.*

matinal *m.* [matina'l] *theat.* Vormittagsvorstellung *f.*

matiz *m.* [mati'θ] Farbton *m.*, Schattierung *f.*; **-ar** [matiθa'r] abtönen.

m

matorral *m.* [matɔrra'l] Gebüsch *n.*, Gestrüpp.
matraz *m.* [matra'θ] *chem.* Glaskolben *m.*
matrícula *f.* [matri'kula] Matrikel *f.*, Stammrolle, Register *n.*, Verzeichnis; **placa** *(f.)* **de** - (Auto) Nummernschild *n.*; **-s** Schulgeld *n.*, Studiengebühren *f. pl.*
matricula|do *adj.* [matrikula'ðo] (Student) Immatrikulierter *m.*; **-r(se)** [matrikula'rse] (s.) einschreiben (lassen).
matrimoni|al *adj.* [matrimon^j^a'l] ehelich; **-o** *m.* [matrimo'n^j^o] Ehe *f.*, -stand *m.*; Heirat *f.*, Ehepaar *n.*
matriz *f.* [matri'ð] *anat.* Gebärmutter *f.*; *techn.* Matrize; **casa** *(f.)* - Stammhaus *n.*
matrona *f.* [matro'na] alte, ehrwürdige Frau *f.*
matute *m.* [matu'te] Schmuggel *m.*; **de** - eingeschmuggelt.
matutino *adj.* [matuti'no]: **estrella** *(f.)* **-a** Morgenstern *m.*
maula *f.* [ma'ula] Ladenhüter *m.*, wertlose Sache *f.*, fauler Kunde *m.*
mausoleo *m.* [mausole'o] Mausoleum *n.*; (Familien-) Gruft *f.*
maxila *f.* [maksi'la] *anat.* Kinnbacken *m.*; **-r** *m.* [maksila'r] *anat.* Kiefer *m.*
máxim|a *f.* [ma'ksima] Maxime *f.*, Grundsatz *m.*; **-e** *adv.* [ma'ksime] hauptsächlich; **-um** *m.* [ma'ksimun] Maximum *n.*
maya *f.* [ma'ja] *bot.* Marguerite *f.*; - *m.* Mayaindianer *m.*
mayar [maja'r] (Katze) miauen.
mayo *m.* [ma'jo] Mai *m.*
mayonesa *f.* [majone'sa] Majonaise *f.*
mayor *adj.* [majɔ'r] älter, größer, höher; - **de edad** großjährig; **la** - **parte** die meisten; - *m. mil.* (Hauptmann), Major *m.*; **-res** *m. pl.* Vorfahren *m. pl.*; **-al** *m.* [majora'l] Oberknecht *m.*, Aufseher; *SAm.* Straßenbachnschaffner; **-azgo** *m.* [majora'ðgo] Majorat *n.*, -sherr *m.*; **-domo** *m.* [majordo'mo] Verwalter *m.*, Haushofmeister; *naut.* Obersteward; **-ía** *f.* [majori'a] (Stimmen-) Mehrheit *f.*; **-ista** *m.* [majori'sta] Großhändler *m.*; - **mente** *adv.* [majorme'nte] besonders, zumal.
mayúscula *f.* [maju'skula] großer (Anfangs-) Buchstabe *m.*
maza *f.* [ma'θa] Keule *f.*, Amtsstab *m.*; *techn.* Rammbär.
mazo *m.* [ma'θo] schwerer (Vorschlag-) Hammer *m.*; (Zigarren) Bündel *n.*
mazorca *f.* [maθɔ'rka] Maiskolbe *f.*
me [me] mir, mich.
mea|da *f.* [mea'ða] *vulg.* Pissen *n.*; **-dero** *m.* [meaðe'ro] *vulg.* Pißort *m.*; **-dos** *m. pl.* [mea'ðos] Harn *m.*, *vulg.* Pisse *f.*; **-r** [mea'r] harnen; *vulg.* pissen.
¡mecachis! [meka'čis] *sehr vulg.* Donnerwetter!
mecánic|a *f.* [meka'nika] Mechanik *f.*, Maschinenbau *m.*; **-o** *m.* [meka'niko] Mechaniker *m.*, Maschinenschlosser; **-o** *adj.* mechanisch.
mecani|smo *m.* [mekani'zmo] Mechanismus *m.*, Getriebe *n.*, Vorrichtung *f.*; **-zado** *m.* [mekaniθa'ðo] mechanische Bearbeitung *f.*; **-zar** [mekaniθa'r] mechanisieren, maschinell bearbeiten.
mecan|ógrafa *f.* [mekano'grafa] Stenotypistin *f.*; **-ografía** *f.* [mekanografi'a] Maschinenschreiben *n.*; **-ógrafo** *m.* [mekano'grafo] Stenotypist *m.*
mecate *m.* [meka'te] *SAm.* Bindfaden *m.*
mecedora *f.* [meθeðo'ra] Schaukelstuhl *m.*
mecer [meθe'r] wiegen, schaukeln.
mecha *f.* [me'ča] Docht *m.*; *mil.* Lunte *f.*; (Haar-) Strähne; *SAm.* Spott *m.*, Ulk; **-r** [meča'r] (Braten) spicken.
mecher|a *f.* [meče'ra] Taschendiebin *f.*; **-o** *m.* [meče'ro] Taschenfeuerzeug *n.*, Brenner *m.*

n

medall|a *f.* [meða'ʎa] Medaille *f.*; **-ón** *m.* [meðaʎɔ'n] Medaillon *n.*
media *f.* [me'ð^ja] Strumpf *m.*; (Sport) Durchschnittsgeschwindigkeit *f.*; **dar la** - (Uhr) halb schlagen; **-ción** *f.* [með^jaθ^jɔ'n] Vermittlung *f.*; **-do** *adj.* [með^ja'ðo]; **-dor** *m.* [með^jaðɔ'r] Mittelsmann *m.*; **-namente** *adv.* mittelmäßig, leidlich; **-nería** *f.* [með^janeri'a] Scheidewand *f.*, Grenzmauer; **-nía** *f.* [með^jani'a] Mittelmäßigkeit *f.*; **-no** *adj.* mittelmäßig; **-nte** [með^ja'nte] *adv.* mittels; **-r** [með^ja'r] s. ins Mittel legen; (Zeit) halb verflossen sein.
medic|ación *f.* [meðikaθ^jɔ'n] Heil-, Kurverfahren *n.*; **-amento** *m.* [meðikame'nto] Arznei *f.*; **-astro** *m.* [meðika'stro] Quacksalber *m.*; **-ina** *f.* [meðiθi'na] Arznei *f.*, Medizin; **-inal** *adj.* [meðiθina'l] Medizinal.
medición *f.* [meðiθ^jɔ'n] Messung *f.*, Meßverfahren *n.*
médico *m.* [me'ðiko] Arzt *m.*; - *adj.* ärztlich.
medida *f.* [meði'ða] Maß *n.*, Maßnahme *f.*; -regel; **a - de** gemäß; **-s** *f. pl.* [meði'ðas] Vorkehrungen *f. pl.*
medieval *adj.* [međ^jeβa'l] mittelalterlich.
medio *adj.* [me'ð^jo] halb; Mittel...; *SAm.* (Gebäck) Hörnchen *n.*; **mi -a naranja** *f. fam.* meine bessere (Ehe-) Hälfte; - *m.* Mitte *f.*, Hälfte, Mittel *n.*, Medium, Umgebung *f.*; (Fußball) Läufer *m.*
mediocr|e *adj.* [međ^jo'kre] mittelmäßig; **-idad** *f.* [með^jokrida'ð] Mittelmäßigkeit *f.*
mediodía *m.* [með^joði'a] Mittag *m.*, Süden.
medir [meði'r] (aus-), (ab-), (ver-) messen; - **sus palabras** *fig. fam.* seine Worte wohl überlegen; **-se** [meði'rse] s. mäßigen.
medita|bundo *adj.* [meðitaβu'ndo] in Gedanken versunken; **-ción** *f.* [meðitaθ^jɔ'n] Nachdenken *n.*, -sinnen; **-r** [meðita'r] nachdenken (**sobre** über).
mediterráneo *adj.* [mediterra'neo] mittelländisch; **el Mar** - das Mittelmeer.
medra *f.* [me'dra] Blühen *n.*, Gedeihen; **-r** [medra'r] gedeihen, wachsen.
medroso *adj.* [medro'so] ängstlich, furchtsam.
médula *f.* [me'ðula] (Pflanzen-) Mark *n.*
megalomanía *f.* [megalomani'a] *med.* Größenwahn *m.*
mejican|a *f.* [mexika'na] Mexikanerin *f.*; **-o** *m.* Mexikaner *m.*; **-o** *adj.* mexikanisch.
mejilla *f.* [mexi'ʎa] Backe *f.*, Wange.
mejor *adj.* [mexɔ'r] besser; **lo** - das Beste; **el - día** es. schönen Tages; **a lo** - vielleicht, am Ende gar, womöglich; *adv.* besser; - **dicho** eigentlich; **-a** *f.* [mexo'ra] (Ver-) Besserung *f.*; **-ar** [mexora'r] (ver-) bessern; **-arse** [mexora'rse] s. bessern, besser w.; **-ía** *f.* [mexori'a] Besserung *f.*
mejunje *m.* [mexu'ŋxe] (abfällig) Gebräu *n.*, Mischmasch *m.*
melanc|olía *f.* [melaŋkoli'a] Schwermut *f.*, Trübsinn *m.*; **-ólico** *adj.* [melaŋko'liko] schwermütig, trübsinnig.
melen|a *f.* [mele'na] (Löwen-) Mähne *f.*, (Haar-) Schopf *m.*; **-udo** *adj.* [melenu'ðo] langhaarig.
melindr|e *m.* [meli'ndre] Honigkuchen *m.*; *fig.* Zimperlichkeit *f.*; **-oso** *adj.* [melindro'so] zimperlich.
melocot|ón *m.* [melokotɔ'n] Pfirsich *m.*; **-onero** *m.* [melokotone'ro] Pfirsichbaum *m.*
melodía *f.* [meloði'a] Melodie *f.*
melódico *adj.* [melo'ðiko] melodisch, wohlklingend.
melod|ioso *adj.* [meloð^jo'so] wohlklingend; **-rama** *m.* [melodra'ma] Singspiel *n.*

m

melón *m.* [melɔ'n] Melone *f.; fig.* Dummkopf *m.*
melonar *m.* [melona'r] Melonenbeet *n.*
melos|idad *f.* [melosiða'ð] Süßigkeit *f.;* **-o** *adj.* [melo'so] (honig-)süß; *fig.* süß(-lich).
mella *f.* [me'ʎa] (Messer) Scharte *f.;* (Zahn) Lücke; *techn.* Eindruck *m.,* spur *f.; fig.* Eindruck *m.,* **-do** *adj.* [meʎa'ðo] schartig, stumpf, zahnlückig; **-r(se)** [meʎa'rse] schartig machen.
melliz|a *f.* [meʎi'θa] Zwillingsschwester *f.;* **-o** *m.* [meʎi'θo] Zwillingsbruder *m.;* **-os** *m. pl.* [meʎi'θos] Zwillinge *m. pl.*
membrana *f.* [membra'na] Membrane *f.,* Häutchen *n.;* **- timpánica** *f. anat.* Trommelfell *n.*
membrete *m.* [membre'te] Konzept *n.,* Briefkopf *m.*
membrill|ero *m.* [membriʎe'ro] Quittenbaum *m.;* **-o** *m.* [membri'ʎo] Quitte *f.,* -nfleisch *n.;* **dulce** *(m.)* **de -o** Quinttenbrot *n.*
memo *adj.* [me'mo] einfältig, dumm; *-m.* Dummkopf *m.*
memor|able *adj.* [memora'βle] denkwürdig; **-ia** *f.* [memo'r^j a] Gedächtnis *n.,* Erinnerung *f.*
menaje *m.* [mena'xe] Hausrat *m.*
menci|ón *f.* [menθ^j ɔ'n] Erwähnung *f.;* **-ón honorífica** Auszeichnung *f.;* **digno de -ón** erwähnenswert; **-onar** [menθ^j ona'r] erwähnen, anführen.
menda [menda] *vulg.* ich.
mendic|ación *f.* [mendikaθ^j ɔ'n] Betteln *n.;* **-ante** *m.* [mendika'nte] Bettler *m.;* **-idad** *f.* [mendiðiða'ð] Bettelei *f.,* Bettelunwesen *n.*
mendi|ga *f.* [mendi'ga] Bettlerin *f.;* **-gar** [mendiga'r] betteln; **-go** *m.* [mendi'go] Bettler *m.*
mendrugo *m.* [mendru'go] (Brot-) Krume *f.,* Bröckel *n.*
mene|ar [menea'r] (hin u. her) bewegen; (Kopf) schütteln; umrühren; **-arse** [menea'rse] *fig.* s. sputen; (Zahn) wackeln; **-o** *m.* [mene'o] Bewegen *n.,* Schwenken, Schütteln, Rütteln.
menester *m.* [meneste'r] Notwendigkeit *f.,* Verrichtung; **ser -** notwendig sein; **-es** *m. pl.* [menestre'res] Obliegenheiten *f. pl.*
menestra *f.* [mene'stra] Gemüsegericht *(n.)* m. Fleisch.
mengano *m.* [meŋga'no]: **fulano, zutano y -** der, der und der; Herr X, Herr Y u. Herr Z.
mengua *f.* [me'ŋg^w a] Abnahme *f.,* Abnehmen *n.;* **-do** *adj.* [mðaŋg^w a'e] mangelhart; **-nte** [meng^w a'nte]: **luna** *(f.)* **-nte** abnehmender Mond *m.;* **-r** [meŋg^w a'r] an Gewicht *bzw.* Volumen abnehmen.
menina *f.* [meni'na] Edelfräulein *n.; sehr vulg.* männl. Teil.
meningitis *f.* [meniŋxi'tis] Hirnhautentzündung *f.*
menor *adj.* [menɔ'r] geringer, kleiner, minder, jünger; **- de edad** minderjährig; **-ista** *m.* [menori'sta] *SAm.* Kleinhändler *m.*
menos *adv.* [me'nos] weniger, azbüglich, ausgenommen; **a - que** wofern (nicht); **al -** wenigstens; **poco más o -** ungefähr; **echar de -** vermissen.
menos|cabar [menɔskaβa'r] nachteilig sein; **-cabo** *m.* [menɔska'βo] Abbruch *m.,* Nachteil; **-preciar** [menɔspreθ^j o] Geringschätzung *f.,* Verachtung.
mensaje *m.* [mensa'xe] Botschaft *f.;* **-ro** *adj.* [mensaxe'ro]: **paloma** *(f.)* **-ra** Brieftaube *f.;* **-ro** *m.* Bote *m.*
menstrua|ción *f.* [menstr^w aθ^j ɔ'n] Periode *f.,* Regel (der Frau); **-r** [menstr^w a'r] die Regel haben.
mensual *adj.* [mens^w a'l] monatlich; **suelo** *(m.)* **-** Monatsgehalt *n.;* **-idad** *f.* [mens^w aliða'ð] Monatsgehalt *n.,* -rate *f.*

ménsula *f.* [me'nsula] Konsole *f.*, (m. Tischfläche), *arch.* Kragstein *m.*
menta *f.* [me'nta] *bot.* (Pfeffer-) Minze *f.*
ment|ado *adj.* [menta'ðo] erwähnt; **-al** *adj.* [menta'l] geistig; **-ar** [menta'r] erwähnen; **-e** *f.* [me'nte] Geist, Sinn, Verstand *m.*; **-ecato** *m.* [menteka'to] Tölpel *m.*
menti|dero *m.* [mentiðe'ro] Klatschwinkel *m.*; **-r** [menti'r] lügen; **no dejar -r** nicht Lügen strafen; etw. bezeugen können; **-ra** *f.* [menti'ra] Lüge *f.*, Unwahrheit; **-roso** *adj.* [mentiro'so] lügenhaft; **-roso** *m.* Lügner *m.*
mentís *m.* [menti's] Lügenstrafen *n.*, Widerlegung *f.*; **dar un - a** Lügen strafen, widerlegen.
mentón *m.* [mentɔ'n] *anat.* Kinn *n.*
mentor *m.* [mentɔ'r] Erzieher *m.*, Hauslehrer.
menú *m.* [menu'] Menü *n.*, Speisenfolge *f.*, Speisekarte.
menud|ear [menuðea'r] *s.* häufig wiederholen; *fam.* nur so hageln; (Veranstaltungen) einander jagen; **-encia** *f.* [menuðe'nθ^ja] Kleinigkeit *f.*; **-eo** *m.* [menuðe'o] Einzelverkauf *m.*; **-illo** *m.* [menuði'ʎo] (Kohlen) Grus *m.*; **-illos** *m. pl.* [menuði'ʎos] (Geflügel) Innereien *f. pl.*; **-o** *adj.* [menu'ðo] klein, fein(-körnig); **(dinero** *m.***) -o** Kleingeld *n.*; **gente** (*f.*) **-a** Kinder *n. pl.*; **-o** *m. SAm. vulg.* männl. Glied *n.*
meñique *m.* [meɲi'ke] kleiner Finger *m.*
meollo *m.* [meo'ʎo] Mark *n.*, Gehirn; *fig.* Verstand *m.*
mequetrefe *m.* [meketre'fe] *fig.* Kasper *m.*, Laffe.
meramente *adv.* [merame'nte] nur, rein.
merca|chifle *m.* [merkači'fle] Hausierer *m.*; **-der** *m.* [merkaðe'r] Handelsmann, Kaufmann *m.*; **-dería** [merkaðeri'a] (Handels-) ware *f.*, Frachtgut *n.*; **-do** *m.* [merka'ðo] Markt(-platz) *m.*; Absatz, -gebiet *n.*; **-ncía** *f.* [merkanθi'a] (Handels-) Ware *f.*; **-nte** *adj.* [merka'nte] auf den Handel berzüglich; **-ntil** *adj.* [merkanti'l] **:escuela** (*f.*) **-ntil** Handelsschule *f.*
merced *f.* [merθe'ð] Gnade *f.*, Gunst, Willkür; **- a** dank.
mercenario *m.* [merðena'r^jo] Söldner *m.*
mercería *f.* [merθri'a] Kurzwaren *f. pl.*, -geschäft *n.*
mercurio *m.* [merku'r^jo] Quecksilber *n.*
merec|edor *adj.* [mereθeðɔ'r] würdig; **-er** [mereθe'r] verdienen; **no -er** s. nicht verlohnen; **-ido** *adj.* [me] reθi'ðo] (wohl-)verdient; **-imientos** *m. pl.* [mereθim^je'ntos] Verdienste *n. pl.* (um ee. Sache).
merend|ar [merenda'r] vespern; (Spiel) jem. in die Karten gucken; **-ero** *m.* [merende'ro] Ausflugs-, Gartenlokal *n.*
merengue *m.* [mere'ŋge] (Gebäck) Baiser *n.*; (Kindersprache) weiße Matrosenmütze *f.*
meridiano *m.* [merið^ja'no] Meridian *m.*, Mittagskreis.
meridional *adj.* [merið^jona'l] südlich; *- m.* Südländer *m.*
merienda *f.* [mer^je'nda] Vesperbrot *m.*
merino *adj.* [meri'no]: **oveja** (*f.*) **-a** Merinoschaf *n.*
mérito *m.* [me'rito] Verdients *n.*; (innerer) Wert *m.*; **de (poco)** - wertvoll, (wenig, wert).
merluza *f.* [merlu'θa] (Fisch) Kabeljau *m.*; *fig.* Rausch, Schwips.
merma *f.* [me'rma] Abnahme *f.*, Gewichsabgang *m.*, Verlust (an Substanz); **-r** [merma'r] abnehmen.
mermelada *f.* [mermela'ða] Marmelade *f.*
mero *adj.* [me'ro] ausschließlich, lediglich; *- m.* (Fisch) Heilbutt *m.*
merodea|dor *m.* [meroðeaðɔ'r] *mil.* Marodeur *m.*, Plünderer; **-r** [meroðea'r] plündern.

mes *m.* [mes] Monat *m.;* Regel *f.* (der Frau); **al** - monatlich.

mesa *f.* [me'sa] Tafel *f.*, Tisch *m.; geogr.* Hochplateau *n.*

mescolanza *f.* [meskola'nθa] Kauderwelsch *n.*

meseta *f.* [mese'ta] Hochebene *f.;* - **de toril** *Taur.* Plätze *(m. pl.)* über dem Stierwinger.

mesnada *f.* [mezna'ða] Heerschaar *f.*

mesón *m.* [mesɔ'n] Wirtshaus *n.*

mesonero *m.* [mesone'ro] Wirt *m.*

mestizo *m.* [mesti'θo] Mestize *m.*

mesura *f.* [mesu'ra] Mäßigung *f.*, Maß *n.*, gesetztes Wesen; **-do** *adj.* [mesura'ðo] gemäßigt, bescheiden; **-rse** [mesura'rse] s. mäßigen.

meta *f.* [me'ta] Ziel *n.*, (Fußball) Tor; - *m.* (Fußball) Torwart *m.*

metáfora *f.* [meta'fora] Metapher *f.*, bildlicher Ausdruck *m.*

metal *m.* [meta'l] Metall *n.*, Erz.

metálico *adj.* [meta'liko] metallisch; **tela** *(f.)* **-a** Drahtgewebe *n.*

metal|ífero *adj.* [metali'fero] metall-, erzhaltig; **-izar** [metaliθa'r] metallisieren; **-urgia** *f.* [metalu'rx^ja] Metallurgie *f.*, Hüttenkunde; **-úrgico** *adj.* [metalu'rxiko]: **fábrica** *(f.)* **-úrgica** Eisenhütte *f.*

meteoro *m.* [meteo'ro] *astr.* Meteor *m.;* **-logía** *f.* [meteoroloxi'a] Wetterkunde *f.*

meter [mete'r] hineinbringen, -legen, schieben, -stecken, -tun; (Furcht) einjagen; - **la pata** *fig. vulg.* s. blamieren, ee. Fehler machen, ee. Ungeschicklichkeit begehen; - **ruido** Lärm machen; - **baza** s. ins Gespräch mischen, nichtzu Wortekommen lassen, einen Bok schießen, s. Senf dazugeben; **-se** [mete'rse] s. einmischen.

meticulos|idad *f.* [metikulosiða'ð] größte Genauigkeit *f.;* **-o** *adj.* [metikulo'so] peinlich genau.

metido *adj.* [meti'ðo]: **estar muy** - **con** sehr befreundet sein *m.*

metódico *adj.* [meto'ðiko] methodisch, systematisch.

método *m.* [me'toðo] Methode *f.*, System *n.*, Lehrbuch.

metralla *f.* [metra'ʎa] (Geschoß) Ladung *f.*

métrico *adj.* [me'triko] metrisch.

metro *m.* [me'tro] Meter *m.; fam.* Untergrundbahn *f.*

metrópoli *f.* [metro'poli] Hauptstadt *f.*

metropolitano *m.* [metropolita'no] Erzbischof *m.;* Stadt-, Untergrundbahn *f.*

mezcla *f.* [me'θkla] Mischung *f.;* **-dor** *m.* [meθklaðɔ'r] Mischer *m.;* **-r(se)** [meθkla'rse] mischen; (s. einmischen).

mezquin|dad *f.* [meθkinda'ð] Dürftigkeit *f.*, Knickerei; **-o** *adj.* [meθki'no] klein, winzig, knickerig.

mezquita *f.* [meθki'ta] Moschee *f.*

mi [mi] mein; **-s** [mis] *pl.* meine.

mí [mi] mir, mich.

mica *f.* [mi'ka] *min.* Glimmer *m.*

mico *m.* [mi'ko] *zool.* (langschwänziger) Affe *m.*

microbi|cida *adj.* [mikroβiθi'ða] mikrobentötend; **-o** *m.* [mikro'β^jo] Mikrobe *f.*

micro|fotografía *f.* [mikrofotografi'a] mikroskopische Photographie *f.;* **-organismo** *m.* [mikroorgani'zmo] kleinstes Lebewesen *n.*, Mikrobe *f.;* **-scópico** *adj.* [mikrɔsko'piko] mikroskopich, *fig.* sehr klein; **-scopio** *m.* [mikroskop'o] Mikroskop *n.*

miedo *m.* [m^je'ðo] Angst *f.*, Furcht; **tener -s.** fürchten; **-so** *adj.* [m^jeðo'so] ängstlich, furchtsam; **-so** *m. fam.* Angsthase *m.*

miel *f.* [m^jel] Honig *m.*

miembro *m.* [m^je'mbro] (Mit-) Glied *n.*

mientras *adv.* [m^je'ntras] unterdessen; - **tanto** in der Zwischenzeit; *conj.* während.

miércoles *m.* [mje'rkoles] Mittwoch *m.*

mierda *f.* [m^je'rda] (menschl., tierischer) Kot *m.; vulg.* Scheiße *f.;* **¡vete**

a la ~! *sehr vulg.* scher dich zum Teufel!

mies *f.* [mʲes] Getreide *n.* (am Halm); Saat *f.*

miga *f.* [mi'ga] (Brot-) Krume *f.*; **hacer buenas** ~**s** *fig. fam.* s. gut verstehen; ~**ja** *f.* [miga'xa] Brotkümel *n.*

migra|ción *f.* [migraθʲɔ'n] (Völker) Wanderung *f.*; (Vögel) Zug *m.*; ~**torio** Zugvogel *m.*

mij|ita *f.* [mixi'ta]: **una** ~**ita** ein bißchen; ~**o** *m.* [mi'xo] *bot.* Hirse *f.*

mil *adj.* [mil] tausend; **a las** ~ **y quinientas** *fig.* reichlich spät, verspätet.

milagr|ero *adj.* [milagre'ro] wundertätig; ~**o** *m.* [mila'gro] Wunder *n.*; **de** ~**o** wie durch e. Wunder; ~**oso** *adj.* [milagro'so] wundertätig.

milan|és *adj.* [milane's] v. *od.* auf Mailand bezüglich; ~**o** *m.* [mila'no] *zool.* Hühnergeier *m.*, Gabelweihe *f.*

milenario *adj.* [milena'rʲo] tausendjährig.

milésimo *m.* [mile'simo] Tausendstel *n.*

mili *f.* [mi'li] *fam.* Militärdienst *m.*

milicia *f.* [mili'θʲa] Kriegskunst *f.*, Miliz, Landwehr; ~**no** *m.* [miliθʲano] Kriegskunst *f.*, Miliz, Landwehr; ~**no** *m.* [miliθʲa'no] Landwehrsoldat *m.*, *Span.* Rotgardist.

miligramo *m.* [miligra'mo] Milligramm *n.*

milímetro *m.* [mili'metro] Millimeter *m.*

militar *adj.* [milita'r] militärisch.

milpiés *m.* [milipi's] *zool.* Tausendfuß *m.*

milla *f.* [mi'ʎa] Meile *f.*; ~**r** *m.* [miʎa'r] Tausend *n.*

millón *m.* [miʎo'n] Million *f.*; **¡un** ~ **de gracias!** Tausend Dank!

millonario *m.* [miʎonar'ʲo] Millionär *m.*

mima|do *adj.* mima'ðo]: **niño** *(m.)* ~**do** verzärteltes Kind *n.*; ~**r** [mima'r] verhätscheln, verwöhnen.

mimbre *m.* [mi'mbre] *bot.* (Korb-) Weide *f.*; **silla** *(f.)* **de** ~ Rohrstuhl *m.*; ~**ra** *f.* [mimbre'ra] *bot.* Weidengebüsch *n.*

mímic|a *f.* [mi'mika] Mimik *f.*, Gebärdensprache; ~**o** *adj.* [mi'miko] mimisch.

mimo *m.* [mi'mo] *theat.* Mime *m.*; *fig.* Verhätschelung *f.*; ~**sa** *f.* [mimo'sa] *bot.* Mimose *f.*; ~**so** *adj.* [mimo'so] schmeichelnd, verhätschelt.

mina *f.* [mi'na] Bergwerk *n.*, Grube *f.*, Mine; *fig.* Fundgrube; ~**r** [mina'r] untergrben; *fig.* (Gesundheit) schädigen.

miner|al *m.* [minera'l] Mineral *n.*, Erz; ~**al** *adj.* mineralisch; **agua** *(f.)* ~**al** Mineralwasser *n.*; ~**alogía** *f.* [mineraloxi'a] Mineralogie *f.*; ~**ía** *f.* [mineri'a] Bergbau *m.*; ~**o** *m.* [mine'ro] Bergmann *m.*, Grubenarbeiter.

miniatura *f.* [minʲatu'ra] Miniatur *f.*, Kleinmalerei.

mínim|o [mi'nimo] kleinste, geringste; ~**um** *m.* [mi'nimun] Minimum *n.*

minio *m.* [mi'nʲo] *min.* Mennige *f.*

minist|erial *adj.* [ministerʲa'l] ministeriell; ~**erio** *m.* [ministe'rʲo] Ministerium *n.*, Amt; ~**ro** *m.* [mini'stro] Minister *m.*, Geistlicher.

minor|ía *f.* [minori'a] Minderheit *f.*; *pol.* Minorität.

minucios|idad *f.* [minu'θʲosiða'ð] peinliche Genauigkeit *f.*; ~**o** *adj.* [minuθʲo'so] peinlich genau, ins Einzelne gehend.

minúscula *f.* [minu'skula]: **(letra)** ~ *f.* kleiner (Anfangs-) Buchstabe *m.*

minut|a *f.* [minu'ta] Konzept *n.*, Entwurf *m.*; Gebührenrechnung *f.*; *SAm.* Speisekarte; ~**ero** *m.* [minute'ro] (Uhr) großer Zeiger *m.*; ~**o** *m.* [minuto] Minute *f.*

mí|o|a [mi'o, mi'a] mein, ~**e; es** ~**o** es gehört mir; **lo** ~**o** das Meinige.

miop|e *adj.* [mʲo'pe] kurzsichtig; ~**ía** *f.* [mʲopi'a] Kurzsichtigkeit *f.*

mira *f.* [mi'ra] (Richt-) Korn *n.*, Visier; **con** ~**s de** *m.* der Absicht **zu;** ~**da** *f.* [mira'ða] Blick *m.*; ~**dero** *m.*

[miraðe'ro] Aussichtpunkt *m.;* **-dor** *m.* [miraðɔ'r] Erker *m.*, verglaster Balkon; **-miento** *m.* [miramʲe'nto] Rücksichtnahme *f.;* **-r** [mira'r] ansehen, -blicken, -schauen; beobachten, betrachten; **-r a** (Fenster) gehen (bzw. liegen) nach.

mirilla *f.* [miri'ʎa] Guck-, Schauloch *n.*

mariñaque *m.* [miriɲa'ke] Krinoline *f.; SAm. Eis.* Kuhfänger *m.*

mirlo *m.* [mi'rlo] *zool.* Amsel *f.*

mirón *m.* [mirɔ'n] Gaffer *m.*, (Kartenspiel) Kiebitz.

mirra *f.* [mi'rra] *bot.* Myrrhe *f.*

mirto *m.* [mi'rto] *bot.* Myrthe *f.*

misa *f.* [mi'sa] *rel.* Messe *f.*

misántropo *m.* [misa'ntropo] Menschenfeind *m.*

miscelánea *f.* [misθela'nea] Aufsätze *(m. pl.)* vermischten Inhalts, Allerlei *n.*, Vermischtes.

miser|able *adj.* [misera'βle] armselig, elend, niederträchtig; **-ere** *m.* [misere're]: **cólico** *(m.)* **-ere** *med.* Koterbrechen *n.;* **-ia** *f.* [mise'rʲa] Elend *n.*, Not *f.; fig.* Lappalie; **-icordia** *f.* [miserikɔ'rdʲa] Barmherzigkeit *f.*, Erbarmen *n.*

mísero *adj.* [mi'sero] elend.

misi|ón *f.* [misʲɔ'n] Mission *f.*, Auftrag *m.*, Aufgabe *f.*, Niederlassung; **-onero** *m.* [misʲone'ro] Missionar *m.*

mismo *adj. adv.* [mi'zmo] eigen, selbst; **lo - dasselbe; lo - da** es ist gleich (einerlei); **¡eso -!** so ist es!; **por lo -** gerade deswegen.

misterio *m.* [miste'rʲo] Geheimnis *n.; fig.* Rätsel; **-so** *adj.* [misterʲo'so] geheimnisvoll.

místic|a *f.* [mi'stika] Mystik *f.;* **-o** *adj.* [mi'stiko] mystisch, unerklärlich.

mistifica|ción *f.* [mistifikaθʲɔ'n] Irreführung *f.*, **-r** [mistifika'r] irreführen.

mitad *f.* [mita'ð] Hälfte *f.*, Mitte.

mítico *adj.* [mi'tiko] mythisch, sagenhaft.

mitigar [mitig'r] lindern, mildern.

mitin *m.* [mi'tin] *pol.* Versammlung *f.*

mito *m.* [mi'to] Mythus *m.;* **-logía** *f.* [mitoloxi'a] Mythologie *f.*, Götterlehre.

mitra *f.* [mi'tra] Bischofsmütze *f.*

miura *m.* [mʲu'ra] *Taur.* Stier *(m.)* aus der Züchterei Miura.

mixto *m.* [mi'sto] Zündhölzchen *n.; Eis.* Personenzug *(m.)* m. Güterwagen; **-s** *m. pl.* [mistos] Abfälle *(m. pl.)* der Aufbereitung v. Kohle u. Erzen; **-** *adj.* gemischt.

mobiliario *m.* [moβilʲa'rʲo] Möbeleinrichtung *f.*

moca *m.* [mo'ka] Mokkakaffee *m.*

moce|dad *f.* [moθeða'ð] Jugend(-zeit) *f.;* **-tón** *m.* [moθetɔ'n] strammer Bursche *m.*

moción *f.* [moθʲɔ'n] (Gemüts-) Bewegung *f.; parl.* Antrag *m.*

moco *m.* [mo'ko] Nasenschleim *m.; vulg.* Rotz, Popel; **-sa** *f.* [moko'sa] Rotnase *f.*, dummes Ding *n.*, *vulg.* Backfisch *m.;* **-so** [moko'so] Rotzjunge *m.*, *fam.* Grünschnabel.

mochila *f.* [moči'la] Ranzen *m.*, Tornister, Rucksack.

mochuelo *m.* [močʷe'lo] **Eule** *f.*, **Kauz** *m.*

moda *f.* [mo'ða] Mode *f.;* **fuera de -** außer Mode; **estar de -** Mode sein; **-lidad** *f.* [moðaliða'ð] Eigenart *f.*, Ausdrucksform.

model|ar [moðela'r] modellieren, formen; **-ista** *m.* [moðeli'sta] Modelltischler *m.;* **-o** *m.* [moðe'lo] Modell *n.*, Muster; Type *f.*

modera|ción *f.* [moðeraθʲɔ'n] Mäßigung *f.;* **-do** *adj.* [moðera'ðo] (Preise) mäßig; **-r** [moðera'r] mäßigen.

modern|izar [moðerniθa'r] modernisieren; **-o** *adj.* [moðe'rno] neu(-zeitlich), modern.

modest|ia *f.* [moðe'stʲa] Bescheidenheit *f.;* **-o** *adj.* [moðe'sto] bescheiden, einfach.

módico *adj.* [mo'ðiko] (Preis) mäßig, niedrig.

modifica|ción *f.* [moðifikaθ'ɔ'n] Ab-, Veränderung *f.*; **-r** [moðifika'r] ab-, um-, verändern.
modismo *m.* [moði'zmo] Spracheigentümlichkeit *f.*
modist|a *f.* [moði'sta] Modistin *f.*, Putzmacherin; **-o** *m.* Damenschneider *m.*
modo *m.* [mo'ðo] Art. *f.* Form, Methode, Weise; *gramm.* Modus *m.*; **de todos -s** jedenfalls, unter allen Umständen; **-s** *m. pl.* Benehmen *n.*, Manieren *f. pl.*
modorra *f.* [moðɔ'rra] große Müdigkeit *f.*; *fam.* Brummschädel *m.*
modoso *adj.* [moðo'so] anständig.
modular [moðula'r] modulieren.
módulo *m.* [mo'ðulo] Modul *n.*, Maß.
mofa *f.* [mo'fa] Hohn *m.*, Spott; **-rse** [mofa'rse] s. lustig machen, höhnen (**de** über).
moflet|e *m.* [mofle'te] Pausbacke *f.*; **-udo** *adj.* [mofletu'ðo] pausbäckig.
mohín *m.* [moi'n] Gebärde *f.*, Handbewegung; **hacer mohínes** Gesichter schneiden.
mohin|a *f.* [moi'na] Melancholie *f.*, Traurigkeit, Verdruß *m.*; **-o** *adj.* [moi'no] traurig, mißgestimmt.
moho *m.* [mo'o] Grünspan *m.*, Schimmel; (Holz) Schwamm; **-so** *adj.* [moo'so] rostig, schimmlig.
mojama *f.* [moxa'ma] gesalzener, trockener Tunfisch *m.*
mojar [moxa'r] an-, befeuchten, nässen, netzen; eintunken, -tauchen, weichen; **-se** [moxa'rse] naßwerden.
mojasellos *m.* [moxase'ʎos] Briefmarken-Anfeuchter *m.*
moji|cón *m.* [moxikɔ'n] (Art.) Milchbrötchen *n.*; (Faust-) Schlag *m.*; **-gato** *adj.* [moxiga'to] bigott, scheinheilig; **-gato** *m.* Frömmler *m.*
mojón *m.* [moxɔ'n] Grenzstein *m.*
molar *adj.* [mola'r]: **diente** *(m.)* **-** Bakkenzahn *m.*
mol|de *m.* [mɔ'lde] (Back-), (Guß-) Form *f.*, Modell *n.*; **-deador** *m.* [moldeaðɔ'r] Former *m.*; **-dear** [mɔldea'r] formen; **-deo** *m.* [mɔlde'o] Formen *n.*, Formerei *f.*
moldura *f.* [mɔldu'ra] (Ge-) Sims *n.*; profilierte Leiste *f.*; **-r** [mɔldura'r] Profil ziehen.
mole *f.* [mo'le] große, schwere Masse *f.*
mol|écula *f.* [mole'kula] Molekel *n.*, Molekül; **-ecular** *adj.* [molekula'r] auf Molekel bezüglich.
moler [mole'r] (ver-)mahlen, zerreiben; **- a palos** *fig.* verprügeln.
molest|ar [molesta'r] belästigen, lästig fallen; (Kleidungsstück) drücken; **-arse** [molesta'rse] s. bemühen; *fig.* s. getroffen fühlen; **-ia** *f.* [mole'st'a] Belästigung *f.*, Zudringlichkeit, Mühe; **-o** *adj.* [mole'sto] lästig, aufdringlich, unbequem.
molienda *f.* [mol'e'nda] Mahlen *n.*, Vermahlung *f.*
molin|ero *m.* [moline'ro] Müller *m.*; **-ero** *adj.* **industria** *(f.)* **-era** Mühlenindustrie *f.*; *naut.* Ankerwinsch *f.*, *Taur.* kreisförmige Wendung des Stierkämpfers; **-illo** *m.* [molini'ʎo] Handmühle *f.*; **-o** *m.* [moli'no] Mühle *f.*
moltura|ción *f.* [molturaθ'ɔ'n] Vermahlung *f.* (v. Körnerfrüchten); **-r** [moltura'r] vermahlen; *SAm.* mahlen.
molusco *m.* [molu'sko] *zool.* Molluske *f.*
mollera *f.* [moʎe'ra]: **duro de -** schwer v. Begriff, starrköpfig.
moment|áneo *adj.* [momenta'neo] augenblicklich; **-o** *m.* [mome'nto] Augenblick *m.*, Moment *(n.)*; **al -o** auf der Stelle.
momia *f.* [mo'm'a] Mumie *f.*
Momo *m.* [mo'mo] *fig.* (Prinz) Karneval *m.*
mona *f.* [mo'na] Äffin *f.*; *fig.* Rausch *m.*, Schwips.
monacal *adj.* [monaka'l] mönchisch.
monada *f.* [mona'ða] Äfferei *f.*; **es**

una - *fam.* es ist reizend; **¡qué -!** wie niedlich!

monar|ca *m.* [mona'rka] Monarch *m.*, Herrscher; **-quía** *f.* [monarki'a] Monarchie *f.*

monárquico *adj.* [mona'rkiko] monarchisch; - *m.* Anhänger *(m.)* der Monarchie.

monasterio *m.* [monaste'rʲo] Kloster *n.*

monástico *adj.* [mona'stiko] klösterlich.

monda *f.* [mɔ'nda] Schälen *n.*; (Kartoffel, Orange usw.) Schale *f.*; **-dientes** *m.* [mɔndaðʲe'ntes] Zahnstocher *m.*; **-r** [mɔnda'r] schälen; (Bäume) beschneiden.

mondongo *m.* [mɔndo'ŋgo] Kutteln *f. pl.*, Kaldaunen.

moned|a *f.* [mone'ða] Münze *f.*, Geldstück *n.*, Währung *f.*; **-a suelta** Kleingeld *n.*; **-ero** *m.* [moneðe'ro] Geldbörse *f.*, Portemonnaie *n.*

monería *f.* [moneri'a] *fig.* harmloser Kinderstreich *m.*, Kinderei *f.*

monetario *adj.* [moneta'rʲo]: **circulación** *(f.)* **-a** Geldumlauf *m.*; **sistema** *(m.)* - Münzsystem *n.*, Währung *f.*; **inflación** *(f.)* **-a** Geldinflation *f.*

monigote *m.* [monigo'te] Laienbruder *m.*; *fig.* Scherzfigur *f.*; Hampelmann *m.*; **pintar -s** *fam.* herumkritzeln.

monitorio *adj.* [monitɔ'rʲo]: **carta** *(f.)* **-a** Mahnschreiben *n.*

monj|a *f.* [mɔ'ŋxa] Nonne *f.*; **-e** *m.* [mɔ'ŋxe] Mönch *m.*; **-il** *adj.* [mɔŋxi'l] auf Nonne bezüglich.

mono *adj.* [mo'no] hübsch, nett, niedlich; - *m.* Affe *m.*; *fam.* Bild *n.*, (in Zeitschriften usw.); - **sabio** *Taur.* Gehilfe *m.* (des Pikadors).

monó|culo *m.* [mono'kulo] Einglas *n.*, Monokel; **-logo** *m.* [mono'logo] Monolog *m.*, Selbstgespräch *n.*

mono|cable *m.* [monoka'βle] Seilhängebahn *n.*; **-fásico** *adj.* [monofa'sico] *elektr.* einphasig; **-polio** *m.* [monopo'lʲo] Monopol *n.*, Alleinvertrieb *m.*; **-polizar** [monopoliθa'r] Monopol *n.*, Alleinvertrieb *m.*; **-polizar** [monopoliθa'r] monopolisieren; **-sílabo** *adj.* [monosi'laβo] einsilbig; **-tonía** *f.* [monotoni'a] Eintönigkeit *f.*

monótono *adj.* [mono'tono] eintönig.

Monseñor *m.* [mɔnseɲɔ'r] (Kirchl. Titel) Monseigneur *m.*

monserga *f.* [mɔnse'rga] *fam.* Kauderwelsch *n.*

monstruo *m.* [mɔ'nstrʷo] Ungeheuer *n.*; Monstrum; **-sidad** *f.* [monstrʷosiða'ð] Ungeheuerlichkeit *f.*, Mißbildung; **-so** *adj.* [monstrʷo'so] ungeheuer, scheußlich.

monta *f.* [mɔ'nta] Höhe *(f.)* er. Summe; Reiten *n.*; **-cargas** *m.* [mɔntaka'rgas] Lastenaufzug *m.*; **-do** *adj.* [mɔnta'ðo] beritten; **-dor** *m.* [mɔntaðɔ'r] Monteur *m.*; **-je** *m.* [mɔnta'xe] Montage *f.*; (Maschinen) Aufstellung; *elektr.* Schaltanordnung; **-nte** *m.* [mɔnta'nte] Ständer *m.*, senkrechter Pfosten; Fenster *(n.)* über er. Tür.

montañ|a *f.* [mɔnta'ɲa] Berg *m.*, Gebirge *n.*; **-és** *m.* [mɔntaɲe's] Gebirgsbewohner *m.*; **-oso** *adj.* [mɔntaɲo'so] bergig, gebirgig.

montar [mɔnta'r] reiten, steigen; (Maschinen) aufstellen; (Edelsteine) fassen; (Hengst die Stute) beschälen.

monte *m.* [mɔ'nte] Berg *m.*, Forst, Hochwald; - **bajo** Unterholz *n.*; **-pío** *m.* [montepi'o] Unterstützungskasse *f.*; **-ra** *f.* [mɔnte'ra] Mütze *f.*; *Taur.* Stierkämpfermütze; **-ría** *f.* [mɔnteri'a] Jagd *f.*; -partier; **-ro** *m.* [mɔnte'ro] Jäger *m.*

montés *adj.* [mɔnte's] (Tiere) wild, in Wäld. lebend *od.* wachsend.

montilla *m.* [mɔntiʎa] *span.* Weinsorte *f.*

montón *m.* [mɔntɔ'n] Haufen *m.*, (Un-) Menge *f.*; **ser del** - *fig. fam.* zum

großen Haufen gehören, s. nicht über den Durchsnitterheben.
montura *f.* [mɔntu'ra] Reittier *n.*, -zeug.
monument|al *adj.* [monumenta'l] monumental; **-o** *m.* [monume'nto] Monument *n.*, Denkmal.
moñ|a *f.* [mo'ɲa] Schleife *f.*; **-o** *m.* [mo'ɲo] Haarknoten *m.*
moquero *m.* [moke'ro] Schnupftuch *n.*
moquillo *m.* [moki'ʎo] (Hunde-) Staupe *f.*; (Vögel) Pips *m.*
mora *f.* [mo'ra] Brombeere *f.*, Maulbeere; Maurin.
morada *f.* [mora'ða] Wohnung *f.*
morado *adj.* [mora'ðo] maulbeerfarben, dunkelviolett.
morador *m.* [moraðɔ'r] Be-, Einwohner *m.*
moral *adj.* [mora'l] moralisch, sittlich; *~f.* Moral *f.*, Sittenlehre; *~m.* Maulbeerbaum *m.*; **-eja** *f.* [morale'xa] (Fabel) Moral *f.*; **-idad** *f.* [moraliða'ð] Sittlichkeit *f.*
morar [mora'r] wohnen.
moratorio *m.* [morato'rʲo] Frist *f.*, Moratorium *n.*; *jur.* Aufschub *m.*
morboso *adj.* [mɔrβo'so] krank, -machend, ungesund.
morcilla *f.* [mɔrθi'ʎa] (Blut-) Wurst *f.*; *theat, fig.* Extempore *n.*
mord|acidad *f.* [mɔrdaθiða'ð] Bissigkeit *f.*; **-az** *adj.* [mɔrda'θ] beißend, beizend; *fig.* spottend; **-aza** *f.* [mɔrda'θa] (Mund-) Knebel *m.*; *techn.* Greifbacke *f.*; **-edura** *f.* [mɔrdeðu'ra] Biß *m.*; **-er** [mɔrde'r] (ab-), (an-) beißen; (durch Säuren, Schleifstein) angreifen; ätzen; **-iente** *adj.* [mɔrdʲe'nte] ätzend, beizend; **-iente** *m.* Beize *f.*, Beizflüssigkeit; **-isco** *m.* [mordi'sko] Biß *m.*, Bissen.
morena *f.* [more'na] *geol.* Moräne *f.*; dunkelhaariges Mädchen *n.*, Brünette *f.*
moreno *adj.* [more'no] (Hautfarbe) braun, dunkel; **pan** *(m.)* ~ Schwarzbrot *n.*
morera *f.* [more'ra] Maulbeerbaum *m.*
morería *f.* [moreri'a] maurisches Stadtviertel *n.*
morfin|a *f.* [mɔrfi'na] *chem.* Morphium *n.*; **-ismo** *m.* [mɔrfini'zmo] Morphiumsucht *f.*; **-ista** *m.* [mɔrfini'sta] Morphinist *m.*
morfología *f.* [mɔrfolɔxi'a] *gramm.* Formenlehre *f.*
mori|bundo *adj.* [moriβu'ndo] sterbend; **-r** [mori'r] sterben, umkommen, *fig.* (Bahnlinie) enden; **-rse** [mori'rse] sterben.
moris|ca *f.* [mori'ska] getaufte Maurin *f.*; **-co** *adj.* [mori'sko] maurisch; **-co** *m.* getaufter Maure *m.*; Moriske; **-ma** *f.* [mori'zma] Maurenvolk *n.*
moro *adj.* [mo'ro] maurisch; ~ *m.* Maure *m.*
moros|idad *f.* [morosiða'ð] Saumseligkeit *f.*; **-o** *adj.* [moro'so] saumselig, lässig; **cliente** *(m.)* **-o** schlechter Zahler *m.*
morro *m.* [mɔ'rro] Felskuppe *f.*; *fam.* dicke Lippe, Schnauze; Maul *n.*; **-s** *m. pl.* (Tier-) Maul *n.*, Schnauze *f.*
morrón *adj.* [morrɔ'n]: **pimiento** *(m.)* ~ Paprikaart *f.*
morrudo *adj.* [morru'ðo] dicklippig.
morsa *f.* [mɔ'rsa] *zool.* Walroß *n.*
morta|ja *f.* [mɔrta'xa] Leichentuch *n.*; *techn.* Keilnut *f.*; **-l** *adj.* [mɔrta'l] sterblich, tödlich; **-lidad** *f.* [mɔrtaliða'ð] Sterblichkeit *f.*; **-ndad** *f.* [mɔrtanda'ð] (Epidemie, Krieg) Sterblichkeitsziffer *f.*
mortero *m.* [mɔrte'ro] Mörser *m.*, Mörtel.
mort|ífero *adj.* [mɔrti'fero] totbringend, tödlich; **-ificación** [mɔrtifikaθʲɔ'n] Kasteiung *f.*, Demütigung; **-ificante** *adj.* [mɔrtifika'nte] kränkend; **-ificar** [mɔrtifika'r] kasteien, kränken, quälen.
mortuorio *adj.* [mɔrtʷo'rʲo]: **casa** *(f.)* **-a** Trauerhaus *n.*

moruno *adj.* [moru'no] maurisch.
mosaico *m.* [mosa'iko] Mosaik *n.*
mosca *f.* [mɔ'ska] Fliege *f.; fig.* aufdringliche Person; *fig. fam.* Geld *n.;* **aflojar la** *- fig. fam.* den Beutel lokker machen zahlen.
moscado *adj.* [mɔska'ðo]: **nuez** *(f.)* **-a** Muskatnuß *f.*
moscardón *m.* [mɔskardɔ'n] Schmeißfliege *f.*
moscatel *m.* [mɔskate'l] Muskatellerwein *m.*
moscón *m.* [mɔskɔ'n] dicke Fliege *f.*, Brummer *m.*
mosquea|do *adj.* [mɔskea'ðo] gesprenkelt; **-rse** [mɔskea'rse] *fig.* s. getroffen fühlen, einschnappen.
mosquete *m.* [mɔske'te] *mil.* Muskete *f.;* **-ro** *m.* [mɔskete'ro] *mil.* Musketier *m.*
mosquit|ero *m.* [mɔskite'ro] Moskitonetz *n.;* **-o** *m.* [mɔski'to] (Stech-) Mücke *f.*, Schnake.
mostacho *m.* [mɔsta'čo] *fam.* Schnurrbart *m.*
mostaza *f.* [mɔsta'θa] Senf *m.*
mostra|dor *m.* [mɔstraðɔ'r] Laden-, Schanktisch *m.*, Theke *f.;* **-r** [mɔstra'r] (vor-) zeigen.
mota *f.* [mo'ta] (im Tuch) Knötchen *n.; fam.* Fusselchen.
mote *m.* [mo'te] Motto *n.*, Wahlspruch *m.;* Bei-, Spitzname.
motín *m.* [moti'n] Aufstand *m.*, Aufruhr, Meuterei *f.*
motiv|ar [motiβa'r] herbeiführen, verursachen, begründen; **-o** *m.* [moti'βo] Anlaß *m.*, (Beweg-) Grund.
moto *f.* [mo'to] *fam.* Motorrad *n.;* **-bomba** *f.* [motoβɔ'mba] Motorpumpe *f.;* **-cicleta** *f.* [motoθikle'ta] Motorrad *n.;* **-ciclista** *m.* [motoθikili'sta] Motorradfahrer *m.;* **-nave** *f.* [motona'βe] Motorschiff *n.;* **-r** *m.* [motɔ'r] Motor *m.*, Anstifter; **-r** *adj.* bewegend; **-rizar** [motoriθa'r] motorisieren.
motriz *adj.* [motri'θ]: **fuerza** *(f.)* - Antriebskraft *f.*
mov|edizo *adj.* [moβeði'θo] beweglich; *fig.* wankelmütig; **-er** [moβe'r] antreiben, bewegen; *fig.* veranlassen; (Kopf) schütteln; **-erse** [moβe'rse] s. bewegen, s. rühren; **-ible** *adj.* [moβi'βle] beweglich.
móvil *adj.* [mo'βil] beweglich; **timbre** *(m.)* - Stempelmarke *f.;* - *m.* Beweggrund *m.*
movi|lidad *f.* [moβiliða'ð] Beweglichkeit *f.;* **-lización** *f.* [moβiliθaθ'ɔ'n] Mobilmachung *f.*, Einsatz *m.;* **-lizar** [moβiliθa'r] mobil machen.
moza *f.* [mo'θa] (Dienst-) Mädchen *n.*, Magd *f.;* **buena** - *fam.* hübsches Mädchen *n.;* **-lbete** *m.* [moθalβe'te] unreifer Bursche *m.*
mozárabe *adj.* [moθa'raβe] mozarabisch; - *m.* Mozaraber *m.; Span.* unter Mauren lebender Christ.
mozo *m.* [mo'θo] Bursche *m.*, junger Mensch, Jüngling; Kellner, Knecht.
mucam|a *f.* [muka'ma] *SAm.* Dienstmädchen *n.;* **-o** *m.* [muka'mo] *SAm.* Diener *m.*
mucos|a *f.* [muko'sa] *anat.* Schleimhaut *f.;* **-idad** *f.* [mukosiða'ð] Schleim *m.;* **-o** *adj.* [muko'so] schleimig.
muchach|a *f.* [muča'ča] (Dienst-) Mädchen *n.;* **-o** *m.* [muča'čo] Knabe *m.*, Junge; *fam.* junger Mann.
muchedumbre *f.* [mučeðu'mbre] (Menschen-) Menge *f.*
muchísimo [muči'simo]: **lo siento** - es tut mir außerordentlich leid.
mucho *adj.* [mu'čo] viel; **desde hace** - seit langem; **-as veces** oft; *adv.* sehr, viel; **no ha** - vor kurzem.
muda *f.* [mu'ða] (Wäsche, Kleider) Wechseln *n.*, Wechsel *m.;* (Vögel) Mauser *f.;* Stimmbruch *m.;* **-nza** *f.* [muða'nθa] Umzug *m.*, Wohnungswechsel; **-r** [muða'r] (ab-), (ver-) ändern; (Kleider, Wohnung) wech-

seln; (Vögel) mausern; **-rse** [muða'rse] (s.) umziehen.
mudéjar *adj.* [muðe'xar]: **estilo** (*m.*) - christl. arab. Baustil *m.*; - *m.* Maure *m.* (unter christl. Herrschaft).
mud|ez *f.* [muðe'θ] Stummheit *f.*; **-o** *adj.* [mu'ðo] stumm, sprachlos.
muebl|e *m.* [mʷe'ble] Möbel *n.*; *techn.* Gehäuse, Apparateschrank *m.*; **-ista** *m.* [mʷeβli'sta] Möbeltischler *m.*
mueca *f.* [mʷe'ka] Grimasse *f.*; **hacer -s** Gesichter schneiden.
muela *f.* [mʷe'la] Backenzahn *m.*, Mühlstein, Schleifscheibe *f.*; - **del juicio** Weisheitszahn *m.*; **dolor** (*m.*) **de -s** Zahnschmerzen *m. pl.*
muell|aje *m.* [mʷeʎa'xe] *naut.* Liegegelder *n. pl.*; **-e** *m.* [mʷe'ʎe] (Spring-) Feder *f.*; *naut.* Kai *m.*, Mole *f.*; *Eis.* (Lade-) Rampe *f.*; **-e** *adj.* weich (gepolstert).
muérdago *m.* [mʷe'rdago] *bot.* Mistel *f.*
muerte *f.* [mʷe'rte] Tod(-esfall) *m.*; **sentencia** (*f.*) **de** - Todesurteil *n.*; **dar - a** töten.
muerto *adj.* [mʷe'rto] tot, gestorben.
muesca *f.* [mʷe'ska] Einschnitt *m.*, Fuge *f.*, Kerbe.
muestra *f.* [mʷe'stra] Muster *n.*, Aushängeschild, (Waren-) Pobre *f.*, Vorlage; *fig.* Beweis *m.*, **feria** (*f.*) **de -s** Mustermesse *f.*; **-rio** *m.* [mʷestra'rʲo] Musterkollektion *f.*
mugi|do *m.* [muxi'ðo] (Rindvieh) Gebrüll *n.*; **-r** [muxi'r] brüllen.
mugriento *adj.* [mugrʲe'nto] schmierig.
mujer *f.* [muxe'r] (Ehe-) Frau *f.*, Gattin, Weib *n.*; - **de mala vida** Prostituierte *f.*; **-iego** *adj.* [muxerʲe'go] den Frauen nachlaufend.
mula *f.* [mu'la] Maultier *n.*, Mauleselin *f.*; **-r** *adj.* [mula'r] auf Maultier bezüglich.
mulato *m.* [mula'to] Mulatte *m.*
mulet|a *f.* [mule'ta] Krücke *f.*; *Taur.* Stab (*m.*) m. Scharlachtuch; **-illa** *f.* [muleti'ʎa] Knebel *m.*; *fig.* Lückenbüßer *m.*, Flickwort *n.*
mulo *m.* [mu'lo] Maulesel (*m.*), -tier *n.*
multa *f.* [mu'lta] Geldstrafe *f.*; **-r** [multa'r] m. er. Geldstrafe belegen.
multi|color *adj.* [multikolɔ'r] vielfarbig; **-copista** *m. f.* [multikopi'sta] Vervielfältigungsapparat *m.*; **-millonario** *m.* [multimiʎona'rʲo] Multimillonär *m.*
múltiple *adj.* [mu'ltiple] viel-, mehrfach.
multiplica|ción *f.* [multiplikaθʲɔ'n] Vermehrung *f.*, Vervielfältigung, Multiplikation; **-dor** *m.* [multiplikaðɔ'r] Multiplikator *m.*; *tech.* Übersetzungsgetriebe *n.*; **-r** [multiplika'r] vervielfältigen, vermehren, multiplizieren.
multitud *f.* [multitu'ð] große Anzahl *f.*, (Menschen-) Menge.
mullido *adj.* [muʎi'ðo] weich, wollig, locker.
mund|ano *adj.* [munda'no] weltlich; **hombre** (*m.*) - Weltmann *m.*; **-o** *m.* [mu'ndo] Welt *f.*, -all *n.*, Erde *f.*; Leute *pl.*; (**baúl**) - **o** *m.* Reisekoffer *m.*; **todo el -o** jedermann; **venir al -o** geboren w.; **-nuevo** *m.* [mundonʷe'βo] Guckkasten *m.*
Munich [muni'k] München; **cerveza** (*f.*) **de** - Münchener (Bier) *n.*
munición *f.* [muniθʲɔ'n] Munition *f.*
municip|al *adj.* [muniθipa'l] städtisch, auf Stadt *od.* Gemeinde bezüglich; **guardia** (*m.*) **-al** Ortspolizist *m.*; **-io** *m.* [muniθi'pʲo] Gemeinde *f.*, Rathaus *n.*
munificencia *f.* [munifiθe'nθʲa] Freigebigkeit *f.*
muñe|ca *f.* [muɲe'ka] Handgelenk *n.*; Puppe *f.*; **-co** *m.* [muɲe'ko] (Gelenk-) Puppe *f.*; **-quera** *f.* [muɲeke'ra] (Uhr-) Armband *n.*
mural *adj.* [mura'l]: **mapa** (*m.*) - Wandkarte *f.*; **-la** *f.* [mura'ʎa] (Stadt-) Mauer *f.*

m

murciélago *m.* [murθʲe'lago] *zool.* Fledermaus *f.*
murga *f.* [mu'rga] (Gruppe) Straßenmusikanten *m. pl.*
murmu|llo *m.* [murmu'ʎo] (Ge-) Murmel *n.;* (Wasser) Rauschen; **-ración** *f.* [murmuraθʲɔ'n] Verleumdung *f.*, Klatasch *m.;* **-rador** *m.* [murmuraðɔ'r] Gerüchteverbreiter *m.;* Klatschbase *f.;* **-rar** [murmura'r] murmeln, rauschen; (Wind) säuseln; *fig.* in den Bart brummen; **-rarse** [murmura'rse] *intr.* munkeln.
muro *m.* [mu'ro] Mauer *f.*, Wand.
mus *m.* [mus] (Art.) Kartenspiel.
musa *f.* [mu'sa] Muse *f.*
muscular *adj.* [muskula'r]: **fuerza** (*f.*) - Muskelkraft *f.*
músculo *m.* [mu'skulo] Muskel *m.*
musculoso *adj.* [muskulo'so] muskulös.
muselina *f.* [museli'na] Musselin *m.*
museo *m.* [muse'o] Museum *n.;* **M - del Prado** Madrider Gemäldegalerie *f.*
musgo *m.* [mu'zgo] Moos *n.*
música *f.* [mu'sika] Musik *f.;* **pap[e]** (*m.*) **de** - Notenpapier *n.*
musical *adj.* [musika'l] musikalisch.
músico *adj.* [mu'siko] musikalisch; *m.* Musiker *m.*
musitar [musita'r] lispeln.
muslo *m.* [mu'zlo] *anat.* (Ober-) Schenkel *m.;* (Tier) Schlegel, Keu[-] le *f.*
mustio *adj.* [mu'stʲo] traurig, düste[r,] welk.
musulmán *m.* [musulma'n] Muselma[nn] *m.*, Mohammedaner; *-adj.* mohan[m]medanisch.
mutación *f.* [mutaθʲɔ'n] Veränderun[g] *f.; theat.* Szenenwechsel *m.*
mutila|ción *f.* [mutilaθʲɔ'n] Verstün[m]mlung *f.;* **-do** *m.* [mutilaðo]: **-do d[e] guerra** Kriegsbeschädigter *m.;* [-] [mutila'r] verstümmeln.
mutis *m.* [mu'tis] *theat.* abgehen; **-m[o]** *m.* [muti'zmo] Stillschweigen *n* Verschwiegenheit *f.*
mutu|alidad *f.* [mutʷaliða'ð] Gege[n]seitigkeit *f.;* **-o** *adj.* [mu'tuo] geger[n]seitig, wechselseitig.
muy *adv.* [mʷi] sehr.

m

n. N *f.* [e'ne] n, N *n.*
nabo *m.* [na'βo] (weiße Kohl-) Rübe *f.*
nácar *m.* [na'kar] Perlmutter *f.*
nacarado *adj.* [nakara'ðo] perlmutterfarben.
nac|er [naθe'r] geboren w., zur Welt kommen; (Pflanzen, Haare) wachsen; **-ido** *adj.* [naθi'ðo] geboren, gebürtig; **recien -ido** (*m.*) Neugeborener *m.*; **-imiento** *m.* [naθim'e'nto] Geburt *f.*, Abstammung, Weihnachtskrippe.
naci|ón *f.* [naθʲɔ'n] Nation *f.*, Volk *n.*; **-onal** *adj.* [naθʲona'l] national; **bandera** (*f.*) **-onal** Landesflagge *f.*; **-onalidad** *f.* [naθʲonaliða'ð] Nationalität *f.*, Staatsangehörigkeit; **-onalizarse** [naθʲonaliθa'rse] naturalisiert w., s. nationalisieren lassen.
nada *adv.* [na'ða] nichts; **- de eso** keineswegs; **antes que** - vor allen Dingen; **¡de -!** keine Ursache! (Antwort auf: Gracias)!; **-** *f.* Nichts *n.*
nada|dera *f.* [naðaðe'ra] Schwimmgürtel *m.*; **-dor** *m.* [naðaðɔ'r] Schwimmer *m.*; **-r** [naða'r] schwimmen.
nadie [na'ðʲe] niemand; (im negativen Zusammenhang) jemand.
nafta *f.* [na'fta] Naphtha *f.*; *SAm.* Benzin *n.*; **-lina** *f.* [naftali'na] *chem.* Naphthalin *n.*
naipe *m.* [na'ipe] (Spiel-) Karte *f.*
nalga *f.* [na'lga] Hinterbacke *f.*
nana *f.* [na'na] *SAm.* Kindermädchen *n.*; (Kindersprache) Wehweh.
naranj|a *f.* [nara'ŋxa] Apfelsine *f.*, Orange; **media -a** *fig.* meine bessere Häfte; **-ada** *f.* [naraŋxa'ða] Orangeade *f.*, Orangenlimonade; **-al** *m.* [naraŋxa'l] Apfelsinenpflanzung *f.*; **-ero** *adj.* [naraŋxe'ro]: **industria** (*f.*) **-era** Apfelsinenindustrie *f.*; **-o** *m.* [nara'ŋxo] Apfelsinenbaum *m.*
narciso *m.* [narθi'so] *bot.* Narzisse *f.*
narc|osis *f.* [narko'sis] *med.* Narkose *f.*; **-ótico** *adj.* [narko'tiko] betäubend; **-ótico** *m.* Betäubungsmittel *n.*; **-otizar** [narkotiθa'r] betäuben, narkotisieren.
nari|gudo *adj.* [narigu'ðo] m. dicker Nase; **-z** *f.* [nari'θ] Nase *f.*; *fig.* Geruch *m.*; *techn.* Vorsprung.
narr|ación *f.* [narraθʲɔ'n] Erzählung *f.*; **-ador** *m.* [narraðɔ'r] Erzähler *m.*; **-ar** [narra'r] erzählen.
nasal *adj.* [nasa'l] auf Nase bezüglich; **sonido** (*m.*) *-gramm.* Nasenlaut *m.*
nata *f.* [na'ta] Rahm *m.*, Sahne *f.*; *fig.* Auslee *f.*, Blume; **- batida** Schlagsahne *f.*
natación *f.* [nataθʲɔ'n] Schwimmen *n.*; **club** (*m.*) **de** - Schwimmklub *m.*; **concurso** (*m.*) **de** - Wettschwimmen *n.*
natal *adj.* [nata'l] heimatlich; **pueblo** (*m.*) - Geburtsort *m.*; **-icio** *adj.* [natali'θʲo]: **fiesta** (*f.*) **-icia** Geburtstag *m.*; **-idad** *f.* [nataliða'ð] Geburtenziffer *f.*
natillas *f. pl.* [nati'ʎas] (gezuckerte) Schlagsahne *f.*, Cremespeise.
Natividad *f.* [natiβiða'ð] Christi Geburt *f.*, Weihnachten *n.*; weibl. Vorname.
nat|ivo *adj.* [nati'βo] an-, ein-geboren; (Gold) gediegen; **aires** (*m. pl.*) **-ivos**

n

Heimatklänge *m. pl.;* **lengua** *(f.)* **-iva** Muttersprache *f.;* **-o** *adj.* [na'to] geboren, herkömmlich.

natural *adj.* [natura'l] natürlich; **- de** gebürtig aus; **tamaño** *(m.)* **-** Lebensgröße *f.;* **-** *m.* Naturell *n.*, Einwohner *m.;* **al -** nach der Natur; **-eza** *f.* [naturale'θa] Natur *f.;* **-idad** *f.* [naturaliða'ð] Natürlichkeit *f.*, natürliches Wesen *n.;* **-ista** *m.* [naturali'sta] Naturforscher *m.;* **-ización** *f.* [naturali'zaθʲɔ'n] Einbürgerung *f.;* **-izar** [naturaliθa'r] naturalisieren, einbürgern; **-izarse** [naturaliθa'rse] Heimatrecht erlangen.

naufrag|ar [naufraga'r] *naut.* Schiffbruch erleiden, scheitern; **-io** *m.* [naufra'xʲo] *naut.* Schiffbruch *m.;* Strandung *f.*

náufrago *adj.* [na'ufrago] schiffbrüchig; **-** *m.* Schiffbrüchiger *m.*

náuseas *f. pl.* [na'useas] Brechreiz *m.*, Übelkeit *f.*

náutica *f.* [na'utika] Schiffahrtskunde *f.;* **-o** *adj.* [na'utiko] auf Schiffahrt bezüglich.

navaja *f.* [naβa'xa] Klapp-, Taschenmesser *n.;* **- de afeitar** Rasiermesser *n.*

naval *adj.* [naβa'l] **batalla** *(f.)* **-** Seeschlacht *f.;* **construcciones** *(f. pl.)* **-es** Schiffsbauten *m. pl.*

nave *f.* [na'βe] Schiff *n.*, Halle *f.*, Gebäudeflügel *m.;* **-gable** *adj.* [naβega'βle] schiffbar; **-gación** *f.* [naβegaθʲɔ'n] Schiff-, Seefahrt *f.;* **-gante** *m.* [naβega'nte] Seefahrer *m.;* **-gar** [naβega'r] (Schiff) laufen; schiffen, segeln.

Navidad *f.* [naβiða'ð] Weihnachten *n.;* **árbol** *(m.)* **de -** Weihnachtsbaum *m.*

naviero *adj.* [naβʲe'ro]: **empresa** *(f.)* **naviera** Schiffahrtsgesellschaft *f.*, Reederei; **-** *m.* Reeder *m.*

navío *m.* [naβi'o] großes Schiff *n.*

neblina *f.* [neβli'na] Bodennebel *m.*

nebulos|a *f.* [neβulo'sa] *astr.* Nebelfleck *m.;* **-o** *adj.* [neβulo'so] neblig, wolkig.

necedad *f.* [neθeða'ð] Dummheit *f.;* **decir -es** Unsinn reden.

neces|ario *adj.* [neθesa'rʲo] nötig, notwendig, erforderlich; **-er** *m.* [nueθese'r] (Reise-) Necessaire *n.;* **-idad** *f.* [neθesiða'ð] Not (-wendigkeit) *f.*, Bedürfnis *n.;* **de -idad** unbedingt; **artículos** *(m. pl.)* **de primera -idad** Bedarfsartikel *m. pl.;* **-itar** [neθesita'r] (be-)nötigen, brauchen, müssen, erfordern.

necio *adj.* [ne'θʲo] albern, dumm.

necrología *f.* [nekroloxi'a] (Verstorbener) Nachruf *m.*

necrópolis *f.* [nekro'polis] Großstadtfriedhof *m.*

nefasto *adj.* [nefa'sto] unheilbringend, -voll.

nefrítico *adj.* [nefri'tico] *anat.* auf die Nieren bezüglich.

nega|ción *f.* [negaθʲɔ'n] Verneinung *f.;* **-r(se)** [nega'rse] verneinen, verleugnen, abschlagen; s. weigern; **-tiva** *f.* [negati'βa] abschlägige Antwort *f.; phot.* Negativ *n.;* **-tivamente** *adv.* [negatiβame'nte] ungünstig, verneinend; **-tivo** *adj.* [negati'βo] verneinend, negativ.

negligen|cia *f.* [neglixe'nθʲa] Nachlässigkeit *f.;* **-te** *adj.* [neglixe'nte] nachlässig.

negoci|able *adj.* [negoθʲa'βle] (Wechsel) begebbar; **-ación** *f.* [negoθʲaθʲɔ'n] Verhandlung *f.*, (Wechsel) Begebung; **-ado** *m.* [negoθʲa'ðo] (Verwaltungs-) Abteilung *f.*, Amt *n.;* **-ante** *m.* [negoθʲa'nte] Kauf-, Geschäftsmann *m.;* (Groß-) Händler; **-ar** [negoθʲa'r] (ver-)handeln; (Wechsel) begeben, Handel treiben (**en** m.); **-arse** [negoθʲa'rse] (Wertpapiere) gehandelt w.; **-o** *m.* [nego'θʲo] Geschäft *n.*, Handel *m.* Laden, Handlung *f.;* **hombre** *(m.)* **de -os** Geschäftsmann *m.*

negr|ero *m.* [negre'ro] Sklavenhändler *m.;* **-o** *adj.* [ne'gro] schwarz; *fig.* düster; **-o** *m.* Neger *m.*, Schwarze; **-ura** *f.* [negru'ra] (Kohle, Nacht) Schwärze *f.;* **-uzco** *adj.* [negru'θko] schwärzlich.

nen|a *f.* [ne'na] *fam.* kleines Mädchen *n.;* **-e** *m.* [ne'ne] kleines Kind *n.*

neófito *m.* [neo'fito] Neubekehrter *m.; fig.* Neuling.

neón *m.* [neɔ'n] *chem.* Neon *n.*

nepotismo *m.* [nepoti'zmo] Vetternwirtschaft *f.*

nervio *m.* [ne'rβ^{j}o] Nerv *m.*, Sehne *f.; bot. techn.* Rippe; **-so** *adj.* [nerβ^{j}o'so] nervig, nervös; **ponerse -so** aufgeregt w.

nervudo *adj.* [nerβu'ðo] sehnig, starknervig.

níspera *f.* [ne'spera] *bot.* Mispel *f.*

neto *adj.* [ne'to] netto; **beneficio** (*m.*) -Reingewinn *m.*

neumático *adj.* [neuma'tiko] auf Luft bezüglich, m. Luft angetrieben, pneumatisch; - *m.* Autoluftreifen *m.*

neu|monía *f.* [neumoni'a] *med.* Lungenentzündung *f.;* **-ralgia** *f.* [neura'lx^{j}a] *med.* Neuralgie *f.*, Nervenschmerz *m.;* **-rasténico** *adj.* [neuraste'niko] nervenkranker *m.;* **-rólogo** *m.* [neuro'logo] Nervenarzt *m.;* **-rosis** *f.* [neuro'sis] Nervenkrankheit *f.;* **-rótico** *adj.* [neuro'tiko] nervenkrank.

neutral *adj.* [neutra'l] neutral, unparteiisch; **-idad** *f.* [neutraliða'ð] Neutraliät *f.;* **-ización** *f.* [neutraliθaθ^{j}ɔ'n] Neutralisierung *f.* **-izar** [neutraliθa'r] neutralisieren.

neutro *adj.* [ne'utro] neutral; *gramm.* sächlich; **(conductor)** (*m.*) - *elektr.* Nulleiter *m.*

neva|da *f.* [neβa'ða] Schneefall *m.;* **-do** *adj.* [neβaθo] beschneit; **-r** [neβa'r] (be-) schneien.

nevera *f.* [neβe'ra] Eisschrank *m.*

ni *conj.* [ni] auch nicht, und nicht, nicht einmal, oder (vielleicht); -... - weder ... noch.

nicotina *f.* [nikoti'na] Nikotin *n.*

nicho *m.* [ni'čo] Nische *f.*, -ngrab *n.*

nid|ada *f.* [niða'ða] Brut *f.*, Gelege *n.;* **-al** *m.* [nida'l] Legenest; *fig.* Nest *n.;* **-ar** [niða'r] nisten; **-o** *m.* [ni'ðo] Nest *n.; fig.* Herd *m.*, Schlupfwinkel.

niebla *f.* [n^{j}e'βla] Nebel *m.*

nieto *m.* [n^{j}e'to] Enkel *m.;* **-s** *m. pl.* [n^{j}e'tos] Enkelkinder *n. pl.*

nieve *f.* [n^{j}e'βe] Schnee *m.; SAm.* Gefrorenes *n.*

nimi|edad *f.* [nim^{j}eða'ð] Weitschweifigkeit *f.*, Angstlichkeit, Kleinigkeit; **-o** *adj.* [ni'm^{j}o] überängstlich, kleinlich.

ninfa *f.* [ni'mfa] Nymphe *f.; zool.* Puppe.

ningún *adj.* [niŋgu'n]: **de - modo** keinesfalls, durchaus nicht.

ninguno *adj.* [niŋgu'no] kein; **-a vez** nie; (Fürwort) niemand.

niñ|a *f.* [ni'ɲa] kleines Mädchen *n.*, Kind; *SAm.* Fräulein (in Anrede); *anat.* Augapfel *m.;* **-era** *f.* [niɲe'ra] Kinderfrau *f.*, -mädchen *n.;* **-ez** *f.* [ni'ɲe'θ] Kindheit *f.;* **-o** *m.* [ni'ɲo] kleiner Junge *m.*, Kind *n.; SAm.* (junger) Herr *m.* (in Anrede); **-o** *adj.* jung, kindlich.

níquel *m.* [ni'kel] Nickel *n.*

niquel|ado *adj.* [nikela'ðɔ] vernickelt; **-ado** *m.* Vernickelung *f.;* **-ar** [nikela'r] vernickeln.

níspero *m.* [ni'spero] *bot.* Mispel *f.*, -baum *m.*

nitidez *f.* [nitiðe'θ] *phot.* Bildschärfe *f.*

nitido *adj.* [ni'tiðo] glänzend, sauber.

nitrato *m.* [nitra'to] *chem.* Salpetersalz *n.;* **- de cosa** Natriumsalpeter *m.;* **- de plata** Höllenstein *m.;* **- de Chile** Chilesalpeter *m.*

nítrico *adj.* [ni'triko]: *chem.* **ácido** (*m.*) - Salpetersäure *f.*

nitro *m.* [ni'tro] Salpeter *m.;* **-celulosa** *f.* [nitriθelulo'sa] Nitrozellulose *f.*

nitrógeno *m.* [nitro'geno] *chem.* Stickstoff *m.*
nitroglicerina *f.* [nitrogliθeri'na] *chem.* Nitroglyzerin *n.*
nivel *m.* [niβe'l] Niveau *n.*, Flüssigkeitsspiegel *m.*, Flüssigkeitsstandsanzeiger; **-ador** *adj.* [niβelaðɔ'r] gleichmacherisch; **-ar** [niβela'r] nivellieren, ausrichten, waagerecht einstellen, einebnen.
no [no] nein, nicht; **- bien** kaum, sobald als; **como** *- vulg. SAm.* natürlich.
nobiliario *adj.* [noβilʲa'rʲo] adelig.
noble *adj.* [no'βle] adelig, edel (-mütig); *- m.;* **los -s** der Adel; **-za** *f.* [noβle'θa] Adel *m.*, Edelmut.
noci|ón *f.* [noθʲɔ'n] Begriff *m.*, Idee *f.;* **-ones** *f. pl.* Kenntnisse *f. pl.*
nocivo *adj.* [noθi'βo] schädlich.
noct|ámbulo *m.* [nɔkta'mbulo] Nachtwandler *m.;* **-urno** *adj.* [nɔktu'rno] nächtlich.
noche *f.* [no'če] Nacht *f.*, (Spät-) Abend *m.; fig.* Dunkelheit *f.;* **N - Buena** Christnacht *f.;* **a la -** abends; **a media -** um Mitternacht; **ayer -** gestern abend; **hacer - en** übernachten; **¡Buenas -s!** guten Abend!; gute Nacht!
nodriza *f.* [nodri'θa] Amme *f.*
nogal *m.* [noga'l] Nußbaum *m.*, -holz *n.*
nómada *adj.* [no'maða] wandernd, umherziehend.
nombr|adía *f.* [nɔmbraði'a] Berühmtheit *f.;* **-ado** *adj.* nɔmbra'ðo] berühmt; **-amiento** *m.* [nɔmbramʲe'nto] Ernennung *f.;* **-ar** [nɔmbra' (be-), (er-)nennen, erwahnen; **-e** *m.* [nɔ'mbre] (Vor-) Name *m.;* **-e comercial** handelsübliche Bezeichnung *f.*
nómina *f.* [no'mina] Namenverzeichnis *n.*, (Gehalts-) Liste *f.*
nomina|l *adj.* [nomina'l] namentlich; **valor** *(m.)* **-l** Nennwert *m.;* **-lmente** *adv.* [nominalme'nte] namentlich; **-tivo** *m.* [nominati'βo] *gramm.* Nennfall *m.*
non *m.* [nɔn] ungerade Zahl *f.*
noria *f.* [no'rʲa] Schöpfrad *n.*
norma *f.* [nɔ'rma] Norm *f.*, Regel; **servir de** - als Richtschnur dienen; **-ción** *f.* [normaθʲɔ'n] Normung *f.;* **-l** *adj.* [nɔrma'l] normal, regelmäßig; **-lidad** *f.* [nɔrmaliða'ð] Regelmäßigkeit *f.;* **-lizar** [nɔrmaliθa'r] normalisieren; **-r** [nɔrma'r] normen.
noroeste *m.* [noroe'ste] Nordwest *m.*
norte *m.* [nɔ'rte] Norden *m.*, Nordpol, Nordwind; **-americano** *adj.* [nɔrteamerika'no] nordamerikanisch; **-ño** *m.* [nɔrte'ɲo] Nordländer *m.*
nos [nɔs] wir, uns; **-otros** [noso'trɔs] wir, uns.
nostalgia *f.* [nɔsta'lxʲa] Heimweh *n.*
nota *f.* [no'ta] Notiz *f.*, Anmerkung, Note, Rechnung; **- de pedido** Bestellschein *m.;* **tomar -** vormerken; **cuaderno** *(m.)* **de -s** Taschenbüchlein *n.;* **-s** *f. pl.* (Schul-) Zeugnis *n.;* **-ble** *adj.* [nota'βle] beträchtlich, hervorragend; **-r** [nota'r] (be-) merken, wahrnehmen.
notar|ía *f.* [notari'a] Notariatsbüro *n.;* **-ial** *adj.* [notarʲa'l] notariell; **-io** *m.* [nota'rʲo] Notar *m.*
notici|a *f.* [noti'θʲa] Nachricht *f.*, Kenntnis; **-ario** *m.* [notiθʲa'rʲo] (Film) Wochenschau *f.;* **-iero** *m.* [notiθʲe'ro] Tageblatt *n.*
notifica|ción *f.* [notifikaθʲɔ'n] Bekanntmachung *f.*, Mitteilung; **-r** [notifika'r] bekanntgeben, mitteilen.
notori|edad *f.* [notorʲeða'ð] Berühmtheit *f.;* **-o** *adj.* [noto'rʲo] offenkundig.
novecientos [noβeθʲe'ntos] neunhundert.
novedad *f.* [noβeða'ð] Neuheit *f.*, -igkeit; Ereignis *n.*
novel *adj.* [noβe'l] angehend, neu.

unerfahren; - *m.* Neuling *m.;* **-a** *f.* [noβe'la] Roman *m.;* **-esco** *adj.* [noβele'sko] romanhaft, phantastisch; **-ista** *m.* [noβeli'sta] Romanschriftsteller *m.*

noven|a *f.* [noβe'na] 9tägige Andacht *f.;* **-o** *adj.* [noβe'no] neunte; **-ta** [noβe'nta] neunzig.

novia *f.* [no'βʲa] Braut *f.*, Verlobte; **-zgo** *m.* [noβʲa'θgo] Brautzeit *f.*

novici|a *f.* [noβi'θʲa] *rel.* Novize *f.;* **-ado** *m.* [noβiθʲa'ðo] Noviziat *n.;* Probezeit *f.;* **-o** *m.* [noβi'θʲo] Novize *m.*

noviembre *m.* [noβʲe'mbre] November *m.*

novill|a *f.* [noβi'ʎa] *zool.* Färse *f.;* **-ada** *f.* [noβiʎa'ða] *Taur.* Jungstierkampf *m.;* **-ero** *m.* [noβiʎe'ro] *Taur.* Stierkämpfer *m.* (bei novilladas); **-o** *m.* [noβi'ʎo] Jungstier *m.*

novio *m.* [no'βʲo] Bräutigam *m.*, Liebhaber; **los -s** das Brautpaar, die Neuvermählten.

nub|ado *adj.* [nuβa'ðo] bewölkt; **-arrón** *m.* [nuβarrɔ'n] große (dunkle) (Gewitter-) Wolke *f.;* **-e** *f.* [nu'βe] Wolke *f.; fig.* Haufen *m.*, Schwarm, Schar *f.;* **-lado** *adj.* [nuβla'ðo] bewölkt; **-larse** [nuβla'rse] s. bewölken; **-loso** *adj.* [nuβlo'so] wolkig.

nuca *f.* [nu'ka] *anat.* Genick *n.*, Nakken *m.*

núcleo *m.* [nu'kleo] Kern *m.*, Zentrum *n.*

nud|illo *m.* [nuði'ʎo] *anat.* (Finger-) Knöchel *m.;* **-o** *m.* [nu'ðo] Knoten *m.;* (im Holz) Ast; *fig.* Verknüpfung *f.;* **-o corredizo** Schlinge *f.;* **-oso** *adj.* [nuðo'so] knotig.

nuera *f.* [nʷe'ra] Schwiegertochter *f.*

nuestro [nʷe'stro] unser.

nueva *f.* [nʷe'βa] Neuigkeit *f.;* **-mente** *adv.* [nʷeβame'nte] abermals, von neuem.

nueve [nʷe'βe] neun.

nuevo *adj.* [nʷe'βo] neu; *fig.* unerfahren; **de** - v. neuem.

nuez *f.* [nʷeθ] (Wal-) Nuß *f.; anat. fam.* Adamsapfel *m.*

nul|idad *f.* [nuliða'ð] Nichtigkeit *f.;* **-o** *adj.* [nu'lo] null, ungültig.

numera|ción *f.* [numeraθʲɔ'n] Numerierung *f.;* **-dor** *m.* [numeraðɔ'r] *math.* Zähler *m.;* **-r** [numera'r] numerieren; **-rio** *adj.* [numera'rʲo]: **catedrático** (*m.*) **-rio** ordentlicher Professor *m.;* **-rio** *m.* Bargeld *n.*

numérico *adj.* [nume'riko] numerisch.

número *m.* [nu'mero] Zahl *f.*, Ziffer, Nummer.

numeroso *adj.* [numero'so] zahlreich.

numismática *f.* [numizma'tika] Münzkunde *f.*

nunca *adv.* [nu'ŋka] nie(-mals); **- jamás** nimmermehr.

nunci|atura *f.* [nunθʲatu'ra] Nuntiatur *f.*, päpstliche Gesandtschaft; **-o** *m.* [nu'nθʲo] (päpstlicher) Nuntius *m.*

nupcia|l *adj.* [nupθʲa'] auf Hochzeit *od.* Trauung bezüglich; **-s** *f. pl.* [nu'pθʲas]: **casarse en segundas -s** s. zum zweiten Male verheiraten.

nutria *f.* [nu'trʲa] *zool.* Fischotter *f.*

nutri|ción *f.* [nutriθʲɔ'n] Ernährung *f.;* **-r** [nutri'r] (er-) nähren; **-tivo** *adj.* [nutriti'βo] nahrhaft.

ñ, N *f.* [e'ɲe] das spanische ñ.
ñandú *m.* [ɲandu'] *zool.* Nandu *m.* (amerik. Straußenart).
ñanga *adv.* [ɲa'ɲga] *SAm.* umsonst.
ñaña *f.* [ɲa'ɲa] (Chile) Schwester *f.*, Kindermädchen *n.*
ñaño *m.* [ɲa'ɲo] (Chile) Bruder *m.*
ñapa *f.* [ɲa'pa] *SAm.* Trinkgeld *n.*
ñaque *m.* [ɲa'ke] Gerümpel *n.*
ñato *adj.* [ɲa'to] *SAm.* plattnasig.
ñausa *adj.* [ɲa'usa] (Peru) blind.
ñecla *f.* [ɲe'kla] (Chile) Papierdrache *m.*
ñiquiñaque *m.* [ɲikiɲa'ke] *fam.* wertlose Sache *f. od.* Person.
ño [ɲo] Abkzg. *SAm.* für señor.
ñoñ|ería *f.* [ɲoɲeri'a] wehleidiges Wesen *n.*; **-o** *adj.* [ɲo'ɲo] wehleidig.
ñu *m.* [ɲu] *zool.* Gnu *n.*

o, O *f.* [o] o, O *n.*; *conj.* oder; ~ ... ~ entweder ... oder; ~ **sea** das heißt.
oasis *m. f.* [oa'sis] Oase *f.*
obceca|ción *f.* [ɔβθekaθʲɔ'n] Verblendung *f.*; **-do** *adj.* [ɔβθeka'ðo] verblendet.
obed|ecer [oβeðeθe'r] gehorchen, folgen; **-ecer a** zuzuschreiben sein; **-iencia** *f.* [oβeðʲe'nθʲa] Gehorsam *m.*; **-iente** *adj.* [oβeðʲe'nte] gehorsam.
obertura *f.* [oβertu'ra] *mus.* Ouvertüre *f.*
obes|idad *f.* [oβesiða'ð] Fettleibigkeit *f.*; **-o** *adj.* [oβe'so] fett (-leibig).
obis|pado *m.* [oβispa'ðo] Bistum *n.*; **-po** *m.* [oβi'spo] Bischof *m.*
óbito *m.* [o'βito] Ableben *n.*
obje|ción *f.* [ɔβxeθʲɔ'n] Einwand *m.*; **-tar** [ɔβxeta'r] einwenden; **-to** *m.* [ɔβxe'to] Gegenstand *m.*, Zweck, Objekt *n.*
oblicu|idad *f.* [oβlikʷiða'ð] Schrägheit *f.*; **-o** *adj.* [oβlikʷo] schräg, schief.
obliga|ción *f.* [oβligaθʲɔ'n] Pflicht *f.*, Verpflichtung, Schuldverschreibung; **-do** *adj.* [oβliga'ðo] (zu Dank) verpflichtet; **-r** [oβliga'r] verpflichten, nötigen, zwingen; **-torio** *adj.* [oβligato'rʲo] bindend, verpflichtend; **servicio** (*m.*) **-torio** Dienstpflicht *f.*
óbolo *m.* [o'βolo] Spende *f.*; *fam.* Scherflein *n.*
obra *f.* [o'βra] (Bau-) Werk *n.*, Baustelle *f.*, Arbeit, Buch *n.*; **-dor** *m.* [oβraðɔ'r] Arbeitsraum *m.*, Werkstatt *f.*; **-r** [oβra'r] arbeiten, bauen; (ein-) wirken; handeln; *fam.* seine Notdurft verrichten.

obrer|a *f.* [oβre'ra] Arbeiterin *f.*; **-o** *m.* [oβre'ro] Arbeiter *m.*; **-o** *adj.*: **crisis** (*f.*) **-a** Arbeitskrise *f.*
obsceno *adj.* [ɔpsθe'no] unanständig; *fig.* schmutzig.
obsequi|ar [opsekia'r] bewirten, beschenken; **-o** *m.* [opse'kʲo] Gefälligkeit *n.*, Geschenk.
observa|ción *f.* [ɔpserβaθʲɔ'n] Beobachtung *f.*, Bemerkung; **-dor** *m.* [opserβaðɔ'r] Beobachter *m.*; **-ncia** *f.* [ɔpserβa'nθʲa] Befolgung *f.*; **-r** [ɔpserβa'r] beobachten, bemerken, befolgen; **-torio** *m.* [ɔpserβato'rʲo] Observatorium *n.*; (Stern-, See-) Warte *f.*
obsesi|ón *f.* [opseʲɔ'n] Besessenheit *f.*, fixe Idee.
obstáculo *m.* [opsta'kulo] Hindernis *n.*; *fig.* Schwierigkeit *f.*
obstante [opsta'nte]: **no** - dessen ungeachtet, nichtsdestoweniger.
obstetricia *f.* [obstetri'θʲa] Gebutsrshilfe *f.*
obstina|ción *f.* [opstinaθʲɔ'n] Hartnäkkigkeit *f.*, Eigensinn *m.*; **-rse** [ɔpstina'rse] hartnäckig bestehen (**en** auf).
obstru|cción *f.* [ɔpstrukθʲɔ'n] *med.* Verstopfung *f.*; *pol.* Obstruktion; **-ir** [ɔpstrui'r] (Leitung) verstopfen; (Wegversperren.
obten|ción *f.* [ɔptenθʲɔ'n] Erlangung *f.*, Erreichung, Erzielung; **-er** [ɔptene'r] erlangen, erreichen, erhalten.
obtura|ción *f.* [ɔpturaθʲɔ'n] Verstopfung *f.*, **-dor** *m.* [opturaðɔ'r] Abschlußorgan *n.*; *phot.* Momentverschluß *m.*; **-r** [ɔptura'r] verstopfen.
obtuso *adj.* [ɔptu'so] (abge-) stumpf (t).
obús *m.* [oβu's] *mil.* Haubitze *f.*, Granate.
obvio *adj.* [ɔ'ββʲo] einleuchtend, deutlich.
oca *f.* [o'ka] (Wild-) Gans *f.*; **juego** (*m.*) **de la** - (Art) Würfelspiel *n.*
ocasi|ón *f.* [okasʲɔ'n] Anlaß *m.*, Gelegenheit *f.*; **-onar** [okasʲo'nar] verursachen, zur Folge haben.
ocaso *m.* [oka'so] *astr.* (Sonne) Untergang *m.*; Westen.
occident|al *adj.* [ɔkθiðenta'l] abendländisch, westlich; **-e** *m.* [ɔkθiðe'nte] Westen *m.*, Abendland *n.*
océano *m.* [oθe'ano] Ozean *m.*, (Welt-) Meer *n.*
ocelote *m.* [oθelo'te] *zool. SAm.* (Art) Wildkatze *f.*
ocio *m.* [o'θʲo] Muße *f.*, Ruhe; **ratos** (*m. pl.*) **de** - Freizeit *f.*, Mußestunden *f. pl.*; **-sidad** *f.* [oθʲosiða'ð] Müßiggang *m.*; **-so** *adj.* [oθʲo'so] überflüssig, unnütz.
ocre *m.* [o'kre] Ocker *m.*
octagonal *adj.* [ɔktagona'l] achteckig.
octavo *m.* [ɔkta'βo] Achtel *n.*
octo|genario *adj.* [ɔktoxena'rʲo] achtzigjährig; **-gésimo** *m.* [ɔktoxe'simo] Achtzigstel *n.*
octubre *m.* [ɔktu'βre] Oktober *m.*
ocul|ar *m.* [okula'r] Okular *n.*; **-ar** *adj.*: **testigo** (*m.*) **-ar** Augenzeuge *m.*; **-ista** *m.* [okuli'sta] Augenarzt *m.*; **-tación** *f.* [okultaθʲɔ'n] Verbergung *f.*, Verheimlichung; [okulta'r] verbergen, verheimlichen; **-to** *adj.* [oku'lto] verborgen, versteckt.
ocupa|ción *f.* [okupaθʲɔ'n] Beschäftigung *f.*, Besetzung; **-nte** *m.* [okupa'nte] Fahrgast *m.*, Insasse; **-r** [okupa'r] (Platz Raum) einnehmen; (Haus) bewohnen; **-rse** [okupa'rse] s. beschäftigen (**en** mit).
ocurr|encia *f.* [okurre'nθʲa] Einfall *m.*, Idee *f.*; **-ir** [okurri'r] s. ereignen, geschehen.
och|avo *m.* [oča'βo] alte Kupfermünze *f.*; **-enta** [oče'nta] achtzig; **-o** [o'čo] acht; **-ocientos** [očoθʲe'ntos] achthundert.
odi|ar [oðʲa'r] hassen; **-o** *m.* [o'ðʲo] Haß *m.*; **-oso** *adj.* [oðʲo'so] verhaßt.
odontólogo *m.* [oðɔnto'logo] Zahnarzt *m.*

odre *m.* [o'dre] (Wein-) Schlauch *m.; fig.* Trunkenbold.
oeste *m.* [oe'ste] Westen *m.;* **al** - westlich.
ofen|der [ofende'r] beleidigen; (Geruch) zuwider sein; **-sa** *f.* [ofe'nsa] Beleidigung *f.;* **-siva** *f.* [ofensi'βa] *mil.* Offensive *f.;* **-sivo** *adj.* [ofensi'βo] beleidigend, kränkend.
oferta *f.* [ofe'rta] Angebot *n.*, Offerte *f.*
oficial *adj.* [ofiθʲa'l] offiziell, amtlich; - *m.* Offizier *m.*, (Post, Behörden) Beamter; Geselle; **-a** *f.* [ofiθʲa'la] Gehilfin *f.;* **-idad** *f.* [ofiθʲaliða'ð] Offizierskorps *n.*
oficin|a *f.* [ofiθi'na] Büro *n.*, Kanzlei *f.*, Geschäftszimmer *n.;* **-ista** *m.* [ofiθini'sta] Bürobeamter *m.*, -angestellter.
oficio *m.* [ofi'θʲo] Handwerk *n.*, Gewerbe, Beruf *m.;* amtliches Schreiben *n.; rel.* Gottesdienst *m.;* **-sidad** *f.* [ofiθʲosiða'ð] Dienstfertigkeit *f.;* **-so** *adj.* [ofiθʲo'so] halbamtlich.
ofrecer(se) [ofreθe'rse] (s.) anbieten, (s.) bieten; - **a uno su casa** sein Haus anbieten, *d. h.* seine Adresse angeben.
ofrecimiento *m.* [ofreθimʲe'nto] Anerbieten *n.*
ofrenda *f.* [ofre'nda] Opfer (-gabe) *n.* (*f.*).
oftalmólogo *m.* [oftalmo'logo] *med.* Augenarzt *m.*
ofusca|ción *f.* [ofuskaθʲɔ'n] Verdunklung *f.*, Blendung; **-r** [ofuska'r] verdunkeln, blenden.
oí|ble *adj.* [ɵi'βle] hörbar; **-bilidad** *f.* [oiβiliða'ð] Hörbarkeit *f.;* **-do** *m.* [oi'ðo] Gehör *n.*, -sinn *m.*, Ohr *n.*
oír [oi'r] (an-), (zu-)hören, vernehmen; **¡oiga V!** (Telefon) hallo!.
ojal *m.* [ɔxa'l] Knopfloch *n.*
¡ojalá! [ɔxala'] wollte Gott!.
oje|ada *f.* [ɔxea'ða] (Seiten-) Blick *m.;* **-ador** *m.* [ɔxeaðɔ'r] (Jagd) Treiber *m.;* **-o** *m.* [ɔxe'o] Treibjagd *f.*
oj|era *f.* [ɔxe'ra] Augenringe *m. pl.;* **-eriza** *f.* [ɔxeri'ða] Groll *m.*, Unwille; **tener -eriza a alg.** jem. nicht leiden können; **-eroso** *adj.* [ɔxero'so] m. blauen Ringen um die Augen; **-inegro** *adj.* [ɔxine'gro] schwarzäugig.
ojiva *f.* [ɔxi'βa] *arch.* (gotischer Spitz-) Bogen *m.;* **-l** *adj.* [ɔxiβa'l]: **estilo** (*m.*) **-l** gotischer Stil *m.*
ojo *m.* [ɔ'xo] Auge *n.*, (Nadel-) Öhr, Schlüsselloch; *fig.* Vorsicht *f.;* - **de culo** *vulg.* Arschloch *n.;* **írsele a uno los -s tras** *fig.* begehrlich nachblicken.
ola *f.* [o'la] Welle *f.*, Woge.
olé *m.* [ole'] andalusischer Tanz *m.* **¡-!** bravo!, recht so!.
olea|da *f.* [olea'ða] Wellenschlag *m. fig.* Menschengewühl *n.*
oleaginoso *adj.* [oleaxino'so] öl(-haltig.
oleaje *m.* [olea'xe] Wellengang *m.*
óleo *m.* [o'leo]: **pintura** (*f.*) **al** - Ölgemälde *n.*
oleoducto *m.* [oleoðu'kto] Erdölfernleitung *f.*
oler [ole'r] riechen (**a** nach); - **mal** *vulg.* stinken.
olfat|ear [ɔlfatea'r] beriechen, *fig.* wittern; **-o** *m.* [ɔlfa'to] Geruchssinn *m.*
oliente [olʲe'nte]: **mal** - übelriechend
oligarquía *f.* [oligarki'a] Oligarchie *f.*
olimpiada *f.* [olimpi'aða] Olympiade *f.*
olímpico *adj.* [oli'mpiko] olympisch.
oliv|a *f.* [oli'βa] Olive *f.*, Ölbaum *m.;* **-ar** *m.* [oliβa'r] Ölbaumpflanzung *f.;* **-a cero** *adj.* [oliβare'ro]: **industria** (*f*) **-arera** Olivenölindustrie *f.;* **-icultura** *f.* [oliβikultu'ra] Olivenbau *m.;* **-o** *m.* [oli'βo] Ölbaum *m.*
olm|edo *m.* [ɔlme'ðo] Ulmenwald *m.;* **-o** *m.* [ɔ'lmo] *bot.* Ulme *f.;* **pedir peras al -o** *fig. fam.* etw. Unmögliches verlangen.
olor *m.* [olɔ'r] Geruch *m.;* **mal** - Gestank.
oloroso *adj.* [olɔro'so] wohlriechend.
olvid|adizo *adj.* [ɔlβiðaði'θo]

vergeßlich; **-ar** [ɔlβiða'r] vergessen, verlernen; **-arse** [ɔlβiða'rse]: **se me -ó** ich vergaß; **-o** *m.* [ɔlβi'ðo] Vergessenheit *f.*, Vergessen *n.*

olla *f.* [o'ʎa] (Koch-) Topf *m.*; **- eres** *m. pl.* [oʎa'res] (Pferd) Nüstern *f. pl.*

ombligo *m.* [ɔmβli'go] *anat.* Nabel *m.*

omi|sión *f.* [omisʲɔ'n] Aus-, Unterlassung *f.*; **-so** [omi'so]: **-tir** aus-, unterlassen, übersehen.

ómnibus *m.* [ɔ'mnibus] Omnibus *m.*; **tren** (*m.*) - (überall haltender) Personenzug *m.*

omni|potencia *f.* [ɔmnipote'nθʲa] Allmacht *f.*; **-potente** *adj.* [ɔmnipote'nte] allmächtig.

omnívoro *adj.* [ɔmni'βoro] allesfressend.

omóplato *m.* [omɔ'plato] *anat.* Schulterblatt *n.*

once [ɔ'nθe] elf; **a las** - um elf Uhr; - *m.* Fußballmannschaft *f.*

ond/a *f.* [ɔ'nda] Welle *f.*, Woge; **-ear** [ɔndea'r] wallen, (Fahne) flattern.

ondula|ción *f.* [ɔndulaθʲɔ'n] Wallung *f.*; Wellenschlag *m.*; **-do** *adj.* [ɔndula'ðo] gewellt, wellig; **-r** [ɔndula'r] ondulieren, wellen.

onomástico *adj.* [onoma'stiko]: **fiesta** (*f.*) **-a** Namenstag *m.*

onomatopéyico *adj.* [onomatope'jiko] klangnachahmend.

onza *f.* [ɔ'nθa] (Gewicht) Unze *f.*; *zool.* Jagdleopard *m.*

opac|idad *f.* [opaθiða'ð] Undurchsichtigkeit *f.*; **-o** *adj.* [opa'ko] undurchsichtig; (Stimme) belegt.

opción *f.* [ɔpθʲɔ'n] Wahl *f.*, Option.

ópera *f.* [o'pera] Oper *f.*; -nhaus *n.*

opera|ción *f.* [operaθʲɔ'n] Operation *f.*, Verrichtung Vorgang *m.*; **-dor** *m.* [operaðɔ'r] (Film) Vorführer *m.*; *med.* Operateur; **-r** [opera'r] operiren; **-rio** *m.* [opera'rʲo] Arbeiter *m.*

opin|ar [opina'r] meinen; **-ión** *f.* [opinʲɔ'n] Meinung *f.*

opio *m.* [o'pʲo] Opium *n.*

oponer(se) [opone'rse] entgegensetzen, -stellen.

oportun|amente *adv.* [opɔrtuname'nte] (Kaufmannsstil seinerzeit, rechtzeitig; **-idad** *f.* [opɔrtuniða'ð] passende Gelegenheit *f.*; **-o** *adj.* [opɔrtu'no] gelegen, passend.

oposi|ción *f.* [oposiθʲɔ'n] Widerspruch *m.*, *parl.* Opposition *f.*; **-tor** *m.* [opoθitɔ'r] Mitbewerber *m.*

opres|ión *f.* [opresʲɔ'n] Bedrückung *f.*, Beklemmung; **-or** *m.* [opresɔ'r] Unterdrücker *m.*

oprimir [oprimi'r] (ab-), (be-), (unter-) drücken.

oprobio *m.* [opro'βʲo] Schande *f.*, Schmach, Schimpf *m.*

optar [ɔpta'r] stimmen, s. entscheiden (**por** für).

óptic|a *f.* [ɔ'ptika] Optik *f.*; **-o** *adj.* [ɔ'ptiko] optisch; **-o** *m.* Optiker *m.*

optimis|mo *m.* [ɔptimi'zmo] Optimismus *m.*; **-ta** *m.* [ɔptimi'sta] Optimist *m.*

óptimo *adj.* [o'ptimo] vorzüglich.

opuesto *adj.* [opʷe'sto] entgegengesetzt.

opulen|cia *f.* [opule'nθʲa] größter Reichtum *m.*, Wohlstand; **-te** *adj.* [opule'nte] sehr reich, wohlhabend.

ora|ción *f.* [oraθʲɔ'n] Gebet *n.*, Rede *f.*; **-dor** *m.* [oraðɔ'r] Redner *m.*; **-l** *adj.* [ora'l] mündlich; **-r** [ora'r] beten.

orator|ia *f.* [orato'rʲa] Redekunst *f.*; **-io** *adj.* [orato'rʲo] rednerisch; **-io** *m. rel.* Hauskapelle *f.*; *mus.* Oratorium *n.*

orbe *m.* [ɔ'rβe] Kreis *m.*, Welt *f.*, -kugel.

órbita *f.* [ɔ'rβita] Planetenbahn *f.*; *anat.* Augenhökle.

órdago [ɔ'rdago] **de** - *fam.* heftig, tüchtig.

orden *m.* [ɔ'rden] Ordnung *f.*, Reihenfolge, Methode; - *f.* Befehl *m.*, Auftrag, Bestellung *f.*; (Wechsel) Order; Orden *m.*; **hasta nueva**

- bis auf Widerruf; **-ación** *f.* [ɔrdenaθʲɔ'n] Priesterweihe *f.*; **-anza** *m.* [ɔrdena'nθa] *mil.* Ordonnanz *f.*, Bürodiener *m.*; (Offiziers-) Bursche; Anordnung *f.*; **-ar** [ɔrdena'r] (an-) ordnen, verfügen.

ordeñar [ɔrdeɲa'r] melken.

ordinar|iez *f.* [ɔrdinarʲe'θ] Grobheit *f.*, Gemeinheit; **-io** *adj.* [ordina'rʲo] ordentlich, gewöhnlieh, gemein; **-io** *m.* ordentlicher Professor *m.*

orégano *m.* [ore'gano] *bot.* (wilder) Majoran *m.*

orej|a *j.* [ore'xa] Ohr *n.*; (Schuh) Lasche *f.*; **-ones** *m. pl.* [orexo'nes] (Pfirsich) Backobst *n.*

orfan|ato *m.* [ɔrfana'to] Waisenhaus *n.*; **-dad** *f.* [ɔrfanda'θ] Verwaisung *f.*

orfebre *m.* [ɔrfe'βre] Goldschmied *m.*; **-ría** *f.* [ɔrfeβreri'a] Goldschmiedarbeiten *f. pl.*

orfeón *m.* [ɔrfeɔ'n] Gesangverein *m.*

orgánico *adj.*. [ɔrga'niko] organisch.

organill|ero *m.* [ɔrganiʎe'ro] Leierkastenmann *m.*; **-o** *m.* [ɔrgani'ʎo] Drehorgel *f.*, Leierkasten *m.*

organismo *m.* [ɔrgani'zmo] Organismus *m.*

organista *m.* [ɔrgani'sta] Orgelspieler *m.*

organiza|ción *f.* [ɔrganiθaθʲɔ'n] Organisation *f.*, Anordnung, Einteilung; **-dor** *m.* [ɔrganiθaðɔ'r] Organisator, Veranstalter *m.*; **-r** [ɔrganiθa'r] organisieren, veranstalten; **-rse** [ɔrganiθa'rse] stattfinden.

órgano *m.* [ɔ'rgano] Orgel *f.*; Organ *n.*, Element; *anat.* Glied *n.*, Teil *m.*

orgía *f.* [ɔ'rxia] Orgie *f.*, Gelage *n.*

orgullo *m.* [ɔrgu'ʎo] Hochmut *m.*; **-so** *adj.* [ɔrguʎo'so] hochmütig, stolz (**de, por** auf.

orient|ación *f.* [orʲentaθʲɔ'n] Orientierung *f.*; **-al** *adj.* [orʲenta'l] östlich, orientalisch; *SAm.* Einwohner v. Uruguay; **-alista** *m.*; Orientalist *m.*, **-ar(se)** [orʲenta'rse] richten, orientieren **-e** *m.* [orʲe'nte] Morgen *m.*, Osten, Orient.

orificio *m.* [orifi'θʲo] Loch *n.*, Öffnung *f.*

orig|en *m.* [ori'xen] Abstammug *f.*, Herkunft, Ursprung *m.*; *fig.* Ursache *f.*; **-inal** *adj.* [orixina'l] originell, ursprünglich, echt; **-inal** *m.* Original *n.*, Urtext *m.*; *fam.* Sonderling; **-inarse** [orixina'rse] verursachen; (entstehen); **-inario** *adj.* [orixina'rʲo] gebürtig (de aus).

orilla *f.* [ori'ʎa] Ufer *n.*; Rand *m.*, Saum; **a -s de** am Ufer des...; **-r** [oriʎa'r] (Schwierigkeiten beseitigen.

orina *f.* [ori'na] Harn *m.*, Urin; **-l** *m.* [orina'l] Nachttopf *m.*; **-r** [orina'r] harnen, urinieren.

orinado *adj.* [orʲu'ndo] gebürtig (**de** aus).

orla *f.* [ɔ'rla] Borte *f.*, Saum *m.*

ornament|al *adj* [ɔrnamenta'l] auf Ornament bezüglich; **-ar** [ɔrnamenta'r] schmücken, zieren; **-o** *m.* [ɔrname'nto] Schmuck *m.*, Verzierung *f.*; **-os** *m. pl.* [ɔrname'ntos] Priestergewänder *n. pl.*

orna|r [ɔrna'r] (ver-) zieren; **-to** *m.* [ɔrnta'to] Verzierung *f.*

oro *m.* [o'ro] Gold *n.*; (Karte) Schellen *f. pl.* **guardar como - en paño** *fig. fam.* etw. wie e. Augapfel hüten; **prometer el - y el moro** *fig. fam.* alles Mögliche (*od* goldene Berge) versprechen; die unerhörtesten Versprechungen machen.

orografía *f.* [orografi'a] Gebirgsbeschreibung *f.*

oropel *m.* [orope'l] Flittergold *n.*

orquesta *f.* [ɔrke'sta] Orchester *n.*; **director** (*m*) **de -** Kapellmeister *m.*

orquídeas *f. pl.* [ɔrki'ðeas] *bot.* Orchideen *f. pl.*

ortiga *f.* [ɔrti'ga] *bot.* Brennessel *f.*

orto *m.* [ɔ'rto] *astr.* Aufgang *m.*; **-doxia** *f.* [ɔrtoðɔ'ksʲa] Rechtgläubigkeit

f.; **-doxo** *adj.* [ɔrtoðɔ'kso] orthodox, rechtgläubig; **-grafía** *f.* [ɔrtografi'a] Rechtschreibung *f.;* **-gráfico** *adj.* [ɔrtogra'fiko] orthographisch; **-pédico** *adj.* [ɔrtope'diko] Orthopädie betreffend *bzw.* sie fördernd; **-pédico** *m.* Orthopäde *m.*
oruga *f.* [oru'ga] Raupe *f.*
orujo *m.* [oru'xo] (Trauben-, Oliven-) Trester *f. pl.*
orzuelo *m.* [ɔrθʷe'lo] *med.* Gerstenkorn *n.*
os [ɔs] euch.
osa *f.* [o'sa] *zool.* Bärin *f.; astr.* **la O - Mayor (Menor)** der Große (Kleine) Bär.
osad|ía *f.* [osaði'a] Kühnheit *f.;* **-o** *adj.* [osa'ðo] kühn.
osar [osa'r] wagen.
osario *m.* [osa'rʲo] Beinhaus *n.*
oscila|ción *f.* [ɔsθilaθʲɔ'n] Schwingung *f.;* (Kurse) Schwanken *n.;* **-r** [ɔsθila'r] schwingen, schwanken, hin u. her pendeln; **-r entre** (Preise) s. bewegen zwischen.
ósculo *m.* [ɔ'skulo] *poet.* Kuß *m.*
oscur|ecer [ɔskureθe'r] verdunkeln, dunkel w.; **-ecimiento** *m.* [ɔskureθimʲe'nto] Verdunkelung *f.;* **-idad** *f.* [ɔskuriða'ð] Dunkelheit *f.*, Finsternis; **-o** *adj.* [ɔsku'ro] dunkel, finster; **a -as** im Finstern.
óseo *adj.* [o'seo] auf Knochen bezüglich, knochig.
oso *m.* [o'so] *zool.* Bär *m.;* **- blanco** Eisbär *m.;* **- hormiguero** Ameisenbär *m.;* **hacer el -** *fig. fam.* em. Mädchen den Hof machen.
osten|sible *adj.* [ɔstensi'βle] offenkundig; **-tación** *f.* [ɔstentaθʲɔ'n] Schaustellung *f.*, Prunksucht; **-tar** [ɔstenta'r] an den Tag legen; (Titel, Medaille) tragen; **-tativo** *adj.* [ɔstentati'βo] herausfordernd.
ostra *f.* [ɔ'stra] *zool.* Auster *f.*
otitis *f.* [oti'tis] *med.* Ohrenentzündung *f.*
otólogo *m.* [oto'logo] *med.* Ohrenarzt
otoñ|al *adj.* [otoɲa'l] herbstlich; **-o** [oto'ɲo] Herbst *m.*
otorga|miento *m.* [otɔrgamʲe'nto] Bewilligung *f.*, Gewährung, Verleihung; **-nte** *m.* [otɔrg'nte] (Urkunde, Dokument) Aussteller *m.;* **-r** [ɔtorga'r] ausstellen, ausfertigen, bewilligen.
otorrinolaringólogo *m.* [otɔrrinolariŋgo'logo] Ohren-, Nasen- u. Halsspezialist *m.*
otro *adj.* [o'tro] (ein) ander(-er), noch einer; **el - día** neulich; **al - día** am nächsten Tage; **- tanto** noch einmal soviel; **-si** *adj.* [otrosi'] außerdem, ferner.
ovaci|ón *f.* [oβaθʲɔ'n] stürmischer Beifall *m.;* **-onar** [oβaθʲona'r] jem. Beifall spenden.
oval *adj.* [oβa'l] oval. eirund; **-ado** *adj.* [oβala'ðo] oval. eiförmig.
óvalo *m.* [o'βalo] Oval *n.*
ovario *m.* [oβa'rʲo] *anat* Eierstock *m.*
ovej|a *f.* [oβe'xa] Schaf *n.;* **-ero** *adj.* [oβexe'ro] **perro** (*m.*) **-ero** Schäferhund *m.*
ovillo *m.* [oβi'ʎo] (Garn-, Bindfaden-) Knäuel *m.*
ovoide *m.* [oβo'iðe] Eierbrikett *n.*
oxida|ble *adj.* [oksiða'βle] leicht rostend; **-ción** *f.* [oksiðaθʲɔ'n] Oxydation *f.*, Verrostung, Rosten *n.;* **-r(se)** [oksiða'rse] oxydieren; (Rost ansetzen, rosten.
óxido *m.* [ɔ'ksiðo] Oxyd *n.*, Rost *m.*
oxigena|do *adj.* [oksixena'ðo] (Haar) gebleicht.
oxígeno *m.* [oksi'xeno] *chem.* Sauerstoff *m.*
oyente *m.* [oje'nte] (Zu-) Hörer *m.*
ozono *m.* [oθo'no] Ozon *m.*

p. P *f.* [pe] p, P *n.*
pabellón *m.* [paβeʎɔ'n] *arch.* Seitengebäude *n.;* Pavillon *m.*, Gartenhaus *n.*, Halle *f.*, Flagge (Ohr-) Muschel.
pacer [paθe'r] weiden.
pacien|cia *f.* [paθʲe'nθʲa] Geduld *f.;* **-te** *m.* [paθʲe'nte] Kranker *m.;* **-temente** *adv.* [paθʲenteme'nte] geduldig.
pacifica|ción *f.* [paθifikaθʲɔ'n] Befriedung *f.;* **-r** [paθifika'r] zur Ruhe bringen, beschwichtigen.
pacífico *adj.* [paθi'fiko] friedfertig, ruhig; **el (Océano) P** - der Stille Ozean.
Paco *m.* [pa'ko] *Abkg.* v. **Francisco** Franz *m.;* **p-** *m.* (Marokkokrieg Heckenschütze *m.*
pact|ar [pakta'r] paktieren, vertraglich vereinbaren; **-o** *m.* [pa'kto] Pakt, Vertrag *m.*
pachorra *f.* [pačɔ'rra] Gleichgültigkeit *f.*, Phlegma *n.*, Pomadigkeit *f.*
padec|er [paðeθe'r] (er-) leiden; (er-) dulden; **-imiento** *m.* [paðeθimʲe'nto] Leiden *n.*
padr|astro *m.* [padra'stro] Stiefvater *m.;* Niednagel; **-e** *m.* [pa'dre] Vater *m.*, Pater; **-es** *m.* *pl.* Eltern *pl.;* **P-enuestro** *m.* [padrenʷe'stro] Vaterunser *n.;* **-ino** *m.* [padri'no] Taufpate *m.*, Brautführer; **-ón** *m.* [padrɔ'n] Einwohnerliste *f.*, Formular *n.*, Maß, Modell.
paella *f.* [pae'ʎa] Reisgericht *n.*
paga *f.* [pa'ga] Lohn *m.; mil.* Sold, Zahlung *f.;* **-dero** *adj.* [pagaðe'ro] zahlbar; **-do** *adj.* [paga'ðo]- **porte** (*m.*) **-do** franko; **-dor** *m.* [[pagaðɔ'r] Zahler *m.*, Zahlmeister; **-duría** *f.* [pagaðuri'a] Zahlstelle *f.*
pagano *adj.* [paga'no] heidnisch; - *m.* Heide *m.*
pagar [paga'r] (aus-), (be-) zahlen; *fig.* büßen; **¡Ya me las -ás todas juntas!** na warte, ich krieg dich schon!; **Dios se lo -á** (Bettler) Gott wird es Ihnen lohnen; **-é** *m.* [pagare'] Solawechsel *m.*
página *f.* [pa'xina] (Buchn-) Seite *f.*
pago *m.* [pa'go] (Be-) Zahlung *f.*, Belohnung, Vergeltung; *SAm.* Distrikt *m.*, Wohnort; - **a cuenta** Anzahlung *f.;* - **a plazos** Teilzahlung *f.;* **día** (*m*) **de** - Zahltag *m.;* **suspensión** (*f*) **de -s** Zahlungseinstellung *f.*
país *m.* [pai's] Land *n.*, Heimat *f.;* **del** - einheimisch.
paisa|je *m.* [paisa'xe] Landschaft *f.;* **-no** *m.* [paisa'no] Bauer *m.*, Zivilist, Landsmann.
paja *f.* [pa'xa] Stroh *n.*, -halm *m.;* **-r** [paxa'r] Strohschober *m.*, Scheune *f.*
pajar|era *f.* [paxare'ra] Vogelhaus *n.;* **-ero** *m.* [paxare'ro] Vogelzüchter *m.*, -händler; **-ita** *f.* [paxari'ta] Papierdrache *m.;* **cuello** (*m.*) **de -ita** Stehkragen (*m.*) m. umgebogenen Ecken.
pájaro *m.* [pa'xaro] Vogel *m.*
paje *m.* [pa'xe] Page *m.*, Edelknabe.
pajizo *adj.* [paxi'θo] strohgelb.
pala *f.* [pa'la] Schaufel *f.* Spaten *m.;* - **mecánica** Löffelbagger *m.; naut.* Ruderblatt *n.;* (baskisches Ballspiel) Schlagholz; (Beil) Schneide *f.*
palabr|a *f.* [pala'βra] Wort *n.*, Versprechen; **no tener -a** wortbrüchig

sein; **sin decir -a** ohne zu mucksen; **dirigir la -a a** jem. anreden; **cuatro -as** ein paar Worte; **-ería** *f.* [palaβreri'a] leeres Gerede *n.*; **-ota** *f.* [palaβro'ta] *fam.* derber Ausdruck *m.*, Zote *f.*

palac|ete *m.* [palaθe'te] Lustschlößchen *n.*; **-iego** *adj.* [pala'θʲe'go] höfisch; **-io** *m.* [palaθʲo] Palast *m.*, Hof, königliches Schloß *n.*

palada *f.* [pala'ða] Schaufelvoll *f.*; Ruderschlag *m.*

palad|ar *m.* [palaða'r] Gaumen *m.*; *fig.* Geschmack; **-ear** [palaðea'r] schmecken, kosten, in vollen Zügen genießen.

palanca *f.* [pala'ŋka] Hebel *m.*, Ausrücker; **salto de -** Stabsprung *m.*

palangana *f.* [palaŋga'na] Waschbekken *n.*

palanqueta *f.* [palaŋke'ta] Brecheisen *n.*

palanquilla *f.* [palaŋki'ʎa] (Profileisen) Knüppel *m.*

palastro *m.* [pala'stro] Grobblech *n.*

palatino *adj.* [palati'no] auf Palast *od.* Hof bezüglich.

palco *m.* [pa'lko] *theat.* Loge *f.*

paleta *f.* [pale'ta] Maurerkelle *f.*; (Malerei) Palette; *techn.* Schraubenflügel *m.*, Radschaufel *f.*

paletilla *f.* [paleti'ʎa] *anat.* Schulterblatt *n.*

paleto *m.* [pale'to] (abfällig Bauer *m.*, Grobian.

paliativo *m.* [palʲati'βo] Linderungsmittel *n.*

palide|cer [paliðe'θer] erblassen, erbleichen; **-z** *f.* [paliðe'θ] Blässe *f.*

pálido *adj.* [pa'liðo] blaß, bleich; *fig.* matt.

palillo *m.* [pali'ʎo] Zahnstocher *m.*, Trommelschlegel, Stöckchen *n.*; **-s** *m. pl.* [pali'ʎos] *fam.* Kastagnetten *f. pl.*

palio *m.* [pa'ʎo] Thron-, Traghimmel *m.*

palique *m.* [pali'ke] Plauderei *f.*; **estar de -** plaudern.

paliza *f.* [pali'θa] Tracht (*f*) Prügel; **-da** *f.* [paliθa'ða] Pfahlzaun *m.*

palm|a *f.* [pa'lma] *bot.* Palme *f.*, flache Hand; **-as** *f. pl.* [pa'lmas] Händeklatschen *n.*; **-ada** *f.* [palma'ða] Schlag (*m.*) m. der flachen Hand; **-ar** *m.* [palma'r] Palmenwald *m.*; **-atoria** *f.* [palmato'rʲa] Handleuchter *m.*; **-era** *f.* [palme'ra] Palmbaum *m.*; **-ípedos** *m. pl.* [palmi'peðos] *zool.* Schwimmvögel *m. pl.*; **-o** *m.* [pa'lmo] Handbreit *f.*, Spanne.

palo *m.* [pa'lo] Stab *m.*, Stock; *naut.* Mast; (Kartenspiel Farbe *f.*; **-s** *m. pl. fig.* Prügel *f.*

palom/a *f.* [palo'ma] Taube *f.*; **-a mensajera** Brieftaube *f.*; **-ar** *m.* [paloma'r] Taubenschlag *m.*; **-illa** *f.* [palomi'ʎa] *zool.* Motte *f.*; *techn.* Konsolstütze; **-o** *m.* [palo'mo] Täuberich *m.*

palote *m.* [palo'te] kurzer Stock *m.*

palpa|ble *adj.* [palpa'βle] fühlbar; **-r** [palpa'r] befühlen.

palpita|ción *f.* [palpitaθʲɔ'n] (Herz) Klopfen *n.*, Pochen; **-r** [palpita'r] klopfen, pochen.

palúdico *adj.* [palu'ðiko]: **fiebre** (*f.*) **-a** Sumpffieber *n.*

paludismo *m.* [paluði'zmo] *med.* Malaria *f.*, Sumpffieber *n.*

palurdo *adj.* [palu'rdo] plump, bäuerisch.

pampa *f.* [pa'mpa] Pampa *f.*

pamplina *f.* [pampli'na] *fam.* Unsinn *m.*; **-s** *f. pl.* Quatsch *m.*, Flausen *f. pl.*

pan *m.* [pan] Brot *n.*; **- de Viena** Semmel *f.*

pana *f.* [pa'na] Plüsch *m.*

panader|ía *f.* [panaðeri'a] Bäckerei *f.*, Bäckerladen *m.*; **-o** *m.* [panaðe'ro] Bäcker *m.*

panal *m.* [pana'l] Wabe *f.*

panameño *adj.* [paname'ɲo] aus. *od.* auf Panama bezüglich.

pancista *m.* [panθi'sta] Schmarotzer,

P

(selbstsüchtiger Schlemmer *m.; pol.* Opportunist.
pande|ar [pandea'r] (Holz) s. werfen; **-arse** einknicken; **-o** *m.* [pande'o] Knickung *f.*
pandereta *f.* [pandere'ta] Tamburin *n.*
pandilla *f.* [pandi'λa] Bande *f.*, Pack *n.*
panecillo *m.* [paneθi'λo] Brötchen *n.*, Semmel *f.*
panegírico *adj.* [panexi'riko] lobrednerisch.
panel *m.* [pane'l] (Tür-) Füllung *f.;* Schaltbrett *n.*
panera *f.* [pane'ra] Brotkorb *m.*
pánfilo *m.* [pa'mfilo] Trottel *m.*
pánico *m.* [pa'niko] Panik *f.*, Schrekken *m.*
panifica|ción *f.* [panifikaθʲɔ'n] Brotbereitung *f.;* **-dora** *adj.* [panifi] kaðo'ra]$ **sociedad** *(f.)* **-dora** Großbrotbäckerei *f.*
panizo *m.* [pani'θo] *bot.* Hirse *f.*
panoja *f.* [pano'xa] Maiskolben *m.*
panoplia *f.* [pano'plʲa] Waffensammlung *(f.)* auf Wandbrett.
panorama *m.* [panora'ma] Panorama *n.*
pantalón *m.* [pantalɔ'n] Hose *f.;* **-ones** *m. pl.* [pantalo'nes] Hosen *f. pl.*
pantalla *f.* [panta'λa] (Lampen-) Schirm *m.;* Blende *f.*, Schirmwand; (Film) Leinwand; **as** *(m.)* **de la -** Filmstar *m.*
pantano *m.* [panta'no] Sumpf *m.;* Staubecken *n.*, -see *m.;* **-so** *adj.* [pantano'so] sumpfig.
panteón *m.* [panteɔ'n] Ruhmeshalle *f.*
pantera *f.* [pante'ra] *zool.* Panther *m.*
pantomima *f.* [pantomi'ma] Pantomime *f.*
pantorrilla *f.* [panɔrri'λa] Wade *f.*
panz|a *f.* [pa'nθa] Bauch *m.* Wanst; **-udo** *adj.* [panθu'ðo] dicbäuchig.
pa -|al *m.* [papa'l] Windel *f.;* **-eria** *f.* [paɲeri'a] Tuchhandlung *f.;* **-o** *m.* [pa'ɲo] Tuch *n.;* **-o higiénico** Monatsbinde *f.;* **en -os menores** im Negligé; **-uelo** *m.* [paɲʷe'lo] Taschen-, Halstuch *n.*
papa *m.* [pa'pa] Papast *m.; SAm.* Kartoffel *f.*
papá *m.* [papa'] Papa *m.*, Vater.
papada *f.* [papa'ða] Doppelkinn *n.;* Wamme *f.*
papagayo *m.* [papaga'jo] *zool.* Papagei *m.*
papal *adj.* [papa'l] päpstlich; - *m. SAm.* Kartoffelfeld *n.*
papamoscas *m.* [papamɔ'skas] *zool.* Fliegenschnäpper *m.*
paparrucha *f.* [paparru'ča] (Zeitungs-) Ente *f.*
papel *m.* [pape'l] Papier *n.;* Zettel *m.; theat.* Rolle *f.;* Zeitung; **- pintado** Tapete *f.;* **-era** *f.* [papele'ra] Papierkorb *m.;* **-ería** *f.* [papeleri'a] Schreibwarenhandlung *f.*
papera *f.* [pape'ra] *med.* Kropf *m.;* **-s** *f. pl.* [pape'ras] *med.* Ziegenpeter *m.*
papilla *f.* [papi'λa] (Kinder-) Brei *m.*
papiro *m.* [papi'ro] Papyrus *m.; fam.* Banknote *f.*
papo *m.* [pa'po] (Vóogel) Kropf *m.;* (Rindvich) Wamme *f.*
paquete *m.* [pake'te] Paket *n.; naut.* Postdampfer *m.*
paquidermo *m.* [pakiðe'rmo] *zool.* Dickhäuter *m.*
par *m.* [par] Paar *n.;* **de - en -** (Tür) sperrangelweit offen; **sin -** unvergleichlich; **-** *f.;* **a la -** (Kurs) zu Pari; **a -es** paarweise.
para [pa'ra] *prep.* für. bis, gegen, nach, um, wegen, zu.
parabién *m.* [paraβʲe'n] Glückwunsch *m.*
parábola *f.* [para'βola] Gleichnis *n.*
para|brisas *m.* [paraβri'sas] Windschutzscheibe *f.;* **-caídas** *m.* [parakai'ðas] Fallschirm *m.;* **-choques** *m.* [paračo'kes] Prellbock *m.*, Stoßfänger.
parad|a *f.* [para'ða] Aufenthalt *f.*, Stillsetzung, Haltestelle, *mil.* Parade; **-ero** *m.* [paraðe'ro] Aufenthaltsort *m.*, Verbleib; **-o** *adj.* [para'ðɔ] stillstehend arbeitslos; **mal -o** übel zugerichtet; **-ójico** *adj.* [parawɔ'xiko]

widersinnig; **-or** *m.* [paraðɔ'r] Gasthof *m.*, Ausspannung *f.*, Touristen Unterkunftshaus *n.*

parafina *f.* [parafi'na] Paraffin *n.*

parag|uas *m.* [para'gʷas] Regenschirm *m.*; **-üero** *m.* [paragʷe'ro] Schirmständer *m.*

paraíso *m.* [parai'so] Paradies *n.*; *theat.* Galerie *f.*

paraje *m.* [para'xe] Gegend *f.*, Ort *m.*

paralelo *adj.* [parale'lo] parallel.

parálisis *f.* [para'lisis] *med.* Lähmung *f.*

paral|ítico *adj.* gelähmt; **-ítico** *m.* Gelähmter *m.*; **-ización** *f.* [paraliθaθʲɔ'n] (Verkehrs-) Stockung *f.*, Lahmlegung; **-izar** [paraliθa'r] lähmen, hemmen; **-izarse** [paraliθa'rse] stocken.

páramo *m.* [pa'ramo] Brachfeld *n.*, Ödland.

paraninfo *m.* [parani'mfo] (Universität) Aula *f.*

parapet|arse [parapeta'rse] s. verschanzen; **-o** *m.* [parape'to] Brustwehr *f.*, Schanze.

parar [para'r] (an-) aufhalten, stillsetzen; (Schlag) auffangen; *intr.* halten; (im Hotel) absteigen, wohnen; **-se** [para'rse] halten, stehenbleiben, stillstehen.

pararrayos *m.* [pararra'jos] Blitzableiter *m.*

parásito *m.* [para'sito Schmarotzer *m.*

parasol *m.* [parasɔ'l] Sonnenschirm *m.*

parcela *f.* [parθe'la] Parzelle *f.*; Acker-, Waldteil *m.*

parcial *adj.* [parθʲa'l] teilweise, parteiisch; **-idad** *f.* [parθʲaliða'ð] Parteilichkeit *f.*

parco *adj.* [pa'rko] spärlich, sparsam; (wort-)karg.

parche *m.* [pa'rče] Pflaster *n.*

pardal *m.* [parda'l] *zool.* Leopard *m.*, Sperling.

pardillo *m.* [pardi'ʎo] *zool.* Hänfling

parecer [pareθe'r] (er-)scheinen, aussehen wie; **-se** [pareθe'rse] s. ähneln; - *m.* Ansicht *f.*, Meinung.

parecido *adj.* [pareθi'ðo] ähnlich; ... **y cosa -a** und dergleichen.

pared *f.* [pare'ð] Wand(ung) *f.*, Mauer.

pareja *f.* [pare'xa] Paar *n.*; *Span.* 2 Schutzmänner (*m. pl.*) bes. v. der Guardia civil.

parentesco *m.* [parente'sko] Verwandschaftsverhältnis *n.*

paréntesis *m.* [pare'ntesis]: **entre** - in Klammern; *fig.* nebenbei gesagt.

paridad *f.* [pariða'ð] Gleichheit *f.*

pariente *m.* [parʲe'nte] Verwandter *m.*

parihuela *f.* [pariʷe'la] Tragbahre *f.*

parir [pari'r] gebären; (Tiere) werfen.

parlament|ar [parlamenta'r] unterhandeln; **-ario** *m.* [parlamenta'rʲo] *mil.* Parlamentär *m.*; **-o** *m.* [parlame'nto] Parlament *n.*

parné *m.* [parne'] *vulg.* Geld *n.*

paro *m.* [pa'ro] *zool.* Meise *f.*; Arbeitslosigkeit, Arbeitseinstellung.

parpadear [parpaðea'r] (m. den Augen) blinzeln.

párpado *m.* [pa'rpaðo] Augenlid *n.*

parque *m.* [pa'rke] Park *m.*, Aufstellplatz (f. Fahrzeuge.)

parra *f.* [pa'rra] Weinrebe *f.*

párrafo *m.* [pa'rrafo] Paragraph *m.*, Absatz, Abschnitt.

parral *m.* [parra'l] Weinlaube *f.*

parricid|a *f.* [parriθi'ða] Vater-, Muttermörder *m.*; **-io** *m.* [parriθi'ðʲo] Vater-, Muttermord *m.*

parrilla *f.* [parri'ʎa] (Feuer) Rost *m.*

párroco *m.* [pa'rroko] Pfarrer *m.*

parroquia *f.* [parrɔ'kʲa] Pfarre *f.*, Kundschaft; **-l** *adj.* [parrokʲa'l] **iglesia** (*f.*) **-l** Pfarrkirche *f.*; **-no** [parrokʲa'no] Kunde, Stammgast *m.*

parte *m.* [par'te] (Heeres-) Bericht *m.*; - *f.* (An-) Teil *m.*, Seite *f.*, Gegend, (Vertrags-) Partner *m.*; *theat.* Rolle *f.*; *mus.* Stimme; **a** - beiseite; **tomar** - teilnehmen (**en** an); **en ninguna** - nirgends; **en cualquier** - irgendwo; **-s** *f. pl.* (**genitales**) Geschlechtsteile *m. pl.* **de todas -s** v. allen Seiten; **en todas -s** überall.

partera *f.* [parte'ra] Geburtshelferin *f.*

parti|ción *f.* [partiθʲɔ'n] Teilung *f.*; **-cipación** *f.* [partiθipaθʲɔ'n] Anteilschein *m.*, Beteiligung *f.*; (Lotterie) Losanteil *m.*; **-cipante** *m.* [partiθipa'nte] Teilnehmer *m.*; **-cipar** [partiθipa'r] mitteilen, teilnehmen.

particular *adj.* [partikula'r] besonders, eigentümlich, Privat-, persönlich; - *m.* Privatperson, *f.* Angelegenheit; **-mente** *adv.* [partikularme'nte] besonders; **-idad** *f.* [partikulariða'ð] Eigentümlichkeit *f.*, Einzelheit.

partida *f.* [parti'ða] Abreise, Teilmenge *f.*, Posten *m.*, Partie *f.*; (Kirchenbuch) Eintragung; **punto** (*m.*) **de** - Ausgangspunkt *m.*; **contabilidad** (*f.*) **por** - **doble** doppelte Buchführung *f.*; - **de nacimiento** Geburtsschein *m.*; **-rio** *m.* [partiða'rʲo] Parteigänger *m.*, Anhänger.

partido *m.* [parti'ðo] Partei *f.*, Partie, Bezirk *m.*

partir [parti'r] (zer-)teilen, spalten, zerbrechen; (brot) schneiden; (Nüsse) knacken; ab-, verreisen; **a** - **de hoy** v. heute ab.

part|o *m.* [pa'rto] Geburt *f.*, Entbindung; **-urienta** *f.* [parturʲe'nta] Wöchnerin *f.*

parvo *adj.* [pa'rβo] spärlich, winzig.

párvulo *m.* [pa'rβulo] Kleinkind *n.*

pasa *f.* [pa'sa] Rosine *f.*

pasacalle *m.* [pasaka'ʎe] *mus.* lebhafter Marsch *m.*

pasada *f.* [pasa'ða]: **mala** - böser Streich *m.*; **de** - im Vorbeigehen.

pasad|izo *m.* [pasaði'θo] (Über-) Gang *m.*, Steg; **-o** *adj.* [paθa'ðo] ehemalig, vergangen; (Obst) überreif; **días -os** vor einigen Tagen; **el año -o** Jahr; **-o** *m.* Vergangenheit *f.*; **-or** *m.* [pasaðɔ'r] Splint *m.*, Gelenkbolzen, Riegel, Kragenknopf.

pasaje *m.* [pasa'xe] Durchgang *m.*, Überfahrt *f.*; Schiffskarte; Gesamtheit der Reisenden an Bord; **-ro** *m.* [pasaxe'ro] Fahrgast *m.*, Reisender; **-ro** *adj.* vorübergehend.

pasaman|ería *f.* [pasamaneri'a] Posamentierarbeit *f.*; **-o** *m.* [pasama'no] (Treppen-) Geländer *n.*

pasante *m.* [pasa'nte] Gehilfe *m.*, Praktikant; (Rechtsanwaltsbüro) Schreiber.

pasaporte *m.* [pasapɔ'rte] (Reise-) Paß *m.*

pasar [pasa'r] überschreiten, -queren, durchqueren; vorbeifahren, -gehen, -ziehen; aufrücken, befördert w., versetzt w.; **dejar** - (Fehler) durchgehen lassen; (jem. etw.) vorbeilassen; - **inadvertido** unbemerkt bleiben; - **a** (zum Feind) übergehen; - **de** hinausgehen über; - **de moda** außer Mode kommen; - **por** reisen über; - **por alto** übergehen; **-se** [pasa'rse] (Obst) überreif w.; *techn.* altern.

pasa|rela *f.* [pasare'la] (Lauf-) Steg *m.*, Übergang; **-tiempo** *m.* [ˌasatʲe'mpo] Zeitvertreib *m.*

Pascua *f.* [pa'skʷa] Ostern *n.*; - **de Navidad** Weihnachten *n.*; - **de Pentecostés** Pfingsten **¡felices -s!** frohes Fest!; **p -l** *adj.* [paskʷa'l]: **cordero** (*m.*) **p -l** Osterlamm *n.*

pase *m.* [pa'se] Freikarte *f.*, -fahrschein *m.*; Durchlaßschein; *Taur.* verschiedene Stellungen des Stierkämpfers.

pase|ante *m.* [pasea'nte] Spaziergänger *m.*; **-ar** [pasea'r] spazierenführen; **-arse** [pasea'rse] spazierengehen; **-o** *m.* [pase'o] Spaziergang *m.*, -ritt, -fahrt *f.*; Promenade, breite Straße m. Baumreihen; *Taur.* Einzug (*m.*) der Stierkämpfer; **mandar a -o** *fig. fam.* jem. zum Teufel jagen, schroff abweisen.

pasillo *m.* [pasi'ʎo] (Haus-) Gang *m.*, Korridor.

pasión *f.* [pasʲɔ'n] Leiden *n.*, -schaft *f.*; *rel.* Passion.

pasiona|l *adj.* [pasʲona'l] leidenschaftlich; **-ria** *f.* [pasʲona'rʲa] *bot.* Passionsblume *f.*

pasiv|idad *f.* [pasiβiða'ð] Untätigkeit *f.*; **-o** *adj.* [pasi'βo] passiv, untätig; **-o** *m. gramm.* Passivum *n.*; Passiva *pl.* (Geschäfts-) Schulden *f. pl.*

pasma|do *aj.* [pazma'ðo] verblüfft; *fam.* paff; **-r(se)** [pazma'rse] verblüffen.

pasmo *m.* [pa'zmo] (Starr-) Krampf *m.*; **-so** *adj.* [pazmo'so] erstaunlich.

paso *m.* [pa'so] Schritt *m.*, Tritt, Gang, -art *f.*; Durchgang *m.*, -reise *f.*, Vorbeimarsch *m.*; **- a nivel** Bahnübergang *m.*; **-doble** (Tanz) Twostep *m.*; **mal** - Fehltritt *m.*; **a cada** - auf Schritt u. Tritt; **abrir** - an der Spitze es. Zuges marschieren; **abrirse** - s. en. Weg. bahnen; **acortar el** - langsamer gehen; **ceder el** - jem den Vortritt lassen; **dicho sea de** - nebenbei bemerkt; **-s** *m. pl.* **de gigante** (Spiel) Rundlauf *m.*

pasquín *m.* [paski'n] Schmähschrift *f.*

pasta *f.* [pa'sta] Paste *f.*, Masse, Teig *m.*; (Buch-, Papp-) Deckel; **- de papel** Papierzellulose *f.*; **-s** *f. pl.* [pa'stas] Teegebäck *n.*; **-s** (*f. pl.*) **alimenticias** *f. pl.* Teigwaren *f. pl.*

pastar [pasta'r] weiden.

pastel *m.* [paste'l] Törtchen *n.*; **-ería** *f.* [pasteleri'a] Konditorei *f.*; **-ero** *m.* [pastele'ro] Konditor *m.*

pastilla *f.* [pasti'ʎa] Plätzchen *n.*, Bonbon *m.*, Tablette *f.*, Pastille; (Schokolade) Täfelchen *n.*; **- de jabón** Stück (*n.*) Seife.

pasto *n.* [pa'sto] (Vieh-) Weide *f.*, Futter *n.*; **-r** *m.* [pasto'r] Hirt *m.*, Seelsorger; **-so** *adj.* [pasto'so] teigartig, teigig.

pata *f.* [pa'ta] Pfote *f.*, Tatze; *fam.* Bein *n.*; Fuß *m.*; (Stuhl-; Tisch-) Bein *n.*; **-da** *f.* [pata'ða] Fußtritt *m.*; **-lear** [patalea'r] strampeln, trampeln.

patata *f.* [pata'ta] Kartoffel *f.*; **-s** (*f. pl.*) **fritas** Bratkartoffeln *f. pl.*; **-r** *m.* [patata'r] Kartoffelfeld *n.*

patear [pate'ar] trampeln.

patena *f.* [pate'na] Hostienteller *m.*

patent|ar [patenta'r] patentieren; **-e** *f.* [pate'nte] Patent *n.*; Diplom *n.*; **-e** *adj. fig.* offenbar, klar; **-izar** [paten] tiθa'r] klarlegen.

patern|al *adj.* [paterna'l] väterlich; **-idad** *f.* [paterniða'ð] Vaterschaft *f.*; **-o** *adj.* [pate'rno] väterlich- (-erseite).

patético *adj.* [pate'tiko] pathetisch, ergriffen, feierlich.

patíbulo *m.* [pati'βulo] Galgen *m.*, Richtstätte *f.*

patilla *f.* [pati'ʎa] Backenbart *m.*, Kotellete *f.*

patina|dor *m.* [patinaðo'r] Schlittschuhläufer *m.*; **-je** *m.* [patina'xe] Schlittschuhlaufen *n.*; (Fahrzeugräder) Gleiten, Schleudern; **-r** [patina'r] Schlittschuh (Rollschuh) laufen.

patinete *m.* [patine'te] (Spielzeug) Roller *m.*

patio *m.* [pa'tʲo] (Innen-) Hof *m.*; *theat.* Parterre *n.*

pati|ta *f.* [pati'ta] Füßchen *n.*; **-zambo** *adj.* [patiθa'mbo] X-beinig.

pato *m.* [pa'to] *zool.* Ente *f.*

patol|ogía [patoloxi'a] Krankheitslehre *f.*; **-ógico** *adj.* [patolo'xiko] pathologisch; **cuadro** (*m.*) **-ógico** Kranklheitsbild *n.*

patoso *adj.* [pato'so] albern.

patraña *f.* [patra'ɲa] Ente *f.*, Lüge; Schwindel *m.*

patria *f.* [pa'trʲa] Heimat *f.*, Vaterland *n.*

patriarca *m.* [patrʲa'rka] Patriarch *m.*

patricio *m.* [patri'θʲo] Patrizier *m.*

patrimoni|al *adj.* [patrimonʲa'l]: **bienes** (*m. pl.*) **-ales** Erbgüter *n. pl.*; **-o** *m.* [patrimo'nʲo] Vermögen *n.*, väterliches Erbe; Besitzungen *f. pl.*

patrio *adj.* [pa'trʲo] auf Heimat *od.* Vaterland bezüglich; **-ta** *m.*

[patrʲo'ta] Patriot *m.*; **-tismo** *m.* [patrʲoti'zmo] Vaterlandsliebe *f.*

patriótico *adj.* [patrʲo'tiko] patriotisch, vaterländisch gesinnt.

patrocin|ado *m.* [patroθina'ðo] Schützling *m.*; **-ar** [patroθina'r] begünstigen, fördern; **-io** *m.* [patroθi'nʲo] Beistand *m.*, Schutz Protektorat *n.*

patrón *m.* [patrɔ'n] Schutzheiliger *m.*, Arbeitgeber, Schiff führer, Inhaber es. Geschäftes; *techn.* Urmaß *n.*, Schablone *f.*; **-oro** Goldwährung.

patrona *f.* [patro'na] Schutzheilige *f.*, Hauswirtin; **-l** *adj.* [patrona'l] **liga** (*f.*) **-l** Arbeitgeberverband *m.*; **fiesta** (*f.*) **-l** Tag (*m.*) des Schutzheiligen; **-to** *m.* [patrona'to] Patronat *n.*, Stiftung *f.*

patrono *m.* [patro'no] Schutzherr *m.*, Kirchenpatron, Arbeitgeber.

patrulla *f.* [patru'ʎa] *mil.* Runde *f.*, Streifwache.

paulatin|amente *adv.* [paulatiname'nte] nach u. nach, allmählich- **-o** *adj.* [paulati'no] langsam, stufenweise.

pausa *f.* [pa'usa] Pause *f.*; **-damente** *adv.* [pausaðame'nte] langsam.

pauta *f.* [pa'uta] Linienblatt *n.*; *fig.* Richtschnur *f.*

pava *f.* [pa'βa] Pute *f.*, Truthenne.

pavimento *m.* [paβime'nto] Fußboden *m.*, Straßendecke *f.*, Pflaster *n.*

pavo *m.* [pa'βo] Puter, Truthahn; **- real** Pfau *m.*

pavonar [paβona'r] brünieren.

pavonearse [paβonea'rse] s. etw. einbilden (**de** auf).

pavor *m.* [paβɔ'r] Schreck *m.*; **-oso** *adj.* [paβoro'so] schrecklich.

paya *f.* [pa'ja] *SAm.* Stegreifgedicht *n.*; **-dor** *m.* [pajaðɔ'r] *SAm.* Stegreifdichter *m.*; **-so** *m.* [paja'so] Clown *m.*

payés *m.* [paje's] (Katalonien, Balearen) Bauer *m.*

paz *f.* [paθ] Friede *m.*, Ruhe *f.*; **juez** (*m.*) **de -** Friedensrichter *m.*; **hacer las paces s.** aussöhnen, s. versöhnen.

peaje *m.* [pea'xe] Brückengeld *n.*

peatón *m.* [peatɔ'n] Fußgänger *m.*, Landbriefträger.

peca *f.* [pe'ka] Leberfleck *m.*, Pickel *f.*, Sommersprosse.

peca|do *m.* [peka'ðo] Sünde *f.*; **-dor** *m.* [pekaðɔ'r] Sünder *m.*; **-minoso** *adj.* [pekamino'so] sündhaft; **-r** [peka'r] sündigen.

pecera *f.* [pe'θera] (Gold-) Fischglas *n.*

pecoso *adj.* [peko'so] sommersprossig.

pectoral *adj.* [pektora'l] : **pastillas** (*f. pl.*) **-es** Hustenbonbons *m. pl.*

peculiar *adj.* [pekulʲa'r] eigen (-tumlich).

peculio *m.* [peku'lʲo] kleines Vermögen *n.*; *fam.* Geldbeutel *m.*

pecuniario *adj.* [pekunʲa'rʲo] auf Geld, Vermögen bezüglich.

pechera *f.* [peče'ra] Hemdenbrust *f.*

pecho *m.* [pe'čo] (Frauen-) Brust *f.*, Busen *m.*; *fig.* Mut; **dar el -** (e. Kind) stillen; **tomar a -** s. etw. zu Herzen nehmen.

pechuga *f.* [peču'ga] (Geflügel) Bruststück *n.*; *fam.* Brust *f.*

pedal *m.* [peða'l] Pedal *n.*, Fußhebel *m.*; (Orgel) Trittbrett *n.*

pedazo *m.* [peða'θo] abgebrochenes Stück *n.*; **hacer -s** in Stücke schlagen.

pedernal *m.* [peðerna'l] Feuerstein *m.*

pedestre *adj.* [peðe'stre] zu Fuß gehend.

pediatra *m.* [peði'atra] Kinderarzt *m.*

pedicura *f.* [peðiku'ra] Fußpflege *f.*

pedigüeño *m.* [peðigʷe'ɲo] Bettler *m.*

pedir [peði'r] bitten, fordern, verlangen, bestellen; **- prestado** leihen (**a** bei); **a - de boca** *fig. fam.* nach Wunsch *od.* Herzenslust).

pedo *m.* [pe'ðo] *vulg.* Furz *m.*; *SAm.* Schwips.

pedr|ada *f.* [pedra'ða] Steinwurf *m.*; **-ea** *f.* [pedre'a] Hagelschlag *m.*; *Span.* (Lotterie) die mit den kleinsten Gewinnen gezogenen Nummern; **-egoso** *adj.* [pedrego'so] steinig; **-ería** *f.* [pedreri'a] Edelsteine *m. pl.;* **-ero** *m.* [pedre'ro] Steinmetz *m.;* **-isco***m.* [pedri'sko] Hagel *m.*

pedrusco *m.* [pedru'sko] (Stein-, Fels-) Block *m.*

pega *f.* [pe'ga] *zool.* Elster *f.;* Verpichen *n.; fam.* Possen *m.;* **de** - falsch, nachgemacht; **-dizo** *adj.* [pegaði'θo] zudringlich; klebrig; **-do** *adj.* [pega'ðo] **-do a** ganz dicht an; **-joso** *adj.* [pegaxo'so] klebrig; **-r** [pega'r] (an-) kleben, leimen, (Krankheit übertragen; schlagen, prügeln; **no - los ojos** kein Auge zutun; **- un tiro** jem. über den Haufen schießen.

pegá|rsela (Ehegatten) hintergehen, betrügen; **-rse** kleben bleiben.

pegote *m.* [pego'te] Pechpflaster *n.*

peina|do *m.* [peina'ðo] Frisur *f.;* **-dor** *m.* [peinaðɔ'r] Frisiermantel *m.;* **-r** [peina'r] kämmen; **-rse** [peina'rse] s. kämmen, s. frisieren.

peine *m.* [pei'ne] Kamm *m.;* **-ta** *f.* [peine'ta] Aufsteckkamm *m.*

pelad|illa *f.* [pelaði'ʎa] Zuckermandel *f.;* **-o** *adj.* [pela'ðo] kahl, nackt.

pelaje *m.* [pela'xe] (Tiere) Behaarung *f.*

pelar(se) [pela'rse] enthaaren, schälen, rupfen; (s. haaren, die Haare verlieren).

peldaño *m.* [pelda'ɲo] Treppenstufe *f.*

pelea *f.* [pele'a] Kampf *m.*, Streit; **-r(se)** [pelea'rse] kämpfen, streiten, zanken.

pelele *m.* [pele'le] Strohpuppe *f.; fig.* Trottel *m.*

peleter|ía *f.* [peleteri'a] Rauchwaren *f. pl.* Pelzgeschäft *n.;* **-o** *m.* [pelete'ro] Kürschner *m.*, Pelzhändler.

peliagudo *adj.* [peliagu'ðo] *fig.* heikel, kitzlig.

película *f.* [peli'kula] Häutchen *n.*, Film *m.;* milchhautähnliches Gebilde *n.*

peligr|ar [peligra'r] Gefahr laufen; **-o** *m.* [peli'gro] Gefahr *f.;* **-oso** *adj.* [peligro'so] gefährlich.

pelillos *m. pl.* [peli'ʎos]: **echar - a la mar** *fig. fam.* s. wieder vertragen.

pelma *m.* [pe'lma] lästige Person *f.;* **-zo** *m.* [pelma'θo] langweiliger Kerl *m.*

pelo *m.* [pe'lo] Haar *n.*, Flaum *m.;* **-s** (*m. pl*) **rizados** Locken *f. pl.;* **en -** (Pferd) ungesattelt; **no tener -s en la lengua** *fig. fam.* kein Blatt vor den Mund nehmen; **tomar el -** *fig. fam.* jem zum besten haben; **no tener - de tonto** *fig. fam.* nicht auf den Kopf gefallen sein; **estar de alguna cosa hasta los -s** *fig. fam.* etw. gehörig satt haben.

pelota *f.* [pelo'ta] (Fuß-, Spiel-) Ball *m.;* **en -** ganz nackt; **hacer -s** *fig. fam.* in der Nase herumstochern; **-ri** *m.* [pelɔta'ri] baskischer Ballspieler *m.*

pelotera *f.* [pelote'ra]: **- conyugal** Ehezwist *m.*

pelotón *m.* [pelotɔ'n] *mil.* Abteilung *f.*, Trupp *m.*, Zug.

peluca *f.* [pelu'ka] Perücke *f.*

peluquer|ía *f.* [pelukeri'a] Friseurgeschäft *n.;* **-o** *m.* [peluke'ro] Friseur *m.*

pelusa *f.* [pelu'sa] Flaum *m.*, (Stoff-) Faser *f.*

pelvis *f.* [pe'lβis] *anat.* Becken *n.*

pellej|a *f.* [peʎe'xa] Tierhaut *f.;* **-ero** *m.* [peʎexe'ro] Fellhändler *m.;* **-o** *m.* [peʎe'xo] Haut *f.*, Fell *n.*

pelliza *f.* [peʎi'θa] Pelzjacke *f.*

pellizc|ar [peʎiθka'r] kneifen, zwikken; **-o** *m.* [peʎi'θko] Zwicken *n.*, Bissen *m.*

pena *f.* [pe'na] Strafe *f.*, Kummer *m.*, Leid *n.;* **(no) valer la -** (nicht) der Mühe wert sein; **da -** es ist e. Jammer; **so - de** auf die gefahr hin, daß; **¡qué -!** wie schade!

penacho *m.* [pena'čo] Feder-, Helmbusch *m.*, (Rauch-) Fahne *f.*

pena|do *m.* [pena'ðo] Sträfling *m.;* **-l**

P

m. [pena'l] Strafanstalt *f.*, Gefängnis *n.*; -**r** [pena'r] strafen.

penco *m.* [pe'ɲko] *fam* Mähre *f.*

pend|er [pende'r] (herab-) hängen; -**iente** *adj.* [pendje'nte] hängend, schwebend; -**iente** *m.* Ohrrig *m.*; *f.* Abhang *m.*; -**ón** *m.* [pendɔ'n] Standarte *f.* Banner *n.*

péndulo *m.* [pe'ndulo] Pendel *n.*

pene *n.* [pe'ne] *anat.* Penis *m.*

penetra|ción *f.* [penetraθʲɔ'n] Durchdringung *f.*, Eindringen *n.*; -**do** *adj.* [penetra'θo] überzeugt (**de** v.); -**nte** *adj.* [penetra'nte] scharf, schneidend; -**r**(**se**) [penetra'rse] ein-, durchdringen.

península *f.* [peni'nsula] Halbinsel *f.*

peninsular *adj.* [peninsula'r] auf Halbinsel bezüglich.

penique *m.* [peni'ke] (Münze) Penny *m.*

peniten|cia *f.* [penite'nθʲa] Buße *f.*; -**ciado** *m.* [penitenθʲa'ðo] Zuchthäusler *m.*; -**ciaría** *f.* [penitenθʲari'a] Strafanstalt *f.*; -**te** *m.* [penite'nte] Büßer *m.*

penoso *adj.* [peno'so] beschwerlich.

pensa|do *adj.* [pensa'ðo]: **mal -do** argwöhnisch; **el día menos -do** es. schönen Tages; -**dor** *m.* [pensaðɔ'r] Denker *m.*; -**miento** *m.* [pensamʲe'nto] Gedanke *m.*; *bot.* Stiefmütterchen *n.*; -**r** [pensa'r] denken, vorhaben; -**tivo** *adj.* [pensati'βo] nachdenklich.

pensi|ón *f.* [pensʲɔ'n] Pension *f.*, Pensionat *n.*, Fremdenheim, Ruhegehalt; -**ón completa** Kost u. Logis; -**onar** [pensʲona'r] in den Ruhestand versetzen; -**onista** *m.* [pensʲoni'sta] Pensionär *m.*, Kostgänger.

Pentecostés *m.* [pentekɔste's] Pfingsten *n.*

penúltimo *adj.* [penu'ltimo] vorletzt.

penumbra *f.* [penu'mbra] Halbschatten *m.*

penuria *f.* [penu'rʲa] Mangel *m.*, Not *f.*; Knappheit.

peñ|a *f.* [pe'ɲa] Felsen *m.*; (literarischer, Künstler-) Club, Zirkel; -**asco** *m.* [peɲa'sko] großer Fels *m.*; -**ón** *m.* [peɲɔ'n] Felskuppe *f.*

peón *m.* [peo'n] Fußgänger *m.*, ungelernter Arbeiter, Handlanger; (Schach) Bauer; (Spiel-) Kreisel; *SAm.* Landarbeiter; *Taur* Stierkämpfer zu fuß.

peor *adj.* [peɔ'r] schlechter, schlimmer, übler.

pepin|illos *m. pl.* [pepini'ʎos] (Essig-) Gürkchen *n.*; -**o** *m.* [pepi'no] Gurke *f.*

pepita *f.* [pepi'ta] Obstkern; - **de oro** Goldklumpen *m.*

pepitoria *f.* [pepito'rʲa] Hühnerfrikassee *n.*

pequeñ|ez *f.* [pekeɲe'θ] Kleinigkeit *f.*, Lappalie; -**o** *adj.* [peke'ɲo] klein.

pera *f.* [pe'ra] Birne *f.*, Spitzbart *m.*; -**l** *m.* [pera'l] Birnbaum *m.*

percance *m.* [perka'nθe] Mißgeschick *n.*, Zwischenfall *m.*

percatarse [perkata'rse] gewahr w. (**de** v.).

percebe *m.* [perθe'βe] *zool.* Muschelkrebs *m.*

perce|pción *f.* [perθepθʲɔ'n] Wahrnehmung *f.*; -**ptible** *adj.* [perθepti'βle] wahrnehmbar.

percibir [perθiβi'r] bemerken, wahrnehmen.

percha *f.* [pe'rča] Kleiderrechen *m.*, Garderobenständer.

perder [perde'r] verlieren, versäumen; **salir perdiendo** den kürzeren ziehen; -**se** [perde'rse] verloren gehen, verderben.

perdición *f.* [perdiθʲɔ'n] Verderben *n.*, Verderbnis *f.*

pérdida *f.* [pe'rdiða] Verlust *m.*

perdido *adj.* [perdi'ðo]: **ponerse uno -** s. schrecklich zurichten; **estar - por** sterblich verliebt sein in.

perdigones *m. pl.* [perdigo'nes] (Vogel-) Schrot *n.*

perdiz *f.* [perdi'θ] *zool.* Rebhuhn *n.*

perd|ón *m.* [perdɔ'n] Begnadigung *f.*;

con **-ón** m. Verlaub; **no tiene -ón** es ist unverzeihlich; **pedir mil -ones** tausendmal um Entschuldigung bitten; **-onable** *adj.* [perdona'βle] verzeihlich; **-onar** [perdona'r] verzeihen, vergehen, begnadigen.

perdura|ble *adj.* [perdura'βle] dauerhaft; **-r** [perdura'r] dauern.

perece|dero *adj.* [pereθeðe'ro] vergänglich; **-r** [pereθe'r] umkommen, vergehen.

peregrin|ación *f.* [peregrinaθʲɔ'n] Wallfahrt *f.*; **-o** *m.* [peregri'no] Pilger; **-o** *adj.* seltsan, ungewöhnlich.

perejil *m.* [perexi'l] *bot.* Petersilie *f.*

peren(n)e *adj.* [pere'nne] ewig; *bot* immergrün.

perentorio *adj.* [perento'rʲo] dringlich.

perez|a *f.* [pere'θa] Faulheit *f.*, Trägheit; **-oso** *adj.* [pereθo'so] faul, träge.

perfec|ción *f.* [perfekθʲɔ'n] Vollkommenheit *f.*, Vervollkommnung; **-cionamiento** *m.* [perfeθʲonamʲe'nto] Vervollkommung *f.*; **-cionar** [perkekθʲona'r] vervollkommnen; **-tamente** *adv.* [perkeftame'nte] recht so; **-to** *adj.* [perke'kto] vollendet, vollkommen.

perfil *m.* [perfi'l] Profil *n.*, Umriß *m.*; (Gewinde) Querschnitt; **-ado** *adj.* [perfila'ðo] wohlgebildet; **-ar(se)** [perfila'rse] profilieren.

perfora|ción *f.* [perforaθʲɔ'n] Durchbohren *n.*, Lochung *f.*; **-dor** *m.* [perforaðɔ'r] Locher *m.*; **-dora** *f.* [perforaðo'ra] Bohrmaschine *f.*; **-r** [perfora'r] lochen, durchbohren.

perfum|ar [perfuma'r] parfümieren; **-e** *m.* [perfu'me] Duft *m.*, Parfüm *n.*; **-ería** *f.* [perfumeri'a] Parfümerie (-geschäft) *f.* (*n.*).

pergamino *m.* [pergami'no] Pergament *n.*

pericia *f.* [peri'θʲa] Erfahrung *f.*, Geschicklichkeit; **-l** *adj.* [periθʲa'l] fach-, sachkundig.

periferia *f.* [perife'rʲa] Peripherie *f.*; Umfang *m.*, Umkreis.

perilla *f.* [peri'ʎa] Spitzbart *m.*

perímetro *m.* [peri'metro] Umfang *m.*

periódico *m.* [perʲo'ðiko] Zeitung *f.*; - *adj.* periodisch, regelmäßig.

periodis|mo *m.* [perʲoði'zmo] Zeitungswesen *n.*; **-ta** *m.* [perʲoði'sta] Journalist *m.*, Zeitungsschreiber, reporter.

período *m.* [peri'oðo] Periode *f.*, kürzere Zeitspanne; Menstruationszeit.

periscopio *m.* [perisko'pʲo] Sehrohr *n.*

perit|aje *m.* [perita'xe] Untersuchung (*f.*) durch Sachverständige; **-o** *m.* [peri'to] Sachverständiger *m.*, Fachmann.

peritonitis *f.* [peritoni'tis] *med.* Bauchfellentzündung *f.*

perju|dicar [perxuðika'r] (be-) schädigen; **-dicarse** [perxuðika'rse] s. (selbst) schaden; **-dicial** *adj.* [perxuðiθʲa'l] nachteilig, schädlich; **-icio** *m.* [perxʷi'θʲo] Nachteil *m.*, Schaden.

perjur|ar [perxura'r] Meineid leisten; **-io** *m.* [perxu'rʲo] Meineid *m.*; **-o** *adj.* [perxu'ro] meineidig.

perla *f.* [pe'rla] Perle *f.*; (Pharmazie) Kügelchen *n.*

permane/cer [permaneθe'r] bleiben, beharren; **-ncia** *f.* [permane'nθʲa] (dauernder) Verbleib *m.*; Aufenthalt; **-nte** *adj.* [permane'nte] (ständig) andauernd, bleibend, ununterbrochen.

permeab|ilidad *f.* [permeaβiliða'ð] Durchlässigkeit *f.*; **-le** [permea'βle] durchlässig.

permi|so *m.* [permi'so] Erlaubnis *f.*, Genehmigung; Urlaub *m.*, *aut.* Führerschein; **-tir** [permiti'r] erlauben, gestatten, zulassen; **¡no se -te fumar** Rauchen verboten

permutable *adj.* [permuta'βle] vertauschbar.

pernicioso *adj.* [perniθʲo'so] (Krankheit) bösartig.

P

pernil *m.* [perni'l] (Schweins-) Keule *f.*
pernio *m.* [pe'rnʲo] *arch.* Türband *n.*
perno *m.* [pe'rno] Bolzen *m.*
pernoctar [pernɔkta'r] übernachten.
pero [pe'ro] aber, jedoch, sondern; **algo no tiene** - an etw. ist nichts auszusetzen.
perogrullada *f.* [perogruʎa'ða] Binsenwahrheit *f.*
peroné *m.* [perone'] *anat.* Wadenbein *n.*
perora|ción *f.* [peroraθʲɔ'n] Ansprache *f.*; **-ta** *f.* [perora'ta] langweilige Rede *f.*
perpendicular *adj.* [perpendikula'r] senkrecht.
perpetrar [perpetra'r] (Verbrechen) verüben.
perpetua *f.* [perpe'twa] *bot.* Strohblume *f.*
perpetuo *adj.* [perpe'two] ewig, lebenslänglich.
perplej|idad *f.* [perplexiða'ð] Bestürzung *f.*; **-o** *adj.* [perple'xo] bestürzt, verlegen.
perr|a *f.* [pe'rra] Hündin *f.*; **-a gorda (chica)** *Span.* 10 céntimos (5 céntimos) Kupfermünze *f.*; **-ada** *f.* [perra'ða] gemeine Handlung *f.*; **-era** *f.* [perre'ra] Hundehütte *f.*; *Eis.* Hundeabteil *n.*; **-ero** *m.* [perre'ro] Hundefänger *m.*; **-illo** *m.* [perri'ʎo] Schoßhündchen *n.*; *Span.* Kupfermünze (= perra) *f.*; **-o de aguas** Pudel *m.*; **vida** (*f.*) **de -o** *fig.* Hundeleben *n.*; **humor** (*m.*) **de -os** mürrische Laune *f.*; **-uno** *adj.* [perru'no] auf Hund bezüglich.
persa *m.* [pe'rsa] Perser *m.*, persische Sprache *f.*; - *adj.* persisch.
perse|cución *f.* [persekuθʲɔ'n] Verfolgung; **-cutorio** *adj.* [persekuto'rʲo]: **manía** (*f.*) **-cutoria** Verfolgungswahn *m.*; **-guir** [persegi'r] verfolgen.
persevera|ncia *f.* [perseβera'nθʲa] Beharrlichkeit *f.*; **-nte** *adj.* [perseβera'nte] ausdauernd, beharrlich; **-r** [perseβera'r] aus-, beharren, fortdauern.
persiana *f.* [persʲa'na] Rolladen *m.*, Jalousie *f.*
persignarse [persigna'rse] s. bekreuzen.
persist|encia *f.* [persiste'nθʲa] Ausdauer *f.*, Beständigkeit; **-ente** *adj.* [persiste'nte] anhaltend, ausdauernd; **-ir** [persisti'r] bestehen (**en** auf) fortdauern.
persona *f.* [perso'na] Person *f.*, Persönlichkeit; **en** - persönlich; **-je** *m.* [persona'xe] *theat.* Personen *f. pl.* (es. Stückes); Persönlichkeit *f.*; **-l** *adj.* [persona'l] persönlich, eigen(-händig; **-l** *m.* Personal *n.*; **-l docente** Lehrkörper *m.*; **-lidad** *f.* [personaliða'ð] Persönlichkeit *f.*; **-rse** [persona'rse] persönlich erscheinen, s. einstellen.
personifica|ción *f.* [personifikaθʲɔ'n] Personifizierung *f.*, Verkörperung; **-r** [personifika'r] verkörpern.
perspectiva *f.* [perspekti'βa] Perspektive *f.*; *fig.* Aussicht.
perspic|acia *f.* [perspika'θʲa] Scharfblick *m.*; **-az** *adj.* [perspika'θ] scharfsinnig.
persua|dir [persʷaði'r] überreden, überzeugen; **-sión** *f.* [persʷasʲɔ'n] Überredung *f.*, -zeugung.
pertene|cer [perteneθe'r] (an-), (dazu-) gehören; **-ciente** *adj.* [perteneθʲe'nte] (zu-)gehörig; **-ncia** *f.* [pertene'nθʲa] Eigentum *n.*, Zubehör.
pértiga *f.* [pe'rtiga] (dünne, biegsame) Stange *f.*
pertinaz *adj.* [pertina'θ] hartnäckig.
pertinen|cia *f.* [pertine'nθʲa] Schicklichkeit *f.*, Zugehörigkeit; **-te** *adj.* [pertine'nte] zugehörig, passend.
pertrechos (*m. pl.*) [pertre'čos]: - **de guerra** Kriegsbedarf *m.*
perturba|ción *f.* [perturβaθʲɔ'n] Störung *f.*; **-r(se)** [perturβa'rse] stören; (in Verwirrung geraten).

pervers/idad *f.* [perβersiða'ð] Perversität *f.*, Verderbtheit; **-o** *adj.* [perβe'rso] verderbt, widernatürlich.

pervertir(se) [perβerti'rse] verderben; (sittlich vorkommen).

pesa *f.* [pe'sa] Gewicht (-sstück) *n.;* **-cartas** *m.* [pesaka'rtas] Briefwaage *f.;* **-dez** *f.* [pesaðe'θ] Schwere *f.*, Schwerfälligkeit; **-dilla** *f.* [pesaði'ʎa] Albdruck *m.;* **-do** *adj.* [pesa'ðo] schwer; *fig.* lästig; **-dumbre** *f.* [pesaðu'mbre] Schwerfälligkeit *f.*

pésame *m.* [pe'same] Beileid *n.*

pesa|ntez *f.* [pesante'θ] Schwere *f.;* **-r** [pesa'r] (ab-)wägen, wiegen; **-r** *m.* Bedauern *n.*, Kummer *m.;* **a -r de** trotz; **-roso** [pesaro'so] betrübt.

pesca *f.* [pe'ska] Fischfang *m.;* **-dería** *f.* [peskaðeri'a] Fischladen *m.;* **-dilla** *f.* [peskaði'ʎa] (Fisch) Weißling *m.;* **-do** *m.* [peska'ðo] (gefangener *od.* zubereiteter Fisch *m.;* **-dor** *m.* [peskaðɔ'r] Fischer *m.;* **-nte** *m.* [peska'nte] (Kustsch-) Bock *m.*, (Führer-) Sitz; **-r** [peska'r] fischen; **-r con caña** angeln; **-r una mona** *fig. fam.* en. Schwips bekommen; **-r una enfermedad** *fam.* s. ee. Krankheit zuziehen.

pescuezo *m.* [pesk^{w}e'θo] Genick *n.*, Hals *m.*, Nacken.

pesebre *m.* [pese'βre] Krippe *f.*

peseta *f.* [pese'ta] (Münze) Pesete *f.;* **cambiar la** *- fig. fam.* s. übergeben, erbrechen.

pesimista *m.* [pesimi'sta] Pessimist *m.*, Schwarzseher.

pésimo *adj.* [pe'simo] sehr schlecht.

peso *m.* [pe'so] Gewicht *n.*, Waage *f.*, Schwere; *fig.* Bärde; (Münze) Peso *m.;* **de** *- fig.* angesehen; **caerse una cosa de su** *- fig. fam.* über ee. Sache kein Wort zu verlieren brauchen.

pespuntear [pespuntea'r] steppen.

pesquer|ía *f.* [peskeri'a] Fischerei *f.;* **-o** *adj.* [peske'ro]: **industria** (*f.*) **-a** Fischerereigewerbe *n.;* **barco** (*m.*) **-o** Fischdampfer *m.*, Fiischerboot *n.*

pesquisa *f.* [peski'sa] Nachforschung *f.*, Untersuchung; **-r** [peskisa'r] nachforschen, untersuchen.

pestañ|a *f.* [pesta'ɲa] (Augen-) Wimper *f.;* *techn.* schmale, vorspringende Leiste; **-a de rueda** Spurkranz *m.;* **-ear** [pestaɲea'r] blinzeln; **sin -ear** ohne m. der Wimper zu zucken.

pest|e *f.* [pe'ste] Pest *f.*, Seuche; **-ilente** *adj.* [pestile'nte] verpestend.

pestillo *m.* [pesti'ʎo] (Tür-) Riegel *m.*

petaca *f.* [peta'ka] Zigarren-, Zigarettentasche *f.*

pétalo *m.* [pe'talo] *bot.* Blumenblatt *n.*

petardo *m.* [peta'rdo] Petarde *f.*, Sprengschuß *m.*

petate *m.* [peta'te] Bettsack *m.*

peteneras *f. pl.* [petene'ras] südspan. Tanz *m.*

petici|ón *f.* [petiθ^{j}ɔ'n] Bitte *f.*, Gesuch *n.;* Wunsch v.; **-onario** *m.* [petiθ^{j}ona'r^{j}o] Bittsteller *m.*

petirrojo *m.* [petirrɔ'xo] *zool.* Rotkehlchen *n.*

peto *m.* [pe'to] Brustpanzer *m.;* (Hemd-) Latz *n.*

pétreo *adj.* [pe'treo] steinig.

petrifica|ción *f.* [petrifikaθ^{j}ɔ'n] Versteinerung *f.*

petróleo *m.* [petro'leo] Petroleum *n.;* **- bruto** Rohöl *n.*

petrolero *m.* [petrole'ro] *naut.* Tanker *m.*

petulan|cia *f.* [petula'nθ^{j}a] Anmaßung *f.*, Eitelkeit; **-te** *adj.* [petula'nte] anmaßend, eitel.

pez *m.* [peθ] Fisch *m.;* **estar** *- fig. fam.* keine Ahnung *od.* keinen Schimmer haben; *- f.* Pech *n.;* **-ón** *m.* [peθɔ'n] *anat.* Brustwarze *f.;* **- uña** *f.* [peθu'ɲa] Huf *m.*, Klaue *f.*

piadoso *adj.* [p^{j}aðo'so] barmherzig, fromm.

pian/ista *m.* [p^{j}ani'sta] Klavierspieler *m.;* **-o** *m.* [p^{j}a'no] Klavier *n.*, Piano; **-o de cola** Flügel *m.*

piar [pia'r] (Vögel) piepsen.

piara *f.* [p^{j}a'ra] Schweineherde *f.*

pica *f.* [pi'ka] Pike *f.*, Lanze; **-cho** *m.* [pika'čo] Berg pitze *f.*; **-da** *f.* [pika'ða] Schnabelhieb; *SAm.* Bergpfad *m.*; **-dero** *m.* [pikaðe'ro] Reitbhan *f.*; **-do** *adj.* [pika'ðo] (Fleisch) gehackt; (Fleisch, Obst usw.) angefault; **-do** *m.* (Tabak) Feinschnitt *m.*; **-dor** *m.* [pikaðɔ'r] *Taur* Pikador *m.*, berittener Stierkämpfer; **-dura** *f.* [pikaðu'ra] Insektenstich *m.*, feiner Zigarettentabak; **-nte** *adj.* [pika'nte] beißend, scharf; **-pedrero** *m.* [pikapedre'ro] Steinmetz *m.*; **-pleitos** *m.* [pikaple'itos] Winkeladvokat *m.*; **porte** *m.* [pikapɔ'rte] Türklinke *f.*; **-r** [pika'r] stechen, picken (klein-) hacken.

picaresco *adj.* [pikare'sko]: **novela** (*f.*) **-a** Schelmenroman *m.*

pícaro *m. adj.* [pi'karo] schlau, spitzbübisch; - *m.* Lausbub *m.*, Schelm, Schurke.

picatoste *m.* [pikatɔ'ste] geröstetes Brot (*n.*) (in Streifen).

picaza *f.* [pika'θa] Elster *f.*

pico *m.* [pi'ko] Schnabel *m.*, Schnauze *f.*, (Berg-) Spitze, Spitzhacke; *zool.* Baumspecht *m.*; **-r** [pikɔ'r] Juckreiz *m.*; **-ta** *f.* [piko'ta] Schandpfhal *m.*; **-tazo** *m.* [pikota'θo] Schnabelhieb *m.*; **-tear** [pikote'r] m. dem. Schnabel picken.

pictórico *adj.* [pikto'riko] die Malerei betreffend.

pichón *m.* [pičɔ'n] Taubenjunges *n.*; *fig.* Schätzchen; **tiro** (*m.*) **de** - Taubenschießen *n.*

pie *m.* [p^{j}e] Fuß *m.*, Pfote *f.*; **al - de la letra** buchstabengetreu; ganz genau befolgt; **seguir en** - (Zweifel) bestehen bleiben; **de** - stehend.

piedad *f.* [p^{j}eða'ð] Erbarmen *n.*, Mitleid, Frömmigkeit *f.*; **monte** (*m.*) **de** - Pfandhaus *n.*

piedra *f.* [p^{j}e'dra] Stein *m.*, Hagel; - **pómez** Bimsstein *m.*; - **preciosa** Edelstein *m.*; **colocar la primera** - den Grundstein legen.

piel *f.* [p^{j}el] Haut *f.*, Leder *n.*, Fell; - **de gallina** Gänsehaut *f.*; - (*m.*) **roja** Indianer *m.*; **abrigo** (*m.*) **de -es** Pelzmantel *m.*

pienso *m.* [p^{j}e'nso] (Vieh-) Futter *n.*

pierna *f.* [p^{j}e'rna] (Tier-) Bein *n.*; Keule *f.*

pieza *f.* [p^{j}e'θa] Stück *n.*, Zimmer; - **de recambio** Ersatzteil *m.*; *mil.* Geschütz *n.*

pifia *f.* [pi'f^{j}a] (Billard) Fehlstoß *m.*; **dar una** - *fig.* ee. große Dummheit machen (damit, daß **Gerundium**.

pigmeo *m.* [pigme'o] Zwerg *m.*

pijama *m.* [pixa'ma] Schlafanzug *m.*

pila *f.* [pi'la] (Brunnen-) Trog *m.*, Wanne *f.*, Taufstein *m.*; - **eléctrica** *elektr.* Element *n.*; **-r** *m.* [pila'r] Pfeiler *m.*, freistehende Säule *f.*; **la Virgen del P -r** Schutzheilige v. Spanien.

pilastra *f.* [pila'stra] eckige Säule *f.*

píldora *f.* [pi'ldora] (Arznei-) Pille *f.*

pilón *m.* [pilɔ'n] Brunnenbecken *n.*, Zuckerhut *m.*

pilongo *adj.* [pilo'ɲgo]: **castañas** (*f. pl.*) **-gas** geröstete Kastanien *f. pl.*

pilot|aje *m.* [pilota'xe] *naut.* Lotsengeld *n.*; av. Führung (*f.*), es. Flugzeuges; *arch.* Pfeilergründung; **-ar** [pilota'r] *naut.* lotsen; *av. aut.* führen, steuern; **-e** *m.* [pilo'te] Gründungspfeiler *m.*; **-o** *m.* [pilo'to] Lotse *m.*, Flugzeugführer.

pill|aje *m.* [piʎa'xe] Plünderung *f.*; **-ar** [piʎa'r] plündern; *fam.* (Krankheit bekommen, kriegen; (einige Worte) auffangen; **-o** *m.* [pi'ʎo] Gauner *m.*, Lümmel; **-o** *adj.* gerieben, listig.

piment|ero *m.* [pimente'ro] Pfefferbüchse *f.*, **-ón** *m.* [pi'mentɔ'n] Paprika *m.*

pimient|a *f.* [pim^{j}e'nta] Pfeffer *m.*; **-o** [pim^{j}e'nto] Pfefferstrauch *m.*

pimpollo *m.* [pimpo'ʎo] *bot.* Trieb *m.*; *fig.* hübscher Bursche.

pinacoteca *f.* [pinakote'ka] Gemäldegalerie *f.*
pinar *m.* [pina'r] Fichten-, Kiefernwald *m.*
pincel *m.* [pinθe'l] Pinsel *m.;* **-ada** *f.* [pinθela'ða] Pinselstrich *m.*
pincha|r [pinča'r] stechen; *fig.* reizen; **-rse** [pinča'rse] s. stechen; **-zo** *m.* [pinča'θo] Stich *m.*, Stichelei *f.*
pinche *m.* [pinče] Küchenjuge *m.*
pincho *m.* [pi'nčo] Stachel *m.*
pingo *m.* [pi'ɲgo] Fetzen *m.*
pingüe *adj.* [pi'ng^{w}e] (Geschäft) ergiebig, einträglich.
pingüino *m.* [ping^{w}i'no] *zool.* Pinguin *m.*
pinito *m.* [pini'to]: **hacer -s** *fig. fam.* (Kinder) anfangen zu gehen.
pino *m.* [pi'no] Kiefer *f.*, Fichte, Pinie; *- adj.* steil; **-cha** *f.* [pino'ča] *bot.* Fichten-, Tannenadel *f.*
Pinocho, el [pino'čo] *Span.* **der** Hanswurst in Kindergeschichten.
pinta *f.* [pi'nta] Flecken *m.*, Tupf; leichtsinnige Frau *f.; fig.* äußerer Anschein *m.;* Pinte *f.* (Flüssigkeitsmaß); **La P** - eines der 3 Kolumbus Schiffe; **-do** *adj.* [pinta'ðo] bunt, gesprenkelt; **¡ -!** frisch gestrichen; **-r** [pinta'r] malen, anstreichen; *fig.* beschreiben; **no -r nada** *fig.* nichts zu sagen haben; **-rse** [pinta'rse] s. schminken.
pintor *m.* [pintɔ'r] Maler *m.;* **-esco** *adj.* [pintore'sko] malerisch.
pintura *f.* [pintu'ra] Malkunst *f.*, Malerei Gemälde *n.;* Anstrich *m.*, farbe *f.;* **caja** (*f.*) **de** - Malkasten *m.*
pinza *f.* [pi'nθa] Klammer *f.*, Klemme; **-s** *f. pl.* [pi'nθas] Pinzette *f.*
pinzón *m.* [pinθɔ'n] *zool.* (Buch-) Fink *m.*
piñ|a *f.* [pi'ɲa] Fichten-, Tannenzapfen *m.;* Ananas *f.;* **-ón** *m.* [piɲɔ'n] Pinienkern *m.; techn.* kleineres Zahnrad *n,*, Ritzel *m.*
piojo *m.* [p^{j}ɔ'xo] Laus *f.;* **-so** *adj.* [p^{j}oxo'so] lausig verlaust.
piola *f.* [p^{j}o'la] *SAm.* Bindfaden *m.*
pipa *f.* [pi'pa] (Tabak-) Pfeife *f.;* (Wein-) Faß *n.*
pipí [pipi'] (Kindersprache); **hacer** - urinieren; - *m.* (Soldatensprache) Bekrut *m.*
pique *m.* [pi'ke] Groll *m.; naut.* **irse a** - (Schiff) untergehen; **-ra** *f.* [pike'ra] *techn.* (Ofen) Stichloch *n.;* **-ta** *f.* [pike'ta] Maurerhammer *m.*
pira *f.* [pi'ra] Scheiterhaufen *m.;* **-gua** *f.* [pira'g^{w}a] Kanu *n.*
piramidal *adj.* [piramiða'l] pyramidenförmig.
pirámide *f.* [pira'miðe] Pyramide *f.*
pirat/a *m.* [pira'ta] Pirat *m.*, Seeräuber; **buque** (*m.*) - Seeräuberschiff; **-ería** *f.* [pirateri'a] Seeräuberei *f.*
pirenaico *adj.* [pirena'iko] auf die Pyrenäen bezüglich.
Pirineos *m. pl.* [pirine'os] Pyrenäen *pl.*
pirita *f.* [piri'ta] Schwefelkies *m.*
pirop|ear [piropea'r] (Frauen) Artigkeiten sagen; **-o** *m.* [piro'po] Schmeichelei *f.*, Artigkeit; **echar -os** (den Frauen) Artigkeiten sagen.
pirot|ecnia *f.* [pirote'knia] Feuerwerkerei *f.;* **-écnico** *m.* [pirote'kniko] Feuerwerker *m.*
pirueta *f.* [pir^{w}e'ta] Luftsprung *m.;* (Pferd) Kapriole *f.*
pisa|da *f.* [pisa'ða] Fußspur *f.*, Tritt *m.;* **-papeles** *m.* [pisapape'les] Briefbeschwerer *m.;* **-r** [pisa'r] (be-), (zer-) treten; (Trauben) pressen.
pisci|cultura *f.* [pisθikultu'ra] Fischzucht *f.;* **-na** *f.* [pisθi'na] Bassin *n.*, Schwimmbad.
piscolabis *m.* [piskola'βis] Imbiß *m.*
piso *m.* [pi'so] Boden *m.*, Stockwerk *n.*, Wohnung *f.;* **-bajo** Erdgeschoß *n.*
pisot|ear [pisotea'r] festtreten, m. den Füßen treten; **-ón** *m.* [pisotɔ'n] Tritt (*m.*) auf jem. Fuß.
pista *f.* [pi'sta] Fährte *f.*, Spur; Fahr-, Reit-, Rennbahn.
pisto *m.* [pi'sto] Gericht *n.* (aus Kürbis, Paprikaschoten, Zwiebeln.

pistol|a *f.* [pisto'la] Pistole *f.*; **-ero** *m.* [pistole'ro] Terrorist *m.*; **-etazo** *m.* [pistoleta'θo] Pistolenschuß *m.*
pistón *m.* [pistɔ'n] *techn.* Kolben *m.*, Stempel; Zündhütchen *n.*, plättchen.
pita *f.* [pi'ta] *bot* Agave *f.*; **-da** *f.* [pita'ða] Pfiff *m.*; **-r** [pita'r] pfeifen; (Argentinien) rauchen.
pitill|era *f.* [pitiʎe'ra] Zigarettenetui *n.*; **-o** *m.* [piti'ʎo] Zigarette *f.*
pito *m.* [pi'to] Pfeife *f.*; *SAm.* Tabakspfeife; *vulg.* Zigarette; Fabriksirene.
pitón *m.* [pitɔ'n] Riesenschlange *f.*
pitorro *m.* [pitɔ'rro] (span. Tonkrug «botijo») Ausguß *m.*
pivote *m.* [piβo'te] *techn.* (senkrechter) Drehzapfen *m.*
pizarr|a *f.* [piθa'rra] Schiefer *m.*, **-oso** *adj.* [piθarro'so] schieferfarben.
pizca *f.* [pi'θka] Bißchen *n.*; *fig.* Fünkchen; **ni** - keine Bohne; keine Deut.
placa *f.* [pla'ka] Platte *f.*, Schild *n.*; - **giratoria** Drehscheibe *f.*
pláceme *m.* [pla'θeme] Glückwunsch *m.*
placer [plaθe'r] gefallen; **si le place** wenn es Ihnen beliebt; - *m.* Vergnügen *n.*, Freude *f.*; *SAm.* Austernbank.
plácido *adj.* [pla'θiðo] anmutig.
plaga *f.* [pla'ga] (Land-) Plage *f.*; **-do** *adj.* [plaga'ðo]: **-do de** wimmelnd von.
plagi|ar [plaxʲa'r] ohne Genehmigung etw. abschreiben; **-o** [pla'xʲo] Plagiat *n.*
plan *m.* [plan] Plan *m.*; **-a** *f.* [pla'na] (Zeitungs-) Seite *f.*; **-cha** *f.* [pla'nča] Platte *f.*; Bügeleisen *n.*; **-chado** *m.* [planča'ðo] Bügelanstalt *f.*; **-chadora** *f.* [plančaðo'ra] Plätterin *f.*; **-cher** [planča'r] bügeln, plätten.
planea|dor *m.* [planeaðɔ'r] *av.* Gleitflieger *m.*; **-r** [planea'r] planen, e. Projekt vorbereiten.
planeta *m.* [plane'ta] Planet *m.*
planicie *f.* [plani'θʲe] Ebene *f.*
planificación *f.* [planifikaθʲɔ'n] Planwirtschaft *f.*
plano *adj.* [pla'no] eben, flach; **de** - geradeheraus; - *m.* Ebene *f.*, Fläche, Zeichnung, Plan *m.*
planta *f.* [pla'nta] Pflanze *f.*, Pflanzung, Fußsohle, Grundriß *m.*; *techn.* Maschinenanlage *f.*; - **baja** Erdgeschoß *n.*; **-ción** *f.* [plantaθʲɔ'n] Pflanzung *f.*; **-r** [planta'r] (auf-), (be-) pflanzen; (Frage). aufwerfen.
plantear [plantea'r] (Frage) aufwerfen.
plantel *m.* [plante'l] Baumschule *f.*
plantilla *f.* [planti'ʎa] Einlegsohle *f.*, Schablone.
plant|ío *m.* [planti'o] Pflanzung *f.*; **-ón** *m.* [plantɔ'n] Setzreis *n.*; **dar un -ón** lange warten lassen.
plañidero *adj.* [plaɲiðe'ro] weinerlich.
plasmar [plazma'r] bilden, formen.
plasticidad *f.* [plastiθiða'ð] Bildsamkeit *f.*
plástico *adj.* [pla'stiko] plastisch.
plata *f.* [pla'ta] Silber; *fig. fam.* Geld *n.*; **de** - silbern.
plataforma *f.* [platafɔ'rma] Plattform *f.*, Bedienungsbühne; - **giratoria** Drehscheibe *f.*
plátano *m.* [pla'tano] *bot.* Platane *f.*, Banane.
platea *f.* [plate'a] *theat.* Parterre *n.*; **-do** *adj.* [platea'ðo] silberfarben; **-r** [platea'r] versilbern.
plater|esco *adj.* [platere'sko] *arch.* geschnörkeit; **-ía** *f.* [plateri'a] Silber- u. Goldwarengeschäft *n.*; **-o** *m.* [plate'ro] Juwelier *m.*
platillo *m.* [plati'ʎo] Unterteller *m.*, Waagschale *f.*, *techn.* Scheibe; **-s** *m. pl.* [plati'ʎos] *mil. mus.* Becken *n. pl.*
platino *m.* [plati'no] Platin *n.*
plato *m.* [pla'to] Teller *m.*; *techn.* Scheibe *f.*; (Essen) Gericht *n.*
playa *f.* [pla'ja] Strand *m.*, Seebad *n.*
plaza *f.* [pla'θa] (Markt-) Platz *m.*; -

de toros *Taur.* Arena *f.*, Stierzirkus *m.*
plazo *m.* [pla'θo] Frist *f.*, Rate; **a -s** auf Abzahlung, in Raten; **-leta** *f.* [plaθole'ta] kleiner Platz *m.*
pleamar *f.* [pleama'r] *naut* Flut *f.*
plebe *f.* [ple'βe] Pöbel *m.*; **-yo** *adj.* [pleβe'jo] gemein gewöhnlich.
plebiscito *m.* [pleβisθi'to] Plebiszit *n.*; Volksbefragung *f.*
plega|ble *adj.* [plega'βle] faltbar, biegsam; **mesa** (*f.*) **-ble** Klapptisch *m.*; **-dera** *f.* [plegaðe'ra] Falzbein *n.*; **-dizo** *adj.* [plegaði'θo] zusammenlegbar; **-dura** *f.* [plegaðu'ra] Falten *n.*, Falte *f.*; **-r** [plega'r] (zusammen-) falten, falzen.
plegaria *f.* [plega'rja] Gebet *n.*
pleit|ear [pleitea'r] prozessieren; **-o** *m.* [ple'ito] Prozeß *m.*
plenamente *adv.* [plename'nte] vollständig.
pleni|lunio *m.* [plenilu'n^jo] Vollmond *m.*; **-tud** *f.* [plenitu'ð] Fülle *f.*, Vollkraft.
pleno *adj.* [ple'no] voll; (Sonne) prall; (Straße) offen.
pletórico *adj.* [pleto'riko] vollblütig.
pleura *f.* [ple'ura] *anat.* Brustfell *n.*
pliego *m.* [pl^je'go] (Papier-) Bogen *m.*
pliegue *m.* [plie'ge] (Bügel-) Falte *f.*
plin [plin] *fam.* **¡a mí -!** *vulg.* das ist mir Wurscht!
plom|ada *f.* [ploma'ða] Senklot *n.*; **-ar** [ploma'r] plombieren; **-o** *m.* [plo'mo] Blei *n.*, Senklot, Plombe *f.*, **a -o** lotrecht.
pluma *f.* [plu'ma] (Vogel-), (Schreib-) Feder *f.*; *fig.* Schriftsteller *m.*
plumero *m.* [plume'ro] Staubbesen *m.*, Federhülse *f.*
plumón *m.* [plumɔ'n] Federbett *n.*
plural *m.* [plura'l] Mehrzahl *f.*; **-idad** *f.* [pluraliða'ð]: **-idad de votos** Stimmenmehrheit *f.*
plus *m.* [plus] besondere Gehalts- *od.* Lohzulage *f.*
pluvial *adj.* [pluβ^ja'l] **capa** (*f.*) **-** Chormantel *m.*
pobla|ción *f.* [poβlaθ^jɔ'n] Bevölkerung *f.*, Stadt, Ort *m.*; **-cho** *m.* [poβla'čo] dicht bewohnt, bewaldet; (Haar) buschig; **-do** *m.* Ortschaft *f.*; **-r** [poβla'r] bevölkern, besiedeln.
pobre *adj.* [po'βre] arm, beklagenswert; **-** *m.* Armer *m.*, Bettler; **-za** *f.* [poβre'θa] Armut *f.*
pocero *m.* [poθe'ro] Brunnen-, Schleusenarbeiter *m.*
pocilga *f.* [poθi'lga] Schweinestall *m.*
poco *adj. adv.* [po'ko] wenig, gering; **a -** bald darauf; **dentro de -** in Kürze; **hace -** vor kurzem.
pocho *adj.* [po'čo] (Farbe) verschossen; lebt; (Baum) altersschwach.
poda *f.* [po'ða] (Bäume) Beschneiden *n.*; **-dera** *f.* [poðaðe'ra] Baumschere *f.*, Gartermesser *n.*; **-r** [poða'r] (Pflanzen, Bäume) beschneiden.
poder [poðe'r] können, vermögen, dürfen; **puede que (sí)** vielleicht (ja); **no - menos de** nicht umhin können; **a más no -** aus Leibeskräften; **¿se puede?** darf man eintreten?; **-** *m.* Gewalt *f.*, Kraft, Macht, Vollmacht; **-ío** *m.* [poðeri'o] Besitz *m.*, Gewalt *f.*, Macht; **-oso** *adj.* [poðero'so] mächtig.
podr|edumbre *f.* [podreðu'mbre] Fäulnis *f.*; **-ido** *adj.* [podri'ðo] faul (-ig) moderig.
poe|ma *m.* [poe'ma] Dichtung *f.*, Gedicht *n.*; **-sía** *f.* [poesi'a] Gedicht *n.*; Dichkunst *f.*; **-ta** *m.* [poe'ta] Dichter *m.*
poético *adj.* [poe'tiko] dichterisch.
poet|isa *f.* [poeti'sa] Dichterin *f.*; **-izar** [poetiθ'ar] poetisch gestalten.
polaco *m.* [pola'ko] Pole *m.*; **-** *adj.* polnisch.
polaina *f.* [pola'ina] Gamasche *f.*
polar *adj.* [pola'r]: **estrella** (*f.*) **-** Polarstern *m.*
polea *f.* [pole'a] (Riemen-) Scheibe *f.*, Rolle, Flaschenzug *m.*
polen *m.* [po'len] *bot.* Blütenstaub *m.*

policía *f.* [poliθi'a] Polizei *f.*, (Schutzman *m.)*; - **secreta** Geheimpolizei *m.;* **agente de** - Polizist *m.;* **-co** *adj.* [poliθi'ako] polizeilich; **película** (*f.*) **-ca** Detektivfilm *m.*

poli|clínica *f.* [polikli'nika] Poliklinik *f.;* **-gamia** *f.* [poliga'mia] Vielehe *f.*

polígamo *adj.* [poli'gamo] polygamisch, vielgattig.

polígono *m.* [poli'gono] *math.* Vieleck *n.*

polilla *f.* [poli'ʎa] (Kleider-) Motte *f.*

pólipo *m.* [po'lipo] Polyp *m.*

politécnico *adj.* [polite'kniko]: **escuela** (*f.*) **-a** Technische Hochschule *f.*

polític|a *f.* [poli'tika] Politik *f.* Staatskunst; **-o** *adj.* [politiko] politisch; **padre (madre) -o (-a)** Schwiegervater *m.*, (-mutter *f.*); **hermano -o** Schwager *m.;* **hijo -o** Schwiegersohn *m.;* **-o** *m.* Staatsmann *m.*

póliza *f.* [po'liθa] Police *f.*, Versicherungsschein *m.*

poliz|ón *m.* [poliθɔ'n] blinder Passagier *m.;* **-onte** *m.* [poliθɔ'nte] Spitzel *m.*

polo *m.* [polo] (Erd-) Pol *m.;* Polospiel *n.*

pol|vareda *f.* [polβare'ða] Staubwolke *f.;* **-vera** *f.* [polβe'ra] Puderdose *f.;* **-vo** *m.* [po'lβo] Staub *m.*, Pulver *n.;* **hacer -vo** *fig. fam.* kaputt machen; **quedar hecho -vo** total in Trümmer gehen; **-vos** *m. pl.* [po'lβos] Puder *m.*

pólvora *f.* [po'lβora] Schießpulver *n.*

polvor|ear [pɔlβorea'r] (ein-) pudern, bestreuen; **-iento** *adj.* [pɔlβor^{j}e'nto] staubig; **-ín** *m.* [pɔlβori'n] Pulvermagazin *n.*

poll|a *f.* [po'ʎa] Junghenne *f.; fam.* Backfisch *m.;* (Argentinien) Pferderennen *n.;* **-era** *f.* [poʎe'ra] Hühnerstall *m.;* **-ería** *f.* [poʎeri'a] Geflügelhandlung *f.;* **-ero** *m.* [poʎe'ro] Geflügelhändler *m.;* **-ino** *m.* [poʎi'no] Eselsfüllen *n.;* **-ita** *f.* [poʎi'ta] *fam.* Backfisch *m.;* **-ito** [poʎi'to] *fam.* junger Herr *m.;* **-o** *m.* [po'ʎo] Kükken, Junghuhn *n.;* **-uelo** *m.* [poʎ^{w}e'lo] Kücken *n.*

pomada *f.* [poma'ða] Pomade *f.*, Salbe.

pómez [po'meθ]: **piedra** (*f.*) - Bimsstein *m.*

pomo *m.* [po'mo] Degenknopf *m.; SAm.* Tube *f.*

pompa *f.* [po'mpa] Pracht *f.*, Prunk *m.;* (Pfau) Rad *n.;* **-s** (*f. pl.*) **fúnebres** Beerdigungsanstalt *f.*

pómulo *m.* [po'mulo] *anat.* Backenknochen *m.*

ponche *m.* [pɔ'nče] Punsch *m.*

poncho *m.* [pɔ'nčo] *SAm.* Poncho *m.;* deckenariger Überwurf m. Kopfschlitz.

pondera|ción *f.* [pɔnderaθ^{j}ɔ'n] Lob *n.;* **-do** *adj.* [pɔndera'ðo] gesetzt; **-r** [pɔndera'r] erwägen; rühmen.

poneder|a *adj.* [poneðe'ra]: **gallina** (*f.*) **-a** Leghenne *f.;* **-o** *m.* [poneðe'ro] Brutkasten *m.*

ponen|cia *f.* [pone'nθ^{j}a] *jur.* Bericht *m.; pol.* Antrag; **-te** *m.* [pone'nte] Berichterstatter *m.*

poner [pone'r] (hin-) legen, (auf-), (hin-) setzen, stellen, wetten; (Tisch) decken; (Gesicht) machen; (Kleiderstück) anziehen; (Telegramm) aufgeben; (Briefmarke) aufkleben; - **reparos** auszusetzen haben; - **en duda** in Zweifel stellen; - **las cosas en su lugar** die Dinge richtig stellen; - **a uno verde** jem. furchtbar herunterputzen; - **por ejemplo** als Beispiel anführen; **-se** [pone'rse] s. stellen; (Sonne) untergehen.

pongo *m.* [pɔ'ngo] *SAm.* indianischer Diener *m.*

poniente *m.* [pon^{j}e'nte] Westen *m.*, *naut.* Westwind.

pont|ificado *m.* [pontifika'ðo] päpstliche Würde *f.;* **-ifical** *adj.* [potifika'l] päpstlich, erzbischöflich; **-ificio** *adj.* [pontifi'θ^{j}o]: **Estado** (*m.*) **-ificio** Kirchenstaat *m.;* **-ífice** *m.*

[ponti'fiθe] Pontifex *m.*; **sumo -ifice** Papst *m.*
popa *f.* [po'pa] Heck *n.*, Hinterschiff; **ir viento en** - *fig.* Glück haben, gut vorankommen.
popula|cho *m.* [popula'čo] Pöbel *m.*; **-r** *adj.* [popula'r] volkstümlich, allgemein beliebt; **-ridad** *f.* [populariða'ð] Volkstümlichkeit *f.*, allgemeine Beliebtheit; **-rizar** [populariθa'r] gemeinverständlich machen; **-rizarse** [populariθa'rse] Gemeingut w.; s. allgemein einführen.
por [pɔr] als, an, auf, durch, für, in, mit, nach, pro, über, um, von, wegen, zu; - **fin** endlich; - **poco** fast; - **eso** dehalb, deswegen; - **tanto** daher; **¿ - qué?** warum, weshalb?; - **aquí** hierorts; - **dentro** inmen.
porcelana *f.* [porθela'na] Porzellan *n.*
porcentaje *m.* [porθenta'xe] Prozentsatz *m.*
porción *f.* [porθʲɔ'n] Anzahl *f.*, Menge.
porcuno *adj.* [pɔrku'no]: **ganado** (*m.*) - Schweine *n. pl.*
porche *m.* [pɔ'rče] Vorhalle *f.*, Laubengang *m.*
pordiosero *m.* [pɔrdʲose'ro] Bettler *m.*
porf|ía *f.* [porfi'a] Hartnäckigkeit *f.*, Streit *m.*; **a -ía** um die Wette; **-iado** *adj.* [porfia'ðo] harnäckig; **-iar** [porfia'r] streiten; hartnäckig bestehen (**en** auf).
pormenor *m.* [pɔrmenɔ'r] Einzelheit *f.*; **al** - en détail.
poro *m.* [po'ro] Pore *f.*; **-sidad** *f.* [porosiða'ð] Porosität *f.*; **-so** *adj.* [poro'so] porös.
porque [pɔ'rke] *conj.* damit, weil.
porqué *m.* [pɔrke'] Grund *m.*, Ursache *f.*
porque|ría *f.* [porkeri'a] Schweinerei *f.*, *fig.* Lappalie, Pappenstiel *m.*; **-ro** *m.* [porke'ro] Schweinehirt *m.*
porra *f.* [pɔ'rra] Keule *f.*; (Gummi-) Knüppel *m.*; **¡vete a la -!** *fam.* scher dich zum Teufel!; **-zo** *m.* [pɔrra'θo] derber Stoß *m.*
porrillo [pɔrri'ʎo]: **a** - in Hülle u. Fülle.
porrón *m.* [pɔrrɔ'n] langhalsige (Wein-) Flasche (*f.*) m. langem, keiförmigem Ausguß.
porta|aviones *m.* [pɔrtaaβʲo'nes] Flugzeugträger *m.*; **-da** *f.* [pɔrta'ða] Titelblatt *n.*; **-dor** *m.* [pɔrtaðɔ'r] Überbringer *m.*; **al -dor** (Dokument) auf den Inhaber lautend; **-equipajes** *m.* [pɔrtaekipa'xes] (Auto, Fahrrad) Gepäckhalter *m.*; **-l** [pɔrta'l] Hausgang *m.*, Torweg; **-lámparas** *m.* [pɔrtala'mparas] *elektr.* Lampenfassung *f.*; **-monedas** *m.* [pɔrtamone'ðas] Geldbörse *f.*; **-rse** [pɔrta'rse] s. betragen, s. benehmen.
portátil *adj.* [pɔrta'til] tragbar, verfahrbar.
portavoz *m.* [pɔrtaβo'θ] *pol.* Sprecher *m.*
portazo *m.* [porta'θo]: **dar un** - die Tür heftig zuschlagen.
porte *m.* [pɔrte'] Fracht *f.*, Porto *n.*; - **pagado** frachtfrei.
portentoso *adj.* [portento'so] wundervoll.
porteño *m.* [pɔrte'ɲo] Einwohner (*m.*) v. Buenos Aires.
porte|ría *f.* [pɔrteri'a] Portierloge *f.*, Pförtnerei; **-ro** *m.* [pɔrte'ro] Pförtner *m.*, Hausmeister; **-zuela** *f.* [pɔrteθʷe'la] *Eis.* (Abteil-) Tür *f.*
pórtico *m.* [pɔr'tiko] Säulengang *m.*
portillo *m.* [pɔrti'ʎo] Pforte *f.*, kleine Tür.
portorriqueño *adj.* [pɔrtɔrrike'ɲo] aus *od.* auf Puerto Rico bezüglich.
porvenir *m.* [porβeni'r] Zukunft *f.*
pos *adv.* [pɔs]: **en** - **de** hinter (-her).
posad|a *f.* [posa'ða] Gasthof *m.*, Herberge *f.*; **-ero** *m.* [posaðe'ro] Gastwirt *m.*
posarse [posa'rse] (Vögel) s. niederlassen.

posdata *f.* [pɔzda'ta] Postskriptum *n.*, Nachschrift *f.*
posee|dor *m.* [poseeðɔ'r] Besitzer *m.*, Inhaber; **-r** [posee'r] besitzen.
posesi|ón *f.* [posesʲɔ'n] (Land-) Besitz *m.*; **-onarse**]posesʲona'rse] Besitz ergreifen (**de** v.).
posib|ilidad *f.* [posiβiliða'ð] Möglichkeit *f.*; **-ilitar** [posiβilita'r] ermöglichen; **-le** *adj.* [posi'βle] möglich.
posición *f.* [posiθʲc'n] Lage *f.*, Stellung Haltung.
positivamente *adv.* [positiβame'nte] bestimmt.
poso *m.* [po'so] βodensatz *m.*, Neige *f.*
posponer [pɔspone'r] hintansetzen.
posta *f.* [pɔ'sta] Poststation *f.*, wagen *m.*; **a** - *fam.* m. Absicht; **-s** *f. pl.* [pɔ'stas] (Reh-) Posten *m. pl.*; **-l** *adj.* [pɔsta'l] auf die Post bezüglich **-l** *f.* Postkarte *f.*
poste *m.* [pɔ'ste] Mast *m.*, großer Pfahl, Pfosten.
poster|gar [posterga'r] zurücksetzen; **-idad** *f.* [posteriða'ð] Nachwelt *f.*; **-ior** *adj.* [posterʲɔ'r] nachmalig, hinter, später, darauffolgend; **lado** (*m.*) **-ior** Rückseite *f.*; **-ioridad** *f.* [posterʲoriða'ð]: **con -ioridad** nachträglich.
postguerra *f.* [pɔstge'rra]: **época** (*f.*) **de la** - Nachkriegszeit *f.*
postigo *m.* [pɔsti'go] (Hinter-) Pförtchen *n.*, Fensterladen *m.*
postín *m.* [pɔsti'n] Einbildung *f.*; *fam.* Angabe; **de** - pikfein.
postizo *adj.* [posti'θo] falsch, nachgemacht; **pelo** (*m.*) - Perücke *f.*; **cuello** (*m.*) - (loser Hemd-) Kragen *m.*
postra|ción *f.* [postraθʲɔ'n] Entkräftung *f.*; **-do** *adj.* [postra'ðo]: **-do en cama** bettlägerig; **-r(se)** [postra'rse] demütigen; (niederknien).
postre *m.* [pɔ'stre] Nachtisch *m.*; **a la** - zuletzt; **al fin y a la** - *fig.* letzten Endes.
postrimerías *f. pl.* [pɔstrimeri'as] letzte Lebensjahre *n. pl.*
postula|ción *f.* [postula'θʲɔ'n] Geld-, Straßensammlung *f.*; **-do** *m.* [postula'ðo] Postulat *n.*, Forderung *f.*; **-nte** *m.* [postula'nte] Sammler *m.*; **-r** [postula'r] (milde Gaben) sammeln.
póstumo *adj.* [pɔ'stumo] (Kind) nachgeboren; (Werk) nachgelassen.
postura *f.* [pɔstu'ra] (Körper-) Haltung *f.*, Lage.
potable *adj.* [pota'βle] (Wasser) trinkbar.
potaje *m.* [pota'xe] Gemüseeintopf *m.*
potas|a [pota'xa] Kali *n.*, Pottasche *f.*; **-io** *m.* [pota'sʲo] Kalium *n.*
pote *m.* [po'te] (irdener) Topf *m.*; - **gallego** *Span.* (Art) Eintopfgericht *n.*
potencia *f.* [pote'nθʲa] Kraft *f.*, Macht, energetische Leistung; - **calorífica** Heizwert *m.*; - **visual** Sehvermögen *n.*; **-l** *m.* [potenθʲa'l] Potential *n.*
potent|ado *m.* [potenta'ðo] Machthaber *m.*; **-e** *adj.* [pote'nte] gewaltig, mächtig.
potingue *m.* [pot'iŋge] *fam.* Arznei *f.*
potro *m.* [po'tro] *zool.* Fohlen *n.*; (Turn-) Bock *m.*; Folterbank *n.*
poyo *m.* [po'jo] Steinbank *f.*
poz|al *m.* [poθa'l] Brunnenrad *m.*; **-o** *m.* [po'θo] Brunnen *m.*, -schacht; *min.* Schacht *m.*, Bohrloch *n.*
práctica *f.* [pra'ktika] Praxis *f.*, Übung, Gewohnheit; **tener** - Gewandtheit haben; **-bilidad** *f.* [praktikaβiliða'ð] Durchführbarkeit *f.*; **-ble** *adj.* [praktika'βle] ausführbar; (Weg) fahrbar; **-nte** *m.* [praktika'nte] Praktikant *m.*, Unterarzt; **-r** [praktika'r] ausüben.
práctico *m.* [pra'ktiko] praktischer Fachmann *m.*; *naut.* Lotse; - *adj.* praktisch erfahren.
pral. *Abkzg.* v. **principal.**
preámbulo *m.* [prea'mbulo] Vorwort *n.*
precario *adj.* [preka'rʲo] unsicher.
precaución *f.* [prekauθʲɔ'n] Vorsicht *f.*; **tomar -ones** Vorkehrungen (*f. pl.*) treffen.

precaver(se) [prekaβe'rse] verhüten.
precede|ncia *f.* [preθeðe'nθʲa] Vorrang *m.*; **-nte** *adj.* [preθeðe'nte] vorhergehend; **-nte** *m.* Präzedenzfall *m.*; **-r** [preθeðe'r] vorangehen.
precept|o *m.* [preθe'pto] Vorschrift *f.*, Gebot *n.*; **-or** *m.* [preθeptɔ'r] Erzieher *m.*, Hauslehrer; **-uar** [preθeptua'r] verordnen.
preces *f. pl.* [pre'θes] (Kirchen-) Gebet *n.*
precia|do *adj.* [preθʲa'ðo] geschätzt; **-r(se)** [preθʲa'rse] schätzen.
precint|ar [preθinta'r] plombieren, m. Banderole versehen; **-o** *m.* [preθi'nto] Kontrollband *n.*, Plombe *f.*
precio *m.* [pre'θʲo] Preis *m.*, Wert; **a ningún** - *fig.* nocht im Traum; **a poco** - wohlfeil; **no tener** - unbezahlbar sein; **¿qué precio tiene?** wieviel kostet es?; **lista** (*f.*) **de -s** Preisliste *f.*; **-so** *adj.* [preθʲo'so] kostbar.
precipi|cio *m.* [preθʲo'so] Abgrund *m.*; **-tación** *f.* [preθipitaθʲɔ'n] Überstürzung *f.*; *chem.* Niederschlag *m.*; **-tadamente** *adv.* [preθipitaðame'nte] überstüzt, voreilig; **-tado** *adj.* [preθipita'ðo] hastig; **-tado** *m. chem.* Niederschlag *m.*; **-tar** [preθipita'r] übereilen, beschleunigen; **-tarse** [preθipita'rse] s. überstürzen.
precis|amente *adv.* [preθisame'nte] eben. genau, gerade; **-ar** [preθisa'r] (be-) nötigen; **-ión** *f.* preθisʲc'n] Genauigkeit, Notwendigkeit *f.*; **-o** *adj.* [preθi'so] bestimmt, pünktlich, genau, nötig.
precitado *adj.* [preθita'ðo] vorerwähnt, genannt.
preclaro *adj.* [prekla'ro] berühmt.
precocidad *f.* [prekoθiða'ð] Frühreife *f.*
pre|concebir [prekonθeβi'r] im voraus erwägen; **-conizar** [prekoniθa'r] loben; **-coz** *adj.* [preko'θ] (Kind) altklug, frühreif; **-cursor** *m.* [prekursɔ'r] Vorbote *m.*, Vorläufer; **-decesor** *m.* [preðeθesɔ'r] Vorgänger *m.*; **-decir** [preðeθi'r] voraussagen; **-destinar** [preðestina'r] vorherbestimmen; **-dicador** *m.* [preðikaðɔ'r] Prediger *m.*; **-dicar** [preðika'r] predigen; **-dicción** *f.* [preðikθʲɔ'n] Voraussage *f.*; **⁺dilección** *f.* [preðilekθʲɔ'n] Vorliebe *f.*; **-disponer** [preðispone'r] vorbereiten; **-disposición** *f.* [preðisposiθʲɔ'n] Anlage *f.*, Empfänglichkeit; **-dispuesto** *adj.* [preðispʷe'sto] empfänglich (**a** für); **-dominación** *f.* [preðominaθʲɔ'n] Übergewicht *n.*, Vorherrschaft *f.*; **-dominante** *adj.* [preðomina'nte] vorherrschend; **-dominar** [preðomina'r] vorherrschen, die Oberhand haben; **-dominio** *m.* [preðomi'nʲo] Überlegenheit *f.*, Vorherrschaft.
pree|minencia *f.* [preemine'nθʲa] Vorrang *m.*, -recht *n.*; **-minente** *adj.* [preemine'nte] hervorragend; **-xistente** *adj.* [preeksiste'nte] vorher bestehend; **-xistir** [preeksisti'r] früher dasein.
pref|acio *m.* [prefa'θʲo] Vorwort *n.*; **-ecto** *m.* [prefe'kto] (Kloster) Vorsteher *m.*; Präfekt; **-erencia** *f.* [prefere'nθʲa] Vorzug *m.*, Vorliebe *f.*; *theat.* Sperrsitz *m.*; -rente *adj.* [prefere'nte] bevorrechtet; **acción** (*f.*) **-erente** Vorzugsaktie *f.*; **derecho** (*m.*) **-erente** Vorkaufsrecht *n.*; **-erentemente** *adv.* [preferenteme'nte] hauptsächlich; **-erible** *adj.* [preferiβle] vorzuziehen; **es -erible** (*inf.*) es ist besser, zu.; **-erido** *adj.* [preferi'ðo] Lieblings...; **ęrir** [preferi'r] vorziehen; **-ijar** [prefixa'r] vorherbestimmen.
preg|ón *m.* [pregɔ'n] (Straßenhändler Ausrufen *n.*; **-onar** [pregona'r] öffentlich ausrufen; *fig.* verbreiten; **-onero** *m.* [pregone'ro] öffentlicher Ausrufer *m.*; **-unta** *f.* [pregu'nta]

P

Frage *f.;* **-untar** [pregunta'r] (ab-), (aus-), (be-) fragen, **por** nach.

prehistórico *adj.* [preisto'riko] vorgeschichtlich.

preju|icio *m.* [prexʷiθʲo] Vorurteil *n.;* **-zgar** [prexuðga'r] (übereilt urteilen.

prel/ación *f.* [prelaθʲɔ'n] Vorrang *m.*, Vorzug; **-ado** *m.* [prela'ðo] Prälat *m.*, Abt; **-iminar** *adj.* [prelimina'r] vorläufig; Vor...; **-iminares** *m. pl.* [prelimina'res] Vorverhandlungen *f. pl.;* **-udio** *m.* [prelu'ðʲo] *mus.* Vorspiel *n.*

prem|aturo *adj.* [prematu'ro] frühzeitig, verfrüht; **-editación** *f.* [preme'ðitaθʲɔ'n] Vorbedacht *m.;* **-editar** [premeðita'r] vorher überlegen; **-iar** [premʲa'r] belohnen; **-io** *m.* [pre'mʲo] Belohnung *f.*, Prämie, Preis *m.;* (Lotterie-) Gewinn; **-io gordo** Hauptgewinn *m.;* **-ura** *f.* [premu'ra] Dringlichkeit *f.*, Eile.

prend|a *f.* [pre'nda] Kleidungsstück *n.*, Pfand; **-as personales** persönliche Eigenschaften *f. pl.;* **-ado** *adj.* [prenda'ðo]: **-ado de** eingenommen für, verliebt in (**de** in); **-edero** *m.* [prenðeðe'ro] Spange *f.;* **-er** [prende'r] ergrefen, verhaften, befestigen, anstecken.

prensa *f.* [pre'nsa] (Druck-, Tages-) Presse *f.;* **dar a la** - drucken lassen; **-r** [prensa'r] pressen.

preñada *adj.* [preɲa'ða] schwanger; (Tier) trächtig; *fig.* **-o de** voller.

preocupa|ción *f.* [preokupaθʲɔ'n] Sorge *f.*, Kummer *m.*, Voreingenommenheit *f.;* **-do** *adj.* [preokupa'ðo] besorgt; **estar -do por** besorgt sein um; **-r(se)** [preokupa'rse] Sorgen machen.

prepara|ción *f.* [preparaθʲɔ'n] Vor-, Zubereitung *f.;* Präparat *n.;* **-r(se)** [prepara'rse] vor-, zubereiten; **-tivo** *m.* [preparati'βo] Vorbereitung *f.;* **-torio** *adj.* [preparato'rʲo] vorbereitend; **trabajos** *(m. pl.)* **-torios** Vorarbeiten *f. pl.*

preponderan|cia *f.* [prepɔndera'nθʲa] Überlegenheit *f.*, Vorherrschen *n.;* **-te** *adj.* [prepɔndera'nte] überwiegend, vorherrschend.

prerrogativa *f.* [prerrɔgati'βa] Vorrecht *n.*

presa *f.* [pre'sa] Beute *f.*, Fang *m.;* *naut.* Prise *f.;* Wehr *n.*, Stauwerk; **-s** *f. pl.* [pre'sas] (Tier) Fangzähne *m. pl.*

presagi|ar [presaxʲa'r] prophezeien, vorhesagen; **-o** *m.* [presa'xʲo] Vorzeichen *n.*

presbítero *m.* [prezβi'tero] Priester *m.*

prescindi|ble *adj.* [presθindi'βle] entbehrlich; **-r** [presθindi'r] absehen (**de** v.).

prescri|bir [preskriβi'r] vorschreiben; (Arzt) verschreiben; **-pción** *f.* [preskripθʲɔ'n] Vorschrift; *jur.* Verjährung *f.;* **-to** *adj.* [preskri'to] vorgeschrieben, verjährt.

presen|cia *f.* [prese'nθʲa] Anwesenheit *f.*, Beisein *n.;* (Mensch) Äußere *n.;* **-ciar** [presenθʲa'r] beiwohnen, Augenzeuge sein; **-tación** *f.* [presentaθʲɔ'n] Vorstellung *f.;* Vorlage, Aufmachung, Äußere *n.;* **-tar** [presenta'r] vorstellen, vorzeigen, (Schwierigkeiten bieten; (Saldo) aufweisen; **-tarse** [preseta'rse] erscheinen; **-te** *adj.* [prese'nte] anwesend, gegenwärtig; **hacer -te** erklären; **tener -te** beachten; **¡-te!** (Meldung) hier!; **-te** *m.* Gegenwart *f.*, Geschenk *n.*

presenti|miento *m.* [presentimʲe'nto] Ahnung *f.;* **-r** [presenti'r] ahnen, vorausempfinden.

preserva|ción *f.* [preserβaθʲɔ'n] Bewahrung *f.;* **-r** [preserβa'r] schützen, bewahren; (**de** vor); **-tivo** *m.* [preserβati'βo] (Gummi-) Schutzmittel *n.*

presiden|cia *f.* [presiðe'nθʲa] Präsidentschaft *f.*, Vorsitz *m.;* **-te** *m.*

[presiðe'nte] Präsident *m.*, Vorsitzender.
presidi|ario *m.* [presiðʲa'rʲo] Sträfling *m.*, Zuchthäusler; **-o** *m.* [presiðʲo] Zuchthaus *n.;* **-r** [presiði'r] den Vorsitz führen.
presilla *f.* [presi'ʎa] Schnalle *f.*
presión *f.* [presʲɔ'n] Druck *m.*
preso *m.* [pre'so] Gefangener *m.*, Sträfling.
presta|ción *f.* [prestaθʲɔ'n] (Dienst-) Leistung *f.;* **-do** *adj.* [presta'ðo] leihweise.
préstamo *m.* [pre'stamo] Darlehen *n.*
prestar [presta'r] leihen; (Hilfe) leisten; **-se** [presta'rse] s. anbieten, s. eignen, a zu.
presti|digitador *m.* [prestiðixitaðɔ'r] Taschenspieler *m.*, Zauberkünstler; **-gio** *m.* [presti'xʲo] Ansehen *n.*, Einfluß *m.*, Zauber; **-gioso** *adj.* [prestixʲo'so] (Persönlichkeit angesehen.
presu|mible *adj.* [presumi'βle] vermutlich; **-mido** *adj.* [presumi'ðo] eingebildet; **-mir** [presumi'r] vermuten, protzen; **-cinción** *f.* [presunθʲɔ'n] Vermutung *f.*, [presu'nto] nutmaßlich, vermutlich; **-ntuoso** *adj.* [presuntʷo'so] eingebildet.
presup|oner [presupone'r] voraussetzen; **-uesto** *m.* [presupʷe'sto] (Kosten-) Voranschlag *m.*
preten|cioso *adj.* [pretenθʲo'so] anspruchsvoll; **-der** [pretende'r] beanspruchen, fordern, trachten nach, s. bewerben um., anhalten um; **-diente** *m.* [pretendʲe'nte] Bewerber *m.*, Freier; **-sión** *f.* [pretensʲɔ'n] Anspruch *f.*, Forderung, Bewerbung.
pretext|ar [pretesta'r] vorgeben; **-o** *m.* [prete'sto] Vorwand *m.*
pretil *m.* [preti'l] Brüstung *f.*, Geländer *n.*
prevale|cer [preβaleθe'r] überwiegen, s. behaupten; **-rse (de)** [preβale'rse] s· bedienen.
preven|ción *f.* [preβenθʲɔ'n] Vorbeugung *f.*, Verhütung, Polizeiwache, Schutzhaft, Bereitschaft; **de -ción** für den Notfall; **-ido** *adj.* [preβeni'ðo] vorbereitet, vorsichtig; **-ir** [preβeni'r] vorbeugen, verhüten, warnen, **-irse** [preβeni'rse] s. anschicken, s. vorbereiten.
prever [preβe'r] voraussehen.
previ|amente *adv.* [pre'βʲamente im voraus; **-o** *adj.* [pre'βʲ*] vorhergehend, vorherig; **-sión** *f.* [preβisʲɔ'n] Vor (-aus-) sicht *f.*, Fürsorge, Wohlfahrt; **-sor** *adj.* [preßisɔ'r] vorsichtig; **-sto** *adj.* [preβi'sto] vorgesehen.
prima *f.* [pri'ma] Base *f.*, Kusine; *mus.* feinste Saite; Prämie, Agio *n.;* **-cía** *f.* [prima'θʲa] Vorrang *m.;* **-da** *f.* [prima'ða] Dummheit *f.*, unbesonnene Handlung; **-rio** *adj.* [prima'rʲo] primar; **-vera** *f.* [primaβe'ra] Frühling *m.; bot.* Schlüsselblume *f.;* **-veral** *adj.* [primaβera'l] auf Frühling bezüglich.
primer *adj.* [prime'r] (vor männl. Hauptwort für **primero)** erste **de -orden** erstklassig; **en -lugar** erstens; **-a** *f.* [prime'ra]: **ir en -a** *Eis.* erster Klasse reisen; **-iza** *f.* [primeri'θa] Mutter (*f.*) es. ersten Kindes; **-o** *adj.* [prime'ro] erste(r); **-o** *adv.* zuerst, lieber.
primi/cia *f.* [primi'θʲa] Erstling *m.;* **-cias** [primi'θʲas] *f. pl.* Anfänge *m. pl.;* **-tivo** *adj.* [primiti'βo] ursprünglich.
primo *m.* [pri'mo] Vetter *m.*, Cousin; *fam.* Dumme; **hacer el -** *fam.* hineinfallen; **-** *adj.* **-**. erste(r); **-génito** *adj.* [primoxe'nito] erstgeboren.
primor *m.* [primɔ'r] Meisterschaft *f.*, Vollkommenheit; **-oso** *adj.* [primɔro'so] vorzüglich.
princ|esa *f.* [prinθe'sa] Prinzessin *f.*, Fürstin; **-ipado** *m.* [prinθipa'ðo]

P

Fürstentum *n.;* **-ipal** *adj.* [prinθipa'l] hauptsächlich, wesentlich; **-ipal** *m.* Chef *m.*, Vorgesetzte; erster Stock; **-ipalmente** *adv.* [prinθipalme'nte] hauptsächlich.

príncipe *m.* [pri'nθipe] Prinz *m.*, Fürst; **edición** (*f.*) - (Buch) Erstausgabe *f.* eines alten Schriftstellers.

princip|iante *m.* [prinθip^{j}a'nte] Anfänger *m.;* **-iar** [prinθip^{j}a'r] anfangen, beginnen; **-io** *m.* [prinθi'p^{j}o] Anfang *m.*, Grundsatz; (Essen) Hauptmahlzeit *f.*

pringar [pringa'r] (m. Fett) beschmieren.

prior *m.* [pr^{j}ɔ'r] Prior *m.;* **-idad** *f.* [pr^{j}oriða'ð] Priorität *f.*

prisa *f.* [pri'sa] Eile *f.;* **darse** - s. beeilen.

prisi|ón *f.* [pris^{j}ɔ'n] Gefangennahme *f.*, Gefängnis *n.;* **-onero** *m.* [pris^{j}one'ro] Gefangenr *m.; techn.* Druckschraube *f.*

pris|ma *m.* [pri'zma] Prisma *n.;* **-máticos** *m. pl.* [prizma'tikos] Feldstecher *m.*

priva|ción *f.* [priβaθ^{j}ɔ'n] Entbehrung *f.;* **vida** (*f.*) **-da** Privatleben *n.;* **-r** [priβa'r] (es. Amtes) entsetzen; (der Freiheit) berauben; **-rse** [priβa'rse] **(de)** s. (er. Sache) enthalten.

privilegi|ado *adj.* [priβilex^{j}a'ðo] (Schuld) bevorrechtigt; **-o** *m.* [priβile'x^{j}o] Vorrecht *n.*

pro *adv.* [pro]: **en - de** zu Gunsten v.

proba|bilidad *f.* [proβaβiliða'ð] Wahrscheinlichkeit *f.;* **-ble** *adj.* [proβa'βle] wahrscheinlich, voraussichtlich; **-do** *adj.* [proβa'ðo] (Mittel) bewährt; **-r** [proβa'r] probieren, versuhen, **-r bien (mal)** gut (schlecht) bekommen.

problem|a *m.* [proβle'ma] Problem *n.; math.* Aufgabe *f.;* **-ático** [proβlema'tiko] fraglich, zweifelhaft.

proca|cidad *f.* [prokaθiða'ð] Frechheit *f.;* **-z** *adj.* [proka'θ] frech, unverschämt.

proced|encia *f.* [proθeðe'nθ^{j}a] Herkunft *f.*, Ursprung *m.;* **-ente** *adj.* [proθeðe'nte] herstammend; (Zug, Schiff) herkommend (**de** v.); **-er** [proθeðe'r] herkommen, herrühren, schreite (**a** zu), verfahren; **-er** *m.* Benehmen *n.*, Handlungsweise *f.;* **-imiento** *m.* [proθeðim^{j}e'nto] Herkunft *f.*, Verfahren *n.*

prócer *m.* [pro'θer] Magnat *m.*

proces|ado *m.* [proθesa'ðo] Angeklagte *m.;* **-amiento** *m.* [proθesam^{j}e'nto] Prozeßführung *f.;* **-ar** [proθesa'r] en. Prozeß anstrengen; **-ion** *f.* [proθes^{j}ɔ'n] Prozession *f.*, Umzug *m.;* **-o** *m.* [proθe'so] Prozeß *m.*, Vorgang.

proclama *f.* [prokla'ma] Aufruf *m.;* **-ción** *f.* [proklamaθ^{j}ɔ'n] Verkündigung *f.;* **-r** [proklama'r] (feierlich) ausrufen, verkündigen.

pocrea|ción *f.* [prokreaθ^{j}ɔ'n] Fortpflanzung *f.;* **-dor** *m.* [prokreaðɔ'r] Schöpfer *m.;* **-r** [prokrea'r] (er-)zeugen, fortpflanzen.

procura|dor *m.* [prokuraðɔ'r] Bevollmächtigter *m.*, (Staats-) Anwalt; **-r** [prokura'r] besorgen, beschaffen, s. bemühen.

prodig|alidad *f.* [proðigaliða'ð] Verschwendung *f.;* **-ar** [proðiga'r] verschwenden; **-io** *m.* [proði'x^{j}o] Wunder (-kind) *n.; fig.* Ausbund *m.;* **-ioso** *adj.* [proðix^{j}o'so] erstaunlich, wunderbar.

pródigo *adj.* [pro'ðigo] verschwenderisch; **-** *m.* Verschwender *m.*

produc|ción *f.* [proðukθ^{j}ɔ'n] Produktion *f.*, Erzeugung Fertigung; **-ir** [proðuθi'r] erzeugen, herstellen; (Fieber) verursachen; (Gewinn) abwerfen; **-tivo** [proðukti'βo] *adj.* (ergiebig, lohnend); **-to** *m.* [proðu'kto] Erzeugnis *n.*, Ertrag *m.*,

Erlös; **-tor** *m.* [proðuktɔ'r] Erzeuger *m.*, *Span* Arbeiter.

proeza *f.* [proe'θa] Heldentat *f.*

profan|ación *f.* [profanaθ^{j}ɔ'n] Schändung *f.*; **-ador** *m.* [profanaðɔ'r] Schänder *m.*; **-ar** [profana'r] schänden; **-o** *adj.* [profa'no] weltlich, uneingeweiht.

profecía *f.* [progeθi'a] Prophezeiung *f.*

proferir [proferi'r] (Worte) aussprechen.

profes|ar [profesa'r] (Beruf) ausüben; *intr.* das Ordensgelübde ablegen; **-ar una religión** s. zu e. Religion bekennen; **-ión** *f.* [profes^{j}ɔ'n] Beruf *m.*, Gewerbe *n.*; **-ional** *adj.* [profes^{j}ona'l] beruflich, fachmännisch; **secreto** (*m.*) **-ional** Amtsgeheimnis *n.*; **-ional** *m.* Berufsspieler *m.*; **-o** *m.* [profe'so] Mönch (*m.*), der das Ordensgelübde abgelegt hat; **-or** *m.* [profesɔ'r] Professor *m.*, Lehrer; **-orado** *m.* [profesora'ðo] Lehramt *n.*, Lehrerschaft *f.*

profet|a *m.* [profe'ta] Prophet *m.*; **-izar** [profetiθa'r] prophezeien.

profil/áctico *adj.* [profila'ktiko] *med.* vorbeugend; **-axis** *f.* [profila'ksis] *med.* Vorbeugung *f.*

prófugo *m.* [pro'fugo] Fahnenflüchtiger *m.*

profund|idad *f.* [profundiða'ð] Tiefe; *fig.* Gründlichkeit *f.*; **-izar** [profundiθa'r] vertiefen; **-o** *adj.* [profu'ndo] tief.

profus|ión *f.* [profus^{j}ɔ'n] Überfluß *m.*; **-o** *adj.* [profu'so] verschwenderisch, reichlich.

progenitor *m.* [proxenitɔ'r] Erzeuger *m.*, Vater; **-es** *m. pl.* [proxenito'res] Eltern *pl.*

programa *m.* [progra'ma] Programm *n.*, Plan *m.*

progres|ar [progresa'r] fortschreiten, Fortschritte machen, vorwärtskommen; **-ión** *f.* [progres^{j}ɔ'n] Fortschreiten *n.*; **-ivo** *adj.* [progresi'βo] fortschreitend; **-o** *m.* [progre'so] Fortschritt *m.*

prohibi|ción *f.* [proiβiθ^{j}ɔ'n] Verbot *n.*; **-do** *adj.* [proiβi'ðo] verboten.

prohombre *m.* [proɔ'mbre] hervorragende Persönlichkeit *f.*

prójim|a *f.* [prɔ'xima] (abfällig) Frauensperson *f.*; **-o** *m.* [prɔ'ximo] Nächste *m.*; **amor** (*m.*) **al -o** Nächstenliebe *f.*

prole *f.* [pro'le] Nachkommenschaft *f.*, Kinder *n. pl.*; **-tariado** *m.* [proletar^{j}a'ðo] Proletariat *n.*; **-tario** [proleta'r^{j}o] Proletarier *m.*; **-tario** *adj. fig.* gewöhnlich.

prolijo *adj.* [proli'xo] ausführlich, reichlich, weitschweifig.

prólogo *m.* [pro'logo] Vorrede *f.*, Vorwort *n.*

prolonga|ción *f.* [prolɔŋgaθ^{j}ɔ'n] Verlängerung *f.*; **-do** *adj.* [prolɔŋga'ðo] lang(e) dauernd, ausgedehnt; **-r** [proloŋga'r] verlängern.

promedi|ar [promeð^{j}a'r] halbieren; **-o** *m.* [prome'ð^{j}o] Durchschnitt *m.*, Mittelwert.

prome|sa *f.* [prome'sa] Versprechen *n.*; **-ter** [promete'r] versprechen, zusagen; **-terse** [promete'rse] s. verloben; **-tida** *f.* [prometi'ða] Verlobte *f.*; **-tido** *m.* [prometi'do] Verlobter *m.*

prominen|cia *f.* [promine'nθ^{j}a] (Boden-) Erhebung *f.*, *techn.* Unebenheit; **-te** [promine'nte] hervorragend.

promiscuidad *f.* [promiskuiða'ð] Durcheinander *n.*

pro|misión *f.* [promis^{j}ɔ'n] Versprechen *n.*; **-moción** *f.* [promoθ^{j}ɔ'n] (Rang-) Beförderung *f.*; **-mover** [promoβe'r] (be-)fördern, verursachen (en. Streit) anfangen; **-mulgación** *f.* [promulgaθ^{j}ɔ'n] (Gesetz) Veröffentlichung *f.*; **-mulgar** [promulga'r] verkündigen, veröffentlichen; **-nombre** *m.* [pronɔ'mbre] *gramm.* Fürwort *n.*;

-nosticar [pronɔstika'r] prophezeien; (Wetter) vorhersagen; *med.* Prognose; **de -nóstico reservado** (Wunde) bedenklich.

pront|itud *f.* [prɔntitu'ð] Schnelligkeit **-o** *adv.* bald, *f.;* **-o** *adj.* [prɔ'nto] schnell, baldig; **-o** *m.* plötzliche Anwandlung *f.*

prontuario *m.* [prɔnt^{w}a'r^{j}o] Hand-, Nachschlagebuch *n.*

pronunci|ación *f.* [pronunθiaθ^{j}ɔ'n] Aussprache *f.;* **-ado** *adj.* [pronunθ^{j}a'ðo] auffällig; **-ar** [pronunθ^{j}a'r] aussprechen (Urteil) fällen.

propaga|ción *f.* [propagaθ^{j}ɔ'n] Ausbreitung *f.*, Fortpflanzung; **-nda** *f.* [propaga'nda] Reklame *f.*, Werbung; **-r(se)** [propaga'rse] verbreiten; (s. ausbreiten; *fig.* bekannt w.).

propasarse [propasa'rse] s. hinreißen lassen (**a** zu).

propen|der [propende'r] neigen (**a** zu); **-sión** *f.* [propens^{j}ɔ'n] Hang *m.*, Neigung *f.;* **-so** *adj.* [prope'nso] eingenommen (**a** für), anfällig (**a** gegen).

propiamente *adv.* [pro'p^{j}ame'nte]: **- dicho** genau gesagt, eigentlich.

propicio *adj.* [propi'θ^{j}o] geneigt, günstig.

propie|dad *f.* [prop^{j}eða'ð] Besitz *m.*, Eigentum *n.*, Eigenschaft *f.;* **-tario** *m.* [prop^{j}eta'r^{j}o] Eigentümer *m.*, (Grund-) Besitzer.

propina *f.* [propi'na] Trinkgeld *n.*

propio *adj.* [pro'p^{j}o] eigen, selbst, persönlich, eigentlich; **-** *m.* Bote *m.*

proponer [propone'r] vorschlagen.

proporci|ón *f.* [propɔrθ^{j}ɔ'n] Verhältnis *n.*, günstige Gelegenheit *f.*, Ebenmaß *n.;* **-onado** *adj.* [propɔrθ^{j}ona'ðo] angemessen; **bien -onado** (Körper) ebenmäßig; **-onar** [propɔrθ^{j}ona'r] verschaffen.

proposición *f.* [proposiθ^{j}ɔ'n] Antrag *m.*, Vorschlag.

propósito *m.* [propo'sito] Absicht *f.*, Vorsatz *m.*, Zweck; **a -** gelegen.

propuesta *f.* [prop^{w}e'sta] Angebot *n.*, Vorschlag *m.*

propugnar [propugna'r] (Idee) verfechten.

propulsión *f.* [propuls^{j}ɔ'n] (Fahrzeug) Antrieb *m.*

prórroga *f.* [prɔ'rroga] Aufschub *m.*, Stundung *f.*

prorrogar [prɔrroga'r] aufschieben, stunden.

prorrumpir [prɔrrumpi'r] (in Tränen) ausbrechen (**en** in).

prosa *f.* [prosa] Prosa *f.;* **-ico** *adj.* [prosa'iko] alltäglich, prosaisch.

proscri/bir [prɔskriβi'r] verbannen; **-to** *m.* [poskri'to] Verbannte *m.*

prose|cución *f.* [prosekuθ^{j}ɔ'n] Verfolgung *f.;* **-guir** [prosegi'r] fortsetzen, verfolgen.

prosélito *m.* [prose'lito] Anhänger *m.*, Jünger.

prospecto *m.* [prɔspe'kto] Prospekt *m.*

prosper|ar [prospera'r] blühen, gedeihen; **-idad** *f.* [prosperiða'ð] Gedeihen *n.*, Wohlstand *m.*

próspero *adj.* [prɔ'spero] gedeihlich, glücklich.

prost|íbulo *m.* [prɔsti'bulo] Bordell *n.;* **-itución** *f.* [prɔstituθ^{j}ɔ'n] Prostitution *f.;* **-ituta** *f.* [prɔstitu'ta] Straßendirne *f.; vulg.* Hure.

protagonista *m.* [protagoni'sta] *theat.* Hauptdarsteller *m.*, Held.

protec|ción *f.* [protekθ^{j}ɔ'n] Protektion *f.*, Schutz *m.;* **-tor** *adj.* [protektɔ'r] schützend; Schutz...; **-tor** *m.* Beschützer, Gönner *m.*

proteg|er [protexe'r] (be-) schützen; **-ido** *m.* [protexi'ðo] Günstling *m.*

prótesis *f.* [pro'tesis] *med.* Prothese *f.*

protest|a *f.* [prote'sta] Protest *m.*, Einspruch, Beteuerung *f.;* **-ante** *m.* [protesta'nte] Protestant *m.;* **-ar** [protesta'r] protestieren, Einspruch erheben, beteuern; **-o** *m.* [prote'sto] (Wechsel-) Protest *m.*

protocol|ario *adj.* [protokola'r^{j}o] Protokoll...; **-o** *m.* [protoko'lo] Protokoll *n.*, Sitzungsbericht *m.*

provecho *m.* [proβe'čo] Nutzen *m.*, Vorteil; **¡buen -!** guten Appetit!; **-so** *adj.* [proβečo'so] einträglich, nützlich.

provee|dor *m.* [proβeeðɔ'r] Lieferant *m.*; **-r** [proβee'r] versorgen (**de** m.); **-rse** [proβee'rse] s. versehen (**de** m.).

provenir [proβeni'r] herrühren.

proverbi|al *adj.* [proβerβ^{j}a'l] sprichwörtlich; **-o** *m.* [proβerβ^{j}o] Sprichwort *n.*

providencia *f.* [proβiðe'nθ^{j}a] Vorsehung *f.*; *jur.* vorläufiger Bescheid *m.*; **-l** *adj.* [proβiðenθ^{j}a'l] v. der (göttlichen) Vorsehung bestimmt.

provincia *f.* [proβi'nθ^{j}a] Provinz *f.*; **-l** *adj.* [proβinθ^{j}a'l] auf Provinz bezüglich, kleinstädtisch.

provis|ión *f.* [proβisɔ'n] (Mund-) Vorrat *m.*; (Amt) Besetzung *f.*; **-iones** *f. pl.* [proβis^{j}o'nes] Proviant *m.*; **-ional** *adj.* [proβi^{j}ona'l] provisorisch, vorläufig; **-or** *m.* [proβisɔ'r] Vikar *m.*; **-to** *adj.* [proβi'sto] versehen (**de** m.). vergesehen.

provoca|ción *f.* [proβokaθ^{j}ɔ'n] Herausforderung *f.*; **-dor** *adj.* [proβokaðɔ'r] herausfordernd; **-r** [proβoka'r] herausfordern, hervorrufen; **-tivo** *adj.* [proβokati'βo] herausfordernd.

próximamente *adv.* [prɔksimame'nte] nächstens.

proximidad *f.* [prɔksimiða'ð] Nähe *f.*

próximo *adj.* [prɔ'ksimo] nächste(r), nahe (-liegend).

proyecc|ión *f.* [projekθ^{j}ɔ'n] Projektion *f.*, Wurf *m.*; **-tar** [projekta'r] projektieren, (ent-)werfen; **-til** *m.* [projekti'l] Geschoß *n.*; **-to** *m.* [proje'kto] Projekt *n.*, Entwurf *m.*; **-tor** *m.* [projektɔ'r] Scheinwerfer *m.*

pruden|cia *f.* [pruðe'nθ^{j}a] Klugheit *f.*, Umsicht; **-cial** *adj.* [pruðenθ^{j}a'l] angemessen, vernünftig; **-te** *adj.* [pruðe'nte] klug, vernünftig.

prueba *f.* [pr^{w}e'βa] Beweis *m.*, Versuch; (An-) Probe *f.*, Prüfung; *typ.* Fahne *f.*; *phot.* Abzug *m.*; **-s** *f. pl.* [pr^{w}e'βas] (Sport) Wettkämpfe *m. pl.*

púa *f.* [pu'a] Stachel *m.*; (Kamm) Zahn.

pubertad *f.* [puβerta'ð] Geschlechtsreife *f.*

public|ación *f.* [puβlikaθ^{j}ɔ'n] Bekanntmachung *f.*, Veröffentlichung, Herausgabe, Zeitschrift; **-ar** [puβlika'r] bekanntmachen; (Buch) herasbringen; **-idad** *f.* [puβliθiða'ð] Öffentlichkeit *f.*, Anzeigewesen *n.*, Reklame *f.*

público *m.* [pu'βliko] Publikum *n.*, Leute *pl.*, Zuschauer *m. pl.*; **-** *adj.* öffentlich.

pucher|azo *m.* [pučera'θo] *fam.* Wahlschwindel *m.*; **-o** *m.* [puče'ro] (Koch-) Topf *m.*

pucho *m.* [pu'čo] *SAm.* Zigarrenstummel *m.* Abfall.

púdico *adj.* [pu'ðiko] schamhaft.

pudor *m.* [puðɔ'r] Scham *f.*

pudri|dero *m.* [pudriðe'ro] Faulsumpf *m.*; **-r(se)** [pudri'rse] in Fäulnis bringen; (faulen).

puebl|erino *adj.* [p^{w}ebleri'no] dörflich, kleinstädtisch; **-o** m. [p^{w}e'βlo] Ort *m.*, -schaft *f.*, Dorf *n.*, Stadt *f.*

puente *m.* [p^{w}e'nte] Brücke *f.*; *naut.* Deck *n.*; **hacer** - *fig. fam.* Tag (*m.*) zwischen Feiertagen auch arbeitsfrei haben.

puerco *m.* [p^{w}e'rko] Schwein *n.*; - *adj.* schmutzig.

pueri|cia *f.* [p^{w}eri'θ^{j}a] Knabenalter *n.*; **-l** *adj.* [p^{w}eri'l] kindisch.

puerta *f.* [p^{w}e'rta] Türe *f.*, Tor *n.*

puerto *m.* [p^{w}e'rto] Hafen *m.*, (Berg-) Paß.

pues [p^{w}e's] *adv. conj.* also, da, denn. nun.

puesta *f.* [pʷe'sta] (Spiel) Einsatz *m.;* (Sonne) Untergang; **- en tierra** *elektr.* Erdung *f.*

puesto *m.* [pʷe'sto] Platz *m.*, Amt *n.*, Stelle *f.*, Verkaufsstand *m.*, Bude *f.;* **- de policía** Polizeiwache *f.;* **- que** *conj.* da.

púgil *m.* [pu'xil] Boxer *m.*

pugil/ato *m.* [puxila'to] Boxkampf *m.;* **-ismo** *m.* [puxili'zmo] Boxen *n.;* **-ista** *m.* [puxili'sta] Boxer *m.*

pugna *f.* [pu'gna] Streit *m.;* **-r** [pugna'r] streiten.

puja *f.* [pu'xa] (Auktion) höheres Gebot *n.;* **-nte** *adj.* [puxa'nte] mächtig; **-nza** *f.* [puxa'nθa] Kraft *f.*, Gewalt; **-r** (Auktion) überbieten.

pulcr|itud *f.* [pulkritu'ð] Sauberkeit *f.*, Sorgfalt; **-o** *adj.* [pu'lkro] sauber, sorgfältig.

pulga *f.* [pu'lga] Floh *m.;* **-da** *f.* [pulga'ða] (Maß) Zoll *m.;* **-r** [pulga'r] Daumen *m.*

puli|do *adj.* [puli'ðo] blank, poliert; (Stil) gefeilt; **-mentar** [pulimenta'r] polieren; **-mento** *m.* [pulime'nto] Politur *f.*, Polierung; **-r** [puli'r] polieren, schleifen, verfeinern; (Text) ausfeilen.

pulm|ón *m.* [pulmɔ'n] *anat.* Lunge *f.;* **a plenos -ones** aus vollem Halse; m. vollen Zügen; **-onía** *f.* [pulmoni'a] Lungenentzündung *f.*

pulp|a *f.* [pu'lpa] Pulpe *f.*, Fruchtfleisch *n.;* **-ería** *f.* *SAm.* Kramladen (*m.*) m. Ausschank.

púlpito *m.* [pu'lpito] Kanzel *f.*

pulpo *m.* [pu'lpo] *zool.* Polyp *m.;* **-so** *adj.* [pulpo'so] fleischig.

pulque *m.* [pu'lke] *SAm.* (Getränk) Pulque *f.*

puls|ación *f.* [pulsaθʲɔ'n] Pulsschlag *m.;* (Tasten-) Anschlag; *techn.* Auf- u. Abklingen (*n.*) er. Kraft; **-ador** *m.* [pulsaðɔ'r] *elektr.* Schaltknopf *m.;* **-ar** [pulsa'r] jem. den Puls fühlen; *fig.* sondieren; **-era** *f.* [pulse'ra] Armband *n.;* **-o** *m.* [pu'lso] Puls (-schlag) *m.*

pulveriza|dor *m.* [pulβeriθaðɔ'r] Zerstäuber *m.*, Spritzapparat; **-r** [pulβeriθa'r] zerstäuben; **-rse** [pulβeriθa'rse] zu Pulver w.

puma *m.* [pu'ma] *zool. SAm.* Puma *m.* (Silberlöwe).

punción *f.* [punθʲɔ'n] *med.* Punktur *f.*, Einstich *m.*

pundonor *m.* [pundonɔ'r] Ehrgefühl *n.;* **-oso** *adj.* [pundonoro'so] ehrliebend.

punible *adj.* [puni'βle] strafbar.

punta *f.* [pu'nta] Spitze *f.*, Zigarrenstummel *m.;* **- de París** Drahtstift *m.;* **sacar -** anspitzen; **-da** *f.* [punta'ða] Nadelstich *m.;* **-l** *m.* [punta'l] *arch.* Abstützbalken *m.;* *naut.* Höhe (*f.*) des Schiffsrumpfes; *fig.* Stütze; **-pié** *m.* [puntapʲe] Fußtritt *m.*

punte|ar [puntea'r] (Gitarre) zupfen; **-ra** *f.* [punte'ra] Schuhkappe *f.;* **-ría** *f.* [punteri'a] Richten *n.*, Zielen.

punti|agudo *adj.* [puntʲagu'ðo] (zuge-) spitz (-t); **-lla** *f.* (Wäsche-) Spitze *f.*

punto *m.* [pu'nto] (Zeit-) Punkt *m.*, Droschkenstandplatz; (Nähen) Stich; *fam.* Schlaumeier; **- y coma** Semikolon *n.;* **- de media** Stricken *n.;* **géneros** (*m. pl.*) **de -** Trikotwaren *f. pl.;* **a -** bereit; (Speisen) gar; rechtzeitig; **las 3 en -** Schlag 3 Uhr; **hasta cierto -** gewissermaßen; **estar a - de** *inf.* im Begriff sein zu *inf.;* **hacer -** Schluß machen; **poner - final a** beendigen, Schluß machen m.; **-s** *m. pl.* (Strick-) Maschen *f. pl.;* **dos -s** *m. pl.* Doppelpunkt *m.*

puntua|ción *f.* [puntʷaθʲɔ'n] Zeichensetzung *f.;* **-l** *adj.* [puntʷa'l] pünktlich; **-lidad** *f.* [puntʷaliða'ð] Pünktlichkeit *f.;* **-lizar** [puntʷaliθa'r] alle Einzelheiten festlegen.

punz|ada *f.* [punθa'ða] Stich *m.;* **-adas** *f. pl.* [punθa'ðas] Stechen *n.;* **-ante** *adj.* [punθa'nte] spitzig; **-ar**

[punθa'r] stechen; **-ón** *m.* [punθɔ'n] Pfriem *m.*, Dorn (zum Lochen).

puñ|ado *m.* [puɲa'ðo] Handvoll *f.*; **-al** *m.* [puɲa'l] Dolch *m.*; **-alada** *f.* [puɲala'ða] Dolchstoß *m.*; **-etazo** *m.* [puɲeta'θo] Faustschlag *m.*; **-etero** *adj.* [puɲete'ro] *vulg.* verflucht, beschissen; **-etero** *m. vulg.* Saukerl *m.*; **-o** *m.* [pu'ɲo] Faust *f.*, Manschette, Griff *m.*

pupa *f.* [pu'pa] *med.* Pustel *f.*; (Kindersprache) Wehweh *n.*

pupil|a [pupi'la] Augapfel *m.*, Pupille *f.*, Mündel *n.*; **tener -a** schlau sein; **-aje** *m.* [pupila'xe] Kostgeld *n.*; **-o** *m.* [pupi'lo] Mündel *n.*, Kostgänger *m.*

pupitre *m.* [pupi'tre] (Noten-, Schreib-) Pult *n.*

puré *m.* [pure'] Brei *m.*, Püree *n.*

pureza *f.* [pure'θa] Reinheit *f.*

purga *f.* [pu'rga] Abführmittel *n.*; *techn.* Auslaß *m.*; **-ción** *f.* [purgaθʲɔ'n] *med.* Abführung *f.* **-nte** [purga'nte] Abführmittel *n.*; **-nte** *adj.* abführend; **-r** [purga'r] *med.* abführen; reinigen; (Sünden) abfüßen; **-rse** [purga'rse] *med.* z. Abführen einnehmen; **-torio** *m.* [purgato'rʲo] Fegefeuer *n.*

pur|ificación *f.* [purifikaθʲɔ'n] Reinigung *f.*; *rel.* Lichtmeß; **-ificar** [purifika'r] reinigen; **P-ísima** [puri'sima]: **la P-ísima** die Jungfrau María; **-o** *adj.* [pu'ro] rein, klar, lauter; keusch; **(cigarro) -o** *m.* (Havanna-) Zigarre *f.*

purpur|ado *m.* [purpura'ðo] Kardinal *m.*; **-ino** *adj.* [purpuri'no] purpurfarben.

pus *m.* [pus] *med.* Eiter *n.*

pusil|ánime *adj.* [pusila'nime] kleinmütig, verzagt; **-animidad** *f.* [pusilanimiða'ð] Verzagtheit *f.*

pústula *f.* [pu'stula] *med.* Pustel *f.*

puta *f.* [pu'ta] *vulg.* Hure *f.*; **hijo** (*m.*) **de -** *sehr vulg.* (Schimpfwort) Hurensohn *m.*

putr|efacción *f.* [putrefakθʲɔ'n] Verwesung *f.*; **-efacto** *adj.* [putrefa'kto] verfault, verwest.

puya *f.* [pu'ja] (Pikadorlanze) Spitze *f.*; **-zo** *m.* [puja'θo] Stich mit der puya.

q, Q [ku] *f.* q, Q *n.*

que [ke] *Pron.* welcher, welche, welches, der, die, das; *conj.* damit, daß, weil; **¡que descanses!** schlafe wohl!; **¡que se alivie Vd.!** ich wünsche Ihnen gute Besserung!; **¿qué?** was?, welcher(-r) (-s); **¡qué ...!** was für e ...!; wie ...!; **¡qué va!** ach wo!; **¡a mí qué!** das ist mir schnuppe!

quebr|adero *m.* [kebraðe'ro] **-dero de cabeza;** Kopfzerbrechen *n.;* **-adizo** *adj.* [keɲraði'θo] brüchig; **-ado** *m.* [keβra'ðo] (Zahlen-) Bruch *m.;* **-do** *adj.* bruchleidend; (Terrain) uneben, bergig; bankrott; (Gesundheit) erschüttert; **-antado** *adj.* [keβranta'ðo] (Gesundheit) zerrüttet; **-antar** [keβranta'r] zerbrechen, schlagen; *fig.* schwächen; **-anto** *m.* [keβra'nto] Schaden, *m.;* Verlust **-ar** [keβra'r] (zer-)brechen; Bankrott machen; **-arse** [keβra'rse] s. brechen.

quedar [keða'r] (übrig-), (ver-), (zurück-)bleiben; **- en** vereinbaren; **- por hacer** noch zutun sein; **-se** [keða'rse] (da-), (stehen-), (zurück-) bleiben; **-se con** behalten; **-se de una pieza** *fig. fam.* einfach starr sein.

quehaceres *m. pl.* [keaθe'res] Beschäftigung *f.;* **- domésticos** Hausfrauenpflichten *f. pl.*

queja *f.* [ke'xa] Klage *f.;* **tener - de** s. zu beklagen haben über; **-rse** [kexa'rse] s. beklagen, s. beschweren.

quejumbroso *adj.* [kexumbro'so] kläglich, verdrießlich.

quema *f.* [ke'ma] Verbrennung *f.* Abbrennen *n.*, Inbrandstecken; **-dura** *f.* [kemaðu'ra] Brandwunde *f.;* **-r** (ver-)brennen; brennend heiß sein; **-rse** [kema'rse] abrennen, s. ver-; **-rropa** [kemarro'pa]: **a -rropa** (Schuß abgeben) aus nächster Nähe; **-zón** *f.* [kemaθɔ'n] (Haut-) Jucken *n.*

querella *f.* [kere'ʎa] Klage *f.*, (Rechts-) Streit *m.;* **-nte** *m.* [kereʎa'nte] *jur.* Kläger *m.;* **-rse** [kereʎa'rse] *jur.* klagen.

quer|encia *f.* [kere'nθʲa] Lieblingsaufenthalt *m.;* Heimweh *n.;* **-er** [kere'r] wollen, lieben, wünschen; **sin -er** unabsichtlich; **-er** *m.* Wollen *n.*, Zuneigung *f.*, **-ida** *f.* [keri'ða] Geliebte *f.;* **-ido** *m.* [keri'ðo] Geliebter *m.*, Liebhaber, Liebling.

querosén *m.* [kerose'n] *SAm.* Petroleum *n.*

ques|era *f.* [kese'ra] Käseglocke *f.;* **-ero** *m.* [kese'ro] Käsehändler *m.;* **-o** *m.* [ke'so] Käse *m.;* **-o gruyere** Schweizerkäse *m.*

quicio *m.* [ki'θʲo] Türangelzapfen *m.;* **sacar de -** *fig.* aus dem Häuschen bringen.

quid *m.* [kid] Wesen *n.*, Kern *m.* (er. Sache).

quiebra *f.* [kʲe'βra] Bankrott *m.; fam.* Pleite *f.*

quien [kʲe'n] welch-er, -e, -es, der, die, das, wer.

¿quién? [kʲe'n] wer?

quienquiera [kʲenkʲe'ra] irgendein(e).

quiet|o *adj.* [kʲe'to] *fam.* schön ruhig; **estarse -o** s. ruhig halten (sein).

quijada *f.* [kixa'ða] *anat.* Kiefer *m.*, Kinnbacken.

quijot|ada *f.* [kixota'ða] *fam.* tolles Stück *n.*; **-e** *m.* [kixo'te] Phantast *m.*, Träumer; **-esco** *adj.* [kisote'sko] auf den Don Quijote bezüglich.

quilate *m.* [kila'te] Karat *n.*

quilla *f.* [ki'ʎa] *naut.* Kiel *m.*; (Vögel) Brustbein *n.*

quim|era *f* [kime'ra] Hirngespinst *n.*, Grille *f.*; **-érico** *adj.* [kime'riko] grillenhaft, phantastisch.

químic|a *f.* [ki'mika] Chemie *f.*; **-o** *m.* [ki'miko] Chemiker *m.*; **-o** *adj.* chemisch·

quina *f.* [ki'na] Chinarinde *f.*; **tragar -** *fig. fam.* in den sauren Apfel beißen.

quincallería *f.* [kiŋkaʎeri'a] Eisenkurzwaren *f. pl.*

quince *adj.* [ki'nθe] fünfzehn; **-na** *f.* [kinθe'na] Mandel *f.*; vierzehn Tage *m. pl.*

quinientos *adj.* [kin^je'ntos] fünfhundert.

quinina *f.* [kini'na] *chem.* Chinin *n.*

quinqué *m.* [kiŋke'] Öl-, Petroleumlampe *f.*

quinquenio *m.* [kiŋke'n^jo] (Zeitraum) 5 Jahre.

quinta *f.* [ki'nta] Landhaus *n.*, Villa *f.*; *mil.* Rekrutenjahrgang *m.*; *mus.* Quinte *f.*

quintal *m.* [kinta'l] Zentner *m.*

quinto *adj.* [ki'nto] fünfte; - *m.* Fünftel *n.*; Rekrut *m.*

quíntuplo *adj.* [ki'ntuplo] fünffach.

quiosco *m.* [k^jɔ'sko] (Blumen-, Zeitungs-) Stand *m.* Musikpavillon.

quir|ófano *m.* [kiro'fano] (Universitätsklinik) Operationssaal *m.*; **-úrgico** *adj.* [kiru'rxiko] chirurgisch.

quisquill|as *f. pl.* [kiski'ʎas]: **hacer -as** kitzeln; **-oso** *adj.* [kiskiʎo'so] empfindlich, kleinlich.

quita [ki'ta]: **de - y pon** ablegbar; **-manchas** *m.* [kitama'nčhas] Fleckenreinigungsmittel *n.*; **-nieves** *m.* [kitan^je'βes] Schneepflug *m.*

quitar [kita'r] (fort-), (weg-) nehmen, entfernen; (den Schlaf) rauben; **- ¡quita!** weg!, keine Rede!, nicht doch!

quitasol *m.* [kitasɔ'l] Sonnenschirm *m.*

quite *m.* [ki'te] (Fechten) Parade *f.*; *Taur.* Ablenkungsmanöver des Stierkämpfers.

quizá(s) [kiθa's] vielleicht.

r, R *f.* [e'rre] r, R *n.*

raba|dilla *f.* [rraβaði'ʎa] (Vögel) Bürzel *m.*, Sterz; **-nera** *f.* [raβane'ra] Hure Rettichhändlerin *f.*, grobes Weib *n.*; **-nito** *m.* [reβani'to] Radieschen *n.*

rábano *m.* [rra'βano] *bot.* Rettich *m.*

rabo *m.* [rra'βo] Schwanz *m.*, Schweif; *bot.* Stiel.

racial *adj.* [rraθ'a'l] auf Rasse bezüglich.

racimo *m.* [rraθi'mo] Traube *f.*, Büschel *m.*

raciocin|ar [rraθʲoθina'r] vernunftgemäß) urteilen, denken; **-io** *m.* [rraθʲoθi'nʲo] Überlegung *f.*, Urteilskraft.

ración *f.* [rraθʲɔ'n] Ration *f.*, Portion; **-onal** *adj.* [rraθʲona'l] vernünftig.

racista *f.* [rraθi'sta] völkisch.

racha *f.* [rra'ča] Windstoß *m.*; *naut.* Bö *f.*; *fig.* **mala** - Pechsträhne *f.*

radia|ción *f.* [rraðʲaθʲɔ'n] (Aus-) Strahlung *f.*; **-ctividad** *f.* [rraθʲaktiβiða'ð] Radioaktivität *f.*; **-dor** *m.* [rradjaðɔ'r] Heizkörper; (Motor) Kühler *m.*; **-nte** *adj.* [rraðʲa'nte] (glück-)strahlend; **-r** [rraðʲa'r] (aus-) strahlen.

radica|lmente *adv.* [rraðikalme'nte] gründlich; **-r** [rraðika'r] wurzeln, liegen, **(en** in *od.* auf.).

radio *m.* [rra'ðʲo] Halbmesser *m.*; **- de acción** Wirkungskreis *m.*; Radium *n.*; *- f. fam.* Rundfunk *m.*, -apparat; **-difusión** *f.* [rradʲoðifusʲɔ'n] Rundfunkübertragung *f.*; **-emisora** *f.* [rraðʲoemiso'ra] (Rundfunk-) Sender *m.*; **-escucha** *m.* [rraðʲoesku'ča] Rundfunkhörer *m.*; **-grafía** *f.* [rraðʲografi'a] Röntgenbild *n.*; **-grafiar** [rraðʲografʲa'r] *med.* durchleuchten; **-grama** *m.* [rraðʲogra'ma] Funkspruch *m.*; *med.* Radiogramm *n.*; **-rreceptor** *m.* [rraðʲorreθeptɔ'r] (Funk) Empfänger *m.*; **-tecnca** *f.* [rraðʲote'knia] Funktechnik *f.*; **-técnico** *m.* [rraðʲote'kniko] Radiotechniker *m.*; **-telegrafista** *m.* [rraðʲotelegrafi'sta] Funker *m.*; **-terapia** *f.* [rraðʲotera'pʲa] (Röntgen-, Strahlen-) Behandlung *f.*; **-yente** *m.* [rraðʲoje'nte] Rundfunkhörer *m.*

ráfaga *f.* [rra'faga] Windstoß *m.*, **- de luz** (Licht-) Streif.

raído *adj.* [rrai'ðo] (Kleidung) abgetragen.

rail *m.* [rra'il] *Eis.* Schiene *f.*

raíz *f.* [rrai'θ] Wurzel *f.*; **cortar de -** *m.* Stumpf u. Stiel ausrotten; **a - de** als Folge v., zufolge.

raja *f.* [rra'xa] Spalte *f.*, Riß *m.*; (Brot, Melone usw.) Scheibe, *f.*, Schnitte; **-do** *adj.* [rraxa'ðo] gespalten, eingerissen; **-r** [rraxa'r] spalten, einreißen; **-rse** [rraxa'rse] reißen, rissig w.; **-tabla** [rraxata'βla]: **a -tabla** unvermittelt, ganz plötzlich, m. allen Kräften.

ralea *f.* [rrale'a] Art. *f.*, Beschaffenheit, Sippschaft.

ralla|dor *m.* [rraʎaðɔ'r] Reibe (-isen) *f.* (*n.*); **-r** [rraʎa'r] (zer-)reiben.

rama *f.* [rra'ma] Ast *m.*, Zweig; **en -** roh, unbearbeitet; **-l** *m.* [rrama'l] *Eis.* Zweigbahn *f.*

rambla *f.* [rra'mbla] (Barcelona) breite Straße *f.*

ramera *f.* [rrame'ra] Hure *f.*

ramifica|ción *f.* [rramifikaθʲɔ'n] Verzweigung *f.*; **-do** *adj.* [rramifika'ðo] verzweigt; **-rse** [rramifika'rse] s. verzweigen.
ramo *m.* [rra'mo] Ast. *m.*, Zweig, Strauß, Branche *f.*
rampa *f.* [rra'mpa] Steigung *f.*, Rampe, Auffahrt; **-nte** *adj.* [rrampa'nte] (Wappenlöwe) aufgerichtet.
rana *f.* [rra'na] Frosch *m.*
rancio *adj.* [rra'nθʲo] ranzig; (Wein) gut abgelagert; *fig.* altadelig.
ranch|ero *m.* [rrance'ro] *mil.* Koch *m.*; **-o** *m.* [rra'nčo] *SAm.* (Vieh-) Farm *f.*; *mil.* Mannschaftsessen *n.*
rango *m.* [rra'ŋgo] Rang *m.*, Stand.
ranura *f.* [rranu'ra] (lange) Nut *f.*, Rinne, Ritze.
rapa|barbas *m.* [rrapaβa'rβas] *fam.* Bartkratzer *m.*; **-cidad** *f.* [rrapaθiða'ð] Raubgier *f.*; **-do** *adj.* [rrapa'ðo] (Haar) kurz geschoren; **-r** [rrapa'r] (Haar) kurz scheren; **-z** *adj.* [rrapa'θ] raubgierig; **-z** *m.* kleiner Junge *m.*
rape *m.* [rra'pe]: **al -** (Haar) ganz kurz geschoren.
rapé *m.* [rrape'] Schnupftabak *m.*
rapidez *f.* [rapiðe'θ] Schnelligkeit *f.*
rápido *adj.* [rra'piðo] (sehr) schnell; - *m. Eis.* Schnellzug *m.*
rapiña *f.* [rrapi'ɲa]: **ave** (*f.*) **de -** Raubvogel.
raposo *m.* [rrapo'so] Fuchs *m.*
rapt|ar [rrapta'r] entführen; **-o** *m.* [rra'pto] Entführung *f.*, (Eifersucht) Anfall *m.*
raqueta *f.* [rrake'ta] temnisschläger *m.*
raqu|ítico *adj.* [rraki'tiko] rachitisch, verkümmert; **-itis** *f.* [rraki'tis] *med.* englische Krankheit *f.*
rar|amente *adv.* [rrarame'nte] selten; **¡cosa más -a!** wie komisch!; **-eza** *f.* [rrare'θa] Seltenheit *f.*, Seltsamkeit; **-o** *adj.* [rra'ro] selten, außergewöhnlich; **-as veces** selten.
ras *m.* [rras] ebene Fläche *f.*; **a - de** dicht über (an); **-ar** [rrasa'r] streifen, berühren.
rasca|cielos *m.* [rraskaθʲe'los] Wolkenkratzer *m.*, Hochhaus *n.*; **-dor** *m.* [rraskaðɔ'r] Kratzen *m*; **-r** [raska'r]
rasero *m.* [rrase'ro]: **medir por el mismo -** *fig.* über en. Kamm scheren.
rasg|ado *adj.* [rrazga'ðo] (Augen) geschlitzt; **-ar** [rrazga'r] (durch-), (zer-) reißen, schlitzen; **-o** *m.* [rra'zgo] (Feder-, Charakter-) Zug *m.*; großmütige Tat *f.*, Handlung; **-uear** [rrazgea'r] (Saiten) leicht anreißen; **-uño** *m.* [rrasgu'ɲo] Kratzer *m.*, Schramme *f.*
rasilla *f.* [rrasi'ʎa] Verblendziegel *m.*
raso *adj.* [rra'so] eben, flach; (Himmel) wolkenlos; **cielo** (*m.*) **-** verputzte Innendecke (*f.*) es. Raumes; **hacer tabla -a** *fig.* s. über etw. hinwegsetzen; **-** *m.* freies Feld *n.*, Atlas (-stoff) *m.*
raspa *f.* [rra'spa] *bot.* Granne *f.*; **-dor** *m.* [rraspaðɔ'r] Radiermesser *n.*; **-r** [rraspa'r] (ab-) schaben; (ab-) kratzen, radieren.
rastr|a *f.* [rra'stra] Egge *f.*; **-ear** [rrastrea'r] eggen; **-ero** *adj.* [rrastre'ro]: **perro** (*m.*) **-ero** Spürhund *m.*; **-illar** [rrastriʎa'r] (Flachs) hecheln; **-illo** *m.* [rrastri'ʎo] Rechen *m.*; *techn.* Abstreifer; Fallgatter *n.*; **-o** *m.* [rra'stro] Rechen *m.*, Spur *f.*; **-ojo** *m.* [rrastrɔ'xo] Stoppeln *f. pl.*
rat|a *f.* [rra'ta] Maus *f.*, Ratte; fam. (Taschen-) Dieb *m.*; **-ear** [rratea'r] stibitzen; **-ería** *f.* [rrateri'a] kleiner Diebstahl *m.*; **-ero** *m.* [rrate'ro] Taschendieb *m.*
ratifica|ción *f.* [rratifikaθʲɔ'n] Bestätigung *f.*; **-r** [rratifika'r] bestätigen.
rato *m.* [rra'to] Augenblick *m.*, Weile *f.*; **buen -** längere Zeit *f.*; **pasar un mal -** etw. durchzumachen haben; **para pasar el -** zum Zeitvertreib;

¡hasta otro -! auf Wiedersehen!; **pasar el -** s. die Zeit vertreiben; **a -s** v. Zeit zu Zeit; **a -s perdidos** in den Mußestunden.

ratón *m.* [rratɔ'n] Maus *f.*

ratonera *f.* [rratone'ra] Mausefalle *f.*

raudal *m.* [rrauda'l] (Wasser-) Flut *f.; fig.* Menge.

raya *f.* [rra'ja] Strich *m.*, Linie *f.*, Kratzer *m.*, Streifen, Scheitel; *zool.* Rochen; **tener a -** *fig.* in den Schranken halten; **-do** *adj.* [rraja'ðo] gestreift; (Gewehrlauf) gezogen; **-do** *m.* [rraja'ðo] Schraffur *f.*, Linierung; **-no** *adj.* [rraja'no] angrenzend (**en** an); **-r** [rraja'r] linieren, schraffieren, zerkratzen, ritzen.

rayo *m.* [rra'jo] Strahl *m.*, Blitz; (Rad-) Speiche *f.*

raza *f.* [rra'θa] Stamm *m.*, Geschlecht *n.*, Rasse *f.*

raz|ón *f.* [rraθɔ'n] Vernunft *f.*, Verstand *m.*, Recht *n.*, Grund *m.*; **dar -ón** Auskunft geben; **-ón social** Firma *f.*, Firmenname *m.*; **-ón de ser** Daseinsberechtigung *f.*; **-ones** *f. pl.* [rraθo'nes] Einwände *m. pl.*; **-onable** *adj.* [rraθona'βle] vernünftig; (Preis) billig; **-onado** *adj.* [rraθona'ðo] begründet; **-onamiento** *m.* [rraθonam^je'nto] Überlegung *f.*; **-onar** [rraθona'r] begründen; nachdenken.

reacción *f.* [rreakθ^jɔ'n] Reaktion *f.*, Rückwirkung; (Radio) Rückkupplung *f.*; **-onario** *adj.* [rreakθ^jona'r^jo] rückschrittlich; **-onario** *m. pol.* Reaktionär *m.*

reacio *adj.* [rrea'θ^jo] widerspenstig.

reactivo *m.* [rreakti'βo] Reagens *n.*

real *adj.* [rrea'l] tatsächlich, wirklich, königlich; **pavo** (*m.*) **-** *zool.* Pfau *m.*; **-** *m.* (Münze) Real *m.* (25 céntimos); Festwiese *f.*; **-ce** *m.* [rrea'lθe] erhabene Arbeit *f.*; *fig.* Ansehen *n.*; **-eza** *f.* [rreale'θa] königliche Würde *f.*; **-idad** *f.* [rrealiða'ð] Wirklichkeit *f.*; **en -idad** eigentlich, wirklich; **-ista** *adj.* [rreali'sta] realistisch, royalistisch; **-izable** *adj.* [rrealiθa'βle] möglich, erreichbar; **-ización** *f.* [rrealiθaθ^jɔ'n] Verwirklichung *f.*; **-izador** *m.* [rrealiθaðɔ'r] (Film) Spielleiter *m.*; **-izar** [rrealiθa'r] verwirklichen, ausverkaufen; **-mente** *adv.* [rrealm'nte] tatsächlich, wirklich; **-quilar** [rrealkila'r] weitervermieten; **-zar** [rrealθa'r] erhöhen, verschönern.

reanimar [rreanima'r] wiederbeleben.

reanuda|ción *f.* [rreanuðaθ^jɔ'n] (Geschäfte) Wiederanknüpfung *f.*; **-r** [rreanuða'r] wieder aufnehmen; **-r la marcha** (Zug) Fahrt fortsetzen.

reapar|ecer [rreapareθe'r] wieder erscheinen; **-ición** *f.* [rreapariθ^jɔ'n] Wiedererscheinen *n.*, Wiederauftreten.

reapertura *f.* [rreapertu'ra] Wiederbeginn *m.*, Wiedereröffnung *f.*

reasumir [rreasumi'r] übernehmen.

reavivar [rreaβiβa'r] neubeleben.

rebaja *f.* [rreβa'xa] (Preis-) Nachlaß *m.*, Rabatt; **-r** [rreβaxa'r] (Preis) herabsetzen, nachlassen; *techn.* Material abnchmen, abflachen; **-rse** [rreβaxa'rse] s. demütigen.

rebanada *f.* [reβana'ða] (Brot-) Schnitte *f.*

rebaño *m.* [rreβa'ɲo] Herde *f.*

rebasar [rreβasa'r] (ee. Grenze) überschreiten.

rebati|ble *adj.* [rreβati'βle] umklappbar, strittig; **-r** [rreβati'r] umklappen.

rebato *m.* [rreβa'to]: **tocar a -** Sturm läuten.

rebeco *m.* [rreβe'ko] Gemse *f.*

rebel|arse [rreβela'rse] s. auflehnen; **-de** *adj.* [rreβe'lde aufrührerisch, störrisch; **-de** *m.* Aufständiger *m.*, Meuterer; **-día** *f.* [rreβeldi'a] Widerspenstigkeit *f.*; *jur.* Nichterscheinen *n.*; **-ión** *f.* [rreβeʎɔ'n] Aufruhr *m.*, -stand.

reblandec|er [rreβlandeθe'r] erweichen; **-imiento** *m.* [rreβlandeθim^je'nto] Erweichung *f.*

reborde *m.* [rreβɔ'rde] (verstärkter) Rand *m.;* **-ear** [rreβordea'r] m. em. Rand versehen.

rebosa|r [rreβosa'r] überlaufen; (Gesundheit) strotzen (**de** vor); **-nte** *adj.* [rreβosa'nte] bis an den Rand gefüllt, strotzend.

rebot|ar [rreβota'r] zuzückprallen, -schlagen; **-e** *m.* [rreβo'te] Rückstoß *m.*, -prall.

reboz|ar [rreβoθz'r] verhüllen; (Speisen) panieren; **-arse** [rreβoθa'rse] s. vermummen; **-o** *m.* [rreβo'θo] Umschlagtuch *n.*

rebulli|cio *m.* [rreβuʎi'θ^jo] Radau *m.;* **-r** [rreβuʎi'r] hinu. herlaufen.

rebuscar *f.* [rreβu'ska] Nachlese *f.*, Nachforschung; **-r** [rreβuska'r] (Ähren) lesen, (durch-) stöbern.

rebuzn|ar [rreβuθna'r] (Esel) schreien, iahen; **-o** *m.* [rreβu'zno] Eselsgeschrei *m.*

recabar [rrekaβa'r] (Erlaubnis) erreichen.

recad|ero *m.* [rrekaðe'ro] Bote *m.;* **-o** *m.* [rreka'ðo] Auftrag *m.*, Botschaft *f.*, Bestellung; **-o de escribir** Schreibzeug *n.*

reca|er [rrekae'r] *med.* Rückfall bekommen; (Erbschaft) zufallen; **-ída** *f.* [rrekai'da] *med.* Rückfall *m.*

recalar [rrekala'r] *naut.* (Hafen) ansteuern.

recalc|ar [rrekalka'r] stark betonen, stauchen, zusammenpressen; **-itrante** *adj.* [rrekalθitra'nte] störrisch, verstockt.

recalent|amiento *m.* [rrekalentam^je'nto] Überhitzung *f.;* **-ar** [rrekalenta'r] überhitzen, wieder erwärmen.

recamb|iar [rrekamb^ja'r] austauschen, auswechseln; **-io** *m.* [rreka'mb^jo] Umtausch *m.*, Ersatz.

recapacitar [rrekapaθita'r] ins Gedächtnis zurückrufen.

recapitular [rrekapitula'r] kurz wiederholen, zusammenfassen.

recarg|ar [rrekarga'r] überladen; **-o** *m.* [rreka'rgo] Auf-, Zuschlag *m.*

recata|do *adj.* [rrekata'ðo] vorsichtig, bescheiden; **-r(se)** [rrekata'rse] verhehlen.

recauda|ción *f.* [rrekauðaθ^jɔ'n] (Steuern) Erhebung *f.;* **-dor** *m.* [rrekauðadɔr'] Steuereinnehmer *m.;* **-r** [rrekauða'r] (Steuern) erheben; sammeln.

recel|ar [rreθela'r] argwöhnen; **-o** *m.* [rreθe'lo] Argwohn *m.*, Besorgnis *f.;* **-oso** *adj.* [rreθelo'so] argwöhnisch, besorgt.

recep|ción *f.* [rreθepθ^jɔ'n] Aufnahme *f.*, Abnahme, Empfang *m.;* **-táculo** *m.* [rreθepta'kulo] Behälter *m.*, Behältnis *n.;* **-tor** *m.* [rreθeptɔ'r] (Radio) Empfänger *m.*

receta *f.* [rreθe'ta] ärztlich verschreiben.

recib|í *m.* [rreθiβi'] Quittung *f.;* **-imiento** *m.* [rreθiβim^je'nto] Empfang *m.;* Vorzimmer *n.*, Diele *f.;* **-ir** [rreθiβi'r] empfangen, erhalten, (ab-), (an-), (auf-)nehmen; **-irse de** Prüfung ablegen als; **-o** *m.* [rreθi'βo] Empfang *m.*, Quittung *f.*

recién *adv.* [rreθ^je'n] frisch, jüngst, kürzlich, neu; *SAm.* erst, soeben, plötzlich; **-ente** *adj.* [rreθ^je'nte] neuerlich; **-entemente** *adv.* [rreθ^jenteme'nte] neulich, unlängst.

recinto *m.* [rreθi'nto] (begrenzter) Raum, Umkreis *m.;* (Ausstellungs-) Gelände *n.*

recio *adj.* [rre'θ^jo] stark, rauh, fest, steif.

recipiente *m.* [rreθip^je'nte] (kleinerer) Behälter *m.*, Gefäß *n.*

reciprocidad *f.* [rreθiproθiða'ð] Gegenseitigkeit *f.*

recit|ación *f.* [rreθitaθ^jɔ'n] Deklamation *f.;* **-al** *m.* [rreθita'l] Konzert-,

Vortragsabend *m.*; **-ar** [rreθita'r] hersagen, vortragen.

reclam|ación *f.* [rreklamaθʲɔ'n] Reklamation *f.*, Beschwerde, Einspruch *m.*; **-ar** [rreklama'r] reklamieren, (zurück-)fordern; (Entschädigung) verlangen; **-o** *m.* [rrekla'mo] Lockvogel *m.*, -ruf; *SAm.* Reklamation *f.*

reclina|rse [rreklina'rse] s. anlehnen; **-torio** *m.* [rreklinato'rʲo] Betstuhl *m.*

reclu|ir [rreklui'r] einsperren; **-sión** *f.* [rreklusʲɔ'n] Haft *f.*; **-sión perpetua** lebenslänglicher Freiheitsentzug *m.*

recluta *m.* [rreklu'ta] *mil.* Rekrut *m.*; f. Aushebung *f.*; **-miento** *m.* [rreklutamʲe'nto] *mil.* Rekrutierung *f.*, Anwerbung; **-r** [rrekluta'r] *mil.* rekrutieren, anwerben.

recobrar [rrekoβra'r] wiedererlangen; **-se** [rrekoβra'rse] s. erholen (**de** v.).

recog|er [rrekoxe'r] (ein-) sammeln, aufheben, auflesen; (Personen) aufnehmen, ernten, *fam.* Briefkasten leeren; (Wechsel) einlösen; **-erse** [rrekoxe'rse] schlafen gehen; **-ida** *f.* [rrekosi'ða] Einsammeln *n.*, (Briefkasten) Leerung *f.*; **-imiento** *m.* [rrekoximʲe'nto] innere Sammlung *f.*

recolec|ción *f.* [rrekolekθʲɔ'n] Ernte *f.*, Sammlung; **-tar** [rrekolekta'r] ernten.

recomenda|ble *adj.* [rrekomenda'βle] empfehlenswert; **-ción** *f.* [rrekomendaθʲɔ'n] Empfehlung *f.*; **-r** [rrekomenda'r] empfehlen.

recompensa *f.* [rrekɔmpe'nsa] Belohnung *f.*; **-r** [rrekompensa'r] belohnen.

reconcentrarse [rrekɔnθentra'rse] s. sammeln, in s. gehen.

reconcilia|ción *f.* [rrekonθiʎaθʲɔ'n] Versöhnung *f.*; **-rse** [rrekonθiʎa'rse] s. versöhnen.

recóndito *adj.* [rrekɔ'ndito] geheim, verborgen.

reconoc|er [rrekonoθe'r] (an-) erkennen; durchsuchen, untersuchen; **-ido** *adj.* [rrekonoθi'ðo] dankbar; **-imiento** *m.* [rrekonoθimʲe'nto] Dankbarkeit *f.*, Untersuchung, Erkundung.

reconquista *f.* [rrekoŋki'sta] Wiedereroberung *f.*; **-r** [rrekoŋkista'r] wiedererobern.

reconstitu|ir [rrekɔnstitui'r] wiederherstellen; **-yente** *m.* [rrekɔnstituʲe'nte] *med.* Kräftigungsmittel *n.*

recopila|ción *f.* [rrekopilaθʲɔ'n] Gesetzessammlung *f.*; **-r** [rrekopila'r] zusammenstellen.

recordar [rrekɔrda'r] erinnern.

recorr|er [rrekɔrre'r] durchlaufen, bereisen; schnell durchlesen, überfliegen; (Strecke) zurücklegen; **-ido** *m.* [rrekɔrri'ðo] (zurückgelegte) Strecke *f.*

recort|ar [rrekɔrta'r] abschneiden, aus-, weg-; **-e** *m.* [rrekɔ'rte] Ausschnitt *m.*; **-es** *m. pl.* Schnittabfälle *m. pl.*

recostarse [rrekɔsta'rse] s. anlehnen.

recrea|ción *f.* [rrekreaθʲɔ'n] *SAm.* (Schul-) Pause *f.*; **-r(se)** [rrekrea'rse] ergötzen, (s. zerstreuen).

recreo *m.* [rrekre'o] Erholung *f.*, Zerstreuung, (Schul-) Pause.

recriminar [rrekrimina'r] beschuldigen.

recrudecer(se) [rrekruðeθe'rse] s. wieder verschlimmern.

recta *f.* [rre'kta] gerade Linie *f.*; **-angular** *adj.* [rrektaŋgula'r] rechteckig.

rectángulo *m.* [rrekta'ŋgulo] Rechteck *n.*, rechter Winkel *m.*

rectifica|ción *f.* [rektifikaθʲɔ'n] Berichtigung *f.*, Verbesserung; **-r** [rrektifika'r] berichtigen, verbessern.

rect|ilíneo *adj.* [rrektili'neo] geradlinig; **-itud** *f.* [rrektitu'θ] Rechtschaffenheit *f.*; **-o** *adj.* [rre'kto] gerade; *fig.* gerecht; **-o** *m. anat.* Mastdarm *m.*; **-or** *m.* [rrektɔ'r] Rektor *m.*,

Vorsteher; **-ora** *f.* [rrekto'ra] Vorsteherin *f.*
recua *f.* [rre'kʷa] Koppel (*f.*) Saumtiere.
recubrir [rrekuβri'r] verdecken, überziehen, verkleiden.
recuento *m.* [rrekʷe'nto] Nachzählung *f.*
recuerdo *m.* [rrekʷe'rdo] Andenken *n.*, Erinnerung *f.*; **dar -s** grüßen.
recupera|ción *f.* [rrekuperaθʲɔ'n] Wiedergewinnung *f.*; **-r** [rrekupera'r] wiedergewinnen, wiedererlangen.
recurrir [rrekurri'r] Berunfung einlegen.
recurso *m.* [rreku'rso] *jur.* Berufung *f.*, Beschwerde; *fam.* Ausweg *m.*; **-s** *m. pl.* [rreku'rsos] (Geld-) Mittel *n. pl.*
recusar [rrekusa'r] (Zeugen) ablehnen.
rechaz|ar [rrečaθa'r] ab-, zurückweisen; zurückstoßen; **-o** *m.* [rreča'ðo] Rückprall *m.*, -schlag, -stoß.
rechinar [rrečina'r] (Räder) knarren.
rechoncho *adj.* [rrečɔ'nčo] klein u. untersetzt.
red *f.* [rreð] Netz *n.*; *fig.* Falle *f.*
redacc|ión *f.* [rreðakθʲɔ'n] (Ab-) Fassung *f.*, Schriftleitung; **-tar** [rreðakta'r] abfassen; **-tor** *m.* [rreðaktɔ'r] Redakteur *m.*, Schriftleiter, Verfasser.
redecilla *f.* [reðeθi'ʎa] (Haar-, Gepäck-) Netz *n.*
reden|ción *f.* [rreðenθʲɔ'n] Erlösung *f.*; **-tor** *m.* [rreðentɔ'r] Erlöser *m.*
redil *m.* [rreði'l] (Schaf-) Hürde *f.*
redimir [rreðimi'r] ablösen, loskaufen.
rédito *m.* [rre'ðito]: **dar (poner a) -s** (auf) Zinsen bringen (legen).
redomado *adj.* [rreðoma'ðo] abgefeimt.
redond|a *f.* [rreðɔ'nda] Umkreis *m.*; **-eado** *adj.* [rreðondea'ðo] abgerundet; **-eado** *m.* Abrundung *f.*; **-ear** [rreðondea'r] abrunden; **-el** *m.* [rreðonde'l] *Taur.* Arena *f.*; **-ez** *f.* [rreðɔnde'θ] Rundung *f.*; **-illa** *f.* [rreðɔndi'ʎa]: **(letra)** (*f.*) **-illa** Rundschrift *f.*; **-o** *adj.* [rreðɔ'ndo] rund.
reduc|ción *f.* [rreðukθʲɔ'n] Verringerung *f.*, Kürzung, Ermäßigung, Herabsetzung, Umwandlung; (Personal) Abbau *m.*; **-ido** *adj.* [rreðuθi'ðo] beschränkt, kleine; **-ir** [rreðuθi'r] vermindern, kürzen, ermäßigen, herabsetzen.
redunda|nte *adj.* [rreðunda'nte] weitschweifig; **-r en** [rreðunda'r en] gereichen zu.
ree|ditar [rreeðita'r] (Buch) neu auflegen; **-ducación** [rreeðukaθʲɔ'n] Umschulung *f.*; **-lección** *f.* [rreelekθʲɔ'n] *pol.* Wiederwahl *f.*; **-legir** [rreelexi'r] wiederwählen; **-mbolso** *m.* [rreembɔ'lso] Rückzahlung *f.*; **contra -mbolso** unter Nachnahme; **-mplazar** [rreemplaθa'r] ersetzen, vertreten; **-mplazo** *m.* [rreempla'θo] Ersatz *m.*; **-streno** *m.* [rreestre'no] *theat.* Neueinstudierung *f.*; **-strenar** [rreestrena'r] *theat.* neu aufführen; **-xpedición** *f.* [rreespeðiθʲɔ'n] Weiterbeförderung *f.*; **-expedir** [rreespeði'r] weiterbefördern.
refajo *m.* [rrefa'xo] Unterrock *m.*
refer|encia *f.* [rrefere'nθʲa] Bezugnahme *f.*, Referenz; **-ente a** [rrefe] re'nte a] *m.* Berzug auf; **-ir** [rreferi'r] berichten; **-irse a** [rreferi'rsea] s. beziehen auf.
refilón *adv.* [rrefilɔ'n]: **mirar de ~** *fam.* scheel ansehen.
refin|ación *f.* [rrefinaθʲɔ'n] Verfeinerung *f.*; **-ar** [rrefina'r] verfeinern, raffnieren; **-ería** *f.* [rrefineri'a] Zuckerraffinerie *f.*
reflector *m.* [rreflektɔ'r] Scheinwerfer *m.*
refle|jar(se) [rreflexa'rse] (Strahlen) zurückwerfen; (s. widerspiegeln);

-**jo** *m.* [rrefle'xo] Reflex *m.*, Widerschein; -**xionar** [rrefleks^j^ona'r] überiegen, nachdenken (**sobre** über).

reforma *f.* [refɔ'rma] Reform *f.*, Verbesserung, Reformation; -**ción** *f.* [rrefɔ'rmaθ^j^ɔ'n] Umbau *m.*; -**r** [rrefɔrma'r] aus-, verbessern, reformieren.

reforzar [rrefɔrθz'r] verstärken.

refrac|ción *f.* [rrefrakθ^j^ɔ'n] Strahlenbrechung *f.*; -**tario** *adj.* [rrefrakta'r^j^o] widerspenstig.

refrán *m.* [refra'n] Sprichwort *n.*

refregar(se) [rrefrega'rse] (s.) reiben.

refrendar [rrefrenda'r] gegenzeichnen.

refresc|ar [rrefreska'r] abkühlen, auf-, erfrischen; (Wetter) kühl w.; -**o** *m.* [rrefre'sko] Erfrischungsgetränk *n.*

refriega *f.* [rrefr^j^e'ga] Geplänkel, *n.*, Zank *m.*

refrige|ración *f.* [rrefrixeraθ^j^ɔ'n] (Ab-) Kühlung *f.*; -**rador** *m.* [rrefrixeraðɔ'r] Khler *m.*, Kühlschrank; -**rar** [rrefrixera'r] (ab-) kühlen; -**rio** *m.* [rrefrixe'r^j^o] Erfrischung *f.*, Imbiß *m.*

refuerzo *m.* [rref^w^e'rθo] Verstärkung *f.*

refugi|arse [rrefux^j^a'rse] s. flüchten, Schutz suchen; -**o** *m.* [rrefu'x^j^o] Zuflucht *f.*, (Luft-) Schutzraum *m.*, Verkehrsinsel *f.*

refundi|ción *f.* [rrefundiθ^j^ɔ'n] Einschmelzen *n.*, Umschmelzung *f.*; -**r** [rrefundi'r] umschmelzen, umgießen.

refunfuñar [rrefunfuɲa'r] (in den Bart) murmeln.

refuta|ble *adj.* [rrefuta'βle] widerlegbar; -**ción** *f.* [rrefutaθ^j^ɔ'n] Widerlegung *f.*; -**r** [rrefuta'r] widerlegen.

regad|era *f.* [rregaðe'ra] Gießkanne *f.*; -**ío** *m.* [rregaði'o] Bewässerungsanlage *f.*

regal|ado *adj.* [rregala'ðo] (Leben) sorglos; **precio** (*m.*) -**ado** Spottpreis *m.*; -**ar** [rregala'r] (be-)schenken; -**ía** *f.* [rregali'a] Privileg *n.*; -**iz** *m.* [rregali'θ] Süßholz *n.*; -**o** *m.* [rrega'lo] Geschenk *n.*

regaña|dientes *adv.* [rregaɲað^j^e'ntes]: **a -dientes** widerwillig; -**r** [rregaɲa'r] schelten, zanken.

regar [rrega'r] bewässern, berieseln; (Straße) sprengen; (Wäsche) einsprengen.

regata *f.* [rrega'ta] Regatta *f.*

regatear [rregatea'r] (ab-)feilschen, (ab-)handeln.

regazo *m.* [rrega'θo] Schoß *m.*, auch *fig.*

regencia *f.* [rrexe'nθ^j^a] Leitung *f.*, Regentschaft.

regenera|ción *f.* [rrexeneraθ^j^ɔ'n] Wiederherstellung *f.*, Wiedergeburt; -**r** [rrexenera'r] wiedererzeugen, regenerieren.

regent|ar [rrexenta'r] verwalten; (Lehrstuhl) innehaben; -**e** *m.* [rrese'nte] Regent; *typ.* Faktor *m.*

regidor *m.* [rrexiðɔ'r] *Span.* Stadtrat *m.*, Schöffe.

régimen *m.* [re'ximen] Regierungsform *f.*, Verwaltung; Lebensweise Diät.

regim|entar [rreximenta'r] regieren; -**iento** [rrexim^j^e'nto] Regiment *n.*

regio *adj.* [rre'x^j^o] königlich; *fig.* prächtig.

regi|ón *f.* [rrex^j^ɔ'n] Gegend *f.*, Landschaft, Gebiet *n.*; -**onal** *adj.* [rrex^j^ona'l] auf Land, Volk bezüglich; -**r** [rrexi'r] regieren, leiten; (Gesetze) in Kraft sein.

registr|ador *m.* [rrexistraðɔ'r] Registerbeamter *m.*, Registrierapparat; **caja** (*f.*) -**adora** Registrierkasse *f.*; -**ar** [rrexistra'r] registrieren, untersuchen; (Fabrikmarke) anmelden; -**o** *m.* [rrexi'stro] Register *n.*; *techn.* Kesselluke *f.*, Schauloch *n.*; -**o civil** Standesamt *n.*

regla *f.* [rre'gla] Regel *f.*, Richtschnur, Grundsatz *m.*, Lineal *n.*, (Frau) Periode *f.*; - **de cálculo** Rechenschieber *m.*; -**je** *m.* [rregla'xe] Einregelung *f.*; **-mentación** *f.* [rreglamentaθʲɔ'n] Regelung *f.*; **-mentar** [rreglamenta'r] reglen; **-mentario** *adj.* [rreglamenta'rʲo] vorschriftsmäßig; **-mento** *m.* [rreglame'nto] Vorschrift *f.*, Dienstanweisung, Betriebsordnung.

regocij|ar(se) [rregoθixa'rse] belustigen, (s. ergötzen); **-o** *m.* [rregoθi'xo] Freude *f.*, Vergnügen *n.*, Spaß *m.*

regres|ar [rregresa'r] zurückkehren; **-o** *m.* [rregre'so] Rückkehr *f.*, Regreß *m.*

reguer|a *f.* [rrege'ra] Bewässerungsgraben *m.*, Gerinne *n.*; **-o** *m.* [rrege'ro] Spur (*f.*) vergossener Flüssigkeit.

regula|ble *adj.* [rregula'βle] einstellbar; **-ción** *f.* [rregulaθʲɔ'n] Regelung *f.*, Regulierung; **-dor** *m.* [rregulaðɔ'r] Regler *m.*; **-r** *adj.* [rregula'r] regelmäßig, normal; *fam.* mittelmäßig; **-r** *adv.* (Zensur) befriedigend; **-r** regeln; **-ridad** *f.* [rregulariða'ð] Regelmäßigkeit *f.*

regusto *m.* [rregu'sto] Nachgeschmack *m.*

rehabilita|ción *f.* [rreaβilitaθʲɔ'n] Wiedereinsetzung *f.*; *fig.* Ehrenrettung; **-r(se)** [rreaβilita'rse] wiedereinsetzen.

rehacer(se) [rreaθe'rse] wiederherstellen, umarbeiten.

rehén *m.* [rree'n] Geisel *f.*

rehogar [rreoga'r] dämpfen, schmoren.

rehuir [rreui'r] (ver-)meiden, fliehen, aus dem Wege gehen; (der Verantwortung) s. entziehen.

rehusar [rreusa'r] abschlagen, verweigern, zurückweisen.

reimpr|esión *f.* [rreimpresʲɔ'n] Neu-, Nachdruck *m.*; **-imir** [rreimprimi'r] neudrucken.

reina *f.* [rre'ina] Königin *f.*; **-do** *m.* [rreina'ðo] Regierung, -szeit *f.*; **-nte** *adj.* [rreina'nte] regierend; **-r** [rreina'r] regieren, herrschen.

reincid|encia *f.* [rreinθiðe'nθʲa] Rück-, Wiederholungsfall *m.*; **-dente** *adj.* [rreinθiðe'nte] rückfällig; **-ir** [rreinθiði'r] zurückfallen.

reincorporar [rreiŋkɔrpora'r] wiedereinverleiben.

reingres|ar [rreingresa'r] wiedereintreten; **-o** *m.* [rreingre'so] Wiedereintritt *m.*, -aufnahme *f.*

reintegr|ar(se) [rreintegra'rse] entschädigen, zurückerstatten; (zurückkehren, **a** in); **-o** *m.* [rreinte'gro] (Kosten) Ersatz *m.*; (*Span.* Lotterie) Gewinn in Höhe des Einsatzes.

reír [rrei'r] lachen; **-se** [rrei'rse] lachen, spotten, (**de** über).

reiterar [rreitera'r] wiederholen.

reivindicar [rreiβindika'r] zurückfordern.

rej|a [rre'xa] Gitter *n.*; **-a de arado** Pflugschar *f.*; **-illa** *f.* [rrexi'ʎa] (feines) Gitter *n.*; **-o** *m.* [rre'xo] (Bienen-) Stachel *m.*; **-ón** *m.* [rrexɔ'n] *Taur.* Wurfspieß (*m.*) des «rejoneador»; **-oneador** *m.* [rrexoneaðɔ'r] *Taur.* Stierkämpfer (*m.*) zu Pferd; **-onear** [rrexonea'r] *Taur.* Stier m. dem «rejón» vom Pferd aus angreifen.

rejuvenecer [rrexuβeneθe'r] verjüngen.

relaci|ón *f.* [rrelaθʲɔ'n] Beziehung *f.*, Verhältnis *n.*; **-onado** *adj.* [rrelaθʲona'ðo]: **estar bien -onado** gute Verbindungen haben (**con** zu); **-onar(se)** [rrelaθʲona'rse] in Verbindung bringen (treten).

relaja|miento *m.* [rrelaxamʲe'nto] Sitten-, Zügellosigkeit *f.*; **-do** *adj.* [rrelaxa'ðo] ausschweifend; **-r(se)** [rrelaxa'rse] erschlaffen; (schlaff w.

relam|er(se) [rrelame'rse] (s.) ablecken; **-ido** *adj.* [rrelami'ðo] *fig.* geschniegelt.

relámpago *m.* [rrela'mpago] Blitz *m.*

relatar [rrelata'r] erzählen.

relativ|amente *adv.* [rrelatiβame'nte] verhältnismäßig; **-ividad** *f.* [rrelatiβiða'ð]: **teoría** (*f.*) **de la -idad** Relativitätstheorie *f.*; **-o** *adj.* [rrelati'βo] bezüglich.

relato *m.* [rrela'to] Erzählung *f.*, Bericht *m.*

relé *m.* [rrele'] *elektr.* Relais *n.*, Schaltschutz *m.*

releer [rrelee'r] wieder lesen.

relegar [rrelega'r]: - **al olvido** der Vergessenheit anheimgeben.

relev|ante *adj.* [rreleβa'nte] hervorragend; **-ar** [rreleβa'r] *mil.* ablösen; (er. Verpflichtung) entheben; **-o** *m.* [rrele'βo] *mil.* Ablösung *f.*, Stafette.

relicario *m.* [rrelikar'ʲo] Reliquienschrein *m.*

relieve *m.* [rrelʲe'βe] Relief *n.*; **poner de** - *fig.* hervorheben; (Persönlichkeit **de** - berühmt.

religi|ón *f.* [rrelixʲɔ'n] Religion *f.*; **-osidad** *f.* [rrelixʲosiða'ð] Frömmigkeit *f.*; **-osamente** *adv.* [rrelixʲosame'nte] (zahlen) pünktlich; **-oso** *m.* [rrelixʲo'so] Mönch *m.*; **-oso** *adj.* fromm, gewissenhaft.

relinch|ar [rrelinča'r] wiehern; **-o** *m.* [rreli'nčo] Gewieher *n.*

reliquia *f.* [rreli'kʲa] Reliquie *f.*

reloj *m.* [rrelo'] Uhr *f.*; - **de pulsera** Armbanduhr *f.*; **-ería** *f.* [rreloxeri'a] Uhrmacherladen *m.*; **-ero** *m.* [rreloxe'ro] Uhrmacher *m.*, Uhrenhändler.

reluci|ente *adj.* [rreluθʲe'nte] glänzend; **-r** [rreluθi'r] glänzen.

rell|ano *m.* [rreʎa'no] Treppenabsatz *m.*; **-enar** [rreʎena'r] (aus-)füllen; **-eno** *m.* [rreʎe'no] Ausfüllung *f.*; **-eno** *adj.* voll, gefüllt.

remach|ar [rremača'r] nieten; *fig.* hartnäckig auf etw. bestehen; **-e** *m.* [rrema'če] Niet *m.*

remanente *m.* [rremane'nte] (Über-) Rest *m.*

remanso *m.* [rrema'nso] stilles Wasser *n.*

remar [rrema'r] rudern.

remat|ar [rremata'r] vollenden; (Versteigerung) zuschlagen; den Gnadenstoß versetzen; **-e** *m.* [rrema'te] Abschluß; (Versteigerung, Ausschreibung) Zuschlag *m.*; *techn.* Abschlußstück *n.*; **de -e** hoffnungslos, vollkommen.

remedi|ar [rremeðʲa'r] abhelfen, wiedergutmachen; **-o** *m.* [rreme'ðʲo] Ausweg *m.*, Abhilfe *f.*, Heilmittel *n.*; **-o casero** Hausmittel *n.*

rememorar [rrememora'r] ins Gedächtnis zurückrufen.

remend|ar [rremenda'r] ausbessern, flicken; **-ón** *m.* [rremendɔ'n] **zapatero** (*m.*) **-ón** Flickschuster *m.*

remero *m.* [rreme'ro] Ruderer *m.*

remesa *f.* [rreme'sa] Rimesse *f.*, Sendung.

remiendo *m.* [rremʲe'ndo] Flikken *n.*, Ausbessern.

remilg|ado *adj.* [rremilga'ðo] zimperlich; **-o** *m.* [rremi'lgo] **hacer -os** s. zieren.

reminiscencia *f.* [rreminisθe'nθʲa] (Wieder-) Erinnerung *f.*

remis|ión *f.* [rremisʲɔ'n] (Straf-) Erlaß *m.*; **sin -ión** unbarmherzig; **-or** *m.* [rremisɔ'r] *SAm.* Absender *m.*

remit|ente *m.* [rremite'nte] Absender *m.*; **-ir** [rremiti'r] (über-)senden, erlassen; **-irse** [rremiti'rse] s. beziehen (**a** auf).

remo *m.* [rre'mo] Ruder *n.*; **-jar** [rremoxa'r] anfeuchten, einweichen.

remol|cador *m.* [rremɔlkaðɔ'r] *naut.* Schlepper *m.*; **-car** [rremɔlka'r] schleppen, ziehen; **-ino** *m.* [rremoli'no] (Haar-) Wirbel, Strudel *m.*; **-que** *m.* [rremɔ'lke] Schleppen *n.*, Anhänger *m.*; **a -que** im Schlepptau.

remonta *f.* [rremɔ'nta] *mil.* Remonte *f.*; **-r a** [rremɔnta'r] (zeitlich) zurückgehen auf; **-rse** *a*... aufsteigen

remordimiento *m.* [rremordimʲe'nto] Gewissensbiß *m.*

remot|amente [rremotame'nte]: **ni -amente** bei weitem nicht; **-o** [rremo'to] abgelegen, entfernt.

remover [rremoβe'r] umrühren.

remozar [rremoθa'r] verjüngen.

remune|ración *f.* [rremuneraθʲɔ'n] Bezahlung, Vergütung *f.;* **-rador** [rremuneraðɔ'r] lohnend; **-rar** [rremunera'r] belohnen, entschädigen, vergüten.

renac|er [rrenaθe'r] wieder geboren w.; **-imiento** *m.* [rrenaθimʲe'nto] Wiedergeburt, Renaissance *f.*

renal [rrena'l] *anat.* auf die Nieren bezüglich.

rencor *m.* [rreŋkɔ'r] Groll *m.;* **-oso** [rreŋkoro'so] grollend, nachträgerisch.

rendi|ción *f.* [rrendiθʲɔ'n] *mil.* Übergabe *f.;* **-do** [rrendi'ðo] erschöpft; **-ja** *f.* [rrendi'xa] Spalt *m.*, Schlitz; **-miento** *m.* [rrendimʲe'nto] Ertrag *m.*, Leistung *f.;* **-r** [rrendi'r] besiegen, bezwingen; (Festung) übergeben; (Arbeit) leisten; **-rse** [rrendi'rse] s. ergeben.

reneg|ado [rrenega'ðo] abtrünnig; **-ado** *m.* Renegat *m.; pol.* Überläufer; **-ar** [rrenega'r] verleugnen.

rengl|ón *m.* [rreŋglɔ'n] Zeile *f.;* **a - seguido** *fig.* sofort; **-ones** *m. pl.*: **poner cuatro -ones** ein paar Zeilen schreiben.

reno m· [rre'no] Renntier *n.*

renom|brado [rrenɔmbra'ðo] berühmt; **-bre** *m.* [rrenɔ'mbre] Ruf *m.*

renova|ción *f.* [rrenoβaθʲɔ'n] Erneuerung *f.;* **-r** [rrenoβa'r] erneuern.

renta *f.* [rre'nta] Rente *f.;* (Miet-) Zins *m.;* **-ble** [rrenta'βle] wirtschaftlich; **-r** [rrenta'r] einbringen.

renuncia *f.* [rrenu'nθʲa] Verzicht *m.;* **-r** [rrenunθʲa'r] verzichten (**a** auf).

reñ|ido [rreɲi'ðo] verfeindet; **-ir** [rreɲi'r] auszanken, s. zanken.

reo *m.* [rre'o] Angeklagte, Verbrecher *m.*

reorganiza|ción *f.* [rreɔrganiθaθʲɔ'n] Neugestaltung *f.;* **-r** [rreɔrganiθa'r] neugestalten.

repara|ción *f.* [rreparaθʲɔ'n] Ausbesserung *f.*, (Kriegs-) Entschädigung; **-dor** [rreparaðɔ'r] stärkend; **-r** [rrepara'r] ausbessern.

reparo *m.* [rrepa'ro] Bedenken *n.*

repart|ición *f.* [rrepartiθʲɔ'n] Verteilung *f.;* **-idor** *m.* [rrepartiðɔ'r] Verteiler *m.;* (Zeitungs-) Austräger; **-ir** [rreparti'r] verteilen; (Zeitung, Post) austragen; **-o** *m.* [rrepa'rto] Verteilung *f.*

repas|ar [repasa'r] durchsehen, ausbessern, überprüfen; **-o** *m.* [rrepa'so] Wiederholung *f.*

repatria|ción *f.* [rrepatriaθʲɔ'n] Rückkehr (*f.*) *bzw.* Rücksendung in die Heimat; **-r(se)** in die Heimat zurücksenden (zurückkehren).

repente [rrepe'nte]: **de -** plötzlich.

repercu|sión *f.* [rreperkusʲɔ'n] Rückstoß *m.*, Widerhall; **-tir** [rreperkuti'r] zurückprallen, zurückwirken.

repeti|ción *f.* [rrepetiθʲɔ'n] Wiederholung *f.;* (Uhr) Schlagwerk *n.;* **-r** [rrepeti'r] wiederholen.

repicar [rrepika'r] (Glocken) läuten.

replanteo *m.* [rreplante'o] Vermessung (*f.*) v. Baustellen.

replegar [rreplega'r] *mil.* s. geordnet zurückziehen; *techn.* einziehen.

repleto [rreple'to] angefüllt, voll.

replicar [rreplika'r] erwidern.

repliegue *m.* [rreplʲe'ge] *mil.* geordneter Rückzug *m.*

repoblación *f.* [rrepoβlaθʲɔ'n] Wiederbevölkerung *f.*, Wiederaufforstung.

repollo *m.* [rrepo'ʎo] Kopfkraut *n.*, -kohl *m.*

reponer [rrepone'r] wiederhinstellen, ersetzen; **-se** [rrepone'rse] s. (wieder) erholen.

reportaje *m.* [rrepɔrta'xe] Berichterstattung *f.*

reportero *m.* [rrepɔrte'ro] Berichterstatter *m.*
repos|ado [rreposa'ðo] gelassen, ruhig; **-ar** [rreposa'r] ruhen; **-o** *m.* [rrepo'so] Ruhe *f.*, Erholung.
reposter|ía *f.* [rrepɔsteri'a] Konditorei *f.*; **-o** *m.* [rrepɔste'ro] Konditor *m.*
repren|der [rreprende'r] tadeln, verweisen; **-sión** *f.* [rreprens^jɔ'n] Verweis *m.*
represent|ación *f.* [rrepresentaθ^jɔ'n] Dar-, Vorstellung *f.*, Abbildung, Vertretung; **-ante** *m.* [rrepresenta'nte] (Handels-), (Stell-) Vertreter *m.*; **-ar** [rrepresenta'r] dar-, vorstellen, vertreten.
represión *f.* [rrepres^jɔ'n] Unterdrükkung *f.*
reprim|enda *f.* [rreprime'nda] scharfer Verweis *m.*; **-ir** [rreprimi'r] unterdrücken, niederwerfen.
repro|ble [rreproβa'βle] verwerflich; **-ción** *f.* [rreproβaθ^jɔ'n] Mißbilligung *f.*; **-r** [rreproβa'r] mißbilligen.
réprobo [rre'proβo] verdammt.
reproch|able [rreproča'βle] tadelnswert; **-ar** [rreproča'r] vorwerfen; **-e** *m.* [rrepro'če] Vorwurf *m.*
reproduc|ción *f.* [rreproðukθ^jɔ'n] Wiedergabe *f.*, Fortpflanzung, Nachbildung; **-ir** [rreproðuθi'r] wiedergeben, fortpflanzen; **-irse** [rreproðuθi'rse] s. vermehren; **-tor** *m.* [rreproðuktɔ'r] Zuchttier *n.*
reptil *m.* [rrepti'l] *zool.* Reptil *n.*
república *f.* [rrepu'βlika] Republik *f.*
repudiar [rrepuð^ja'r] ablehnen, verschmähen.
repuesto *m.* [rrep^we'sto] Ersatz (-teil) *m.*
repugna|ncia *f.* [rrepugna'nθ^ja] Ekel *m.*, Widerwille; **-nte** [rrepugna'nte] abstoßend, widerlich; **-r** [rrepugna'r] abstoßen, zuwider sein.
repujar [rrepuxa'r] ziselieren.
repuls|a *f.* [rrepu'lsa] Weigerung *f.*; **-ión** *f.* [rrepuls^jɔ'n] *fig.* Abneigung *f.*; **-ivo** [rrepulsi'βo] abstoßend.
reputa|ción *f.* [rreputaθ^jɔ'n] Ansehen *n.*, Ruf *m.*; **-r** [rreputa'r] achten, schätzen (**por** für).
requema|do [rrekema'ðo] angebrannt; **-r** [rrekema'r] (an-) brennen.
requeri|miento *m.* [rrekerim^je'nto] Ersuchen *n.*; *jur.* Ansuchen; (Zahlung) Aufforderung *f.*; **-r** [rrekeri'r] erfordern; *jur.* mahnen.
requesón *m.* [rrekesɔ'n] Quark *m.*
requiebro *m.* [rrek^je'bro] Kompliment *n.*
requis|a *f.* [rreki'sa] Inspektion *f.*; **-ar** [rrekisa'r] requerieren; **-ición** *f.* [rrekisiθ^jɔ'n] Requisition *f.*; **-ito** *m.* [rrekisi'to] Erfordernis *n.*, Formalität *f.*
res *f.* [rres] (Stück) Vieh *n.*; **- vacuna** Rindvieh.
resaca *f.* [rresa'ka] Dünung *f.*; (Handel) Rückwechsel *m.*
resalado [rresala'ðo] allerliebst, reizvoll.
resalt|ar [rresalta'r] vorspringen; **-e** *m.* [rresa'lte] Vorsprung *m.*
resarci|miento *m.* [rresarθim^je'nto] Entschädigung *f.*; **-r** [rresarθi'r] entschädigen, ersetzen (**de** für).
resbal|adizo [rrezbalaði'θo] schlüpfrig; **-ar** [rrezbala'r] ausgleiten; (Auto) schleudern; **-ón** *m.* [rrezbalɔ'n] Ausgleiten *n.*
rescat|ar [rreskata'r] loskaufen; (Gefangene) auslösen; *fig.* (Zeit) wiedereinholen; **-e** *m.* [rreska'te] Lösegeld *n.*, Rückkauf *m.*
resci|ndir [rresθindi'r] (Vertrag) rückgängig machen; **-sión** *f.* [rresθis^jɔ'n] (Vertrag) Aufhebung *f.*
rescoldo *m.* [rreskɔ'ldo] Asche (*f.*) *m.* Glut.
resecar [rreseka'r] stark trocknen.
resent|ido [rresenti'ðo] ungehalten über; **-imiento** *m.* [rresentim^je'nto] Unwille *m.*
reseña *f.* [rrese'ɲa] (Personal-) Beschreibung *f.*, Besprechung; **-r** [rreseɲa'r] beschreiben, besprechen.
reserva *f.* [rrese'rβa] Reserve *f.*,

Vorbehalt *m.*; **-do** [rreserβa'ðo] reserviert verttraulich, privat; **-do** *m.* Wildschonung *f.*; **-r** [rreserβa'r] zurück-, vorbehalten; (Platz) belegen.

resfria|do *m.* [rresfr^ja'ðo] Erkältung *f.*, Schnupfen *m.*; **-r(se)** [rresfr^ja'rse] abkühlen.

resguard|ar(se) [rrezg^warda'rse] bewahren; (s. schützen) (de vor); **-o** *m.* [rrezg^wa'rdo] Depotschein *m.*

resid|encia *f.* [rresiðe'nθ^ja] Wohnsitz *m.*; **-ir** [rresiði'r] ansässig sein; residieren; **-uo** *m.* [rresi'ð^wo] Rückstand *m.*, Überbleibsel *n.*, Bodensatz *m.*

resigna|ción *f.* [rresignaθ^jɔ'n] Verzicht *m.*, Ergebung *f.*; **-r(se)** [rresigna'rse] verzichten auf; (s. abfinden).

resin|a *f.* [rresi'na] Harz *n.*; **-oso** [rresino'so] harzig.

resist|encia *f.* [rresiste'nθ^ja] Widerstand *m.*, Festigkeit *f.*, Haltbarkeit; **-ente** [rresiste'nte] widerstandsfähig, haltbar; **-ir** [rresisti'r] widerstehen, aushalten.

resma *f.* [rre'zma] (Papier) Ries *n.*

resolución *f.* [rresoluθ^jɔ'n] Be-, Entschluß *m.*, Lösung *f.*

resolver(se) [rresɔlβe'rse] beschließen, lösen.

resona|ncia *f.* [rresona'nθ^ja] Nachhall *m.*; *techn.* Resonanz *f.*; **-nte** [rresona'nte] nachhallend; **-r** [rresona'r] widerhallen.

resoplar [rresopla'r] schnauben.

respald|arse [rrespalda'rse] s. lehnen (**contra** an); **-o** *m.* [rrespa'ldo] Rücklehne *f.*, -seite.

respect|ivo [rrespekti'βo] betreffend, bezüglich; **-o** [rrespe'kto] **a** hinsichtlich.

respeta|ble [rrespeta'βle] angesehen, ansehnlich; **-r** [rrespeta'r] achten, Rücksicht nehmen auf.

respet|o *m.* [rrespe'to] (Hoch-) Achtung *f.*, Ehrfurcht; **falta** (*f.*) **de -o** Respektlosigkeit *f.*; **-uoso** [rrespet^wo'so] höflich, rücksichtsvoll.

respira|ción *f.* [rrespiraθ^jɔ'n] Atmung *f.*; **-r** [rrespira'r] atmen.

respland|ecer [rresplandeθe'r] glänzen, schimmern; **-ecimiento** [rresplandeθ^je'nte] glänzend; **-or** *m.* [rresplandɔ'r] Glanz *m.*, Schimmer, heller Schein.

responder [rrespɔnde'r] erwidern, entgegnen.

responsab|ilidad *f.* [rrespɔnsaβiliða'ð] Verantwortung *f.*, Verantwortlichkeit; **-le** [rrespɔnsa'βle] verantwortlich.

responso *m.* [rrespo'nso] (Kirche) Respons *f.*

respuesta *f.* [rresp^we'sta] Antwort *f.*

resquebrarse [rreskeβra'rse] Risse bekommen.

resquicio *m.* [rreski'θ^jo] Ritze *f.*, Schlitz *m.*

restablec|er(se) [rrestaβleθe'rse: wie] derherstellen: (s· erholen): **-imiento** *m.* [rresta'βleθim^je'nto] Genesung *f.*, Wiederherstellung.

restar [rresta'r] *math.* abziehen; (Ansehen) schmälern.

restaura|ción *f.* [rrestauraθ^jɔ'n] Wiederherstellung *f.*, Wiedereinsetzung; **-nt(e)** *m.* [[rrestaura'nte] Restaurant *n.*, Gaststätte *f.*; **-r** [rrestaura'r] wiederherstellen.

restitu|ción *f.* [rrestituθ^jɔ'n] Herausgabe *f.*, Zurückerstattung; **-ir** [rrestitui'r] zurückgeben, zurückerstatten.

resto *m.* [rre'sto] (Über-) Rest *m.*

restregar [rrestrega'r] (ab-)reiben.

restricción *f.* [rrestrikθ^jɔ'n] Einschränkung *f.*

restringir [rrestriŋxi'r] be-, einschränken.

resucitar [rresuθita'r] vom Tode erwecken.

resuelto [rres^we'lto] entschlossen.

resulta [rresu'lta]: **de -s de** infolge; **-do** *m.* [rresulta'ðo] Ergebnis *n.*;

dar -do gelingen; -r [rresulta'r] s. ergeben, gelingen.

resum|en *m.* [rresu'men] Zusammenfassung *f.*; **en** -**en** *fam.* kurz u. gut; -**ir** [rresumi'r] zusammenfassen.

resur|gir [rresurxi'r] wieder erscheinen; -**rección** [rresurekθʲɔ'n] Auferstehung *f.*

retablo *m.* [rreta'βlo] Altarbild *n.*

retaguardia *f.* [rretagʷa'rdʲa] *mil.* Nachhut *f.*

retama *f.* [rreta'ma] Ginster *m.*

retar [rreta'r] herausfordern; -**dar** [rretarda'r] verzögern.

retén *m.* [rrete'n] *mil.* Ersatztruppen *f. pl.*

reten|ción *f.* [rretenθʲɔ'n] Haft *f.*; -**er** [rretene'r] zurück-, einbehalten.

reticular [rretikula'r]: *anat.* **membrana** (*f.*) ~ Netzhaut *f.*

retículo *m.* [rreti'kulo] Fadenkreuz *n.*; Netzmagen *m.*, Raster *n.*

retina *f.* [rreti'na] (Auge) Netzhaut *f.*

retira|da [rretira'ða] Rückzug *m.*; -**do** [rretira'ðo] zurückgezogen; im Ruhestand befindlich; -**r** [rretira'r] zurückziehen; (Gelder) abheben; -**rse** [rretira'rse] s. zurückziehen.

retiro *m.* [rreti'ro] Ruhestand *m.*, Einsamkeit *f.*

reto *m.* [rre'to] Herausforderung *f.*; -**cado** *m.* [rretoka'ðo] Rettusche *f.*; -**car** [rretoka'r] retuschieren, überarbeiten.

retorcer [rretɔrθe'r] (ver-)winden, (ver-)drehen; -**se** [rretɔrθe'rse] s. krümmen, s. winden.

retorno *m.* [rretɔ'rno]: **flete** (*m.*) **de** ~ Rückfracht *f.*

retorta *f.* [rretɔ'rta] Retorte *f.*

retractar(se) [rretrakta'rse] widerrufen.

retra|er [rretrae'r] zurückziehen, -bringen; -**erse** [rretrae'rse] s. zurückziehen; -**ído** [rretrai'ðo] zurückhaltend, zurückgezogen; -**imiento** *m.* [rretraimʲe'nto] Zurückgezogenheit *f.*, (Geschäfte) Stockung *f.*

retransmisión *f.* [rretranzmisʲɔ'n] (Radio) Übertragung *f.*

retras|ar(se) [rretrasa'rse] verzögern; (s. verzögern); -**o** *m.* [rretra'so] Verzögerung *f.*

retrat|ar [rretrata'r] abbilden, fotografieren, malen, zeichnen; -**o** *m.* [rretra'to] Bild *n.*, -nis.

retrete *m.* [rretre'te] Abort *m.*

retribu|ción *f.* [rretriβuθʲɔ'n] Vergütung *f.*; -**ir** [rretriβui'r] vergüten.

retroce|der [rretroθeðe'r] zurückweichen, zurücktreten; -**so** *m.* [rretroθe'so] Rücktritt *m.* Rücklauf.

retrospectivo [rretrɔspekti'βo] rückblickend.

retumbar [rretumba'r] widerhallen, erdröhnen.

reuma *m.* [rre'uma] Rheumatismus *m.*; -**ático** [rreuma'tiko] rheumatisch; -**tismo** *m.* rreumati'zmo] Rheumatismus *m.*

reuni|ón *f.* [rreunʲɔ'n] Gesellschaft *f.*, Vereinigung, Versammlung; -**ir(se)** [rreuni'rse] (s.) versammeln, sammeln.

reválida *f.* [rreβa'lida] (*jur.* Prüfung) Zulassung *f.*

revaloriza|ción *f.* [rreβaloriθaθʲɔ'n] Aufwertung *f.*; -**r** [rreβaloriθa'r] aufwerten.

revela|ción *f.* [rreβelaθʲɔ'n] Entdekkung *f.*, Offenbarung; -**do** *m.* [rreβela'ðo] *phot.* Entwickelung *f.*; -**dor** *m.* [rreβelaðɔ'r] *phot.* Entwickler *m.*; -**r** [rreβela'r] enthüllen, entdekken; *phot.* entwickeln.

revendedor *m.* [rreβendeðɔ'r] Wiederverkäufer *m.*

revenir [rreβeni'r] (Stahl) anlassen.

reventa|do [rreβenta'ðo] *fam.* kaputt, totmüde; -**r** [rreβenta'r] platzen, zerreißen; -**rse** [rreβenta'rse] s. abarbeiten, s. abrackern.

reverencia *f.* [rreβere'nθʲa] Verbeugung *f.*

reversible [rreβersi'βle] umkehrbar, umsteuerbar.

reverso *m.* [rreβe'rso] Kehr-, Rück-, Schattenseite *f.*
revés *m.* [rreβe's] Rück-, Hinterseite *f.*
revesti|miento *m.* [rreβestim^je'nto] Verkleidung *f.*, Belag *m.*, Überzug; **-r** [rreβesti'r] verkleiden, überziehen.
revis|ar [rreβisa'r] durchsehen, prüfen; **-ión** *f.* [rreβis^jɔ'n] Revision *f.*, Überprüfung; **-or** *m.* [rreβisɔ'r] (Zug-) Schaffner *m.*, Prüfer.
revist|a *f.* [rreβi'sta] *mil.* Parade *f.*, Musterung; Zeitschrift; **-ar** [rreβista'r] *mil.* mustern, besichtigen; **-ero** *m.* [rreβistte'ro] Zeitungsberichterstater *m.*
revoca|ble [rreβoka'βle] widerruflich; **-ción** *f.* [rreβokaθ^jɔ'n] Widerruf *m.*; **-r** [rreβoka'r] aufheben, widerrufen.
revoco *m.* [rreβo'ko] Tünchen *n.*, neuer Bewurf.
revolcar(se) [rreβɔlka'rse] umherwälzen.
revolotear [rreβolotea'r] herumflattern.
revoltoso [rreβolto'so] (Kind) ungezogen, unruhig.
revolución *f.* [rreβoluθ^jɔ'n] Revolution *f.*, Umdrehung; **-onar** [rreβoluθ^jona'r] aufwiegeln, gänzlich umgestalten; **-onario** [rreβoluθ^jonar^jo] aufrührerisch, umstürzlerisch, umwälzend.
revólver *m.* [rreβɔ'lβer] Revolver *m.*
revolver(se) [rreβɔlβe'rse] umwenden, umrühren, durchwühlen, in Unordnung bringen.
revuelta *f.* [rreβ^we'lta] Aufruhr *m.*
revuelto [rreβ^we'lto] aufgeregt, durcheinander, stürmisch; **huevos -s** *m. pl.* Rührreier *n. pl.*
rey *m.* [rre'i] König *m.*; **-erta** *f.* [rreje'rta] Streit *m.*, Zank;
rezagado *m.* [rreθaga'ðo] Nachzügler *m.*
rezar [rreθa'r] beten; (Text) lauten.
rezo *m.* [rre'θo] Gebet *n.*
rezumar [rreθuma'r] durchsickern.
ría *f.* [rri'a] buchtförmige Flußmündung *f.*
riachuelo *m.* [rriač^we'lo] Bächlein *n.*
riada *f.* [rria'ða] Hochwasser *n.*, Überschwemmung *f.*
ribera *f.* [rriβe'ra] (Fluß-) Ufer *n.*
ribete *m.* [rriβe'te] Besatz *m.*, Saum.
ricachón *m.* [rrikačɔ'n] Geldprotz *m.*
ricino *m.* [rriθi'no] *bot.* Rizinus *m.*
rico [rri'ko] reich(-lich), (-haltig) köstlich, nett, lecker; **-** *m.* Reiche *m.*; *fam.* Liebling.
ridículo [rriði'kulo] lächerlich.
riego *m.* [rr^je'go] Bewässerung *f.*, Berieselung, Sprengung.
riel *m.* [rr^je'l] (Bahn-) Schiene *f.*
rienda *f.* [rr^je'nda] Zügel *m.*; **dar - suelta a** *fig.* freien Lauf.
riesgo *m.* [rr^je'zgo] Risiko *n.*, Gefahr *f.*
rifa *f.* [rri'fa] Tombola *f.*; **-r** [rrifa'r] verlosen.
rigidez *f.* [rrixiðe'θ] Steifheit *f.*, Starre, Strenge.
rígido [rri'xiðo] starr, steif; *fig.* streng.
rigor *m.* [rrigɔ'r] Härte *f.*, Strenge; (Kälte, Hitze) Heftigkeit.
riguros|idad *f.* [rrigurosiða'ð] übermäßige Strenge *f.*, Rücksichtslosigkeit; **-o** [rriguro'so] hart, streng, rücksichtslos.
rima *f.* [rri'ma] Reim *m.*; **-r** [rrima'r] reimen.
rinc|ón *m.* [rriŋkɔ'n] Ecke *f.*, Winkel *m.*; **-onera** *f.* [rriŋkone'ra] Ecktisch *m.*, -schrank.
rinoceronte *m.* [rrinoθerɔ'nte] *zool.* Nashorn *n.*
riña *f.* [rri'ɲa] Streit *m.*, Zank, Schlägerei *f.*
riñ|ón *m.* [rriɲɔ'n] *anat.* Niere *f.*; **-ones** *m. pl.* Nierengericht *n.*
río *m.* [rri'o] Fluß *m.*, Strom; **- arriba (abajo)** stromaufwärts (stromabwärts).
ripia *f.* [rr'p^ja] Brett *n.*, Latte *f.*, Schwindel *f.*

ripio *m.* [rri'p^{j}o] Schutt *m.; fig.* Flickwort *n.*
riqueza *f.* [rrike'θa] Reichtum *m.*
risa *f.* [rri'sa] Lachen *n.*, Gelächter.
risco *m.* [rri'sko] (Berg) Grat *m.;* **-so** [rrisko'so] felsig.
ris|ible [rrisi'βle] lächerlich; **-ita** *f.* [rrisi'ta] Kichern *n.;* **-otada** *f.* [rrisota'ða] schallendes Gelächter *n.*
ristra *f.* [rri'stra] (Zwiebeln) Bund *m.*, Schnur *f.*
ristre *m.* [rri'stre] Lanzenschuh *m.*
risueño [rris^{w}e'ɲo] lachend, heiter.
rítmico [rri'tmiko] rhythmisch.
ritmo *m.* [rri'tmo] Rhythmus *m.*
rit|o *m.* [rri'to] Ritus *m.;* **-ual** [rrit^{w}a'l] rituell; **-ual** *m.* Rituale *n.*
rival *m.* [rriβa'l] Rivale *m.*, Nebenbuhler, Wettbewerber; **-idad** *f.*, [rriβaliða'ð] Wetteifer *m.*, Nebenbuhlerschaft *f.;* **-izar** [rriβaliθa'r] wetteifern, konkurrieren.
riz|ar [rriθa'r] kräuseln; (Haar) brennen; **-o** *m.* [rri'θo] (Haar-) Locke.
robar [rrɔβa'r] stehlen, rauben.
roble *m.* [rrɔ'βle] *bot.* Eiche *f.*.
robo *m.* [rrɔ'βo] Raub *m.*, Diebstahl, Einbruch.
robust|ecer [rrɔβusteθe'r] stärken; **-ez** *f.* [rrɔβuste'θ] Stärke *f.;* Rüstigkeit; **-o** [rrɔβu'sto] stark, fest, kräftig.
roca *f.* [rrɔ'ka] Fels *m.*, Gestein *n.*
roce *m.* [rrɔ'θe] (zufällige) Reibung *f.; fig.* Umgang *m.; SAm.* (Urwald) Niederbrennen *n.*
rociar [rrɔθ^{j}a'r] besprengen, besprühen, bespritzen.
rocinante *m.* Rosinante *f.*, Schindmähre.
rocío *m.* [rrɔθi'o] Tau *m.*
roda *f.* [rrɔ'ða] *naut.* Steven *m.;* **-ballo** *m.* [rrɔðaβa'ʎo] (Fisch) Steinbutt *m.*
roda|da [rrɔða'ða] Radspur *f.;* **-do** [rrɔða'ðo]: **tráfico** (*m.*) **-do** Fahrverkehr *m.;* **-je** *m.* [rɔða'xe] (Film) Aufnahme *f.;* **-miento** *m.* [rrɔðam^{j}e'nto] Rollen *n.;* Wälz-, Kugellager; **-r** [rrɔða'r] rollen; (Film) drehen.
rode|ar [rɔðea'r] umgehen, Umweg machen; **-ado** [rrɔðea'ðo] **de** umgeben v.; **-o** *m.* [rrɔðe'o] Umweg *m.;* Eintreiben (*n.*) des Viehs; **sin -os** *fig.* ohne Umschweife; **-te** *m.* [rrɔðe'te] *techn.* Läufer *m.*, Rad (*n.*) bei hydraulischen Maschinen.
rodill|a *f.* [rrɔði'ʎa] Knie *n.;* **de -as** kniefällig; **-era** *f.* [rrɔðiʎe'ra] Knieschutz *m.;* **-o** *m.* [rrɔði'ʎo] Rolle *f.*, Walze, Nudelholz *n.*
roe|dor [rrɔeðɔ'r] nagend; **-dor** *m.* Nagetier *n.;* **-r** [rrɔe'r] (be-), (zernagen.)
roga|r [rrɔga'r] bitten, beten; **-tiva** *f.* [rrɔgati'βa] Kirchengebet *n.*
roj|izo [rrɔxi'θo] rötlich; **-o** [rrɔ'xo] rot(-haarig).
rol *m.* [rrɔl] *naut.* Mannschaftsliste *f.*
roll|izo [rrɔʎi'θo] rundlich; *fam.* drall, stramm; **-o** *m.* [rrɔ'ʎo] Rolle *f.*, Walze, Stammholz *n.*
romana *f.* [rrɔma'na] römische Waage *f.*
romance [rrɔman'θe] romanisch; **-** *m.* Romanze *f.*, spanische Sprache; **-ro** *m.* [rrɔmanθe'ro] Romanzendichter *m.*, -sammlung *f.;* **-sco** [rromanθe'sko] romanhaft, romantisch.
románico [rrɔma'niko] romanisch.
roman|ista *m.* [rrɔmani'sta] Romanist *m.;* **-o** [rrɔma'no] römisch; **-o** *m.* Römer *m.;* **-ticismo** *m.* [rrɔmantiθi'zmo] Romantik *f.*
romántico [rrɔma'ntiko] romantisch; Romantiker *m.*
romer|ía *f.* [rrɔmeri'a] Wallfahrt *f.;* **-o** *m.* [rrɔme'ro] *bot.* Rosmarin *m.*
romo [rrɔ'mo] stumpf (abgerundet).
rompe|cabezas *m.* [rrɔmpekaβe'θas] Geduldspiel *n.*, Rätsel; **-hielos** *m.* [rrɔmpe^{j}e'los] Eisbrecher *m.;* **-olas** *m.* [rrɔmpeo'las] Wellenbrecher *m.;* **-r** [rrɔmpe'r] (ab-), (zer-)brechen, zerreißen; (Feindseligkeiten) eröff-

nen; **-r en** ausbrechen in; **-rse** [rrɔmpe'rse] entzweigehen.
roncar [rrɔŋka'r] schnarchen.
ronco [rrɔ'ŋko] heiser.
ronda *f.* [rrɔ'nda] Streife *f.*, Ständchen *n.*; **-r** [rrɔnda'r] die Runde machen, umkreisen.
roñ|a *f.* [rrɔ'ɲa] Räude *f.*, Schmutzkruste; **-ería** *f.* [rrɔɲeri'a] Knauserei *f.*; **-oso** [rrɔɲo'so] räudig, geizig.
rop|a *f.* [rrɔ'pa] Kleidung *f.*; **-a blanca** wäsche *f.*; **-a interior** Unterwäsche *f.*; **ligero de -a** *vulg.* halbnackt.
ros *m.* [rrɔs] *mil.* Käppi *n.*
rosa *f.* [rrɔ'sa] Rose *f.*; **(color de)** - Rosenfarbe *f.*; **de color** - rosa (-farben); **-l** *m.* [rrɔsa'l] Rosenstrauch *m.*; **-leda** *f.* [rrɔsale'ða] Rosengarten *m.*; **-rio** *m.* [rrɔsa'rʲo] Rosenkranz *m.*
rosbif *m.* [rrɔzbi'f] Roastbeef *n.*
rosc|a *f.* [rrɔ'ska] Gewinde *n.*, Brezel *f.*; **-ón** *m.* [rrɔskɔ'n] Kranzkuchen *m.*
rosquilla *f.* [rrɔski'ʎa] (Zucker-) Brezel *f.*
rostro *m.* [rrɔ'stro] (An-) Gesicht *n.*
rota|ción *f.* [rrɔtaθʲɔ'n] Umdrehung *f.*; **-rio** *m.* [rrɔta'rʲo] Mitglied (*n.*) des Rotaryclubs; **-tiva** *f.* [rrɔtati'βa] Schnelldruckpresse *f.*
roto [rrɔ'to] entzwei, kaputt, zerlumpt; - *m.* (Chile) Proletarier *m.*; (*Arg.*) Spottname für Chilenen; (*Ec.*) Mischling.
rótula *f.* [rrɔ'tula] Kniescheibe *f.*
rotular etikettieren, beschriften.
rótulo *m.* [rrɔ'tulo] Aufschrift *f.*, Ladenschild *n.*
rotura *f.* [rrɔtu'ra] Bruch *m.*, -stelle *f.*, Brechen *n.*, Durchbruch *m.*; **-r** [rrɔtura'r] urbar machen.
roza *f.* [rrɔ'θa] Roden *n.*, Rodung *f.*; **-dura** *f.* [rrɔθaðu'ra] Schramme *f.*; **-miento** *m.* [rrɔθamʲe'nto] Rascheln *n.*, leichte Berührung *f.*; **-r** [rrɔθa'r] abkratzen, durchwetzen, leicht berühren, streifen.
rubí *m.* [rruβi'] Rubin *m.*
rubia *f.* [rru'βʲa] *bot.* Krapp *m.*; **-les** *m. f.* [rruβʲa'les] *fam.* blonde Person *f.*
rubio [rru'βʲo] blond, flachsfarbig.
rubor *m.* [rruβɔ'r] (Scham-) Röte *f.*; **-izar(se)** [rruβɔriθa'rse] erröten machen.
rúbrica *f.* [rru'βrika] (Unterschrift) Schnörkel *m.*
rubricar [rruβrika'r] m. Schnörkel, Unterschrift *od.* Siegel versehen, unterfertigen, unterschreiben.
ruda *f.* [rru'ða] *bot.* Raute *f.*
rudeza *f.* [rruðe'θa] Grobheit *f.* Ungeschicklichkeit.
rudiment|al [rruðimenta'l] Elementar-; **-ario** [rruðimenta'rʲo] unentwickelt, verkümmert; **-o** *m.* [rruðime'nto] Ansatz *m.*; **-os** *m. pl.* Grundbegriffe *m. pl.*
rudo [rru'ðo] roh, derb.
rueca *f.* [rrʷe'ka] Spinnrocken *m.*
rueda *f.* [rrʷe'ða] Rad *n.*
ruedo *m.* [rrʷe'ðo] *Taur.* Arena *f.*
ruego *m.* [rrʷe'go] Bitte *f.*
rugi|do *m.* [rruxi'ðo] (wilde Tiere) Brüllen *n.*; **-r** [rruxi'r] brüllen.
rugos|idad *f.* [rrugosiða'ð] (Oberflächen-) Rauheit; **-o** [rrugo'so] rauh, runzlig.
ruido *m.* [rrʷi'ðo] Geräusch *n.*, Larm *m.*, Schall.
ruin [rrʷin] gemein, niederträchtig, geizig; **-a** *f.* [rrʷi'na] Ruin *m.*, Ruine *f.*; **-oso** [rrʷino'so] baufällig.
ruiseñor *m.* [rrʷiseɲɔ'r] *zool.* Nachtigall *f.*
ruleta *f.* [rrule'ta] (Spiel) Roulette *n.*
rumbo *m.* [rru'mbo] Kurs *m.*, Richtung *f.*; *fig.* Pracht *f.*; Verlauf *m.* (er. Angelegenheit); **-so** [rrumbo'so] freigebig, prunkhaft.
rumia|nte *m.* [rrumʲa'nte] Wiederkäuer *m.*; **-r** [rrumʲa'r] wiederkäuer.
rumor *m.* [rrumɔ'r] Gerücht, *n.*; Gemurmel **-ear** [rrumorea'r] munkeln.

rupestre [rrupe'stre]: **pinturas** (*f. pl.*) **-s** prähistorische Felszeichnungen *f. pl.*
ruptura *f.* [rruptu'ra] (Beziehungen) Abbruch *m.*
rural [rrura'l] ländlich.
rústic|a [rru'stika]: **en -a** broschiert; **-o** [rru'stiko] bäuerlich, ländlich.
ruta *f.* [rru'ta] Route *f.*, Weg *m.*, (Reise-) Plan.
rutin|a [rruti'na] Routine *f.*, Schlendrian *m.*; **-ario** [rrutina'r^jo] gewohnheitsmäßig.

S

s, S *f.* [e'se] s, S *n.*
S. A. *Abkzg. für* Sociedad Anónima.
sábado *m.* [sa'βaðo] Sonnabend, *m.*, Samstag; (jüdischer) Sabbat.
sábana *f.* [sa'βana] Bettuch *n.*
sabandija *f.* [saβandi'xa] Gewürm *n.*
sabañón *m.* [saβaɲɔ'n] Frostbeule *f.*
saber [saβe'r] wissen, können, kennen, erfahren, verstehen; **~a** schmekken nach; **hacer ~** benachrichtigen; **a ~** und zwar, nämlich, das heißt.
sabi|do [saβi'ðo] bekannt; **~duría** *f.* [saβiðuri'a] Weisheit *f.*; **~o** [sa'βʲo] gelehrt, weise; **~o** *m.* Gelehrte *m.*, Weise.
sabl|azo *m.* [saβla'θo] Säbelhieb *m.*; *fam.* Pump; **dar un ~azo** anpumpen; **~e** *m.* [sa'βle] Säbel *m.*; **~ista** *m.* [saβli'sta] *vulg.* Pumpgenie *n.*
sabor *m.* [saβɔ'r] Geschmack *m.*; **~ear** [saβorea'r] schmackhaft machen, schlürfen.
sabot|aje *m.* [saβota'xe] Sabotage *f.*; **~ear** [saβotea'r] sabotieren.
sabroso [saβro'so] schmackhaft.
sabueso *m.* [saβʷe'so] Spürhund *m.*; *fig.* Spitzel.
saca *f.* [sa'ka] großer Sack *m.*, Postsack; **~corcho** *m.* [sakakɔ'rčo] Korkzieher *m.*; **~muelas** *m.* [sakamʷe'las] *fam.* Zahnklempner *m.*
sacar [saka'r] auskratzen, -hakken, -reißen; herausbringen, -holen, -nehmen, -pressen, -strecken, -ziehen.
sacarina *f.* [sakari'na] Priester *m.*
saci|ar [saθʲa'r] sättigen; **~edad** *f.* [saθʲeðda'ð] Sättigung *f.*, Überdruß *m.*
saco *m.* [sa'ko] Sack *m.*, Sakko, Plünderung *f.*
sacrament|al *m.* [sakramenta'l] (Madrid) Kirchhof *m.*; **~o** *m.* [sakrame'nto] Sakrament *n.*
sacrifi|car [sakrifika'r] opfern; (Tiere) schlachten; **~cio** *m.* [sakrifi'θʲo] Opfer *n.*
sacrilegio *m.* [sakrile'xʲo] (Kirchen-) Schändung *f.*
sacrílego [sakri'lego] gotteslästerlich.
sacrist|án *m.* [sakrista'n] Küster *m.*; **~ía** *f.* [sakristi'a] Sakristei *f.*
sacro [sa'kro] heilig; **~santo** [sakrosa'nto] unantastbar.
sacudi|da *f.* [sakuði'ða] Erschütterung *f.*; **~da eléctrica** elektrischer Schlag *m.*; **~dor** *m.* [sakuðiðo'r] Ausklopfer *m.*; **~r** [sakuði'r] (ab-) schütteln; (Teppiche) klopfen; **~r el polvo** ausstauben; *fam.* jem. verprügeln.
saeta *f.* [sae'ta] Pfeil *m.*; (Uhr-) Zeiger; (Andalusien) Stoßgebet (*n.*) in Liedform bei Prozessionen.
saga|cidad *f.* [sagaθiða'ð] Scharfblick *m.*; **~z** [saga'θ] scharfblickend.
sagra|do [sagra'ðo] heilig; **~rio** *m.* [sagra'rʲo] Sakramentshäuschen *n.*
sainete *m.* [saine'te] Schwank *m.*; **~ro** *m.* [sainete'ro] Lustspieldichter *m.*
sal *f.* [sal] Salz *n.*, Anmut *f.*, Witz *m.*; **sin ~** witzlos, fade.
sala *f.* [sa'la] Saal *m.*, Zimmer *n.*
salado [sala'ðo] ge-, versalzen, salzig; *fig.* geistreich, schlagfertig, reizend.
salamandra *f.* [salama'ndra] *zool.* Salamander *m.*; Salamanderofen.

salar [sala'r] (ein-), (ver-)salzen; pökeln.

salario *m.* [sala'r^j^o] Lohn *m.*, Gehalt *n.*

salazón *m.* [salaθɔ'n] Einsalzen *n.*, Gepökeltes.

salchich|a *f.* [salči'ča] Wurst *f.*, Würstchen *n.*; **-cería** *f.* [salčičeri'a] Wurstladen *m.*; **-ero** *m.* [salčiče'ro] Wurstmacher, -verkäufer; **-ón** *m.* [salčičɔ'n] Dauer-, Salami-, Zervelatwurst *f.*

sald|ar [salda'r] ausgleichen, saldieren, ausverkaufen; **-o** *m.* [sa'ldo] Saldo *m.*, Rechnungsabschluß, Ausverkauf, Restbestand (er. Ware).

salero *m.* [sale'ro] Salzfäßchen *n.*; *fig.* Grazie *f.*

salida *f.* [sali'ða] Ausgang *m.*, -fahrt *f.*; Abfahrt *f.*, -reise; (Handel) Absatz *m.*; *fig.* witziger Einfall *m.*; *teheat.* Auftreten *n. techn.* Abfluß *m.*, Auslauf.

saliente [sal^j^e'nte] hervorstehend, springend; - *m. techn.* Vorsprung *m.*, vorspringender Teil.

salin|a *f.* [sali'na] Saline *f.*; **-ero** [saline'ro] salzhaltig, Salz-; **-o** [sali'no] salzig, salzhaltig.

salir [sali'r] ausgehen, -fahren; abfahren, gehen, -reisen; (Buch, Rechenaufgabe, Schuß) herauskommen; *theat.* auftreten; (als Sieger) hervorgehen; **-bien** (mal) gut (schlecht) ablaufen; - **premiado** (Los) gezogen w.; - **fiador de** s. verbürgen für; - **de dudas** s. Gewißheit verschaffen; - **de compras** einkaufen gehen; **-se** [sali'rse] (Behälter) auslaufen; (Milch) überlaufen.

salmo *m.* [sa'lmo] Psalm *m.*

salmón *m.* [salmɔ'n] (Fisch) Lachs *m.*

salmonete *m.* [salmone'te] (Fisch) roter Sackbrassen *m.*

salmuera *f.* [salm^w^e'ra] Salzlake *f.*, lauge.

salobre [salo'βre] brackig, salzig.

salón *m.* [salɔ'n] Salon *m.* Saal.

salpica|dura *f.* [salpikaðu'ra] Bespritzen *n.*, Spreitzer *m.*; **-r** [salpika'r] be-, umherspritzen; beflecken.

sals|a *f.* [sa'lsa] Brühe *f.*, Soße, Tunke; - **mayonesa** Mayonnaise *f.*; **-era** *f.* Soßenschüssel *f.*

salta|dor *m.* [saltaðɔ'r] Springer *m.*; **-montes** *m.* [saltamɔ'ntes] *zool.* Heupferd *n.*

saltar [salta'r] (ab-), (herab-), (über-), (zer-)springen.

salteador *m.* [salteaðɔ'r] Straßenräuber *m.*

salto *m.* [sa'lto] Sprung *m.*; - **de agua** Wasserfall *m.*

salu|bre [salu'βre] gesund, zuträglich; **-d** *f.* [salu'ð] Gesundheit *f.*; **casa** (*f.*) **de -d** Heilanstalt *f.*; **-dar** [saluða'r] (be-) grüßen; **-do** *m.* [salu'ðo] Begrüßung *f.*, Gruß *m.*, Grüßen *n.*

salva *f.* [sa'lβa] *mil.* Salve *f.*; **-barros** *m.* [salβaβa'rros] Kotschützer *m.*; **-ción** *f.* [salβaθ^j^ɔ'n] Rettung *f.*, Seelenheil *n.*; **-do** *m.* [salβa'ðo] Kleie *f.*; **-dor** *m.* [salβaðɔ'r] Erlöser *m.*, Heiland, Retter; **-doreño** [salβaðore'ɲo] auf San (*bzw.* El) Salvador bezüglich; **-guardar** [salβag^w^arda'r] (Interessen) wahren; **-guardia** *f.* [salβag^w^a'rda^w^a] Geleit *n.*, Schutzbrief *m.*; (Interessen) Wahrung *f.*; **-jada** *f.* [salβaxa'ða] Roheit *f.*; **-je** [salβa'xe] Wild; *fig.* roh, ungesittet; **-je** *m.* Wilde *m.*; roher Mensch; **-mento** *m.* [salβame'nto] Rettung *f.*; *naut.* Bergung; **-r** [salβa'r] (er-) retten; **-rse** [salβa'rse] s. retten; **-vidas** *m.* [salβaβi'ðas] Rettungsgürtel (*m.*); (Straßenbahn, Auto) Stoßstange *f.*; **chaleco** (*m.*) **-vidas** Schwimmweste *f.*

salvo [sa'lβo] heil, unbeschädigt, unverletzt; **sano y** - wohlbehalten; poner(se) a - (sich) in Sicherheit bringen; **-conducto** *m.* [salβokɔndu'kto] Geleit-, Schutzbrief *m.*

San [sam] (vor Heiligen-Namen, außer denen m. To, Do) heilig.

sana|r [sana'r] (aus-), (zu-) heilen; genesen; **-torio** *m.* [sanato'rʲo] Heilanstalt *f.*, Sanatorium *n.*

sanc|ión *f.* [sanθʲɔ'n] (Vertrag, Gesetz) Bestätigung *f.*, Vergeltungsmaßnahme, Strafbestimmung; **-ionar** [sanθʲɔ'nar] gutheißen, bestätigen.

sandalia *f.* [sanda'lʲa] Sandale *f.*

sándalo *m.* [sa'ndalo] Sandel (*m.*) (-holz) *n.*

sand|ez *f.* [sande'θ] Dummheit *f.*, alberne Rede; **-día** *f.* [sandi'a] Wassermelone *f.*

sanea|do [sanea'ðo] saniert, lastenfrei; **-miento** *m.* [saneamʲe'nto] Sanierung *f.*; (Kulturflächen) Melioration; **-r** [sanea'r] sanieren.

sangr|ar [saŋgra'r] Blut ablassen; abzapfen; *techn.* (Hochofen) abstechen; **-re** *f.* [sa'ŋgre] Blut *n.*; Abstammung, Rasse; *fig.* **a -re fría** Kaltblütig, *m.* Überlegung; **echar -re** Bluten; **-ría** *f.* [saŋgri'a] Aderlaß *m.*; (Art) Bowle *f.*; (Hochofen) Abstich *m.*; **-uíneo** [saŋgi'neo] sanguinisch, vollblütig.

sani|dad *f.* [saniða'ð] Hygiene *f.*, Gesundheit(-spflege); **-tario** [sanita'rʲo] Gesundheits-, Sanitäts-.

sano [sa'no] gesund, heil; *fig.* unbeschädigt.

sant|iamén *m.* [santʲame'n] **en un -iamén** im Nu; **-idad** *f.* [santiða'ð] Heiligkeit *f.*; **-ificación** *f.* [santifikaθʲɔ'n] Heilighaltung *f.*; **-ificar** [santifika'r] heiligen; **-iguar(se)** [santigʷa'rse] (s.) bekreuzigen, das Kreuz schlagen; **-ísimo** *m.* [santi'simo] Allerheiligste *n.*; *adj.* heiligster; **-o** [sa'nto] heilig, fromm; *fig.* gutmütig; **todo el -o día** *fam.* den lieben langen Tag; **Jueves** (*m.*) **S -o** Gründonnerstag *m.*; **Viernes** (*m.*) **S -o** Karfreitag *m.*; **la Semana S -a** die Karwoche; **-o** *m.* Heilige *m.*; -nbild *n.*; **-o y seña** *mil.* Losung *n.*, Erkennnungswort *n.*; **día** (*m.*) **de su -o** sein Namenstag *m.*; **-oral** *m.* [santoral] Heiligenkalender *m.*; **-uario** *m.* [santʷa'rʲo] Heiligtum *n.*, Kapelle *f.*, Wallfahrtskirche.

sañ|a *f* [sa'ɲa] Wut *f.*; **-udo** [saɲu'ðo] wütend, rasend.

sapo *m.* [sa'po] *zool.* Kröte *f.*

saque *m.* [sa'ke] (Sport) Anspielen (*n.*) des Balles, Abstoß *m.*; **-ar** [sakea'r] plündern; **-o** *m.* [sake'o] Plünderung *f.*

sarampión *m.* [sarampʲɔ'n] *med.* Masern *f. pl.*

sarc|asmo *m.* [sarka'zmo] beißender Spott *m.*; **-ástico** [sarka'stiko] sarkastisch, höhnisch, beißend; **-ófago** *m.* [sarko'fago] Steinsarg *m.*

sardana *f.* [sarda'na] katalanischer (Reigen-) Tanz *m.*

sardina *f.* [sardi'na] Sardine, Sprotte *f.*

sargento *m.* [sarxe'nto] Sergeant *m.*, Unteroffizier.

sargento *m.* [sarxe'nto] Sergeant *m.*, Unteroffizier.

sarn|a *f.* [sa'rna] Krätze *f.*, Räude; **-oso** [sarno'so] krätzig, räudig.

sarro *m.* [sa'rrɔ] Zahnstein *m.*

sartén *f.* [sarte'n] (Brat-) Pfanne *f.*, Tiegel *m.*

sastr|a *f.* [sa'stra] Schneiderin *f.*; **-e** *m.* [sa'stre] Schneider *m.*; **-ería** *f.* [sastreri'a] Schneiderwerkstatt *f.*

Satanás *m.* [satana's] Teufel *m.*

satélite *m.* [sate'lite] Nebenplanet *m.*, Trabant.

satinado [satina'ðo]: **papel** (*m.*) **-** Glanzpapier *n.*

sátira *f.* [sa'tira] Spottrede *f.*, -schrift.

satírico [sati'riko] satirisch; **revista** (*f.*) **-a** Witzblatt *n.*

sátiro *m.* [sa'tiro] Waldgott *m.*, Satyr; rohsinnlicher Mensch.

satisfac|ción *f.* [satisfakθʲɔ'n] Befriedigung *f.*, Genugtuung; **-er** [satisfaθe'r] befriedigen, genügen;

(Schuld) bezahlen; (Wunsch) entsprechen; (Hunger) stillen; **-torio** [satisfakto'r^j^o].
satisfecho [satisfe'čo] befriedigt, satt.
satura|ción *f.* [saturaθ^j^ɔ'n] Sättigung *f.*; **-r** [satura'r] *chem.* sättigen.
sauce *m.* [sa'uθe] *bot.* Wide *f.*
saúco *m.* [sau'ko] *bot.* Holunder *m.*
savia *f.* [sa'β^j^a] (Pflanzen-) Saft *m.*
sazón *f.* [saθɔ'n] Reife *f.*, Zeitpunkt *m.*; **a la** ~ damals; **(no) estar en** ~ (nicht) reif sein.
sazona|do [saθona'ðo] reif, schmackehaft; **-r** [saθona'r] (Essen) würzen.
s/c *Abkzg.* von **su casa** (bei Adressenangabe) meine *bzw.* unsere Anschrift.
S. E. u. O. *Abkzg.* v. **salvo error u omisión** Irrtum vorbehalten (unter Rechnung usw.).
Sdad. Ltda. *Abkzg.* v. **Sociedad Limitada** Gesellschaft *m.* beschränkter Haftung.
se [se] sich, man.
sebo *m.* [se'βo] Talg *m.*
sec|adero *m.* [sekaðe'ro] Trockenanlage *f.*; **-ante** [seka'nte]: **papel** (*m.*) **-ante** Löschpapier *n.*; **-ano** *m.* [seka'no] unbewässertes Land *n.*; **-apelos** *m.* [sekape'los] Haartrockner *m.*, Fön; **-ar** [seka'r] (ab-) trocknen; (Leim) abbinden; **-arse** [seka'rse] (aus-), (ein-), (ver-) trocknen, verwelken.
secc|ión *f.* [sekθ^j^ɔ'n] Ab-, Ein-, Querschnitt *m.*; Abteilung *f.*; **-ionar** [sekθ^j^ona'r] (durch-) schneiden.
seco [se'ko] trocknen, ausge-, ge-, vertrocknet; welk.
secre|ción *f.* [sekreθ^j^ɔ'n] Absonderung *f.*; *med.* Ausscheidung; **-ta** *f.* [sekre'ta] *fam.* Geheimpolizei *f.*; **-tar** [sekreta'r] *med.* ausscheiden; **-taria** *f.* [sekreta'r^j^a] Sekretärin *f.*; **-taría** *f.* [sekretari'a] Sekretariat *n.*; **-tario** *m.* [sekreta'r^j^o] Sekretär *m.*, Schriftführer; **-to** [sekre'to] geheim, heimlich; **-to** *m.* Geheimnis *n.*, Verschwiegenheit *f.*
secta *f.* [se'kta] sekte *f.*; **-rio** *m.* [sekta'^j^o] Sekretierer *m.*
secuestr|ación *f.* [sek^w^estraθ^j^ɔ'n] Beschlagnahme *f.*; **-ar** beschlagnahmen; (Kind) entführen; **-o** *m.* [sek^w^e'stro] Beschlagnahme *f.*, Freiheitsberaubung.
secular [sekula'r] hundertjährig, weltlich; **-izar** [sekulariθa'r] verweltlichen.
secundar [sekunda'r] beistehen, begünstigen; **-io** [sekunda'r^j^o] nebensächlich, zweiten Ranges, untergeordnet.
sed *f.* [seθ] Durst *m.*; *fig.* Gier *f.*
seda *f.* [se'ða] Seide *f.*; **como una** ~ *fig. fam.* federleicht; **-l** *m.* [seða'l] Angelschnur *f.*
sed|ante [seða'nte] berunhigend; **-ativo** [seðati'βo] schmerzstillend.
sede *f.* [se'ðe] (Geschäfts-, Bischofs-) Sitz *m.*; **-ntario** [seðenta'r^j^o] sitzend (Lebensweise, Arbeit).
sede|ño [seðe'ɲo] seiden, -weich, -artig; **-ría** [seðeri'a] Seidenwaren *f. pl.* -geschäft *n.*, -handel *m.*
sadici|ón *f.* [seðiθ^j^ɔ'n] Aufruhr *m.*, Meuterei; **-oso** [seðiθ^j^o'so] aufrührerisch, meuterisch.
sediento [seð^j^e'nto] durstig; *fig.* begierig (**de** nach).
sedimento *m.* [seðime'nto] Bodensatz *m.*, Niederschlag.
seduc|ción *f.* [seðuθ^j^ɔ'n] Verführung *f.*, Verushung; **-ir** [seðuθi'r] verführen, -locken, -suchen; bezaubern; **-tor** *m.* [seðuktɔ'r] Verführer *m.*
sefardita *m.* [sefardi'ta] Jude (*m.*) span. Herkunft.
sega|dor *m.* [segaðɔ'r] Schnitter *m.*; **-dora** *f.* [segaðo'ra] Mähmaschine *f.*; **-r** [sega'r] mähen.
seglar [segla'r] weltlich; ~ *m.* Laie *m.*
segmento *m.* [segme'nto] Kreisabschnitt *m.*
segrega|ción *f.* [segregaθ^j^ɔ'n] Zerle-

gung (*f.*) in Bestandteile; **-r** [segrega'r] in Bestandteile teilen, zerteilen.

segui|da [segi'ða]: **de -da** nacheinander; **en -da** sofort; **-dilla** *f.* [segiði'ʎa] Lied u. Tanz; **-do** *m.* [segi'ðo] fortlaufend, nacheinander; **varias veces -das** mehrere Male hintereinander; **-r** [segi'r] (be-), (nach-), (ver-)folgen, fortfahren (zu ger.), -dauern; bleiben, verharren; (Beruf) ausüben; (Fach) studieren; **-r para** weiterfahren nach; **hacer -r** nachsenden; **-rse** [segi'rse] (logisch) folgen (**de** aus).

según [segu'n] nach, gemäß, laut.

segund|a [segu'nda]: **-a de cambio** Sekundawedhsel *m.*; **billete** (*m.*) **de -a** Fahrkarte (*f.*) II. Klasse; **-o** [segu'ndo] zweiter(r); **-o** *m.* Sekunde *f.*

segur|amente [segurame'nte] sicher (-lich), gewiß; **-idad** *f.* [seguriða'ð] Sicherheit *f.*, Bestimmtheit, Bürgschaft; **-o** gewiß, sicher, fest; **estar -o de** überzeugt sein v., etw. ganz bestimmt wissen; **-o** *m.* Sicherheit *f.*, Sicherung, Versicherung; a buen **-o** sicherlich; **compañía** (*f.*) **de -os** Versicherungsgesellschaft *f.*

seis [se'is] sechs.

seísmo ...[seizmo] Erdbeben...

selec|ción *f.* [selekθʲɔ'n] Auslese *f.*, Auswahl; (Sport) Ländermannschaft; **-to** [sele'kto] ausgewählt, auserlesen; **-tor** *m.* [selektɔ'r] *techn.* Wähler *m.*

selva *f.* [se'lβa]: **S - Negra** Schwarzwald *m.*; **- virgen** Urwald *m.*

sell|ar [seʎa'r] (be-), (ver-)siegeln; **-o** *m.* [se'ʎo] Siegel *m.*, Stempel *m.*; **-o (de correro)** Briefmarke *f.*

semana *f.* [sema'na] Woche; **hacer - inglesa** Wochenende (Weekend) machen; **día** (*m.*) **de la -** Wochentag; **-l** [semana'l] wöchentlich; **-rio** *m.* [semana'rʲo] Wochenzeitung *f.*

semblan|te *m.* [sembla'nte] Gesichtsausdruck *m.*; *fig.* Aussehen *n.*; **-za** *f.* [sembla'nθa] Lebensbeschreibung *f.*

sembra|dora *f.* [sembraðo'ra] Säemaschine *f.*; **-do** *m.* [sembra'ðo] Saatfeld *n.*; **-dor** *m.* [sembraðɔ'r] Säemann *m.*; **-r** [sembra'r] (aus-)saën; *fig.* verbreiten.

semejan|te [semexa'nte] ähnlich; **-za** *f.* [semexa'nθa] Ähnlichkeit *f.*

semen *m.* [se'men] (Mensch, Tier) Samen *m.*; **-tal** *m.* [sementa'l] Zuchttier *n.*; **-tera** *f.* [semente'ra] Saat *f.*, -zeit.

semestr|al [semestra'l] halbjährlich; **-e** *m.* [seme'stre] Halbjahr *n.*

semi [semi] Halb...; **-circular** [semiθirkula'r] halbkreisfärmig; **-círculo** *m.* [semiθi'rkulo] Halbkreis *m.*

semill|a *f.* [semi'ʎa] Samen *m.*, -korn *n.*; **-ero** *m.* [semiʎe'ro] Baum-, Pflanzschule *f.*

seminario *m.* [semina'rʲo] Seminar *n.*

semita *m.* [semi'ta] semitisch, *m.* Semit.

sémola *f.* [se'mola] Grieß *m.*

senado *m.* [sena'ðo] Senat *m.*; **-r** *m.* [senaðɔ'r] Senator *m.*

sencill|amente *adv.* [senθiʎame'nte] schlechthin, kurz u. gut; **-ez** *f.* [senθiʎe'θ] Einfach-, Schlichtheit *f.*; **-o** *m.* [senθi'ʎo] einfach, einzeln.

senda *f.* [se'nda] (Fuß-) Pfad *m.*

senectud *f.* [senektu'ð] Greisenalter *n.*

senil [seni'l] greisenhaft.

seno *m.* [se'no] Busen *m.*, Brust *f.*; Brucht; Schoß *m.*; *math.* Sinus.

sensa|ción *f.* [sensaθʲɔ'n] Empfindung *f.*, Gefühl *n.*; Aufsehen; **-cional** [sensaθʲona'l] Aufsehen erregend; **-tez** *f.* [sensate'θ] Besonnenheit *f.*; **-to** [sensa'to] besonnen, verständig.

sensi|bilidad *f.* [sensiβiliða'ð] Empfindlichkeit *f.*; **-bilizar** [sensiβiliθa'r] lichtempflindlich machen; **-ble** [sensi'βle] empfindlich; reizbar; **-blería** *f.* [sensiβleri'a] *fam.*

S

Gefünhlsduselei *f.*; **-tiva** *f.* [sensiti'βa] *bot.* Mimosa *f.*; **-tivo** [sensiti'βo] empfindsam.

sensual [sensʷa'l] sinnlich; **-idad** *f.* *f.* [sensʷaliδa'δ] Sinnlichkeit *f.*

senta|do [senta'δo] sitzend; **-r** [senta'r] setzen; (Posten) buchen; **-r bien** (Kleidungsstück) gut stehen; **-rse** [senta'rse] s. (hin-, nieder-,) setzen.

sentenci|a *f.* [sente'nθʲa] Urteil *n.*; Sinn-, Schiedsspruch *m.*; **-ar** [sentenθʲa'r] verurteilen; **-oso** [sentenθʲo'so] schulmeisterlich.

senti|do *m.* [senti'δo] Bedeutung *f.*, Sinn *m.*, Richtung *f.*; **-do común** gesunder Menschenverstand *m.*; *adj.* aufrichtig, schmerzlich; **-mental** [sentimenta'l] gefühlvoll; **-miento** *m.* [sentimʲe'nto] Bedauern *n.*, Gefühl, Empfindung *f.*; **-r** [senti'r] bedauern, empfinden, fühlen, merken; *SAm.* hören; **-r miedo** Angst haben; **lo siento mucho** es tut mit sehr leid; **-rse** [senti'rse] s. fühlen; **-r** *m.* Gefühl *n.*, Dafürhalten.

seña *f.* [se'ɲa] (An-) Zeichen *n.*, Gebärde *f.*, Merkmal *n.*; **-s** *f. pl.* Anschrift *f.*; **- luminosa** Verkehrsampel *f.*; **-lado** [seɲala'δo] (Zeitpunkt) bestimmt, hervorragend; **-lamiento** *m.* [seɲalamʲe'nto] *jur.* Anberaumung *f.*; **-lar** [seɲala'r] (auf-), (be-), (kenn-)zeichnen; hindeuten.

señor *m.* [seɲɔ'r] Herr *m.*, Besitzer; **-a** *f.* [seɲo'ra] Dame *f.*, Herrin, Frau, Gemahlin; **-ío** *m.* [seɲori'o] Rittergut *n.*, Herrschaft *f.*; **-ita** *f.* [seɲori'ta] Fräulein *n.*, junge Dame *f.*; (seitens der Diener) gnädige Frau; *Span.* ee. Sorte Zigarillos; **-ito** *m.* [seɲori'to] junger Herr *m.*; (abfällig) Sohn reicher Eltern, Nichtstuer.

separa|ble [separa'βle] (ab-) trennbar; **-ción** *f.* [separaθʲɔ'n] Scheidung *f.*, Trennung, Entlassung; **-do** [separa'δo]: **por -do** getrennt, *m.* separater Post; **-dor** *m.* [separaδɔ'r] *techn.* Abscheider *m.*, Schleuder *f.*; **-r** [separa'r] trennen, lösen, absondern; **-tista** *m.* [separati'sta] Separatist *m.*

sepelio *m.* [sepe'lʲo] Begräbnis *n.*

sepia *f.* [se'pʲa] Tintenfisch *m.*; (Farbe) Sepia *f.*

se(p)tiembre *m.* [setʲe'mbre] September *m.*

séptimo [se'timo] siebente(r).

sepul|cral [sepulkra'l]: **losa** (*f.*) **-cral** Grabstein *m.*; **-cro** *m.* [sepu'lkro] Grab *n.*, -stätte *f.*; **-tura** *f.* [sepultu'ra] Grab *n.*, Gruft *f.*

sequ|edad *f.* [sekeδa'δ] Dürfe *f.*, Trockenheit; **-ía** *f.* [seki'a] Dürre *f.*, regenlose Zeit.

séquito *m.* [se'kito] Gefolge *n.*, Begleitung *f.*

ser [ser] sein; **- de** gehören; werden; **- bueno para** dienen zu, nützen; **a no - así** andernfalls; **-** *m.* Sein *n.*, Wesen.

seren|a [sere'na]: **dormir a la -a** unter freiem Himmel schlafen; **-idad** *f.* [sereniδa'δ] Heiterkeit *f.*, Geistesgegenwart; **-o** [sere'no] heiter, wolkenlos; **-o** *m.* Nachtwächter *m.*

seriamente *adv.* [serʲame'nte] ernstlich.

sericicultura *f.* [seriθikultu'ra] Seidenraupenzucht *f.*

serie *f.* [se'rʲe] Serie *f.* Reihe.

seri|edad *f.* [serʲeδa'δ] Ernst *m.*, Geradheit *f.*, Zuverläaigkeit; **-o** [se'rʲo] ernst, streng, seriös, zuverlässig.

serón *m.* [serɔ'n] großer (Bast-) Korb *m.* (für Tragtiere).

serpiente *f.* [serpʲe'nte] Schlange *f.*

serran|a *f.* [serra'na] Bergbewohnerin *f.*; **-ía** *f.* [serrani'a] Bergland *n.*; **-o** *m.* [serra'no] Bergbewohner *m.*

serr|ín *m.* [serr'n] Sägemehl *n.*; **-ucho** *m.* [serru'čo] Fluhsschwanz(-säge) *m.* (*f.*).

S

servi|cial [serβiθʲa'l] diensteifrig; **-cio** *m.* [serβi'θʲo] Dienst *m.*, Bedienung *f.*, Betrieb *m.*; (Kaffee-, Eß-) Service, Geschirr *n.*; **-cio de trenes** Zugverkehr *m.*; **-do** [serβi'ðo] (Neugierde) befriedigt; **-dor** *m.* [serβiðɔ'r]: (Höflichkeitsphrase) *fam.* ich; meine Wenigkeit; **¡ -dor de Vd.!** Ihr Diener!; **-dumbre** *f.* [serβiðu'mbre] Dienerschaft *f.*; *jur.* Dienstbarkeit; **-l** [serβi'l] knechtisch, kriecherisch, sklavisc; **-lleta** *f.* [serβiʎe'ta] Serviette *f.*, Mundtuch *n.*; **-lletero** *m.* [serβiʎete'ro] Serviettenring *m.*; **-r** [serβir] (be-)dienen; **-irse** s. bedienen.

sesenta [sese'nta] sechzig.

seseo *m.* [sese'o] Lispeln *n.*

sesg|ar [sezga'r] schräg schneiden; **-o** *m.* [se'zgo] Schrägschnitt *m.*; **al -o** schräg.

sesión *f.* [sesʲɔ'n] Sitzung *f.* Tagung, Vorstellung; **- infantil** Kindervorstellung *f.*

seso *m.* [se'so] Gehirn *n.*; **-s** *m. pl.* [se'sos] Hirn *n.*; **perder el -o** *fig.* den Kopf verlieren.

seta *f.* [se'ta] Pilz *m.*

setecientos [seteθʲe'ntos] siebenhundert.

setenta [sete'nta] siebzig.

seto *m.* [se'to] Hecke *f.*

seudónimo *m.* [seuðo'nimo] Pseudonym *m.*, Deckname.

sever|idad *f.* [seβeriða'ð] Strenge *f.*; **-o** [seβe'ro] Streng.

sexagenario [seksaxena'rʲo] sechzigjährig.

sexo *m.* [se'kso] Geschlecht *n.*; -steile *m. pl.*; **el - débil** das schwache Geschlecht; (beides:) die Frauenwelt; **el - feo** *fam.* die Männer.

sexual [seksʷa'l] geschlechtlich; **-idad** *f.* [seksʷaliða'ð] Geschlechtstrieb *m.*

sí [si'] sich; **por -** für s. allein; **de por -** an u. für s.; *adv.* ja.

si [si] wenn, ob; **por - (no)** für den Fall, daß ... (nicht); **por - acaso** für alle Fälle.

sidecar *m.* [siðeka'r] (Motorrad) Beiwagen *m.*

sider|urgia *f.* [siðeru'rxʲa] Eisenhüttenwesen *n.*; **-úrgico** [siðeru'rxiko]: **industria** (*f.*) **-a** Hünttenindustrie *f.*

sidra *f.* [si'dra] Apfelwein *m.*

siega *f.* [sʲe'ga] Mähen *n.*, Ernte *f.*

siembra *f.* [sʲe'mbra] (Aus-) Saat *f.*, Säen *n.*, Saatfeld.

siempre [sʲe'mpre] immer, stets; **lo de -** *fig. fam.* die alte Leier (Geschichte); **- que** wofern; **como -** wie üblich.

sien *f.* [sʲe'n] Schläfe *f.*

sierra *f.* [sʲe'rra] Säge *f.*, Bergkette, Gebirge *n.*, Gebirgszug *m.*

siervo *m.* [sʲe'rβo] Sklave *m.*

siesta *f.* [sʲe'sta] Mittagsruhe *f.*

siete [sʲe'te] sieben; **-** *m. fam.* (dreiekkiger) Riß (*m.*) im Kleidungsstück.

sifón *m.* [sifɔ'n] Siphon *m.*, Heber; Sodawasserflasche *f.*

sigilo *m.* [sixi'lo] Siegel *n.*, Geheimnis, Verschwiegenheit *f.*; **-so** [sixilo'so] geheim, verschwiegen.

sigl|a *f.* [si'gla] (Kurzschrift) Abkürzungszeichen *n.*; **-o** *m.* [si'glo] Jahrhundert *n.*; *fam.* Ewigkeit *f.*; **el -o de Oro** *Span. lit.* (17. Jahrh.) das goldene Zeitalter.

signa|r [signa'r] unterschreiben, zeichnen; **-rse** [signa'rse] s. bekreuzigen; **-tario** *m.* [signata'rʲo] (Vertrag) Unterzeichner *m.*; **-tura** *f.* [signatu'ra] (Buch) Signatur *f.*, Bezeichnung.

significa|ción *f.* [signifikaθʲɔ'n] Bedeutung *f.*, Sinn *m.*; **-dor** *m.* [signifika'ðo] Bedeutung *f.*, Sinn *m.*; **-r** [signifika'r] bedeuten, vorstellen.

signo *m.* [si'gno] Zeichen *n.*, Merkmal; (Schreibmaschine) Schriftzeichen.

siguiente [sigʲe'nte] folgend, nachstehend.

S

sílaba *f.* [si'laβa] Silbe *f.*
silba *f.* [si'lβa] Auspfeifen *n.*; **-r** [silβa'r] auspfeifen, -zischen; **-to** *m.* [silβa'to] Pfeife *f.*
silenc|iador *m.* [silenθʲaðɔ'r] Auspufftopf *m.*, -dämpfer; **-io** *m.* [sile'nθʲo] Ruhe *f.*, Stillschweigen *n.*; **-ioso** [silenθʲo'so] schweigsam, geräuschlos.
sílice *m.* [si'liθe] *chem.* Kiesel *m.*
silicio *m.* [sili'θʲo] Silizium *n.*
silo *m.* [si'lo] Getreidespeicher *m.*, Silo.
silueta *f.* [silʷe'ta] Silhouette *f.*, Schattenbild *n.*
silvestre [silβe'stre] wildwachsend.
sill|a [si'ʎa] Stuhl *m.*, Sattel; **-ar** *m.* [siʎa'r] Quaderstein *m.*; **-ería** *f.* [siʎeri'a] Stühle *m. pl.* Chorgestühl *n.*; **-ín** *m.* [siʎi'n] Fahrradsattel *m.*; **-ón** *m.* [siʎɔ'n] Armsessel *m.*, Lehnstuhl.
simbólico [simbo'liko] sinnbildlich.
símbolo *m.* [si'mbolo] Sinnbild *n.*; **- químico** chemische Formel *f.*
sim|etría *f.* [simetri'a] Ebenmaß *n.*; **-étrico** [sime'triko] symmetrisch, ebenmäßig.
simiente *f.* [simʲe'nte] Samen *m.*
símil [si'mil] ähnlich; **-ar** [simila'r] gleichartig; **-itud** *f.* [similitu'ð] Ähnlichkeit *f.*
simp|atía *f.* [simpati'a] Mitgefühl *n.*, wechselseitige Zuneigung *f.*; **-ático** [simpa'tiko] sympathisch, anziehend; **-atizar** [simpatiθa'r] sympathisieren, mitfühlen, wechselseitige Zuneigung empfinden.
simpl|e [si'mple] einfach, schlicht; *fig.* einfältig; **-eza** *f.* [simple'θa] Einfältigkeit *f.*; **-icidad** *f.* [simpliθiða'ð] Einfachheit *f.*; **-ificar** vereinfachen.
simula|ción *f.* [simulaθʲɔ'n] Verstellung *f.*; **-cro** *m.* [simulakro] Trugbild *n.*, Scheingefecht; **-r** [simula'r] vortäuschen.
simult|aneidad *f.* [simultaneiða'ð] Gleichzeitigkeit *f.*; **-áneo** [simulta'neo] gleichzeitig.
sin [sin] ohne.
sina|goga *f.* [sinago'ga] Synagoge *f.*; **-pismo** *m.* [sinapi'zmo] Senfplaster *n.*
sincer|idad *f.* [sinθeriða'ð] Aufrichtigkeit *f.*; **-o** [sinθe'ro] aufrichtig, ehrlich.
síncope *m.* [si'ŋkope] *med.* Ohnmacht *f.*
sin|crónico [sinkro'niko] synchron, gleichlaufend; **-cronismo** *m.* [sinkroni'zmo] Synchonismus *m.*, Gleichlauf; **-cronización** *f.* [sinkroniθaθʲɔ'n] (Film) Synchronisierung *f.*; **-cronizar** [sinkroniθa'r] synchonisieren, gleichschalten.
sindicato *m.* [sindika'to] Syndikat *n.*, Gewerkschaft *f.*
síndico *m.* [si'ndiko] Konkursverwalter *m.*, Rechtsbeistand (er. Firma).
sinfín *m.* [simfi'n] Unmenge *f.*; *techn.* Schneckenradgetriebe *n.*
sinfónico [simfo'niko] symphonisch.
singular *adj.* [siŋgula'r] außergewöhnlich, merkwürdig, seltsam; **-** *m. gramm.* Einzahl *f.*; **-idad** *f.* [singulariða'ð] Eigentümlichkeit *f.*; **-mente** *adv.* [singularme'nte] besonders.
siniestro [sinʲe'stro] links; *fig.* unheilvoll.
sino *m.* [si'no] Geschick *n.*, Schicksal; *conj.* außer, sondern, sonst.
sinónimo *m.* [sino'nimo] Synonym *n.*, sinnverwandtes *od.* gleichbedeutendes Wort *n.*
sinrazón *f.* [sinrraθɔ'n] Unrecht *n.*
síntesis *f.* [si'ntesis] Synthese *f.*, Zusammenstellung; *chem.* Aufbau *m.* (er. chem. Verbindung).
sintético [sinte'tiko] synthetisch, künstlich, zusammenfassend.
síntoma *m.* [si'ntoma] Symptom *n.*, (Krankheits-)Zeichen.
sintomático [sintoma'tiko] symptomatisch, bezeichnend.
sintonía *f.* [sintoni'a] (Radio) Abstimmung *f.*; **-ización** *f.* [sintoniθa-

θ^{j}ɔ'n] (Radio) Feineinstellung *f.*; **-izar** [sintoniθa'r] auf den gleichen Ton einstellen, abstimmen.

sinvergüenza *m.* [sinberg^{w}e'nθa] unverschämter Mensch *m.*

siquiera [sik^{j}e'ra] wenigstens; **ni** - nicht einmal.

sirena *f.* [sire'na] Meerweib *n.*; Sirene *f.*

sirvient|a *f.* [sirβ^{j}e'nta] Dienstmädchen *n.*; **-e** *m.* [sirβ^{j}e'nte] Diener *m.*; **-es** *m. pl.* (Geschütz-) Bedienung *f.*

sisa *f.* [si'sa] *vulg.* Schwänzelpfennig *m.*; **-r** [sisa'r] beim Einkauf etw. in seine Tasche schmuggeln.

sisear [sisea'r] auspfeifen.

sísmico [si'zmiko]: **movimiento** (*m.*) - Erdbeben *n.*

sistem|a *m.* [siste'ma] System *n.*, Type *f.*, Methode; **-ático** [sistema'tiko] planmäßig, methodisch.

siti|ador *m.* [sit^{j}aðɔ'r] Belagerer *m.*; **-ar** [sit^{j}a'r] be-, umlagern; **-o** *m.* [si't^{j}o] Lage *f.*, Stelle; Sitz *m.*, Belagerung *f.*

situa|ción *f.* [sit^{w}aθ^{j}ɔ'n] Lage *f.*, Zustand *m.*; **-do** [sit^{w}a'ðo] gelegen; **-r** [sit^{w}a'r]·

soba *f.* [so'βa] Befühlen *n.*, Kneten; Prügel *f.*; **-co** *m.* [soβa'ko] Achselhöhle *f.*; **-do** [soβa'ðo] abgegriffen; **-r** [soβa'r] (plump) befühlen, kneten, betasten.

soberan|amente *adj.* [soβeraname'nte] äußerst, riesig, schrecklich; **-ía** *f.* [soβerani'a] Landeshoheit *f.*, Souveränität; **-o** [soβera'no] allerhöchst, hoch, kolossal; **-o** *m.* Herrscher *m.*, Landesherr.

soberb|ia [soβe'rβ^{j}a] Stolz *m.*, Hochmut, Dünkel; **-io** *adj.* [soβe'rβ^{j}o] stolz, hochmütig, dünkelhaft.

soborn|ar [soβɔrna'r] bestechen; *fam.* schmieren; **-o** *m.* [soβɔ'rno] Bestechung *f.*

sobra *f.* [so'βra] Überrest *m.*; **-nte** [soβra'nte] übrig, überflüssig, zählig; **-r** [soβra'r] übrig sein *bzw.* bleiben.

sobre [so'βre] auf, über, etwa, gegen; - *m.* Briefumschlag *m.*; **-carga** *f.* [soβreka'rga] Überlast *f.*, -ung *f.*; **-cargar** [soβrekarga'r] überladen, überlasten; **-llevar** [soβreʎeβa'r] geduldig ertragen; **-manera** [soβremane'ra] außerordentlich, übermäßig; **-mesa** [soβreme'sa]: **de -mesa** nach Tisch; **-natural** [soβrenatura'l] übernatürlich; **-pasar** [soβrepasa'r] übertreffen; übersteigen; **-ponerse** [soβrepone'rse] s. hinwegsetzen über; **-precio** *m.* [soβrepre'θ^{j}o] Auf-, Mehrpreis *m.*; **-saliente** [soβresal^{j}e'nte] hervorragend, überzählig; **-saliente** *m.* Ersatzmann *m.*, Stellvertreter; **-salir** [soβresali'r] hervorragen; **-saltarse** [soβresalta'rse] erschrecken; **-salto** *m.* [soβresa'lto] Schrecken *m.*, Bestürzung *f.*; **-seído** [soβresei'do] *jur.* vertagt; **-seimiento** *m.* [soβreseim^{j}e'nto] Vertagung *f.*; *jur.* Verjährung; **-tasa** *f.* [soβreta'sa] Strafporto *n.*; **-todo** *m.* [soβreto'ðo] Überzieher *m.*; **-venir** [soβreβeni'r] (unerwartet) eintreten, vorkommen; **-vivir** [soβreβiβi'r] überleben.

sobriedad *f.* [soβr^{j}eða'ð] Nüchternheit *f.*, Knappheit (in Worten).

sobrin|a *f.* [soβri'na] Nichte *f.*; **-o** *m.* [soβri'no] Neffe *m.*

sobrio [so'βr^{j}o] nüchtern, mäßig.

socarrón [sokarrɔ'n] verschmitzt, neckisch.

socav|ar [sokaβa'r] untergraben, höhlen; **-ón** *m.* [sokaβɔ'n] *min.* Stollen *m.*

socia *f.* [so'θ^{j}a] (verächtlich) Frauensperson *f.*; **-bilidad** *f.* [soθ^{j}aβiliða'ð] Geselligkeit *f.*; **-ble** [soθ^{j}a'βle] gesellig; **poco -ble** menschenscheu; **-l** [soθ^{j}a'l] gesellschaftlich, sozial; **razón** (*f.*) **-l** Firma *f.*; **-lismo** *m.*

[soθʲali'zmo] Sozialismus *m.;* **-lista** *m.* [soθʲali'sta] Sozialist *m.; adj.* sozialistisch; **-lización** *f.* [soθʲaliθaθʲɔ'n] Sozialisierung *f.*, Verstaatlichung; **-lizar** [soθʲaliθa'r] sozialisieren, verstaatlichen.

soci|edad *f.* [soθʲeða'ð] Gesellschaft *f.*, Verein *m.*, Klub; **-edad anónima** Aktiengesellschaft *f.;* **-o** *m.* [so'θʲo] Gesellschafter *m.*, Teilhaber, Genosse.

socorr|er [sokɔrre'r] unterstützen, zu Hilfe kommen; **-ido** [sokɔrri'ð*] hilfreich, trivial, abgedroschen, alltäglich; **-o** *m.* [sokɔ'rrɔ] Beistand *m.*, Hilfe *f.*, Unterstützung.

soez [soe'θ] gemein, unanständig.

sofá *m.* [sofa'] Sofa *n.*

sofístico [sofi'stiko] spitzfindig.

sofoca|ción *f.* [sofokaθʲɔ'n] Erstickung *f.*, Atemnot; **-nte** [sofoka'nte] erstickend; **-r(se)** [sofoka'rse] ersticken; den Atem verlieren; (s. aufregen).

sofoco *m.* [sofo'ko] Erstickungsanfall *m.; fig.* Verdruß.

sol *m.* [sɔl] Sonne *f.;* **tomar el -** s. sonnen.

solamente [solame'nte] nur| bloß.

solapa *f.* [sola'pa] Klappe *f.*, Um-, Aufschlag *m.;* **-do** [solapa'ðo] hinterlistig; **-r** [solapa'r] *fig.* bemänteln.

solar *m.* [sola'r] Bauplatz *m.; adj.* auf die Sonne bezüglich.

solda|da *f.* [sɔlda'ða] Sold *m.;* **-desca** *f.* [sɔldaðe'ska] (herumstreichendes) Kriegsvolk *n.;* **-do** *m.* [sɔolda'ðo] Soldat *m.;* **-dor** *m.* [sɔldaðɔ'r] Lötkolben *m.*, Schweißer; **-dura** *f.* [sɔldaðu'ra] Lötung *f.* Lötstelle, Lot *n.*, Schweißung *f.*, Schweißstelle; **-r** [sɔlda'r] löten, schweißen.

soledad *f.* [soleða'ð] Einsamkeit *f.*

solemn|e [sole'mne] feierlich; *fam.* riesig, ungeheur; (Reinfall, gründlich); **-idad** *f.* [solemniða'ð] Feierlichkeit *f.;* **-izar** [solemniθa'r] feierlich begehen.

solera *f.* [sole'ra] (Mühle) Mahlbahn *f.*

solfeo *m.* [sɔlfe'o] Gesangsübungen *f. pl.;* **clase** *(f.)* **de -** Gesangsstunde *f.*

solicita|ción *f.* [soliθitaθʲɔ'n] Bewerbung *f.; techn.* Beanspruchung; **-nte** *m.* [soliθita'nte] Bewerber *m.;* **-r** [soliθita'r] s. bewerben um; *techn.* beanspruchen.

solicitud *f.* [soliθitu'ð] Eingabe *f.*, Gesuch *n.*

solidari|amente [soliðariame'nte] Solidarisch; **-dad** *f.* [soliðariða'ð] Solidarität *f.*, Zusammengehörigkeitsgefühl *n.;* **-o** [soliða'rʲo] solidarisch, gemeinsam; *techn.* verbunden.

solidez *f.* [soliðe'θ] Festigkeit *f.*, Gründlichkeit.

solidificar(se) [soliðifika'rse] verdichten; (fest w., erstarren).

sólido [so'liðo] fest; *fig.* solid, gründlich; **-** *m.* (fester) Körper *m.*

solitari|a *f.* [solita'rʲa] Bandwurm *m.;* **-o** *m.* [solita'rʲo] (einzeln gefaßter) Diamant *m.;* Einsiedler.

solo [so'lɔ] allein, einzig; alleinstehend; **-m.** Solo *n.*

solomillo *m.* [solomi'ʎo] Lendenstück *n.*

solsticio *m.* [sxlsti'θʲo] Sonnenwende *f.*

soltar [sɔlta'r] losbinden, -lassen, machen, freilassen; **-se** [sɔltar'se] s. lösen; (jem. e. Wort) entfahren.

solter|a *f.* [sɔlte'ra] ledige Frau *f.;* **-ía** *f.* [solteri'a]: **fe** *(f.)* **de -ía** Bescheinigung *(f.)* des Ledigenstandes; **-o** [sɔlte'ro] unverheiratet, ledig; **-o** *m.* Junggeselle *m.;* **-ón** *m.* [sɔlterɔ'n] Hagestolz *m.;* **-ona** *f.* [sɔltero'na] alte Jungfer *f.*

soltura *f.* [sɔltu'ra] Gewandtheit *f.*

solub|ilidad *f.* [soluβiliða'ð] Löslichkeit *f.;* **-le** [solu'βle] löslich.

soluci|ón *f.* [soluθʲɔ'n] (Auf-) Lösung *f.;* **-onar** [soluθʲona'r] lösen.

solven|cia *f.* [sɔlβe'nθʲa] Zahlungsfähigkeit *f.;* **-tar** [sɔlβenta'r] lösen, erledigen; **-te** [sɔlβe'nte] zahlungsfähig.

solloz|ar [soʎoθa'r] schluchzen; **-o** *m.* [soʎo'θo] Schluchzen *n.*
somatén *m.* [somate'n] Bürgerwehr *f.*
sombr|a *f.* [sɔ'mbra] Schatten *m.; fig.* Witzigkeit *f.*, Grazie; **tener mala -a** *fig.* Pech haben; **-ear** [sɔmbrea'r] schattieren; **-erazo** *m.* [sɔmbrera'θo] Hutschwenken *n.* (zum Gruß); **-erera** *f.* [sɔmbrere'ra] Hutschachtel *f.*, Putzmacherin; **-erería** *f.* [sɔmbrereri'a] Hutgeschäft *n.*; **-ero** *m.* [sɔmbre'ro] Hut *m.*; **-ero de copa** Zylinder(-hut) *m.*; *fam.* Melone *f.*; **-illa** *f.* [sɔmbri'ʎa] Sonnenschirm *m.*; **-ío** [sɔmbri'o] schattig; *fig.* düster.
somero [some'ro] oberfflächlich, kurz zusammengefaßt.
someter [somete'r] unterwerfen, unterbreiten.
somnámbulo *m.* [sɔmna'mbulo] Mondsüchtiger *m.*
son *m.* [sɔn] Klang *m.*, Laut; **-ado** [sona'ðo] Aufsehen erregend; **-ajero** *m.* [sonaxe'ro] Kinderklapper *f.*; **-ante** [sona'nte] klingend; **-ar** [sona'r] (er-)klingen, tönen, schellen, klingeln; **-arse** [sona'rse] s. schneuzen.
sond|a *f.* [sɔ'nda] *med.* Sonde *f.*; Tiefenlot *n.*; **-ear** [sondea'r] sondieren, loten; auf Fündigkeit bohren; *fam.* jem. aushorchen; **-eo** *m.* [sonde'o] Lotung *f.*, Bohrung (auf Fündigkeit).
sonido *m.* [soni'ðo] Klang *m.*, Laut, Ton.
sonoro [sono'ro] wohlklingend, stimmhaft.
sonr|eír [sɔnrrei'r] lächeln; **-iente** [sɔnr^j^e'nte] lächelnd; **-isa** *f.* [sonrri'sa] Lächeln *n.*
sonrojar(se) [sɔnrɔxa'rse] erröten machen; (erröten).
soñ|ador [soɲaðɔ'r] träumerisch; **-ador** *m.* Träumer *m.*; **-ar** [soɲa'r] träumen (**con, de** *v.*); **-oliento** [soɲol^j^e'nto] schläfrig, schlaftrunken.
sopa *f.* [so'pa] Suppe *f.*
soper|a [sope'ra] Suppenschüssel *f.*; **-o** [sope'ro]: **plato** (*m.*) **-o** Suppenteller *m.*
sopla|dor *m.* [soplaðɔ'r] Zuträger *m.*; **-r** [sopla'r] blasen; *fig.* angeben.
soplete *m.* [sople'te] Brenner *m.*
soplo *m.* [so'plo] Hauch *m.*; *fig.* Angeberei *f.*
soport|able [sopɔrta'βle] erträglich; **-ar** [sopɔrta'r] (er-) tragen, stützen, dulden; **-e** *m.* [sopɔr'te] Stütze *f.*
sor *f.* [sɔr] (Kloster-) Schwester *f.*
sorb|er [sorβe'r] schlürfen; **-ete** *m.* [sorβe'te] Speiseeis *n.*; **-o** *m.* [sɔ'rβo] Schluck *m.*
sord|era *f.* [sɔrde'ra] Schwerhörigkeit *f.*; **-o** [sɔ'rdo] schwerhörig, taub; (Lärm) dumpf; **-omudo** [sɔrdomu'ðo] taubstumm.
sorpre|ndente [sɔrprende'nte] erstaunlich, überraschend; **-nder** [sɔrprende'r] überraschen, ertappen; **-ndido** [sɔrprendi'ðo] verdutzt; **-sa** *f.* [sɔrpre'sa] Erstaunen *n.*, Überraschung *f.*, Befremden *n.*
sorte|ar [sɔrtea'r] (aus-)losen; (Hindernissen) aus dem Weg gehen; **-o** *m.* [sɔrte'o] (Lotterie) Ziehung *f.*
sortija *f.* [sɔrti'xa] (Finger-) Ring *m.*
sosa *f.* [so'sa] Natron *n.*, Soda.
sosega|do [sosega'ðo] ruhig, still; **-r(se)** [sosega'rse] (s.) beruhigen.
sosiego *m.* [sos^j^e'go] Ruhe *f.*
soso [so'so] fad. ungesalzen; (Person) langweilig.
sospech|a *f.* [sɔspe'ča] Verdacht *m.*, Vermutung *f.*; **-ar** [sɔspeča'r] argwöhnen, vermuten; **-oso** [sɔspečo'so] argwöhnisch, verdächtig.
sostén *m.* [sɔste'n] Stütze *f.*, Büstenhalter *m.*
sostener(se) [sɔstene'rse] halten, (s.) erhalten; (Briefwechsel) unterhalten.
sota *f.* [so'ta] (Spielkarte) Bube *m.*; **-banco** *m.* [sotaβa'ŋko] Dachgie-

belwohnung *f.;* **-na** *f.* [sota'na] Priesterrock *m.*

sótano *m.* [so'tano] Keller *m.*, wohnung *f.*

sot|illo *m.* [soti'ʎo] Wäldchen *n.;* **-o** *m.* [so'to] Gehölz *n.*, Gebüsch.

Sr. *Abkzg.* **v. señor.**

Sra. *Abkzg.* **v. señora.**

Sras. *Abkzg.* **v. señoras.**

Sres. *Abkzg.* **v. señores.**

Srta. *Abkzg.* **v. señorita.**

s.s. *Abkzg.* **v. seguro servidor.**

ss.ss. *Abkzg.* **v. seguros servidores.**

stajanovismo *m.* [estaxanoβi'zmo] Stachanowbewegung *f.*

stand *m.* [estand] (Messe-, Ausstellungs-) Stand *m.*

standardizar [estandardiθa'r] standardisieren, vereinheitlichen.

stock *m.* [esto'k] Lagervorrat *m.*

su [su] sein(e), ihr(e), Ihr(e).

suav|e [s^{w}a'βe] weich, glatt, sanft, ruhig, mild; **-idad** *f.* [s^{w}aβiða'ð] Geschmeidigkeit *f.*, Sanftmut, Milde; **-izar** [s^{w}aβiθa'r] (Rasierklinge) abziehen.

sub|alterno [suβalte'rno] untergeordnet; **-arrendar** [suβarrenda'r] weitervermieten, -verpachten; **-arrendatario** *m.* [suβarrendata'r^{j}o] Unterpächter *m.;* **-asta** *f.* [suβa'sta] Auktion *f.*, Ausschreibung, Versteigerung; **-astar** [suβasta'r] versteigern; **-comisión** *d.* [subɥomis^{j}ɔ'n] Unterausschuß *m.;* **-cutáneo** *m.* [subkuta'neo] (Einspritzung) subkutan; **-director** *m.* [suβdirektɔ'r] zweiter Direktor *m.*

súbdito *m.* [su'βdito] Untertan *m.*, Staatsangehöriger.

sub|división *f.* [suβdiβis^{j}ɔ'n] Unter- (-Ab-, -Ein-) teilung *f.;* **-estación** *f.* [suβestaθ^{j}ɔ'n] *elektr.* Unterwerk *n.;* **-ida** *f.* [suβi'ða] Hinaufsteigen *n.*, Steigung *f.;* (Preise) Erhöhung; (Berg-) Aufstieg *m.;* (Thron) Besteigung *f.;* **-ido** [suβi'ðo] (Preis) hoch; (Farbe) intensiv; (Geruch) stark; (Rockkragen) aufgeschlagen; **-ir** [suβi'r] hinaufbringen, -heben, -tragen; aufsteigen, steigern; **-irse** [suβi'rse] hinaufklettern (**a** auf).

súbito [su'βito]: **de** - plötzlich.

subleva|ción *f.* [suβleβaθ^{j}ɔ'n] Aufstand *m.;* **-r(se)** [suβleβa'rse] aufwiegeln.

sublimado *m.* [suβlima'ðo] *chem.* Sublimat *n.*

sublime [suβli'me] erhaben, hoch.

sub|marino *m.* [suβmari'no] Unterseeboot *n.;* **-oficial** *m.* [suβofiθ^{j}a'l] Unteroffzier *m.;* **-producto** *m.* [supproðu'kto] Nebenerzeugnis *n.;* **-rayar** [suβraja'r] unterstreichen; **-repticio** [suβrepti'θ^{j}o] heimlich, erschlichen; **-sanar** [subsana'r] (Fehler, Schaden) wiedergutmachen; **-sidio** *m.* [subsi'ð^{j}o] Beihilfe *f.;* **-sistencia** *f.* [subsiste'nθ^{j}a] Fortbestand *m.*, Lebensunterhalt; **-sistencias** *f. pl.* Lebensmittel *n. pl.;* **-sistente** [subsiste'nte] (noch) bestehend; **-sistir** [subsisti'r] (fortbestehen); **-suelo** *m.* [subs^{w}e'lo] Untergrund *m.;* **riquezas** (*f. pl.*) **del -suelo** Bodenschätze *m. pl.;* **-terfugio** *m.* [supterfu'x^{j}o] Ausrede *f.*, Vorwand *m.;* **-terráneo** [supterra'neo] unterirdisch; **-urbio** *m.* [subu'rβ^{j}o] Vorstadt *f.;* **-vención** *f.* [subβenθ^{j}ɔ'n] (Geld-) Unterstützung *f.*, Zuschuß *m.;* **-vencionar** [subβenθ^{j}ona'r] m. Geldern unterstützen; **-versivo** [subβersi'βo] umstürzlerisch; **-yugar** [subjuga'r] unterjochen.

suced|áneo *m.* [suθeða'neo] Ersatz (-stoff) *m.;* **-er** [suθeðe'r] geschehen, folgen; **-ido** *m.* [suθeði'ðo] Vorkommnis *n.*

suces|ión *f.* [suθes^{j}ɔ'n] (Nach-) Folge *f.*, Erbschaft; Nachkommen *m. pl.;* **-o** *m.* [suθe'so] Begebenheit *f.*, Ereignis *n.;* **-or** *m.* [suθesɔ'r] Nachfolger *m.*

suciedad *f.* [suθ^{j}eða'ð] Unreinlichkeit *f.*, Schmutz *m.*

sucinto [suθi'nto] kurk, zusammengefaßt.
sucio [su'θʲo] schmutzig, unanständig; **en** - im Unreinen.
suculento [sukule'nto] nahrhaft.
sucumbir [sukumbi'r] unterliegen, sterben.
sucursal *f.* [sukursa'l] Filiale *f.*, Zweiggeschäft *n.*
sudar [suða'r] schwitzen; **-io** *m.* [suða'rʲo] Leichentuch *n.*
sud|este *m.* [suðe'ste] Südosten *m.*; **-expreso** *m.* [suðespre'so] *Eis.* Südexpreß *m.*; **-oeste** *m.* [suðoe'ste] Südwesten *m.*
sudor *m.* [suðɔ'r] Schweiß *m.*, Schwitzen *n.*
sueco [sʷe'ko] schwedisch; *-m.* Schwede *m.*
suegr|a *f.* [sʷe'gra] Schwiegermutter *f.*; **-o** *m.* [sʷe'gro] Schwiegervater *m.*
suela *f.* [sʷe'la] (Schuh-) Sohle *f.*
sueldo *m.* [sʷe'ldo] Lohn *m.*, Gehalt *n.*
suelo *m.* [sʷe'lo] (Erd-, Fuß-) Boden *m.*
suelt|a *f.* [sʷe'lta]: **dar -a a** loslassen; *fig.* jem. kurze Atempause gestatten; **-o** [sʷe'lto] los(-gelöst); (Stil) flüssig; **-o** *m.* Zeitungsnotiz *f.*
sueño *m.* [sʷe'ɲʲo] Traum *m.*, Schlaf; **tener** - müde (schläfrig) sein.
suero *m.* [sʷe'ro] Serum *n.*, Molken *f. pl.*
suerte *f.* [sʷe'rte] Los *n.*, Glück; *Taur.* Gang *m.*; **tener mala** *-fig.* Pech haben; **echar -s** durch das Los entscheiden.
suficien|cia *f.* [sufiθʲe'nθʲa] Genügen *n.*, Hinlänglichkeit *f.*; **-te** [sufiθʲe'nte] genügend, hinlänglich, hinreichend.
sufrag|áneo [sufraga'neo]: **obispo** (*m.*) **-áneo** Weihbischof *m.*; **-ar** [sufraga'r] (Kosten) bestreiten; **-io** *m.* [sufra'xʲo] Wahlrecht *n.*, -stimme *f.*; **en -io de** (Messe) zum Gedenken an.
sufri|do [sufri'ðo] geduldig; (Farbe es. Kleidungsstückes) nicht leicht verschießen *od.* schmutzig w.; **-r** [sufri'r] (er-)leiden.
sugerir [suxeri'r] anraten, anregen, einflüstern, auf ee. Idee bringen.
sugesti|ón *f.* [suxestʲɔ'n] Anregung *f.*, Eingebung, Suggestion; **-onar** [suxestʲona'r] suggerieren, eingeben.
suicid|a *m/f.* [sʷiθi'ða] Selbstmörder *m.*, -in *f.*; **-arse** [sʷiθiða'rse] Selbstmord begehen; **-io** *m.* [ʷiθi'ðʲo] Selbstmord *m.*
sujeción *f.* [suxeθʲɔ'n] Unterwerfung *f.*; *techn.* Befestigung; **con - a** laut (Gesetz).
sujeta|dor *m.* [suxetaðɔ'r] Halter *m.*; **-r** [suxeta'r] unterwerfen, festhalten, befestigen; **-rse a** s. richten nach.
sujeto *m.* [suxe'to] Subjekt *n.*, Person *f.*, Individuum *n.*; *gramm.* Satzgegenstand *m.*; *- adj.* abhängig, befestigt.
sulfur|ación *f.* [sulfuraθʲɔn] Schwefelung *f.*; **-ar** [sulfura'r] schwefeln.
sulfúrico [sulfu'riko]: **ácido** (*m.*) - Schwefelsäure *f.*
suma *f.* [su'ma] Summe *f.*, Betrag *m.*, Addition *f.*
sumamente [sumame'nte] äußerst, höchst.
sumar [suma'r] zusammenzählen.
sumarísimo [sumari'simo]: **juicio** (*m.*) *- mil.* Kriegsgericht *n.*
sumergi|ble *m.* [sumerxi'βle] Unterseeboot *n.*; **-r(se)** [sumerxi'rse] unter-(ein-)tauchen (untersinken).
sumid|ero *m.* [sumiðe'ro] Sickerschacht *m.*; **-o** [sumi'ðo] (in Gedanken) versunken.
suministr|ador *m.* [suministraðɔ'r] Lieferant *m.*; **-ar** [suministra'r] liefern; **-o** *m.* [sumini'stro] Lieferung *f.*
sumir [sumi'r] versenken.
sumis|ión *f.* [sumisʲɔ'n] Unterwerfung

f.; **-o** [sumi'so] unterwürfig, demütig.

sumo [su'mo] äußerst, höchst; **a lo** - höchstens.

suntuo|sidad *f.* [suntʷosiða'ð] Pracht *f.*, Prunk *m.*; **-so** [suntʷo'so] prunkvoll, luxuriös.

superar [supera'r] übertreffen, übersteigen, überwinden.

superavit *m.* [supera'βit] Überschuß *m.*

superfici|al [superfiθʲa'l] oberflächlich; **-e** *f.* [superfi'θʲe] Oberfläche *f.*

superfluo [supe'rflʷo] überflüssig.

superior [superʲɔ'r] ober, höher, vorzüglich; - **a** überlegen; - *m.* Vorgesetzter *m.*; **-a** *f.* [superʲoriða'ð] Überlegenheit *f.*, Übermacht.

super|numerario [supernumera'rʲo] überzählig, außeretatmäßig; **-producción** *f.* [superproðukθʲɔ'n] Spitzenfilm *m.*; **-stición** *f.* [superstiθʲɔ'n] Aberglaube *m.*; **-sticioso** [superstiθʲo'so] abergläubisch; **-vivencia** *f.* [superβiβe'nθʲa] Überleben *n.*; **-viviente** *m.* [superβiβie'nte] Überlebender *m.*

suplanta|ción *f.* [suplantaθʲɔ'n] Verdrängung *f.* (aus ein. Amt); **-r** [suplanta'r] verdrängen.

suplement|ario [suplementa'rʲo]: **billete** (*m.*) **-ario** *Eis.* Zuschlagskarte *f.*; **franqueo -ario** Portozuschlag *m.*; Ergänzungs ...; **-o** *m.* [supleme'nto] Beilage *f.*, Ergänzung, Nachtrag *m.*; Extrablatt *n.*

suplente *m.* [suple'nte] Ersatzmann *m.*, Stellvertreter.

súplica *f.* [su'plika] (Bitt-) Gesuch *n.*, Eingabe *f.*

suplicar [suplika'r] (inständig) bitten.

suplir [supli'r] ergänzen, ersetzen.

supo|ner [supone'r] annehmen, vermuten; **-sición** *f.* [suposiθʲɔ'n] Annahme *f.*, Vermutung.

supremacía *f.* [supremaθi'a] Überlegenheit *f.*, Vorrang *m.*

supremo [supre'mo] höchst, oberst, äußerst.

supresión *f.* [supresʲɔ'n] Aufhebung *f.*, Unterdrückung, Auslassung.

suprimir [suprimi'r] aufheben, einstellen, unterdrücken.

supuesto *m.* [supʷe'sto] Annahme *f.*, Voraussetzung.

supura|ción *f.* [supuraθʲɔ'n] Eiterung *f.*; **-r** [supura'r] eitern.

sur [sur] Süd(-en) *m.*, -wind; **al** - südlich.

sur|car [surka'r] durchfurchen fahren, -queren; **-co** *m.* [su'rko] Furche *f.*, Runzel.

surgir [surxi'r] auftauchen, erscheinen.

surt|ido [surti'ðo] *m.* Auswahl *f.*, Sortiment *n.*; **-idor** *m.* [surtiðɔ'r] Springbrunnen *m.*; *aut.* Tankstelle *f.*; **-ir** [surti'r] (be-)liefern.

suscepti|bilidad *f.* [susθeptiβiliða'ð] Empfindlichkeit *f.*, Reizbarkeit; **-ble** [susθepti'βle] empfindlich, reizbar; **-ble de** fähig zu.

suscitar [susθita'r] hervorrufen, erregen.

suscribir(se) [suskriβi'rse] unterschreiben; (s. abonnieren).

suscrip|ción *f.* [suskripθʲɔ'n] Abonnement *n.*; **-tor** *m.* [suskriptɔ'r] (Zeitung) Bezieher *m.*

suspen|der [suspende'r] (auf-) hängen, aufschieben; vorübergehend vom Amt entheben; (bei Prüfung) durchfallen lassen; **-sión** *f.* [suspensʲɔ'n] Hängen *n.*; Aufhängung *f.*, Einstellung, Unterbrechung, Aufhebung; **-so** [suspe'nso] (Schüler) durchgefallen; **tener en -so** hinhalten; **-sorio** *m.* [suspenso'rʲo] *med.* Tragbinde *f.*, Bruchband *n.*

suspica|cia *f.* [suspika'θʲa] Argwohn *m.*, Mißtrauen *n.*; **-z** [suspika'θ] argwöhnisch, mißtrauisch.

suspirar [suspira'r] seufzen; **-o** *m.* [suspi'ro] Seufzer *m.*

sustancia *f.* [susta'nθʲa] Substanz *f.*,

Stoff *m.*; **-r** [sustanθʲa'r] *jur.* spruchreif machen.

sustantivo *m.* [sustanti'βo] *gramm.* Hauptwort *n.*

sustent|ar [sustenta'r] unterhalten, stützen; **-o** *m.* [suste'nto] Unterhalt *m.*, Stütze *f.*

sustitu|ción *f.* [sustituθʲɔ'n] Ersatz *m.*; **-ir** [sustitui'r] ersetzen; **-to** *m.*, [sustitu'to] Ersatzstoff *m.*, Stellvertreter.

susto *m.* [su'sto] Schreck(en) *m.*

susurrar [susurra'r] säuseln.

sutil [suti'l] dünn, fein; **-eza** *f.* [sutile'θa] Dünnheit *f.*, *fig.* Zartheit; **-izar** [sutiliθa'r] ausfeilen, austüfteln.

sutura *f.* [sutu'ra] *med.* Naht *f.*

suyo [su'jo]: **suya** [su'ja] sein(-e), ihr(-e); **de -o** an u. für s.; v. Natur aus.

S

t, T [te] *f.* t, T *n.*

tabac|alera *f.* [taβakale'ra] *Span.* Tabakregie *f.;* **-o** *m.* [taβa'ko] Tabak *m.*, pflanze *f.*

tabaqu|era *f.* [taβake'ra] Tabakbeutel *m.;* **-ero 9taBakeéro-**: **industria** (*f.*) **-era** Tabakindustrie *f.;* **-ero** *m.* Tabakhändler *m.*

tabern|a *f.* [taβe'rna] Kneipe *f.*, (Wein-) Schenke; **-ero** *m.* [taβerne'ro] Schankwirt *m.*

tabi|car [taβika'r] *arch.* zumauern; **-que** *m.* [taβi'ke] Trennwand *f.*, Rabitzwand.

tabl|a *f.* [ta'βla] Brett *n.*, Platte *f.*, Planke, Tafel, Tabelle; **-a de salvación** *fig.* letzte Rettung *f.;* **a raja -a** *fig. m.* aller Energie; **las -as** *fig.* die Bühne; **-ado** *m.* [taβla'ðo] Bühne *f.*, Gerüst *n.;* **-ero** *m.* [taβle'ro] Tischplatte *f.;* (Schach-) Brett *n.; aut.* Schaltbrett *n.;* **-eta** *f.* [taβle'ta] Täfelchen *n.*, Tablette *f.*, Plätzchen *n.; med.* Schiene *n.;* **-eteado** *m.* [taβletea'ðo] Geklapper *n.;* **-etear** [taβletea'r] klappern; (Maschinengewehr) knattern; **-eteo** *m.* [taβlete'o] Geknatter *n.;* **-illa** *f.* [taβli'ʎa] Täfelchen *n.*, Pastille *f.;* **-ón** *m.* [taβlɔ'n] Bohle *f.; fam.* Schwips *m.*

taburete *m.* [taβure'te] Schemel *m.*

tacañ|ería *f.* [takaneri'a] Knauserei *f.;* **-o** [takaɲo] knauserig.

tácito [ta'θito] still(-schweigend).

taciturno [taθitu'rno] verschlossen, wortkarg.

taco *m.* [ta'ko] Pflock *m.*, (Billard-) Stock; (Kalender-) Block, Schuhabsatz.

táctica *f.* [ta'ktika] Taktik *f.*

tacto *m.* [ta'kto] Takt *m.;* (Anstands-) Gefühl *n.*

tach|a *f.* [ta'ča] Fehler *m.*, Makel, Tadel; **sin -a** fehlerlos; **-ar** [tača'r] bemängeln, beanstanden, austreichen; **-ón** *m.* [tačɔ'n] Ziernagel *m.;* **-uela** *f.* [tač^{w}e'la] Tapeziernagel *m.*

tafetán *m.* [tafeta'n]: **- inglés** Heftpflaster *n.*

tafilete *m.* [tafile'te] Saffian *m.*, Marokkoleder *n.*

tahon|a *f.* [tao'na] (Brot-) Bäkkerei *f.;* **-ero** *m.* [taone'ro] (Brot-) Bäcker *m.*

taifa [ta'ifa]: **reyes** (*m. pl.*) **de -** (Maurenzeit Spanien) arabische Duodezfürsten *m. pl.*

taimado [taima'ðo] schlau, (hinter-) listig.

taj|ada *f.* [taxa'ða] (Fleisch, Obst) Schnitte *f.*, Scheibe; **-ante** [taxa'nte] (Kälte) schneidend; (Worte) bissig; **-ar** [taxa'r] (ab-)schneiden; **-o** *m.* [ta'xo] Schnitt *m.;* Hackklotz, (Arbeits-) Schicht *f.;* Baustelle.

tal [tal] solcher, solches, derartig; **- vez** vielleicht; **en - caso** in diesem Falle; **un - e.** gewisser; **¿qué -?** wie geht's?; **con - que** vorausgesetzt, daß.

tala *f.* [ta'la] (Bäume) Fällen *n.*, Holzschlag *m.*

talabartero *m.* [talaβarte'ro] Sattler *m.*

taladr|adora *f.* [taladraðɔ'ra] Bohrmaschine *f.;* **-ar** [taladra'r] (durch-) bohren; **-o** *m.* [tala'dro] Bohrer *m.*

talante [tala'nte]: **estar de mal -** schlecht gelaunt sein.
talar [tala'r] (Bäume) fällen, abholzen.
talco *m.* [ta'lko] Talk *m.*, Schneiderkreide *f.*
talego *m.* [tale'go] (kleiner Leinwand-) Sack *m.*
talento *m.* [tale'nto] Talent *n.*, Begabung *f.*
talismán *m.* [talizma'n] Talisman *m.*
talón *m.* [talɔ'n] Ferse *f.*; Talon *m.*, Kupon, Gepäckschein.
talonario *m.* [talona'rio] Quittungs-, Scheckbuch *n.*
talud *m.* [talu'ð] Böschung *f.*
tall|a *f.* [ta'ʎa] Bildhauerarbeit *f.*, Wuchs *m.*, Gestalt *f.*; **-ado** [taʎa'ðo] geschnitzt; **-ador** *m.* [taʎaðɔ'r] Graveur *m.*; **-ar** [taʎa'r] in Holz schnitzen; (Edelsteine) schleifen; **-e** *m.* [ta'ʎe] Wuchs *m.*, Figur *f.*; **-er** *m.* [taʎe'r] Werkstatt; **-eres gráficos** Druckerei *f.*; **-ista** *m.* [taʎi'sta] (Bild-) Schnitzer, Graveur; **-o** *m.* [ta'ʎo] Stengel *m.*, Stiel.
tamaño [tama'ɲo] derartig, so groß, so klein; **-** *m.* Größe *f.*, Format *n.*
tambalearse [tambalea'rse] taumeln.
también [tamb^je'n] auch, ebenfalls.
tambor *m.* [tambɔ'r] Trommel *f.*, Trommler *m.*
tamiz *m.* [tami'θ] Sieb *n.*; **-ar** [tamiθa'r] (fein) sieben.
tampoco [tampo'ko] auch nicht, ebensowenig.
tan [tan] so, ebenso.
tanda *f.* [ta'nda] Reihe *f.*, Schicht; Trupp (*m.*) Arbeiter.
tanque *m.* [ta'ŋke] Tank *m.*, Panzerwagen *m.*; *SAm.* Teich.
tante|ar [tantea'r] abtasten, prüfen; *fig.* auf den Zahn fühlen; **-o** *m.* [tante'o] (Sport) Torzahl *f.*
tanto [ta'nto] so viel, so groß; **por lo -** daher; *adv.* dermaßen, so, soviel; **- más** um so mehr; **-** *m.* ee. bestimmte Menge *f.*; (Sport) Tor *n.*, Punkt *m.*; **- por ciento** Prozentsatz *m.*; **estar al -** Bescheid wissen; **ponerse al - s.** einarbeiten; **a -s** den soundsovielten (des Monats).
tañido *m.* [taɲi'ðo] Läuten *n.*
tapa *f.* [ta'pa] Deckel *m.*, Einband; **-boca** *m.* Schal *m.*; **-dera** *f.* [tapaðe'ra] Topfdeckel *m.*; **-do** *m.* [tapa'ðo] (Argentinien) Damen-Dreiviertelmantel *m.*; **-r** [tapa'r] be-, zudecken; verstopfen; **-rse** [tapa'rse] s. zudecken; **-rrabo** *m.* [taparra'βo] Lendenschurz *m.*, *fam.* Badehose *f.*
tapia *f.* [ta'p^ja] Mauer *f.*, (Lehm-) Wand *f.*;
tapicer|ía *f.* [tapiθeri'a] Tapezierladen *m.*; **-o** *m.* [tapiθe'ro] Tapezierer *m.*
tapiz *m.* [tapi'θ] (Wand-) Teppich *m.*, Gobelin; **-ar** [tapiθa'r] tapezieren; (Möbel) polstern.
tapón *m.* [tapɔ'n] Pfropfen *m.*, Stöpsel; (Flaschen-) Kork.
taponar [tapona'r] verkorken, zustöpseln.
taquigrafía [takigrafi'a] Stenographie *f.*
taquilla *f.* [taki'ʎa] (Billet-) Schalter *m.*; (Billet-) Verkauf; **-llera** [takiʎe'ra] Billetverkäuferin *f.*
taquímetro *m.* [taki'metro] Geschwindigkeitsmesser *m.*
tara *f.* [ta'ra] *f.*, Verpackungsgewicht *n.*
taracea *f.* [taraθe'a] Einlegearbeit *f.*, Intarsia.
tarántula *f.* [tara'ntula] (Spinnenart) Tarantel *f.*
tararear [tararea'r] trällern.
tard|anza *f.* [tarda'nθa] Verzögerung *f.*, Verspätung; **-ar** [tarda'r] zögern, auf s. warten lassen; **a más -ar** spätestens.
tarde [ta'rde] (zu) spät; **de - en -** v. Zeit zu Zeit; **lo más -** spätestens; **hacerse -** spät w.; **-** *f.* (Spät-) Nachmittag *m.*; **¡buenas -s!** guten Tag! (nachmittags); **esta -** heute nachmittag.

tardío [tardi'o] spät reifend, verspätet.
tarea *f.* [tare'a] Arbeit *f.*, Aufgabe.
tarifa *f.* [tari'fa] Tarif *m.*; - **de precios** Preisliste *f.*
tarima *f.* [tari'ma] Podium *n.*
tarjeta *f.* [tarxe'ta] Karte *f.*; - **postal** Postkarte *f.*; - **de visita** Visitenkarte *f.*
tarro *m.* [ta'rro] Topf *m.*; Einmachglas *n.*
tarta *f.* [ta'rta] Torte *f.*
tarta|mudear [tartamuðea'r] stottern; **-mudez** *f.* [tartamuðe'θ] Stottern *n.*; **-mudo** *m.* [tartamu'ðo] Stotterer *m.*; *adj.* stotternd.
tartana *f.* [tarta'na] zrädriger Planwagen *m.*
tártaro *m.* [ta'rtaro] *chem.* Weinstein *m.*
tartera *f.* [tarte'ra] Backform *f.*
tasa *f.* [ta'sa] Taxe *f.*, Schätzung; **sin** - maßlos; **-ción** *f.* [tasaθʲɔ'n] Schätzung *f.*; **-dor** *m.* [tasaðɔ'r] Taxator *m.*; **-r** [tasa'r] taxieren, schätzen.
tasca *f.* [ta'ska] *fam.* Kneipe *f.*
tatarabuelo *m.* [tataraβʷe'lo] Urgroßvater *m.*
tatuaje *m.* [tatʷa'xe] Tätowierung *f.*
taur|ino [tauri'no] auf Stierkampf bezüglich; **-ófilo** *m.* [tauro'filo] eifriger Anhänger (*m.*) des Stierkampfes.
taxi *m.* [ta'ksi] Autodroschke *f.*
taza *f.* [ta'θa] Tasse *f.*
tazón *m.* [taθɔ'n] große Tasse (*f.*) ohne Henkel.
te [te] dir, dich; - *f.* *techn.* Tstück.
té [te] *m.* Tee *m.*
teatral [teatra'l] bühnenmäßig; *fig.* theatralisch.
teatro *m.* [tea'tro] Theater *n.*; - **ambulante** Wanderbühne *f.*
tecla *f.* [te'kla] Taste *f.*
técnic|a *f.* [te'gnika] Technik *f.*; **-o** *m.* [te'gniko] Techniker *m.*
tech|ador *m.* [tečaðɔ'r] Dachdecker *m.*; **-ar** [teča'r] (Dächer) decken; **-o** *m.* [te'čo] (Zimmer-) Decke *f.*; (Fahrzeug-) Dach *n.*; **-umbre** *f.* [te͜cu'mbre] (einfaches) Dach *n.*
tedio *m.* [te'ðʲo] Langweile *f.*
teja *f.* [te'xa] (Dach-) Ziegel *m.*; **a toca** - *fam.* in barem Gelde; **-dillo** *m.* [texaði'ʎo] Wagendach *n.*; **-do** *m.* [texa'ðo] Ziegeldach *n.*; **-dor** *m.* [texaðɔ'r] Dachdecker *m.*; **-r** *m.* [texa'r] Ziegelei *f.*
teje|dor *m.* [texeðɔ'r] Weber *m.*; **-maneje** *m.* *fam.* [texemane'xe] Geschicklich-, Fixigkeit *f.*; **-r** [texe'r] weben; *fig.* schmieden.
tejido *m.* [texi'do] Gewebe *n.*, Stoff *m.*
tela *f.* [te'la] Stoff *m.*, Gewebe *n.*, Leinwand *f.*; *vulg.* Geld *n.*; **poner en - de juicio** *fig.* bestreiten; es bleibt noch allerhand zu tun; **-r** *m.* [tela'r] Webstuhl *m.*; **-raña** *f.* [telara'ɲa] Spinngewebe *n.*
telefon|ear [telefonea'r] telephonieren; **-ema** *m.* [telefone'ma] (telephonisch durchgesagtes) Telegramm *n.*; **-ía** *f.* [telefoni'a] Fernsprechwesen *n.*; **-ía sin hilos** drahtlose Telephonie *f.*
telefónico [telefo'niko] fernmündlich; **central** (*f.*) **-a** Fernsprechamt *n.*; **servicio** (*m.*) - Fernsprechverkehr *m.*; **comunicación** (*f.*) **-a** (Telephon-) Verbindung *f.*
telefonista *m./f.* Fernsprechbeamter *m.*, Telephonistin *f.*
teléfono *m.* [tele'fono] Fernsprecher *m.*, Telephon *n.*; **guía** (*f.*) **de -s** Fernsprechverzeichnis *n.*; **llamar por** - anrufen.
tele|grafía *f.* [telegrafi'a] Telegraphie *f.*; **-grafiar** drahten, telegraphieren; **-gráfico** telegraphisch; **clave** (*f.*) **-a** Telegrammschlüssel *m.*; **dirección** (*f.*) **-a** Telegrammadresse *f.*; **poste** (*m.*) **-gráfico** Telegraphenstange *f.*; **-grafista** *m.* Telegraphist *m.*, Telegraphenbeamter.
telégrafo *m.* [tele'grafo] Telegraph *m.*; **central** (*f.*) *od.* **oficina de -os** Telegraphenamt *n.*

telegrama *m.* [telegra'ma] Telegramm *n.*
telepatía *f.* [telepati'a] Telepathie *f.*, Gedankenübertragung.
telescopio *m.* [telesko'p^jo] Teleskop *n.*
tele|transmisión *f.* [teletranzmi's^jɔ'n] Fernübertragung *f.*; **-visión** *f.* [teleβis^jɔ'n] Fernsehen *n.*
telón *m.* [telɔ'n] *theat.* Vorhang *m.*
tema *m.* [te'ma] Thema *n.*
tembl|ar [tembla'r] zittern; (er-) beben; **-or** *m.* [temblɔ'r]: **- de tierra** Erdbeben *n.*; **-oroso** [tembloro'so] zitternd, zitterig.
temer [teme'r] (be-)fürchten; **-ario** [temera'r^jo] verwegen, kühn; **-idad** *f.* [temeriða'ð] Verwegenheit *f.*, Waghalsigkeit; **-oso** [temero'so] ängstlich, furchtsam.
temible [temiβle] furchtbar, fürchterlich.
temor *m.* [temɔ'r] Angst. *f.*, Furcht, Befürchtung.
tempera|mento *m.* [temperame'nto] Temperament *n.*, Gemütsart *f.*; **-r** [tempera'r] mäßigen; **-tura** *f.* [temperatu'ra] Temperatur *f.*, Wetter *n.*, Wärmegrad *m.*
tempest|ad *f.* [tempesta'ð] Unwetter *n.*, Sturm *m.*, **-uoso** [tempest^wo'so] stürmisch.
templ|ado [templa'ðo] lau (-warm), gemäßigt; (Klima) mild; **-anza** *f.* [templa'nθa] Mäßigung *f.*; **-ar** [templa'r] mäßigen, abschrecken; *techn.* (Stahl) härten; (Taue, Drähte) spannen; **-arse** [templa'rse] *fig.* s. mäßigen; **-ario** *m.* [templa'r^jo] Tempelritter *m.*; **-e** *m.* [te'mple] Witterung *f.*; (Stahl) Härtung; (Charakter) Veranlagung; *f.*; **-o** *m.* [te'mplo] Kirche *f.*, Tempel *m.*
tempora|da *f.* [tempora'ða] Jahreszeit *f.*, Saison, Zeitraum *m.*; **-l** [tempora'l] zeitlich; **-l** *m.* Gewitter *n.*
temprano [tempra'no] früh (-zeitig), -reif.
tena|cidad *f.* [tenaθiða'ð] Zähigkeit *f.*; **-cillas** *f. pl.* [tenaθilʎas] (Haar) Brennschere *f.*; **-z** [tena'θ] zähe, ausdauernd; **-za(s)** *f.* (*pl.*) [tena'θas] (Beiß-, Kneif-) Zange *f.*
tendedero *m.* [tendeðe'ro] (Wäsche-) Trockenplatz *m.*
tendenc|ia *f.* [tende'nθ^ja] Hang *m.*, Neigung *f.*; **-ia ideológica** weltanschauliche Richtung *f.*; **-ioso** [tendenθ^jo'so] tendenziös.
ténder *m.* [te'nder] Tender *m.*
tender [tende'r] spannen; (Wäsche) aufhängen; (Netze) auswerfen; (Kabel) verlegen; **- a** abzielen auf; **- un lazo** *fig.* ee. Falle stellen; **-se** [tende'rse] s. ausstrecken; **-o** *m.* [tende'ro] Ladeninhaber *m.*, Krämer.
tendido [tendi'ðo] liegend; **-** *m. Taur.* Sperrsitz *m.*
tendón *m.* [tendɔ'n] Sehne *f.*, Flechse.
tenebroso [teneβro'so] dunkel, finster.
tened|or *m.* [teneðɔ'r] Inhaber *m.*, Gabel *f.*; **-or de libros** Buchhalter *m.*; **-uría** *f.* [teneðuri'a] Buchhaltung *f.*
tener [tene'r] (ent-), (fest-) halten; fassen, haben, besitzen; (x Jahre) alt sein; bewirten; **- a bien** geruhen; **- a mal** verübeln; **- miedo** s. fürchten; **- necesidad de** bedürfen; **- vergüenza** s. schämen; **- por objeto** bezwecken; **- que** müssen, sollen; **-se** [tene'rse] s. festhalten, feststehen.
tenia *f.* [te'n^ja] Bandwurm *m.*
teniente *m.* [ten^je'nte] Leutnant *m.*, Stellvertreter; **-de alcalde** Bezirksbürgermeister *m.*
tenis *m.* [te'nis] Tennis(-spiel) *n.*
tenor *m.* [tenɔ'r] *mus.* Tenor(-stimme) *m.* (*f.*); Inhalt *m.*, Wortlaut; **a -de** gemäß.
tenorio *m.* [teno'r^jo] *fig.* Don Juan *m.*, Schürzenjäger.
tens|ión *f.* [tens^jɔ'n] Spannung *f.*; *elektr.* **-ión nominal** Anschlußwert

m.; **-or** *m.* [tensc'ɾ] *techn.* Spanner *m.*
tent|ación *f.* [tentaθʲɔ'n] Versuchung *f.;* **-áculo** *m.* [tenta'kulo] (Insekten) Fühler *m.;* **-ador** *m.* [tentaðɔ'r] verlockend, verführerisch; **-ar** [tenta'r] befühlen, betasten; *fig.* in Versuchung führen; **-ativa** *f.* [tentati'βa] Versuch *m.*
tenue [te'nʷe] dünn, fein, schwach; (Stimme) leise.
teñir [teɲi'r] färben.
teología *f.* [teoloxi'a] Theologie *f.*, Gottesgelehrsamkeit.
teólogo *m.* [teo'logo] Theologe *m.*
teoría *f.* [teori'a] Theorie *f.*, Lehre.
teórico [teo'riko] theoretisch.
terapéutic|a *f.* [terape'utika] Heilkunde *f.*, -verfahren *n.;* **-o** [terape'utiko] therapeutisch.
tercer(o) [terθe'ro] dritte(r).
terci|ar [terθʲa'r] vermitteln; **-o** *m.* [te'rθʲo] Drittel *n.; mil.* **-o (extranjero)** (Span. Fremdenlegion) Regiment *n.;* (Span. Guardia Civil) Division *f.;* **-opelo** *m.* [terθʲope'lo] Samt *m.*
terco [te'rko] starrköpfig, eigensinnig.
tergiversa|ción *f.* [terxiβersaθʲɔ'n] Wortverdrehung *f.;* **-r** [terxiβersa'r] (Worte) verdrehen.
termal [terma'l]: **aguas** (*f. pl.*) **-es** Warmbad *n.;* **estación** (*f.*) - (Warmbad-) Kurort *m.*
térmico [te'rmiko] thermisch.
termina|ción *f.* [terminaθʲɔ'n] Ende *n.*, Endung *f.*, Beendigung; **-l** [termina'l]: **estación** (*f.*) **-l** Endstation *f.;* **-nte** [termina'nte] entscheidend, eindeutig, nachdrücklich; **-r** [termina'r] (be-) endigen, enden; (ab-)schließen; (Frist) ablaufen.
término *m.* [te'rmino] Ende *n.*, Endpunkt *m.*, Ziel *n.*, Grenze *f.*, Frist, Termin *m.*
termodinámica *f.* [termoðina'mika] Thermodynamik *f.*
termómetro *m.* [termo'metro] Thermometer *n.*
ternera *f.* [terne'ra] Kalb *n.*, -fleisch.
ternura *f.* [ternu'ra] Zärtlichkeit *f.*
terquedad *f.* [terkeða'ð] Starrsinn *m.*, Hartnäckigkeit *f.*
terrado *m.* [terra'ðo] flaches Dach *n.*, Dachterrasse *f.*
terranova *m.* [terrano'βa] (Hund) Neufundländer *m.*
terraplén *m.* [terraple'n] Damm *m.;* **-enar** [terraplena'r] Boden *od.* Dämme aufschütten.
terráqueo [terra'keo]: **globo** (*m.*) - Erdkugel *f.*
terrateniente *m.* [terratenʲe'nte] Grundbesitzer *m.*
terraza *f.* [terra'θa] Terrasse *f.*, (Garten-) Beet *n.*
terre|moto *m.* [terremo'to] Erdbeben *n.;* **-nal** [terrena'l] irdisch; **-no** *m.* [terre'no] Gelände *n.*, Grund *m.*, stück *n.*, Boden *m.*
térreo [te'rreo] erdig, erdfarben.
terrestre [terre'stre] irdisch, weltlich; **transporte** (*m.*) - Landtransport *m.*
terrible [terri'βle] schrecklich; *fam.* gewaltig.
territor|ial [territorʲa'l] Bezirks-, Gebiets-, Land-; **reserva** (*f.*) **-ial** *mil.* Landsturm *m.;* **-io** *m.* [territo'rʲo] Landstrich *m.*, Gebiet *n.*, Gegend *f.*
terrón *m.* [terrɔ'n] Erdscholle *f.;* **- de azúcar** Würfel (*m.*) Zucker.
terror *m.* [terrɔ'r] Terror *m.*, Schrekken; **-ífico** [terrɔri'fiko] schreckenerregend; **-ista** *m.* [terrɔri'sta] Terrorist *m.*
terruño *m.* [terru'ɲo] (Acker-) Boden *m.*
tertulia *f.* [tertu'ʎa] Gesellschaft *f.*, Stammtisch *m.*, Kränzchen *n.*
tesis *f.* [te'sis] These *f.*, Streitsatz *m.*
tesón *m.* [tesɔ'n] Beharrlichkeit *f.*, Unbeugsamkeit.
tesor|ería *f.* [tesoreri'a] Schatzamt *n.;* **-ero** *m.* [tesore'ro] Schatzmeister *m.*, Kassenwart; **-o** *m.* [teso'ro] Schatz *m.*
testa *f.* [te'sta] Kopf *m.*, Stirn *f.; fig.*

Verstand *m.;* **-dor** *m.* [testaðɔ'r] Erblasser *m.;* **-ferro** *m.* [testafe'rrɔ] *fig.* Strohmann *m.*

testament|aría *f.* [testamentari'a] Vormundschaftsgericht *n.*, Testamentsvollstrekkung *f.;* **-ario** [testamenta'r^{j}o] letztwillig; **-ario** *m.* Testamentsvollstrecker *m.;* **-o** *m.* [testame'nto] Testament *n.*, Vermächtnis.

testar [testa'r] vermachen, e. Testament machen.

tester|a *f.* [teste'ra] Vorderseite *f.;* (Wagen) Vordersitz *m.;* **-o** *m.* [teste'ro] Kopfstück *n.*, Stirnwand *f.*

testículo *m.* [testi'kulo] *anat.* Hode *f.*

testi|go *m.* [testi'go] Zeuge *m.;* **-monial** [testimon^{j}a'l]: **prueba** (*f.*) **-monial** Zeugenbeweis *m.;* **-moniar** [testimon^{j}a'r] bezeugen; **-monio** *m.* [testimo'n^{j}o] Zeugnis *n.*

teta *f.* [te'ta] (Mutter-) Brust *f.*, Euter *n.*

tétanos *m.* [te'tanos] *med.* Starrkrampf *m.*

tetera *f.* [tete'ra] Teekanne *f.*

tetilla *f.* [teti'ʎa] Brustwarze *f.*

tétrico [te'triko] finster, unheimlich.

teutónico [teuto'niko] teutonisch; *fam.* deutsch.

textil [testi'l] Textil-, Web-.

text|o *m.* [te'sto] Text *m.*, Wortlaut; **libro** (*m.*) **de -o** Lehr-, Schulbuch *n.;* **-ual** [test^{w}a'l] buchstäblich, wörtlich.

tez *f.* [teθ] Gesichtsfarbe *f.*

ti [ti] dich, dir.

tía *f.* [ti'a] Tante *f.; vulg.* Schachtel, Weib *n.;* **no hay tu -** *vulg.* nichts zu machen.

tibia *f.* [ti'β^{j}a] *anat.* Schienbein *n.*

tibi|eza *f.* [tiβ^{j}e'θa] Lauheit *f.; fig.* Lässigkeit; **-o** [ti'β^{j}o] lauwarm; *fig.* lässig.

tiburón *m.* [tiβurɔ'n] *zool.* Haifisch *m.*

tiempo *m.* [t^{j}e'mpo] Zeit *f.*, -abschnitt *m.*, -alter *n.*, -maß, -raum *m.;* Tempo *n.*, Dauer *f.*, Wetter *n.*, Witterung *f.;* (Sport) Halbzeit *f.;* **al mismo -** gleichzeitig; **con -** noch rechtzeitig; **a su -** zugelegener Zeit; **fuera de -** ungelegen; **en otro -** einst, ehemals; **matar el -** *fig.* die Zeit vertreiben; **perder el -** *fig.* unnütz arbeiten; **desde -s inmemoriales** seit uralter Zeit.

tienda *f.* [t^{j}e'nda] Zelt *n.*, Landen *m.*

tienta *f.* [t^{j}e'nta] *med.* Sonde *f.; Taur.* Stierauslese (in der Stierzüchterei); **a -s** aufs Geratewohl; **andar a -s** im Dunkeln (umher-)tappen.

tiento *m.* [t^{j}e'nto] Befühlen *n.*, Betasten; (Seiltänzer) Balancierstange *f.;* **con -** *m.* Vorsicht.

tierno [t^{j}e'rno] mürbe, weich, zart; *fig.* zärtlich.

tierra *f.* [t^{j}e'rra] Erde *f.*, Welt; (Erd-) Boden *m.*, Land. *n.*, (engere) Heimat *f.;* **- de barbecho** Brachfeld *n.;* **- firme** Festland *n.;* **tomar -** *naut. av.* landen.

tieso [t^{j}e'so] stif, starr, fest.

tiesto *m.* [t^{j}e'sto] Blumentopf *m.*

tifón *m.* [tifɔ'n] Taifun *m.*

tifus *m.* [ti'fus] *med.* Typhus *m.;* **- exantemático** Flecktyphus.

tigre *m.* [ti'gre] *zool.* Tiger *m.; SAm.* Jaguar.

tijera *f.* [tixe'ra] Schere *f.;* **cama** (*f.*) **de -** Feldbett *n.*

tila *f.* [ti'la] (Linde *f*), -nblüte, -nblütentee *m.*

tild|ar [tilda'r] *fig.* rügen, taldeln; **-e** *f.* [ti'lde] Tilde *f.* (~ über demspan.n).

tilo *m.* [ti'lo] Lindenbaum *m.*

tima|dor *m.* [timaðɔ'r] Betrüger *m.*, Schwindler; **-r** [tima'r] betrügen, prellen.

timba *f.* [ti'mba] *vulg.* Spielhölle *f.;* **-l** *m.* [timba'l] Kesselpauke *f.;* **-lero** *m.* [timbale'ro] Paukenschläger *m.*

timbr|ar [timbra'r] (ab-)stempeln; **-e** *m.* [ti'mbre] Klingel, Glocke *f.*, Läutewerk *n.*, Stempel *m.*, -marke *f.*, (Mexiko) Briefmarke *f.;* (Stimme) Klangfarbe *f.*

t

timidez *f.* [timiðe'θ] Furchtsamkeit *f.*, Schüchternheit; **con** - ängstlich.
tímido [ti'miðo] furchtsam, schüchtern, scheu.
timo *m.* [ti'mo] Betrug *m.*, Prellerei *f.*, Schwindel *m.*, Gimpelfang; **dar un** - betrügen.
timón *m.* [timɔ'n] *naut.* Steuer (-ruder) *n.;* (Wagen-) Deichsel *f.;* **llevar el** - in er. Sache tonangebend sein; **-onel** *m.* [timone'l] Steuermann *m.*
tímpano *m.* [ti'mpano] *mus.* Zimbel *f.; anat.* Trommelfell *n.*
tina *f.* [ti'na] Bütte *f.*, Trog *m.*, Bottich; **-ja** *f.* [tina'xa] irdener Weinbehälter *m.*, Tonkrug.
tinglado *m.* [tingla'ðo] (offener) (Güter-) Schuppen *m.*
tinieblas *f. pl.* [tin'e'βlas] Finsternis *f.; (auch: fig.).*
tino *m.* [ti'no] Takt *m.;* (Fein-), Fingerspitzen-, Gefühl *n.;* **con** - geschickt; **perder el** - um den Verstand kommen.
tinta *f.* [ti'nta] Tinte *f.*, Farbe, Farbton *m.;* - **china** chinesische Tusche *f.;* - **de imprenta** Druckfarbe *f.;* **medias** -**s** (Malerei) Halbschatten *m.;* **saber de buenas** - *fig. fam.* aus guter Quelle erfahren haben; **recargar las** -**s** *fig. fam.* übertreiben.
tinte *m.* [ti'nte] Färbung *f.*, Farbtränkung, Färbstoff *m.;* chemische Reinigungsanstalt *f.;* **-ro** *m.* [tinte'ro] Tintenfaß *n.;* **dejar en el** -**ro** *fig. fam.* übergehen, vergessen.
tinto [ti'nto] gefärbt; **vino** (*m.*) - Rotwein *m.;* **-rería** *f.* [tintoreri'a] Färberei *f.;* **-rero** *m.* [tintore'ro] Färber *m.*
tintura *f.* [tintu'ra] Färben *n.*, Färbmittel *n.*, Tinktur *f.*
tiñ|a *f.* [ti'ɲa] *med.* Krätze *f.*, Grind *m.;* **-oso** [tiɲo'so] grindig, schäbig.
tío *m.* [ti'o] Onkel *m.; fam.* Gevatter, Kerl.
típico [ti'piko] typisch; **ser muy** - **para alguien** für jem. sehr bezeichnend sein.
tiple *f.* [ti'ple] Sopransängerin *f.*
tipo *m.* [ti'po] Type *f.*, Typus *m.*, Vorbild *n.;* komischer Mensch *m.*, Kauz; Währung *f.*, Kurs *m.;* - **de descuento** Diskontsatz *m.;* **no es mi** - *fam.* (v. Personen) das ist nicht mein Geschmack; **-grafía** *f.* [tipografi'a] Buchdruckerkunst *f.*, Druckerei; **-gráfico** [tipogra'fiko] tipographisch.
tipógrafo *m.* [tipo'grafo] Tipograph *m.*, (Buch-) Drucker.
tira *f.* [ti'ra] Streifen *m.*, Binde *f.;* **-buzón** *m.* [tiraβuθɔ'n] Schmachtlocke *f.;* **-da** *f.* [tira'ða] Wurf *m.; typ.* Abzug *m.*, Auflage *f.;* **-do** [tira'ðo] ausgedehnt; (Preise) spottbillig; **-dor** *m.* [tiraðɔ'r] Schütze *m.;* **-fondo** *m.* [tirafo'ndo] Holzschraube *f.;* **-líneas** *m.* [tirali'neas] Reißfeder *f.*
tiranía *f.* [tirani'a] Tyrannei *f.*
tiránico [tira'niko] tyrannisch.
tiranizar [tiraniθa'r] tyrannisieren, schinden.
tirante [tira'nte] gespannt, straff; - *m.* Zugriemen *m.*, -strebe *f.;* **-s** *m. pl.* [tira'ntes] Hosenträger *m. pl.;* **-z** *f.* [tirante'θ] Spannung *f.;* (Beziehungen) Gespanntheit *f.*
tirar [tira'r] (ab-), (aus-), (fort-), (um-), (weg-), (zu-)werfen; (ab-), (fort-), (weg-) ziehen, zupfen, Abzüge machen; (Gebäude) abbrechen; schießen; (Faden) spannen; (Ware) verschleudern; - **a** spielen (ins Violette z. B.); **-se** [tira'rse] s. stürzen; (ee. Frau) *vulg.* beschlafen.
tiritar [tirita'r] frösteln; - **de frío** vor Kälte zittern.
tiro *m.* [ti'ro] Wurf *m.*, Schuß, Zug, Scheibenstand; Gespann *n.;* - **al blanco** Scheibenschießen *n.;* - **de pichón** (Ton-) Taubenschießen *n.;* **campo** (*m.*) **de** - Schießplatz *m.;* **pegarse un** - s. ee. Kugel in den Kopf

jagen; **-s** *m. pl.* (Argentinien) Hosenträger *m. pl.;* **ni a -s** *fig.* um keinen Preis.
tiroides [tirɔ'ides]: **glándula** (*f.*) - *anat.* Schilddrüse *f.*
tirón *m.* [tirɔ'n] Ruck *m.*, Zerren *n.;* **de un** - (trinken) ohne abzusetzen; (lesen) hintereinander.
tirote|ar [tirotea'r] plänkeln; **-arse** [tirotea'rse] s. gegenseitig beschießen; **-o** *m.* [tirote'o] Geplänkel *n.*
tirria f. [ti'rr^ja]: **tener - a uno** jem. nicht leiden können.
tísico [ti'siko] schwindsüchtig; - *m.* Schwindsüchtiger *m.*
tisis *f.* [ti'sis] *med.* Schwindsucht *f.*
tisú *m.* [tisu'] Gold-, Silberstoff *m.*
titán *m.* [tita'n] Riese *m.*
titánico [tita'niko] titanisch, riesenhaft.
títere *m.* [ti'tere] Gliederpuppe *f.*, Marionette, *fig.* Trottel *m.;* **-s** *m. pl.* (kleiner) Wanderzirkus *m.*, Seiltänzer-, Gauklertruppe *f.*
titiritero *m.* [titirite'ro] Seiltänzer, Gaukler *m.*
titubear [tituβea'r] wanken, unschlüssig sein.
titular(se) [titula'rse] (s.) betiteln; - *m.* (Konto-) Inhaber *m.*, Preisträger; **profesor** (*m.*) - ordentlicher Professor *m.*
título *m.* [ti'tulo] Titel *m.*, Überschrift *f.;* Rechtsanspruch *m.:* Wertpapier *n.;* **con justo** - m. voller Berechtigung.
tiza *f.* [ti'θa] (Schreib-) Kreide *f.*
tizna *f.* [ti'θna] Schwärze *f.;* **-do** [tiθna'ðo] schmutzig; **-r** [tiθna'r] m. Ruß beschmieren.
tizón *m.* [tiθɔ'n] Feuerbrand *m.*
tizona *f.* [tiθo'na] Schwert *n.* (des Cid).
toalla *f.* [toa'ʎa] Handtuch *n.*
tobera *f.* [toβe'ra] Düse *f.*
tobill|era *f.* [toβiʎe'ra] (junges Mädchen) Backfisch *m.;* **-o** *m.* [toβi'ʎo] *anat.* Fußknöchel *m.*
toca *f.* [to'ka] (Nonnen-) Haube *f.*
toca|do [toka'ðo]: - **de** voll (z. B. Neugierde); **-do de la cabeza** nicht ganz richtig im Kopfe; **estar -do de** behaftet sein m. (z. B. ER Krankheit); **-dor** *m.* [tokaðɔ'r] *mus.* Spieler *m.*, Frisiertisch; **-nte a** [toka'nte] in betreff; was... betrifft; **-r** (an-), berühren; an-, betasten; an-, befühlen; zukommen; **me toca a mí** ich bin an der Reihe; (Instrument) spielen; (Glocke) läuten; (Hafen) anlaufen; **-rse** [toka'rse] s. berühren, zusammenstoßen; (Kopfbedekkung) aufsetzen.
tocayo *m.* [toka'jo] Namensvetter *m.*
tocino *m.* [toθi'no] Speck *m.*
tocólogo *m.* [toko'logo] (Arzt) Lehrer *m.* der Geburtshilfe.
todavía [toðaβi'a] noch (immer).
todo [to'ðo] ganz, jeder, alles; - **el mundo** jedermann; **ante** - vor allem; **por todas partes** überall; **del** - vollkommen, ganz u. gar; **no del** - nicht ganz; **sobre** - besonders; - *m.* Ganze *n.*
todopoderoso *m.* [toðopoðero'so] Allmächtige *m.*, Gott.
toga *f.* [to'ga] Amtskleid *n.*
toisón *m.* [tɔisɔ'n]: **la orden del T - de Oro** der Orden des goldenen Vlieses.
toldo *m.* [tɔ'ldo] Sonnendach *n.;* (Strand-) Zelt *n.;* (Wagen-) Plane *f.*
tolera|ble [tolera'βle] erträglich; **-da menores** [tolera'ða] (Film) Jugendliche zugelassen; **-ncia** *f.* [tolera'nθ^ja] Duldsamkeit *f.*, Nachsicht, Toleranz; **-nte** [tolera'nte] duldsam; **-r** [tolera'r] dulden, gestatten, zulassen.
tolva *f.* [tɔ'lβa] *techn.* Haube *f.;* - **de carga** (Mühle) Schütttrichter *m.*
toma *f.* [to'ma] *mil.* Einnahme *f.; med.* Dosis; *techn.* Entnahme, Einlaß *m.;* - **de corriente** *elektr.* Stromanschluß *m.;* - **de hábito** (Kloster, Orden) Einkleidung *f.:* - **de pose-**

sión Amtsantritt *m.;* - **de tierra** *av.* Landung *f.;* **-do** [toma'ðo] **de orín** rostig; **-dura** *f.* [tomaðu'ra] **de pelo** *fam.* Veralberung *f.;* **-r** [toma'r] (ab-), (an-), (ein-), (ent-), (hin-), (weg-)nehmen; (Bier, Kaffee usw.) trinken; (Dienstboten) einstellen; (Maßnahmen) treffen; (Atem) holen; (Fahrkarte usw.) lösen; **-r cariño a** liebgewinnen; **-r una curva** in ee. Kurve einfahren; **-r una dirección** Fahrtrichtung ändern; **-r velocidad** beschleunigen; **-r informes** s. erkundigen; **-r a pecho** s. zu Herzen nehmen; **-r por** halten für; **-rla con alg.** es auf jem. abgesehen haben; **-r tierra** *av.* landen; **-r odio a** jem. hassen; **-r a mal** übelnehmen; **-r en serio** ernst nehmen; **¡-!** *fam.* hm!, da haben wir's!, freilich!, ei nun!.

tomate *m.* [toma'te] Tomate *f.; fam.* großes Loch (*n.*) im Strumpf.

tomavistas [tomaβi'stas]: **aparato** (*m.*) - (Film) Aufnahmeapparatur *f.*

tomillo *m.* [tomi'ʎo] *bot.* Thymian *m.*

tomo *m.* [to'mo] Band *m.*, Buch *n.*

tona|dilla *f.* [tonaði'ʎa] Liedchen *n.;* **-lidad** *f.* [tonaliða'ð] *mus.* Tonart *f.;* Tönung.

tonel *m.* [tone'l] Tonne *f.*, kleines Faß *n.;* **-ada** *f.* [tonela'ða] Tonne; **-ada de registro** Registertonne *f.;* **-aje** *m.* [tonela'xe] Tonnengehalt *m.*, Tonnage *f.;* **-ería** *f.* [toneleri'a] Böttcherei *f.;* **-ero** *m.* [tonele'ro] Böttcher *m.*

tónico *m.* [to'niko] *med.* Stärkungsmittel *n.;* **acento** (*m.*) - Wortakzent *m.*

tono *m.* [to'no] Ton *m.*, -art *f.*, **darse** - *fig. fam.* s. wichtig tun; *fam.* angeben; **ponerse a** - *fig.* s. anpassen.

tont|ería *f.* [tɔnteri'a] Albernheit *f.*, Dummheit, Kleinigkeit; **-illo** *m.* [tɔnti'ʎo] Krinoline *f.;* **-o** [tɔ'nto] albern, dumm; **-o** *m.* Dummkopf *m.;* (Zirkus-) Clown *m.;* - **de capirote** *fam.* erzdumm; **hacerse el** - s. dummstellen.

topacio *m.* [topa'θʲo] (Stein) Topas *m.*

top|ar [topa'r] (zusammen-), (an-) stoßen; **-ar con** finden; **-e** *m.* [to'pe] (höchste) Spitze *f.;* Eis. Puffer *m.; mech.* Anschlag *m.; naut.* Topp *m.;* **-era** *f.* [tope'ra] Maulwurfshügel *m.;* **-etazo** *m.* [topeta'θo] (Kopf-), (Horn-) Stoß *m.;* **-o** *m.* [to'po] *zool.* Maulwurf *m.;* **-ografía** *f.* [topografi'a] Ortsbeschreibung *f.;* **-ográfico** [topogra'fiko] topographisch, Orts-.

topógrafo *m.* [topo'grafo] Topograph *m.*

toque *m.* [to'ke] Berührung *f.*, Schlag *m.*, Stoß; (Glocken) Läuten; - **de atención** Warnung(-ssignal) *f.* (*n.*); - **de alarma** Fliegeralarm *m.*

toquilla *f.* [toki'ʎa] Schaltuch *n.*

torácico [tora'θiko]: **caja** (*f.*) **-a** *anat.* Brustkasten *m.*

torada *f.* [tora'ða] Stierherde *f.*

tórax *m.* [to'raks] *anat.* Brustkorb *m.*

torbellino *m.* [tɔrβeʎi'no] Wirbel (-wind) *m.*, Windhose *f.*

torcer [tɔrθe'r] (ver-)drehen, krümmen, verrenken; (Weg) abbiegen; (Nase) rümpfen; (Flugrichtung) änder; - **el gesto** *fig.* ee. saure Miene machen; **-se** [tɔrθe'rse] s. winden, s. krümmen, (Holz) s. werfen; Arm verrenken.

torcid|a *f.* [torθi'ða] Lampendocht *m.;* **-o** [torθiðo] krumm, schief, verdreht.

tordo [tɔrdo]: **caballo** (*m.*) - Apfelschimmel *m.;* - *m. zool.* Drossel *f.*

tore|ador *m.* [toreaðɔ'r] Stierkämpfer *m.;* **-ar** [torea'r] den Stier bekämpfen; *fig.* jem. zum besten haben; **-o** *m.* [tore'o] Stiergefecht *n.;* **-ro** *m.* [tore'ro] Stierkämpfer *m.;* **-te** *m.* [tore'te] junger Stier *m.*

toril *m.* [tori'l] Stierzwinger *m.*

torment|a *f.* [tɔrme'nta] Gewitter *n.*, Sturm *m.*, **-o** *m.* [tɔrme'nto] Folter *f.*, Qual; **-oso** [tɔrmento'so] stürmisch.

torna|dizo [tɔrnaði'θo] wetterwendisch; **-do** *m.* [tɔrna'ðo] Wirbelsturm *m.*; **-sol** *m.* [tɔrnasɔ'l]: Sonnenblume *f.*

torne|ado *m.* [tɔrnea'ðo] *techn.* Drehen *n.*; **-ador** *m.* [tɔrneaðɔ'r] Drechsler *m.*, Dreher, Turnierkämpfer; **-adura** *f.* [tɔneaðu'ra] Drehspan *m.*; **-ar** [tɔrnea'r] drehen, drechseln; **-ría** *f.* [tɔrneri'a] Drechslerwerkstatt *f.*; **-to** *m.* [tɔrne'ro] Dreher *m.*

tornillo *m.* [tɔrni'ʎo] Schraube *f.*, Schraubstock *m.*

torno *m.* [tɔ'rno] Drehbank *f.*; Bauwinde, Drehfenster *n.*; **en -** ringsherum.

toro *m.* [to'ro] Stier *m.*; **-s** *m. pl.* [to'ros] Stierkampf *m.*; **ir a los -s** em. Stierkampf beiwohnen.

torpe [tɔ'rpe] ungelenk, ungeschickt, plump.

torped|ear [tɔrpeðea'r] *naut.* torpedieren; **-eo** *m.* [tɔrpeðe'o] *naut.* Torpedieren *n.*; **-ero** *m.* [tɔrpeðe'ro] Torpedoboot *n.*; **-o** *m.* [tɔrpe'ðo] *naut.* Torpedo *m.*

torpeza *f.* [tɔrpe'θa] Ungeschicklichkeit *f.*, Unbeholfenheit; **- de oído** Schwerhörigkeit *f.*

torre *f.* [tɔ'rre] Turm *m.*; Landhaus *n.*, Villa *f.*

torrefacto [tɔrrefa'kto] (Kaffee) geröstet.

torren|cial [tɔrrenθʲa'l]: **lluvia** (*f.*) **-cial** Regenguß *m.*; **-te** *m.* [tɔrre'nte] Sturzbach *m.*

torreón *m.* [tɔrreɔ'n] (Festungs-, Burg-) Turm *m.*

tórrido [tɔ'rriðo]: **zona** (*f.*) **-a** heiße Zone *f.*

torrija *f.* [tɔrri'xa] (Gebäck), (Art) Arme Ritter *m.*

tors|ión *f.* [tɔrsʲɔ'n] Drehung *f.*, Verwindung, Drall *m.*; **-o** *m.* [tɔ'rso] Torso *m.*, Rumpf (er. antiken Statue).

tort|a *f.* [t'ɔrta] Kuchen *m.*, Torte *f.*; *fam.* Ohrfeige *f.*; **-ícolis** *f.* [tɔrti'kolis] *med.* Halsstarre *f.*; **-illa** *f.* [tɔrti'ʎa] Eier-, Pfannkuchen *m.*; *SAm.* Maisfladen.

tórtola *f.* [tɔ'rtola] Turteltaube *f.*

tortuga *f.* [tɔrtu'ga] Schildkröte *f.*

tortuoso [tɔrtʷo'so] (Weg, Lauf) krumm, gewunden, geschlängelt.

tortura *f.* [tɔrtu'ra] Folter *f.*; *fig.* Tortur, Qual; **-r** [tɔrtura'r] foltern, quälen, peinigen.

tos *f.* [tɔs] Husten *m.*; **-ferina** Keuchhusten *m.*; **tener -** husten.

tosco [tɔ'sko] grob; *fam.* ungehobelt; *mech.* grob bearbeitet.

toser [tose'r] husten.

tosquedad *f.* [tɔskeða'ð] Grobheit *f.*

tosta|ción *f.* [tɔstaθʲɔ'n] (Erze) Röstung *f.*; **-da** *f.* [tɔsta'ða] Röstschnitte *f.*; **-dero** *m.* [tɔstaðe'ro] Rösterei *f.*; **-dor** *m.* [tɔstaðɔ'r] (Kaffee-) Röstmaschine *f.*; **-r** [tɔsta'r] rösten.

total [tota'l] ganz, völlig; Gesamt-; *adv.* kurz u. gut; **-m.** Ganze *n.*; **en -** zusammen; **-idad** *f.* [totaliða'ð] Gesamtheit *f.*; **-izador** *m.* [totaliθaðɔ'r] Summiereinrichtung *f.*; Totalisator *m.*, Buchmacher; **-izar** [totaliθa'r] zusammenzählen; **-mente** [totalme'nte] gänzlich, vollkommen.

tóxico *m.* [tɔ'ksiko] Gift *n.*; *adj.* giftig.

traba *f.* [tra'βa] Fessel *f.*; *fig.* Hindernis *n.*

trabaj|ador [traβaxaðɔ'r] arbeitsam, fleißig; **-ador** *m.* Arbeiter *m.*; **-ar** [traβaxa'r] (be-), arbeiten; **-o** *m.* [traβa'xo] Arbeit *f.*; *fig.* Mühe *f.*, Schwierigkeit.

trabalenguas *m.* [traβale'ŋgʷas] schwer auszusprechender Satz (*m.*) *od.* Wort *n.*

trabar [traβa'r] (Gespräch) anknüpfen.

trabuco *m.* [traβu'ko] Stutzen *m.*

tracción *f.* [trakθʲɔ'n] Ziehen *n.*, Zug *m.*, -kraft *f.*; **- por vapor** Dampfbetrieb *m.*

tractor *m.* [traktɔ'r] Traktor *m.*, Schlepper; - **de oruga** Raupenschlepper *m.*
tradi|ción *f.* [traðiθʲɔ'n] Überlieferung *f.*; **-cional** [traðiθʲo'na'l] überliefert, herkömmlich.
traduc|ción *f.* [traðukθʲɔ'n] Übersetzung *f.*; **-ir** [traðuθi'r] übersetzen; **-tor** *m.* [traðuktɔ'r] Übersetzer *m.*
traer [trae'r] (her-), (mit-), (mit s.). (über-)bringen; bei s. haben; an s. haben.
trafica|nte *m.* [trafika'nte] Handeltreibender *m.*; **-r** [trafika'r] handeln (**en** mit).
tráfico *m.* [tra'fiko] Verkehr *m.*, Handel; - **rodado** Fahrverkehr *m.*
traga|deras *f. pl.* [tragaðe'ras]: *fam. fig.* **tener buenas** - e. guter Esser sein; **-leguas** *m.* [tragale'gʷas] *fam.* Kilometerfresser *m.*; **-luz** *m.* [tragalu'θ] Dachfenster *n.*, Oberlicht; *naut.* Bullauge; **-perras** *m.* [tragape'rras] *fam.* Groschengrab *n.*; **-r** [traga'r] (ver-)schlucken; (ver-) schlingen; **-árselo todo** s. alles aufbinden lassen; **-sierras** *m.* [tragasʲe'rras] *fam.* Bergkraxler *m.*
tragedia *f.* [traxe'ðʲa] Tagödie *f.*, Trauerspiel *n.*
trágico [tra'xiko] tragisch, traurig; *-m.* Tragödiendichter *m.*, -spieler.
trago *m.* [tra'go] Schluck *m.*; *fig.* Pille *f.*
tragón [tragɔ'n] gefräßig.
trai|ción *f.* [traiθʲɔ'n] Verrat *m.*; **alta -ción** Hochverrat *m.*; **-cionar** [traiθʲona'r] verraten; **-cionero** [traiθʲone'ro] verräterisch.
traidor *m.* [traidɔ'r] Verräter m; *adj.* verräterisch.
trainera *f.* [traine'ra] Fischerboot *n.* m. Schleppnetz.
traje *m.* [tra'xe] (Herren-) Anzug *m.*, Tracht *f.*; - **de sastre** Schneiderkostüm *n.*
traj|ín *m.* [traxi'n] *fig.* lebhafter Verkehr *m.*, Hin und Hern *n.*; *fam.* Lauferei *f.*; **-inar** [traxina'r] befördern, hin u. her laufen.
trama *f.* [tra'ma] (Weberei- Schuß *m.*; *fig.* Komplott *n.*, Knoten *m.*; **-r** [trama'r] (Weberei) einschießen.
tramita|ción *f.* [tramitaθʲɔ'n] Instanzenweg *m.*; **-r** [tramita'r] (Sache) weiterleiten; in die Wege leiten.
trámite *m.* [tra'mite] (Geschäfts-) Gang *m.*; (Dienst-) Weg.
tramo *m.* [tra'mo] Strecke *f.*, Strang *m.*; (Riemen-) Trum *n.*, Treppenhöhe *f.*; **-ntano** [tramonta'no] jenseits der Berge; **-ya** *f.* [tramo'ja] Bühnenmaschinerie *f.*; **-yista** *m.* [tramoji'sta] *theat.* Bühnenarbeiter *m.*
tramp|a *f.* [tra'mpa] Falle *f.*, Klapptür; *fig.* (Spiel) Schwindel *m.*; **-illa** *f.* [trampi'ʎa] Bodenklappe *f.*; **-olín** *m.* [trampoli'n] Sprungbrett *n.*; **-oso** [trampo'so] betrügerisch; - *m.* Betrüger *m.*, Schwindler.
tranca *f.* [tra'ŋca] Sperrbalken *m.*; **-zo** *m.* [traŋka'θo] *med.* Grippe *f.*
trance *m.* [tra'nθe] kritischer Moment *m.*; *fig.* Todesstunde *f.*, Klemme.
tranquil|idad *f.* [traŋkiliða'ð] Beruhigung *f.*, Ruhe; **-izar** [traŋkiliθa'r] beruhigen; **-o** [traŋki'lo] ruhig.
trans|acción *f.* [transakθʲɔ'n] Geschäft *n.*, -sabschluß *m.*; **-acciones** *f. pl.* [transakθʲɔ'nes] Umsatz *m.*; **-andino** [transandi'no] transandinisch, jenseits der Anden; **-atlántico** [transatla'ntiko] überseeisch; **-atlántico** *m.* Ozeandampfer *m.*; **-cribir** [transkriβi'r] ab-, umschreiben; **-cripción** *f.* [transkripθʲɔ'n] Abschrift *f.*; **-currir** [transkurri'r] (Zeit) verstreichen; **-curso** *m.* [transku'rso] (Zeit) Verlauf *m.*; **-eunte** *m.* [transeu'nte] Fußgänger *m.*, Vorübergehender; **-ferencia** *f.* [transfere'nθʲa] Übertragung *f.*, weisung; **-ferible** [tranferi'βle] übertragbar; **-ferir** [transferi'r] übertragen, übereignen; **-formación** *f.* Umbildung *f.*, -wandlung,

Veränderung; -**formar** [transforma'r] umbilden, verwandeln, verändern; *elektr.* umspannen.
trans|fusión *f.* [transfusʲɔ'n] **de sangre** Blutübertragung *f.*; -**gresión** *f.* [tranzgresʲɔ'n] (Gesetzes-) Übertretung *f.*; -**ición** *f.* [transiθʲɔ'n] Übergang *m.*; -**igencia** *f.* [transixe'nθʲa] Nachgiebigkeit *f.*; -**igente** [transixe'nte] nachgebend, nachgiebig; -**igir** [transixi'r] s. abfinden (**con** mit); -**itable** [transita'βle] gangbar, befahrbar; -**itar** [transita'r] durchgehen, verkehren.
tránsito *m.* [tran'sito] Übergang *m.*; Transit, Durchfuhr *f.*; (Straßen-) Verkehr *m.*; **de** - auf der Durchreise.
transitorio [transito'rʲo] vorübergehend, einstweilig.
trans|misión [tranzmisʲɔ'n] Übertragung; -**misora** *f.* [tranzmiso'ra]: **(estación)** - (Radio-) Sendestation *f.*; -**mitir** [tranzmiti'r] übertragen; (Radio) senden; -**parencia** *f.* [transpare'nθʲa] Durchsichtigkeit *f.*; -**parente** [transpare'nte] durchsichtig; -**piración** *f.* [transpiraθʲɔ'n] Ausdünstung *f.*, Schwitzen *n.*; -**pirar** [transpira'r] ausdünsten, schwitzen; -**pirenaico** [transpirena'iko] (Bahn) über die Pyrenäen führend; -**poner** [transpone'r] (Schwelle) überschreiten; -**portable** [transporta'βle] tragbar; -**portador** [transpɔrtaðɔ'r] *techn.* Förderer *m.*, Winkelmesser; -**portar** [transpɔrta'r] (Waren) befördern; -**porte** *m.* [transpɔ'rte] Transport *m.*, Beförderung *f.*; *fig.* Begeisterung *f.*; **compañía** (*f.*) **de -porte** Speditionsgesellschaft *f.*; -**versal** [tranzβersa'l] schräg, quer.
tranvía *m.* [trambi'a] Straßenbahn *f.*; -**viario** *m.* [trambia'rio] Straßenbahnschaffner *m.*
trapecio *m.* [trape'θʲo] Hängereck *n.*
traper|ía *f.* [traperi'a] Lumpenhandel *m.*; -**o** *m.* [trape'ro] Lumpenhändler *m.*, -sammler.
trapo *m.* [tra'po] Lumpen *m.*; (Putz-) Lappen; **poner a uno como un** - *fig. fam.* jem. gehörig herunterputzen.
tráquea *f.* [tra'kea] *anat.* Luftröhre *f.*
traqueteo *m.* [trakete'o] Schütteln *n.*, Gerüttel.
tras [tras] hinter, nach.
tras|cendencia *f.* [trasθende'nθʲa] Bedeutung *f.*, Wichtigkeit, Tragweite; -**cendental** [trasθendenta'l] übersinnlich, sehr wichtig, bedeutend, welterschütternd; -**cender** [trasθende'r] übergehen auf, bekannt w.; -**egar** [trasega'r] (Flüssigkeiten) umfüllen; -**era** *f.* [trase'ra] Rückseite *f.* -**ero** [trase'ro] hinter, rückwärtig; -**ero** *m.* Hinterer *m.*, Gesäß *n.*; -**humar** [trasuma'r] (Herden) wechseln; -**iego** *m.* [trasʲe'go] Umfüllen *n.*, Umfüllung *f.*; -**lación** *f.* [trazlaθʲɔ'n] Übertragung *f.*, Versetzung *f.*; *techn.* Verschiebung; -**ladar** [trazlaðar] (Geschäft- verlegen; (dienstlich- versetzen; (in ee. Sprache) übersetzen; -**ladarse** [trazlaðа'rse] umziehen, s. an en. anderen Ort begeben; -**lado** *m.* [trazla'ðo] Versetzung *f.*, Wohnungsweschsel *m.*, Umzug *m.*, Übersiedlung *f.*; -**lucir** [trazluθi'r] durchscheinen; -**luz** *m.* [trazlu'ð] durchscheinendes Licht *n.*; **mirar al -luz** gegen das Licht halten.
tras|nochador *m.* [traznočaðɔ'r] Nachtschwärmer *m.*, Bummler; -**nochar** [traznoča'r] übernachten; die Nacht schlaflos zubringen.
tras|papelar [traspapela'r] (Papiere usw.) verlegen; -**papelarse** [traspapela'rse] (Papiere) abhanden kommen; -**pasar** [traspasa'r] übertragen, übertreten; (Grenze, Fluß) überschreiten; *jur.* abtreten; (Geschäft- abgeben; -**paso** *m.* [traspa'so] (Buchhaltung) Übertrag

m.; Übertragung *f.*, Abtretung; **-pié** *m.* [traspi'] Fehltritt *m.;* **dar un -pié** straucheln; **-plantar** [trasplanta'r] verpflanzen; **-plantación** *f.* [trasplantaθʲɔ'n] *med.* Übertragung *f.* (v. Jaut, Drüsen).

trast|azo *m.* [tasta'θo] derber Schlag *m.;* **-e** *m.* [tra'ste] *mus.* Griff *m.;* **dar al -e con** zunichte machen; **-ear** [trastea'r] (Gegenstände) hin- u. herrücken; **-ero** *m.* [traste'ro] Rumpelkammer *f.;* **-tienda** *f.* [trastʲe'nda] Raum *m.* (hinter dem Laden); **-o** *m.* [tra'sto] altes Gerät *n.*, Gerümpel, Kram *m.; fig.* unbrauchbare Person *f.; Taur.* Kampfgerät (*n.*) der Stierkämpfer; **-os** *m. pl. fam.* Siebensachen *f. pl.;* **-tornar** [trastɔrna'r] in Unordnung bringen, stören; **-torno** *m.* [trastɔ'rno] Umsturz *m.*, Verwirrung *f.*, Störung.

trata *f.* [tra'ta] Sklavenhandel *m.;* **- de blancas** Mädchenhandel *m.;* **-ble** [trata'βle] umgänglich; **-do** *m.* [trata'ðo] Abhandlung *f.*, Vertrag *m.;* **-miento** *m.* [tratamʲe'nto] Behandlung *f.*, Anrede, Titel *m.;* **-nte** *m.* [trata'nte] Händler *m.;* **-r** [trata'r] behandeln; (Erze) aufbereiten; m. jem. zu tun haben; betiteln; **-r a** m. jem. verkehren; **-r mal** mißhandelñ; **-r de** verhandeln wegen.

trato *m.* [tra'to] Behandlung *f.*, Umgang *m*, Verkehr, Anrede *f.;* **estar en -s** in Unterhand-lung stehen; **tener - con** verkehren m.

través [traβe's]: **a - de** quer durch.

travesaño *m.* [traβesa'ɲo] Querbalken *m.*, Traverse *f.*

travesía *f.* [travesi'a] Querstraße *f.; naut.* Überfahrt *f.*

travesura *f.* [traβesu'ra] (Kind) Streich *m.*, Mutwille.

travieso [traβʲe'so] (Kind) ausgelassen, ungezogen.

trayecto *m.* [traje'kto] (Flug-) Bahn *f.;* Strecke, Weg*m*, Überfahrt *f.;* **-ria** *f.* [trajekto'rʲa] (Geschoß-, Flug-) Bahn *f.*

traza *f.* [tra'θa] (Bau-) Plan *m.; fig.* Äußere *n.;* **por las -s** allem Anschein nach; **-do** *m.* [traθa'ðo] Anriß *m.*, Vorzeichnung; **-do de la vía** *Eis.* abgesteckte Bahnstrecke *f.;* **-r** [traθa'r] anreißen, vorzeichnen.

trazo *m.* [tra'θo] Umriß *m.*, Strich, Linie *f.*, Schriftzug *m.*

trébol *m.* [tre'βol] Klee *m.*

trece [tre'θe] dreizehn.

trecho *m.* [tre'čo] (Weg) Strecke *f.;* **a -s** v. Zeit zu Zeit.

tregua *f.* [tre'gʷa] Waffenstillstand *m.; fig.* Atempause *f.*

treinta [tre'inta] dreißig.

treme|bundo [tremeβu'ndo] schrecklich; **-ndo** [treme'ndo] fürchterlich, kolossal.

tremolar [tremola'r] (Fahnen) flattern (lassen).

trémulo [tre'mulo] zitternd.

tren *m.* [tren] (Eisenbahn-) Zug *m.; mil.* Troß *m.; fig.* Aufwand *m.; av.;* **- de aterrizaje** Fahrgestell *n.*

trenza *f.* [tre'nθa] Zopf *m.*, Tresse *f.;* **-r** [trenza'r] (kreuzweise) flechten.

trepa|dor [trepaðɔ'r] *bot. zool.* kletternd; **-nación** *f.* [trepanaθʲɔ'n] *med.* Schädelbohrung *f.;* **-nar** [trepana'r] *med.* trepanieren; **-r** [trepa'r] klettern, erklimmen, hinaufsteigen; (Planzen) s. emporschlingen.

trepid|ación *f.* [trepiðaθʲɔ'n] Beben *n.*, starke Erschütterung *f.;* **-ar** [trepiða'r] beben, zittern.

tres [tres] drei; **-bolillo** [trezβoli'ʎo]: **al -bolillo** im Viereck (gepflanzt); *techn.* versetzt; **-illo** *m.* [tresi'ʎo] (Kartenspiel) Tresillo *n.*

triangular [triaŋgula'r] dreieckig.

triángulo *m.* [tria'ŋgulo] Dreieck *n.*

tribu *f.* [tri'βu] (Indianer-, Neger-) Stamm *m.*

tribulación *f.* [triβulaθʲɔ'n] Leiden *n.*, Drangsal *f.*
tribuna *f.* [triβu'na] Tribüne *f.*, Bühne; **-l** *m.* [triβuna'l] Gerichts *n.;* hof *m.*
tributa|ción *f.* [triβutaθʲɔ'n] Abgabe *f.*, Steuer; **-r** [triβuta'r] (Steuer) zahlen; **-rio** [triβuta'rʲo] steuerpflichtig.
tributo *m.* [triβu'to] Abgabe *f.; fig.* Beitrag *m.*
tri|ciclo *m.* [triθi'klo] Dreirad *n.;* **-color** [trikolɔ'r] dreifarbig; **-cornio** *m.* [trikɔ'rnʲo] (Hut) Dreispitz *m.;* **-dente** *m.* [triðe'nte] Dreizack *m.*
trigal *m.* [triga'l] Weizenfeld *n.*
trigésimo [trixe'simo] dreißigste(r).
trig|o *m.* [tri'go] Weizen *m.;* **-ueño** [trige'ɲo] (Haar) dunkelblond.
trilingüe [trili'ngʷe] dreisprachig.
trilla *f.* [tri'ʎa] Dreschen *n.*, Drusch *m.;* **-do** [tri'ʎa'ðo] *fig.* abgedroschen *f.;* **-dora** *f.* [triʎaðɔ'ra] Dreschmaschine *f.;* **-r** [triʎa'r] dreschen.
trillo [tri'ʎo] Dreschflegel *m.*
trimestr|al [trimestra'l] vierteljährlich; **-e** *m.* [trime'stre] Vierteljahr *n*, Quartal.
trimotor *m.* [trimotɔ'r] dreimotoriges Flugzeug *n.*
trinar [trina'r] trillenn;**está que trina** *fig. fam.* er (sie) tobt vor Wut.
trincar [triŋka'r] *vulg.* trinken, zechen.
trinch|ante (*m.*) [trinča'nte] **para pollo** Geflügelbesteck *n.;* **-ar** [trinča'r] tranchieren; (Geflügel, Fisch usw.) zerlegen; **-era** *f.* [trinče'ra] Schützengraben *m.;* (Überzieher) Trenchcoat; **-ero** *m.* [trinče'ro] Anrichte *f.*
trineo *m.* [trine'o] Schlitten *m.*
trinidad *f.* [triniða'ð] *rel.* Dreieinigkeit *f.;* **-taria** *f.* [trinita'rʲa] *bot.* Stiefmütterchen *n.*
trío *m.* [tri'o] Trio *m.*
tripa *f.* [tri'pa] Darm *m.; fam.* Bauch; **-s** *f. pl.* [tri'pas] Eingeweide *n.*
triple [tri'ple] dreifach.
trípode *m.* [tri'poðe] Dreifuß *m.*
tripul|ación *f.* [tripulaθʲɔ'n] Besatzung *f.;* (Schiffs-) Mannschaft; **-ante** *m.* [tripula'nte] Besatzungsmitglied *n.;* **-ar** [tripula'r] bemannen; (Flugzeug) steuern.
triquina *f.* [triki'na] Trichine *f.*
tris [tris]: **en un** - *fig.* im Nu.
triste [tri'ste] betrübt, traurig, düster, schmerzlich; **-za** *f.* [triste'θa] Traurigkeit *f.*, Schwermut.
triturar [tritura'r] brechen, zerkleinern, zerreiben.
triunf|ador *m.* [triumfaðɔ'r] Sieger *m.;* **-ante** [triumfa'nte] siegreich; **-ar** [triumfa'r] siegen; **-o** *m.* [triu'mfo] Sieg *m.*
trivial [triβʲa'l] alltäglich, gewöhnlich; **-idad** *f.* [triβʲaliða'ð] Alltäglichkeit *f.*, abgedroschene Redensart.
triza *f.* [tri'θa] Stückehen *n.*, Fetzen *m.;* **hacer -s** zerfetzen.
trocha *f.* [tro'ča] Pfad *m.; SAm. Eis.* Spurweite *f.*
trochemoche [tročemo'če]: *fam.* **a** - aufs Geratewohl; kreuz u. quer.
trofeo *m.* [trofe'o] Siegerpreis *m.*
trole *m.* [tro'le] *elektr.* Stromabnehmer *m.;* **-bus** *m.* [troleβu's] Autobus (*m.*) m. Stromzuführung durch Oberleitung.
tromb|a *f.* [trɔ'mba] Wasserhose *f.;* **-ón** *m.* [trɔmbɔ'n] Posaune *f.*
tromp|a *f.* [trɔ'mpa] Waldhorn *n.;* (Elefant) Rüssel *m*, Brummkreisel; **-eta** *f./m.* [trompe'ta] Trompete(r) *f. m.;* **-o** *m.* [trɔ'mpo] Brummkreisel *m.*
tronar [trona'r] donnern.
tronco *m.* [trɔŋko] (Baum-) Stamm *m.*, Stumpf; *anat.* Rumpf.
tronch|a *f.* [trɔ'nča] *SAm.* (Fleisch-) Schnitte *f.;* **-ar** [trɔnča'r] umknikken; **-arse de risa** s. totlachen; **-o** *m.* [trɔ'nčo] (Kraut-) Strunk *m.*
tronera *f.* [trone'ra] Schießscharte *f.*
trono *m.* [tro'no] Thron *m.*

tronzar [trɔnθa'r] *techn.* Stücke auf e. feststehendes Maß zerschneiden.
tropa *f.* [tro'pa] Trupp(-e) *m.* (*f.*), Haufe *m.; SAm.* Herde *f.*
tropel *m.* [trope'l]: **en** - haufenweise, überstürzt; **-ía** *f.* [tropeli'a] Überstüzung *f.*, Gewaltstreich *m.*
tropez|ar [tropeθa'r] (an-)stoßen, stolpern, prallen; **-ón** *m.* [tropeθɔ'n] Stolpern *n.*, Fehltritt *m.* (*auch: fig.*).
tropical [tropika'l] tropisch.
trópico [tro'piko] tropisch; - *m.* (Astronomie) Wendekreis *m.*
tropiezo *m.* [trop^je'θo] Straucheln *n.; fig.* Anstoß *m.*, Fehltritt.
troquel *m.* [troke'l] Schnittstempel *m.*
trota|calles *m.* [trotaka'ʎes] Bummler *m.;* **-mundo** *m.* [trotamu'ndo] Weltenbummler *m.;* **-r** [trota'r] traben.
trote *m.* [tro'te] Trab *m.;* **ir al** - traben.
trovador *m.* [troβaðɔ'r] Minnesänger *m.*
trozo *m.* [tro'θo] Stück *n.* (es. Ganzen).
truco *m.* [tru'ko] (Kunst-) Griff *m.*, Trick.
trucha *f.* [tru'ča] (Fisch) Forelle *f.;* **ser un** - *fig. fam.* sehr durchtrieben (gerissen) sein.
trueno *m.* [true'no] Donner (-schlag) *m.*, Knall.
trueque [true'ke] **a** - **de** im Austausch gegen.
trufa *f.* [tru'fa] Trüffel *f.*
truncado [truŋka'ðo]: **cono** (*m.*) - Kegelstumpf *m.*
trust *m.* [trust] Trust *m.*
tú [tu] du; **tratar** (*od.* **hablar** *od.* **llamar**) **de** -duzen (**a** jem).
tu [tu] dein(e).
tubérculo *m.* [tuβe'rkulo] *bot.* Knollenfrucht *f.; med.* Tuberkel *f.*, Knollen *m.*
tuberculos|is *f.* [tuβerkulo'sis] Tuberkulose *f.;* **-o** [tuβerkulo'so] tuberkulös, (lungen-) schwindsüchtig.
tub|ería *f.* [tuβeri'a] (Rohr-) Leitung *f.;* **-o** *m.* [tu'βo] Rhor *n.;* Lampenzylinder *m.;* Tube *f.;* **-o de goma** Gummischlauch *m.;* **-s de nivel** Wasserstandsglas *n.;* **-ular** [tuβula'r] röhrenförmig.
tuerca *f.* [t^we'rka] (Schrauben-) Mutter *f.*
tuerto [t^we'rto] einäugig, schief.
tuétano *m.* [t^we'tano] (Knochen-) Mark *n.*
tuf|illo *m.* [tufi'ʎo] *fam.* angenehmer (Küchen-) Geruch *m.;* **-o** *m.* [tu'fo] Qualm *m.*, (schlechter) Geruch; (Kohlen-) Gase *n, pl.*
tugurio *m.* [tugu'r^jo] *fam.* Loch *n.*, Spelunke *f.*
tulipán *m.* [tulipa'n] *bot.* Tulpe *f.*
tullido *m.* [tuʎi'ðo] Lahmer *m.*, Krüppel.
tumba *f.* [tu'mba] Grab *n.*, -mal, -stätte *f.*
tumb|ar [tumba'r] (nieder-), -(-um-)werfen; **-arse** s. niederlegen; **-o** *m.* [tu'mbo] Fall *m.*, Sturz.
tumor *m.* [tumɔ'r] *med.* Geschwulst *f.*
túmulo *m.* [tu'mulo] Grabhüngel *m.*
tumulto *m.* [tumu'lto] Tumult *m.*, Aufstand, großer Lärm.
tunante *m.* [tuna'nte] Spitzbube *m.*, Tagedieb.
tunda *f.* [tu'nda] *fam.* Tracht (*f.*) Prügel.
tundir [tundi'r] (Tuch) scheren; (Rasen) schneiden.
túnel *m.* [tu'nel] Tunnel *m.*
túnica *f.* [tu'nika] weites Oberkleid *n.*
tuno *m.* [tu'no] geriebener Bursche *m.*, Spitzbube.
tuntún [tuntu'n]: **al** - *fam.* aufs Geratewohl.
tupi *m.* [tu'pi] *vulg.* (Madrid) Bar *f.*, Kneipe.
tupido [tupi'ðo] dicht.
turba *f.* [tu'rβa] *fam.* Pöbel *m.;* Torf *m.*
turb|ación *f.* [turβaθ^jɔ'n] Störung *f.*, Unruhe; **-ado** [turβa'ðo] verwirrt; **-ante** *m.* [turβa'nte] Turban *m.;* **-ar** [turβa'r] verwirren; (Flüssigkeit)

trüben; *fig.* stören; **-iedad** *f.* [turβʲeða'ð] Trübheit *f.*

turbina *f.* [turβi'na] Turbine *f.*

turbio [tu'rβʲo] trübe; *fig.* unsauber.

turbulen|cia *f.* [turβule'nðʲa] Verwirrung *f.*, Unruhe; **-to** [turβule'nto] trübe.

turco [tu'rko] türkisch.

turis|mo *m.* [turi'zmo] Fremdenverkehr *m.*; **-ta** *m.* [turi'sta] Tourist *m.*, Vergnügungsreisender.

turístico [turi'stiko] touristisch.

turno *m.* [tu'rno] Ordnung *f.*, Reihenfolge; **de -** diensttuend; **- de urgencia** (Apotheke) Nachtdienst *m.*

turón *m.* [turɔ'n] *zool.* Mandelkuchen *m.*, Nougat *n.*

turrón *m.* [turrɔ'n] Mandelkuchen *m.*, Nougat *n.*

tus [tus]: **sin decir - ni mus** *fig. fam.* ohne zu mucksen.

tute *m.* [tu'te] (Kartenspiel) Tute *n.*

tutear [tutea'r] duzen.

tutela *f.* [tute'la] Vormundschaft *f.*; **-r** [tutela'r]: **Santo** (*m.*) **-r** Schutzheiliger *m.*

tuteo *m.* [tute'o] Duzen *n.*

tutor *m.* [tutɔ'r] Vormund *m.*

tuyo, tuya [tu'jo, tu'ja] dein(e).

u, U *f.* u, U *n.*
u [u] (statt o vor m. o *od.* ho beginnendem Wort) oder.
ubic|ación *f.* [uβikaθʲɔ'n] Vorhandensein *n.*, Ortsanwesenheit *f.*; **-ar** [uβika'r] *SAm.* Wohnung anweisen; **-arse** [uβika'rse] *SAm.* s. Wohnsitz nehmen; **-uo** [uβi'kʷo] allgegenwärtig.
ubre *f.* [u'βre] Euter *n.*
Ud., Uds. *Abkzg. für* **usted(-es).**
¡uf! [uf] ach!, uff!
ufan|arse [ufana'rse] s. aufblähen, s. brüsten; **-ía** *f.* [ufani'a] Aufgeblasenheit *f.*; **-o** [ufa'no] hochmütig, stolz, selbstbewußt.
ujier *m.* [uxʲe'r] Gerichtsdiener *m.*
úlcera *f.* [u'lθera] *med.* Geschwür *n.*
ulterior [ulterʲɔ'r] jenseitig, sonstig, nachträglich.
últimamente [ultimame'nte] kürzlich, neulich.
ultima|ción *f.* [ultimaθʲɔ'n] (Geschäfte) Abschluß *m.*; **-r** (Geschäfte) abschließen; **-tum** *m.* [ultima'tun] Ultimatum *n.*
último [u'ltimo] letzte(r), äußerste(r); (Preis) niedrigst.
ultraj|ar [ultraxa'r] schmähen, beschimpfen; **-e** *m.* [ultra'xe] Schmach *f.*, Schimpf *m.*
ultramar *m.* [ultrama'r] Übersee *f.*; **-ino** [ultramari'no] überseeisch; **azul -ino** kornblumenblau.
umbilical [umbilika'l]: **cordón** (*m.*) - Nabelschnur *f.*
umbral *m.* [umbra'l] (Tür)- Schwelle *f.*
umbrio [umbri'o] schattig.
un, una [un, u'na] ein, eine.
unánime [una'nime] einstimmig, mütig.
unanimidad *f.* [unanimiða'ð] Einstimmigkeit; **por** - einstimmig.
unción *f.* [unθʲɔ'n] Salbung *f.*, letzte Ölung.
undécimo [unde'θimo] elfte(r).
ungir [uŋxi'r] salben.
ungüento *m.* [uŋgʷe'nto] Salbe *f.*
únicamente [unikame'nte] nur, einzig u. allein.
único [u'niko] einzig, einheitlich; (Gelegenheit) einmalig.
uni|color [unikolɔ'r] einfarbig; **-cornio** *m.* [unikɔ'rnʲo] Nashorn *n.*
unidad *f.* [uniða'ð] Einheit *f.*, Einer *m.*; *mil.* Abteilung *f.*
unifica|ción *f.* [unifikaθʲɔ'n] Vereinheitlichung *f.*; **-r** [unifika'r] vereinheitlichen.
uniform|ar [unifɔrma'r] gleichförmig machen; **-e** [unifo'rme] ein-, gleichförmig; **-e** *m.* Uniform *f.*; **-idad** *f.* [unifɔrmiða'ð] Gleichförmig-, Gleichartigkeit *f.*
unigénito [unixe'nito] (Sohn) einzig; *rel.* eingeboren.
unilateral [unilatera'l] einseitig.
unión *f.* [unʲɔ'n] Verbindung *f.*, Vereinigung. Bund *m.*, Einigkeit *f.*; **U - Postal Universal** Weltpostverein *m.*
unipolar [unipola'r] einpolig.
unir(se) [uni'rse] verbinden, vereinigen, zusammenfügen.
unísono [uni'sono] *mus.* gleichstimmig.
unitario [unita'rʲo] einheitlich; **precio** (*m.*) - Einheitspreis *m.*

universal [unißersa'l] allgemein, all-, weltumfassend; **-idad** [unißersaliða'ð] *f.* (Allgemeinheit) *f.*, Vielseitigkeit.

universi|dad *f.* [unißersiða'ð] Universität *f.*; **-tario** [unißersita'rʲo]: **estudios** (*m. pl.*) **-tarios** Hochschulbildung *f.*

universo *m.* [unißeˈrso] Weltall *n.*

uno [u'no] einer, eine, eins; einzig; **-s** etliche, einige; *-m.* Eins *f.*; **- por -** Stück für Stück.

unt|ar [unta'r] schmieren, salben, bestreichen; **-o** *m.* [u'nto] Schrniere *f.*, Fett *n.*, Salbe *f.*; **-uoso** [untuo'so] schmierig, ölig.

uña *f.* [u'ɲa] Nagel *m.*, Huf, Klaue *f.*; *techn.* Klinke.

¡upa! [u'pa] (Kindersprache) auf!, hopp!

urban|idad *f.* [urßaniða'ð] Höflichkeit *f.*; **-ismo** *m.* [urßani'zmo] Städtebau *m.*; **-ización** *f.* [urßaniθaθʲɔ'n] (Städtebau) (Terrain-) Erschließung *f.*; **-izar** [urßaniθa'r] (Gelände zum Städebau) aufschließen; **-o** [urßa'no] städtisch, höflich.

urbe *f.* [u'rße] Großstadt *f.*

urdir [urdi'r] (Weberei) zetteln; *fig.* anstiften.

ure|mia *f.* [ure'mʲa] *med.* Urämie *f.*; **-tra** *f.* [ure'tra] *anat.* Harnröhre *f.*

urgen|cia *f.* [urxe'nθʲa] Dringlichkeit *f.*; **clínica** (*f.*) **de -cia** Unfallstation *f.*; **-te** [urxe'nte] dringend, eilig; **carta** (*f.*) **-te** Eilbrief *m.*

urgir [urxi'r] dringend sein, eilen.

urinario *m.* [urina'rʲo] Abort *m.*, Bedürfnisanstalt *f.*

urna *f.* [u'rna] Urne *f.*

uro *m.* [u'ro] *zool.* Auerochse *m.*; **-gallo** *m.* [uroga'λo] *zool.* Auerhahn *m.*

urólogo *m.* [uro'logo] (Arzt) Spezialist (*m.*) für Harnorgane.

urraca *f.* [urra'ka] *zool.* Elster *f.*

usa|do [usa'ðo] abgenutzt, gebraucht, getragen; **-nza** *f.* [usa'nθa] (Ge-) Brauch *m.*, Sitte *f.*; **-r** [usa'r] (ge-) brauchen, benutzen, tragen; **-rse** [usa'rse] gebräuchlich sein.

uso *m.* [u'so] (Ge-) Brauch *m.*, Benutzung *f.*, Verwendung, Gewohnheit.

usted [uste'ð] Sie (*Abkrzg.*) **Vd., V.**; **¿verdad -?** (höflich) nicht wahr?

usual [usʷa'l] gewöhnlich, geläufig.

usu|ario *m.* [usua'rʲo] Nutznießer *m.*, Gebraucher, Benutzer; **-fructo** *m.* [usufru'kto] Nutznießung *f.*

usu|ra *f.* [usu'ra] Wucher *m.*; **-rario** [usura'rʲo]: **interés** (*m.*) **-rario** Wucherzins *m.*; **-rero** *m.* [usure'ro] Wucherer *m.*

usurpa|ción *f.* [usurpaθʲɔ'n] widerrechtliche Besitzergreifung *f.*, Thronraub *m.*; **-dor** *m.* [usurpaðɔ'r] widerrechtlicher Besitzergreifer *m*, Thronräuber; **-r** [usurpa'r] an s. reißen, s. anmaßen.

utensilio *m.* [utensi'ʎo] Gerät *n.*

uterino *adj.* [uteri'no] *med.* Gebärmutter.

útero *m.* [u'tero] *med.* Gebärmutter *f.*

útil [u'til] brauchbar, nützlich, dienlich; *mil.* tauglich; *- m.* Vorrichtung *f.*, Gerät.

utilidad *f.* [utiliða'ð] Nutzen *m.*, Vorteil; **-es** *f. pl.* [utiliða'des] Gewinn *m.*, Einkommen *n.*

utiliza|ción *f.* [utiliθaθʲɔ'n] Verwendung *f.*, Verwertung; **-r** [utiliθa'r] anwenden, gebrauchen.

utópico [uto'piko] eingebildet, unerreichbar.

uva *f.* [u'ßa] (Wein-Traube) *f.*; **- pasa** Rosine *f.*; **estar hecho una -** *fig. fam.* sehr betrunken sein.

v, V *f.* [be] v, V *n.*

vaca *f.* [ba'ka] Kuh *f.*; **(carne** (*f.*) **de)** ~ Rindfleisch *n.*

vacaciones *f. pl.* [bakaθ^{j}o'nes] Ferien *pl.* Urlaub *m.*

vaca|ncia *f.* [baka'nθ^{j}a] Arbeitslosigkeit *f.*; **~nte** [baka'nte] (Stelle, Amt) offen, erledigt, unbesetzt; **~nte** *f.* freie Stelle *f.*; **~r** [baka'r] (Amt) erledigt sein.

vacia|do *m.* [baθ^{j}a'ðo] (Gips-) Abguß *m.*; **~dor** *m.* [baθ^{j}aðɔ'r] (Gips-) Gießer *m.*, Klingenschleifer *m.*, schärfer; **~r** [baθ^{j}a'r] aus-, entleeren; (Form) ausgießen.

vacil|ación *f.* [baθilaθ^{j}ɔ'n] Wanken *n.*, Unentschlossenheit *f.*; **~ante** [baθila'nte] wankend, schwankend; **~ar** [baθila'r] wanken, unschlüssig sein.

vacío [baθi'o] leer, hohl, unbewohnt; **~***m.* Leere *f.*, Vakuum *n.*

vacuna *f.* [baku'na] Impfstoff *m.*; **~ción** *f.* [bakunaθ^{j}ɔ'n] (Schutz-) Impfung *f.*; **~r** [bakuna'r] impfen.

vacuno [baku'no]: **ganado** (*m.*) ~ Rindvieh *n.*

vademécum *m.* [bademe'kun] Notiz-, Taschenbuch *n.*

vado *m.* [ba'ðo] Furt *f.*

vagabundo [bagaβu'ndo] umherstreichend; ~ *m.* Landstreicher *m.*

vagancia *f.* [baga'nθ^{j}a] Landstreicherleben *n.*

vagar [baga'r] umherstreichen, faulenzen, bummeln.

vagina *f.* [baxi'na] *anat.* Scheide *f.*

vago [ba'go] unbestimmt, flüchtig, faul; ~ *m.* Bummelant *m.*

vagón *m.* [bagɔ'n] (Eisenbahn-) Güterwagen *m.*, Waggon.

vagoneta *f.* [bagone'ta] Lore *f.*

vaguedad *f.* [bageða'ð] Unbestimmtheit *f.*

vaho *m.* [ba'o] Dampf *m.*, Dunst, Brüde *f.*

vaína *f.* [bai'na] Scheide *f.*; *bot.* Hülse *f.*; (Patrone) Hülse; ~ *m. fam.* Dummkopf *m.*

vainilla *f.* [baini'ʎa] Vanille *f.*

vaivén *m.* [baiβe'n] Hin- u. Herbewegung *f.*; *fig.* Wandelbarkeit.

vajilla *f.* [baxi'ʎa] (Tisch-) Geschirr *n.*

vale *m.* [ba'le] Gutschein *m.*; **~dero** [baleðe'ro] gültig.

valentía *f.* [balenti'a] Tapferkeit *f.*, Mut *m.*

valer [bale'r] gelten, wert sein, kosten, taugen; **no ~ nada** wertlos sein; **~se** [bale'rse] s. bedienen; ~ *m.* Wert *m.*, Ansehen *n.*

valeroso [balero'so] tapfer.

valía *f.* [bali'a] Wert *m.*, Einfiuß.

validez *f.* [baliðe'θ] Gültigkeit *f.*

válido [ba'liðo] gültig; **ser** ~ in Kraft sein.

valiente [bal^{j}e'nte] tapfer; (*ironisch*) schön, nett (Geschichte).

valija *f.* [bali'xa] Postbeutel *m.*; Kuriergepäck *n.*

valioso [balio'so] kostbar, wertvoll.

valor *m.* [balɔ'r] Wert *m.*, Valuta *f.*, Mut *m.*, **carecer de** ~ wertlos sein; **~ación** *f.* [baloraθ^{j}ɔ'n] Wertbestimmung *f.*; **~ar** [balora'r] schätzen; **~izar** [baloriθa'r] aufwerten; **~ización** *f.* [baloriθaθ^{j}ɔ'n] Aufwertung *f.*, Schätzung.

vals *m.* [bals] Walzer *m.*
válvula *f.* [ba'lβula] Ventil *n.*, Schieber *m.;* Radioröhre *f.*
valla *f.* [ba'ʎa] Zaun *m.* Umzäunung *f.;* **-do** *m.* [baʎa'ðo] Einzäunung *f.;* **-r** [baʎa'r] umzäunen.
valle *m.* [ba'ʎe] Tal *n.*
vampir|esa *f.* [bampire'sa] Vamp *m.*, kalte Frauenschönheit *f.;* **-o** *m.* [bampi'ro] Vampir *m.; fig.* Blutsauger.
vand|álico [banda'liko] vandalisch; **-alismo** *m.* [bandali'zmo] Zerstörungswut *f.*
vanguardia *f.* [baŋgʷa'rdia] Vorhut *f.*
vanidad *f.* [baniða'ð] Eitelkeit *f.*
vano [ba'no] eitel, leer, hohl, grundlos; ~ *m. arch.* Stützweite *f.*
vapor *m.* [bapɔ'r] Dampf *m.*, -er, -schiff *n.;* **-es** *m. pl.* [bapo'res] Dämpfe *m. pl.*, Brodem *m.;* **-iza-ción** *f.* [baporiθaθʲɔ'n] Verdampfung *f.*, Verdunstung; **-izador** *m.* [baporiθaðɔ'r] Verdampfer *m.*, Zerstäuber; **-izar** [baporiθa'r] verdampfen, in Dampf überführen, zerstäuben; **-oso** [baporo'so] dampfend (Kleid) luftig.
vaqu|ería *f.* [bakeri'a] Kuhstall *m.*, Milchverkauf, -handlung *f.;* **-ero** *m.* [bake'ro] Kuhhirt *m.;* **-eta** *f.* [bake'ta] (gegerbtes) Rindleder *n.*
vara *f.* [ba'ra] Gerte *f.*, Stab *m.*, Elle *f.*, Lanze des Stierkämpfers; **-s** Gabeldeichsel; **-da** *f.* [bara'ða] *naut.* Auflaufen *n.;* **-dero** *m.* [baraðe'ro] *naut.* Helling *f.;* **-r** [bara'r] stranden.
varia|ble [barʲa'βle] veränderlich; **-ción** *f.* [barʲaθʲɔ'n] Veränderung *f.*, Wechsel *m.;* **-do** [barʲa'ðo] abwechselnd, bunt(-farbig); **-nte** [barʲa'nte] abweichende [illegible]art *f.;* (Offerte) wahlweise; **-r** [barʲa'r] (ab-,) (ver-)ändern.
várice *f.* [ba'riθe] *med.* Krampfader *f.*
variedad *f.* [barʲeða'ð] Mannigfaltigkeit *f.*, Verschiedenartigkeit.
varilla *f.* [bari'ʎa] Gerte *f.*, Rute, dünne Stange, Stäbchen *n.*
vario [ba'rʲo] verschieden, abwechselnd, bunt; **-s** [ba'rʲos] *pl.* einige, mehrere.
varón *m.* [barɔ'n] Mann *m.*, Kind (*n.*) männlichen Geschlechts.
varonil [baroni'l] männlich, mannhaft.
vasall|aje *m.* [basaʎa'xe] Lehnspflicht *f.;* **-o** *m.* [basa'ʎo] Vasall *m.*, Lehnsmann.
vasar *m.* [basa'r] (Küche) Brett *n. od.* Bord für Geschirr.
vasc|o [ba'sko] baskisch; ~ *m.* Baske *m.;* **boina** (*f.*) **-a** Baskenmütze, *f.;* **-uence** [baskʷe'nθe] baskisch; **-uence** *m.* die baskische Sprache.
vaselina *f.* [baseli'na] Vaselin *n.*
vasija *f.* [basi'xa] Gefäß *n.*
vaso *m.* [ba'so] Glas *n.*, Gefäß.
vástago *m.* [ba'stago] *bot.* Trieb *m.; fig.* Sprößling, Sohn; *techn.* in Führungen laufende Stange *f.*, Stempel.
vasto [ba'sto] ausgedehnt, weit, geräumig.
vaticin|ar [batiθina'r] wahrsagen; **-io** *m.* [batiθi'nʲo] Voraussage *f.*, Prophezeiung.
vatio *m.* [ba'tʲo] *techn.* Watt *n.*
V.B. *Abkzg.* **visto bueno** *m.*, Sichtvermerk *m.*
Vd(s) *Abkzg.* usted(-es) Sie.
Vda. *Abkzg.* **viuda** *f.*, Witwe *f.*
vecin|a *f.* [beθi'na] Nachbarin *f.;* **-al** [beθina'l]: **camino** (*m.*) **-al** Gemeindeweg *m.*, Landstraße *f.;* **-dad** *f.* [beθinda'ð] Nachbarschaft *f.*, Nähe; **-dario** *m.* [beθinda'rʲo] Einwohnerschaft *f.*, Bewohner *m. pl.*, Nachbarschaft *f.;* **-o** *m.* [beθi'no] Nachbar *m.*, Einwohner.
veda *f.* [be'ða] (Jagd-) Verbot *n.*, (Jagd) Schonzeit *f.*
vega *f.* [be'ga] Aue *f.*, fruchtbare Ebene.
veget|ación *f.* [bexetaθʲɔ'n] Pflanzenwuchs *m.*, -welt *f.*, Flora; **-al**

V

[bexeta'l] pflanzlich; **-ar** [bexeta'r] vegetieren, sehr ärmliches Leben führen; **-ariano** [bexetarʲa'no] vegetarisch.
vehemen|cia *f.* [beeme'nθʲa] Heftigkeit *f.*, Ungestüm *m.*; **-te** [beeme'nte] heftig, ungestüm.
vehículo *m.* [bei'kulo] Fahrzeug *n.*; *fig.* Träger *m.*
veinte [be'inte] zwanzig.
veja|ción *f.* [bexaθʲɔ'n] Bedrückung *f.*, Belästigung; **-r** [bexa'r] belästigen, quälen.
veje|te *m.* [bexe'te] altes Männlein *n.*; **-z** *f.* [bexe'θ] (Greisen-) Alter *n.*
vejiga *f.* [bexi'ga] *anat.* Blase *f.*
vela *f.* [be'la] Kerze *f.*, Segel *n.*; **-s** *f. pl.* [be'las] *fig. vulg.* Rotztüte *f.*; **-da** *f.* [bela'ða] Abendveranstaltung *f.*, -gesellschaft; **-dor** *m.* [belaðɔ'r] (Toten-) Wächter *m.*, Holzleuchter; (rundes) (einfüßiges) Tischchen (*n.*) m. Marmorplatte; **-r** [bela'r] (be-) wachen; (nachts) aufbleiben.
veleidoso [beleiðo'so] wankelmütig.
velero *m.* [bele'ro] *naut.* Segler *m.*
veleta *f.* [bele'ta] Wetterfahne *f.*
velo *m.* [be'lo] Schleier *m.*
velocidad *f.* [beloθiða'ð] Schnelligkeit *f.*, Geschwindigkeit.
velódromo *m.* [belo'dromo] Radrennbahn *f.*
veloz [belɔ'θ] schnell, flink.
vello *m.* [be'ʎo] (Haar-) Flaum *m.*
vellón *m.* [beʎɔ'n]: **real de** - *Span.* alte Kupfermünze *f.*
velloso [beʎo'so] haarig.
vena *f.* [be'na] (Blut-, Erz-, Wasser-) Ader *f.*
venablo *m.* [bena'βlo] Jagdspieß *m.*
venado *m.* [bena'ðo] Hirsch *m.*, Rotwild *n.*
venal [bena'l] feil; *fig.* bestechlich; **-idad** *f.* [benaliða'ð] *fig.* Bestechlichkeit *f.*
vencedor [benθeðɔ'r] siegreich; - *m.* Sieger *m.*
vencejo *m.* [benθe'xo] *zool.* Mauersegler *m.*
vencer [benθe'r] (be-)siegen, meistern; **-miento** *m.* [benθimʲe'nto] (Wechsel) Verfall *m.*, -zeit *f.*
venda *f.* [be'nda] Binde *f.*; **-r** [benda'r] verbinden.
vendaval *m.* [bendaβa'l] starker Wind *m.*
vend|edor *m.* [bendeðɔ'r] Verkäufer *m.*; **-er** [bende'r] verkaufen.
vendimia *f.* [bendi'mʲa] Weinlese *f.*
veneno *m.* [bene'no] Gift *n.*; **-so** [beneno'so] giftig.
venera|ble [benera'βle] verehrungswürdig; **-ción** *f.* [beneraθʲɔ'n] Verehrung *f.*; **-r** [benera'r] verehren.
venéreo [bene'reo] venerisch; **enfermedad** (*f.*) **-a** Geschlechtskrankheit *f.*
venero *m.* [bene'ro] Erzader *f.*; (Wasser-) Quell *m.*
venga|dor [m· [bengaðɔ'r] Rächer *m.*; **-nza** *f.* [benga'nθa] Rache *f.*; **-r** [benga'r] rächen; **-tivo** *m.* [bengati'βo] rachsüchtig.
venida *f.* [beni'ða] Ankunft *f.*
venidero [beniðe'ro] zukünftig.
venir [beni'r] (an-), (her-)kommen, herrühren.
venta *f.* [be'nta] Verkauf *m.*, Absatz; Wirtshaus *n.*; **-ja** *f.* [benta'xa] Urteil *m.*, Nutzen; (Sport) Vorgabe *f.*; **-joso** [bentaxo'so] vorteilhaft, günstig.
ventan|a *f.* [benta'na] Fenster *n.*; **-illa** *f.* [bentani'ʎa] (Bank) Schalter *m.*; *Eis.* Wagenfenster; Nasenloch *n.*
ventero *m.* [bente'ro] (Wirtshaus) Wirt *m.*
ventila|ción *f.* [bentilaθʲɔ'n] Lüftung *f.*; **-dor** *m.* [bentilaðɔ'r] Lüfter *m.*, Ventilator; **-r** [bentila'r] entlüften.
ventis|ca *f.* [benti'ska] Schneesturm *m.*; **-car** [bentiska'r] schneien u. stürmen; **-quero** *m.* [bentiske'ro] Schneeloch *n.*, -halde *f.*, Gletscher *m.*

V

ventorr|illo *m.* [bentɔrri'ʎo] kleine Dorfschenke *f.*; **-o** *m.* [bentɔ'rro] Dorfschenke *f.*
ventos|a *f.* [bento'sa] *med.* Schröpfkopf *m.*; **-idad** *f.* [bentosiða'ð] Blähung *f.*; *fam.* Wind *m.*; **-o** [bento'so] windig.
ventrilocuo *m.* [bentrilo'kʷo] Bauchredner *m.*
ventur|a *f.* [bentu'ra] Glück *n.*; **decir la buena -a** aus der Hand wahrsagen; **-oso** [benturo'so] glücklich.
ver [ber] (durch-), (nach-)sehen, besuchen; *jur.* verhandeln; **¡a -!** lass (lassen Sie) mal sehen!; **a mi modo de -** meiner Ansicht nach; **verá(s) Vd.** also, (hör mal) hören Sie mal zu; **ser visto por los rayos X** geröntgt w.
vera *f.* [be'ra] Rand *m.*, Saum, (Fluß) Ufer *n.*
veracidad *f.* [beraθiða'ð] Wahrhaftigkeit *f.*, Zuverlässigkeit.
veran|eante *m.* [beranea'nte] Sommerfrischler *m.*; **-ear** [beranea'r] den Sommer verbringen; **-eo** *m.* [berane'o] Sommeraufenthalt *m.*, frische *f.*; **-o** *m.* [bera'no] Sommer.
veras [be'ras]: **de -** ernsthaft.
veraz [bera'θ] wahrheitsliebend.
verbal [berβa'l] mündlich, wörtlich.
verbena *f.* [berβe'na] *bot.* Eisenkraut *n.*; Kirmes *f.*, Volks-, Gartenfest *n.*
verbo *m.* [be'rβo] Verbum *n.*, Zeitwort.
verdad *f.* [berda'ð] Wahrheit *f.*; **a la -** in der Tat; **¿de - ?** wirklich?, im Ernst?; **-ero** [berdaðe'ro] wahr (-haftig).
verde [be'rde] grün; (Früchte) unreif; (Lit., Gespräch) schlüpfrig; **viejo -** *fig.* Lebegreis *m.*; **-m.** Grün *n.*; **-cer** [berdeθe'r] grünen, grün w.; **-rón** *m.* [berderɔ'n] *zool.* Zeisig *m.*
verdugo *m.* [berdu'go] Henker *m.*
verdulera *f.* [berdule'ra] Grünwarenfrau *f.*, Marktfrau.
verdura *f.* [berdu'ra] Gemüse *n.*, Grün.
vereda *f.* [bere'ða] Pfad *m.*, Seitenweg; *SAm.* Bürgersteig *m.*
veredicto *m.* [bereði'kto] *jur.* Urteilsspruch *m.*
vergel *m.* [berxe'l] (Haus-) Garten *m.*
vergonz|ante [bergɔnθa'nte] verschämt; **-oso** [bergɔnθo'so] schamhaft, schimpflich.
vergüenza *f.* [bergʷe'nθa] Scham *f.*, Schande, Schimpf *m.*; **dar a uno -** beschämen *od.* **me da - algo** ich schäme mich dessen.
verídico [beri'ðiko] wahr(-heitsgetreu).
verifi|cación *f.* [berifikaθʲɔ'n] (Nach-) Prüfung *f.*; **-cador** *m.* [berifikaðɔ'r] Kontrolleur *m.*; **-car** [berifika'r] nachprüfen, nachmessen.
verja *f.* [be'rxa] (Fenster-) Gitter *n.*
vermut *m.* [bermu'] Wermutwein *m.*
vernáculo [berna'kulo] einheimisch.
verónica *f.* [bero'nika] *bot.* Ehrenpreis; Schwelßtuch (*n.*) Christi; *Taur.* besonderer Gang m. dem roten Tuch.
verosímil [berosi'mil] glaubwürdig.
verosimilitud *f.* [berosimilitu'ð] Wahrscheinlichkeit *f.*
verruga *f.* [berru'ga] Warze *f.*
versado [bersa'ðo] erfahren, bewandert.
versátil [bersa'til] *fig.* wankelmütig, wetterwendisch.
versículo *m.* [bersi'kulo] Bibelspruch *m.*, -vers.
versifi|cación *f.* [bersifikaθʲɔ'n] Versbau *m.*; **-car** [bersifika'r] Verse machen, reimen.
versión *f.* [bersʲɔ'n] Lesart *f.*, Übersetzung.
verso *m.* [be'rso] Vers *m.*; **en -** in Gedichtform.
vértebra *f.* [be'rteβra] *anat.* Wirbelbein *n.*
vertebra|dos *m.* [berteβra'ðos] Wirbel-

V

tiere *m. pl.*; -l [berteβra'l]: **columna** (*f.*) -l *anat.* Wirbelsäule*f.*

verteder|a *f.* [berteðe'ra] (Pflug) Streichblech *n.*; **-o** *m.* [berteðe'ro] Müllabladeplatz *m.*

verter [berte'r] (aus-), (ver-) gießen; (Texte) übersetzen; verschütten, auskippen; - **en** einfüllen.

vertical [bertika'l] senkrecht.

vértice *m.* [be'rtiθe] Scheitel *m.*, -punkt.

vertiginoso [bertixino'so] schwindelerregend.

vértigo *m.* [be'rtigo] *med.* Schwindel *m.*, Taumel.

vesícula *f.* [besi'kula] Bläschen *n.*

vespertino [besperti'no] abendlich.

vestíbulo *m.* [besti'βulo] Hausflur *f.*, Diele, Vorsaal *m.*

vestid|o *m.* [besti'ðo] Kleid *n.*, Gewand; *adj.* angekleidet; **-ura** *f.* [bestiðu'ra] Kleidung *f.*

vestigio *m.* [besti'x^j^o] Spur *f.*; *fig.* Anzeichen *n.*

vestir(se) [besti'rse] kleiden; (Kleidungsstück) anhaben; (s. ankleiden).

vestuario *m.* [best^w^a'r^j^o] Kleidung *f.*; *theat.* Kostümfundus *m.*

veteado [betea'ðo] gemasert.

veterano *m.* [betera'no] Veteran *m.*; *adj.* ausgedient.

veterinario *m.* [beterina'r^j^o] Tierarzt *m.*

veto *m.* [be'to] Veto *n.*, Einspruch *m.*, -srecht *n.*

vez *f.* [beθ] Mal *n.*, Reihe (-nfolge) *f.*; **a la** - zugleich; **a su** - seinerseits; **alguna** - manchmal; **de una** - auf einmal; **otra** - nochmals; **la otra** - damals; **tal** - vielleicht; **veces** *f. pl.* [be'θes]: **las más** - meistens; **a** - zuweilen; **la mayoría de las** - in den meisten Fällen; **¿cuántas** -? wie oft?; **hacer las** - de jemandes Stelle vertreten.

vía *f.* [bi'a] (Verkehrs-) Weg *m.*, Straße *f.*, Gleis *n.*, Bahn *f.*, *Eis.* Spur; - **de agua** Leck *n.*; - **láctea** *astr.* Milchstraße *f.*; **-ble** [biaßle- gangbar, lebensfähig; **-ducto** *m.* [b^j^aðu'kto] Viadukt *m.*, Überführung *f.*

via|jante *m.* [b^j^xan'nte] (Geschäfts-) Reisender *m.*; **-jar** [b^j^axa'r] reisen; **-je** *m.* [b^j^a'xe] Reise *f.*, Fahrt, Flug *m.*; **estar de -je** verreist sein; **-jero** *m.* [b^j^axe'ro] Rei ender *m.*, Passagier, Fahrgast.

viandas *f. pl.* [b^j^a'ndas] Eßwaren *f. pl.*

viandante *m.* [b^j^anda'nte] Wanderer *m.*

viático *m.* [b^j^a'tiko] Tagegelder *m. pl.*, Sterbesakramente *n. pl.*

víbora *f.* [bi'βora] *zool.* Viper *f.*, (Kreuz-) Otter.

vibra|ción *f.* [biβraθ^j^ɔ'n] (rasche) Schwingung *f.*, Erschütterung, (Auto, Räder) Flattern *n.*; **-dor** *m.* [biβraðɔ'r] Summer *m.*; **-r** [biβra'r] vibrieren, schwingen, rütteln, zittern.

vice|almirante *m.* [biθealmira'nte] Vizeadmiral *m.*; **-canciller** *m.* [biθekanθiʎe'r] Vizekanzler *m.*; **-cónsul** *m.* [biθekɔ'nsul] Vizekonsul *m.*; **-versa** [biθeβe'rsa]: **y -versa** und umgekehrt.

vici|ado [biθ^j^a'ðo] fehlerhaft; (Luft) verunreinigt; **-ar** [biθ^j^a'r] verderben; **-o** *m.* [bi'θ^j^o] Laster *n.*, Fehler *m.*, schlechte Angewohnheit *f.*; **-oso** [biθ^j^o'so] lasterhaft, fehlerhaft; **-situd** *f.* [biθisitu'ð] Wechselfall *m.*, Unbestand.

víctima *f.* [bi'ktima] Opfer *n.*

victori|a *f.* [bikto'r^j^a] Sieg *m.*; **-oso** [biktor^j^o'so] siegreich.

vid *f.* [bið] Weinstock *m.*, -rebe *f.*

vida *f.* [bi'ða] Leben *n.*, -sdauer *f.*, -sunterhalt *m.*, -swandel.

vidente *m.* [biðe'nte] Seher *m.*

vidri|ado [bidr^j^a'ðo] glasiert; **-ar(se)** [bidr^j^a'rse] glasieren; (s. verglasen); **-era** *f.* [bidr^j^e'ra] Verglasung *f.*; Glas-, Schaufenster *n.*; **-ería** *f.*

V

[bidrʲeri'a] Glaserei *f.*; **-ero** *m.* [bidrʲe'ro] Glaser *m.*; **-o** *m.* [bi'drʲo] Glas *n.*, -scheibe *f.*; **-oso** [bidrʲo'so] glasig.

viejo [bʲe'xo] alt, -modisch, gebraucht.

viento *m.* [bʲento] Wind *m.*; (Jagdhund)Witterung *f.*; *techn.* Seilverankerung *f.*

vientre *m.* [bʲe'ntre] Bauch *m.*, Unterleib; *techn.* (Ofen) Kohlensack *m.*; **hacer de** - Stuhlgang haben.

viernes *m.* [bʲe'rnes] Freitag *m.*

viga *f.* [bi'ga] Balken *m.*, Träger; **- testera** *techn.* Obergurt *m.*

vigen|cia *f.* [bixe'nθʲa] (Rechts-) Gültigkeit *f.*, Rechtskraft; **-te** [bise'nte] gültig, rechtskräftig.

vigía *f.* [bixi'a] Warte *f.*, Wartturm *m.*; - *m.* (Turm-) Wächter *m.*

vigil|ancia *f.* [bixila'nθʲa] Überwachung *f.*, Wachsamkeit; **-ante** [bixila'nte] wachsam; **-ante** *m.* Wächter *m.*, Aufsichtsbeamter; *SAm.* Polizist; **-ar** [bixila'r] (be-), (über-) wachen; **-ia** *f.* [bixi'lʲa] Vorabend des Festes, Fastenspeise *f.*

vigor *m.* [bigɔ'r] Kraft *f.*, Nachdruck *m.*; (Gesetz) Gültigkeit; **-osidad** *f.* [bigorosiða'ð] Rüstigkeit *f.*; **-izar** [bigoriθa'r] kräftigen stärken; **-oso** [bigoro'so] kräftig, rüstig.

vil [bil] gemein, schändlich, niederträchtig; **-eza** *f.* [bile'θa] Gemeinheit *f.*, Schändlichkeit.

vilipend|iar [bilipendʲa'r] verächtlich behandeln; **-io** *m.* [bilipe'ndʲo] Geringschätzung *f.*, Verleumdung.

vilo [bi'lo]: **en** - schwebend.

villa *f.* [bi'ʎa] Landhaus *n.*, Städtchen.

villancico *m.* [biʎanθi'ko] Weihnachtslied *n.*

villan|ía *f.* [biʎani'a] Niederträchtigkeit *f.*, Schurkerei; **-o** [biʎa'no] grob, gemein, bäurisch.

vinagre *m.* [bina'gre] Essig *m.*; **-ra** *f.* [binagre'ra] Essigflasche *f.*; **-ta** *f.* [binagre'ta] Essigbrühe *f.*

vinatero [binate'ro]: **industria** (*f.*) **-a** Weinhandel *m.*; - *m.* Weinhändler *m.*, -bauer.

vincula|ción *f.* [biŋkulaθʲɔ'n] Verbindung *f.*, Verknüpfung; **-r** [biŋkula'r] in Verbindung bringen.

vínculo *m.* [bi'ŋkulo] Verbindung *f.*; *fig.* Band *n.*; *jur.* Sicherheitsklausel *f.*

vindica|ción *f.* [bindikaθʲɔ'n] Sühne *f.*, Rache; *jur.* Zurückforderung *f.*; **-r** [bindika'r] rächen; *jur.* zurückfordern.

vinícola [bini'kola]: **zona** (*f.*) - Weinbaugebiet *n.*

vinificación *f.* [binifikaθʲɔ'n] Weinbereitung *f.*

vino *m.* [bi'no] Wein *m.*; **-tinto** Rotwein *m.*

viña *f.* [biɲa] Weinberg *m.*; *fig.* Pfründe *f.*

viñedo *m.* [biɲe'ðo] Weinberg *m.*

viñeta *f.* [biɲe'ta] Zierleiste *f.*

viola *f.* [bʲo'la] *mus.* Bratsche *f.*

viola|ción *f.* [bʲolaθʲɔ'n] Schändung *f.*, Übertretung, Verletzung; **-r** [bʲola'r] schänden, übertreten, verletzen, notzüchtigen.

violen|cia *f.* [bʲole'nθʲa] Heftigkeit *f.*, Gewalt, Notzucht; **-tar** [bʲolenta'r] Gewalt antun; **-to** [bʲole'nto] heftig, gewaltsam.

violeta *f.* [bʲole'ta] *bot.* Veilchen *n.*

viol|ín *m.* [bʲoli'n] Geige *f.*; **-inista** *m.* [bʲolini'sta] Geiger *m.*; **-ón** *m.* [bʲolɔ'n] Baßgeige *f.*; **-oncelo** *m.* [bʲolɔnθe'lo] Violoncell *n.*

vira|da *f.* [bira'ða] Wendung *f.*; **-je** *m.* [bira'xe] *av.* Kurve *f.*; Wendung; **-r** [bira'r] (Fahrzeuge) wenden.

virgen *f.* [bi'rxen] Jungfrau *f.*; **la V** - die heilige Jungfrau Maria; *adj.* jungfräulich; **selva** (*f.*) - Urwald *m.*

virgin|al [birxina'l] jungfräulich, keusch; **-idad** *f.* [birxiniða'ð] Jungfernschaft *f.*

V

virgo *m.* [bi'rgo] Jungfräulichkeit *f.*; *astr.* Jungfrau.
viril [biri'l] mannhaft, männlich; **-idad** *f.* [biriliða'ð] Mannbarkeit *f.*, Männlichkeit.
virola *f.* [biro'la] *techn.* Zwinge *f.*
virote *m.* [biro'te] Armbrustbolzen *m.*
virr|eina *f.* [birre'ina] Vizekönigin *f.*; **-einato** *m.* [birreina'to] Vizekönigtum *n.*; **-ey** *m.* [birre'i] Vizekönig *m.*
virtual [birtʷa'l] wirklich, wirkungsfähig.
virtud *f.* [birtu'ð] Fähigkeit *f.*, Kraft, Tugend; **en - de** kraft, auf Grund.
virtuoso [birtʷo'so] tugendhaft.
viruela *f.* [birʷe'la] *med.* Blatter *f.*
virulen|cia *f.* [birule'nθʲa] Giftigkeit *f.*; **-to** [birule'nto] giftig, bösartig.
virus *m.* [bi'rus] *med.* Ansteckungsstoff *m.*
viruta *f.* [biru'ta] (Hobel-, Dreh-) Span *m.*
visaje *m.* [bisa'xe] Grimasse *f.*
visar [bisa'r] beglaubigen; (Paß) visieren, *mil.* zielen.
víscera *f.* [bi'sθera] Eingeweide *n.*
viscos|idad *f.* [biskosiða'ð] Zähflüssigkeit *f.*; **-o** [bisko'so] klebrig, zähflüssig.
visera *f.* [bise'ra] (Mütze) Schirm *m.*
visib|ilidad *f.* [bisiβiliða'ð] Sichtbarkeit *f.*; **-le** [bisi'βle] sichtbar, offenbar; **-lemente** [bisiβlemente] zusehends.
visigodo *m.* [bisigo'ðo] Westgote *m.*
visillo *m.* [bisi'ʎo] Scheibengardine *f.*
visión *f.* [bisʲɔ'n] Sehen *n.*, Erscheinung *f.*, Traumbild *n.*
visita *f.* [bisi'ta] (Kranken-) besuch *m.*, Besucher; **-ción** *f.* [bisitaθʲɔ'n] Besichtigung *f.*; **-nte** *m.* [bisita'nte] Besucher *m.*; **-tar** [bisita'r] auf-, besuchen.
vislumbrar [bizlumbra'r] *fig.* vermuten, ahnen.
viso *m.* [bi'so] (Stoff) Schillern *n.*; *fig.* Anschein *m.*
visor *m.* [bisɔ'r] *phot.* Sucher *m.*
víspera *f.* [bi'spera] Vorabend *m.*
vista *f.* [bi'sta] Anblick *m.*, Blick, Sicht *f.*, Gesicht *n.*; Sehvermögen; *jur.* Gerichtsverhandlung *f.*; **-zo** *m.* [bista'θo] flüchtiger Blick *m.*
visto [bi'sto]: **- bueno.** *Abkzg:* **Vº Bºo** gesehen u. genehmigt; **-so** ansehnlich, effektvoll.
visual [bisʷa'l] Seh-, Augenlinie *f.*
vital [bita'l]: **cuestión** (*f.*) - Lebensfrage *f.*; **-icio** [bitali'θʲo] lebenslänglich; **renta** (*f.*) **-icia** Leibrente *f.*; **-idad** *f.* [bitaliða'ð] Lebenskraft *f.*
viticultura *f.* [bitikultu'ra] Weinbau *m.*
vitorear [bitorea'r] hochleben lassen.
vítreo [bi'treo] gläsern.
vitrina *f.* [bitri'na] Vitrine *f.*, Glaskasten *m.*
vitriolo *m.* [bitrʲo'lo] Vitriol *n.*
vituper|able [bitupera'βle] tadelnswert; **-ar** [bitupera'r] tadeln; **-io** *m.* [bitupe'rʲo] Schmähung *f.*, Tadel *m.*
viud|a *f.* [bʲu'ða] Witwe *f.*; **-edad** *f.* [bʲuðeða'ð] Witwengeld *n.*; **-ez** *f.* [bʲuðe'θ] Witwenstand *m.*; **-o** *m.* [bʲu'ðo] Witwer *m.*
viva|cidad *f.* [biβaθiða'ð] Lebhaftigkeit *f.*; **-mente** [biβame'nte] lebhaft.
vivar *m.* [biβa'r] Fischteich *m.*
vivaracho [biβara'čo] *fam.* sehr lebhaft.
vivaz [biβa'θ] lebhaft; (Pflanzen) ausdauernd.
víveres *m. pl.* [bi'βeres] Lebensmittel *n. pl.*
vivero *m.* [biβe'ro] Baumschule *f.*; *fig.* Brutstätte.
viveza *f.* [biβe'θa] Lebhaftigkeit *f.*
vividor *m.* [biβiðɔ'r] Lebemann *m.*
vivienda *f.* [biβʲe'nda] Wohnung *f.*
viviente [biβʲe'nte] lebend, lebendig.
vivificador [biβifikaðɔ'r] belebend, kräftigend.
vivir [biβi'r] leben, wohnen; **-** *m.* Lebenswandel *m.*
vivo [bi'βo] lebhaft, lebend, lebendig; aufgeweckt; (Farben) frisch; **-** *m.*
vizca|íno [biθkai'no] biskavisch; **-ino**

m. Biskayer *m.;* **V -ya** [biθka'ja] Biskyaen *n.*
vizconde *m.* [biθkɔ'nde] Vicomte *m.*
vocab|lo *m.* [boka'βlo] Wort *n.*, Ausdruck *m.;* **-ulario** *m.* [bokaβula'rʲo] Wörterbuch *n.*, Wortschatz *m.*
vocación *f.* [bokaθʲɔ'n] (innere) Berufung *f.*
vocal [boka'l] mündlich; **-** *m.* Beisitzer *m.;* **-** *f. gramm.* Selbstlauter *m.*, Vokal.
vocear [boθea'r] (zum Verkauf) ausrufen.
vocerío *m.* [boθeri'o] Geschrei *n.*
vociferar [boθifera'r] (herum-) schreien.
volad|izo [bolaði'θo] überhängend, vorspringend; **-or** *m.* [bolaðɔ'r] (Feuerwerk) Schwärmer *m.;* **-ura** *f.* [bolaðu'ra] Sprengung *f.* (m. Explosivstoffen).
volan|das [bola'ndas]: **en -das** *fig.* im Fluge; **-te** [bola'nte] fliegend; **-te** *m.* Flugblatt *n., techn.* Schwung-, Lenkrad *n.;* (Auto) Steuerung *f.*
volar [bola'r] fliegen; sprengen (m. Explosivstoffen).
volatería *f.* [bolateri'a] Federvieh *n.*
volátil [bola'til] fliegend; *chem.* flüchtig; **-es** *m. pl.* flüchtige Bestandteile *m. pl.*
volcán *m.* [bɔlka'n] Vulkan *m.*
volcar [bɔlka'r] (um-)kippen, umwerfen, umwenden; (Verpackung); **-se** [bɔlka'rse] s. wälzen.
volqu|eo *m.* [bɔlke'o] Kippen *n.;* **-ete** *m.* [bɔlke'te] Kippkarren *m.*, -lore *f.*
voltaje *m.* [bɔlta'xe] *elektr.* (Volt-) Spannung *f.*
volteador *m.* [bɔlteaðɔ'r] Luftakrobat *m.; SAm.* Kunstreiter.
voltear [bɔltea'r] kanten, umwenden, umdrehen.
voltímetro *m.* [bɔlti'metro] Volt-, Spannungsmesser *m.*
voltio *m.* [bɔ'ltʲo] Volt *n.*
volub|ilidad *f.* [boluβiliða'ð] Unbeständigkeit *f.*, Wankelmut *m.;* **-le** [bolu'βle] unbeständig, wankelmütig.
volum|en [bolu'men] Umfang *m.*, Menge *f.*, Volumen *n.*, Rauminhalt *m.;* **-inoso** [bolumino'so] umfangreich; (Buch) dick.
volunt|ad *f.* [bolunta'ð] Wille *m.;* (freie) Wahl *f.;* **-ario** [bolunt'a'rʲo] freiwillig; **-ario** *m.* Freiwilliger.
voluptuos|idad *f.* [boluptʷosiða'ð] Wollust *f.;* **-o** [boluptʷo'so] wollüstig, sinnlich.
volver [bɔlβe'r] drehen, wenden, umkehren, zurückkehren; **- loco** verrückt machen, den Kopf verdrehen; **- a** *m. Inf.* etw. nochmals tun; wieder ...; **- de** m. *Inf.* etw. soeben getan haben; **- en sí** die Besinnung wieder erlangen; **- sobre** zurückkommen auf; **-se** [bɔlβe'rse] s. wenden, zurückkehren; **- loco** verrückt w.; **- atrás** *fig.* en. Rückzieher machen.
vomitar [bomita'r] (s. er-)brechen; speien.
vómito *m.* [bo'mito] *med.* (Er-) Brechen *n.*
voracidad *f.* [boraθiða'ð] Gefräßigkeit *f.*
voraz [bora'θ] gefräßig.
vos [bɔs] Ihr; *SAm.* du; **-otros** *m. pl.*, **-otras** *f. pl.* [boso'tros] [boso'tras] Ihr, Sie.
vota|ción *f.* [botaθʲɔ'n] Abstimmung *f.;* **-r** [bota'r] abstimmen.
voto *m.* [bo'to] *pol.* Stimme *f.;* Gelübde *n.;* **- de confianza** Vertrauensbeweis *m.;* **tener -** Stimmrecht besitzen; **hacer -s por** etw. aufrichtig wünschen (z. B. baldige Genesung).
voz *f.* [bɔθ] Stimme *f.*, Ton *m.; gramm.* Wort *n.*, Form *f.;* **de viva -** mündlich; **en alta -** laut; **en - baja** leise.
voces *f. pl.* [bɔ'θes] Geschrei *n.*, Rufe *m. pl.;* **secreto** (*m.*) **a - ** offenes Geheimnis *n.;* **dar -** laut rufen, schreien.

V

vozarrón *m.* [boθarrɔ'n] rauhe, starke Stimme *f.*

Vuecencia *f.* [b^{w}eθe'nθ^{j}a] Eure Exzellenz *f.*

vuelo *m.* [b^{w}e'lo] Flug *m.; techn.* Überhang, Auskragung *f.;* (Rock, Ärmel) Weite; **levantar el** - auffliegen; *fig.* ausreißen; **coger al** - *fig.* zufällig erhaschen.

vuelta *f.* [b^{w}e'lta] Drehung *f.*, Umdrehung, Rückkehr, Rückreise; (Weg) Krümmung; Kehrseite; herausgegebenes *od.* herauszugebendes Geld *n.;* (Straßen-) Ecke *f.;* **- de campana** *fig.* Purzelbaum *m.*

vuelto *m.* [b^{w}e'lto] *SAm.* Wechselgeld *n.*

vuestro [b^{w}e'stro] euer, ihr.

vulg|ar [bulga'r] alltäglich, gewöhnlich; **-o** *m.* [bu'lgo] Pöbel *m.*

vulnerable [bulnera'βle] verwundbar.

w *f.* [v doble] w *n.*

water [^{w}a'ter] Abort *m.; Abkzg.* W.C.

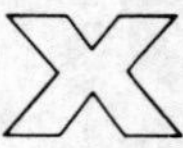

x, X *f.* [e'kis] x, X *n.*

xen|ofobia *f.* [ksenofo'$β^{j}$a] Fremdenhaß *m.;* **-ófobo** [ksenofoβo] fremdenfeindlich.

y, Y *f.* [i gr^{j}e'ga] y, Y *n.*

y [i] und, und zwar.

ya [ya] bereits, schon, sogleich, endlich; **- no** nicht mehr; **¡ -está!** fertig!, Schluß!

yacaré *m.* [jakare'] *SAm.* Kaiman *m.*

yace|inte [jaθe'nte]: **estatua** (*f.*) - liegende Figur *f.;* **-r** [jaθe'r] liegen, begraben sein.

yacimiento *m.* [jaθim^{j}e'nto] (Erz-, Erdöl-) Lagerstätte *f.*, Vorkommen *n.*

yanqui [ja'ɲki] nordamerikanisch; - *m.* Nordamerikaner *m.*, Yankee.

yarda *f.* [ja'rda] Yard *n.*

yate *m.* [ja'te] Jacht *f.*

yedra *f.* [je'dra] *bot.* Efeu *m.*

yegua *f.* [je'g^{w}a] Stute *f.;* **-da** *f.* [jeg^{w}a'ða] Gestüt *n.*

yelmo *m.* [je'lmo] Helm *m.*

yema *f.* [je'ma] *bot.* Knospe *f.*, Auge *n.;* Eigelb; (Finger) Kuppe *f.*

yerba *f.* [je'rba]: **-mate** *SAm.* Matestrauch *m.;* **-l** *m.* [jerba'l] Matepflanzung *f.*

yermo [je'rmo] öde, wüst.

yerno *m.* [je'rno] Schwiegersohn *m.*
yerro *m.* [je'rrɔ] Irrtum *m.*, Mißgriff, Fehler.
yesca *f.* [je'ska] Zunder *m.*, Zündschwamm.
yes|era *f.* [jese'ra] Gipsgrube *f.*; **-ería** *f.* [jeseri'a] Gipserei *f.*; **-ero** *m.* [jese'ro] Gipsbrenner *m.*, -arbeiter; **-o** *m.* [je'o] Gips *m.*
yo [jo] ich.
yodo *m.* [jo'ðo] Jod *n.*
yugular [jugula'r]: **vena** *(f.)* - *anat.* Halsader *f.*
yunque *m.* [ju'ŋke] Amboß *m.*
yunta *f.* [ju'nta] (Ochsen) Gespann *n.*
yute *m.* [ju'te] Jute *f.*
yxta|poner [justapone'r] nebeneinanderstellen; **-posición** *f.* [justaposiθ'ɔ'n] Nebeneinanderstellung *f.*

Z

z, Z *f.* [θe'ða] z, Z *n.*
zafarrancho *m.* [θafarra'nčo] *naut.* Klarschiff *n.;* **¡ ~ de combate!** Klar zum Gefecht!
zafiro *m.* [θafi'ro] Saphir *m.*
zaga *f.* [θa'ga] Hinterteil *m.;* **a la ~** hintenan, hinterher; **ir a la ~** zurückbleiben.
zagal *m.* [θaga'l] Hütejunge *m.*, Hirt.
zaguán *m.* [θag^{w}a'n] Hausflur *f.*, Vorhalle.
zaherir [θaeri'r] ärgern, auschelten.
zahorí *m.* [θaori'] Wahrsager *m.*, Wünschelrutengänger.
zaino [θa'ino] falsch, tückisch.
zalam|ería *f.* [θalameri'a] Schöntuerei *f.*, Schmeichelei; **~ero** [θalame'ro] schmeichlerisch.
zamarra *f.* [θama'rra] Schaffelljacke *f.; techn.* Luppe *f.*
zambo [θa'mbo] krummbeinig.
zambomba *f.* [θambɔ'mba] (Art) Trommel *f.*
zambra *f.* [θa'mbra] (Zigeuner) Fest *n.; fam.* Rummel *m.*
zambullir(se) [θambuʎi'rse] untertauchen.
zampar [θampa'r] (hinunter-) schlingen.
zanahoria *f.* [θanao'r^{j}a] Möhre *f.*, Mohrrübe.
zanca *f.* [θa'ŋka] (Vogel) Bein *n.*, Fuß; Stelze *f.;* **~da** *f.* [θaŋka'ða] langer Schritt *m.;* **~dilla** *f.* [θaŋkaði'ʎa] Beinstellen *n.*
zanco *m.* [θa'ŋko] Stelze *f.*
zancudo [θaŋku'ðo]: **aves** (*f. pl.*) **~as** Stelzvögel *m. pl.*
zángano *m.* [θa'ŋgano] Drohne *f.*
zanja *f.* [θa'ŋxa] Graben *m.;* **~r** [θaŋxa'r] (Hindernisse) beseitigen.
zapa *f.* [θa'pa] Spaten *m.;* Sappe *f.;* **~dor** *m.* [θapaðɔ'r] Pionier *m.;* **~r** [θapa'r] *mil.* schanzen.
zapat|a *f.* [θapa'ta] *techn.* Schuh *m.;* **~a de freno** Bremsklotz *m.;* **~eado** *m.* [θapatea'ðo] span. Tanz *m.;* **~ear** [θapatea'r] Tak (*m.*) m. den Füßen schlagen, trampeln; **~ería** *f.* [θapateri'a] Schusterwerkstatt *f.*, Schuhladen *m.;* **~ero** *m.* [θapate'ro] Schuhmacher *m.*, Schuster; **~illa** *f.* [θapati'ʎa] Hausschuh *m.;* **~o** *m.* [θapa'to] (Halb-) Schuh *m.*
zaragüelles *m. pl.* [θarag^{w}e'ʎes] (Span. Bauern) Pluderhosen *f. pl.*
zarand|a *f.* [θara'nda] (Getreide-) Sieb *n.;* **~ear** [θarandea'r] sieben; *fig.* schütteln; **~eo** *m.* [θarande'o] Rütteln *n;.*
zarcillo *m.* [θarθi'ʎo] Ohrring *m.*
zarco [θa'rko] (Augen) hellblau.
zarpa *f.* [θa'rpa] Kralle *f.*, Tatze; **~r** [θarpa'r] *naut.* die Anker lichten; **~zo** *m.* [θarpa'θo] Tatzenhieb *m.*
zarza *f.* [θa'rθa] Brombeerstrauch *m.;* **~l** *m.* [θarθa'l] Brombeergebüsch *n.;* **~mora** *f.* [θarθamo'ra] Brombeere *f.;* **~parrilla** *f.* [θarθaparri'ʎa] *bot.* Sarsaparille *f.*
zarzuela *f.* [θarθ^{w}e'la] Operette *f.*
zigzag *m.* [θigθa'g] Zickzack *m.;* **~uear** [θigθagea'r] s. im Zickzack fortbewegen; *fam.* torkeln.
zinc *m.* [θiŋk] Zink *n.;* **~ar** [θiŋka'r] verzinken.
zócalo *m.* [θo'kalo] Sockel *m.*
zona *f.* [θo'na] Zone *f.*, Schicht, Ge-

biet *n.;* ~ **de aparcamiento** (Auto) Parkplatz *m.*

zopenco *m.* [θope'ŋko] *fam.* Dummkopf *m.*

zoquete *m.* [θoke'te] *fig. fam.* Schafskopf *m.*

zorr|a *f.* [θɔ'rra] Füchsin *f.; fam.* Hure; **-era** *f.* [θɔrre'ra] Fuchsbau *m.;* **-o** *m.* [θɔ'rrɔ] Fuchs *m.; SAm.* Stinktier *n.;* **-o** *adj.* schlau, arglistig.

zorzal *m.* [θɔrθa'l] *zool.* Drossel *f.*

zote *m.* [θo'te] Dummkopf *m.*

zozobra *f.* [θoθo'βra] *naut.* Scheitern *n.;* **-r** [θoθoβra'r] *naut.* Schiffbruch erleiden.

zueco *m.* [θ^{w}e'ko] Holzschuh *m.*

zumb|ador *m.* [θumbaðɔ'r] *techn.* Summer *m.;* **-ar** [θumba'r] summen, brummen; **-ido** *m.* [θumbi'ðo] Sausen *n.*, Summen, Ohrenklingen.

zumo *m.* [θu'mo] (ausgepreßter Frucht-) Saft *m.*

zurci|do *m.* [θurθi'ðo] gestopfte Stelle *f.;* **-dora** *f.* [θurθiðo'ra] Flickerin *f.;* **-r** [θurθi'r] flikken, stopfen.

zurdo [θu'rdo] linkshändig.

zurra *f.* [θu'rra] Prügel *m. pl.;* **-r** [θurra'r] prügeln.

zurrón *m.* [θurrɔ'n] (Hirten, Schäfer) Brotsack *m.*, -beutel.

zutano [θuta'no] e. gewisser Herr Soundso.

Z